해커스변호사

민법

Civil Law

변호사시험

기출의 脈

선택형

해커스변호사

Prologue

이 책의 머리말

변호사시험의 경쟁률이 2:1을 넘어서면서 수험생들의 고민도 많아졌습니다. 하지만 모든 시험의 경쟁률은 2:1입니다. '합격하는 나'와 '떨어지는 나'의 싸움입니다. 세상에서 가장 무서운 싸움이지요. '합격하는 나'는 어떤 사람일까요? **합격할 만큼 공부한 사람**입니다. 더 정확하게 표현하자면 합격할 만큼만 공부한 지혜로운 사람입니다. 변호사시험은 필수과목만 7과목에 각각 선택형 · 사례형 · 기록형 세 가지 유형을 대비해야하는 시험입니다. 21개 유형의 시험문제를 닷새 동안 풀어야 하는데 여기에 더하여 선택과목도 대비해야합니다. 3월에 입학한 로스쿨생이 3년 후 시험장에 들어서기 까지 34개월이 걸립니다. 민법 선택형시험을 대비하기 위해 얼마의 시간을 투자할 수 있을까요?
끝을 생각하며 시작하십시오. 그리고 소중한 것을 먼저 하십시오. 기출문제를 풀어보는 것이야 말로 가장 먼저 해야 할 일이고 수험기간을 단축시켜줄 열쇠입니다. 나아가 **절제되고 오류없는 기출문제집 한권으로 기출되지 않은 출제유력 판례까지 대비할 수 있다면 '시험장에서의 나'는 오로지 '합격하는 나'로 수렴될 수 있을 것**입니다.

본서의 특징은 아래와 같습니다.

1. 교과서 진도에 맞춘 논리적 흐름과 체계

기출문제 원전을 교과서진도에 맞추어 배치함으로써 교과서 공부와 병행할 수 있도록 했습니다. 독자들은 먼저 교과서에서 해당진도의 내용을 학습한 후 실제 기출문제를 풀어봄으로써 문제적응력을 높이고 교과서를 공부할 때에도 강약을 조절할 수 있을 것입니다. 교과서와 별도로 본서를 가지고 학습할 때에도 교과서편재에 따라 **해설에 제목을 붙이고 지문을 분류하여 민법의 논리적 흐름과 체계를 잃지 않도록** 했습니다.

2. 출제유력 판례 및 쟁점정리

해설부분에 [참고판례], [관련판례], [비교판례], [쟁점정리] 등의 표시를 하여 출제가 유력한 **판례와 쟁점을 정리**했습니다. 민법에 할당된 선택형문제의 수가 35개 내외이기 때문에 결국 중요한 부분에서 출제될 수밖에 없습니다. 따라서 기출된 주요판례가 반복 출제되는 것은 피할 수 없습니다. 하지만 기출문제는 모든 수험생이 대비하는 최소한의 학습범위에 속하므로 이로써 변별력을 높이기에는 한계가 있습니다. 때문에 출제자에게는 똑같은 문제가 반복되는 것을 최소화하면서도 중요한 주제를 놓치지 않아야 하는 딜레마가 존재합니다. 이 딜레마를 해결하는 가장 손쉬운 방법은 기출된 판례와 관련되거나, 비교되는 판례의 출제일 것입니다. 이러한 경향은 실제 기출문제를 분석해 보면 알 수 있습니다. 본서는 기출지문을 기준으로 삼아 가장 출제가 유력한 판례를 선별하고 적재적소에 배치함으로써, **별도의 판례집을 보지 않고도 다양한 문제를 대비**할 수 있도록 했습니다.

3. 오류없는 정확한 해설, 총 790page로 민법 선택형 완벽대비

본서는 1회부터 14회까지 모든 기출문제를 원전 그대로 수록하고, 출제가능한 판례와 꼭 필요한 내용을 빠짐없이 정리하면서도 790page로 분량을 최소화했습니다.
변호사시험의 경우 기출문제와 법전협 모의고사 문제에서 쟁점화된 판례가 반복적으로 출제되고 있기 때문에 이에 대한 해설은 시중의 모든 해설지와 교수해설 등을 모조리 참고하여 **오류없이 또 정확한 판례학습이 되도록 해설**하였습니다.

아무쪼록 변호사시험을 준비하는 수험생들에게 적지 않은 도움을 줄 수 있기를 간절히 기대하는 마음입니다. 앞으로도 본서가 살아있는 수험서가 되도록 부족한 부분들은 꾸준히 보완해 나갈 예정입니다.
본서에 관한 의문이나 질문이 있으신 분은 dhyoon21@hanmail.net이나 daum 카페 "윤동환 민사법교실"(http://cafe.daum.net/civillawclass)로 의견을 개진해 주길 바랍니다. 간단한 질문은 카톡(dhyoon21)으로 해 주시는 것도 방법입니다. 강의가 진행 중일때에는 답변이 늦어질 수 있지만, 가장 신속하게 의문을 해소할 수 있는 방법이 될 것 같습니다.

2025년 2월 연구실에서
윤동환

민법 선택형 문제 분석 및 전략

1. 민법 선택형 총평

(1) 제14회 총평

최근 3년간(12회~14회) 민법 선택형의 난이도가 증가하는 추세에 있는 것으로 파악됩니다. 제14회에서는 숫자 계산에 시간을 오래 투자하여야 하는 문제는 출제되지 않았으나 하나의 지문으로 둘 이상의 판례를 적용하여 해결하여야 하는 지문들의 비중이 늘어났습니다. 즉, 단순 기출지문이 동일·유사하게 출제되는 것이 아니라 기출지문의 법리를 정확하게 이해하고 있음을 바탕으로 사실관계에 적용한 소결론을 내리고, 그것을 바탕으로 또 다른 판례를 활용하여 사실관계에 다시 적용하여야 하는 지문이 많이 출제되었습니다. **정리하자면 법리에 대한 이해와 사안의 적용을 짧은 시간 내에 정확하게 해낼 수 있는 능력을 물어보는 경향을 보였습니다.** 앞으로 단순 판례의 결론만을 암기한다거나 기출지문에 대한 분석 없이 단순 회독만을 높여서는 민법 선택형에서 고득점을 받기는 어려워졌습니다. 따라서 기출문제를 접할 때에는 해당 지문이 동일·유사하게 출제됨을 기대하면서 회독 수를 무작정 늘리기보다는 개념에 대한 이해와 제도의 취지 등을 바탕으로 법리를 정확하게 이해하며 문제를 접근하는 연습이 필요합니다.

(2) 제13회 총평

제13회에는 복합사례문제에 더하여 지문 자체의 길이가 늘어나면서, 각 지문이 사례문제화 된 경우가 많았습니다. 각 지문들에 투자하여야 하는 시간이 늘어난 만큼 정해진 시간에 맞춰 풀어내기가 어려웠을 것이고, 민법 선택형을 가장 먼저 푼 수험생이라면 상법과 민소법에서 시간이 부족하였을 것입니다. 논리적 사고력을 요하는 복합사례문제와 지문을 극복하지 못하면 합격이 어려워질 수도 있습니다. 따라서 평소 사례형 문제풀이 연습을 꾸준히 하여 계산 문제 등을 해결하는데 속도와 정확성을 모두 높여야 합니다. 또한 **제13회에는 민총-채총-채각-물권 각 파트를 통합적으로 사고할 수 있는지 묻는 문제들이 많이 출제되었습니다.** 대표적으로 계약해제와 손해배상, 근저당권의 피담보채권의 확정시기와 변제자대위, 임차권등기명령과 소멸시효 중단 효력 등을 묻는 문제가 나왔습니다. **또한 제13회에는 민법과 함께 민소법, 민집법의 내용을 동시에 물어보는 통합형 문제가 많이 출제**되었습니다. 특히 증명책임을 묻는 문제가 많이 나왔습니다. 이는 민소법에서 배우는 기본적인 증명책임의 분배에 관한 법률요건분류설에 대한 이해와 함께 민법의 개별 판례들의 결론을 알고 있는지를 묻는 문제이므로, 민사법 전반에 대한 지식이 없으면 정답을 고르기 힘듭니다. 따라서 민법보다 단순한 지문으로 구성되는 상법과 민소법에 집중하겠다는 생각은 매우 위험합니다. 문제유형은 수험자가 선택하는 것이 아니라 출제자가 정하는 것입니다. **어떠한 유형의 문제가 출제되더라도 안정적으로 합격점수를 획득하려면 평소에 기본기를 잘 갖추고 있어야 합니다.**

(3) 제12회 총평

전체적으로는 최근 10회, 11회 민법 선택형에 비해 난이도가 높아졌습니다. 특히 제12회 민법 선택형은 복합사례형 지문이 많이 늘었습니다. 논리적 사고력을 요하는 복합사례문제를 극복하지 못하면 합격이 어려워 질 수도 있습니다. 따라서 평소 사례형 문제풀이 연습을 꾸준히 하여 계산 문제 등을 해결하는데 속도와 정확성을 모두 높여야 합니다. 또한 **제12회에는 유난히 민법과 함께 민소법과 상법의 내용을 동시에 물어보는 통합형 문제가 많이 출제**되었습니다. 이러한 문제는 민사법 전반에 대한 지식이 없으면 정답을 고르기 힘듭니다. 따라서 민법보다 단순한 지문으로 구성되는 상법과 민소법에 집중하겠다는 생각은 매우 위험합니다. 문제유형은 수험자가 선택하는 것이 아니라 출제자가 정하는 것입니다. 어떠한 유형의 문제가 출제되더라도 안정적으로 합격점수를 획득하려면 평소에 기본기를 잘 갖추고 있어야 합니다. 아울러 **제12회에는 민법조문을 묻는 지문도 상대적으로 예년에 비해 많이 출제되었는데, 특히 '이자제한법', '상가건물임대차보호법'** 등 특별법의 경우에는 앞으로도 출제가능성이 있으므로 주의를 요하는 부분입니다.

(4) 제11회 총평

제11회 민법 선택형은 10회에 비해 복합사례형지문이 많이 줄었습니다. 그러나 평균 한 두 개 출제되던 통합형문제가 대거 출제되었습니다. 즉, 민총과 물권, 민총과 채권이 융합된 문제나, 물권에서도 저당권과 법정지상권을 동시에 물어보는 통합형문제가 6개 이상 출제되었습니다. 한 가지 논점만 물어보는 문제의 경우 그 논점 하나를 모르면 그 문제 하나만 실점하면 되지만 통합형문제의 경우 여러 논점을 제대로 알고 있어야 맞출 수 있습니다. 여기서 변별력을 높이고자 하는 출제위원들의 생각이 읽을 수 있습니다. 과거 사시처럼 지엽적인 판례를 많이 물어보거나 지문을 길게 하는 방법은 실력보다 운의 영향이 커지는 결과를 초래합니다. 또한, 이미 사례형 주관식 시험과 함께 치러지는 변시 선택형 시험에서 복합사례형문제를 많이 출제하는 것도 의미가 퇴색합니다. 따라서 선택형 문제에서 주요논점을 최대한 정확하고 많이 알고 있는지를 테스트함으로써 경쟁이 치열해진 변시에 부합하는 변별력을 도모하고자 한 것으로 보입니다. 그러므로 하나를 공부하더라도 제대로 정확히 알고 있어야 시험장에서 정답을 고를 수 있다는 것을 명심해야 합니다. 그렇다고 무턱대고 모든 판례와 조문을 암기할 수는 없습니다. 제11회 변시는 시효중단이나 채권자취소권 같은 주요논점은 중복해서도 물어보는 것이 특징입니다. 따라서 빈출되는 주요주제에 집중하여 철저한 대비를 한 필요가 있습니다.

(5) 제10회 총평

제10회 민법 선택형은 총 38개 문제 중 복합사례형문제가 21개로 44.7%의 출제비율을 보이고 있습니다. 따라서 단순판례지문의 암기만으로는 정답을 고르기가 쉽지 않았을 것입니다. 또한 사례 안에서 쟁점을 찾아내고 적용하는데 시간이 부족했던 수험생이 많았을 것입니다. 때문에 정확한 판례숙지 외에도 문제풀이연습을 많이 하여 시간관리에도 힘써야 할 것입니다. 다만, 지난 10년간의 기출경향을 분석하면 복합사례형의 출제비중이 유난히 높았던 경우가 연속된 적은 없습니다. 그러므로 11회 시험에 대비하기 위해서는 최근기출뿐만 아니라 기출문제 전체를 직접 풀어보고 정확한 해설로 출제된 쟁점을 숙지하는 것이 중요합니다.

(6) 제9회 총평

제9회 민사법 선택형은 전체 70문항 중 민법 35문항, 상법 19문항(통합 2~3문제 포함), 민소법 16문항(통합 5개 내외 포함) 정도로 출제되었습니다. 민소법과 상법의 경우 민법과의 통합문제의 비중이 높아 실질적으로는 민법의 비중이 압도적이라고 할 수 있었습니다. **문제 수준은 민법의 경우 8회 시험보다 복합사례형문제가 다수 출제되어 평소 사례형 지문조합형 문제를 많이 풀어보지 못한 수험생의 경우 시간이 부족했을 것**으로 생각됩니다. **판례조합형 문제의 경우에도 최신판례의 결론을 모르면 정답을 맞출 수 없는 지문조합형문제로 출제되는 경향이 발견**됩니다. 기존에는 익숙하지 않은 판례가 지문으로 출제되더라도 다른 오답지문과 비교하여 답을 바로 찾을 수 있는 경우가 많았지만, 이제는 더 이상 그러한 요령이 통하지 않게 되었습니다. **지문의 수와 길이가 길어지는 경향은 올해도 계속되었습니다.** 9회 민사법 문제지의 분량은 8회보다 한 페이지가 늘어난 19쪽에 이릅니다. 향후 변호사시험에서는 선택형 과목수가 줄어들 것으로 예상되는 만큼 민법선택형 문제의 변별력을 높이려는 시도는 계속될 것입니다. 현재도 민소법이나 상법지문의 난이도는 현상유지가 되고 있으나 **민법은 복합사례형과 지문조합형 문제가 늘어남으로서 전체 민사법 선택형의 변별력을 높이고 있습니다.** 수험생들은 이에 대비하기 위해 출제예상 법리를 숙지하여 문제파악 시간을 단축하는 훈련을 해야 할 것입니다. 예를 들어 올해 출제되지 않은 최신판례 중 기출판례와 관련되는 것은 [비교판례]나 [참고판례]로 표시하여 해설에 수록하였으니 꼭 확인하여야 합니다.

(7) 제8회 총평

제8회 민사법 선택형은 전체 70문항 중 민법 35문항, 상법 20문항(통합 2~3문제 포함), 민소법 15문항(통합 5개 내외 포함) 정도로 출제되었습니다. 상법의 출제비중이 다소 늘었으나 통합문제의 비중이 높아 실질적으로는 민법의 비중이 압도적이라고 할 수 있었습니다. **문제수준은 민소법의 경우 까다롭게 출제되었으나 민법이 상대적으로 무난했기 때문에 작년에 비해 쉬웠다고 생각됩니다.** 민법의 경우 최신판례와 어려운 판례들이 다수 출제되었으나, 오답지문과 비교하여 답을 바로 찾을 수 있는 문제가 많았습니다.

다만, **지문의 수와 길이가 길어지는 경향은 5년째 진행 중입니다.** 제7회 총평에서 강사가 "민사법 선택형 시험지는 제4회가 15.5쪽 이었고 매회 반페이지씩 늘어 7회에는 17쪽에 달했습니다."라고 했는데, 제8회 시험지의 분량 역시 강사의 예측대로 17.5쪽에 이르게 되었습니다. 지문조합형의 문제도 제7회에는 ㉠~㉢의 3가지 지문만 읽어도 되는 문제가 11개였으나 제8회에는 3개 밖에 출제되지 않았습니다. 수험생들은 이에 대비하기위해 **출제예상 판례법리를 숙지하여 문제파악 시간을 단축하는 훈련을 해야 할 것**입니다.

제8회 변호사시험의 선택형 지문 중 기존 변호사시험을 비롯한 각종 민법시험에서 기출쟁점으로 다루지 않은 쟁점과 관련된 지문은 거의 없었습니다. 수험생들은 **기출쟁점으로 검증된 중요판례를 정확히 숙지하여 시험장에서 주어진 시간 안에 정확한 답을 고를 수 있어야** 합니다. 시험장에서의 시간은 시험장까지 가기 위해 투자한 모든 시간의 합을 초월하는 가치를 가지고 있음을 명심해야 합니다.

(8) **제7회 총평**

제7회 민사법 선택형은 전체 70문항 중 민법 35문항, 상법 15문항, 민소법 14문항, 통합 6문항 정도로 출제되었습니다. 민법, 상법, 민소법의 출제비율은 작년과 비슷한 수준이지만 **문제수준은 작년에 비해 상당히 어렵게 출제**되었습니다.

우선 **지문의 길이가 길어져 문제를 파악하는데 시간이 부족했을 것**으로 보입니다. 강사가 확인한 결과 민사법 선택형 시험지는 4회가 15.5쪽 이었고 매회 반페이지씩 늘어 7회에는 17쪽에 달했습니다. 이러한 경향은 변호사시험의 경쟁률이 높아지면서 변별력을 기르기 위한 일환으로 보이며, 수험생들은 이에 대비하기위해 **출제예상 판례법리를 숙지하여 문제파악 시간을 단축하는 훈련을 해야 할 것**입니다.

특히 **'중요한 판례'는 그 법리를 정확히 숙지해야만 다양하게 변형되는 사례문제**를 제대로 풀 수 있습니다. 아울러 예년과 동일하게 지엽적인 판례나 조문을 묻는 문제는 거의 출제되지 않았습니다. 하지만 민소법과 상법에서는 평소 소홀하게 지나칠 수 있었던 주제가 출제되는 등 변별력을 높이려는 출제경향이 있었고, 이는 민법에서도 그대로 재현될 수 있는 상황이기에 주의를 요합니다. **마지막까지 기본서를 소홀히 하면 안되는 이유**가 여기에 있습니다. 또한 **제7회 변호사시험도 기존의 변호사시험과 마찬가지로 상당수 판례가 기존 변호사시험에서 출제된 판례들이었습니다.** 결국 양을 많이 늘여서 공부할 것이 아니라 1회~7회까지 기출된 판례(결국 중요판례)를 중심으로 그 외 기본서에 있는 중요판례 및 최신판례들을 단순히 '결론'을 암기하는 것을 넘어 '판례법리'를 제대로 또 정확하게 공부한다면 '같은 판례의 다른 형태의 문제'에도 제대로 대응할 수 있을 것으로 판단됩니다.

(9) **제6회 총평**

제6회 민사법 선택형의 경우 전체 70문항 중 민법 35문항, 상법 14문항, 민소법 14문항, 통합 7문항 정도로 출제비율을 맞춘 것으로 생각되는데, 민소법은 상당부분이 민법쟁점과 통합하여 출제되었으며, 그 중 4문제 정도는 민사법 전반의 통합문제로 출제되었습니다.

다만 민법 선택형은 지문도 그리 길지 않고, 다수의 판례를 결합한 복합사례형 문제도 작년에 비해 적어서 **제5회 변호사시험보다는 상대적으로 쉽게 출제**되었다고 볼 수 있습니다. 다만 민법 공부를 하면서 소홀하게 지나칠 수 있었던 사무관리와 관련된 문제가 출제된다던가, 5지 선다지문 중 지협적인 조문 문제 등이 포함되어 있어 몇몇 문제는 정답을 찾아내기가 쉽지 않았을 것으로 판단됩니다. **하지만 제6회 변호사시험도 제5회 변호사시험과 마찬가지로 상당수 판례가 기존 변호사시험에서 출제된 판례들이었습니다.** 결국 양을 많이 늘여서 공부할 것이 아니라 1회~6회까지 기출된 판례를 중심으로 그 외 기본서에 있는 중요판례 및 최신판례들을 단순히 '결론'을 암기하는 것을 넘어 '판례법리'를 제대로 또 정확하게 공부한다면 '같은 판례의 다른 형태의 문제'에도 제대로 대응할 수 있을 것으로 판단됩니다.

(10) **제5회 총평**

예년과 문제구성에서는 크게 차이가 나지 않았지만, 문제 난이도는 **4회보다는 약간 상승했다**고 할 수 있습니다. 무엇보다 **중요한 판례의 경우 단순히 판결요지를 물어보는 형태가 아니라 복**

합사례 형태로 출제되어 수험생 입장에서는 당해 판례법리를 정확히 숙지하지 못한 채 급하게 결론만 외우고 있거나 기출만 반복적으로 공부하고 기출된 판례법리를 충분히 숙지하지 못한 수험생들은 어렵게 느껴졌을 수 있을 거라 판단됩니다. 즉, **제5회 변호사시험 민법문제의 경우 상당수 내용이 변시 기출판례들이었으나 복합사례 형태로 변형해서 출제되었고 무엇보다 까다로운 사례문제 중에는 최신판례들이 몇몇 있었습니다.** 결국 양을 많이 늘여서 공부할 것이 아니라 1회~5회까지 기출된 판례의 법리를 제대로 또 정확하게 공부하고 최신 중요판례들 또한 판례의 법리를 사례문제화된 형태로 숙지할 필요가 있겠습니다.

(11) 제4회 총평

예년과 문제구성에서는 크게 차이가 나지 않았으나, 문제 난이도는 **최근 3회보다는 쉬웠다**고 할 수 있습니다. 그러나 법이론 및 주임법, 가담법, 동산채권담보법 등과 관련한 조문문제들이 다수 출제되어 수험생들 입장에서는 녹녹치 않았을 것으로 예상됩니다. 전체적으로 **복합사례형 문제가 줄어들었고 문제의 길이 및 숫자도 짧아졌을 뿐만 아니라 무엇보다 조문 및 법이론 문제가 많이 늘어난 것이 가장 큰 특징**입니다. 내년에도 이런 출제경향이 계속 이어질지는 알 수 없지만, 초기에 변호사시험이 사법시험과의 차별화 차원에서 복합사례문제가 다수 출제되고 조문, 이론문제를 소홀히 하였다면 이제는 사법시험 또한 복합사례문제가 다수 출제되고 있고 무엇보다 단순판례암기 위주의 공부에 경종을 울린다는 의미에서 앞으로도 조문, 법이론 문제는 계속해서 적지 않게 출제될 것으로 예상됩니다.

(12) 제3회 총평

예년과 문제구성에서는 크게 차이가 나지 않았습니다. 즉 민총 6문제, 채총 8문제, 채각 7문제, 물권법 10문제, 가족법 4문제로 예년과 동일하게 채권법이 다소 비중있게 출제되었지만 전체적으로 각 과목별로 균형잡힌 출제가 이루어졌습니다. 다만 예년에 비해 **단순 판례조합형의 문제보다 복합사례형의 문제와 맞는 지문을 고르는 문제가 많이 출제**되어 수험생의 입장에서는 상당히 까다로웠을 것으로 예상됩니다. 아울러 민법의 경우 조문문제가 거의 출제되지 않으나 올해에는 예상대로 개정민법의 조문을 묻는 문제가 2문제나 출제되었습니다.

(13) 제2회 총평

작년과 문제구성에서는 크게 차이가 나지 않았습니다. 즉 작년과 동일하게 채권법이 다소 비중있게 출제되었지만 전체적으로 각 과목별로 균형잡힌 출제가 이루어졌습니다. 다만 작년에 비해 **단순 판례조합형의 문제보다 복합사례형의 문제가 많이 출제**되어 수험생의 입장에서는 상당히 까다로웠을 것으로 예상됩니다.

(14) 제1회 총평

출제범위는 민총 7문제, 채총 9문제, 채각 6문제, 물권법 10문제, 가족법 3문제로 채권법이 다소 비중있게 출제되었지만 전체적으로 각 과목별로 균형잡힌 출제가 이루어졌습니다.
문제형식은 **사례형의 문제가 상당히 많이 출제된 것이 특징이나 다만 복합적이고 난해한 사례형 문제보다는 사례형식의 문제를 통해 '판례의 태도'를 물어보는 문제들이 주류**를 이루었습니다. 단순 조문문제는 거의 출제되지 않았습니다.

2. 민법 선택형 문항분석

문제형식은 사례형이지만, 각 지문내용이 별개로 판례의 결론을 물어보는 경우는 판례조합형으로 분류하였습니다.

(1) 제14회 선택형 문항분석(총 35개 문항 중 복합사례형 8개 문항으로 22.8%, 나머지는 판례지문)

	민총	채권법		물권법	친족·상속법	합계
		채권총론	채권각론			
문항수	6	9	6	10	4	35
판례조합형	3	5	1	5	1	15
복합사례형	1	2	1	2	2	8
통합형	2	2	4	3	1	12

(2) 제13회 선택형 문항분석(총 35개 문항 중 복합사례형 8개 문항으로 22.8%, 나머지는 판례지문)

	민총	채권법		물권법	친족·상속법	합계
		채권총론	채권각론			
문항수	6	9	5	11	4	35
판례조합형	4	5	3	4	3	19
복합사례형	1	1	1	4	1	8
통합형	1	3	1	3	0	8

(3) 제12회 선택형 문항분석(총 41개 문항 중 복합사례형 11개 문항으로 26.8%, 나머지는 판례지문)

	민총	채권법		물권법	친족·상속법	합계
		채권총론	채권각론			
문항수	7	7	11	10	6	41
판례조합형	5	4	7	4	5	25
복합사례형	2	2	2	4	1	11
통합형	0	1	2	2	0	5

(4) 제11회 선택형 문항분석(총 39개 문항 중 복합사례형 8개 문항으로 20.5%, 나머지는 판례지문)

	민총	채권법		물권법	친족·상속법	합계
		채권총론	채권각론			
문항수	10	9	8	10	2	39
판례조합형	8	7	8	8	2	31
복합사례형	2	2	0	2	2	8
통합형	3	0	1	2	0	6

(5) 제10회 선택형 문항분석(총 38개 문항 중 복합사례형 17개 문항으로 44.7%, 나머지는 판례지문)

	민총	채권법		물권법	친족·상속법	합계
		채권총론	채권각론			
문항수	9	10	6	10	3	38
판례조합형	6	5	2	6	2	21
복합사례형	3	5	4	4	1	17
통합형	1	0	0	1	0	2

(6) 제9회 선택형 문항분석(총 41개 문항 중 복합사례형 12개 문항으로 29.2%, 나머지는 판례지문)

	민총	채권법		물권법	친족·상속법	합계
		채권총론	채권각론			
문항수	8	13	5	11	4	41
판례조합형	4	9	4	4	3	24
복합사례형	2	1	1	6	1	11
통합형	2	3	0	1	0	6

(7) 제8회 선택형 문항분석(총 40개 문항 중 복합사례형 10개 문항으로 25%, 나머지는 판례지문)

	민총	채권법		물권법	친족·상속법	합계
		채권총론	채권각론			
문항수	5	11	6	13	5	40
판례조합형	5	7	2	7	4	25
복합사례형	0	4	2	3	1	10
통합형	0	0	2	3	0	5

(8) 제7회 선택형 문항분석(총 40개 문항 중 복합사례형 16개 문항으로 40%, 나머지는 판례지문)

	민총	채권법		물권법	친족·상속법	합계
		채권총론	채권각론			
문항수	8	10	7	11	4	40
판례조합형	7	7	5	1	3	23
복합사례형	1	2	2	10	1	16
통합형	0	1	0	0	0	1

(9) 제6회 선택형 문항분석(조문 및 이론 지문은 판례조합형에 포함)

	민총	채권법		물권법	친족·상속법	합계
		채권총론	채권각론			
문항수	5	10	7	8	5	35
판례조합형	5	5	6	3	4	23
복합사례형	0	5	1	2	1	9
통합형	0	0	0	3	0	3

(10) 제5회 선택형 문항분석(총 195지문 중 복합사례형 21개 지문으로 54%, 나머지는 판례지문)

	민총	채권법		물권법	친족·상속법	합계
		채권총론	채권각론			
문항수	6	12	7	11	4	39
판례조합형	4	8	2	1	2	17
복합사례형	2	3	4	10	2	21
통합형	0	1	1	0	0	2

(11) 제4회 선택형 문항분석(총 146지문 중 조문, 학설, 법이론이 24개 지문으로 16.4%, 나머지는 판례지문)

	민총	채권법		물권법	친족·상속법	합계
		채권총론	채권각론			
문항수	6	10	6	9	4	35
판례조합형	4	6	4	6	3	23
조문, 이론형	1	1	0	1	1	4
복합사례형	1	3	2	2	0	8
통합형	1	1	1	0	1	4

(12) 제3회 선택형 문항분석

	민총	채권법		물권법	친족·상속법	합계
		채권총론	채권각론			
문항수	6	8	7	10	4	35
판례조합형	2	0	1	2	2	7
복합사례형	2	6	6	7	1	22
통합형	2	0	0	1	1	2

(13) 제2회 선택형 문항분석

	민총	채권법		물권법	친족·상속법	합계
		채권총론	채권각론			
문항수	6	9	6	10	4	35
판례조합형	5	4	5	0	0	14
복합사례형	1	5	1	10	4	21
통합형	1	0	1	1	0	3

(14) 제1회 선택형 문항분석

	민총	채권법		물권법	친족·상속법	합계
		채권총론	채권각론			
문항수	7	9	6	10	3	35
판례조합형	4	4	4	5	2	19
복합사례형	3	5	2	5	1	16
통합형	0	0	2	0	1	3

3. 제1회~제14회 민법 지문 주제별 분석

제1편 민법총칙

목 차			쟁 점
서론	민법의 법원	총설	
		관습법	
법률 관계	법률관계	요건사실과 증명책임	
		권리의 경합	
	신의성실의 원칙		권리남용(사례)
권리의 주체	자연인	자연인의 권리능력 총설	
		태아의 권리능력	
		자연인의 행위능력 (미성년자에 집중)	미성년자(6번 기출 ; 개정조문, 판례) 후견제도(2번 기출 ; 개정조문, 판례)
		부재자 재산관리	
		실종선고 및 실종선고의 취소	
	법 인	법인	**법인**(13번 기출 ; 권리능력 없는 사단 판례문제 3번, 법인일반 사례문제, 재단법인 출연재산의 귀속시기 관련 학설문제, 법인의 대표자의 법률행위 판례문제)
		권리능력 없는 사단 · 재단	
권리 변동	법률행위의 목적	선량한 풍속 기타 사회질서	부동산 이중매매(2번 기출 ; 사례)
		불공정한 법률행위	제104조(판례)
	의사표시	비진의 표시	흠 있는 의사표시 전반(판례)
		통정한 허위의 의사표시	**통정허위표시**(6번 기출 ; 제108조 2항의 제3자 범위가 주로 출제)
		착오에 의한 의사표시	착오(5번 기출 ; 판례, 사기 · 해제 · 담보책임과의 경합)
		사기 혹은 강박에 의한 의사표시	사기(3번 기출 ; 판례)
		의사표시의 효력발생	의사표시의 흠결 전반(2번 기출 ; 판례)
	법률행위의 대리	대리일반 표현대리 무권대리	**대리**(13번 기출 ; 준사례형 판례지문이 주로 출제),
			무효행위와 무권대리의 추인(4번 기출 ; 조문 및 판례),
	법률행위의 무효와 취소	법률행위의 무효	무권리자 처분행위와 타인권리매매(2번 기출 ; 판례, 복합사례), 무효(4번 기출 ; 판례), 국토계획법(사례), 무효행위의 전환(판례)
		법률행위의 취소	취소(2번 기출 ; 조문 및 판례)
	법률행위의 부관	조건부 법률행위	조건 또는 기한(4번 기출 ; 조문 및 판례)
		기한부 법률행위	
소멸 시효	총 설		**소멸시효**(18번 기출 ; 판례조합형 또는 복합사례형, 시효중단과 시효이익포기의 효과문제가 주로 출제)
	소멸시효의 요건		
	소멸시효의 중단과 정지		
	소멸시효완성의 효과		

제2편 채권총론

목 차			쟁 점
채권의 목적	특정물채권		채권의 목적(2번 기출 : 판례)
	종류채권		
	금전채권		금전채권 및 지체책임(판례)
	이자채권		
	선택채권		
채권의 효력	채무불이행	채무불이행의 일반적 요건	
		이행보조자의 고의·과실	
		이행지체	기한이익상실(판례), **이행지체**(7번 기출 ; 판례)
		이행불능	이행불능(2번 기출 ; 판례), 대상청구권(판례)
		이행거절	
		불완전이행	보호의무(판례)
	채무불이행의 효과(주로 손해배상)		통상손해와 특별손해(2번 기출 ; 판례), 손해액의 산정시점(3번 기출 ; 판례), 손해배상액의 예정과 위약벌(6번 기출, 판례), 대상청구권(복합사례)
	채권자지체		채권자지체(조문)
대외적 효력	책임재산의 보전	채권자대위권	**채권자대위권**(10번 기출 ; 판례 및 복합사례)
		채권자취소권	**채권자취소권**(19번 기출 ; 대부분 복합사례)
	제3자에 의한 채권침해		
수인의 채권자 및 채무자	분할채권(채무)관계		
	불가분채권관계		불가분채권 · 채무관계(판례)
	연대채무		연대채무 및 부진정연대채무(6번 기출 ; 판례)
	부진정연대채무		
	보증채무		**보증채무**(10번 기출 ; 판례 및 복합사례 10회 1번)
	연대보증		
	계속적 보증		
채권양도			**채권양도**(13번 기출 ; 대부분 복합사례)
채무인수			채무인수(5번 기출 ; 복합사례), 이행인수(판례), 계약인수(판례)
채권의 소멸	변 제	변제일반	변제일반(3번 기출 ; 판례)
		변제충당	**변제충당**(7번 기출, 판례, 복합사례)
		변제자대위	**변제자대위**(7번 기출 ; 대부분 복합사례)
	대물변제		
	변제공탁		공탁(판례)
	상 계		상계(7번 기출 ; 판례 및 복합사례)
	경 개		
	혼 동		

제3편 채권각론

목 차		쟁 점
계약 총론	계약의 성립	
	계약체결상의 과실책임	
계약의 효력	동시이행의 항변권	동시이행의 항변권(4번 기출 ; 판례)
	위험부담	대가위험부담(복합사례)
	제3자를 위한 계약	제3자를 위한 계약(2번 기출 ; 판례 및 복합사례)
	계약의 해제(해지)	**계약해제**(12번 기출 ; 대부분 복합사례 11회)
각종의 계약	증 여	
	매 매	매매예약 완결권(2번 기출 ; 판례), 매도인의 과실수취권(판례), 매도인의 담보책임(4번 기출 ; 판례), 매매일반(3번 기출 ; 복합사례)
	교 환	
	소비대차	
	사용대차	
	임대차	**임대차**(16번 기출, 판례 및 복합사례)
	고 용	
	도 급	도급(4번 기출 ; 사례 및 판례)
	여행계약	
	현상광고	
	위 임	
	임 치	예금계약(2번 기출 ; 판례)
	조 합	조합(5번 기출 ; 조문, 판례)
	종신정기금	
	화 해	
사무관리		사무관리(조문, 판례)
부당이득		**부당이득일반**(12번 기출, 판례 및 복합사례)
불법행위책임		**불법행위책임**(12번 기출, 판례 및 공동불법행위책임 관련 복합사례), 의사의 설명의무(판례), 과실상계(3번 기출 ; 판례)

제4편 물권법

<table>
<tr><th colspan="3">목 차</th><th>쟁 점</th></tr>
<tr><td rowspan="4">물권법 서론</td><td colspan="2">물권의 본질</td><td>물권일반(2번 기출 ; 복합사례, 법이론 및 판례)
분묘(1번 기출 ; 판례)</td></tr>
<tr><td rowspan="2">물권의 객체</td><td>물 건</td><td>부합(2번 기출 ; 복합사례)</td></tr>
<tr><td>주물과 종물</td><td>부합과 종물(복합사례)</td></tr>
<tr><td colspan="2">물권적 청구권(물권의 효력)</td><td>등기청구권(9번 기출 ; 복합사례)</td></tr>
<tr><td rowspan="6">물권의 변동</td><td colspan="2">부동산물권의 변동과 등기</td><td>중복등기와 취득시효(2번 기출 ; 사례), 등기의 추정력(3번 기출 ; 판례), 중간생략등기의 효력(판례), 미등기 건물에 대한 효력(판례), 가등기의 효력(판례), 무효등기 유용(2번 기출 : 사례), 경정등기(판례)</td></tr>
<tr><td colspan="2">법률행위에 의하지 않은 부동산물권변동(제187조)</td><td></td></tr>
<tr><td rowspan="2">동산물권의 변동</td><td>권리자로부터의 취득</td><td></td></tr>
<tr><td>무권리자로부터의 취득 : 선의취득</td><td>선의취득(2번 기출 ; 복합사례)</td></tr>
<tr><td colspan="2">입목등기와 명인방법에 의한 물권변동</td><td></td></tr>
<tr><td colspan="2">물권의 소멸 : 혼동</td><td></td></tr>
<tr><td rowspan="7">기본물권</td><td colspan="2">점유권</td><td>점유권(5번 기출 ; 조문, 판례)</td></tr>
<tr><td rowspan="6">소유권</td><td>부동산 소유권의 범위</td><td>주위토지통행권(2번 기출 : 판례)</td></tr>
<tr><td>소유권의 취득(취득시효)</td><td>취득시효(12번 기출 ; 복합사례 및 판례)</td></tr>
<tr><td>소유권에 기한 물권적 청구권</td><td></td></tr>
<tr><td>공동소유</td><td>공유(12번 기출 ; 준사례형 판례지문이 주로 출제, 구분소유적 공유 포함), 공동소유 전반(2번 기출 ; 판례), 합유(판례)</td></tr>
<tr><td>명의신탁</td><td>명의신탁(9번 기출 ; 부실법 복합사례)</td></tr>
<tr><td colspan="2"></td></tr>
<tr><td rowspan="3">용익물권</td><td colspan="2">지상권</td><td>담보지상권(판례)
관법지 및 제366조의 법정지상권(10번 기출 ; 복합사례)</td></tr>
<tr><td colspan="2">지역권</td><td></td></tr>
<tr><td colspan="2">전세권</td><td>전세권(7번 기출 ; 조문 및 판례, 전세권저당권자의 전세금반환채권에 대한 물상대위권 행사 사례), 전세권저당권(3번 기출 ; 사례)</td></tr>
<tr><td rowspan="4">담보물권</td><td colspan="2">유치권</td><td>유치권(12번 기출 ; 경매, 도급계약 복합사례)</td></tr>
<tr><td colspan="2">질 권</td><td>질권(3번 기출 ; 채권질권 판례 · 사례)</td></tr>
<tr><td colspan="2">저당권</td><td>저당권(19번 기출 ; 근저당 또는 공동저당권 관련 복합사례 다수 출제)</td></tr>
<tr><td colspan="2">비전형담보물권</td><td>비전형담보(11번 기출 ; 가담법이나 동산채권담보법 조문 또는 관례 판례, 동산양도담보의 경우 복합사례)</td></tr>
</table>

제5편 친족 · 상속법

목 차			쟁 점
친족법	총 설		가사소송(조문 및 판례)
	가 족		
	혼 인	약 혼	
		혼인의 성립	
		혼인의 무효, 취소	
		혼인의 효과	
		이혼(주로 재산분할)	이혼(8번 기출, 재산분할청구권과 관련한 복합사례가 다수)
		사실혼	
	부모와 자	친생자	친생부인의 소와 친생자관계존부확인의 소(3번 기출 : 조문, 판례), 허위의 친생자출생신고(사례), 인지(사례)
		양 자	양자입양(판례), 친양자입양(개정조문)
		부 양	부양(4번 기출 ; 조문 및 판례)
		친 권	이해상반행위(판례)
		후 견	후견인(2번 기출 : 개정조문, 최신판례)
상속법	상 속	총 설	
		상속인	상속인 확정 및 상속분 계산(4번 기출)
		상속회복청구권	상속회복청구권(4번 기출 ; 판례)
		상속재산의 분할	상속재산분할(3번 기출 ; 사례), 특별수익과 기여분(판례)
		상속의 승인과 포기	상속포기(3번 기출 ; 판례), 한정승인(2번 기출 : 복합사례)
	유언 및 유류분	유 언	유언(조문 및 판례), 사인증여와 유증(2번 기출 : 판례)
		유류분	유류분(3번 기출 ; 조문 및 판례)

4. 민법 선택형 출제경향에 부합한 실천적 공부방법론

(1) 선택형 정복을 위해 객관식 문제집을 많이 풀어야 하는가?

대체적으로 선택형에 약한 수험생들을 보면 객관식 문제집을 많이 풀지 않아서라기 보다 **반복적으로 읽어 나간 단권화된 책이 없기 때문**인 경우가 많다. 특히 민법의 경우가 그러하다. 즉, **객관식 문제에 대한 적응력의 문제라기 보다는 중요판례법리가 제대로 숙지되어 있지 못하기 때문**인 경우가 많다. 따라서 선택형 문제에 약하다고 해서 무작정 선택형 문제집을 많이 풀다고 해결될 것은 아니다. 즉, 본인의 약점이 ① 선택형 문제에 대한 순발력 등 적응력 부족이라면 모의고사 응시나 선택형 문제집 풀이를 통해 약점을 보완해야 하겠지만 ② 중요판례법리 숙지 및 단권화 과정이 제대로 되어 있지 못한 이유라면 오히려 '기본서의 반복'을 통해 충분히 판례법리를 숙지하는데에 집중할 필요가 있다. 느린 것 같아도 궁극적으로는 이 방법이 객관식 점수를 제대로 올릴 수 있는 방법이다.

(2) 선택형 기출문제집을 어떻게 활용해야 하는가?

변호사시험 선택형의 경우 그 역사가 오래되지 않았음에도 기출문제가 반복해서 출제되는 까닭에 다들 기출문제집으로 공부는 하지만 막상 기출문제가 출제됨에도 틀리는 경우가 비일비재하다. 이는 **기출문제집으로 기출문제를 공부한 것이지 기출된 판례법리를 제대로 공부하지 않은 이유**이다. 따라서 반복적으로 출제되는 판례들은 가급적 **'기본서'를 통해서 충분히 판례법리를 공부할 필요**가 있다. 이러한 **빈출 객관식 판례는 결국 사례형에서도 출제될 가능성이 아주 높기 때문**이다. 결국 객관식 공부가 주관식 공부가 되도록 해야 한다.

(3) OX문제집 vs 5지 선다형 문제집, 사법시험 기출 vs 법전협 기출

기본서 단권화 과정 때(최소 2회독 이후 과정)에는 얇은 OX (기출)문제집과 병행하는 것이 효과적이고, 문제에 대한 적응력을 키우기 위해서는 5지 선다형 문제집이 OX문제집 보다는 낫다. 민사소송법의 경우는 변호사시험 수준에 비견되는 다른 선택형 국가시험이 없기 때문에 변호사시험 기출과 함께 법학전문대학원 모의고사 기출도 모두 확인할 필요가 있다. 그러나 민법의 경우 법전협 모의고사의 문제가 그리 매끄러운 편만은 아닌지라 최근 5년치 사법시험 기출을 풀어보는 것이 오히려 실력향상에는 도움이 될 것이다. 단, 법전협 모의고사 최근 3년치 선택형 기출은 의미 있다고 생각된다.

목 차

※ 본문 내 목차인 편, 장, 절, 관은 '민법의 맥' 기본서 목차에 따랐습니다. 따라서 기출이 없는 절, 관은 별도로 표시하지 않았습니다.

※ 제12회 변호사시험 기출문제는 번호(민총 A-1, 채총 B-1, 채각 C-1, 물권 D-1, 친상 E-1 등)가 별도로 부여되었습니다.

※ 1회~14회 변호사시험 기출해설특강은 해커스변호사(law.hackers.com)에서 수강하실 수 있습니다.

변호사시험 기출

민 법
[선택형]
기출문제

❶ 민 법

민법총칙

제1장 민법 서론
제2장 법률관계와 권리의무

문 1 **A 회사는 토지 소유자인 乙의 동의 없이 그 토지의 상공에 고압송전선이 통과하도록 시설을 설치하여 사용하고 있으며, 甲은 이러한 사실을 알면서 乙로부터 그 토지를 매수하여 소유권이전등기를 경료하고 이를 농지로 이용하고 있다. 甲이 토지를 취득한 때부터 13년이 경과한 시점에 A 회사를 상대로 송전선의 철거를 구하고자 한다. 이와 관련한 법률관계에 대한 설명으로 옳지 않은 것은?**(다툼이 있는 경우 판례에 의함) [변시 3회]

① 甲이 송전선의 철거를 구하는 것은 소유권에 기한 물권적 청구권을 행사는 것이므로 소멸시효에 걸리지 않는다.
② 甲이 송전선이 토지 위를 통과하고 있다는 점을 알고서 토지를 취득하였다고 하여 그 토지에 대한 소유권의 행사가 제한된 상태를 용인하였다고 할 수 없으므로, 甲이 송전선 철거를 구하는 것은 신의성실의 원칙에 반하지 않는다.
③ 甲의 권리행사에 실효의 법리를 적용하기 위해서는 종전 토지 소유인인 乙이 자신의 권리를 행사하지 아니하였다는 사정을 고려하여 판단하여야 한다.
④ 甲의 권리행사가 권리남용에 해당하기 위해서는 그러한 권리행사가 주관적으로 그 목적이 오로지 상대방에게 고통을 주고 손해를 입히려는 데 있을 뿐만 아니라 객관적으로는 사회질서에 위반된 것으로 인정되어야 한다.
⑤ 甲이 송전선의 철거를 구하는 소송을 제기한 경우, 법원은 A회사의 주장이 없더라도 甲의 청구가 권리남용에 해당하는지 여부를 직권으로 판단할 수 있다.

해 설 ※ 위 문제는 대판 1996.5.14. 94다54283 ; 대판 1995.8.25. 94다27069 판례를 기초로 한 사례이다.

① [○] 소유권은 제162조에 의해 소멸시효에 걸리지 않는다. 그리고 통설은 소유권의 절대성과 항구성을 이유로 소유권은 물론 소유권에 기한 물권적 청구권도 소멸시효에 걸리지 않는다고 본다. 判例도 동일하다(아래 80다2968 등)

관련판례 "합의해제에 따른 매도인의 원상회복청구권은 소유권에 기한 물권적 청구권이라 할 것이고, 따라서 이는 소멸시효의 대상이 아니다"(대판 1982.7.27. 80다2968)

② [○] "송전선이 토지 위를 통과하고 있다는 점을 알고서 토지를 취득하였다고 하여 그 취득자가 그 소유 토지에 대한 소유권의 행사가 제한된 상태를 용인하였다고 할 수 없으므로, 그 취득자의 송전선 철거 청구 등 권리행사가 신의성실의 원칙에 반하지 않는다"(대판 1995.8.25. 94다27069).

③ [X] "실효의 원칙이라 함은 권리자가 장기간에 걸쳐 그 권리를 행사하지 아니함에 따라 그 의무자인 상대방이 더 이상 권리자가 그 권리를 행사하지 아니할 것으로 신뢰할 만한 정당한 기대를 가지게 되는 경우에 새삼스럽게 권리자가 그 권리를 행사하는 것은 법질서 전체를 지배하는 신의성실의 원칙에 위반되어 허용되지 않는다는 것을 의미하는 것이므로, **종전 토지 소유자가 자신의 권리를 행사하지 않았다는 사정은 그 토지의 소유권을 적법하게 취득한 새로운 권리자에게 실효의 원칙을 적용함에 있어서 고려하여야 할 것은 아니다**"(대판 1995.8.25. 94다27069)

④ [O] "주관적으로는 그 목적이 오직 상대방에게 고통을 주고 손해를 입히려는 데 있고, 객관적으로는 사회질서에 위반된 것이어서 권리남용에 해당한다"(대판 1999.9.7. 99다27613 등). ☞ 즉, 判例는 일관된 입장을 보이고 있지 않으나 기본적으로 주관적 요건(가해의사 ; 상대방에게 고통을 주고 손해를 입히려는 의사)을 고려하여 판단한다(위 99다27613판결 등). 다만 최근에는 "주관적 요건은 권리자의 정당한 이익 결여라는 객관적 사정에 의하여 추인될 수 있다"(대판 1993.5.14. 93다4366 등 ; 이 사안에서 判例는 원고가 이 사건 건물철거소송에 이른 사정, 계쟁토지가 0.3㎡에 불과한 점, 피고 건물의 철거에 상당한 비용이 들고 철거 후에도 잔존 2층 건물의 효용이 크게 감소되리라는 점 등에 비추어 원고의 청구가 떳떳한 권리행사라고는 보여지지 않는다고 판단하였다)라고 판시함으로써 주관적 요건을 완화하는 경향이다.

⑤ [O] 신의성실의 원칙은 강행법규적 성질을 가지므로 당사자의 주장이 없더라도 법원이 직권으로 그 위반 여부를 판단할 수 있다(대판 1995.12.22. 94다42129).

[정답] ③

제3장 권리의 주체

제2절 자연인

제3관 자연인의 행위능력

문2 미성년자에 관한 설명 중 옳은 것을 모두 고른 것은? (다툼이 있는 경우 판례에 의함) [변시 14회]

ㄱ. 「민법」 제921조에 따라 미성년자의 법정대리인으로 특별대리인을 선임하는 경우에 법원은 특별대리인이 처리할 법률행위를 특정하여 이를 심판 주문에 표시하는 것이 원칙이다.

ㄴ. 법정대리인이 미성년자에게 특정한 영업을 허락한 경우에 법정대리인은 그 허락을 취소할 수 없다.

ㄷ. 미성년자가 법률행위 당시 상대방에 대하여 자신을 단지 성년자라고만 말하였을 뿐 적극적으로 속임수를 사용하지는 않았다면 미성년자는 그 법률행위를 취소할 수 있다.

ㄹ. 미성년자의 법정대리인으로 미성년후견인을 두는 경우에 미성년자의 이익을 위하여 여러 명의 미성년후견인을 둘 수 있다.

ㅁ. 미성년자가 성폭력을 당한 경우에 이로 인한 손해배상청구권의 소멸시효는 그가 성년이 될 때까지 진행하지 않는다.

① ㄱ, ㄴ, ㅁ
② ㄱ, ㄷ, ㄹ
③ ㄱ, ㄷ, ㅁ
④ ㄴ, ㄷ, ㄹ
⑤ ㄴ, ㄹ, ㅁ

해설 ㄱ.[○] "민법 제921조의 특별대리인 제도는 친권의 남용을 방지하고 미성년인 자의 이익을 보호하려는 데 그 취지가 있으므로, 특별대리인은 이해가 상반되는 특정의 법률행위에 관하여 개별적으로 선임되어야 한다. 따라서 특별대리인선임신청서에는 선임되는 특별대리인이 처리할 법률행위를 특정하여 적시하여야 하고 법원도 그 선임 심판시에 특별대리인이 처리할 법률행위를 특정하여 이를 심판의 주문에 표시하는 것이 원칙이며, 특별대리인에게 미성년자가 하여야 할 법률행위를 무엇이든지 처리할 수 있도록 포괄적으로 권한을 수여하는 심판을 할 수는 없다"(대판 1996.4.9. 96다1139).

ㄴ. [×] 법정대리인은 필요하면 제한능력자를 보호하기 위해 영업의 허락을 취소·제한할 수 있다. 다만, 영업의 취소·제한 모두 실질적으로 철회에 해당하므로 그 효력은 장래를 향하여 발생한다. 그리고 영업허락의 취소나 제한은 미성년자와 거래한 선의의 제3자에게는 대항하지 못한다(제8조 2항)

ㄷ. [○] 제한능력자가 속임수로써 자기를 능력자로 믿게 한 경우에는 그 행위를 취소할 수 없다(제17조 1항).

'성년자로 군대에 갔다 왔다'고 말하거나, '자기가 사장이라고 말한 것'만 가지고는 속임수(개정 전 민법은 '사술'이라는 표현을 쓰고 있었다)이라고 할 수 없고(대판 1955.3.31. 4287민상77 ; 대판 1971.12.14. 71다2045), 생년월일을 허위로 기재한 인감증명을 제시하는 등의 '적극적인 사기수단'을 써야 속임수에 해당한다고 판시하여 협의설(적극설)의 입장을 취하고 있다(대판 1971.6.22. 71다940).

ㄹ. [X] 성년후견인은 피성년후견인의 신상과 재산에 관한 모든 사정을 고려하여 '여러 명'을 둘 수 있으나(제930조 2항), 미성년후견인의 수는 '한 명'으로 제한하고 있다(제930조 1항)

ㅁ. [○] 불법행위의 피해자가 미성년자로 행위능력이 제한된 자인 경우에는 그 법정대리인이 손해 및 가해자를 알아야 소멸시효가 진행한다(대판 2010.2.11. 2009다79897).
다만 미성년자가 성폭력, 성추행, 성희롱, 그 밖의 성적(性的) 침해를 당한 경우에 이로 인한 손해배상청구권의 소멸시효는 그가 성년이 될 때까지는 진행되지 아니한다(제766조 3항, 2020.10.20. 신설)

[정답] ③

문 3 미성년자에 관련된 설명 중 옳지 않은 것을 모두 고른 것은? [변시 3회]

ㄱ. 법정대리인이 재산의 범위를 정하여 미성년자에게 처분을 허락하였다면, 법정대리인은 그 재산의 처분에 관하여 스스로 유효한 대리행위를 할 수 없다.
ㄴ. 법정대리인이 미성년자에게 영업의 종류를 특정하여 영업을 허락하였다면, 법정대리인은 허락한 영업과 관련된 행위를 스스로 대리할 수 없다.
ㄷ. 피후견인의 신상과 재산에 관한 모든 사정을 고려하여, 성년후견인과 마찬가지로 미성년후견인도 여러 명 둘 수 있다.
ㄹ. 후견인과 피후견인 미성년자 사이에 이해상반되는 행위를 하는 경우, 후견감독인이 선임된 때에도 후견인은 특별대리인의 선임을 청구하여야 한다.
ㅁ. 제한능력자가 속임수로써 법정대리인의 동의가 있는 것으로 믿게 하여 법률행위를 한 경우, 그 행위를 취소할 수 없다.

① ㄱ, ㄴ, ㄷ
② ㄱ, ㄷ, ㅁ
③ ㄱ, ㄹ, ㅁ
④ ㄱ, ㄷ, ㄹ, ㅁ
⑤ ㄴ, ㄷ, ㄹ, ㅁ

해설 ㄱ. [X] 법정대리인이 범위를 정하여 처분을 허락한 재산은 미성년자가 임의로 처분할 수 있다(제6조). 법정대리인의 허락이 있다고 하여 미성년자가 성년자로 되는 것은 아니므로, 법정대리인 스스로 대리행위를 할 수 있다.

ㄴ. [○] 미성년자가 법정대리인으로부터 허락을 얻은 특정한 영업에 관하여 **성년자와 동일한 행위능력이 있다**(제8조 1항). 따라서 당해 영업과 관련하여서는 법정대리인의 대리권도 소멸한다.

ㄷ. [×] 미성년자에게 친권자가 없거나, 친권자가 법률행위의 대리권과 재산관리권을 행사할 수 없는 경우에는 미성년후견인을 두어야 한다(제928조). **미성년후견인의 수는 한 명으로 하고**(제930조 1항), 피후견인의 법정대리인이 된다(제938조 1항).

ㄹ. [×] 미성년자에게 친권자가 없어 후견인이 선임된 경우에도 제921조(이해상반행위)는 준용된다. 다만 후견감독인이 선임된 경우에는, 그가 피후견인(미성년자)을 대리하여 특별대리인의 역할을 수행할 것이므로 특별대리인을 따로 선임할 필요는 없다(제940조의6 3항, 제949조의3).

ㅁ. [×] **제17조(제한능력자의 속임수)** 「① 제한능력자가 속임수로써 자기를 능력자로 믿게 한 경우에는 그 행위를 취소할 수 없다. ② 미성년자나 피한정후견인이 속임수로써 법정대리인의 동의가 있는 것으로 믿게 한 경우에도 제1항과 같다.」
☞ 따라서 피성년후견인의 법률행위는 원칙적으로 취소할 수 있으므로(제10조 1항), 그가 속임수로써 법정대리인의 동의가 있는 것으로 믿게 하더라도 제17조 2항은 적용되지 않는다. 그러나 피성년후견인이 속임수로써 능력자로 믿게 한 때에는 제17조 1항이 적용된다.

[정답] ④

문4 **미성년자에 관한 설명 중 옳지 않은 것은?** (각 지문은 독립적이며, 다툼이 있는 경우 판례에 의함) [변시 7회]

① 미성년자 甲이 법정대리인 乙의 동의 없이 신용카드회사 丙과 신용카드 이용계약을 체결하고 그 카드를 이용하여 丁으로부터 구입한 물품의 대금을 丙이 지급한 이후에 甲이 丙과의 신용카드 이용계약을 취소하더라도 이는 신의칙에 위배되지 않으며, 이 경우 甲이 丁과의 매매계약을 취소하지 않고 위 물품을 모두 소비하였다면 더 이상 현존이익이 존재하지 않으므로 甲은 丙에게 부당이득반환의무를 부담하지 않는다.

② 미성년자 甲 소유의 부동산에 관해 증여를 원인으로 하여 甲의 친권자 乙 명의의 소유권이전등기가 경료된 경우에는, 이를 위해 필요한 특별대리인 선임이 있었던 것으로 추정된다.

③ 공동상속인인 친권자가 다른 공동상속인인 수인의 미성년자의 법정대리인인 경우, 그 친권자의 대리행위에 의하여 성립된 상속재산분할협의는 공동상속인인 수인의 미성년자 전원에 의한 적법한 추인이 없는 한 무효이다.

④ 미성년자 甲 소유의 부동산에 대해 법정대리인 乙이 자신의 유흥비를 마련하기 위해 시세보다 훨씬 저렴한 가격으로 甲을 대리하여 丙과 매매계약을 체결한 경우, 丙이 그러한 사정을 알았거나 알 수 있었다면 그 매매계약의 효력은 甲에게 미치지 않는다.

⑤ 미성년자 甲이 불법행위의 피해자인 경우에는 다른 특별한 사정이 없는 한 甲의 법정대리인 乙이 甲의 손해 및 그에 대한 가해자를 알아야 甲의 손해배상청구권의 소멸시효가 진행한다.

해설 ① [X] ※ 신용카드이용계약 및 신용구매계약에 있어 미성년자의 법률행위

判例는 "미성년자의 법률행위에 법정대리인의 동의를 요하도록 하는 것은 강행규정이므로 법정대리인의 동의 없이 신용구매계약을 체결한 미성년자가 나중에 법정대리인의 동의 없음을 이유로 취소하는 것은 금반언에 반하지 않으므로 허용된다"(제5조 2항)(대판 2007.11.16. 2005다71659)고 한다. 다만 제17조의 속임수를 쓴 경우는 취소권이 배제된다.

☞ 따라서 사안에서 甲이 丙과의 신용카드 이용계약을 취소하더다도 이는 신의칙(금반언)에 위배되지 않는다.

判例는 신용카드이용계약이 제한능력을 이유로 취소되는 경우, 제한능력자가 반환하여야 할 부당이득반환의 대상은 신용카드가맹점과의 거래계약을 통하여 취득한 물품이 아니라 신용카드사가 가맹점에 대신 지급함으로써 '면제받은 물품대금채무 상당액'이고, 그와 같은 이익은 금전상의 이익으로 다른 특별한 사정이 없는 한 현존하고 있는 것으로 추정된다고 한다(대판 2005.4.15. 2003다60297 등).

☞ 따라서 사안에서 甲이 丁과의 매매계약을 취소하지 않고 위 물품을 모두 소비하였더라도, 甲은 丙에게 丙이 丁에게 지급한 물품의 대금을 부당이득으로 반환해야 한다.

② [O] ※ 등기의 추정력 – 절차의 적법추정

"전 등기명의인이 미성년자이고 당해 부동산을 친권자에게 증여하는 행위가 이해상반행위라면, 일단 친권자에게 이전등기가 마쳐졌더라도 그 이전등기에 관하여 필요한 절차를 적법하게 거친 것으로 추정된다"(대판 2002.2.5. 2001다72029)

③ [O] ※ 친권자와 그 자간 또는 수인의 자간의 이해상반행위

判例는 "제921조 1항의 이해상반행위란 행위의 객관적 성질상 친권자와 子 사이에 이해의 대립이 생길 우려가 있는 행위를 가리키는 것으로서 친권자의 의도나 그 행위의 결과로 실질적 이해의 대립이 생겼는가의 여부는 묻지 아니하는 것이라"(대판 1991.11.26. 91다32466)고 하여 형식적 판단설의 입장인바, "공동상속재산분할협의는 그 행위의 객관적 성질상 상속인 상호간에 이해의 대립이 생길 우려가 있는 행위라고 할 것이므로 공동상속인인 친권자와 미성년인 수인의 자 사이에 상속재산분할협의를 하게 되는 경우에는 미성년자 각자마다 특별대리인을 선임하여 그 각 특별대리인이 각 미성년자인 자를 대리하여 상속재산분할의 협의를 하여야 하고 만약 친권자가 수인의 미성년자의 법정대리인으로서 상속재산분할협의를 한 것이라면 이는 민법 제921조에 위반된 것으로서 이러한 대리행위에 의하여 성립된 상속재산분할협의는 피대리자 전원에 의한 추인이 없는 한 무효"(대판 1993.4.13. 92다54524)라고 판시하고 있다.

④ [O] ※ 친권의 남용

친권자의 친권행사도 일종의 법정대리권의 행사인 이상 대리권 남용이론이 동일하게 적용되어야 하며, 단지 친권의 상실제도(제924조 이하)가 있다는 특수성이 있을 뿐이다. 최근에 대법원도 "법정대리인인 친권자의 대리행위가 객관적으로 볼 때 미성년자 본인에게는 경제적인 손실만을 초래하는 반면, 친권자나 제3자에게는 경제적인 이익을 가져오는 행위이고, 그 행위의 상대방이 이러한 사실을 알았거나 알 수 있었을 때에는, 민법 제107조 제1항 단서의 규정을 유추적용하여 그 행위의 효과는 자(子)에게는 미치지 않는다고 해석함이 상당하다"(대판 2011.12.22. 2011다64669)고 하여, 친권의 남용에도 임의대리권의 남용에 관한 논의를 적용할 수 있음을 분명히 하였다.

☞ 따라서 사안에서 미성년자 甲 소유의 부동산에 대해 법정대리인 乙이 자신의 유흥비를 마련하기 위해 시세보다 훨씬 저렴한 가격으로 甲을 대리하여 丙과 매매계약을 체결한 행위는 '친권남용'의 행위로서 상대방 丙이 그러한 사정을 알았거나 알 수 있었다면 제107조 1항 단서 유추적용에 따라 무효이므로 그 매매계약의 효력은 甲에게 미치지 않는다.

참고쟁점 ※ 법정대리인 乙의 매매계약이 이해상반행위인지 여부
친권자와 그 子 사이에 또는 친권에 복종하는 수인의 子 사이에 이해가 충돌하는 경우에, 친권자는 법원에 그 子의 또는 수인의 子 각자의 '특별대리인'의 선임을 청구하여야 한다(제921조). 이해상반행위의 판단기준에 관하여 判例는 **"행위의 객관적 성질상 친권자와 子 사이에 이해의 대립이 생길 우려가 있는 행위를** 의미하며 **친권자의 의도**(예컨대 친권자 개인의 이익을 위해 행위된 내용)**나 실질적으로 이해의 대립**(예컨대 결과적으로 미성년자에게 이익이 되었는지 여부)**이 생겼는가는 묻지 않는다"**(대판 1991.11.26. 91다32466)고 하여 **'형식적 판단설'**의 입장이다.
☞ 乙이 미성년자 甲을 대리하여 미성년자 소유재산을 丙에게 매각한 행위는 **'객관적 성질상'** 친권자 乙에게 유리하고 미성년자 甲에게 불리한 것이 아니며, **'친권자 乙의 유흥비 마련 의도'**는 고려하지 않으므로 이는 이해상반행위가 아니다. 따라서 특별대리인을 선임하지 않고 대리행위를 하였다 할지라도 이는 유권대리이다

⑤ [○] ※ **불법행위로 인한 손해배상청구권의 기산점**
"민법 제766조 제1항은 '불법행위로 인한 손해배상의 청구권은 피해자나 그 법정대리인이 그 손해 및 가해자를 안 날로부터 3년간 이를 행사하지 아니하면 시효로 인하여 소멸한다'고 규정하고 있는바, 여기서 불법행위의 피해자가 미성년자로 행위능력이 제한된 자인 경우에는 다른 특별한 사정이 없는 한 그 **법정대리인이 손해 및 가해자를 알아야 위 조항의 소멸시효가 진행한다** 고 할 것이다"(대판 2010.2.11. 2009다79897).

비교쟁점 다만 미성년자가 성폭력, 성추행, 성희롱, 그 밖의 성적 침해를 당한 경우에 이로 인한 손해배상청구권의 소멸시효는 그가 성년이 될 때까지는 진행되지 아니한다(제766조 3항)(2020.10.20. 신설).

[정답] ①

문 5 **미성년자에 관한 설명 중 옳은 것을 모두 고른 것은?** (다툼이 있는 경우 판례에 의함) [변시 5회]

ㄱ. 미성년자가 법률행위를 할 때 단순히 자신이 성년자라고 말하였을 뿐 그 이상의 적극적인 속임수를 사용하지 않은 경우 법정대리인은 위 법률행위를 취소할 수 없다.
ㄴ. 미성년자가 법정대리인으로부터 허락을 얻은 특정한 영업에 관해서는 법정대리인의 대리권이 소멸하고, 법정대리인은 그가 한 허락을 취소할 수 없다.
ㄷ. 미성년자의 친권자인 모(母)가 자기 오빠의 제3자에 대한 채무의 담보로 미성년자 소유의 부동산에 근저당권을 설정하는 행위는 특별대리인 선임을 필요로 하는 이해상반행위에 해당하지 않는다.
ㄹ. 공동상속인인 친권자와 미성년인 수인의 자(子) 사이에 상속재산 분할협의를 하게 되는 경우에는 미성년자 각자마다 특별대리인을 선임하여 그 각 특별대리인이 각 미성년자인 자(子)를 대리하여 상속재산분할의 협의를 해야 한다.

① ㄱ, ㄹ
② ㄴ, ㄷ
③ ㄷ, ㄹ
④ ㄱ, ㄴ, ㄹ
⑤ ㄴ, ㄷ, ㄹ

해설 ㄱ. [×] 제한능력자가 속임수로써 자기를 능력자로 믿게 한 경우에는 그 행위를 취소할 수 없다(제17조 1항). 判例는 속임수의 의미에 대해 '성년자로 군대에 갔다 왔다'고 말하거나, '자기가 사장이라고 말한 것'만 가지고는 속임수(개정 전 민법은 '사술'이라는 표현을 쓰고 있었다)라고 할 수 없고(대판 1955.3.31. 4287민상77 ; 대판 1971.12.14. 71다2045), 생년월일을 허위로 기재한 인감증명을 제시하는 등의 **'적극적인 사기수단'**을 써야 속임수에 해당한다고 판시하여 **협의설**(적극설)의 입장을 취하고 있다(대판 1971.6.22. 71다940).
☞ 지문의 경우 단순히 미성년자 자신이 성년자라고 말하였을 뿐이므로 속임수를 사용하지 않은 것이어서 법정대리인은 위 법률행위를 취소할 수 있다.

ㄴ. [×] 미성년자가 법정대리인으로부터 허락을 얻은 특정한 영업에 관하여는 성년자와 동일한 행위능력이 있다(제8조 1항). 따라서 당해 영업과 관련하여서는 **법정대리인의 대리권도 소멸한다.** 그러나 법정대리인은 필요하면 제한능력자를 보호하기 위해 영업의 허락을 취소 또는 제한할 수 있다(제8조 2항 본문). 다만, 선의의 제3자에게는 대항하지 못할 뿐이다(제8조 2항 단서).

ㄷ. [○] 친권자와 그 子 사이에 이해가 상반되는 경우에, 친권자는 법원에 그 子 또는 수인의 子 각자의 특별대리인의 선임을 청구하여야 한다(제921조 1항). 여기서 '이해상반행위'란 친권자에게는 이익이 되고 子에게는 불이익이 되는 경우를 말한다.
判例는 "제921조 1항의 이해상반행위란 행위의 객관적 성질상 친권자와 子 사이에 이해의 대립이 생길 우려가 있는 행위를 가리키는 것으로서 친권자의 의도나 그 행위의 결과로 실질적 이해의 대립이 생겼는가의 여부는 묻지 아니하는 것이라"(대판 1991.11.26. 91다32466)고 하여 **형식적 판단설**을 취하고 있다.
구체적으로 判例는 母가 자기 **오빠의 채무를 담보하기 위하여** 자신 및 미성년의 子가 공유하는 부동산에 대해 근저당권을 설정해 준 경우(대판 1991.11.26. 91다32466)는 이해상반행위에 해당하지 않는다고 한다. 다만 제3자도 그와 같은 사정을 잘 알고 있었다고 하더라도, 그와 같은 사실만으로 母의 근저당권 설정행위가 바로 친권을 남용한 경우에 해당한다고는 볼 수 없다고 보아 친권의 남용여부를 판단할 때 신중한 태도를 보였다.

ㄹ. [○] "ⅰ) 상속재산에 대하여 소유의 범위를 정하는 내용의 공동상속재산 분할협의는 그 행위의 객관적 성질상 상속인 상호간 이해의 대립이 생길 우려가 없다고 볼만한 특별한 사정이 없는 한 민법 제921조의 이해 상반되는 행위에 해당한다. 그리고 피상속인의 사망으로 인하여 1차 상속이 개시되고 그 1차 상속인 중 1인이 다시 사망하여 2차 상속이 개시된 후 1차 상속의 상속인들과 2차 상속의 상속인들이 1차 상속의 상속재산에 관하여 분할협의를 하는 경우에 2차 상속인 중에 수인의 미성년자가 있다면 이들 미성년자 각자마다 특별대리인을 선임하여 각 특별대리인이 각 미성년자를 대리하여 상속재산 분할협의를 하여야 하고, 만약 2차 상속의 공동상속인인 친권자가 수인의 미성년자 법정대리인으로서 상속재산 분할협의를 한다면 이는 민법 제921조에 위배되는 것이며, ⅱ) 이러한 대리행위에 의하여 성립된 상속재산 분할협의는 피대리자 '전원'에 의한 추인이 없는 한 전체가 무효이다" (대판 2011.3.10, 2007다17482).

법정대리인인 친권자와 그 자 사이에 이해 상반되는 행위를 하는 경우뿐만 아니라(제921조 1항), 법정대리인인 친권자가 그 친권에 따르는 수인의 자 사이에 이해 상반되는 행위를 함에도 법원에 그 자 일방의 특별대리인의 선임을 청구하여야 한다(제921조 2항).

[정답] ③

문 6 친권자와 자(子) 사이 또는 친권에 따르는 수인의 자(子) 사이의 이해상반행위에 관한 설명 중 옳은 것(○)과 옳지 않은 것(×)을 올바르게 조합한 것은? (다툼이 있는 경우 판례에 의함) [변시 8회]

ㄱ. 이해상반행위란 행위의 객관적 성질상 친권자와 그 자(子) 사이 또는 친권에 복종하는 수인의 자(子) 사이에 이해의 대립이 생길 우려가 있는 행위를 가리키는 것으로, 친권자의 의도나 그 행위의 결과 실제로 이해의 대립이 생겼는지의 여부는 묻지 않는다.

ㄴ. 친권자인 모가 자신이 대표이사로 있는 주식회사의 채무 담보를 위하여 자신과 미성년인 자(子)의 공유재산에 대하여 자(子)의 법정대리인 겸 본인의 자격으로 근저당권을 설정한 행위는, 친권자와 그 자(子) 사이에 이해의 대립이 생길 우려가 있는 이해상반행위에 해당한다.

ㄷ. 법원은 특별대리인 선임 심판 시에 특별대리인에게 미성년자가 하여야 할 법률행위를 무엇이든지 처리할 수 있도록 포괄적으로 권한을 수여하는 심판을 할 수는 없다.

① ㄱ(○), ㄴ(×), ㄷ(○)
② ㄱ(○), ㄴ(×), ㄷ(×)
③ ㄱ(×), ㄴ(○), ㄷ(○)
④ ㄱ(×), ㄴ(○), ㄷ(×)
⑤ ㄱ(×), ㄴ(×), ㄷ(○)

해 설 ※ 이해상반행위의 의의 및 판단 방법

ㄱ. [○] 이해상반행위란 친권자와 그 자(子) 사이 또는 친권에 복종하는 수인의 자(子) 사이에 이해의 대립이 생길 우려가 있는 행위를 가리키는 것으로(민법 제921조), 이해상반여부의 판단에 관하여 ⅰ) 이해상반행위는 오직 그 행위 자체에 대한 외형적 법률효과로만 판단해야 하고, 당해 행위를 하게 된 친권자의 의도나 실질적·경제적 효과는 고려할 것이 아니라는 **형식적 판단설**(다수설), ⅱ) 이해상반행위는 행위의 형식뿐 아니라 당해 행위에 이르게 된 친권자의 동기, 경제적 효과까지 고려하여 실질적으로 판단하여야 한다는 **실질적 판단설의 대립**이 있으나, **判例는 "제921조 1항의 이해상반행위란 행위의 객관적 성질상 친권자와 子 사이에 이해의 대립이 생길 우려가 있는 행위를 가리키는 것으로서 친권자의 의도나 그 행위의 결과로 실질적 이해의 대립이 생겼는가의 여부는 묻지 아니하는 것이라"**(대판 1991.11.26. 91다32466)고 하여 **형식적 판단설**의 입장이다.

ㄴ. [×] 判例는 형식적 판단설의 입장에서, **미성년자에게 불이익하더라도 '형식적'으로 친권자가 아닌 제3자**(또는 성년의 子)**에게 이익이 되는 다음과 같은 경우는 이해상반행위가 아니라고** 한다. 즉, ⅰ) 母 乙이 자기 **오빠의 A에 대한 채무를 담보하기 위하여** 자신 및 미성년의 子 甲이 공유하는 부동산을 A의 채권자 丙 앞으로 각각 근저당권을 설정해 준 경우(대판 1991.11.26. 91다32466), ⅱ) 친권자인 母가 자신이 대표이사 겸 대주주로 있는 **주식회사의 채무 보증을 위하여** 자신과 미성년인 子의 공유재산을 담보로 제공한 행위(대판 1996.11.22. 96다10270)등의 경우, 이해상반행위에 해당하지 않는다고 한다.

ㄷ. [○] ※ **특별대리인의 선임**

"민법 제921조의 특별대리인 제도는 친권자와 그 친권에 복종하는 자 사이 또는 친권에 복종하는 자들 사이에 서로 이해가 충돌하는 경우에는 친권자에게 친권의 공정한 행사를 기대하기 어려우므로 친권자의 대리권 및 동의권을 제한하여 법원이 선임한 특별대리인으로 하여금 이들 권리를 행사하게 함으로써 친권의 남용을 방지하고 미성년인 자의 이익을 보호하려는 데 그 취지가 있으므로, **특별대리인은 이해가 상반되는 특정의 법률행위에 관하여 개별적으로 선임되어야 한다.** 따라서 특별대리인선임신청서에는 선임되는 특별대리인이 처리할 법률행위를 특정하여 적시하여야 하고 법원도 그 선임 심판시에 특별대리인이 처리할 법률행위를 특정하여 이를 심판의 주문에 표시하는 것이 원칙이며, 특별대리인에게 미성년자가 하여야 할 법률행위를 무엇이든지 처리할 수 있도록 **포괄적으로 권한을 수여하는 심판을 할 수는 없다**"(대판 1996.4.9. 96다1139).

[정답] ①

문 7 「민법」상의 능력에 관한 설명 중 옳지 않은 것은? (다툼이 있는 경우 판례에 의함) [변시 11회]

① 의사능력 없이 한 법률행위는 무효인데, 의사능력의 유무는 구체적인 법률행위와 관련하여 개별적으로 판단되어야 한다.

② 제한능력자인지 여부가 연령에 의하여 획일적으로 또는 법원의 심판에 의하여 정해지기 때문에, 행위능력제도의 근본적인 입법취지는 제한능력자의 보호보다 거래의 안전을 확보함에 있다고 보아야 한다.

③ 피성년후견인의 법률행위는 취소할 수 있지만, 일용품의 구입 등 일상생활에 필요하고 그 대가가 과도하지 아니한 법률행위는 성년후견인이 취소할 수 없다.

④ 임의후견인의 대리권 소멸은 등기하지 아니하면 선의의 제3자에게 대항할 수 없다.

⑤ 법인도 성년후견인이 될 수 있고, 미성년후견인은 한 명이어야 하지만 성년후견인은 여러 명일 수 있다.

해 설 ① [○] ※ 의사무능력

의사무능력자의 예로 정신병자, 만취자를 들 수 있고, 만7세 미만의 자는 대체로 의사능력이 없다. 민법의 규정이 없어 **의사능력의 유무는 '구체적'인 법률행위와 관련하여 '개별적'으로 판단해야** 한다. 判例에 따르면 의사능력이 인정되기 위하여는 **그 행위의 일상적인 의미뿐만 아니라 법률적인 의미나 효과에 대하여도 이해할 수 있을 것을 요한다고** 한다(대판 2009.1.15. 2008다58367).

② [×] ※ 제한능력자 제도의 목적

민법은 제한능력자가 독자적으로 한 법률행위는 원칙적으로 '**취소**'할 수 있다고 규정하고 있다(제5조 2항, 제10조 1항, 제13조 4항). 즉 유리하다고 생각되면 취소 안 하면 그만이지만, 취소를 하게 되면 소급해서 무효가 되고(제141조), 이것은 모든 사람에 대한 관계에서 무효가 되는 절대적 효력이 있다(제5조 2항, 제10조 1항, 제13조 4항에서는 제107조 이하에서 정한 선의의 제3자 보호규정이 없다). 이 점에서 **제한능력자제도는 거래의 안전을 희생시키는 것을 감수하면서 제한능력자 본인을 보호하는 데 그 목적을 두고 있다**(강행규정성 ; 대판 2007.11.16. 2005다71659 등).

③ [○] ※ 피성년후견인의 행위능력

피성년후견인의 법률행위는 원칙적으로 언제나 취소할 수 있다(정신적 제약으로 사무를 처리할 능력이 지속적으로 결여되어 있기 때문이다)(제10조 1항). 성년후견인의 동의가 있더라도 취소할 수 있는데, 취소권자는 피성년후견인과 성년후견인이다(제141조).

그러나 가정법원이 '취소할 수 없는' 피성년후견인의 법률행위의 범위를 정한 경우에 그 한도에서 예외적으로 행위능력을 가지고(제10조 2항), 일정한 자의 청구에 의해 가정법원이 그 범위를 변경할 수 있다(동조 3항). 그리고 **일용품의 구입 등 일상생활에 필요하고 그 대가가 과도하지 아니한 법률행위는 피성년후견인이 단독으로 할 수 있다**(제10조 4항)

④ [○] ※ 임의후견제도

후견계약은 '공정증서'로 체결하여야 하고, 가정법원이 '임의후견감독인을 선임'한 때부터 효력이 발생한다(제959조의14 2항, 3항). 후견계약에 따라 대리인으로 선임된 자를 '**임의후견인**'이라 하는데, 그 대리권의 범위는 후견계약에 따라 정해진다. **임의후견인의 대리권 소멸은 등기하지 아니하면 선의의 제3자에게 대항할 수 없다**(제959조의19). 주의할 것은 이러한 **임의후견인 선임을 위한 후견계약은 피후견인의 행위능력에 어떠한 영향도 미치지 않는다는** 점이다.

⑤ [○] ※ **후견인의 자격 및 인원수**
성년후견인은 피성년후견인의 신상과 재산에 관한 모든 사정을 고려하여 **'여러 명'**을 둘 수 있으나(제930조 2항), **미성년후견인의 수는 '한 명'으로 제한하고 있다**(제930조 1항).
성년후견인은 자연인뿐만 아니라 사회복지법인 등의 '법인'도 선임될 수 있으나(제930조 3항), **미성년후견인의 경우** 미성년자의 원만한 인격형성을 위하여 법인은 미성년후견인이 될 수 없고 **'자연인'에 한**한다.

[정답] ②

문 8 **甲과 乙은 부부로서 그들의 공동친권에 따르는 미성년 자녀 丙과 丁을 두고 있다. 이에 관한 설명 중 옳은 것은?** (각 지문은 독립적이며, 다툼이 있는 경우 판례에 의함) [변시 13회]

① 甲이 乙의 의사에 반함에도 불구하고 乙과의 공동명의로 丙을 대리하는 법률행위를 하였다면 그 법률행위는 상대방의 선의 여부를 불문하고 효력이 없다.
② 丙이 甲과 乙의 동의 없이 신용카드회사 戊와 신용카드 이용계약을 체결하고 발급받은 카드를 이용하여 己로부터 구입한 물품의 대금을 戊가 지급한 이후에, 甲과 乙이 戊와의 신용카드 이용계약을 취소하였으나 己와의 매매계약은 취소하지 않고 구입한 물품을 丙이 모두 소비하였다면, 丙은 戊에게 부당이득반환의무를 부담하지 않는다.
③ 丙이 법률행위 당시 상대방에 대하여 자신을 단지 성년자라고 말하였을 뿐이고 적극적으로 속임수를 사용하지 않았다면, 丙은 위 법률행위를 취소할 수 있다.
④ 甲의 사망 후 乙이 자신이 대표이사로 있는 주식회사의 채무담보를 위하여 乙과 丙의 공유재산에 대하여 특별대리인을 선임하지 않고 丙의 법정대리인의 자격으로 근저당권을 설정한 행위는 이해상반행위이므로 무효이다.
⑤ 甲의 사망 후 乙이 丙과 丁의 법정대리인으로서 상속재산 전부를 丁의 단독소유로 하기로 협의분할 하더라도 이는 적법하다.

해설 ① [X] **제920조의2(공동친권자의 일방이 공동명의로 한 행위의 효력)** 「부모가 공동으로 친권을 행사하는 경우 **부모의 일방이 공동명의로** 자를 대리하거나 자의 법률행위에 동의한 때에는 **다른 일방의 의사에 반하는 때에도 그 효력이 있다. 그러나 상대방이 악의인 때에는 그러하지 아니한다**」
☞ 친권의 행사가 부모 중 어느 일방의 단독 의사에 기인한 것이라면 이는 무권대리행위가 된다. ㉠ 그러나 민법은 제920조의 2에서 ⅰ) 부모의 일방이 다른 일방의 동의를 얻지 않고 **'공동명의'로 子를 대리하였고**, ⅱ) 상대방이 **'선의'인 경우에는 당해 법률행위가 유효**하게 된다고 규정하고 있다. ㉡ 따라서 ⅰ) 부모의 일방이 다른 일방의 동의를 얻지 않고 그 **'단독명의'**로 子를 대리하였고, ⅱ) 상대방이 **'선의, 무과실'**인 경우에는 제126조의 표현대리에 의해 보호받을 수 있을 뿐이다.

② [X] "미성년자가 신용카드발행인과 사이에 신용카드 이용계약을 체결하여 신용카드거래를 하다가 신용카드 이용계약을 취소하는 경우 미성년자는 그 행위로 인하여 받은 이익이 현존하는

한도에서 상환할 책임이 있는바, 신용카드 이용계약이 취소됨에도 불구하고 신용카드회원과 해당 가맹점 사이에 체결된 개별적인 매매계약은 특별한 사정이 없는 한 신용카드 이용계약취소와 무관하게 유효하게 존속한다 할 것이고, 신용카드발행인이 가맹점들에 대하여 그 신용카드사용대금을 지급한 것은 신용카드 이용계약과는 별개로 신용카드발행인과 가맹점 사이에 체결된 가맹점 계약에 따른 것으로서 유효하므로, 신용카드발행인의 가맹점에 대한 신용카드이용대금의 지급으로써 신용카드회원은 자신의 가맹점에 대한 매매대금 지급채무를 법률상 원인 없이 면제받는 이익을 얻었으며, 이러한 이익은 금전상의 이득으로서 특별한 사정이 없는 한 현존하는 것으로 추정된다"(대판 2005.4.15. 2003다60297)

③ [○] '성년자로 군대에 갔다 왔다'고 말하거나, '자기가 사장이라고 말한 것'만 가지고는 속임수(개정 전 민법은 '사술'이라는 표현을 쓰고 있었다)이라고 할 수 없고(대판 1955.3.31. 4287민상77 ; 대판 1971.12.14. 71다2045), 생년월일을 허위로 기재한 인감증명을 제시하는 등의 '적극적인 사기수단'을 써야 속임수에 해당한다고 판시하여 협의설(적극설)의 입장을 취하고 있다(대판 1971.6.22. 71다940)

④ [×] 이해상반행위의 판단기준에 관하여 判例는 "행위의 객관적 성질상 친권자와 子 사이에 이해의 대립이 생길 우려가 있는 행위를 의미하며 친권자의 의도(예컨대 친권자 개인의 이익을 위해 행위된 내용)나 실질적으로 이해의 대립(예컨대 결과적으로 미성년자에게 이익이 되었는지 여부)이 생겼는가는 묻지 않는다"(대판 1991.11.26. 91다32466)고 하여 '형식적 판단설'의 입장이다.
이에 따라 判例는, 미성년자에게 불이익하더라도 '형식적'으로 친권자가 아닌 제3자(또는 성년의 子)에게 이익이 되는 다음과 같은 경우는 이해상반행위가 아니라고 한다. 즉, 친권자인 母가 자신이 대표이사 겸 대주주로 있는 주식회사의 채무 보증을 위하여 자신과 미성년인 子의 공유재산을 담보로 제공한 행위(대판 1996.11.22. 96다10270)는 이해상반행위에 해당하지 않는다고 한다.

⑤ [×] 判例는 상속재산에 대하여 소유의 범위를 정하는 내용의 공동상속재산 분할협의에서 공동상속인인 친권자가 다른 공동상속인인 미성년자를 대리하여 상속재산 분할협의를 하는 경우(대판 1993.4.13. 92다54524), 이해상반행위에 해당한다고 한다.

[정답] ③

제4장 권리변동

제2관 법률행위의 해석

문9 **법률행위의 해석에 관한 설명 중 옳지 않은 것은?** (다툼이 있는 경우 판례에 의함) [변시 6회]

① 법률행위의 해석은 당사자가 그 표시행위에 부여한 객관적인 의미를 명백하게 확정하는 것으로서, 당사자의 내심의 의사가 어떤지에 관계없이 그 문언의 내용에 의하여 당사자가 그 표시행위에 부여한 객관적 의미를 합리적으로 해석하여야 하는 것이다.

② 계약당사자 사이에 계약내용이 처분문서로 작성된 경우 문언의 객관적인 의미가 명확하다면 특별한 사정이 없는 한 문언대로 의사표시의 존재와 내용을 인정하여야 한다.

③ 계약당사자 쌍방이 계약의 전제나 기초가 되는 사항에 관하여 같은 내용으로 착오를 하고 이로 인하여 그에 관한 구체적 약정을 하지 않은 경우, 당사자가 그러한 착오가 없을 때에 약정하였을 것으로 보이는 실제 의사 내지 주관적 의사의 내용으로 당사자의 의사를 보충하여 계약을 해석해야 한다.

④ 계약을 체결하는 행위자가 타인의 이름으로 법률행위를 한 경우에 행위자 또는 명의인 가운데 누구를 계약의 당사자로 볼 것인가에 관하여, 행위자와 상대방의 의사가 일치하지 않으면 그 계약 체결 전후의 구체적인 제반 사정을 토대로 상대방이 합리적인 사람이라면 누구를 계약당사자로 이해할 것인가에 의하여 당사자를 결정하여야 한다.

⑤ 부동산의 매매계약에 있어 쌍방당사자가 모두 토지 X를 계약의 목적물로 삼았으나 그 목적물의 지번에 관하여 착오를 일으켜 계약서상 그 목적물을 X와는 별개인 토지 Y로 표시하였다 하여도 X를 매매의 목적물로 한다는 쌍방당사자의 의사합치가 있은 이상 위 매매계약은 X에 관하여 성립한 것으로 보아야 한다.

해 설 ① [○] "법률행위의 해석은 당사자의 내심의 의사가 어떤지에 관계없이 그 문언의 내용에 의하여 당사자가 그 표시행위에 부여한 객관적 의미를 합리적으로 해석하여야 하는 것이다"(대판 2001.3.23. 2000다40858).

비교판례 "계약의 해석에 있어서는 형식적인 문구에만 얽매여서는 아니되고 쌍방 당사자의 진정한 의사가 무엇인가를 탐구하여야 하는 것이므로, 계약서에 그 목적물을 X토지가 아닌 Y토지로 표시하였다 하여도, 위 X토지에 관하여 이를 매매의 목적물로 한다는 쌍방 당사자의 의사합치가 있은 이상, 위 매매계약은 X토지에 관하여 '성립'한 것으로 보아야 한다"(대판 1993.10.26. 93다2629 : 아래 ⑤ 지문)고 한다.

② [○] 判例는 법률행위가 문서(계약서 · 합의서 · 각서 등)에 의해 이루어진 경우(소위 처분문서 ; 증명하고자 하는 법률적 행위(처분)가 그 문서 자체에 의하여 이루어지는 경우의 문서)에는 원칙적으로 그 기재내용대로 법률행위의 존재를 인정한다. 즉, 예문이라고 할 수 없다고 한다(대판 1966.10.4. 66다1479 ; 대판 1970.12.29. 70다2449).

③ [×] "계약당사자 쌍방이 계약의 전제나 기초가 되는 사항에 관하여 같은 내용으로 착오가 있고 이로 인하여 그에 관한 구체적 약정을 하지 아니하였다면, 당사자가 그러한 착오가 없을 때에 약정하였을 것으로 보이는 내용으로 당사자의 의사를 보충하여 계약을 해석할 수 있는 바, **여기서 보충되는 당사자의 의사는 당사자의 실제 의사 또는 주관적 의사가 아니라 계약의 목적, 거래관행, 적용법규, 신의칙 등에 비추어 객관적으로 추인되는 정당한 이익조정 의사를 말한다**"(대판 2006.11.23. 2005다13288).

④ [○] "**타인의 이름을 임의로 사용하여 계약을 체결한 경우**에는 누가 그 계약의 당사자인가를 먼저 확정하여야 할 것으로서, 행위자 또는 명의인 가운데 누구를 당사자로 할 것인지에 관하여 행위자와 상대방의 의사가 일치한 경우에는 그 일치하는 의사대로 행위자의 행위 또는 명의자의 행위로서 확정하여야 할 것이지만(자연적 해석 : 주), 그러한 일치하는 의사를 확정할 수 없을 경우에는 계약의 성질, 내용, 체결 경위 및 계약체결을 전후한 구체적인 제반 사정을 토대로 상대방이 합리적인 인간이라면 행위자와 명의자 중 누구를 계약 당사자로 이해할 것인가에 의하여 당사자를 결정하고(규범적 해석 : 주), 이에 터잡아 계약의 성립 여부와 효력을 판단함이 상당하다"(대판 1995.9.29. 94다4912).

⑤ [○] "부동산의 매매계약에 있어 쌍방당사자가 모두 특정의 X토지를 계약의 목적물로 삼았으나 그 목적물의 지번 등에 관하여 착오를 일으켜 계약을 체결함에 있어서는 계약서상 그 목적물을 X토지와는 별개인 Y토지로 표시하였다 하여도 X토지에 관하여 이를 매매의 목적물로 한다는 쌍방당사자의 의사합치가 있은 이상 위 매매계약은 X토지에 관하여 성립한 것으로 보아야 할 것이고 Y토지에 관하여 매매계약이 체결된 것으로 보아서는 안 될 것이며, 만일 Y토지에 관하여 위 매매계약을 원인으로 하여 매수인 명의로 소유권이전등기가 경료되었다면 이는 원인이 없이 경료된 것으로서 무효이다"(대판 1993.10.26. 93다2629).

[정답] ③

제2절 법률행위의 목적

문 10 **甲이 X 부동산을 乙에게 매도하기로 약정하고, 계약금 및 중도금을 수령한 뒤 이를 다시 丙에게 매도하고 丙에게 먼저 소유권이전등기를 마쳐주었다. 다음 설명 중 옳지 않은 것은?** (다툼이 있는 경우에는 판례에 의함)

[변시 1회]

① 乙이 甲을 상대로 소유권이전등기를 구하는 소를 제기한 경우, 甲은 이행불능의 항변으로 대항할 수 있고, 이에 대하여 乙은 계약해제 없이도 전보배상을 구하는 취지로 청구를 변경할 수 있다.

② 乙이 甲에 대하여 채무불이행으로 인한 손해배상청구권과 아울러 불법행위로 인한 손해배상청구권을 취득한 경우, 乙은 그 중 어느 쪽의 손해배상청구권이라도 선택적으로 행사할 수 있다.

③ 丙이 甲의 이중매매에 적극 가담한 것으로 인정되는 경우, 乙은 甲을 대위함이 없이 직접 丙을 상대로 소유권이전등기의 말소를 청구할 수 있다.

④ 乙이 甲에 대한 소유권이전등기청구권의 보전을 위하여 甲과 丙 사이의 매매계약에 대하여 채권자취소권을 행사하는 것은 허용되지 않는다.

⑤ 만약 丁이 丙 명의의 소유권이전등기를 신뢰하여 丙으로부터 X를 매수하여 소유권이전등기를 마쳤더라도, 甲과 丙 사이의 매매계약이 사회질서에 반하여 무효인 것으로 인정되면, 丁은 선의의 제3자임을 증명하더라도 보호받을 수 없다.

해 설 ① [○] 이중매매가 유효한 경우에는 제2매수인에게 소유권이전등기를 함으로써 매도인의 제1매수인에 대한 계약은 이행불능이 된다. 따라서 제1매수인은 계약해제 및 손해배상을 청구할 수 있고 또는 계약을 해제하지 않고 이행불능에 기한 전보배상을 청구할 수도 있다. 이 경우 원채권의 행사(소유권이전등기청구)와 그에 갈음하는 전보배상청구의 행사는 청구기초의 동일성이 인정되므로 청구의 변경은 적법하다(민사소송법 제262조).

관련쟁점 "원래의 청구는 명의신탁해지를 원인으로 한 소유권이전등기청구이고 변경 후의 청구는 피고의 소유권이전등기의무의 이행불능임을 전제로 한 손해배상청구라 하더라도 청구의 기초에 변경이 없다"(대판 1969.7.22. 69다413).

② [○] "본래 채무불이행책임과 불법행위책임은 각각 요건과 효과를 달리하는 별개의 법률관계에서 발생하는 것이므로 하나의 행위가 계약상 채무불이행의 요건을 충족함과 동시에 불법행위의 요건도 충족하는 경우에는 두 개의 손해배상청구권이 경합하여 발생한다고 보는 것이 당연하다"(대판 1983.3.22. 전합82다카1533). 다만 중첩적으로 행사할 수는 없다.

③ [×] 判例는 부동산의 이중매매가 반사회적 법률행위로서 무효인 경우(제103조), 등기하지 않은 제1매수인은 아직 소유권자가 아니고 단순한 채권자에 불과하므로 직접 제2매수인에 대하여 그 명의의 소유권이전등기의 말소(제214조)를 구할 수는 없다고 한다. 다만 채권자대위권(제

404조)을 행사하여 제2매수인에게 이를 청구할 수 있다고 한다.

관련쟁점 "매도인의 매수인에 대한 배임행위에 가담하여 증여를 받아 이를 원인으로 소유권이전등기를 경료한 수증자에 대하여 매수인은 매도인을 대위하여 위 등기의 말소를 청구할 수는 있으나 직접 청구할 수는 없다는 것은 형식주의 아래서의 등기청구권의 성질에 비추어 당연하다"(대판 1983.4.26. 83다카57)

④ [O] 민법 제407조에 따라 '특정채권 자체'의 보전을 위한 경우에는 채권자취소권을 행사할 수 없다(통설). 判例도 "채권자취소권을 특정물에 대한 소유권이전등기청구권을 보전하기 위하여 행사하는 것은 허용되지 않으므로, 부동산의 제1양수인은 자신의 '소유권이전등기청구권' 보전을 위하여 양도인과 제3자 사이에서 이루어진 이중양도행위에 대하여 채권자취소권을 행사할 수 없다"(대판 1999.4.27. 98다56690)고 한다.

관련쟁점 아울러 이행불능으로 이유로 한 손해배상청구권(금전채권)을 피보전채권으로 하는 채권자취소권의 경우도 判例는 "사해행위라고 주장하는 이 사건 부동산에 관한 매매 당시 아직 위 손해배상채권이 발생하지 아니하였고, 그 채권 성립에 관한 고도의 개연성 또한 없어 원고는 피고에 대한 '손해배상채권'을 피보전채권으로 하여 채권자취소권을 행사할 수 없다(대판 1999.4.27. 98다56690)고 한다.

⑤ [O] "부동산의 이중매매가 반사회적 법률행위에 해당하는 경우에는 이중매매계약은 절대적으로 무효이므로, 당해 부동산을 제2매수인으로부터 다시 취득한 제3자는 설사 제2매수인이 당해 부동산의 소유권을 유효하게 취득한 것으로 믿었더라도 이중매매계약이 유효하다고 주장할 수 없다"(대판 1996.10.25. 96다29151).

[정답] ③

문 11 **甲은 乙에게 甲 소유의 X 토지를 매도하고 중도금까지 지급받은 상태에서 소유권이전등기를 경료하여 주지 않고 있었는데, 이러한 사실을 알고 있던 丙은 甲에게 위 토지를 자신에게 매도하라고 유인하는 등 甲의 배임행위를 적극적으로 교사하였고, 甲도 이에 응하여 丙과 매매계약을 체결하고 丙 명의로 소유권이전등기를 경료하여 주었다. 이 경우 乙에게 인정되는 권리를 모두 고른 것은?** (다툼이 있는 경우 판례에 의함) [변시 4회]

ㄱ. 丙에 대한 부당이득반환청구권
ㄴ. 丙에 대한 소유권이전등기청구권
ㄷ. 丙에 대한 손해배상청구권
ㄹ. 甲을 대위하여 행사하는 丙에 대한 소유권이전등기말소 청구권
ㅁ. 甲과 丙 사이의 매매계약에 대한 채권자취소권

① ㄱ, ㄷ ② ㄷ, ㄹ
③ ㄹ, ㅁ ④ ㄴ, ㄹ, ㅁ
⑤ ㄷ, ㄹ, ㅁ

해 설 ※ 부동산 이중매매와 관련하여 통설·判例는 '자유경쟁의 원칙'상 단지 이중매매라는 것만으로는 정의에 반한다고 보기 어려우나, 제2매수인이 매도인의 '배임행위에 적극가담'한 경우에는 정의관념에 반하므로 제103조 위반으로 무효라고 한다(대판 1994.3.11, 93다55289).

☞ 사안의 경우 제2매수인 丙이 매도인 甲의 배임행위를 적극적으로 교사하였으므로, 이러한 매매계약은 제103조 위반으로 무효이며, 그에 따른 丙명의 소유권이전등기도 원인무효의 등기이다.

ㄱ. [×] ㄴ. [×] ㄹ. [○] 判例는 부동산의 이중매매가 반사회적 법률행위로서 무효인 경우(제103조), 등기하지 않은 제1매수인은 아직 소유권자가 아니고 매도인에 대한 단순한 채권자에 불과하므로 직접 제2매수인에 대하여 그 명의의 소유권이전등기의 말소(제214조)를 구할 수는 없다고 한다. 다만 채권자대위권(제404조)을 행사하여 제2매수인에게 이를 청구할 수 있다고 한다. 또한 丙의 취득한 소유권이전등기는 제1매수인의 재산이 아니므로(제741조의 타인의 재산으로 이득을 취득할 것) 제2매수인에 대해 부당이득반환을 청구할 수 있는 것도 아니다.

관련판례 "매도인의 매수인에 대한 배임행위에 가담하여 증여를 받아 이를 원인으로 소유권이전등기를 경료한 수증자에 대하여 매수인은 매도인을 대위하여 위 등기의 말소를 청구할 수는 있으나 직접 청구할 수는 없다는 것은 형식주의 아래서의 등기청구권의 성질에 비추어 당연하다"(대판 1983.4.26. 83다카57)

ㄷ. [○] "독립한 경제주체 간의 경쟁적 계약관계에 있어서는 단순히 제3자가 채무자와 채권자 간의 계약내용을 알면서 채무자와 채권자 간에 체결된 계약에 위반되는 내용의 계약을 **체결한 것만으로는 제3자의 고의·과실 및 위법성을 인정하기에 부족하고, i) 제3자가 채무자와 적극 공모하였다거나 또는** ii) 제3자가 기망·협박 등 사회상규에 반하는 수단을 사용하거나 iii) 채권자를 해할 의사로 채무자와 계약을 체결하였다는 등의 특별한 사정이 있는 경우에 한하여 제3자의 고의·과실 및 위법성을 인정하여야 한다"(대판 2001.5.8. 99다38699)고 한다.

☞ 사안의 경우 제2매수인 丙은 매도인 甲의 배임행위에 적극 가담하여 제103조 위반으로 매매행위가 무효에 이르렀기 때문에 고의 및 위법성이 인정되어 불법행위로 인한 손해배상책임을 진다(제750조).

ㅁ. [×] 민법 제407조에 따라 '특정채권 자체'의 보전을 위한 경우에는 채권자취소권을 행사할 수 없다(통설). 判例도 "채권자취소권을 특정물에 대한 소유권이전등기청구권을 보전하기 위하여 행사하는 것은 허용되지 않으므로, 부동산의 제1양수인은 자신의 '소유권이전등기청구권' 보전을 위하여 양도인과 제3자 사이에서 이루어진 이중양도행위에 대하여 채권자취소권을 행사할 수 없다"(대판 1999.4.27. 98다56690)고 한다.

관련쟁점 아울러 이행불능으로 이유로 한 손해배상청구권(금전채권)을 피보전채권으로 하는 채권자취소권의 경우도 判例는 "사해행위라고 주장하는 이 사건 부동산에 관한 매매 당시 아직 위 손해배상채권이 발생하지 아니하였고, 그 채권 성립에 관한 고도의 개연성 또한 없어 원고는 피고에 대한 '손해배상채권'을 피보전채권으로 하여 채권자취소권을 행사할 수 없다(대판 1999.4.27, 98다56690)고 한다.

[정답] ②

문 12 **민법 제104조의 불공정한 법률행위에 관한 설명 중 옳지 <u>않은</u> 것은?** (다툼이 있는 경우에는 판례에 의함)

[변시 1회]

① 대가관계 없는 일방적 급부행위에 대해서는 민법 제104조가 적용되지 않는다.

② 경매에 의한 재산권의 이전에 대해서는 민법 제104조가 적용된다.

③ 매매계약 등 쌍무계약이 불공정한 법률행위에 해당하여 무효인 경우, 그로 인하여 불이익을 입는 당사자로 하여금 그 불공정성을 이유로 제소하지 못하도록 하는 합의도 특별한 사정이 없는 한 무효이다.

④ 대리인에 의한 법률행위에 있어 경솔과 무경험은 대리인을 기준으로 판단하고, 궁박상태에 있었는지의 여부는 본인을 기준으로 판단한다.

⑤ 민법 제104조에 따라 무효인 법률행위는 원칙적으로 추인에 의해서도 유효로 될 수 없다.

해 설 **제104조(불공정한 법률행위)** 당사자의 궁박, 경솔 또는 무경험으로 인하여 현저하게 공정을 잃은 법률행위는 무효로 한다.

① [○] "민법 제104조가 규정하는 현저히 공정을 잃은 법률행위라 함은 자기의 급부에 비하여 현저하게 균형을 잃은 반대급부를 하게 하여 부당한 재산적 이익을 얻는 행위를 의미하는 것이므로, **증여계약**과 같이 아무런 대가관계 없이 당사자 일방이 상대방에게 일방적인 급부를 하는 법률행위는 그 공정성 여부를 논의할 수 있는 성질의 법률행위가 아니다"(대판 2000.2.11. 99다56833)

② [X] **제104조는 사적자치의 원칙에 대한 제한원리**이므로 경매에는 적용되지 않는다. 判例도 "경매에 있어서는 불공정한 법률행위 또는 채무자에게 불리한 약정에 관한 것으로서 효력이 없다는 민법 제104조, 제608조는 적용될 여지가 없다"(대결 1980.3.21. 80마77결정)고 한다.

③ [○] "매매계약과 같은 쌍무계약이 급부와 반대급부와의 불균형으로 말미암아 민법 제104조에서 정하는 '불공정한 법률행위'에 해당하여 무효라고 한다면, 그 계약으로 인하여 불이익을 입는 당사자로 하여금 위와 같은 불공정성을 소송 등 사법적 구제수단을 통하여 주장하지 못하도록 하는 **부제소합의**의 역시 다른 특별한 사정이 없는 한 무효이다"(대판 2010.7.15. 2009다50308).

④ [○] "대리인에 의하여 법률행위가 이루어진 경우 그 법률행위가 민법 제104조의 불공정한 법률행위에 해당하는지 여부를 판단함에 있어서 경솔과 무경험은 대리인을 기준으로 하여 판단하고, 궁박은 본인의 입장에서 판단하여야 한다"(대판 2002.10.22. 2002다38927).

⑤ [○] 제104조에 따른 무효는 **절대적 무효**이므로 당사자의 추인(제139조)이 허용되지 않는다. 判例도 "불공정한 법률행위로서 무효인 경우에는 추인에 의하여 무효인 법률행위가 유효로 될 수 없다"(대판 1994.6.24. 94다10900)고 한다.

[정답] ②

제3절 의사표시

문 13 **채무초과 상태인 甲은 유일한 재산인 X 토지에 관하여 채권자 乙이 강제집행할 것을 우려하여 丙과 허위로 매매계약을 체결하고, 丙 명의로 소유권이전등기를 마쳤다. 그 후 丙은 이러한 사정을 모르는 丁에게 X를 매도하고 그에 관한 소유권이전등기를 마쳤다. 한편 丙의 채권자인 戊는 丙이 丁에게 X에 관한 소유권이전등기를 마치기 전에 X에 관하여 근저당권설정등기를 마쳤다. 다음 설명 중 옳지 않은 것은?** (다툼이 있는 경우에는 판례에 의함) [변시 1회]

① 甲과 丙 사이의 매매계약은 甲이 계약체결 당시 채무초과 상태가 아니었더라도 무효이다.

② 甲과 丙 사이의 매매계약이 강제집행을 면탈할 목적으로 체결된 것이라도 선량한 풍속 기타 사회질서에 위반한 법률행위로 볼 수 없으므로, 甲은 丙에게 부당이득의 반환을 청구할 수 있다.

③ 甲과 丙 사이의 매매계약이 무효인 경우, 甲은 丁이 선의라면 그 무효로 丁에게 대항할 수 없고, 丁의 선의는 추정되므로 甲은 丁의 악의를 증명하여야 한다.

④ 甲과 丙 사이의 매매계약이 무효인 경우, 甲은 戊가 선의인지 여부와 관계없이 그 무효로 戊에게 대항할 수 있다.

⑤ 甲과 丙 사이의 매매계약이 무효인 경우에도 채권자 乙은 위 매매계약이 사해행위임을 이유로 채권자취소권을 행사할 수 있다.

해설 ① [○] 甲과 丙 사이의 매매계약은 甲이 계약체결 당시 채무초과 상태였느냐와 상관없이 통정허위표시에 해당하여 무효이다(제108조 1항).

② [○] 민법 제746조의 불법원인급여에 대해 '불법원인'의 의미를 확대할 경우, 甲의 강제집행 면탈 의도를 법이 오히려 도와주어 甲의 채권자들의 채권을 침해할 수 있게 된다.
따라서 判例는 "강제집행을 면할 목적으로 부동산에 허위의 근저당설정등기를 경료하는 행위는 제103조 위반의 반사회적 행위라고 할 수 없다"(대판 2004.5.28. 2003다70041)고 하며 "불법원인급여를 규정한 민법 제746조 소정의 '불법의 원인'이라 함은 재산을 급여한 원인이 선량한 풍속 기타 사회질서에 위반하는 경우를 가리키는 것으로서, 강제집행을 면할 목적으로 부동산의 소유자명의를 신탁하는 것이 위와 같은 불법원인급여에 해당한다고 볼 수는 없다"(대판 1994.4.15. 93다61307)고 판시하고 있다.

③ [○] "허위표시 매매에 의한 매수인으로부터 부동산상의 권리를 취득한 제3자는 특별한 사정이 없는 한 선의로 추정할 것이므로 허위표시를 한 부동산 양도인이 제3자에 대하여 소유권을 주장하려면 그 제3자의 악의임을 입증하여야 한다"(대판 1970.9.29. 70다466)

④ [×] 戊는 가장매수인 丙으로부터 저당권 취득이라는 실질적으로 새로운 법률상의 이해관계를 맺은 자로서 제108조 2항의 제3자에 해당하며, 선의로 추정된다. 따라서 甲은 戊에게 丙과의 매매계약이 통정허위표시로써 무효임을 주장할 수 없다(제108조 제2항).

⑤ [○] 이른바 무효와 취소의 이중효에 관한 내용이다. 즉, 통설과 判例(대판 1998.2.27. 97다50985)는 통정허위표시도 채권자취소권(제406조)의 대상이 될 수 있다고 한다. 왜냐하면 무효와 취소의 '이중효'의 이론적 측면뿐만 아니라 통정허위표시의 경우 제3자의 보호법리(제108조 2항)에 의해 채무자의 재산이 일탈될 가능성이 있어 채권자가 사해행위를 주장하여 그 취소를 구할 실익이 있기 때문이다.

[정답] ④

문 14 통정허위표시에 관한 설명 중 옳지 않은 것은? (각 지문은 독립적이며, 다툼이 있는 경우 판례에 의함)

[변시 7회]

① 甲이 실제 차주인 丙에 대한 여신제한 등의 규정을 회피하기 위하여 甲 자신 명의로 금융기관 乙과의 소비대차계약서에 서명날인했다 하더라도, 乙과 소비대차에 따른 법률효과를 丙에게 귀속시키기로 약정하거나 乙이 이를 양해하는 등 특별한 사정이 없는 이상, 甲과 乙 사이의 소비대차계약은 통정허위표시가 아니며 甲이 이 소비대차계약에 따른 채무를 부담한다.

② 甲과 乙은 甲 소유의 부동산에 관하여 통정허위표시로 근저당권설정계약을 체결하고 이에 따른 乙 명의의 근저당권설정등기를 마쳤으나, 위 근저당권의 피담보채권을 성립시키는 법률행위는 없었다. 그 뒤 乙의 채권자 丙이 이 근저당권부 채권을 가압류한 경우, 丙은 위 근저당권설정계약이 통정허위표시임을 몰랐다 하더라도 이 근저당권말소에 대하여 등기상 이해관계인으로서 승낙할 의무가 있다.

③ 甲 은행이 乙과의 통정허위표시에 의한 가장의 대출채권을 보유하던 중 파산한 경우, 법원에 의해 선임된 파산관재인 丙은 통정허위표시에서의 제3자에 해당하며, 丙의 선의 · 악의는 丙을 기준으로 하는 것이 아니라 총 파산채권자를 기준으로 하여야 하므로, 파산채권자 모두가 악의가 아닌 이상 乙은 丙을 상대로 자신에게 대출채무가 존재하지 않는다고 주장할 수 없다.

④ 甲이 부동산의 매수자금을 乙로부터 차용하고 그 담보조로 乙에게 가등기를 해 주기로 약정하였으나 그 부동산에 대한 자신의 다른 채권자들의 강제집행을 우려하여 丙에게 이 부동산을 가장양도한 다음 丙이 乙에게 가등기를 경료해 준 경우, 乙은 통정허위표시에서의 제3자에 해당하지 않는다.

⑤ 甲이 통정허위표시로 乙에게 甲 소유의 부동산에 관한 전세권설정등기를 해 준 이후 丙이 이 전세권을 목적으로 한 근저당권설정등기를 마친 다음 丁이 丙의 전세권근저당권부 채권을 가압류한 경우, 설사 丁이 선의라 하더라도 丙이 악의인 이상 甲은 丁에게 위 전세권이 무효임을 주장할 수 있다.

해 설 ① [O] ※ 명의차용자가 당사자로 되는 경우

원칙적으로는 차명대출의 경우 통정허위표시로 볼 수 없으나(대판 1998.9.4. 98다17909), 判例에 따르면 상대방이 대출명의를 명의대여자로 할 뿐 명의대여자에게 책임을 지우지 않는다는 '양해'를 하고 대출을 한 경우라면 명의대여자를 당사자로 한 의사표시는 통정허위표시로 무효가 되어 명의대여자가 책임을 면할 수 있으며(대판 1999.3.12. 98다48989), 이 경우 실제 채무자인 명의차용자가 채무자가 되어 상대방에게 책임을 진다고 한다(대판 1996.8.23. 96다18076).

② [O] ※ 허위의 근저당권설정계약과 제3자 보호

"근저당권은 그 담보할 채무의 최고액만을 정하고, 채무의 확정을 장래에 보류하여 설정하는 저당권으로서(제357조 1항), 계속적인 거래관계로부터 발생하는 다수의 불특정채권을 장래의 결산기에서 일정한 한도까지 담보하기 위한 목적으로 설정되는 담보권이므로, 근저당권설정행위와는 별도로 근저당권의 피담보채권을 성립시키는 법률행위가 있어야 한다. 한편, 근저당권이 있는 채권이 가압류되는 경우, 근저당권설정등기에 부기등기의 방법으로 그 피담보채권의 가압류사실을 기입등기하는 목적은 근저당권의 피담보채권이 가압류되면 담보물권의 수반성에 의하여 종된 권리인 근저당권에도 가압류의 효력이 미치게 되어 피담보채권의 가압류를 공시하기 위한 것이므로, 만일 근저당권의 피담보채권이 존재하지 않는다면 그 가압류명령은 무효라고 할 것이고, 근저당권을 말소하는 경우에 가압류권자는 등기상 이해관계 있는 제3자로서 근저당권의 말소에 대한 승낙의 의사표시를 하여야 할 의무가 있다"(대판 2004.5.28. 2003다70041).

☞ 즉, 判例는 통정한 허위표시에 의하여 외형상 형성된 법률관계로 생긴 채권(사안에서는 근저당권부채권)을 가압류한 경우, 그 가압류권자는 허위표시에 기초하여 새로운 법률상 이해관계를 가지게 되므로 제108조 2항의 제3자에 해당한다고 한다. 다만 사안과 같이 근저당권설정행위에 대해서만 허위의 의사표시가 있었고, 그 근저당권의 피담보채권을 성립시키는 허위의 의사표시는 없었던 경우는 결국 제3자는 보호받을 수 없다고 한다. 즉 '기본계약의 부존재와 가압류결정의 무효'를 이유로 丙은 등기상 이해관계 있는 제3자로서 근저당권의 말소에 대한 승낙의 의사표시를 할 의무가 있다고 한다(대판 2004.5.28. 2003다70041).

③ [O] ※ 허위표시의 무효로 대항할 수 없는 제3자 - 파산관재인

대법원은 "가장소비대차의 대주가 파산한 경우의 파산관재인은 파산자와는 독립한 지위에서 파산채권자 전체의 공동의 이익을 위하여 직무를 행하게 됨을 이유로 제3자에 해당한다"고 보고 있다(대판 2005.5.12. 2004다68366). 그리고 "파산관재인의 선의는 추정되고, 다만 파산관재인 개인의 선의·악의를 기준으로 할 수는 없고 총파산채권자 중 1인이라도 선의이면 파산관재인은 선의로 다루어진다"고 하는데, 이는 만일 파산관재인 개인을 기준으로 선의 여부를 판단하게 되는 경우 파산관재인이 누가 되는가에 따라 가장채권이 파산재단에 속하는지 여부가 달라지게 되는 불합리가 생기기 때문이다(대판 2006.11.10. 2004다10299).

④ [O] ※ 허위표시의 무효로 대항할 수 없는 제3자 - 기존의 채권자

"통정허위표시의 무효를 대항할 수 없는 제3자란 허위표시의 당사자 및 포괄승계인 이외의 자로서 허위표시에 의하여 외형상 형성된 법률관계를 토대로 새로운 법률원인으로써 이해관계를 갖게 된 자를 말한다. 따라서, 소외인(甲)이 부동산의 매수자금을 피고(乙)로부터 차용하고 담보조로 가등기를 경료하기로 약정한 후 채권자들의 강제집행을 우려하여 소외인 (丙)에게 가장양도한 후 피고(乙) 앞으로 가등기를 경료케 한 경우에 있어서 피고(乙)는 형식상은 가장 양수인(丙)으로부터 가등기를 경료받은 것으로 되어 있으나 실질적인 새로운 법률원인에 의한 것이 아니므로 통정허위 표시에서의 제3자로 볼 수 없다"(대판 1982.5.25. 80다1403).

☞ 다만 위 사안에서 判例는 乙의 가등기는 실체관계에 부합하는 것으로서, 丙 앞으로의 소유권등기가 허위표시임을 乙이 알았건 몰랐건 간에, 실제의 소유자인 甲은 乙에 대한 채무를 이행하지 않고서는 乙명의의 가등기의 말소를 구할 수 없다고 판시하였다(즉 乙이 보호받는 것은 제108조의 선의의 제3자 보호와는 별개의 것이다 ; 대판 1982.5.25, 80다1403).

⑤ [×] **※ 허위표시의 무효로 대항할 수 없는 제3자 - 가장전세권의 전세권근저당권부 채권을 가압류한 가압류권자**

"실제로는 전세권설정계약을 체결하지 아니하였으면서도 임대차계약에 기한 임차보증금반환채권을 담보할 목적 또는 금융기관으로부터 자금을 융통할 목적으로 임차인과 임대인 사이의 합의에 따라 임차인 명의로 전세권설정등기를 경료한 경우에, 위 전세권설정계약이 통정허위표시에 해당하여 무효라 하더라도 위 전세권설정계약에 의하여 형성된 법률관계에 기초하여 새로이 법률상 이해관계를 가지게 된 제3자에 대하여는 그 제3자가 그와 같은 사정을 알고 있었던 경우에만 그 무효를 주장할 수 있다. 그리고 여기에서 **선의의 제3자가 보호될 수 있는 법률상 이해관계는** 위 전세권설정계약의 당사자를 상대로 하여 직접 법률상 이해관계를 가지는 경우 외에도 **그 법률상 이해관계를 바탕으로 하여 다시 위 전세권설정계약에 의하여 형성된 법률관계와 새로이 법률상 이해관계를 가지게 되는 경우도 포함된다**"(대판 2013.2.15, 2012다49292).

☞ [사실관계] "丙의 전세권근저당권부 채권은 통정허위표시에 의하여 외형상 형성된 전세권을 목적물로 하는 전세권근저당권의 피담보채권이고, 丁은 이러한 丙의 전세권근저당권부 채권을 가압류하고 압류명령을 얻음으로써 그 채권에 관한 담보권인 전세권근저당권의 목적물에 해당하는 전세권에 대하여 **새로이 법률상 이해관계를 가지게 되었으므로, 丁이 통정허위표시에 관하여 선의라면 비록 丙이 악의라 하더라도 허위표시자는 그에 대하여 전세권이 통정허위표시에 의한 것이라는 이유로 대항할 수 없다**"(대판 2013.2.15, 2012다49292).

쟁점정리 제3자로부터의 전득자는 제3자가 선의라면 전득자는 선·악을 불문하고 보호되는바, 이는 제108조 2항이 문제되는 것은 아니다[선의의 제3자의 개입에 의하여 허위표시의 하자는 치유되었다고 보아야 한다(엄폐물의 법칙)]. 반면 제3자가 악의이고 전득자가 선의인 경우에는 제108조 2항에 의하여 전득자가 보호될 수 있다(대판 2013.2.15. 2012다49492 : ⑤ 지문).

[정답] ⑤

문 15 **통정허위표시에 관한 민법 제108조 제2항의 '제3자'에 해당하지 않는 자를 모두 고른 것은?**(다툼이 있는 경우 판례에 의함) [변시 3회]

ㄱ. 甲과 乙사이의 허위의 의사표시에 기한 채무를 보증하고 그에 따라 보증채무자로서 그 채무를 이행한 경우, 보증인 丙

ㄴ. 근로자 甲이 乙회사에 대한 퇴직금채권을 丙에게 가장양도하였으나, 乙 회사가 아직 퇴직금을 가장양수인 丙에게 지급하지 않고 있던 중, 위 퇴직금채권이 법원의 전부명령에 의하여 丁에게 이전된 경우, 퇴직금채무자 乙 회사

ㄷ. 甲 금융기관과 乙 사이의 통정한 허위표시에 따라 甲이 乙에 대하여 취득한 외형상의 채권을 한국자산관리공사 丙이 인수한 경우, 채권양수인 丙

ㄹ. 甲이 상대방 乙과 통정한 허위의 의사표시를 통하여 가장채권을 보유하고 있다가 파산선고를 받은 경우, 파산관재인 丙

ㅁ. 甲이 자신의 소유인 X토지에 관하여 채권자 乙에게 담보가등기를 경료하기로 약정한 상태에서 그 토지를 丙에게 가장양도하고 소유권이전등기를 마친 다음 丙에게 지시하여 乙에게 가등기를 경료케 하여 준 경우, 채권자 乙

① ㄱ, ㄴ
② ㄱ, ㅁ
③ ㄴ, ㄷ
④ ㄴ, ㅁ
⑤ ㄷ, ㄹ

해 설 ※ 일반적으로 제3자란 당사자와 그의 포괄승계인 이외의 자를 말하지만, 허위표시를 기초로 하여 별개의 법률원인에 의하여 고유한 법률상의 이익을 갖는 법률관계에 들어간 자를 보호한다는 취지에 따라, 제108조 제2항의 제3자는 위와 같은 제3자 중 '**허위표시에 의하여 외형상 형성된 법률관계를 토대로 i) 실질적으로 ii) 새로운 iii) 법률상 이해관계를 맺은 자**'로 한정된다는 것이 통설과 判例의 입장이다.

ㄱ. [제3자 O] 대법원은 **채무자와 허위표시에 기초한 채무에 대해 보증을 한 자가 보증채무를 이행하여 채무자에 대해 구상권을 취득한 경우**, 그 구상권 취득에는 보증채무의 부종성으로 인하여 주채무가 유효하게 존재할 것이 필요하므로, 결국 그 보증인은 채무자의 채권자에 대한 채무부담행위라는 허위표시에 기초하여 구상권 취득에 관한 법률상 이해관계를 가지게 되었다고 보아야 하므로 제3자에 해당한다고 한다(대판 2000.7.6. 99다51258). 다만, **보증채무부담행위 그 자체만으로는 제108조 2항의 제3자에 해당하지 않는다.**

관련쟁점 그러나 가장채무의 보증인이 선의이지만 '중과실'로 가장채권자에게 보증채무를 이행한 사안에서, 보증인은 가장채무자(통정허위표시의 당사자)에게는 구상권을 행사할 수 있지만, 선의의 구상보증인들(통정허위표시의 무효를 주장하는 다른 제3자)에게까지 구상보증채무의 이행을 구하는 것은 권리남용에 해당하여 허용되지 않는다고 한다(위 99다51258의 재상고심 판결).

ㄴ. [제3자 X] **채권의 가장양도에서 채무자는** 채권의 양도인이 채무자에게 채무의 이행을 청구할 때 선의의 채무자는 채권 양수인에게 변제하여야 함을 이유로 거절할 수 없다. 이 경우 채무자는 가장양도에 터 잡아 새로운 이해관계를 맺은 바가 없기 때문이다(대판 1983.1.18. 82다594 ; 이 판

결은 채무자가 가장양수인에게 지급하지 않고 있는 동안에 양도가 허위표시에 기한 것임이 밝혀진 경우를 전제로 하고 있음을 주의해야 한다).

관련쟁점 그러나 채권의 가장양도인이 채무자에게 채무의 이행을 청구하였는데 채무자는 이미 채권의 양도가 유효한 것으로 믿고 채권 양수인에게 채무를 이행해 버린 경우, 채무자는 채권의 가장양도에 터 잡아 '채무의 변제'라는 새로운 이해관계를 맺었기 때문에 제3자에 해당하는 것으로 보아야 한다(다수설). 따라서 채무자는 이를 이유로 변제를 거절할 수 있다. 물론 채무자는 그 밖에 제452조 1항에 의한 항변, 채권의 준점유자에 대한 변제(제470조) 항변 등을 할 수도 있다.

ㄷ. [제3자 ○] 가장매매에 기한 대금채권의 양수인 기타 가장채권의 양수인도 제3자에 해당한다고 할 것이다(제548조 1항 단서와 비교). 이와 관련하여 대법원은 통정허위표시에 의하여 금융기관과의 사이에 대출명의인이 된 자는 제108조 2항에 의해 그 금융기관으로부터 그 채권을 양수한 한국자산관리공사에 대하여 대출계약의 무효를 주장할 수 없다고 한다(대판 2004.1.15, 2002다31537).

비교판례 계약해제로 인한 원상회복의무는 제3자의 권리를 해하지 못한다(제548조 1항 단서). 이때 제3자의 범위와 관련하여 判例는 "그 해제된 계약으로부터 생긴 법률효과를 기초로 하여 '해제 전'에 새로운 이해관계를 가졌을 뿐 아니라 등기·인도 등으로 완전한 권리를 취득한 자"를 말한다고 하여(대판 2002.10.11, 2002다33502), 判例는 채권의 양수인이 취득한 권리는 채권에 불과하고 대세적 효력을 갖는 권리가 아니어서 (대항요건을 갖추었더라도) 채권의 양수인은 제3자에 해당하지 않는다고 한다(대판 2003.1.24, 2000다22850 등).

ㄹ. [제3자 ○] 대법원은 "가장소비대차의 대주가 파산한 경우의 파산관재인은 파산자와는 독립한 지위에서 파산채권자 전체의 공동의 이익을 위하여 직무를 행하게 됨을 이유로 제3자에 해당한다"고 보고 있다(대판 2005.5.12, 2004다68366).

관련쟁점 그리고 "파산관재인의 선의는 추정되고, 다만 파산관재인 개인의 선의·악의를 기준으로 할 수는 없고 총파산채권자 중 1인이라도 선의이면 파산관재인은 선의로 다루어진다"고 하는데, 이는 만일 파산관재인 개인을 기준으로 선의 여부를 판단하게 되는 경우 파산관재인이 누가 되는가에 따라 가장채권이 파산재단에 속하는지 여부가 달라지게 되는 불합리가 생기기 때문이다(대판 2006.11.10, 2004다10299).

ㅁ. [제3자 ×] 甲이 乙로부터 금전을 차용하고 그 담보로 甲의 부동산에 가등기를 하기로 약정하였는데, 채권자들의 강제집행을 우려하여 丙에게 가장양도하고 이를 乙 앞으로 가등기를 해준 경우, 乙은 형식상은 가장양수인(丙)으로부터 가등기를 한 것이지만 실질적으로 새로운 법률원인에 의한 것이 아니므로 제3자에 해당하지 않는다(대판 1982.5.25, 80다1403).

관련쟁점 다만 乙의 가등기는 실체관계에 부합하는 것으로서, 丙 앞으로의 소유권등기가 허위표시임을 乙이 알았건 몰랐건 간에, 실제의 소유자인 甲은 乙에 대한 채무를 이행하지 않고서는 乙 명의의 가등기의 말소를 구할 수 없다(즉 乙이 보호받는 것은 제108조의 선의의 제3자 보호와는 별개의 것이다).

[정답] ④

문 16 통정허위표시에 관한 설명 중 옳은 것을 모두 고른 것은? (다툼이 있는 경우 판례에 의함) [변시 10회]

ㄱ. 통정한 허위의 의사표시는 무효이나, 허위표시의 당사자와 포괄승계인 이외의 자로서 허위표시에 의하여 외형상 형성된 법률관계를 토대로 실질적으로 새로운 법률상 이해관계를 맺은 선의의 제3자에 대하여는 허위표시의 당사자뿐만 아니라 그 누구도 허위표시의 무효로 대항하지 못한다.
ㄴ. 임대차보증금반환채권이 양도된 후 양수인의 채권자가 임대차보증금반환채권에 대하여 채권압류 및 추심명령을 받았는데, 임대차보증금반환채권 양도계약이 통정허위표시로서 무효인 경우 양수인의 채권자는 채권의 추심권능만을 부여받은 자여서 통정허위표시에 관한 「민법」 제108조 제2항의 제3자에 해당하지 않는다.
ㄷ. 파산채무자가 통정한 허위의 의사표시를 통하여 가장채권을 보유하고 있다가 파산이 선고된 경우 그 가장채권도 일단 파산재단에 속하게 되고, 파산관재인은 파산채무자의 포괄승계인이어서 「민법」 제108조 제2항의 통정허위표시의 제3자에 해당하지 않는다.
ㄹ. 「민법」 제108조 제2항의 통정한 허위의 의사표시의 무효로 대항할 수 없는 제3자는 선의이면 족하고 무과실은 요건이 아니다.

① ㄱ, ㄴ
② ㄱ, ㄷ
③ ㄱ, ㄹ
④ ㄴ, ㄷ
⑤ ㄷ, ㄹ

해 설 ㄱ. [○] "상대방과 통정한 허위의 의사표시는 무효이고 누구든지 그 무효를 주장할 수 있는 것이 원칙이나, 허위표시의 당사자 및 포괄승계인 이외의 자로서 허위표시에 의하여 외형상 형성된 법률관계를 토대로 실질적으로 새로운 법률상 이해관계를 맺은 선의의 제3자에 대하여는 허위표시의 당사자뿐만 아니라 그 누구도 허위표시의 무효를 대항하지 못하고, 따라서 선의의 제3자에 대한 관계에 있어서는 허위표시도 그 표시된 대로 효력이 있다"(대판 1996.4.26. 94다12074)

ㄴ. [X] "임대차보증금반환채권이 양도된 후 양수인의 채권자가 임대차보증금반환채권에 대하여 채권압류 및 추심명령을 받았는데 임대차보증금반환채권 양도계약이 허위표시로서 무효인 경우 채권자는 그로 인해 외형상 형성된 법률관계를 기초로 실질적으로 새로운 법률상 이해관계를 맺은 제3자에 해당한다"(대판 2014.4.10. 2013다59753).
☞ 가장양도된 채권에 대하여 그 양수인의 채권자가 채권압류 및 '추심명령'을 받은 경우에는 단순히 추심권을 취득한 자에 불과한 것이 아니라, 허위의 양도계약을 기초로 실질적으로 새로운 법률상 이해관계를 맺은 제3자에 해당한다고 한다(대판 2014.4.10. 2013다59753).

ㄷ. [X] "파산자가 상대방과 통정한 허위의 의사표시를 통하여 가장채권을 보유하고 있다가 파산이 선고된 경우 그 가장채권도 일단 파산재단에 속하게 되고, 파산선고에 따라 파산자와는 독립한 지위에서 파산채권자 전체의 공동의 이익을 위하여 직무를 행하게 된 파산관재인은 그 허위표시에 따라 외형상 형성된 법률관계를 토대로 실질적으로 새로운 법률상 이해관계를 가지게 된 민법 제108조 제2항의 제3자에 해당하고, 그 선의·악의도 파산관재인 개인의 선의·악의를

기준으로 할 수는 없고, 총파산채권자를 기준으로 하여 파산채권자 모두가 악의로 되지 않는 한 파산관재인은 선의의 제3자라고 할 수밖에 없다"(대판 2010.4.29., 2009다96083).

ㄹ. [○] "통정한 허위표시에 의하여 외형상 형성된 법률관계로 생긴 채권을 가압류한 경우, 그 가압류권자는 허위표시에 기초하여 새로운 법률상 이해관계를 가지게 되므로 민법 제108조 제2항의 제3자에 해당한다고 봄이 상당하고, 또한 민법 제108조 제2항의 제3자는 선의이면 족하고 무과실은 요건이 아니다"(대판 2004.5.28. 2003다70041).

[정답] ③

문 17 **「민법」상 '선의' 보호에 관한 설명 중 옳은 것을 모두 고른 것은?** (다툼이 있는 경우 판례에 의함) [변시 12회]

ㄱ. 비법인사단의 대표자가 대표권 제한에 관한 정관 규정에 위반하여 체결한 계약은 그 상대방이 대표권 제한 사실을 알았거나 알 수 있었던 때가 아닌 한 유효하다.
ㄴ. 대리인이 상대방과 공모하여 대리권을 남용한 경우, 본인은 그에 따라 형성된 법률관계를 기초로 새로운 이해관계를 맺은 선의의 제3자에 대하여 무효를 주장할 수 없으며, 제3자의 악의는 무효를 주장하는 자가 주장 · 증명하여야 한다.
ㄷ. 임대차보증금반환채권의 양도계약이 통정허위표시로서 무효인 경우, 이를 알지 못한 채 임대차보증금반환채권에 대한 압류 및 추심명령을 받은 양수인의 채권자에 대해 양도인은 채권양도가 무효임을 주장할 수 없다.
ㄹ. 채권의 준점유자에 대한 변제가 유효하기 위한 요건인 변제자의 '선의'는 변제자가 준점유자에게 변제수령의 권한이 없음을 알지 못하는 것을 의미할 뿐 적극적으로 진정한 권리자라고 믿었음을 요하지 않는다.

① ㄱ, ㄴ ② ㄴ, ㄹ
③ ㄱ, ㄴ, ㄷ ④ ㄴ, ㄷ, ㄹ
⑤ ㄱ, ㄴ, ㄷ, ㄹ

해설 ㄱ. [○] ※ 비법인사단에서 정관에 의한 이사의 대표권 제한의 문제

"비법인사단의 경우에는 대표자의 대표권 제한에 관하여 등기할 방법이 없어 민법 제60조의 규정을 준용할 수 없고, 비법인사단의 대표자가 정관에서 사원총회의 결의를 거쳐야 하도록 규정한 대외적 거래행위에 관하여 이를 거치지 아니한 경우라도, 이와 같은 사원총회 결의사항은 비법인사단의 내부적 의사결정에 불과하다 할 것이므로, 그 거래 상대방이 그와 같은 대표권 제한 사실을 알았거나 알 수 있었을 경우가 아니라면 그 거래행위는 유효하다고 봄이 상당하고, 이 경우 거래의 상대방이 대표권 제한 사실을 알았거나 알 수 있었음은 이를 주장하는 비법인사단측이 주장 · 입증하여야 한다"(대판 2003.7.23. 2002다64780).

[판례해설] 判例가 거래 상대방의 악의 · 과실을 문제삼은 것은 법인 대표에 준용되는(제59조 2항) 대리규정 가운데 제126조를 준용한 것으로 보인다.

ㄴ. [O] ※ **대리권 남용(제107조 1항 단서 및 제107조 2항의 유추적용)**
"법정대리인인 친권자의 대리행위가 객관적으로 볼 때 미성년자 본인에게는 경제적인 손실만을 초래하는 반면, 친권자나 제3자에게는 경제적인 이익을 가져오는 행위이고 행위의 상대방이 이러한 사실을 알았거나 알 수 있었을 때에는 민법 제107조 제1항 단서의 규정을 유추적용하여 행위의 효과가 자(子)에게는 미치지 않는다고 해석함이 타당하나, 그에 따라 외형상 형성된 법률관계를 기초로 하여 **새로운 법률상 이해관계를 맺은 선의의 제3자에 대하여는 같은 조 제2항의 규정을 유추적용하여 누구도 그와 같은 사정을 들어 대항할 수 없으며, 제3자가 악의라는 사실에 관한 주장·증명책임은 무효를 주장하는 자에게 있다**"(대판 2018.4.26. 2016다3201).
[판례해설] 대리권남용에 대해 判例는 **대체로** 대리인의 진의가 사익 도모에 있다는 것을 상대방이 알았거나 알 수 있었을 경우에는 제107조 1항 단서를 유추하여 '무효'로 보아야 한다는 입장이며(대판 1987.11.10. 86다카371), 친권남용의 경우 **제107조 2항의 규정**(선의 제3자 보호규정)**도 유추적용**될 수 있다는 입장이다.

ㄷ. [O] "임대차보증금반환채권이 양도된 후 양수인의 채권자가 임대차보증금반환채권에 대하여 채권압류 및 추심명령을 받았는데 임대차보증금반환채권 양도계약이 허위표시로서 무효인 경우 채권자는 그로 인해 외형상 형성된 법률관계를 기초로 실질적으로 새로운 법률상 이해관계를 맺은 제3자에 해당한다"(대판 2014.4.10. 2013다59753).
[판례해설] 判例는 가장양도된 채권에 대하여 그 양수인의 채권자가 채권압류 및 '추심명령'을 받은 경우에는 단순히 추심권을 취득한 자에 불과한 것이 아니라, 허위의 양도계약을 기초로 실질적으로 새로운 법률상 이해관계를 맺은 제3자에 해당한다고 한다.

비교판례 **채권의 가장양도에서 채무자는** ㉠ 채권의 양도인이 채무자에게 채무의 이행을 청구할 때 선의의 채무자는 채권 양수인에게 변제하여야 함을 이유로 거절할 수 없다. 이 경우 채무자는 가장양도에 터 잡아 새로운 이해관계를 맺은 바가 없기 때문이다(대판 1983.1.18. 82다594 ; 이 판결은 채무자가 가장양수인에게 지급하지 않고 있는 동안에 양도가 허위표시에 기한 것임이 밝혀진 경우를 전제로 하고 있음을 주의해야 한다).

ㄹ. [X] "채권의 준점유자에 대한 변제가 유효하기 위한 요건으로서의 선의라 함은 준점유자에게 변제수령의 권한이 없음을 알지 못하는 것뿐만 아니라 적극적으로 진정한 권리자라고 믿었음을 요하는 것이고, 무과실이란 그렇게 믿는 데에 과실이 없음을 의미한다"(대판 1999.4.27. 98다61593).
[판례해설] 채권의 준점유자에 대한 변제는 변제자가 선의이며 과실 없는 때에 한하여 효력이 있다(제470조). 선의란 준점유자에게 변제수령의 권한이 없음을 소극적으로 알지 못하는 것만으로는 부족하고, 적극적으로 변제수령권한이 있는 것으로 믿었어야 함을 말한다(적극적 오신). 무과실은 그렇게 믿는데 과실이 없음을 말한다.

[정답] ③

문 18 다음 설명 중 옳은 것을 모두 고른 것은? (각 지문은 독립적이고, 다툼이 있는 경우에는 판례에 의함)

[변시 1회]

ㄱ. 甲이 乙과의 사이에 X 토지를 매매하는 계약을 체결한 후 乙에 대한 매매잔대금채권을 丙에게 양도한 경우, 위 매매계약이 해제되면 丙은 선의라도 乙에 대하여 위 양수금을 청구할 수 없다.

ㄴ. 甲이 乙에게 매매를 원인으로 주택의 소유권이전등기를 마쳐주었으나, 매매계약이 적법하게 해제되고 乙 명의의 소유권이전등기가 말소된 경우에도 위 매매계약이 해제되기 전에 乙로부터 위 주택을 임차하여 인도와 주민등록을 마친 丙의 권리를 해하지 못한다.

ㄷ. 丙이 甲과 乙 사이의 매매계약에 기한 甲의 소유권이전등기청구권을 가압류하였다면, 그 후 乙이 甲의 대금지급의무 불이행을 이유로 매매계약을 해제하더라도 丙의 가압류권자로서의 지위는 보호된다.

ㄹ. 파산자가 통정허위표시를 통하여 가장채권을 보유하고 있다가 파산이 선고된 경우, 파산관재인은 그 허위표시에 따라 외형상 형성된 법률관계를 토대로 실질적으로 새로운 법률상 이해관계를 가지게 된 제3자에 해당하는데, 이때 선의 여부는 파산관재인을 기준으로 판단한다.

ㅁ. X 토지에 관하여 甲과 乙 사이의 통정허위표시에 기하여 乙 명의의 가등기가 마쳐지고 甲으로부터 丙에게로의 소유권이전등기가 마쳐진 후 위 가등기에 기한 본등기가 마쳐짐에 따라 丙 명의의 등기가 말소된 경우, 乙로부터 X에 관한 소유권이전등기를 마친 丁이 위 허위표시에 관하여 알지 못했더라도 丙은 丁을 상대로 소유권이전등기의 말소를 청구할 수 있다.

① ㄱ, ㄴ
② ㄴ, ㄹ
③ ㄷ, ㅁ
④ ㄱ, ㄴ, ㅁ
⑤ ㄱ, ㄷ, ㄹ

해 설 ㄱ. [○] "민법 제548조 제1항 단서에서 규정하고 있는 제3자란 일반적으로 계약이 해제되는 경우 그 해제된 계약으로부터 생긴 법률효과를 기초로 하여 해제 전에 새로운 이해관계를 가졌을 뿐 아니라 등기·인도 등으로 완전한 권리를 취득한 자를 말하고, 계약상의 채권을 양수한 자는 여기서 말하는 제3자에 해당하지 않는다고 할 것인바, 계약이 해제된 경우 계약해제 이전에 해제로 인하여 소멸되는 채권을 양수한 자는 계약해제의 효과에 반하여 자신의 권리를 주장할 수 없음은 물론이고, 나아가 특단의 사정이 없는 한 채무자로부터 이행받은 급부를 원상회복하여야 할 의무가 있다"(대판 2003.1.24, 2000다22850).

ㄴ. [○] 判例는 소유권을 취득하였다가 계약해제로 인하여 소유권을 상실하게 된 임대인으로부터 그 계약이 해제되기 전에 주택을 임차받아 주택의 인도와 주민등록을 마침으로써 주택임대차보호법

소정의 대항요건을 갖춘 임차인은 등기된 임차권자와 마찬가지로 제3자에 해당된다고 한다(대판 1996.8.20. 96다17653).

ㄷ. [X] 判例는 채권의 양수인이 취득한 권리는 채권에 불과하고 대세적 효력을 갖는 권리가 아니어서 (대항요건을 갖추었더라도) 채권의 양수인은 제3자에 해당하지 않는다고 한다(대판 2003.1.24. 2000다22850). 이는 대금채권 뿐만 아니라 소유권이전등기청구권의 경우에도 마찬가지이다. 즉 매수인의 매도인에 대한 소유권이전등기청구권(채권)을 양수받은 자나 소유권이전등기청구권을 압류하거나 가압류한 자도 마찬가지로 매매계약이 해제되면 보호받지 못한다(대판 2000.4.11. 99다51685)

비교판례 "민법 제548조 제1항 단서에서 말하는 제3자란 일반적으로 해제된 계약으로부터 생긴 법률효과를 기초로 하여 별개의 새로운 권리를 취득한 자를 말하는 것인바, 해제된 계약에 의하여 채무자의 책임재산이 된 계약의 목적물을 가압류한 가압류채권자는 그 가압류에 의하여 당해 목적물에 대하여 잠정적으로 그 권리행사만을 제한하는 것이나 종국적으로는 이를 환가하여 그 대금으로 피보전채권의 만족을 얻을 수 있는 권리를 취득하는 것이므로, 그 권리를 보전하기 위하여서는 위 조항 단서에서 말하는 제3자에는 위 가압류채권자도 포함된다"(대판 2000.1.14. 99다40937).

ㄹ. [X] 대법원은 "가장소비대차의 대주가 파산한 경우의 파산관재인은 파산자와는 독립한 지위에서 파산채권자 전체의 공동의 이익을 위하여 직무를 행하게 됨을 이유로 제3자에 해당한다"고 보고 있다(대판 2005.5.12. 2004다68366). 그리고 "파산관재인의 선의는 추정되고, 다만 파산관재인 개인의 선의 악의를 기준으로 할 수는 없고 총파산채권자 중 1인이라도 선의이면 파산관재인은 선의로 다루어진다"고 하는데, 이는 만일 파산관재인 개인을 기준으로 선의 여부를 판단하게 되는 경우 파산관재인이 누가 되는가에 따라 가장채권이 파산재단에 속하는지 여부가 달라지게 되는 불합리가 생기기 때문이다(대판 2006.11.10., 2004다10299).

ㅁ. [X] "가장양수인으로부터의 양수인이 가장매매로 인한 가등기 및 이에 대한 본등기의 원인이 된 각 의사표시가 허위임을 알지 못하였다면, 가장양도인으로부터의 양수인은 선의의 제3자에게 허위표시의 무효를 주장할 수 없고, 따라서 가장양수인으로부터의 양수인 명의의 소유권이전등기는 유효하다"(대판 1996.4.26. 94다12074)고 한다.

☞ 가장양도인 甲으로부터의 양수인 丙은 가장양수인으로부터의 양수인인 선의의 丁에게 그 무효를 주장할 수 없으므로, 丁 명의의 소유권이전등기의 말소를 청구할 수 없다.

[정답] ①

문 19 법률행위에 관한 설명 중 옳지 않은 것은? (다툼이 있는 경우에는 판례에 의함) [변시 2회]

① 동기의 착오가 상대방의 부정한 방법에 의하여 유발되었거나 상대방으로부터 제공된 경우에는 동기가 표시되지 않았더라도 표의자는 착오를 이유로 의사표시를 취소할 수 있다.

② 채무자의 법률행위가 가장행위라도 채권자취소권의 대상이 될 수 있고, 채권자취소권의 대상으로 된 채무자의 법률행위라도 통정허위표시의 요건을 갖춘 경우에는 무효이다.

③ 통정한 허위표시에 의하여 외형상 형성된 법률관계로 생긴 채권을 가압류한 경우, 그 가압류권자는 민법 제108조 제2항의 '제3자'에 해당한다.

④ 제3자의 기망행위에 기하여 표의자가 매매계약을 체결한 경우, 그 기망행위가 불법행위를 구성하는 이상 표의자가 불법행위로 인한 손해의 배상을 구하기 위하여 먼저 매매계약을 취소하여야 하는 것은 아니다.

⑤ 파산자 甲이 乙과의 가장소비대차에 기하여 가장채권을 보유하고 있다가 파산이 선고된 경우, 파산관재인은 민법 제108조 제2항의 제3자에 해당하는데, 파산채권자 중 일부라도 악의라면 파산관재인은 '선의의 제3자'라 할 수 없다.

해 설 ① [○] 判例는 동기를 당해 의사표시의 내용으로 삼을 것을 상대방에게 표시한 경우 그 착오를 이유로 계약을 취소할 수 있다고 보아 **기본적으로 동기표시설**의 입장이다. **그러나 동기가 상대방으로부터 제공되거나 유발된 경우** 判例는 동기의 표시 여부를 묻지 않고 대부분 법률행위내용의 중요부분의 착오로 보아 취소를 인정한다(대판 1997.8.26. 97다6063 등).

② [○] 통설 및 判例(대판 1984.7.24. 84다카68)는 허위표시도 제406조(채권자취소권)의 '법률행위'에 해당하는 것으로 해석한다. 왜냐하면 이론적으로 무효와 취소의 이중효를 인정할 수 있고, 현실적으로 통정허위표시가 사해행위의 전형적인 방법으로 이용되고 있을 뿐만 아니라, 통정허위표시의 경우 제3자의 보호법리(제108조 2항)에 의해 채무자의 재산이 일탈될 가능성이 있어 채권자가 사해행위를 주장하여 그 취소를 구할 실익이 있기 때문이다.

③ [○] "통정한 허위표시에 의하여 외형상 형성된 법률관계로 생긴 채권을 가압류한 경우, 그 가압류권자는 허위표시에 기초하여 새로운 법률상 이해관계를 가지게 되므로 제108조 2항의 제3자에 해당한다"(대판 2004.5.28. 2003다70041).

④ [○] 제110조는 취소권을 주어서 계약의 구속에서 해방시키는 제도이고 제750조는 피해자에게 손해를 배상시키는 제도라는 점에서 양자는 고유한 목적을 갖는 별개의 제도이므로, 사기·강박이 불법행위의 요건을 갖춘 때에는 채권자는 양자를 선택적으로 행사할 수 있다. i) 다만, 법률행위를 취소하여 부당이득반환을 받은 때에는 그 반환받은 범위 내에서는 손해가 회복되므로 그 반환받은 범위 내에서는 손해배상청구권을 중첩적으로 행사할 수 없다(대판 1993.4.27. 92다56087). ii) 그러나 **법률행위를 취소하지 않은 경우에도 불법행위를 원인으로 한 손해배상청구권은 가지나**, 그 손해액을 계산함에 있어서는 피기망자(피강박자)가 법률행위의 효력으로써 보유하게 된 급부의 가액을 공제하여야 할 것이다(대판 1980.2.26. 79다1746).

⑤ [X] 대법원은 가장소비대차의 대주가 파산한 경우의 파산관재인은 파산자와는 독립한 지위에서 파산채권자 전체의 공동의 이익을 위하여 직무를 행하게 됨을 이유로 제3자에 해당한다고 보고 있다(대판 2005.5.12, 2004다68366). 그리고 **파산관재인의 선의는 추정되고, 파산채권자 중 1인이라도 선의이면 파산관재인은 선의로 다루어진다**고 하는데, 이는 만일 파산관재인 개인을 기준으로 선의 여부를 판단하게 되는 경우 파산관재인이 누가 되는가에 따라 가장채권이 파산재단에 속하는지 여부가 달라지게 되는 불합리가 생기기 때문이다(대판 2006.11.10, 2004다10299).

[정답] ⑤

문 20 착오에 관한 설명 중 옳지 않은 것은? (다툼이 있는 경우 판례에 의함) [변시 9회]

① 매매계약 내용의 중요부분에 착오가 있는 경우, 매수인은 매도인의 하자담보책임이 성립하는지와 상관없이 착오를 이유로 매매계약을 취소할 수 있다.

② 매도인이 매수인의 중도금 지급채무 불이행을 이유로 매매계약을 적법하게 해제한 후라도 매수인으로서는 착오를 이유로 취소권을 행사하여 매매계약 전체를 무효로 만들 수 있다.

③ 의사표시의 착오가 표의자의 중대한 과실로 발생하였으나 상대방이 표의자의 착오를 알고 이용한 경우, 표의자는 의사표시를 취소할 수 있다.

④ 보험회사가 설명의무를 위반하여 고객이 보험계약의 중요사항에 관하여 제대로 이해하지 못한 채 착오에 빠져 보험계약을 체결한 경우, 그 착오가 동기의 착오에 불과하더라도 착오가 없었다면 보험계약을 체결하지 않았거나 적어도 동일한 내용으로 보험계약을 체결하지 않았을 것임이 명백하다면 이를 이유로 보험계약을 취소할 수 있다.

⑤ 경과실에 의한 착오를 이유로 의사표시를 취소한 자는 상대방이 그 의사표시의 유효를 믿었음으로 인하여 발생한 손해에 대해 불법행위 책임을 진다.

해 설 ① [O] ※ 착오와 담보책임의 경합

최근 判例는 **"착오로 인한 취소 제도와 매도인의 하자담보책임 제도는 취지가 서로 다르고, 요건과 효과도 구별된다.** 따라서 매매계약 내용의 중요 부분에 착오가 있는 경우 매수인은 매도인의 하자담보책임이 성립하는지와 상관없이 착오를 이유로 매매계약을 취소할 수 있다"(대판 2018.9.13, 2015다78703)고 판시하여 **제580조**(물건의 하자담보책임)**와 제109조의 경합을 처음으로 명시적으로 인정**하였다. 따라서 이러한 判例에 따르면 설령 하자를 안 날로부터 6개월이 지났더라도(제582조), 제146조의 제척기간이 지나지 않았다면 착오를 이유로 취소할 수 있다.

② [O] ※ 착오취소와 해제의 경합

判例는 **매도인이 매수인의 중도금 지급 채무불이행을 이유로 매매계약을 적법하게 해제한 후에도**(소급적 소멸), **매수인이 착오를 이유로 취소권을 행사하여 매매계약 전체를 무효로 돌릴 수 있다**고 판시하여 경합을 인정한다(대판 1996.12.6, 95다24982). 왜냐하면 무효와 취소의 '이중효'의 이론적 측면뿐만 아니라 이를 인정할 경우 매수인으로서는 계약해제의 효과로서 발생하는 손해배상책임을 지는 불이익(제548조 · 제551조)을 피할 수 있는 실익도 있기 때문이다.

③ [○] ※ 취소권 발생의 요건

착오를 이유로 취소를 주장하기 위해서는 i) 법률행위 내용의 착오, ii) 중요부분에 관한 착오, iii) 취소의 의사표시 및 그 도달사실을 증명해야 한다(제109조 1항). 이에 대해 표의자에게 중대한 과실이 없을 것은 상대방측의 (재)항변 사유이다(제109조 1항 단서). 그러나 **상대방이 표의자의 착오를 알면서 이를 이용한 경우에, 표의자에게 중대한 과실이 있더라도 표의자는 그 의사표시를 취소할 수 있다**(대판 1955.11.10, 4288민상321 ; 대판 2014.11.27. 2013다49794).

제109조 1항 단서가 상대방의 이익을 보호하기 위한 것이지만 이러한 경우에는 상대방의 보호가치가 부정되므로 그 규정의 적용이 배제되어야 하고, 또한 상대방이 표의자의 중대한 과실을 원용하여 표의자의 취소권을 부인하는 것은 신의칙에 반하기 때문이다.

④ [○] ※ 중요부분의 착오

"보험약관만으로 보험계약의 중요사항을 설명하기 어려운 경우에는 보험회사 또는 보험모집종사자는 상품설명서 등 적절한 추가자료를 활용하는 등의 방법을 통하여 개별 보험상품의 특성과 위험성에 관한 보험계약의 중요사항을 고객이 이해할 수 있도록 설명하여야 한다. **보험회사 또는 보험모집종사자가 설명의무를 위반하여 고객이 보험계약의 중요사항에 관하여 제대로 이해하지 못한 채 착오에 빠져 보험계약을 체결한 경우**, 그러한 착오가 동기의 착오에 불과하다고 하더라도 그러한 착오를 일으키지 않았더라면 보험계약을 체결하지 않았거나 아니면 적어도 동일한 내용으로 보험계약을 체결하지 않았을 것이 명백하다면, 위와 같은 착오는 보험계약의 내용의 중요부분에 관한 것에 해당하므로 이를 이유로 **보험계약을 취소할 수 있다**"(대판 2018.4.12. 2017다229536)

⑤ [×] ※ 경과실 표의자의 상대방에 대한 신뢰이익 배상책임

독일 민법에는 착오를 이유로 취소를 한 자의 배상책임규정이 있으나 우리 민법에는 이러한 규정이 없어 인정 여부가 문제된다. 이에 대해 判例는 "i) (경)과실로 인하여 착오에 빠져 계약을 체결한 것과, ii) 그 착오를 이유로 계약을 취소한 것 모두 **'위법'하다고는 할 수 없다**"(대판1997.8.22. 97다13023)고 하여, 제750조의 요건을 검토하기는 했으나 배상책임을 인정하지 않았다. 다만 학설은 제535조를 유추하여 경과실이 있는 표의자가 착오를 이유로 취소한 경우에 신뢰이익의 배상책임을 인정하자는 것이 다수설이다.

[정답] ⑤

문 21 자신이 소유한 조선시대 유명화가의 고서화(古書畵)를 진품으로 알고 있던 甲은 乙에게 위 고서화를 1억 원에 매도하는 내용의 매매계약을 체결하면서, 당해 고서화가 위작인 경우 乙이 매매계약을 해제하고 매매대금을 반환받기로 하는 특약도 함께 체결하였다. 乙도 고서화를 진품으로 알고 甲에게 1억 원을 지급하고 고서화를 인도받았다. 이후 감정결과 고서화는 진품이 아닌 시가 50만 원 상당의 위작으로 판명되었다. 이에 관한 설명 중 옳은 것을 모두 고른 것은? (다툼이 있는 경우 판례에 의함) [변시 10회]

ㄱ. 착오로 인한 취소의 요건이 갖추어져 乙이 이를 이유로 매매계약을 취소한 후 부당이득반환청구를 하는 경우, 甲은 고서화의 반환을 동시이행할 것을 항변할 수 있다.
ㄴ. 착오로 인한 취소의 요건이 갖추어진 경우, 甲의 乙에 대한 하자담보책임이 성립하는지 여부와 관계없이 乙은 착오를 이유로 한 매매계약 취소를 할 수 있다.
ㄷ. 乙의 착오는 동기의 착오에 해당하여 착오를 이유로 한 매매계약 취소를 할 수 없다.
ㄹ. 乙은 자신의 중대한 과실로 착오에 빠진 경우 착오를 이유로 한 매매계약 취소를 할 수 없다.

① ㄱ, ㄹ
② ㄴ, ㄷ
③ ㄱ, ㄴ, ㄹ
④ ㄱ, ㄷ, ㄹ
⑤ ㄱ, ㄴ, ㄷ, ㄹ

해설 ㄱ. [O] "매매계약이 취소된 경우에 당사자 쌍방의 원상회복의무는 동시이행의 관계에 있다"(대판 2001.7.10. 2001다3764)

ㄴ. [O] 최근 判例는 **"착오로 인한 취소 제도와 매도인의 하자담보책임 제도는 취지가 서로 다르고, 요건과 효과도 구별된다.** 따라서 매매계약 내용의 중요 부분에 착오가 있는 경우 매수인은 매도인의 하자담보책임이 성립하는지와 상관없이 착오를 이유로 매매계약을 취소할 수 있다"(대판 2018.9.13. 2015다78703)고 판시하여 **제580조**(물건의 하자담보책임)**와 제109조의 경합을 처음으로 명시적으로 인정**하였다. 따라서 이러한 判例에 따르면 설령 하자를 안 날로부터 6개월이 지났더라도 (제582조), 제146조의 제척기간이 지나지 않았다면 착오를 이유로 취소할 수 있다.

ㄷ. [X] 判例는 **"동기를 당해 의사표시의 내용으로 삼을 것을 상대방에게 표시한 경우** 그 착오를 이유로 계약을 취소할 수 있다"고 보아 **기본적으로 동기표시설**의 입장이다. 다만, 의사표시의 해석상 그 동기가 법률행위의 내용으로 되어 있다고 인정되면 충분하고, 당사자들 사이에 별도로 그 동기를 의사표시의 내용으로 삼기로 하는 '합의'까지 이루어질 필요는 없다고 한다.
☞ 사안에서 매매계약의 목적물인 '고서화'의 진품여부는 물건의 성질과 관련한 착오로 '동기의 착오'에 해당하며, 고서화가 위작인 경우 해제특약을 하는 등 乙의 동기는 표시되었다고 보아야 한다. 따라서 제109조의 다른 요건을 충족하는 한 乙은 착오를 이유로 취소할 수 있다. 다만 매도인 甲도 진품으로 알고 있었기 때문에 乙은 사기를 이유로 취소할 수는 없을 것이다.

ㄹ. [O] 착오를 이유로 취소를 주장하기 위해서는 i) 법률행위 내용의 착오, ii) 중요부분에 관한 착오, iii) 취소의 의사표시 및 그 도달사실을 증명해야 한다(제109조 1항). 이에 대해 표의자에게 중대한 과실이 없을 것은 상대방측의 (재)항변 사유이다(제109조 1항 단서). 그러나 **상대방이 표의자의 착오를 알면서 이를 이용한 경우에, 표의자에게 중대한 과실이 있더라도 표의자는 그 의사**

표시를 취소할 수 있다(대판 1955.11.10. 4288민상321 ; 대판 2014.11.27. 2013다49794).
하지만 사안에서 상대방 甲도 진품으로 알고 있었으므로 乙의 착오를 알면서 이용한 경우라고 볼 수 없어 乙이 중과실이라면 매매계약을 착오를 이유로 취소할 수 없다.

참고판례 판례는 골동품도자기 매매계약을 체결함에 있어 매수인이 전문적 감정인의 감정을 거치지 아니한 채 매매계약을 체결한 경우에도 중대한 과실이 없다고 한다(대판 1997.8.22. 96다26657 : 고려청자로 알고 매수한 도자기가 진품이 아닌 것으로 밝혀진 사례).

[정답] ③

문 22 **甲이 착오에 빠진 乙과 甲 소유 X 토지에 관하여 매매계약을 체결하였다. 이에 관한 설명 중 옳은 것(○)과 옳지 않은 것(×)을 올바르게 조합한 것은?**(다툼이 있는 경우 판례에 의함) [변시 11회]

ㄱ. 甲이 乙의 채무불이행을 이유로 매매계약을 해제하였다면 그 후 乙은 착오를 이유로 매매계약을 취소할 수 없다.
ㄴ. X 토지에 하자가 있는 경우, 乙은 甲의 하자담보책임의 성립 여부와 관계없이 착오를 이유로 매매계약을 취소할 수 있다.
ㄷ. X 토지의 현황과 경계에 관한 乙의 착오가 중요부분의 착오로 인정되기 위해서는, 乙이 계약체결 전에 이를 알았다면 계약의 목적을 달성할 수 없음이 명백하여 계약을 체결하지 않았을 것으로 평가될 수 있어야 한다.
ㄹ. 甲과 乙은 甲 소유 Y 토지를 매매목적물로 하는 의사를 가졌으나 甲과 乙 모두 지번에 착오를 일으켜 계약서에 매매목적물을 X 토지로 표시한 경우, X 토지에 관한 매매계약이 성립한 것으로 본다.

① ㄱ(○), ㄴ(○), ㄷ(○), ㄹ(○)　② ㄱ(○), ㄴ(○), ㄷ(×), ㄹ(○)
③ ㄱ(×), ㄴ(×), ㄷ(×), ㄹ(○)　④ ㄱ(×), ㄴ(○), ㄷ(○), ㄹ(×)
⑤ ㄱ(×), ㄴ(○), ㄷ(×), ㄹ(×)

해 설 ㄱ. [×] ※ 착오와 해제의 경합
判例는 매도인이 매수인의 중도금 지급 채무불이행을 이유로 매매계약을 적법하게 해제한 후에도(소급적 소멸), 매수인이 착오를 이유로 취소권을 행사하여 매매계약 전체를 무효로 돌릴 수 있다고 판시하여 **경합을 인정한다**(대판 1996.12.6. 95다24982). 왜냐하면 무효와 취소의 '이중효'의 이론적 측면뿐만 아니라 이를 인정할 경우 매수인으로서는 계약해제의 효과로서 발생하는 손해배상책임을 지는 불이익(제548조 · 제551조)을 피할 수 있는 실익도 있기 때문이다.

ㄴ. [○] ※ 착오와 하자담보책임의 경합
최근 判例는 "착오로 인한 취소 제도와 매도인의 하자담보책임 제도는 취지가 서로 다르고, 요건과 효과도 구별된다. 따라서 매매계약 내용의 중요 부분에 착오가 있는 경우 매수인은 매도인의 하자담보책임이 성립하는지와 상관없이 착오를 이유로 매매계약을 취소할 수 있다"(대판 2018.9.13.

2015다78703)고 판시하여 **제580조**(물건의 하자담보책임)**와 제109조의 경합을 처음으로 명시적으로 인정**하였다. 따라서 이러한 判例에 따르면 설령 하자를 안 날로부터 6개월이 지났더라도(제582조), 제146조의 제척기간이 지나지 않았다면 착오를 이유로 취소할 수 있다.

ㄷ. [○] **※ 토지의 현황 · 경계에 관한 착오**
"의사표시는 법률행위 내용의 중요부분에 착오가 있는 때에는 취소할 수 있다. 법률행위 중요부분의 착오란 표의자가 그러한 착오가 없었더라면 그 의사표시를 하지 않았으리라고 생각될 정도로 중요한 것이어야 하고 보통 일반인도 표의자의 처지에 있었더라면 그러한 의사표시를 하지 않았으리라고 생각될 정도로 중요한 것이어야 한다. 가령 **토지의 현황과 경계에 착오가 있어 계약을 체결하기 전에 이를 알았다면 계약의 목적을 달성할 수 없음이 명백하여 계약을 체결하지 않았을 것으로 평가할 수 있을 경우에 계약의 중요부분에 관한 착오가 인정된다**"(대판 2020.3.26. 2019다288232).

관련판례 判例는 토지 1,389평을 전부 경작할 수 있는 농지인 줄 알고 매수하고 소유권이전등기를 하였으나 측량결과 약 600평이 하천을 이루고 있는 경우(대판 1968.3.26. 67다2160), 인접 대지의 경계선이 자신의 대지의 경계선과 일치하는 것으로 잘못 알고 그 경계선에 담장을 설치하기로 합의한 경우(대판 1989.7. 25. 88다카9364), 약 325평의 토지를 매수하면서 '그 토지에 인접한 매실나무 밭 바로 앞부분 약 80평이 포함되고 인접한 도로 부분 약 40평이 포함되지 않는다'고 토지의 경계를 잘못 인식한 경우(대판 2020.3.26. 2019다288232), 각각 '법률행위 내용의 중요부분의 착오'에 해당하는 것으로 보아 취소를 인정하였다.

ㄹ. [X] "계약의 해석에 있어서는 형식적인 문구에만 얽매여서는 아니되고 쌍방 당사자의 진정한 의사가 무엇인가를 탐구하여야 하는 것이므로, 계약서에 그 목적물을 Y토지가 아닌 X토지로 표시하였다 하여도, 위 Y토지에 관하여 이를 매매의 목적물로 한다는 쌍방 당사자의 의사합치가 있은 이상, 위 매매계약은 Y토지에 관하여 '성립'한 것으로 보아야 한다"(대판 1993.10.26. 93다2629).

[정답] ④

문 23 甲은 乙의 기망에 의해 신원보증 서류에 서명날인한다는 착각에 빠져 乙의 丙에 대한 채무를 보증하는 서면에 서명날인하였다. 이에 관한 설명 중 옳은 것(○)과 옳지 않은 것(×)을 올바르게 조합한 것은? (각 지문은 독립적이며, 다툼이 있는 경우 판례에 의함) [변시 7회]

ㄱ. 丙이 乙의 기망사실을 알았거나 알 수 있었다면 甲은 사기에 의한 의사표시를 이유로 丙과의 보증계약을 취소할 수 있다.
ㄴ. 乙과 丙이 공모하여 甲을 기망하였다면 甲은 상대방에 의해 유발된 동기의 착오를 이유로 丙과의 보증계약을 취소할 수 있다.
ㄷ. 甲이 착각에 빠진 점에 관하여 설사 중과실이 있다 하더라도 丙이 이를 알고 이용한 경우에는 甲은 착오를 이유로 丙과의 보증계약을 취소할 수 있다.
ㄹ. 甲이 착각에 빠진 점에 관하여 경과실이 있는 경우, 甲의 착오를 이유로 한 취소가 허용되어 이로 인해 丙이 손해를 입었다면, 丙은 甲을 상대로 불법행위에 의한 손해배상을 청구할 수 있다.

① ㄱ(○), ㄴ(×), ㄷ(×), ㄹ(○) ② ㄱ(○), ㄴ(○), ㄷ(×), ㄹ(×)
③ ㄱ(×), ㄴ(○), ㄷ(×), ㄹ(○) ④ ㄱ(×), ㄴ(○), ㄷ(○), ㄹ(×)
⑤ ㄱ(×), ㄴ(×), ㄷ(○), ㄹ(×)

해 설 ㄱ. [×] ※ 법률행위 내용의 착오와 사기의 경합

判例는 타인의 기망행위에 의하여 '동기의 착오'가 발생한 때에는 사기와 착오의 경합을 인정한다(대판 1969.6.24, 68다1749). **그러나 타인의 기망행위에 의하여 '표시상의 착오'가 발생한 경우에는 사기를 이유로 취소할 수 없고, 착오를 이유로만 취소할 수 있다고** 한다.

즉, "사기에 의한 의사표시란 타인의 기망행위로 말미암아 착오에 빠지게 된 결과 어떠한 의사표시를 하게 되는 경우이므로 거기에는 의사와 표시의 불일치가 있을 수 없고, 단지 의사의 형성과정 즉 의사표시의 동기에 착오가 있는 것에 불과하며, 이 점에서 고유한 의미의 착오에 의한 의사표시와 구분되는데, **제3자의 기망행위에 의하여 신원보증서류에 서명날인한다는 착각에 빠진 상태로 연대보증의 서면에 서명날인한 경우 이른바 표시상의 착오에 해당하므로,** 상대방이 그러한 제3자의 기망행위 사실을 알았거나 알 수 있었을 경우가 아닌 한 의사표시자가 취소권을 행사할 수 없다는 **제110조 2항의 규정을 적용할 것이 아니라, 착오에 의한 의사표시에 관한 법리만을 적용하여 취소권 행사의 가부를 가려야 한다**"(대판 2005.5.27, 2004다43824)고 한다.

☞ 따라서, 判例에 따르면 사안에서 丙이 제3자 乙의 기망사실을 알았거나 알 수 있었느냐에 상관없이(제110조 2항) 甲은 사기에 의한 의사표시를 이유로 丙과의 보증계약을 취소할 수 없다.

ㄴ. [×] ㄱ.에서 살핀바와 같이 判例에 따르면 제3자(채무자)의 기망행위에 의하여 신원보증서류에 서명날인한다는 착각에 빠진 상태로 연대보증의 서면에 서명날인한 경우는 '표시상의 착오'에 해당하므로, 사안은 '동기의 착오'가 아니다.

☞ 따라서 乙과 丙이 공모하여 甲을 기망하였더라도 甲은 상대방에 의해 유발된 동기의 착오를 이유로 丙과의 보증계약을 취소할 수 없고, 법률행위 내용의 착오를 이유로 취소할 수 있을 뿐이다.

ㄷ. [○] ※ 상대방이 표의자의 착오를 알면서 이용한 경우

착오가 표의자의 중대한 과실로 인한 때에는 취소하지 못한다(제109조 1항 단서). 그러나 상대방이 표의자의 착오를 알면서 이를 이용한 경우에는 표의자에게 중대한 과실이 있더라도 표의자는 그 의사표시를 취소할 수 있다(대판 1955.11.10, 4288민상321 ; 대판 2014.11.27. 2013다49794). 이러한 경우에는 상대방의 보호가치가 부정되므로 제109조 1항 단서의 적용이 배제되어야 하고, 또한 상대방이 표의자의 중대한 과실을 원용하여 표의자의 취소권을 부인하는 것은 신의칙에 반하기 때문이다.

☞ 따라서, 判例에 따르면 甲이 착각에 빠진 점에 관하여 설사 중과실이 있다 하더라도 丙이 이를 알고 이용한 경우에는 甲은 착오를 이유로 丙과의 보증계약을 취소할 수 있다.

ㄹ. [X] ※ 경과실 표의자의 상대방에 대한 신뢰이익 배상책임

判例는 전문건설공제조합이 경과실로 인하여 착오에 빠져 계약보증서를 발급하고 그 착오를 이유로 보증계약을 취소하자 상대방이 제750조의 불법행위로 인한 손해배상을 청구한 사안에서 "ⅰ) (경)과실로 인하여 착오에 빠져 계약을 체결한 것과, ⅱ) 그 착오를 이유로 계약을 취소한 것 모두 '위법'하다고는 할 수 없다"(대판1997.8.22, 97다카13023)고 하여 불법행위 책임을 부정하고 있다.

☞ 따라서 甲이 착각에 빠진 점에 관하여 경과실이 있는 경우, 甲의 착오를 이유로 한 취소가 허용되어 이로 인해 丙이 손해를 입었더라도, 判例에 따르면 丙은 甲을 상대로 불법행위에 의한 손해배상을 청구할 수 없다.

[정답] ⑤

문 24 의사표시의 취소에 관한 설명 중 옳은 것을 모두 고른 것은? (다툼이 있는 경우 판례에 의함) [변시 5회]

ㄱ. 甲이 제3자의 기망행위에 의하여 신원보증서류에 서명날인한다는 착각에 빠진 상태로 연대보증의 서면에 서명날인하였다면, 甲은 연대보증계약의 상대방이 위 기망행위를 알았거나 알 수 있었을 경우에만 연대보증계약을 취소할 수 있다.

ㄴ. 원고가 피고를 상대로 매매계약의 이행을 청구하는 소송에서 피고가 착오를 이유로 매매계약의 취소를 주장하는 경우, 피고는 착오가 자신의 중대한 과실에 의한 것이 아니라는 점에 대한 증명책임을 진다.

ㄷ. 상대방이 표의자의 착오를 알고 이를 이용한 경우에는 착오가 표의자의 중대한 과실로 인한 것이라고 하더라도 표의자는 의사표시를 취소할 수 있다.

ㄹ. 경과실로 인해 착오에 빠진 표의자가 착오를 이유로 자신의 의사표시를 취소하였더라도 이로 인해 상대방에 대하여 불법행위로 인한 손해배상책임을 지지 않는다.

① ㄱ, ㄴ
② ㄱ, ㄹ
③ ㄷ, ㄹ
④ ㄱ, ㄴ, ㄷ
⑤ ㄴ, ㄷ, ㄹ

해 설 ㄱ. [X] 判例는 타인의 기망행위에 의하여 '동기의 착오'가 발생한 때에는 사기와 착오의 경합을 인정한다(대판 1969.6.24, 68다1749). 그러나 타인의 기망행위에 의하여 '표시상의 착오'가 발생한 경우에는 사기를 이유로 취소할 수 없고, 착오를 이유로만 취소할 수 있다고 한다.
즉, "사기에 의한 의사표시란 타인의 기망행위로 말미암아 착오에 빠지게 된 결과 어떠한 의사표시를 하게 되는 경우이므로 거기에는 의사와 표시의 불일치가 있을 수 없고, 단지 의사의 형성과정 즉 의사표시의 동기에 착오가 있는 것에 불과하며, 이 점에서 고유한 의미의 착오에 의한 의사표시와 구분되는데, 제3자의 기망행위에 의하여 신원보증서류에 서명날인한다는 착각에 빠진 상태로 연대보증의 서면에 서명날인한 경우 이른바 표시상의 착오에 해당하므로, 상대방이 그러한 제3자의 기망행위 사실을 알았거나 알 수 있었을 경우가 아닌 한 의사표시자가 취소권을 행사할 수 없다는 제110조 2항의 규정을 적용할 것이 아니라, 착오에 의한 의사표시에 관한 법리만을 적용하여 취소권 행사의 가부를 가려야 한다"(대판 2005.5.27, 2004다43824)고 한다.
☞ 따라서 지문은 착오에 의한 취소만 가능하고, 제3자에 의한 사기라고 볼 수 없어 제110조 2항이 적용되지 않으므로 甲은 연대보증계약의 상대방이 위 기망행위를 알았거나 알 수 있었을 경우에만 연대보증계약을 취소할 수 있는 것이 아니다.

ㄴ. [X] 표의자에게 '중대한 과실'이 없을 것은 재항변 사유에 해당한다. 따라서 원고가 피고를 상대로 이행을 청구할 경우, 피고는 착오를 이유로 매매계약의 취소를 주장할 수 있고, 원고는 착오가 피고의 중대한 과실이라는 점에 대한 증명책임을 진다. 判例도 "민법 제109조 제1항 단서에서 규정하는 착오한 표의자의 중대한 과실 유무에 관한 주장과 입증책임은 착오자가 아니라 의사표시를 취소하게 하지 않으려는 상대방에게 있는 것"(대판 2005.5.12, 2005다6228)이라고 판시하였다.

ㄷ. [O] 착오가 표의자의 중대한 과실로 인한 때에는 취소하지 못한다(제109조 1항 단서). 그러나 상대방이 표의자의 착오를 알면서 이를 이용한 경우에는 표의자에게 중대한 과실이 있더라도 표의자는 그 의사표시를 취소할 수 있다(대판 1955.11.10, 4288민상321 ; 대판 2014.11.27, 2013다49794).

ㄹ. [O] 判例는 전문건설공제조합이 경과실로 인하여 착오에 빠져 계약보증서를 발급하고 그 착오를 이유로 보증계약을 취소하자 상대방이 제750조의 불법행위로 인한 손해배상을 청구한 사안에서 "ⅰ) (경)과실로 인하여 착오에 빠져 계약을 체결한 것과, ⅱ) 그 착오를 이유로 계약을 취소한 것 모두 '위법'하다고는 할 수 없다"(대판1997.8.22, 97다카13023)고 하여 불법행위 책임을 부정하고 있다.
결국 判例에 의하면 표의자에게 착오에 대한 경과실이 있더라도 중과실이 아닌 이상 법률행위를 취소할 수 있으며, 취소로 인해 상대방이 손해를 입더라도 계약을 취소한 것이 위법하다 할 수 없어 불법행위로 인한 손해배상책임은 부정된다.

[정답] ③

문 25 **흠 있는 의사표시에 관한 설명 중 옳은 것은??** (각 지문은 독립적이며, 다툼이 있는 경우 판례에 의함)

[변시 13회]

① 비진의 의사표시에 있어서 진의란 표의자가 진정으로 마음 속에서 바라는 사항을 뜻하는 것이므로 표의자가 강박에 의하여 증여의 의사표시를 할 당시 재산을 강제로 뺏긴다는 것이 표의자의 본심으로 잠재되어 있었다면 위 증여의 의사표시는 증여라는 내심의 효과의사가 결여된 것으로서 비진의 의사표시에 해당한다.

② 재단법인의 설립을 위하여 서면에 의한 출연행위를 한 경우 법인이 성립되고 출연된 재산이 기본재산인 경우에도 착오에 기한 의사표시라는 이유로 위 출연행위를 취소할 수 있다.

③ 부동산 매매계약에 있어 당사자인 甲과 乙이 모두 A토지를 계약의 목적물로 삼았으나 그 목적물의 지번 등에 관하여 착오를 일으켜 계약서상 그 목적물을 B토지로 표시하였다면 규범적 해석에 따라 일단 B토지에 관하여 매매계약이 성립된 것으로 보아야 하고, 다만 매도인 甲은 착오를 이유로 위 매매계약을 취소할 수 있다.

④ 甲이 乙에 대한 임대차보증금반환채권을 丙에게 양도한 후 丙의 채권자 丁이 위 임대차보증금반환채권에 대하여 채권압류 및 추심명령을 받았는데 그 임대차보증금반환채권 양도계약이 통정허위표시에 해당하여 무효인 경우 丁은 위 임대차보증금반환채권에 관한 추심권을 취득한 자에 불과하므로 통정허위표시에 대한 丁의 선의 여부를 불문하고 乙은 丁에게 위 양도계약이 통정허위표시에 해당하여 무효라고 주장할 수 있다.

⑤ 반환소송을 당하게 된다면 아무런 보상도 받지 못한 채 부동산을 반환하여야 할 것으로 착각하고 이를 매도하는 매매계약을 체결한 경우 이는 동기의 착오에 불과하므로 그 동기를 의사표시의 내용으로 삼기로 하는 합의가 있어야만 매도인은 착오를 이유로 위 매매계약을 취소할 수 있다.

해설 ① [X] '진의'의 의미와 관련하여 判例에 따르면 **"특정한 내용의 의사표시를 하고자 하는 표의자의 생각을 말하는 것이지 표의자가 진정으로 마음속에서 바라는 사항을 뜻하는 것은 아니(다)"**(대판 2004.4.25. 99다34475)라고 한다. 그러므로, "비록 **재산을 강제로 뺏긴다는 것이 표의자의 본심으로** 잠재되어 있었다 하여도 표의자가 **강박에 의하여서나마 증여를** 하기로 하고 그에 따른 **증여의 의사표시를** 한 이상 증여의 **내심의 효과의사가 결여된 것이라고 할 수는 없다**"(대판 1993.7.16. 92다41528).

② [O] 判例는 **재단법인의 설립행위는 상대방 없는 단독행위인데** 설립자가 **착오를 이유로 출연의 의사표시를 취소할 수 있다고** 한다(대판 1999.7.9. 98다9045). **'서면에 의한 출연'**이더라도 민법 총칙규정에 따라 출연자가 착오에 기한 의사표시라는 이유로 **출연의 의사표시를 취소할 수 있고**(제555조에서 서면에 의한 증여의 해제를 제한하고 있으나 이는 해제에 있어서만 적용되는 것이고 이와 요건·효과가 다른 민법총칙상의 취소에는 적용이 될 수 없다), **상대방 없는 단독행위인 재단법인에 대한 출연행위라고 하여 달리 볼 것은 아니다.** 이 경우 출연자는 재단법인의 성립 여부나 출연된 재산의 **'기본재산인 여부와 관계없이' 그 의사표시를 취소할 수 있다**(대판 1999.7.9. 98다9045). 즉, **주무관청의 허가가 필요없다**(제43조, 제42조 2항 참고).

③ [×] 甲이 국가 소유인 X토지를 불하받는 과정에서 서로 간의 착오로 인접한 국가 소유의 Y토지로 잘못 표기하여 매매계약이 체결된 사안에서, "계약의 해석에 있어서는 형식적인 문구에만 얽매여서는 아니되고 쌍방 당사자의 진정한 의사가 무엇인가를 탐구하여야 하는 것이므로, 계약서에 그 목적물을 X토지가 아닌 Y토지로 표시하였다 하여도, 위 X토지에 관하여 이를 매매의 목적물로 한다는 쌍방 당사자의 의사합치가 있은 이상, 위 매매계약은 X토지에 관하여 '성립'한 것으로 보아야 한다"(대판 1993.10.26. 93다2629)고 한다. 따라서 착오를 이유로 취소할 수 없다.

④ [×] 가장양도된 채권에 대하여 그 양수인의 채권자가 채권압류 및 '추심명령'을 받은 경우에는 단순히 추심권을 취득한 자에 불과한 것이 아니라, 허위의 양도계약을 기초로 실질적으로 새로운 법률상 이해관계를 맺은 제3자에 해당한다고 한다(대판 2014.4.10. 2013다59753).

⑤ [×] 반환소송을 당하게 되면 아무런 보상도 받지 못한 채 부동산을 반환하여야 할 것으로 착각하여 이를 매도하는 매매계약을 체결하였다 하더라도 이는 동기의 착오에 불과하므로 그와 같은 동기를 매매계약의 내용으로 삼았다는 특별한 사정이 없는 한 이를 이유로 매매계약을 취소할 수 없다(대판 1991.11.12. 91다10732).
判例는 "동기를 당해 의사표시의 내용으로 삼을 것을 상대방에게 표시하고, 제109조의 나머지 요건까지 충족하였다면 그 착오를 이유로 계약을 취소할 수 있다"고 보아 기본적으로 동기표시설의 입장이다(대판 2000.5.12. 2000다12259). 다만, 의사표시의 해석상 그 동기가 법률행위의 내용으로 되어 있다고 인정되면 충분하고, 당사자들 사이에 별도로 그 동기를 의사표시의 내용으로 삼기로 하는 '합의'까지 이루어질 필요는 없다고 한다.

[정답] ②

제4절 법률행위의 대리

문26 대리에 관한 설명 중 옳지 않은 것은? (다툼이 있는 경우 판례에 의함) [변시 6회]

① 대리인이 본인을 대리하여 부동산을 매수함에 있어서 이중매매라는 사정을 잘 알고 매도인의 배임행위에 적극 가담했더라도 본인이 그러한 사정을 몰랐고 알 수도 없었다면 대리인이 한 부동산 매매계약을 반사회적 법률행위라고 볼 수 없다.

② 복대리인 선임권이 없는 대리인에 의하여 선임된 복대리인의 권한도 「민법」 제126조의 표현대리의 기본대리권이 될 수 있다.

③ 대리인이 대리권 소멸 후 복대리인을 선임하여 복대리인으로 하여금 상대방과 사이에 대리행위를 하도록 한 경우, 상대방이 대리권 소멸 사실을 알지 못하여 복대리인에게 적법한 대리권이 있는 것으로 믿었고, 그와 같이 믿은 데 과실이 없었다면 「민법」 제129조의 표현대리가 성립할 수 있다.

④ 어떠한 계약의 체결에 관한 대리권을 수여받은 대리인이 체결된 계약을 해제할 권한까지 가지고 있다고 볼 수는 없다.

⑤ 대주와 차주가 사채알선업자에게 쌍방을 대리하여 금전 소비대차계약을 체결하도록 승낙한 경우, 특별한 사정이 없는 한 차주의 변제를 수령할 권한도 사채알선업자에게 인정된다.

해설 ① [×] 의사표시의 효력이 의사의 흠결, 사기, 강박 또는 어느 사정을 알았거나 과실로 알지 못한 것으로 인하여 영향을 받을 경우에 그 사실의 유무는 **대리인을 표준**으로 하여 결정한다(제116조 1항).

"대리인이 본인을 대리하여 매매계약을 체결함에 있어서 매매대상 토지에 관한 저간의 사정을 잘 알고 그 배임행위에 가담하였다면, 대리행위의 하자 유무는 대리인을 표준으로 판단하여야 하므로, 설사 본인이 미리 그러한 사정을 몰랐거나 반사회성을 야기한 것이 아니라고 할지라도 그로 인하여 매매계약이 가지는 사회질서에 반한다는 장애사유가 부정되는 것은 아니다"(대판 1998.2.27. 97다45532).

② [○] "대리인이 사자 내지 임의로 선임한 복대리인을 통하여 권한 외의 법률행위를 한 경우, 상대방이 그 행위자를 대리권을 가진 대리인으로 믿었고 또한 그렇게 믿는 데에 정당한 이유가 있는 때에는, **복대리인 선임권이 없는 대리인에 의하여 선임된 복대리인의 권한도 기본대리권이 될 수 있을 뿐만 아니라**, 그 행위자가 사자라고 하더라도 대리행위의 주체가 되는 대리인이 별도로 있고 그들에게 본인으로부터 기본대리권이 수여된 이상, 제126조를 적용함에 있어서 기본대리권의 흠결 문제는 생기지 않는다"(대판 1998.3.27. 97다48982).

③ [○] "대리인이 대리권 소멸 후 복대리인을 선임하여 대리행위를 시킨 경우에도, 표현대리의 법리는 거래의 안전을 위하여 일반적인 권리외관 이론에 그 기초를 두고 있는 것인 점에 비추어 볼 때 제129조에 의한 표현대리가 성립할 수 있다"(대판 1998.5.29. 97다55317).

④ [○] "일반적으로 법률행위에 의하여 수여된 대리권은 원인된 법률관계의 종료에 의하여 소멸하는 것이므로 특별한 다른 사정이 없는 한, 본인을 대리하여 금전소비대차 내지 그를 위한 담보권설정계약을 체결할 권한을 수여받은 대리인에게 본래의 계약관계를 해제할 대리권까지 있다고 볼 수 없다"(대판 1993.1.15. 92다39365).

⑤ [○] "사채알선업자가 사채를 얻으려는 사람들로부터 금전 차용을 의뢰받을 때에 담보물이 확실하면 담보관계 서류를 받아 두고, 사채를 놓으려는 사람들이 돈을 놓아 달라고 하면 그들로 하여금 미리 확보해 놓은 담보물 가운데 적당한 것을 담보로 하여 돈을 대여하도록 하였고, 이 경우 사채를 얻은 쪽이나 놓은 쪽 모두 상대방이 누구인지 모른 채, 또한 상대방이 누구인지 상관하지 아니하고 사채알선업자를 신뢰하여 그로 하여금 사채를 얻는 쪽과 놓는 쪽 쌍방을 대리하여 금전 소비대차계약과 담보권설정계약을 체결하도록 하는 방식으로 사채알선업을 하는 경우, 그 사채알선업자는 소비대차계약의 체결에 있어서 대주에 대하여는 차주의 대리인 역할을 하고, 반대로 차주에 대하여는 대주의 대리인 역할을 하게 되는 것이고, **대주로부터 소비대차계약을 체결할 대리권을 수여받은 대리인은 특별한 사정이 없는 한 그 소비대차계약에서 정한 바에 따라 차주로부터 변제를 수령할 권한도 있다고 봄이 상당하므로 차주가 그 사채알선업자에게 하는 변제는 유효하다**"(대판 1997.7.8. 97다12273).

[정답] ①

문 27 **乙은 甲으로부터 甲소유의 X토지를 매도하는 대리권한을 받아 丙과 X토지에 대해 매매계약을 체결하였다. 이에 관한 설명 중 옳지 않은 것은?** (각 지문은 독립적이며, 다툼이 있는 경우 판례에 의함) [변시 13회]

① 丙이 甲에게 채무의 이행을 청구하였으나 甲은 乙에게 대리권을 수여한 바가 없으므로 자신은 채무를 이행할 의무가 없다고 주장하는 경우 乙에게 X토지의 매도를 위한 대리권이 있다는 점은 丙이 증명하여야 한다.

② 乙이 매수인 丙으로부터 잔금을 수령하였다면 특별한 사정이 없는 한 乙이 잔금을 甲에게 전달하지 않았더라도 丙의 잔금지급채무는 소멸한다.

③ 丙이 제3자 丁으로부터 기망을 당하여 乙과 매매계약을 체결한 경우 乙이 丁의 기망사실을 안 때에 한하여 丙은 사기에 의한 의사표시를 이유로 매매계약을 취소할 수 있다.

④ 甲이 위 매매계약이 시가보다 현저히 낮은 가액에 체결되어 불공정 법률행위로서 무효라고 주장하는 경우 이에 대하여 궁박 요건은 甲을 기준으로 판단하고, 경솔·무경험 요건은 乙을 기준으로 판단한다.

⑤ 甲이 乙에게 대리권을 수여한 후 甲에 대하여 성년후견이 개시되더라도 乙의 대리권은 소멸하지 않는다.

해 설 ① [○] **일반적으로 대리권이 있다는 점에 대한 입증책임은 그 대리행위의 효과를 주장하는 자에게 있다.** 따라서 대리행위의 상대방이 **본인에게 계약의 이행을 청구하는 경우에는 상대방(丙)이 대리인에게 대리권이 있음을 입증하여야 하고**(대판 1994.2.22. 93다42047), 본인은 대리권 수여를 부정하고 대리인은 대리행위의 효과를 주장하는 경우에는 대리인이 자신에게 대리권이 있다는 것을 입증하여야 한다(대판 2008.9.25. 2008다42195).

② [O] 계약이 적법한 대리인에 의하여 체결된 경우에 대리인은 다른 특별한 사정이 없는 한 본인을 위하여 계약상 급부를 변제로서 수령할 권한도 가진다. 그리고 **대리인이 그 권한에 기하여 계약상 급부를 수령한 경우에, 그 법률효과는 계약 자체에서와 마찬가지로 직접 본인에게 귀속되고 대리인에게 돌아가지 아니한다**(대판 2011.8.18. 2011다20871).
따라서 乙이 **잔금을 甲에게 전달하지 않았더라도 유효한 변제가 되어** 丙의 잔금지급채무는 소멸한다.

③ [X] 표의자는 상대방이 그 사실을 **알았거나 '알 수 있었을 경우'**에 한하여 그 의사표시를 취소할 수 있다(제110조 제2항).

④ [O] **피해자의 대리인에 의한 법률행위의 경우** 법률행위시를 기준으로 **경솔 · 무경험은 대리인을** 기준으로 하여야 하고, **궁박은 본인을 기준**으로 하여야 한다(대판 1972.4.25. 71다2255)

⑤ [O] **임의대리권, 법정대리권에 공통된 소멸사유** : ① 본인의 사망, ② 대리인의 사망, 성년후견의 개시, 파산(제127조)
따라서 **본인의 성년후견의 개시와 파산은 대리권 소멸사유가 아니다.**

[정답] ③

문28 **甲은 자기 소유의 X 토지를 적절한 가격에 매도할 것을 乙에게 위임하면서 그에 관한 대리권도 함께 수여하였다. 이에 관한 설명 중 옳은 것을 모두 고른 것은?** (각 지문은 독립적이며, 다툼이 있는 경우 판례에 의함) [변시 14회]

ㄱ. 乙이 甲의 대리인으로서 X 토지에 관하여 丙과 매매계약을 체결한 후 중도금까지 받았다는 사정을 알고 있는 丁이 乙에게 적극적으로 매도를 요청하여 乙이 甲의 대리인으로서 丁에게 다시 X 토지를 매도하고 소유권이전등기까지 마쳐 주었다면, 甲이 이러한 사실을 몰랐다고 하더라도 甲과 丁 사이의 매매계약은 무효이다.

ㄴ. 乙이 甲의 대리인으로서 X 토지에 관하여 丙과 매매계약을 체결하면서 丙에게 위법한 강박을 행하였다면, 丙은 甲이 이러한 사실을 알았거나 알 수 있었을 경우에 한하여 甲과의 매매계약을 취소할 수 있다.

ㄷ. 乙이 甲의 대리인으로서 X 토지에 관하여 丙과 매매계약을 체결하였는데 丙이 약정한 날짜에 잔금을 지급하지 않은 경우, 乙이 丙에게 상당한 기간을 정하여 이행의 최고를 하였으나 그 기간 내에도 丙이 잔금을 지급하지 않았다면 乙은 위 매매계약을 해제할 수 있다.

ㄹ. 乙이 甲의 대리인으로서 甲의 허락 없이 자기를 X 토지의 매수인으로 하는 계약을 체결하였다면, 그 계약은 특별한 사정이 없는 한 무효이다.

① ㄱ, ㄷ ② ㄱ, ㄹ
③ ㄴ, ㄷ ④ ㄱ, ㄴ, ㄹ
⑤ ㄴ, ㄷ, ㄹ

해 설 ㄱ. [○] 의사표시의 효력이 의사의 흠결, 사기, 강박 또는 어느 사정을 알았거나 과실로 알지 못한 것으로 인하여 영향을 받을 경우에 그 사실의 유무는 **대리인을 표준**으로 하여 결정한다(제116조 1항)

'부동산의 이중매매'에서 제2매수인의 대리인이 매도인의 배임행위에 적극가담한 경우, 본인이 그러한 사정을 몰랐거나 반사회성을 야기한 것이 아니라고 할지라도 그 매매계약은 제103조 위반으로 무효가 된다(대판 1998.2.27. 97다45532).

☞ 제116조 1항과 위 判例의 취지에 비추어, **매도인의 대리인(乙)이 이중매매계약을 체결하면서 제2매수인(丁)의 적극적인 요청에 소유권이전등기를 경료해준 경우에도** 마찬가지로 정의관념에 반하여 무효가 된다.

ㄴ. [×] 判例는 "제110조 2항에서 정한 **제3자에 해당되지 아니한다고 볼 수 있는 자란 '그 의사표시에 관한 상대방의 대리인 등 상대방과 동일시 할 수 있는 자'** 만을 의미하고(제116조 참조), 단순히 상대방의 피용자이거나 상대방이 사용자책임을 져야 할 관계에 있는 **피용자에 지나지 않는 자는 상대방과 동일시할 수는 없어 이 규정에서 말하는 제3자에 해당한다고 보아야 한다**"고 판시하고 있다.

☞ 判例에 따르면 ㉠ 대리인이 사기나 강박을 당하지 않는 한 본인이 사기나 강박을 당했더라도 본인은 대리행위를 취소할 수 없다고 한다(제116조 1항). ㉡ 그러나 **대리인 乙의 강박에 의하**

여 상대방 丙이 의사표시를 한 경우에 상대방 丙은 본인 甲이 그 사실을 알았는지 여부를 묻지 않고 제110조 1항에 의하여 취소할 수 있다(대리인은 제110조 2항에서 정하는 '제3자'가 아니다).

ㄷ. [X] 특별한 사정이 없는 한 본인을 대리하여 금전소비대차 내지 그를 위한 담보권설정계약을 체결할 권한을 수여받은 대리인에게 본래의 계약관계를 '해제'(취소)할 대리권까지 있다고 볼 수는 없다(대판 1993.1.15. 92다39365 ; 대판 2008.6.12. 2008다11276).

ㄹ. [O] 대리인은 본인의 허락이 없으면 본인을 위하여 자기와 법률행위를 하거나 동일한 법률행위에 관하여 당사자쌍방을 대리하지 못한다. 그러나 채무의 이행은 할 수 있다(제124조). ① '자기계약'이란 대리인이 본인을 대리하면서 자기 자신이 상대방이 되어 계약을 맺는 것이고, ② '쌍방대리'란 동일인이 쌍방의 대리인이 되어 대리행위를 하는 것이다. 이러한 자기계약 또는 쌍방대리는 본인의 보호를 위해 금지되며(제124조), 이에 위반한 행위는 무권대리행위로서 무효가 된다(제130조).

[정답] ②

문 29 대리에 관한 설명 중 옳지 않은 것은? (다툼이 있는 경우에는 판례에 의함) [변시 2회]

① 매매계약의 체결과 이행에 관하여 포괄적으로 대리권을 수여받은 대리인이라도 특별한 사정이 없는 한 상대방에 대하여 약정된 매매대금 지급기일을 연기해 줄 권한은 갖지 않는다.

② 부동산입찰절차에서 동일한 물건에 관하여 1인이 이해관계를 달리하는 2인 이상의 대리인이 된 경우, 그 대리인이 한 입찰행위는 원칙적으로 무효이다.

③ 甲 소유의 X 토지에 관하여 매매계약을 체결할 대리권을 수여받은 乙이 매수인 丙으로부터 잔금을 수령하였다면, 특별한 사정이 없는 한 乙이 잔금을 甲에게 전달하지 않았더라도 丙의 잔금지급채무는 소멸한다.

④ 상대방의 대리인이 표의자를 기망한 경우에는 상대방이 그 사실을 알았거나 알 수 있었는지 여부에 관계없이 표의자는 자신의 의사표시를 취소할 수 있다.

⑤ 민법 제126조의 표현대리가 성립하기 위하여는 기본대리권이 존재하여야 하는데, 법정대리권도 기본대리권에 해당할 수 있다.

해설 ① [X] "매매계약의 체결과 이행에 관하여 포괄적으로 대리권을 수여받은 대리인은 특별한 다른 사정이 없는 한 상대방에 대하여 약정된 매매대금지급기일을 연기하여 줄 권한도 가진다고 보아야 할 것이다"(대판 1992.4.14. 91다43107).

② [O] "민법 제124조는 '대리인은 본인의 허락이 없으면 본인을 위하여 자기와 법률행위를 하거나 동일한 법률행위에 관하여 당사자 쌍방을 대리하지 못한다'고 규정하고 있으므로 부동산입찰절차에서 동일물건에 관하여 이해관계가 다른 2인 이상의 대리인이 된 경우에는 그 대리인이 한 입찰은 무효이다"(대결 2004.2.13. 2003마44).

③ [○] 判例는 임의대리권은 그 권한에 부수하여 상대방의 의사표시를 수령하는 이른바 수령대리권을 포함하고, 매매계약체결의 대리권을 수여받은 대리인은 중도금과 잔금을 수령할 권한을 가진다고 한다(대판 1994.2.8, 93다39379).

☞ 따라서 대리인 乙이 받은 잔금을 본인 甲에게 전달하지 않았더라도 乙의 대금수령은 유권대리이므로 丙의 잔금지급채무는 소멸한다.

④ [○] 判例는 "민법 제110조 2항에서 정한 제3자에 해당되지 아니한다고 볼 수 있는 자란 '그 의사표시에 관한 상대방의 대리인 등 상대방과 동일시 할 수 있는 자' 만을 의미하고, 단순히 상대방의 피용자이거나 상대방이 사용자책임을 져야 할 관계에 있는 피용자에 지나지 않는 자는 상대방과 동일시할 수는 없어 이 규정에서 말하는 제3자에 해당한다고 보아야 한다"고 판시하고 있다(대판 1998.1.23, 96다41496, 대판 1999.2.23, 98다60828 등).

따라서 상대방의 대리인이 표의자를 기망한 경우에는 상대방이 그 사실을 알았거나 알 수 있었는지 여부에 관계없이 표의자는 제110조 1항에 기해 자신의 의사표시를 취소할 수 있다.

⑤ [○] 判例는 제한능력자를 위한 법정대리(대판 1997.6.27, 97다3828)나 일상가사대리권과 같은 법정대리(대판 1968.11.26, 68다1727외 다수)의 경우에도 제126조의 표현대리를 인정하고 있다.

[정답] ①

문 30 대리에 관한 설명 중 옳지 않은 것은? (각 지문은 독립적이고, 다툼이 있는 경우 판례에 의함) [변시 4회]

① 甲이 乙의 대리인 丙과 매매계약을 체결한 후 丙의 기망행위를 이유로 매매계약을 취소하고자 할 경우, 甲은 乙이 丙의 기망행위를 알았거나 알 수 있었는지의 여부를 불문하고 매매계약을 취소할 수 있다.

② 甲이 乙의 무권대리인 丙과 매매계약을 체결한 경우, 乙은 丙의 무권대리행위를 추인할 수 있고, 乙의 추인이 있을 경우 위 매매계약은 계약체결 당시로 소급하여 효력이 발생한다.

③ 甲의 대리인 乙은 甲의 지시에 따라 丙과 통모하여 甲 소유의 부동산에 관하여 丙과 가장매매계약을 체결하고 丙 명의로 소유권이전등기를 경료하여 주었는데, 그 후 丙이 위 부동산을 丁에게 매도하고 丁 명의로 소유권이전등기를 경료하여준 경우, 丁이 위 가장매매에 대하여 선의라면 유효하게 위 부동산의 소유권을 취득한다.

④ 甲에 의해 대리인으로 선임된 乙이 甲의 승낙 없이 丙을 복대리인으로 선임하더라도, 丙이 甲의 대리인으로 법률행위를 하면 원칙적으로 그 효과는 甲에게 귀속된다.

⑤ 부동산 소유자 甲으로부터 매매계약 체결에 관한 대리권을 수여받은 대리인 乙은 특별한 사정이 없는 한 계약상대방인 丙으로부터 중도금이나 잔금을 수령할 수 있다.

해설 ① [O] "민법 제110조 2항에서 정한 제3자에 해당되지 아니한다고 볼 수 있는 자란 '그 의사표시에 관한 상대방의 대리인 등 상대방과 동일시 할 수 있는 자' 만을 의미하고, 단순히 상대방의 피용자이거나 상대방이 사용자책임을 져야 할 관계에 있는 피용자에 지나지 않는 자는 상대방과 동일시할 수는 없어 이 규정에서 말하는 제3자에 해당한다고 보아야 한다"(대판 1998.1.23, 96다41496, 대판 1999.2.23, 98다60828 등).

☞ 따라서 甲은 본인 乙이 대리인 丙의 기망행위를 알았거나 알 수 있었는지의 여부를 불문하고 제110조 1항에 따라 매매계약을 취소할 수 있다.

② [O] **제130조(무권대리)** 「대리권없는 자가 타인의 대리인으로 한 계약은 본인이 이를 추인하지 아니하면 본인에 대하여 효력이 없다.」

제133조(추인의 효력) 「추인은 다른 의사표시가 없는 때에는 계약시에 소급하여 그 효력이 생긴다. 그러나 제3자의 권리를 해하지 못한다.」

☞ 따라서 본인 乙이 무권대리행위를 추인하는 경우 위 매매계약은 계약체결 당시로 소급하여 효력이 발생한다.

③ [O] **제116조(대리행위의 하자)** 「①항 의사표시의 효력이 의사의 흠결, 사기, 강박 또는 어느 사정을 알았거나 과실로 알지 못한 것으로 인하여 영향을 받을 경우에 그 사실의 유무는 대리인을 표준하여 결정한다. ②항 특정한 법률행위를 위임한 경우에 대리인이 본인의 지시에 좇아 그 행위를 한 때에는 본인은 자기가 안 사정 또는 과실로 인하여 알지 못한 사정에 관하여 대리인의 부지를 주장하지 못한다.」

☞ 대리인 乙이 대리권의 범위 내에서 본인 甲의 이름으로 부동산 매매계약을 체결하면서 상대방 丙과 통모하여 허위표시를 한 경우에는 본인 甲의 선의여부를 불문하고 의사표시는 허위표시로서 무효이고(제116조 1항, 제108조 1항). 그 후 丙이 丁에게 위 부동산을 양도하였다면 선의의 丁은 제108조 2항에 의해 유효하게 위 부동산의 소유권을 취득한다.

④ [X] **제120조(임의대리인의 복임권)** 「대리권이 법률행위에 의하여 부여된 경우에는 대리인은 본인의 승낙이 있거나 부득이한 사유있는 때가 아니면 복대리인을 선임하지 못한다.」

☞ 甲에 의해 대리인으로 선임된 '임의대리인' 乙은 본인 甲의 승낙 없이 丙을 복대리인을 선임할 수 없으므로, 乙의 복임행위는 무효이다. 따라서 丙이 甲의 대리인으로 법률행위를 하면 이는 '무권대리'행위인바, 본인 甲의 추인이 없는 한 그 효과는 甲에게 귀속되지 않는다(제130조).

⑤ [O] 임의대리권의 범위는 수권행위에 의해 정해진다. 따라서 그 구체적인 범위는 '수권행위의 해석'을 통해 결정된다. 判例는 **임의대리권은 그 권한에 부수하여 상대방의 의사표시를 수령하는 이른바 수령대리권을 포함하고**, 매매계약체결의 대리권을 수여받은 대리인은 중도금과 잔금을 수령할 권한을 가진다고 한다(대판 1994.2.8, 93다39379).

[정답] ④

문 31 표현대리에 관한 설명 중 옳지 않은 것은? (다툼이 있는 경우에는 판례에 의함) [변시 7회]

① 표현대리가 성립하는 경우, 본인은 상대방에 대하여 표현대리행위에 따른 전적인 책임을 져야 하고, 상대방에게 과실이 있다고 하더라도 과실상계의 법리는 유추적용되지 아니한다.

② 대리권 수여의 표시에 의한 표현대리는 본인이 무권대리인으로 하여금 대리권의 존재를 추단하게 하는 명칭의 사용을 명시적으로 허락한 경우뿐 아니라 이를 알고 묵인한 경우에도 성립할 수 있다.

③ 대리인이 본인으로부터 복대리인 선임권한을 부여받지 않았음에도 불구하고 복대리인을 선임하였다면 그 복대리인의 대리행위와 관련해서는 표현대리가 성립하지 않는다.

④ 「상법」에 의한 등기사항으로 대표이사의 퇴임등기가 이루어진 경우에는 대리권 소멸 후의 표현대리가 성립하지 않는다.

⑤ 어음행위자가 대리문구를 어음상에 기재하지 않고 직접 본인 명의로 기명날인을 한 경우에도 제3자가 어음행위를 실제로 한 자에게 그와 같은 어음행위를 할 수 있는 권한이 있다고 믿을 만한 사유가 있고 본인에게 책임을 질 만한 사유가 있는 때에는, 대리방식에 의한 어음행위의 경우와 마찬가지로 「민법」상의 표현대리 규정을 유추적용하여 본인에게 그 책임을 물을 수 있다.

해 설 ① [○] ※ **표현대리와 과실상계의 적용범위**

과실상계는 본래 채무불이행 내지 불법행위로 인한 손해배상책임에 대해 인정되는 것이고 (제396조, 제763조), 채무내용에 따른 본래의 급부의 이행을 구하는 경우에 적용될 것이 아니다. 따라서 "표현대리행위가 성립하는 경우에 본인은 표현대리행위에 기하여 전적인 책임을 져야 하는 것이고 상대방에게 과실이 있다고 하더라도 과실상계의 법리를 유추적용하여 본인의 책임을 감경할 수 없다"(대판 1994.12.22, 94다24985).

② [○] ※ **대리권 수여의 표시 – 명의사용을 허락 또는 묵인한 경우**

본인이 다른 사람에게 자기 명의를 사용하여 법률행위를 할 것을 허락한 경우에는 보통 대리권(엄밀히는 대행권)을 수여한 것으로 해석된다. 그리고 설령 본인의 의사가 대리권을 수여하고자 하는 것이 아니었다 하더라도 이는 제125조의 '표시'에 해당한다. 이와 관련해 判例는 "본인에 의한 대리권 수여의 표시는 반드시 대리권 또는 대리인이라는 말을 사용하여야 하는 것이 아니라 사회통념상 **대리권을 추단할 수 있는 직함이나 명칭 등의 사용을 승낙 또는 묵인한 경우에도 대리권 수여의 표시가 있은 것으로 볼 수 있다**"(대판 1998.6.12, 97다53762)고 한다.

③ [X] ※ **대리인이 임의로 선임한 복대리인이 권한 외의 대리행위를 한 경우**

"대리인이 사자 내지 임의로 선임한 복대리인을 통하여 권한 외의 법률행위를 한 경우, 상대방이 그 행위자를 대리권을 가진 대리인으로 믿었고 또한 그렇게 믿는 데에 정당한 이유가 있는 때에는, **복대리인 선임권이 없는 대리인에 의하여 선임된 복대리인의 권한도 기본대리권이 될 수 있을 뿐만 아니라,** 그 행위자가 사자라고 하더라도 대리행위의 주체가 되는 대리인이 별도로 있고 그들에게 본인으로부터 기본대리권이 수여된 이상, 제126조를 적용함에 있어서 기본대리권의 흠결 문제는 생기지 않는다"(대판 1998.3.27, 97다48982).

쟁점정리 判例는 ㉠ 복임권이 없는 대리인이 복대리인을 선임하여 대리행위를 한 경우 제125조의 표현대리를(대판 1979.11.27. 79다1193), ㉡ 대리인이 대리권 소멸 후 복대리인을 선임하여 대리행위를 한 경우 제129조의 표현대리를(대판 1998.5.29. 97다55317), ㉢ 복임권이 없는 대리인이 복대리인을 선임하여 권한 외의 대리행위를 한 경우 제126조의 표현대리를 인정하였다(대판 1998.3.27. 97다48982).

④ [○] ※ **상법상 주식회사의 대표이사가 퇴임하고 퇴임등기까지 된 경우**
"상법에 의하여 등기할 사항은 이를 등기하지 아니하면 선의의 제3자에게 대항하지 못하나, 이를 등기한 경우에는 제3자가 등기된 사실을 알지 못한 데에 정당한 사유가 없는 한 선의의 제3자에게도 대항할 수 있는 점(상법 제37조) 등에 비추어, 대표이사의 퇴임등기가 된 경우에 대하여 민법 제129조의 적용 내지 유추적용이 있다고 한다면 상업등기에 공시력을 인정한 의의가 상실될 것이어서, 이 경우에는 민법 제129조의 적용 또는 유추적용을 부정할 것이다"(대판 2009.12.24. 2009다60244).

⑤ [○] ※ **서명대리 또는 대행방식에 의한 경우**
"다른 사람이 본인을 위하여 한다는 대리문구를 어음상에 기재하지 않고 직접 본인 명의로 기명날인을 하여 어음행위를 하는 이른바 기관 방식 또는 서명대리 방식의 어음행위가 권한 없는 자에 의하여 행하여졌다면 이는 어음행위의 무권대리가 아니라 어음의 위조에 해당하는 것이기는 하나, 그 경우에도 ⅰ) **제3자가 어음행위를 실제로 한 자에게 그와 같은 어음행위를 할 수 있는 권한이 있다고 믿을 만한 사유가 있고,** ⅱ) **본인에게 책임을 질 만한 사유가 있는 때에는** 대리방식에 의한 어음행위의 경우와 마찬가지로 민법상의 표현대리 규정을 유추적용하여 본인에게 그 책임을 물을 수 있다"(대판 2000.3.23. 99다50385)

[정답] ③

문 32 **甲은 乙로부터 乙 소유인 X 토지를 매도할 수 있는 대리권을 수여받은 후 丙에게 X 토지를 대금 1억 원에 매도하기로 하는 계약(이하 '이 사건 계약'이라고 한다)을 체결하면서 대금지급기일과 소유권이전등기의 이행기일을 2015. 3. 5.로 정하였다. 이에 관한 법률관계 중 옳은 것(○)과 옳지 않은 것(×)을 올바르게 조합한 것은?** (각 지문은 독립적이고, 다툼이 있는 경우 판례에 의함) [변시 5회]

ㄱ. 甲이 乙을 대리할 의사를 가졌으나 乙을 위한 것임을 표시하지는 않고 이 사건 계약을 체결하였다면, 丙이 "甲이 乙의 대리인으로서 본인 乙을 위해 이 사건 계약을 체결하는 것이다."라는 사실을 알 수 있었을 경우에도 乙은 매도인으로서의 의무를 부담하지 않는다.

ㄴ. 甲이 본인 乙을 위한 것임을 표시하여 이 사건 계약을 체결하였고, 2015. 3. 7. 丙으로부터 대금 1억 원을 수령하였다. 그후 丙은 乙을 상대로 X 토지에 관한 소유권이전등기를 청구하였다. 만일 甲이 아직 위 1억 원을 乙에게 전달하지 않았다면 특별한 사정이 없는 한 乙은 대금이 지급되지 않았음을 이유로 이행을 거절할 수 있다.

ㄷ. 甲이 乙로부터 대리권을 수여받았음을 이용하여 매매대금을 乙에게 전달하지 않고 자신의 유흥비로 소비할 의도를 가지고 본인 乙을 위한 것임을 표시하여 이 사건 계약을 체결하였고, 2015. 3. 7. 丙으로부터 대금 1억 원을 수령하여 유흥비로 사용하였다면, 丙이 이 사건 계약 체결 당시 위와 같은 甲의 의도를 알 수 있었다 하더라도 乙은 丙에 대하여 X 토지에 관한 소유권이전등기 의무를 부담한다.

① ㄱ(○), ㄴ(○), ㄷ(○)
② ㄱ(○), ㄴ(×), ㄷ(○)
③ ㄱ(○), ㄴ(×), ㄷ(×)
④ ㄱ(×), ㄴ(○), ㄷ(×)
⑤ ㄱ(×), ㄴ(×), ㄷ(×)

해설 ㄱ. [×] 대리인이 그 권한내에서 본인을 위한 것임을 표시한 의사표시는 직접본인에게 대하여 효력이 생긴다(제114조 1항). 그리고 대리인이 본인을 위한 것임을 표시하지 아니한 때에는 그 의사표시는 자기를 위한 것으로 본다(제115조 본문). 그러나 상대방이 대리인으로서 한 것임을 알았거나 알 수 있었을 때에는 전조 제1항의 규정을 준용한다(제115조 단서).

☞ 甲은 乙의 대리인이지만 상대방인 丙에게 본인 乙을 위한 것임을 표시하지 않아 원칙적으로 乙이 매도인으로서 책임을 지지 않는다(제115조 본문). 그러나 丙이 이미 甲이 乙의 대리인으로서 계약을 체결하는 것임을 알 수 있었으므로 乙은 매도인으로서 책임을 진다(제114조 1항, 제115조 단서).

ㄴ. [×] "**계약이 적법한 대리인에 의하여 체결된 경우에 대리인은 다른 특별한 사정이 없는 한 본인을 위하여 그 계약상 급부를 변제로서 수령할 권한도 가진다**고 할 것이다(대판 1991.1.29. 90다9247). 그리고 대리인이 **그 권한에 기하여 계약상 급부를 수령한 경우에, 그 법률효과는 계약 자체에서와 마찬가지로 직접 본인에게 귀속되고** 대리인에게 돌아가지 아니한다. 따라서 계약상 채무의 불이행을 이유로 계약이 상대방 당사자에 의하여 유효하게 해제되었다면, 그 해제로 인한 원상회복의무는 대리인이 아니라 계약의 당사자인 본인이 부담한다(대판 1990.5.22. 89다카1121). 이는 본인이 대리인으로부터 그 수령한 급부를 현실적으로 인도받지 못하였다거나 해제의 원인이 된 계약상 채무의 불이행

에 관하여 대리인에게 책임 있는 사유가 있다고 하여도 다른 특별한 사정이 없는 한 마찬가지라고 할 것이다"(대판 2011.8.18. 2011다30871)

☞ 대리인 甲은 본인 乙을 위해 계약을 체결하였으므로 대금을 수령할 권한도 있고 그 법률효과는 본인 乙 에게 귀속되므로 甲이 乙에게 대금을 전달하지 않았어도 乙은 대금이 지급되지 않았음을 주장할 수 없다.

ㄷ. [X] "진의 아닌 의사표시가 대리인에 의하여 이루어지고 그 **대리인의 진의가 본인의 이익이나 의사에 반하여 자기 또는 제3자의 이익을 위한 배임적인 것임을** 그 **상대방이 알았거나 알 수 있었을 경우에는, 제107조 1항 단서의 유추해석상** 그 대리인의 행위는 본인의 대리행위로 성립할 수 없으므로 **본인은 대리인의 행위에 대하여 아무런 책임이 없다**고 할 것이며, 이 때에 그 상대방이 대리인의 표시의사가 진의 아님을 알았거나 알 수 있었는가의 여부는 표의자인 대리인과 상대방 사이에 있었던 의사표시의 형성 과정과 그 내용 및 그로 인하여 나타나는 효과 등을 객관적인 사정에 따라 합리적으로 판단하여야 할 것"(대판 1996.4.26. 94다29850)

☞ 대리인의 배임적 행위 등 대리권남용에 대해 判例는 제107조 1항 단서를 유추적용하는데, 지문의 경우 상대방 丙이 대리인 甲의 의도를 알 수 있었으므로 본인 乙은 소유권이전등기의무를 지지 않는다.

[정답] ⑤

문 33 **甲이 乙의 대리인으로서 丙과 매매계약을 체결하였는데, 甲에게는 매매에 관한 대리권이 없었다. 이 경우의 법률관계에 관한 설명 중 옳지 않은 것은?** (다툼이 있는 경우에는 판례에 의함) [변시 1회]

① 甲의 대리행위가 권한을 넘은 표현대리에 해당하는지 여부를 판단함에 있어서 정당한 이유의 존부는 甲의 대리행위시를 기준으로 판단하여야 한다.

② 甲이 乙의 배우자인 경우에는 일상가사대리권을 기본대리권으로 하는 권한을 넘은 표현대리가 성립할 수 있다.

③ 丙이 乙을 상대로 제기한 위 매매계약의 이행청구 소송에서 丙이 甲의 행위가 유권대리에 해당한다고 주장한 경우, 그 주장 속에는 甲의 행위가 표현대리에 해당한다는 주장이 포함되어 있는 것으로 볼 수 없다.

④ 만약 甲이 乙의 복대리인인 경우, 甲의 대리행위는 권한을 넘은 표현대리에 해당할 수 없다.

⑤ 甲의 대리행위가 대리권 소멸 후의 표현대리로 인정되는 경우에도 권한을 넘은 표현대리가 성립할 수 있다.

해 설 ① [O] "권한을 넘은 표현대리에 있어서 정당한 이유의 유무는 대리행위 당시를 기준으로 하여 판정하여야 하고 매매계약 성립 이후의 사정은 고려할 것이 아니다"(대판 1997.6.27. 97다3828)

② [O] 부부는 일상의 가사에 관하여 서로 대리권이 있다(제827조 제1항). 判例는 이러한 일상가사대리권은 제126조의 기본대리권이 될 수 있으나, "문제된 월권행위에 관하여 그 권한을 수여받았다고 믿을 만한 정당한 사유가 있는 경우"에만 제126조의 적용을 인정하고 있다(대판 1998.7.10. 98다18988).

③ [○] "유권대리에 있어서는 본인이 대리인에게 수여한 대리권의 효력에 의하여 법률효과가 발생하는 반면 표현대리에 있어서는 대리권이 없음에도 불구하고 법률이 특히 거래상대방 보호와 거래안전유지를 위하여 본래 무효인 무권대리행위의 효과를 본인에게 미치게 한 것으로서 **표현대리가 성립된다고 하여 무권대리의 성질이 유권대리로 전환되는 것은 아니므로, 양자의 구성요건 해당사실 즉 주요사실은 다르다고 볼 수 밖에 없으니 유권대리에 관한 주장 속에 무권대리에 속하는 표현대리의 주장이 포함되어 있다고 볼 수 없다**"(대판 1983.12.13. 전합83다카1489)

④ [×] 복대리인은 본인의 대리인이므로 직접 본인의 이름으로 대리한다. 임의대리인이 제120조를 위반한 복임행위는 무효이며, 그 복대리인이 한 대리행위는 무권대리이다. 즉, (임의)대리인이 임의로 선임한(무효인 복임행위에 기한) 복대리인이 권한 외의 대리행위를 한 경우 표현대리의 법리가 적용될 수 있는지 문제되는 바, 判例는 "상대방이 그 행위자를 대리권을 가진 대리인으로 믿었고 또한 그렇게 믿는 데에 정당한 이유가 있는 때에는, 복대리인 선임권이 없는 대리인에 의하여 선임된 복대리인의 권한도 기본대리권이 될 수 있다"(대판 1998.3.27. 97다48982)고 판시하여 제126조의 표현대리가 성립할 수 있는 가능성을 열어 두고 있다.

⑤ [○] "과거에 가졌던 대리권이 소멸되어 민법 제129조에 의하여 표현대리로 인정되는 경우에 그 표현대리의 권한을 넘는 대리행위가 있을 때에는 민법 제126조에 의한 표현대리가 성립할 수 있다"(대판 2008.1.31. 2007다74713)

[정답] ④

문34 **甲의 대리인이라 칭하는 乙이 甲을 대리하여 丙과 사이에 甲 소유의 X토지를 매도하는 내용의 매매계약을 체결하였다. 이에 관한 설명 중 옳지 않은 것은?**(다툼이 있는 경우 판례에 의함) [변시 9회]

① 甲이 乙의 대리권 없음을 이유로 丙에게 위 매매계약을 원인으로 마쳐진 소유권이전등기의 말소를 구하는 소를 제기하는 경우, 甲은 乙의 대리권 부존재를 증명하여야 한다.
② 乙이 甲으로부터 매매계약을 체결할 대리권을 수여받은 경우, 乙은 특별한 사정이 없는 한 그 매매계약에서 약정한 바에 따라 중도금이나 잔금을 수령할 권한도 있다.
③ 乙이 甲으로부터 매매계약을 체결할 대리권을 수여받은 후 자기의 이익을 위하여 배임적 대리행위를 한 경우, 丙이 이러한 사실을 과실없이 알지 못한 때에는 乙의 대리행위는 甲에게 효력이 미친다.
④ 乙이 위 매매계약에 관한 대리권을 증명하지 못하고 甲의 추인도 얻지 못하여 甲에게 대리의 효력이 발생하지 않는 경우, 그 무권대리행위가 제3자 丁의 기망이나 문서위조 등 위법행위로 야기되었다면 丙은 乙을 상대로 계약의 이행이나 손해배상을 청구할 수 없다.
⑤ 위 매매계약에서 甲의 채무불이행에 대비한 손해배상액이예정된 경우, 乙이 무권대리인으로서 丙에 대하여 계약 이행의 채무를 부담하게 되었으나 이를 이행하지 아니하여 손해배상책임을 진다면, 특별한 사정이 없는 한 그 책임은 위 손해배상액의 예정에 따라 정해진다.

해 설 ① [O] 등기가 있으면 등기권리(대판 2009.9.24. 2009다37831), 등기원인(대판 1994.9.13. 94다10160), 등기절차(대판 2002.2.5. 2001다72029)의 적법성이 법률상 추정된다. 뿐만 아니라 매매계약 및 등기가 대리인에 의해 행해지는 경우 대리인이 대리권을 수여받아 유효한 대리행위를 하였다는 점도 추정된다(☞ 등기의 추정력).

따라서 判例는 "소유권이전등기가 전 등기명의인의 직접적인 처분행위에 의한 것이 아니라 제3자가 그 처분행위에 개입된 경우 현 등기명의인이 그 제3자가 전 등기명의인의 대리인이라고 주장하더라도 현 소유명의인의 등기가 적법히 이루어진 것으로 추정되므로, 그 등기가 원인무효임을 이유로 그 말소를 청구하는 전 소유명의인으로서는 반대사실, 즉 그 제3자에게 전 소유명의인을 대리할 권한이 없었다든가 또는 제3자가 전 소유명의인의 등기서류를 위조하는 등 등기절차가 적법하게 진행되지 아니한 것으로 의심할 만한 사정이 있다는 등의 무효사실에 대한 증명책임을 진다"(대판 2009.9.24. 2009다37831)고 판시하였다.

② [O] 判例는 임의대리권은 그 권한에 부수하여 상대방의 의사표시를 수령하는 이른바 수령대리권을 포함하고, 매매계약체결의 대리권을 수여받은 대리인은 중도금과 잔금을 수령할 권한을 가지며(대판 1994.2.8. 93다39379), 상대방에 대해 약정된 매매대금 지급기일을 연기하여 줄 권한도 가진다고 한다(대판 1992.4.14. 91다43107).

③ [O] ※ 대리권의 남용

"민법 제107조 제1항에서 규정하고 있는 진의 아닌 의사표시가 대리인에 의하여 이루어지고, 그 대리인의 진의가 본인의 이익이나 의사에 반하여 자기 또는 제3자의 이익을 위한 배임적인 것임을 그 상대방이 알았거나 알 수 있었을 경우에는 동항 단서의 유추해석상 그 대리인의 행위는 본인의 행위로 성립할 수 없으므로 본인은 대리인의 행위에 대하여 아무런 책임이 없다 할 것이며, 이때에 그 상대방이 대리인의 표시의사가 진의 아님을 알았거나 알 수 있었는가의 여부는 표의자인 대리인과 상대방 사이에 있었던 의사표시의 형성과정과 그 내용 및 그로 인하여 나타나는 효과 등을 객관적 사정에 따라 합리적으로 판단하여야 한다"(대판 1987.11.10. 86다카371).

쟁점정리 대리권 남용의 법률구성으로 判例는 대체로 대리인의 진의가 사익 도모에 있다는 것을 상대방이 알았거나 알 수 있었을 경우에는 제107조 1항 단서를 유추하여 '무효'로 보아야 한다는 제107조 1항 단서 유추적용설과 그 견해를 같이 한다(대판 1987.11.10. 86다카371).

④ [X] "민법 제135조 제1항은 "타인의 대리인으로 계약을 한 자가 그 대리권을 증명하지 못하고 또 본인의 추인을 얻지 못한 때에는 상대방의 선택에 좇아 계약의 이행 또는 손해배상의 책임이 있다."고 규정하고 있다. 위 규정에 따른 무권대리인의 상대방에 대한 책임은 무과실책임으로서 대리권의 흠결에 관하여 대리인에게 과실 등의 귀책사유가 있어야만 인정되는 것이 아니고, 무권대리행위가 제3자의 기망이나 문서위조 등 위법행위로 야기되었다고 하더라도 책임은 부정되지 아니한다"(대판 2014.2.27. 2013다213038).

⑤ [O] 상대방의 선택에 좇아 이행 또는 손해배상의 책임을 진다(제135조 1항 ; 선택채권). "이때 상대방이 계약의 이행을 선택한 경우 무권대리인은 마치 자신이 계약의 당사자가 된 것처럼 계약에서 정한 채무를 이행할 책임을 지는 것이다. 따라서 위 계약에서 채무불이행에 대비하여 손해배상액의 예정에 관한 조항을 둔 때에는 무권대리인은 조항에서 정한 바에 따라 산정한 손해액을 지급하여야 한다. 이 경우에도 손해배상액의 예정에 관한 제398조가 적용됨은 물론이다"(대판 2018.6.28. 2018다210775).

[정답] ④

문35 **甲은 X 토지를 丙에게 팔기 위해 乙에 대해 매매계약의 체결에 관한 대리권을 수여하였다. 이에 관한 설명 중 옳지 않은 것은?** (각 지문은 독립적이며, 다툼이 있는 경우 판례에 의함)

[변시 12회]

① 丙이 乙과 매매계약을 체결한 후에 매매대금의 지급을 지체하더라도 乙은 이행지체를 이유로 매매계약을 해제할 수 없다.

② 乙이 매매계약을 체결하면서 甲을 위한 것임을 표시하지 않았지만 乙이 甲의 대리인으로서 계약을 체결하고 있다는 점을 丙이 알았다면 甲과 丙 사이에 매매계약이 유효하게 성립한다.

③ 丙이 乙에게 매매대금을 지급하였다면 비록 乙이 매매대금을 甲에게 전달하지 않았다고 하더라도 丙의 변제는 유효하다.

④ 복대리인 선임에 관한 甲의 승낙이 없는 경우에도 부득이한 사유가 있을 때에는 乙은 복대리인을 선임하여 그로 하여금 丙과 매매계약을 체결하도록 할 수 있다.

⑤ 甲이 乙에게 매매계약의 체결과 이행에 관하여 포괄적으로 대리권을 수여했다고 하더라도 乙은 매매대금의 지급기일을 연기해 줄 수 없다.

해 설 ① [○] 특별한 사정이 없는 한 본인을 대리하여 금전소비대차 내지 그를 위한 담보권설정계약을 체결할 권한을 수여받은 대리인에게 본래의 계약관계를 **'해제'**(취소)할 대리권까지 있다고 볼 수는 없다(대판 1993.1.15, 92다39365 ; 대판 2008.6.12, 2008다11276).

☞ 계약체결권을 수여받은 대리인에게 계약을 해제할 대리권까지 있다고 볼 수는 없다.

② [○] ※ **현명주의**

대리인이 본인을 위한 것임을 표시하지 아니한 경우(대리인의 성명만이 표시된 경우)에는 그 의사표시는 자기(대리인)를 위한 것으로 본다(제115조 본문). 그러나 **상대방이 대리인으로서 한 것임을 알았거나 알 수 있었을 때에는 본인에 대하여 효력이 발생한다(제115조 단서).**

③ [○] "부동산의 소유자로부터 매매계약을 체결할 대리권을 수여받은 대리인은 특별한 사정이 없는 한 그 매매계약에서 약정한 바에 따라 중도금이나 잔금을 수령할 권한도 있다고 보아야 한다"(대판 1994.2.8, 93다39379).

④ [○] ※ **임의대리인의 복임권**

임의대리인은 본인의 승낙이 있거나 또는 **'부득이한 사유'**가 있는 때에 한하여 예외적으로 복임권을 가질 뿐이다(제120조). 따라서 원칙적으로 임의대리인에게는 복임권이 없다. 왜냐하면 임의대리인은 본인의 신임을 받는 자이며 언제든지 사임할 수 있는 자이기 때문이다.

비교쟁점 법정대리인은 언제든지 복임권이 있다(제122조 본문).

⑤ [×] 매매계약의 체결과 이행에 관하여 '포괄적'으로 대리권을 수여받은 대리인은 상대방에 대해 약정된 매매대금 지급기일을 연기하여 줄 권한도 가진다고 한다(대판 1992.4.14, 91다43107).

[정답] ⑤

문 36 **甲으로부터 대리권을 수여받지 않은 乙이 甲을 대리하여 甲 소유 X 토지를 丙에게 매도하였다. 이에 관한 설명 중 옳은 것을 모두 고른 것은?** (乙의 표현대리는 성립하지 않음을 전제로 하고, 다툼이 있는 경우 판례에 의함) [변시 11회]

ㄱ. 乙이 甲으로 행세하는 丁의 기망에 속아 甲으로부터 대리권을 수여받은 것으로 과실 없이 오인한 상태에서 위 매매계약을 체결하였다면, 乙은 丙에 대하여 무권대리인으로서의 책임을 지지 않는다.
ㄴ. 위 매매계약에서 甲의 채무불이행에 대비한 손해배상액이 예정된 경우, 甲의 추인 거절로 丙이 乙에게 매매계약의 이행을 구하였으나 乙이 이행하지 아니하여 乙이 丙에게 손해배상책임을 지더라도 매매계약 자체가 무효이므로 乙은 예정된 손해액을 지급할 의무가 없다.
ㄷ. 무권대리행위에 대한 甲의 추인은 명시적 또는 묵시적인 방법으로 할 수 있고, 乙과 丙뿐만 아니라 위 매매계약으로 인한 권리 또는 법률관계의 승계인을 상대로도 할 수 있다.
ㄹ. 丙이 위 매매계약을 철회하려면 乙이 무권대리인임을 계약 당시 알지 못하여야 하는데, 이에 대한 증명책임은 丙에게 있다.

① ㄷ ② ㄱ, ㄷ
③ ㄴ, ㄷ ④ ㄷ, ㄹ
⑤ ㄱ, ㄴ, ㄹ

해설 ㄱ. [×] ※ 제135조의 무권대리인의 상대방에 대한 책임의 성질(무과실책임)
"제135조에 따른 무권대리인의 상대방에 대한 책임은 무과실책임으로서 대리권의 흠결에 관하여 대리인에게 과실 등의 귀책사유가 있어야만 인정되는 것이 아니고, 무권대리행위가 제3자의 기망이나 문서위조 등 위법행위로 야기되었다고 하더라도 책임은 부정되지 아니한다"(대판 2014.2.27. 2013다213038).
☞ 사안의 경우, 무권대리인 乙의 민법 제135조에 따른 책임은 무과실책임으로, 丁의 기망 여부와 상관없이 丙에 대하여 책임을 진다.

ㄴ. [×] ※ 제135조의 무권대리인의 상대방에 대한 책임의 내용(계약상 채무 또는 손해배상책임)
상대방의 선택에 좇아 이행 또는 손해배상의 책임을 진다(제135조 1항 ; 선택채권). "이때 상대방이 계약의 이행을 선택한 경우 무권대리인은 마치 자신이 계약의 당사자가 된 것처럼 계약에서 정한 채무를 이행할 책임을 지는 것이다. 따라서 위 계약에서 채무불이행에 대비하여 손해배상액의 예정에 관한 조항을 둔 때에는 무권대리인은 조항에서 정한 바에 따라 산정한 손해액을 지급하여야 한다. 이 경우에도 손해배상액의 예정에 관한 제398조가 적용됨은 물론이다"(대판 2018.6.28. 2018다210775).
☞ 사안에서 무권대리인 乙이 민법 제135조에 따른 손해배상책임을 지는 경우 민법 제398조에 따라 예정된 손해액을 지급할 의무가 있다.

ㄷ. [○] ※ 추인의 상대방
추인의 의사표시는 무권대리인, 무권대리 행위의 직접의 상대방 및 그 무권대리 행위로 인한 권리 또는 법률관계의 승계인에 대하여도 할 수 있다(대판 1981.4.14. 80다2314).

비교판례 다만 무권대리인에 대해 한 경우에는 상대방이 추인이 있었던 사실을 알지 못한 때에는 그에 대해 추인의 효과를 주장하지 못한다(제132조). 따라서 그 사실을 상대방이 모른 경우에는, 그 때까지 상대방은 무권대리인과 맺은 계약을 철회할 수 있고(제134조), 또 무권대리인에 대한 추인이 있었음을 주장할 수도 있다(대판 1981.4.14, 80다2314).

ㄹ. [×] ※ 철회권
"민법 제134조는 "대리권 없는 자가 한 계약은 본인의 추인이 있을 때까지 상대방은 본인이나 그 대리인에 대하여 이를 철회할 수 있다. 그러나 계약 당시에 상대방이 대리권 없음을 안 때에는 그러하지 아니하다."고 규정하고 있다. 민법 제134조에서 정한 상대방의 철회권은, 무권대리행위가 본인의 추인에 따라 효력이 좌우되어 상대방이 불안정한 지위에 놓이게 됨을 고려하여 대리권이 없었음을 알지 못한 상대방을 보호하기 위하여 상대방에게 부여된 권리로서, 상대방이 유효한 철회를 하면 무권대리행위는 확정적으로 무효가 되어 그 후에는 본인이 무권대리행위를 추인할 수 없다. 한편 상대방이 대리인에게 대리권이 없음을 알았다는 점에 대한 주장·입증책임은 철회의 효과를 다투는 본인에게 있다"(대판 2017.6.29. 2017다213838)
☞ 사안의 경우 乙이 무권대리인임을 계약 당시 알았다는 점에 대해 甲이 주장·입증책임을 진다.

[정답] ①

문 37 **甲은 A에게 자신의 X 토지를 담보로 제공하고 2억 원을 대출받아 줄 것을 위임하면서 그에 관한 대리권도 함께 수여하였다. A는 甲으로부터 신분증과 인감도장 등을 받아 서류를 위조한 뒤 甲의 대리인이라 칭하며 X 토지를 乙에게 3억 원에 매도하는 매매계약을 乙과 체결하였다. 이에 관한 설명 중 옳은 것(○)과 옳지 않은 것(×)을 올바르게 조합한 것은?** (각 지문은 독립적이며, 다툼이 있는 경우 판례에 의함) [변시 14회]

ㄱ. 매매계약 체결 당시 A에게 대리권이 없음을 알지 못한 乙이 甲의 추인이 있기 전에 甲에 대하여 계약을 철회하는 의사를 표시한 경우, 매매계약은 확정적으로 무효가 되어 甲은 A의 무권대리행위를 추인할 수 없다.
ㄴ. 甲이 乙에게 매매대금을 4억 원으로 변경하여 추인의 의사표시를 한 경우, 乙과의 매매계약은 특별한 사정이 없는 한 매매대금을 4억 원으로 하는 계약으로서 효력이 있다.
ㄷ. 乙이 A에게 대리권이 있다고 믿을 만한 정당한 사유가 인정되는 경우, 甲은 乙에 대하여 매매계약을 이행할 책임이 있다. 여기에서 정당한 사유가 있는지는 대리행위 당시뿐만 아니라 이후의 사정도 종합적으로 고려하여 판단하여야 한다.
ㄹ. A가 「민법」 제135조 제1항에 따른 무권대리인의 책임을 지는 경우, A는 乙의 선택에 따라 乙에 대하여 매매계약을 이행할 책임 또는 손해를 배상할 책임이 있다.

① ㄱ(○), ㄴ(×), ㄷ(○), ㄹ(×)
② ㄱ(×), ㄴ(○), ㄷ(×), ㄹ(×)
③ ㄱ(×), ㄴ(×), ㄷ(○), ㄹ(×)
④ ㄱ(○), ㄴ(×), ㄷ(×), ㄹ(○)
⑤ ㄱ(○), ㄴ(○), ㄷ(○), ㄹ(○)

해 설 ㄱ. [○] 判例는 제134조에서 정한 상대방의 철회권은 '선의의 상대방을 보호하기 위하여 상대방에게 부여된 권리'로서, 상대방이 유효한 철회를 하면 무권대리행위는 '확정적으로 무효'가 되어 그 후에는 본인이 무권대리행위를 추인할 수 없다고 한다(대판 2017.6.29. 2017다213838). 한편 상대방이 대리인에게 대리권이 없음을 알았다는 점에 대한 주장·입증책임은 철회의 효과를 다투는 본인에게 있다(대판 2017.6.29. 2017다213838).

ㄴ. [X] 무권대리행위의 추인은 무권대리인에 의하여 행하여진 불확정한 행위에 관하여 그 행위의 효과를 자기에게 직접 발생케 하는 것을 목적으로 하는 의사표시이며, 무권대리인 또는 상대방의 동의나 승락을 요하지 않는 단독행위로서 추인은 의사표시의 전부에 대하여 행하여져야 하고, 그 일부에 대하여 추인을 하거나 그 내용을 변경하여 추인을 하였을 경우에는 상대방의 동의를 얻지 못하는 한 무효이다(대판 1982.1.26. 81다카549).

☞ 甲이 매매대금을 3억 원에서 4억 원으로 내용을 변경하여 한 추인은 乙의 동의가 없는 한 무효이다.

ㄷ. [X] "표현대리의 효과를 주장하려면 상대방이 자칭 대리인에게 대리권이 있다고 믿고 그와 같이 믿는데 정당한 이유가 있을 것을 요건으로 하는 것인바, 여기의 정당한 이유의 존부는 자칭 대리인의 대리행위가 행하여 질 때에 존재하는 제반사정을 객관적으로 관찰하여 판단하여야 하는 것이지 당해 법률행위가 이루어지고 난 훨씬 뒤의 사정을 고려하여 그 존부를 결정해야 하는 것은 아니다"(대판 1987.7.7. 86다카2475).

ㄹ. [○] 다른 자의 대리인으로서 계약을 맺은 자(A)가 그 대리권을 증명하지 못하고 또 본인의 추인을 받지 못한 경우에는 그는 상대방(乙)의 선택에 따라 계약을 이행할 책임 또는 손해를 배상할 책임이 있다(제135조 1항).

[정답] ④

제3절 법 인

문 38 법인에 관한 설명 중 옳지 않은 것은? (다툼이 있는 경우에는 판례에 의함) [변시 2회]

① 재단법인의 기본재산의 변경은 정관의 변경을 초래하기 때문에 주무관청의 허가를 받아야 하는데, 기존의 기본재산을 처분하는 행위는 물론 새로이 기본재산으로 편입하는 행위도 주무관청의 허가가 있어야 유효하다.

② 총유재산의 보존행위로서 소를 제기하는 경우, 법인 아닌 사단의 구성원 중 1인에 불과한 甲은 설령 그가 사단의 대표자이거나 사원총회의 결의를 거쳤더라도 그 소송의 당사자가 될 수 없다.

③ 설립자가 그 소유의 부동산을 출연하여 재단법인을 설립하는 경우, 설립등기가 경료되었더라도 그 부동산에 관하여 재단법인 명의의 등기가 경료되기 전이라면, 설립자의 채권자가 그 부동산에 관하여 신청한 강제집행에 대하여 재단법인은 제3자이의의 소를 제기할 수 없다.

④ 법인 아닌 사단에서 이사의 대표권에 대한 제한이 정관에 기재되어 있는 경우, 그 대표권의 제한은 악의의 제3자에 대해서는 대항할 수 있지만, 선의의 제3자에 대해서는 그에게 과실이 있더라도 대항할 수 없다.

⑤ 사단법인의 정관에 그 정관을 변경할 수 없다는 규정이 있더라도 총사원의 동의로 정관을 변경할 수 있다.

해 설 ① [○] 재단법인을 설립하기 위해 출연한 **'기본재산'**은 재단법인의 실체를 이루며, 이것은 정관의 필요적 기재사항이다(제43조)[그러나 "재단법인의 기본재산이 아닌 재산의 매각은 정관의 변경을 초래하는 것이 아니므로 주무관청의 허가를 필요로 하는 것이 아니다"(대판 1967.12.19, 67다1337)].
따라서 재단법인의 기본재산을 처분하거나 또는 **추가로 기본재산에 편입시키는 것**(기본재산의 증가) **은 모두 정관의 변경사항이 되므로 주무관청의 허가를 얻어야 그 효력이 생기고**(제45조 3항)(처분행위 전에 주무관청의 허가를 얻는 것이 원칙이겠지만, 사후에 허가를 받아도 된다), **그 허가 없이 한 처분행위는 무효**가 된다(대판 1991.5.28, 90다8558). 그리고 주무관청의 허가 없는 기본재산의 처분을 금하는 법의 취지상 **채권계약으로서도 그 효력이 없다**(대판 1974.6.11, 73다1975).

② [○] 총유의 경우에는 공유나 합유의 경우처럼 보존행위는 구성원 각자가 할 수 있다(제265조 단서, 제272조)는 규정이 없으므로 보존행위를 함에도 제276조 1항에 따른 사원총회의 결의를 거치거나 정관이 정하는 바에 따른 절차(제275조 2항 참조)를 거쳐야 한다(대판 2014.2.13, 2012다112299).
특히 총유재산에 관한 소송행위와 관련(당사자적격의 문제)하여 최근 判例는 "총유재산에 관한 소송은 법인 아닌 사단이 그 명의로 사원총회의 결의를 거쳐 하거나(민사소송법 제52조 참조) 또는 그 구성원 전원이 당사자가 되어 필수적 공동소송의 형태로 할 수 있을 뿐 총회의 결의를 거치더라도 (설령 대표자라도)구성원 개인이 할 수는 없다"(대판 2005.9.15, 전합2004다44971)고 판시하고 있다. 그럼에도 불구하고 비법인사단의 대표자 개인이 총유재산의 보존행위로서 소를 제기한 때에는 법원은 당사자적격 흠결을 이유로 부적법 각하하여야 한다.

③ [○] 설립자가 그 소유의 부동산을 출연하여 재단법인을 설립하는 경우 判例는 "출연자와 법인 간에는 등기 없이도 제48조에서 규정하는 때에 법인에 귀속되지만, **법인이 그것을 가지고 제3자에게 대항하기 위해서는 제186조의 원칙에 돌아가 그 등기를 필요로** 한다"(대판 1979.12.11, 전합78다481)고 판시하고 있다.

따라서 설립등기가 경료되었더라도 그 부동산에 관하여 재단법인 명의의 등기가 경료되기 전이라면, 설립자의 채권자가 그 부동산에 관하여 신청한 강제집행에 대하여 재단법인은 제3자이의의 소를 제기할 수 없다. 왜냐하면 **제3자이의의 소는 제3자가 집행목적물에 대하여 소유권 또는 목적물의 양도·인도를 막을 수 있는 권리를 가진 때, 이를 침해하는 강제집행에 대하여 이의를 주장하여 집행의 배제를 구하는 소인데,** 이 소의 원인이 되는 양도나 인도를 막을 수 있는 권리는 집행채권자에게 대항할 수 있는 것이어야 하기 때문이다(민사집행법 제48조).

④ [X] "민법 제275조, 제276조 제1항에서 말하는 총유물의 관리 및 처분이라 함은 총유물 그 자체에 관한 이용·개량행위나 법률적·사실적 처분행위를 의미하는 것이므로, 비법인사단이 타인 간의 금전채무를 보증하는 행위는 총유물 그 자체의 관리·처분이 따르지 아니하는 단순한 채무부담행위에 불과하여 이를 총유물의 관리·처분행위라고 볼 수는 없다. 따라서 비법인사단인 재건축조합의 조합장이 채무보증계약을 체결하면서 조합규약에서 정한 조합 임원회의 결의를 거치지 아니하였다거나 조합원총회 결의를 거치지 않았다고 하더라도 그것만으로 바로 그 보증계약이 무효라고 할 수는 없다. 다만, 이와 같은 경우에 **조합 임원회의의 결의 등을 거치도록 한 조합규약은 조합장의 대표권을 제한하는 규정에 해당하는 것이므로, 거래 상대방이 그와 같은 대표권 제한 및 그 위반 사실을 알았거나 과실로 인하여 이를 알지 못한 때에는 그 거래행위가 무효로 된다고 봄이 상당**하며, 이 경우 그 거래 상대방이 대표권 제한 및 그 위반 사실을 알았거나 알지 못한 데에 과실이 있다는 사정은 그 거래의 **무효를 주장하는 측이 이를 주장·입증하여야** 한다"(대판 2007.4.19, 전합2004다60072,60089)

쟁점정리 判例는 이사의 대표권 제한에 관한 제41조는 권리능력 없는 사단에 유추적용될 수 있으나, 제60조는 성질상 권리능력 없는 사단에 적용될 수 없다고 한다(대판 2003.7.23, 2002다64780). 그러나 만약 해당지문이 '권리능력 있는 법인'의 경우라면 법인의 대표권 제한은 등기되지 않은 경우 제60조에 따라 제3자의 선의, 악의 및 과실유무를 불문하고 무권대표임을 대항(주장)할 수 없다.

⑤ [○] 사단법인은 자율적 법인이므로 그 법인의 '동일성을 유지하는 범위'에서 원칙적으로 정관변경이 가능하다(가령 비영리의 목적을 영리의 목적으로 변경하는 경우와 같이 동일성을 해치거나 사단법인의 본질에 반하는 정관변경은 허용되지 않는다). 즉 사단법인은 i) 사원총회에서 총사원의 3분의 2이상의 동의와, ii) 주무관청의 허가를 얻어 정관을 변경할 수 있다(제42조). 특히 **정관에 그 정관을 변경할 수 없다고 규정하고 있더라도 모든 사원의 동의가 있으면 정관을 변경할 수 있다고** 본다(통설).

[정답] ④

문 39 甲은 A 재단법인의 설립을 위하여 자신의 전 재산을 출연하기로 하였다. 그런데 A 재단법인이 설립되었음에도 출연재산이 현실적으로 이전되지 않고 있는 상황에서 甲이 사망하였다. 출연재산의 귀속시기에 관한 아래의 학설과 관련한 설명 중 옳은 것(○)과 옳지 않은 것(×)을 바르게 고른 것은? [변시 3회]

제1설: 민법 제48조는 민법 제187조의 '기타 법률의 규정'에 해당하므로 현실적인 권리이전절차를 거치지 않더라도 민법 제48조에서 규정하는 시기에 출연재산이 법인에게 귀속된다.

제2설: 법인의 성립시에는 단지 법인에게 그 출연재산의 이전청구권만이 생기고, 현실적으로 권리이전절차를 거쳐야 출연재산이 법인에 귀속된다.

제3설: 출연자와 법인 사이에는 권리이전절차를 요하지 않고, 민법 제48조에서 규정한 시기에 출연재산이 법인에 귀속되나, 법인과 제3자 사이에는 권리이전절차를 거치지 않고는 그 권리취득을 제3자에게 대항하지 못한다.

ㄱ. 출연재산이 지명채권인 경우에는 어느 학설에 의하더라도 민법 제48조에서 규정한 시기에 권리가 귀속된다.
ㄴ. 제1설에 따르면, 민법 제187조에 규정된 '기타 법률의 규정'이란 당사자의 의사에 기하지 않은 경우를 총칭하는 것이다.
ㄷ. 제3설에 따르면, 출연재산이 부동산이라고 하더라도 다른 이해관계인이 없다면 그 부동산의 소유권은 법인의 성립시에 법인에 귀속된다.
ㄹ. 제1설에 따르면, 甲의 상속인 乙이 출연재산인 X 부동산에 대해 상속등기를 한 후 丙에게 다시 매도하였으나, 丙이 X 부동산이 출연재산이라는 사실을 알지 못하였다면 乙을 상대로 계약해제 이외에 손해배상을 청구할 수 있다.
ㅁ. 제2설에 따르면, 甲의 상속인 乙이 출연재산인 X 부동산에 대해 상속등기를 한 후 원인없이 丙 앞으로 소유권이전등기를 마쳐준 경우, A 법인은 丙에 대하여 직접 진정명의회복을 원인으로 한 소유권이전등기청구를 할 수 있다.

① ㄱ(○), ㄴ(×), ㄷ(○), ㄹ(○), ㅁ(×)
② ㄱ(×), ㄴ(○), ㄷ(×), ㄹ(○), ㅁ(×)
③ ㄱ(×), ㄴ(×), ㄷ(○), ㄹ(○), ㅁ(○)
④ ㄱ(○), ㄴ(○), ㄷ(○), ㄹ(×), ㅁ(○)
⑤ ㄱ(○), ㄴ(×), ㄷ(×), ㄹ(×), ㅁ(×)

해 설 ㄱ. [○] 지명채권의 양도에는 당사자의 합의 외에 다른 요건을 필요로 하지 않으므로, 제48조가 정하는 시기에 법인에 귀속한다는 데 문제가 없다. 제450조의 통지나 승낙은 대항요건에 불과하다.

관련쟁점 그러나 지시채권, 무기명채권의 경우에는 배서 및 교부(지시채권, 제508조), 교부(무기명채권, 제523조)가 요구되는 바, 부동산과 같은 문제점이 동일하게 발생한다.

ㄴ. [X] 제187조의 '기타 법률의 규정'이란 당사자의 의사에 기하지 않고 물권변동이 일어나는 경우를 총칭하는 것이라는 견해는 **제2설(이전등기시설 ; 제186조 적용설 ; 채권적 귀속설)**의 내용이다. 즉, 출연행위에 의한 재산의 이전은 당사자의 의사에 의한 경우이므로 등기가 필요하다는 결론에 이르게 되므로 등기 없이도 재단법인의 재산으로 귀속된다는 **제1설(법인성립시설 ; 제48조 적용설 ; 물권적 귀속설)**의 내용은 아니다.

ㄷ. [O] **제3설은 판례의 태도인바,** 判例는 "출연자와 법인간에는 등기 없이도 제48조에서 규정하는 때에 법인에 귀속되지만, 법인이 그것을 가지고 제3자에게 대항하기 위해서는 제186조의 원칙에 돌아가 그 등기를 필요로 한다"(대판 1979.12.11, 전합78다481)고 판시하고 있다.

☞ 判例는 소유권의 상대적 귀속을 인정하여 다른 이해관계인이 없는 경우에는 1설과 같이 제48조에 규정된 시기에 법인에게 귀속된다는 태도이다. 다만 제48조는 주로 이해관계인이 있는 경우에 문제되는데, 이러한 경우에는 등기 등 권리이전절차가 있어야 재단법인에게 부동산 등이 귀속되는바 判例는 실질적으로 제2설과 동일하다는 평가가 적지 않다.

관련쟁점 다만 判例는 "유언으로 재단법인을 설립하는 경우에도 제3자에 대한 관계에서는 출연재산이 부동산인 경우는 그 법인에의 귀속에는 법인의 설립 외에 등기를 필요로 하는 것이므로, 재단법인이 그와 같은 등기를 마치지 아니하였다면 유언자의 상속인의 한 사람으로부터 부동산의 지분을 취득하여 이전등기를 마친 **선의의 제3자에 대하여 대항할 수 없다**"(대판 1993.9.14. 93다8054)라고 판시하고 있는바, 이는 경우에 따라서는 '악의의 제3자에게는 대항할 수 있다'라는 취지로 해석될 수 있어 이는 제2설과 다른 점이다.

ㄹ. [O] **제1설(법인성립시설 ; 제48조 1항 적용설 ; 물권적 귀속설)에 따르면,** A 재단법인이 설립되면 제48조 1항에 따라 출연재산인 X 부동산에 대해 이전등기 없이도 A에게 귀속된다. 따라서 출연자 甲의 상속인 乙이 X 부동산에 대해 상속등기를 한 후 丙에게 다시 매도한 행위는 **타인권리매매**로서 비록 매매계약 자체는 유효하더라도(제569조 참조), 물권행위는 무권리자의 처분행위로서 무효이므로 丙은 선의라 하더라도 X 부동산의 소유권을 취득할 수 없다. 그렇다면 선의의 매수인 丙은 채무불이행책임(제390조, 제546조) 또는 담보책임(제570조)을 이유로 乙에게 계약해제 이외에 손해배상을 청구할 수 있다.

관련쟁점 만약 丙이 악의라면 丙은 채무불이행책임(제390조, 제546조)을 이유로 乙에게 계약해제 이외에 손해배상을 청구할 수는 있으나, 담보책임을 이유로는 계약해제만 가능하다(제570조 단서).

ㅁ. [X] 진정명의회복을 원인으로 하는 이전등기청구권은 물권적 청구권이므로 이를 행사하기 위해서는 민법 제214조의 요건을 구비해야 한다. 따라서 청구권자는 채권자가 아닌 물권자, 즉 현재의 소유권자이어야 한다. 따라서 **제2설(이전등기시설 ; 제186조 적용설 ; 채권적 귀속설)에 따르면,** 법인의 성립시에는 단지 법인에게 채권적인 청구권인 출연재산의 이전청구권만이 생기는 것뿐이므로 ㅁ.지문에서 A법인은 소유자인 乙을 대위하여 丙에 대하여 진정명의 회복을 원인으로 한 소유권이전등기청구권을 행사할 수 있을 뿐 직접 청구할 수는 없다(제404조 참조).

[정답] ①

문 40 甲 법인의 대표자가 乙에게 대표자의 모든 권한을 포괄적으로 위임하여 乙이 실질적으로 법인의 대표자로서 그 법인의 사무를 집행하고 있었다. 그러던 중 乙이 외관상 직무에 관한 행위로 丙에게 손해를 가하였다. 이에 대한 설명 중 옳지 않은 것을 모두 고른 것은? (다툼이 있는 경우 판례에 의함) [변시 3회]

ㄱ. 甲 법인의 대표자가 행한 乙에 대한 업무의 포괄적 위임과 포괄적 수임인 乙의 대행행위는 원칙적으로 甲 법인에 효력이 미친다.
ㄴ. 만약 乙이 대표자로 등기되어 있지 않았다면, 丙은 甲 법인을 상대로 민법 제35조에서 정한 법인의 불법행위책임에 따른 손해배상을 청구할 수 없다.
ㄷ. 乙의 행위가 자신의 이익을 도모하기 위한 것이라면 직무관련성이 부정되므로, 丙은 甲 법인을 상대로 민법 제35조에서 정한 법인의 불법행위책임에 따른 손해배상을 청구할 수 없다.
ㄹ. 乙의 행위가 실제로 직무에 관한 행위에 해당하지 아니함을 丙이 알았거나 과실로 알지 못한 경우에는 甲 법인을 상대로 민법 제35조에 정한 법인의 불법행위책임에 따른 손해배상을 청구할 수 없다.

① ㄱ, ㄹ　② ㄷ, ㄹ
③ ㄱ, ㄴ, ㄷ　④ ㄴ, ㄷ, ㄹ　⑤ ㄱ, ㄴ, ㄷ, ㄹ

해설 ㄱ. [X] 이사는 원칙적으로 자신이 스스로 대표권을 행사하여야 한다. 다만, 정관 또는 사원총회의 결의로 금지하지 않은 사항에 한하여 타인으로 하여금 '특정'의 행위를 대리하게 할 수 있다(제62조). 따라서 이사는 '포괄적인 복임권'은 없다. 만약 대표자가 타인에게 업무를 포괄적으로 위임한 경우 그 포괄적 수임인이 법인의 사무를 행하더라도 이는 제62조에 위반된 것이어서 그 효력이 법인에는 미치지 아니한다(대판 2011.4.28. 2008다15438).

[위 2008다15438판결의 사실관계] 주택조합 등 다수의 주택조합을 설립한 乙이 甲 주택조합 대표자에게서 권한을 위임받아 甲 주택조합의 업무를 수행하면서 분양대행회사와 조합원모집대행계약을 체결하였고, 그에 따라 丙 등이 분양대행회사를 통해 조합원가입계약을 체결하였는데, 계약서에는 계약당사자로 甲 주택조합 등 위 다수의 주택조합을 통칭하는 명칭으로 사용되는 丁 주택조합이 기재되어 있는 사안에서, 비록 계약서에 丁 주택조합이라고 기재되어 있더라도 丙 등과 분양대행회사 사이에는 계약당사자를 甲 주택조합으로 보는 의사합치가 있었으므로 위 조합원가입계약의 계약당사자는 甲 주택조합이고, 다만 甲 주택조합의 대표자가 甲 주택조합 대표자로서의 모든 권한을 乙에게 포괄적으로 위임한 것은 민법 제62조에 위반한 것이어서 위 조합원가입계약이 甲 주택조합에 효력이 없다고 하면서, 丙 등의 甲 주택조합에 대한 분양대금 또는 조합원분담금반환청구 부분을 기각하였다.

ㄴ. [X] 민법 제35조 1항 소정의 '대표자'에는 그 명칭이나 직위 여하, 또는 대표자로 등기되었는지 여부를 불문하고 당해 법인을 실질적으로 운영하면서 법인을 사실상 대표하여 법인의 사무를 집행하는 사람을 포함한다(A는 등기부상 대표자이지만, A가 대표자로서의 제62조를 위반하여 모든 권한을 B에게 일임하여 B가 실질적으로 법인의 대표자로서의 사무를 집행한 사안에서, B를 위 대표자에 해당하는 것으로 보았다)(대판 2011.4.28. 2008다15438).

[위 2008다15438판결의 사실관계] 甲 주택조합의 대표자가 乙에게 대표자의 모든 권한을 포괄적으로 위임하여 乙이 그 조합의 사무를 집행하던 중 불법행위로 타인에게 손해를 발생시킨 데 대하여 불법행위 피해자가 甲 주택조합을 상대로 민법 제35조에서 정한 법인의 불법행위책임에 따른 손해배상청구를 한 사안에서, 甲 주택조합의 등기부상 대표자는 조합 설립 시부터 乙에게 대표자로서의 모든 권한을 일임하여 乙이 조합의 도장, 대표자의 신분증 등으로 소지하면서 조합 대표자로서 사무를 집행한 점, 甲 주택조합의 등기부상 대표자는 乙로부터 월급을 받는 직원에 지나지 아니하여 乙의 사무집행에 관여할 지위에 있지 않았고, 실제로도 일절 대표자로서의 사무를 집행하지 않은 점 등 여러 사정에 비추어 볼 때, 乙은 甲 주택조합을 실질적으로 운영하면서 법인을 사실상 대표하여 법인의 사무를 집행하는 사람으로서 제35조에서 정한 '대표자'에 해당한다고 하여, 丙 등의 甲 주택조합에 대한 제35조에 의한 손해배상청구 부분을 인용하였다.

ㄷ. [X] ※ 외형이론

통설 · 判例는 행위의 외형을 기준으로 직무관련성 여부를 판단한다. 즉 '직무에 관한 행위'인지 여부는 주관적 · 구체적으로 판단할 것이 아니라 객관적 · 추상적으로 판단하여야 하며, 여기에는 외형상 대표기관의 직무집행행위라고 볼 수 있는 행위 및 직무집행행위와 사회관념상의 관련성(견련성)을 가지는 행위를 포함한다.

"법인이 그 대표자의 불법행위로 인하여 손해배상의무를 지는 것은 그 대표자의 직무에 관한 행위로 인하여 손해가 발생한 것임을 요한다 할 것이나, 그 직무에 관한 것이라는 의미는 행위의 외형상 법인의 대표자의 직무행위라고 인정할 수 있는 것이라면 설사 그것이 대표자 개인의 사리를 도모하기 위한 것(대표권남용)이었거나 혹은 법령의 규정(강행규정)에 위배된 것이었다 하더라도 위의 직무에 관한 행위에 해당한다고 보아야 한다"(대판 2004.2.27. 2003다15280)

☞ 따라서 실질적인 대표자인 乙의 행위가 자신의 이익을 도모하기 위한 것(대표권남용)이라도 외형상 대표기관의 직무집행행위라고 볼 수 있으면 제35조의 책임이 성립될 수 있다.

ㄹ. [X] ※ 외형이론의 제한

'직무에 관하여'의 범위를 확장하는 것은 거래의 안전을 도모하기 위한 것이므로, 대표기관의 행위가 직무집행에 관한 것이 아니라는 점에 대하여 상대방이 '선의'이고 '중대한 과실'이 없어야 한다(대판 2003.7.25. 2002다27088). 따라서 상대방이 '경과실'로 인하여 몰랐을 경우 상대방은 법인에 대하여 불법행위책임을 물을 수는 있지만, 과실상계를 함으로써 양자의 이익을 보호할 수 있을 것이다(제763조, 제396조). 민법상 과실은 원칙적으로 '경과실'을 의미한다.

참고판례 "여기서 중대한 과실이라 함은 거의 고의에 가까운 정도의 주의를 결여하고, 공평의 관점에서 상대방을 구태여 보호할 필요가 없다고 봄이 상당하다고 인정되는 상태를 말한다"(대판 2003.7.25. 2002다27088).

[정답] ⑤

문41 「민법」상 법인에 관한 설명 중 옳은 것(○)과 옳지 않은 것(×)을 올바르게 조합한 것은? (다툼이 있는 경우 판례에 의함) [변시 8회]

ㄱ. 법인의 정관에 대표권의 제한에 관한 규정이 있으나 그와 같은 취지가 등기되어 있지 않다면, 법인은 그와 거래한 상대방이 그와 같은 정관의 규정에 대하여 선의냐 악의냐에 관계없이 그 상대방에 대하여 위 대표권 제한 사실로써 대항할 수 없다.
ㄴ. 법인은 언제든지 이사를 해임할 수 있지만, 법인의 정관에 이사의 해임사유에 관한 규정이 있는 경우에는 법인은 이사의 중대한 의무위반 또는 정상적인 사무집행 불능 등의 특별한 사정이 없는 한 정관에서 정하지 아니한 사유로는 이사를 해임할 수 없다.
ㄷ. 이사가 없거나 결원이 생겨서 이로 인하여 법인에 손해가 생길 염려있는 경우뿐만 아니라 법인과 이사의 이익이 상반하는 사항이 생긴 경우에, 법원은 이해관계인이나 검사의 청구에 의하여 특별대리인을 선임하여야 한다.
ㄹ. 법원의 가처분명령에 의해 선임된 이사직무대행자는 그 명령에 다른 정함이 있는 경우 외에는 법원의 허가없이 법인의 통상사무에 속하지 아니한 행위를 하지 못하고, 만약 위 직무대행자가 그에 위반한 행위를 한 경우 법인은 선의의 제3자에 대하여 책임을 진다.

① ㄱ(○), ㄴ(×), ㄷ(○), ㄹ(×)
② ㄱ(○), ㄴ(×), ㄷ(×), ㄹ(○)
③ ㄱ(○), ㄴ(○), ㄷ(×), ㄹ(○)
④ ㄱ(×), ㄴ(○), ㄷ(×), ㄹ(○)
⑤ ㄱ(×), ㄴ(×), ㄷ(○), ㄹ(×)

해설 ㄱ. [○] ※ 대표권 제한

이사의 대표권에 대한 제한은 등기하지 아니하면 제3자에게 대항하지 못한다(제60조). "법인의 정관에 법인 대표권의 제한에 관한 규정이 있으나 그와 같은 취지가 등기되어 있지 않다면 법인은 그와 같은 정관의 규정에 대하여 선의냐 악의냐에 관계없이 제3자에 대하여 대항할 수 없다"(대판 1992.2.14. 91다24564).

비교판례 "비법인사단의 경우에는 대표자의 대표권 제한에 관하여 등기할 방법이 없어 민법 제60조의 규정을 준용할 수 없고, 비법인사단의 대표자가 정관에서 사원총회의 결의를 거쳐야 하도록 규정한 대외적 거래행위에 관하여 이를 거치지 아니한 경우라도, 이와 같은 사원총회 결의사항은 비법인사단의 내부적 의사결정에 불과하다 할 것이므로, 그 거래 상대방이 그와 같은 대표권 제한 사실을 알았거나 알 수 있었을 경우가 아니라면 그 거래행위는 유효하다고 봄이 상당하고, 이 경우 거래의 상대방이 대표권 제한 사실을 알았거나 알 수 있었음은 이를 주장하는 비법인사단측이 주장 · 입증하여야 한다"(대판 2003.7.22. 2002다64780).

ㄴ. [○] ※ 법인이 이사를 정당한 이유 없이 해임할 수 있는지 여부

"법인과 이사의 법률관계는 신뢰를 기초로 한 위임 유사의 관계로 볼 수 있는데, 민법 제689조 제1항에서는 위임계약은 각 당사자가 언제든지 해지할 수 있다고 규정하고 있으므로, 법인은 원칙적으로 이사의 임기 만료 전에도 이사를 해임할 수 있지만, 이러한 민법의 규정은 임의규정에 불과하므로 법인이 자치법규인 정관으로 이사의 해임사유 및 절차 등에 관하여 별도의 규정을 두는 것

도 가능하다. 그리고 이와 같이 법인이 정관에 이사의 해임사유 및 절차 등을 따로 정한 경우 그 규정은 법인과 이사와의 관계를 명확히 함은 물론 이사의 신분을 보장하는 의미도 아울러 가지고 있어 이를 단순히 주의적 규정으로 볼 수는 없다. 따라서 법인의 정관에 이사의 해임사유에 관한 규정이 있는 경우 법인으로서는 이사의 중대한 의무위반 또는 정상적인 사무집행 불능 등의 특별한 사정이 없는 이상, 정관에서 정하지 아니한 사유로 이사를 해임할 수 없다"(대판 2013.11.28. 2011다41741).

ㄷ. [X] ※ 임시이사와 특별대리인

① 이사가 없거나 결원이 있는 경우에 이로 인하여 손해가 생길 염려 있는 때에는 법원은 이해관계인이나 검사의 청구에 의하여 '임시이사'를 선임하여야 한다(제63조).

② 법인과 이사의 이익이 상반하는 사항에 관하여는 이사는 대표권이 없다. 이 경우에는 전조의 규정에 의하여 '특별대리인'을 선임하여야 한다(제64조).

ㄹ. [O] ※ 직무대행자의 권한

제52조의2의 직무대행자는 가처분명령에 다른 정함이 있는 경우 외에는 법인의 통상사무에 속하지 아니한 행위를 하지 못한다. 다만, 법원의 허가를 얻은 경우에는 그러하지 아니하다(제60조의2 1항). 직무대행자가 제1항의 규정에 위반한 행위를 한 경우에도 법인은 선의의 제3자에 대하여 책임을 진다(제60조의2 2항).

[정답] ③

문 42 법인에 관한 설명 중 옳은 것을 모두 고른 것은? [변시 12회]

ㄱ. 「민법」상 사단법인과 재단법인의 정관의 변경은 주무관청의 허가를 얻지 못하면 그 효력이 없다.

ㄴ. 「민법」상 법인은 이사를 두지 않아도 된다.

ㄷ. 「민법」상 사단법인은 총 사원 4분의 3 이상의 동의가 없으면 해산을 결의하지 못하고, 정관에 다른 규정이 있더라도 마찬가지이다.

ㄹ. 「민법」상 법인이 채무를 완제하지 못하게 된 때에는 이사는 지체없이 파산신청을 하여야 한다.

ㅁ. 「상법」상 회사의 이사가 법령 또는 정관에 위반하여 회사의 존속을 허용할 수 없는 행위를 한 때 법원은 직권으로 회사의 해산을 명할 수 있다.

ㅂ. 「민법」상 법인의 이사가 없거나 결원이 있는 경우에 이로 인하여 손해가 생길 염려 있는 때에는 법원은 이해관계인이나 검사의 청구에 의하여 임시이사를 선임하여야 한다.

① ㄱ, ㄴ, ㄷ
② ㄱ, ㄹ, ㅁ
③ ㄴ, ㄹ, ㅂ
④ ㄱ, ㄹ, ㅁ, ㅂ
⑤ ㄴ, ㄷ, ㅁ, ㅂ

해 설 ㄱ. [○] 사단법인의 정관의 변경은 주무관청의 허가를 얻지 아니하면 그 효력이 없다(제42조 2항). 제42조제2항의 규정은 재단법인 정관변경의 경우에 준용한다(제45조 3항 참조)

ㄴ. [×] 법인은 이사를 두어야 한다(제57조)

ㄷ. [×] 사단법인은 총사원 4분의 3 이상의 동의가 없으면 해산을 결의하지 못한다. 그러나 정관에 다른 규정이 있는 때에는 그 규정에 의한다(제78조)

ㄹ. [○] 법인이 채무를 완제하지 못하게 된 때에는 이사는 지체없이 파산신청을 하여야 한다(제79조)

ㅁ. [○] 이사 또는 회사의 업무를 집행하는 사원이 법령 또는 정관에 위반하여 회사의 존속을 허용할 수 없는 행위를 한 때 법원은 이해관계인이나 검사의 청구에 의하여 또는 직권으로 회사의 해산을 명할 수 있다(상법 제176조 1항 3호)

ㅂ. [○] 이사가 없거나 결원이 있는 경우에 이로 인하여 손해가 생길 염려 있는 때에는 법원은 이해관계인이나 검사의 청구에 의하여 임시이사를 선임하여야 한다(제63조)

[정답] ④

문43 「민법」상 법인의 기관에 관한 설명 중 옳은 것은? (다툼이 있는 경우 판례에 의함) [변시 14회]

① 이사가 사임의 의사표시를 하였더라도 법인의 승낙이 없으면 사임의 효력은 발생하지 않는다.

② 법인과 이사의 이익이 상반되는 사항에 관하여 이해관계인 또는 검사의 청구가 있는 경우, 법원은 임시이사를 선임하여야 한다.

③ 감사는 필요적 상설기관이므로 감사의 성명과 주소는 정관의 필요적 기재 사항이다.

④ 직무대행자는 주무관청의 허가를 얻어 법인의 통상사무에 속하지 아니한 행위를 할 수 있다.

⑤ 법인이 정관에서 이사의 해임 사유와 절차를 정하였고 그 해임 사유가 실제로 발생하였다면, 법인과 이사 사이의 신뢰관계가 더 이상 유지되기 어려울 정도에 이르지 않았더라도 법인은 정관에서 정한 절차에 따라 이사를 해임할 수 있다.

해 설 ① [×] "법인의 이사는 법인에 대한 일방적인 사임의 의사표시에 의하여 법률관계를 종료시킬 수 있고(상대방 있는 단독행위), 그 의사표시가 수령권한 있는 기관에 도달됨으로써 효력을 발생하는 것이며, 법인의 승낙이 있어야만 효력이 있는 것은 아니다"(대판 1992.7.24. 92다749)

② [×] 법인과 이사의 이익이 상반하는 사항에 관하여는 이사는 대표권이 없다. 이 경우에는 전조의 규정에 의하여 특별대리인을 선임하여야 한다(제64조). 이사가 없거나 결원이 있는 경우에 이로 인하여 손해가 생길 염려 있는 때에는 법원은 이해관계인이나 검사의 청구에 의하여 임시이사를 선임하여야 한다(제63조)

③ [×] 주식회사에서는 감사가 필요적 상설기관이지만(상법 제409조 1항), 민법상의 법인에서는 임의기관으로 되어 있다(제66조). 따라서 감사의 성명과 주소는 정관의 필요적 기재사항은 아니다.

④ [×] 제52조의2의 직무대행자는 가처분명령에 다른 정함이 있는 경우 외에는 법인의 통상사무에 속하지 아니한 행위를 하지 못한다. 다만, '법원'(주무관청이 아님)의 허가를 얻은 경우에는 그러하지 아니하다(제60조의2 1항).

⑤ [○] "법인이 정관에서 이사의 해임사유와 절차를 정하였고 그 해임사유가 실제로 발생하였다면, 법인은 이를 이유로 정관에서 정한 절차에 따라 이사를 해임할 수 있다. 이때 정관에서 정한 해임사유가 발생하였다는 요건 외에 이로 인하여 법인과 이사 사이의 신뢰관계가 더 이상 유지되기 어려울 정도에 이르러야 한다는 요건이 추가로 충족되어야 법인이 비로소 이사를 해임할 수 있는 것은 아니다"(대판 2024.1.4. 2023다263537).

[정답] ⑤

문44 사단법인 甲의 이사 乙은 甲을 대표하여 매수인 丙과 매매계약을 체결하였다. 이에 관한 설명 중 옳지 않은 것은? (각 지문은 독립적이며, 다툼이 있는 경우 판례에 의함) [변시 12회]

① 매매계약이 乙의 적법한 대표권 범위 내에서 체결된 것이라면 매매계약의 불이행에 따른 채무불이행책임은 甲이 직접 부담한다.

② 매매계약이 乙의 적법한 대표권 범위 내에서 체결되었다고 하더라도 매매계약이 乙 자신만을 위한 것이고, 丙이 이러한 사실을 알았거나 알 수 있었던 경우가 아니라면 甲과 丙 사이의 매매계약은 유효하다.

③ 甲이 丙에 대하여 매매계약에 따른 채무불이행책임을 지는 경우, 甲의 고의·과실은 乙의 고의·과실 여부를 기준으로 결정한다.

④ 甲이 丙에 대하여 매매계약에 따른 채무불이행책임을 지는 경우, 乙에게 불법행위책임 등이 별도로 성립하지 않더라도 乙은 대표기관 개인으로서 丙에 대해 손해배상책임을 부담하여야 한다.

⑤ 丙이 매수하는 것에 관하여 乙의 이익과 甲의 이익이 상반되는 경우, 乙은 위 매매계약 체결에 대해 甲을 대표할 권한이 없다.

해설 ① [○] ※ 법인의 행위능력

이사는 법인의 사무에 관하여 각자 법인을 대표하며(제59조 1항 ; 각자대표의 원칙), 법인의 대표에 관하여는 대리에 관한 규정을 준용한다(제59조 2항). 따라서 "제59조 2항 등에 비추어 법인의 적법한 대표권을 가진 자가 하는 법률행위는 그 성립상 효과뿐만 아니라 위반의 효과인 채무불이행책임까지 법인에게 귀속"된다(대판 2019.6.3. 2017다53265).

② [○] ※ 대표권남용

"대표이사의 대표권한 범위를 벗어난 행위라 하더라도 그것이 회사의 권리능력의 범위 내에 속한 행위이기만 하면 대표권의 제한을 알지 못하는 제3자가 그 행위를 회사의 대표행위라고 믿은 신뢰는 보호되어야 하고, 대표이사가 대표권의 범위 내에서 한 행위는 설사 대표이사가 회사의 영리목적과 관계없이 자기 또는 제3자의 이익을 도모할 목적으로 그 권한을 남용한 것이라 할지라도 일단 회사의 행위로서 '유효'하고, 다만 그 행위의 상대방이 대표이사의 진의를 알았거나 알 수 있었을 때에는 회사에 대하여 무효가 되는 것이며, 이는 민법상 법인의 대표자가 대표권한을 남용한 경우에도 마찬가지이다"(대판 2004.3.26. 2003다34045).

③ [○] "민법 제391조는 법정대리인 또는 이행보조자의 고의 · 과실을 채무자 자신의 고의 · 과실로 간주함으로써 채무불이행책임을 채무자 본인에게 귀속시키고 있는데, 법인의 경우도 법률행위에 관하여 대표기관의 고의 · 과실에 따른 채무불이행책임의 주체는 법인으로 한정된다"(대판 2019.6.3. 2017다53265). 즉, 법인의 고의 · 과실은 대표기관의 고의 · 과실 여부를 기준으로 결정한다(제59조 2항, 제116조 1항).

④ [×] "적법한 대표권을 가진 자와 맺은 법률행위의 효과는 대표자 개인이 아니라 본인인 법인에 귀속하고, 마찬가지로 그러한 법률행위상의 의무를 위반하여 발생한 채무불이행으로 인한 손해배상책임도 대표기관 개인이 아닌 법인만이 책임의 귀속주체가 되는 것이 원칙이다. 다른 법령에서 정하는 등의 특별한 사정이 없는 한 법인이 당사자인 법률행위에 관하여 대표기관 개인이 손해배상책임을 지려면 민법 제750조에 따른 불법행위책임 등이 별도로 성립하여야 한다"(대판 2019.5.30. 2017다53265).

⑤ [○] 제64조(특별대리인의 선임) 「법인과 이사의 이익이 상반하는 사항에 관하여는 이사는 대표권이 없다. 이 경우에는 전조의 규정에 의하여 특별대리인을 선임하여야 한다.」

[정답] ④

문45 「민법」상 '제3자'에 관한 설명 중 옳지 않은 것을 모두 고른 것은? (다툼이 있는 경우에는 판례에 의함) [변시 9회]

ㄱ. 정관에 의한 법인 이사에 대한 대표권 제한 규정은 등기하지 아니하면 정관 규정에 대한 선의, 악의에 관계없이 제3자에게 대항할 수 없다.
ㄴ. 제한능력으로 인한 의사표시의 취소는 선의의 제3자에게 대항할 수 없다.
ㄷ. 당사자의 궁박, 경솔, 무경험으로 인하여 현저하게 공정을 잃은 법률행위의 무효는 선의의 제3자에게 대항할 수 없다.
ㄹ. 무권대리행위의 추인에 따른 계약의 소급효는 배타적 권리를 취득한 제3자에게도 미친다.
ㅁ. 상대방 있는 의사표시에 관하여 제3자 甲이 강박을 행한 경우 그 의사표시의 취소는 그 의사표시를 기초로 새로운 이해관계를 맺은 선의의 제3자 乙에게 대항할 수 없다.

① ㄱ, ㄴ, ㅁ
② ㄱ, ㄷ, ㄹ
③ ㄴ, ㄷ, ㄹ
④ ㄴ, ㄹ, ㅁ
⑤ ㄷ, ㄹ, ㅁ

해설 ㄱ. [○] ※ 제60조의 제3자의 범위

민법은 '이사의 대표권에 대한 제한은 정관에 기재하여야 효력이 있다'(제41조)고 하여 **정관의 기재를 효력요건으로** 하고 있고, '이사의 대표권제한은 이를 등기하지 않으면 제3자에게 대항하지 못한다'(제49조 2항 9호, 제60조)고 하여 **등기를 대항요건으로** 하고 있다. 判例는 **"등기가 되어 있지 않는 한, 악의의 제3자에게도 대항할 수 없다"**(대판 1992.2.14. 91다24564)고 한다.

ㄴ. [X] ※ 절대적 취소

민법은 제한능력자가 독자적으로 한 법률행위는 원칙적으로 **'취소'**할 수 있다고 규정하고 있다(제5조 2항, 제10조 1항, 제13조 4항). 즉 유리하다고 생각되면 취소 안 하면 그만이지만, 취소를 하게 되면 소급해서 무효가 되고(제141조), 이것은 모든 사람에 대한 관계에서 무효가 되는 절대적 효력이 있다(제5조 2항, 제10조 1항, 제13조 4항에서는 제107조 이하에서 정한 선의의 제3자 보호규정이 없다). 이 점에서 **제한능력자제도는 거래의 안전을 희생시키는 것을 감수하면서 제한능력자 본인을 보호하는 데 그 목적을** 두고 있다(강행규정성 ; 대판 2007.11.16. 2005다71659 등)

ㄷ. [X] ※ 절대적 무효

불공정한 법률행위는 절대적, 확정적 무효이다(제104조). 따라서 목적부동산이 제3자에게 이전된 경우에 제3자가 선의라 하여도 그 소유권을 취득하지 못하고(대판 1963.11.7. 63다479), 추인에 의해서도 그 법률행위가 유효로 될 수 없다(대판 1994.6.24. 94다10900).

ㄹ. [X] ※ 무권대리행위의 추인의 소급효 제한

추인으로 무권대리행위는 '소급'하여 확정적으로 유효하게 되나(제133조 본문), 추인의 소급효는 '제3자의 권리'를 해하지 못한다(제133조 단서). 이 때 소급효가 제한되는 것은 무권대리행위의 상대방이 취득한 권리와 제3자가 취득한 권리가 모두 배타적 효력을 가지는 경우에 한한다(대판 1963.4.18. 62다223). 따라서 물권변동에 있어서는 등기 또는 인도(제186조, 제188조), 채권양도에 있어서는 확정일자 있는 통지나 승낙을 먼저 갖추는 자(제450조 2항)가 우선한다.

ㅁ. [○] ※ 제110조 3항의 제3자

사기 혹은 강박을 이유로 한 의사표시의 취소는 선의의 제3자에게 대항하지 못한다(제110조 3항). 判例는 이에 대해 "사기를 이유로 한 법률행위의 취소로써 대항할 수 없는 민법 제110조 제3항 소정의 제3자라 함은 사기에 의한 의사표시의 당사자 및 포괄승계인 이외의 자로서 **사기에 의한 의사표시를 기초로 하여 새로운 법률원인으로써 이해관계를 맺은 자를 의미한다"**(대판 1997.12.26. 96다44860)고 판시하였다.

[정답] ③

문 46 법인 아닌 사단에 관한 설명 중 옳지 않은 것은? (다툼이 있는 경우 판례에 의함) [변시 6회]

① 법인 아닌 사단의 사원이 존재하지 않게 된 경우에도 그 법인 아닌 사단은 청산사무가 완료될 때까지 청산의 목적범위 내에서 권리의무의 주체가 된다.

② 법인 아닌 사단의 대표자가 정관에 규정된 대표권 제한에 위반하여 법률행위를 한 경우, 그 상대방이 대표권 제한 및 그 위반 사실을 알았거나 과실로 인해 알지 못한 때에는 그 법률행위는 무효이다.

③ 법인 아닌 사단의 정관에 특별한 규정이 없는 경우 법인 아닌 사단의 대표자가 타인 간의 금전채무를 보증하기 위해 사원총회 결의를 거칠 필요는 없다.

④ 법인 아닌 사단의 총회 소집권자가 총회 소집을 철회하는 경우 반드시 총회 소집과 동일한 방식으로 통지해야 할 필요는 없고, 총회 구성원들에게 소집 철회의 결정이 있었음이 알려질 수 있는 적절한 조치를 취하는 것으로 충분하다.

⑤ 법인 아닌 사단의 채권자가 채권자대위권에 기하여 법인 아닌 사단의 총유재산에 대한 권리를 대위행사하는 경우, 사원총회의 결의 등 법인 아닌 사단의 내부적 의사결정 절차를 거쳐야 한다.

해 설 ① [○] "법인 아닌 사단에 대하여는 사단법인에 관한 민법규정 가운데서 법인격을 전제로 하는 것을 제외하고는 이를 유추적용하여야 할 것인바, 사단법인에 있어서는 사원이 없게 된다고 하더라도 이는 해산사유가 될 뿐 막바로 권리능력이 소멸하는 것이 아니므로 **법인 아닌 사단에 있어서도 구성원이 없게 되었다 하여 막바로 그 사단이 소멸하여 소송상의 당사자능력을 상실하였다고 할 수는 없고 청산사무가 완료되어야 비로소 그 당사자능력이 소멸하는** 것이다"(대판 1992. 10.9. 92다23087).

② [○] "**임원회의의 결의 등을 거치도록 한 규약은 대표권을 제한하는 규정에 해당하는 것이므로, 거래 상대방이 그와 같은 대표권 제한 및 그 위반 사실을 알았거나 과실로 인하여 이를 알지 못한 때에는 그 거래행위가 무효로 된다고** 봄이 상당하며, 이 경우 그 거래 상대방이 대표권 제한 및 그 위반 사실을 알았거나 알지 못한 데에 과실이 있다는 사정은 그 거래의 무효를 주장하는 측이 이를 주장·입증하여야 한다"(대판 2007.4.19. 전합2004다60072·60089)

③ [○] 권리능력 없는 사단의 재산소유는 총유로 하며(제275조 1항), 총유물의 관리 및 처분은 정관 기타 규약에 정한 바가 없으면 사원총회의 결의에 의한다(제275조 2항, 제276조 1항). 이와 관련하여 判例는 "총유물의 관리 및 처분이라 함은 총유물 그 자체에 관한 이용·개량행위나 법률적·사실적 처분행위를 의미하는 것이므로, **[보증계약과 같은] 단순한 채무부담행위는 총유물의 관리·처분행위라고 볼 수 없다**"고 한다(대판 2007.4.19. 전합2004다60072·60089)

관련판례 判例에 따르면 총회결의를 거치지 않은 총유물의 관리 및 처분행위는 '**무효**'이고(대판 2001.5.29. 2000다10246), 이는 처분권한 없이 처분한 경우에 해당하므로 **표현대리가 적용될 여지도 없다**고 한다(대판 2009.2.12. 2006다23312 등). 따라서 상대방이 선의였는지 여부는 문제되지 않는다.

④ [○] "법인이나 법인 아닌 사단의 총회에 있어서 총회의 소집권자가 총회의 소집을 철회·취소하는 경우에는 반드시 총회의 소집과 동일한 방식으로 그 철회·취소를 총회 구성원들에게 통지하여야 할 필요는 없고, 총회 구성원들에게 소집의 철회·취소결정이 있었음이 알려질 수

있는 적절한 조치가 취하여지는 것으로써 충분히 그 소집 철회 · 취소의 효력이 발생한다"(대판 2007.4.12. 2006다77593).

⑤ [×] "비법인사단이 총유재산에 관한 소를 제기할 때에는 정관에 다른 정함이 있는 등의 특별한 사정이 없는 한 사원총회의 결의를 거쳐야 하지만(대법원 2011. 7. 28. 선고 2010다97044 판결 등 참조), 이는 비법인사단의 대표자가 비법인사단 명의로 총유재산에 관한 소를 제기하는 경우에 비법인사단의 의사결정과 특별수권을 위하여 필요한 내부적인 절차이다. 채권자대위권은 채무자가 스스로 자기의 권리를 행사하지 아니하는 때에 채권자가 채무자에 대한 채권을 보전하기 위하여 채무자의 의사와는 상관없이 채무자의 권리를 대위하여 행사할 수 있는 권리로서 그 권리행사에 채무자의 동의를 필요로 하는 것은 아니므로, **비법인사단이 총유재산에 관한 권리를 행사하지 아니하고 있어 비법인사단의 채권자가 채권자대위권에 기하여 비법인사단의 총유재산에 관한 권리를 대위행사하는 경우에는 사원총회의 결의 등 비법인사단의 내부적인 의사결정절차를 거칠 필요가 없다**"(대판 2014.9.25. 2014다211336).

[정답] ⑤

문 47 다음 중 권리능력 없는 사단에 관한 판례의 입장과 다른 것은? [변시 1회]

① 부도난 회사의 채권자들이 채권단을 조직하여 대표자를 선임하고 채권회수에 관한 권한을 위임하였더라도, 정관을 제정하거나 사단으로서 실체를 가지기 위한 조직행위가 없었다면 그 채권단을 권리능력 없는 사단으로 볼 수 없다.

② 권리능력 없는 사단은 특별한 규정이 있는 경우를 제외하고는 일반적으로 법인격이 인정되지 아니하므로, 법원은 임시이사의 선임에 관한 민법 제63조를 준용하여 임시이사를 선임할 수 없다.

③ 권리능력 없는 사단이 당사자인 소송에서 대표자에게 적법한 대표권이 있는지 여부는 소송요건에 관한 것으로서 법원의 직권조사사항이므로, 법원에게 판단의 기초자료인 사실과 증거를 직권으로 탐지할 의무까지는 없다 하더라도, 이미 제출된 자료에 의하여 대표권의 적법성에 의심이 갈 만한 사정이 엿보인다면 법원은 그에 관하여 심리·조사할 의무가 있다.

④ 권리능력 없는 사단인 교회의 소속 교인의 일부가 종전의 교회에서 탈퇴하여 별도의 교회를 설립하고 새로운 교단에 들어가는 경우, 사단법인 정관변경에 준하여 의결권을 가진 교인 3분의 2 이상의 찬성에 의한 결의의 요건을 갖추었다면, 종전 교회의 재산은 탈퇴한 교인들의 총유로 귀속된다.

⑤ 권리능력 없는 사단의 대표자가 직무에 관하여 타인에게 손해를 가한 경우, 그 사단은 그로 인하여 타인이 입은 손해를 배상할 책임이 있다.

해 설 ① [○] 判例는 부도난 회사의 채권자들이 조직한 채권단이 비법인사단으로서의 실체를 갖추지 못했다는 이유로 그 당사자능력을 부인하였다. 즉, "민사소송법 제48조가 비법인의 당사자능력을 인정하는 것은 법인이 아닌 사단이나 재단이라도 사단 또는 재단으로서의 실체를 갖추고 대표자 또는 관리인을 통하여 사회적 활동이나 거래를 하는 경우에는, 그로 인하여 발생하는 분쟁은 그 단체의 이름으로 당사자가 되어 소송을 통하여 해결하게 하고자 함에 있다 할 것이므로 여기서 말하는 **사단이라 함은 일정한 목적을 위하여 조직된 다수인의 결합체로서 대외적으로 사단을 대표할 기관에 관한 정함이 있는 단체를** 말한다"(대판 1999.4.23. 99다4504).

관련판례 **채권단의 청산위원회는** 비법인사단으로 인정했으나(대판 1968.7.16. 68다736), **부도난 회사의 채권자들이 조직한 채권단은** 비법인사단으로서의 실체를 갖추지 못한 것으로 판단했다(대판 1999.4.23. 99다4504).

② [×] 권리능력 없는 사단은 법인등기를 하지 않았을 뿐 법인의 실질을 갖고 있는 것이다. 따라서 **사단법인에 관한 규정 중에서 법인격을 전제로 하는 것(법인등기)을 제외하고는 법인격 없는 사단에 유추적용해야** 한다. 최근 전원합의체 판결은 "**제63조** '이사가 없거나 결원이 있는 경우에 이로 인하여 손해가 생길 염려 있는 때에는 법원은 이해관계인이나 검사의 청구에 의하여 임시이사를 선임하여야 한다'는 법인의 조직과 활동에 관한 것으로서 법인격을 전제로 하는 조항은 아니므로, 법인 아닌 사단에도 유추적용될 수 있다"(대결 2009.11.19. 전합2008마699)고 판시하였다.

③ [○] 권리능력 없는 사단의 당사자 소송에서 대표자의 대표권은 소송대리인에 대한 자격에 관한 것으로서 소송요건에 관한 것이므로 직권조사사항이다. 判例에 의하면 직권조사사항은 직권조사방식(당사자의 사실의 주장 및 증거제출 책임은 요구하므로 직권탐지의무는 배제되고, 자백의 구속력도 인정되지 않는 방식)에 의하므로 직권탐지의무까지는 없더라도 현출된 자료에서 의심되는 사정이 있으면 심리·조사할 의무는 인정된다.

"종중이 당사자인 사건에 있어서 그 종중의 대표자에게 적법한 대표권이 있는지 여부는 소송요건에 관한 것으로서 법원의 직권조사사항이므로, 법원으로서는 그 판단의 기초자료인 사실과 증거를 직권으로 탐지할 의무까지는 없다 하더라도, 이미 제출된 자료들에 의하여 그 대표권의 적법성에 의심이 갈만한 사정이 엿보인다면 상대방이 이를 구체적으로 지적하여 다투지 않더라도 이에 관하여 심리, 조사할 의무가 있다"(대판 1991.10.11. 91다21039)

④ [○] **교인들의 집단 탈퇴시 교회재산의 귀속관계**(이하 대판 2006.4.20. 전합2004다37775)

㉠ **[원칙]** "**일부 교인들이 교회를 탈퇴하여 그 교회 교인으로서의 지위를 상실하게 되면** 탈퇴가 개별적인 것이든 집단적인 것이든 종전 교회의 총유 재산의 관리처분에 관한 의결에 참가할 수 있는 지위나 그 재산에 대한 사용 · 수익권을 상실하고, 종전 교회는 잔존 교인들을 구성원으로 하여 실체의 동일성을 유지하면서 존속하며 **종전 교회의 재산은 그 교회에 소속된 잔존 교인들의 총유로 귀속됨이 원칙이다**"

㉡ **[예외]** "소속 교단에서의 탈퇴 내지 소속 교단의 변경은 사단법인 정관변경에 준하여 **의결권을 가진 교인 2/3 이상의 찬성에** 의한 결의를 필요로 하고(제42조 제1항 유추적용), **그 결의요건을 갖추어 소속 교단을 탈퇴하거나 다른 교단으로 변경한 경우에** 종전 교회의 실체는 교단을 탈퇴한 교회로서 존속하고 **종전 교회 재산은 위 탈퇴한 교회 소속 교인들의 총유로 귀속된다**"

⑤ [○] 대표기관의 불법행위로 인한 사단의 배상책임(제35조 1항)의 규정은 법인격을 전제로 하는 규정이 아니므로 비법인 사단에게도 유추적용된다(대판 2003.7.25. 2002다27088).

[정답] ②

문 48 법인 아닌 사단의 법률관계에 관한 설명 중 옳은 것을 모두 고른 것은? (다툼이 있는 경우 판례에 의함)

[변시 5회]

ㄱ. 법인 아닌 사단은 대표자가 있는 경우에는 그 사단의 이름으로 민사소송의 당사자가 될 수 있다.

ㄴ. 대표자가 있는 법인 아닌 사단에 속하는 부동산의 등기에 관하여는 그 사단을 등기권리자 또는 등기의무자로 한다.

ㄷ. 법인 아닌 사단의 구성원들의 집단적 탈퇴로써 사단이 2개로 분열되고 분열되기 전 사단의 재산이 분열된 각 사단들의 구성원들에게 각각 총유적으로 귀속되는 결과를 초래하는 형태의 법인 아닌 사단의 분열은 허용되지 않는다.

ㄹ. 법인 아닌 사단의 대표자가 그 사단이 타인 간의 금전채무를 보증한다는 내용의 계약을 체결하면서 사원총회의 결의를 거치지 않았다면 특별한 사정이 없는 한 위 계약은 무효가 된다.

① ㄴ, ㄷ
② ㄷ, ㄹ
③ ㄱ, ㄴ, ㄷ
④ ㄱ, ㄴ, ㄹ
⑤ ㄱ, ㄴ, ㄷ, ㄹ

해 설 ㄱ. [O] 법인이 아닌 사단이나 재단은 대표자 또는 관리인이 있는 경우에는 그 사단이나 재단의 이름으로 당사자가 될 수 있다(민사소송법 제52조).

ㄴ. [O] 종중(宗中), 문중(門中), 그 밖에 대표자나 관리인이 있는 법인 아닌 사단(社團)이나 재단(財團)에 속하는 부동산의 등기에 관하여는 그 사단이나 재단을 등기권리자 또는 등기의무자로 한다(부동산 등기법 제26조 1항).

ㄷ. [O] 종전 判例는 교회의 분열을 인정하였으나, 최근 전원합의체 판결은 "우리 민법이 사단법인에 있어서 **구성원의 탈퇴나 해산은 인정하지만**, 사단법인의 구성원들이 2개의 법인으로 나뉘어 각각 독립한 법인으로 존속하면서 종전 사단법인에게 귀속되었던 재산을 소유하는 방식의 사단법인의 **분열은 인정하지 않기 때문에**" 법인 아닌 사단인 교회의 경우에도 분열을 인정할 수 없다는 입장으로 변경되었다(대판 2006.4.20. 전합2004다37775).

ㄹ. [X] 判例는 법인 아닌 사단이 금전채무의 보증을 하는 행위를 총유물의 처분행위로 보지 않는다. 즉, "제275조, 제276조 1항은 총유물의 관리 및 처분에 관하여는 정관이나 규약에 정한 바가 있으면 그에 의하되 정관이나 규약에서 정한 바가 없으면 사원총회의 결의에 의하도록 규정하고 있으므로, 이러한 절차를 거치지 아니한 총유물의 관리·처분행위는 무효라 할 것이고, 이 법리는 제278조에 의하여 소유권 이외의 재산권에 대하여 준용되고 있다. 그런데 위 법조에서 말하는 **총유물의 관리 및 처분이라 함은 총유물 그 자체에 관한 이용·개량행위나 법률적·사실적 처분행위를 의미하므로 총유물 그 자체의 관리·처분이 따르지 아니하는 채무부담행위는 이를 총유물의 관리·처분행위라고 볼 수 없다**"(대판 2007.4.19. 2004다60072, 60089)

[정답] ③

문 49 **甲 종중(이하 '甲'이라 함)은 비법인사단이고 그 대표자는 丙 이다. 甲의 대표자 丙은 乙과 종중회관 신축에 관한 도급계약을 체결하였다. 이에 관한 설명 중 옳지 않은 것은?** (다툼이 있는 경우 판례에 의함)

[변시 9회]

① 甲은 자기 명의로 신축건물의 소유권보존등기를 마칠 수 있다.
② 丙이 甲의 대표자로서 乙의 제3자에 대한 채무를 보증하는 행위는 甲의 재산 그 자체의 관리 · 처분이 따르지 아니하는 단순한 채무부담행위에 불과하므로 종중총회의 결의가 필요한 총유물의 관리 · 처분행위라고 할 수 없다.
③ 甲으로부터 도급계약상의 보수(報酬)를 받지 못한 乙은 甲에 대한 집행권원을 얻어 甲의 재산에 대해 강제집행을 할 수 있다.
④ 丙이 甲의 직무를 행하면서 타인에게 손해를 가하였더라도 甲은 권리의무의 주체가 아니므로 불법행위로 인한 손해배상책임을 부담하지 않는다.
⑤ 甲의 정관에서 대표자가 건물신축에 관한 도급계약을 체결할 때에는 임원회의 결의를 거치도록 하였으나, 丙이 임원회의 결의를 거치지 않았다 하더라도 乙이 그 사실을 알았거나 알 수 있었을 경우가 아니라면 위 계약은 유효하다.

해 설 ① [○] ※ 비법인사단의 등기능력
종중(宗中), 문중(門中), 그 밖에 대표자나 관리인이 있는 법인 아닌 사단(社團)이나 재단(財團)에 속하는 부동산의 등기에 관하여는 그 사단이나 재단을 등기권리자 또는 등기의무자로 한다(부동산등기법 제26조 1항).

② [○] ※ 총유물의 관리 및 처분
"총유물의 관리 및 처분이라 함은 총유물 그 자체에 관한 이용 · 개량행위나 법률적 · 사실적 처분행위를 의미하는 것이므로, **보증계약과 같은 단순한 채무부담행위는 총유물의 관리·처분행위라고 볼 수 없다**"(대판 2007.4.19, 전합2004다60072 · 60089).

③ [○] ※ 비법인사단의 소송능력
법인이 아닌 사단으로서 대표자 또는 관리인이 있는 경우에는 민사소송에 있어서 당사자능력이 있다(민사소송법 제52조).

④ [×] ※ 대표기관의 불법행위로 인한 비법인사단의 배상책임
"주택조합과 같은 **비법인사단의 대표자가 직무에 관하여 타인에게 손해를 가한 경우 그 사단은 민법 제35조 제1항의 유추적용에 의하여 그 손해를 배상할 책임이 있으며**, 비법인사단의 대표자의 행위가 대표자 개인의 사리를 도모하기 위한 것이었거나 혹은 법령의 규정에 위배된 것이었다 하더라도 외관상, 객관적으로 직무에 관한 행위라고 인정할 수 있는 것이라면 민법 제35조 제1항의 직무에 관한 행위에 해당한다"(대판 2003.7.25. 2002다27088).

⑤ [○] ※ 비법인사단에서 정관에 의한 이사의 대표권 제한의 문제(제60조 vs 제126조)
判例는 이사의 대표권 제한에 관한 제41조는 권리능력 없는 사단에 유추적용될 수 있으나, 제60조는 성질상 권리능력 없는 사단에 적용될 수 없다고 판시하고 있는바(대판 2003.7.23. 2002다64780), 최근에 判例는 이에 더하여서 "**임원회의의 결의 등을 거치도록 한 규약은 대표권을 제한하는 규정에 해당하는 것이므로, 거래 상대방이 그와 같은 대표권 제한 및 그 위반 사실을 알았거나 과실**

로 인하여 이를 알지 못한 때에는 그 거래행위가 무효로 된다고 봄이 상당하며, 이 경우 그 거래 상대방이 대표권 제한 및 그 위반 사실을 알았거나 알지 못한 데에 과실이 있다는 사정은 그 거래의 무효를 주장하는 측이 이를 주장·입증하여야 한다"(대판 2007.4.19, 전합2004다60072·60089)고 판시하고 있다(반면 반대의견은 위 규약을 제275조 2항 소정의 '정관 기타 계약'이라고 전제하였다).

[정답] ④

문 50 **종중에 관한 설명 중 옳지 않은 것은?** (다툼이 있는 경우 판례에 의함) [변시 10회]

① 고유 의미의 종중이란 공동선조의 분묘 수호와 제사, 종원 상호 간 친목 등을 목적으로 하는 자연발생적인 관습상 종족집단체로서 특별한 조직행위를 필요로 하는 것이 아니다.

② 종중 소유의 재산은 그 관리 및 처분에 관하여 먼저 종중 규약에 정하는 바가 있으면 이에 따라야 하고, 그 점에 관한 규약이 없으면 종중총회의 결의에 의하여야 하므로 종중 대표자에 의한 종중 재산의 처분이라고 하더라도 그러한 절차를 거치지 아니한 채 한 행위는 무효이다.

③ 종중 토지 매각대금의 분배는 정관 기타 규약에 달리 정함이 없는 한 종중총회의 결의에 의하여만 할 수 있고, 이러한 분배결의가 없으면 종원이 종중에 대하여 직접 분배청구를 할 수 없다.

④ 공동 선조의 자손인 성년 여자를 종중원으로 인정한 대법원 전원합의체 판결 이후에는 종중총회 개최를 위하여 남자 종중원들에게만 소집통지를 하고, 여자 종중원들에게 소집통지를 하지 않는 경우 그 종중총회에서의 결의는 효력이 없다.

⑤ 종중의 임원은 종중 재산의 관리·처분에 관한 사무를 처리함에 있어 종중 규약 또는 종중총회의 결의에 따라야 할 의무는 있으나 선량한 관리자로서의 주의를 다하여야 할 의무는 없다.

해 설 ① [○] "**고유 의미의 종중**이란 공동선조의 분묘 수호와 제사, 종원 상호 간 친목 등을 목적으로 하는 '**자연발생적인 관습상 종족집단체**'로서 특별한 조직행위를 필요로 하는 것이 아니고, 공동선조의 후손은 그 의사와 관계없이 성년이 되면 당연히 그 구성원(종원)이 되는 것이며 그중 일부 종원을 임의로 그 종원에서 배제할 수 없다. 따라서 공동선조의 후손 중 특정 범위 내의 자들만으로 구성된 종중이란 있을 수 없으므로, **만일 공동선조의 후손 중 특정 범위 내의 종원만으로 조직체를 구성하여 활동하고 있다면 이는 본래의 의미의 종중으로는 볼 수 없고, '종중 유사의 권리능력 없는 사단'이 될 수 있을 뿐이다**"(대판 2019.2.14, 2018다264628).

② [○] "종중 소유의 재산은 종중원의 총유에 속하는 것이므로 그 관리 및 처분에 관하여 먼저 종중규약에 정하는 바가 있으면 이에 따라야 하고, 그 점에 관한 종중규약이 없으면 종중총회의 결의에 의하여야 하므로, **비록 종중 대표자에 의한 종중 재산의 처분이라고 하더라도 그러한 절차를**

거치지 아니한 채 한 행위는 무효이고, 이러한 법리는 종중이 타인에게 속하는 권리를 처분하는 경우에도 적용된다"(대판 1996.8.20. 96다18656).

③ [O] "총유물인 종중 토지 매각대금의 분배는 정관 기타 규약에 달리 정함이 없는 한 종중총회의 결의에 의하여만 처분할 수 있고 이러한 분배결의가 없으면 종원이 종중에 대하여 직접 분배청구를 할 수 없다. 따라서 종전 총회결의가 무효라는 사정만으로 곧바로 종중을 상대로 하여 스스로 공정하다고 주장하는 분배금의 지급을 구할 수는 없다"(대판 2010.9.9. 2007다42310,42327)

④ [O] "종중 총회를 개최함에 있어서는, 특별한 사정이 없는 한 족보 등에 의하여 소집통지 대상이 되는 종중원의 범위를 확정한 후 국내에 거주하고 소재가 분명하여 통지가 가능한 모든 종중원에게 개별적으로 소집통지를 함으로써 각자가 회의와 토의 및 의결에 참가할 수 있는 기회를 주어야 하므로, 일부 종중원에 대한 소집통지 없이 개최된 종중 총회에서의 결의는 그 효력이 없다. 대법원 2005. 7. 21. 선고 2002다1178 전원합의체 판결 이후에는 공동 선조의 자손인 성년 여자도 종중원이므로, 종중 총회 당시 남자 종중원들에게만 소집통지를 하고 여자 종중원들에게 소집통지를 하지 않은 경우 그 종중 총회에서의 결의는 효력이 없다"(대판 2010.2.11. 2009다83650).

⑤ [X] 종중과 위임에 유사한 계약관계에 있는 종중의 임원은 종중재산의 관리·처분에 관한 사무를 처리함에 있어 종중규약 또는 종중총회의 결의에 따라야 함은 물론 선량한 관리자로서의 주의를 다하여야 할 의무가 있다(대판 2017.10.26. 2017다231249).

[정답] ⑤

문 51 비법인사단 A의 대표자 甲의 대표행위에 관한 설명 중 옳은 것은? (다툼이 있는 경우 판례에 의함)

[변시 11회]

① 甲이 자기의 업무를 乙에게 포괄적으로 위임하고 그에 따라 乙이 포괄적 수임인으로서 행한 대행행위는 A에 대하여 그 효력이 있다.

② A가 총유재산에 관한 권리를 행사하지 아니하고 있어 A의 채권자 乙이 채권자대위권에 기하여 A의 총유재산에 관한 권리를 대위행사하는 경우, 사원총회의 결의 등 A의 내부적인 의사결정절차를 거칠 필요가 없다.

③ 甲이 A 소유 부동산에 관하여 乙과 매매계약을 체결하는 행위가 외관상·객관적으로 직무에 관한 행위로 인정될 수 있더라도 甲 자신의 개인적 이익을 도모하기 위한 것이거나 혹은 법령에 위반된 것이라면, A의 불법행위책임 요건인 직무에 관한 행위에 해당하지 않는다.

④ A 소유 부동산에 관한 乙과의 매매계약으로 A가 乙에게 소유권이전의무를 부담하는 경우, 甲이 그러한 채무의 존재를 인식하고 있다는 뜻을 표시하는 소멸시효 중단사유로서의 승인은 총유물의 관리행위나 처분행위에 해당한다.

⑤ 甲이 乙의 丙에 대한 채무를 담보하기 위하여 丙과 보증계약을 체결하면서 사원총회의 결의를 거치지 아니하였다면, 그 보증계약은 A에게 효력이 없다.

해설 ① [X] 민법은 권리능력 없는 사단의 법적 지위에 관한 규정을 두고 있지 않지만, 권리능력 없는 사단은 법인등기를 하지 않았을 뿐 법인의 실질을 갖고 있는 것이다. 따라서 사단법인에 관한 규정 중에서 법인격을 전제로 하는 것(법인등기 등)을 제외하고는 법인격 없는 사단에 유추적용해야 한다(대판 1992.10.9, 92다23087). 判例는 사원총회 결의방법(제73조 2항, 제75조 2항), 포괄위임금지 규정(제62조), 대표자의 업무집행(제40조, 제58조, 제68조), 청산인 선임(제82조), 사원권의 양도·상속금지 규정(제56조), 임시이사의 선임(제63조)(대판 2009.11.19, 전합2008마699) 등이 유추적용된다고 한다. 즉, 62조의 포괄위임금지원칙이 비법인사단 A에 유추적용되어 乙이 포괄적 수임인으로서 행한 대행행위는 A에 대해 그 효력이 없다.

② [O] "채권자대위권은 채무자가 스스로 자기의 권리를 행사하지 아니하는 때에 채권자가 채무자에 대한 채권을 보전하기 위하여 채무자의 의사와는 상관없이 채무자의 권리를 대위하여 행사할 수 있는 권리로서 그 권리행사에 채무자의 동의를 필요로 하는 것은 아니므로, 비법인사단이 총유재산에 관한 권리를 행사하지 아니하고 있어 비법인사단의 채권자가 채권자대위권에 기하여 비법인사단의 총유재산에 관한 권리를 대위행사하는 경우에는 사원총회의 결의 등 비법인사단의 내부적인 의사결정절차를 거칠 필요가 없다"(대판 2014.9.25. 2014다211336)

③ [X] "주택조합과 같은 비법인사단의 대표자가 직무에 관하여 타인에게 손해를 가한 경우 그 사단은 민법 제35조 제1항의 유추적용에 의하여 그 손해를 배상할 책임이 있으며, 비법인사단의 대표자의 행위가 대표자 개인의 사리를 도모하기 위한 것이었거나 혹은 법령의 규정에 위배된 것이었다 하더라도 외관상, 객관적으로 직무에 관한 행위라고 인정할 수 있는 것이라면 민법 제35조 1항의 직무에 관한 행위에 해당한다"(대판 2003.7.25. 2002다27088).

④ [X] 비법인사단이 총유물에 관한 매매계약을 체결하는 행위는 총유물 그 자체의 처분이 따르는 채무부담행위로서 총유물의 처분행위에 해당하나, 그 매매계약에 의하여 부담하고 있는 채무의 존재를 인식하고 있다는 뜻을 표시하는 데 불과한 소멸시효 중단사유로서의 승인은 총유물 그 자체의 관리·처분이 따르는 행위가 아니어서 총유물의 관리·처분행위라고 볼 수 없다"(대판 2009.11.26, 2009다64383).

⑤ [X] "총유물의 관리 및 처분이라 함은 총유물 그 자체에 관한 이용·개량행위나 법률적·사실적 처분행위를 의미하는 것이므로, 보증계약과 같은 단순한 채무부담행위는 총유물의 관리·처분행위라고 볼 수 없다"(대판 2007.4.19, 전합2004다60072·60089).

[정답] ②

제5절 법률행위의 무효와 취소

문 52 **甲소유의 X 토지를 무단 점유하고 있던 乙은 등기서류를 위조하여 X 토지에 관하여 자기 앞으로 소유권이전등기를 마쳤다. 乙은 2010. 10. 27. 자신이 X 토지의 소유자라고 거짓말하여 이에 속은 丙과 매매계약을 체결하고, 2010. 12. 27. 丙으로부터 매매대금 1억 원을 지급받은 다음 丙에게 X 토지에 관한 소유권이전등기를 마쳐주고 X 토지를 인도하였다. 뒤늦게 이와 같은 사실을 알게 된 甲은 2011. 9. 1. 丙을 상대로 X 토지에 관한 소유권이전등기의 말소를 구하는 소를 제기하여 2012. 3. 4. 승소판결을 받았고, 그 판결은 丙의 항소포기로 확정되었다. 다음 설명 중 옳지 않은 것은?** (다툼이 있는 경우에는 판례에 의함) [변시 2회]

① 丙은 사기에 의한 의사표시임을 이유로 乙과 체결한 매매계약을 취소하고, 乙을 상대로 위 매매대금 상당액을 부당이득으로 반환청구할 수 있다.

② 丙은 乙을 상대로 불법행위를 원인으로 한 손해배상청구를 할 수 있는데, 위 판결확정시에 X 토지의 가격이 1억 2,000만 원으로 상승하였더라도 그 가격상승분에 대해서는 손해배상청구를 할 수 없다.

③ 丙은 乙을 상대로 매도인의 담보책임을 물을 수 있고, 이때의 손해배상은 이행이익을 그 내용으로 한다.

④ 위 소에서 甲이 X 토지에 관한 인도청구를 병합한 경우, 丙이 X 토지의 객관적 가치를 높이기 위하여 비용을 지출하였고 그 이익이 현존한다면, 丙은 반소로써 甲을 상대로 유익비의 상환을 청구할 수 있다.

⑤ 甲이 2012. 4. 2. 丙을 상대로 2010. 12. 27.부터 X 토지의 인도 완료일까지 그 사용으로 얻은 부당이득의 반환을 구하는 소를 제기한 경우, 丙은 2012. 4. 2.부터 악의의 점유자로 본다.

해설 ① [○] 사기에 의한 의사표시가 성립하기 위해서는 ⅰ) 사기자의 2단의 고의, ⅱ) 기망행위(사기) ⅲ) 기망행위의 위법성, ⅳ) 기망행위와 착오 사이에 그리고 착오와 의사표시 사이에 인과관계가 존재하여야 한다(제110조).

☞ 사안에서는 위의 요건을 모두 충족하므로 丙은 사기에 의한 의사표시임을 이유로 乙과 체결한 매매계약을 취소하고, 乙을 상대로 위 매매대금 상당액을 부당이득으로 반환청구할 수 있다.

② [○] 乙은 무권리자임에도 불구하고 丙에게 마치 자신이 소유자인 것처럼 기망하여 이를 매도하고 丙으로부터 매매대금을 편취하였으므로 이는 제750조의 불법행위에 해당한다. 다만 손해배상의 범위와 관련하여 **判例**(아래 전합91다33070판결)는 **무효의 소유권이전등기를 유효한 등기로 믿고 부동산을 매수하기 위하여 출연한 금액 즉, 매매대금상당액(1억원)이라고 한다.**

"타인 소유의 토지에 관하여 매도증서, 위임장 등 등기관계서류를 위조하여 원인무효의 소유권이전등기를 경료하고 다시 이를 다른 사람에게 매도하여 순차로 소유권이전등기가 경료된 후에 토지의 진정한 소유자가 최종 매수인을 상대로 말소등기청구소송을 제기하여 그 소유자

승소의 판결이 확정된 경우 위 불법행위로 인하여 최종 매수인이 입은 손해는 무효의 소유권이전등기를 유효한 등기로 믿고 위 토지를 매수하기 위하여 출연한 금액, 즉 매매대금으로서 이는 기존이익의 상실인 적극적 손해에 해당하고, **최종 매수인은 처음부터 위 토지의 소유권을 취득하지 못한 것이어서 위 말소등기를 명하는 판결의 확정으로 비로소 위 토지의 소유권을 상실한 것이 아니므로 위 토지의 소유권상실이 그 손해가 될 수는 없다**"(대판 1992.6.23, 전합91다33070).

③ [O] 타인의 권리를 매매한 경우 매도인은 그 권리를 취득하여 매수인에게 이전하여야 하며(제569조), 매도인이 그 권리를 취득하여 매수인에게 이전할 수 없는 때에는 선의의 매수인은 계약해제권과 함께 손해배상청구권을 행사할 수 있다(제570조). 이 경우 손해배상의 범위와 관련하여 제569조가 매도인에게 권리 취득 및 이전 의무를 부과하고 있어 **타인 권리의 매매로 인한 담보책임은 채무불이행에 대한 책임이라는데 견해가 일치되어 있는바, 그 범위는 이행이익 상당액**이라고 본다(대판 1967.5.18, 전합66다2618).

관련판례 즉, 대법원은 "매도인이 매수인에 대하여 배상하여야 할 손해액은 원칙적으로 매도인이 매매의 목적이 된 권리(의 일부)를 취득하여 매수인에게 이전할 수 없게 된 때의 **이행불능이 된 권리의 시가, 즉 이행이익 상당액**"(대판 1993.1.19, 92다37727)이라고 하며, "부동산을 매수하고 소유권이전등기까지 넘겨받았지만 진정한 소유자가 제기한 등기말소청구소송에서 매도인과 매수인 앞으로 된 소유권이전등기의 말소를 명한 판결이 확정됨으로써 매도인의 소유권이전의무가 이행불능된 경우, 그 **손해배상액 산정의 기준시점은 위 판결이 확정된 때이다**"(대판 1993.4.9, 92다25946)라고 한다.

④ [O] **제203조(점유자의 상환청구권)** 「②항 점유자가 점유물을 개량하기 위하여 지출한 금액 기타 유익비에 관하여는 그 가액의 증가가 현존한 경우에 한하여 회복자의 선택에 좇아 그 지출금액이나 증가액의 상환을 청구할 수 있다.」
☞ 따라서 점유자 丙이 X 토지의 객관적 가치를 높이기 위하여 비용을 지출하였고 그 이익이 현존한다면, 丙은 반소(이 때 청구의 방법은 항변, 별소, 반소 등이 가능하다)로써 회복자 甲을 상대로 유익비의 상환을 청구할 수 있다.

⑤ [X] 점유자는 선의로 점유한 것으로 추정된다(제197조 1항). 그런데 선의의 점유자라도 본권에 관한 소에서 패소한 경우, 그 소가 제기된 때부터 악의의 점유자로 간주된다(제197조 2항). 여기서 '본권에 관한 소'에는 소유권에 기하여 점유물의 인도나 명도를 구하는 소송은 물론, 부당점유자를 상대로 점유로 인한 부당이득의 반환을 구하는 소송도 포함된다(대판 2002.11.22, 2001다6213)(민법 제749조 2항에서의 '그 소'라 함은 부당이득을 이유로 그 반환을 구하는 소를 가리킨다는 점에서 민법 제197조 2항의 '본권에 관한 소'와 다르다).
☞ 따라서 丙은 甲의 X토지에 관한 소유권이전등기의 말소를 구하는 소에서 패소하였으므로, '소가 제기된 때'인 2011. 9. 1.부터 악의의 점유자로 간주된다.

관련판례 "원고가 이 사건 토지는 원고의 소유이고 피고명의의 소유권이전등기는 원인무효의 등기라 하여 피고를 상대로 1979.9.8 이사건 토지에 관한 피고명의의 **소유권이전등기의 말소청구소송을 제기한 끝에 그 소송사건이 피고의 패소로 확정되었다면 피고는 민법 제197조 제2항의 규정에 의하여 원고의 위의 소유권이전등기말소 청구소송제기시인 1979.9.8부터는 이 사건 토지에 대한 악의의 점유자로 간주된다** 할 것이니 원심이 같은 취지에서 피고에 대하여 위 말소청구소송제기 및 이후로서 원고가 구하는 1980.7.1부터 이 사건 토지의 점유로 인한 부당이득의 반환을 명한 조처는 정당하다"(대판 1987.1.20, 86다카1372).

[정답] ⑤

문 53 무효행위와 무권대리의 추인에 관한 설명 중 옳지 않은 것을 모두 고른 것은?(다툼이 있는 경우 판례에 의함) [변시 3회]

ㄱ. 무권대리행위의 추인의 의사표시를 무권대리인에게 한 경우, 상대방은 추인이 있었음을 알지 못하였다고 하더라도 철회할 수 없다.
ㄴ. 타인의 생명보험에서 보험계약 체결시 피보험자가 서면으로 동의의 의사표시를 하지 아니하였다면 그 보험계약은 무효이지만, 피보험자가 그 보험계약을 추인한 경우에는 그때부터 유효하게 된다.
ㄷ. 종중을 대표할 권한 없는 자가 종중을 대표하여 한 소송행위는 효력이 없으나 나중에 종중이 총회의결에 따라 위 소송행위를 추인하면 그 행위시로 소급하여 유효하게 되며, 이 경우 무권대리행위에 대한 추인의 경우에 있어 배타적 권리를 취득한 제3자에 대하여 그 추인의 소급효를 제한하고 있는 민법 제133조 단서의 규정은 적용될 여지가 없다.
ㄹ. 무권대리행위의 추인은 무권대리인 또는 무권대리행위의 직접 상대방에게는 할 수 있지만, 그 무권대리행위로 인한 권리 또는 법률관계의 승계인에 대하여는 할 수 없다.
ㅁ. 취득시효 완성 당시 부동산 소유자 甲이 그 완성 사실을 알면서 그 부동산을 제3자 乙에게 처분하였고 乙 역시 이러한 사정을 알면서 위 처분행위에 적극 가담한 경우 乙 명의로 경료된 등기는 甲이 그 처분행위를 추인하여도 무효이다.

① ㄱ, ㄴ, ㄹ ② ㄱ, ㄷ, ㅁ
③ ㄱ, ㄹ, ㅁ ④ ㄴ, ㄷ, ㄹ
⑤ ㄴ, ㄷ, ㅁ

해설 ㄱ. [×] **제132조(추인, 거절의 상대방)** 「추인 또는 거절의 의사표시는 상대방에 대하여 하지 아니하면 그 상대방에 대항하지 못한다. 그러나 상대방이 그 사실을 안 때에는 그러하지 아니하다.」
제134조(상대방의 철회권) 「대리권 없는 자가 한 계약은 본인의 추인이 있을 때까지 상대방은 본인이나 그 대리인에 대하여 이를 철회할 수 있다. 그러나 계약당시에 상대방이 대리권 없음을 안 때에는 그러하지 아니하다.」
"민법 제132조는 본인이 무권대리인에게 무권대리행위를 추인한 경우에 상대방이 이를 알지 못하는 동안에는 본인은 상대방에게 추인의 효과를 주장하지 못한다는 취지이므로 상대방은 그때까지 민법 제134조에 의한 철회를 할 수 있고, 또 무권대리인에의 추인이 있었음을 주장할 수도 있다"(대판 1981.4.14. 80다2314).

ㄴ. [×] "상법 제731조 제1항에 의하면 타인의 생명보험에서 피보험자가 서면으로 동의의 의사표시를 하여야 하는 시점은 '보험계약 체결시까지'이고, **이는 강행규정으로서 이를 위반한 보험계약은 무효이므로,** 타인의 생명보험계약 성립 당시 피보험자의 서면동의가 없다면 그 보험계약은 확정적으로 무효가 되고, 피보험자가 이미 무효가 된 보험계약을 추인하였다고 하더라도 그 보험계약이 유효로 될 수 없다"(대판 2010.2.11. 2009다74007)

☞ 무효인 법률행위는 추인하여도 그 효력이 생기지 아니한다. 그러나 당사자가 그 무효임을 알고 추인한 때에는 새로운 법률행위로 본다(제139조). 그러나 사회질서에 반하는 법률행위(제103조 · 제104조)(ㅁ.판례 참고)나 강행규정 위반(제105조)의 경우(ㄴ.판례 참고)에는 추인에 의하여 유효로 될 수 없다.

ㄷ. [O] **민사소송법 제60조(소송능력 등의 흠과 추인)** 「소송능력, 법정대리권 또는 소송행위에 필요한 권한의 수여에 흠이 있는 사람이 소송행위를 한 뒤에 보정된 당사자나 법정대리인이 이를 추인한 경우에는, 그 소송행위는 이를 한 때에 소급하여 효력이 생긴다.」
"종중을 대표할 권한 없는 자가 종중을 대표하여 한 소송행위는 그 효력이 없으나 나중에 종중이 총회결의에 따라 위 소송행위를 추인하면 그 행위시로 소급하여 유효하게 되며 이 경우 민법 제133조 단서의 규정은 무권대리행위에 대한 추인의 경우에 있어 배타적 권리를 취득한 제3자에 대하여 그 추인의 소급효를 제한하고 있는 것으로서 위와 같은 하자있는 소송행위에 대한 추인의 경우에는 적용될 여지가 없는 것이다"(대판 1991.11.8. 91다25383)
☞ 대리권한의 존재는 소송행위의 유효요건이므로 권한없는 자의 소송행위는 무효이다. 다만, 무효인 소송행위도 추인할 수 있는데(민사소송법 제60조), 추인하는 경우에도 소송절차의 안정이 고려되어야 하므로 민법 제133조 단서와 같은 제3자 보호 규정은 소송행위의 추인에는 적용될 수 없다.

ㄹ. [X] "무권대리의 추인의 의사표시는 무권대리인, 무권대리 행위의 직접의 상대방 및 그 무권대리 행위로 인한 권리 또는 법률관계의 승계인에 대하여도 할 수 있다"(대판 1981.4.14. 80다2314).

ㅁ. [O] "부동산 소유자가 취득시효가 완성된 사실을 알고 그 부동산을 제3자에게 처분하여 소유권이전등기를 넘겨줌으로써 취득시효 완성을 원인으로 한 소유권이전등기의무가 이행불능에 빠지게 되어 시효취득을 주장하는 자가 손해를 입었다면 불법행위를 구성한다고 할 것이고, 부동산을 취득한 제3자가 부동산 소유자의 이와 같은 불법행위에 적극 가담하였다면 이는 사회질서에 반하는 행위로서 무효라고 할 것이다. 이와 같이 취득시효 완성 후 경료된 무효인 제3자 명의의 등기에 대하여 시효완성 당시의 소유자가 무효행위를 추인하여도 그 제3자 명의의 등기는 그 소유자의 불법행위에 제3자가 적극 가담하여 경료된 것으로서 사회질서에 반하여 무효이다"(대판 2002.3.15. 2001다77352)

[정답] ①

문 54 무효행위의 추인에 관한 설명 중 옳은 것을 모두 고른 것은? (다툼이 있는 경우 판례에 의함) [변시 8회]

ㄱ. 무권대리행위의 추인은 무권대리인 또는 상대방의 동의나 승낙을 요하지 않는 단독행위로서 무권대리행위 전부에 대하여 행해져야 하지만, 상대방의 동의를 얻은 경우에는 무권대리행위 일부에 대하여 추인을 하거나 그 내용을 변경하여 추인하는 것도 유효하다.

ㄴ. 무권리자의 처분행위에 대하여 권리자가 추인하는 경우에는 그 처분행위의 효력이 권리자에게 미치므로, 권리자는 무권리자에 대하여 무권리자가 그 처분행위로 인하여 얻은 이득의 반환을 구할 수 없다.

ㄷ. 매매계약이 「민법」 제104조 소정의 '불공정한 법률행위'로 무효가 되더라도 그 당사자가 그 계약에 관한 부제소합의를 한 경우에는 무효행위의 추인에 해당하여 특별한 사정이 없는 한 위 매매계약 체결 시부터 그 매매계약은 유효하게 된다.

ㄹ. 부동산 소유자가 취득시효가 완성된 사실을 알고서 그 부동산을 제3자에게 처분하여 소유권이전등기를 마쳐주었는데, 그 부동산을 취득한 제3자가 부동산 소유자의 이와 같은 불법행위에 적극 가담하여 위 처분행위 및 제3자 명의의 등기가 무효인 경우, 시효완성 당시의 소유자가 그 무효행위를 추인하여도 그 제3자 명의의 등기는 무효이다.

① ㄱ, ㄴ
② ㄱ, ㄷ
③ ㄱ, ㄹ
④ ㄴ, ㄷ
⑤ ㄱ, ㄴ, ㄷ

해 설 ㄱ. [O] ※ 무권대리행위의 일부 추인

"무권대리행위의 추인은 무권대리인에 의하여 행하여진 불확정한 행위에 관하여 그 행위의 효과를 자기에게 직접 발생케 하는 것을 목적으로 하는 의사표시이며, 무권대리인 또는 상대방의 동의나 승락을 요하지 않는 단독행위로서 추인은 의사표시의 전부에 대하여 행하여져야 하고, 그 일부에 대하여 추인을 하거나 그 내용을 변경하여 추인을 하였을 경우에는 상대방의 동의를 얻지 못하는 한 무효이다"(대판 1982.1.26. 81다카549).

ㄴ. [X] ※ 추인 이후 권리자의 무권리자에 대한 부당이득 반환청구권

권리자가 무권리자의 처분행위를 추인하더라도 이는 원래 무효이었던 처분행위를 유효하게 하여 처분행위의 상대방으로 하여금 권리를 취득하게 하는 것일 뿐, 무권리자가 권리자에 대하여 처분을 통해 받은 이익을 보유할 정당한 권원까지 부여한다고 볼 수는 없다. 따라서 권리자는 무권리자를 상대로 부당이득반환청구권을 행사할 수 있다. 이 경우 권리자의 손해는 추인 당시의 목적물의 시가 상당액이고, 무권리자의 이득은 처분대가 상당액이라고 할 것인바, 권리자는 자기의 손해를 한도로 하여 무권리자가 받은 이득의 반환을 청구할 수 있다(대판 2001.11.9. 2001다44291)

비교쟁점 불법행위로 인한 손해배상청구권(소극)
권리자는 무권리자에 대하여 불법행위를 원인으로 하여 권리의 상실에 대한 손해배상을 청구할 수는 없다. 권리자가 권리를 잃은 것은 자신이 무권리자의 처분행위를 추인함으로 인한 것이기 때문이다.

ㄷ. [X] ※ 불공정한 법률행위에 대한 부제소합의 효력
"매매계약과 같은 쌍무계약이 급부와 반대급부와의 불균형으로 말미암아 민법 제104조에서 정하는 **'불공정한 법률행위'에 해당하여 무효라고 한다면,** 그 계약으로 인하여 불이익을 입는 당사자로 하여금 위와 같은 **불공정성을 소송 등 사법적 구제수단을 통하여 주장하지 못하도록 하는 부제소합의 역시 다른 특별한 사정이 없는 한 무효이다**"(대판 2010.7.15, 2009다50308).

ㄹ. [O] ※ 반사회질서적 법률행위에 대한 추인
"부동산 소유자가 취득시효가 완성된 사실을 알고 그 부동산을 제3자에게 처분하여 소유권이전등기를 넘겨줌으로써 취득시효 완성을 원인으로 한 소유권이전등기의무가 이행불능에 빠지게 되어 시효취득을 주장하는 자가 손해를 입었다면 불법행위를 구성한다고 할 것이고, 부동산을 취득한 **제3자가 부동산 소유자의 이와 같은 불법행위에 적극 가담하였다면** 이는 **사회질서에 반하는 행위로서 무효**라고 할 것이다. 취득시효 완성 후 경료된 무효인 제3자 명의의 등기에 대하여 **시효완성 당시의 소유자가 무효행위를 추인하여도 그 제3자 명의의 등기는 그 소유자의 불법행위에 제3자가 적극 가담하여 경료된 것으로서 사회질서에 반하여 무효이다**"(대판 2002.3.15, 2001다77352,77369).
☞ 사회질서에 반하는 법률행위(제103조 · 제104조)나 강행규정 위반(제105조)의 경우와 같은 **'절대적 무효'**의 경우에는 추인에 의하여 유효로 될 수 없다.

[정답] ③

문 55 법률행위의 무효에 관한 설명 중 옳지 않은 것은? (다툼이 있는 경우에는 판례에 의함) [변시 2회]

① 이미 법률행위가 취소된 경우라도 무효행위의 추인의 요건에 따라 추인할 수 있다.
② 무효인 입양행위라도 그 내용에 맞는 신분관계가 실질적으로 형성되어 당사자 쌍방이 이의 없이 그 신분관계를 계속하여 왔다면 추인의 소급효가 인정될 수 있다.
③ 무효인 가등기를 유효한 등기로 전용하기로 약정하였더라도 그 가등기가 소급하여 유효한 등기로 되지는 않는다.
④ 매매계약이 불공정한 법률행위에 해당하여 무효라고 하더라도, 특별한 사정이 없는 한 그 계약에 관한 부제소합의까지 무효로 되는 것은 아니다.
⑤ 상속재산 전부를 상속인 중 1인에게 상속시킬 방편으로 나머지 상속인들 전원이 상속포기신고를 하였으나, 그 상속포기가 민법 제1019조 제1항의 기간을 도과한 후에 신고된 것이어서 상속포기로서의 효력이 없는 경우에도 상속재산협의분할로서의 효력은 인정될 수 있다.

해 설 ① [O] "**취소한 법률행위는 처음부터 무효인 것으로 간주되므로,** 취소할 수 있는 법률행위가 일단 취소된 이상 그 후에는 취소할 수 있는 법률행위의 추인에 의하여 이미 취소되어 무효인 것으로 간주된 **당초의 의사표시를 다시 확정적으로 유효하게 할 수는 없고, 다만 무효인 법률행위의 추인의 요건과 효력으로서 추인할 수는 있으나,** 무효행위의 추인은 그 무효원인이 소멸한 후에 하여야 그 효력이 있으므로, 강박에 의한 의사표시임을 이유로 일단 유효하게 취소되어 당초의 의사표시가 무효로 된 후에 추인한 경우, 그 추인이 효력을 가지기 위하여는 그 무효원인이 소멸한 후일 것을 요한다고 할 것인데, 그 무효원인이란 바로 위 의사표시의 취소사유라 할 것이므로 결국 무효원인이 소멸한 후란 것은 당초의 의사표시의 성립과정에 존재하였던 취소의 원인이 종료된 후, 즉 강박상태에서 벗어난 후라고 보아야 한다"(대판 1997.12.12, 95다38240).

② [O] 무효행위의 추인에는 원칙적으로 소급효가 없다. 즉 추인한 때부터 새로운 법률행위를 한 것으로 간주될 뿐이다(제139조). 그러나 判例는 입양 등의 '**신분행위의 경우**'에 대체행위로서의 유효요건을 갖추지 못하여 무효행위의 전환이 인정되지 않더라도(제138조 참조), 그 내용에 맞는 신분관계가 실질적으로 형성되어 당사자 쌍방이 이의 없이 그 신분관계를 계속하여 왔다면 '**소급적으로' 무효행위의 추인을 인정**한다(아래 99므1633,1640판결).

관련판례 "친생자 출생신고 당시 입양의 실질적 요건을 갖추지 못하여 입양신고로서의 효력이 생기지 아니하였더라도 그 후에 '**입양의 실질적 요건을 갖추게 된 경우**'에는 무효인 친생자 출생신고는 '**소급적으로**' 입양신고로서의 효력을 갖게 된다. 다만 당사자 간에 무효인 신고행위에 상응하는 신분관계가 실질적으로 형성되어 있지 아니한 경우에는 무효인 신분행위에 대한 추인의 의사표시만으로 그 무효행위의 효력을 인정할 수 없다"(대판 2000.6.9, 99므1633 등).

③ [O] 무효행위의 추인에는 원칙적으로 소급효가 없다. 즉 추인한 때부터 새로운 법률행위를 한 것으로 간주될 뿐이다(제139조). 따라서 判例는 무효인 가등기를 유효한 등기로 전용키로 한 약정도 그 때부터 유효하고 이로써 가등기가 소급하여 유효한 등기로 전환될 수 없다고 한다(대판 1992.5.12, 91다26546).

④ [X] "매매계약과 같은 쌍무계약이 급부와 반대급부와의 불균형으로 말미암아 민법 제104조에서 정하는 '불공정한 법률행위'에 해당하여 무효라고 한다면, 그 계약으로 인하여 불이익을 입는 당사자로 하여금 위와 같은 불공정성을 소송 등 사법적 구제수단을 통하여 주장하지 못하도록 하는 **부제소합의 역시 다른 특별한 사정이 없는 한 무효이다**"(대판 2010.7.15, 2009다50308).

⑤ [O] 判例는 제138조의 무효행위의 전환과 관련하여 상속인 중 일부의 상속포기가 무효인 경우에 상속재산의 협의분할로 전환되어 그 효력이 인정될 수 있다고 한다(아래 88누9305판결).

관련판례 "상속재산 전부를 상속인 중 1인(乙)에게 상속시킬 방편으로 그 나머지 상속인들이 상속포기신고를 하였으나 그 상속포기가 민법 제1019조 제1항 소정의 기간을 초과한 후에 신고된 것이어서 상속포기로서의 효력이 없더라도 乙과 나머지 상속인들 사이에는 乙이 고유의 상속분을 초과하여 상속재산 전부를 취득하고 나머지 상속인들은 그 상속재산을 전혀 취득하지 않기로 하는 의사의 합치가 있었다고 할 것이므로 그들 사이에 위와 같은 내용의 상속재산의 협의분할이 이루어진 것이라고 보아야 하고 공동상속인 상호 간에 상속재산에 관하여 협의분할이 이루어짐으로써 공동상속인 중 1인이 고유의 상속분을 초과하여 상속재산을 취득하는 것은 상속개시당시에 피상속인으로부터 상속에 의하여 직접 취득한 것으로 보아야 한다"(대판 1989.9.12, 88누9305).

[정답] ④

문 56 법률행위의 무효·취소에 관한 설명 중 옳지 않은 것은? (다툼이 있는 경우 판례에 의함) [변시 6회]

① 미성년자가 법정대리인의 동의 없이 한 법률행위를 법정대리인이 적법하게 추인한 이후에는 그 미성년자는 자신의 법률행위를 취소할 수 없다.

② 강박에 의한 의사표시임을 이유로 의사표시를 적법하게 취소한 표의자는 강박상태에서 벗어난 후 이미 취소된 의사표시를 무효행위 추인의 요건을 갖추어 추인할 수 있다.

③ 불공정한 법률행위는 절대적 무효이므로 무효행위의 전환이 인정되지 않는다.

④ 「국토의 계획 및 이용에 관한 법률」의 토지거래허가구역 내의 토지에 대하여 관할 관청의 허가 없이 체결된 매매계약이 확정적으로 무효인 경우가 아니라면 그 매매계약의 일방 당사자는 상대방 당사자에게 공동으로 관할 관청의 허가를 신청하기 위해 필요한 협력의무의 이행을 요구할 수 있다.

⑤ 甲이 乙을 강박하여 乙 소유 건물을 매수한 후 이를 다시 이런 사정을 잘 아는 丙에게 매도한 경우, 乙이 강박을 이유로 매매계약을 취소하려면 丙이 아니라 甲에게 취소의 의사표시를 해야 한다.

해설 ① [○] 취소할 수 있는 법률행위의 추인이란 취소할 수 있는 법률행위를 취소하지 않겠다는 확정적인 의사표시, 즉 취소권의 포기이다(제143조, 제144조). 따라서 더 이상 취소할 수 없고 확정적으로 유효로 된다.

② [○] "취소한 법률행위는 처음부터 무효인 것으로 간주되므로, 취소할 수 있는 법률행위가 일단 취소된 이상 그 후에는 취소할 수 있는 법률행위의 추인에 의하여 이미 취소되어 무효인 것으로 간주된 당초의 의사표시를 다시 확정적으로 유효하게 할 수는 없고, 다만 무효인 법률행위의 추인의 요건과 효력으로서 추인할 수는 있으나, 무효행위의 추인은 그 무효원인이 소멸한 후에 하여야 그 효력이 있으므로, **강박에 의한 의사표시임을 이유로 일단 유효하게 취소되어 당초의 의사표시가 무효로 된 후에 추인한 경우, 그 추인이 효력을 가지기 위하여는 그 무효원인이 소멸한 후일 것을 요한다**고 할 것인데, 그 무효원인이란 바로 위 의사표시의 취소사유라 할 것이므로 결국 **무효원인이 소멸한 후란 것은 당초의 의사표시의 성립과정에 존재하였던 취소의 원인이 종료된 후, 즉 강박상태에서 벗어난 후라고 보아야 한다**"(대판 1997.12.12, 95다38240)

③ [×] "매매계약이 약정된 매매대금의 과다로 말미암아 민법 제104조에서 정하는 '불공정한 법률행위'에 해당하여 무효인 경우에도 무효행위의 전환에 관한 민법 제138조가 적용될 수 있다. 따라서 당사자 쌍방이 위와 같은 무효를 알았더라면 대금을 다른 액으로 정하여 매매계약에 합의하였을 것이라고 예외적으로 인정되는 경우에는, 그 대금액을 내용으로 하는 매매계약이 유효하게 성립한다"(대판 2010.7.15. 2009다50308)

判例는 매매대금의 과다로 말미암아 불공정한 법률행위에 해당하는 매매계약에 대해서, 선행하는 조정절차에서 제시된 금액을 기준으로 당사자의 '가정적 의사'를 추론하여 그 매매대금을 '적정한 금액'으로 감액하여 매매계약의 유효성을 인정하였다. 즉, **제104조에 해당하여 무효인 경우에도 제138조**(무효행위의 전환)**가 적용될 수 있다고 한다**(대판 2010.7.15, 2009다50308).

④ [○] "규제지역 내의 토지에 대하여 거래계약이 체결된 경우에 계약을 체결한 당사자 사이에 있어서는 그 계약이 효력 있는 것으로 완성될 수 있도록 서로 협력할 의무가 있음이 당연하므

로, 계약의 쌍방 당사자는 공동으로 관할 관청의 허가를 신청할 의무가 있고, 이러한 의무에 위배하여 허가신청절차에 협력하지 않는 당사자에 대하여 상대방은 협력의무의 이행을 소송으로써 구할 이익이 있다"(대판 1991.12.24. 전합90다12243).

⑤ [O] 취소권은 형성권이므로 단독의 일방적 의사표시에 의한다. **법률행위의 상대방이 확정되어 있는 경우에는 상대방에 대한 의사표시로써 한다**(제142조). 그러므로 상대방이 그 권리를 제3자에게 양도한 경우 취소의 의사표시는 제3자가 아닌 원래의 상대방에게 하여야 한다.

[정답] ③

문 57 법률행위의 무효에 관한 설명 중 옳지 않은 것은? (다툼이 있는 경우 판례에 의함) [변시 12회]

① 불공정한 법률행위에 해당하여 무효인 법률행위는 추인에 의하여 유효로 될 수 없다.
② 법인 아닌 사단의 총회에서 회의 소집 통지에 목적 사항으로 기재하지 않은 사항에 관하여 결의한 경우, 구성원 전원이 회의에 참석하여 해당 사항에 관하여 의결하였더라도 그 결의는 효력이 없다.
③ 증여계약과 같이 아무런 대가관계 없이 당사자 일방이 상대방에게 일방적인 급부를 하는 법률행위는 불공정한 법률행위의 해당 여부를 논의할 수 있는 성질의 것이 아니다.
④ 양도소득세의 일부를 회피할 목적으로 매매계약서에 실제로 거래한 가액을 매매대금으로 기재하지 아니하고 그보다 낮은 금액을 매매대금으로 기재하였더라도 그 매매계약을 사회질서에 반하는 법률행위로서 무효라고 할 수는 없다.
⑤ 「부동산 거래신고 등에 관한 법률」상 토지거래허가구역 내의 토지에 대하여 토지거래허가 없이 매매계약이 체결되어 유동적 무효 상태에 있던 중, 토지거래허가구역이 지정해제 되었다면 그 매매계약은 확정적으로 유효로 된다.

해 설 ① [O] **제139조(무효행위의 추인)** 「무효인 법률행위는 추인하여도 그 효력이 생기지 아니한다. 그러나 당사자가 그 무효임을 알고 추인한 때에는 새로운 법률행위로 본다.」
☞ 불공정한 법률행위는 절대적, 확정적 무효이다(제104조). 따라서 제139조의 추인에 의해서도 그 법률행위가 유효로 될 수 없다(대판 1994.6.24. 94다10900).

② [X] 법인의 사원총회는 '정관에 다른 규정이 없으면' 통지한 사항에 관하여만 결의할 수 있는데(제72조), "법인격을 전제로 하지 아니하는 민법 규정들은 원칙적으로 법인 아닌 사단의 경우에도 유추적용되므로, 법인 아닌 사단의 총회에서 회의 소집 통지에 목적 사항으로 기재하지 않은 사항에 관하여 결의한 때에는 **구성원 전원이 회의에 참석하여 그 사항에 의하여 의결한 경우가 아닌 한** 그 결의는 원칙적으로 무효다"(대판 2015.2.16. 2011다101155).

③ [O] 判例는 "기부행위(증여계약)와 같이 아무런 대가관계 없이 일방이 상대방에게 일방적인 급부를 하는 법률행위는 그 공정성 여부를 논의할 수 있는 성질의 법률행위가 아니다"(대판

2000.2.11. 99다56833)라고 판시함으로써 편무 · 무상계약은 '원칙적'으로 제104조가 적용되지 않는다는 입장이다.

④ [O] 범죄행위에 해당한다고 하여 모두 반사회적 법률행위에 해당하는 것은 아니다. 예컨대 세금포탈, 강제집행 면탈 목적인 경우에 그 자체로 반사회적 법률행위에 해당하는 것은 아니다. 즉, 양도소득세의 일부를 회피할 '목적'으로 매매계약서에 실제로 거래한 가액을 매매대금으로 기재하지 아니하고 그보다 낮은 금액을 매매대금으로 기재한 경우에도 제103조 위반은 아니다(대판 2007.6.14. 2007다3285).

⑤ [O] "구 국토이용관리법(현재는 '부동산 거래신고 등에 관한 법률'로 변경되었다)상 토지거래허가구역으로 지정된 토지에 대한 거래계약이 유동적 무효인 상태에서 그 토지에 대한 토지거래허가구역 지정이 해제되거나 허가구역 지정기간이 만료되었음에도 허가구역 재지정을 하지 아니한 경우, 그 토지거래계약은 확정적으로 유효로 된다"(대판 1999.6.17. 전합98다40459).

[정답] ②

문 58 **甲과 乙은 2010. 1. 7. 「국토의 계획 및 이용에 관한 법률」상 토지거래허가구역 내에 있는 甲의 X 토지를 乙에게 매도하는 매매계약을 체결하면서 "甲과 乙은 2010. 2. 7.까지 토지거래허가를 받는다. 乙은 甲에게 계약 당일 계약금을, 2010. 3. 7. 중도금을, 2010. 5. 7. 잔금을 지급한다. 甲은 乙로부터 잔금을 지급받음과 동시에 乙 앞으로 X 토지에 관한 소유권이전등기를 마친다."라는 내용의 약정을 하였다. 이 약정에 따라 乙은 계약 당일 甲에게 계약금을 지급하였다. 다음 설명 중 옳지 않은 것은?** (각 지문은 독립적이며, 다툼이 있는 경우 판례에 의함) [변시 5회]

① 甲과 乙이 토지거래허가를 신청하여 관할관청으로부터 토지거래허가를 받은 후에도 甲은 乙이 중도금지급채무의 이행에 착수하기 전에 乙로부터 지급받은 계약금의 배액을 乙에게 지급하고 매매계약을 해제할 수 있다.

② 甲과 乙이 2010. 2. 7.까지 토지거래허가를 받지 못하였다고 하더라도, 약정된 기간 내에 토지거래허가를 받지 못할 경우 계약해제 등의 절차 없이 곧바로 당해 매매계약을 무효로 하기로 약정하였다는 등의 특별한 사정이 없는 한, 매매계약이 확정적으로 무효가 되는 것은 아니다.

③ 매매계약이 乙의 사기에 의해 체결된 경우라도, 甲은 토지거래허가를 신청하기 전 단계에서는 乙의 사기를 이유로 매매계약의 취소를 주장하여 매매계약을 확정적으로 무효화시킬 수 없다.

④ 甲은 토지거래허가를 받기 전에는 乙이 중도금을 2010. 3. 7.이 도과할 때까지 지급하지 않았다 하더라도 이를 이유로 매매계약을 해제할 수 없다.

⑤ 甲과 乙은 상대방에 대하여 공동으로 관할관청의 허가를 신청할 의무를 부담한다. 만일 甲이 이러한 의무에 위배하여 허가신청절차에 협력하지 않으면 乙은 甲에 대하여 협력의무의 이행을 소송으로써 구할 이익이 있다.

해설 ① [○] "국토의 계획 및 이용에 관한 법률에 정한 토지거래계약에 관한 허가구역으로 지정된 구역 안에 위치한 토지에 관하여 매매계약이 체결된 경우 당사자는 그 매매계약이 효력이 있는 것으로 완성될 수 있도록 서로 협력할 의무가 있지만, 이러한 의무는 그 매매계약의 효력으로서 발생하는 매도인의 재산권이전의무나 매수인의 대금지급의무와는 달리 신의칙상의 의무에 해당하는 것이어서 당사자 쌍방이 위 협력의무에 기초해 토지거래허가신청을 하고 이에 따라 관할관청으로부터 그 허가를 받았다 하더라도, 아직 그 단계에서는 당사자 쌍방 모두 매매계약의 효력으로서 발생하는 의무를 이행하였거나 이행에 착수하였다고 할 수 없을 뿐만 아니라, 그 단계에서 매매계약에 대한 이행의 착수가 있다고 보아 민법 제565조의 규정에 의한 해제권 행사를 부정하게 되면 당사자 쌍방 모두에게 해제권의 행사 기한을 부당하게 단축시키는 결과를 가져올 수도 있다. 그러므로 국토의 계획 및 이용에 관한 법률에 정한 토지거래계약에 관한 허가구역으로 지정된 구역 안의 토지에 관하여 매매계약이 체결된 후 계약금만 수수한 상태에서 당사자가 토지거래허가신청을 하고 이에 따라 관할관청으로부터 그 허가를 받았다 하더라도, 그러한 사정만으로는 아직 이행의 착수가 있다고 볼 수 없어 매도인으로서는 제565조에 의하여 계약금의 배액을 상환하여 매매계약을 해제할 수 있다"(대판 2009.4.23. 2008다62427).

☞ 乙은 계약금을 지급하였고 甲과 乙간에는 다른 약정이 없으므로 당사자 일방이 이행에 착수할 때까지는 해약금에 기한 해제를 할 수 있다. 判例는 토지거래허가구역내의 부동산매매에 있어 관할관청으로부터 허가를 받았더라도 이는 이행의 착수로 보지 않으므로 甲은 토지거래허가를 받은 후에도 乙이 이행에 착수하기 전이라면 계약금의 배액을 지급하고 해제할 수 있다.

② [○] "유동적 무효 상태에 있는, 토지거래허가구역 내 토지에 관한 매매계약에서 계약의 쌍방 당사자는 공동허가신청절차에 협력할 의무가 있고, 이러한 의무에 위배하여 허가신청절차에 협력하지 않는 당사자에 대하여 상대방은 협력의무의 이행을 소구할 수도 있다. 그러므로 매매계약 체결 당시 일정한 기간 안에 토지거래허가를 받기로 약정하였다고 하더라도, 그 약정된 기간 내에 토지거래허가를 받지 못할 경우 계약해제 등의 절차 없이 곧바로 매매계약을 무효로 하기로 약정한 취지라는 등의 특별한 사정이 없는 한, 이를 쌍무계약에서 이행기를 정한 것과 달리 볼 것이 아니므로 위 약정기간이 경과하였다는 사정만으로 곧바로 매매계약이 확정적으로 무효가 된다고 할 수 없다"(대판 2009.4.23. 2008다50615)

③ [×] "국토이용관리법상 규제구역 내에 속하는 토지거래에 관하여 관할 도지사로부터 거래허가를 받지 아니한 거래계약은 처음부터 위 허가를 배제하거나 잠탈하는 내용의 계약이 아닌 한 허가를 받기까지는 유동적 무효의 상태에 있고 거래 당사자는 거래허가를 받기 위하여 서로 협력할 의무가 있으나, 그 토지거래가 계약 당사자의 표시와 불일치한 의사(비진의표시, 허위표시 또는 착오) 또는 사기, 강박과 같은 하자 있는 의사에 의하여 이루어진 경우에는, 이들 사유에 의하여 그 거래의 무효 또는 취소를 주장할 수 있는 당사자는 그러한 거래허가를 신청하기 전 단계에서 이러한 사유를 주장하여 거래허가신청 협력에 대한 거절의사를 일방적으로 명백히 함으로써 그 계약을 확정적으로 무효화시키고 자신의 거래허가절차에 협력할 의무를 면할 수 있다"(대판 1997.11.14. 97다36118)

☞ 유동적 무효상태에서도 별도의 무효 또는 취소사유가 있다면 이를 주장하여 확정적으로 무효화시킬 수 있다(무효와 취소의 이중효).

④ [○] "국토이용관리법상 토지거래허가구역 내에 있는 토지에 관하여 소유권 등 권리를 이전 또는 설정하는 내용의 거래계약은 관할 시장 · 군수 또는 구청장의 허가를 받아야만 효력이 발생하고 허가를 받기 전에는 물권적 효력은 물론 채권적 효력도 발생하지 아니하여 무효라고 보아야 할 것이므로, 따라서 허가받을 것을 전제로 하는 거래계약은 허가를 받을 때까지는 법률상 미완성의 법률행

위로서 소유권 등 권리의 이전 또는 설정에 관한 거래의 효력이 전혀 발생하지 않으나 **일단 허가를 받으면 그 계약은 소급하여 유효한** 계약이 되고, 이와 달리 불허가가 된 때에 무효로 확정되므로 허가를 받기까지는 유동적 무효의 상태에 있다고 볼 것인바, 허가를 받을 것을 전제로 한 거래계약은 **허가받기 전의 상태에서는** 거래계약의 채권적 효력도 전혀 발생하지 않으므로 권리의 이전 또는 설정에 관한 **어떠한 내용의 이행청구도 할 수 없고**, 그러한 거래계약의 당사자로서는 허가받기 전의 상태에서 상대방의 거래계약상 **채무불이행을 이유로 거래계약을 해제하거나 그로 인한 손해배상을 청구할 수 없다**"(대판 1997.7.25. 97다4357)

⑤ [O] "이러한 계약을 체결한 당사자 사이에 있어서는 그 계약이 효력있는 것으로 완성될 수 있도록 서로 협력할 의무가 있음이 당연하므로, 규제지역 내의 토지에 대하여 거래계약이 체결된 경우에 계약의 쌍방 당사자는 공동으로 관할 관청의 허가를 신청할 의무가 있고, 이러한 의무에 위배하여 허가신청절차에 협력하지 않는 당사자에 대하여 상대방은 협력의무의 이행을 소송으로써 구할 이익이 있다고 할 것이다"(대판 1991.12.24. 90다12243)
☞ 判例는 국토이용관리법상 토지거래허가구역 내에 있는 토지에 관한 거래계약에 관하여 협력의무 소구권을 인정한다.

[정답] ③

문 59 법률행위의 취소에 관한 설명 중 옳지 않은 것은? (다툼이 있는 경우에는 판례에 의함) [변시 4회]

① 제한능력자의 상대방이 제한능력자가 능력자가 된 후에 그에게 1개월 이상의 기간을 정하여 그 취소할 수 있는 행위를 추인할 것인지 여부의 확답을 촉구한 경우, 능력자로 된 사람이 그 기간 내에 확답을 발송하지 아니하면 그 행위를 추인한 것으로 본다.
② 제한능력자가 맺은 계약은 추인이 있을 때까지 상대방이 그 의사표시를 철회할 수 있지만, 상대방이 계약 당시에 제한능력자임을 알았을 경우에는 그러하지 아니하다.
③ 제한능력자의 법률행위가 취소된 경우, 제한능력자는 그 행위로 인하여 받은 이익이 현존하는 한도에서는 상환할 책임이 있다.
④ 피성년후견인이 행한 법률행위가 일상생활에 필요하고 그 대가가 과도하지 아니한 경우, 성년후견인은 이를 취소할 수 없다.
⑤ 매매계약의 당사자가 사기 또는 강박 등을 이유로 매매계약을 취소한 경우, 상대방에 대하여 채무불이행으로 인한 손해배상책임을 부담할 수 있다.

해 설 ① [O] **제15조(제한능력자의 상대방의 확답을 촉구할 권리)** 「①항 제한능력자의 상대방은 제한능력자가 능력자가 된 후에 그에게 1개월 이상의 기간을 정하여 그 취소할 수 있는 행위를 추인할 것인지 여부의 확답을 촉구할 수 있다. 능력자로 된 사람이 그 기간 내에 확답을 발송하지 아니하면 그 행위를 추인한 것으로 본다.」

② [O] **제16조(제한능력자의 상대방의 철회권과 거절권)** 「①항 제한능력자가 맺은 계약은 추인이 있을 때까지 상대방이 그 의사표시를 철회할 수 있다. 다만, 상대방이 계약 당시에 제한능력자임을 알았을 경우에는 그러하지 아니하다.」

③ [O] **제141조(취소의 효과)** 「취소된 법률행위는 처음부터 무효인 것으로 본다. 다만, 제한능력자는 그 행위로 인하여 받은 이익이 현존하는 한도에서 상환할 책임이 있다.」

④ [O] **제10조(피성년후견인의 행위와 취소)** 「①항 피성년후견인의 법률행위는 취소할 수 있다. ④ 제1항에도 불구하고 일용품의 구입 등 일상생활에 필요하고 그 대가가 과도하지 아니한 법률행위는 성년후견인이 취소할 수 없다.」

⑤ [X] 매매계약의 당사자가 사기 또는 강박 등을 이유로 매매계약을 취소한 경우 매매계약의 유효를 전제로 하는 채무불이행책임이나 담보책임은 더 이상 물을 수 없다. 다만 사기·강박이 불법행위의 요건을 갖춘 때에는 채권자는 양자를 선택적으로 행사할 수 있다(대판 1993.4.27, 92다56087 ; 대판 1980.2.26, 79다1746 등).

[정답] ⑤

문 60 법률행위의 무효와 취소에 관한 설명 중 옳은 것을 모두 고른 것은? [변시 9회]

ㄱ. 임차권양도계약과 권리금계약이 결합하여 전체가 경제적·사실적으로 일체로서 행하여져 그 계약 전부가 불가분의 관계에 있는 경우, 하나의 계약에 대한 기망 취소의 의사표시는 전체 계약에 대한 취소의 효력이 있다.
ㄴ. 무권리자의 처분 행위가 계약으로 이루어진 경우, 그에 대한 권리자의 추인에는 원칙적으로 소급효가 인정되지 않는다.
ㄷ. 무효행위의 추인은 법률행위가 무효임을 알고 그 행위의 효과를 자기에게 귀속시키도록 하는 단독행위로서 묵시적인 방법으로는 할 수 없다.
ㄹ. 토지거래허가구역 내의 토지매매가 아직 관할청의 허가를 받지 못하여 유동적 무효 상태에 있는 경우라면, 매도인은 계약금의 배액을 상환하고 매매계약을 해제할 수 없다.
ㅁ. 취소할 수 있는 법률행위가 취소되면 무효인 것으로 간주되므로 그 후 취소할 수 있는 법률행위의 추인에 의하여는 당초의 의사표시를 다시 확정적으로 유효하게 할 수 없다.

① ㄱ, ㄹ
② ㄱ, ㅁ
③ ㄴ, ㄷ
④ ㄴ, ㄹ
⑤ ㄷ, ㅁ

해 설 ㄱ. [O] ※ 권리금계약의 하자가 임대차계약이나 임차권양도계약에 미치는 영향(전부취소 사안)
점포 임차권의 양수인 甲이 양도인 乙의 기망행위(매출액을 적극적으로 과장)를 이유로 乙과 체결한 권리금계약을 각 취소(해제)한다고 주장한 사안에서, "이 사건 임차권양도계약과 권리금계약의 체결 경위, 계약 내용 등을 참작할 때, 이 사건 권리금계약은 임차권양도계약과 결합하여 그 전체가 경제적, 사실적으로 일체로서 행하여진 것으로 보아야 하고, 어느 하나의 존재 없이는 당사자가 다른 하나를 의욕하지 않았을 것으로 보이므로, 권리금계약 부분만 따로 떼어 이를 취소할 수는 없다. 따라서 원심으로서는 **권리금계약에 취소사유가 있다고 판단한 경우라면 마땅히 임차권양도계약까지도 취소하였어야** 한다"[대판 2013.5.9. 2012다115120 : 전부취소를 긍정한 사안(제137조 본문 유추적용)]고 판시하였다.

ㄴ. [×] ※ 무권리자 처분행위의 추인(소급효)
判例에 따르면 "권리자가 무권리자의 처분을 추인하면 무권대리에 대해 본인이 추인을 한 경우와 당사자들 사이의 이익상황이 유사하므로, **무권대리의 추인에 관한 제130조, 제133조 등을 무권리자의 추인에 유추 적용할 수 있다.** 따라서 무권리자의 처분이 계약으로 이루어진 경우에 권리자가 이를 추인하면 원칙적으로 그 계약의 효과가 계약을 체결했을 때에 '소급'하여 권리자에게 귀속된다고 보아야 한다"(대판 2017.6.8. 2017다3499)고 한다.

ㄷ. [×] ※ 무효행위의 묵시적 추인
"무효인 법률행위를 추인에 의하여 새로운 법률행위로 보기 위하여서는 당사자가 이전의 법률행위가 무효임을 알고 그 행위에 대하여 추인하여야 한다. 한편 **추인은 묵시적으로도 가능하나, 묵시적 추인을 인정하기 위해서는 본인이 그 행위로 처하게 된 법적 지위를 충분히 이해하고 그럼에도 진의에 기하여 그 행위의 결과가 자기에게 귀속된다는 것을 승인한 것으로 볼만한 사정이 있어야 할 것이**므로 이를 판단함에 있어서는 관계되는 여러 사정을 종합적으로 검토하여 신중하게 하여야 한다. 위와 같은 법리를 고려하면, 당사자가 이전의 법률행위가 존재함을 알고 그 유효함을 전제로 하여 이에 터 잡은 후속행위를 하였다고 해서 그것만으로 이전의 법률행위를 묵시적으로 추인하였다고 단정할 수는 없고, **묵시적 추인을 인정하기 위해서는 이전의 법률행위가 무효임을 알거나 적어도 무효임을 의심하면서도 그 행위의 효과를 자기에게 귀속시키도록 하는 의사로 후속행위를 하였음이 인정되어야** 할 것이다"(대판 2014.3.27. 2012다106607).

ㄹ. [×] ※ 유동적 무효 상태인 매매계약에 있어서 매도인이 민법 제565조 제1항에 의하여 받은 계약금의 배액을 상환하고 계약을 해제할 수 있는지 여부(적극)
"매매 당사자 일방이 계약 당시 상대방에게 계약금을 교부한 경우 당사자 사이에 다른 약정이 없는 한 당사자 일방이 계약 이행에 착수할 때까지 계약금 교부자는 이를 포기하고 계약을 해제할 수 있고, 그 상대방은 계약금의 배액을 상환하고 계약을 해제할 수 있음이 계약 일반의 법리인 이상, 특별한 사정이 없는 한 국토이용관리법상의 토지거래허가를 받지 않아 **유동적 무효 상태인 매매계약에 있어서도 당사자 사이의 매매계약은 매도인이 계약금의 배액을 상환하고 계약을 해제함으로써 적법하게 해제된다**"(대판 1997.6.27. 97다9369).

ㅁ. [○] ※ 취소된 법률행위의 추인
"**취소한 법률행위는 처음부터 무효인 것으로 간주되므로, 취소할 수 있는 법률행위가 일단 취소된 이상 그 후에는 취소할 수 있는 법률행위의 추인에 의하여 이미 취소되어 무효인 것으로 간주된 당초의 의사표시를 다시 확정적으로 유효하게 할 수는 없고, 다만 무효인 법률행위의 추인의 요건과 효력으로서 추인할 수는 있으나,** 무효행위의 추인은 그 무효원인이 소멸한 후에 하여야 그 효력이 있으므로, 강박에 의한 의사표시임을 이유로 일단 유효하게 취소되어 당초의 의사표시가 무효로 된 후에 추인한 경우, 그 추인이 효력을 가지기 위하여는 그 무효원인이 소멸한 후일 것을 요한다고 할 것인데, 그 무효원인이란 바로 위 의사표시의 취소사유라 할 것이므로 결국 무효원인이 소멸한 후란 것은 당초의 의사표시의 성립과정에 존재하였던 취소의 원인이 종료된 후, 즉 강박상태에서 벗어난 후라고 보아야 한다"(대판 1997.12.12. 95다38240).

[정답] ②

문61 법률행위의 무효에 관한 설명 중 옳은 것을 모두 고른 것은? (다툼이 있는 경우 판례에 의함) [변시 10회]

ㄱ. 「농지법」에 따른 제한을 회피하고자 「부동산 실권리자명의 등기에 관한 법률」을 위반하여 무효인 명의신탁약정에 따라 명의신탁자가 명의수탁자에게 등기를 넘겨주는 행위는, 사회질서에 반하는 행위여서 「민법」 제746조 본문의 불법원인급여에 해당되어, 명의신탁자가 명의수탁자를 상대로 진정명의의 회복을 원인으로 한 소유권이전등기를 구할 수 없다.
ㄴ. 매매계약이 약정된 매매대금의 과다로 말미암아 「민법」 제104조에서 정하는 '불공정한 법률행위'에 해당하여 무효인 경우에도 무효행위의 전환에 관한 같은 법 제138조가 적용될 수 있어, 당사자 쌍방이 위와 같은 무효를 알았더라면 대금을 다른 액으로 정하여 매매계약에 합의하였을 것이라고 예외적으로 인정되는 경우에는, 그 대금액을 내용으로 하는 매매계약이 유효하게 성립한다.
ㄷ. 무권리자가 타인의 권리를 처분한 경우에는 특별한 사정이 없는 한 권리가 이전되지 않지만 권리자가 무권리자의 처분을 추인하는 것은 허용되며, 그 경우 「민법」 제130조의 무권대리에 관한 규정 및 같은 법 제133조의 추인의 효력에 관한 규정을 유추 적용할 수 있다.
ㄹ. 다른 자의 대리인으로서 계약을 맺은 자가 그 대리권을 증명하지 못하고 또 본인의 추인을 받지 못한 경우에는 계약이 무효이기 때문에 계약의 상대방은 그 대리인에게 계약을 이행할 책임을 물을 수 없다.

① ㄱ, ㄴ ② ㄱ, ㄷ
③ ㄱ, ㄹ ④ ㄴ, ㄷ ⑤ ㄴ, ㄷ, ㄹ

해설 ㄱ. [×] "농지법에 따른 제한을 회피하고자 명의신탁을 한 사안이라고 해서 불법원인급여 규정의 적용 여부를 달리 판단할 이유는 없다. 단순한 행정명령에 불과한 농지법상의 처분명령을 이행하지 않았다고 해서 그 행위가 강행법규에 위반된다고 단정할 수도 없거니와, 그 이유만으로 처분명령 회피의 목적으로 이루어진 급여를 불법원인급여라고 할 수도 없다"(대판 2019.6.20. 전합2013다218156).

쟁점정리 "설사 법률의 금지함(강행규정)에 위반한 경우라 할지라도 그것이 선량한 풍속 기타 사회질서에 위반하지 않는 경우에는 제746조의 불법에 해당하지 않는다"(대판 1983.11.22. 83다430).

ㄴ. [○] "매매계약이 약정된 매매대금의 과다로 말미암아 민법 제104조에서 정하는 '불공정한 법률행위'에 해당하여 무효인 경우에도 무효행위의 전환에 관한 민법 제138조가 적용될 수 있다. 따라서 당사자 쌍방이 위와 같은 무효를 알았더라면 대금을 다른 액으로 정하여 매매계약에 합의하였을 것이라고 예외적으로 인정되는 경우에는, 그 대금액을 내용으로 하는 매매계약이 유효하게 성립한다"(대판 2010.7.15. 2009다50308)

☞ 判例는 매매대금의 과다로 말미암아 불공정한 법률행위에 해당하는 매매계약에 대해서, 선행하는 조정절차에서 제시된 금액을 기준으로 당사자의 '가정적 의사'를 추론하여 그 매매대금

을 '적정한 금액'으로 감액하여 매매계약의 유효성을 인정하였다. 즉, **제104조에 해당하여 무효인 경우에도 제138조**(무효행위의 전환)**가 적용될 수 있다고 한다**(대판 2010.7.15. 2009다50308).

ㄷ. [○] ※ **무권리자 처분행위의 추인(소급효)**
判例에 따르면 "권리자가 무권리자의 처분을 추인하면 무권대리에 대해 본인이 추인을 한 경우와 당사자들 사이의 이익상황이 유사하므로, **무권대리의 추인에 관한 제130조, 제133조 등을 무권리자의 추인에 유추 적용할 수 있다.** 따라서 무권리자의 처분이 계약으로 이루어진 경우에 권리자가 이를 추인하면 원칙적으로 그 계약의 효과가 계약을 체결했을 때에 **'소급'**하여 권리자에게 귀속된다고 보아야 한다"(대판 2017.6.8. 2017다3499)고 한다.

ㄹ. [×] ※ **무권대리인의 책임의 내용**
상대방의 선택에 좇아 이행 또는 손해배상의 책임을 진다(제135조 1항 ; 선택채권). "이때 상대방이 계약의 이행을 선택한 경우 무권대리인은 마치 자신이 계약의 당사자가 된 것처럼 계약에서 정한 채무를 이행할 책임을 지는 것이다. 따라서 위 계약에서 채무불이행에 대비하여 손해배상액의 예정에 관한 조항을 둔 때에는 무권대리인은 조항에서 정한 바에 따라 산정한 손해액을 지급하여야 한다. 이 경우에도 손해배상액의 예정에 관한 제398조가 적용됨은 물론이다"(대판 2018.6.28. 2018다210775).

[정답] ④

문 62 법률행위의 무효와 취소에 관한 설명 중 옳은 것은? (다툼이 있는 경우 판례에 의함) [변시 11회]

① 근로자의 기망으로 체결된 근로계약이 사용자에 의해 적법하게 취소된 경우, 이미 제공된 근로자의 노무를 기초로 형성된 취소 이전의 법률관계는 소급적으로 그 효력을 잃는다.

② 매매계약이 약정된 매매대금의 과다로 말미암아 불공정한 법률행위로서 무효인 경우, 당사자 쌍방이 무효를 알았더라면 대금을 다른 액으로 정하여 매매계약에 합의하였을 것이라고 인정되는 때에는, 그 다른 대금액을 내용으로 하는 매매계약이 유효하게 성립할 수 있다.

③ 법률행위의 취소를 당연한 전제로 한 소송상의 이행청구를 하였더라도 그 속에 취소의 의사표시가 포함되어 있다고 볼 수는 없다.

④ 취소할 수 있는 법률행위가 이미 취소되었더라도, 취소할 수 있는 법률행위의 추인에 의하여 취소된 원래의 의사표시를 다시 확정적으로 유효하게 할 수 있다.

⑤ 乙이 甲으로부터 매수한 X 부동산이 丙을 거쳐 丁에게 양도되어 丁이 이를 점유하고 있는데, 甲과 乙 사이의 매매계약이 통정허위표시로서 무효인 경우, 丙이 악의라면 丁이 선의라도 甲은 丁을 상대로 X 부동산의 인도를 청구할 수 있다.

해 설 ① [×] ※ 취소의 효과

사기 · 강박에 의한 의사표시가 취소되면, 그 의사표시를 요소로 하는 법률행위가 소급적으로 무효로 된다(제141조). 다만 최근 判例 중에는 **소급효를 제한**하여 근로계약이 사기에 의한 것으로 취소되면 이미 제공된 근로자의 노무를 기초로 형성된 취소 이전의 법률관계까지 효력을 잃는 것은 아니라고 하여 **'장래효'를 인정하기도** 한다(대판 2017.12.22. 2013다25194,25200).

② [○] ※ 무효행위전환의 법리

判例는 매매대금의 과다로 말미암아 불공정한 법률행위에 해당하는 매매계약에 대해서, 선행하는 조정절차에서 제시된 금액을 기준으로 당사자의 '가정적 의사'를 추론하여 그 매매대금을 '적정한 금액'으로 감액하여 매매계약의 유효성을 인정하였다. 즉, **제104조에 해당하여 무효인 경우에도 제138조**(무효행위의 전환)**가 적용될 수 있다고 한다**(대판 2010.7.15. 2009다50308).

③ [×] ※ 취소의 방법

判例는 "취소의 의사표시란 반드시 명시적이어야 하는 것은 아니고, 취소자가 그 착오를 이유로 자신의 법률행위의 효력을 처음부터 배제하려고 한다는 의사가 드러나면 족한 것이며, 취소원인의 진술 없이도 취소의 의사표시는 유효한 것이므로, **신원보증서류에 서명날인하는 것으로 잘못 알고 이행보증보험약정서를 읽어보지 않은 채 서명날인한 것일 뿐 연대보증약정을 한 사실이 없다는 주장은 위 연대보증약정을 착오를 이유로 취소한다는 취지로 볼 수 있다**"(대판 2005.5.27. 2004다43824)고 하여, **법률행위의 취소를 당연한 전제로 한 소송상의 이행청구나 이행거절에는 취소의 의사표시가 포함되어 있다**고 본다.

④ [×] ※ 취소 후 추인의 성격 및 효력

강박에 의한 의사표시를 이유로 취소한 후 다시 이를 추인할 수 있는지에 관해, 判例는 "취소한 법률행위는 처음부터 무효인 것으로 간주되므로, 취소할 수 있는 법률행위가 일단 취소된 이상 그 후에는 취소할 수 있는 법률행위의 추인에 의하여 이미 취소되어 무효인 것으로 간주된 당초의 의사표시를 다시 확정적으로 유효하게 할 수는 없다"(대판 1997.12.12. 95다38240)고 한다.

비교판례 다만 "무효인 법률행위의 추인의 요건과 효력으로서 추인할 수는 있으나, 무효행위의 추인은 그 무효원인이 소멸한 후에 하여야 그 효력이 있으므로, **강박에 의한 의사표시임을 이유로 일단 유효하게 취소되어 당초의 의사표시가 무효로 된 후에 추인한 경우, 그 추인이 효력을 가지기 위하여는 그 무효원인이 소멸한 후일 것을 요한다**고 할 것인데, 그 무효원인이란 바로 위 의사표시의 취소사유라 할 것이므로 결국 **무효원인이 소멸한 후란 것은 당초의 의사표시의 성립과정에 존재하였던 취소의 원인이 종료된 후, 즉 강박상태에서 벗어난 후라고 보아야 한다**"(대판 1997.12.12. 95다38240)고 한다.

⑤ [×] ※ 제3자에 대한 관계

제3자가 악의이고 전득자가 선의인 경우에는 제108조 2항에 의하여 전득자가 보호될 수 있다(대판 2013.2.15. 2012다49292). 반면, 제3자로부터의 전득자는 제3자가 선의라면 전득자는 선 · 악을 불문하고 보호되는바, 이는 제108조 2항이 문제되는 것은 아니다[선의의 제3자의 개입에 의하여 허위표시의 하자는 치유되었다고 보아야 한다(엄폐물의 법칙)].

☞ 사안의 경우, 제3자인 丙이 악의이더라도 전득자인 丁이 선의이므로, 甲은 丁을 상대로 X 부동산의 인도를 청구할 수 없다.

[정답] ②

제6절 법률행위의 부관

문 63 법률행위의 부관에 관한 설명 중 옳지 않은 것은? (다툼이 있는 경우 판례에 의함) [변시 13회]

① 법률행위의 효력 발생 또는 소멸을 장래 불확실한 사실의 발생 여부에 의존케 하려는 의사가 있더라도 외부에 표시되지 않으면 법률행위의 부관으로서의 조건이 될 수 없다.

② 어떠한 법률행위가 정지조건부 법률행위에 해당한다는 사실에 대한 증명책임은 그 법률행위로 인한 법률효과가 발생하지 않았다고 주장하는 자에게 있다.

③ '조건의 성취를 방해한 때'란 사회통념상 일방 당사자의 방해행위가 없었더라면 조건이 성취되었을 것으로 보이는 상황에서 방해행위로 인하여 조건이 성취되지 못한 경우로서, 이는 방해행위가 없었더라도 조건의 성취가능성이 현저히 낮은 경우까지 포함한다.

④ 해제조건부 증여로 인한 부동산 소유권이전등기를 마친 후 해제조건이 성취되면 그 소유권은 증여자에게 복귀되고, 이 경우 조건성취 전에 수증자가 한 처분행위는 조건성취의 효과를 제한하는 한도 내에서는 무효라고 할 것이나 그 조건이 등기되지 않았다면 그 처분행위로 인하여 권리를 취득한 제3자에게 위 무효를 주장할 수 없다.

⑤ 당사자가 불확정한 사실이 발생한 때를 이행기한으로 정한 경우에는 그 사실이 발생한 때는 물론 그 사실의 발생이 불가능하게 된 때에도 이행기한이 도래한 것으로 보아야 한다.

해 설 ① [○] 조건은 **법률행위의 부관**으로서 당해 법률행위를 구성하는 **의사표시의 일체적인 내용**을 이루는 것이므로, "의사표시의 일반원칙에 따라 조건의사와 그 표시가 필요하며, 그것이 **표시되지 않으면 법률행위의 동기에 불과하다**"(대판 2003.5.13. 2003다10797).

② [○] 법률행위가 조건의 성취시 그 효력이 발생하는 **정지조건부 법률행위에 해당한다는 사실은**, 즉 **조건의 '존재' 사실은** 그 법률행위로 인한 **법률효과의 발생을 저지하는 사유로서**, 그 **법률효과의 발생을 다투는 자에게 그 입증책임이** 있다(대판 1993.9.28. 93다20832).

③ [×] 조건의 성취로 인하여 불이익을 받을 당사자가 신의성실에 반하여 조건의 성취를 방해한 때에는 상대방은 그 조건이 성취한 것으로 주장할 수 있다(제150조 1항). **'조건의 성취를 방해한 때'**란 사회통념상 일방 당사자의 방해행위가 없었더라면 조건이 성취되었을 것으로 볼 수 있음에도 방해행위로 인하여 조건이 성취되지 못한 정도에 이르러야 하고, **방해행위가 없었더라도 '조건의 성취가능성이 현저히 낮은 경우'까지 포함되는 것은 아니다**(대판 2022.12.29. 2022다266645).

④ [○] "해제조건부증여로 인한 부동산소유권이전등기를 마쳤다 하더라도 그 해제조건이 성취되면 그 소유권은 증여자에게 복귀한다고 할 것이고, 이 경우 당사자간에 별단의 의사표시가 없는 한 그 조건성취의 효과는 소급하지 아니하나, **조건성취 전에 수증자가 한 처분행위는 조건성취의 효과를 제한하는 한도 내에서는 무효**라고 할 것이고, 다만 그 **조건이 등기되어 있지 않는 한 그 처분행위로 인하여 권리를 취득한 제3자에게 위 무효를 대항할 수 없다**"(대판 1992.5.22. 92다5584).

관련쟁점 **'의무자'가 조건부 권리를 침해하는 '처분행위'**(물권행위 등)**를 한 경우에 그 처분행위의 효력이** 어떻게 되는지가 문제된다. 判例(대판 1992.5.22. 92다5584)와 통설에 따르면 **그러한 처분행위는 조**

건부 권리를 침해하는 범위에서 무효이다 이렇게 새겨도 제3자를 해치지는 않는바, 제3자에 대한 관계에서는 조건부 권리가 (가)등기[1] 되어야 무효를 주장할 수 있기 때문이다(동산의 경우에는 선의취득이 인정된다). 그리고 위의 효과(손해배상책임 · 처분행위의 무효)는 조건의 성취 여부가 결정될 때까지는 조건부로 발생한다고 해석하여야 한다.

⑤ [○] "당사자가 불확정한 사실이 발생한 때를 이행기한으로 정한 경우에는 그 사실이 발생한 때는 물론 그 사실의 발생이 불가능하게 된 때에도 이행기한은 도래한 것으로 보아야 한다"(대판 2002.3.29. 2001다41766).

[정답] ③

문 64 **조건 또는 기한에 관한 설명 중 옳지 않은 것은?** (다툼이 있는 경우에는 판례에 의함) [변시 4회]

① 법률행위 효력의 발생 또는 소멸을 장래의 불확실한 사실의 성부에 의존케 하는 조건을 법률행위에 붙이고자 하는 의사가 있다 하더라도 이를 외부에 표시하지 않으면 법률행위의 동기에 불과한 것이다.
② 조건의 성취로 불이익을 받을 당사자가 신의성실에 반하여 조건의 성취를 방해할 경우 상대방은 조건이 성취된 것으로 주장할 수 있고, 이 경우 조건이 성취된 것으로 의제되는 시점은 방해행위가 없었더라면 조건이 성취되었을 것으로 추산되는 시점이다.
③ 이행기가 도래하지 않았거나 조건이 성취되지 않은 청구권에 관하여 채무자가 미리 채무의 존재를 다투기 때문에 이행기가 도래하거나 조건이 성취되었을 때에 임의이행을 기대할 수 없는 경우, 채권자는 장래이행의 소를 제기할 수 있다.
④ 법률행위에 조건이 붙어 있는지 여부에 대한 증명책임은 그 조건의 존재를 주장하는 자에게 있다.
⑤ 기한은 채무자의 이익을 위한 것으로 의제되므로 당사자 사이에 기한 이익의 상실에 관한 특약을 하여도 효력이 없다.

해 설 ① [○] 조건'이란 법률행위의 효력의 발생 또는 소멸을 '장래의 불확실한 사실의 성부(成否)'에 의존케 하는 법률행위의 부관이다. 이러한 조건은 법률행위의 부관으로서 당해 법률행위를 구성하는 의사표시의 일체적인 내용을 이루는 것이므로, "의사표시의 일반원칙에 따라 조건의사와 그 표시가 필요하며, 그것이 표시되지 않으면 법률행위의 동기에 불과하다"(대판 2003.5.13. 2003다10797).

---

1) 부동산등기법 제88조(가등기의 대상) : 가등기는 제3조 각 호의 어느 하나에 해당하는 권리의 설정, 이전, 변경 또는 소멸의 청구권을 보전하려는 때에 한다. 그 청구권이 시기부 또는 정지조건부일 경우나 그 밖에 장래에 확정될 것인 경우에도 같다.
부동산등기법 제54조(권리소멸약정의 등기) : 등기원인에 권리의 소멸에 관한 약정이 있을 경우 신청인은 그 약정에 관한 등기를 신청할 수 있다.

② [O] **제150조(조건성취, 불성취에 대한 반신의행위)** 「①항 조건의 성취로 인하여 불이익을 받을 당사자가 신의성실에 반하여 조건의 성취를 방해한 때에는 상대방은 그 조건이 성취한 것으로 주장할 수 있다. ②항 조건의 성취로 인하여 이익을 받을 당사자가 신의성실에 반하여 조건을 성취시킨 때에는 상대방은 그 조건이 성취하지 아니한 것으로 주장할 수 있다.」
"조건의 성취로 인하여 불이익을 받을 당사자가 신의성실에 반하여 조건의 성취를 방해한 경우, 조건이 성취된 것으로 의제되는 시점은 이러한 신의성실에 반하는 행위가 없었더라면 조건이 성취되었으리라고 추산되는 시점이다"(대판 1998.12.22, 98다42356).
☞ 判例는 조건이 성취된 것으로 의제되는 시점은 신의성실에 반하는 행위가 있었던 시점이 아니라 '신의성실에 반하는 행위가 없었더라면 조건이 성취되었으리라고 추산되는 시점'이라고 한다.

③ [O] "장래이행을 청구하는 소는 미리 청구할 필요가 있는 경우에 한하여 제기할 수 있는바(민소법 제251조), 여기서 미리 청구할 필요가 있는 경우라 함은 이행기가 도래하지 않았거나 조건 미성취의 청구권에 있어서는 채무자가 미리부터 채무의 존재를 다투기 때문에 이행기가 도래되거나 조건이 성취되었을 때에 임의의 이행을 기대할 수 없는 경우를 말한다"(대판 2004.9.3. 2002다37405)

④ [O] 법률행위가 조건의 성취시 그 효력이 발생하는 정지조건부 법률행위에 해당한다는 사실은, 즉 조건의 '존재' 사실은 그 법률행위로 인한 법률효과의 발생을 저지하는 사유로서, 그 법률효과의 발생을 다투는 자에게 그 입증책임이 있다(대판 1993.9.28, 93다20832). 이에 대해 그 조건이 '성취'되었다는 사실은 그 효력을 주장하는 자에게 그 입증책임이 있다(대판 1983.4.12, 81다카692 ; 대판1984.9.25, 84다카967). 예컨대 甲이 그 소유 자동차를 정지조건부로 乙에게 증여한 경우, 乙은 증여의 성립을 이유로 甲에게 자동차의 인도를 청구할 수 있고, 甲이 이를 거절하기 위해서는 조건의 존재를 입증하여야 하며, 이에 대해 乙은 조건의 성취를 입증하여야 자동차의 인도를 청구할 수 있다.

관련판례 "원고가 피고에게 증여를 원인으로 부동산의 소유권이전등기를 청구할 때 피고가 항변으로 '위 증여계약에 정지조건이 붙어 있음'을 주장, 증명하면 원고가 재항변으로 '그 정지조건의 성취'를 주장, 증명하여야 한다"(대판 1984.9.25., 84다카967)

⑤ [X] '기한의 이익'이란 기한이 도래하지 않음으로써 그동안 당사자가 받는 이익을 말하는 것으로 기한은 채무자의 이익을 위한 것으로 '의제'(간주)가 아니라 '추정'된다(제153조 1항). 따라서 당사자 사이에 기한이익의 상실에 관한 특약을 할 수 있다.

[정답] ⑤

문 65 기한이익의 상실에 관한 설명 중 옳은 것(○)과 옳지 않은 것(×)을 올바르게 조합한 것은? (다툼이 있는 경우 판례에 의함) [변시 8회]

ㄱ. 기한이익의 상실에 관한 「민법」 제388조는 임의규정이므로 당사자 사이에 위 규정과 다른 내용의 약정이 있는 경우에는 그 약정에 따라 기한이익의 상실 여부를 판단하여야 한다.
ㄴ. 일반적으로 기한이익 상실의 특약이 채무자를 위하여 둔 것인 점에 비추어 명백히 형성권적 기한이익 상실의 특약이라고 볼 만한 특별한 사정이 없는 이상 정지조건부 기한이익 상실의 특약으로 추정하는 것이 타당하다.
ㄷ. 형성권적 기한이익 상실의 특약이 있는 할부채무에 있어서는 1회의 불이행이 있더라도 각 할부금에 대해 그 각 변제기의 도래 시마다 그때부터 순차로 소멸시효가 진행하고, 채권자가 특히 잔존 채무 전액의 변제를 구하는 취지의 의사를 표시한 경우에 한하여 전액에 대하여 그때부터 소멸시효가 진행한다.
ㄹ. 정지조건부 기한이익 상실의 특약을 하였을 경우에는, 그 특약이 정한 기한이익 상실의 사유가 발생한 이후 특별한 사정이 없는 한 채무자가 채권자로부터 이행청구를 받은 때로부터 이행지체 상태에 놓이게 된다.

① ㄱ(○), ㄴ(○), ㄷ(×), ㄹ(×)
② ㄱ(○), ㄴ(×), ㄷ(○), ㄹ(×)
③ ㄱ(○), ㄴ(×), ㄷ(×), ㄹ(○)
④ ㄱ(×), ㄴ(○), ㄷ(○), ㄹ(×)
⑤ ㄱ(×), ㄴ(×), ㄷ(○), ㄹ(○)

해 설 ※ 법정기한의 이익의 상실

제388조(기한의 이익의 상실) 「채무자는 다음 각호의 경우에는 기한의 이익을 주장하지 못한다. 1. 채무자가 담보를 손상, 감소 또는 멸실하게 한 때 2. 채무자가 담보제공의 의무를 이행하지 아니한 때」

ㄱ. [○] "기한의 이익의 상실에 관한 민법 제388조는 임의규정이므로 당사자 사이에 위 규정과 다른 내용의 약정이 있는 경우에는 그 약정에 따라 기한의 이익의 상실 여부를 판단하여야 한다"(대판 2001.10.12. 99다56192).

ㄴ. [X] 기한이익 상실 특약에는 ⅰ)일정한 사유가 발생하면 곧바로 채무자의 기한의 이익이 상실되어 채무의 이행기가 도래하는 약정(정지조건부 기한이익 상실 약정)과, ⅱ) 채권자가 기한이익 상실의 의사표시를 해야만 채무자의 기한의 이익이 상실되어 채무의 이행기가 도래하는 약정(형성권적 기한이익 상실 약정)이 있는데, 예를 들어 **'채무자가 약정한 이행의무(할부금채무)를 한 번이라도 지체하였을 때에는 기한의 이익을 잃고, 즉시 채무금 전액을 변제할 것'을 특약한 경우** 判例는 "기한이익 상실의 특약이 위의 양자 중 어느 것에 해당하느냐는 당사자의 의사해석의 문제이지만 **일반적으로 기한이익 상실의 특약이 채권자를 위하여 둔 것인 점에 비추어 명백히 정지조건부 기한이익 상실의 특약이라고 볼 만한 특별한 사정이 없는 이상 형성권적 기한이익 상실의 특약으로 추정하는** 것이 **타당하다**"(대판 2002.9.4. 2002다28340[2])고 한다.

ㄷ. [O] "이른바 형성권적 기한이익 상실의 특약이 있는 경우에는 그 특약은 채권자의 이익을 위한 것으로서 기한이익의 상실 사유가 발생하였다고 하더라도 채권자가 나머지 전액을 일시에 청구할 것인가 또는 종래대로 할부변제를 청구할 것인가를 자유로이 선택할 수 있으므로, 이와 같은 기한이익 상실의 특약이 있는 할부채무에 있어서는 1회의 불이행이 있더라도 각 할부금에 대해 그 각 변제기의 도래시마다 그 때부터 순차로 소멸시효가 진행하고 채권자가 특히 **잔존 채무 전액의 변제를 구하는 취지의 의사를 표시한 경우에 한하여 전액에 대하여 그 때부터 소멸시효가 진행하는** 것이다"(대판 2002.9.4, 2002다28340).

ㄹ. [X] 정지조건부 기한이익 상실약정을 하였을 경우에는 그 약정에 정한 **기한이익 상실사유가 발생함과 동시에** 이행기 도래의 효과가 발생하고, 채무자는 특별한 사정이 없는 한 그때부터 이행지체의 상태에 놓이게 된다(대판 1999.7.9, 99다15184).

[정답] ②

문 66 **「민법」상 조건과 기한에 관한 설명 중 옳지 않은 것은?** (다툼이 있는 경우 판례에 의함) [변시 10회]

① 당사자가 불확정한 사실이 발생한 때를 이행기한으로 정한 경우에는 그 사실이 발생한 때는 물론 그 사실의 발생이 불가능하게 된 때에도 이행기한이 도래한 것으로 보아야 한다.

② 도급계약의 당사자들이 보수의 지급시기에 관하여 "수급인이 공급한 목적물을 도급인이 검사하여 합격하면, 도급인은 수급인에게 보수를 지급한다."라고 정한 경우 '검사 합격'은 도급인의 일방적 의사에 의존하는 순수수의조건이다.

③ 조건은 법률행위에서 효과의사와 일체적인 내용을 이루는 의사표시 그 자체이고, 조건을 붙이고자 하는 의사는 법률행위의 내용으로 외부에 표시되어야 한다.

④ 유치권은 채권자의 이익을 보호하기 위한 법정담보물권으로서 당사자는 미리 유치권의 발생을 막는 특약을 할 수 있고, 그 특약에 조건을 붙일 수 있다.

⑤ 조건은 법률행위 효력의 발생 또는 소멸을 장래의 불확실한 사실의 성부에 의존하게 하는 법률행위의 부관이며, 장래의 사실이더라도 그것이 장래 반드시 실현되는 사실이면 실현되는 시기가 비록 확정되지 않더라도 이는 기한이다.

해설 ① [O] "당사자가 불확정한 사실이 발생한 때를 이행기한으로 정한 경우에는 그 사실이 발생한 때는 물론 그 사실의 발생이 불가능하게 된 때에도 이행기한은 도래한 것으로 보아야 한다"(대판 2002.3.29, 2001다41766)

② [X] "제작물공급계약의 당사자들이 보수의 지급시기에 관하여 '수급인이 공급한 목적물을 도급인이 검사하여 합격하면, 도급인은 수급인에게 그 보수를 지급한다'는 내용으로 한 약정은

2) **[판례해설]** 기한의 이익은 채무자의 이익으로 추정되지만(제153조 1항) 실제 거래계에서는 이자부 금전소비대차와 같이 채권자와 채무자 모두에게 기한의 이익이 있는 경우가 일반적이다. 즉, 이 경우 채권자에게도 변제기(기한) 도래 전까지 이자를 받을 수 있는 기한이 이익이 있다. 따라서 정지조건부 기한이익 상실의 특약과 같이 즉시 이행기가 도래되는 것보다 채권자가 즉시 나머지 할부금을 청구할 지 아니면 할부기한 동안 이자를 받을지 선택할 수 있는 형성권적 기한이익 상실약정이 채권자에게 유리하다.

도급인의 수급인에 대한 보수지급의무와 동시이행관계에 있는 수급인의 목적물 인도의무를 확인한 것에 불과하므로, 법률행위의 효력 발생을 장래의 불확실한 사실의 성부에 의존하게 하는 **법률행위의 부관인 조건에 해당하지 아니할 뿐만 아니라, 조건에 해당한다 하더라도 검사에의 합격 여부는 도급인의 일방적인 의사에만 의존하지 않고 그 목적물이 계약내용대로 제작된 것인지 여부에 따라 객관적으로 결정되므로 순수수의조건에 해당하지 않는다**"(대판 2006.10.13. 2004다21862)

③ [○] '조건'이란 법률행위의 효력의 발생 또는 소멸을 '장래의 불확실한 사실의 성부(成否)'에 의존케 하는 법률행위의 부관이다. 이러한 조건은 법률행위의 부관으로서 당해 법률행위를 구성하는 의사표시의 일체적인 내용을 이루는 것이므로, **"의사표시의 일반원칙에 따라 조건의사와 그 표시가 필요하며, 그것이 표시되지 않으면 법률행위의 동기에 불과하다**"(대판 2003.5.13. 2003다10797).

④ [○] "제한물권은 이해관계인의 이익을 부당하게 침해하지 않는 한 자유로이 포기할 수 있는 것이 원칙이다. **유치권은 채권자의 이익을 보호하기 위한 법정담보물권으로서, 당사자는 미리 유치권의 발생을 막는 특약을 할 수 있고 이러한 특약은 유효하다.** 유치권 배제 특약이 있는 경우 다른 법정요건이 모두 충족되더라도 유치권은 발생하지 않는데, 특약에 따른 효력은 특약의 상대방뿐 아니라 그 밖의 사람도 주장할 수 있다. 조건은 법률행위의 효력 발생 또는 소멸을 장래의 불확실한 사실의 발생 여부에 의존케 하는 법률행위의 부관으로서, 법률행위에서 효과의사와 일체적인 내용을 이루는 의사표시 그 자체라고 볼 수 있다. 유치권 배제 특약에도 조건을 붙일 수 있는데, 조건을 붙이고자 하는 의사가 있는지는 의사표시에 관한 법리에 따라 판단하여야 한다"(대판 2018.1.24. 2016다234043)

⑤ [○] "조건은 법률행위 효력의 발생 또는 소멸을 장래의 불확실한 사실의 성부에 의존하게 하는 법률행위의 부관이다. 반면 **장래의 사실이더라도 그것이 장래 반드시 실현되는 사실이면 실현되는 시기가 비록 확정되지 않더라도 이는 기한으로 보아야 한다**"(대판 2018.6.28. 2018다201702).

[정답] ②

문67 **법률행위의 부관에 관한 설명 중 옳지 않은 것은?** (다툼이 있는 경우 판례에 의함) [변시 12회]

① 조건이 법률행위 당시에 이미 성취할 수 없는 것인 경우 그 조건이 해제조건이면 그 법률행위는 조건 없는 법률행위가 된다.

② 약혼예물의 수수는 혼인의 불성립을 해제조건으로 하는 증여와 유사한 성질을 가진다.

③ 부관이 붙은 법률행위에 있어서 부관에 표시된 사실이 발생하지 아니하면 채무를 이행하지 않아도 된다고 보는 것이 상당한 경우에는 해당 부관을 조건이 아니라 불확정기한으로 보아야 한다.

④ 기한이익 상실의 특약은 일반적으로 채권자를 위하여 두는 것인 점에 비추어 원칙적으로 형성권적 기한이익 상실의 특약으로 추정하는 것이 타당하다.

⑤ 매매계약 당시 매수인이 매도인에게 중도금을 그 약정일자에 지급하지 아니할 때에는 매매계약이 해제되는 것으로 합의한 경우, 매수인이 중도금을 그 약정일자에 지급하지 아니하였다면 매매계약은 그 일자에 자동적으로 해제된 것으로 보아야 한다.

해설 ① [○] 제151조(불법조건, 기성조건) 「③항 조건이 법률행위의 당시에 이미 성취할 수 없는 것인 경우에는 그 조건이 해제조건이면 조건없는 법률행위로 하고 정지조건이면 그 법률행위는 무효로 한다.」

쟁점정리 기성조건이 정지조건이면 조건없는 법률행위가 되지만 기성조건이 해제조건이면 그 법률행위는 무효이다(제151조 2항)(기.해.무). 불능조건이 해제조건이면 조건없는 법률행위가 되지만, 불능조건이 정지조건이면 그 법률행위는 무효이다(제151조 3항)(불.정.무)

② [○] 약혼예물의 수수는 약혼의 성립을 증명하는 증거이자 동시에 '혼인의 불성립을 해제조건'으로 하는 증여라고 할 수 있다(대판 1976.12.28. 76므41).

참고쟁점 "약혼예물의 성격을 '혼인의 불성립'을 해제조건으로 하는 증여로 보는 이상 일단 부부관계가 성립하고 그 혼인이 상당 기간 지속된 이상 후일 혼인이 해소되어도 그 반환을 구할 수는 없는 것이며, 이는 혼인의 파탄의 원인이 그 예물의 수령자에게 있는 경우에도 마찬가지이다" (대판 1996.5.14. 96다5506). 다만 예외적으로 예물의 수령자측이 혼인 당초부터 성실히 혼인을 계속할 의사가 없고 그로 인하여 혼인의 파국을 초래하였다고 인정되는 등 특별한 사정이 있는 경우에는 신의칙 내지 형평의 원칙에 비추어 혼인 불성립의 경우에 준하여 예물반환의무를 인정함이 상당하다(대판 1996.5.14. 96다5506 등).

③ [×] ※ 조건과 불확정기한
"부관이 붙은 법률행위에 있어서 부관에 표시된 사실이 발생하지 않으면 채무를 이행하지 아니하여도 된다고 보는 것이 상당한 경우에는 '조건'으로 보아야 하고, 표시된 사실이 발생한 때에는 물론이고 반대로 발생하지 아니하는 것이 확정된 때에도 그 채무를 이행하여야 한다고 보는 것이 상당한 경우에는 표시된 사실의 발생여부가 확정되는 것을 '불확정기한'으로 정한 것으로 보아야 한다"(대판 2003.8.19. 2003다2421)

④ [○] "기한이익 상실의 특약이 위의 양자 중 어느 것에 해당하느냐는 당사자의 의사해석의 문제이지만 일반적으로 기한이익 상실의 특약이 채권자를 위하여 둔 것인 점에 비추어 명백히 정지조건부 기한이익 상실의 특약이라고 볼 만한 특별한 사정이 없는 이상 형성권적 기한이익 상실의 특약으로 추정하는 것이 타당하다"(대판 2002.9.4. 2002다28340).

⑤ [○] ※ 중도금지급채무의 불이행을 조건으로 한 실권조항(선이행의무이므로 자동해제)
"매매계약에 있어서 매수인이 '중도금'을 약정한 일자에 지급하지 아니하면 그 계약을 무효로 한다고 하는 특약이 있는 경우 매수인이 약정한대로 중도금을 지급하지 아니하면(해제의 의사표시를 요하지 않고) 그 불이행 자체로써 계약은 그 일자에 자동적으로 해제된 것이라고 보아야 한다"(대판 1991.8.13. 91다13717)고 한다. 즉 중도금의 지급은 선이행의무이므로 그 불이행시 즉시 조건이 성취되어 해제의 효력이 발생한다.

비교판례 ※ 잔대금지급채무의 불이행을 조건으로 한 실권조항(동시이행관계이므로 이행제공해야 자동해제 : 제한해석)
判例는 쌍방의 채무가 동시이행관계인 경우 이행의 제공을 하여 상대방을 이행지체에 빠뜨려야 자동해제가 된다고 한다(대판 1998.6.12. 98다505).

[정답] ③

제5장 소멸시효

문 68 **소멸시효의 기산점에 관한 설명 중 옳지 않은 것은?** (다툼이 있는 경우 판례에 의함) [변시 12회]

① 甲의 乙에 대한 대여금반환 청구소송에서 乙이 주장하는 소멸시효의 기산일과 본래의 소멸시효 기산일이 다른 경우, 법원은 본래의 소멸시효 기산일을 기준으로 소멸시효를 계산하여야 한다.

② 무권대리인 甲이 대리권을 증명하지 못하고 본인의 추인도 얻지 못한 경우, 그 상대방 乙이 甲에 대해 가지는 계약이행청구권이나 손해배상청구권의 소멸시효는 乙이 위 두 청구권 중 하나를 선택할 수 있을 때부터 진행한다.

③ 부작위를 목적으로 하는 채권의 소멸시효는 위반행위를 한 때로부터 진행한다.

④ 甲이 乙에 대해 상해를 입힌 시점부터 5년이 지난 후에 가해행위 당시 예상할 수 없었던 후유증이 乙에게 발생한 경우, 그 후유증에 대한 손해배상청구권의 소멸시효는 후유증이 판명된 때부터 진행된다.

⑤ 甲이 乙에 대해 부당이득반환채권을 가지는 경우, 甲에게 부당이득반환채권이 발생한 때부터 그 채권의 소멸시효가 진행된다.

해설 ① [×] "소멸시효의 기산일은 채무의 소멸이라고 하는 법률효과 발생의 요건에 해당하는 소멸시효 기간 계산의 시발점으로서 소멸시효 항변의 법률요건을 구성하는 구체적인 사실에 해당하므로 이는 변론주의의 적용 대상이고, 따라서 **본래의 소멸시효 기산일과 당사자가 주장하는 기산일이 서로 다른 경우에는 변론주의의 원칙상 법원은 당사자가 주장하는 기산일을 기준으로 소멸시효를 계산하여야** 하는데, 이는 당사자가 본래의 기산일보다 뒤의 날짜를 기산일로 하여 주장하는 경우는 물론이고 특별한 사정이 없는 한 그 반대의 경우에 있어서도 마찬가지이다"(대판 1995.8.25. 94다35886)

② [○] 무권대리인은 '**상대방의 선택**'에 좇아 이행 또는 손해배상의 책임을 진다(제135조 1항 ; 선택채권). 그리고 계약이행 또는 손해배상청구권의 소멸시효는 그 '선택권을 행사할 수 있는 때'(선택권을 행사한 때가 아님)로부터 진행한다(제166조 1항). 이는 대리권의 증명 또는 본인의 추인을 얻지 못한 때를 의미한다(대판 1965.8.24. 64다1156). 그리고 그 시효기간은 무권대리행위가 유권대리라면 상대방이 본인에게 가졌을 청구권의 성질에 따라 정해진다.

③ [○] **제166조(소멸시효의 기산점)** 「②항 부작위를 목적으로 하는 채권의 소멸시효는 위반행위를 한 때로부터 진행한다.」 즉, 채권이 성립한 때부터 진행하는 것이 아니라는 점을 주의할 필요가 있다.

④ [○] "불법행위로 인한 손해배상청구권은 통상의 경우 상해의 피해자는 상해를 입었을 때 그 손해를 알았다고 보아야 할 것이지만, 그 후 후유증 등으로 인하여 불법행위 당시에는 전혀 예견할 수 없었던 새로운 손해가 발생하였다거나 예상 외로 손해가 확대된 경우에 있어서는 그러한 사유가 판명된 때에 새로이 발생 또는 확대된 손해를 알았다고 보아야 할 것이고, 이와 같이 새로이 발생 또는 확대된 손해 부분에 대하여는 그러한 '**사유가 판명된 때**'로부터 민법 제766조 제1항에 의한 소멸시효기간이 진행된다"고 한다(대판 2001.9.4. 2001다9496).

⑤ [○] 부당이득반환청구권은 부당이득의 날로부터, ㉠ 무효인 경우 급부시부터 부당이득반환청구권의 소멸시효가 진행한다(대판 2005.1.27, 2004다50143). ㉡ 그러나 취소할 수 있는 경우 취소시부터 소멸시효가 진행한다(다수설). 즉 취소권 행사는 제척기간에 해당하나(제146조), 부당이득반환청구권은 소멸시효에 해당한다.

[정답] ①

문 69 **소멸시효에 관한 설명 중 옳지 않은 것은?** (다툼이 있는 경우에는 판례에 의함) [변시 4회]

① 부동산 매수인이 매도인으로부터 부동산을 인도받아 사용 · 수익하다가 이를 타인에게 처분하고 그 점유를 승계하여 준 경우에도 위 부동산 매수인의 매도인에 대한 소유권이전등기청구권에 관한 소멸시효는 진행되지 않는다.
② 채권양도의 대항요건이 구비되지 않은 상태에서 양수인이 채무자를 상대로 재판상 청구를 한 경우, 소멸시효는 중단된다.
③ 수급인인 건설회사의 도급인에 대한 공사대금채권은 상거래에 관한 것으로 5년의 단기소멸시효에 걸린다.
④ 사해행위취소소송에서 수익자는 취소채권자의 피보전채권에 대하여 시효소멸을 주장할 수 있다.
⑤ 확정기한부 채권은 반대채권과 동시이행관계에 있는 경우에도 그 기한이 도래한 때부터 소멸시효가 진행된다.

해설 ① [○] "부동산의 매수인이 그 부동산을 인도받은 이상 이를 사용 · 수익하다가 그 부동산에 대한 **보다 적극적인 권리행사의 일환**으로 다른 사람에게 그 부동산을 처분하고 그 점유를 승계하여 준 경우에도 그 이전등기청구권의 행사 여부에 관하여 그가 그 부동산을 스스로 계속 사용 · 수익만 하고 있는 경우와 특별히 다를 바 없으므로 위 두 어느 경우에나 이전등기청구권의 소멸시효는 진행되지 않는다고 보아야 한다"(대판 1999.3.18, 전합98다32175).

비교판례 점유취득시효완성에 의한 등기청구권(제245조 1항) 역시 채권적 청구권으로 보는 것이 통설적인 입장이나 앞서 검토한 전합98다32175判例의 취지와는 달리 "토지에 대한 취득시효 완성으로 인한 소유권이전등기청구권은 그 토지에 대한 점유가 계속되는 한 시효로 소멸하지 아니하고, 그 후 점유를 상실하였다고 하더라도 이를 **시효이익의 포기로 볼 수 있는 경우가 아닌 한** 이미 취득한 소유권이전등기청구권은 바로 소멸되는 것은 아니나, 그 점유자가 점유를 상실한 때로부터 10년간 등기청구권을 행사하지 아니하면 소멸시효가 완성한다"(대판 1996.3.8, 95다34866)고 보아 **점유취득시효 완성자가 부동산의 점유를 이전한 경우 그 자의 등기청구권은 점유상실시로부터 소멸시효가 진행된다고 보고 있다.** 즉 전합98다32175判例에서 위 판결을 폐기하지 않아 점유취득시효에 관한 위 判例는 여전히 유지되고 있다.

② [○] **채권양도의 대항요건을 갖추지 못한 상태에서 '채권양수인'이 채무자를 상대로 소를 제기한 경우**
"채권양도에 의하여 채권은 그 동일성을 잃지 않고 양도인으로부터 양수인에게 이전되며, 이러

한 법리는 채권양도의 대항요건을 갖추지 못하였다고 하더라도 마찬가지인 점 등에서 비록 '대항요건을 갖추지 못하여' 채무자에게 대항하지 못한다고 하더라도 '채권의 양수인'이 채무자를 상대로 재판상의 청구를 하였다면 이는 소멸시효 중단사유인 재판상의 청구에 해당한다"(대판 2005.11.10, 2005다41818).

비교판례 채권양도의 대항요건을 갖추지 못한 상태에서 '채권양도인'이 채무자를 상대로 소를 제기한 경우 이 경우 시효중단이 되는데 "그 소송 중에 채무자가 채권양도의 효력을 인정하는 등의 사정으로 인하여 채권양도인의 청구가 기각된 경우 시효중단의 효력이 없어지나, 이 경우에도 채권양수인이 그로부터 6월 내에 채무자를 상대로 재판상의 청구 등을 하면 채권양도인이 최초의 재판상 청구를 한 때부터 시효가 중단된다"(제169조, 제170조 2항 ; 대판 2009.2.12, 2008두20109).

③ [×] **제64조(상사시효)** 「상행위로 인한 채권은 본법에 다른 규정이 없는 때에는 5년간 행사하지 아니하면 소멸시효가 완성한다. 그러나 다른 법령에 이보다 단기의 시효의 규정이 있는 때에는 그 규정에 의한다.」

제163조(3년의 단기소멸시효) 「다음 각호의 채권은 3년간 행사하지 아니하면 소멸시효가 완성한다. 3. 도급받은 자, 기사 기타 공사의 설계 또는 감독에 종사하는 자의 공사에 관한 채권」

☞ 도급받은 자 등의 공사에 관한 채권(제163조 3호)은 수급인이 도급인에 대하여 갖는 공사에 관한 채권을 말하는 것으로(대판 1963.4.18, 63다92), 상거래에 관한 것이더라도 상법 제64조 단서에 의해 민법 제163조 3호의 3년의 단기소멸시효에 걸린다.

비교판례 반면 도급인이 수급인에 대해 갖는 권리(하자보수에 갈음하는 손해배상채권 등)는 이에 해당하지 않는다. 예를 들어 "건설공사에 관한 도급계약이 상행위에 해당하는 경우 그 도급계약에 기한 수급인의 하자담보책임은 상법 제64조 본문에 의하여 원칙적으로 5년의 소멸시효에 걸리는 것으로 보아야 한다"(대판 2011.12.8, 2009다25111).

④ [○] 判例는 소멸시효의 완성을 원용할 수 있는 자는 권리의 소멸에 의하여 직접 이익을 받는 자에 한정된다고 하는바(대판 1995.7.11, 95다12446), 사해행위취소소송의 상대방이 된 '사해행위의 수익자'는, 사해행위가 취소되면 사해행위에 의해 얻은 이익을 상실하고 사해행위취소권을 행사하는 채권자의 채권이 소멸하면 그와 같은 이익의 상실을 면하는 지위에 있으므로, 그 채권의 소멸에 의해 직접 이익을 받는 자에 해당한다고 한다(대판 2007.11.29, 2007다54849).

비교판례 '채권자대위권의 행사에서 제3채무자'는 채무자가 채권자에 대하여 가지는 항변(예를 들어 피보전채권의 소멸시효가 완성되었다는 항변)으로 대항할 수 없을 뿐더러 시효이익을 직접 받는 자에도 해당하지 않는다는 이유로 채권자의 채권이 시효로 소멸하였다고 주장할 수 없다(대판 1998.12.8, 97다31472). 다만 채무자가 이미 소멸시효를 원용한 경우에는 피보전채권이 소멸하게 되므로 제3채무자가 그 '효과'를 원용하여 피보전채권의 부존재를 주장하는 것은 허용된다(대판 2008.1.31, 2007다64471).

⑤ [○] '확정기한부 채권'은 그 기한이 도래한 때부터 소멸시효가 진행한다(제166조 1항 참조). 그리고 그 권리에 대해 상대방이 동시이행의 항변권을 가지고 있더라도, 이러한 법률상의 장애는 권리자의 의사에 의해 제거될 수 있으므로 기한이 도래한 때 소멸시효가 진행한다(대판 1991.3.22, 90다9797).

비교판례 주택임대차보호법에 따른 임대차에서 임차인이 임대차 종료 후 동시이행항변권을 근거로 임차목적물을 계속 점유하고 있는 경우, 보증금반환채권에 대한 소멸시효가 진행하지 않는다(대판 2020.7.9, 2016다244224,244231).

[정답] ③

문70 **甲 소유의 X 토지를 乙이 매수하였으나 아직 소유권이전등기를 마치지는 않았다. 이에 관한 설명 중 옳은 것을 모두 고른 것은?** (각 지문은 독립적이며, 다툼이 있는 경우 판례에 의함)

[변시 12회]

ㄱ. 乙이 甲과의 매매계약의 이행으로써 X 토지를 인도받았고, 이후 丙에게 다시 이를 매도하고 인도해주었더라도, 丙이 X 토지의 점유사용권을 취득한 것으로 볼 수 없다.

ㄴ. 乙의 채권자인 丁이 乙의 소유권이전등기청구권을 가압류하였는데 乙이 甲을 상대로 X 토지에 관하여 소유권이전등기 청구의 소를 제기하였다면, 법원은 가압류의 해제를 조건으로 하지 아니하는 한 乙의 청구를 인용하여서는 안 된다.

ㄷ. 乙이 X 토지를 인도받아 사용수익하고 있는 경우에는 乙의 甲에 대한 소유권이전등기청구권은 소멸시효에 걸리지 않는다.

ㄹ. 乙이 X 토지를 인도받아 사용수익하다가 戊에게 이를 다시 매도하고 인도하였다면, 乙이 X 토지에 대한 점유를 상실한 때로부터 甲에 대한 소유권이전등기청구권의 소멸시효가 진행된다.

① ㄱ, ㄴ
② ㄱ, ㄷ
③ ㄴ, ㄷ
④ ㄱ, ㄴ, ㄹ
⑤ ㄴ, ㄷ, ㄹ

해설 ㄱ. [X] "토지의 매수인이 아직 소유권이전등기를 경료받지 아니하였다 하여도 매매계약의 이행으로 그 토지를 인도받은 때에는 매매계약의 효력으로서 이를 점유 · 사용할 권리가 생기게 된 것으로 보아야 하고, 또 **매수인으로부터 위 토지를 다시 매수한 자는** 위와 같은 토지의 점유사용권을 취득한 것으로 봄이 상당하므로 매도인은 매수인으로부터 다시 위 토지를 매수한 자에 대하여 토지 소유권에 기한 물권적 청구권을 행사하거나 그 점유 · 사용을 법률상 원인이 없는 이익이라고 하여 부당이득반환청구를 할 수는 없다"(대판 1988.4.25. 87다카1682).

ㄴ. [O] 가압류 · 가처분된 소유권이전등기청구권에 대한 이행청구(대판 1992.11.10. 전합92다4680)도 소의 이익이 있다. 다만, 대법원은 "소유권이전등기청구권에 대한 압류나 가압류가 있더라도 채무자는 제3채무자를 상대로 그 이행을 구하는 소송을 제기할 수 있고 법원은 가압류가 되어 있음을 이유로 이를 배척할 수는 없는 것이지만, **소유권이전등기를 명하는 판결**(민법 제389조 2항)**은 의사의 진술을 명하는 판결로서 이것이 확정되면 채무자는 일방적으로 이전등기를 신청할 수 있고 제3채무자는 이를 저지할 방법이 없게 되므로**(소유권이전등기를 명하는 판결의 경우 별도의 집행단계가 존재하지 않고, 집행공탁의 공탁물은 금전에 한정되기 때문에 제3채무자는 채무를 면할 방법이 없다) **위와 같이 볼 수는 없고 이와 같은 경우에는 '가압류의 해제'를 조건으로 하지 않는 한 법원은 이를 인용하여서는 안된다**"(대판 1999.2.9. 98다42615 ; 대판 1992.11.10. 전합92다4680 등)고 판시하고 있다(**원고일부승소**). 다만, 변론주의원칙상 제3채무자가 소유권이전등기청구권이 가압류된 사실을 주장하는 등의 사정이 있어야 위와 같은 해제조건부 인용 판결이 가능하다.

ㄷ. [O] "**'시효제도의 존재이유'에 비추어 보아 부동산 매수인이 그 목적물을 인도받아서 이를 사용수익하고 있는 경우에는 그 매수인을 '권리 위에 잠자는 것'으로 볼 수도 없고** 또 매도인 명의로 등기가 남아 있는 상태와 매수인이 인도받아 이를 사용수익하고 있는 상태를 **비교하면** 매도인 명의로 잔존하고

있는 등기를 보호하기 보다는 매수인의 사용수익상태를 더욱 보호하여야 할 것이므로 그 매수인의 등기청구권은 다른 채권과는 달리 소멸시효에 걸리지 않는다"(대판 1976.11.6. 전합76다148).

ㄹ. [X] "부동산 매수인이 부동산을 인도받아 사용 · 수익하다가 '보다 적극적인 권리행사'의 일환으로 다른 사람에게 그 부동산을 처분하고 점유를 승계해 준 경우에도, 부동산을 스스로 계속 사용 수익하고 있는 경우와 마찬가지이므로 소멸시효는 진행되지 않는다"(대판 1999.3.18. 전합98다32175)

[정답] ③

문 71 소멸시효에 관한 설명 중 옳은 것을 모두 고른 것은? (다툼이 있는 경우 판례에 의함) [변시 7회]

ㄱ. 채무자가 채권자에게 담보가등기를 경료하고 부동산을 인도하여 준 다음 피담보채권의 이자 또는 지연손해금의 지급에 갈음하여 채권자로 하여금 그 부동산을 사용수익할 수 있도록 한 경우, 이로 인해 피담보채권의 소멸시효가 중단되지는 않는다.

ㄴ. 채권자의 신청에 의한 경매개시결정에 따라 연대채무자 1인 소유의 부동산이 압류된 경우, 이로써 이 연대채무자에 대한 채권의 소멸시효는 중단되지만 다른 연대채무자에 대한 채권의 소멸시효는 중단되지 않는다.

ㄷ. 채무자가 담보가등기가 설정된 자신 소유의 부동산을 양도하여 당해 부동산에 관한 양수인 명의의 소유권이전등기가 경료된 경우, 그 양수인은 채무자를 대위하지 않더라도 그 담보가등기의 피담보채권이 시효로 소멸했다는 주장을 할 수 있다.

ㄹ. 채권자대위소송에서 피고인 제3채무자는 원고인 채권자가 채무자에 대해 가지는 채권이 시효로 소멸했음을 주장할 수 없으며, 채권자취소소송에서도 피고인 수익자나 전득자는 원고인 채권자가 채무자에 대해 가지는 채권이 시효로 소멸했다는 주장을 할 수 없다.

ㅁ. 채무자가 자신 소유의 부동산에 저당권을 설정한 상태에서 당해 부동산을 양도하여 그 부동산에 관한 양수인 명의의 소유권이전등기가 경료된 다음, 채무자가 시효기간 도과 후 자신의 채무를 승인했다 하더라도 이로 인한 시효이익 포기의 효력은 양수인에게 미치지 않는다.

① ㄱ, ㄴ, ㄷ
② ㄱ, ㄷ, ㅁ
③ ㄴ, ㄷ, ㄹ
④ ㄴ, ㄷ, ㅁ
⑤ ㄴ, ㄹ, ㅁ

해 설 ㄱ. [X] ※ 시효중단의 물적 범위

判例는 "담보가등기를 경료한 부동산을 인도받아 점유하더라도 담보가등기의 피담보채권의 소멸시효가 중단되는 것은 아니지만, 채무의 일부를 변제하는 경우에는 채무 전부에 관하여 시효중단의 효력이 발생하는 것이므로, 채무자가 채권자에게 담보가등기를 경료하고 부동산을 인도하여 준 다음 피담보채권에 대한 이자 또는 지연손해금의 지급에 갈음하여 채권자로 하여금 부동산을 사용수익할 수 있도록 한 경우라면, **채권자가 부동산을 사용수익하는 동안에는 채무자가 계속하여 이자 또는 지연손해금을 채권자에게 변제하고 있는 것으로 볼 수 있으므로** 피담보채권의 소멸시효가 중단된다고 보아야 한다"(대판 2009.11.12, 2009다51028)고 판시하였다. 즉, '일부변제'는 시효중단 사유인 묵시적인 승인으로 볼 수 있기 때문이다(제168조 3호).

비교판례 그러나 원칙적으로 채권자가 담보목적의 가등기를 취득한 후 그 목적토지를 인도받아 점유하더라도 담보가등기의 피담보채권의 소멸시효가 중단되는 것은 아니다(대판 2007.3.15, 2006다12701).

ㄴ. [○] ※ 시효중단의 인적 범위 – 연대채무자

연대채무자 1인의 소유 부동산이 경매개시결정에 따라 **압류된 경우, '다른 연대채무자'에게는 시효중단의 효력이 없다**(제169조, 제176조 참조)(대판 2001.8.21, 2001다22840).

비교판례 그러나 채권자가 연대채무자 1인의 소유 부동산에 대하여 **'경매신청'을 한 경우에 이는 최고로서의 효력**이 있다. 한편 이 최고는 다른 연대채무자에게도 효력이 있으므로(제416조), 채권자가 6개월 내에 '다른 연대채무자'를 상대로 재판상 청구 등을 한 때에는 그 '다른 연대채무자'에 대한 채권의 소멸시효가 중단되지만, 이로 인하여 중단된 시효는 위 경매절차가 종료된 때가 아니라 재판이 확정된 때부터 새로 진행된다.

ㄷ. [○], ㅁ. [○] ※ 시효중단의 인적 범위와 시효이익 포기의 상대효

"소멸시효를 원용할 수 있는 사람은 권리의 소멸에 의하여 직접 이익을 받는 사람에 한정되는 바, 채권담보의 목적으로 매매예약의 형식을 빌어 소유권이전청구권 보전을 위한 가등기가 경료된 부동산을 양수하여 소유권이전등기를 마친 제3자는 당해 가등기담보권의 피담보채권의 소멸에 의하여 직접 이익을 받는 자이므로, 그 가등기담보권에 의하여 담보된 채권의 채무자가 아니더라도 그 피담보채권에 관한 소멸시효를 원용할 수 있고, 이와 같은 **직접수익자의 소멸시효 원용권은** 채무자의 소멸시효 원용권에 기초한 것이 아닌 독자적인 것으로서 **채무자를 대위하여서만 시효이익을 원용할 수 있는 것은 아니며**(㉢ 관련 해설), 가사 **채무자가 이미 그 가등기에 기한 본등기를 경료하여 시효이익을 포기한 것으로 볼 수 있다고 하더라도** 그 시효이익의 포기는 상대적 효과가 있음에 지나지 아니하므로 채무자 이외의 이해관계자에 해당하는 **담보 부동산의 양수인으로서는 여전히 독자적으로 소멸시효를 원용할 수 있다**(㉤ 관련 해설)"(대판 1995.7.11, 95다12446).

ㄹ. [X] ※ 시효완성의 인적 범위

① 判例는 **'채권자대위권의 행사에서 제3채무자'**는 채무자가 채권자에 대하여 가지는 항변으로 대항할 수 없을 뿐더러 시효이익을 직접 받는 자에도 해당하지 않는다는 이유로 채권자의 채권이 시효로 소멸하였다고 주장할 수 없다고 한다(대판 1998.12.8, 97다31472). 다만 채무자가 이미 소멸시효를 원용한 경우에는 피보전채권이 소멸하게 되므로 제3채무자가 그 '효과'를 원용하여 피보전채권의 부존재를 주장하는 것은 허용된다(대판 2008.1.31, 2007다64471).

② 사해행위취소소송의 상대방이 된 **'사해행위의 수익자'**는, 사해행위가 취소되면 사해행위에 의해 얻은 이익을 상실하고 사해행위취소권을 행사하는 채권자의 채권이 소멸하면 그와 같은 이익의 상실을 면하는 지위에 있으므로, 피보전채권의 소멸에 의해 직접 이익을 받는 자에 해당한다고 한다(대판 2007.11.29, 2007다54849).

[정답] ④

문 72 소멸시효에 관한 설명 중 옳지 않은 것은? (다툼이 있는 경우에는 판례에 의함) [변시 2회]

① 채무불이행으로 인한 손해배상청구권의 소멸시효기간은 채무불이행시부터 진행하는데, 그 시효기간은 본래의 채권에 적용될 기간에 의한다.

② 실제의 소멸시효 기산일과 당사자가 주장하는 기산일이 다른 경우, 법원은 당사자가 주장하는 기산일을 기준으로 삼아야 한다.

③ 시효중단의 효력있는 승인에는 상대방의 권리에 관한 처분의 능력이나 권한있음을 요하지 아니한다.

④ 유치권이 성립한 부동산의 매수인은 피담보채무의 소멸시효가 완성되면 독자적으로 소멸시효를 원용할 수 있으므로, 유치권의 피담보채권의 소멸시효기간이 확정판결에 의하여 연장되었더라도 종전의 단기소멸시효기간을 원용할 수 있다.

⑤ 다른 채권자가 신청한 부동산경매절차에서 채무자 소유 부동산이 매각되고 그 대금이 이미 소멸시효가 완성된 채무를 피담보채무로 하는 근저당권을 가진 채권자에게 배당되어 채무 변제에 충당될 때까지 채무자가 아무런 이의를 제기하지 아니하였다면, 경매절차 진행을 채무자가 알지 못하였다는 등 다른 특별한 사정이 없는 한 채무자는 채권에 대한 소멸시효 이익을 포기한 것으로 볼 수 있다.

해 설 ① [○] 채권이 '채무불이행'으로 인하여 손해배상청구권으로 바뀐 때에는, 그 동일성이 유지되므로 그 손해배상청구권의 시효기간은 원채권의 시효기간에 따른다(통설, 대판 2010.9.9. 2010다28031). 문제는 그 기산점인데, 判例는 채무불이행이 발생한 때로부터 진행하는 것으로 본다(대판 1990.11.9. 90다카22513).

② [○] 특정시점에서 당해 권리를 행사할 수 있었던 사실은 소멸시효의 기산점에 관한 사실로서 '주요사실'이므로 당사자가 주장하지 않은 때를 기산점으로 하여 소멸시효의 완성을 인정하게 되면 변론주의 원칙에 위배된다(대판 1995.8.25. 94다35886).

비교판례 "**취득시효의 기산점**은 법률효과의 판단에 관하여 직접 필요한 주요사실이 아니고 간접사실에 불과하여 법원으로서는 이에 관한 당사자의 주장에 구속되지 아니하고 소송자료에 의하여 진정한 점유의 시기를 인정하여야 하는 것"(대판 1994.4.15. 93다60120)이라 하여 변론주의의 적용이 없는 간접사실로 보고 있다.

③ [○] 시효중단사유로서의 승인은 단지 권리의 존재를 인정하는 것에 불과하기 때문에 상대방의 권리에 관한 처분의 능력이나 권한 있음을 요하지 아니한다(제177조).

관련쟁점 시효완성 전의 채무승인은 시효중단사유이고(제168조 3호, 제177조), 시효완성 후의 채무승인은 시효이익의 포기인바(제184조 1항 반대해석), 시효이익의 포기는 '처분행위'이므로 처분능력과 처분권한이 있어야 한다.

④ [X] 판결에 의하여 확정된 채권은 '단기의 소멸시효에 해당한 것'이라도 그 소멸시효는 10년으로 한다(제165조 1항). 그러나 이러한 주채무의 소멸시효기간의 연장이 '**보증채무**'에 대하여는 미치지 않는다(대판 1986.11.25. 86다카1569). 하지만 이와 비교하여 '**담보목적물의 제3취득자 또는 물상보증인**'은 채권자에게 채무자의 채무와는 별개의 독립된 채무를 부담하는 것이 아니라 단지 채무자의 채무를 변제할 책임을 부담한다. 따라서 채권에 관하여 소멸시효가 중단되거나 소멸시효

기간이 제165조에 따라 연장되더라도 그 효과가 그대로 미친다(아래 2009다39530 판결).

[관련판례] "유치권이 성립된 부동산의 매수인은 피담보채권의 소멸시효가 완성되면 시효로 인하여 채무가 소멸되는 결과 직접적인 이익을 받는 자에 해당하므로 소멸시효의 완성을 원용할 수 있는 지위에 있다고 할 것이나, 매수인은 유치권자에게 채무자의 채무와는 별개의 독립된 채무를 부담하는 것이 아니라 단지 채무자의 채무를 변제할 책임을 부담하는 점 등에 비추어 보면, **유치권의 피담보채권의 소멸시효기간이 확정판결 등에 의하여 10년으로 연장된 경우 매수인은 그 채권의 소멸시효기간이 연장된 효과를 부정하고 종전의 단기소멸시효기간을 원용할 수는 없다**"(대판 2009.9.24, 2009다39530).

⑤ [O] "**채무자가 소멸시효 완성 후 채무를 일부 변제한 때에는 그 액수에 관하여 다툼이 없는 한 그 채무 전체를 묵시적으로 승인한 것으로 보아야 하고, 이 경우 시효완성의 사실을 알고 그 이익을 포기한 것으로 추정되므로**, 소멸시효가 완성된 채무를 피담보채무로 하는 근저당권이 실행되어 채무자 소유의 부동산이 경락되고 그 대금이 배당되어 채무의 일부 변제에 충당될 때까지 채무자가 아무런 이의를 제기하지 아니하였다면, 경매절차의 진행을 채무자가 알지 못하였다는 등 다른 특별한 사정이 없는 한, 채무자는 시효완성의 사실을 알고 그 채무를 묵시적으로 승인하여 시효의 이익을 포기한 것으로 보아야 한다"(대판 2001.6.12, 2001다3580).

[정답] ④

문 73 소멸시효에 관한 설명 중 옳은 것은? (다툼이 있는 경우 판례에 의함) [변시 6회]

① 부동산에 대한 매매대금 채권이 소유권이전등기청구권과 동시이행의 관계에 있는 경우, 매수인이 매매목적물인 부동산을 인도받아 점유하고 있어서 소유권이전등기청구권의 소멸시효가 진행되지 않는 이상 매매대금 채권 역시 그 지급기일이 경과했더라도 소멸시효가 진행되지 않는다.

② 금전채무가 시효소멸한 후 채무자가 미지급이자를 담보하기 위해 자신이 소유한 부동산에 근저당권을 설정해줌으로써 시효이익을 포기한 경우, 그 후 채무자로부터 그 부동산을 매수한 양수인은 채무자가 한 시효이익 포기의 효력을 부정할 수 있다.

③ 소멸시효 완성 후 시효이익을 받는 당사자인 채무자가 채권자에게 자신의 채무가 있음을 알고 있다는 뜻을 표시하여 채무승인을 한 경우, 시효의 완성으로 인한 법적인 이익을 받지 않겠다는 효과의사가 없더라도 소멸시효 이익의 포기로 인정될 수 있다.

④ 채무자가 채권자에게 담보가등기를 경료하고 부동산을 인도하여 준 다음 피담보채권에 대한 이자 또는 지연손해금의 지급에 갈음하여 채권자로 하여금 부동산을 사용 · 수익하게 한 경우, 채권자가 부동산을 사용 · 수익하는 동안에도 피담보채권의 소멸시효가 진행된다.

⑤ 소멸시효가 완성된 경우 채무자에 대한 일반 채권자는 채권자의 지위에서 독자적으로 시효소멸의 주장을 할 수 없지만 자기의 채권을 보전하기 위하여 필요한 한도 내에서 채무자를 대위하여 시효소멸의 주장을 할 수 있다.

해 설 ① [X] "부동산에 대한 매매대금 채권이 소유권이전등기청구권과 동시이행의 관계에 있다고 할지라도 매도인은 매매대금의 지급기일 이후 언제라도 그 대금의 지급을 청구할 수 있는 것이며, 다만 매수인은 매도인으로부터 그 이전등기에 관한 이행의 제공을 받기까지 그 지급을 거절할 수 있는 데 지나지 아니하므로 매매대금 청구권은 그 지급기일 이후 시효의 진행에 걸린다"(대판 1991.3.22. 90다9797).

② [X] ※ **시효이익 포기의 상대효 제한법리**
소멸시효이익 포기의 인적범위와 관련하여 判例는 시효이익을 이미 포기한 자와의 법률관계를 통하여 비로소 시효이익을 원용할 이해관계를 형성한 자(판례사안은 피담보채권의 소멸시효가 완성된 후 채무자가 저당권을 설정한 후 이를 취득한 담보물의 제3취득자)는 이미 이루어진 시효이익 포기의 효력을 부정할 수는 없다고 한다(아래 2015다200227판결).

사실관계 A는 1992년 B로부터 5천만원을 차용하면서 그 담보로 A 소유 부동산에 대해 B 앞으로 제1근저당권을 설정해 주었다. 그 후 (이 채권의 소멸시효기간 10년이 지난 때인) 2004년에 A는 위 차용금채무의 이자를 3천만 원으로 확정하고, 이를 담보하기 위해 위 부동산에 대해 B 앞으로 제2근저당권을 설정해 주었다. 2013년에 C는 A로부터 위 부동산을 매수하여 소유권을 취득한 후, B를 상대로 근저당권의 피담보채권이 소멸시효로 인해 소멸하였다는 것을 이유로 제1, 제2근저당권의 말소를 청구한 것이다. 이에 대해 대법원은 A가 B 앞으로 제2근저당권을 설정해 준 것은 소멸시효의 이익을 포기한 것으로 볼 수 있는데, 이 효력은 C에게도 미쳐 C는 독자적으로 소멸시효를 주장할 수 없는 것으로 보았다(대판 2015.6.11. 2015다200227).

비교판례 ※ **시효이익 포기의 상대효(원칙)**
시효이익의 포기의 효과는 상대적이어서 포기할 수 있는 자가 다수인 경우에 1인의 포기는 다른 사람에게 영향을 미치지 않는다. 判例도 직접 이익을 받는 자의 시효원용권은 채무자의 시효원용권에 기초한 것이 아닌 독자적인 것이라고 하여 채무자의 시효이익의 포기는 다른 직접수익자의 시효원용권에 영향을 미치지 않는다고 한다(대판 1995.7.11. 95다12446).

③ [X] **시효이익의 포기에는 '효과의사'가 필요**하므로, '관념의 통지'로 효과의사가 필요하지 않는 시효중단사유로서의 승인과 다르며, 따라서 채무승인만으로 언제나 시효이익의 포기가 되는 것은 아니다(대판 2013.2.28. 2011다21556).
즉, "소송에서의 상계항변은 소송상의 공격방어방법으로 피고의 금전지급의무가 인정되는 경우 자동채권으로 상계를 한다는 예비적 항변의 성격을 갖는데, 따라서 상계항변이 먼저 이루어지고 그 후 대여금채권의 소멸을 주장하는 소멸시효항변이 있었던 경우에는, 상계항변 당시 채무자인 피고에게 수동채권인 대여금채권의 시효이익을 포기하려는 효과의사가 있었다고 단정할 수 없다"(대판 2013.2.28. 2011다21556 ; 2013.7.25. 2011다56187,56194)

④ [X] "담보가등기를 경료한 부동산을 인도받아 점유하더라도 담보가등기의 피담보채권의 소멸시효가 중단되는 것은 아니지만, 채무의 일부를 변제하는 경우에는 채무 전부에 관하여 시효중단의 효력이 발생하는 것이므로, **채무자가 채권자에게 담보가등기를 경료하고 부동산을 인도하여 준 다음 피담보채권에 대한 이자 또는 지연손해금의 지급에 갈음하여 채권자로 하여금 부동산을 사용수익할 수 있도록 한 경우라면**, 채권자가 부동산을 사용수익하는 동안에는 채무자가 계속하여 이자 또는 지연손해금을 채권자에게 변제하고 있는 것으로 볼 수 있으므로 피담보채권의 소멸시효가 중단된다고 보아야 한다"(대판 2009.11.12. 2009다51028).

비교판례 **저당권이 설정되어 있더라도 저당권의 피담보채권이 시효중단되는 것은 아니다.** 마찬가지로 채권자가 담보목적의 가등기를 취득한 후 그 목적토지를 인도받아 점유하더라도 담보가등기의 피담보채권의 소멸시효가 중단되는 것은 아니다(대판 2007.3.15. 2006다12701).

⑤ [○] 判例는 **'채무자에 대한 일반채권자'**는 자기의 채권을 보전하기 위하여 필요한 한도 내에서 채무자를 대위하여 소멸시효 주장을 할 수 있을 뿐 **채권자의 지위에서 독자적으로** (다른 채권자의 채무자에 대한 채권에 대해) **소멸시효의 완성을 주장할 수 없다**고 한다(대판 1997.12.26. 97다22676).

[정답] ⑤

문 74 **가구상 甲이 乙에게 고가의 가구를 외상으로 판매한 후 乙을 상대로 외상대금의 지급을 청구하는 소를 제기하였다. 다음 설명 중 옳지 <u>않은</u> 것은?** (각 지문은 독립적이고, 다툼이 있는 경우에는 판례에 의함)

[변시 1회]

① 외상대금채권의 소멸시효가 완성되었더라도, 법원은 乙의 원용이 없는 한 직권으로 외상대금채권의 소멸시효가 완성되었다고 인정할 수 없다.

② 위 소송에서 乙이 외상대금채권의 변제기를 2006. 4. 2.이라고 주장한 경우, 증거조사 결과 변제기가 2005. 4. 2.인 사실이 인정되더라도, 법원은 2005. 4. 2.을 소멸시효의 기산일로 삼아 소멸시효 완성 여부를 판단할 수 없다.

③ 위 소송에서 乙이 외상대금채권의 변제기를 2006. 4. 2.이라고 주장한 경우, 증거조사 결과 변제기가 2007. 4. 2.인 사실이 인정된다면, 법원은 2007. 4. 2.을 소멸시효의 기산일로 삼아 소멸시효 완성 여부를 판단할 수 있다.

④ 외상대금채권의 변제기가 2005. 4. 2.인데, 甲이 2008. 3. 27. 乙에게 외상대금을 지급하라고 최고하였으나, 2008. 4. 14. 乙로부터 그 이행의무의 존부에 관하여 조사할 것이 있으니 기다려달라는 답변을 받고 다시 2008. 4. 20. 乙로부터 그 이행을 거절한다는 통지를 받은 후 2008. 10. 15. 위 소를 제기하였다면, 위 최고시에 외상대금채권의 소멸시효는 중단된다.

⑤ 위 소송에서 甲과 乙이 외상대금채권의 소멸시효기간을 상법이 정한 5년이라고 주장하였더라도, 법원은 그 소멸시효기간을 민법이 정한 3년으로 판단할 수 있다.

해 설 ① [○] 제척기간은 직권조사사항으로서 당사자의 주장이 필요 없으나, 소멸시효는 권리의 소멸에 관한 주요사실로서 변론주의 원칙상 당사자의 주장이 필요하다(대판 1979.2.13. 78다2157).

관련판례 "민법상 당사자의 원용이 없어도 시효완성의 사실로서 채무는 당연히 소멸하고, 다만 소멸시효의 이익을 받는 자가 소멸시효 이익을 받겠다는 뜻을 항변하지 않는 이상 그 의사에 반하여 재판할 수 없을 뿐이다"(대판 1979.2.13. 78다2157)

② [○] ③ [X] 소멸시효의 기산점은 권리를 행사할 수 있는 때로부터 진행하므로(제166조 제1항), 채무의 이행기가 정해진 경우 원칙적으로 소멸시효의 기산점은 이행기(변제기)이다. 그러나 소멸시효의 기산점은 법률효과 발생의 요건으로서 주요사실에 해당하므로 변론주의 원칙상 당사자의 주장에 구속된다.

관련판례 "소멸시효의 기산일은 채무의 소멸이라고 하는 법률효과 발생의 요건에 해당하는 소멸시효 기간 계산의 시발점으로서 소멸시효 항변의 법률요건을 구성하는 구체적인 사실에 해당하므로 이는 변론주의의 적용 대상이고, 따라서 본래의 소멸시효 기산일과 당사자가 주장하는 기산일이 서로 다른 경우에는 **변론주의의 원칙상 법원은 당사자가 주장하는 기산일을 기준으로 소멸시효를 계산하여야 하는데, 이는 당사자가 본래의 기산일보다 뒤의 날짜를 기산일로 하여 주장하는 경우는 물론이고 특별한 사정이 없는 한 그 반대의 경우에 있어서도 마찬가지이다**"(대판 1995.8.25. 94다35886)

④ [○] "최고는 6월 내에 재판상의 청구 등을 하지 아니하면 시효중단의 효력이 없으나(제174조), 채무이행을 최고받은 채무자가 그 이행의무의 존부 등에 대하여 조사해 볼 필요가 있다는 이유로 채권자에 대해 그 이행의 유예를 구한 경우에는, 채권자가 그 회답을 받을 때까지는 최고의 효력이 계속된다고 보아야 하고, 따라서 제174조 소정의 6개월의 기간은 채권자가 채무자로부터 회답을 받은 때로부터 기산된다"(대판 1995.5.12. 94다24336)

☞ 사안에서 외상대금채권의 변제기가 2005. 4. 2.이라면 소멸시효 완성일은 2008. 4. 2. 24:00이다(제163조 6호). 또한 甲의 乙에 대한 최고는 2008. 3. 27.에 행해졌으나 위 判例에 따르면 乙이 확답을 한 2008. 4. 20.까지는 최고의 효력이 계속되고, 이로부터 6개월 내인 2008. 10. 15.에 재판상 청구를 하였으므로 결국 甲이 최초의 최고를 한 2007. 3. 27.경 소멸시효가 중단되었다.

⑤ [○] 민법 제162조 내지 제165조는 각종 채권의 소멸시효에 관하여 규정하고 있는데, 문제된 채권의 소멸시효기간에 관한 근거사실은 당사자가 주장·증명하여야 하는 것이지만, 어떤 시효기간의 적용을 받는가에 관한 당사자의 주장은 '법률상의 견해'에 불과하므로 법원은 이에 구속되지 않는다.

관련판례 "어떤 권리의 소멸시효기간이 얼마나 되는지에 관한 주장은 단순한 법률상의 주장에 불과하므로 변론주의의 적용대상이 되지 않고 법원이 직권으로 판단할 수 있다 할 것이다"(대판 2008.3.27. 2006다70929,70936)

[정답] ③

문 75 **소멸시효에 관한 설명 중 옳은 것은?** (각 지문은 독립적이며, 다툼이 있는 경우 판례에 의함) [변시 5회]

① 甲 소유의 X 토지에 丙의 乙에 대한 대여금채무를 피담보채무로 하는 근저당권설정등기가 마쳐진 후 甲은 근저당권자인 乙을 상대로 위 대여금채무가 변제로 인하여 소멸하였음을 이유로 하는 근저당권설정등기 말소청구의 소를 제기하였다. 이 소송에서 乙이 적극적으로 응소하여 위 대여금채무가 변제되지 않았다고 다툰 결과 甲의 청구를 기각하는 판결이 선고되었다면 乙의 응소는 위 대여금채무의 소멸시효 중단을 위한 재판상 청구에 해당한다.

② 甲과 乙은 2005. 7. 1. "甲은 그 소유의 X 토지를 乙에게 매도하되, 2005. 7. 8. 甲이 乙 앞으로 X 토지의 소유권이전등기를 마침과 동시에 乙은 甲에게 매매대금을 지급한다."라는 내용의 계약을 체결하였다. 2015. 12. 28. 현재 甲과 乙이 서로 위 계약의 이행을 위한 아무런 조치를 취하지 않은 상태라면 甲의 乙에 대한 매매대금지급 청구권의 소멸시효는 완성되지 않았다.

③ 甲은 그 소유의 X 토지를 乙에게 매도 및 인도하였고, 乙은 X 토지를 사용 · 수익하다가 2005. 7. 8. 丙에게 X 토지를 매도 및 인도하였으며, 그 이후 丙이 계속하여 X 토지를 사용 · 수익하였다면, 2015. 12. 28. 현재 乙의 甲에 대한 X 토지의 소유권이전등기 청구권의 소멸시효는 완성되었다.

④ 甲은 丙의 乙에 대한 대여금채무를 연대보증하였다. 乙은 丙에 대한 대여금채권을 보전하기 위하여 丙 소유의 X 토지에 대한 가압류신청을 하였고 이에 따른 가압류결정과 가압류기입등기가 이루어졌으나, 乙은 이러한 사정을 연대보증인인 甲에게 알리지 않았다. 이 경우 가압류에 의한 시효중단의 효력은 甲에게 미친다.

⑤ 甲은 乙로부터 금원을 차용하면서 차용금채무를 담보하기 위하여 甲 소유의 X 토지에 관하여 乙 앞으로 담보가등기를 설정하였고, 그후 丙이 甲으로부터 X 토지의 소유권을 취득하였다. 이 경우 丙은 甲의 乙에 대한 위 차용금채무의 소멸시효를 원용할 수 없다.

해 설 ① [×] "타인의 채무를 담보하기 위하여 자기의 물건에 담보권을 설정한 **물상보증인은** 채권자에 대하여 물적 유한책임을 지고 있어 그 피담보채권의 소멸에 의하여 직접 이익을 받는 관계에 있으므로 소멸시효의 완성을 주장할 수 있는 것이지만, 채권자에 대하여는 **아무런 채무도 부담하고 있지 아니하므로, 물상보증인이** 그 피담보채무의 부존재 또는 소멸을 이유로 **제기한 저당권설정등기 말소등기절차이행청구소송에서 채권자 겸 저당권자가** 청구기각의 판결을 구하고 **피담보채권의 존재를 주장하였다고 하더라도** 이로써 직접 채무자에 대하여 재판상 청구를 한 것으로 볼 수는 없는 것이므로 피담보채권의 **소멸시효에 관하여 규정한 민법 제168조 제1호 소정의 '청구'에 해당하지 아니한다**"(대판 2004.1.16. 2003다30890)

☞ 甲은 물상보증인이므로 甲의 청구에 대한 채권자 乙의 응소는 소멸시효중단을 위한 재판상 청구에 해당하지 않는다.

② [×] 判例는 **부동산 매매계약의 경우 매도인의 매매대금 청구권에 대해서는** "부동산에 대한 매매대금 채권이 소유권이전등기청구권과 **동시이행의 관계에 있다고 할지라도** 매도인은 매매대금의 지급기일 이후 언제라도 그 대금의 지급을 청구할 수 있는 것이며, 다만 매수인은 매도인으로부터 그 이전등기에 관한 이행의 제공을 받기까지 그 지급을 거절할 수 있는 데 지나지 아니하므로 매매대금 청구권은 **그 지급기일 이후 시효의 진행에 걸린다**"(대판 1991.3.22. 90다9797)면서도 **매수인의 소유권이전청구권에 대해서는** "소유권이전등기청구권은 채권적 청구권이므로 10년의 소멸시효에

걸리지만 매수인이 매매목적물인 부동산을 인도받아 점유하고 있는 이상 매매대금의 지급 여부와는 관계없이 그 소멸시효가 진행되지 아니한다"(대판 1991.3.22. 90다9797)고 판시하였다. "목적물을 인도받아서 이를 사용수익하고 있는 경우에는 그 매수인을 권리 위에 잠자는 것으로 볼 수도 없다"(대판 1976.11.06. 76다148)는 이유에서이다.

☞ 매도인 甲의 대금채권은 2005. 7. 8.을 이행기로 하는 확정기한부 채권이므로 권리를 행사할 수 있는 날부터 10년의 소멸시효가 진행된다(제166조, 제162조). 따라서 2015. 12. 28. 현재 甲의 乙에 대한 매매대금청구권은 소멸시효가 완성되었다.

③ [X] "부동산의 매수인이 그 부동산을 인도받은 이상 이를 사용·수익하다가 그 부동산에 대한 보다 적극적인 권리 행사의 일환으로 다른 사람에게 그 부동산을 처분하고 그 점유를 승계하여 준 경우에도 그 이전등기청구권의 행사 여부에 관하여 그가 그 부동산을 스스로 계속 사용·수익만 하고 있는 경우와 특별히 다를 바 없으므로 위 두 어느 경우에나 이전등기청구권의 소멸시효는 진행되지 않는다고 보아야 한다"(대판 1999.3.18. 98다32175)

☞ 매수인 乙이 매매목적물인 부동산을 사용·수익하는 동안은 물론이고 丙에게 처분하고 점유를 승계하여 준 경우에도 乙의 甲에 대한 소유권이전등기청구권의 소멸시효는 중단된다.

④ [O] 소멸시효는 압류 또는 가압류, 가처분에 의해 중단된다(제168조 2호). 그리고 주채무자에 대한 시효의 중단은 보증인에 대하여 그 효력이 있다(제440조).

☞ 따라서 채권자 乙이 주채무자 丙소유의 X부동산에 대해 가압류를 하면 시효중단의 효력은 통지여부를 불문하고 연대보증인인 甲에게 미친다. 그러나 만약 채권자 乙이 연대보증인 甲을 상대로 시효중단행위를 했다면 주채무자 丙에게는 중단효가 미치지 않는다.

관련판례 判例는 "보증채무에 대한 소멸시효가 중단되었다고 하더라도 이로써 주채무에 대한 소멸시효가 중단되는 것은 아니고, 주채무가 소멸시효 완성으로 소멸된 경우에는 보증채무도 그 채무 자체의 시효중단에 불구하고 부종성에 따라 당연히 소멸된다"(대판 2002.5.14. 2000다62476)고 판시하였다. 한편 判例는 "채권자가 연대보증인 겸 물상보증인 소유의 담보부동산에 대하여 임의경매의 신청을 하여 경매개시결정에 따른 압류의 효력이 생겼다면 …(중략)… 경매절차에서 이해관계인인 주채무자에게 경매개시결정이 송달되었다면 주채무자는 제176조에 의하여 당해 피담보채권의 소멸시효중단의 효과를 받는다고 할 것이나, 민법 제176조의 규정에 따라 압류사실이 통지된 것으로 볼 수 있기 위하여는 압류사실을 주채무자가 알 수 있도록 경매개시결정이나 경매기일통지서가 교부송달의 방법으로 주채무자에게 송달되어야만 하는 것이지, 이것이 우편송달(발송송달)이나 공시송달의 방법에 의하여 채무자에게 송달됨으로써 채무자가 압류사실을 알 수 없었던 경우까지도 압류사실이 채무자에게 통지되었다고 볼 수 있는 것은 아니다"(대판 1994.1.11. 93다21477)고 판시하였다.

즉, 압류, 가압류 및 가처분은 시효의 이익을 받은 자에 대하여 하지 아니한 때에는 이를 그에게 통지한 후가 아니면 시효중단의 효력이 없는데(제176조), 이와 같은 통지로 인한 시효중단은 주로 물상보증인(또는 연대보증인 겸 물상보증인), 저당부동산의 제3취득자 등에게 집행할 때 채무자에 대한 피담보채무의 시효를 중단시키려 할 때 실익이 있다.

⑤ [X] "소멸시효를 원용할 수 있는 사람은 권리의 소멸에 의하여 직접 이익을 받는 사람에 한정되는바, 채권담보의 목적으로 매매예약의 형식을 빌어 소유권이전청구권 보전을 위한 가등기가 경료된 부동산을 양수하여 소유권이전등기를 마친 제3자는 당해 가등기담보권의 피담보채권의 소멸에 의하여 직접 이익을 받는 자이므로, 그 가등기담보권에 의하여 담보된 채권의 채무자가 아니더라도 그 피담보채권에 관한 소멸시효를 원용할 수 있고, 이와 같은 직접수익자의 소멸시효 원용권은 채무자의 소멸시효 원용권에 기초한 것이 아닌 독자적인 것으로서 채무자를 대위하여서만 시

효이익을 원용할 수 있는 것은 아니며, 가사 채무자가 이미 그 가등기에 기한 본등기를 경료하여 시효이익을 포기한 것으로 볼 수 있다고 하더라도 그 시효이익의 포기는 상대적 효과가 있음에 지나지 아니하므로 채무자 이외의 이해관계자에 해당하는 **담보 부동산의 양수인으로서는 여전히 독자적으로 소멸시효를 원용할 수 있다**"(대판 1995.7.11. 95다12446)

☞ 丙은 담보부동산의 양수인으로서 甲의 乙에 대한 차용금 채무의 소멸시효를 원용할 수 있다.

[정답] ④

문 76 소멸시효에 관한 설명 중 옳지 않은 것은? (다툼이 있는 경우 판례에 의함) [변시 8회]

① 채무자가 소멸시효 완성 후 시효를 원용하지 아니할 것 같은 태도를 보여 권리자로 하여금 이를 신뢰하게 하였고 그 후 채권자가 권리행사를 기대할 수 있는 상당한 기간 내에 권리를 행사한 경우, 채무자가 소멸시효의 완성을 주장하는 것은 허용되지 않는다.

② 체납처분에 의한 채권압류로 인하여 압류채권자의 채무자에 대한 채권의 시효가 중단되었으나 그 후 피압류채권이 기본계약관계의 해지 · 실효 또는 소멸시효의 완성 등으로 소멸하여 압류 자체가 실효된 경우, 시효중단 사유는 종료되고 그때부터 시효가 새로이 진행한다.

③ 동일 당사자 간에 계속적인 거래로 인하여 같은 종류를 목적으로 하는 수개의 채권관계가 성립되어 있는 경우에 채무자가 특정채무를 지정하지 아니하고 그 일부의 변제를 한 때에도 다른 특별한 사정이 없다면 잔존 채무에 대하여도 승인을 한 것으로 보아 시효중단이나 포기의 효력을 인정할 수 있다.

④ 원금채무에 관하여는 소멸시효가 완성되지 아니하였으나 이자채무에 관하여는 소멸시효가 완성된 상태에서 채무자가 채무를 일부 변제한 때에는 액수에 관하여 다툼이 없는 한 원금채무에 관하여 묵시적으로 승인하는 한편 이자채무에 관하여 시효완성의 사실을 알고 그 이익을 포기한 것으로 추정된다.

⑤ 법률의 규정에 따른 적법한 가압류가 있었으나 제소기간의 도과로 인하여 가압류가 취소된 경우에는 소멸시효 중단의 효력이 없다.

해 설 ① [O] ※ **소멸시효의 남용(시효완성전 ; 불행장, 시효완성후 ; 신부)**

"채무자의 소멸시효에 기한 항변권의 행사도 우리 민법의 대원칙인 신의성실의 원칙과 권리남용금지의 원칙의 지배를 받는 것이어서, i) **채무자가 시효완성 전에** 채권자의 권리행사나 시효중단을 불가능 또는 현저히 곤란하게 하였거나, ii) 그러한 조치가 불필요하다고 믿게 하는 행동을 하였거나, iii) 객관적으로 채권자가 권리를 행사할 수 없는 장애사유가 있었거나, iv) 또는 일단 **시효완성 후에 채무자가 시효를 원용하지 아니할 것 같은 태도를 보여 권리자로 하여금 그와 같이 신뢰하게 하였거나,** v) 채권자보호의 필요성이 크고, 같은 조건의 다른 채권자가 채무의 변제를 수령하는 등의 사정이 있어 채무이행의 거절을 인정함이 현저히 부당하거나 불공평하게 되는 등의 '특별한 사정'이 있는 경우에는 채무자가 소멸시효의 완성을 주장하는 것이 신의성실의 원칙에 반하여 권리남용으로서 허용될 수 없다"(대판 2002.10.25. 2002다32332).

② [○] ※ 기본계약관계 해지 등으로 인한 피압류채권의 소멸과 시효중단

"체납처분에 의한 채권압류로 인하여 채권자의 채무자에 대한 채권의 시효가 중단된 경우에 압류에 의한 체납처분 절차가 채권추심 등으로 종료된 때뿐만 아니라, 피압류채권이 기본계약관계의 해지·실효 또는 소멸시효 완성 등으로 인하여 소멸함으로써 압류의 대상이 존재하지 않게 되어 압류 자체가 실효된 경우에도 체납처분 절차는 더 이상 진행될 수 없으므로 시효중단사유가 종료한 것으로 보아야 하고, 그때부터 시효가 새로이 진행한다"(대판 2017.4.28. 2016다239840).

쟁점정리 압류, 가압류 또는 가처분이 '집행되면' 그 '집행을 신청한 때'에 소급하여 시효중단의 효력이 발생하고, '집행절차종료시'로부터 다시 시효가 진행된다(대판 2011.5.13. 2011다10044).

③ [○] ※ 일부변제와 채무승인·시효이익포기

"ⅰ) 동일당사자간에 계속적인 거래로 인하여 같은 종류를 목적으로 하는 수개의 채권관계가 성립되어 있는 경우에 채무자가 특정채무를 지정하지 아니하고 그 일부의 변제를 한 때에도 다른 특별한 사정이 없다면 잔존채무에 대하여도 승인을 한 것으로 보아 시효중단이나 포기의 효력을 인정할 수 있을 것이나, ⅱ) 그 채무가 별개로 성립되어 독립성을 갖고 있는 경우에는 일률적으로 그렇게만 해석할 수는 없을 것이고, 특히 채무자가 가압류 목적물에 대한 가압류를 해제받을 목적으로 피보전채권을 변제하는 경우에는 특별한 사정이 없는 한 피보전채권으로 적시되지 아니한 별개의 채무에 대하여서까지 소멸시효의 이익을 포기한 것이라고 볼 수는 없을 것이다"(대판 1993.10.26. 93다14936). ⅰ)은 일부변제에 의한 채무승인과 시효이익포기가 인정되는 경우이고 ⅱ)은 부정되는 경우로서 구별하여야 한다.

④ [○] ※ 원금채무와 이자채무의 시효중단관계

"원금채무에 관하여는 소멸시효가 완성되지 아니하였으나 이자채무에 관하여는 소멸시효가 완성된 상태에서 채무자가 채무를 일부 변제한 때에는 그 액수에 관하여 다툼이 없는 한 그 원금채무에 관하여 묵시적으로 승인하는 한편 그 이자채무에 관하여 시효완성의 사실을 알고 그 이익을 포기한 것으로 추정되며, 채무자의 변제가 채무 전체를 소멸시키지 못하고 당사자가 변제에 충당할 채무를 지정하지 아니한 때에는 민법 제479조, 제477조에 따른 법정변제충당의 순서에 따라 충당되어야 할 것이다"(대판 2013.5.23. 2013다12464). ☞ 따라서 다른 사정이 없다면 일부변제한 것으로는 원본에 앞서 이자에 먼저 충당하며, 이행기가 도래한 이자 중에는 이행기가 먼저 도래한 순서에 따라 충당될 것이어서(제477조 3호 참조) 결국 먼저 시효로 소멸한 이자에 우선충당하게 된다.

⑤ [×] ※ 민법 제175조와 시효중단

"민법 제175조는 가압류가 '권리자의 청구에 의하여 또는 법률의 규정에 따르지 아니함으로 인하여 취소된 때에는 소멸시효 중단의 효력이 없다'고 규정하고 있고, 이는 그러한 사유가 가압류 채권자에게 권리행사의 의사가 없음을 객관적으로 표명하는 행위이거나 또는 처음부터 적법한 권리행사가 있었다고 볼 수 없는 사유에 해당한다고 보기 때문이므로, 법률의 규정에 따른 적법한 가압류가 있었으나 제소기간의 도과로 인하여 가압류가 취소된 경우에는 위 법조가 정한 소멸시효 중단의 효력이 없는 경우에 해당한다고 볼 수 없다"(대판 2011.1.13. 2010다88019).

쟁점정리 압류, 가압류 및 가처분이 권리자의 청구에 의하여 또는 법률의 규정에 따르지 않음으로 인하여 취소된 경우에는 시효중단의 효력이 소급적으로 소멸한다(제175조). 여기서 '법률의 규정에 따르지 아니함으로 인하여 취소된 경우'라 함은 처음부터 적법한 권리행사가 있었다고 볼 수 없는 경우를 의미한다. 따라서 判例에 따르면 법률의 규정에 따른 적법한 가압류가 있었으나

제소기간의 도과(채무자의 제소명령신청에 의하여 채권자가 법원으로부터 제소명령을 받게 되면 일정한 기간 내에 본안소송을 제기하여야 한다)로 **인하여 가압류가 취소된 경우나**(위 2010다88019판결), **압류가 있었으나 이후 남을 가망이 없는 경우의 경매취소를 규정한 민사집행법 제102조 2항에 따라 경매절차가 취소된** 것은 제175조에 해당하는 것은 아니어서 위 경우의 소멸시효 중단의 효력은 소멸하지 않는다(대판 2015.2. 26. 2014다228778)고 한다.

[정답] ⑤

문 77 소멸시효에 관한 설명 중 옳지 않은 것은? (다툼이 있는 경우 판례에 의함) [변시 9회]

① 정지조건부 권리의 경우 조건이 성취되지 않은 동안에는 소멸시효가 진행하지 않는다.
② 동시이행의 항변권이 붙어 있는 채권이라 하더라도 약정한 이행기부터 소멸시효가 진행한다.
③ 명의수탁자의 등기가 3자간 등기명의신탁(중간생략등기형)에 해당하여 무효인 경우, 명의신탁자의 매도인에 대한 소유권이전등기청구권은 명의신탁자가 목적 부동산을 인도받아 점유하고 있는 한 소멸시효가 진행하지 않는다.
④ 채권양도의 대항요건을 갖추지 못한 상태에서 채권의 양수인이 채무자를 상대로 양수금의 지급을 재판상 청구하는 경우, 그 양수금채권의 소멸시효는 중단되지 않는다.
⑤ 채권자가 확정판결에 기한 채권의 실현을 위하여 채무자의 제3채무자에 대한 채권에 관하여 압류 및 추심명령을 받아 그 결정이 제3채무자에게 송달되었다면, 채무자의 제3채무자에 대한 채권에 관하여는 소멸시효 중단사유인 최고로서의 효력이 있다.

해 설 ① [○] ※ **정지조건부 채권의 소멸시효 기산점**
소멸시효는 권리를 행사할 수 있는 때로부터 진행하는데(제166조 1항), 정지조건이 있는 법률행위는 조건이 성취한 때로부터 그 효력이 생긴다(제147조). 따라서 정지조건부 채권은 조건이 성취된 때로부터 시효가 진행한다.

② [○] ※ **동시이행의 항변권이 붙어 있는 채권의 소멸시효진행여부**
동시이행의 항변권이 붙어 있는 채권의 경우에 이행기 도래 후에 반대급부를 제공하면 언제라도 권리를 행사할 수 있으므로 '이행기'부터 소멸시효가 진행한다(대판 1991.3.22. 90다9797).

③ [○] ※ **3자간 등기명의신탁에 의한 등기가 유효기간 경과로 무효로 된 경우, 명의신탁자의 매도인에 대한 소유권이전등기청구권**
"부동산의 매수인이 목적물을 인도받아 계속 점유하는 경우에는 매도인에 대한 소유권이전등기청구권은 소멸시효가 진행되지 않고, 이러한 법리는 3자간 등기명의신탁에 의한 등기가 유효기간의 경과로 무효로 된 경우에도 마찬가지로 적용된다. 따라서 그 경우 목적 부동산을 인도받아 점유하고 있는 명의신탁자의 매도인에 대한 소유권이전등기청구권 역시 소멸시효가 진행되지 않는다"(대판 2013.12.12. 2013다26647).

쟁점정리 3자간 명의신탁약정과 그에 의한 등기가 무효로 되는 결과(부동산실명법 제4조 1항, 2항 본문), 명의신탁된 부동산은 매도인 소유로 복귀하고, 매도인은 원인무효를 이유로 수탁자 명의의 등기의 말소를 구할 수 있다. 한편 부동산실명법은 매도인과 명의신탁자 사이의 매매계약의 효력을 부정하는 규정을 두고 있지 아니하므로 그들 사이의 매매계약은 유효한 것으로 되어(명의수탁자가 당사자로 등장하는 계약명의신탁에서와는 다름에 주의할 것), 명의신탁자는 매도인에 대하여 매매계약에 기한 소유권이전등기를 청구할 수 있고, 그 소유권이전등기청구권을 보전하기 위해 매도인을 대위하여 수탁자 명의의 등기의 말소를 구할 수 있다(대판 2002.3.15, 2001다61654). 이는 동법에서 정한 유예기간이 경과하여 명의신탁약정과 그에 따른 등기가 무효인 경우에도 마찬가지이다(대판 2011.9.18, 2009다49193,49209).

비교판례 반면, **계약명의신탁약정과 그에 따른 등기가 부동산실명법 시행 전에 행하여진 경우, 명의신탁자가 해당부동산의 회복을 위해 명의수탁자에 대해 가지는 이러한 소유권이전등기청구권은 명의신탁자가 목적물을 점유하고 있더라도 소멸시효에 걸린다**(대판 2009.7.9, 2009다23313). 만약 이 경우 소멸시효가 진행되지 않는다고 한다면 실명전환을 하지 않아 위 법률을 위반한 경우임에도 그 권리를 보호하여 주는 결과가 되기 때문이다.

④ [X] ※ **채권양도의 대항요건을 갖추지 못한 상태에서 '채권양수인'이 채무자를 상대로 소를 제기한 경우(시효중단 인정)**

채권양수인이 소멸시효기간이 경과하기 전에 채무자를 상대로 소를 제기하였는데, 채권양도사실의 채무자에 대한 통지는 소멸시효기간이 경과한 후에 이루어진 경우, 위 채권의 소멸시효가 중단되는지 여부가 문제되는바, 判例는 "채권양도에 의하여 채권은 그 동일성을 잃지 않고 양도인으로부터 양수인에게 이전되며, 이러한 법리는 채권양도의 대항요건을 갖추지 못하였다고 하더라도 마찬가지인 점 등에서 비록 **'대항요건을 갖추지 못하여' 채무자에게 대항하지 못한다고 하더라도 '채권의 양수인'이 채무자를 상대로 재판상의 청구를 하였다면 이는 소멸시효 중단사유인 재판상의 청구에 해당한다**"(대판 2005.11.10, 2005다41818)고 한다.

⑤ [O] ※ **최고로서 경매신청, 압류 또는 가압류**

채권자가 채무자의 제3채무자에 대한 채권을 압류 또는 가압류한 경우 채권자의 채무자에 대한 채권은 압류에 따른 시효중단의 효력이 확정적으로 발생하나, 이와 달리 **압류의 대상인 채무자의 제3채무자에 대한 채권은 확정적 시효중단이 되는 것은 아니고** 다만 채권자가 채무자의 제3채무자에 대한 채권에 관한 압류 및 추심명령을 받아 그 결정이 제3채무자에게 송달이 되었다면 채무자의 제3채무자에 대한 채권은 **최고로서의 효력에 의해 시효중단이 된다**(대판 2003.5.13, 2003다16238).

[정답] ④

문 78 선물용 시계 제조업자인 甲은 시계 도매업자인 乙에게 고급 여성 손목시계 200개를 1억 원에 매도하는 내용의 매매계약을 체결하였다. 甲은 위 매매계약 체결 당일 매매대금의 지급을 확보하기 위하여 乙로부터 액면금 1억 원의 약속어음을 발행받아 수령하였고, 乙은 추가로 丙에게 부탁하여 丙은 같은 날 위 매매대금채무를 연대보증하였다. 甲은 위 매매목적물을 모두 乙에게 인도하였으나 乙과 丙은 변제기가 지나도록 대금을 지급하지 않고 있다. 이에 관한 설명 중 옳은 것을 모두 고른 것은? (다툼이 있는 경우 판례에 의함) [변시 10회]

ㄱ. 甲의 乙에 대한 매매대금채권의 소멸시효기간은 3년이다.
ㄴ. 甲이 乙에 대한 매매대금채권을 피보전채권으로 乙 소유의 건물에 대한 가압류를 신청하여 법원의 가압류결정을 받아 위 건물에 가압류등기가 되었다면 가압류에 의한 시효중단의 효력은 가압류신청을 한 때로 소급한다.
ㄷ. 甲이 乙을 상대로 매매대금청구의 소를 제기하면 위 약속어음채권의 소멸시효는 중단된다.
ㄹ. 甲이 乙에 대한 매매대금채권을 피보전채권으로 乙 소유의 토지에 대한 가압류를 신청하여 법원의 가압류결정을 받아 위 토지에 가압류등기가 되었다 하더라도 丙에게 그 사실을 통지하지 않은 경우에는 丙에게 시효중단의 효력이 발생하지 않는다.

① ㄱ, ㄴ ② ㄱ, ㄷ
③ ㄱ, ㄹ ④ ㄴ, ㄹ
⑤ ㄱ, ㄴ, ㄹ

해 설 ㄱ. [O] **제64조(상사시효)** 「상행위로 인한 채권은 본법에 다른 규정이 없는 때에는 5년간 행사하지 아니하면 소멸시효가 완성한다. 그러나 다른 법령에 이보다 단기의 시효의 규정이 있는 때에는 그 규정에 의한다.」

제163조(3년의 단기소멸시효) 「다음 각호의 채권은 3년간 행사하지 아니하면 소멸시효가 완성한다. 6. 생산자 및 상인이 판매한 생산물 및 상품의 대가」

ㄴ. [O] "민법 제168조 제2호에서 가압류를 시효중단사유로 정하고 있지만, 가압류로 인한 시효중단의 효력이 언제 발생하는지에 관해서는 명시적으로 규정되어 있지 않다. 민사소송법 제265조에 의하면, 시효중단사유 중 하나인 '재판상의 청구'(민법 제168조 제1호, 제170조)는 소를 제기한 때 시효중단의 효력이 발생한다. 이는 소장 송달 등으로 채무자가 소 제기 사실을 알기 전에 시효중단의 효력을 인정한 것이다. 가압류에 관해서도 위 민사소송법 규정을 유추적용하여 '재판상의 청구'와 유사하게 가압류를 신청한 때 시효중단의 효력이 생긴다고 보아야 한다. '가압류'는 법원의 가압류명령을 얻기 위한 재판절차와 가압류명령의 집행절차를 포함하는데, 가압류도 재판상의 청구와 마찬가지로 법원에 신청을 함으로써 이루어지고(민사집행법 제279조), 가압류명령에 따른 집행이나 가압류명령의 송달을 통해서 채무자에게 고지가 이루어지기 때문이다. 가압류를 시효중단사유로 규정한 이유는 가압류에 의하여 채권자가 권리를 행사하였다고 할 수 있기 때문이다. 가압류채권자의 권리행사는 가압류를 신청한 때에 시작되므로, 이 점에서도 가압류에 의한 시효중단의 효력은 가압류신청을 한 때에 소급한다"(대판 2017.4.7. 2016다35451)

ㄷ. [×] ※ 원인채권의 행사로 어음채권에 대한 시효가 중단되는지 여부(소극)
"원인채권의 지급을 확보하기 위한 방법으로 어음이 수수된 경우에 원인채권과 어음채권은 별개로서 채권자는 그 선택에 따라 권리를 행사할 수 있고, 원인채권에 기하여 청구를 한 것만으로는 어음채권 그 자체를 행사한 것으로 볼 수 없어 어음채권의 소멸시효를 중단시키지 못한다"(대판 1967.4.25, 67다75 ; 대판 1994.12.2., 93다59922).

비교판례 ※ 어음채권의 행사로 원인채권의 시효가 중단되는지 여부(적극)
"채권자가 어음채권에 기하여 청구를 하는 반대의 경우에는 원인채권의 소멸시효를 중단시키는 효력이 있고, 이러한 법리는 어음채권을 피보전권리로 하여 채무자의 재산을 가압류함으로써 그 권리를 행사한 경우에도 마찬가지로 적용된다"(대판 1999.6.11, 99다16378).

ㄹ. [×] ※ 주채무에 대한 시효중단
시효완성의 이익을 받을 자(채무자)가 아니라 제3자(물상보증인 또는 저당부동산의 제3취득자 등)에 대해 압류 등을 한 경우에는, 그 자(채무자)에 대하여 통지한 때에 시효중단의 효력이 발생한다(제176조). 그러나 주채무자에 대한 시효의 중단은 보증인에 대하여 그 효력이 있으므로(제440조), 그 시효중단사유가 압류, 가압류 및 가처분이라고 하더라도 이를 보증인에게 통지하여야 시효중단의 효력이 발생하는 것은 아니다(대판 2005.10.27, 2005다35554,35561). ☞ 사안의 경우, 丙은 연대보증인이므로 甲이 가압류 사실을 통지하지 않았더라도 丙에게 시효중단의 효력이 발생한다.

[정답] ①

문 79 시효의 중단에 관한 설명 중 옳은 것을 모두 고른 것은? (다툼이 있는 경우 판례에 의함) [변시 10회]

ㄱ. 소장에서 청구의 대상으로 삼은 금전채권 중 일부만을 청구하면서 소송의 진행경과에 따라 나머지 부분에 대하여 장차 청구금액을 확장할 뜻을 표시하였으나 당해 소송이 종료될 때까지 실제로 청구금액을 확장하지 않은 경우, 나머지 부분에 대하여는 재판상 청구로 인한 시효중단의 효력이 발생하지는 않지만 특별한 사정이 없는 한 소송이 계속 중인 동안에는 최고에 의한 권리행사가 지속되는 것으로 볼 수 있다.
ㄴ. 점유로 인한 부동산소유권의 시효취득에 있어 취득시효기간의 완성 전에 부동산에 압류 또는 가압류 조치가 이루어졌다고 하더라도 이는 취득시효의 중단사유가 될 수 없다.
ㄷ. 확정판결에 의한 채권의 소멸시효기간인 10년의 경과가 임박한 경우에 그 시효중단을 위한 소는 소의 이익이 있다.
ㄹ. 어느 연대채무자가 채무를 승인함으로써 그에 대한 시효가 중단되면 그로 인하여 다른 연대채무자에게도 시효중단의 효력이 발생한다.

① ㄱ, ㄴ
② ㄴ, ㄷ
③ ㄷ, ㄹ
④ ㄱ, ㄴ, ㄷ
⑤ ㄴ, ㄷ, ㄹ

해 설 ㄱ. [O] ① 일부의 청구(특히 일부를 특정하고 일부청구임을 명시하여 청구한 경우)는 **나머지 부분에 대한 시효중단의 효력이 없다는 것이 判例의 기본적인 입장이다**(대판 1967.5.23. 67다529). 그러나 비록 일부만을 청구한 경우에도 그 취지로 보아 채권 전부에 관하여 판결을 구하는 것으로 해석되는 경우에는 그 전부에 대해 시효중단의 효력이 발생한다(대판 1992.4.10. 91다43695)

② "**소장에서 청구의 대상으로 삼은 채권 중 일부만을 청구하면서 소송의 진행경과에 따라 장차 청구금액을 확장할 뜻을 표시하였으나 당해 소송이 종료될 때까지 실제로 청구금액을 확장하지 않은 경우에는** 소송의 경과에 비추어 볼 때 채권 전부에 관하여 판결을 구한 것으로 볼 수 없으므로, 나머지 부분에 대하여는 재판상 청구로 인한 시효중단의 효력이 발생하지 아니한다. 그러나 이와 같은 경우에도 소를 제기하면서 장차 청구금액을 확장할 뜻을 표시한 채권자로서는 장래에 나머지 부분을 청구할 의사를 가지고 있는 것이 일반적이라고 할 것이므로, 다른 특별한 사정이 없는 한 당해 소송이 계속 중인 동안에는 나머지 부분에 대하여 권리를 행사하겠다는 의사가 표명되어 **'최고'에 의해 권리를 행사하고 있는 상태가 지속되고 있는 것으로 보아야 하고, 채권자는 당해 소송이 종료된 때부터 6월 내에 민법 제174조에서 정한 조치를 취함으로써 나머지 부분에 대한 소멸시효를 중단시킬 수 있다**"(대판 2020.2.6. 2019다223723)

ㄴ. [O] "민법 제168조 제2호에서 정하는 **'압류 또는 가압류'**는 금전채권의 강제집행을 위한 수단이거나 그 보전수단에 불과하여 취득시효기간의 완성 전에 부동산에 압류 또는 가압류 조치가 이루어졌다고 하더라도 이로써 **종래의 점유상태의 계속이 파괴되었다고는 할 수 없으므로 이는 취득시효의 중단사유가 될 수 없다**"(제247조 2항, 대판 2019.4.3. 2018다296878).

ㄷ. [O] "확정된 승소판결에는 기판력이 있으므로 승소 확정판결을 받은 당사자가 전소의 상대방을 상대로 다시 승소 확정판결의 전소(전소)와 동일한 청구의 소를 제기하는 경우, 특별한 사정이 없는 한 후소(후소)는 권리보호의 이익이 없어 부적법하다. **하지만 예외적으로 확정판결에 의한 채권의 소멸시효기간인 10년의 경과가 임박한 경우에는 그 시효중단을 위한 소는 소의 이익이 있다**"(대판 2019.1.17. 2018다24349)

ㄹ. [X] "민법 제416조는 어느 연대채무자에 대한 이행청구는 다른 연대채무자에게도 효력이 있다고 규정하고 있을 뿐이고 **채무승인은 이행청구에는 해당하지 않기 때문에**, 어느 연대채무자가 채무를 승인함으로써 그에 대한 시효가 중단되었더라도 그로 인하여 다른 연대채무자에게도 시효중단의 효력이 발생하는 것은 아니다"(대판 2018.10.25. 2018다234177)

비교판례 채권자가 연대채무자 1인의 소유 부동산에 대하여 **경매신청을 한 경우에 이는 최고로서의 효력이 있다**. 한편 이 최고는 다른 연대채무자에게도 효력이 있으므로(제416조), 채권자가 6개월 내에 '다른 연대채무자'를 상대로 재판상 청구 등을 한 때에는 그 '다른 연대채무자'에 대한 채권의 소멸시효가 중단되지만, 이로 인하여 중단된 시효는 위 경매절차가 종료된 때가 아니라 재판이 확정된 때부터 새로 진행된다. 그리고 연대채무자 1인의 소유 부동산이 경매개시결정에 따라 **압류된 경우, '다른 연대채무자'에게는 시효중단의 효력이 없다**(제169조 참조)(대판 2001.8.21. 2001다22840).

[정답] ④

문 80 **등기청구권의 소멸시효에 관한 설명 중 옳지 않은 것은?** (다툼이 있는 경우 판례에 의함) [변시 10회]

① 유류분권리자가 유류분반환청구권을 행사함으로써 발생하는 목적물의 이전등기청구권에 대하여는 「민법」 제1117조에서 정한 유류분반환청구권에 대한 소멸시효가 적용되지 않는다.

② 3자 간 등기명의신탁에 의한 등기가 「부동산 실권리자명의 등기에 관한 법률」에서 정한 유예기간의 경과로 무효로 된 경우, 목적 부동산을 인도받아 점유하고 있는 명의신탁자의 매도인에 대한 소유권이전등기청구권의 소멸시효는 진행되지 않는다.

③ 「부동산 실권리자명의 등기에 관한 법률」의 시행에 따라 그 권리를 상실하게 된 같은 법 시행 이전의 명의신탁자가 당해 부동산의 회복을 위해 명의수탁자에 대하여 가지는 소유권이전등기청구권은 법률의 규정에 의한 부당이득반환청구권으로서 소멸시효기간이 10년이다.

④ 점유취득시효완성으로 인한 소유권이전등기청구권은 시효완성자의 점유가 계속되는 한 시효로 소멸하지 않는다.

⑤ 취득시효가 완성된 점유자가 그 부동산에 대한 점유를 상실한 경우에도, 점유를 잃게 된 원인이 현 점유자에게 매도하였기 때문이고 그가 현 점유자에게 소유권이전등기의무를 지고 있다면, 취득시효완성을 원인으로 하는 소유권이전등기청구권의 소멸시효는 진행하지 않는다.

해 설 ① [○] "유류분반환청구권을 행사함으로써 발생하는 목적물의 이전등기청구권 등은 유류분반환청구권과는 다른 권리이므로, 그 이전등기청구권 등에 대하여는 민법 제1117조 소정의 유류분반환청구권에 대한 소멸시효가 적용될 여지가 없고, 그 권리의 성질과 내용 등에 따라 별도로 소멸시효의 적용 여부와 기간 등을 판단하여야 한다"(대판 2015.11.12. 2011다55092,55108)

② [○] ※ **3자간 등기명의신탁에 의한 등기가 유효기간 경과로 무효로 된 경우, 명의신탁자의 매도인에 대한 소유권이전등기청구권**

"부동산의 매수인이 목적물을 인도받아 계속 점유하는 경우에는 매도인에 대한 소유권이전등기청구권은 소멸시효가 진행되지 않고, 이러한 법리는 3자간 등기명의신탁에 의한 등기가 유효기간의 경과로 무효로 된 경우에도 마찬가지로 적용된다. 따라서 그 경우 목적 부동산을 인도받아 점유하고 있는 명의신탁자의 매도인에 대한 소유권이전등기청구권 역시 소멸시효가 진행되지 않는다"(대판 2013.12.12. 2013다26647).

쟁점정리 3자간 명의신탁약정과 그에 의한 등기가 무효로 되는 결과(부동산실명법 제4조 1항, 2항 본문), 명의신탁된 부동산은 매도인 소유로 복귀하고, 매도인은 원인무효를 이유로 수탁자 명의의 등기의 말소를 구할 수 있다. 한편 부동산실명법은 매도인과 명의신탁자 사이의 매매계약의 효력을 부정하는 규정을 두고 있지 아니하므로 그들 사이의 매매계약은 유효한 것으로 되어(명의수탁자가 당사자로 등장하는 계약명의신탁에서와는 다름에 주의할 것), 명의신탁자는 매도인에 대하여 매매계약에 기한 소유권이전등기를 청구할 수 있고, 그 소유권이전등기청구권을 보전하기 위해 매도인을 대위하여 수탁자 명의의 등기의 말소를 구할 수 있다(대판

2002.3.15. 2001다61654). 이는 동법에서 정한 유예기간이 경과하여 명의신탁약정과 그에 따른 등기가 무효인 경우에도 마찬가지이다(대판 2011.9.18. 2009다49193,49209).

③ [○] ※ 부동산실명법 시행 전에 체결된 매도인이 선의인 계약명의신탁에서 유예기간 경과 후 신탁자가 수탁자에 대하여 갖는 소유권이전등기청구권
"부동산실명법 시행일로부터 1년의 기간(유예기간)이 경과하기 전까지는 명의신탁자는 언제라도 명의신탁을 해지하여 해당 부동산의 소유권을 취득할 수 있었다는 점에서, 그 유예기간이 경과한 후에는 동법 제12조 1항에 의해 제4조가 적용되어 계약명의신탁법리가 적용된다고 하더라도, 동법 제3조 및 제4조가 명의신탁자에게 소유권이 귀속되는 것을 막는 취지의 규정은 아니므로 이 경우에는 명의수탁자는 명의신탁자에게 자신이 취득한 해당 '부동산 자체'를 부당이득으로 반환할 의무가 있다"(대판 2002.12.26. 2000다21123 ; 대판 2008.11.27. 2008다62687). 그리고 명의신탁자가 해당부동산의 회복을 위해 명의수탁자에 대해 가지는 이러한 소유권이전등기청구권은 그 성질상 법률의 규정에 의한 부당이득반환청구권으로서, 제162조 1항에 따라 10년의 기간이 경과함으로써 시효로 소멸한다. 유의할 점은 위 등기청구권은 명의신탁자가 목적물을 점유하고 있더라도 소멸시효에 걸린다는 것이다(대판 2009.7.9. 2009다23313).
☞ 만약 이 경우 소멸시효가 진행되지 않는다고 한다면 실명전환을 하지 않아 위 법률을 위반한 경우임에도 그 권리를 보호하여 주는 결과가 되므로 判例는 타당하다(위 2009다23313판시내용).

④ [○] ⑤ [X] "토지에 대한 취득시효 완성으로 인한 소유권이전등기청구권은 그 토지에 대한 점유가 계속되는 한 시효로 소멸하지 아니하고, 그 후 점유를 상실하였다고 하더라도 이를 시효이익의 포기로 볼 수 있는 경우가 아닌 한 이미 취득한 소유권이전등기청구권은 바로 소멸되는 것은 아니나, 취득시효가 완성된 점유자가 점유를 상실한 경우 취득시효 완성으로 인한 소유권이전등기청구권의 소멸시효는 이와 별개의 문제로서, 그 점유자가 점유를 상실한 때로부터 10년간 등기청구권을 행사하지 아니하면 소멸시효가 완성한다"(대판 1996.3.8. 95다34866,34873)

비교판례 ※ 매매에 기한 등기청구권의 소멸시효
判例는 "부동산 매수인이 부동산을 인도받아 사용·수익하다가 '보다 적극적인 권리행사'의 일환으로 다른 사람에게 그 부동산을 처분하고 점유를 승계해 준 경우에도, 부동산을 스스로 계속 사용수익하고 있는 경우와 마찬가지이므로 소멸시효는 진행되지 않는다"(대판 1999.3.18. 전합98다32175)

[정답] ⑤

문 81 소멸시효 중단에 관한 설명 중 옳은 것을 모두 고른 것은? (다툼이 있는 경우 판례에 의함) [변시 11회]

ㄱ. 채권자가 주채무자의 재산에 대한 압류신청을 하여 압류결정을 받은 경우, 보증인에게 압류결정이 통지되지 않았다면 보증채권에 대한 시효중단의 효력은 생기지 않는다.
ㄴ. 이행인수인이 채권자에 대하여 채무자의 채무를 승인하더라도 다른 특별한 사정이 없는 한 채무자에 대하여 시효중단의 효력은 생기지 않는다.
ㄷ. 소멸시효 중단사유로서의 승인은 소멸시효의 진행이 개시되기 전 또는 그 이후에 가능할 뿐만 아니라, 장래의 채권을 미리 승인하여도 시효중단의 효력이 생긴다.
ㄹ. 「주택임대차보호법」에 기한 임차권등기명령에 따른 임차권등기에는 임대차보증금반환채권에 대한 소멸시효 중단사유인 압류 또는 가압류, 가처분에 준하는 시효중단의 효력이 없다.

① ㄴ
② ㄱ, ㄷ
③ ㄴ, ㄹ
④ ㄱ, ㄷ, ㄹ
⑤ ㄴ, ㄷ, ㄹ

해 설 ㄱ. [X] 주채무자에 대한 시효의 중단은 보증인에 대하여 그 효력이 있다(제440조). 따라서 보증인에게 압류결정이 통지되지 않았더라도(제176조) 주채무가 시효중단되면 보증채권에 대하여도 시효중단의 효력이 발생한다.

ㄴ. [O] 승인을 할 수 있는 자는 시효이익을 받을 채무자 또는 그 대리인이다. 따라서 '면책적 채무인수'는 시효중단사유 중 승인에 해당하나, '이행인수인'이 채권자에 대하여 채무자의 채무를 승인하더라도 시효중단 사유가 되는 채무승인의 효력은 발생하지 않는다(대판 2016.10.27. 2015다239744).

ㄷ. [X] 승인은 시효이익을 받을 당사자인 채무자가 그 권리의 존재를 인식하고 있다는 뜻을 표시함으로써 성립하는 것이므로, 이는 소멸시효의 진행이 개시된 이후에만 가능하고, 그 이전에 승인을 하더라도 시효가 중단되지는 않는다. 또한 현존하지 아니하는 장래의 채권을 미리 승인하는 것은 채무자가 그 권리의 존재를 인식하고서 한 것이라고 볼 수 없어 허용되지 않는다(대판 2001.11.9. 2001다52568). 한편 승인은 시효완성 전에 하는 것이고, 시효완성 후의 승인은 소멸시효이익의 포기(제184조 1항)로 다루어진다.

ㄹ. [O] "임차권등기명령에 따른 임차권등기가 본래의 담보적 기능을 넘어서 채무자의 일반재산에 대한 강제집행을 보전하기 위한 처분의 성질을 가진다고 볼 수는 없다. 그렇다면 임차권등기명령에 따른 임차권등기에는 민법 제168조 제2호에서 정하는 소멸시효 중단사유인 압류 또는 가압류, 가처분에 준하는 효력이 있다고 볼 수 없다"(대판 2019.5.16. 2017다226629).

[정답] ③

문82 **부당이득반환청구권의 소멸시효에 관한 설명 중 옳은 것을 모두 고른 것은?**(다툼이 있는 경우 판례에 의함)

[변시 11회]

ㄱ. 가맹업자인 甲주식회사가 가맹계약상 근거 없이'Administration Fee'라는 항목으로 매장 매출액의 일정 비율에 해당하는 금액을 가맹상인 乙에게 청구하여 지급받은 것은 부당이득에 해당하므로, 이에 관하여 乙이 청구하는 부당이득반환청구권에는 5년의 상사소멸시효기간이 적용된다.

ㄴ. 주식회사인 매수인이 의료법인인 매도인과의 부동산매매계약의 이행으로서 그 매매대금을 매도인에게 지급하였으나, 매도인 법인을 대표하여 위 매매계약을 체결한 대표자의 선임에 관한 이사회 결의가 부존재함이 확정됨에 따라 위 매매계약이 무효가 되고, 이에 따라 발생하는 매수인의 부당이득반환청구권에는 5년의 상사소멸시효기간이 적용된다.

ㄷ. 甲은행으로부터 대출받으면서 근저당권설정비용을 부담한 채무자 乙이 그 비용 부담의 근거가 된 약관 조항의 무효로 인하여 행사할 수 있는 근저당권설정비용에 대한 부당이득반환청구권에는 5년의 상사소멸시효기간이 적용된다.

ㄹ. 주식회사에 있어서 배당가능이익이 없는데도 이익배당이 이루어진 경우, 회사가 주주로부터 위법배당금을 회수하기 위하여 행사하는 부당이득반환청구권에는 10년의 민사소멸시효기간이 적용된다.

ㅁ. 공공건설임대주택의 임대사업자인 甲공사와 분양계약을 체결한 乙이 일률적인 산정방식에 따라 정한 분양전환가격이 강행법규 위반으로 무효가 됨을 이유로 납부한 분양대금과 정당한 분양전환가격의 차액 상당을 청구하는 부당이득반환청구권에는 10년의 민사소멸시효기간이 적용된다.

① ㄱ, ㄴ, ㄹ
② ㄱ, ㄷ, ㄹ
③ ㄱ, ㄷ, ㅁ
④ ㄴ, ㄷ, ㄹ
⑤ ㄷ, ㄹ, ㅁ

쟁점정리 상행위인 계약의 무효로 인한 부당이득반환청구권은 제741조의 부당이득 규정에 따라 발생한 것으로서 특별한 사정이 없는 한 제162조 1항이 정하는 10년의 민사 소멸시효기간이 적용된다. 다만 부당이득반환청구권이 상행위인 계약에 기초하여 이루어진 급부 자체의 반환을 구하는 것으로서 법률관계를 상거래 관계와 같은 정도로 신속하게 해결할 필요성이 있는 경우 등에는 상법 제64조가 정하는 5년의 상사 소멸시효기간이 적용되거나 유추적용된다(대판 2021.7.22. 전합2019다277812).

해 설 ㄱ. [O] 가맹점사업자인 甲 등이 가맹본부인 乙 유한회사를 상대로 乙 회사가 가맹계약상 근거를 찾을 수 없는 'SCM Adm'(Administration Fee)이라는 항목으로 甲 등에게 매장 매출액의 일정 비율에 해당하는 금액을 청구하여 지급받은 것은 부당이득에 해당한다며 그 금액 상당의 반환을 구한 사안에서, 判例는 "甲 등이 청구하는 부당이득반환채권은 甲 등과 乙 회사 모두에게 상행위가 되는 가맹계약에 기초하여 발생한 것일 뿐만 아니라, 乙 회사가 정형화된 방식으로 가맹계약을 체결하고 가맹사업을 운영해 온 탓에 수백 명에 달하는 가맹점사업자들에게 甲 등에게 부담하는 것과 같은 내용의 부당이득반환채무를 부담하는 점 등 채권 발생의 경위나 원인 등에 비추어 볼 때 그로 인한 **거래관계를 신속하게 해결할 필요가 있으므로, 위 부당이득반환채권은 상법 제64조에 따라 5년간 행사하지 않으면 소멸시효가 완성된다"**(대판 2018.6.15. 2017다248803,248810) 고 판시하였다

ㄴ. [X] "주식회사인 부동산 매수인이 의료법인인 매도인과의 부동산매매계약의 이행으로서 그 매매대금을 매도인에게 지급하였으나, 매도인 법인을 대표하여 위 매매계약을 체결한 대표자의 선임에 관한 이사회결의가 부존재하는 것으로 확정됨에 따라 위 매매계약이 무효로 되었음을 이유로 민법의 규정에 따라 매도인에게 이미 지급하였던 매매대금 상당액의 반환을 구하는 부당이득반환청구의 경우, 거기에 **상거래 관계와 같은 정도로 신속하게 해결할 필요성이 있다고 볼 만한 합리적인 근거도 없으므로** 위 부당이득반환청구권에는 상법 제64조가 적용되지 아니하고, 그 **소멸시효기간은 민법 제162조 제1항에 따라 10년이다"**(대판 2003.4.8. 2002다64957)

ㄷ. [O] 甲 은행으로부터 대출받으면서 근저당권설정비용 등을 부담한 채무자 乙 등이 그 비용 등 부담의 근거가 된 약관 조항이 구 약관의 규제에 관한 법률 제6조에 따라 무효라고 주장하면서 비용 등 상당액의 부당이득 반환을 구한 사안에서, 判例는 "위 부당이득 반환채권은 상법 제64조가 적용되어 소멸시효가 5년"(대판 2014.7.24. 2013다214871)이라고 판시하였다.

ㄹ. [O] **※ 위법배당에 따른 부당이득반환청구권의 소멸시효기간(=10년)**
"이익의 배당이나 중간배당은 회사가 획득한 이익을 내부적으로 주주에게 분배하는 행위로서 회사가 영업으로 또는 영업을 위하여 하는 상행위가 아니므로 배당금지급청구권은 상법 제64조가 적용되는 상행위로 인한 채권이라고 볼 수 없다. 이에 따라 위법배당에 따른 부당이득반환청구권 역시 근본적으로 상행위에 기초하여 발생한 것이라고 볼 수 없다. 특히 배당가능이익이 없는데도 이익의 배당이나 중간배당이 실시된 경우 회사나 채권자가 주주로부터 배당금을 회수하는 것은 회사의 자본충실을 도모하고 회사 채권자를 보호하는 데 필수적이므로, 회수를 위한 부당이득반환청구권 행사를 신속하게 확정할 필요성이 크다고 볼 수 없다. 따라서 위법배당에 따른 부당이득반환청구권은 민법 제162조 제1항이 적용되어 10년의 민사소멸시효에 걸린다고 보아야 한다"(대판 2021.6.24. 2020다208621).

ㅁ. [X] 공공건설임대주택의 임대사업자인 甲 공사가 일률적인 산정방식에 따라 정한 분양전환가격으로 분양계약을 체결한 乙 등이 납부한 분양대금과 정당한 분양전환가격의 차액 상당의 부당이득반환을 구한 사안에서, 判例는 **"위 부당이득반환채권은 5년의 상사소멸시효가 적용된다"**(대판 2015.9.15. 2015다210811)고 판시하였다.

[정답] ②

문 83 甲은 2023. 4. 1. 자기 소유의 X 토지에 관하여 乙과 매매계약을 체결하였다. 이 계약에서 甲과 乙은 2023. 8. 31. 매매대금 전액의 지급과 상환으로 X 토지의 인도 및 소유권이전등기절차를 이행하기로 약정하였다. 이에 관한 설명 중 옳지 않은 것을 모두 고른 것은? (각 지문은 독립적이며, 다툼이 있는 경우 판례에 의함) [변시 14회]

ㄱ. 乙이 2023. 8. 31. 甲에게 매매대금을 지급하였는데 甲과 乙 사이의 매매계약이 무효인 경우, 乙의 甲에 대한 매매대금 상당의 부당이득반환청구권의 소멸시효는 특별한 사정이 없는 한 乙이 매매대금을 지급한 때부터 진행한다.
ㄴ. 乙이 2023. 8. 31.이 지나도록 매매대금을 지급하지 않았더라도 甲에 대해 동시이행의 항변권이 인정되는 한, 甲의 乙에 대한 매매대금 채권의 소멸시효는 진행하지 않는다.
ㄷ. 甲이 2023. 8. 31. 乙에게 X 토지를 인도하고 소유권이전등기를 마쳐 주었지만 乙은 매매대금을 지급하지 않았다. 이후 甲이 X 토지의 매매대금 채권을 보전하기 위하여 乙의 丙에 대한 채권에 대해 가압류를 신청하여 그 결정이 2023. 10. 1. 丙에게 송달되었지만 乙에게는 그 가압류 사실이 통지되지 않았다면 甲의 乙에 대한 매매대금 채권의 소멸시효는 중단되지 않는다.
ㄹ. 甲이 2023. 8. 31. 乙에게 X 토지를 인도하고 소유권이전등기를 마쳐 주었지만 乙은 매매대금을 지급하지 않았다. 이후 甲의 채권자 A가 甲을 대위하여 乙을 상대로 매매대금의 지급을 구하는 소를 제기하였더라도 甲의 乙에 대한 매매대금 채권의 소멸시효는 중단되지 않는다.

① ㄱ
② ㄴ, ㄷ
③ ㄷ, ㄹ
④ ㄴ, ㄷ, ㄹ
⑤ ㄱ, ㄴ, ㄷ, ㄹ

해설 ㄱ. [O] 부당이득반환청구권은 부당이득의 날로부터, ㉠ 무효인 경우 급부시부터 부당이득반환청구권의 소멸시효가 진행한다(대판 2005.1.27. 2004다50143). ㉡ 그러나 취소할 수 있는 경우 취소시부터 소멸시효가 진행한다(다수설). 즉 취소권 행사는 제척기간에 해당하나(제146조), 부당이득반환청구권은 소멸시효에 해당한다.

ㄴ. [X] 동시이행의 항변권이 붙어 있는 채권의 경우에 이행기 도래 후에 반대급부를 제공하면 언제라도 권리를 행사할 수 있으므로 이행기부터 소멸시효가 진행한다. 判例도 "부동산에 대한 매매대금 채권이 소유권이전등기청구권과 동시이행의 관계에 있다고 할지라도 매도인은 매매대금의 지급기일 이후 언제라도 그 대금의 지급을 청구할 수 있는 것이며, 다만 매수인은 매도인으로부터 그 이전등기에 관한 이행의 제공을 받기까지 그 지급을 거절할 수 있는 데 지나지 아니하므로 매매대금 청구권은 반대급부의 제공이 없더라도 그 지급기일 이후 시효의 진행에 걸린다"(대판 1991.3.22. 90다9797)고 한다.

비교판례 주택임대차보호법에 따른 임대차에서 임차인이 임대차 종료 후 동시이행항변권을 근거로 임차목적물을 계속 점유하고 있는 경우, 보증금반환채권에 대한 소멸시효가 진행하지 않는다(대판 2020.7.9. 2016다244224,244231).

ㄷ. [X] "채권자가 채권보전을 위하여 채무자의 제3채무자에 대한 채권을 가압류한 경우 채무자에게 그 가압류 사실이 통지되지 않더라도 채권자의 채권(甲의 乙에 대한 채권)에 대하여 소멸시효 중단의 효력이 발생한다고 봄이 상당하다"(대판 2019.5.16. 2016다8589).

ㄹ. [X] 채권자가 채무자를 대위하여 피대위채권을 대위행사한 경우(제404조), 채권자대위권 행사의 효과는 채무자에게 귀속되는 것이므로 채권자대위소송의 제기로 인한 소멸시효의 중단의 효과 역시 채무자에게 생긴다(대판 2011.10.13. 2010다80930). 즉 피대위채권이 시효중단됨은 물론이다.

[정답] ④

문84 **甲의 乙에 대한 5,000만 원의 대여금 채권은 소멸시효가 완성되었다. 이에 관한 설명 중 옳지 않은 것은?** (각 지문은 독립적이며, 다툼이 있는 경우 판례에 의함) [변시 14회]

① 乙이 소멸시효 완성 사실을 모르고 위 채무의 변제로 甲에게 5,000만 원을 지급한 경우, 乙은 甲에게 그 반환을 청구할 수 없다.

② 丙이 甲의 乙에 대한 위 채권을 담보하기 위해 소멸시효 완성 전에 자기 소유의 X 토지에 저당권을 설정해 준 경우, 丙은 위 채권의 소멸시효 완성을 주장할 수 있다.

③ 乙의 일반채권자 丙은 자기의 채권을 보전하기 위해 필요한 한도 내에서 乙을 대위하여 甲의 乙에 대한 위 채권의 소멸시효 완성을 주장할 수 있다.

④ 甲의 乙에 대한 위 채권이 소멸시효 완성 전에 이미 乙의 甲에 대한 채권과 상계할 수 있었던 경우, 甲은 위 채권을 乙의 채권과 상계할 수 있다.

⑤ 甲이 소멸시효 완성 후 乙을 상대로 채무이행의 소를 제기하였는데 乙이 사실심 변론종결 시까지 소멸시효 완성 사실을 주장하지 않은 경우, 법원은 직권으로 소멸시효 완성을 고려하여야 한다.

해설 ① [O] ㉠ 상대적 소멸설에 의하면 채무자가 시효완성의 사실을 알았는지 묻지 않고 원용이 없는 동안은 채권은 소멸하지 않은 것으로 다루어지므로 유효한 채무의 변제가 된다. ㉡ 절대적 소멸설(判例 : 대판 1979.2.13. 78다2157)에 의하면 i) 채무자가 시효완성의 사실을 알고 변제한 때에는 시효이익의 포기(제184조 1항) 내지는 악의의 비채변제(제742조)가 되어 그 반환을 청구하지 못한다고 한다. ii) 채무자가 시효완성의 사실을 모르고 변제한 때에는 제744조의 도의관념에 적합한 비채변제에 해당하여 그 반환을 청구하지 못한다고 한다. 즉, 어느 견해에 따르든 모두 반환청구가 부정된다.

② [O] 判例는 소멸시효의 완성을 원용할 수 있는 자는 권리의 소멸에 의하여 직접 이익을 받는 자에 한정된다고 한다(대판 1995.7.11. 95다12446) 判例는 ① 채무자(연대보증인) 뿐만 아니라 ② 물상보증인(대판 2004.1.16. 2003다30890), ③ 담보물의 제3취득자(대판 1995.7.11. 95다12446)는 채권자에 대하여 물적 유한책임을 지고 있어 그 피담보채권의 소멸에 의해 직접 이익을 받는 관계에 있으

므로 소멸시효의 완성을 주장할 수 있다고 한다(즉 피담보채무의 부존재 또는 소멸을 이유로 저당권설정등기의 말소를 청구할 수 있다).
☞ **丙은 물상보증인으로서 소멸시효 완성을 원용할 수 있는 직접 이익을 받는 자에 해당한다.**

③ [○] 判例는 **'채무자에 대한 일반채권자'는 자기의 채권을 보전하기 위하여 필요한 한도 내에서 채무자를 대위하여 소멸시효 주장을 할 수 있을 뿐 채권자의 지위에서 독자적으로** (다른 채권자의 채무자에 대한 채권에 대해) **소멸시효의 완성을 주장할 수 없다고 한다**(대판 1997.12.26. 97다22676).

④ [○] **시효로 소멸하는 채권이 그 소멸시효가 완성하기 전에 상계할 수 있었던 것이라면 채권자는 상계할 수 있다**(제495조). **이는** (매도인이나 수급인의 담보책임을 기초로 한 손해배상채권의) **제척기간이 지났으나, 제척기간이 지나기 전 상대방의 채권과 상계할 수 있었던 경우에도 마찬가지이다**(대판 2019.3.14. 2018다255648)

⑤ [×] **변론주의의 원칙상 소송당사자가 소멸시효가 완성되었음을 주장하지 아니하면 법원이 이를 고려할 수 없다**(대판 1979.2.13. 78다2157)

[정답] ⑤

문 85 소멸시효에 관한 설명 중 옳은 것은? (다툼이 있는 경우 판례에 의함) [변시 13회]

① 채무불이행으로 인한 손해배상채권은 본래의 채권이 시효로 소멸하더라도 함께 소멸하지 않는다.
② 3년의 단기소멸시효가 적용되는 도급을 받은 자의 공사에 관한 채권은 공사대금채권만을 의미하고 그 공사에 부수되는 채권으로서 수급인의 저당권설정청구권은 도급을 받은 자의 공사에 관한 채권에 해당되지 않는다.
③ 후순위담보권자는 선순위담보권의 피담보채권의 소멸로 직접 이익을 받는 자이므로 선순위담보권의 피담보채권에 관한 소멸시효의 완성을 원용할 수 있다.
④ 물상보증인이 그 피담보채무의 부존재 또는 소멸을 이유로 제기한 저당권설정등기 말소등기절차 이행청구소송에서 채권자 겸 저당권자가 청구기각의 판결을 구하고 피담보채권의 존재를 주장하여 승소하더라도 채권자의 위 응소행위는 피담보채권에 대한 시효중단 사유인 '재판상 청구'에 해당하지 않는다.
⑤ 채권자가 채무자의 제3채무자에 대한 채권을 압류 또는 가압류한 경우 채무자의 제3채무자에 대한 채권에 확정적 시효중단의 효력이 생긴다.

해설 ① [×] 채무불이행으로 인한 손해배상채권(제394조)은 본래의 채권이 확장된 것이거나 본래의 채권의 내용이 '금전채권'으로 변경된 것이므로 **본래의 채권과 '동일성'**을 가진다. 따라서 채무불이행으로 인한 손해배상청구권의 시효기간은 원채권의 시효기간에 따르고(대판 2010.9.9. 2010다28031), **본래의 채권이 시효로 소멸한 때에는 손해배상채권도 함께 소멸한다**(대판 2018.2.28. 2016다45779)

② [×] 도급받은 자 등의 공사에 관한 채권(제163조 3호). 이는 수급인이 도급인에 대하여 갖는 공사에 관한 채권을 말하는 것으로(대판 1963.4.18. 63다92), 공사대금채권(수급인의 보수청구권)뿐만 아니라 그 공사에 부수되는 채권, 예를 들어 수급인의 제666조의 저당권설정청구권(대판 2016.10.27. 2014다211978)도 포함된다.

③ [×] "후순위 담보권자는 선순위 담보권의 피담보채권이 소멸하면 담보권의 순위가 상승하고 이에 따라 피담보채권에 대한 배당액이 증가할 수 있지만, 이러한 배당액 증가에 대한 기대는 담보권의 순위 상승에 따른 반사적 이익에 지나지 않는다. 후순위 담보권자는 선순위 담보권의 피담보채권 소멸로 직접 이익을 받는 자에 해당하지 않아 선순위 담보권의 피담보채권에 관한 소멸시효가 완성되었다고 주장할 수 없다"(대판 2021.2.25. 2016다232597).

④ [○] 응소가 시효중단사유로서 재판상 청구에 해당하기 위해서는, 채무자가 제기한 소송에서 채권자가 응소하여 적극적으로 자신의 권리를 주장하는 경우이어야 한다. 따라서 담보물의 제3취득자나 물상보증인 등 시효를 원용할 수 있는 지위에 있으나 직접 의무를 부담하지 아니하는 자가 제기한 소송에서의 응소행위는 권리자의 의무자에 대한 재판상 청구에 준하는 행위에 해당한다고 볼 수 없다(대판 2007.1.11. 2006다33364).

⑤ [×] 채권자가 채무자의 제3채무자에 대한 채권을 압류 또는 가압류한 경우 채권자의 채무자에 대한 채권은 압류에 따른 시효중단의 효력이 확정적으로 발생하나, 이와 달리 압류의 대상인 채무자의 제3채무자에 대한 채권은 확정적 시효중단이 되는 것은 아니고 다만 채권자가 채무자의 제3채무자에 대한 채권에 관한 압류 및 추심명령을 받아 그 결정이 제3채무자에게 송달이 되었다면 채무자의 제3채무자에 대한 채권은 '최고'로서의 효력에 의해 시효중단이 된다(대판 2003.5.13. 2003다16238)

[정답] ④

문 86 **대부업을 하는 甲은 乙에게 아래 표와 같이 세 차례에 걸쳐 총 3억 원을 대여하였다. 乙이 위 채무의 변제를 전혀 하지 않아 甲은 2024. 1. 12. 위 각 대여금의 원금 및 이에 대한 2023.12.31.까지의 이자 또는 지연손해금의 지급을 구하는 소를 제기하려고 한다. 乙이 소멸시효 항변을 할 것으로 예상되는 경우 甲이 소송에서 최대로 인용받을 수 있는 청구금액은 얼마인가?** (발생 이자나 지연손해금에 대한 지연손해금은 청구하지 않고, 기간의 말일은 토요일 또는 공휴일이 아니라고 가정함. 다툼이 있는 경우 판례에 의함) [변시 13회]

대여일	원금	이자	원금 변제기
2018. 1. 1.	1억 원	월 1%(매월 말일 지급)	2018. 12. 31.
2019. 1. 1.	1억 원	월 1%(매월 말일 지급)	2019. 12. 31.
2020. 7. 1.	1억 원	월 1%(매월 말일 지급)	2021. 6. 30.

① 4억 7,400만 원
② 3억 200만 원
③ 2억 8,400만 원
④ 2억 7,200만 원
⑤ 1억 4,200만 원

해 설 Ⅰ. 각 대여금 채권의 소멸시효 완성 여부(편의상 위에서부터 각 A,B,C 채권이라 칭함)

[원본채권] 각 원금의 변제기(제166조 1항), 소멸시효 기간 : 5년(상법 제64조 본문).

☞ A의 원본채권은 2023. 12. 31. 24:00에 이미 소멸시효 완성하여 소멸함, B채권과 C채권의 원본은 각 변제기부터 5년이 지난 2024. 12. 31. 24:00, 2026. 6. 30. 24:00에 각 원본채권 시효소멸할 예정임.

[이자채권] 소멸시효 기산점 : 약정된 이자지급일(제166조 1항), 소멸시효 기간 : 3년(제163조 제1호)

☞ A채권은 원금채권이 시효소멸하여 이자채권도 소멸(제183조). B채권은 마지막 이자 발생일이라고 추정되는 2019. 12. 31.로부터 3년이 도과되어 이자채권 시효소멸, C채권의 2020. 12. 31. 까지 발생한 이자는 시효소멸하였고, 2021. 1. 1.부터 2021. 6. 30. 까지의 6개월의 이자채권은 남아있으므로 600만원의 이자채권 잔존함.

[지연손해금채권] 채무불이행으로 인한 손해배상채권(제394조)은 본래의 채권이 확장된 것이거나 본래의 채권의 내용이 '금전채권'으로 변경된 것이므로 본래의 채권과 '동일성'을 가진다. 따라서 채무불이행으로 인한 손해배상청구권의 시효기간은 원채권의 시효기간에 따르고(대판 2010.9.9. 2010다28031), 본래의 채권이 시효로 소멸한 때에는 손해배상채권도 함께 소멸한다(대판 2018.2.28. 2016다45779)). 금전채무불이행의 손해배상액은 법정이율에 의한다. 그러나 법령의 제한에 위반하지 아니한 약정이율이 있으면 그 이율에 의한다(제397조 제1항) A채권은 원본이 시효소멸하였으므로 손해배상채권도 함께 소멸함.

☞ B채권과 C채권의 각 변제기 다음날부터(제387조 1항 1문) 지연손해금채권 발생하고, B채권은 2020. 1. 1.부터, C채권은 2021. 7. 1.부터 2023. 12. 31.까지 각 4,800만 원, 3,000만 원의 지연손해금채권 발생함

Ⅱ. 인용되는 청구금액

A채권에서는 0원, B채권에서는 원본 1억 원, 지연손해금 4,800만 원, C채권에서는 원본 1억 원, 이자 600만 원, 지연손해금 3,000만 원의 지연손해금채권이 잔존하므로, 甲이 최대로 인용받을 수 있는 금액은 총 2억 8,400만 원임

[정답] ③

❶ 민 법

물권법

제1장 물권법 서론

문 1 권리의 객체에 관한 설명 중 옳지 않은 것을 모두 고른 것은?(다툼이 있는 경우 판례에 의함) [변시 4회]

ㄱ. 독립한 물건이라 하더라도 동산이 아닌 경우에는 종물이 될 수 없다.
ㄴ. 종물은 주물의 상용에 공하는 것이면 족하고, 원칙적으로 주물과 종물이 모두 동일한 소유자에게 속하여야 하는 것은 아니다.
ㄷ. 부동산 매수인이 매매계약을 체결하고 매도인으로부터 소유권이전등기를 경료받았다고 하여도, 아직 매매대금을 완납하지 않고 부동산을 인도받지 않은 이상 그 부동산으로부터 발생하는 과실은 매도인에게 귀속된다.
ㄹ. 분묘에 안치되어 있는 피상속인의 유체 · 유골은 매장 · 관리 · 제사 · 공양의 대상이 될 수 있는 유체물로서 그 제사주재자에게 승계된다.

① ㄱ, ㄴ
② ㄱ, ㄷ
③ ㄴ, ㄹ
④ ㄱ, ㄴ, ㄷ
⑤ ㄱ, ㄴ, ㄹ

해 설 ㄱ. [×] 종물은 동산이든 부동산이든 관계없다. 따라서 부동산도 독립성이 있는 한 종물이 될 수 있다. 判例는 낡은 가재도구 등의 보관장소로 사용되고 있는 방과 연탄창고 및 공동변소 등은 본채에서 떨어져 축조되어 있더라도 본채의 종물로 인정한다(대판 1991.5.14. 91다2779).

ㄴ. [×] "종물은 물건의 소유자가 그 물건의 상용에 공하기 위하여 자기 소유인 다른 물건을 이에 부속하게 한 것을 말하므로(제100조 1항) 주물과 다른 사람의 소유에 속하는 물건은 종물이 될 수 없다"(대판 2008.5.8. 2007다36933,36940).

☞ 주물과 종물은 동일한 법률적 운명에 따르므로 타인의 권리를 침해하는 일이 없도록 '원칙적'으로 모두 동일한 소유자에게 속해야 한다. 다만 '예외적'으로 제3자의 권리를 해하지 않는 범위에서는 다른 소유자에 속하는 물건도 종물이 될 수 있다(통설).

ㄷ. [○] "부동산매매에 있어 목적부동산을 제3자가 점유하고 있어 인도받지 아니한 매수인이 명도소송제기의 방편으로 미리 소유권이전등기를 경료받았다고 하여도 아직 매매대금을 완급하지 않은 이상 부동산으로부터 발생하는 과실은 매수인이 아니라 매도인에게 귀속되어야 한다" (대판 1992.4.28. 91다32527).

제587조 (과실의 귀속, 대금의 이자) 「매매계약 있은 후에도 인도하지 아니한 목적물로부터 생긴 과실은 매도인에게 속한다. 매수인은 목적물의 인도를 받은 날로부터 대금의 이자를 지급하여야 한다. 그러나 대금의 지급에 대하여 기한이 있는 때에는 그러하지 아니하다.」

☞ 제587조는 목적물의 사용이익과 대금의 이자 사이의 등가성을 선언한 것으로 이해되고 있다. 대법원도 민법 제587조는 매매당사자 사이의 형평을 꾀하기 위하여 매매목적물의 '인도시를 기준'(등기이전시가 아님을 주의)으로 과실수취권의 귀속을 정하는 것이라고 한다(대판 2004.4.23. 2004다8210).

ㄹ. [○] "사람의 유체 · 유골은 매장 · 관리 · 제사 · 공양의 대상이 될 수 있는 유체물로서, 분묘에 안치되어 있는 선조의 유체 · 유골은 민법 제1008조의3 소정의 제사용 재산인 분묘와 함께 그 제사주재자에게 승계되고, 피상속인 자신의 유체 · 유골 역시 위 제사용 재산에 준하여 그 제사주재자에게 승계된다. 피상속인이 생전행위 또는 유언으로 자신의 유체 · 유골을 처분하거나 매장장소를 지정한 경우에, 선량한 풍속 기타 사회질서에 반하지 않는 이상 그 의사는 존중되어야 하고 이는 제사주재자로서도 마찬가지이지만, 피상속인의 의사를 존중해야 하는 의무는 도의적인 것에 그치고, 제사주재자가 무조건 이에 구속되어야 하는 법률적 의무까지 부담한다고 볼 수는 없다"(대판 2008.11.20. 전합2007다27670).

[정답] ①

문2 **분묘에 관한 설명 중 옳은 것을 모두 고른 것은?** (「장사 등에 관한 법률」은 고려하지 말 것. 다툼이 있는 경우 판례에 의함)

[변시 14회]

ㄱ. 분묘의 수호 · 관리권자가 사망하여 그 직계비속들이 공동상속인이 되었고 이들 사이에 분묘의 수호 · 관리권 승계에 관한 협의가 없다면, 특별한 사정이 없는 한 그 직계비속들 중 최근친의 연장자가 이를 승계한다고 보는 것이 관습법의 내용에 부합한다.
ㄴ. 토지 소유자의 승낙에 의해 분묘기지권이 성립하는 경우, 분묘기지권의 성립 당시 토지 소유자와 분묘의 수호 · 관리권자가 지료 지급의무의 존부나 범위 등에 관하여 약정을 하였더라도 그 약정의 효력은 그 분묘기지를 포함하는 토지에 관한 임의경매절차에서 이를 매수한 자에게는 미치지 않는다.
ㄷ. 분묘기지권은 분묘를 수호하고 봉제사하는 목적을 달성하는 데 필요한 범위 내에서 타인 소유의 토지를 사용할 수 있고 제3자는 물론 토지 소유자의 방해도 배제할 수 있는 관습상의 물권이다.
ㄹ. 분묘의 수호 · 관리권자가 타인의 토지에 그 토지 소유자의 승낙 없이 분묘를 무단으로 설치한 경우에도 분묘기지권을 시효로 취득할 수 있다.

① ㄱ, ㄷ
② ㄱ, ㄹ
③ ㄴ, ㄷ
④ ㄴ, ㄹ
⑤ ㄷ, ㄹ

해 설 ㄱ. [X] 제1조는 "민사에 관하여 법률에 규정이 없으면 관습법에 의하고 **관습법이 없으면 조리에 의한다**"라고 하여 민법의 법원으로 인정되는 '범위'와 '적용순서'를 정하고 있다.
"2008.11.20. 선고 2007다27670 전원합의체 판결은 피상속인의 유체·유해가 민법 제1008조의3 소정의 제사용 재산에 준해서 제사주재자에게 승계되고, **제사주재자는 우선적으로 공동상속인들 사이의 협의에 의해 정하되, 협의가 이루어지지 않는 경우에는** 그 지위를 유지할 수 없는 특별한 사정이 있지 않는 한 장남 또는 장손자 등 남성 상속인이 제사주재자라고 판시하였다. 그러나 공동상속인들 사이에 협의가 이루어지지 않는 경우 제사주재자 결정방법에 관한 **2008년 전원합의체 판결의 법리는 더 이상 조리에 부합한다고 보기 어려워 유지될 수 없다.** 따라서 공동상속인들 사이에 협의가 이루어지지 않는 경우에는 제사주재자의 지위를 인정할 수 없는 특별한 사정이 있지 않는 한 **피상속인의 직계비속 중 남녀, 적서를 불문하고 최근친의 연장자가 제사주재자로 우선한다고 보는 것이 가장 '조리'**(관습법이 아님, 제1조 참조)**에 부합한다**"(대판 2023.5.11. 전합2018다248626).

ㄴ. [X] 분묘의 기지인 토지가 분묘의 수호·관리권자가 아닌 다른 사람의 소유인 경우, 토지 소유자가 분묘의 설치를 승낙한 때 분묘기지권을 설정한 것으로 보아야 하고, 위 **분묘기지권 성립 당시 토지 소유자와 분묘의 수호·관리자가 지료 지급의무의 존부나 범위 등에 관하여 약정**한 경우, 그 약정의 효력은 **분묘 기지의 승계인에 미친다**(대판 2021.9.16. 2017다271834,271841).

ㄷ. [O] 분묘기지권은 분묘를 수호하고 봉제사하는 목적을 달성하는 데 **필요한 범위 내에서 타인 소유의 토지를 사용할 수 있고 토지 소유자나 제3자의 방해를 배제할 수 있는 관습상의 물권이다**(대판 2017.1.19. 전합2013다17292)

ㄹ. [O] 判例에 의하면 ① 타인의 소유지 내에 토지소유자의 승낙을 얻어 분묘를 설치한 경우(법률행위에 의한 취득), ② **타인 소유의 토지에 토지소유자의 승낙 없이 분묘를 설치한 후 20년간 평온·공연하게 그 분묘의 기지를 점유하여 분묘기지권을 시효취득한 경우**(취득시효), ③ 자기 소유의 토지에 분묘를 설치한 자가 후에 이 토지를 타인에게 양도한 경우(관습법상 법정지상권)에 성립한다(대판 2017.1.19. 전합2013다17292)

[정답] ⑤

문3 **물권에 관한 설명 중 옳은 것은?** (다툼이 있는 경우에는 판례에 의함) [변시 4회]

① 물권법정주의를 규정한 「민법」 제185조의 '법률'은 헌법상 의미의 법률뿐만 아니라, 명령, 규칙 등도 포함한다.

② 대체물과 부대체물은 당사자의 의사에 의하여 결정되고, 특정물과 불특정물은 물건의 객관적 성질에 의하여 구별된다.

③ 타인 소유의 토지 위에 불법으로 건물을 신축하여 소유하고 있는 자로부터 건물을 매수하여 점유 · 사용하고 있으나 소유권이전등기를 경료받지 못한 자는 법률상 소유자가 아니므로, 토지소유자는 그를 상대로 건물의 철거를 구할 수 없다.

④ 저당권자는 경매가 개시되기 전이라도, 저당목적물의 소유자 또는 제3자가 저당목적물을 물리적으로 멸실 · 훼손하는 경우 저당권에 기한 방해배제청구권을 행사할 수 있다.

⑤ 채권담보의 목적으로 이루어지는 부동산 양도담보의 경우에 있어서 피담보채무가 변제된 이후에 양도담보권설정자가 행사하는 등기청구권은 소멸시효의 대상이 된다.

해 설 ① [X] 물권의 종류와 내용은 민법 제185조에 의해 '법률과 관습법'에 의해서만 인정된다. 즉 제1조와 달리 조리에 의해서는 인정될 수 없고, 또 그 법률에는 '명령이나 규칙'은 포함되지 않는다. 물권과 같이 사유재산제도와 직결되는 재산권을 행정기관의 명령 등에 의해 정하는 것은 부당하기 때문이다(통설).

비교쟁점 민법 제1조에 따르면 민법의 법원은 '민사에 관하여 법률에 규정이 없으면 관습법에 의하고 관습법이 없으면 조리에 의한다'고 한다. 이 때 '법률'은 명령과 대법원규칙도 포함된다.

② [X] **대체물과 부대체물은 물건의 객관적 성질에 의하여 구별되는바**, 대체물은 일반거래관념상 물건의 개성이 중시되지 않고 동종 · 동질 · 동량의 물건으로 바꾸어도 급부의 동일성이 바뀌지 않는 물건이고(금전 · 신간서적 · 술 · 곡물 등), 부대체물은 그 물건의 개성이 중시되어 대체성이 없는 물건이다(그림 · 골동품 · 토지 · 건물 등). 이 구별은 소비대차(제598조 이하) · 소비임치(제702조 이하)의 대상이 대체물이라는 점에 있다.
반면 **특정물과 불특정물은 당사자의 의사에 의하여 결정되는바**, 특정물은 구체적인 거래에서 당사자가 특정의 물건을 지정하고 다른 물건으로 바꿀 것을 허용하지 않는 물건이고, 이에 대해 불특정물은 목적물을 종류로만 지정하여 동종 · 동질 · 동량의 것이면 어느 것이라도 무방한 것을 말한다. 특정물인지 아니면 불특정물인지에 따라 채권의 목적물의 보관의무(제374조) · 특정물의 현상인도(제462조) · 채무변제의 장소(제467조) · 매도인의 담보책임(제580조와 제581조)등에서 그 적용과 내용을 달리한다.

관련쟁점 대체물이라도 당사자의 의사에 의해 특정물로 할 수 있고(특정창고에 있는 쌀을 매매의 목적물로 삼은 경우), 부대체물이라도 일정한 종류에 속하는 일정한 양에 주안을 둔다면 역시 당사자의 의사에 의해 불특정물로 삼을 수 있다. 判例는, 수임인이 위임사무의 처리로 인하여 대체물(비료)을 받은 경우에도 위임인에 대한 관계에서는 그것을 특정물로 보아야 한다고 한다(제684조 1항 참조)(대판 1962.12.16. 67다1525).

③ [X] 判例는 "건물철거는 소유권의 종국적 처분에 해당하는 사실행위이므로 **원칙으로는 소유자**(등기명의자)에게만 그 철거처분권이 있다고 할 것이나, **건물을 매수하여 점유하고 있는 자는 등기**

부상 아직 소유자로서의 등기명의가 없다 하더라도 그 권리의 범위내에서 그 점유 중인 건물에 대하여 법률상 또는 사실상 처분을 할 수 있는 지위"에 있으므로 그 자를 상대로 건물철거를 구할 수 있다고 한다(대판 1986.12.23, 86다카1751).

관련쟁점 이 경우 건물을 매도하고 퇴거한 매도인(미등기건물 사례임)은 철거청구의 상대방이 될 수 없다고 하며(대판 1987.11.24, 87다카257,258), 아울러 미등기건물을 '관리'하고 있는 자도 철거청구의 상대방이 될 수 없다고 한다(대판 2003.1.24, 2002다61521).

④ [O] 저당목적물의 소유자 또는 제3자가 저당목적물을 물리적으로 멸실·훼손하는 경우 저당권자는 저당권에 기해 방해의 배제 또는 예방을 청구할 수 있다(제370조, 제214조). 이러한 청구권을 행사하기 위해서는 i) 객관적으로 침해가 있으면 족하고 침해자의 고의·과실을 요하지 않으며, ii) 저당권의 불가분성에 의하여 남은 목적물의 교환가치가 피담보채권을 만족시킬 수 있는 경우에도 인정되며, iii) 저당권실행의 착수 여부를 묻지 않고 침해가 있으면 언제나 행사할 수 있다(통설).

⑤ [X] "채권담보의 목적으로 이루어지는 부동산 양도담보의 경우에 있어서 피담보채무가 변제된 이후에 양도담보권설정자가 행사하는 등기청구권은 양도담보권설정자의 실절적 소유권에 기한 물권적 청구권이므로 따로이 시효소멸되지 아니한다"(대판 1979.2.13, 78다2412 ; 부동산 양도담보의 본질에 대한 담보물권설에 따른 것으로 평가받는 判例이다).

참고판례 동일한 취지의 判例로 "합의해제에 따른 매도인의 원상회복청구권은 소유권에 기한 물권적 청구권이라 할 것이고, 따라서 이는 소멸시효의 대상이 아니다"(대판 1982.7.27, 80다2968)라고 판시함으로써 적어도 소유권에 기한 물권적 청구권은 소멸시효에 걸리지 않는다고 보고 있다.

[정답] ④

문 4 **甲은 丙 소유의 Y 토지에 X 건물을 신축하여 원시취득한 후 乙에게 X 건물을 미등기 무허가 상태로 매도하고 인도하였으며, X 건물에 대한 乙 명의의 소유권이전등기는 아직 마쳐지지 않았다. 이에 관한 설명 중 옳은 것을 모두 고른 것은?** (각 지문은 독립적이며, 다툼이 있는 경우 판례에 의함) [변시 14회]

ㄱ. 乙이 甲에게 매매대금을 완납한 후 X 건물을 丁에게 매도하고 인도해 준 경우, 甲이 丁에게 물권적 반환청구권을 행사하면 丁은 자신의 고유한 점유·사용권을 甲에게 주장할 수 있다.
ㄴ. 乙이 甲에게 매매대금을 완납한 경우, 乙에게는 X 건물에 대하여 소유권에 준하는 관습상의 물권 또는 사실상의 소유권이라는 법률상의 지위가 인정된다.
ㄷ. 乙이 甲에게 매매대금을 완납하였고 乙이 丙에 대해 이미 변제기가 도래한 대여금 채권을 가지고 있는데, 甲에게 Y 토지에 대한 사용권이 없어서 丙이 甲에게 Y 토지의 차임 상당 부당이득반환청구를 한 경우, 甲은 乙의 부담부분에 한하여 乙의 위 채권을 자동채권으로 하여 상계할 수 있다.

① ㄱ
② ㄴ
③ ㄱ, ㄷ
④ ㄴ, ㄷ
⑤ ㄱ, ㄴ, ㄷ

해설 ㄱ. [○] "토지의 매수인이 아직 소유권이전등기를 경료받지 아니하였다 하여도 매매계약의 이행으로 그 토지를 인도받은 때에는 매매계약의 효력으로서 이를 점유·사용할 권리가 생기게 된 것으로 보아야 하고, 또 매수인으로부터 위 토지를 다시 매수한 자는 위와 같은 토지의 점유사용권을 취득한 것으로 봄이 상당하므로 **매도인은 매수인으로부터 다시 위 토지를 매수한 자에 대하여 토지 소유권에 기한 물권적 청구권을 행사하거나** 그 점유·사용을 법률상 원인이 없는 이익이라고 하여 부당이득반환청구를 **할 수는 없다**"(대판 1988.4.25. 87다카1682 : 제213조 단서의 점유할 권리)

ㄴ. [X] **미등기 무허가건물의 양수인에게는 소유권 내지는 소유권에 준하는 관습상 물권이 존재하지 않는다고 한다**(대판 1996.6.14. 94다53006, 대판 1999.3.28. 98다59118). 따라서 미등기 건물매수인은 그 건물의 불법점거자에 대하여 '직접' 자신의 소유권 등에 기하여 인도를 청구할 수도 없다(대판 2007.6.15. 2007다11347)

ㄷ. [X] "**미등기건물을 양수하여 점유하는 등 건물에 관한 사실상의 처분권을 보유하는 자**가 있는 경우, 건물에 관한 사실상 처분권을 보유하는 자도 토지소유자에 대하여 부당이득반환의무를 부담하고, **사실상 건물의 처분권을 보유하는 자와 법률상 건물소유자(원시취득자)의 부당이득반환의무는 '부진정연대채무관계'에** 있다"(대판 2022.9.29. 2018다243133,243140)
종래 判例의 기본적 입장은 상계의 상대적 효력만 인정하였으나, 전원합의체 판결을 통해 "**부진정연대채무자 중 1인이 자신의 채권자에 대한 반대채권으로 상계**를 한 경우에도 채권은 변제, 대물변제, 또는 공탁이 행하여진 경우와 동일하게 **현실적으로 만족을 얻어 그 목적을 달성하는 것이므로, 그 상계로 인한 채무소멸의 효력은 소멸한 채무 "전액에 관하여"**(저자 주 : 부담부분에 한하지 않고) **다른 부진정연대채무자에 대하여도 미친다고** 보아야 한다"(대판 2010.9.16. 전합2008다97218)고 하여 **상계의 절대적 효력을 인정하였다.**

[정답] ①

제2장 물권의 변동

문 5 경정등기에 관한 설명 중 옳은 것(○)과 옳지 않은 것(×)을 올바르게 조합한 것은? (다툼이 있는 경우 판례에 의함)

[변시 14회]

ㄱ. 등기명의인의 동일성이 인정되지 않는 위법한 경정등기가 마쳐졌으나 그것이 경정 후 명의인의 권리관계를 표상하는 결과에 이르러 그 경정등기가 실체관계에 부합하게 되었다면 그 경정등기는 유효하지만, 경정 전에 실제로 존재했던 경정 전 등기명의인의 권리가 소급적으로 소멸되지는 않는다.

ㄴ. 등기명의인 경정의 부기등기가 등기명의인의 동일성을 해치는 방법으로 행하여져서 실제 소유관계를 표상하고 있지 않은 경우, 이러한 경정등기의 말소등기절차의 이행을 청구하려는 자는 자신이 부동산의 원래의 등기명의인에 해당하는 자로서 진실한 소유자라는 사실을 증명하여야 한다.

ㄷ. 등기관이 기존 등기에 존재하는 착오를 발견한 경우 지체 없이 그 등기를 경정하여야 하는데, 이때 경정될 등기와 등기부상 양립할 수 없는 등기가 있는 경우에는 그 등기명의인의 승낙을 받아야 한다.

ㄹ. 공유부동산에 관하여 단독 소유로 소유권보존등기가 마쳐진 경우, 진정한 권리자가 소유권보존등기의 일부 말소를 소로써 구하면 법원은 그 지분에 대해서만 말소를 명할 수 없으므로 경정등기를 명하여야 한다.

① ㄱ(○), ㄴ(○), ㄷ(○), ㄹ(×)
② ㄱ(○), ㄴ(○), ㄷ(×), ㄹ(×)
③ ㄱ(○), ㄴ(×), ㄷ(×), ㄹ(○)
④ ㄱ(×), ㄴ(○), ㄷ(×), ㄹ(○)
⑤ ㄱ(×), ㄴ(×), ㄷ(○), ㄹ(×)

해 설 ㄱ. [○] 判例는 "등기명의인의 경정등기는 그 명의인의 동일성이 인정되는 범위를 벗어나면 허용되지 않는다. 그렇지만 등기명의인의 동일성 유무가 명백하지 아니하여 경정등기 신청이 받아들여진 결과 명의인의 동일성이 인정되지 않는 위법한 경정등기가 마쳐졌다 하더라도, 그 등기가 경정 후의 명의인의 실체관계에 부합하는 것이라면 그 등기는 유효하다(대판 1996.4.12. 95다2135 참조). 이 경우 경정등기의 효력은 소급하지 않고 경정 후 명의인의 권리취득을 공시한다. 한편 경정 전의 등기 역시 원인무효의 등기가 아닌 이상 경정 전 당시의 등기명의인의 권리관계를 표상하는 등기로서 유효하고, 이것이 소급적으로 소멸하거나 존재하지 않았던 것으로 되는 것은 아니다"(대판 2015.5.21. 전합2012다952)라고 한다.

ㄴ. [O] "등기명의인의 표시변경 또는 경정의 부기등기가 등기명의인의 '동일성'을 해치는 방법으로 행하여져서 부동산등기사항증명서상의 표시가 실지 소유관계를 표상하고 있는 것이 아니라면 진실한 소유자는 그 소유권의 내용인 침해배제청구권의 정당한 행사로써 그 표시상의 소유명의자를 상대로 그 소유권에 장애가 되는 부기등기인 표시변경 또는 경정등기의 말소등기절차의 이행을 청구할 수 있으므로, 이와 같이 부동산의 등기명의인의 표시변경 또는 경정등기의 말소등기절차의 이행을 청구하려는 자는 자신이 부동산의 원래의 등기명의인에 해당하는 자로서 진실한 소유자라는 사실을 증명하여야 한다"(대판 2021.5.7. 2020다299214).

ㄷ. [X] "부동산등기법 제32조 제2항은 '등기관이 등기의 착오나 빠진 부분이 등기관의 잘못으로 인한 것임을 발견한 경우에는 지체 없이 그 등기를 직권으로 경정하여야 하고, 다만 등기상 이해관계 있는 제3자가 있는 경우에는 제3자의 승낙이 있어야 한다'고 규정하고 있다. 여기서 '등기상 이해관계 있는 제3자'는 기존 등기에 존재하는 착오 또는 빠진 부분을 바로잡는 경정등기를 허용함으로써 손해를 입게 될 위험성이 있는 등기상의 권리자를 의미하는데, 경정될 등기와 등기부상 양립할 수 없는 등기가 된 경우에 등기내용은 단지 경정의 대상이 될 뿐이고, 등기명의자를 승낙청구의 상대방인 등기상 이해관계 있는 제3자로 보아 별도로 승낙까지 받아야 할 필요는 없다"(대결 2017.1.25. 2016마5579).

ㄹ. [X] "실체관계상 공유인 부동산에 관하여 단독소유로 소유권보존등기가 마쳐졌거나 단독소유인 부동산에 관하여 공유로 소유권보존등기가 마쳐진 경우에 소유권보존등기 중 진정한 권리자의 소유부분에 해당하는 일부 지분에 관한 등기명의인의 소유권보존등기는 무효이므로 이를 말소하고 그 부분에 관한 진정한 권리자의 소유권보존등기를 하여야 한다. 이 경우 진정한 권리자는 소유권보존등기의 일부말소를 소로써 구하고 법원은 그 지분에 한하여만 말소를 '명'할 수 있으나, 등기기술상 소유권보존등기의 일부말소는 허용되지 않으므로, 그 판결의 '집행'은 단독소유를 공유로 또는 공유를 단독소유로 하는 경정등기의 방식으로 이루어진다. 이와 같이 일부말소 의미의 경정등기는 등기절차 내에서만 허용될 뿐 소송절차에서는 일부말소를 구하는 외에 경정등기를 소로써 구하는 것은 허용될 수 없다"(대판 2017.8.18. 2016다6309). 즉, 判例는 일부지분의 말소등기를 명하고 그 집행은 '경정등기'를 통해 해결하고 있는바, 이를 실무상 '일부 말소등기로서의 경정등기'라고 한다.

[정답] ②

문 6 토지 X의 등기부에는 시간 순서대로 甲 명의 소유권이전등기(갑구), 甲과의 매매예약에 기한 乙 명의의 가등기(갑구), 丙 명의의 소유권이전등기(갑구), 丁 명의의 근저당권설정등기(을구)가 기재되어 있다. 이에 관한 설명 중 옳은 것을 모두 고른 것은? (다툼이 있는 경우 판례에 의함) [변시 6회]

ㄱ. 乙이 소로써 가등기에 기한 본등기를 청구하려면 그 청구의 상대방은 현재의 소유자 丙이다.
ㄴ. 乙 명의 가등기에 기하여 본등기가 경료되는 경우 갑구의 丙 명의 소유권이전등기뿐만 아니라 을구의 丁 명의 근저당권설정등기도 직권으로 말소된다.
ㄷ. 乙 명의 가등기에 기하여 본등기가 경료되어 丙 명의 소유권이전등기가 직권으로 말소된 후 乙 명의 가등기 및 본등기가 통정허위표시에 의한 것임이 밝혀진 경우, 丙은 乙을 상대로 乙 명의의 가등기 및 본등기의 말소를 청구하는 것 이외에 甲을 상대로 말소된 丙 명의 등기의 회복등기를 청구해야 한다.

① ㄱ ② ㄴ
③ ㄷ ④ ㄱ, ㄴ
⑤ ㄴ, ㄷ

해 설 ㄱ. [X] "가등기후에 제3자에게 소유권이전의 본등기가 된 경우에 가등기권리자는 본등기를 경료하지 아니하고는 가등기이후의 본등기의 말소를 청구할 수 없다. 위의 경우에 가등기권자는 가등기의무자인 전소유자를 상대로 본등기청구권을 행사할 것이고 제3자를 상대로 할 것이 아니다"(대결 1962.12.24. 4294민재항675).
☞ 따라서 위 지문의 경우 가등기에 기한 본등기 청구의 상대방은 현재의 소유자 丙이 아니라 등기의무자인 전소유자 甲이다.

ㄴ. [O] "가등기권자가 소유권이전의 본등기를 한 경우에는 등기공무원은 부동산등기법 175조 1항, 55조 2호에 의하여 가등기 이후에 한 제3자의 본등기를 직권말소할 수 있다"(대결 1962. 12. 24. 4294민재항675).
☞ 따라서 가등기 후에 마쳐진 丙명의의 소유권이전등기 및 丁명의의 근저당권설정등기는 모두 가등기권리를 침해하는 등기로서 직권말소의 대상이 된다.

ㄷ. [X] "가등기에 기한 소유권이전의 본등기가 경료됨으로써 등기공무원이 직권으로 가등기 후에 경료된 제3자의 등기를 말소한 경우 그 후에 그 가등기에 기한 본등기가 원인무효 등의 사유로 말소된 때에는 결국 그 제3자의 등기는 말소하지 아니할 것을 말소한 결과가 되므로 등기공무원은 직권으로 그 말소등기의 회복등기를 하여야 하는 것이고, 따라서 그 회복등기를 소구할 이익이 없다"(대판 1995.5.26. 95다6878).

[정답] ②

문 7 **가등기에 관한 설명 중 옳지 않은 것은? (다툼이 있는 경우 판례에 의함)** [변시 8회]

① 가등기는 그 성질상 본등기의 순위보전의 효력이 있어 후일 본등기가 경료된 때에는 본등기의 순위가 가등기한 때로 소급하지만 본등기에 의한 물권변동의 효력이 가등기한 때로 소급하여 발생하는 것은 아니다.

② 대상 토지에 관하여 무효인 중복등기가 존재하는 경우, 가등기권자는 가등기에 따른 본등기가 마쳐지지 않은 이상 현재의 소유자를 대위하지 않고 직접 그 중복등기 명의자를 피고로 삼아 그 등기의 말소를 청구할 수는 없다.

③ 가등기에 기하여 본등기가 경료된 경우 가등기의 원인인 법률행위와 본등기의 원인인 법률행위가 명백히 다른 것이 아니면 사해행위 요건의 구비 여부는 본등기의 원인된 법률 행위 당시를 기준으로 판단하여야 한다.

④ 효력이 상실된 가등기를 유용하기로 합의하고 실제로 그 가등기이전의 부기등기를 경료하였다면, 그 가등기이전의 부기등기를 경료받은 제3자로서는 언제든지 부동산의 소유자에 대하여 위 가등기 유용의 합의를 주장하여 가등기의 말소청구에 대항할 수 있고, 다만 그 가등기이전의 부기등기 이전에 등기부상 이해관계를 가지게 된 자에 대하여는 위 가등기 유용의 합의 사실을 들어 그 가등기의 유효를 주장할 수 없다.

⑤ 가등기명의인은 단독으로 가등기의 말소를 신청할 수 있다.

해설 ① [○] "**가등기는 본등기 순위보전의 효력만이 있고,** 후일 본등기가 마쳐진 때에는 본등기의 순위가 가등기한 때로 소급함으로써 가등기 후 본등기 전에 이루어진 중간처분이 본등기보다 후 순위로 되어 실효될 뿐이고, **본등기에 의한 물권변동의 효력이 가등기한 때로 소급하여 발생하는 것은 아니다**"(대판 1981.5.26. 80다3117).

② [○] "**가등기는** 부동산등기법 제6조 제2항의 규정에 의하여 그 본등기시에 본등기의 순위를 가등기의 순위에 의하도록 하는 **순위보전적 효력만이 있을 뿐이고, 가등기만으로는 아무런 실체법상 효력을 갖지 아니하고** 그 본등기를 명하는 판결이 확정된 경우라도 본등기를 경료하기까지는 마찬가지이므로, **중복된 소유권보존등기가 무효이더라도 가등기권리자는 그 말소를 청구할 권리가 없다**"(대판 2001.3.23. 2000다51285).

③ [×] "가등기에 기하여 본등기가 경료된 경우 가등기의 원인인 법률행위와 본등기의 원인인 법률행위가 명백히 다른 것이 아닌 한 사해행위 요건의 구비 여부는 **'가등기'의 원인된 법률행위 당시를 기준으로 판단하여야 한다**"(대판 2014.3.27. 2013다1518).

관련쟁점 사해행위인 매매예약을 원인으로 가등기가 마쳐진 뒤 본계약인 매매계약을 원인으로 가등기에 기한 본등기가 마쳐진 경우, "**가등기의 등기원인인 법률행위와 본등기의 등기원인인 법률행위가 명백히 다른 것이 아닌 한,** 가등기 및 본등기의 원인행위에 대한 사해행위 취소 등 청구의 제척기간의 기산일은 **'가등기'의 원인행위**(즉 본등기의 원인행위인 '매매계약'이 아닌 가등기의 원인행위인 '매매예약')**가 사해행위임을 안 때이다**"(대판 2006.12.21. 2004다24960)

④ [○] ※ **무효인 가등기의 유용 합의에 따라 그 가등기 이전의 부기등기가 마쳐진 경우의 법률관계**
"부동산의 매매예약에 기하여 소유권이전등기청구권의 보전을 위한 가등기가 경료된 경우에 그 **매매예약완결권이 소멸하였다면 그 가등기 또한 효력을 상실하여 말소되어야 할 것이나,** 그 부동산의

소유자가 제3자와 사이에 새로운 매매예약을 체결하고 그에 기한 소유권이전등기청구권의 보전을 위하여 이미 효력이 상실된 가등기를 유용하기로 합의하고 실제로 그 가등기이전의 부기등기를 경료하였다면, 그 가등기이전의 부기등기를 경료받은 제3자로서는 언제든지 부동산의 소유자에 대하여 위 가등기 유용의 합의를 주장하여 가등기의 말소청구에 대항할 수 있고, 다만 그 가등기이전의 부기등기 이전에 등기부상 이해관계를 가지게 된 자에 대하여는 위 가등기 유용의 합의 사실을 들어 그 가등기의 유효를 주장할 수는 없다"(대판 2009.5.28. 2009다4787).

⑤ [○] 등기는 법률에 다른 규정이 없는 경우에는 등기권리자)와 등기의무자가 공동으로 신청한다(부동산등기법 제23조 1항). 그러나 가등기명의인은 부동산등기법 제23조 1항에도 불구하고 단독으로 가등기의 말소를 신청할 수 있다(동법 제93조 1항).

[정답] ③

문8 **X 부동산의 소유자인 甲은 2010. 2. 1. 乙에게 X 부동산에 관하여 2010. 1. 20.자 매매예약을 원인으로 하는 소유권이전청구권 가등기를 마쳐 주었는데, 甲과 乙은 예약완결권의 행사기간에 대해서는 별도로 약정하지 않았다. 甲의 채권자 丙은 2011. 2. 1. X 부동산에 대하여 적법한 가압류등기를 마쳤다. 이에 관한 설명 중 옳지 않은 것은?** (각 지문은 독립적이며, 다툼이 있는 경우 판례에 의함) [변시 14회]

① 甲이 2024. 1. 10. 乙에게 X 부동산을 매도하고 甲, 乙 간 가등기 유용의 합의에 따라 2024. 2. 1. X 부동산에 대한 乙 명의 본등기를 마쳐 준 경우, 乙은 X 부동산의 소유권을 취득한다.

② 甲이 2024. 1. 10. 乙에게 X 부동산을 매도하고 甲, 乙 간 가등기 유용의 합의에 따라 2024. 2. 1. X 부동산에 대한 乙 명의 본등기를 마쳐 주어 丙 명의 가압류등기가 말소된 경우, 乙은 丙의 가압류등기의 회복등기 절차에 대해 승낙의 의사표시를 할 의무를 진다.

③ 甲이 2024. 2. 1. 丁과 X 부동산에 관한 매매예약을 체결하고 甲, 丁 간 가등기 유용의 합의에 따라 丁 명의로 가등기 이전의 부기등기를 마쳐 준 경우, 丁은 甲의 가등기 말소 청구에 대항할 수 있다.

④ 甲이 2024. 2. 1. 丁과 X 부동산에 관한 매매예약을 체결하고 甲, 丁 간 가등기 유용의 합의에 따라 丁 명의로 가등기 이전의 부기등기를 마쳐 준 경우, 丁은 丙에 대해 가등기의 유효를 주장할 수 없다.

⑤ 甲이 2024. 2. 1. 丁과 X 부동산에 관한 매매예약을 체결하고 甲, 丁 간 가등기 유용의 합의에 따라 丁 명의로 가등기 이전의 부기등기를 마쳐 준 경우, 丙이 甲을 대위하여 가등기의 말소를 청구하면 丁은 甲, 丁 간 가등기 유용의 합의로써 丙에게 대항할 수 없다.

해 설 Ⅰ. "제564조가 정하고 있는 예약완결권은 일종의 형성권으로서 당사자 사이에 그 행사기간을 약정한 때에는 그 기간내에(제564조 2항의 반대 해석), 그러한 **약정이 없는 때에는 예약이 성립한 때부터 10년 내에 이를 행사하여야** 하고 위 기간을 도과한 때에는 상대방이 예약목적물인 부동산을 인도받은 경우라도 예약완결권은 제척기간의 경과로 인하여 소멸된다"(대판 1992.7.28. 91다44766).

☞ 甲과 乙은 예약완결권의 행사기간에 관한 별도의 약정을 하지 않았으므로, **乙의 예약완결권은 2010.2.1.부터 10년이 지난 2020.2.1. 24시에 제척기간 경과로 소멸되고, 그에 따른 乙의 소유권이전청구권 가등기 또한 효력을 상실하여 말소되어야 한다.**

① [O] 甲과 乙은 2024. 1. 10. ⅰ) 무효인 가등기 유용의 합의를 하였고, ⅱ) X 부동산을 매도함에 따른 무효등기에 부합하는 실체관계가 존재하였으나, ⅲ) 그 합의 이전에 X 부동산에 관하여 丙의 가압류등기가 경료되었으므로, **乙은 그 무효등기 유용의 합의로 丙에게 대항하지 못한다**(대판 1974.9.10. 74다482).

☞ 그러나 가압류된 부동산도 양도하는 것에는 제한이 없고 다만 그로써 가압류채권자 丙에게 대항할 수 없다는 상대적 처분금지효만이 있을 뿐이므로, **乙은 가압류에 따른 처분제한을 받는 X 토지의 소유권을 취득할 수는 있다.**

② [O] 判例는 乙(피고)이 소유자 甲과 무효인 가등기를 유용하기로 합의한 후 그 가등기에 기하여 乙(피고) 명의의 본등기를 마치자 등기공무원이 그 가등기 이후에 마쳐진 丙(원고) 명의의 강제경매개시결정 기입등기를 직권으로 말소한 사실관계에서, "丙(원고)은 **무효인 등기 유용합의가 있기 전에 이 사건 부동산에 대한 강제경매개시결정을 통해 부동산을 압류하여 등기부상 이해관계를 가지게 되었으므로,** 乙(피고)은 丙(원고)에게 이 사건 등기 유용합의로써 대항할 수 없고, 그에 따라 이 사건 경매개시결정 기입등기는 이 사건 가등기의 순위보전의 효력에 반하지 아니하여 직권으로 말소될 것이 아님에도 불구하고 원인 없이 말소되었으므로 **경매개시결정 기입등기의 말소등기는 무효**이며, 말소회복 될 이 사건 경매개시결정 기입등기와 이 사건 본등기는 양립 가능하여 乙(피고)은 **이 사건 경매개시결정 기입등기의 말소회복등기에 관하여 등기상 이해관계 있는 제3자로서 승낙의 의사표시를 할 의무가 있다**"(대판 2019.5.16. 2015다253573)고 한다.

③ [O], ④ [O] **유용의 합의 전에 등기상 이해관계인**(예를 들어 다른 저당권자, 가등기담보권자, 처분금지가처분권자 등)**이 있는 때에는 유용의 합의가 무효**이므로 그 무효등기의 유용의 합의로 이해관계인에게 대항하지 못한다(대판 1974.9.10. 74다482).

☞ 甲은 유용의 합의 전 등기상 이해관계인이 아닌, 무효등기의 유용 합의의 당사자로서 丁은 甲에게 대항할 수 있다. 그러나 유용의 합의 전 이해관계를 맺은 丙에게는 대항할 수 없다.

관련판례 "부동산의 소유자 겸 채무자가 채권자에게 피담보채무를 모두 변제함으로써 저당권이 소멸된 경우 그 저당권설정등기 또한 효력을 상실하나, 채무자가 새로운 제3의 채권자로부터 금원을 차용함에 있어 그 제3자와 사이에 차용금 채무를 담보하기 위하여 잔존하는 종전 채권자 명의의 저당권설정등기를 이용하여 이에 터잡아 새로운 제3의 채권자에게 저당권 이전의 부기등기를 경료하기로 하는 내용의 저당권등기 유용의 합의를 하고 그 부기등기를 경료하였다면, 제3의 채권자로서는 ⅰ) **부동산의 소유자(채무자)에 대하여 그 등기 유용의 합의를 주장하여 저당권설정등기의 말소청구에 대항할 수 있고**(지문 ③ 관련), ⅱ) 다만 그 **저당권 이전의 부기등기 이전에 등기부상 이해관계를 가지게 된 자에 대하여는 위 등기 유용의 합의 사실을 들어 위 저당권설정등기 및 그 저당권 이전의 부기등기의 유효를 주장할 수는 없다**(지문 ④ 관련)"(대판 1998.3.24. 97다56242)

⑤ [X] 判例는 "**채권자는 제3채무자에 대하여 채무자가 주장할 수 있는 범위 내에서 주장할 수 있을 뿐, 자기와 제3채무자 사이의 독자적인 사정에 기한 사유를 주장할 수는 없다**"(대판 2009.5.28. 2009다4787)고 판시하여 채권자가 그 부기등기 전에 부동산을 가압류한 사실을 주장하는 것은 채무자가 아닌

채권자 자신이 제3채무자에 대하여 가지는 사유에 관한 것이어서 허용되지 않는다고 하였다.
☞ 따라서 丙의 채권자대위소송에서 丁은 무효인 가등기유용의 합의로 대위채권자인 丙에게 대항할 수 있으므로 丁의 채권자대위소송은 '청구기각'될 것이다.

[정답] ⑤

문 9 원래 甲 소유이던 X 토지에 관하여 1972. 4. 2. 甲 명의로 소유권보존등기가 마쳐진 후 2012. 2. 5. 乙 명의로 상속을 원인으로 한 소유권이전등기가 마쳐졌다. 한편 X 토지에 관하여 1983. 3. 5. 丙 명의로 중복하여 소유권보존등기가 마쳐졌고, 丁은 丙으로부터 X 토지를 매수하여 2013. 10. 5. 丁 명의로 소유권이전등기를 마쳤다. 소유권이전등기청구권의 시효소멸의 문제는 발생하지 않는다고 가정한다. 옳은 것을 모두 고른 것은? (각 지문은 독립적이며, 다툼이 있는 경우 판례에 의함) [변시 5회]

ㄱ. 丙이 甲으로부터 X 토지를 매수하고 대금을 모두 지급한 사실이 증명되면, 丙은 乙에게 소유권이전등기를 청구할 수 있다.
ㄴ. 丙이 甲으로부터 X 토지를 매수하고 대금을 모두 지급한 사실이 증명되면, 丁은 乙을 상대로 진정명의회복을 원인으로 한 소유권이전등기를 청구할 수 있다.
ㄷ. 乙이 丁을 상대로 소유권이전등기의 말소를 청구하는 경우 丁이 20년간 소유의 의사로 평온·공연하게 점유를 계속한 사실이 밝혀지더라도 乙의 청구는 인용된다.

① ㄱ　② ㄴ
③ ㄷ　④ ㄱ, ㄴ
⑤ ㄱ, ㄷ

해 설 ㄱ. [○] 중복보존등기의 등기명의인이 동일인이 아닌 경우 判例는 "먼저 이루어진 소유권보존등기가 '**원인무효가 되지 아니하는 한**' 뒤에 된 보존등기는 비록 그 부동산의 매수인에 의하여 이루어진 경우에도 1부동산 1등기용지주의를 취하고 있는 부동산 등기법 아래에서는 무효"(대판 1990.11.27. 전합87다카2961)라고 판시하였다.
☞ 결국 丙명의의 보존등기는 무효이고, 원래 소유자인 甲으로부터 상속을 받아 상속을 원인으로 한 소유권이전등기를 마친 乙이 X토지의 소유권자가 된다. 또한 상속인은 상속개시된 때로부터 피상속인의 재산에 관한 포괄적 권리의무를 승계하므로(제1005조), 丙이 甲으로부터 X토지를 매수하고 대금을 모두 지급한 사실이 증명되면, 丙은 매도인의 지위를 상속한 乙에게 소유권이전등기를 청구할 수 있다.

ㄴ. [×] "甲 명의의 소유권이전등기가 경료된 토지에 관하여 제3자 명의로 소유권보존등기가 이중으로 경료되고, 이에 터잡아 순차로 소유권이전등기가 경료된 사안에서, 위 소유권보존등기에 터 잡은 위 소유권이전등기의 최종 등기명의인인 丁이 진정한 등기명의의 회복을 위한 소유권이전등기를 청구할 수 없다"(대판 2007.7.12. 2007다14940). "진정한 등기명의의 회복을 위한

소유권이전등기청구는 이미 자기 앞으로 소유권을 표상하는 등기가 되어 있었거나 법률에 의하여 소유권을 취득한 자가 진정한 등기명의를 회복하기 위한 방법으로 현재의 등기명의인을 상대로 그 등기의 말소를 구하는 것에 갈음하여 허용되는 것이다"(대판 2001.9.20. 전합99다37894).

☞ 무효인 중복등기를 기초로 하여 소유권이전등기를 마친 丁은 소유권을 취득하지 못하므로 丁은 乙을 상대로 진정명의회복을 원인으로 한 소유권이전등기를 청구할 수 없다(제214조). 다만 丁은 丙에게 가지고 있는 매매계약에 기한 등기청구권을 피보전채권으로 해서 丙이 乙에게 가지고 있는 등기청구권을 대위행사 할 수는 있을 것이다(제404조).

관련쟁점 참고로 丙은 등기부취득시효나 점유취득시효 완성을 이유로 '소유권'을 주장할 수도 없다. 즉, ① 判例는 "**제245조 2항의 '등기'는 부동산등기법 제15조가 규정한 1부동산 1용지주의에 위배되지 아니한 등기를 말하므로,** 어느 부동산에 관하여 등기명의인을 달리하여 소유권보존등기가 2중으로 경료된 경우 먼저 이루어진 소유권보존등기가 원인무효가 아니어서 뒤에 된 소유권보존등기가 무효로 되는 때에는, 뒤에 된 소유권보존등기나 이에 터잡은 소유권이전등기를 근거로 하여서는 등기부취득시효의 완성을 주장할 수 없다"(대판 1996.10.17. 전합96다12511)고 한다.
② 또한 判例는 무효인 중복보존등기를 가진 점유취득시효 완성자는 나중에 별도로 점유취득시효 완성을 이유로 이전등기를 구할 수 있음은 별론으로 하고, 점유취득시효 완성의 효과로써 등기는 유효한 등기이어야 하는바, **뒤에 경료된 소유권보존등기는 실체적 권리관계에 부합하는지의 여부에 관계없이 무효다**"(대판 2008.2.14. 2007다63690)라고 한다.

ㄷ. [○] 判例는 "후행 보존등기가 무효인 경우 후행 보존등기에 기하여 소유권이전등기를 마친 사람이 그 부동산을 20년간 소유의 의사로 평온·공연하게 점유하여 점유취득시효가 완성되었더라도, 후행 보존등기나 그에 기하여 이루어진 소유권이전등기가 실체관계에 부합한다는 이유로 유효로 될 수 없다"(대판 2011.7.14. 2010다107064)고 한다.

☞ 따라서 丁이 점유취득시효를 원인으로 乙에게 소유권이전등기청구를 할 수 있는지는 별론으로 하더라도 **乙의 丁에 대한 등기말소청구는 인용가능하다.**

[정답] ⑤

문 10 A 명의로 1943. 6. 1. 소유권보존등기가 적법·유효하게 마쳐진 X 부동산에 대하여 甲이 등기관계서류를 위조하여 1979. 3. 5. 甲 명의로 소유권이전등기를 마쳤다. 그 후 X 부동산에 대하여 乙이 1980. 2. 7. 乙 명의로 소유권보존등기를 마쳤고, 이에 터 잡아 丙이 1981. 5. 4. 丙 명의로 소유권이전등기를 마쳤다. 甲은 소유권에 기하여 乙, 丙을 상대로 위 각 소유권이전등기말소청구의 소를 제기하였다. 이에 관한 설명 중 옳은 것을 모두 고른 것은? (다툼이 있는 경우 판례에 의함) [변시 7회]

ㄱ. 甲 명의의 등기는 원인무효의 등기이므로 설령 乙, 丙 명의의 등기가 말소되어야 할 무효의 등기라고 하더라도 특별한 사정이 없는 한 甲은 乙, 丙에게 말소를 청구할 권원이 없다.
ㄴ. 乙 명의의 소유권보존등기는 나중에 이루어진 중복등기로서 1부동산 1등기용지주의를 채택하고 있는 「부동산등기법」상 허용될 수 없는 무효의 등기이고, 이에 터 잡아 마쳐진 丙 명의의 소유권이전등기도 무효의 등기이다.
ㄷ. 등기부취득시효의 완성을 위한 등기는 원인무효의 등기라도 무방하므로, 丙이 취득시효의 완성을 위한 다른 요건을 모두 갖추었다면 丙 명의의 소유권이전등기는 특별한 사정이 없는 한 실체관계에 부합하여 유효하다.
ㄹ. 甲의 채권자가 甲을 대위하여 乙, 丙을 상대로 제기한 소(전소) 계속 중 甲이 乙, 丙을 상대로 동일한 청구를 하는 소(후소)를 제기한 경우, 전소가 소송요건을 명백히 흠결하여 부적법하다면 후소의 변론종결 전에 전소가 취하 또는 각하되지 않더라도 후소는 적법한 것이 된다.

① ㄱ, ㄴ ② ㄱ, ㄷ
③ ㄴ, ㄹ ④ ㄱ, ㄴ, ㄷ
⑤ ㄴ, ㄷ, ㄹ

해 설 ㄱ. [○] ※ 소유권에 기한 소유권이전등기 말소청구 – 원고 명의 등기의 원인무효

"원고가 피고들에 대하여 피고들 명의로 마쳐진 소유권보존등기 및 소유권이전등기의 말소를 구하려면 먼저 원고에게 그 말소를 청구할 수 있는 권원이 있음을 주장·입증하여야 하며, 만일 원고에게 이러한 권원이 있음이 인정되지 않는다면 설사 피고들 명의의 등기들이 말소되어야 할 무효의 등기라고 하더라도 원고의 청구를 인용할 수 없다고 할 것인 바, 원고 명의의 소유권이전등기가 전소유자가 사망한 뒤에 마쳐진 경우에는 특단의 사정이 없는 한 원고 명의의 소유권이전등기는 이미 사망한 등기의무자로부터 경료된 등기로서 무효의 등기라고 볼 수 밖에 없으므로 위 소유권에 기하여, 또는 전소유자의 중복등기말소청구권을 대위행사하여 이 사건 청구를 하고 있는 원고에게 피고 명의의 소유권보존등기 및 소유권이전등기의 말소를 청구할 권원이 있다고 볼 수 없다"(대판 1990.5.8, 90다카1097).

ㄴ. [○] ※ 등기명의인이 동일인이 아닌 경우 중복보존등기의 효력

등기명의인이 동일인이 아닌 경우 중복보존등기의 효력에 관해 判例는 "먼저 이루어진 소유권

보존등기가 '원인무효가 되지 아니하는 한' 뒤에 된 보존등기는 비록 그 부동산의 매수인에 의하여 이루어진 경우에도 1부동산 1등기용지주의를 취하고 있는 부동산 등기법 아래에서는 무효"(대판 1990.11.27. 전합87다카2961)라고 판시하였다.

☞ 사안의 경우 보존등기명의인이 甲과 乙로 상이하므로 뒤에 된 乙 명의의 소유권보존등기는 무효의 등기이고, 이에 터 잡아 마쳐진 丙 명의의 소유권이전등기도 무효의 등기이다.

비교판례 ※ 등기명의인이 동일인인 경우 중복보존등기의 효력
"동일 부동산에 관하여 등기명의인을 달리하여 중복하여 보존등기가 이루어진 경우와는 달리 동일인 명의로 소유권보존등기가 중복되어 있는 경우에는 먼저 경료된 등기가 유효하고 뒤에 경료된 중복등기는 그것이 실체관계에 부합하는 여부를 가릴 것 없이 무효이다"(대판 1981.11.18. 81다1340등).

ㄷ. [×] "제245조 2항의 '등기'는 부동산등기법 제15조가 규정한 1부동산 1용지주의에 위배되지 아니한 등기를 말하므로, 어느 부동산에 관하여 등기명의인을 달리하여 소유권보존등기가 2중으로 경료된 경우 먼저 이루어진 소유권보존등기가 원인무효가 아니어서 뒤에 된 소유권보존등기가 무효로 되는 때에는, 뒤에 된 소유권보존등기나 이에 터잡은 소유권이전등기를 근거로 하여서는 등기부취득시효의 완성을 주장할 수 없다"(대판 1996.10.17. 전합96다12511).

ㄹ. [×] "채권자대위소송 계속 중 채무자가 제3채무자에 대해서 소송이 제기된 경우, 양 소송은 동일소송이므로 후소는 중복소제기금지원칙(민사소송법 제249조)에 위배되어 제기된 부적법한 소송이라 할 것이다"(대판 1992.5.22. 91다41187)
"법원에 계속되어 있는 전소가 부적법하더라도 동일한 후소의 변론종결시까지 취하·각하 등에 의하여 소송계속이 소멸되지 아니하는 한 그 후소는 중복된 소제기의 금지에 저촉되는 부적법한 소로서 각하를 면할 수 없다"(대판 1998.2.27. 97다45532)

[정답] ①

문 11 **X토지에 관하여 甲 명의의 1996. 5. 1.자 소유권보존등기와 乙 명의의 1999. 5. 1.자 소유권보존등기가 각각 마쳐져 있다. 단, 甲 명의의 소유권보존등기의 원인무효 사유는 없다. 이에 관한 설명 중 옳은 것(○)과 옳지 않은 것(×)을 올바르게 조합한 것은?** (다툼이 있는 경우에는 판례에 의함) [변시 9회]

ㄱ. 乙이 甲으로부터 X토지를 매수하고 위 소유권보존등기를 마친 것이라면 乙 명의의 위 등기가 유효하므로 乙은 甲 명의 등기의 말소를 청구할 수 있다.
ㄴ. X토지에 관하여 乙의 점유취득시효가 완성된 경우에는 乙 명의의 위 소유권보존등기가 실체관계에 부합하게 되므로 乙은 甲 명의 등기의 말소를 청구할 수 있다.
ㄷ. 乙이 丙에게 위 토지를 매도하고 소유권이전등기를 마쳐준 후 丙의 등기부취득시효가 완성되었더라도 甲은 丙 명의 등기의 말소를 청구할 수 있다.

① ㄱ(×), ㄴ(×), ㄷ(○)
② ㄱ(×), ㄴ(○), ㄷ(×)
③ ㄱ(×), ㄴ(○), ㄷ(○)
④ ㄱ(○), ㄴ(×), ㄷ(×)
⑤ ㄱ(○), ㄴ(○), ㄷ(×)

해 설 ㄱ. [X] ※ 중복보존등기의 효력(등기명의인이 동일인이 아닌 경우)

먼저 하나의 보존등기가 되어 있는 뒤에 이루어진 보존등기는 1부동산 1등기용지주의 원칙에 위반한 것이어서 무효라는 '절차법설'과 1부동산 1등기용지주의 원칙은 등기의 신청 단계에만 적용하는 것이므로, 일단 등기신청이 받아 들여져 등기부상 중복등기가 되고 나면 이제는 양 등기의 실체관계를 따져서 유효·무효를 결정하여야 한다는 '실체법설' 등의 대립이 있으나, 判例는 등기명의인이 동일인이 아닌 경우 "먼저 이루어진 소유권보존등기가 '원인무효가 되지 아니하는 한' 뒤에 된 보존등기는 비록 그 부동산의 매수인에 의하여 이루어진 경우에도 1부동산 1등기용지주의를 취하고 있는 부동산 등기법 아래에서는 무효"라고 판시하여(대판 1990.11.27, 전합87다카2961), 절차법설에 가까운 절충설의 입장이다.

☞ 甲 명의 소유권보존등기의 원인무효 사유는 없으므로, 乙은 甲 명의 등기의 말소를 청구할 수 없다. 다만, 乙 명의 '소유권보존등기'는 중복보존등기로서 무효라고 할 것이므로 乙은 甲을 상대로 X 토지에 관하여 매매를 원인으로 한 '소유권이전등기'를 청구할 이익은 있다(위 87다카2961의 판시내용).

비교판례 ※ 중복보존등기의 효력(등기명의인이 동일인인 경우)

判例는 일관하여 절차법설에 따르고 있다(대판 1981.11.18, 81다1340등). 이는 동일인명의의 보존등기 사이에는 실체적 권리관계에 부합하는지 여부를 가릴 필요가 없기 때문으로 보인다.

ㄴ. [X] ※ 중복등기한 자가 점유취득시효를 완성한 경우

判例는 "동일 부동산에 관하여 이미 소유권이전등기가 경료되어 있음에도 그 후 중복하여 소유권보존등기를 경료한 자가 그 부동산을 20년간 소유의 의사로 평온·공연하게 점유하여 점유취득시효가 완성되었더라도, 선등기인 소유권이전등기의 토대가 된 소유권보존등기가 원인무효라고 볼 아무런 주장·입증이 없는 이상, 뒤에 경료된 소유권보존등기는 실체적 권리관계에 부합하는지의 여부에 관계없이 무효이므로, 뒤에 된 소유권보존등기의 말소를 구하는 것이 신의칙위반이나 권리남용에 해당한다고 할 수 없다"(대판 2008.2.14, 2007다63690)라고 판시하고 있다.

ㄷ. [O] ※ 무효인 중복등기에 기한 등기부취득시효를 이유로 한 소유권 인정여부(소극)

"제245조 2항의 '등기'는 부동산등기법 제15조가 규정한 1부동산 1용지주의에 위배되지 아니한 등기를 말하므로, 어느 부동산에 관하여 등기명의인을 달리하여 소유권보존등기가 2중으로 경료된 경우 먼저 이루어진 소유권보존등기가 원인무효가 아니어서 뒤에 된 소유권보존등기가 무효로 되는 때에는, 뒤에 된 소유권보존등기나 이에 터잡은 소유권이전등기를 근거로 하여서는 등기부취득시효의 완성을 주장할 수 없다"(대판 1996.10.17, 전합96다12511)고 한다.

[정답] ①

문 12 **X 부동산에 대하여 甲에서 乙로, 乙에서 丙으로 순차적으로 소유권이전등기가 경료되었을 경우, 다음 설명 중 옳은 것은?** (각 지문은 독립적이고, 다툼이 있는 경우 판례에 의함) [변시 4회]

① 乙 명의의 소유권이전등기 원인이 매매인 경우, 乙은 甲에게 자신의 등기가 유효하다고 주장하기 위해 甲과의 매매계약이 체결되었음을 증명하여야 한다.

② 丙이 乙로부터 부동산을 취득함에 있어 등기부상 기재된 등기원인인 증여에 의하지 않고 다른 원인인 매매에 의하여 적법하게 취득하였다고 주장하는 경우, 그 등기의 추정력은 깨진다.

③ 乙이 서류를 위조하여 자신의 명의로 소유권이전등기를 경료하였고, 다시 丙 명의로 소유권이전등기를 경료한 이후 丙이 등기부취득시효에 의해서 소유권을 취득한 경우, 甲은 乙에게 소유권이전등기말소의무의 이행불능을 이유로 한 손해배상을 청구할 수 있다.

④ 甲이 丙에 대하여 소유권이전등기말소 청구소송을 제기하였으나 패소한 경우에도, 甲의 乙에 대한 소유권이전등기말소 청구의 소는 소의 이익이 있다.

⑤ 만약 甲과 乙, 乙과 丙 사이에 순차로 이루어진 각 적법한 매매계약에 근거하여 甲으로부터 丙에게로 직접 등기가 경료되었다면, 중간생략등기에 관한 합의가 없는 한 그 중간생략등기는 무효이다.

해설 ① [X] 등기된 권리는 적법한 것으로 추정되며 그 권리는 등기원인으로부터 연유하는 것이므로 判例는 등기의 추정력은 등기원인에도 미친다고 본다(대판 1994.9.13, 94다10160).
☞ 따라서 乙 명의의 소유권이전등기 원인이 매매인 경우, 적법·유효한 매매계약에 의해 乙명의로 등기가 경료되었다고 추정된다.

② [X] 判例는 권리취득 원인을 등기부에 기록된 취득원인과 달리 주장한 경우에도 추정이 깨어지지 않는다는 입장이다(아래 94다10160판결).
"부동산등기는 현재의 진실한 권리상태를 공시하면 그에 이른 과정이나 태양을 그대로 반영하지 아니하였어도 유효한 것이므로, 등기명의자가 전소유자로부터 부동산을 취득함에 있어 등기부상 기재된 등기원인에 의하지 아니하고 다른 원인으로 적법하게 취득하였다고 하면서 등기원인행위의 태양이나 과정을 다소 다르게 주장한다고 하여 이러한 주장만 가지고 그 등기의 추정력이 깨어진다고 할 수 없다"(대판 1994.9.13, 94다10160).

③ [X] ※ **물권적 청구권의 이행불능으로 인한 전보배상청구가 인정되는지 여부**(소극)
"소유자가 자신의 소유권에 기하여 실체관계에 부합하지 아니하는 등기의 명의인을 상대로 그 등기말소나 진정명의회복 등을 청구하는 경우에, 그 권리는 물권적 청구권으로서의 방해배제청구권(제214조)의 성질을 가진다. 그러므로 소유자가 그 후에 소유권을 상실함으로써 이제 등기말소 등을 청구할 수 없게 되었다면, 이를 위와 같은 청구권의 실현이 객관적으로 불능이 되었다고 파악하여 등기말소 등 의무자에 대하여 그 권리의 이행불능을 이유로 민법 제390조상의 손해배상청구권을 가진다고 말할 수 없다. 위 법규정에서 정하는 채무불이행을 이유로 하는 손해배상청구권은 계약 또는 법률에 기하여 이미 성립하여 있는 채권관계에서 본래의 채권이 동일성을 유지하면서 그 내용이 확장되거나 변경된 것으로서 발생한다. 그러나 위와 같은 등기말소청구권 등의 물권적 청

구권은 그 권리자인 소유자가 소유권을 상실하면 이제 그 발생의 기반이 아예 없게 되어 더 이상 그 존재 자체가 인정되지 아니하는 것이다. 이러한 법리는 선행소송에서 소유권보존등기의 말소등기청구가 확정되었다고 하더라도 그 청구권의 법적 성질이 채권적 청구권으로 바뀌지 아니하므로 마찬가지이다"(대판 2012.5.17. 전합2010다28604)

④ [○] "순차적으로 소유권이전등기가 경료된 경우 후순위등기의 말소등기절차 이행청구가 패소확정됨으로써 직접적으로는 그 전순위등기의 말소등기의 실행이 불가능하게 되었다 하더라도 그 전순위등기의 말소를 구할 소의 이익이 없다 할 수 없다"(대판 1993.7.13. 93다20955).
☞ 따라서 甲이 丙에 대하여 소유권이전등기말소 청구소송을 제기하였으나 패소한 경우에도, 甲의 乙에 대한 소유권이전등기말소 청구의 소는 소의 이익이 있다.

⑤ [X] 判例는 중간생략등기가 경료되어 버린 경우에는 합의가 없어도 유효하다고 보는데 반해(실체관계에 부합하는 등기), 등기청구권에 대해서는 중간생략등기의 '합의'가 없는 한 이를 인정하지 아니하는 입장을 유지하고 있다(대판 1991.4.23. 91다5761등).

[정답] ④

문 13 등기의 추정적 효력에 관한 다음 설명 중 옳지 않은 것을 모두 고른 것은? (다툼이 있는 경우에는 판례에 의함) [변시 1회]

ㄱ. 甲으로부터 乙에게로 소유권이전등기가 마쳐진 경우, 乙은 제3자 뿐만 아니라 甲에 대하여도 적법한 등기원인에 의하여 소유권을 취득한 것으로 추정된다.
ㄴ. 신축된 건물의 소유권은 특별한 사정이 없는 한 이를 건축한 사람이 원시취득하는 것이므로, 건물 소유권보존등기의 명의자가 이를 신축한 것이 아니라면 그 등기의 권리 추정력은 깨어지고, 등기명의자가 스스로 적법하게 그 소유권을 취득한 사실을 증명하여야 한다.
ㄷ. 전 등기명의인이 미성년자이고 당해 부동산을 친권자에게 증여하는 행위가 이해상반행위라면, 일단 친권자에게 이전등기가 마쳐졌더라도 그 이전등기에 관하여 필요한 절차를 적법하게 거친 것으로 추정되지 않는다.
ㄹ. 구 「임야소유권이전등기 등에 관한 특별조치법」(실효)에 의하여 소유권이전등기를 마친 자가 보증서나 확인서의 실체적 기재내용이 허위임을 자인한 경우에는 그 소유권이전등기의 추정력은 깨어진다.
ㅁ. 환매기간을 제한하는 환매특약이 등기부에 기재되어 있더라도 환매특약이 진정하게 성립된 것으로 추정되지 않는다.

① ㄱ, ㄴ, ㄹ
② ㄱ, ㄷ, ㄹ
③ ㄴ, ㅁ
④ ㄷ, ㄹ
⑤ ㄷ, ㅁ

해설 ㄱ. [O] "부동산에 관하여 소유권이전등기가 마쳐져 있는 경우에는 등기명의자는 제3자에 대하여서 뿐 아니라 전소유자에 대하여서도 적법한 등기원인에 의하여 소유권을 취득한 것으로 추정되는 것이므로 이를 다투는 측에서 무효사유를 주장, 입증하여야 한다"(대판 1993.5.11. 92다46059).

비교판례 **권리변동의 당사자간에도 등기의 추정력이 미치는가**에 관하여 判例는 **'소유권이전등기'**에 관하여는 긍정하는 입장이나 **'소유권보존등기'**의 경우 매매 등에 의한 소유권이전이 있었음에도 불구하고 편의상 보존등기를 하는 등 진실성 보장이 약하다는 이유로 부정하는 입장을 취하고 있다(대판 1982.9.14. 82다카707). 따라서 소유권보존등기의 경우에는 그 명의자가 보존등기전의 소유자로부터 소유권을 양도받은 것이라는 주장을 하였지만 전소유자가 명의자에게 양도한 사실을 부인하는 경우 그 명의자는 소유자로 추정되지 않는다.

ㄴ. [O] "신축된 건물의 소유권은 이를 건축한 사람이 원시취득하는 것이므로, 건물 소유권보존등기의 명의자가 이를 신축한 것이 아니라면 그 등기의 권리 추정력은 깨어지고, 등기 명의자가 스스로 적법하게 그 소유권을 취득한 사실을 입증하여야 한다"(대판 1996.7.30. 95다30734)

ㄷ. [X] **등기의 추정력은 절차의 적법도 추정된다.**
"어느 부동산에 관하여 등기가 경료되어 있는 경우 특별한 사정이 없는 한 그 원인과 절차에 있어서 적법하게 경료된 것으로 추정된다. 전 등기명의인이 미성년자이고 당해 부동산을 친권자에게 증여하는 행위가 이해상반행위라 하더라도 일단 친권자에게 이전등기가 경료된 이상, 특별한 사정이 없는 한, 그 이전등기에 관하여 필요한 절차를 적법하게 거친 것으로 추정된다"(대판 2002.2.5. 2001다72029)

ㄹ. [O] 상대방이 등기의 기초가 된 보증서나 확인서의 실체적 기재내용이 허위임을 자백한 경우 자백에 구속되어 등기의 추정력은 깨진다. 다만 취득원인(등기원인)이 허위임을 자백한 것만으로는 등기의 추정력은 깨지지 않는다.
"구 임야소유권이전등기 등에 관한 특별조치법(실효)에 의한 등기는 같은 법 소정의 적법한 절차에 따라 마쳐진 것으로서 실체관계에 부합하는 등기로 추정되므로 그 등기의 말소를 소구하는 자에게 추정 번복의 주장·입증책임이 있지만, **상대방이 등기의 기초가 된 보증서나 확인서의 실체적 기재 내용이 허위임을 자인하거나 실체적 기재 내용이 진실이 아님을 의심할 만큼 증명이 된 때에는 등기의 추정력은 번복된 것으로** 보아야 한다"(대판 1996.10.11. 95다47992)

비교판례 "구 임야소유권이전등기 등에 관한 특별조치법(실효)에 따라 **등기를 마친 자가 보증서나 확인서에 기재된 취득원인이 사실과 다름을 인정하더라도 그가 다른 취득원인에 따라 권리를 취득하였음을 주장하는** 때에는, 특별조치법의 적용을 받을 수 없는 시점의 취득원인 일자를 내세우는 경우와 같이 그 주장 자체에서 특별조치법에 따른 등기를 마칠 수 없음이 명백하거나 그 주장하는 내용이 구체성이 전혀 없다든지 그 자체로서 허구임이 명백한 경우 등의 특별한 사정이 없는 한 위의 사유만으로 특별조치법에 따라 마쳐진 등기의 추정력이 깨어진다고 볼 수는 없으며, 그 밖의 자료에 의하여 새로이 주장된 취득원인 사실에 관하여도 진실이 아님을 의심할 만큼 증명되어야 그 등기의 추정력이 깨어진다고 할 것이다"(대판 2001.11.22. 전합2000다71388,71395)

ㅁ. [X] "환매기간을 제한하는 환매특약이 등기부에 기재되어 있는 때에는 반증이 없는 한 등기부 기재와 같은 환매특약이 진정하게 성립된 것으로 추정함이 상당하다"(대판 1991.10.11. 91다13700)

[정답] ⑤

문 14 **X 토지에 관하여 甲 명의의 소유권보존등기와 乙 명의의 소유권이전등기가 순차로 경료되어 있다는 사실은 아래 각 소송에서 다툼이 없다. 아래 각 소가 모두 적법하다는 전제에서, 이에 관한 설명 중 옳은 것을 모두 고른 것은?** (각 지문은 독립적이며, 다툼이 있는 경우 판례에 의함) [변시 7회]

ㄱ. 甲은 乙을 상대로 소유권이전등기말소 청구의 소를 제기하였다. 이 소송에서 甲은 乙에게 토지를 매도한 적이 없다고 주장하고, 乙은 甲으로부터 X 토지를 매수하였다고 주장하였다. 甲과 乙 양측의 위 주장 사실이 증명되지 않은 경우 원고 甲이 승소한다.

ㄴ. 甲은 乙을 상대로 소유권이전등기말소 청구의 소를 제기하였다. 이 소송에서 乙이 X 토지를 甲의 대리인임을 자칭하는 A를 통하여 매수했다는 사실에 대해서는 당사자 사이에 다툼이 없었고, A에게 대리권이 있었는지 여부에 관해서만 다투어졌는데, 이 대리권 존부에 관하여 증명되지 않은 경우 원고 甲이 승소한다.

ㄷ. X 토지의 사정 명의인은 B이고 丙은 B의 유일한 상속인이라는 사실은 아래 소송에서 당사자 사이에 다툼이 없다. 丙이 甲을 상대로 소유권보존등기말소 청구의 소를 제기하였다. 이 소송에서 丙은 甲이 관련서류를 위조하여 등기하였다고 주장하고 甲은 B 생전에 B로부터 X 토지를 매수하고 대금을 모두 지급하였다고 주장하였다. 甲과 丙 양측의 위 주장 사실이 증명되지 않은 경우 원고 丙이 승소한다.

① ㄱ ② ㄴ ③ ㄷ
④ ㄱ, ㄴ ⑤ ㄴ, ㄷ

해 설 ㄱ. [X] ※ 등기추정력의 인적범위

부동산에 관하여 소유권이전등기가 경료되어 있는 경우에는 그 등기명의자는 제3자에 대하여서 뿐만 아니라 그 전소유자에 대하여도 적법한 등기원인에 의하여 소유권을 취득한 것으로 추정된다(대판 1992.4.24, 91다26379,26386).

ㄴ. [X] ※ 등기추정력과 대리권의 증명책임

일반적으로 대리권이 있다는 점에 대한 입증책임은 그 대리행위의 효과를 주장하는 자에게 있다. 따라서 대리행위의 상대방이 본인에게 계약의 이행을 청구하는 경우에는 상대방이 대리인에게 대리권이 있음을 입증하여야 한다(대판 1994.2.22. 93다42047). 그러나 부동산거래의 대리행위에서 등기가 있는 경우에는 '등기의 추정력'에 의해 그 등기의 무효를 주장하는 자(甲)가 대리인에게 대리권 없음을 입증하여야 한다(대판 1993.10.12. 93다18914)

ㄷ. [O] ※ 추정력의 복멸 – 소유권보존등기의 경우

소유권보존등기는 소유권이 진실하게 보존되었다는 사실 이외에 권리변동이 진실하다는 점에 관하여는 추정력이 없으므로, 判例는 보존등기명의인이 원시취득자가 아니라는 점이 증명되면 [보존등기 명의인이 전소유자로부터 매수하였다고 주장하는 경우, 보존등기 명의인 이외의 자가 사정받은 사실이 인정되는 경우, 건물 보존등기 명의인 이외의 자가 그 건물을 신축한 사실이 드러난 경우(대판 1996.7.30. 95다30734)] 추정력이 깨진다고 보아 소유권이전등기에 비하여 용이하게 추정력의 복멸을 인정한다(대판 1982.9.14. 82다카707).

[정답] ③

문 15 **등기의 추정력에 관한 설명 중 옳지 않은 것은?** (다툼이 있는 경우 판례에 의함) [변시 12회]

① 사망자 명의로 신청하여 이루어진 소유권이전등기는 일단 원인무효의 등기라고 볼 것이어서 등기의 추정력을 인정할 여지가 없으므로, 등기의 유효를 주장하는 자가 현재의 실체관계와 부합함을 증명할 책임이 있다.

② 등기명의자가 전 소유자로부터 부동산을 취득함에 있어 등기부상 기재된 등기원인에 의하지 아니하고 다른 원인으로 적법하게 취득하였다고 하면서 등기원인행위의 태양이나 과정을 다소 다르게 주장한다고 하여 그 등기의 추정력이 깨어진다고 할 수는 없다.

③ 부동산에 관하여 소유권이전등기가 경료되어 있는 경우에는 그 등기명의자는 제3자에게 대하여서뿐만 아니라 그 전 소유자에 대하여서도 적법한 등기원인에 의하여 소유권을 취득한 것으로 추정된다.

④ 등기명의자 또는 제3자가 그에 앞선 등기명의인의 등기 관련 서류를 위조하여 소유권이전등기를 경료하였다는 점이 증명되었으면 특별한 사정이 없는 한 무효원인의 사실이 증명되었다고 보아야 한다.

⑤ 의용 민법과 의용 부동산등기법 적용 당시 행하여진 가등기 뿐만 아니라 현행 「민법」과 현행 「부동산등기법」에 따라 이루어진 가등기에 관해서도 구체적인 등기원인이 존재하는 것으로 추정된다.

해 설 ① [O] ※ **전 소유자의 사망 이후에 그 명의로 신청되어 경료된 소유권이전등기의 추정력**(한정 적극)
"사망자 명의의 신청으로 이루어진 이전등기는 원인무효의 등기로서 등기의 추정력을 인정할 여지가 없으므로 등기의 유효를 주장하는 자가 현재의 실체관계와 부합함을 증명할 책임이 있다"(대판 2017.12.22. 2017다360,377).

참고판례 "**전 소유자가 사망한 이후에 그 명의로 신청되어 경료된 소유권이전등기는**, 그 등기원인이 이미 존재하고 있으나 아직 등기신청을 하지 않고 있는 동안에 등기의무자에 대하여 상속이 개시된 경우에 피상속인이 살아 있다면 그가 신청하였을 등기를 상속인이 신청한 경우 또는 등기신청을 등기공무원이 접수한 후 등기를 완료하기 전에 본인이나 그 대리인이 사망한 경우와 같은 특별한 사정이 인정되는 경우를 제외하고는, **원인무효의 등기라고 볼 것이어서 그 등기의 추정력을 인정할 여지가 없다**"(대판 2004.9.3. 2003다3157).

② [O] "부동산등기는 현재의 진실한 권리상태를 공시하면 그에 이른 과정이나 태양을 그대로 반영하지 아니하였어도 유효한 것이므로, 등기명의자가 전소유자로부터 부동산을 취득함에 있어 등기부상 기재된 등기원인에 의하지 아니하고 다른 원인으로 적법하게 취득하였다고 하면서 **등기원인행위의 태양이나 과정을 다소 다르게 주장한다고 하여 이러한 주장만 가지고 그 등기의 추정력이 깨어진다고 할 수 없다**"(대판 1994.9.13. 94다10160).

③ [O] "부동산에 관하여 소유권이전등기가 마쳐져 있는 경우에는 그 등기명의자는 제3자에 대하여서뿐만 아니라 그 전소유자에 대하여서도 적법한 등기원인에 의하여 소유권을 취득한 것으로 추정되는 것이므로 이를 다투는 측에서 그 무효사유를 주장·입증하여야 한다"(대판 1994.9.13. 94다10160).

④ [○] "등기명의자 또는 제3자가 그에 앞선 등기명의인의 등기 관련 서류를 위조하여 소유권이 전등기를 경료하였다는 점이 증명되었으면 특별한 사정이 없는 한 무효원인의 사실이 증명되었다고 보아야 하고, 등기가 실체적 권리관계에 부합한다는 사실의 증명책임은 이를 주장하는 등기명의인에게 있다"(대판 2014.3.13. 2009다105215)

⑤ [×] "의용 민법과 의용 부동산등기법 적용 당시 행하여진 가등기의 구체적인 등기원인이 존재하는 것으로 추정할 수 없다. 가등기의 구체적인 등기원인의 추정력이 부정되는 것은 현행 민법과 부동산등기법에 따라 이루어진 가등기에 관해서도 마찬가지이다(대판 2018.11.29. 2018다200730). 즉 가등기가 되어 있다고 하여 그 **'등기원인 사실의 존재'**(예를 들어 매매예약 사실)**가 추정되지는 않는다.**

비교판례 그러나 가등기도 본등기와 마찬가지로 그것이 형식적으로 존재하는 이상 '적법한 등기원인에 의하여 마쳐진 것'으로 추정된다. 즉, 가등기에도 권리추정력이 인정된다(통설). 判例도 가등기가 불법말소되면, 가등기권리자는 위법하게 말소된 가등기의 회복등기를 청구할 수 있는데, 그 **회복등기가 마쳐지기 전이라도 말소된 등기의 등기명의인은 적법한 권리자로 추정되**므로 원인 없이 말소된 등기의 효력을 다투는 쪽에서 그 무효사유를 주장·증명하여야 한다고 한다(대판 2011.10.13. 2011다51281).

[정답] ⑤

문 16 甲과 乙은 甲 소유의 X 부동산에 관하여 매매대금을 1억 원으로 하여 매매계약을 체결하였고, 그 후 乙과 丙은 X에 관하여 매매대금을 1억 2,000만 원으로 하여 매매계약을 체결하였다. 다음 설명 중 옳은 것은? (다툼이 있는 경우에는 판례에 의함) [변시 1회]

① 丙이 乙로부터 甲에 대한 소유권이전등기청구권을 양수하고 이 사실을 乙이 甲에게 통지하였다면, 丙은 甲에게 X에 관하여 직접 자기 앞으로 소유권이전등기를 해줄 것을 청구할 수 있다.

② 丙이 乙과 甲 사이의 매매계약에 기한 소유권이전등기청구권을 보전하기 위해 乙을 대위하여 X에 대한 처분금지가처분결정을 받았고 乙이 그러한 사실을 알고 있었더라도, 甲과 乙은 위 매매계약의 합의해제로 丙에게 대항할 수 있다.

③ 甲, 乙, 丙 사이에 중간생략등기에 관한 합의가 있었다면, 丙은 甲에게 X에 관하여 직접 자기 앞으로 소유권이전등기를 해줄 것을 청구할 수 있고, 그 후 甲은 乙과 매매대금을 인상하기로 합의하였더라도 그 인상분을 지급받지 아니하였음을 이유로 丙에게 소유권이전등기의무의 이행을 거절할 수 없다.

④ 이미 X에 관하여 甲에서 丙 앞으로 소유권이전등기까지 마쳐지고, 甲과 乙, 乙과 丙 사이에 각각 매매대금이 모두 지급되었다면, 위 소유권이전등기가 丙이 甲 명의의 등기신청서류를 위조하여 직접 丙 앞으로 마친 것이고, 甲, 乙, 丙 사이에 중간생략등기의 합의가 없었더라도, 甲은 丙에게 위 소유권이전등기의 말소를 청구할 수 없다.

⑤ 甲, 乙, 丙 사이의 중간생략등기의 합의에 따라 甲이 X에 관하여 직접 丙 앞으로 소유권이전등기를 마쳐주었는데, 그 후 甲과 乙 사이의 매매계약이 사기를 이유로 취소되었다면, 甲은 丙이 선의인지 여부와 관계없이 丙에 대하여 위 소유권이전등기의 말소를 청구할 수 있다.

해 설 ① [×] 종전의 判例는 소유권이전등기청구권을 채권적 청구권으로 보면서도 '3자 합의설'의 이론구성에 의거하여 그 양도성을 제한하여 왔는데(대판 1995.8.22, 95다15575), 최근 判例는 또 다른 논거로서 매매로 인한 소유권이전등기청구권은 그 **'이행과정에 신뢰관계'**가 따른다는 것을 이유로 (특별한 사정이 없는 이상 권리의 성질상 양도가 제한되어) 통상의 채권양도와 달리 채무자에 대한 **통지만으로는 채무자에 대한 대항력이 생기지 않으며 반드시 채무자의 동의나 승낙을 받아야 대항력이 생긴다**(대판 2001.10.9, 2000다51216)고 판시하고 있다.

② [×] 채권자가 보존행위 이외의 권리를 행사한 때에는 채무자에게 이를 통지하여야 하고(제405조 1항), 채무자가 그 **통지를 받은 후에는 그 권리를 '처분'하여도 채권자에게 대항하지 못한다**(제405조 2항). 여기서 말하는 금지되는 처분행위에는 '채권 자체'에 대한 처분행위뿐만 아니라 **'채권 발생의 기초가 되는 법률관계에 대한 처분행위'**[예컨대 채권발생원이 된 기본계약의 합의해제(아래 95다54167 판결)]**도 포함된다**. 그러나 채무를 불이행함으로써 제3채무자로 하여금 채권의 발생원인이 된 기본계약을 해제하게 하거나 자동해제약정에 따라 그 기본계약이 실효되도록 한 경우는 제405조 제2항에서 말하는 '처분'에 해당한다고 할 수 없다(대판 2012.5.17, 전합2011다87235).

"채권자가 채무자를 대위하여 제3채무자의 부동산에 대한 처분금지가처분을 신청하여 처분금지가처분 결정을 받은 경우, 이는 그 부동산에 관한 소유권이전등기청구권을 보전하기 위한 것이므로 피보전권리인 소유권이전등기청구권을 행사한 것과 같이 볼 수 있어, 채무자가 그러한 채권자대위권의 행사 사실을 알게 된 이후에 그 부동산에 대한 매매계약을 합의해제함으로써 채권자대위권의 객체인 그 부동산의 소유권이전등기청구권을 소멸시켰다 하더라도 이로써 채권자에게 대항할 수 없다"(대판 1996.4.12. 95다54167).

③ [×] 중간생략등기의 합의만으로 최초 매도인 甲의 乙에 대한 항변권을 상실하는 것은 아니다. "중간생략등기의 합의란 부동산이 전전 매도된 경우 각 매매계약이 유효하게 성립함을 전제로 그 이행의 편의상 최초의 매도인으로부터 최종의 매수인 앞으로 소유권이전등기를 경료하기로 한다는 당사자 사이의 합의에 불과할 뿐이므로, 이러한 합의가 있다고 하여 최초의 매도인이 자신이 당사자가 된 매매계약상의 매수인인 중간자에 대하여 갖고 있는 매매대금청구권의 행사가 제한되는 것은 아니다. 최초 매도인과 중간 매수인, 중간 매수인과 최종 매수인 사이에 순차로 매매계약이 체결되고 이들 간에 **중간생략등기의 합의가 있은 후에 최초 매도인과 중간 매수인 간에 매매대금을 인상하는 약정이 체결된 경우, 최초 매도인은 인상된 매매대금이 지급되지 않았음을 이유로 최종 매수인 명의로의 소유권이전등기의무의 이행을 거절할 수 있다**"(대판 2005.4.29. 2003다66431)

④ [○] 실체관계에 부합한 등기로서 유효하므로 甲은 丙에게 소유권이전등기 말소를 청구할 수 없다.

관련판례 "최종 양수인이 중간생략등기의 합의를 이유로 최초 양도인에게 직접 중간생략등기를 청구하기 위하여는 관계 당사자 전원의 의사합치가 필요하지만, 당사자 사이에 적법한 원인행위가 성립되어 일단 중간생략등기가 이루어진 이상 중간생략등기에 관한 합의가 없었다는 이유만으로는 중간생략등기가 무효라고 할 수는 없다"(대판 2005.9.29. 2003다40651).

관련판례 "위조된 등기신청서류에 의하여 경유된 소유권이전등기라 할지라도 그 등기가 실체적 권리관계에 부합되는 경우에는 유효하다"(대판 1965.5.25. 65다365)

⑤ [×] 丙이 선의인 경우 제110조 제3항(사기의 의사표시의 취소는 선의의 제3자에게 대항하지 못한다)의 제3자에 해당하므로 이 경우 甲은 丙에게 소유권이전등기의 말소를 청구할 수 없다.
☞ 判例에 따르더라도 **중간생략등기가 유효하기 위해서는** 최초의 매도인과 중간자의 법률행위, 그리고 중간자와 최종매수인의 **각각의 법률행위가 모두 유효함을 전제**로 한다(대판 1997.3.14. 96다22464)(실체관계에의 부합은 복수의 권리변동원인 전부에 인정되어야 한다). 즉 양도인과 중간자 3자 사이의 **중간생략등기 합의는 각 계약에 부수하는 채무 이행의 방법에 관한 합의이므로**(대판 1996.6.28. 96다3982 참고), 어느 한 계약이 무효이거나 취소·해제되면, 종된 합의인 중간생략등기의 합의도 그 효력을 상실한다(대판 1996.2.27. 95다38875 참고 : 당해 판례는 일부무효법리에 따라 이론구성하였다). 따라서 이 경우 최종양수인에게 경료된 중간생략등기는 무효이나, **제3자 보호규정이 있는 경우에는 실체관계에 부합하여 유효할 수 있다.**

[정답] ④

문 17 **甲과 乙은 甲 소유 A부동산에 관하여 매매계약을 체결하였고, 그 후 乙은 소유권이전등기를 마치지 않은 상태에서 丙과 A부동산에 관한 매매계약을 체결하였다. 이에 관한 설명 중 옳지 않은 것은? (다툼이 있는 경우 판례에 의함)** [변시 8회]

① 甲, 乙, 丙 사이에 중간생략등기의 합의가 있었다 하더라도 乙의 甲에 대한 소유권이전등기청구권이 소멸되지는 않는다.

② 甲, 乙, 丙 사이에 중간생략등기의 합의가 없었다면 丙은 직접 甲을 상대로 소유권이전등기를 청구할 수는 없고 乙의 甲에 대한 소유권이전등기청구권을 대위행사하여야 한다.

③ 甲, 乙, 丙 사이에 중간생략등기의 합의가 없었다 하더라도 甲과 乙, 乙과 丙 사이의 매매계약이 모두 유효하고 매매대금도 모두 지급된 경우에는, 甲으로부터 직접 丙 앞으로 이루어진 소유권이전등기는 유효하다.

④ 甲, 乙, 丙 사이에 중간생략등기의 합의가 있은 후에 甲과 乙 사이에 매매대금을 인상하는 약정이 체결된 경우, 甲은 인상된 매매대금이 지급되지 않았음을 이유로 丙으로의 소유권이전등기절차의 이행을 거절할 수 없다.

⑤ 甲, 乙, 丙 사이에 중간생략등기의 합의가 없는 경우 乙이 甲에 대한 A부동산의 소유권이전등기청구권을 丙에게 양도하고 이를 甲에게 통지하였다 하더라도, 甲이 이에 대해 동의 또는 승낙하지 않은 이상 丙은 甲에게 직접 소유권이전등기를 청구할 수는 없다.

해 설 ① [○] "중간생략등기의 합의가 있었다 하더라도 이러한 합의는 중간등기를 생략하여도 당사자 사이에 이의가 없겠고 또 그 등기의 효력에 영향을 미치지 않겠다는 의미가 있을 뿐이지 그러한 합의가 있었다 하여 **중간매수인의 소유권이전등기청구권이 소멸된다거나 첫 매도인의 그 매수인에 대한 소유권이전등기의무가 소멸되는 것은 아니라 할 것이다**"(대판 1991.12.13. 91다18316).

② [○] "중간생략등기의 **합의가 없다면 부동산의 전전매수인은 매도인을 대위하여 그 전매도인인 등기명의자에게 매도인 앞으로의 소유권이전등기를 구할 수는** 있을지언정 직접 자기 앞으로의 소유권이전등기를 구할 수는 없다"(대판 1969.10.28. 69다1351).

③ [○] "최종 양수인이 중간생략등기의 합의를 이유로 최초 양도인에게 직접 중간생략등기를 청구하기 위하여는 관계 당사자 전원의 의사합치가 필요하지만, 당사자 사이에 적법한 원인행위가 성립되어 **일단 중간생략등기가 이루어진 이상 중간생략등기에 관한 합의가 없었다는 이유만으로는 중간생략등기가 무효라고 할 수는 없다**"(대판 2005.9.29. 2003다40651).

④ [×] ※ **최초매도인의 중간자에 대한 매매대금지급청구권**
"**중간생략등기의 합의란** 부동산이 전전 매도된 경우 각 매매계약이 유효하게 성립함을 전제로 그 이행의 편의상 최초의 매도인으로부터 최종의 매수인 앞으로 소유권이전등기를 경료하기로 한다는 당사자 사이의 합의에 불과할 뿐이므로, **이러한 합의가 있다고 하여 최초의 매도인이 자신이 당사자가 된 매매계약상의 매수인인 중간자에 대하여 갖고 있는 매매대금청구권의 행사가 제한되는 것은** 아니다. 최초 매도인과 중간 매수인, 중간 매수인과 최종 매수인 사이에 순차로 매매계약이 체결되고 이들 간에 **중간생략등기의 합의가 있은 후에 최초 매도인과 중간 매수인 간에 매매대금을 인상하는 약정이 체결된** 경우, **최초 매도인은 인상된 매매대금이 지급되지 않았음을 이유로 최종 매수인 명의로**

의 소유권이전등기의무의 이행을 거절할 수 있다"(대판 2005.4.29. 2003다66431).

⑤ [○] ※ 소유권이전등기청구권의 양도

"부동산매매계약에서 매도인과 매수인은 서로 동시이행관계에 있는 일정한 의무를 부담하므로 이행과정에 신뢰관계가 따른다. 특히 매도인으로서는 매매대금 지급을 위한 매수인의 자력, 신용 등 매수인이 누구인지에 따라 계약유지 여부를 달리 생각할 여지가 있다. 이러한 이유로 매매로 인한 소유권이전등기청구권의 양도는 특별한 사정이 없는 이상 양도가 제한되고 양도에 채무자의 승낙이나 동의를 요한다고 할 것이므로 통상의 채권양도와 달리 양도인의 채무자에 대한 통지만으로는 채무자에 대한 대항력이 생기지 않으며 반드시 채무자의 동의나 승낙을 받아야 대항력이 생긴다"(대판 2018.7.12. 2015다36167).

비교판례 "그러나 취득시효완성으로 인한 소유권이전등기청구권은 채권자와 채무자 사이에 아무런 계약관계나 신뢰관계가 없고, 그에 따라 채권자가 채무자에게 반대급부로 부담하여야 하는 의무도 없다. 따라서 취득시효완성으로 인한 소유권이전등기청구권의 양도의 경우에는 매매로 인한 소유권이전등기청구권에 관한 양도제한의 법리가 적용되지 않는다"(대판 2018.7.12. 2015다36167).

[정답] ④

문 18 甲은 자기 소유 X건물을 乙에게 매도하고 乙은 이를 다시 丙에게 매도하기로 하는 매매계약을 각각 체결하였다. 이에 관한 설명 중 옳지 않은 것은? (다툼이 있는 경우 판례에 의함) [변시 9회]

① 甲, 乙, 丙이 전원의 의사합치에 따라 甲으로부터 丙에게 직접 소유권이전등기를 넘겨주기로 하는 중간생략등기의 합의를 한 경우, 丙은 甲을 상대로 X건물의 소유권이전등기를 청구할 수 있다.

② 甲, 乙, 丙이 전원의 의사합치에 따라 甲으로부터 丙에게 직접 소유권이전등기를 넘겨주기로 하는 중간생략등기의 합의를 한 경우, 甲은 乙을 상대로 매매대금의 지급을 청구할 수 없다.

③ 甲과 乙, 乙과 丙 사이의 각 매매계약이 적법하게 성립하여 甲으로부터 丙이 X건물에 관하여 소유권이전등기를 마쳤다면, 이들 전원의 중간생략등기에 대한 합의가 없었다는 이유만으로 그 등기를 무효라고 할 수는 없다.

④ 甲이 매수인 乙에게 X건물을 매도함에 있어서, 소유권이전등기 소요 서류 등에 매수인란을 백지로 하여 교부한 경우에는 소유권이전등기에 있어 묵시적 그리고 순차적으로 중간생략등기에 합의한 것으로 볼 수 있다.

⑤ 만일 甲이 X건물을 신축하여 乙에게 매도하면서 매수인 乙과의 합의에 따라 乙 명의로 소유권보존등기가 마쳐졌다면, 그 등기는 실체적 권리관계에 부합하는 적법한 등기로서 효력이 있다.

해 설 ① [○] ※ **최종 양수인의 최초 양도인에 대한 소유권이전등기의 직접 청구**

判例는 중간생략등기가 경료되어 버린 경우에는 합의가 없어도 유효하다고 보는데 반해(실체관계에 부합하는 등기), 중간생략등기청구권에 대해서는 중간생략등기의 '합의'가 없는 한 이를 인정하지 아니하는 입장을 유지하고 있다(대판 1991.4.23. 91다5761 등).

② [X] ※ **중간생략등기의 합의가 있으면 최초의 매도인이 중간 매수인에 대하여 갖고 있는 매매대금청구권의 행사가 제한되는지 여부(소극)**

"중간생략등기의 합의란 부동산이 전전 매도된 경우 각 매매계약이 유효하게 성립함을 전제로 그 이행의 편의상 최초의 매도인으로부터 최종의 매수인 앞으로 소유권이전등기를 경료하기로 한다는 당사자 사이의 합의에 불과할 뿐이므로, 이러한 합의가 있다고 하여 **최초의 매도인이 자신이 당사자가 된 매매계약상의 매수인인 중간자에 대하여 갖고 있는 매매대금청구권의 행사가 제한되는 것은 아니다**"(대판 2005.4.29. 2003다66431).

관련쟁점 따라서 중간생략등기의 합의가 있은 후에 최초 매도인과 중간 매수인 간에 매매대금을 인상하는 약정이 체결된 경우, 최초 매도인은 인상된 매매대금이 지급되지 않았음을 이유로 최종 매수인 명의로의 소유권이전등기의무의 이행을 거절할 수 있다(同 判例).

③ [○] ※ **이미 경료된 중간생략등기의 효력**

"최종 양수인이 중간생략등기의 합의를 이유로 최초 양도인에게 직접 중간생략등기를 청구하기 위하여는 관계 당사자 전원의 의사합치가 필요하지만, **당사자 사이에 적법한 원인행위가 성립되어 일단 중간생략등기가 이루어진 이상 중간생략등기에 관한 합의가 없었다는 이유만으로는 중간생략등기가 무효라고 할 수는 없다**"(대판 2005.9.29. 2003다40651).

④ [○] ※ **중간생략등기의 합의**

判例는 중간생략등기의 합의는 명시적으로는 물론 묵시적으로도 할 수 있으며, 순차적으로도 가능하다고 한다(대판 1995.8.22. 95다15575). 특히 매도증서 · 위임장 등의 등기서류의 '매수인란을 백지'로 하여 교부한 경우에는 그러한 합의가 묵시적으로 행해진 것이라고 한다(대판 1982.7.13. 81다254).

비교판례 그러나 判例는 최초매도인이 처음에 백지위임장의 교부 등으로 중간생략등기에 묵시적으로 동의를 했더라도 후에 최종매수인이 등기서류의 보완을 요구할 때 최초양도인이 이를 거부하면 3자 합의가 결여된 것으로 보아 중간생략등기청구를 인정하지 않았다(대판 1991.4.23. 91다5761).

⑤ [○] ※ **미등기건물의 원시취득자와 그 승계취득자 사이의 합의에 의하여 직접 승계취득자 명의로 한 소유권보존등기의 효력**

"미등기건물을 등기할 때에는 소유권을 원시취득한 자 앞으로 소유권보존등기를 한 다음 이를 양수한 자 앞으로 이전등기를 함이 원칙이라 할 것이나, 원시취득자와 승계취득자 사이의 합치된 의사에 따라 그 미등기건물에 관하여 승계취득자 앞으로 직접 소유권보존등기를 경료하게 되었다면, 그 소유권보존등기는 실체적 권리관계에 부합되어 적법한 등기로서의 효력을 가진다"(대판 1995.12.26. 94다44675).

[정답] ②

문 19 **甲은 X 토지를 사정(査定)받은 자의 유일한 상속인이지만 X 토지의 소유자로 등기된 적은 없었다. X 토지에 관하여 乙 명의로 허위의 소유권보존등기가 마쳐져 있고, 그 이후 이 등기에 터잡아 丙 및 丁 앞으로 순차 소유권이전등기가 마쳐져 있다. 이에 관한 법률관계 중 옳은 것(○)과 옳지 않은 것(×)을 올바르게 조합한 것은?** (각 지문은 독립적이며, 다툼이 있는 경우 판례에 의함) [변시 5회]

ㄱ. 甲이 丁을 상대로 丁 명의 등기의 말소를 청구함에 있어서는 乙과 丙을 대위할 필요가 없다.
ㄴ. 甲은 자기 명의로 등기를 마친 적이 없으므로 丁을 상대로 진정명의회복을 원인으로 한 소유권이전등기청구를 할 수 없다.
ㄷ. 丁이 등기부 취득시효 항변을 주장하여 법원에서 받아들여진 경우, 甲이 乙 명의의 소유권보존등기의 말소를 청구하는 소송에서 乙이 이를 원용하더라도, 그 때문에 甲의 乙에 대한 청구가 기각되는 것은 아니다.

① ㄱ(○), ㄴ(×), ㄷ(×)
② ㄱ(○), ㄴ(○), ㄷ(×)
③ ㄱ(×), ㄴ(×), ㄷ(○)
④ ㄱ(○), ㄴ(×), ㄷ(○)
⑤ ㄱ(×), ㄴ(○), ㄷ(○)

해 설 ㄱ. [○] 토지조사령에 의한 토지사정을 받은 자는 그 토지를 원시적으로 취득한다(대판 1984.1.24. 83다카1152). 이는 법률의 규정에 의한 부동산에 관한 물권의 취득이므로 등기를 요하지 아니한다(제187조, 토지조사령 제9조). 한편 甲은 X 토지를 사정받은 자의 유일한 상속인이므로 역시 등기 없이 소유권을 취득한다(제187조). 그리고 乙명의의 허위의 보존등기는 무효이고 등기의 공신력을 인정하지 않는 우리 법제 하에서 그에 터 잡은 丙과 丁명의의 이전등기 역시 무효이다.

소유권자인 甲은 물권자로서 물건을 전면적으로 지배하는 권리를 가지고 있어 채권자 대위권을 행사할 필요 없이 직접 丁을 상대로 丁명의 등기의 말소를 청구할 수 있다.

ㄴ. [×] 진정명의회복을 원인으로 하는 소유권이전등기청구권은 제214조의 소유권에 기한 방해배제청구권으로서 물권적 청구권이다. 判例는 "이미 자기 앞으로 소유권을 표상하는 등기가 되어 있었거나 법률에 의하여 소유권을 취득한 자가 진정한 등기명의를 회복하기 위한 방법으로는 현재의 등기명의인을 상대로 그 등기의 말소를 구하는 외에 진정한 등기명의의 회복을 원인으로 한 소유권이전등기 절차의 이행을 직접 구하는 것도 허용되어야 할 것이다"(대판 1980.11.27. 전합89다카12398)라고 판시하고 있다.

진정명의회복을 원인으로 하는 소유권이전등기청구권의 **청구권자는** 채권자가 아닌 물권자 즉 **현재의 소유권자**이어야 한다. 이와 관련하여 判例도 역시 "ⅰ) 이미 자기 앞으로 소유권을 표상하는 등기가 되어 있었거나, ⅱ) 법률에 의하여 소유권을 취득한 자"에 한하여 이전등기청구를 인정할 수 있다고 한다(대판 1980.11.27. 전합89다카12398). **상대방은** 무효의 등기 등을 함으로써 소유권의 행사를 방해하는 **현재의 등기명의인**이다.

☞ 지문의 경우 **甲은** 자기 명의로 등기된 적은 없었으나 법률의 규정(제187조)에 의해 등기 없

이도 소유권을 취득한 자이므로 **현재의 소유권자**에 해당하며, **丁은 현재의 등기명의인**이므로, 甲은 丁을 상대로 진정명의회복을 원인으로 하는 소유권이전등기청구권을 행사 할 수 있다.

ㄷ. [X] "선등기명의자의 소유권이전등기가 원인무효라고 하더라도 그 이후의 최종 등기명의자가 등기부시효취득의 항변을 제출하여 법원에서 그것이 받아들여진 경우, 그 전의 등기명의자들이 최종 등기명의자의 시효취득 사실을 원용하여 원소유자의 소유권 상실을 주장하고 있다면 원소유자의 소유권에 기한 등기말소청구는 배척될 수밖에 없다"(대판 1995.3.3. 94다7348)
☞ 丁이 등기부 취득시효 항변을 주장하여 법원에서 받아들여진 경우, 甲이 乙 명의의 소유권보존등기의 말소를 청구하는 소송에서 乙이 이를 원용하면, 甲의 소유권이 상실된 것을 주장함으로써 甲은 말소청구를 할 권원이 없는 것으로 되기 때문에 甲의 乙에 대한 청구는 기각된다.

[정답] ①

문 20 다음 설명 중 A가 X에 대하여 D에게 행사한 소유권에 기한 물권적 청구권이 인정되지 않는 경우를 모두 고른 것은? (다툼이 있는 경우 판례에 의함) [변시 6회]

ㄱ. B가 A의 주민등록증, 토지 X의 등기관련 .서류를 위조한 후 A 소유의 토지 X에 관하여 자신의 명의로 소유권이전등기를 경료하여, 이런 사정을 알 수 없었던 D에게 토지 X를 매각하여 소유권이전등기가 경료된 경우
ㄴ. B가 A를 기망하여 A 소유의 토지 X에 관한 매매계약을 체결하여 소유권이전등기를 경료한 후 이를 C에게 매각하고, C 역시 이런 사정을 알 수 없었던 D에게 매각하여 소유권이전등기가 경료된 후 A가 B와의 매매계약을 취소한 경우
ㄷ. B가 A로부터 소유권유보부 매매에 따라 A 소유의 건축자재 X를 인도받은 후 A에게 대금을 완불하지 못하던 중, 이러한 사정을 알지 못하는 도급인 D 소유의 건물 증축공사에 그 자재 X를 사용하여 X가 건물의 일부로 부합된 경우
ㄹ. A 소유의 토지 X에 관하여 B가 A와의 명의신탁 약정에 따라 2013. 5.경 B의 명의로 소유권이전등기를 경료한 후 이런 사정을 알고 있는 D에게 토지 X를 매도하여 D의 명의로 소유권이전등기가 경료된 경우
ㅁ. B가 소유자 A로부터 주택 X를 임차한 후 D에게 주택 X를 무단전대하고 D가 주택 X를 인도받아 그 주소로 전입신고를 마쳤으나, A가 무단전대를 이유로 B와의 임대차계약을 적법하게 해지한 경우

① ㄱ, ㄴ, ㄹ ② ㄱ, ㄴ, ㅁ
③ ㄴ, ㄷ, ㄹ ④ ㄴ, ㄷ, ㅁ
⑤ ㄷ, ㄹ, ㅁ

해 설 ㄱ. [긍정] ※ 공신의 원칙

물권의 존재를 추측케 하는 표상, 즉 공시방법인 등기 또는 점유를 신뢰해서 거래한 자가 있는 경우 비록 그 공시방법이 진실한 권리관계에 일치하지 않더라도 마치 그 공시된 대로의 권리가 존재하는 것처럼 다루어서, 그 자의 신뢰를 보호하여야 한다는 원칙을 '공신의 원칙'이라고 하는바, 거래의 안전과 거래의 신속을 위해서 인정된다. ① 동산은 선의취득을 인정하여 '점유'에 공신력을 인정하고 있으나(제249조), ② 부동산의 경우는 '등기'의 공신력을 인정하지 않는다. 다만 의사표시에 있어서 선의의 제3자 보호규정(제107조 내지 제110조), 계약해제시 원상회복에 관한 규정(제548조 1항 단서), 부동산실명법 제4조 3항, 가등기담보법 제11조 단서 등의 개별규정을 통해 예외적으로 보호하고 있다.

☞ B가 A소유의 토지 X에 관하여 위조등기를 경료하여 D에게 처분한바, **이는 무권리자의 처분행위로써 원칙적으로 효력이 없고(무효), 등기는 공신력이 인정되지 않으므로** 특별한 사정이 없는 한 선의의 D라고 하더라도 소유권을 취득할 수 없다. 따라서 A는 D에게 소유권에 기한 물권적 청구권을 행사할 수 있다.

ㄴ. [부정] ※ 제110조 3항의 제3자

"ⅰ) 사기를 이유로 한 법률행위의 취소로써 대항할 수 없는 민법 제110조 제3항 소정의 제3자라 함은 사기에 의한 의사표시의 당사자 및 포괄승계인 이외의 자로서 사기에 의한 의사표시를 기초로 하여 새로운 법률원인으로써 이해관계를 맺은 자를 의미한다. ⅱ) **부동산의 양도계약이 사기에 의한 의사표시에 해당하는 경우에 있어서는 공시 방법인 소유권이전등기를 마친 기망행위자와 사이에 새로운 법률원인을 맺어 이해관계를 갖게 된 자만이 민법 제110조 제3항 소정의 제3자에 해당한다고 할 수 없다**"(대판 1997.12.26. 96다44860)

☞ 지문의 경우 기망행위자 B와 새로운 법률원인으로써 이해관계를 갖게 된 C와 다시 새로운 법률원인으로써 이해관계를 갖게 된 선의의 D도 제110조 3항의 제3자에 해당한다.

아울러 지문에 나와있지 않지만 ㉠ **만약 C가 선의라면** C는 제110조 3항에 의해 보호되는 제3자이므로 D는 선, 악을 불문하고 즉, 제110조 3항과 상관없이 엄폐물의 법칙에 따라 보호되며, ㉡ **만약 C가 악의라면** C는 제110조 3항에 의해 보호되지 않으나 D는 선의에 한해 제110조 3항에 의해 보호된다는 것이 判例의 입장이다(대판 2013.2.15. 2012다49492).

ㄷ. [부정] ① 소유권유보부 매매의 법적성질에 대해 判例는 "목적물의 소유권을 이전한다는 당사자 사이의 물권적 합의는 매매계약을 체결하고 목적물을 인도한 때 이미 성립하지만 대금이 모두 지급되는 것을 정지조건으로 하므로"라고 판시함으로써 **정지조건부소유권이전설**을 따르고 있다(대판 1996.6.28. 96다14807). ☞ 이에 따르면 B가 A로부터 소유권유보부 매매에 따라 A소유의 건축자재 X를 인도받은 경우 지문과 같이 '대금완납 전'에는 A소유이다.

② 그 후 A소유 건축자재 X가 D소유 건물에 **'부합'되어 독립성이 인정되지 않으므로 제256조 본문**에 따라 건축자재 X는 D소유가 되었다. 따라서 A가 X에 대하여 D에게 소유권에 기한 물권적 청구권은 인정되지 않는다. 다만 A는 제261조의 보상청구권이 문제될 뿐이다(대판 2009.9.24. 2009다15602).

참고판례 "민법 제261조의 보상청구가 인정되기 위해서는 민법 제261조 자체의 요건만이 아니라, 부당이득 법리에 따른 판단에 의하여 부당이득의 요건이 모두 충족되었음이 인정되어야 한다. 매도인에게 소유권이 유보된 자재가 제3자와 매수인 사이에 이루어진 도급계약의 이행으로 제3자 소유 건물의 건축에 사용되어 부합된 경우 보상청구를 거부할 법률상 원인이 있다고 할 수 없지만, 제3자가 도급계약에 의하여 제공된 자재의 소유권이 유보된 사실에 관하여 과실 없이 알지 못한 경우라면 선의취득의 경우와 마찬가지로 제3자가 그 자재의 귀속으로 인한 이익을 보유할 수 있는 '법률상 원인'이 있다고 봄이 상당하므로, 매도인으로서는 그에 관한 보상청구를 할 수 없다"(대판 2009.9.24. 2009다15602).

ㄹ. [부정] ※ 부동산실명법 제4조 3항의 제3자

명의신탁약정은 원칙적으로 무효이고(부동산실명법 제4조 1항), 그에 기초한 부동산물권변동도 원칙적으로 무효이다(동법 제4조 2항 본문). 그러나 명의신탁약정 내지 물권변동의 무효는 제3자에게 대항하지 못하는바(동법 제4조 3항), 여기서 **'제3자'라고 함은 선·악을 불문**하고 명의신탁 약정의 당사자 및 포괄승계인 이외의 자로서 '명의수탁자가 물권자임'을 기초로 그와의 사이에 '직접' 실질적으로 새로운 이해관계를 맺은 자를 말한다(대판 2001.6.26. 2001다5371).

☞ 위 지문은 A와 B 사이의 양자간 명의신탁인바, B명의의 소유권이전등기도 무효이다(부동산실명법 제4조 2항 본문). 그러나 D는 비록 악의이지만 명의수탁자 B가 소유권자임을 기초로 B와 직접 실질적으로 새로운 이해관계를 맺은 자이므로 동법 제4조 3항에 의해 보호된다. 따라서 A는 D에게 X에 대하여 소유권에 기한 물권적 청구권을 행사할 수 없다.

ㅁ. [긍정] "**임차인이 주택 임대차보호법상의 대항력을 취득하기 위해서는 임차인과 주택의 소유자인 임대인 사이에 임대차계약이 체결된 경우에 한정된다고 할 수는 없고,** 나아가 주택의 소유자는 아니지만 주택에 관하여 적법하게 임대차계약을 체결할 수 있는 권한(적법한 임대 권한)을 가진 임대인과 사이에 임대차계약이 체결된 경우도 포함된다"(대판 2014.2.27. 2012다93794 등).

☞ 위 지문의 경우 임차인 B는 제629조 1항에 위반하여 주택 X를 D에게 전대하였다. 따라서 D는 적법하게 전대차계약을 체결할 권한이 없는 B와 전대차계약을 체결하고 전입신고를 마쳤으므로 주택임대차보호법에 의해 보호받을 수 없다. 결국 A는 주택 X에 대하여 D에게 물권적 청구권을 행사할 수 있다.

참고판례 "**매매계약의 이행으로 매매목적물을 인도받은 매수인은 그 물건을 사용·수익할 수 있는 지위에서 그 물건을 타인에게 적법하게 임대할 수 있으며,** 이러한 지위에 있는 매수인으로부터 매매계약이 해제되기 전에 매매목적물인 주택을 임차받아 주택의 인도와 주민등록을 마침으로써 주택임대차보호법 제3조 제1항에 의한 대항요건을 갖춘 임차인은 민법 제548조 제1항 단서의 규정에 따라 계약해제로 인하여 권리를 침해받지 않는 제3자에 해당하므로 임대인의 임대권원의 바탕이 되는 계약의 해제에도 불구하고 자신의 임차권을 새로운 소유자에게 대항할 수 있다"(대판 2008.4.10. 2007다38908,38915).

[정답] ③

문 21 **甲이 부동산 X의 소유권에 기하여 乙 명의의 소유권이전등기가 원인무효임을 이유로 乙을 상대로 소유권이전등기 말소청구소송을 제기하였다. 이에 대해 乙이 다음과 같은 이유를 들어 자기 명의의 등기가 유효하다고 주장한다. 乙의 주장 중 타당한 항변으로 볼 수 없는 것은?** (다툼이 있는 경우 판례에 의함) [변시 6회]

① 乙이 부동산 X를 소유의 의사로 평온, 공연하게 20년 이상 점유하여 왔다고 주장하는 경우
② 甲이 丙에게 부동산 X를 매도할 수 있는 권한을 위임하였다가 이를 철회하였는데, 丙이 甲의 대리인임을 자처하면서 부동산 X를 乙에게 매도하였고, 乙이 선의·무과실로 이를 매수하였으므로 「민법」 제129조의 표현대리가 성립하였다고 주장하는 경우
③ 甲이 원인무효가 아닌 자기 명의의 선행 소유권보존등기가 있음에도 乙 명의의 등기가 후행 소유권보존등기에 기초하여 이루어졌다고 주장함에 대하여, 乙이 자기 명의로 소유권이전등기를 경료한 후 부동산 X를 소유의 의사로 평온, 공연하게 선의이며 과실 없이 10년 이상 점유하여 왔다고 주장하는 경우
④ 甲이 乙 명의 등기의 원인인 매매계약이 무효임에도 乙이 등기서류를 위조하여 등기를 마친 것이라고 주장함에 대하여, 乙이 甲으로부터 증여를 받았다고 주장하는 경우
⑤ 부동산 X는 그 실질적 소유자인 丙 종중이 적법하게 甲에게 명의신탁한 것인데, 乙이 丙 종중으로부터 매수하여 대금을 완납한 후 소유권이전등기를 경료하였다고 주장하는 경우

해 설 ① [○] "실체상의 권리관계에 부합하지 아니한 무효인 회복에 인한 소유권이전등기를 바탕으로 하여 경료된 이전등기라고 하여도 20년간의 취득시효기간이 만료할 때까지 그 부동산에 관하여 등기상 이해관계를 가지는 제3자가 없었을 경우에는 그의 이전등기는 취득기간 만료와 동시에 실체관계에 부합하는 유효한 등기가 된 것으로 보아야 한다"(대판 1983.8.23. 83다카848).

② [○] 제129조 표현대리가 성립하기 위해서는 ㉠ 존재하였던 대리권의 소멸, ㉡ 대리인이 권한 내의 행위를 할 것, ㉢ 상대방의 선의·무과실이 필요한바(소, 내, 선), ☞ 지문의 경우 ㉠ 甲은 丙에게 부동산 X를 매도할 수 있는 '대리권한'을 수여한 후 수권행위를 철회하였고, ㉡ 丙은 과거에 갖고 있던 대리권인 부동산 X의 매도권한의 범위 내에서 乙에게 매도하였고, ㉢ 상대방 乙은 선의·무과실이므로 제129조의 표현대리가 성립한다.

③ [X] "민법 제245조 제2항은 부동산의 소유자로 등기한 자가 10년간 소유의 의사로 평온·공연하게 선의이며 과실 없이 그 부동산을 점유한 때에는 소유권을 취득한다고 규정하고 있는바, **위 법 조항의 '등기'는 부동산등기법 제15조가 규정한 1부동산 1용지주의에 위배되지 아니한 등기를 말하므로**, 어느 부동산에 관하여 등기명의인을 달리하여 소유권보존등기가 2중으로 경료된 경우 먼저 이루어진 소유권보존등기가 원인무효가 아니어서 뒤에 된 소유권보존등기가 무효로 되는 때에는, 뒤에 된 소유권보존등기나 이에 터잡은 소유권이전등기를 근거로 하여서는 등기부취득시효의 완성을 주장할 수 없다"(대판 1996.10.17. 전합96다12511)

④ [○] "부동산 등기는 현실의 권리 관계에 부합하는 한 그 권리취득의 경위나 방법 등이 사실과 다르다고 하더라도 그 등기의 효력에는 아무런 영향이 없는 것이므로 **증여에 의하여 부동산을 취**

득하였지만 등기원인을 매매로 기재하였다고 하더라도 그 등기의 효력에는 아무런 하자가 없다"(대판 1980.7.22. 80다791).

⑤ [O] "명의신탁한 부동산을 명의신탁자가 매도하는 경우에 (대내적 소유자인) 명의신탁자는 그 부동산을 사실상 처분할 수 있을 뿐 아니라 법률상으로도 처분할 수 있는 권원에 의하여 매도한 것이므로 이를 민법 제569조 소정의 타인의 권리의 매매라고 할 수 없다"(대판 1996.8.20. 96다18656 ; 이는 유효한 명의신탁약정 사안이다).

[정답] ③

제3장 기본물권

제1절 점유권

문 22 점유권에 관한 설명 중 옳지 않은 것을 모두 고른 것은?(다툼이 있는 경우에는 판례에 의함) [변시 3회]

ㄱ. 악의의 점유자는 수취한 과실을 반환하여야 하며 소비하였거나 과실로 인하여 훼손 또는 수취하지 못한 경우에는 그 과실의 대가를 보상하여야 한다.
ㄴ. 점유물이 소유의 의사가 있는 선의의 점유자의 책임 있는 사유로 인하여 멸실 또는 훼손된 때에는 그 점유자는 이익이 현존하는 한도에서 배상하여야 한다.
ㄷ. 점유자가 점유물을 반환할 때에는 회복자에 대하여 점유물에 관하여 지출한 필요비의 상환을 청구할 수 있으나 점유자가 과실을 수취한 경우에는 일체의 필요비 상환을 청구하지 못한다.
ㄹ. 점유자가 점유를 침탈당한 경우, 침탈자의 특별승계인에 대하여 그 물건의 반환을 청구할 수 있을 뿐 손해배상을 청구할 수는 없다.
ㅁ. 점유자가 점유의 침탈을 당한 때에는 간접점유자는 점유자가 그 물건을 반환받기를 원하지 아니하는 경우라도 점유자에게 반환할 것을 청구하여야 한다.

① ㄱ, ㄷ, ㄹ
② ㄴ, ㄹ, ㅁ
③ ㄷ, ㄹ, ㅁ
④ ㄱ, ㄴ, ㄷ
⑤ ㄱ, ㄴ, ㅁ

해설 ㄱ. [O] **제201조(점유자와 과실)** 「②항 악의의 점유자는 수취한 과실을 반환하여야 하며 소비하였거나 과실로 인하여 훼손 또는 수취하지 못한 경우에는 그 과실의 대가를 보상하여야 한다.」

ㄴ. [O] **제202조(점유자의 회복자에 대한 책임)** 「점유물이 점유자의 책임있는 사유로 인하여 멸실 또는 훼손한 때에는 악의의 점유자는 그 손해의 전부를 배상하여야 하며 선의의 점유자는 이익이 현존하는 한도에서 배상하여야 한다. 소유의 의사가 없는 점유자는 선의인 경우에도 손해의 전부를 배상하여야 한다.」

ㄷ. [×] **제203조(점유자의 상환청구권)** 「①항 점유자가 점유물을 반환할 때에는 회복자에 대하여 점유물을 보존하기 위하여 지출한 금액 기타 필요비의 상환을 청구할 수 있다. 그러나 점유자가 과실을 취득한 경우에는 **통상의 필요비는 청구하지 못한다.**」
☞ 점유자는 선의·악의 또는 소유의 의사 유무를 묻지 않고서 필요비의 상환을 청구할 수 있다(제203조 1항). 필요비는 통상필요비(보존·수선·사육·공과공조 등)와 특별필요비(태풍으로 인한 가옥의 대수선)로 구분되는데, 점유자가 과실을 취득한 경우에는 통상의 필요비는 청구하지 못한다(제203조 1항 단서).

ㄹ. [×] **제204조(점유의 회수)** 「①항 점유자가 점유의 침탈을 당한 때에는 그 **물건의 반환 및 손해의 배상을 청구할 수 있다.** ②항 전항의 청구권은 침탈자의 특별승계인에 대하여는 행사하지 못한다. 그러나 승계인이 악의인 때에는 그러하지 아니하다.」

ㅁ. [×] **제207조(간접점유의 보호)** 「②항 점유자가 점유의 침탈을 당한 경우에 간접점유자는 그 물건을 점유자에게 반환할 것을 청구할 수 있고 **점유자가 그 물건의 반환을 받을 수 없거나 이를 원하지 아니하는 때에는** 자기에게 반환할 것을 청구할 수 있다.」

[정답] ③

문 23 **甲소유의 X 물건을 乙이 권원 없이 점유하고 있다. 이에 관한 설명 중 옳은 것은?** (각 지문은 독립적이며, 다툼이 있는 경우 판례에 의함) [변시 12회]

① 乙이 선의의 점유자라도 본권에 관한 소에서 패소하면 그 소가 제기된 때, 즉 소장 부본이 乙에게 송달된 때로부터 乙을 악의의 점유자로 본다.
② X 물건이 선의의 점유자인 乙의 책임 있는 사유로 인하여 멸실되었다면 乙은 甲에게 그 손해의 전부를 배상하여야 한다.
③ 乙이 선의의 점유자라면 乙은 X 물건의 과실을 취득하고, 이와 같이 과실을 취득하였더라도 甲에게 X 물건을 반환할 때 통상의 필요비를 청구할 수 있다.
④ 乙이 X 물건을 개량하기 위해 지출한 유익비에 대해 그 가액의 증가가 현존하는 경우, 乙은 甲으로부터 X 물건의 반환을 청구받기 전에도 甲의 선택에 따라 그 지출금액이나 증가액의 상환을 청구할 수 있다.
⑤ 乙이 악의의 점유자라면 X 물건으로부터 수취한 과실을 甲에게 반환하여야 하지만, 이를 소비하였다면 그 과실의 대가를 보상할 필요는 없다.

해설 ① [○] 권원 없는 점유였음이 밝혀졌다고 하여 바로 그동안의 점유에 대한 선의의 추정이 깨어졌다고 볼 것은 아니지만, 선의의 점유자라도 본권에 관한 소에서 패소한 때에는 그 **'소가 제기된 때'**부터 악의의 점유자로 본다(제197조 2항)(대판 2019.1.31. 2017다216028,216035). 여기서의 **'소가 제기된 때'란 소송이 계속된 때, 즉 소장 부본이 피고에게 송달된 때를** 말한다(대판 2016.12.29. 2016다242273).

② [X] ※ **목적물의 멸실 · 훼손에 대한 책임**

점유자의 책임 있는 사유로 목적물이 멸실 · 훼손된 경우에도 점유자가 '선의이면서 자주점유인 경우' 그 이익이 현존하는 한도에서 배상책임을 진다. 그러나 '악의점유이거나 선의라도 타주점유인 경우'에는 손해의 전부를 배상해야 한다(제202조).

☞ X 물건이 선의의 점유자인 乙의 책임 있는 사유로 인하여 멸실되었다면 乙이 자주점유인 경우인 경우 그 이익이 현존하는 한도에서 배상책임을 지고, 타주점유인 경우에는 손해의 전부를 배상해야 한다.

③ [X] ※ **점유자의 필요비상환청구권**

점유자는 선의 · 악의 또는 소유의 의사 유무를 묻지 않고서 필요비의 상환을 청구할 수 있다(제203조 1항). 필요비는 통상필요비(보존 · 수선 · 사육 · 공과공조 등)와 특별필요비(태풍으로 인한 가옥의 대수선)로 구분되는데, 점유자가 과실을 취득한 경우에는 **'통상의 필요비'**는 청구하지 못한다(제203조 1항 단서).

④ [X] ※ **점유자의 유익비상환청구권**

점유자는 그의 선의 · 악의를 묻지 않고서 점유물을 개량하기 위하여 지출한 금액 기타 유익비에 관하여 그 가액의 증가가 현존한 경우에 한하여, 회복자의 선택에 좇아 그 지출금액이나 증가액의 상환을 청구할 수 있다(제203조 2항). 그런데 제203조 1항, 2항은 **'점유자가 점유물을 반환할 때'에 상환을 청구할 수 있도록 규정**하고 있으므로, 그 상환청구권은 점유자가 회복자로부터 점유물의 반환을 청구받은 때에 비로소 이를 행사할 수 있는 상태가 되고 이행기가 도래한다(대판 2011.12.13. 2009다5162 등).

☞ 乙은 甲으로부터 X 물건의 반환을 청구 받은 후에야 甲의 선택에 따라 그 지출금액이나 증가액의 상환을 청구할 수 있다.

⑤ [X] ※ **악의점유자의 과실반환의무**

악의의 점유자는 수취한 과실을 반환하여야 하며, 소비하였거나 과실로 훼손 또는 수취하지 못한 경우에는 그 과실의 대가를 보상하여야 한다(제201조 2항).

[정답] ①

문 24 점유에 관한 설명 중 옳은 것(○)과 옳지 않은 것(×)을 올바르게 조합한 것은? (다툼이 있는 경우 판례에 의함) [변시 11회]

ㄱ. 직접점유자가 점유의 침탈을 당한 경우, 간접점유자는 그 물건을 직접점유자에게 반환할 것을 청구할 수 있고, 직접점유자가 그 물건의 반환을 받을 수 없는 때에는 자기에게 반환할 것을 청구할 수 있다.
ㄴ. 타인의 소유물을 권원 없이 점유한 악의수익자는 받은 이익에 이자를 붙여 반환해야 하고, 위 이자의 이행지체로 인한 지연손해금도 지급해야 한다.
ㄷ. 甲이 그 소유인 X 토지에 관하여 乙 앞으로 지상권을 설정해 준 후 丙이 X 토지를 불법으로 점유한 경우, 특별한 사정이 없는 한 甲은 丙을 상대로 X 토지의 인도를 청구할 수 있지만 X 토지 임료 상당의 손해배상을 청구할 수는 없다.
ㄹ. 甲의 점유가 타주점유인 경우, 특별한 사정이 없는 한 甲으로부터 상속에 의하여 점유를 승계한 乙의 점유는 타주점유이다.

① ㄱ(×), ㄴ(○), ㄷ(○), ㄹ(○)
② ㄱ(×), ㄴ(×), ㄷ(×), ㄹ(○)
③ ㄱ(○), ㄴ(×), ㄷ(○), ㄹ(×)
④ ㄱ(○), ㄴ(○), ㄷ(×), ㄹ(○)
⑤ ㄱ(○), ㄴ(○), ㄷ(○), ㄹ(○)

해설 ㄱ. [○] ※ 간접점유자의 점유보호청구권
제3자에 의해 직접점유자의 점유가 침해받고 있는 경우에 간접점유자는 그 물건을 '직접점유자'에게 반환할 것을 청구할 수 있다(제207조 1항). 만약 직접점유자가 그 물건의 반환을 받을 수 없거나 원하지 않을 때에는 자신에게 반환할 것을 청구할 수 있다(제207조 2항).

비교판례 그러나 직접점유자가 점유물을 무단으로 제3자에게 처분한 경우처럼 직접점유자에 의하여 간접점유가 침해된 경우에는 간접점유자의 제3자에 대한 점유보호청구권은 인정되지 않는다(대판 1993.3.9. 92다5300).

ㄴ. [○] ※ 악의의 점유자의 부당이득반환범위
判例에 따르면 악의의 점유자가 타인 소유물을 권원 없이 점유함으로써 얻은 사용이익을 반환하는 경우 제201조 2항은 제748조 2항의 특칙이 아니므로 악의 수익자가 반환하여야 할 범위는 제748조 2항에 따라 정하여지는 결과 ⅰ) 임료 상당의 부당이익(사용이익) 및 ⅱ) 그에 따른 법정이자와 ⅲ) 위 부당이득 및 이자액에 대한 지연이자의 지급도 청구할 수 있다(제387조 2항 참조)고 한다(대판 2003.11.4. 2001다61869).

ㄷ. [○] ※ 지상권의 효과
지상권은 타인의 토지에서 건물 기타 공작물이나 수목을 소유하기 위하여 그 토지를 사용하는 물권이다(제279조). 따라서 "지상권을 설정한 토지소유권자는 지상권이 존속하는 한 토지를 사용 수익할 수 없으므로 특별한 사정이 없는 한 불법점유자에게 손해배상을 청구할 수 없다" (대판 1974.11.12. 74다1150).

☞ 사안의 경우 지상권설정자인 甲은 불법점유자 丙을 상대로 X토지 임료 상당의 손해배상을 청구할 수 없다.

비교판례 다만, "토지소유권은 그 토지에 대한 지상권설정이 있어도 이로 인하여 그 권리의 전부 또는 일부가 소멸하는 것도 아니고 단지 지상권의 범위에서 그 권리행사가 제한되는 것에 불과하며, 일단 지상권이 소멸되면 토지소유권은 다시 자동적으로 완전한 제한없는 권리로 회복되는 법리라 할 것이므로 **소유자가 그 소유토지에 대하여 지상권을 설정하여도 그 소유자는 그 토지를 불법으로 점유하는 자에게 대하여 방해배제를 구할 수 있는 물권적청구권이 있다**"(대판 1974.11.12. 74다1150).

ㄹ. [○] ※ 상속인의 점유

"상속에 의하여 점유권을 취득한 경우에는 **상속인이 새로운 권원에 의하여 자기 고유의 점유를 시작하지 않는 한 피상속인의 점유를 떠나 자기만의 점유를 주장할 수 없고,** 또 선대의 점유가 타주점유인 경우 선대로부터 상속에 의하여 점유를 승계한 자의 점유도 그 성질 내지 태양을 달리하는 것이 아니어서 특별한 사정이 없는 한 그 점유가 자주점유로 될 수 없고, 그 점유가 자주점유가 되기 위하여는 점유자가 소유자에 대하여 소유의 의사가 있는 것을 표시하거나 새로운 권원에 의하여 다시 소유의 의사로써 점유를 시작하여야 한다"(대판 1997.12.12. 97다40100).

[정답] ⑤

문 25 甲 소유의 X 동산을 乙이 점유하고 있다. 이에 관한 설명 중 옳은 것(○)과 옳지 않은 것(×)을 올바르게 조합한 것은? (다툼이 있는 경우 판례에 의함) [변시 11회]

ㄱ. 乙이 X를 훔쳐서 점유하는 경우, 乙은 자신으로부터 X를 빼앗아 간 丙에 대하여 점유를 침탈당한 날부터 1년 내에 점유회수청구권을 행사할 수 있다.
ㄴ. 丙이 X를 빼앗아 갔더라도 乙이 적법하게 X의 점유를 회수하면 乙의 점유는 계속된 것으로 본다.
ㄷ. 乙이 선의의 점유자라도 甲이 제기한 소유권에 기한 인도청구의 소에서 패소하면 "그 소가 제기된 때"부터 악의의 점유자로 의제되는데, 여기서 "그 소가 제기된 때"는 甲의 소장이 법원에 접수된 때를 말한다.
ㄹ. 乙이 X를 丙에게 보관시킨 경우, 乙이 X를 丁에게 매각하여 丙에 대한 반환청구권을 丁에게 양도하고 채권양도의 대항요건을 갖추었다면, 丁은 X의 선의취득에 필요한 점유요건을 충족한다.

① ㄱ(×), ㄴ(×), ㄷ(○), ㄹ(○)
② ㄱ(×), ㄴ(○), ㄷ(×), ㄹ(×)
③ ㄱ(○), ㄴ(○), ㄷ(×), ㄹ(○)
④ ㄱ(○), ㄴ(○), ㄷ(×), ㄹ(×)
⑤ ㄱ(○), ㄴ(○), ㄷ(○), ㄹ(○)

해설 ㄱ. [O] ※ 점유물반환청구권

점유자가 점유의 '침탈'을 당한 때에는 그 물건의 반환 및 손해의 배상을 청구할 수 있다(제204조 1항). 이는 본권의 유무와는 관계없이 점유 그 자체를 보호하기 위해 인정되는 물권적 청구권으로서 그 점유가 '선의 또는 악의의 것'인지 여부는 물론 '점유할 정당한 권리'가 있는지 여부도 묻지 않는다(대판 1962.1.25. 4294민상793).

그리고 **점유물반환청구권은 침탈을 당한 날로부터 1년내에 행사하여야 한다**(제204조 3항). 이러한 제척기간은 判例에 따르면 출소기간이다.

ㄴ. [O] 점유자가 물건에 대한 사실상의 지배를 상실한 때에는 점유권이 소멸하나, **제204조의 규정에 의하여 점유를 회수한 때에는 그러하지 아니하다(제192조 2항)**. 한편, 전후양시에 점유한 사실이 있는 때에는 그 점유는 계속한 것으로 추정한다(제198조).

ㄷ. [X] 선의의 점유자라도 본권에 관한 소에서 패소한 때에는 그 **'소가 제기된 때'부터 악의의 점유자로 본다**(제197조 2항)(대판 2019.1.31. 2017다216028,216035). 여기서의 **'소가 제기된 때'란 소송이 계속된 때, 즉 소장 부본이 피고에게 송달된 때를** 말한다(대판 2016.12.29. 2016다242273).

비교조문 **제265조(소제기에 따른 시효중단의 시기)** 「시효의 중단 또는 법률상 기간을 지킴에 필요한 재판상 청구는 소를 제기한 때 또는 제260조제2항·제262조제2항 또는 제264조제2항의 규정에 따라 서면을 법원에 제출한 때에 그 효력이 생긴다.」

ㄹ. [O] ※ 목적물반환청구권의 양도의 경우 선의취득(적극)

"양도인이 소유자로부터 보관을 위탁받은 동산을 제3자에게 보관시킨 경우에 양도인이 그 제3자에 대한 반환청구권(채권적 청구권)을 양수인에게 양도하고 **지명채권 양도의 대항요건을 갖추었을 때에는 동산의 선의취득에 필요한 점유의 취득 요건을 충족한다**"(대판 1999.1.26. 97다48906)

[정답] ③

문 26 乙은 甲의 부탁으로 甲 소유인 고장난 기계를 보관하고 있었다. 다음 중 옳은 것을 모두 고른 것은? (다툼이 있는 경우에는 판례에 의함) [변시 2회]

ㄱ. 乙은 그 기계가 자신의 것이라고 말하며 기계부품상 丙에게 구입할 의향이 있는지를 타진하였다. 丙은 乙의 무지를 이용하여 사실은 간단한 수리만으로 사용할 수 있음에도 불구하고 그 기계는 고장나서 쓸 수 없다고 속여 헐값으로 매입하고 인도받았다. 그 후 甲과 乙이 함께 丙을 찾아와 기망을 이유로 위 매매계약을 취소하고 인도를 요구하였다. 위 매매 당시 丙은 그 기계가 乙의 소유가 아님을 알지 못했고 알 수도 없었다. 이 경우 丙은 기계의 인도를 거절할 수 있다.

ㄴ. 乙은 그 기계를 자신의 소유인 것처럼 丁에게 임대하고 점유를 이전하여 주었다가 丁의 간곡한 요청으로 丁에게 그 기계를 매도하였다. 그 기계는 매매 당시 丁이 점유하고 있었으므로 별도로 인도할 필요가 없었고, 丁은 그 기계가 乙의 소유가 아님을 알지 못했고 알 수도 없었다. 이 경우 丁은 기계의 소유권을 취득한다.

ㄷ. 乙의 채권자 戊는 그 기계가 乙의 소유가 아님을 알지 못했고 알 수도 없었기 때문에 그 기계에 대하여 경매신청을 하여 스스로 경락받고 집행비용을 제외한 매각대금 전액을 乙의 채권자로서 배당받았다. 이러한 사정을 알게 된 甲이 戊를 상대로 부당이득반환을 청구하면, 戊는 甲에게 배당금을 부당이득으로 반환할 의무가 있다.

ㄹ. 위 ㄷ에서 甲으로부터 부당이득의 반환을 청구받은 戊는 그 기계의 소유권 취득을 거부하고 甲에게 기계를 반환받아 갈 것을 요구할 수 있다.

① ㄴ, ㄷ
② ㄴ, ㄹ
③ ㄱ, ㄹ
④ ㄱ, ㄷ
⑤ ㄱ, ㄴ

해설 ㄱ. [X] 선의취득이 성립하기 위해서는 i) 목적물이 동산이어야 하고, ii) 처분자는 점유자이지만 무권리자이어야 하고, iii) 유효한 거래행위에 의해 점유를 승계취득한 것이어야 하며, iv) 선의취득자의 점유는 평온·공연·선의·무과실이어야 한다(제249조).

☞ i) 사안에서 목적물은 기계로 동산이며, ii) 처분자 乙은 점유자이지만 무권리자이며, iv) 양수인 丙은 설문내용상 선의, 무과실이고, 평온·공연도 추정된다(제197조 1항). 문제는 iii) 요건인바, 乙과 丙의 매매계약(채권행위)은 원칙적으로 타인권리매매로 유효하나(제569조), 丙의 기망행위에 기한 것으로 乙은 사기를 이유로 취소할 수 있다(제110조 1항). 따라서 사안에서 乙의 취소로 丙은 유효하지 않은 거래행위에 의해 점유를 승계취득하였으므로 丙에게는 선의취득이 인정되지 않는다. 따라서 丙은 기계의 인도를 거절할 수 없다.

관련판례 "동산의 선의취득은 양도인이 무권리자라는 점을 제외하고는 거래행위는 유효하게 성립한 것이어야 한다"(대판 1995.6.29, 94다22071).

☞ 거래행위가 제한능력, 대리권의 결여, 의사의 흠결, 그 밖의 무효나 취소의 원인이 있어 실효된 때에는 선의취득은 성립하지 않는다.

ㄴ. [○] **제188조 (간이인도)** 「②항 양수인이 이미 그 동산을 점유한 때에는 당사자의 의사표시만으로 그 효력이 생긴다.」
따라서 사안에서 임차인 丁이 그 동산을 매수하고 있으므로 이는 간이인도에 의한 점유이다. 그리고 判例에 따르면 "동산의 선의취득에 필요한 점유의 취득은 이미 현실적인 점유를 하고 있는 양수인에게는 간이인도에 의한 점유취득으로 그 요건은 충족된다"(대판 1981.8.20. 80다2530)고 한다. 따라서 선의, 무과실의 丁에게는 기계에 대한 선의취득이 성립하므로 丁은 기계의 소유권을 취득한다.

ㄷ. [○] ㄹ. [×] "ⅰ) 민법 제249조의 동산 선의취득제도는 동산을 점유하는 자의 권리외관을 중시하여 이를 신뢰한 자의 소유권 취득을 인정하고 진정한 소유자의 추급을 방지함으로써 **거래의 안전을 확보하기 위하여 법이 마련한 제도이므로,** 위 법조 소정의 요건이 구비되어 동산을 선의취득한 자는 권리를 취득하는 반면 종전 소유자는 소유권을 상실하게 되는 법률효과가 법률의 규정에 의하여 발생되므로, **선의취득자가 임의로 이와 같은 선의취득 효과를 거부하고 종전 소유자에게 동산을 반환받아 갈 것을 요구할 수 없다.** ⅱ) 채무자 이외의 자의 소유에 속하는 동산을 경매한 경매절차에서 경락인이 동산의 소유권을 선의취득한 경우, 그 동산의 매각대금은 채무자의 것이 아니어서 채권자가 이를 배당을 받았다고 하더라도 채권은 소멸하지 않고 계속 존속하므로, 배당을 받은 채권자는 이로 인하여 법률상 원인 없는 이득을 얻고 소유자는 경매에 의하여 소유권을 상실하는 손해를 입게 되었다고 할 것이니 **그 동산의 소유자는 배당을 받은 채권자에 대하여 부당이득으로서 배당받은 금원의 반환을 청구할 수 있다.** ⅲ) 채무자 이외의 자의 소유에 속하는 동산을 경매하여 그 매득금을 배당받은 채권자가 그 동산을 경락받아 선의취득자의 지위를 겸하고 있는 경우, **배당받은 채권자가 법률상 원인 없이 이득을 한 것은 배당액이지 선의취득한 동산이 아니므로,** 동산의 전 소유자가 임의로 그 동산을 반환받아 가지 아니하는 이상 동산 자체를 반환받아 갈 것을 요구할 수는 없고 단지 배당금을 부당이득으로 반환할 수밖에 없다"(대판 1998.6.12. 98다6800).

[정답] ①

제2절 소유권

제1관 부동산 소유권의 범위

문 27 주위토지통행권에 관한 설명 중 옳은 것을 모두 고른 것은? (다툼이 있는 경우 판례에 의함) [변시 14회]

ㄱ. 포위된 토지의 소유자에게 공로에 통할 수 있는 자기의 공유토지가 있더라도 이 공유토지가 구분소유적 공유관계에 있고 공로에 접하는 공유 부분을 다른 공유자가 배타적으로 사용·수익하고 있으면, 포위된 토지의 소유자는 이 공유토지 이외의 인접 토지로서 제3자가 소유한 토지에 대한 통행권을 행사할 수 있다.

ㄴ. 甲이 소유한 토지의 일부가 乙에게 양도되었는데 乙이 양수한 부분이 공로에 통하지 못하는 포위된 토지인 경우, 乙이 甲의 통행 방해로 인해 부득이 인접한 Y 토지의 소유자 丙에게 사용료를 지급하고 Y 토지를 공로로 통하는 통로로 사용하였다면, 乙의 甲에 대한 무상의 주위토지통행권은 소멸한다.

ㄷ. 무상의 주위토지통행권이 발생하는 토지의 일부 양도라 함은 1필의 토지의 일부가 양도된 경우뿐만 아니라 일단(一團)으로 되어 있던 동일인이 소유한 여러 필지의 토지 중 일부가 양도된 경우도 포함된다.

ㄹ. 무상의 주위토지통행권에 관한 「민법」 제220조는 토지의 직접 분할자 또는 일부 양도의 당사자들 사이에서만 적용되고, 포위된 토지 또는 피통행지의 특정승계인에게는 적용되지 않는다.

① ㄱ, ㄴ
② ㄱ, ㄷ
③ ㄷ, ㄹ
④ ㄱ, ㄴ, ㄷ
⑤ ㄱ, ㄷ, ㄹ

해 설 ㄱ. [X] 주위의 토지를 통행 또는 통로로 하지 아니하면 '공로'(公路)에 전혀 출입할 수 없거나 이에 과다한 비용을 요하는 때에 인정된다. 따라서 공로에 통할 수 있는 자기의 공유토지를 두고 공로에의 통로라 하여 남의 토지를 통행한다는 것은 제219조, 제220조에 비추어 허용될 수 없다. 설령 위 공유토지가 구분소유적 공유관계에 있고 공로에 접하는 공유 부분을 다른 공유자가 배타적으로 사용, 수익하고 있다고 하더라도 마찬가지이다(대판 2021.9.30. 2021다245443,245450)

ㄴ. [X] 별개 필지의 토지이지만 토지의 일부(필지)의 양도로 통로가 없게 된 경우에도 분할 전 토지에 대한 것과 마찬가지로 무상 주위토지통행권이 인정되며(제220조 1항 2문, 2항). 양도인이 포위된 토지의 소유자에 대하여 무상의 주위토지통행을 허용하지 아니함으로써 포위된 토지의 소유자가 할 수 없이 주위의 다른 토지의 소유자와 일정 기간 동안 사용료를 지급하기로 하고 그 다른 토지의 일부를 공로로 통하는 통로로 사용하였다고 하더라도 포위된 토지의 소유자가 민법 제220조 소정의 무상의 주위토지통행권을 취득할 수 없게 된다고 할 수 없다(대판 1995.2.10. 94다45869,45876).

ㄷ. [○] 동일인 소유의 토지의 일부가 양도되어 공로에 통하지 못하는 토지가 생긴 경우에 포위된 토지를 위한 주위토지통행권은 일부 양도 전의 양도인 소유의 종전토지에 대하여만 생기고 다른 사람 소유의 토지에 대하여는 인정되지 아니하며, 또 **무상의 주위토지통행권이 발생하는 토지의 일부 양도라 함은 1필의 토지의 일부가 양도된 경우뿐만 아니라 일단으로 되어 있던 동일인 소유의 수필의 토지 중 일부가 양도된 경우도 포함된다**(대판 1993.12.14. 93다22906).

ㄹ. [○] ① **[원칙]** "**무상주위통행권에 관한 제220조의 규정은 토지의 직접 분할자 또는 일부 양도의 당사자 사이에만 적용되고 포위된 토지 또는 피통행지의 특정승계인에게는 적용되지 않는바**, 이러한 법리는 분할자 또는 일부 양도의 당사자가 무상주위통행권에 기하여 이미 통로를 개설해 놓은 다음 특정승계가 이루어진 경우라 하더라도 마찬가지라 할 것"이다(다수설, 대판 2002.5.31. 2002다9202). ② **[예외]** 단, **예외적으로 통행로 부분의 사용 수익이 제한된 사정을 알면서 그 토지의 소유권을 승계취득한 자는 특별한 사정이** 없는 한, 그 토지에 대한 독점적 배타적 사용 수익을 주장할 정당한 이익을 가지 않으므로 종전 소유자와 마찬가지로 **무상통행을 수인할 의무를 진다**(대판 1992.2.11. 91다40399(신의칙 위반설) ; 대판 1998.3.10. 97다47118)

[정답] ③

문 28 **주위토지통행권에 관한 설명 중 옳은 것은? (다툼이 있는 경우 판례에 의함)** [변시 12회]

① 주위토지통행권의 범위는 현재 토지의 용법에 따른 이용과 장차의 이용 상황을 모두 고려하여 정해져야 한다.

② 공로(公路)에 통할 수 있는 자기의 공유토지를 두고 공로에의 통로라 하여 타인의 토지를 통행하는 것은 허용될 수 없고, 이는 위 공유토지가 구분소유적 공유관계에 있고 공로에 접하는 공유 부분을 다른 공유자가 배타적으로 사용·수익하고 있더라도 마찬가지이다.

③ 분할로 인하여 공로에 통하지 못하는 토지가 있는 때에는 그 토지소유자는 공로에 출입하기 위하여 다른 분할자의 토지를 통행할 수 있으나, 다른 분할자의 손해를 보상하여야 한다.

④ 주위토지통행권은 통행을 위한 지역권과 마찬가지로 통행로가 항상 특정한 장소로 고정된다.

⑤ 포위된 토지가 사정변경에 의하여 공로에 접하게 되어 주위토지통행권을 인정할 필요성이 없어지더라도 이미 성립된 주위토지통행권이 소멸하는 것은 아니다.

해 설 **제219조(주위토지통행권)** 「①항 어느 토지와 공로사이에 그 토지의 용도에 필요한 통로가 없는 경우에 그 토지소유자는 주위의 토지를 통행 또는 통로로 하지 아니하면 공로에 출입할 수 없거나 과다한 비용을 요하는 때에는 그 주위의 토지를 통행할 수 있고 필요한 경우에는 통로를 개설할 수 있다. 그러나 이로 인한 손해가 가장 적은 장소와 방법을 선택하여야 한다. ②항 전항의 통행권자는 통행지 소유자의 손해를 보상하여야 한다.」

① [X] ※ 주위토지통행권의 인정범위
주위토지통행권은 현재의 토지의 용법에 따른 이용의 범위에서 인정되는 것이지 더 나아가 장래의 이용상황까지 미리 대비하여 통행로를 정할 것은 아니다(대판 1996.11.29. 96다33433).

② [○] ※ 주위토지통행권의 요건
공로에 통할 수 있는 자기의 공유토지를 두고 공로에의 통로라 하여 남의 토지를 통행한다는 것은 제219조, 제220조에 비추어 허용될 수 없다. 설령 위 공유토지가 구분소유적 공유관계에 있고 공로에 접하는 공유 부분을 다른 공유자가 배타적으로 사용, 수익하고 있다고 하더라도 마찬가지이다(대판 2021.9.30. 2021다245443,245450).

③ [X] 제220조(분할, 일부양도와 주위통행권) 「①항 분할로 인하여 공로에 통하지 못하는 토지가 있는 때에는 그 토지소유자는 공로에 출입하기 위하여 다른 분할자의 토지를 통행할 수 있다. 이 경우에는 보상의 의무가 없다. ②항 전항의 규정은 토지소유자가 그 토지의 일부를 양도한 경우에 준용한다.」

④ [X] ※ 주위지의 사정이 변한 경우 주위토지통행권의 변경 여부
"주위토지통행권은 소극적 권리이므로 통행을 위한 지역권과는 달리 그 통행로가 항상 특정한 장소로 고정되어 있는 것은 아니다. 따라서 주위토지소유자가 용법에 따라 토지의 사용방법을 바꾸었을 때에는, 통행권자는 주위토지소유자를 위하여 보다 손해가 적은 다른 장소로 옮겨 통행할 수밖에 없는 경우도 있다"(대판 1992.12.22. 92다30528).

⑤ [X] ※ 주위토지통행권의 소멸
"주위토지통행권은 법정의 요건을 충족하면 당연히 성립하고 요건이 없어지게 되면 당연히 소멸한다. 따라서 포위된 토지가 사정변경에 의하여 공로에 접하게 되거나 포위된 토지의 소유자가 주위의 토지를 취득함으로써 주위토지통행권을 인정할 필요성이 없어지게 된 경우에는 통행권은 소멸한다"(대판 2014.12.24. 2013다11669).

[정답] ②

제2관 소유권의 취득

문 29 점유취득시효에 관한 설명 중 옳은 것을 모두 고른 것은? (각 지문은 독립적이며, 다툼이 있는 경우 판례에 의함) [변시 13회]

ㄱ. X토지가 乙과 丙의 구분소유적 공유관계에 있는 경우 乙의 특정 구분소유 부분에 대하여 취득시효를 완성한 점유자 甲은 乙뿐만 아니라 乙의 특정 구분소유 부분과 무관한 丙에 대하여도 그 토지 부분에 관한 각각의 공유지분에 대하여 취득시효 완성을 원인으로 한 소유권이전등기절차의 이행을 청구할 수 있다.
ㄴ. 부동산에 관하여 적법·유효한 등기를 하고 소유권을 취득한 사람이 자기 소유의 부동산을 점유하는 경우 특별한 사정이 없는 한 그러한 점유는 취득시효의 기초가 되는 점유라고 할 수 없다.
ㄷ. X토지에 대하여 양도담보를 설정해 준 甲이 X토지를 20년간 소유의 의사로 평온·공연하게 점유한 경우 취득시효로 인한 소유권의 취득은 원시취득이므로 甲은 점유취득시효를 원인으로 하여 담보목적으로 경료된 소유권이전등기의 말소를 구할 수 있다.
ㄹ. X토지의 시효취득자 甲이 취득시효 완성으로 인한 소유권이전등기청구권을 丙에게 양도한 경우 甲이 등기명의인 乙에게 그 양도사실을 통지하면 乙에 대한 대항력이 생긴다.

① ㄱ, ㄷ
② ㄴ, ㄹ
③ ㄱ, ㄴ, ㄷ
④ ㄱ, ㄴ, ㄹ
⑤ ㄴ, ㄷ, ㄹ

해 설 ㄱ. [O] 구분소유적 공유관계로 소유하고 있는 토지 중 일부 구분소유자의 특정부분을 제3자가 점유하여 점유취득시효가 완성된 경우 그 특정부분의 소유자만이 아니라 구분소유적 공유자 각자가 지분의 비율에 따라 이전등기의무를 부담한다(대판 1997.6.13. 97다1730).

ㄴ. [O] 判例는 "자기 소유의 부동산을 점유하고 있는 상태에서 다른 사람 명의로 소유권이전등기가 된 경우 자기 소유 부동산을 점유하는 것은 취득시효의 기초로서의 점유라고 할 수 없고, 그 소유권의 변동이 있는 경우에 비로소 취득시효의 기초로서의 점유가 개시되는 것이므로, 취득시효의 기산점은 소유권의 변동일 즉 소유권이전등기가 경료된 날이다"(대판 1997.3.14. 96다55860)라고 하여, 대내외적으로 모두 자기 소유이었던 기간 동안의 점유는 취득시효의 기초로서 점유에 해당하지 않는다는 입장이다.

관련쟁점 甲이 X토지에 관하여 적법·유효한 이전등기를 마치고 그 소유권을 취득하였음에도, 그때로부터 20년간 X토지를 점유하였으므로 점유취득시효가 완성되어 이를 원시취득하였다고 주장하면서, 甲의 소유권 취득 이전부터 존재하던 가압류에 기하여 이루어진 강제집행의 불허를 구하는 경우 甲의 위와 같은 점유는 취득시효의 기초로서의 점유에 해당하지 않는다(대판 2016.10.27. 2016다224596).

ㄷ. [X] "진정한 권리자가 아니었던 채무자 또는 물상보증인이 채무담보의 목적으로 채권자에게 부동산에 관하여 저당권설정등기를 경료해 준 후 그 부동산을 시효취득하는 경우에는, 채무자 또는 물상보증인은 **피담보채권의 변제의무 내지 책임이 있는 사람**으로서 **이미 저당권의 존재를 용인하고 점유하여 온 것이므로, 저당목적물의 시효취득으로 저당권자의 권리는 소멸하지 않는다.** 이러한 법리는 부동산 양도담보의 경우에도 마찬가지이므로, 양도담보권설정자가 양도담보부동산을 20년간 소유의 의사로 평온, 공연하게 점유하였다고 하더라도, **양도담보권자를 상대로 피담보채권의 시효소멸을 주장하면서 담보 목적으로 경료된 소유권이전등기의 말소를 구하는 것은 별론으로 하고**[참고로 判例는 담보권이 설정되어 있더라도 피담보채권의 소멸시효가 중단되는 것은 아니다(대판 2007.3.15. 2006다12701)라고 한다], **점유취득시효를 원인으로 하여 담보 목적으로 경료된 소유권이전등기의 말소를 구할 수 없고,** 이와 같은 효과가 있는 양도담보권설정자 명의로의 소유권이전등기를 구할 수도 없다"(대판 2015.2.26. 2014다21649).

ㄹ. [O] **취득시효완성으로 인한 소유권이전등기청구권**은 채권자와 채무자 사이에 아무런 **계약관계나 신뢰관계가 없고,** 그에 따라 채권자가 채무자에게 반대급부로 부담하여야 하는 의무도 없다. 따라서 判例는 이를 이유로 **취득시효완성으로 인한 소유권이전등기청구권의 양도**의 경우에는 매매로 인한 소유권이전등기청구권에 관한 양도제한의 법리(양도에 채무자의 동의나 승낙을 요한다는 법리)가 적용되지 않는다(대판 2018.7.12. 2015다36167)고 한다.
따라서 양도인 甲이 채무자 乙에게 채권양도 사실을 **통지한 것만으로도 乙에게 대항력이 생긴다.**

[정답] ④

문 30 甲은 乙 소유의 X 토지를 25년 동안 점유해오고 있다. 甲이 乙을 상대로 취득시효 완성을 원인으로 한 소유권이전등기청구권을 행사하였다. 다음 중 옳은 것을 모두 고른 것은? (다툼이 있는 경우에는 판례에 의함) [변시 1회]

ㄱ. 甲이 취득시효 완성 후 乙을 상대로 소유권이전등기청구를 하자 乙이 X의 소유권을 丙에게 양도한 경우, 자기 소유권을 행사한 乙은 甲에 대하여 불법행위책임을 지지 않는다.
ㄴ. 만약 甲의 X에 대한 취득시효가 완성된 후 甲이 점유를 상실하였다면, 특별한 사정이 없는 한 甲의 소유권이전등기청구권은 점유를 상실한 날로부터 10년간 행사하지 않으면 소멸시효가 완성한다.
ㄷ. 취득시효 완성 후 乙이 丙에게 X를 양도하였더라도 이전등기 시점을 기준으로 하여 새로운 취득시효의 완성을 주장할 수 있지만 그 기간 중에는 소유자의 변동이 없어야 한다.
ㄹ. 만약 丙이 甲으로부터 X를 양수하여 점유를 승계한 경우, 丙은 甲의 취득시효 완성의 효과를 주장하여 직접 자기에게 소유권이전등기를 해줄 것을 청구할 수 있다.
ㅁ. 만약 甲의 점유개시 후 10년이 지났을 때 X의 소유자에 변동이 있었다면, 점유개시시점에 관하여 법원은 당사자의 주장에 구속되지 않고 소송자료에 의하여 진정한 점유의 시기(始期)를 인정하여야 한다.

① ㄱ, ㄹ　② ㄴ, ㅁ
③ ㄷ, ㅁ　④ ㄱ, ㄴ, ㅁ
⑤ ㄴ, ㄷ, ㄹ

해설 ㄱ. [X] ⅰ) 취득시효가 완성된 후 점유자가 그 취득시효를 주장하거나 이로 인한 소유권이전등기를 청구하기 이전에는, 특별한 사정이 없는 한 등기명의인은 그 시효취득사실을 알 수 없으므로 이를 제3자에게 처분하였다고 하더라도 불법행위가 성립하지는 않는다(대판 1995.7.11. 94다4509). ⅱ) 그러나 등기명의인이 자신의 부동산에 대하여 취득시효가 완성된 사실을 알고도 제3자에게 처분하여 등기명의를 넘겨줌으로써 시효취득자에게 손해를 입혔다면 불법행위를 구성하며, 만약 부동산을 취득한 제3자가 부동산 소유자의 이러한 불법행위에 적극 가담하였다면 이는 사회질서에 반하는 행위로서 무효가 된다(대판 1994.4.12. 93다60779).

ㄴ. [O] "토지에 대한 취득시효 완성으로 인한 소유권이전등기청구권은 그 토지에 대한 점유가 계속되는 한 시효로 소멸하지 아니하고, 그 후 점유를 상실하였다고 하더라도 이를 시효이익의 포기로 볼 수 있는 경우가 아닌 한 이미 취득한 소유권이전등기청구권은 바로 소멸되는 것은 아니나, 취득시효가 완성된 점유자가 점유를 상실한 경우 취득시효 완성으로 인한 소유권이전등기청구권의 소멸시효는 이와 별개의 문제로서, 그 점유자가 점유를 상실한 때로부터 10년간 등기청구권을 행사하지 아니하면 소멸시효가 완성한다"(대판 1996.3.8. 95다34866,34873)

ㄷ. [X] ※ 2차 취득시효기간 중 등기부상 소유명의자가 변경된 경우 2차 취득시효 완성자가 2차 시효완성 당시의 등기부상 소유명의자에게 시효취득을 주장할 수 있는지 여부

"ⅰ) 취득시효기간이 경과하기 전에 등기부상의 소유명의자가 변경된다고 하더라도 그 사유만으로는 점유자의 종래의 사실상태의 계속을 파괴한 것이라고 볼 수 없어 취득시효를 중단할 사유가 되지 못하므로(제247조 2항), 새로운 소유명의자는 취득시효 완성 당시 권리의무 변동의 당사자로서 취득시효 완성으로 인한 불이익을 받게 된다 할 것이어서 시효완성자는 그 소유명의자에게 시효취득을 주장할 수 있는바, ⅱ) 이러한 법리는 새로이 2차의 취득시효가 개시되어 그 취득시효기간이 경과하기 전에 등기부상의 소유명의자가 다시 변경된 경우에도 마찬가지로 적용된다고 봄이 상당하다"(대판 2009.7.16. 전합2007다15172,15189)

ㄹ. [×] ※ 점유취득시효 완성 후 등기 전에 목적부동산을 양수받은 제3자가 '점유승계의 효과'로써 전 점유자의 점유취득시효를 완성으로 인한 소유권이전등기청구권까지 승계받았다고 주장하여 소유자에 대하여 직접 자기에게 소유권이전등기를 청구할 수 있는지 여부

"전 점유자의 점유를 승계한 자는 그 점유 자체와 하자만을 승계하는 것이지 그 점유로 인한 법률효과까지 승계하는 것은 아니므로……전 점유자의 취득시효 완성의 효과를 주장하여 직접 자기에게 소유권이전등기를 청구할 권원은 없다"(대판 1995.3.28. 전합93다47745)라고 하여 전 점유자의 소유자에 대한 소유권이전등기청구권을 대위행사할 수 있을 뿐이라고 보고 있다.

ㅁ. [○] "취득시효의 기산점은 법률효과의 판단에 관하여 직접 필요한 주요사실이 아니고 간접사실에 불과하므로 법원으로서는 이에 관한 당사자의 주장에 구속되지 아니하고 소송자료에 의하여 점유의 시기를 인정할 수 있다"(대판 1998.5.12. 97다34037)

비교판례 "특정시점에서 당해 권리를 행사할 수 있었던 사실은 소멸시효의 기산점에 관한 사실로서 '주요사실'이므로 당사자가 주장하지 않은 때를 기산점으로 하여 소멸시효의 완성을 인정하게 되면 변론주의 원칙에 위배된다"(대판 1995.8.25. 94다35886).

[정답] ②

문31 **甲은 1985. 5.경 A 토지(300㎡)와 그 지상 주택을 소유자로부터 매수하여 자신의 명의로 등기하였다. 그런데 그 주택은 A 토지에 인접한 乙 소유의 B 토지(200㎡) 중 X 부분(15㎡)을 침범하여 건축되어 있었는바, 甲은 그 침범사실을 모르고 그 주택에서 거주하다가 1995. 3. 5. 사망하였다. 甲의 유일한 상속인인 丙이 위 주택과 A 토지를 상속하고 X 부분 토지에 대한 점유도 승계하였다. X 부분 토지의 시효취득에 관한 설명 중 옳은 것은?** (각 지문은 독립적이고, 다툼이 있는 경우에는 판례에 의함) [변시 1회]

① 丙이 2006. 10.경 乙을 상대로 X 부분 토지에 관하여 취득시효완성을 주장하면서 소유권이전등기청구를 하지 아니한 채로 소유권확인청구소송을 제기한 경우, 丙은 승소할 수 있다.

② 상속 당시 丙이 소유의 의사로 선의이며 과실없이 점유를 개시했다면 2005. 3. 5.이 경과함으로써 등기부취득시효가 완성된다.

③ 丙이 2004. 3.경 乙을 상대로 취득시효완성을 원인으로 한 소유권이전등기청구소송을 제기하였다가 乙이 응소하여 적극적으로 丙의 주장을 다투자, 2004. 10.경 소를 취하한 후 다시 2007. 3.경 동일한 취지의 소송을 제기한 경우, 丙은 승소할 수 없다.

④ 2007. 2.경 B 토지에 관하여 乙의 아들 丁의 명의로 소유권이전등기가 경료되었다. 丁의 등기가 통정허위표시로 인한 등기인 경우, 丙은 丁을 상대로 점유취득시효완성을 원인으로 한 소유권이전등기청구소송을 제기한다면 승소할 수 있다.

⑤ 乙은 2007. 2.경 戊에게 B 토지를 매도하고 소유권이전등기를 경료하여 주었다. 乙이 2007. 10.경 사망한 후 乙의 유일한 상속인 丁이 戊로부터 B 토지를 다시 매수하고 소유권이전등기를 경료한 경우, 丙이 丁을 상대로 점유취득시효완성을 원인으로 한 소유권이전등기청구소송을 제기한다면 특별한 사정이 없는 한 丙은 승소할 수 없다.

해 설 ① [X] ② [X] 부동산에 관한 점유취득시효가 완성하기 위해서는 20년간 소유의 의사로 평온, 공연하게 부동산을 점유하여야 한다(제245조 1항). 이 사건 토지는 B토지의 특정한 일부분인데 **1필의 토지의 일부도 점유취득시효의 대상이 될 수 있는지**와 관련해 判例는 "ⅰ) 1필의 토지의 일부 부분이 다른 부분과 구분되어 ⅱ) 시효취득자의 점유에 속한다는 것을 인식하기에 족한 객관적인 징표(예컨대 담장이나 건물의 외벽)가 계속하여 존재하면 취득시효가 인정된다"(대판 1997.3.11, 96다37428)고 한다. 사안에서 이 사건 B토지의 X부분(15㎡)은 이 사건 건물의 부지이므로, 다른 부분과는 명확히 구분되어 있고 이는 점유취득시효 기간 동안 계속되어 왔다. 따라서 이 사건 B토지의 X부분(15㎡)은 점유취득시효의 대상이 될 수 있다.

아울러 '소유의 의사', 즉 자주점유와 관련하여 判例는 **"매매대상 대지의 면적이 등기부상의 면적을 '상당히 초과'하는 경우에는 특별한 사정이 없는 한, 그 초과 부분은 단순한 점용권의 매매로 보아야 하고 따라서 그 점유는 권원의 성질상 타주점유에 해당한다"**(대판 1998.11.10, 98다32878 등)고 한다. 사안에서 甲이 매수한 A토지의 등기부상 면적은 300㎡인데 甲이 실제로 인도받은 토지의 면적은 315㎡로서, 실제로 인도받은 토지의 면적이 등기부상 면적을 상당히 초과한다고 볼 수 없으므로 이는 착오로 인접 토지의 일부를 그가 매수취득한 대지에 속하는 것으로 믿고 점유를 하여 왔다고 보아야 한다. 즉 이 사건 B토지의 X부분(15㎡)에 대한 점유는 소유의 의사에 기한 것이라고 보는 것이 타당하다.

☞ **결국 사안에서 다른 사정이 없는 한 甲의 상속인 丙은 2005. 5경 B토지 중 X부분에 대한 점유취득시효를 완성한다**(제245조 1항). 그리고 사안에서 B토지 중 X부분에 대한 등기는 乙에게 있으므로 丙의 등기부취득시효는 문제되지 않는다(②번 지문).

☞ 이러한 취득시효에 의한 소유권 취득은 법률행위에 의한 것이 아니므로 원칙적으로 등기를 요하지 않지만(제187조), 그에 대한 유일한 예외로 제245조 1항은 등기를 하여야 소유권을 취득하도록 규정하고 있다. 따라서 丙이 2006. 10.경 乙을 상대로 X 부분 토지에 관하여 취득시효완성을 주장하면서 소유권이전등기청구를 하지 아니한 채로 소유권확인청구소송을 제기한 경우, 丙은 승소할 수 없다(①번 지문).

참고판례 "민법 제245조 제1항의 취득시효기간의 완성만으로는 소유권취득의 효력이 바로 생기는 것이 아니라, 다만 이를 원인으로 하여 소유권취득을 위한 등기청구권이 발생할 뿐이고, 미등기 부동산의 경우라고 하여 취득시효기간의 완성만으로 등기 없이도 점유자가 소유권을 취득한다고 볼 수 없다"(대판 2006.9.28. 2006다22074)

③ [X] **제170조 (재판상의 청구와 시효중단)** 「①항 재판상의 청구는 소송의 각하, 기각 또는 취하의 경우에는 시효중단의 효력이 없다. ②항 전항의 경우에 6월내에 재판상의 청구, 파산절차참가, 압류 또는 가압류, 가처분을 한 때에는 시효는 최초의 재판상청구로 인하여 중단된 것으로 본다.」 **제247조 (소유권취득의 중단사유)** 「②항 소멸시효의 중단에 관한 규정은 전2조의 소유권취득기간에 준용한다.」

判例에 따르면 권리자가 응소행위로서 상대방의 청구를 적극적으로 다투면서 승소한 경우도 제170조의 재판상 청구에 해당한다고 한다고 한다(대판 1993.12.21. 전합92다47861).

☞ 따라서 丙이 취득시효가 완성(2005. 5.)되기 전에 제기한 소에 대해 소유권자 乙이 응소하였으나 丙은 소를 취하한 후 6개월이 지난 2007. 3.경 소송을 다시 제기하였고, 이는 취득시효가 완성된 후이므로 취득시효 중단사유는 없다. 따라서 丙은 취득시효완성을 원인으로 한 소유권이전등기청구소송에서 승소할 수 있다.

④ [X] **취득시효 완성 당시의 진정한 소유자가 원칙적으로 등기청구의 상대방**이다. 예를 들어 "취득시효가 완성된 후 점유자가 그 등기를 하기 전에 경료된 제3자 명의의 등기가 원인무효인 경우에는 점유자는 취득시효 완성 당시의 소유자를 대위하여 위 제3자 앞으로 경료된 원인무효인 등기의 말소를 구함과 아울러 위 소유자에게 취득시효 완성을 원인으로 한 소유권이전등기를 구할 수 있다"(대판 1993.9.14. 93다12268)

☞ 따라서 丙은 통정허위표시에 의해 원인무효의 등기를 가지고 있는 丁에게 직접 취득시효 완성에 따른 소유권이전등기청구권을 행사할 수 없고, 진정한 소유자 乙을 대위하여 말소등기를 구함과 아울러 위 소유자 乙에게 취득시효 완성을 원인으로 한 소유권이전등기를 구할 수 있다.

비교판례 대법원은 점유취득시효 완성 당시의 소유권등기가 원인무효인 경우에 점유취득시효완성자의 대위청구가 불가능한 특별한 사정이 있는 경우(예컨대, 현재 등기명의인의 등기가 확정판결에 기한 경우, 피대위자인 법률상 소유자를 확인할 수 없는 경우 등)에는 예외적으로 원인무효의 등기명의자를 상대로 직접 소유권이전등기를 청구하는 것도 가능하다고 한다(대판 1999.7.9. 98다29575).

⑤ [O] 判例에 따르면 시효완성 후 제3자가 등기를 갖춘 경우는 **'이중양도의 법리'**에 따라 제3자가 설령 악의라 하더라도 그 소유권이전등기가 **당연무효가 아닌 한**, 종전소유자의 소유권이전등기의무가 이행불능으로 되어 점유취득시효 완성자는 그 제3자에 대하여 시효취득을 주장할 수 없다고 한다(대판 1993.9.28. 93다22883). 원칙적으로 취득시효 완성 후 상속한 경우 상속인은 위 제

3자에 해당하지 않지만(대판 1995.5.9, 94다22484)

☞ 사안의 경우는 점유취득시효 완성 후 제3자 戊에게 소유권이 이전되었다가 乙의 상속인 丁에게 다시 매수된 것이므로 丁의 소유권 취득은 상속과 같은 포괄승계가 아닌 戊에게서 특정승계받은 것이므로 丁은 위 제3자에 해당한다(아래 98다40688판결). 따라서 丙이 丁을 상대로 점유취득시효완성을 원인으로 한 소유권이전등기청구소송을 제기한다면 '이중양도 법리'에 의해 丙은 승소할 수 없다.

참고판례 "부동산에 대한 점유취득시효가 완성된 후 이를 등기하지 않고 있는 사이에 그 부동산에 관하여 제3자 명의의 소유권이전등기가 경료되어 점유자가 그 제3자에게 시효취득으로 대항할 수 없게 된 경우에도 점유자가 취득시효 당시의 소유자에 대한 시효취득으로 인한 소유권이전등기청구권을 상실하게 되는 것이 아니라 단지 그 소유자의 점유자에 대한 소유권이전등기의무가 이행불능으로 된 것에 불과하므로, **그 후 어떠한 사유로 취득시효 완성 당시의 소유자에게로 소유권이 회복되면 그 소유자에게 시효취득의 효과를 주장할 수 있으나, 취득시효 완성 후에 원 소유자가 일시 상실하였던 소유권을 회복한 것이 아니라 그 상속인이 소유권이전등기를 마쳤을 뿐인 경우에는** 그 상속인의 등기가 실질적으로 상속재산의 협의분할과 동일시할 수 있는 등의 특별한 사정이 없는 한 **그 상속인은 점유자에 대한 관계에서 종전 소유자와 같은 지위에 있는 자로 볼 수 없고, 취득시효 완성 후의 새로운 이해관계인으로 보아야 하므로 그에 대하여는 취득시효 완성으로 대항할 수 없다**"(대판 1999.2.12, 98다40688)

[정답] ⑤

문 32 乙은 1970. 1. A토지에 대한 소유명의자 甲으로부터 이를 매수하여 이전등기를 마치지 않은 상태로 파, 시금치 등을 재배하였고, 이후 그 지상에 B건물도 신축하여 보존등기를 마치지 않은 채 이를 점유·사용하여 왔다. 乙은 1990. 5. 丙에게 A토지와 B건물을 매도하였고, 丙도 이들 부동산 모두에 관해 등기를 마치지 않은 채 인도받아 점유·사용하여 오고 있다. 2000. 8. 甲의 상속인 丁이 A토지를 상속받아 2016. 2. A토지 위에 자신의 채권자 戊를 위해 저당권설정등기를 경료하였다. 이에 관한 설명 중 옳은 것을 모두 고른 것은? (다툼이 있는 경우 판례에 의함) [변시 8회]

ㄱ. B건물에 대해서는 乙에게만 처분권이 있으므로 丁이 丙을 상대로 건물 철거청구의 소를 제기하는 것은 허용되지 않는다.
ㄴ. A토지의 매매는 등기를 수반하지 않았으므로, 부동산 물권 변동에 관하여 형식주의를 취하는 현행 민법 아래에서 丙의 A토지에 대한 점유는 타주점유로 보아야 한다.
ㄷ. 丙이 A토지에 관해 점유취득시효의 완성을 이유로 丁을 상대로 소유권이전등기청구의 소를 제기하여 승소하더라도 특별한 사정이 없는 한 戊를 상대로 저당권말소등기를 청구하는 것은 허용되지 않는다.
ㄹ. 丙은 A토지에 대한 소유권이전등기를 마쳐야 비로소 이를 시효취득할 수 있으므로, 丁은 丙이 이전등기를 마치기 전까지 丙에 대하여 점유로 인한 부당이득반환을 청구할 수 있다.
ㅁ. 丙은 A토지에 대하여 소유권이전등기를 받지 않았더라도, A토지에 대한 점유·사용권이 있다.

① ㄱ, ㄷ
② ㄴ, ㄷ
③ ㄴ, ㄹ
④ ㄷ, ㅁ
⑤ ㄹ, ㅁ

해 설 ※ 점유취득시효 완성 등

乙은 20년간 A 토지를 점유하여 1990. 1. 경 A 토지에 관하여 점유취득시효가 완성되었고, 1990. 5. 乙로부터 위 토지를 매수한 丙은 2010. 5. 경 A 토지에 관하여 점유취득시효가 완성되었다. 한편 B 건물의 경우 乙이 신축하였으므로 乙이 이를 원시취득한다.

ㄱ. [X] 判例는 "건물철거는 그 소유권의 종국적 처분에 해당되는 사실행위이므로 원칙으로는 그 **소유자**(민법상 원칙적으로는 등기명의자)에게만 그 철거처분권이 있다 할 것이고, 예외적으로 건물을 전소유자로부터 매수하여 점유하고 있는 등 그 권리의 범위 내에서 그 점유중인 **건물에 대하여 법률상 또는 사실상 처분을 할 수 있는 지위에 있는 자에게도 그 철거처분권이 있다**(대판 2003.1.24., 2002다61521)고 판시하였다.

☞ A토지의 원소유자 甲의 포괄승계인인 상속인 丁은 A토지의 소유자이고, B건물의 원시취득자인 乙로부터 이를 매수한 미등기 매수인 丙은 B건물의 법률상 또는 사실상 처분권자이므로, 丁은 丙을 상대로 B건물의 철거를 구하는 소를 제기할 수 있다.

ㄴ. [×] "민법 제197조 제1항이 규정하고 있는 점유자에게 추정되는 소유의 의사는 사실상 소유할 의사가 있는 것으로 충분한 것이지 반드시 등기를 수반하여야 하는 것은 아니므로 등기를 수반하지 아니한 점유임이 밝혀졌다고 하여 이 사실만 가지고 바로 점유권원의 성질상 소유의 의사가 결여된 타주점유라고 할 수 없다"(대판 2000.3.16, 전합97다37661).

☞ 丙은 매매를 원인으로 A토지를 점유하였으므로, 이는 권원의 객관적 성질상 자주점유에 해당하고 등기를 수반하지 아니하였다고 하여 자주점유의 추정이 깨어지는 것은 아니다.

ㄷ. [○] ※ 시효완성 후 등기 전 소유자가 권리를 행사한 경우

시효취득에 의한 권리취득의 효력은 '점유를 개시한 때'에 소급한다(제247조 1항). 시효제도가 계속된 사실상태를 보호하기 위한 제도이기 때문이다. 그러나 통설 및 判例는 본조의 소급효의 범위를 제한적으로 해석하여, 취득시효의 소급효가 모든 관계에 있어서 절대적으로 소급하거나 등기의 효력까지 소급하는 것은 아니라고 한다. 그리하여 '원소유자가 취득시효 완성 이후 그 등기가 있기 전'에 그 토지를 i) 제3자에게 처분하거나 ii) 제한물권의 설정, iii) 토지의 현상변경 등 소유자로서의 권리를 행사한 경우 시효취득자로서는 원소유자의 적법한 권리행사로 인한 현상의 변경이나 제한물권의 설정 등이 이루어진 그 토지의 사실상 혹은 법률상 현상 그대로의 상태에서 등기에 의하여 그 소유권을 취득하게 된다(대판 2006.5.12, 2005다75910)고 한다.

☞ 戊는 丙의 시효완성(2010. 5.) 후 등기 전 2016. 2. 저당권을 취득하였으므로, 丙은 취득시효의 완성을 이유로 戊에게 대항할 수 없다.

ㄹ. [×] ※ 취득시효완성자의 점유할 권원

"부동산에 대한 취득시효가 완성되면 점유자는 소유명의자에 대하여 취득시효완성을 원인으로 한 소유권이전등기절차의 이행을 청구할 수 있고 소유명의자는 이에 응할 의무가 있으므로 점유자가 그 명의로 소유권이전등기를 경료하지 아니하여 아직 소유권을 취득하지 못하였다고 하더라도 소유명의자는 점유자에 대하여 점유로 인한 부당이득반환청구를 할 수 없다"(대판 1993.5.25, 92다51280).

☞ 丙은 丁에 대하여 A토지에 관하여 취득시효완성을 원인으로 한 소유권이전등기청구권을 가지고 있다. 즉, 법률상 원인이 있으므로 丁의 丙에 대한 부당이득반환청구는 부당하다.

ㅁ. [○] ※ 취득시효완성자의 점유할 권원

"토지의 매수인이 아직 소유권이전등기를 경료받지 아니하였다 하여도 매매계약의 이행으로 그 토지를 인도받은 때에는 매매계약의 효력으로서 이를 점유·사용할 권리가 생기게 된 것으로 보아야 하고, 또 매수인으로부터 위 토지를 다시 매수한 자는 위와 같은 토지의 점유사용권을 취득한 것으로 봄이 상당하므로 매도인은 매수인으로부터 다시 위 토지를 매수한 자에 대하여 토지 소유권에 기한 물권적 청구권을 행사하거나 그 점유·사용을 법률상 원인이 없는 이익이라고 하여 부당이득반환청구를 할 수는 없다"(대판 2001.12.11, 2001다45355).

[정답] ④

문 33 **甲은 乙 명의로 소유권보존등기가 마쳐진 X토지를 乙로부터 매수하여 소유권이전등기를 마치지 아니한 채 20년 넘게 점유하고 있다. 다음 중 옳은 것을 모두 고른 것은?**(각 지문은 독립적이고, 다툼이 있는 경우에는 판례에 의함) [변시 3회]

ㄱ. 甲의 점유기간이 20년이 되기 전에 X 토지에 관하여 매매예약을 원인으로 한 丙 명의의 소유권이전청구권가등기가 마쳐졌고, 그 점유기간이 20년이 지난 후에 위 가등기에 기한 丙명의의 본등기가 마쳐진 경우, 특별한 사정이 없는 한 甲은 丙에 대하여 X 토지에 관한 취득시효 완성을 주장할 수 없다.

ㄴ. 甲이 그 점유기간이 20년이 되기 전에 乙을 상대로 X 토지에 관하여 매매를 원인으로 한 소유권이전등기를 구하는 소를 제기하였다가 패소판결을 받고 그 판결이 확정되었다고 하더라도, 현재 甲이 乙을 상대로 X 토지에 관하여 취득시효 완성을 원인으로 한 소유권이전등기를 구하는 소를 제기하면 승소할 수 있다.

ㄷ. X 토지에 관하여 丙 명의로 유효한 소유권이전등기가 마쳐지게 되면 乙의 甲에 대한 취득시효 완성을 원인으로 한 소유권이전등기의무는 이행불능이 되므로, 甲이 乙을 상대로 그 의무 이행을 구하는 소가 계속되고 있는 중에 丙 명의의 소유권이전등기가 적법하게 말소되더라도 甲은 승소할 수 없다.

ㄹ. X 토지에 관하여 丙 명의로 유효한 소유권이전등기가 마쳐진 경우, 乙의 甲에 대한 취득시효 완성을 원인으로 한 소유권이전등기의무가 이행불능이 되더라도, 甲이 乙을 상대로 그 이행불능을 이유로 채무불이행에 의한 손해배상책임을 묻는 소를 제기하면 승소할 수 없다.

① ㄱ, ㄴ
② ㄱ, ㄹ
③ ㄴ, ㄹ
④ ㄱ, ㄴ, ㄷ
⑤ ㄱ, ㄴ, ㄹ

해설 ㄱ. [O] "취득시효완성에 의한 등기를 하기 전에 먼저 소유권이전등기를 경료하여 부동산 소유권을 취득한 제3자에 대하여는 그 제3자 명의의 등기가 무효가 아닌 한 시효취득을 주장할 수 없고, 가등기는 그 성질상 본등기의 순위보전의 효력만이 있어 후일 본 등기가 경료된 때에는 본등기의 순위가 가등기한 때로 소급하는 것뿐이지 본등기에 의한 물권변동의 효력이 가등기한 때로 소급하여 발생하는 것은 아니므로 취득시효 완성 전에 가등기를 하였다가 취득시효 완성 후 가등기에 기한 본등기를 마친 경우, 점유취득시효 완성자는 이러한 제3자에게 대항할 수 없다"(대판 1992.9.25. 92다21258)

ㄴ. [O] 점유자가 매매나 시효취득을 원인으로 소유권이전등기를 청구하였다가 패소 확정된 경우에도, 점유자가 소유자에 대하여 어떤 의무가 있음이 확정되는 것은 아니므로 소제기시부터 악의의 점유자(제197조 2항)가 되는데 불과하고 타주점유로 전환되는 것은 아니다(대판 1981.3.24. 80다2226). 또한 소유권이전등기청구사건에 있어서 등기원인을 달리하는 경우에는 그것이 단순히 공격방어방법의 차이에 불과한 것이 아니므로 매매를 등기원인으로 소유권이전등기를 구하는 전소 확정판결의 기판력이 취득시효완성을 청구원인으로 소유권이전등기를 구하는 후소에 미치지는 아니한다(대판 1991.1.15. 88다카19002 참고).

비교판례 그러나 반대로 소유자가 점유자를 상대로 적극적으로 소유권을 주장하여 승소한 경우에는, 점유자가 소유자에 대해 등기말소 또는 인도 등의 의무를 부담하는 것으로 확정된 것이므로, 단순한 악의점유의 상태와는 달리 객관적으로 그와 같은 의무를 부담하는 점유자로 변한 것이어서, 점유자의 토지에 대한 점유는 소제기시부터 악의의 점유자가 됨(제197조 2항)과 동시에 패소판결 확정 후부터는 타주점유로 전환된다(대판 2000.12.8. 2000다14934,14941).

ㄷ. [×] "부동산에 대한 점유로 인한 소유권취득시효가 완성되었다 하더라도 이를 등기하지 않고 있는 사이에 그 부동산에 관하여 제3자에게로 소유권이전등기가 경료되면 점유자가 그 제3자에게는 그 시효취득으로 대항할 수 없으나, 그로 인하여 점유자가 취득시효완성 당시의 소유자에 대한 시효취득으로 인한 소유권이전등기청구권을 상실하게 되는 것은 아니고 위 소유자의 점유자에 대한 소유권이전등기의무가 이행불능으로 된 것이라고 할 것인데, **그 후 어떠한 사유로 취득시효완성 당시의 소유자에게로 소유권이 회복되면 그 소유자에게 시효취득의 효과를 주장할 수 있다**"(대판 1991.6.25. 90다14225)

ㄹ. [○] "부동산 점유자에게 시효취득으로 인한 소유권이전등기청구권이 있다고 하더라도 이로 인하여 부동산 소유자와 시효취득자 사이에 **계약상의 채권·채무관계가 성립하는 것은 아니므로, 그 부동산을 처분한 소유자에게 채무불이행 책임을 물을 수 없다**"(대판 1995.7.11. 94다4509).

[정답] ⑤

문34 **甲은 乙 소유의 X토지를 20년간 소유의 의사로 평온·공연하게 점유하여 2018. 1. 1. 점유취득시효가 완성되었다. 이에 관한 설명 중 옳은 것을 모두 고른 것은?** (다툼이 있는 경우에는 판례에 의함) [변시 9회]

ㄱ. 甲이 점유취득시효 완성 전까지 점유로 인하여 얻은 이익에 대하여 乙은 부당이득반환을 청구할 수 없다.
ㄴ. 2018. 4. 4. 乙은 甲의 X토지에 관한 취득시효 완성 사실을 알지 못하고서 K은행으로부터 3억 원을 차용하고 당일 K은행에게 근저당권설정등기를 마쳐준 후 甲이 취득시효 완성을 이유로 X토지에 관하여 소유권이전등기를 마쳤다면, 甲은 X토지에 설정된 근저당권의 피담보채무를 변제하고 乙에게 변제금액의 구상을 청구할 수 있다.
ㄷ. 2010. 4. 1. 甲이 X토지의 진정한 소유자가 아님에도 丙으로부터 금원을 차용하면서 X토지에 관하여 丙 명의로 저당권설정등기를 마쳐준 경우, 2018. 4. 5. 甲이 취득시효완성을 이유로 X토지에 관하여 소유권이전등기를 마쳤다면, 이는 원시취득이므로 丙 명의의 위 저당권은 소멸하게 된다.
ㄹ. 2015. 1. 2. X토지에 관하여 매매예약을 원인으로 한 丁 명의의 소유권이전청구권 보전을 위한 가등기가 마쳐졌고, 2018. 6. 5. 위 가등기에 기한 丁 명의의 본등기가 마쳐졌다면, 甲은 丁에 대하여 X토지에 관한 취득시효 완성을 주장할 수 없다.

① ㄱ, ㄹ　② ㄴ, ㄷ　③ ㄷ, ㄹ
④ ㄱ, ㄴ, ㄹ　⑤ ㄴ, ㄷ, ㄹ

해 설 ㄱ. [○] ※ 부동산에 대한 점유취득시효가 완성하였으나 아직 소유권이전등기를 경료하지 아니한 자에 대한 소유명의자의 부당이득반환청구의 가부(소극)

"부동산에 대한 취득시효가 완성되면 점유자는 소유명의자에 대하여 취득시효완성을 원인으로 한 소유권이전등기절차의 이행을 청구할 수 있고 소유명의자는 이에 응할 의무가 있으므로 점유자가 그 명의로 소유권이전등기를 경료하지 아니하여 아직 소유권을 취득하지 못하였다고 하더라도 소유명의자는 점유자에 대하여 점유로 인한 부당이득반환청구를 할 수 없다"(대판 1993.5.25. 92다51280).

ㄴ. [×] ※ 취득시효 완성자가 대위변제한 경우 소유자에게 구상권을 행사할 수 있는지 여부

"시효취득자가 원소유자에 의하여 그 토지에 설정된 근저당권의 피담보채무를 변제하는 것은 시효취득자가 용인하여야 할 그 토지상의 부담을 제거하여 완전한 소유권을 확보하기 위한 것으로서 그 자신의 이익을 위한 행위라 할 것이니, 위 변제액 상당에 대하여 원소유자에게 대위변제를 이유로 구상권을 행사하거나 부당이득을 이유로 그 반환청구권을 행사할 수는 없다"(대판 2006.5.12. 2005다75910).

ㄷ. [×] ※ 진정한 권리자가 아니었던 채무자 또는 물상보증인이 채무담보의 목적으로 채권자에게 부동산에 관하여 저당권설정등기를 경료해 준 후 그 부동산을 시효취득하는 경우, 저당목적물의 시효취득으로 저당권자의 권리가 소멸하는지 여부(소극)

"부동산점유취득시효는 원시취득에 해당하므로 특별한 사정이 없는 한 원소유자의 소유권에 가하여진 각종 제한에 의하여 영향을 받지 아니하는 완전한 내용의 소유권을 취득하는 것이지만, 진정한 권리자가 아니었던 채무자 또는 물상보증인이 채무담보의 목적으로 채권자에게 부동산에 관하여 저당권설정등기를 경료해 준 후 그 부동산을 시효취득하는 경우에는, 채무자 또는 물상보증인은 피담보채권의 변제의무 내지 책임이 있는 사람으로서 이미 저당권의 존재를 용인하고 점유하여 온 것이므로, 저당목적물의 시효취득으로 저당권자의 권리는 소멸하지 않는다"(대판 2015.2.26. 2014다21649).

참고판례 "이러한 법리는 부동산 양도담보의 경우에도 마찬가지이므로, 양도담보권설정자가 양도담보부동산을 20년간 소유의 의사로 평온, 공연하게 점유하였다고 하더라도, 양도담보권자를 상대로 피담보채권의 시효소멸을 주장하면서 담보 목적으로 경료된 소유권이전등기의 말소를 구하는 것은 별론으로 하고, 점유취득시효를 원인으로 하여 담보 목적으로 경료된 소유권이전등기의 말소를 구할 수 없고, 이와 같은 효과가 있는 양도담보권설정자 명의로의 소유권이전등기를 구할 수도 없다"(同 判例).

ㄹ. [○] ※ 취득시효완성에 의한 등기 전에 소유권이전등기를 경료하여 부동산 소유권을 취득한 자에 대한 시효취득 주장 가부(소극)

"취득시효완성에 의한 등기를 하기 전에 먼저 소유권이전등기를 경료하여 부동산 소유권을 취득한 제3자에 대하여는 그 제3자 명의의 등기가 무효가 아닌 한 시효취득을 주장할 수 없다"(대판 1992.9.25. 92다21258 : 물권변동의 시기는 가등기한 때가 아니라 본등기를 한 때이기 때문이다)

[정답] ①

문 35 X 토지에 관하여 甲, 乙 명의로 순차 소유권이전등기가 되어 있었다. 乙 명의 등기는 서류를 위조하여 경료한 무효의 등기였다. 甲이 등기를 회복하지 않고 있는 사이에 乙이 丙에게 X 토지를 매도하고 소유권이전등기를 마쳤다. 甲이 乙과 丙을 공동피고로 하여 각 피고들 명의 소유권이전등기말소 청구의 소를 제기하였다. 乙과 丙은, 丙이 등기부취득시효 완성을 원인으로 소유권을 취득했다고 주장하고 있다. 이에 관한 설명 중 옳지 않은 것을 모두 고른 것은? (각 지문은 독립적이며, 다툼이 있는 경우 판례에 의함) [변시 7회]

ㄱ. 등기부취득시효의 요건인 선의 · 무과실은 점유개시 시에 존재하면 충분하다.
ㄴ. 丙에게 등기부취득시효가 완성되었다는 사실이 증명된 경우에도 법원은 乙에 대한 원고 甲의 청구를 인용해야 한다.
ㄷ. 丙에게 등기부취득시효가 완성되었다는 사실이 증명된 경우 甲은 乙에 대하여 등기말소청구권의 이행불능을 이유로 「민법」 제390조 상의 손해배상을 청구할 수 있다.

① ㄴ
② ㄱ, ㄴ
③ ㄱ, ㄷ
④ ㄴ, ㄷ
⑤ ㄱ, ㄴ, ㄷ

해 설 ㄱ. [O] ※ 등기부취득시효 – 선의 · 무과실의 내용 및 존재시기
"등기부취득시효에 있어서 선의 · 무과실은 등기에 관한 것이 아니고 점유의 취득에 관한 것이므로, 등기경료 이전부터 점유를 하여 온 경우에는 그 점유개시 당시를 기준으로 그 점유의 개시에 과실이 없었는지 여부에 관하여 심리판단하여야 한다"(대판 1994.11.11. 93다28089).

ㄴ. [X] ① "**순차로 경료된 등기들의 말소를 청구하는 소송은** 권리관계의 합일적인 확정을 필요로 하는 필수적 공동소송이 아니라 **통상공동소송이며,** 이와 같은 통상공동소송에서는 공동당사자들 상호간의 **공격방어방법의 차이에 따라 모순되는 결론이 발생할 수 있고,** 이는 변론주의를 원칙으로 하는 소송제도 아래서는 부득이한 일로서 판결의 이유모순이나 이유불비가 된다고 할 수 없으며, 이 경우 **후순위 등기에 대한 말소청구가 패소 확정됨으로써 그 전순위 등기의 말소등기 실행이 결과적으로 불가능하게 되더라도, 그 전순위 등기의 말소를 구할 소의 이익이 있다**"(대판 2008.6.12. 2007다36445). ② "선등기명의자의 소유권이전등기가 원인무효라고 하더라도 그 이후의 최종 등기명의자가 등기부시효취득의 항변을 제출하여 법원에서 그것이 받아들여진 경우, 그 전의 등기명의자들이 최종 등기명의자의 시효취득 사실을 원용하여 원소유자의 소유권 상실을 주장하고 있다면 원소유자의 소유권에 기한 등기말소청구는 배척될 수밖에 없다"(대판 1995.3.3. 94다7348)
☞ 甲이 乙과 丙을 공동피고로 하여 각 피고들 명의 소유권이전등기의 말소를 구하는 것은 통상공동소송이어서, 만약 乙이 丙의 등기부취득시효 완성을 주장하지 않았다면 법원은 변론주의 원칙상 乙에 대한 원고 甲의 청구를 인용할 수도 있다(대판 1991.4.12. 90다9872).
그러나 문제에서 "乙과 丙은, 丙이 등기부취득시효 완성을 원인으로 소유권을 취득했다고 주장하고 있다."고 하였고, ⓛ 지문에서 "丙에게 등기부취득시효가 완성되었다는 사실이 증명된 경우"라고 했으므로 법원은 乙에 대한 원고 甲의 청구를 기각해야 한다. 즉, 甲이 소유권에 기하여 乙과 丙을 상대로 각 소유권이전등기의 말소를 청구하면, 등기부취득시효를 완성한 丙뿐

만 아니라 乙도 甲의 소유권 상실을 주장하여 甲의 청구에 대항할 수 있다(대판 1995.3.3. 94다7348).

ㄷ. [X] ※ 등기부취득시효로 인해 소유권을 상실하게 된 원소유자의 구제수단 - 채무불이행을 원인으로 한 손해배상청구권

최근 전원합의체 판결에 따르면 **물권적 청구권의 이행불능으로 인한 전보배상청구는 인정되지 않는다**고 한다(대판 2012.5.17. 전합2010다28604). 즉, 判例는 "소유자가 자신의 소유권에 기하여 실체관계에 부합하지 아니하는 등기의 명의인을 상대로 그 등기말소나 진정명의회복 등을 청구하는 경우에, 그 권리는 물권적 청구권으로서의 방해배제청구권(제214조)의 성질을 가진다. 그러므로 소유자가 그 후에 소유권을 상실함으로써 이제 등기말소 등을 청구할 수 없게 되었다면, 이를 위와 같은 청구권의 실현이 객관적으로 불능이 되었다고 파악하여 등기말소 등 의무자에 대하여 그 권리의 이행불능을 이유로 민법 제390조상의 손해배상청구권을 가진다고 말할 수 없다. 위 법규정에서 정하는 **채무불이행을 이유로 하는 손해배상청구권은 계약 또는 법률에 기하여 이미 성립하여 있는 채권관계에서 본래의 채권이 동일성을 유지하면서 그 내용이 확장되거나 변경된 것으로서 발생한다. 그러나 위와 같은 등기말소청구권 등의 물권적 청구권은 그 권리자인 소유자가 소유권을 상실하면 이제 그 발생의 기반이 아예 없게 되어 더 이상 그 존재 자체가 인정되지 아니하는 것이다.** 이러한 법리는 선행소송에서 소유권보존등기의 말소등기청구가 확정되었다고 하더라도 그 청구권의 법적 성질이 채권적 청구권으로 바뀌지 아니하므로 마찬가지이다"(대판 2012.5.17. 전합2010다28604)고 판시하였다.

[정답] ④

문 36 **乙은 甲으로부터 X토지를 매수하여 인도받아 점유하기 시작하였고, 丙은 乙로부터 이를 매수하여 인도받아 2020. 9. 1. 현재까지 점유하고 있으며, 乙과 丙 모두 평온·공연하게 점유를 하였다. 한편, X토지에 관하여 A 명의의 소유권보존등기 후 B 명의로 매매를 원인으로 한 소유권이전등기가 마쳐졌다. 이에 관한 설명 중 옳은 것(○)과 옳지 않은 것(×)을 올바르게 조합한 것은?** (단, 아래의 각 청구 시점은 2020. 9. 1.로 하고, 다툼이 있는 경우 판례에 의함) [변시 10회]

ㄱ. 丙이 1986. 9. 16. 인도받았는데, B 명의 등기가 1998. 5. 18. 이루어진 후 C 명의로 단독상속을 원인으로 하는 이전등기가 2018. 5. 18. 이루어진 경우, 丙은 C에 대하여 취득시효완성을 이유로 이전등기를 청구할 수 있다.
ㄴ. 丙이 1986. 9. 16. 인도받았는데, B 명의 등기가 2008. 5. 18. 이루어진 경우, B 명의 등기가 원인무효 등기라면 丙은 A를 대위하여 B 앞으로 경료된 등기의 말소를 청구할 수 있다.
ㄷ. 丙이 1976. 9. 16. 인도받았는데, B 명의 등기가 1998. 5. 18. 이루어진 후 D 명의로 매매를 원인으로 하는 이전등기가 2016. 5. 18. 이루어진 경우, 丙은 D에 대하여 취득시효완성을 이유로 이전등기를 청구할 수 없다.
ㄹ. 乙이 1980. 9. 16., 丙이 2002. 9. 16. 각각 인도받았는데, B 명의 등기가 1998. 5. 18. 이루어진 경우, 丙은 자기의 점유와 乙의 점유를 아울러 주장할 수 있으므로, 乙을 대위할 필요 없이 B에 대하여 직접 취득시효완성을 원인으로 이전등기를 청구할 수 있다.

① ㄱ(○), ㄴ(○), ㄷ(○), ㄹ(×)
② ㄱ(○), ㄴ(○), ㄷ(×), ㄹ(○)
③ ㄱ(○), ㄴ(○), ㄷ(×), ㄹ(×)
④ ㄱ(×), ㄴ(○), ㄷ(×), ㄹ(×)
⑤ ㄱ(×), ㄴ(×), ㄷ(○), ㄹ(○)

해설 ㄱ. [○] 점유취득시효 완성 전 소유자가 제3자에게 소유권을 이전한 경우 이때는 제3자 앞으로의 소유권등기 자체가 곧 취득시효의 중단을 가져오는 사유인 '청구' 등으로 평가되지는 않으므로(제247조 2항 참고), 이 경우에는 취득시효기간 완성 후에 점유자는 소유권을 취득한 제3자를 상대로 취득시효를 원인으로 하여 소유권이전등기를 청구할 수 있다(대판 1977.8.23. 77다785).

☞ 判例는 취득시효기간 만료 전과 만료 후를 나누어 그 법률관계를 다르게 판단한다. 이러한 원칙을 견지하고자 "시효기간 전·후에 등기명의자의 변동이 있는 경우에 당사자가 임의로 기산점을 정하지 못한다"(대판 1989.4.25. 88다카3618)고 판시하고 있다. 또한 취득시효 완성전 소유자 변동을 취득시효 중단사유로 보지 않는 판례에 따르면, 사안의 경우 B명의로의 이전등기는 취득시효 중단사유가 아니므로 丙은 1986. 9. 16.을 기산점으로 하여 20년 후인 2006. 9. 16. X토지에 대한 취득시효를 완성한다. 한편, 판례는 취득시효 완성 후 상속을 취득시효 완성 후의 새로운 이해관계인으로 보지 않으므로(대판 1995.2.10. 94다28468) C명의의 등기에도 불구하고 丙은 2020. 9. 1. 현재 C에 대하여 취득시효완성을 이유로 이전등기를 청구할 수 있다.

ㄴ. [○] "취득시효가 완성된 후 점유자가 그 등기를 하기 전에 경료된 제3자 명의의 등기가 원인무효인 경우에는 점유자는 취득시효 완성 당시의 소유자를 대위하여 위 제3자 앞으로 경료된

원인무효인 등기의 말소를 구함과 아울러 위 소유자에게 취득시효 완성을 원인으로 한 소유권 이전등기를 구할 수 있다"(대판 1993.9.14. 93다12268)

ㄷ. [X] ※ 2차 취득시효기간 중 등기부상 소유명의자가 변경된 경우 2차 취득시효 완성자가 2차 시효완성 당시의 등기부상 소유명의자에게 시효취득을 주장할 수 있는지 여부

"ⅰ) 취득시효기간이 경과하기 전에 등기부상의 소유명의자가 변경된다고 하더라도 그 사유만으로는 점유자의 종래의 사실상태의 계속을 파괴한 것이라고 볼 수 없어 취득시효를 중단할 사유가 되지 못하므로(제247조 2항), 새로운 소유명의자는 취득시효 완성 당시 권리의무 변동의 당사자로서 취득시효 완성으로 인한 불이익을 받게 된다 할 것이어서 시효완성자는 그 소유명의자에게 시효취득을 주장할 수 있는바, ⅱ) 이러한 법리는 새로이 2차의 취득시효가 개시되어 그 취득시효기간이 경과하기 전에 등기부상의 소유명의자가 다시 변경된 경우에도 마찬가지로 적용된다고 봄이 상당하다"(대판 2009.7.16. 전합2007다15172,15189)

☞ 사안의 경우, 2차 취득시효기간 중인 2016. 5. 18. 등기부상 소유명의자가 D로 변경된 것이므로, 판례에 따르면 丙은 D에 대하여 취득시효완성을 이유로 이전등기를 청구할 수 있다.

ㄹ. [X] ※ 점유취득시효 완성 후 등기 전에 목적부동산을 양수받은 제3자가 '점유승계의 효과'로써 전 점유자의 점유취득시효를 완성으로 인한 소유권이전등기청구권까지 승계받았다고 주장하여 소유자에 대하여 직접 자기에게 소유권이전등기를 청구할 수 있는지 여부

"전 점유자의 점유를 승계한 자는 그 점유 자체와 하자만을 승계하는 것이지 그 점유로 인한 법률효과까지 승계하는 것은 아니므로……전 점유자의 취득시효 완성의 효과를 주장하여 직접 자기에게 소유권이전등기를 청구할 권원은 없다"(대판 1995.3.28. 전합93다47745)라고 하여 전 점유자의 소유자에 대한 소유권이전등기청구권을 대위행사할 수 있을 뿐이라고 보고 있다.

[정답] ③

문 37 **부동산 점유취득시효에 관한 설명 중 옳지 않은 것은?**(다툼이 있는 경우 판례에 의함) [변시 11회]

① 시효취득의 대상이 된 부동산이 취득시효 완성 전에 가압류되면 취득시효가 중단된다.

② X 토지에 관하여 취득시효가 완성되어 점유자 앞으로 소유권이전등기가 마쳐지면, 그 토지에 관하여 취득시효 완성 전에 체결되어 소유권이전등기청구권가등기에 의하여 보전된 매매예약상의 매수인의 지위는 소멸된다.

③ X 토지에 관하여 甲 명의의 무효인 소유권이전등기가 마쳐진 후 점유자 乙의 취득시효가 완성된 경우, 원칙적으로 乙은 甲을 상대로 시효취득을 원인으로 한 소유권이전등기청구를 할 수 없다.

④ X 토지의 소유자 甲이 점유자 乙의 취득시효가 완성된 사실을 알면서 그 토지를 丙에게 처분하여 소유권이전등기를 마쳐줌으로써 乙에 대한 소유권이전등기의무가 이행불능이 된 경우, 甲의 乙에 대한 불법행위가 성립한다.

⑤ 시효취득의 대상이 된 부동산에 관하여 취득시효가 완성된 후 점유자가 소유권이전등기를 마치기 전에 제3자가 원인무효의 소유권이전등기를 마친 경우, 점유자는 취득시효 완성 당시의 소유자를 대위하여 위 원인무효 등기의 말소를 구함과 아울러 위 소유자를 상대로 취득시효 완성을 원인으로 한 소유권이전등기를 구할 수 있다.

해 설 ① [×] ※ 취득시효의 중단

소멸시효의 중단에 관한 규정은 취득시효의 중단에도 준용된다(제247조 2항). 그러나 "민법 제168조 제2호에서 정하는 **'압류 또는 가압류'**는 금전채권의 강제집행을 위한 수단이거나 그 보전수단에 불과하여 취득시효기간의 완성 전에 부동산에 압류 또는 가압류 조치가 이루어졌다고 하더라도 이로써 **종래의 점유상태의 계속이 파괴되었다고는 할 수 없으므로 이는 취득시효의 중단사유가 될 수 없다**"(대판 2019.4.3. 2018다296878).

② [○] ※ **점유취득시효 완성 전(前) 원소유자가 제3자에게 가등기 등을 설정해 준 경우**

"부동산점유취득시효는 20년의 시효기간이 완성한 것만으로 점유자가 곧바로 소유권을 취득하는 것은 아니고 민법 제245조에 따라 점유자 명의로 등기를 함으로써 소유권을 취득하게 되며, 이는 원시취득에 해당하므로 특별한 사정이 없는 한 원소유자의 소유권에 가하여진 각종 제한에 의하여 영향을 받지 아니하는 완전한 내용의 소유권을 취득하게 되고, 이와 같은 **소유권취득의 반사적 효과로서 그 부동산에 관하여 취득시효의 기간이 진행 중에 체결되어 소유권이전등기청구권가등기에 의하여 보전된 '매매예약상의 매수인의 지위는 소멸된다'**고 할 것이지만, **시효기간이 완성되었다고 하더라도 점유자 앞으로 등기를 마치지 아니한 이상 전 소유권에 붙어 있는 위와 같은 부담은 소멸되지 아니한다**"(대판 2004.9.24. 2004다31463).

③ [○], ⑤ [○] ※ 등기청구의 상대방

취득시효 완성 당시의 진정한 소유자가 원칙적으로 등기청구의 상대방이다. 예를 들어 "취득시효가 완성된 후 점유자가 그 등기를 하기 전에 경료된 제3자 명의의 등기가 원인무효인 경우에는 **점유자는 취득시효 완성 당시의 소유자를 대위하여 위 제3자 앞으로 경료된 원인무효인 등기의 말소를 구함과 아울러 위 소유자에게 취득시효 완성을 원인으로 한 소유권이전등기를 구할 수 있다**"(대판 1993.9.14. 93다12268)

☞ 乙은 직접 甲을 상대로 소유권지전등기청구를 할 수 없고, 취득시효완성당시 소유자를 대위하여 甲 명의의 원인무효등기의 말소를 구함과 아울러 취득시효완성 당시 소유자를 상대로 소유권이전등기청구권을 행사해야 한다.

④ [○] ※ **취득시효 완성자와 취득시효 완성당시의 소유자(전 소유자) 사이의 법률관계**
취득시효가 완성된 후 점유자가 그 취득시효를 주장하거나 이로 인한 소유권이전등기를 청구하기 이전에는, 특별한 사정이 없는 한 등기명의인은 그 시효취득사실을 알 수 없으므로 이를 제3자에게 처분하였다고 하더라도 불법행위가 성립하지는 않는다(대판 1995.7.11, 94다4509). 그러나 등기명의인이 자신의 부동산에 대하여 **취득시효가 완성된 사실을 '알고도' 제3자에게 처분하여 등기명의를 넘겨줌으로써 시효취득자에게 손해를 입혔다면 불법행위를 구성하며,** 만약 부동산을 취득한 제3자가 부동산 소유자의 이러한 불법행위에 적극 가담하였다면 이는 사회질서에 반하는 행위로서 무효가 된다(대판 1994.4.12, 93다60779).

[정답] ①

문 38 **부동산 점유취득시효에 관한 설명 중 옳지 않은 것은?** (다툼이 있는 경우 판례에 의함)

[변시 12회]

① 취득시효의 대상이 미등기 부동산인 경우, 취득시효 기간이 완성되면 점유자는 등기 없이도 그 부동산의 소유권을 취득한다.
② 취득시효 완성으로 인한 소유권이전등기청구권의 양도에 대해서는 매매로 인한 소유권이전등기청구권에 관한 양도제한의 법리가 적용되지 않는다.
③ 점유자가 취득시효 완성 후에 점유를 상실한 경우 특별한 사정이 없는 한 점유를 상실한 때로부터 10년간 소유권이전등기청구권을 행사하지 않으면 그 소멸시효가 완성된다.
④ 취득시효 기간 완성 전에 부동산에 압류 또는 가압류가 이루어졌다고 하더라도 이로 인해 취득시효의 진행이 중단되지 않는다.
⑤ 양도담보권설정자가 부동산을 양도담보로 채권자에게 제공한 뒤 이를 20년간 소유의 의사로 평온·공연하게 점유하였다고 하더라도, 양도담보권자에게 점유취득시효의 완성을 이유로 담보 목적으로 경료된 소유권이전등기의 말소를 구할 수 없다.

해설 ① [X] ※ **취득시효기간 완성의 효과**
"취득시효기간이 완성되었다고 하더라도 그것만으로 바로 소유권취득의 효력이 생기는 것이 아니라, 이를 원인으로 하여 소유권취득을 위한 등기청구권이 발생하는 것에 불과하고, **미등기 부동산의 경우라 하여 취득시효기간의 완성만으로 등기 없이도 점유자가 소유권을 취득한다고 볼 수 없다"** (대판 2013.9.13, 2012다5834).

② [○] ※ 취득시효완성으로 인한 소유권이전등기청구권의 양도
"부동산매매계약에서 매도인과 매수인은 서로 동시이행관계에 있는 일정한 의무를 부담하므로 이행과정에 신뢰관계가 따르기 때문에 매매로 인한 소유권이전등기청구권의 양도는 통상의 채권양도와 달리 양도인의 채무자에 대한 통지만으로는 채무자에 대한 대항력이 생기지 않으며 반드시 채무자의 동의나 승낙을 받아야 대항력이 생긴다(대판 2001.10.9. 2000다51216). 그러나 취득시효완성으로 인한 소유권이전등기청구권은 채권자와 채무자 사이에 아무런 계약관계나 신뢰관계가 없고, 그에 따라 채권자가 채무자에게 반대급부로 부담하여야 하는 의무도 없다. 따라서 **취득시효완성으로 인한 소유권이전등기청구권의 양도의 경우에는 매매로 인한 소유권이전등기청구권에 관한 양도제한의 법리가 적용되지 않는다**"(대판 2018.7.12. 2015다36167).

③ [○] ※ 점유취득시효 완성에 의한 소유권이전등기청구권의 소멸시효
"부동산 매수인이 부동산을 인도받아 사용·수익하다가 **'보다 적극적인 권리행사'**의 일환으로 다른 사람에게 그 부동산을 처분하고 점유를 승계해 준 경우에도, 부동산을 스스로 계속 사용 수익하고 있는 경우와 마찬가지이므로 소멸시효는 진행되지 않는다"(대판 1999.3.18. 전합98다32175
점유취득시효완성에 의한 등기청구권(제245조 1항) 역시 채권적 청구권으로 보는 것이 통설적인 입장이나 앞서 검토한 전합98다32175判例의 취지와는 달리 "토지에 대한 취득시효 완성으로 인한 소유권이전등기청구권은 그 토지에 대한 점유가 계속되는 한 시효로 소멸하지 아니하고, 그 후 점유를 상실하였다고 하더라도 이를 **시효이익의 포기로 볼 수 있는 경우가 아닌 한** 이미 취득한 소유권이전등기청구권은 바로 소멸되는 것은 아니나, 그 점유자가 점유를 상실한 때로부터 10년간 등기청구권을 행사하지 아니하면 소멸시효가 완성한다"(대판 1996.3.8. 95다34866)고 보아 **점유취득시효 완성자가 부동산의 점유를 이전한 경우 그 자의 등기청구권은 점유상실시로부터 소멸시효가 진행된다고 보고 있다. 즉 전합98다32175判例에서 위 판결을 폐기하지 않아 점유취득시효에 관한 위 判例는 여전히 유지되고 있다.**

④ [○] ※ 취득시효의 중단
"민법 제168조 제2호에서 정하는 **'압류 또는 가압류'**는 금전채권의 강제집행을 위한 수단이거나 그 보전수단에 불과하여 취득시효기간의 완성 전에 부동산에 압류 또는 가압류 조치가 이루어졌다고 하더라도 이로써 **종래의 점유상태의 계속이 파괴되었다고는 할 수 없으므로 이는 취득시효의 중단사유가 될 수 없다**"(대판 2019.4.3. 2018다296878).

⑤ [○] ※ 양도담보로 제공한 부동산을 시효취득한 경우의 효과
"진정한 권리자가 아니었던 채무자 또는 물상보증인이 채무담보의 목적으로 채권자에게 부동산에 관하여 저당권설정등기를 경료해 준 후 그 부동산을 시효취득하는 경우에는, 채무자 또는 물상보증인은 피담보채권의 변제의무 내지 책임이 있는 사람으로서 **이미 저당권의 존재를 용인하고 점유하여 온 것이므로, 저당목적물의 시효취득으로 저당권자의 권리는 소멸하지 않는다.** 이러한 법리는 부동산 양도담보의 경우에도 마찬가지이므로, 양도담보권설정자가 양도담보부동산을 20년간 소유의 의사로 평온, 공연하게 점유하였다고 하더라도, **양도담보권자를 상대로 피담보채권의 시효소멸을 주장하면서 담보 목적으로 경료된 소유권이전등기의 말소를 구하는 것은 별론으로 하고**[참고로 判例는 담보권이 설정되어 있더라도 피담보채권의 소멸시효가 중단되는 것은 아니다(대판 2007.3.15. 2006다12701)라고 한다], 점유취득시효를 원인으로 하여 담보 목적으로 경료된 소유권이전등기의 말소를 구할 수 없고, 이와 같은 효과가 있는 양도담보권설정자 명의로의 소유권이전등기를 구할 수도 없다"(대판 2015.2.26. 2014다21649).

[정답] ①

문 39 부합(附合)에 관한 설명 중 옳은 것을 모두 고른 것은? (다툼이 있는 경우 판례에 의함) [변시 4회]

ㄱ. 건물의 증축 부분이 기존 건물에 부합하여 기존 건물과 분리해서는 별개의 독립물로서의 효용을 갖지 못하는 경우, 기존 건물에 대한 경매절차에서 경매 목적물로 평가되지 않았더라도 매수인은 부합된 증축 부분의 소유권을 취득한다.

ㄴ. 매도인에게 소유권이 유보된 자재가 매수인(수급인)과 제3자(도급인) 사이에 이루어진 도급계약의 이행으로 제3자 (도급인) 소유 건물의 건축에 사용되어 부합된 경우, 제3자(도급인)는 소유권유보 사실에 대하여 선의·무과실이라도 매도인의 보상청구에 대해 이를 거부할 수 없다.

ㄷ. 동산과 동산이 부합하여 훼손하지 아니하면 분리할 수 없거나 그 분리에 과다한 비용을 요할 경우에는 그 합성물의 소유권은 주된 동산의 소유자에게 속하지만, 부합한 동산의 주종을 구별할 수 없는 때에는 동산의 소유자는 현재 가액의 비율로 합성물을 공유한다.

ㄹ. 타인이 그 권원에 의하여 부동산에 부속시킨 물건이라 할지라도 그 부속된 물건이 분리되면 경제적 가치가 없게 되는 경우에는 원래의 부동산 소유자의 소유에 귀속된다.

① ㄱ, ㄴ
② ㄱ, ㄹ
③ ㄷ, ㄹ
④ ㄱ, ㄴ, ㄹ
⑤ ㄱ, ㄷ, ㄹ

해 설 ㄱ. [O] "건물의 증축 부분이 기존건물에 부합하여 기존건물과 분리하여서는 별개의 독립물로서의 효용을 갖지 못하는 이상 기존건물에 대한 근저당권은 민법 제358조에 의하여 부합된 증축 부분에도 효력이 미치는 것이므로 기존건물에 대한 경매절차에서 경매목적물로 평가되지 아니하였다고 할지라도 경락인은 부합된 증축 부분의 소유권을 취득한다(대판 2002.10.25, 2000다63110).

ㄴ. [X] "민법 제261조의 보상청구가 인정되기 위해서는 민법 제261조 자체의 요건만이 아니라, 부당이득 법리에 따른 판단에 의하여 부당이득의 요건이 모두 충족되었음이 인정되어야 한다. 매도인에게 소유권이 유보된 자재가 제3자와 매수인 사이에 이루어진 도급계약의 이행으로 제3자 소유 건물의 건축에 사용되어 부합된 경우 보상청구를 거부할 법률상 원인이 있다고 할 수 없지만, 제3자가 도급계약에 의하여 제공된 자재의 소유권이 유보된 사실에 관하여 과실 없이 알지 못한 경우라면 선의취득의 경우와 마찬가지로 제3자가 그 자재의 귀속으로 인한 이익을 보유할 수 있는 법률상 원인이 있다고 봄이 상당하므로, 매도인으로서는 그에 관한 보상청구를 할 수 없다"(대판 2009.9.24, 2009다15602).

ㄷ. [X] 제257조(동산간의 부합) 「동산과 동산이 부합하여 훼손하지 아니하면 분리할 수 없거나 그 분리에 과다한 비용을 요할 경우에는 그 합성물의 소유권은 주된 동산의 소유자에게 속한다. 부합한 동산의 주종을 구별할 수 없는 때에는 동산의 소유자는 부합당시의 가액의 비율로 합성물을 공유한다.」

ㄹ. [○] "어떠한 동산이 부동산에 부합된 것으로 인정되기 위해서는 그 동산을 훼손하거나 과다한 비용을 지출하지 않고서는 분리할 수 없을 정도로 부착 · 합체되었는지 여부 및 그 물리적 구조, 용도와 기능면에서 기존 부동산과는 독립한 경제적 효용을 가지고 거래상 별개의 소유권의 객체가 될 수 있는지 여부 등을 종합하여 판단하여야 할 것이고(대판 2003.5.16. 2003다14959, 14966), **부합물에 관한 소유권 귀속의 예외를 규정한 민법 제256조 단서의 규정은 타인이 그 권원에 의하여 부속시킨 물건이라 할지라도 그 부속된 물건이 분리하여 경제적가치가 있는 경우에 한하여 부속시킨 타인의 권리에 영향이 없다는 취지이지** 분리하여도 경제적가치가 없는 경우에는 원래의 부동산 소유자의 소유에 귀속되는 것이고, 경제적 가치의 판단은 부속시킨 물건에 대한 일반 사회통념상의 경제적 효용의 독립성 유무를 그 기준으로 하여야 한다"(대판 2007.7.27. 2006다39270).

[정답] ②

문40 **매도인 甲과 매수인 乙 사이에 甲 소유의 X 동산에 대해 소유권유보 약정이 있는 매매계약이 체결되었고, 이에 따라 甲이 乙에게 X 동산을 인도하였다. 이에 관한 설명 중 옳은 것을 모두 고른 것은?** (각 지문은 독립적이며, 다툼이 있는 경우 판례에 의함) [변시 14회]

ㄱ. 乙이 甲에게 매매대금 전액을 지급하면 X 동산의 소유권은 별도의 의사표시 없이 곧바로 乙에게 이전된다.

ㄴ. 매매대금의 절반이 지급된 상태에서 X 동산이 수급인 乙에 의해 도급인 丙이 소유한 Y 건물에 부합된 경우, 丙이 甲과 乙 사이의 소유권유보 약정 사실을 과실 없이 알지 못하였다면 甲은 丙에게 보상청구를 할 수 없다.

ㄷ. 매매대금의 절반이 지급된 상태에서 乙이 이러한 사실을 알고 있는 丁에게 X 동산을 처분한 후, 甲이 乙의 무단 처분 사실을 알고 그 처분행위를 추인하면 丁은 甲이 추인한 때부터 X 동산의 소유권을 취득한다.

① ㄱ
② ㄱ, ㄴ
③ ㄱ, ㄷ
④ ㄴ, ㄷ
⑤ ㄱ, ㄴ, ㄷ

해설 ㄱ. [○] "**동산의 매매계약을 체결하면서 소유권유보의 특약을 한 경우,** 목적물의 소유권을 이전한다는 당사자 사이의 물권적 합의는 매매계약을 체결하고 목적물을 인도한 때 이미 성립하지만 대금이 모두 지급되는 것을 정지조건으로 하므로, 목적물이 매수인에게 인도되었다고 하더라도 특별한 사정이 없는 한 매도인은 대금이 모두 지급될 때까지 매수인뿐만 아니라 제3자에 대하여도 유보된 목적물의 소유권을 주장할 수 있고, 다만 **대금이 모두 지급되었을 때에는 그 정지조건이 완성되어 별도의 의사표시 없이 목적물의 소유권이 매수인에게 이전된다**"(대판 1996.6.28. 96다14807)

ㄴ. [○] "민법 제261조의 보상청구가 인정되기 위해서는 민법 제261조 자체의 요건만이 아니라, 부당이득 법리에 따른 판단에 의하여 부당이득의 요건이 모두 충족되었음이 인정되어야 한다.

매도인(甲)에게 소유권이 유보된 자재가 제3자(丙)와 매수인(乙) 사이에 이루어진 도급계약의 이행으로 제3자 소유 건물의 건축에 사용되어 (강한)부합된 경우(제256조 본문) 보상청구를 거부할 법률상 원인이 있다고 할 수 없지만, 제3자(丙)가 도급계약에 의하여 제공된 자재의 소유권이 유보된 사실에 관하여 과실 없이 알지 못한 경우라면 선의취득의 경우와 마찬가지로 제3자가 그 자재의 귀속으로 인한 이익을 보유할 수 있는 '법률상 원인'이 있다고 봄이 상당하므로, 매도인(甲)으로서는 그(丙)에 관한 보상청구를 할 수 없다"(대판 2009.9.24. 2009다15602).

ㄷ. [X] 매수인이 대금을 완납할 때까지 소유권이 매도인에게 유보되어 있으므로, 매수인은 소유자로서 목적물을 원칙적으로 처분할 수 없다. 따라서 매수인의 목적물 처분행위는 무권리자의 처분행위로서 무효이다.
다만 判例에 따르면 "권리자가 무권리자의 처분을 추인하면 무권대리에 대해 본인이 추인을 한 경우와 당사자들 사이의 이익상황이 유사하므로, 무권대리의 추인에 관한 제130조, 제133조 등을 무권리자의 추인에 유추 적용할 수 있다. 따라서 무권리자의 처분이 계약으로 이루어진 경우에 권리자가 이를 추인하면 원칙적으로 그 계약의 효과가 계약을 체결했을 때에 '소급'하여 권리자에게 귀속된다고 보아야 한다"(대판 2017.6.8. 2017다3499)고 한다.

[정답] ②

문 41 甲은 X 건물의 소유자인데 乙로부터 금원을 차용하고 그 건물에 관하여 乙에게 저당권을 설정해 주었다. 그 후 甲은 丙 렌탈회사로부터 X 건물을 위한 냉난방시설, 전화교환기시설을 임차하여 사용하는 계약을 체결하고 위 시설들을 설치하게 하였다. 위 시설 중 냉난방시설은 X 건물 자체에 고착되어 과다한 노력이나 비용을 들이지 아니하고는 분리할 수 없고 분리하더라도 그 경제적 가치가 현저히 감소되어 잔존가치가 거의 없게 되는 형편이었고, 전화교환기시설은 X 건물의 경제적 효용에 직접 이바지하는 것으로서 X 건물과는 독립된 물건이었다. 그 후 乙의 신청에 따른 X 건물에 대한 경매절차에서 丁이 이를 매수하여 매각대금을 완납하였으나 아직 丁 명의로 소유권이전등기가 마쳐지지 않았다. 丁은 그 이후에 별도로 丙 렌탈회사와 냉난방시설 및 전화교환기시설에 대한 매매·임차 등 계약을 체결하지 아니한 채 위 시설들을 점유·사용하여 왔다. 丙 렌탈회사는 丁을 상대로 냉난방시설과 전화교환기시설에 대한 차임 상당 부당이득금의 반환을 구하는 소를 제기하였다. 옳은 것을 모두 고른 것은? (소유자가 다른 경우 주물과 종물의 관계가 성립하지 아니함을 전제로 하고, 각 지문은 독립적이며, 다툼이 있는 경우 판례에 의함) [변시 5회]

ㄱ. 丙 렌탈회사의 소 제기 시점에서 X 건물 소유자는 丁이다.
ㄴ. 丁은 냉난방시설의 사용·수익으로 인한 부당이득반환의무가 없다.
ㄷ. 丁이 경매 당시 전화교환기시설이 임차한 물건이라는 점을 몰랐고 몰랐던 데에 과실이 없었던 경우 전화교환기시설의 사용·수익으로 인한 부당이득반환의무가 없다.

① ㄱ
② ㄴ
③ ㄱ, ㄴ
④ ㄴ, ㄷ
⑤ ㄱ, ㄴ, ㄷ

해설 ㄱ. [○] 저당권자인 乙의 신청에 의한 경매절차에서 丁이 매각대금을 완납하였다면 아직 소유권 이전등기가 마쳐지지 않았더라도 매각대금을 다 낸 때 소유권을 취득한다(민사집행법 제135조, 동법 제268조, 제187조). 따라서 丙의 소제기시점에 X 건물의 소유자는 丁이다.

ㄴ. [○] 부합으로 인하여 소유권의 변동이 있기 위하여는 i) 훼손하지 아니하면 분리할 수 없거나, ii) 분리에 과다한 비용을 요하는 경우는 물론 iii) 분리하게 되면 경제적 가치를 심히 감소시키는 경우도 포함된다(대판 1962.1.13, 4294민상445 ; 제257참조).

☞ 지문의 경우는 냉난방시설은 X건물에 부합되었으며 判例는 "저당권의 실행으로 부동산이 경매된 경우에 그 부동산에 부합된 물건은 그것이 부합될 당시에 누구의 소유이었는지를 가릴 것 없이 그 부동산을 낙찰받은 사람이 소유권을 취득한다"(대판 2008.5.8, 2007다36933,36940)고 한다. 丁은 경매를 통해 X건물을 취득하였으므로 저당권 설정 후에 냉난방시설이 X건물에 부합되었더라도 부합물인 냉난방시설의 소유권을 취득한다. 따라서 丁은 냉난방시설의 이용에 대해 丙에게 부당이득반환 의무가 없다. 다만 첨부로 인해 손해를 받은 자는 부당이득에 관한 규정에 의하여 보상을 청구할 수 있는데(제261조), 다만 이러한 보상청구가 인정되기 위해서는 제261조 자체의 요건만이 아니라, 부당이득 법리에 따른 판단에 의하여 부당이득의 요건이 모두 충족되었음이 인정되어야 한다(대판 2009.9.24, 2009다15602).[1] 따라서 냉난방시설이 임차한 물건이라는 점에 관하여 丁이 과실 없이 알지 못한 경우라면 丙은 보상청구도 할 수 없다.

ㄷ. [×] 判例는 "저당권의 실행으로 부동산이 경매된 경우에 그 부동산에 부합된 물건은 그것이 부합될 당시에 누구의 소유이었는지를 가릴 것 없이 그 부동산을 낙찰받은 사람이 소유권을 취득하지만, **그 부동산의 상용에 공하여진 물건일지라도 그 물건이 부동산의 소유자가 아닌 다른 사람의 소유인 때에는 이를 종물이라고 할 수 없으므로** 부동산에 대한 저당권의 효력에 미칠 수 없어 부동산의 낙찰자가 당연히 그 소유권을 취득하는 것은 아니며, **그 소유권을 취득하기 위해서는 그 물건이 '경매의 목적물'로 되었고 낙찰자가 '선의이며 과실' 없이 그 물건을 '점유'하는 등으로 선의취득의 요건을 갖추어야 한다**"고 한다(대판 2008.5.8, 2007다36933,36940).

☞ 지문의 경우 전화교환시설의 소유권자는 丙이고 X건물의 소유권자는 丁이므로 각 소유자가 달라 종물이라 할 수 없다. 그러므로 전화교환설비에는 저당권의 효력이 미치지 않는다. 따라서 X건물이 경매되었더라도 전화교환설비까지 경매된 것으로 볼 수 없으므로 위 시설이 임차물이라는 사실에 丁이 선의·무과실이라도 선의취득의 요건을 갖추었다고 볼 수 없다(제249조). 결국 丁은 전화교환시설의 사용·수익으로 인한 부당이득 반환의무가 있다.

[정답] ③

---

1) "민법 제261조의 보상청구가 인정되기 위해서는 민법 제261조 자체의 요건만이 아니라, 부당이득 법리에 따른 판단에 의하여 부당이득의 요건이 모두 충족되었음이 인정되어야 한다. 매도인에게 소유권이 유보된 자재가 제3자와 매수인 사이에 이루어진 도급계약의 이행으로 제3자 소유 건물의 건축에 사용되어 부합된 경우 보상청구를 거부할 법률상 원인이 있다고 할 수 없지만, 제3자가 도급계약에 의하여 제공된 자재의 소유권이 유보된 사실에 관하여 과실 없이 알지 못한 경우라면 선의취득의 경우와 마찬가지로 제3자가 그 자재의 귀속으로 인한 이익을 보유할 수 있는 법률상 원인이 있다고 봄이 상당하므로, 매도인으로서는 그에 관한 보상청구를 할 수 없다"(대판 2009.9.24, 2009다15602).

문 42 미등기 건물에 관한 설명 중 옳은 것을 모두 고른 것은?(다툼이 있는 경우에는 판례에 의함) [변시 9회]

ㄱ. 타인의 토지 위에 있는 미등기 건물을 법률상, 사실상 처분할 수 있는 지위에 있는 사람은 그 대지에 대한 적법한 점유권원이 없다면 대지소유자에 대하여 그 미등기 건물을 철거할 의무가 있다.
ㄴ. 미등기 무허가건물을 매수하였으나 아직 인도받지 않고, 소유권이전등기를 마치지 않은 매수인은 그 건물의 불법점유자에 대하여 직접 자신의 소유권에 기한 건물반환을 청구할 수 있다.
ㄷ. 주택으로 사용되는 건물에 관하여 소유권보존등기가 이루어지지 않은 경우에도, 특별한 사정이 없는 한 「주택임대차보호법」이 적용된다.
ㄹ. 건물 소유를 목적으로 하는 토지임대차에서 종전 임차인으로부터 미등기 무허가건물을 매수하여 점유하고 있는 토지임차인은, 특별한 사정이 없는 한 비록 소유자로서의 등기 명의가 없어 건물 소유권을 취득하지 못하였다 하더라도 임대인에 대하여 지상물 매수청구권을 행사할 수 있는 지위에 있다.

① ㄱ ② ㄴ, ㄷ ③ ㄴ, ㄹ
④ ㄷ, ㄹ ⑤ ㄱ, ㄷ, ㄹ

해설 ㄱ. [O] ※ 미등기건물 철거청구의 상대방

判例는 "건물철거는 소유권의 종국적 처분에 해당하는 사실행위이므로 원칙으로는 소유자(등기명의자)에게만 그 철거처분권이 있다고 할 것이나, 건물을 매수하여 점유하고 있는 자는 등기부상 아직 소유자로서의 등기명의가 없다 하더라도 그 권리의 범위내에서 그 점유 중인 건물에 대하여 법률상 또는 사실상 처분을 할 수 있는 지위"에 있으므로 그 자를 상대로 건물철거를 구할 수 있다고 한다(대판 1986.12.23. 86다카1751).

참고판례 이 경우 건물을 매도하고 퇴거한 매도인(미등기건물 사례임)은 철거청구의 상대방이 될 수 없다고 하며(대판 1987.11.24. 87다카257,258), 아울러 미등기건물을 '관리'하고 있는 자도 철거청구의 상대방이 될 수 없다고 한다(대판 2003.1.24. 2002다61521).

ㄴ. [X] ※ 미등기 무허가건물의 양수인에게 소유권에 준하는 관습상 물권이 존재하는지 여부(소극)

"미등기 무허가건물의 양수인이라 할지라도 그 소유권이전등기를 경료받지 않는 한 그 건물에 대한 소유권을 취득할 수 없고, 그러한 상태의 건물 양수인에게 소유권에 준하는 관습상의 물권이 있다고 볼 수도 없으므로, 건물을 신축하여 그 소유권을 원시취득한 자로부터 그 건물을 매수하였으나 아직 소유권이전등기를 갖추지 못한 자는 그 건물의 불법점거자에 대하여 직접 자신의 소유권 등에 기하여 명도를 청구할 수는 없다"(대판 2007.6.15. 2007다11347)

ㄷ. [O] ※ 미등기 또는 무허가 건물도 주택임대차보호법의 적용대상이 되는지 여부(적극)

"주택임대차보호법은 주택의 임대차에 관하여 민법에 대한 특례를 규정함으로써 국민의 주거생활의 안정을 보장함을 목적으로 하고 있고, 주택의 전부 또는 일부의 임대차에 관하여 적용된다고 규정하고 있을 뿐 임차주택이 관할관청의 허가를 받은 건물인지, 등기를 마친 건물인지 아닌지를 구별하고 있지 아니하므로, 어느 건물이 국민의 주거생활의 용도로 사용되는 주택에 해

당하는 이상 비록 그 건물에 관하여 아직 등기를 마치지 아니하였거나 등기가 이루어질 수 없는 사정이 있다고 하더라도 다른 특별한 규정이 없는 한 같은 법의 적용대상이 된다”(대판 2007.6.21. 전합2004다26133).

ㄹ. [○] ※ 미등기 무허가건물 매수인의 지상물매수청구권의 행사
지상물매수청구권은 지상물소유자에 한하여 행사할 수 있다(대판 1993.7.27. 93다6386). 다만 건물 소유를 목적으로 하는 '토지 임대인의 동의를 얻어' 토지임차인으로부터 임차권을 양수한 자가 토지 위에 임차인이 신축한 미등기 무허가 건물을 매수한 때에도, 그 점유 중인 건물에 대해 '법률상 또는 사실상의 처분권'을 갖고 있으므로 이러한 토지임차권 양수인은 임대인에게 그 건물의 매수를 청구할 수 있다(대판 2013.11.28. 2013다48364).

[정답] ⑤

제4관 공동소유

문 43 **甲과 乙은 각 1/2의 지분으로 X건물을 공유하고 있다. X건물은 丙소유의 Y토지 위에 건축되어 있다. 이에 관한 설명 중 옳지 않은 것은?** (각 지문은 독립적이며, 다툼이 있는 경우 판례에 의함) [변시 13회]

① 甲은 특별한 사정이 없는 한 자신의 지분 범위 내에서만 X건물의 불법점유자에 대해서 손해배상이나 부당이득의 반환을 청구할 수 있다.

② 甲이 X건물을 배타적으로 사용하더라도 乙은 甲에게 X건물의 인도를 청구할 수 없다.

③ X건물이 Y토지 위에 무단으로 건축된 경우 丙은 X건물을 단독으로 점유하고 있는 甲을 상대로 甲의 지분 범위 내에서 X건물의 철거를 청구할 수 있지만, X건물에서 퇴거할 것을 청구할 수는 없다.

④ 甲과 乙이 X건물을 일주일씩 교대로 사용하기로 하는 약정을 하였다면 특별한 사정이 없는 한 그 약정은 乙의 지분을 양도받은 특정승계인 丁에게 승계된다.

⑤ 甲이 X건물의 보수를 위하여 戊와 보수공사계약을 체결한 경우에 甲이 공사대금을 지급하지 않는다면 戊는 乙에게 지분 범위 내에서 공사대금을 부당이득으로 반환청구할 수 있다.

해설 ① [○] 공유물의 지분권자는 '보존행위'를 이유로 공유물 전체의 인도를 청구할 수 있다(대판 1993.5.11. 92다52870). 그러나 취득시효 중단의 효과는 지분권자에 대해서만 생기고(제247조 2항, 제169조), 불법점유자에 대한 부당이득반환청구 또한 지분에 상응해서만 할 수 있다(대판 1979.1.30. 78다2088)

② [○] 判例는 “제265조 단서가 공유자 각자가 다른 공유자와 협의 없이 보존행위를 할 수 있게 한 것은 그것이 다른 공유자에게도 이익이 되기 때문인바, 소수지분권자가 다른 소수지분권에게 공유물 인도를 청구하는 것은 다른 소수지분권자가 가지고 있는 '지분의 비율에 따른 사용 · 수익권'까지 근거 없이 박탈하

는 것으로 다른 공유자에게도 이익이 되는 보존행위라고 볼 수 없다"는 것을 이유로 부정하였다. 다만 자신의 지분권에 기초한 공유토지 위의 지상물 철거청구나 공동점유에 대한 방해금지 등의 '방해배제청구'(제214조)는 가능하다고 보았다(대판 2020.5.21. 전합2018다287522)

③ [○] "건물의 소유자가 그 건물의 소유를 통하여 타인 소유의 토지를 점유하고 있다고 하더라도 그 토지 소유자로서는 그 건물의 철거와 그 대지 부분의 인도를 청구할 수 있을 뿐, 자기 소유의 건물을 점유하고 있는 자에 대하여 그 건물에서 퇴거할 것을 청구할 수는 없다(대판 1999.7.9. 98다57457,57464). 즉, '건물철거의무'에는 '퇴거의무'도 포함된 것으로 보므로 그 의무자에게 철거를 구하면서 별도로 퇴거를 구할 필요는 없다. 이러한 법리는 건물이 공유관계에 있는 경우에 건물의 공유자에 대해서도 마찬가지로 적용된다(대판 2022.6.30. 2021다276256)

④ [○] ※ 건물의 교대 사용에 관한 특약의 승계

判例는 "공유자간의 공유물에 대한 사용·수익, 관리에 관한 특약은 공유자의 특정승계인에 대하여도 당연히 승계된다고 할 것이나, 민법 제265조는 '공유물의 관리에 관한 사항은 공유자의 지분의 과반수로써 결정한다'라고 규정하고 있으므로, 위와 같은 특약 후에 공유자에 변경이 있고 특약을 변경할 만한 사정이 있는 경우에는 공유자의 지분의 과반수의 결정으로 기존 특약을 변경할 수 있다"고 판시하였다(대판 2005.5.12. 2005다1827).

☞ 甲과 乙이 X건물을 일주일씩 교대로 사용하기로 하는 약정을 하였다면 이는 공유자간의 공유물에 대한 사용·수익, 관리에 관한 특약으로 특별한 사정이 없는 특정승계인 丁에게 승계된다.

관련쟁점 "공유물에 관한 특약이 지분권자로서의 사용·수익권을 사실상 포기하는 등으로 '공유지분권의 본질적 부분을 침해'한다고 볼 수 있는 경우에는 특정승계인이 그러한 사실을 알고도 공유지분권을 취득하였다는 등의 특별한 사정이 없는 한 특정승계인에게 당연히 승계되는 것으로 볼 수는 없다"(대판 2009.12.10. 2009다54294 : 종전 공유자들이 기간을 정하지 않은 채 무상으로 공유자 중 일부에게 공유토지 전체를 사용하도록 한 특약은 공유자 중 1인의 특정승계인에게 당연히 승계된다고 볼 수 없다고 판시한 사례)

⑤ [X] 공유자는 그 지분의 비율로 공유물의 관리비용 기타 의무를 부담한다(제266조 1항). 그러나 제266조 1항은 공유자들 사이의 내부적인 부담관계를 정한 것에 지나지 않고, 제3자에 대한 대외적인 관계에까지 적용되는 것은 아니다. 예컨대 과반수지분권자가 자신이 공사비를 주기로 하고 제3자와 공사계약을 맺은 때(관리행위로 적법)에는 그만이 공사비를 부담하고, 그가 공사비를 지출한 때에 다른 공유자에게 그 지분비율에 따라 그 상환을 청구할 수 있을 뿐이다(대판 1991.4.12. 90다20220)

☞ 따라서 戊는 직접 계약을 맺은 공유자인 甲에 대해서만 공사비의 지급을 청구할 수 있고, 다른 공유자인 乙에 대해서는 그 지분 비율 내에서 공사비 상당의 부당이득반환을 청구할 수 없다(전용물소권의 부정).

[정답] ⑤

문 44 甲, 乙, 丙은 X 토지를 공유하고 있으며, 각각의 지분비율은 4:2:1이다. 다음 설명 중 옳지 않은 것은? (다툼이 있는 경우에는 판례에 의함) [변시 1회 변형]

① 甲은 乙 및 丙과의 협의 없이 X의 특정한 부분을 자신이 배타적으로 사용, 수익할 것을 결정할 수 있다.

② 乙이 甲 및 丙과의 협의 없이 X 위에 Y 건물을 신축한 경우, 丙은 Y의 철거를 주장할 수 있으나 X의 인도를 청구할 수는 없다.

③ ②의 경우에 丙은 乙에 대하여 자신의 지분에 상응하는 임료 상당의 부당이득반환을 청구할 수 있다.

④ 甲이 단독으로 丁과 X에 대한 대지조성공사계약을 체결하면서 공사비용은 자신이 지급하기로 약정한 경우에도, 乙과 丙은 丁에 대한 관계에서 지분에 상응하는 공사비를 지급할 의무를 부담한다.

⑤ 만약 甲, 乙, 丙이 위치와 면적을 특정하여 X를 구분소유하기로 약정한 후 乙이 X의 특정부분을 배타적으로 점유·사용하다가 그 부분이 독립한 필지로 분할되면서 그에 관해 단독명의로 소유권이전등기를 마쳤다면, 그 등기는 실체관계에 부합하는 것으로서 유효하고 乙은 위 분할된 부분에 대한 단독소유권을 적법하게 취득한다.

해설 ① [○] 공유물의 관리에 관한 사항은 공유자의 '지분의 과반수'로써 결정한다(민법 제265조). 따라서 공유자 사이에 공유물의 관리방법에 관한 협의가 없더라도, **과반수 공유지분을 가진 자는 그 관리에 관한 사항을 단독으로 결정할 수 있으므로, 그 공유토지의 특정부분을 배타적으로 사용·수익할 것을 정하는 것은 공유물의 관리방법으로 적법하며**, 다른 공유자에 대하여도 그 효력이 있다(대판 1991.9.24. 88다카33855).

② [○] ③ [○] 소수지분권자의 배타적 점유의 경우 다른 소수지분권자는 자신의 지분침해를 이유로 손해배상청구 또는 부당이득반환청구를 할 수 있다(대판 2001.12.11. 2000다13948). 다만 '**다른 소수지분권자에게 공유물인도청구**'를 인정할 것인지 문제되는바, 기존 判例는 '공유물의 보존행위'로서 공유물의 인도나 명도를 청구할 수 있다"고 한다(대판 1994.3.22. 전합93다9392,9408). 그러나 바뀐 전원합의체 판결에 따르면 "제265조 단서가 공유자 각자가 다른 공유자와 **협의 없이 보존행위를 할 수 있게 한 것은 그것이 다른 공유자에게도 이익이 되기 때문인바**, 소수지분권자가 다른 소수지분권에게 공유물 인도를 청구하는 것은 다른 소수지분권자가 가지고 있는 '지분의 비율에 따른 사용·수익권'까지 근거 없이 박탈하는 것으로 다른 공유자에게도 이익이 되는 보존행위라고 볼 수 없다"는 것을 이유로 부정하였다. 다만 자신의 지분권에 기초한 공유토지 위의 지상물 철거청구나 공동점유에 대한 방해금지 등의 '방해배제청구'(제214조)는 가능하다고 보았다(대판 2020.5.21. 전합2018다287522)

④ [X] 과반수 지분권자인 甲이 단독으로 丁과 공유물인 X에 대한 대지조성공사계약을 체결한 것은 공유물의 관리행위(제265조 본문)로서 유효하나, 계약의 당사자는 甲과 丁이므로 다른 공유자 乙과 丙은 丁에 대한 관계에서 공사비를 지급할 의무를 부담하지 않는다.
즉 공유자는 그 지분의 비율로 공유물의 관리비용 기타 의무를 부담하나(제266조 1항), **제266**

조 1항은 공유자들 사이의 내부적인 부담관계를 정한 것에 지나지 않고, 제3자에 대한 대외적인 관계에까지 적용되는 것은 아니다.

관련판례 "공유토지의 과반수지분권자는 다른 공유자와 협의없이 단독으로 관리행위를 할 수가 있으며 그로 인한 관리비용은 공유자의 지분비율에 따라 부담할 의무가 있으나, 위와 같은 관리비용의 부담의무는 공유자의 내부관계에 있어서 부담을 정하는 것일 뿐, 제3자와의 관계는 당해 법률관계에 따라 결정된다고 할 것이고, 따라서 **과반수지분권자가 관리행위가 되는 정지공사를 시행함에 있어 시공회사에 대하여 공사비용은 자신이 정산하기로 약정하였다면 그 공사비를 직접 부담해야 할 사람은 과반수지분권자만이라 할 것이고, 다만 그가 그 공사비를 지출하였다면 다른 공유자에게 그의 지분비율에 따른 공사비만을 상환청구할 수 있을 뿐이다**"(대판 1991.4.12, 90다20220)

⑤ [○] "내부적으로는 토지의 특정 부분을 소유하나 등기부상으로는 공유지분을 가지는 이른바 **구분소유적 공유관계에서 구분공유자 중 1인이 소유하는 부분이 후에 독립한 필지로 분할되고 그 구분공유자가 그 필지에 관하여 단독 명의로 소유권이전등기를 경료받았다면, 그 소유권이전등기는 실체관계에 부합하는 것으로서 유효**하고, 그 구분공유자는 당해 토지에 대한 단독소유권을 적법하게 취득하게 되어, 결국 당해 구분공유자에 관한 한 이제 구분소유적 공유관계는 해소된다"(대판 2009.12.24. 2008다71858)

[정답] ④

문45 **甲, 乙, 丙이 각 5/9, 2/9, 2/9의 지분으로 X 토지를 공유하고 있다. 다음 설명 중 옳은 것은?** (각 지문은 독립적이고, 다툼이 있는 경우에는 판례에 의함) [변시 2회]

① 甲이 乙, 丙의 동의 없이 X 토지 전체를 자재야적장으로 단독 사용하고 있는 경우, 乙은 X 토지의 2/9에 해당하는 부분의 인도를 청구할 수 있다.

② 제3자인 丁이 X 토지 전체를 무단으로 점유하여 사용하고 있는 경우, 甲은 단독으로 丁을 상대로 X 토지 전체에 대한 사용이익 상당의 부당이득반환청구를 할 수 있다.

③ 丙이 X 토지 전체를 무단으로 점유하여 사용하고 있는 경우, 乙은 단독으로 丙을 상대로 X 토지 전체를 乙 자신에게 인도하도록 청구할 수 없다.

④ 甲이 乙, 丙의 동의 없이 X 토지 전체를 丁에게 임대한 경우, 乙은 丁에게 사용이익의 2/9에 상당하는 부당이득의 반환을 청구할 수 있다.

⑤ 만약 甲, 乙, 丙이 실제로 X 토지의 각 특정부분을 독립적으로 소유하면서 등기부상으로는 공유지분등기를 마친 경우라면, 甲이 자신이 실제로 소유하는 부분에 대하여 단독 소유의 등기를 마치기 위하여는 공유물분할청구를 하여야 한다.

해설 ① [×] 공유물의 관리에 관한 사항은 공유자의 '**지분의 과반수**'로써 결정한다(제265조 본문). 따라서 공유자 사이에 공유물의 관리방법에 관한 협의가 없더라도, **과반수 공유지분을 가진 자**는 그 관리에 관한 사항을 단독으로 결정할 수 있으므로, 그 **공유토지의 특정부분을 배타적으로 사용수익할 것을 정하는 것은 공유물의 관리방법으로 적법**하며, 다른 공유자에 대하여도 그 효력이 있다(대판 1991.9.24. 88다카33855).

☞ 따라서 지분의 과반수인 5/9를 가진 甲이 乙, 丙의 동의 없이 X토지 전체를 자재야적장으로 단독 사용하고 있는 경우, 乙은 자신의 지분의 범위에 속하는 X토지의 2/9에 해당하는 부분의 인도를 청구할 수 없다.

② [×] 제3자가 공유물을 불법으로 점유하고 있는 경우 지분권자는 '보존행위'임을 근거로(제265조 단서) 공유물 전체의 인도를 청구할 수 있다(대판 1993.5.11, 92다52870). 그러나 부당이득반환청구는 지분에 상응하는 범위 내에서만 할 수 있다(대판 1979.1.30, 78다2088).

③ [○] 소수지분권자의 배타적 점유의 경우 다른 소수지분권자는 자신의 지분침해를 이유로 손해배상청구 또는 부당이득반환청구를 할 수 있다(대판 2001.12.11, 2000다13948). 다만 **'다른 소수지분권자에게 공유물인도청구'**를 인정할 것인지 문제되는바, 기존 判例는 '공유물의 보존행위'로서 공유물의 인도나 명도를 청구할 수 있다"고 한다(대판 1994.3.22, 전합93다9392,9408). 그러나 바뀐 전원합의체 판결에 따르면 "제265조 단서가 공유자 각자가 다른 공유자와 **협의 없이 보존행위를 할 수 있게 한 것은 그것이 다른 공유자에게도 이익이 되기 때문**인바, 소수지분권자가 다른 소수지분권에게 공유물 인도를 청구하는 것은 다른 소수지분권자가 가지고 있는 '지분의 비율에 따른 사용 · 수익권'까지 근거 없이 박탈하는 것으로 다른 공유자에게도 이익이 되는 보존행위라고 볼 수 없다"는 것을 이유로 부정하였다. 다만 자신의 지분권에 기초한 공유토지 위의 지상물 철거청구나 공동점유에 대한 방해금지 등의 '방해배제청구'(제214조)는 가능하다고 보았다(대판 2020.5.21, 전합2018다287522)

☞ 따라서 사안에서 소수지분권자인 丙이 X 토지 전체를 무단으로 점유하여 사용하고 있는 경우, 또 다른 소수지분권자인 乙은 단독으로 丙을 상대로 X 토지 전체를 乙 자신에게 인도할 것을 청구할 수 없다.

④ [×] 과반수 지분의 공유자로부터 특정부분의 사용수익을 허락받은 제3자의 점유는 다수지분권자의 '공유물관리권'에 터잡은 적법한 점유이다(제265조 본문). 따라서 소수지분권자는 그 제3자에 대하여 공유물 전체의 인도를 청구할 수 없다. 이 경우 소수지분권자는 그 적법점유자에게 점유사용에 따른 이득을 부당이득으로 반환청구할 수 없으며, 다만 소수지분권자는 과반수 공유지분권에게 그 지분에 상응하는 임료 상당의 부당이득을 반환청구할 수 있다(대판 2002.5.14, 2002다9738).

☞ 따라서 사안에서 소수지분권자 乙은 제3자 丁이 아닌 과반수지분권자 甲에게 甲이 丁으로부터 받은 차임(임료)의 2/9에 상당하는 금액을 부당이득으로 반환청구할 수 있다.

⑤ [×] 2인 이상이 내부적으로는 각 하나의 부동산을 위치, 면적 등을 특정하여 구분하여 소유하기로 약정하면서 그 부동산에 관한 등기는 그들의 공유로 마친 경우를 이른바 **'구분소유적 공유'**라고 한다. 이러한 구분소유적 공유관계의 내부관계에서는 각자가 특정 부분을 소유하며 상호명의신탁관계에 있기 때문에 **공유물분할을 청구할 수는 없고**, 상대방에 대하여 **명의신탁을 해지**하고 특정매수부분에 대한 소유권확인 또는 지분이전을 청구하면 된다(대판 1985.9.24, 85다카451,452 ; 대판 2011.10.13, 2010다52362).

[정답] ③

문46 甲, 乙, 丙은 나대지인 X 토지를 공유하고 있다. 甲, 乙, 丙의 지분은 각 3/5, 1/5, 1/5 이다. 다음 설명 중 옳지 않은 것을 모두 고른 것은? (다툼이 있는 경우 판례에 의함) [변시 4회 변형]

ㄱ. 甲이 乙, 丙과 협의 없이 X 토지를 丁에게 임대한 경우, 乙은 丁에게 X 토지의 인도를 청구할 수 없다.
ㄴ. 甲이 乙, 丙과 협의 없이 X 토지를 丁에게 임대한 경우, 丁은 乙의 지분에 상응하는 차임 상당액을 乙에게 부당이득으로 반환할 의무가 있다.
ㄷ. 乙이 甲, 丙과 협의 없이 X 토지를 배타적으로 점유하여 사용·수익하고 있는 경우, 丙은 乙에 대하여 X 토지의 인도를 청구할 수 없다.
ㄹ. 丙이 공유물분할청구의 소를 제기하는 경우, 甲과 乙 모두를 공동피고로 하여야 한다.

① ㄴ
② ㄱ, ㄷ
③ ㄴ, ㄷ
④ ㄷ, ㄹ
⑤ ㄱ, ㄴ, ㄹ

해설 ㄱ. [O] ㄴ. [X] **제265조 (공유물의 관리, 보존)** 「공유물의 관리에 관한 사항은 공유자의 지분의 과반수로써 결정한다. 그러나 보존행위는 각자가 할 수 있다.」
즉, '공유물을 타인에게 임대하는 행위' 등과 같은 공유물의 관리에 관한 사항은 공유자의 '지분의 과반수'로써 결정하는데(제265조 본문), 사안에서 과반수 지분의 공유자 甲으로부터 공유토지의 사용·수익을 허락받은 임차인 丁의 점유는 다수지분권자의 '공유물관리권'에 터잡은 적법한 점유이다(제265조 본문). 따라서 소수지분권자 乙은 丁에 대하여 공유토지의 인도를 청구할 수 없다. 이 경우 소수지분권자 乙은 그 적법점유자 丁에게 점유사용에 따른 이득을 부당이득으로 반환청구할 수 없으며, 다만 소수지분권자 乙은 과반수공유지분권자 甲에게 그 지분에 상응하는 임료 상당의 부당이득을 반환청구할 수 있다(대판 2002.5.14. 2002다9738).

ㄷ. [O] 소수지분권자의 배타적 점유의 경우 다른 소수지분권자는 자신의 지분침해를 이유로 손해배상청구 또는 부당이득반환청구를 할 수 있다(대판 2001.12.11. 2000다13948). 다만 **'다른 소수지분권자에게 공유물인도청구'**를 인정할 것인지 문제되는바, 기존 判例는 '공유물의 보존행위'로서 공유물의 인도나 명도를 청구할 수 있다"고 한다(대판 1994.3.22. 전합93다9392,9408). 그러나 바뀐 전원합의체 판결에 따르면 "제265조 단서가 공유자 각자가 다른 공유자와 **협의 없이 보존행위를 할 수 있게 한 것은 그것이 다른 공유자에게도 이익이 되기 때문인바**, 소수지분권자가 다른 소수지분권에게 공유물 인도를 청구하는 것은 다른 소수지분권자가 가지고 있는 '지분의 비율에 따른 사용·수익권'까지 근거 없이 박탈하는 것으로 다른 공유자에게도 이익이 되는 보존행위라고 볼 수 없다"는 것을 이유로 부정하였다. 다만 자신의 지분권에 기초한 공유토지 위의 지상물 철거청구나 공동점유에 대한 방해금지 등의 '방해배제청구'(제214조)는 가능하다고 보았다(대판 2020.5.21. 전합2018다287522)

ㄹ. [O] "공유물분할청구의소는 분할을 청구하는 공유자가 원고가 되어 다른 공유자 전부를 공동피고로 하여야 하는 고유필수적 공동소송이다"(대판 2014.1.29. 2013다78556)

[정답] ①

문 47 甲, 乙, 丙이 각각 1/6, 1/6, 2/3 지분으로 X 토지를 공유하고 있다. 乙은 甲, 丙과 상의 없이 A와 B에게 X 토지 전체를 무상으로 사용하도록 허락하였다. A와 B는 위와 같은 사정을 알면서 X 토지 지상에 Y 창고를 건축하여 각 1/2 지분 비율로 공유하고 있다. C는 Y 창고를 A와 B로부터 임차하여 점유·사용하고 있다. X 토지의 차임 상당액은 월 120만 원이고 Y 창고의 차임 상당액은 월 180만 원이다. 옳은 것을 모두 고른 것은? (차임 상당액에 대한 이자나 지연손해금은 고려하지 않고, 각 지문은 독립적이며, 다툼이 있는 경우 판례에 의함) [변시 5회]

ㄱ. 甲이 단독으로 A를 상대로 Y 창고 철거를 청구하는 경우 Y 창고 중 1/2 지분에 한하여 승소할 수 있다.
ㄴ. 甲이 단독으로 A를 상대로 부당이득 반환을 청구하는 경우 최대 월 10만 원의 비율에 의한 금원을 받을 수 있다.
ㄷ. 丙이 단독으로 C를 상대로 X 토지 인도를 청구하는 경우 전부 승소할 수 있다.

① ㄱ
② ㄴ
③ ㄷ
④ ㄱ, ㄷ
⑤ ㄴ, ㄷ

해 설 ㄱ. [○] 공유물의 관리에 관한 사항은 공유자의 지분의 과반수로써 결정하는데(제265조 본문), 공유물의 '관리'는 공유물을 이용 · 개량하는 행위로서, 공유물의 처분이나 변경에 이르지 않는 것을 말한다. 공유물인 X토지를 무상으로 사용하도록 허용하는 것은 공유물의 관리행위라 할 것인데 乙은 1/6 지분권자로서 과반수지분권자가 아니므로 乙로부터 사용을 허락받은 A와 B는 X토지에 대한 적법한 사용권원이 없고 이러한 사실을 알면서 X토지상에 Y창고를 건축하여 소유하는 행위는 X토지에 대한 불법점유에 해당한다.

최근 전원합의체 판례(대판 2020.5.21. 전합2018다287522)**에 따르면 소수지분권자인 甲은 단독으로 A와 B에 대해 X토지의 반환은 청구할 수 없어도 자신의 지분권에 기초한 Y창고 철거는 청구할 수 있다.**

한편 건물공유자 1인에 대해서 토지소유자는 그 건물공유자의 지분범위에서 건물의 철거를 청구할 수 있다. 즉, 判例는 공유자 전원이 피고가 될 필요는 없고 공유자 각자에 대해 그 지분의 한도 내에서 인도 또는 철거를 구할 수 있다고 한다(대판 1969.7.22. 69다609등). 따라서 A만을 상대로 Y창고의 철거를 청구하는 것은 적법하지만 이 경우엔 A의 지분인 1/2 지분에 한하여 승소할 수 있다.

ㄴ. [×] "타인 소유의 토지 위에 권한 없이 건물을 소유하고 있는 자는 **그 자체로써** 특별한 사정이 없는 한 법률상 원인 없이 타인의 재산으로 인하여 토지의 차임에 상당하는 이익을 얻고 이로 인하여 타인에게 동액 상당의 손해를 주고 있다고 보아야 한다"(대판 1998.5.8. 98다2389). **그리고 수인이 공동으로 법률상 원인 없이 타인의 재산을 사용한 경우의 부당이득반환채무는** 불가분적 이득의 상환으로서 불가분채무이며 불가분채무는 각 채무자가 채무 전부를 이행할 의무가 있으며, 1인의 채무이행으로 다른 채무자도 그 의무를 면하게 된다(대판 2001.12.11., 2000다13948).

☞ 따라서 甲은 단독으로, A와 B가 X 토지를 불법점유하여 甲 자신에게 끼친 손해 전부에 대해, 불가분채무자인 A를 상대로 부당이득반환을 청구를 할 수 있다. 즉 甲은 월 20만 원(X토지의 월 차임상당액 120만 원 × 자신의 지분1/6)에 대해 A에게 청구 할 수 있다.
나아가 A는 악의의 수익자이므로 그 받은 이익에 이자를 붙여 반환하고 손해가 있으면 이를 배상하여야 한다(제748조). 다만 설문에서 차임 상당액에 대한 이자나 지연손해금은 고려하지 않는다고 하였으니 甲은 최대 월 20만원을 A에게 청구할 수 있다. 설문의 조건이 없더라도 지문은 "최대 월 10만 원"을 받을 수 있다고 하였으므로 틀린 지문이다.

ㄷ. [X] 判例에 따르면 "사회통념상 건물은 그 부지를 떠나서는 존재할 수 없는 것이므로 **건물의 부지가 된 토지는 그 건물의 소유자가 점유하는** 것으로 볼 것이고, 이 경우 **건물의 소유자가 현실적으로 건물이나 그 부지를 점거하고 있지 아니하고 있더라도** 그 건물의 소유를 위하여 그 부지를 점유한다고 보아야 하며, 미등기건물을 양수하여 건물에 관한 사실상의 처분권을 보유하게 된 양수인은 건물부지 역시 아울러 점유하고 있다고 볼 수 있다"(대판 2010.1.28. 2009다61193)고 한다.
☞ 지문에서 X토지를 불법점유하는 자는 Y건물의 소유자인 A와 B이다. 따라서 X토지의 공유자인 丙은 공유물 보존행위로서 단독으로 X 토지의 인도를 청구 할 수는 있으나(제265조 단서), 그 상대방은 X 토지의 점유자인 A와 B이어야 하지 Y건물의 점유자인 C를 상대로 하여서는 아니된다. **다만 X 토지에 대한 소유물방해배제청구로서 C를 상대로 건물 퇴거청구는 가능하다**(제214조).

[정답] ①

문 48 권리의 귀속형태 및 그 법률관계에 대한 내용이다. 각 괄호 안에 들어갈 용어를 올바르게 나열한 것은? (다툼이 있는 경우 판례에 의함) [변시 6회]

- ○ 수인이 전매차익을 얻으려는 공동의 목적 달성을 위해 부동산을 공동으로 매수한 경우, 공동사업을 경영할 목적이 있었다고 인정되지 않으면 위 부동산에 대한 매수인들 사이의 소유관계는 (A)이다.
- ○ 1동의 건물 중 각 일부분의 위치 및 면적이 특정되지 않거나 구조상·이용상 독립성이 인정되지 아니하지만 공유자들 사이에 이를 구분소유하기로 하는 취지의 약정을 하고 공유등기를 한 경우, (B)가 성립한다.
- ○ 구분소유적 공유관계에 있어서, 1필지의 토지 중 특정 부분에 대한 구분소유적 공유관계를 표상하는 공유지분을 목적으로 하는 근저당권이 설정된 후 구분소유자 상호 간에 지분이전등기를 하여 구분소유적 공유관계가 해소된 경우, 그 근저당권은 (C).
- ○ 수인의 채권자가 각기 채권을 담보하기 위하여 채무자와 채무자 소유의 부동산에 관하여 수인의 채권자를 공동매수인으로 하는 1개의 매매예약을 체결하고 그에 따라 수인의 채권자 공동명의로 그 부동산에 가등기를 마친 경우, 수인의 채권자가 공동으로 매매예약완결권을 가지는 관계인지 아니면 채권자 각자의 지분별로 별개의 독립적인 매매예약완결권을 가지는 관계인지는 (D)에 따라야 한다.

	A	B	C	D
①	공유관계	공유관계	종전의 구분소유적 공유지분의 비율대로 분할된 토지들 전부의 위에 그대로 존속한다	매매예약의 내용
②	합유관계	공유관계	종전의 구분소유적 공유지분의 비율대로 분할된 토지들 전부의 위에 그대로 존속한다	매매예약의 내용
③	공유관계	구분소유적 공유관계	종전의 구분소유적 공유지분의 비율대로 분할된 토지들 전부의 위에 그대로 존속한다	공유관계의 법리
④	공유관계	구분소유적 공유관계	근저당권설정자의 단독소유로 분할된 토지에 집중된다	공유관계의 법리
⑤	합유관계	공유관계	근저당권설정자의 단독소유로 분할된 토지에 집중된다	매매예약의내용

해설 A. "부동산의 공동매수인들이 전매차익을 얻으려는 '공동의 목적 달성'을 위하여 상호 협력한 것에 불과하고 이를 넘어 '공동사업을 경영할 목적'이 있었다고 인정되지 않는 경우 이들 사이의 법률관계는 공유관계에 불과할 뿐 민법상 조합관계에 있다고 볼 수 없다"(대판 2012.8.30. 2010다39918).
☞ 민법상의 조합계약은 2인 이상이 상호 출자(금전 기타 재산 또는 노무)하여 공동으로 사업을 경영할 것을 약정하는 계약(제703조)으로서 **'특정한 사업'을 '공동 경영'하는 약정에 한하여 이를 조합계약이라고 할 수 있고, 공동의 목적달성이라는 정도만으로는 조합의 성립요건을 갖추었다고 할 수 없다.**

B. ※ 1동의 건물의 공유자들 사이에 공유지분등기의 상호명의신탁관계 또는 건물에 대한 구분소유적 공유관계가 성립하기 위한 요건
"1동의 건물 중 위치 및 면적이 특정되고 구조상 · 이용상 독립성이 있는 일부분씩을 2인 이상이 구분소유하기로 하는 약정을 하고 등기만은 편의상 각 구분소유의 면적에 해당하는 비율로 공유지분등기를 하여 놓은 경우, 구분소유자들 사이에 공유지분등기의 상호명의신탁관계 내지 건물에 대한 구분소유적 공유관계가 성립하지만, **1동 건물 중 각 일부분의 위치 및 면적이 특정되지 않거나 구조상·이용상 독립성이 인정되지 아니한 경우에는 공유자들 사이에 이를 구분소유하기로 하는 취지의 약정이 있다 하더라도 일반적인 공유관계가 성립할 뿐, 공유지분등기의 상호명의신탁관계 내지 건물에 대한 구분소유적 공유관계가 성립한다고 할 수 없다**"(대판 2014.2.27. 2011다42430).

C. ※ 구분소유적 공유관계가 해소된 경우 담보물권의 운명
"1필지의 토지의 위치와 면적을 특정하여 2인 이상이 구분소유하기로 하는 약정을 하고 구분소유자의 공유로 등기하는 이른바 구분소유적 공유관계에 있어서, 1필지의 토지 중 특정 부분에 대한 구분소유적 공유관계를 표상하는 공유지분을 목적으로 하는 근저당권이 설정된 후 구분소유하고 있는 특정 부분별로 독립한 필지로 분할되고 나아가 구분소유자 상호 간에 지분이전등기를 하는 등으로 **구분소유적 공유관계가 해소되더라도 그 근저당권은 종전의 구분소유적 공유지분의 비율대로 분할된 토지들 전부의 위에 그대로 존속하는 것이고, 근저당권설정자의 단독소유로 분할된 토지에 당연히 집중되는 것은 아니다**"(대판 2014.6.26. 2012다25944).

D. ※ 수인이 공동매수인으로서 매매예약을 체결한 경우의 법률관계
"수인의 채권자가 각기 채권을 담보하기 위하여 채무자와 채무자 소유의 부동산에 관하여 수인의 채권자를 공동매수인으로 하는 1개의 매매예약을 체결하고 그에 따라 수인의 채권자 공동명의로 그 부동산에 가등기를 마친 경우, **수인의 채권자가 공동으로 매매예약완결권을 가지는 관계인지 아니면 채권자 각자의 지분별로 별개의 독립적인 매매예약완결권을 가지는 관계인지는 '매매예약의 내용'에 따라야** 하고, 매매예약에서 그러한 내용을 명시적으로 정하지 않은 경우에는…(중략)…**종합적으로 고려하여 판단하여야 한다**"(대판 2012.2.16. 전합2010다82530)

[정답] ①

문49 **甲은 乙로부터 乙 소유 나대지인 X 토지 500㎡ 중 (A) 부분 200㎡를 특정하여 매수하고 합의에 따라 X 토지 중 2/5 지분에 관하여 소유권이전등기를 마쳤다. 옳은 것을 모두 고른 것은?** (각 지문은 독립적이며, 다툼이 있는 경우 판례에 의함) [변시 5회]

ㄱ. 丙이 무단으로 (A) 부분 토지를 점유하여 사용하는 경우 乙은 甲을 대위하지 않고 직접 丙에게 그 부분 토지의 인도를 청구할 수 있다.
ㄴ. 甲으로부터 (A) 부분 토지를 매수하였으나 등기를 마치지 아니한 丁은 甲을 대위하여 乙을 상대로 공유물 분할의 청구를 할 수 있다.
ㄷ. 甲과 乙이 X 토지 전체에 관하여 근저당권을 설정한 후 甲이 (A) 부분 지상에 건물을 건축하여 소유하던 중 위 근저당권이 실행되어 戊가 X 토지의 소유권을 취득한 경우 甲은 법정지상권을 주장할 수 없다.

① ㄱ ② ㄴ
③ ㄷ ④ ㄱ, ㄴ
⑤ ㄱ, ㄷ

해 설 ㄱ. [○] 甲과 乙은 2인 이상이 내부적으로는 각 하나의 부동산을 위치, 면적 등을 특정하여 구분하여 소유하기로 약정하면서 그 부동산에 관한 등기는 그들의 공유로 마친 이른바 **'구분소유적 공유'**관계로서, **대외적으로는 공유자가 토지 전부를 공유**한다. 따라서 제3자가 불법점유하는 경우 각자는 자기 소유부분 뿐만 아니라 **전체 토지에 대하여 보존행위로서** 그 배제를 구할 수 있다(대판 1994.2.8. 93다42986). 때문에 丙이 무단으로 (A) 부분 토지를 점유하여 사용하는 경우 乙은 甲을 대위하지 않고 직접 丙에게 그 부분 토지의 인도를 청구할 수 있다.

참고쟁점 다만, 특정매수부분을 제3자가 불법점유하는 경우 불법점유당한 특정부분 소유자의 부당이득반환청구는 불법점유부분 전부가 아니라 **지분의 비율의 범위 내에서만** 인정된다. 나머지는 다른 구분소유적 공유자를 대위하여 청구할 수도 없다고 본다(대판 1993.11.23. 93다22326). 토지 전부를 구분 특정하여 소유하고 있다고 하더라도 지분소유권이전등기가 경료되어 있는 이상 특별한 사정이 없는 한 공유자들 외의 제3자에 대한 관계에 있어서는 그 지분의 범위 내에서만 토지에 대한 권리를 행사할 수 있을 뿐이며, 명의신탁자는 위 명의신탁한 지분에 관하여는 제3자에 대하여 직접 소유권 및 이에 따른 점유사용권을 주장할 수 없고 따라서 제3자가 법률상 원인없이 위 토지를 점유함으로 인한 부당이득반환청구권은 수탁자를 대위하여서도 주장할 수 없기 때문이다.

ㄴ. [X] 구분소유적 공유관계의 해소의 경우 내부관계에서는 각자가 특정 부분을 소유하며 상호 명의신탁관계에 있기 때문에 **공유물분할을 청구할 수는 없고**, 상대방에 대하여 **명의신탁을 해지하고** 특정매수부분에 대한 소유권확인 또는 지분이전을 청구하면 된다(대판 1985.9.24. 85다카451,452). 이때 각자의 등기의무는 동시이행관계이다(대판 2008.6.26. 2004다32992). 따라서 丁은 甲을 대위하여 乙을 상대로 공유물 분할의 청구를 할 수 없고, **명의신탁을 해지**하고 (A)부분에 대한 소유권확인 또는 지분이전을 청구할 수 있다.

ㄷ. [O] 법정지상권이 성립하기 위해서는 i) 저당권설정 당시부터 건물이 존재할 것, ii) 저당권이 설정될 당시 토지와 건물의 소유자가 동일할 것, iii) 토지나 건물 중 적어도 어느 하나에 저당권이 설정될 것, iv) 경매로 인해 건물과 토지에 대한 소유자가 분리될 것을 요한다(제366조).

☞ 지문의 경우 X토지 전체에 근저당권 설정 당시 건물은 존재하지 않았으므로 "저당권이 설정될 당시 토지와 건물의 소유자가 동일할 것"이라는 요건을 갖추지 못하여 법정지상권이 성립하지 않는다.

비교판례 判例는 "甲와 乙이 1필지의 대지를 공동으로 매수하여 같은 평수로 사실상 분할한 다음 각자 자기의 돈으로 자기 몫의 대지 위에 건물을 신축하여 점유하여 왔다면 비록 위 대지가 등기부상으로는 甲·乙 사이의 공유로 되어 있다 하더라도 그 대지의 소유관계는 처음부터 구분소유적 공유관계에 있다 할 것이고, 따라서 **甲 소유의 건물과 그 대지는 乙과의 내부관계에 있어서 甲의 단독소유**로 되었다 할 것이므로 甲은 그 후 이 사건 대지의 甲지분만을 경락 취득한 乙에 대하여 그 소유의 위 건물을 위한 관습상의 법정지상권을 취득하였다고 할 것이다"고 판시하였다(대판 1990.6.26, 89다카24094).

즉, 判例는 구분소유적 공유를 하는 토지 위에 자신의 특정 소유부분에 건물을 신축한 자가 그의 대지지분만을 다른 구분소유적 공유자에게 양도하거나 다른 구분소유자가 경락받은 경우 건물과 그 대지는 **내부관계**에 있어서 그의 단독소유로 되었다 할 것이므로 관습법상 법정지상권이 성립한다는 입장이다.

[정답] ⑤

문 50 **甲과 乙은 매도인으로부터 X 토지 중 절반씩을 위치를 특정하여 매수하면서 각자 구분소유하기로 하고, 등기부상 각 1/2 공유지분으로 등기하였다. 甲은 X 토지 중 자신의 매수 부분 지상에 Y 주택을 건축하고 이를 丙에게 임대하여 丙이 전입신고를 하지 아니한 채 입주를 마쳤다. 甲은 Y 주택에 저당권을 설정했는데 그 저당권이 실행되어 A가 Y 주택 소유권을 취득하였다. 이에 관한 설명 중 옳은 것을 모두 고른 것은?** (각 지문은 독립적이며, 다툼이 있는 경우 판례에 의함) [변시 7회]

ㄱ. 인근 토지 소유자 丁이 X 토지 중 乙 매수 부분을 침범하여 건축행위를 하는 경우 甲이 방해배제를 청구할 수 있다.
ㄴ. 乙이 Y 주택을 철거하기 위한 사전작업으로 丙을 상대로 Y 주택에서의 퇴거를 청구할 수 있다.
ㄷ. 甲이 등기부상 공유관계를 해소하고자 하는데 乙이 협조하지 않는 경우 공유물분할청구의 소를 제기할 수 있다.

① ㄱ
② ㄴ
③ ㄷ
④ ㄱ, ㄴ
⑤ ㄱ, ㄷ

해 설 ㄱ. [○] ※ 상호명의신탁과 구분소유적 공유 – 대외적 관계
"1필지의 토지 중 일부를 특정하여 매수하고 다만 그 소유권이전등기는 그필지 전체에 관하여 공유지분권이전등기를 한 경우에는 그 특정부분 이외의 부분에 관한 등기는 상호 명의신탁을 하고 있는 것으로서, 그 지분권자는 내부관계에 있어서는 특정부분에 한하여 소유권을 취득하고 이를 배타적으로 사용, 수익할 수 있고, 다른 구분소유자의 방해행위에 대하여는 소유권에 터잡아 그 배제를 구할 수 있으나, **외부관계에 있어서는 1필지 전체에 관하여 공유관계가 성립되고 공유자로서의 권리만을 주장할 수 있는 것이므로,** 제3자의 방해행위가 있는 경우에는 자기의 구분소유 부분뿐 아니라 **전체토지에 대하여 공유물의 보존행위로서 그 배제를 구할 수 있다**"(대판 1994.2.8, 93다42986).

ㄴ. [X] ※ 상호명의신탁과 구분소유적 공유 – 대내적 관계
判例는 "건물이 그 존립을 위한 토지사용권을 갖추지 못하여 토지의 소유자가 건물의 소유자에 대하여 당해 건물의 철거 및 그 대지의 인도를 청구할 수 있는 경우에라도 건물소유자가 아닌 사람이 건물을 점유하고 있다면 토지소유자는 그 건물 점유를 제거하지 아니하는 한 위의 건물 철거 등을 실행할 수 없다(건물철거의 대체집행시 건물퇴거도 건물소유자의 수인의무에 포함되나 건물소유자 아닌 제3자는 수인의무를 부담하지 않기 때문이다 : 저자주). 따라서 그때 토지소유권은 위와 같은 점유에 의하여 그 원만한 실현을 방해당하고 있다고 할 것이므로, 토지소유자는 자신의 소유권에 기한 방해배제로서 건물점유자에 대하여 건물로부터의 퇴거를 청구할 수 있다"(대판 2010.8.19, 2010다43801)
그러나 사안과 같은 **구분소유적 공유관계의 경우 내부관계에 있어서는 특정부분에 한하여 소유권을 취득하고 이를 배타적으로 사용, 수익할 수 있고**(대판 1994.2.8, 93다42986), "공유로 등기된 토지의 소유관계가 구분소유적 공유관계에 있는 경우에는 공유자 중 1인이 소유하고 있는 건물과 그 대지는 **다른 공유자와의 내부관계에 있어서는 그 공유자의 단독소유로 되었다 할 것이므로** 건물을 소유하고 있는 공유자가 그 건물 또는 토지지분에 대하여 저당권을 설정하였다가 그 후 저당권의 실행으로 소유자가 달라지게 되면 **건물 소유자는 그 건물의 소유를 위한 법정지상권을 취득하므로**"(대판 2004.6.11, 2004다13533), 乙은 법정지상권자인 Y주택 소유자 A를 상대로 Y주택의 철거를 청구할 수 없다. 따라서 乙이 Y 주택을 철거하기 위한 사전작업으로 Y주택 점유자 丙을 상대로 Y 주택에서의 퇴거를 청구할 수 있는 것도 아니다. 이는 丙이 사안과 같이 대항력을 갖추지 않은 건물임차인이더라도 마찬가지이다(사안에서 丙은 전입신고를 하지 않아 주택임대차보호법 제3조 1항에 따른 대항력을 갖추지 못하였다). 사안에서 丙의 대항력은 토지대항력이 아니라 건물에 관한 대항력이기 때문이다.

ㄷ. [X] ※ 구분소유적 공유관계의 해소
구분소유적 공유관계의 경우 내부관계에서는 각자가 특정 부분을 소유하며 상호명의신탁관계에 있기 때문에 **공유물분할을 청구할 수는 없고,** 상대방에 대하여 **명의신탁을 해지**하고 특정매수부분에 대한 소유권확인 또는 지분이전을 청구하면 된다(대판 1985.9.24, 85다카451,452).

[정답] ①

문 51 공동소유에 관한 설명 중 옳은 것은?(각 지문은 독립적이고, 다툼이 있는 경우에는 판례에 의함) [변시 3회 변형]

① 甲이 乙과 함께 1/2의 지분으로 공유하고 있는 X 토지전체를 단독으로 丙에게 임대한 경우에는 乙은 丙을 상대로 X 토지 전체의 인도를 청구할 수 있다.

② 甲 종중이 종중원 乙의 타인에 대한 대여금반환채무를 보증하는 행위는 장래 乙이 그 채무를 이행하지 아니하면 甲 종중이 보유하고 있는 현금이나 총유물을 처분하여 마련한 자금으로 그 채무를 만족시켜야 한다는 점에서 총유물의 처분행위에 해당한다고 보아야 하므로 甲 종중의 규약에 다른 정함이 없으면 종중총회의 결의가 있어야 유효하다.

③ 甲, 乙이 전매차익을 얻으려는 공동의 목적으로 X 토지를 함께 매수하여 소유권을 취득하면 X 토지는 당연히 甲, 乙의 합유에 속하므로 甲이 탈퇴하면 X 토지는 乙의 단독소유가 된다.

④ 공유물의 보존에 관한 민법 제265조의 규정은 총유물의 보존에 관하여도 적용되므로 甲 종중의 종중원 乙은 그 종중원들의 총유에 속하는 X 토지를 무단으로 점유하고 있는 丙을 상대로 총유물의 보존행위를 이유로 단독으로 X 토지의 인도를 구할 수 있다.

⑤ 甲이 乙, 丙과 함께 토지를 각 1/3 지분으로 공유하고 있는 경우 공유물에 관한 보존행위를 이유로는 乙 명의의 1/3 지분에 관하여 원인 없이 丁 앞으로 마쳐진 소유권이전등기의 말소를 구할 수 없다.

해설 ① [X] 소수지분권자의 배타적 점유의 경우 '**다른 소수지분권자에게 공유물인도청구**'를 인정할 것인지와 관련하여 기존 判例는 '공유물의 보존행위'로서 공유물의 인도나 명도를 청구할 수 있다"고 한다(대판 1994.3.22. 전합93다9392,9408). 그러나 바뀐 전원합의체 판결에 따르면 "제265조 단서가 공유자 각자가 다른 공유자와 **협의 없이 보존행위를 할 수 있게 한 것은 그것이 다른 공유자에게도 이익이 되기 때문인바**, 소수지분권자가 다른 소수지분권에게 공유물 인도를 청구하는 것은 다른 소수지분권자가 가지고 있는 '지분의 비율에 따른 사용 · 수익권'까지 근거 없이 박탈하는 것으로 다른 공유자에게도 이익이 되는 보존행위라고 볼 수 없다"는 것을 이유로 부정하였다. 다만 자신의 지분권에 기초한 공유토지 위의 지상물 철거청구나 공동점유에 대한 방해금지 등의 '방해배제청구'(제214조)는 가능하다고 보았다(대판 2020.5.21. 전합2018다287522)

☞ 소수지분권자 甲의 의사에 의한 경우에는 제3자의 丙의 점유는 부적법하고, 다른 소수지분권자 乙은 그 제3자 丙에 대하여 공유물 전체의 인도를 청구할 수 없다.

② [X] **제276조(총유물의 관리, 처분과 사용, 수익)** 「① 총유물의 관리 및 처분은 사원총회의 결의에 의한다.」 지문은 대판 2007.4.19, 전합2004다60072의 반대의견에 따른 논거 및 결론이다. 즉 종중과 같은 비법인사단의 채무보증행위가 총유물의 관리 · 처분행위에 해당하는지 여부와 관련하여 대판 2007.4.19, 전합2004다60072의 다수의견은 "총유물의 관리 및 처분이라 함은 총유물 그 자체에 관한 이용 · 개량행위나 법률적 · 사실적 처분행위를 의미하는 것이므로, 단순한 채무부담행위는 총유물의 관리 · 처분행위라고 볼 수 없다"고 한다. 그러나 반대의견은 "채무의 변제기가 도래하면 비법인사단은 자신이 보유하고 있는 현금이나 총유물을 처분하여 그 채무를 만족시켜야 하므로 총유물의 관리 · 처분을 수반하지 않는 금전채무 부담행위는 생각하기 어려우므로, 금전채무 부담행위는 총유물의 관리 · 처분에 관한 법리가 적용된다"고 한다.

③ [×] "수인이 부동산을 공동으로 매수한 경우, 매수인들 사이의 법률관계는 공유관계로서 단순한 공동매수인에 불과할 수도 있고, 수인을 조합원으로 하는 동업체에서 매수한 것일 수도 있는데, 부동산의 공동매수인들이 전매차익을 얻으려는 '공동의 목적 달성'을 위하여 상호 협력한 것에 불과하고 이를 넘어 '공동사업을 경영할 목적'이 있었다고 인정되지 않는 경우 이들 사이의 법률관계는 공유관계에 불과할 뿐 민법상 조합관계에 있다고 볼 수 없다"(대판 2012.8.30. 2010다39918).

참고판례 "2인 조합에서 조합원 1인이 탈퇴하면 조합관계는 종료되지만 특별한 사정이 없는 한 조합이 해산되지 아니하고, 조합원의 합유에 속하였던 재산은 남은 조합원의 단독 소유에 속하게 되지만, 그 조합재산이 부동산인 경우에는 그 물권변동의 원인은 조합관계에서의 탈퇴라고 하는 법률행위에 의한 것으로서 잔존 조합원의 단독 소유로 하는 내용의 등기를 하여야 비로소 소유권 변동의 효력이 발생한다"(대판 2011.1.27. 2008다2807)

④ [×] 총유의 경우에는 공유나 합유의 경우처럼 보존행위는 구성원 각자가 할 수 있다(제265조 단서, 제272조)는 규정이 없으므로 보존행위를 함에도 제276조 1항에 따른 사원총회의 결의를 거치거나 정관이 정하는 바에 따른 절차(제275조 2항 참조)를 거쳐야 한다(대판 2014.2.13. 2012다112299).

특히 총유재산에 관한 소송행위와 관련(당사자적격의 문제)하여 최근 判例는 "총유재산에 관한 소송은 법인 아닌 사단이 그 명의로 사원총회의 결의를 거쳐 하거나(민사소송법 제52조 참조) 또는 그 구성원 전원이 당사자가 되어 필수적 공동소송의 형태로 할 수 있을 뿐 총회의 결의를 거치더라도 (설령 대표자라도)구성원 개인이 할 수는 없다"(대판 2005.9.15. 전합2004다44971)고 판시하고 있다. 그럼에도 불구하고 비법인사단의 대표자 개인이 총유재산의 보존행위로서 소를 제기한 때에는 법원은 당사자적격 흠결을 이유로 부적법 각하하여야 한다.

⑤ [○] 제3자 앞으로 원인 무효의 등기가 마쳐져 있는 경우, 지분권자는 공유물에 관한 보존행위로서 '자기의 지분에 관하여서는 물론 그 등기 전부'의 말소를 청구할 수 있다(대판 1993.5.11. 92다52870). 이 경우 공유자 중 한 사람이 '공유물에 관하여 마쳐진 원인무효의 등기'에 각 공유자에게 해당 지분별로 진정명의회복을 원인으로 한 소유권이전등기를 이행할 것을 단독으로 청구하는 것도 가능하다(대판 2005.9.29. 2003다40651). 그러나 判例는 부동산 공유자의 1인이 자신의 공유지분이 아닌 '다른 공유자'의 공유지분을 침해하는 원인 무효의 등기가 이루어졌다는 이유로 공유물에 관한 보존행위로서 그 부분 등기의 말소를 구할 수는 없다고 한다(대판 2009.2.26. 2006다71802 ; 대판 2010.1.14. 2009다67429).

[정답] ⑤

문 52 **공동소유에 관한 설명 중 옳지 않은 것은? (다툼이 있는 경우 판례에 의함)** [변시 8회]

① 토지공유자 중의 일부가 공유 토지의 특정 부분을 배타적으로 점유 · 사용하고 있는 경우, 비록 그 특정 부분의 면적이 자신들의 지분 비율에 상당하는 면적 범위 내라고 할지라도, 그 토지를 사용 · 수익 하지 않는 다른 공유자들에 대하여는 그 지분에 상응하는 부당이득을 반환할 의무가 있으며, 이 의무는 분할채무의 성질을 가진다.

② 제3자가 공유토지 전부에 대해 원인무효의 소유권이전등기를 경료한 경우 공유자 중 1인은 그 등기 전부의 말소를 청구할 수 있다.

③ 동업 목적의 조합체가 부동산을 조합재산으로 취득하면서 조합원들 명의로 공유등기를 하였다면, 그 공유등기는 조합체가 조합원들에게 각 지분에 관하여 명의신탁한 것으로 보아야 한다.

④ 비법인사단이 타인 간의 금전채무를 보증하는 행위는 총유물의 관리 · 처분행위에 해당하지 않으므로, 사원총회의 결의를 거치지 않았더라도 그것만으로 그 보증계약이 무효가 되는 것은 아니다.

⑤ 종중 소유 재산의 보존행위로서 소를 제기하는 경우, 종중결의를 거쳐 종중 명의로 하거나 그 구성원 전원이 당사자가 되어 필수적 공동소송의 형태를 취하여야 한다.

해 설 ① [X] ※ **공유자가 자기 지분비율에 따라 공유물의 특정부분을 사용 · 수익할 수 있는지 여부**

"토지의 공유자는 각자의 지분 비율에 따라 토지 전체를 사용 · 수익할 수 있지만, 그 **구체적인 사용 · 수익 방법에 관하여 공유자들 사이에 지분 과반수의 합의가 없는 이상, 1인이 특정 부분을 배타적으로 점유 · 사용할 수 없는 것이므로**, 공유자 중의 일부가 특정 부분을 배타적으로 점유 · 사용하고 있다면, 그들은 비록 그 **특정 부분의 면적이 자신들의 지분 비율에 상당하는 면적 범위 내라고 할지라도**, 다른 공유자들 중 지분은 있으나 사용 · 수익은 전혀 하지 않고 있는 자에 대하여는 **그 자의 지분에 상응하는 부당이득**을 하고 있다고 보아야 할 것인바, 이는 모든 공유자는 공유물 전부를 지분의 비율로 사용 · 수익할 권리가 있기 때문이다. **여러 사람이 공동으로 법률상 원인 없이 타인의 재산을 사용한 경우의 부당이득 반환채무**는 특별한 사정이 없는 한 불가분적 이득의 반환으로서 **불가분채무이다**"(대판 2001.12.11, 2000다13948).

쟁점정리 수인이 공동으로 법률상 원인 없이 타인의 재산을 사용한 경우의 부당이득반환채무는 불가분적 이득의 상환으로서 '불가분채무'이다.

② [O] ※ **공유물의 보존행위**

"부동산의 공유자의 1인은 당해 부동산에 관하여 제3자 명의로 원인무효의 소유권이전등기가 경료되어 있는 경우 **공유물에 관한 보존행위**로서 제3자에 대하여 그 **등기 전부의 말소를 구할** 수 있다"(대판 1993.5.11, 92다52870). 이 경우 공유자 중 한 사람이 '공유물에 관하여 마쳐진 원인무효의 등기'에 각 공유자에게 해당 지분별로 진정명의회복을 원인으로 한 소유권이전등기를 이행할 것을 단독으로 청구하는 것도 가능하다(대판 2005.9.29, 2003다40651).

비교판례 그러나 判例는 부동산 공유자의 1인이 자신의 공유지분이 아닌 '다른 공유자'의 공유지분을 침해하는 원인 무효의 등기가 이루어졌다는 이유로 공유물에 관한 보존행위로서 그 부분 등기의 말소를 구할 수는 없다고 한다(대판 2010.1.14, 2009다67429).

③ [○] ※ 합유물의 조합원에 대한 명의신탁

"제704조는 '조합원의 출자 기타 조합재산은 조합원의 합유로 한다.'고 규정하고 있으므로, 동업을 목적으로 한 조합이 조합체로서 또는 조합재산으로서 부동산의 소유권을 취득하였다면, 제271조 제1항의 규정에 의하여 당연히 그 조합체의 합유물이 되고(이는 제187조에 규정된 '법률의 규정에 의한 물권의 취득'과는 아무 관계가 없다. 따라서 조합체가 부동산을 법률행위에 의하여 취득한 경우에는 물론 소유권이전등기를 요한다), 다만, 그 **조합체가 합유등기를 하지 아니하고 그 대신 조합원들 명의로 각 지분에 관하여 공유등기를** 하였다면, 이는 그 **조합체가 조합원들에게 각 지분에 관하여 명의신탁한 것으로** 보아야 한다"(대판 2002.6.14. 2000다30622).

④ [○] ※ 비법인사단의 금전채무 보증행위

"민법 제275조, 제276조 제1항에서 말하는 총유물의 관리 및 처분이라 함은 총유물 그 자체에 관한 이용·개량행위나 법률적·사실적 처분행위를 의미하는 것이므로, **비법인사단이 타인 간의 금전채무를 보증하는 행위는 총유물 그 자체의 관리·처분이 따르지 아니하는 단순한 채무부담행위에 불과**하여 이를 총유물의 관리·처분행위라고 볼 수는 없다. 따라서 비법인사단인 재건축조합의 조합장이 채무보증계약을 체결하면서 조합규약에서 정한 조합 임원회의 결의를 거치지 아니하였다거나 조합원총회 결의를 거치지 않았다고 하더라도 그것만으로 바로 그 보증계약이 무효라고 할 수는 없다"(대판 2007.4.19. 2004다60072,60089).

⑤ [○] ※ 총유재산에 관한 소송수행방법

총유의 경우에는 공유나 합유의 경우처럼 보존행위는 구성원 각자가 할 수 있다(제265조 단서, 제272조)는 규정이 없으므로 보존행위를 함에도 제276조 1항에 따른 사원총회의 결의를 거치거나 정관이 정하는 바에 따른 절차(제275조 2항 참조)를 거쳐야 한다(대판 2014.2.13. 2012다112299).

따라서 判例는 "**총유재산에 관한 소송은 법인 아닌 사단이 그 명의로 사원총회의 결의를 거쳐 하거나**(민사소송법 제52조 참조) **또는 그 구성원 전원이 당사자가 되어 필수적 공동소송의 형태로 할 수 있을 뿐** 총회의 결의를 거치더라도 (설령 대표자라도)구성원 개인이 할 수는 없다"(대판 2005.9.15. 전합2004다44971)고 판시하고 있다.

[정답] ①

문 53 공동소유에 관한 설명 중 옳은 것은? (다툼이 있는 경우 판례에 의함) [변시 9회]

① 공유물분할 소송절차에서 공유토지의 특정한 일부씩을 각각의 공유관계에 귀속시키는 것으로 현물분할하는 내용의 조정이 성립하였다면, 그 조정조서는 공유물분할판결과 동일한 효력을 가지는 것으로서 「민법」 제187조 소정의 '판결'에 해당하여 조정이 성립한 때 물권변동의 효력이 발생한다.

② 합유자 중 1인이 무단으로 합유 재산에 관하여 자신의 단독 소유로 소유권보존등기를 한 경우에는 그 소유권보존등기가 실질관계에 부합하지 않는 원인무효의 등기이므로, 다른 합유자는 등기명의인인 합유자를 상대로 소유권보존등기의 말소를 청구할 수 있다.

③ 甲, 乙이 각각 2/3, 1/3의 지분으로 X토지를 공유하던 중 丙이 X토지를 점유하면서 자기 명의로 원인무효의 소유권이전등기를 마친 경우, 甲이 공유물의 보존행위로 자기 지분에 관하여만 소유권이전등기 말소청구의 소를 제기하면 그로 인한 丙에 대한 취득시효 중단의 효력은 乙에게도 미친다.

④ 만약 1필지의 토지 중 특정 부분에 대한 구분소유적 공유관계를 표상하는 공유지분을 목적으로 하는 근저당권이 설정된 후, 구분소유하고 있는 특정 부분별로 독립한 필지로 분할되고 나아가 구분소유자 상호 간에 지분이전등기를 하여 구분소유적 공유관계가 해소되었다면, 그 근저당권은 근저당권설정자의 단독소유로 분할된 토지에 집중된다.

⑤ 만약 1필지의 토지 중 일부를 특정하여 매수하고 다만 그 소유권이전등기는 그 필지 전체에 관하여 공유지분 이전등기를 한 경우라면, 위 토지에 대한 제3자의 방해행위에 대하여 위와 같이 매수한 공유자는 자신이 구분소유하는 특정부분만 그 배제를 구할 수 있고, 전체 토지에 관하여는 그 배제를 구할 수 없다.

해설 ① [×] ※ 법률행위에 의하지 않은 부동산물권변동

상속, 공용징수, 판결, 경매 기타 법률의 규정에 의한 부동산에 관한 물권의 취득은 등기를 요하지 아니한다(제187조). 그런데 최근 전원합의체 판결에 따르면 공유부동산을 '현물분할'하는 내용의 '조정조서'는 제187조의 '판결'과 같은 효력이 없다고 한다(대판 2013.11.21. 전합2011두1917). 즉, 判例는 "공유물분할의 소송절차 또는 조정절차에서 공유자 사이에 공유토지에 관한 현물분할의 협의가 성립하여 그 합의사항을 조서에 기재함으로써 **조정이 성립하였다고 하더라도, 그와 같은 사정만으로 재판에 의한 공유물분할의 경우와 마찬가지로 그 즉시 공유관계가 소멸하고 각 공유자에게 그 협의에 따른 새로운 법률관계가 창설되는 것은 아니라고 할 것이고,** 공유자들이 협의한 바에 따라 토지의 분필절차를 마친 후 각 단독소유로 하기로 한 부분에 관하여 다른 공유자의 공유지분을 이전받아 등기를 마침으로써 비로소 그 부분에 대한 대세적 권리로서의 소유권을 취득하게 된다"고 한다.

② [○] ※ 권리자 경정등기의 허용여부(소극)

"**합유재산을 합유자 1인의 단독소유로 소유권보존등기를 한 경우에는 소유권보존등기가 실질관계에 부합하지 않는 원인무효의 등기이므로,** 다른 합유자는 등기명의인인 합유자를 상대로 소유권보존등기 말소청구의 소를 제기하는 등의 방법으로 **원인무효의 등기를 말소시킨 다음 새로이 합유의 소유권보존**

등기를 신청할 수 있다"(대판 2017.8.18. 2016다6309).

왜냐하면, "경정등기가 허용되기 위해서는 경정 전후의 등기에 동일성 내지 유사성이 있어야 하는데, 경정 전의 명의인과 경정 후의 명의인이 달라지는 '권리자 경정등기'는 등기명의인의 동일성이 인정되지 않으므로 허용되지 않는다. 따라서 단독소유를 공유로 또는 공유를 단독소유로 하는 경정등기 역시 소유자가 변경되는 결과로 되어 등기명의인의 동일성을 잃게 되므로 허용될 수 없"기 때문이다(同 判例).

③ [X] **공유자의 1인이 보존행위로서 한 재판상 청구로 인한 취득시효 중단의 효력은 다른 공유자에게는 미치지 않는다**(제247조 2항, 제169조 참조).

判例도 "부동산 공유자 중의 한 사람은 당해 부동산에 관하여 제3자 명의로 원인무효의 소유권이전등기가 경료되어 있는 경우 공유물에 관한 보존행위로서 그 제3자에 대하여 그 등기 전부의 말소를 구할 수 있으나, 공유자의 한 사람이 공유물의 보존행위로서 그 공유물의 일부 지분에 관하여서만 재판상 청구를 하였으면 그로 인한 시효중단의 효력은 그 공유자와 그 청구한 소송물에 한하여 발생한다"(대판 1999.8.20. 99다15146)고 판시하였다.

④ [X] **※ 구분소유적 공유관계가 해소된 경우 담보물권의 운명**

"1필지의 토지의 위치와 면적을 특정하여 2인 이상이 구분소유하기로 하는 약정을 하고 구분소유자의 공유로 등기하는 이른바 구분소유적 공유관계에 있어서, 1필지의 토지 중 특정 부분에 대한 구분소유적 공유관계를 표상하는 공유지분을 목적으로 하는 근저당권이 설정된 후 구분소유하고 있는 특정 부분별로 독립한 필지로 분할되고 나아가 구분소유자 상호 간에 지분이전등기를 하는 등으로 **구분소유적 공유관계가 해소되더라도 그 근저당권은 종전의 구분소유적 공유지분의 비율대로 분할된 토지들 전부의 위에 그대로 존속하는 것이고, 근저당권설정자의 단독소유로 분할된 토지에 당연히 집중되는 것은 아니다"**(대판 2014.6.26. 2012다25944).

[쟁점정리] 공유부동산 중 공유자 1인의 지분위에 설정된 근저당권 등 담보물권은 특단의 합의가 없는 한 공유물분할이 된 뒤에도 **'담보물권의 불가분성'에 따라 종전의 지분비율 대로 공유물 전부의 위에 그대로 존속하고** 근저당권설정자 앞으로 분할된 부분에 당연히 집중되는 것은 아니며(대판 1989.8.9.88다카24868), **분할된 각 부동산은 그 저당권의 '공동담보'**(공동저당)**가 된다**(대판 2012.3.29 2011다74932).

⑤ [X] **※ 구분소유적 공유의 대외적 관계**

대내적으로는 특정 부분을 각자가 단독으로 소유하나, **대외적으로는 공유자가 토지 전부를 공유한다.** 따라서 제3자가 불법점유하는 경우 각자는 자기 소유부분 뿐만 아니라 **전체 토지에 대하여 보존행위로서** 그 배제를 구할 수 있다(대판 1994.2.8. 93다42986).

[정답] ②

문 54 공유에 관한 설명 중 옳지 않은 것은? (다툼이 있는 경우 판례에 의함) [변시 10회 변형]

① 甲과 乙이 각 1/2의 지분으로 공유하고 있는 X토지 중 일부를 甲이 배타적으로 점유하고 있는 경우, 乙은 甲에게 방해배제를 청구할 수 있다.

② X토지의 2/3 지분을 보유한 공유자 甲이 1/3 지분권자인 乙과 협의하지 않고 X토지를 丙에게 임대한 경우, 乙은 丙에게 임료의 1/3을 부당이득으로 반환할 것을 청구할 수 없다.

③ 甲은 乙과 함께 각 1/2의 지분으로 X토지를 공유하면서, 乙이 토지 전체를 단독으로 사용하기로 하되 乙로부터 일정 금액을 지급받기로 약정하였다면, 이러한 약정은 甲으로부터 그 지분권을 양도받은 특정승계인에게 당연히 승계된다.

④ 甲, 乙, 丙이 각 1/3 지분씩 공동상속한 X부동산에 관하여 甲이 부정한 방법으로 그 단독명의의 소유권이전등기를 마친 경우, 乙은 甲에 대하여 공유물의 보존행위로서 2/3 지분에 관한 소유권이전등기 말소등기절차의 이행을 구할 수 있다.

⑤ 乙과 함께 각 1/2 지분으로 X토지를 공유하는 甲이 乙에게 자신의 공유지분을 포기한다는 의사표시를 하였으나, 그에 따른 지분이전등기가 마쳐지기 전에 甲이 사망하여 상속인 丙이 단독상속하는 한편, 乙의 1/2 지분에 대한 강제경매절차가 진행되어 丁이 지분을 취득하였다면, 丁은 甲의 상속인 丙에게 甲의 종전 1/2 지분에 관한 지분이전등기절차의 이행을 구할 수 있다.

해설 ① [O] "공유물의 소수지분권자가 다른 공유자와 협의 없이 공유물의 전부 또는 일부를 독점적으로 점유·사용하고 있는 경우 다른 소수지분권자는 공유물의 보존행위로서 그 인도를 청구할 수는 없고, **다만 자신의 지분권에 기초하여 공유물에 대한 방해 상태를 제거하거나 공동 점유를 방해하는 행위의 금지 등을 청구할 수 있다고 보아야 한다**"(대판 2020.5.21. 전합2018다287522)

② [O] 과반수 지분의 공유자로부터 특정부분의 사용수익을 허락받은 제3자의 점유는 다수지분권자의 '공유물관리권'에 터잡은 적법한 점유이다(제265조 본문). 따라서 소수지분권자는 그 제3자에 대하여 공유물 전체의 인도를 청구할 수 없다. **이 경우 소수지분권자는 그 적법점유자에게 점유사용에 따른 이득을 부당이득으로 반환청구할 수 없으며**, 다만 소수지분권자는 과반수공유지분권에게 그 지분에 상응하는 임료 상당의 부당이득을 반환청구할 수 있다(대판 2002.5.14. 2002다9738).
☞ 사안에서 소수지분권자 乙은 제3자 丙이 아닌 과반수지분권자 甲에게 甲이 丙으로부터 받은 차임(임료)의 1/3에 상당하는 금액을 부당이득으로 반환청구할 수 있다.

③ [O] "**공유자 간의 공유물에 대한 사용수익·관리에 관한 특약은 공유자의 특정승계인에 대하여도 당연히 승계된다고 할 것이나**, 민법 제265조는 "공유물의 관리에 관한 사항은 공유자의 지분의 과반수로써 결정한다."라고 규정하고 있으므로, 위와 같은 특약 후에 공유자에 변경이 있고 특약을 변경할 만한 사정이 있는 경우에는 공유자의 지분의 과반수의 결정으로 기존 특약을 변경할 수 있다"(대판 2005.5.12. 2005다1827)

④ [O] "부동산의 공유자의 1인은 당해 부동산에 관하여 제3자 명의로 원인무효의 소유권이전등기가 경료되어 있는 경우 공유물에 관한 보존행위로서 제3자에 대하여 그 등기전부의 말소를 구할 수 있으므로 상속에 의하여 수인의 공유로 된 부동산에 관하여 그 공유자 중의 1인이 부

정한 방법으로 공유물 전부에 관한 소유권이전등기를 그 단독명의로 경료함으로써 타의 공유자가 공유물에 대하여 갖는 권리를 방해한 경우에 있어서는 그 방해를 받고 있는 공유자 중의 1인은 공유물의 보존행위로서 위 단독명의로 등기를 경료하고 있는 공유자에 대하여 그 공유자의 공유지분을 제외한 나머지 공유지분 전부에 관하여 소유권이전등기말소등기절차의 이행을 구할 수 있다"(대판 1988.2.23. 87다카961).

⑤ [×] "민법 제267조는 "공유자가 그 지분을 포기하거나 상속인 없이 사망한 때에는 그 지분은 다른 공유자에게 각 지분의 비율로 귀속한다."라고 규정하고 있다. 여기서 '공유지분의 포기'는 법률행위로서 상대방 있는 단독행위에 해당하므로, 부동산 공유자의 공유지분 포기의 의사표시가 다른 공유자에게 도달하더라도 이로써 곧바로 공유지분 포기에 따른 물권변동의 효력이 발생하는 것은 아니고, 다른 공유자는 자신에게 귀속될 공유지분에 관하여 소유권이전등기청구권을 취득하며, 이후 민법 제186조에 의하여 등기를 하여야 공유지분 포기에 따른 물권변동의 효력이 발생한다. 그리고 부동산 공유자의 공유지분 포기에 따른 등기는 해당 지분에 관하여 다른 공유자 앞으로 소유권이전등기를 하는 형태가 되어야 한다"(대판 2016.10.27. 2015다52978)

☞ 甲이 지분을 포기한 때에는 다른 공유자 乙은 甲에 대한 지분이전등기청구권을 취득하는 것이지 甲의 지분포기로 곧바로 물권변동의 효력이 발생하여 제267조에 따라 乙의 단독소유가 되는 것은 아니다. 따라서 乙이 甲의 지분을 이전받기 전에 乙의 지분이 강제경매로 매각되어 丁이 그 지분권을 취득한 때에는 丁은 乙의 지분권만 취득할 뿐이며, 乙의 甲에 대한 지분이전등기청구권까지 취득하는 것은 아니다. 결국 丁은 甲의 상속인 丙에게 지분이전등기를 청구할 수 없다.

[정답] ⑤

문 55 공유에 관한 설명 중 옳은 것을 모두 고른 것은? (다툼이 있는 경우 판례에 의함) [변시 11회]

ㄱ. 구분소유적 공유관계에 있는 토지의 특정부분을 구분소유하는 자는 그 부분에 대하여 신탁적으로 지분등기를 가지고 있는 자를 상대로 그 부분에 대한 명의신탁해지를 원인으로 한 지분이전등기절차의 이행을 구할 수 있으나, 그 토지 전체에 대한 공유물분할청구의 소를 제기할 수는 없다.
ㄴ. 공유자 간의 공유물에 대한 사용·수익·관리에 관한 특약은 공유자의 특정승계인에 대하여도 당연히 승계되나, 공유지분권의 본질적 부분을 침해한다고 볼 수 있는 경우에는 특별한 사정이 없는 한 그러하지 아니하다.
ㄷ. 구분소유적 공유관계에 있는 토지에 대하여 공유자 이외의 제3자에 의한 방해가 있는 경우, 공유자 중 1인은 자기의 구분소유 부분뿐 아니라 전체 토지에 대하여 위 방해의 배제를 구할 수 있다.
ㄹ. 토지의 과반수 지분의 공유자로부터 허락을 받아 토지 중 특정부분을 점유 및 사용하는 제3자는 소수지분권자에 대하여 부당이득반환의무를 부담한다.

① ㄱ, ㄷ
② ㄴ, ㄹ
③ ㄱ, ㄴ, ㄷ
④ ㄴ, ㄷ, ㄹ
⑤ ㄱ, ㄴ, ㄷ, ㄹ

해설 ㄱ. [O] ※ 구분소유적 공유관계의 해소

내부관계에서는 각자가 특정 부분을 소유하며 상호명의신탁관계에 있기 때문에 **공유물분할을 청구할 수는 없고**, 상대방에 대하여 **명의신탁을 해지하고** 특정매수부분에 대한 소유권확인 또는 지분이전을 청구하면 된다(대판 1985.9.24, 85다카451,452). 이때 각자의 등기의무는 동시이행관계이다(대판 2008.6.26, 2004다32992).

ㄴ. [O] ※ 공유자간의 공유물의 '관리'에 관한 특약이 공유자의 특정승계인에게 미치는지 여부

"공유물의 관리에 관한 사항은 공유자의 지분의 과반수로써 결정하고, **공유자간의 공유물에 대한 사용수익 · 관리에 관한 특약은 공유자의 특정승계인에 대하여도 당연히 승계된다고** 할 것이나, 공유물에 관한 특약이 지분권자로서의 사용수익권을 사실상 포기하는 등으로 **공유지분권의 본질적 부분을 침해한다고 볼 수 있는 경우에는** 특정승계인이 그러한 사실을 알고도 공유지분권을 취득하였다는 등의 특별한 사정이 없는 한 **특정승계인에게 당연히 승계되는 것으로 볼 수는 없다**(대판 2009.12.10. 2009다54294 : 종전 공유자들이 기간을 정하지 않은 채 무상으로 공유자 중 일부에게 공유토지 전체를 사용하도록 한 특약은 공유자 중 1인의 특정승계인에게 당연히 승계된다고 볼 수 없다고 판시한 사례).

비교판례 아울러 "공유자 중 1인이 자신의 지분 중 일부를 다른 공유자에게 양도하기로 하는 '공유자간의 지분의 처분에 관한 약정'까지 특정승계인에게 당연히 승계된다고 볼 수 없다"(대판 2007.11.29., 2007다64167).

ㄷ. [○] 대외적으로는 공유자가 토지 전부를 공유한다. 따라서 제3자가 불법점유하는 경우 각자는 자기 소유부분 뿐만 아니라 전체 토지에 대하여 보존행위로서 그 배제를 구할 수 있다(대판 1994.2.8, 93다42986).

ㄹ. [×] ※ 제3자의 점유가 과반수지분권자의 의사에 의한 경우
과반수 지분의 공유자로부터 특정부분의 사용·수익을 허락받은 제3자의 점유는 다수지분권자의 '공유물관리권'에 터잡은 적법한 점유이다(제265조 본문). 따라서 소수지분권자는 그 제3자에 대하여 공유물 전체의 인도를 청구할 수 없다. 이 경우 소수지분권자는 그 적법점유자에게 부당이득으로 반환청구할 수 없으며, 다만 소수지분권자는 과반수 공유지분권자에게 그 지분에 상응하는 임료 상당의 부당이득을 반환청구할 수 있다(대판 2002.5.14, 2002다9738)

[정답] ③

문 56 부동산의 합유에 관한 설명 중 옳은 것은? (다툼이 있는 경우 판례에 의함) [변시 14회]

① 합유등기가 마쳐진 부동산에 관하여 합유자 중 1인이 명의신탁 해지를 원인으로 한 소유권이전등기절차의 이행을 구하는 소송은 고유필수적 공동소송에 해당하지 않는다.
② 조합체가 매수한 부동산에 대해 조합원 중 특정인의 단독 명의로 소유권이전등기가 마쳐졌더라도 조합체가 해산되는 경우에는 그 부동산이 조합재산임을 전제로 청산이 이루어져야 한다.
③ 법원은 이혼하는 부부 중 일방이 제3자와 합유하고 있는 재산에 대해 직접 그 재산의 분할을 명할 수는 없으나, 그 재산에 대한 합유지분의 가액을 산정하여 재산분할의 대상으로 삼을 수 있다.
④ 조합체가 매수한 부동산에 대해 합유등기 대신 각 조합원 명의로 각 지분에 관한 공유등기가 마쳐진 경우, 그 부동산의 매수인이 조합체라는 사실을 매도인이 알지 못했더라도 그 부동산은 합유재산이 된다.
⑤ 조합원 중 자신이 소유한 부동산을 출자하기로 약정하고 그 부동산을 인도한 자는 그 부동산에 대한 합유등기가 마쳐지기 전까지는 조합체는 물론 제3자에 대해서도 그 부동산에 대한 소유물 반환청구권을 행사할 수 있다.

해 설 ① [×] 합유로 소유권이전등기가 된 부동산에 관하여 명의신탁 해지를 원인으로 한 소유권이전등기절차의 이행을 구하는 소송은 조합재산인 합유물의 처분에 관한 소송으로서 합유자 전원을 피고로 하여야 할 뿐 아니라 합유자 전원에 대하여 합일적으로 확정되어야 하는 고유필수적 공동소송에 해당하며(대판 1996.12.10, 96다23238, 대판 2011.2.10, 2010다82639), 그 명의신탁 해지를 구하는 당사자가 합유자 중의 1인이라는 사유만으로 달리 볼 것은 아니다(대판 2015.9.10, 2014다73794,73800).

② [×] 조합체가 합유등기를 하지 아니하고 그 대신 조합원 1인의 명의로 소유권이전등기를 하였다면 이는 조합체가 그 조합원에게 명의신탁한 것으로 보아야 한다(이는 부동산 실권리자명의 등기에 관한 법률에 위반되어 무효이다)"(대판 2006.4.13, 2003다25256). "이 때 조합체가 조합원에게 명의신탁한 부동

산의 소유권은 물권변동이 무효인 경우 매도인에게, 유효인 경우 명의수탁자에게 귀속된다. **이 경우 조합재산은 소유권이전등기청구권**(3자간 명의신탁인 경우 ∵ 신탁자가 매매계약의 당사자 이므로 신탁자는 매도인에게 등기청구권보유 : 저자주) **또는 부당이득반환채권**(계약 명의신탁인 경우 ∵ 신탁자가 매매계약의 당사자가 아니므로 매도인에게 등기청구권을 행사할 수 없고 수탁자에게 매매대금 상당의 부당이득반환청구만 가능 : 저자주) **이고, 신탁부동산 자체는 조합재산이 될 수 없다**"(대판 2019.6.13. 2017다246180).

③ [O] 부부의 일방이 제3자와 합유하고 이있는 재산의 경우, "**합유재산이라는 이유만으로 이를 재산분할의 대상에서 제외할 수는 없고,** 다만 부부의 일방이 제3자와 합유하고 있는 재산 또는 그 지분은 이를 임의로 처분하지 못하므로(제272조 본문, 제273조 1항), **직접 당해 재산의 분할을 명할 수는 없으나 그 지분의 가액을 산정하여 이를 분할의 대상으로 삼거나 다른 재산의 분할에 참작하는 방법으로 재산분할의 대상에 포함하여야 한다**"(대판 2009.11.12. 2009므2840,2857). 다만 이 경우 재산분할의 대상에 포함되기 위해서는 당연히 합유자 아닌 부부의 다른 일방이 합유재산의 형성 및 유지에 기여한 바가 있어야 한다.

④ [X] "동업 목적의 조합체가 부동산을 조합재산으로 취득하였으나 합유등기가 아닌 조합원들 명의로 공유등기를 하였다면 **그 공유등기는 조합체가 조합원들에게 각 지분에 관하여 명의신탁한 것에 불과하므로** 부동산실명법 제4조 제2항 본문이 적용되어 명의수탁자인 조합원들 명의의 소유권이전등기는 무효이다"(대판 2002.6.14. 2000다30622).

☞ 다만 계약명의신탁의 경우 매도인이 실질적 매수인이 조합체임을 알지 못하였다면 **그 부동산은 조합체의 합유재산 아닌, 명의수탁자인 공유지분등기자인 조합원들의 공유로 귀속된다**(부동산실명법 제4조 2항 단서)

⑤ [X] 부동산의 소유자가 **동업계약(조합계약)에 의하여 부동산의 소유권을 투자하기로** 하였으나 아직 **그의 소유로 등기가 되어 있고 조합원의 합유로 등기되어 있지 않다면,** 그와 조합 사이에 채권적인 권리의무가 발생하여 그로 하여금 **조합에 대하여 그 소유권을 이전할 의무 내지 그 사용을 인용할 의무가 있다고** 할 수는 있지만, 그 동업계약을 이유로 **조합계약 당사자 아닌 사람에 대한 관계에서** 그 부동산이 조합원의 합유에 속한다고 할 근거는 없으므로, **조합원이 아닌 제3자에 대하여는 여전히 소유자로서 그 소유권을 행사할 수 있다**(대판 2002.6.14. 2000다30622).

[정답] ③

제5관 명의신탁

문 57 「부동산 실권리자명의 등기에 관한 법률」이 적용되는 명의신탁에 관한 설명 중 옳은 것은? (다툼이 있는 경우 판례에 의함) [변시 14회]

① 3자 간 등기명의신탁에서 명의수탁자가 명의신탁된 부동산을 임의처분하여 제3자가 그 소유권을 취득한 경우, 매도인의 소유권이전등기의무가 이행불능이 되어 발생하는 매도인과 명의신탁자 사이의 법률관계와 명의수탁자가 매도인의 소유권을 침해하여 발생하는 명의수탁자와 매도인 사이의 법률관계를 각각 구분하여 개별적으로 이해관계를 조정하면 부당이득반환 제도의 취지에 배치될 수 있다.

② 3자 간 등기명의신탁에서 명의신탁자가 매도인을 대위하지 않고 직접 명의수탁자를 상대로 부당이득반환을 원인으로 한 소유권이전등기를 청구한 경우, 이에 따라 마쳐진 명의신탁자 명의 소유권이전등기는 무효이다.

③ 계약명의신탁에서 매도인이 명의신탁약정에 대하여 알지 못했던 경우, 명의수탁자가 명의신탁자에 대한 매수자금 반환에 갈음하여 명의신탁된 부동산 자체를 양도하기로 합의하고 그에 기하여 명의신탁자가 지정하는 제3자 앞으로 소유권이전등기를 마쳐 주었다면 그 제3자 명의 소유권이전등기는 유효이다.

④ 계약명의신탁에서 매도인이 명의수탁자와 매매계약을 체결할 때는 명의신탁약정에 대하여 알지 못하였으나 명의수탁자 명의로 소유권이전등기를 마쳐 줄 때는 이를 알게 된 경우, 매도인과 명의수탁자 간 매매계약은 소급적으로 무효가 된다.

⑤ 계약명의신탁에서 매도인이 명의신탁약정에 대하여 알고 있었던 경우, 매도인과 명의수탁자가 체결한 매매계약은 원시적으로 무효이고 해당 부동산의 소유권은 매도인에게 그대로 남아 있게 되므로 특별한 사정이 없는 한 명의신탁자는 매도인에게 소유권이전등기를 청구할 수 있다.

해 설 ① [○] **3자간 등기명의신탁에서 명의신탁자와 매도인 사이의** 매매계약에 기한 소유권이전등기의무가 이행불능이 됨으로써 발생하는 계약해제나 손해배상의 법률관계, **매도인과 명의수탁자 사이에서** 명의수탁자가 매도인의 소유권을 침해함으로써 발생하는 부당이득반환 또는 불법행위로 인한 손해배상의 **법률관계를 각각 구분하여 개별적으로 이해관계를 조정하게 될 경우**, 구체적 사정에 따라서는 부당이득반환청구권이나 손해배상청구권 등이 인정되지 않는 경우도 있고 과실상계 등의 사유로 인하여 제한적으로 인정되는 경우도 있을 수 있어서, 손해의 보전이 충분하지 못함과 동시에 예상치 못한 이익을 얻게 되는 결과가 발생하게 된다. **이러한 결과를 용인하는 것은 공평의 이념에 기초한 부당이득반환 제도의 취지에 배치된다**(대판 2021.9.9. 전합2018다284233).

② [×] 3자간 등기명의신탁의 경우 **부동산실명법은 매도인과 명의신탁자 사이의 매매계약의 효력을 부정하는 규정을 두고 있지 아니하므로** 그들 사이의 매매계약은 유효한 것으로 되어, 명의신탁자는 매도인에 대하여 매매계약에 기한 소유권이전등기를 청구할 수 있고, **그 소유권이전등기청구권을**

보전하기 위해 매도인을 대위하여 수탁자 명의의 등기의 말소를 구할 수 있다(대판 2002.3.15. 2001다61654) 다만 매매계약이 유효하므로 명의수탁자가 명의신탁자 앞으로 바로 마쳐준 소유권이전등기는 실체관계에 부합하는 등기로서 유효하다(대판 2004.6.25. 2004다6764).

③ [×] 명의수탁자가 명의수탁자의 완전한 소유권 취득을 전제로 하여 사후적으로 명의신탁자와의 사이에 매수자금반환의무(부당이득반환의무)의 이행에 갈음하여 명의신탁된 부동산 자체를 양도하기로 합의하고 그에 기하여 명의신탁자 앞으로 소유권이전등기를 마쳐준 경우(제466조 참조) 에는 그 소유권이전등기는 새로운 소유권 이전의 원인인 대물급부의 약정에 기한 것이므로 다른 특별한 사정이 없는 한 유효하고, 대물급부의 목적물이 원래의 명의신탁부동산이라는 것만으로 유효성을 부인할 것은 아니다"(대판 2014.8.20. 2014다30483).

그러나 명의수탁자가 유효하게 소유권을 취득한 뒤에 "명의신탁자와 명의수탁자 및 제3자 사이의 새로운 명의신탁약정에 의하여 명의수탁자가 다시 명의신탁자가 지정하는 제3자 앞으로 소유권이전등기를 마쳐 주었다면, 제3자 명의의 소유권이전등기는 부동산실명법 제4조 제2항에 의하여 무효이다"(대판 2009.9.10. 2006다73102).

☞ 명의수탁자가 명의신탁자에 대한 부당이득반환의무의 이행에 갈음하여 부동산 자체를 양도하기로 합의한 경우 유효하지만, 명의신탁자가 지정하는 제3자 앞으로 소유권이전등기를 마쳐준 경우이므로, 이는 새로운 명의신탁약정으로 보아 부동산실명법 제4조 2항에 의하여 무효임에 주의하여야 한다.

비교판례 계약명의신탁의 당사자들이 명의신탁약정이 유효한 것, 즉 명의신탁자가 이른바 내부적 소유권을 가지는 것을 전제로 하여 장차 명의신탁자 앞으로 목적 부동산에 관한 소유권등기를 이전하거나 부동산의 처분대가를 명의신탁자에게 지급하는 것 등을 내용으로 하는 약정을 하였다면 이는 명의신탁약정을 무효라고 정하는 부동산실명법 제4조 제1항에 좇아 무효이다(대판 2014.8.20. 2014다30483).

④ [×] 매도인이 명의신탁약정이 있다는 사실을 알지 못한 경우에는 매도인과 명의수탁자 사이의 매매계약은 완전히 유효하고, 이를 원인으로 명의수탁자 앞으로 소유권이전등기가 되면 명의수탁자는 완전한 소유권을 취득한다(부동산실명법 제4조 2항 단서)

이 때 매도인의 '선의'는 '매매계약을 체결할 당시' 매도인의 인식을 기준으로 판단해야 하는바, 만일 매도인이 계약 체결 이후 명의신탁약정 사실을 알게 되었다는 사정을 들어 매매계약의 효력을 다툴 수 있도록 한다면 매도인의 선택에 따라서 매매계약의 효력이 좌우되는 부당한 결과를 가져올 것이다(대판 2018.4.10. 2017다257715).

⑤ [×] 계약명의신탁이란 신탁자의 위임에 따라 수탁자가 자기 이름으로 매도인으로부터 부동산을 매수하여 그 등기도 수탁자(매수인) 앞으로 마치는 경우를 말하며, 매도인이 악의인 경우 매도인과 명의수탁자 사이의 매매계약은 무효이다(대판 2003.9.5. 2001다32120). 또한 매도인으로부터 명의수탁자에게로의 소유권 이전이 무효가 되므로(부동산실명법 제4조 2항 본문) 결국 매도인과 명의수탁자 사이의 매매계약은 원시적 불능인 급부를 목적으로 하는 계약이 되기 때문이다. 따라서 매도인은 명의수탁자에게 소유권이전등기의 말소를 청구할 수 있고, 명의수탁자는 매도인에게 매매대금의 반환을 청구할 수 있다.

한편 매매계약의 당사자는 매도인과 수탁자이므로 매도인과 신탁자 사이에는 아무런 법률관계가 존재하지 않으므로, 특별한 사정이 없는 한 명의신탁자는 매도인에게 소유권이전등기를 청구할 수 없다.

[정답] ①

문 58 **甲은 2006. 10. 5. 친구 乙과 함께 丙 소유의 X 부동산을 매수하기로 하고 매매대금의 2분의 1인 1억 5,000만 원을 乙에게 제공하였다. 이에 乙은 2006. 10. 30. 자신의 명의로 丙과 X에 관하여 매매계약을 체결하고 2007. 1. 4. 자신의 명의로 X의 소유권이전등기를 마쳤는데, 丙은 甲과 乙 사이의 명의신탁약정을 알지 못하였다. 다음 설명 중 옳은 것은?** (다툼이 있는 경우에는 판례에 의함) [변시 1회]

① X에 관한 乙의 소유권이전등기는 전부 무효이다.
② 甲은 乙에 대하여 부당이득으로서 X의 2분의 1 지분에 대한 소유권이전등기청구권을 갖는다.
③ 丙으로부터 X를 인도받아 점유하고 있는 甲은 乙에 대한 부당이득반환청구권에 기하여 X를 유치할 수 있다.
④ 乙이 X를 丁에게 매도하고 그 대금을 乙이 지정한 戊에게 지급하도록 한 경우, 甲은 戊에 대하여 부당이득반환을 청구할 수 있다.
⑤ 乙이 채무초과 상태에서 甲이 지정하는 甲의 일반채권자에게 X를 양도하는 것은 乙의 다른 채권자에 대한 관계에서 사해행위에 해당할 수 있다.

해 설 ① [×] X에 관한 1/2 지분은 乙 자신의 소유이므로 적법하고, 甲의 1/2지분은 계약명의신탁에 해당하는데, 사안은 매도인(丙)이 선의인 계약명의신탁에 해당하므로 명의수탁자 乙은 명의신탁자 甲의 1/2 지분에 대하여도 유효하게 소유권을 취득한다(부동산 실권리자명의 등기에 관한 법률 제4조 제2항 단서). 따라서 X에 관한 乙의 소유권이전등기는 전부 유효이다.

② [×] "**계약명의신탁약정이 부동산실권리자 명의등기에 관한 법률 시행 후인 경우에는 명의신탁자는 애초부터 당해 부동산의 소유권을 취득할 수 없었으므로 위 명의신탁약정의 무효로 인하여 명의신탁자가 입은 손해는 당해 부동산 자체가 아니라 명의수탁자에게 제공한 매수자금이라 할 것이고,** 따라서 명의수탁자는 당해 부동산 자체가 아니라 명의신탁자로부터 제공받은 매수자금을 부당이득하였다고 할 것이다"(대판 2005.1.28. 2002다66922). ☞ 따라서 甲은 乙에 대하여 X부동산의 2분의 1 지분이 아닌 매매대금의 2분의 1에 대해 부당이득반환청구권을 갖는다.

③ [×] 소유권을 취득한 제3자가 명의신탁자에게 목적부동산의 인도를 청구하는 경우 명의신탁자가 명의수탁자에 대한 '부당이득반환채권'에 기하여 유치권을 행사할 수 있는지 여부와 관련하여 앞서 검토한 바와 같이 명의신탁자는 명의수탁자에게 제공한 매매대금을 부당이득으로 반환청구할 수 있는바(대판 2005.1.28. 2002다66922), 判例는 "명의신탁자의 이와 같은 부당이득반환청구권은 ⅰ) 부동산 자체로부터 발생한 채권이 아닐 뿐만 아니라 ⅱ) 소유권 등에 기한 부동산의 반환청구권과 동일한 법률관계나 사실관계로부터 발생한 채권이라고 보기도 어려우므로, 결국 민법 제320조 제1항에서 정한 유치권 성립요건으로서의 목적물과 채권 사이의 견련관계를 인정할 수 없다"(대판 2009.3.26. 2008다34828)고 한다. 따라서 유치권이 인정되지 않는다.

④ [×] 判例에 따르면 수탁자가 신탁자로부터 받은 부동산 매수자금은 무효인 명의신탁약정에 기한 것으로서 법률상 원인이 없는 것이므로 명의신탁자에 대해 **'매수자금 상당액'의 부당이득반환의무를 부담한다**(대판 2005.1.28. 2002다66922 등). 그러나 소유권을 취득하게 된 **'수탁자가 그 부동산을 제3자에게 처분하여 받은 대금'은 신탁자에 대해 부당이득이 되는 것은 아니다. 수탁자가 그 대금을 다른 사람에게 지급한 경우에도 다를 바 없다**(아래 2007다24817판결).
"소외 1과 원고와 사이의 이 사건 제1토지 중 원고 지분에 관한 명의신탁 약정이 무효라고 하

더라도 원고 지분에 관하여 명의수탁자인 소외 1 앞으로 마쳐진 소유권이전등기에 의한 물권변동 자체는 유효한 것으로 취급되어 명의수탁자인 소외 1은 원고 지분에 관하여도 완전한 소유권을 취득하게 된다고 할 것이므로, 피고가 소외 1로부터 위 토지에 대한 보상금 중 일부를 지급받았다고 하더라도 소외 1에 대하여 **약정금반환청구권과 같은 채권적인 권리만을 갖는 원고에 대한 관계에서 피고가 법률상 원인 없이 타인의 재산으로 인하여 이익을 취득하고 이로 인하여 원고에게 손해를 가하였다고 볼 수 없다**"(대판 2008.9.11. 2007다24817)

⑤ [○] "부동산 실권리자명의 등기에 관한 법률 제4조 제2항 단서에 의하여 그 명의수탁자는 당해 부동산의 완전한 소유권을 취득하게 되고, 다만 명의신탁자에 대하여 그로부터 제공받은 매수자금 상당액의 부당이득반환의무를 부담하게 되는바, 위와 같은 경우에 명의수탁자가 취득한 부동산은 채무자인 명의수탁자의 일반 채권자들의 공동담보에 제공되는 책임재산이 되고, **명의신탁자는 명의수탁자에 대한 관계에서 금전채권자 중 한 명에 지나지 않으므로, 명의수탁자의 재산이 채무의 전부를 변제하기에 부족한 경우 명의수탁자가 위 부동산을 명의신탁자 또는 그가 지정하는 자에게 양도하는 행위는 특별한 사정이 없는 한 다른 채권자의 이익을 해하는 것으로서 다른 채권자들에 대한 관계에서 사해행위가 된다**"(대판 2008.9.25. 2007다74874)

비교판례 '매도인이 선의'인 계약명의신탁에서 명의수탁자 명의로 소유권이전등기가 마친 경우 **명의신탁자가 실질적인 당사자가 되어 위 부동산을 제3자에게 처분한 행위가 '신탁자'의 일반채권자들을 해하는 사해행위가 되는지 여부와 관련하여 최근 判例는 부정**하고 있는바, "신탁자가 수탁자에 대하여 부당이득반환채권만을 가지는 경우에는 그 부동산은 신탁자의 일반채권자들의 공동담보에 제공되는 책임재산이라고 볼 수 없고, 신탁자가 위 부동산에 관하여 제3자와 매매계약을 체결하는 등 신탁자가 실질적인 당사자가 되어 처분행위를 하고 소유권이전등기를 마쳐주었다고 하더라도 그로써 신탁자의 책임재산에 감소를 초래한 것이라고 할 수 없으므로, 이를 들어 신탁자의 일반채권자들을 해하는 사해행위라고 할 수 없다"(대판 2013.9.12. 2011다89903)고 한다.

[정답] ⑤

문 59 **甲과 乙은 2014. 2. 1. 乙이 甲을 대신하여 丙 소유의 X 부동산을 매수하는 내용의 명의신탁약정을 체결한 다음, 甲은 乙에게 매수자금을 제공하였다. 이에 따라 乙은 2014. 2. 10. 丙과 매매계약을 체결하였고, 2014. 4. 10. X 부동산에 대하여 乙 명의로 소유권이전등기를 경료하였다. 다음 설명 중 옳지 않은 것은?** (각 지문은 독립적이고, 다툼이 있는 경우 판례에 의함) [변시 4회]

① 丙이 甲과 乙 사이의 명의신탁약정을 알지 못하였다면, 乙은 X 부동산에 대한 소유권을 유효하게 취득한다.

② 丙이 甲과 乙 사이의 명의신탁약정을 알았더라도, 甲이 X 부동산을 丁에게 매도하고 乙로부터 丁에게 소유권이전등기가 경료되면 丁은 유효하게 소유권을 취득한다.

③ 乙이 X 부동산을 丁에게 매도하고 丁 명의로 소유권이전등기가 경료되면, 丁은 위 명의신탁약정에 대한 선의 · 악의를 불문하고 유효하게 소유권을 취득한다.

④ 丙이 매매계약 체결 당시 甲과 乙 사이의 명의신탁약정을 안 경우, 甲은 乙에 대하여 부당이득으로서 부동산 자체의 반환을 구할 수 없다.

⑤ 丙이 乙 명의로 소유권이전등기가 경료되기 전에 甲과 乙 사이의 명의신탁약정이 무효인 사실을 알고 甲이 매매계약의 매수인으로 되는 것에 동의하였다면, 甲은 丙에 대하여 소유권이전등기를 청구할 수 있다.

해 설 ① [○] 사안은 신탁자 甲의 위임에 따라 수탁자 乙이 자기 이름으로 매도인 丙으로부터 부동산을 매수하여 그 등기도 수탁자(매수인) 乙 앞으로 마친 계약명의신탁에 해당한다. 이러한 계약명의신탁은 매도인의 선의·악의에 따라 그 효력을 달리한다.

사안에서 **매도인 丙이 선의인 경우 매도인 丙과 명의수탁자 乙 사이의 매매계약은 완전히 유효하고, 이를 원인으로 명의수탁자 乙 앞으로 소유권이전등기가 되면 명의수탁자 乙은 완전한 소유권을 취득한다**(부동산실명법 제4조 2항 단서). 그러나 매도인의 선의 여부와 상관없이 신탁자 甲과 수탁자 乙 사이의 계약명의신탁약정은 특별한 사정이 없는 한 무효이다(부동산실명법 제4조 1항).

② [×] 계약명의신탁에서 매도인이 악의인 경우에는 매도인으로부터 명의수탁자에게로의 소유권 이전은 무효가 되나(부동산실명법 제4조 2항 본문), 명의신탁약정 내지 물권변동의 무효는 제3자에게 대항하지 못한다(동법 제4조 3항). 여기서 **'제3자'라고 함은 선 · 악을 불문하고 명의신탁 약정의 당사자 및 포괄승계인 이외의 자로서 '명의수탁자가 물권자임'을 기초로 그와의 사이에 '직접' 실질적으로 새로운 이해관계를 맺은 자**를 말한다(대판 2001.6.26. 2001다5371).

한편 判例는, 위 '제3자'는 "명의수탁자가 물권자임을 기초로 그와의 사이에 새로운 이해관계를 맺은 사람을 말하는 것이므로, 이와 달리 **오로지 '명의신탁자'와 부동산에 관한 물권을 취득하기 위한 계약을 맺고 단지 등기명의만을 명의수탁자로부터 받은 것과 같은 외관을 갖춘 자**는 동 조항의 제3자에 해당하지 않는다"고 한다. 따라서 "자신의 등기가 실체관계에 부합하여 유효라고 주장하는 것은 별론으로 하더라도(☞ 당해 지문의 경우 소유자 丙과 매매계약을 체결한 것도 아니기 때문에 이에 해당하는 것도 아니다), 위 규정을 들어 자신의 등기가 유효하다는 주장은 할 수 없다"고 한다(대판 2008.12.11. 2008다45187).

③ [○] i) 만약 **계약명의신탁에서 매도인이 악의인 경우** 제3자는 선·악을 불문하고 소유권을 취득한다(부동산실명법 제4조 3항). ii) 그러나 **계약명의신탁에서 매도인이 선의인 경우**에도 명의수탁자는 대내외적으로 완전한 소유권을 취득하게 되므로, 제3자에게 목적부동산을 처분하더라도 그

처분행위는 완전히 유효하다. 이는 부동산실명법 제4조 3항의 제3자 보호규정이 아닌 승계취득법리에 따른 것이다.

④ [○] 일단 매도인의 선의 여부와 상관없이 신탁자 甲과 수탁자 乙 사이의 계약명의신탁약정은 특별한 사정이 없는 한 무효이다(부동산실명법 제4조 1항). 아울러 判例에 따르면 "**계약명의신탁약정이 부동산실명법 시행 후인 경우에는 명의신탁자는 애초부터 당해 부동산의 소유권을 취득할 수 없었으므**로 위 명의신탁약정의 무효로 인하여 명의신탁자가 입은 손해는 당해 부동산 자체가 아니라 명의수탁자에게 제공한 매수자금이라 할 것이고, 따라서 명의수탁자는 당해 부동산 자체가 아니라 명의신탁자로부터 제공받은 매수자금을 부당이득하였다고 할 것이다"라고 판시하고 있다(대판 2005.1.28. 2002다66922).

⑤ [○] "어떤 사람이 타인을 통하여 부동산을 매수함에 있어 매수인 명의 및 소유권이전등기 명의를 타인 명의로 하기로 약정하였고 매도인도 그 사실을 알고 있어서 그 약정이 부동산실권리자 명의등기에 관한 법률 제4조의 규정에 의하여 무효로 되고 이에 따라 매매계약도 무효로 되는 경우에, 매매계약상의 매수인의 지위가 당연히 명의신탁자에게 귀속되는 것은 아니지만, **그 무효사실이 밝혀진 후에 계약상대방인 매도인이 계약명의자인 명의수탁자 대신 명의신탁자가 그 계약의 매수인으로 되는 것에 대하여 동의 내지 승낙을 함으로써 부동산을 명의신탁자에게 양도할 의사를 표시하였다면, 명의신탁약정이 무효로 됨으로써 매수인의 지위를 상실한 명의수탁자의 의사에 관계없이 매도인과 명의신탁자 사이에는 종전의 매매계약과 같은 내용의 양도약정이 따로 체결된 것으로 봄이 상당하고**, 따라서 이 경우 명의신탁자는 당초의 매수인이 아니라고 하더라도 매도인에 대하여 별도의 양도약정을 원인으로 하는 소유권이전등기청구를 할 수 있다"(대판 2003.9.5. 2001다32120).

[정답] ②

문 60 **甲은 자신의 친구인 乙과 명의신탁약정을 맺고 乙을 통해 丙 소유의 A토지를 매수하면서 소유권이전등기를 丙으로부터 직접 乙에게로 경료하였으며, A토지에 관한 乙·丙 간의 매매계약 체결 시 丙은 명의신탁약정이 있다는 사실을 알지 못하였다. 이에 관한 설명 중 옳지 않은 것은? (각 지문은 독립적이며, 다툼이 있는 경우 판례에 의함)** [변시 8회]

① 甲과 乙이 매수인 명의 및 소유권이전등기 명의를 乙의 명의로 하기로 한 경우, 이와 같은 명의신탁관계는 내부적인 관계에 불과하므로 설사 丙이 이를 알고 있었더라도 甲에게 계약에 따른 법률효과를 직접 귀속시킬 의도로 계약을 체결하였다는 등의 특별한 사정이 없는 한 대외적으로는 명의자인 乙을 매매당사자로 보아야 한다.

② 甲과 乙이 「부동산 실권리자명의 등기에 관한 법률」 시행 전에 명의신탁약정을 맺었으나 A토지에 대한 乙 명의의 등기는 위 법률이 정하는 실명등기 유예기간 후에 경료한 경우, 乙은 A토지에 대한 완전한 소유권을 취득한다.

③ 위 명의신탁약정과 그에 따른 등기가 모두 「부동산 실권리자명의 등기에 관한 법률」 시행 후에 행하여진 경우, 乙이 A토지를 丁에게 매도하고 丁의 명의로 소유권이전등기를 경료하였다면 丁은 명의신탁약정에 대한 선의·악의를 불문하고 A토지의 소유권을 유효하게 취득한다.

④ 위 명의신탁약정과 그에 따른 등기가 모두 「부동산 실권리자명의 등기에 관한 법률」 시행 후에 행하여진 경우, 乙이 甲으로부터 받은 부동산 매수자금 상당액은 법률상 원인이 없는 것이므로 부당이득으로서 반환해야 하고, 그 외에 乙이 소유권이전등기를 위하여 지출하여야 할 취득세, 등록세 등의 상당액을 甲으로부터 제공받았다면 이러한 취득비용도 무효인 명의신탁약정에 의하여 甲이 입은 손해에 포함되므로 부당이득으로서 반환하여야 한다.

⑤ 위 명의신탁약정과 그에 따른 등기가 모두 「부동산 실권리자명의 등기에 관한 법률」 시행 후에 행하여진 경우, 만일 丙이 甲과 乙 사이의 명의신탁관계를 알고 있는 상태에서 A토지를 乙에게 매도하고 매매대금을 수령하였다면, 乙이 그 후 제3자에게 A토지를 처분하는 행위는 丙에 대한 관계에서 불법행위를 구성하므로 丙은 乙에게 A토지의 처분 당시의 시가 상당액을 손해배상으로 청구할 수 있다.

해 설 ① [O] ※ 매매계약의 당사자 확정

"어떤 사람이 타인을 통하여 부동산을 매수하면서 매수인 명의 및 소유권이전등기 명의를 타인 명의로 하기로 한 경우에, 매수인 및 등기 명의의 신탁관계는 그들 사이의 내부적인 관계에 불과하므로, **상대방이 명의신탁자를 매매당사자로 이해하였다는 등의 특별한 사정이 없는 한 대외적으로는 계약명의자인 타인을 매매당사자로** 보아야 하며, 설령 **상대방이 명의신탁관계를 알고 있었더라도** 상대방이 계약명의자인 타인이 아니라 명의신탁자에게 계약에 따른 법률효과를 직접 귀속시킬 의도로 계약을 체결하였다는 등의 특별한 사정이 인정되지 아니하는 한 마찬가지이다"(대판 2016.7.22. 2016다207928).

쟁점정리 부동산 명의신탁에 있어서도 계약 당사자의 확정 문제는 결국 법률행위의 해석문제이다. 따라서 법률행위해석(자연적, 규범적 해석)을 통해 '명의수탁자'가 계약의 당사자로 결정되는 경우에는 '계약명의신탁'에 해당할 것이지만, '명의신탁자'가 계약의 당사자로 결정되는 경우에는 '3자간 등기명의신탁'에 해당할 것이다. 아울러 비록 명의수탁자의 명의로 계약을 체결하였다고 하여도 명의신탁자를 계약의 당사자로 할 것에 관하여 계약상대방과 사실상 의사의 일치가 있는 경우에는 '명의신탁자'가 계약당사자로 결정될 것이므로 결국 '3자간 등기명의신탁'이 된다(자연적 해석). 다만 상대방이 계약명의신탁에 대해 '악의'라는 사실만으로 명의신탁자를 계약의 당사자로 할 것에 관하여 일치하는 의사가 있다고 볼 수는 없다(위 2016다207928판결 참고).

② [O] ※ 계약명의신탁의 효력

부동산실명법 제11조(기존 명의신탁약정에 따른 등기의 실명등기 등) 「①항 률 제4944호 부동산실권리자명의등기에관한법률 시행 전에 명의신탁약정에 따라 부동산에 관한 물권을 명의수탁자의 명의로 등기하거나 등기하도록 한 명의신탁자(이하 '기존 명의신탁자'라 한다)는 법률 제4944호 부동산실권리자명의등기에관한법률 시행일부터 1년의 기간(이하 '유예기간'이라 한다) 이내에 실명등기하여야 한다.」

부동산실명법 제12조(실명등기의무 위반의 효력 등) 「①항 11조에 규정된 기간 이내에 실명등기 또는 매각처분 등을 하지 아니한 경우 그 기간이 지난 날 이후의 명의신탁약정 등의 효력에 관하여는 제4조를 적용한다.」

부동산실명법 제4조(명의신탁약정의 효력) 「①항 의신탁약정은 무효로 한다. ②항 의신탁약정에 따른 등기로 이루어진 부동산에 관한 물권변동은 무효로 한다. 다만, 부동산에 관한 물권을 취득하기 위한 계약에서 명의수탁자가 어느 한쪽 당사자가 되고 상대방 당사자는 명의신탁약정이 있다는 사실을 알지 못한 경우에는 그러하지 아니하다. ③항 1항 및 제2항의 무효는 제3자에게 대항하지 못한다.」

부동산실명법 부칙 제1조 (시행일) 「이 법은 1995년 7월 1일부터 시행한다.」

부동산실명법 부칙 제2조 (적용례) 「①항 3조 및 제13조의 규정은 이 법 시행 후 등기하는 분부터 적용한다. ②항 4조의 규정은 이 법 시행 전에 명의신탁약정을 하고 이 법 시행 후에 이에 의한 등기를 한 경우에도 이를 적용한다.」

부동산실명법 시행 이전에 체결된 명의신탁약정은 동법 시행 후 1년의 유예기간(동법 제11조)이 경과한 때 동법 제4조가 적용되어 무효가 된다(동법 제12조, 제4조 1항, 부칙 제2조). 그러나 매도인이 명의신탁약정이 있다는 사실을 알지 못한 경우에는 매도인과 명의수탁자 사이의 매매계약은 완전히 유효하고, 이를 원인으로 명의수탁자 앞으로 소유권이전등기가 되면 명의수탁자는 완전한 소유권을 취득한다(동법 제4조 2항 단서).

☞ 사안의 경우 매도인 丙이 계약명의신탁사실에 대해 선의인 이상 수탁자인 乙이 유효하게 A토지의 소유권을 취득한다.

③ [O] ※ 계약명의신탁의 효력

乙은 부동산실명법 제4조 2항 단서에 의해 A토지에 대한 완전한 소유권을 취득한 자이므로 그로부터 A토지를 매수한 丁은 부동산실명법 제4조 제3항과 관계없이 유효하게 A토지의 소유권을 취득한다(승계취득 법리).

④ [O] ※ 계약명의신탁의 경우 매수인의 부당이득 반환범위

수탁자가 신탁자로부터 받은 부동산 매수자금은 무효인 명의신탁약정에 기한 것으로서 법률상 원인이 없는 것이므로 명의신탁자에 대해 '매수자금 상당액'의 부당이득반환의무를 부담한다(대판 2005.1.28, 2002다66922 등). 그리고 명의수탁자가 소유권이전등기에 소요되는 '취득세·등록세' 등

을 명의신탁자로부터 제공받은 경우, 이 역시 계약명의신탁약정의 무효로 인하여 명의신탁자가 입은 손해에 포함되므로 명의수탁자는 명의신탁자에게 부당이득으로 반환하여야 한다(대판 2010.10.14., 2007다90432).

⑤ [×] "명의신탁자와 명의수탁자가 이른바 계약명의신탁 약정을 맺고 매매계약을 체결한 소유자도 명의신탁자와 명의수탁자 사이의 명의신탁약정을 알면서 그 매매계약에 따라 명의수탁자 앞으로 당해 부동산의 소유권이전등기를 마친 경우 부동산 실권리자명의 등기에 관한 법률 제4조 제2항 본문에 의하여 명의수탁자 명의의 소유권이전등기는 무효이므로, 당해 부동산의 소유권은 매매계약을 체결한 소유자에게 그대로 남아 있게 되고, 명의수탁자가 자신의 명의로 소유권이전등기를 마친 부동산을 제3자에게 처분하면 이는 **매도인의 소유권 침해행위로서 불법행위가 된다. 그러나 명의수탁자로부터 매매대금을 수령한 상태의 소유자로서는** 그 부동산에 관한 소유명의를 회복하기 전까지는 **신의칙 내지 민법 제536조 제1항 본문**의 규정에 의하여 명의수탁자에 대하여 이와 동시이행의 관계에 있는 매매대금 반환채무의 이행을 거절할 수 있는데, 소유명의 회복이 불가능한 이상, 소유자로서는 그와 동시이행관계에 있는 매매대금 반환채무를 이행할 여지가 없다. 결국 **소유자인 매도인으로서는 특별한 사정이 없는 한 명의수탁자의 처분행위로 인하여 어떠한 손해도 입은 바가 없다**"(대판 2013.9.12. 2010다95185).

[정답] ⑤

문 61 **甲과 乙은 2013. 10. 17 甲의 자금으로 丙 소유의 토지를 매수하여 乙 명의로 등기하기로 하는 명의신탁약정을 하고, 乙 이 丙과 매매계약을 체결한 후에 丙에게 매매대금을 지급하고 乙 명의로 소유권이전등기를 경료하였다. 다음 설명 중 옳은 것은?**(다툼이 있는 경우에는 판례에 의함) [변시 3회]

① 丙이 甲과 乙 사이의 명의신탁약정이 있다는 사실을 알지 못하였다면, 위 명의신탁약정은 유효하다.

② 甲이 乙의 남편으로서 자신에 대한 채권자의 강제집행을 면하기 위하여 명의신탁약정을 한 경우에는 그 명의신탁약정 뿐만 아니라 乙 명의의 소유권이전등기도 유효하다.

③ 丙이 甲과 乙 사이의 명의신탁약정이 있다는 사실을 알지 못한 경우, 甲은 乙을 상대로 乙에게 지급한 매수자금 상당의 부당이득반환을 청구할 수 있다.

④ ③의 경우, 甲이 위 토지를 점유하고 있다면 乙에 대한 부당이득반환청구권에 근거하여 유치권을 행사할 수 있다.

⑤ 乙이 丁에게 위 토지의 소유권을 이전한 경우, 甲과 乙 사이의 명의신탁약정이 있다는 사실을 알지 못하였던 丙은 이러한 사실에 대하여 악의인 丁에 대하여 소유권이전등기의 말소를 청구할 수 있다.

해 설 ① [×] 사안은 신탁자 甲의 위임에 따라 수탁자 乙이 자기 이름으로 매도인 丙으로부터 부동산을 매수하여 그 등기도 수탁자(매수인) 乙 앞으로 마친 계약명의신탁에 해당한다. 이러한 계약명의신탁은 매도인의 선의·악의에 따라 그 효력을 달리한다.

☞ 사안에서 **매도인 丙이 선의인 경우 매도인 丙과 명의수탁자 乙 사이의 매매계약은 완전히 유효**하고, 이를 원인으로 명의수탁자 乙 앞으로 소유권이전등기가 되면 명의수탁자 乙은 완전한 소유권을 취득한다(부동산실명법 제4조 2항 단서). 그러나 **매도인의 선의 여부와 상관없이 신탁자 甲과 수탁자 乙 사이의 계약명의신탁약정은 특별한 사정이 없는 한 무효**이다(부동산실명법 제4조 1항).

② [×] 부부사이의 명의신탁은 '탈법의 목적이 없는 한' 부동산실권리자 명의등기에 관한 법률 의 적용을 받지 않는 것이 원칙이다(동법 제8조 2호).

☞ 사안의 경우 甲이 乙의 남편으로서 자신에 대한 채권자의 강제집행을 면하기 위하여 명의신탁약정을 한 경우이므로 이 명의신탁약정은 탈법의 목적이 있어 부동산실명법 제4조 1항에 따라 무효이고, 수탁자 乙 명의의 소유권이전등기도 부동산실명법 제4조 2항 본문에 따라 무효이다.

③ [○] "**계약명의신탁약정이 부동산실명법 시행 후인 경우에는 명의신탁자는 애초부터 당해 부동산의 소유권을 취득할 수 없었으므로** 위 명의신탁약정의 무효로 인하여 **명의신탁자가 입은 손해는 당해 부동산 자체가 아니라 명의수탁자에게 제공한 매수자금이라 할 것이고**, 따라서 명의수탁자는 당해 부동산 자체가 아니라 명의신탁자로부터 제공받은 매수자금을 부당이득하였다고 할 것이다"(대판 2005.1.28. 2002다66922).

④ [×] 소유권을 취득한 제3자가 명의신탁자에게 목적부동산의 인도를 청구하는 경우 명의신탁자가 명의수탁자에 대한 '부당이득반환채권'에 기하여 유치권을 행사할 수 있는지 여부와 관련하여 앞서 검토한 바와 같이 명의신탁자는 명의수탁자에게 제공한 매매대금을 부당이득으로 반환청구할 수 있는바(대판 2005.1.28. 2002다66922), 判例는 "명의신탁자의 이와 같은 부당이득반환

청구권은 i) 부동산 자체로부터 발생한 채권이 아닐 뿐만 아니라 ii) 소유권 등에 기한 부동산의 반환청구권과 동일한 법률관계나 사실관계로부터 발생한 채권이라고 보기도 어려우므로, 결국 민법 제320조 제1항에서 정한 유치권 성립요건으로서의 목적물과 채권 사이의 견련관계를 인정할 수 없다"(대판 2009.3.26, 2008다34828)고 한다. 따라서 유치권이 인정되지 않는다.

⑤ [X] 앞서 검토한 바와 같이 계약명의수탁자가 선의의 매도인과의 매매계약을 원인으로 목적부동산에 관하여 소유권이전등기를 하면 대내외적으로 완전한 소유권을 취득하게 되므로, 제3자에게 목적부동산을 처분하더라도 그 처분행위는 완전히 유효하다. 이는 부동산실명법 제4조 3항의 제3자 보호규정이 아닌 승계취득법리에 따른 것이다.

☞ 따라서 선의의 매도인 丙은 선의뿐만 아니라 악의의 제3자에 대하여도 소유권이전등기의 말소를 청구할 수 없다.

[정답] ③

문 62 **甲은 2010. 2.경 친구 乙과 '甲이 매수하고자 하는 X 토지의 소유명의만을 乙 앞으로 해 두되, 세금 등은 모두 甲이 부담한다'고 약정하였다. 그 후 甲은 丙과 丙 소유인 X 토지를 甲이 매수하는 내용의 매매계약을 체결하고, 丙에게 등기는 乙에게 이전하여 줄 것을 부탁하였고 丙이 이를 승낙하여 乙 명의의 소유권이전등기가 경료되었다. 다음 중 옳은 것을 모두 고른 것은?** (다툼이 있는 경우에는 판례에 의함)

[변시 2회]

ㄱ. 乙이 돈이 필요하게 되어 丁에게 위와 같은 사정을 설명하고 X 토지에 저당권을 설정하여 줄 테니 돈을 빌려달라고 부탁하여 丁으로부터 돈을 차용하고 X 토지에 저당권을 설정한 경우, 그 저당권설정등기는 무효의 등기이다.
ㄴ. 甲은 자신의 소유권에 기하여 乙을 피고로 삼아 乙 명의 등기의 말소를 청구할 수 있다.
ㄷ. 甲과 丙 사이의 매매계약은 유효하다.

① ㄱ
② ㄷ
③ ㄱ, ㄴ
④ ㄱ, ㄷ
⑤ ㄴ, ㄷ

해설 ㄱ. [X] 3자간 등기명의신탁(중간생략형 명의신탁)이란 신탁자(사안에서 甲)가 계약의 당사자가 되어 매도인(사안에서 丙)과 매매계약을 체결하되, 매도인과의 합의 아래 등기를 매도인으로부터 (신탁자와 명의신탁약정을 맺은) 수탁자(사안에서 乙) 앞으로 직접 이전하는 경우이다.

이 때 명의신탁약정과 그에 의한 등기가 무효로 되나(부동산실명법 제4조 1항, 2항 본문), 명의수탁자가 그 신탁재산을 제3자에게 처분하면 그 처분행위는 제3자의 선·악을 불문하고 유효하다(동법 제4조 3항). 따라서 사안에서 명의수탁자 乙이 악의의 丁에게 저당권을 설정한 경우, 그 저당권설정등기는 유효하다.

ㄴ. [X] ㄷ. [O] 3자간 등기명의신탁약정과 그에 의한 등기가 무효로 되는 결과(동법 제4조 1항, 2항 본문), 명의신탁된 X토지는 매도인 丙소유로 복귀하고, **매도인 丙은 원인무효를 이유로 수탁자 乙 명의의 등기의 말소를 구할 수 있다.** 부동산실명법은 매도인과 명의신탁자 사이의 매매계약의 효력을 부정하는 규정을 두고 있지 아니하므로 **매도인 丙과 명의신탁자 甲 사이의 매매계약은 유효한 것으로 되어,** 명의신탁자 甲은 매도인 丙에 대하여 매매계약에 기한 소유권이전등기를 청구할 수 있고, 그 소유권이전등기청구권을 보전하기 위해 매도인 丙을 대위하여 수탁자 乙 명의의 등기의 말소를 구할 수 있다(대판 2002.3.15, 2001다61654). 따라서 명의신탁자 甲이 소유권에 기해 직접 수탁자 乙에게 등기의 말소를 청구할 수 없다.

[정답] ②

문 63 **甲은 乙 소유의 부동산 X를 취득하면서 丙과 명의신탁약정을 하여 丙의 명의로 등기하도록 하였다. 다음 상황 (1), (2)에 관한 설명 중 옳지 않은 것은?** (다툼이 있는 경우 판례에 의함) [변시 6회]

[상황 (1)] 甲은 乙과 부동산 X에 대한 매매계약을 체결한 뒤 대금을 완납하고 소유권이전등기의 명의만을 丙의 명의로 해 두기로 약정하였고, 이에 2012. 5.경 丙이 乙로부터 부동산 X에 대한 이전등기를 경료받았다.

[상황 (2)] 甲은 丙과 사이에 자신이 매매대금과 취득세 등의 취득비용을 부담하기로 하면서 丙이 丙의 명의로 乙과 매매계약을 체결하여 소유권이전등기를 경료받도록 약정하였고, 이에 丙이 이런 사실을 알지 못하는 乙과 2012. 5.경 매매계약을 체결한 후 대금을 완납하여 부동산 X의 이전등기를 경료받았다.

① 상황 (1)에서 丙이 부동산 X에 대한 소유권이전등기를 경료받은 후 자신의 채권자 丁에게 채무담보를 위하여 부동산 X 위에 저당권을 설정하여 그 등기가 마쳐진 경우, 丁의 저당권은 유효하다.

② 상황 (1)에서 공공용지 협의취득 절차에 의하여 丁이 부동산 X에 대해 소유권이전등기를 경료하고 보상금이 丙에게 지급된 경우, 丙은 취득한 보상금을 甲에게 부당이득으로 반환해야 한다.

③ 상황 (2)에서 甲은 丙을 상대로 부동산 X의 소유권을 주장할 수는 없고 매수자금의 부당이득반환을 청구할 수 있을 뿐이고, 그 반환범위는 특별한 사정이 없는 한 매매대금 이외에 취득세 등 취득비용도 포함한다.

④ 상황 (2)에서 甲은 자신이 부동산 X를 점유하고 있는 한 丙으로부터 부동산 X의 소유권이전등기를 경료받은 丁을 상대로 위 ③의 丙에 대한 부당이득반환청구권을 기초로 유치권을 행사할 수 있다.

⑤ 상황 (2)에서 丙이 채무초과 상태에서 甲의 지정에 따라 丁에게 부동산 X의 소유권을 이전하는 행위는 특별한 사정이 없는 한 丙의 일반 채권자에 대한 관계에서 사해행위가 된다.

해 설 ① [○] 명의신탁약정은 무효이고(동법 제4조 1항), 그에 기초한 부동산물권변동도 원칙적으로 무효이다(동법 제4조 2항 본문). 그러나 명의신탁약정 내지 물권변동의 무효는 제3자에게 대항하지 못한다(동법 제4조 3항). 여기서 '제3자'라고 함은 선·악을 불문하고 명의신탁 약정의 당사자 및 포괄승계인 이외의 자로서 '명의수탁자가 물권자임'을 기초로 그와의 사이에 '직접' 실질적으로 새로운 이해관계를 맺은 자를 말하고, 여기에는 소유권이나 **저당권 등 물권을 취득한 자뿐만 아니라, 가압류채권자도 포함된다**(대판 2000.3.28. 99다56529 ; 대판 2001.6.26. 2001다5371 등).

☞ 상황 (1)의 경우 3자간의 등기명의신탁으로서 명의신탁약정과 이에 기한 물권변동은 모두 무효이나(부동산실명법 제4조 1항, 2항 본문), 위 지문의 경우 丁은 부동산실명법 제4조 3항의 제3자에 해당하여 丁의 저당권은 유효하다.

② [○] "**이른바 3자간 등기명의신탁에서 부동산 실권리자명의 등기에 관한 법률에서 정한 유예기간이 경과한 후 명의수탁자가 신탁부동산을 임의로 처분하거나 강제수용이나 공공용지 협의취득 등을 원인으로 제3취득자 명의로 이전등기가 마쳐진 경우**, 특별한 사정이 없는 한 제3취득자는 유효하게 소유권을 취득하게 되므로(동법 제4조 3항), 그로 인하여 매도인의 명의신탁자에 대한 소유권이전등기의무는 이행불능으로 되고 그 결과 명의신탁자는 신탁부동산의 소유권을 이전받을 권리를 상실하는 손해를 입게 되는 반면, **명의수탁자는 신탁부동산의 처분대금이나 보상금을 취득하는 이익을 얻게 되므로, 명의수탁자는 명의신탁자에게 그 이익을 부당이득으로 반환할 의무가 있다**"(대판 2011.9.18. 2009다49193,49209).

③ [○] 명의수탁자의 상대방이 선의인 계약명의신탁에서 수탁자가 신탁자로부터 받은 부동산 매수자금은 무효인 명의신탁약정에 기한 것으로서 법률상 원인이 없는 것이므로 명의수탁자는 명의신탁자에 대해 **'매수자금 상당액'**의 부당이득반환의무를 부담한다(대판 2005.1.28. 2002다66922 등). 그리고 명의수탁자가 소유권이전등기에 소요되는 **'취득세·등록세' 등을 명의신탁자로부터 제공받은 경우, 이 역시 계약명의신탁약정의 무효로 인하여 명의신탁자가 입은 손해에 포함되므로** 명의수탁자는 명의신탁자에게 부당이득으로 반환하여야 한다(대판 2010.10.14, 2007다90432).

주 의 그러나 소유권을 취득하게 된 '수탁자가 그 부동산을 제3자에게 처분하여 받은 대금'은 신탁자에 대해 부당이득이 되는 것은 아니다. 수탁자가 그 대금을 다른 사람에게 지급한 경우에도 다를 바 없다(대판 2008.9.11, 2007다24817).

☞ 상황 (2)는 명의수탁자의 상대방이 선의인 계약명의신탁으로서, 명의신탁약정은 무효이나 명의수탁자 丙은 대내외적으로 유효하게 부동산의 소유권을 취득한다(부동산실명법 제4조 1항, 2항 단서), 이때 명의신탁자가 입은 손해는 명의수탁자에게 제공한 매수자금이고 취득세, 등록세 등의 취득비용 또한 신탁자가 입은 손해에 포함되어, 명의수탁자 丙은 명의신탁자 甲에게 이를 부당이득으로서 반환하여야 한다.

④ [×] "**명의신탁자와 명의수탁자가 이른바 계약명의신탁약정을 맺고 명의수탁자가 당사자가 되어 명의신탁약정이 있다는 사실을 알지 못하는 소유자와 부동산에 관한 매매계약을 체결한 뒤 수탁자 명의로 소유권이전등기를 마친 경우에는**, 명의신탁자와 명의수탁자 사이의 명의신탁약정은 무효이지만 그 명의수탁자는 당해 부동산의 완전한 소유권을 취득하게 되고(부동산 실권리자명의 등기에 관한 법률 제4조 제1항, 제2항 참조), 반면 **명의신탁자는 애초부터 당해 부동산의 소유권을 취득할 수 없고 다만 그가 명의수탁자에게 제공한 부동산 매수자금이 무효의 명의신탁약정에 의한 법률상 원인 없는 것이 되는 관계로 명의수탁자에 대하여 동액 상당의 부당이득반환청구권을 가질 수 있을 뿐이다**. 명의신탁자의 이와 같은 부당이득반환청구권은 부동산 자체로부터 발생한 채권이 아닐 뿐만 아니라 소유권 등에 기한 부동산의 반환청구권과 동일한 법률관계나 사실관계로부터 발생한 채권이라고 보기도 어려우므로, 결국 **민법 제320조 제1항에서 정한 유치권 성립요건으로서의 목적물과 채권 사이의 견련**

관계를 인정할 수 없다"(대판 2009.3.26. 2008다34828).

⑤ [O] "명의수탁자가 취득한 부동산은 채무자인 명의수탁자의 일반 채권자들의 공동담보에 제공되는 책임재산이 되고, 명의신탁자는 명의수탁자에 대한 관계에서 금전채권자(부당이득반환채권)[1] 중 한 명에 지나지 않으므로, **명의수탁자의 재산이 채무의 전부를 변제하기에 부족한 경우 명의수탁자가 위 부동산을 명의신탁자 또는 그가 지정하는 자에게 양도하는 행위는 특별한 사정이 없는 한 '명의수탁자'의 다른 채권자의 이익을 해하는 것으로서 다른 채권자들에 대한 관계에서 사해행위가 된다**"(대판 2008.9.25. 2007다74874).

비교판례 "**신탁자가 수탁자에 대하여 부당이득반환채권만을 가지는 경우에는 그 부동산은 신탁자의 일반채권자들의 공동담보에 제공되는 책임재산이라고 볼 수 없고**, 신탁자가 위 부동산에 관하여 제3자와 매매계약을 체결하는 등 신탁자가 실질적인 당사자가 되어 처분행위를 하고 소유권이전등기를 마쳐주었다고 하더라도 그로써 신탁자의 책임재산에 감소를 초래한 것이라고 할 수 없으므로, 이를 들어 신탁자의 일반채권자들을 해하는 사해행위라고 할 수 없다"(대판 2013.9.12. 2011다89903).

[정답] ④

1) "명의신탁자와 명의수탁자 사이의 명의신탁 약정의 무효에도 불구하고 부동산 실권리자명의 등기에 관한 법률 제4조 2항 단서에 의하여 그 명의수탁자는 당해 부동산의 완전한 소유권을 취득하게 되고, 다만 명의신탁자에 대하여 그로부터 제공받은 매수자금 상당액의 부당이득반환의무를 부담하게 되는바…"

문 64 甲과 그 친구 乙은 2019. 2. 1. 丙 소유의 X건물을 乙이 매수하여 乙 명의로 등기하기로 하는 명의신탁약정을 체결하였다. 乙은 2019. 2. 10. 丙과 매매계약을 체결한 다음, 甲으로부터 제공받은 매매대금을 丙에게 지급하고, 2019. 4. 10. X건물에 관하여 자신의 명의로 소유권이전등기를 마쳤다. 이에 관한 설명 중 옳지 않은 것을 모두 고른 것은? (다툼이 있는 경우에는 판례에 의함) [변시 9회]

ㄱ. 丙이 甲과 乙 사이의 명의신탁약정을 안 경우, 乙이 X건물을 丁에게 매도하고 소유권이전등기를 마쳐주었다면 丁은 선의, 악의를 불문하고 유효하게 소유권을 취득할 수 있다.
ㄴ. 丙이 甲과 乙 사이의 명의신탁약정을 안 경우, 乙이 X건물을 丁에게 매도하고 소유권이전등기를 넘겨주었다면 乙의 X건물 처분행위는 丙에 대한 관계에서 불법행위를 구성하므로 丙은 乙에게 X건물의 처분 당시의 시가 상당액을 손해배상으로 청구할 수 있다.
ㄷ. 丙이 甲과 乙 사이의 명의신탁약정을 알지 못한 경우, 乙이 무자력 상태에서 甲으로부터 수령한 매수자금을 반환하기 위하여 X건물을 甲에게 양도하였다면, 이는 乙의 다른 채권자들에 대한 관계에서 사해행위가 된다.
ㄹ. 만약 甲과 乙 사이의 명의신탁약정이 1994. 5. 5. 체결되고, 그에 따른 등기가 1994. 6. 5. 마쳐진 후 법정의 유예기간이 경과하였다면, 甲은 乙에 대하여 '당해 부동산 자체'에 대한 부당이득반환을 청구할 수 있으며, 이 경우 甲이 X건물을 계속 점유·사용해 왔다면 乙에 대한 부당이득반환청구권에 기한 등기청구권의 소멸시효는 진행하지 않는다.

① ㄱ, ㄴ
② ㄱ, ㄷ
③ ㄴ, ㄷ
④ ㄴ, ㄹ
⑤ ㄷ, ㄹ

해설 ㄱ. [○] ※ 부동산 실권리자명의 등기에 관한 법률 제4조 제3항에서 정한 '제3자'의 범위
명의신탁약정은 무효이고(동법 제4조 1항), 그에 기초한 부동산물권변동도 원칙적으로 무효이다(동법 제4조 2항 본문). 그러나 명의신탁약정 내지 물권변동의 무효는 제3자에게 대항하지 못한다(동법 제4조 3항). 여기서 '제3자'라고 함은 선·악을 불문하고 명의신탁 약정의 당사자 및 포괄승계인 이외의 자로서 '명의수탁자가 물권자임'을 기초로 그와의 사이에 '직접' 실질적으로 새로운 이해관계를 맺은 자를 말한다(대판 2001.6.26. 2001다5371).

ㄴ. [X] ※ 매도인이 악의인 계약명의신탁에서 명의수탁자가 제3자에게 목적부동산을 처분한 경우
제3자는 선·악을 불문하고 소유권을 취득한다(부동산실명법 제4조 3항). 따라서 이는 매도인의 소유권 침해행위로서 불법행위가 된다. 그러나 명의수탁자로부터 매매대금을 수령한 상태의 매도인으로서는 그 부동산에 관한 소유명의를 회복하기 전까지는 신의칙 내지 민법 제536조 제1항 본문의 규정에 의하여 명의수탁자에 대하여 매매대금 반환채무의 이행을 거절할 수 있는데, 소유명의 회복이 불가능한 이상, 매도인으로서는 그와 동시이행관계에 있는 매매대금 반환채무를 이행할 여지가 없다. 결국 매도인에게 손해가 발생하였다고 볼 수 없어 수탁자에 대한 불법행위로 인한 손해배상청구도 인정되지 않는다고 본다(대판 2013.9.12. 2010다95185).

ㄷ. [○] ※ 매도인이 선의인 계약명의신탁에서 명의수탁자가 제3자에게 목적부동산을 처분한 경우
"부동산에 관하여 부동산 실권리자명의 등기에 관한 법률 제4조 제2항 본문이 적용되어 명의수탁자인 채무자 명의의 소유권이전등기가 무효인 경우에는 그 부동산은 채무자의 소유가 아니기 때문에 이를 채무자의 일반 채권자들의 공동담보에 제공되는 책임재산이라고 볼 수 없고, 채무자가 위 부동산에 관하여 제3자와 매매계약을 체결하고 그에게 소유권이전등기를 마쳐주었다고 하더라도 그로써 채무자의 책임재산에 감소를 초래한 것이라고 할 수 없으므로 이를 들어 채무자의 일반 채권자들을 해하는 사해행위라고 할 수 없으며, 채무자에게 사해의 의사가 있다고 볼 수도 없다.
그러나 명의신탁자와 명의수탁자가 이른바 계약명의신탁 약정을 맺고 명의수탁자가 당사자가 되어 명의신탁 약정이 있다는 사실을 알지 못하는 소유자와 부동산에 관한 매매계약을 체결한 후 그 매매계약에 따라 당해 부동산의 소유권이전등기를 명의수탁자 명의로 마친 경우에는, 명의신탁자와 명의수탁자 사이의 명의신탁 약정의 무효에도 불구하고 부동산 실권리자명의 등기에 관한 법률 제4조 제2항 단서에 의하여 그 명의수탁자는 당해 부동산의 완전한 소유권을 취득하게 되고, 다만 명의신탁자에 대하여 그로부터 제공받은 매수자금 상당액의 부당이득반환의무를 부담하게 되는바, 위와 같은 경우에 명의수탁자가 취득한 부동산은 채무자인 명의수탁자의 일반 채권자들의 공동담보에 제공되는 책임재산이 되고, 명의신탁자는 명의수탁자에 대한 관계에서 금전채권자 중 한 명에 지나지 않으므로, 명의수탁자의 재산이 채무의 전부를 변제하기에 부족한 경우 명의수탁자가 위 부동산을 명의신탁자 또는 그가 지정하는 자에게 양도하는 행위는 특별한 사정이 없는 한 다른 채권자의 이익을 해하는 것으로서 다른 채권자들에 대한 관계에서 사해행위가 된다"(대판 2008.9.25. 2007다74874).

참고판례 매도인이 명의신탁약정이 있다는 사실을 알지 못한 경우에는 매도인과 명의수탁자 사이의 매매계약은 완전히 유효하고, 이를 원인으로 명의수탁자 앞으로 소유권이전등기가 되면 명의수탁자는 완전한 소유권을 취득한다(부동산실명법 제4조 2항 단서). 따라서 명의수탁자가 매도인과의 매매계약을 원인으로 목적부동산에 관하여 소유권이전등기를 하면 대내외적으로 완전한 소유권을 취득하게 되므로, 제3자에게 목적부동산을 처분하더라도 그 처분행위는 완전히 유효하다(이는 부동산실명법 제4조 3항의 제3자 보호규정이 아닌 승계취득법리에 따른 것임).

ㄹ. [X] ※ 계약명의신탁약정과 그에 따른 등기가 부동산실명법 시행 전에 행하여진 경우
"부동산실명법 시행일(1995.7.1.)로부터 1년의 기간(유예기간)이 경과하기 전까지는 명의신탁자는 언제라도 명의신탁을 해지하여 해당 부동산의 소유권을 취득할 수 있었다는 점에서, 그 유예기간이 경과한 후에는 동법 제12조 1항에 의해 제4조가 적용되어 계약명의신탁법리가 적용된다고 하더라도, 동법 제3조 및 제4조가 명의신탁자에게 소유권이 귀속되는 것을 막는 취지의 규정은 아니므로 이 경우에는 명의수탁자는 명의신탁자에게 자신이 취득한 해당 '부동산 자체'를 부당이득으로 반환할 의무가 있다"(대판 2008.11.27. 2008다62687).
그러나 명의신탁자가 해당부동산의 회복을 위해 명의수탁자에 대해 가지는 이러한 소유권이전등기청구권은 그 성질상 법률의 규정에 의한 부당이득반환청구권으로서, 제162조 1항에 따라 10년의 기간이 경과함으로써 시효로 소멸한다. 유의할 점은 위 등기청구권은 명의신탁자가 목적물을 점유하고 있더라도 소멸시효에 걸린다는 것이다(대판 2009.7.9. 2009다23313) 만약 이 경우 소멸시효가 진행되지 않는다고 한다면 실명전환을 하지 않아 위 법률을 위반한 경우임에도 그 권리를 보호하여 주는 결과가 되므로 判例의 태도는 타당하다(위 2009다23313판시내용).

[정답] ④

문65 **甲은 2019. 6. 1. A로부터 그 소유의 X부동산을 매수하고 매매대금을 모두 지급하였으며, 乙과 명의신탁약정을 체결하고 A에게 부탁하여 그 소유권이전등기를 乙에게로 이전하게 하였다. 이에 관한 설명 중 옳은 것은?** (다툼이 있는 경우 판례에 의함) [변시 10회]

① A는 소유권에 기한 방해배제청구권을 행사하여 乙 명의의 소유권이전등기의 말소를 구할 수 없다.

② 甲은 乙을 상대로 부당이득반환을 원인으로 하는 소유권이전등기를 구할 수 있다.

③ 乙이 丙에게 X부동산을 매도하고 소유권이전등기를 마쳐준 경우 丙은 그 소유권을 취득할 수 없다.

④ 만일 甲과 A가 매매계약을 체결하면서 계약서상 매수인 명의를 乙로 하였다면, 계약에 따른 법률효과를 甲에게 직접 귀속시킬 의도로 계약을 체결한 사정이 인정되더라도 이는 계약명의신탁에 해당한다.

⑤ 2020. 7. 10. X부동산에 관하여 경매를 원인으로 丁 명의로 이전등기가 마쳐져 乙이 그 매각대금 상당의 이익을 얻은 경우, 乙은 甲에 대하여 甲이 입은 손해의 범위 내에서 그 이익을 부당이득으로 반환할 의무가 있다.

해 설 ① [×] "부동산 실권리자 명의등기에 관한 법률 소정의 유예기간 경과에 의하여 기존 명의신탁약정과 그에 의한 등기가 무효로 되면 명의신탁 부동산은 매도인 소유로 복귀하므로 매도인은 명의수탁자에게 무효인 명의수탁자 명의의 등기의 말소를 구할 수 있게 되고, 한편 같은 법은 매도인과 명의신탁자 사이의 매매계약의 효력을 부정하는 규정을 두고 있지 아니하여 위 유예기간 경과 후로도 매도인과 명의신탁자 사이의 매매계약은 여전히 유효하므로, 명의신탁자는 위 매매계약에 기한 매도인에 대한 소유권이전등기청구권을 보전하기 위하여 매도인을 대위하여 명의수탁자에게 무효인 명의수탁자 명의의 등기의 말소를 구할 수 있다"(대판 1999.9.17. 99다21738)
☞ 따라서 매도인 A는 소유권에 기한 방해배제청구권을 행사하여 명의수탁자 乙명의의 소유권이전등기의 말소를 구할 수 있다.

② [×] 3자간 등기명의신탁 – 매도인, 신탁자, 수탁자 사이의 법률관계
"이른바 3자간 등기명의신탁의 경우 부동산 실권리자명의 등기에 관한 법률에서 정한 유예기간 경과에 의하여 그 명의신탁 약정과 그에 의한 등기가 무효로 되더라도 **명의신탁자는 매도인에 대하여 매매계약에 기한 소유권이전등기청구권을 보유하고 있어** 그 유예기간의 경과로 그 등기 명의를 보유하지 못하는 **손해를 입었다고 볼 수 없다.** 또한 명의신탁 부동산의 소유권이 매도인에게 복귀한 마당에 명의신탁자가 무효인 등기의 명의인인 명의수탁자를 상대로 그 이전등기를 구할 수도 없다. 결국 3자간 등기명의신탁에 있어서 명의신탁자는 명의수탁자를 상대로 부당이득반환을 원인으로 한 소유권이전등기를 구할 수 없다"(대판 2008.11.27. 2008다55290,55306).
☞ 따라서 명의신탁자 甲은 명의수탁자 乙을 상대로 부당이득반환을 원인으로 한 소유권이전등기를 구할 수 없다.

③ [×] "부동산 실권리자명의 등기에 관한 법률」(이하 '부동산실명법') 제4조 제3항에 의하면 명의신탁약정 및 이에 따른 등기로 이루어진 부동산에 관한 물권변동의 무효는 제3자에게 대항하지 못하는데, 여기서 '제3자'는 명의신탁약정의 당사자 및 포괄승계인 이외의 자로서 명의수탁자가 물권자임을 기초로 그와 사이에 직접 새로운 이해관계를 맺은 사람으로서 소유권이나

저당권 등 물권을 취득한 자뿐만 아니라 압류 또는 가압류채권자도 포함하고 그의 선의 · 악의를 묻지 않는다"(대판 2013.3.14. 2012다107068)

☞ 따라서 丙은 부동산실명법 제4조 제3항의 제3자에 해당하므로, X부동산의 소유권을 취득할 수 있다.

④ [X] "명의신탁약정이 3자간 등기명의신탁인지 아니면 계약명의신탁인지의 구별은 계약당사자가 누구인가를 확정하는 문제로 귀결되는데, 계약명의자가 명의수탁자로 되어 있다 하더라도 계약당사자를 명의신탁자로 볼 수 있다면 이는 3자간 등기명의신탁이 된다. 따라서 계약명의자인 명의수탁자가 아니라 명의신탁자에게 계약에 따른 법률효과를 직접 귀속시킬 의도로 계약을 체결한 사정이 인정된다면 명의신탁자가 계약당사자라고 할 것이므로, 이 경우의 명의신탁관계는 3자간 등기명의신탁으로 보아야 한다"(대판 2010.10.28. 2010다52799)

⑤ [O] "이른바 3자간 등기명의신탁에서 부동산 실권리자명의 등기에 관한 법률에서 정한 유예기간이 경과한 후 명의수탁자가 신탁부동산을 임의로 처분하거나 강제수용이나 공공용지 협의취득 등을 원인으로 제3취득자 명의로 이전등기가 마쳐진 경우, 특별한 사정이 없는 한 제3취득자는 유효하게 소유권을 취득하게 되므로(같은 법 제4조 제3항), 그로 인하여 매도인의 명의신탁자에 대한 소유권이전등기의무는 이행불능으로 되고 그 결과 명의신탁자는 신탁부동산의 소유권을 이전받을 권리를 상실하는 손해를 입게 되는 반면, 명의수탁자는 신탁부동산의 처분대금이나 보상금을 취득하는 이익을 얻게 되므로, 명의수탁자는 명의신탁자에게 그 이익을 부당이득으로 반환할 의무가 있다"(대판 2011.9.8. 2009다49193,49209)

☞ 이때, 丁이 소유권을 취득하므로 명의수탁자 乙은 명의신탁자 甲에게 손해의 범위 내에서 그 이익을 부당이득으로 반환할 의무가 있다.

[정답] ⑤

문 66 甲은 2020. 2. 10. 乙과 乙 소유의 X부동산에 관하여 매매계약을 체결하고 2020. 3. 10. 乙에게 매매대금 전액을 지급함과 동시에 소유권이전등기는 甲과 그의 친구 丙 사이의 명의신탁약정에 따라 乙로부터 바로 丙 앞으로 마쳤다. 이러한 사실관계를 바탕으로 한 설명 중 옳지 않은 것은? (각 지문은 독립적이며, 다툼이 있는 경우 판례에 의함) [변시 13회]

① 甲과 丙 사이의 약정과 그로 인한 丙 명의의 소유권이전등기는 무효이지만 甲은 丙을 상대로 부당이득반환을 원인으로 하여 X부동산의 소유권이전등기를 구할 수는 없다.

② 甲이 A와 사이에 X부동산에 관하여 매매계약을 체결하고 이에 기하여 丙에서 A 앞으로 바로 마쳐 준 소유권이전등기는 특별한 사정이 없는 한 실체관계에 부합하는 등기로서 유효하다.

③ 丙에 대한 금전채권자 B가 자신의 금전채권을 피보전권리로 하여 X부동산에 대하여 가압류를 신청하여 가압류등기가 마쳐진 경우 B의 가압류는 유효하다.

④ 丙이 임의로 甲과 丙 사이의 약정사실을 알고 있는 C와 X부동산에 관하여 매매계약을 체결하고 대금을 지급받음과 동시에 C에게 소유권이전등기를 마쳐 준 경우 丙은 甲에게 민법 제750조에 따른 손해배상책임을 질 수 있다.

⑤ 丙이 임의로 자신의 채권자 D를 위하여 X부동산에 관하여 D 명의의 근저당권을 설정해 준 경우 丙은 근저당권의 피담보채무액 상당의 이익을 얻었고 그로 인하여 乙은 소유권을 침해당한 손실을 입었으므로 丙은 乙에 대하여 부당이득반환의무를 부담한다.

해설 ① [○] 부동산실명법에서 정한 유예기간 경과에 의하여 그 명의신탁 약정과 그에 의한 등기가 무효로 되더라도 **명의신탁자는 매도인에 대하여 매매계약에 기한 소유권이전등기청구권을 보유하고 있어** 그 유예기간의 경과로 그 등기 명의를 보유하지 못하는 **'손해'를 입었다고 볼 수 없어 명의수탁자를 상대로 부당이득반환을 원인으로 한 소유권이전등기를 구할 수 없다**(대판 2008.11.27. 2008다55290,55306)

② [○] 判例는 중간생략등기형 명의신탁(3자간 등기명의신탁)에서 부동산실명법은 매도인과 명의신탁자 사이의 매매계약의 효력을 부정하는 규정을 두고 있지 아니하므로 그들 사이의 매매계약은 유효한 것으로 되어, 명의신탁자는 매도인에 대하여 매매계약에 기한 소유권이전등기를 청구할 수 있고, 그 소유권이전등기청구권을 보전하기 위해 매도인을 대위하여 수탁자 명의의 등기의 말소를 구할 수 있다고 하여(대판 2002.3.15. 2001다61654), **명의수탁자가 명의신탁자 앞으로 바로 마쳐준 소유권이전등기도 실체관계에 부합하는 등기로서 유효하다고** 한다(대판 2004.6.25. 2004다6764)

☞ 사안에서 유효하게 X부동산의 소유권을 취득할 수 있는 명의신탁자 **甲과 X부동산에 관하여 매매계약을 체결하고 등기를 丙으로부터 직접 경료받은 A 명의의 소유권이전등기도 실체관계에 부합하는 등**기로서 유효하다.

③ [○] **부동산실명법 제4조 제3항의 '제3자'** 라고 함은 선·악을 불문하고 명의신탁 약정의 당사자 및 포괄승계인 이외의 자로서 **'명의수탁자가 물권자임'을 기초로 그와의 사이에 '직접' 실질적으로 새로운 이해관계를 맺은 자**를 말하고, 여기에는 소유권이나 저당권 등 물권을 취득한 자뿐만 아니라, 가압**류채권자도 포함된다**(대판 2001.6.26. 2001다5371)

④ [O] 명의신탁약정이 무효이므로 수탁자는 신탁자에게 채무불이행책임은 지지 아니하나, 불법행위로 인한 손해배상책임(불법행위당시 목적물의 시가)은 지게 된다. 즉, 이러한 **명의수탁자의 처분행위는 형사상 횡령죄로 처벌되지 않더라도 이는 명의신탁자의 채권인 소유권이전등기청구권을 침해하는 행위로써** 민법 제750조에 따라 **불법행위에 해당하여** 명의수탁자는 명의신탁자에게 손해배상책임을 질 수 있다(대판 2022.6.9. 2020다208997).

⑤ [X] "3자간 등기명의신탁에서 **명의수탁자가** 부동산에 관하여 **제3자에게 근저당권을 설정한** 경우 명의수탁자는 근저당권의 **피담보채무액 상당의 이익을 얻었고 그로 인하여 명의신탁자에게 그에 상응하는 손해를** 입혔으므로, **명의수탁자는 명의신탁자에게** 이를 **부당이득으로 반환할** 의무를 부담한다"고 한다(대판 2021.9.9. 전합2018다284233)

☞ 丙은 매도인 乙이 아니라 **신탁자 甲에게 부당이득반환의무를 부담한다.**

[정답] ⑤

제4장 용익물권

제1절 지상권

문 67 **甲은 乙에 대한 대출금 채권의 담보를 위하여 乙 소유 X 토지에 저당권과 아울러 지료 없는 지상권을 취득하면서 乙로 하여금 그 토지를 계속하여 점유·사용하게 하였다. 이에 관한 설명 중 옳지 않은 것은?** (각 지문은 독립적이며, 다툼이 있는 경우 판례에 의함) [변시 14회]

① 乙이 건물 신축이 가능한 나대지였던 X 토지에 옹벽을 설치하고 도로를 개설한 경우, 甲은 乙에게 X 토지에 대한 임료 상당 부당이득반환을 청구할 수 없다.

② 乙이 건물 신축이 가능한 나대지였던 X 토지에 옹벽을 설치하고 도로를 개설하여 이로 인해 X 토지의 교환가치가 하락한 경우, 甲은 乙에게 불법행위로 인한 손해배상을 청구할 수 있다.

③ 乙이 丙에게 X 토지에 대한 무상 사용을 승낙하고 이에 따라 丙이 X 토지에 단풍나무를 심은 경우, 이 단풍나무는 X 토지에 부합되지 않는다.

④ X 토지에 대한 甲 명의 저당권의 피담보채무가 소멸시효 완성으로 인해 소멸한 경우, X 토지에 대한 甲 명의 지상권도 이에 부종하여 소멸하므로 乙에게는 甲 명의 지상권의 피담보채무의 부존재에 대한 확인을 구할 이익이 인정된다.

⑤ X 토지에 甲 명의의 저당권과 지상권이 설정될 당시 X 토지에 乙 소유 Y 건물이 신축되어 있었던 경우, 甲의 위 저당권에 기한 임의경매 신청에 따라 X 토지가 경매되어 丁이 매각 대금을 완납하면 Y 건물을 위한 법정지상권이 성립한다.

해 설 ① [O], ② [O] 불법점유를 당한 부동산의 소유자 또는 용익권자로서는 불법점유자에 대하여 그로 인한 임료 상당 손해의 배상이나 부당이득의 반환을 구할 수 있을 것이나, 불법점유라는 사실이 발생한 바 없었다고 하더라도 부동산의 소유자 또는 용익권자에게 임료 상당 이익이나 기타 소득이 발생할 여지가 없는 특별한 사정이 있는 때에는 손해배상이나 부당이득반환을 청구할 수 없다(대판 2002.12.6. 2000다57375).

담보지상권을 설정받으면서 채무자 등의 사용, 수익을 배제하지 않은 경우에는 무단점유자에게 지상권 자체의 침해를 원인으로 한 손해배상청구는 할 수 없다. 이때에는 담보지상권자가 사용, 수익하지 않기로 하였으므로 담보지상권자에게 임료 상당 이익이나 기타 소득이 발생할 여지가 없는 특별한 사정이 있기 때문이다. 다만 이 경우에도 그 사용으로 인하여 저당목적물의 가치가 감소되어 경매가격이 하락하는 등의 경우에는 '저당권 침해'를 이유로 손해배상청구를 할 수는 있다(대판 2008.1.17. 2006다586).[2)]

☞ 담보지상권설정자(채무자) 乙이 나대지인 X토지 지상에 옹벽을 설치하고 도로를 개설한 경우, 담보지상권자 甲은 어떠한 '손해'를 입은 것이 아니므로 임료 상당 부당이득반환을 청구할 수 없다(지문 ①). 다만 甲은 X토지의 교환가치가 감소함을 이유로 저당권침해를 이유로 불법행위에 기한 손해배상청구를 할 수는 있다(지문 ②).

③ [O] "지상권을 설정한 토지소유자로부터 토지를 이용할 수 있는 권리를 취득하였다고 하더라도 지상권이 존속하는 한 이와 같은 권리는 원칙적으로 민법 제256조 단서가 정한 '권원'에 해당하지 않지만, 금융기관이 대출금 채권의 담보를 위하여 토지에 저당권과 함께 지료 없는 지상권을 설정하면서 채무자 등의 사용·수익권을 배제하지 않은 경우(이른바, 담보지상권) 그러한 토지소유자로부터 토지를 사용·수익할 수 있는 권리를 취득하였다면 이러한 권리는 민법 제256조 단서가 정한 '권원'에 해당한다고 볼 수 있다"(대판 2018.3.15. 2015다69907).

☞ 토지소유자 乙이 甲에게 담보지상권을 설정하면서 乙의 사용수익권이 배제되지 않았으므로, 乙이 丙에게 X 토지의 사용을 승낙하고 丙이 X 토지에 단풍나무를 심은 경우, 단풍나무는 X 토지에 부합되지 않는다(제256조 단서의 '권원'에 해당).

④ [X] "근저당권 등 담보권 설정의 당사자들이 그 목적이 된 토지 위에 차후 용익권이 설정되거나 건물 또는 공작물이 축조·설치되는 등으로써 그 목적물의 담보가치가 저감하는 것을 막는 것을 주요한 목적으로 하여 채권자 앞으로 아울러 지상권을 설정하였다면, 그 피담보채권이 변제 등으로 만족을 얻어 소멸한 경우는 물론이고 시효소멸한 경우에도 그 지상권은 피담보채권에 부종하여 소멸한다"(대판 2011.4.14. 2011다6342).

다만 그 피담보채무 부존재 확인의 이익과 관련하여, 判例는 "지상권은 용익물권으로서 담보물권이 아니므로 피담보채무라는 것이 존재할 수 없다. 담보지상권의 경우에도, 이는 당사자의 약정에 따라 담보권의 존속과 지상권의 존속이 서로 연계되어 있을 뿐이고, 이러한 경우에도 지상권의 피담보채무가 존재하는 것은 아니다. 따라서 지상권설정등기에 관한 피담보채무의 범위 확인을 구하는 청구는 원고의 권리 또는 법률상의 지위에 관한 청구라고 보기 어려우므로, 확인의 이익이 없어 부적법하다"(대판 2017.10.31. 2015다65042)고 한다.

⑤ [O] "담보지상권은 토지에 대한 근저당권이 소멸하면 등기된 담보지상권의 목적이나 존속기간과 관계없이 그 목적을 잃어 함께 소멸한다는 것이 판례의 입장이다(위 2011다6342 판결).

---

2) **[사실관계]** 당해 판결은 저당권설정자인 토지 소유자가 지목이 '전'인 저당토지에 '도로'를 개설하여 일반 공중에게 제공함으로써 그 시가가 절반 이상 하락한 사안에서, ㉠ 이는 사회통념에 비추어 토지의 본래의 용법에 따른 정상적인 사용·수익행위라고 볼 수는 없으므로 저당권을 침해하는 불법행위를 구성한다고 판시하였다. ㉡ 그러나 금융기관이 대출금 채권의 담보를 위하여 토지에 저당권과 함께 지료 없는 지상권을 설정하면서 채무자 등의 사용·수익권을 배제하지 않은 경우, 위 지상권은 근저당목적물의 담보가치를 확보하는 데 목적이 있으므로, 그 위에 도로개설 등의 행위를 한 무단점유자에 대하여 지상권 자체의 침해를 이유로 한 임료 상당 손해배상을 구할 수 없다고 판시하였다.

그런데 위와 같이 토지에 대한 근저당권설정과 동시에 설정된 담보지상권이 근저당권 실행으로 소멸하였으나 토지에 대한 담보지상권 설정등기가 말소되지 않고 있던 경우, 토지에 대한 담보지상권과 별개로 건물을 위한 법정지상권 성립을 인정할 수 있는지에 대한 논란이 있다.
判例는 이 경우 "토지에 관하여 담보권이 설정될 당시 담보권자를 위하여 동시에 지상권이 설정되었다고 하더라도, 담보권 설정 당시 이미 토지소유자가 그 토지 상에 건물을 소유하고 있고 그 건물을 철거하기로 하는 등 특별한 사유가 없으며 담보권의 실행으로 그 지상권도 소멸하였다면 건물을 위한 법정지상권이 발생하지 않는다고 할 수 없다"(대판 2014.7.24. 2012다97871)고 하여 법정지상권의 성립을 긍정한다.

[정답] ④

문 68 甲은 그 소유인 X 토지에 Y 건물을 소유하고 있다가 X 토지의 여유공간에 Z 건물을 신축하여 완공하였으나 소유권보존등기를 마치지 아니하였다. 甲은 X 토지와 2채의 건물을 모두 乙에게 매도하고 인도하였으며, X 토지와 Y 건물에 관하여 소유권이전등기를 마쳐 주었다. 그 후 乙이 은행으로부터 자금을 차용하고 X 토지에 관하여 저당권을 설정하였다가 X 토지가 경매됨에 따라 X 토지의 소유자가 丙으로 변경되었다. 한편 乙은 Y, Z 건물 및 이에 부대하는 일체의 권리를 丁에게 매도하고 인도하면서 Y 건물에 관하여 소유권이전등기를 마쳐 주었다. Z 건물은 아직 미등기 상태이다. 다음 설명 중 옳은 것을 모두 고른 것은? (다툼이 있는 경우에는 판례에 의함) [변시 2회]

ㄱ. 乙이 甲으로부터 토지의 소유권을 취득할 때 甲은 Z 건물의 소유를 위한 관습상의 법정지상권을 취득하였다.
ㄴ. 丁은 지상권등기를 하지 아니하였어도 Y 건물의 대지에 관하여 법정지상권을 취득하였다.
ㄷ. 丙은 丁을 상대로 Y 건물의 철거를 청구할 수 있다.
ㄹ. 丙은 丁을 상대로 Z 건물의 철거를 청구할 수 있다.

① ㄹ ② ㄱ, ㄴ
③ ㄱ, ㄷ ④ ㄴ, ㄷ
⑤ ㄷ, ㄹ

해설 ㄱ. [×] 判例는 "관습상의 법정지상권은 동일인의 소유이던 토지와 그 지상건물이 매매 기타 원인으로 인하여 각각 소유자를 달리하게 되었으나 그 건물을 철거한다는 등의 특약이 없으면 건물 소유자로 하여금 토지를 계속 사용하게 하려는 것이 당사자의 의사라고 보아 인정되는 것이므로 토지의 점유사용에 관하여 당사자 사이에 약정이 있는 것으로 볼 수 있거나 토지 소유자가 건물의 처분권까지 함께 취득한 경우에는 관습상의 법정지상권을 인정할 까닭이 없다"(대판 2002.6.20. 전합 2002다9660)라고 하여 관습법상 법정지상권의 성립을 부정하고 있다.
☞ 사안과 같이 乙이 甲으로부터 X대지와 Z건물 모두를 매수하였으나 대지에 관하여만 소유

권이전등기를 마쳐 결국 X대지와 Z건물의 소유자가 형식적으로 달라진 경우에는 실질적으로 X대지와 Z건물이 동일인의 소유에 속하는 것과 마찬가지이므로 Z건물의 존속을 위하여 그 대지에 별도의 용익권능을 인정할 필요는 없다고 본다. 따라서 甲은 Z건물을 위한 관습법상 법정지상권을 취득하지 못한다.

ㄴ. [X] 제366조의 법정지상권이 성립하기 위해서는 i) 저당권설정 당시부터 건물이 존재할 것, ii) 저당권이 설정될 당시 토지와 건물의 소유자가 동일할 것, iii) 토지나 건물 중 적어도 어느 하나에 저당권이 설정될 것, iv) 경매로 인해 건물과 토지에 대한 소유자가 분리될 것을 요한다. 따라서 사안에서 **乙은 Y건물을 위한 제366조의 법정지상권을 취득하였다.**

그러나 丁은 丙으로부터 건물의 소유권이전등기는 경료하였으나 법정지상권의 이전등기는 하지 아니하였다. 이러한 경우 丁이 법정지상권을 취득했다고 볼 수 있는가 문제되는바, 법정지상권을 취득한 Y건물소유자 乙이 건물에 대한 소유권을 양도하는 경우에는 특별한 사정이 없는 한 **제100조 2항의 유추적용에 의해 건물의 소유권과 함께 법정지상권도 양도하기로 하는 채권적 계약이 있었다**고 할 것이다(대판 1988.9.27, 87다카279). 그러나 丁이 당해 지상권을 취득하기 위해서 건물소유권등기 외에 지상권등기를 해야 하는지와 관련하여 본조의 규정은 물건의 경제적 효용이라는 관점에서 종물과 주물을 하나의 집합물로 다루고자 하는 취지이고, **공시방법은 이와 별개**인 것으로 해석하는 것이 타당하다(다수설). 判例도 역시 후자의 입장을 취하고 있는바, 지상권이 딸린 건물을 매도한 경우 제100조 2항을 유추하여 건물의 소유권뿐만 아니라 그 지상권도 양도한 것으로 보는데, 다만 지상권이전등기가 있어야만 지상권이 건물양수인에게 이전하는 것이고 건물소유권 이전등기로써 당연히 지상권까지 이전되는 것은 아니라고 하고 있다(대판 1985.4.9, 전합84다카1131).

따라서 **乙의 Y건물을 위한 지상권은 법률규정**(제366조)**에 의하여 당연히 성립하는 것이므로 제187조에 의하여 등기를 요하지 않으나, 사안과 같이 제3자 丁에게 법정지상권을 전득시키려면 제187조 단서에 의하여 등기를 하여야 한다. 그러므로 아직 지상권이전등기를 경료받지 못한 丁은 법정지상권이라는 물권을 취득하지는 못하였다.**

ㄷ. [X] 丙의 丁에 대한 Y 건물철거청구 가능 여부와 관련하여 判例는 이러한 청구는 "지상권의 부담을 용인하고 그 설정등기절차를 이행할 의무있는 자가 그 권리자를 상대로 한 청구라 할 것이어서 **'신의성실의 원칙'**상 허용될 수 없다"고 판시하고 있다(대판 1985.4.9, 84다카1131,1132).

☞ 즉 사안의 경우 앞서 ㄴ.에서 살핀바와 같이 乙과 丁 사이에서는 제100조 2항의 유추적용에 의해 건물의 소유권이라는 주된 권리를 양도하는 것에 의해 종된 권리인 지상권도 함께 양도하기로 하는 채권적 계약이 있었던 것으로 보아야 하므로 양도인 乙은 양수인 丁에게 이 법정지상권을 이전해 줄 의무를 지게 된다. 그렇다면 丁은 乙을 대위하여 토지소유자 丙에 대하여 전소유자였던 법정지상권자 乙에게 법정지상권 설정등기를 해 줄 것을 청구할 수 있는 지위에 있으므로 이러한 지위는 제213조 단서에서 말하는 '점유할 권리'에 해당한다 할 것이다. 그렇다면 丙은 丁을 상대로 Y건물의 철거를 청구할 수 없다.

ㄹ. [O] "민법 제366조의 법정지상권은 저당권 설정 당시에 동일인의 소유에 속하는 토지와 건물이 저당권의 실행에 의한 경매로 인하여 각기 다른 사람의 소유에 속하게 된 경우에 건물의 소유를 위하여 인정되는 것이므로, 미등기건물을 그 대지와 함께 매수한 사람이 그 대지에 관하여만 소유권이전등기를 넘겨받고 건물에 대하여는 그 등기를 이전 받지 못하고 있다가, 대지에 대하여 저당권을 설정하고 그 저당권의 실행으로 대지가 경매되어 다른 사람의 소유로 된 경우에는, 그 저당권의 설정 당시에 이미 대지와 건물이 각각 다른 사람의 소유에 속하고 있었으므로 법정지상권이 성립될 여지가 없다(대판 2002.6.20, 전합2002다9660).

☞ 乙이 은행에게 근저당권을 설정할 당시에 X대지의 소유권은 乙에게 있었으나 Z건물의 소유권은 여전히 甲에게 있었으므로, 저당권 설정 당시 이미 대지와 건물이 각각 다른 사람의 소유에 속한 것이 되어 '乙에게 Z건물을 위한 제366조의 법정지상권'은 성립될 여지가 없다(위 전합2002다9660판결). 아울러 앞서 ㄱ.에서 살핀바와 같이 '甲에게 Z건물을 위한 관습법상 법정지상권'도 인정되지 않으므로, 결국 Z건물에 대해서는 甲과 乙 모두 법정지상권을 취득하지 못하므로 丁도 법정지상권을 이전받을 수 없다. 그렇다면 丙은 지상권의 부담을 용인해야 할 의무가 없으므로 丙은 丁을 상대로 Z건물의 철거를 청구할 수 있다(제214조).

[정답] ①

문 69 다음의 사건이 순차로 일어났다. (ⅰ) A는 그 소유의 X 토지 위에 3층 규모의 다세대 주택을 신축하기 시작하였다. (ⅱ) A는 B로부터 1억 원을 차용하면서 위 차용금채무를 담보하기 위하여 B 앞으로 X토지에 관하여 1번 저당권을 설정하여 주었는데, 그 당시 위 다세대주택은 일부 내부공사만 남겨두고 골조공사를 비롯한 거의 모든 공사가 마쳐진 상태였다. (ⅲ) X 토지 위에는 1층, 2층, 3층으로 구분된 다세대주택 1동이 건축되었고, 각 층에 관하여 A 앞으로 각 소유권보존등기가 마쳐졌다. (ⅳ) 3층에 관하여는 이를 매수한 C 앞으로 소유권이전등기가 마쳐졌다. (ⅴ) X 토지에 관하여 강제경매개시결정 기입등기가 마쳐졌고, D는 위 경매절차에서 X 토지를 매수하여 매각대금을 완납하였다. (ⅵ) 1층에 관하여는 이를 매수한 E 앞으로 소유권이전등기가 마쳐졌고, 2층에 관하여는 F가 임차하여 거주하고 있다. 다음 설명 중 옳은 것을 모두 고른 것은?(「집합건물의 소유 및 관리에 관한 법률」은 적용되지 않는다고 가정하고, 다툼이 있는 경우에는 판례에 의함)

[변시 3회]

ㄱ. A는 2층 구분건물의 소유를 위한 관습상 법정지상권을 취득한다.
ㄴ. E는 1층 구분건물을 매수함과 함께 1층 구분건물의 소유를 위한 관습법상 법정지상권도 양수하였다고 보아야 하므로 E는 그 관습상 법정지상권을 취득한다.
ㄷ. D는 F를 상대로 2층 구분건물에 퇴거하여 달라고 청구할 수 없다.
ㄹ. 매각대금이 완납될 당시는 물론 강제경매개시결정 기입등기가 마쳐질 당시에도 X 토지의 소유자와 3층 구분건물의 소유자가 다르므로 C는 3층 구분건물의 소유를 위한 관습상 법정지상권을 취득하지 못한다.

① ㄱ, ㄴ
② ㄴ, ㄷ
③ ㄷ, ㄹ
④ ㄱ, ㄷ
⑤ ㄱ, ㄷ, ㄹ

해설 ※ 사실관계를 시간순서에 따라 간단히 재구성하면 ⅰ) A가 자신 소유 X토지 위에 3층 건물 거의 완성⇒ ⅱ) B가 X토지에 1번 저당권 ⇒ ⅲ) A가 3층 건물 완성 후 각 층에 보존등기 ⇒ ⅳ) C가 3층을 매수한 후 이전등기 ⇒ ⅴ) D가 '강제경매'에 따라 X토지 취득 ⇒ ⅵ) E가 1층을 매수한 후 이전등기, F가 2층에 건물임차

ㄱ. [O] ※ 2층에 대한 A의 관습상 법정지상권이 문제되는지 법정지상권이 문제되는지 여부

判例는 토지 또는 그 지상 건물에 관하여 강제경매를 위한 (가)압류가 있기 이전에 저당권이 설정되어 있다가 그 후 '강제경매'로 인해 그 저당권이 소멸하는 경우에는 제366조의 법정지상권이 아니라 관습상의 법정지상권이 문제된다고 한다(대판 2013.4.11. 2009다62059).

☞ 사안에서 X토지의 소유권자가 A에게서 D로 바뀐 것은 저당권에 기한 '임의경매'가 아니라 일반적인 '강제경매'에 따른 것이므로 사안은 제366조가 아닌 관습상 법정지상권이 문제되는 사안이다.

※ 2층에 대한 A의 관습상 법정지상권 취득여부

관습법상 법정지상권이 성립하기 위해서는, 원칙적으로 i) 처분 당시 토지와 건물의 소유권이 동일인에게 속하여야 하며 ii) 매매 기타의 적법한 원인으로 소유자가 달라져야 하며 iii) 또한 당사자 사이에 건물을 철거한다는 특약이 없어야 한다. 아래에서는 문제되는 부분에 대해 살핀다.

(1) 건물의 존재

건물의 완성 정도와 관련하여 判例는 "X토지에 대한 강제경매개시결정 이전에 乙은행 앞으로 근저당권이 설정되어 있었고, X토지에 관하여 위 근저당권이 설정될 당시에 **X토지 소유자인 甲에 의하여 그 지상에 건물이 그 규모·종류를 외형상 예상할 수 있는 정도까지 건축이 진전되어 있었으며, 그 후 경매절차에서 매수인인 丙이 매각대금을 완납하기 이전에 독립된 부동산으로서 건물의 요건을 갖추었던 이상 X토지와 그 지상 건물은 저당권 설정 당시부터 모두 甲의 소유에 속하고 있었다고 봄이 상당하고,** 그에 따라 X토지에 대하여는 저당권 설정 당시에 시행 중이던 신축공사의 완료로 인하여 건축된 이 사건 건물을 위한 관습상 법정지상권이 성립한다"(대판 2013.4.11. 2009다62059)고 판시하고 있다.

☞ 사안에서 X토지에 저당권 설정 당시 다세대주택은 일부 내부공사만 남겨두고 골조공사를 비롯한 거의 모든 공사가 마쳐진 상태이므로 관습상 법정지상권이 성립될 수 있는 건물이 존재하였던 것으로 볼 수 있다.

(2) 소유자 동일성의 판단 기준시점

1) 원 칙

"관습법상의 법정지상권이 성립되기 위하여는 토지와 건물 중 어느 하나가 '처분될 당시'에 토지와 그 지상건물이 동일인의 소유에 속하였으면 족하고 원시적으로 동일인의 소유였을 필요는 없다"(대판 1995.7.28. 95다9075,9082).

2) 예 외…부동산 '강제경매'로 인해 토지와 건물의 소유자가 달라진 경우

判例는 토지 또는 그 지상 건물에 관하여 강제경매를 위한 (가)압류가 있기 이전에 저당권이 설정되어 있다가 그 후 '강제경매'로 인해 그 저당권이 소멸하는 경우에는 제366조의 법정지상권이 아니라 관습상의 법정지상권이 문제되며, 이 때 토지와 그 지상 건물이 동일인 소유에 속하였는지는 그 '저당권 설정 당시'를 기준으로 판단한다고 한다(대판 2013.4.11. 2009다62059).

관련쟁점 그에 앞서 대법원은 전원합의체 판결을 통해 "부동산강제경매절차에서 목적물을 매수한 사람의 법적 지위는 다른 특별한 사정이 없는 한 그 절차상 '압류의 효력이 발생하는 때'를 기준으로 하여 정하여지므로, 강제경매의 목적이 된 토지 또는 그 지상 건물의 소유권이 강제경매로 인하여 그 절차상의 매수인에게 이전된 경우에 건물의 소유를 위한 관습상 법정지상권이 성립하는가 하는 문제에 있어서는 그 매수인이 소유권을 취득하는 매각대금의 완납시(과거 판례의 태도)가 아니라 그 **압류의 효력이 발생하는 때를 기준**으로 하여 토지와 그 지상 건물

이 동일인에 속하였는지 여부가 판단되어야 한다. 한편 경매의 목적이 된 부동산에 대하여 가압류가 있고 그것이 본압류로 이행되어 경매절차가 진행된 경우에는 애초 **가압류가 효력을 발생하는 때를 기준으로** 토지와 그 지상 건물이 동일인에 속하였는지 여부를 판단할 것이다"(대판 2012.10.18. 전합2010다52140)고 판시한바 있다.

☞ 사안에서 i) X토지에 대한 '저당권 설정 당시' 다세대주택은 독립된 부동산으로서 건물의 요건을 갖추고 있었으므로 신축건물 2층의 소유권은 제187조에 의해 A에게 귀속되고, X토지 또한 A의 소유이었고, ii) 그 후 '강제경매'에 의해 X토지에 대한 소유권자가 D로 바뀌었으며, iii) 당사자 사이에 건물을 철거한다는 특약 또는 토지의 점유·사용에 관하여 다른 약정이 없었으므로 A는 2층 구분건물의 소유를 위한 관습상 법정지상권을 취득한다.

ㄴ. [X]

※ 1층에 대한 A의 관습상 법정지상권 취득여부

ㄱ.에서 살펴 본 바와 같이 A는 1층 구분건물의 소유를 위한 관습상 법정지상권도 취득하였다.

※ 1층에 대한 E의 관습상 법정지상권 취득 여부

(1) A와 E 사이 채권계약의 내용

관습법상 법정지상권을 취득한 1층 건물소유자 A가 1층 건물에 대한 소유권을 양도하는 경우에는 특별한 사정이 없는 한 **제100조 2항의 유추적용**에 의해 건물의 소유권과 함께 법정지상권도 양도하기로 하는 채권적 계약이 있었다고 할 것이다(대판 1988.9.27. 87다카279).

(2) E의 관습법상 법정지상권 승계취득 여부

E가 법정지상권을 취득하기 위해서 건물소유권 등기 외에 지상권등기를 해야 하는지와 관련하여 본조의 규정은 물건의 경제적 효용이라는 관점에서 종물과 주물을 하나의 집합물로 다루고자 하는 취지이고, 공시방법은 이와 별개인 것으로 해석하는 것이 타당하다(대판 1985.4.9. 전합84다카1131). 따라서 **A의 지상권은 관습법에 의하여 당연히 성립하는 것이므로 제187조에 의하여 등기를 요하지 않으나, 사안과 같이 제3자 E에게 법정지상권을 전득시키려면 제187조 단서에 의하여 등기를 하여야** 한다.

ㄷ. [O] "경락에 의하여 건물의 소유자와 그 토지의 소유자가 달라지게 되어 경매 당시의 건물의 소유자가 그 건물의 이용을 위한 법정지상권을 취득한 경우, 토지 소유자는 건물을 점유하는 자에 대하여 그 건물로부터의 퇴거를 구할 수 없다"(대판 2013.4.11. 2009다62059).

☞ ㄱ.에서 살펴본 것과 같이 A는 2층 구분건물의 소유를 위한 관습상 법정지상권을 취득하였으므로 토지소유자 D는 2층 건물을 점유하는 임차인 F에게 퇴거를 구할 수 없다.

ㄹ. [X] 3층 구분소유권의 경우 '강제경매'에 따라 토지 소유권이 D에게 이전되기 전에 3층 건물 소유권이 C에게 이전되었으므로 C에게 관습법상 법정지상권이 성립한다. 왜냐하면 토지와 건물이 동일인인 A에게 속해 있다가 매매를 통해 3층 건물의 소유권만 C에게 이전되었기 때문이다.

관련쟁점 만약 사안에서 '강제경매'가 아닌 '임의경매'에 따라 토지 소유권이 D에게 이전되었다면 C에게 관습법상 법정지상권이 성립하였다가, 이러한 용익권은 선순위 B의 저당권의 실행에 의한 매각으로 인하여 소멸되기 때문에 결국 C에게는 제366조 법정지상권이 성립된다(대판 1999.11.23. 99다52602). 제366조의 법정지상권의 경우 비록 '처분당시'(사안에서는 D의 경락대금 완납시)에 토지(A소유)와 건물(C소유)의 소유권자가 다르다 하더라도 저당권 설정 당시에만 토지(A소유)와 건물(A소유)의 소유권자가 동일하면 되기 때문이다.

[정답] ④

문 70 **X, Y 토지는 모두 甲 소유인데 Y 토지에 관하여 甲의 채권자 A의 가압류등기가 마쳐진 후 甲은 X, Y 토지 양 지상에 걸쳐 Z 건물을 건축하였다. 甲은 X 토지와 Z 건물을 乙에게 매각하고 각 등기를 이전하여 주었다. 그 후 甲의 채권자에 의하여 Z 건물에 관한 매매계약만이 사해행위취소소송을 통하여 취소되고 그에 따라 Z 건물에 마쳐져 있던 乙 명의의 등기가 말소되었다. 그 후 Z 건물은 강제경매절차를 통하여 丙이 소유권을 취득하였다. 한편, A는 집행권원을 확보하여 Y 토지에 관하여 강제경매를 신청하였고, 그 경매절차에서 丁이 소유권을 취득하였다. 乙과 丁은 丙에 대하여 Z 건물 중 각자 자기 토지 지상부분에 대한 철거를 청구하는 소송을 제기하였다. 이에 관한 법률관계 중 옳은 것(○)과 옳지 않은 것(×)을 올바르게 조합한 것은?** (각 지문은 독립적이며, 다툼이 있는 경우 판례에 의함) [변시 5회]

> ㄱ. 사해행위취소소송을 거쳐 Z 건물에 관한 乙 명의의 등기가 말소된 때, X 토지에 관하여 甲에게 관습상 법정지상권이 발생한다.
> ㄴ. 丁의 丙에 대한 철거청구는 기각된다.
> ㄷ. Z 건물이 강제경매될 당시 X 토지에 관하여 丙에게 관습상 법정지상권이 발생하지 않는다.

① ㄱ(○), ㄴ(×), ㄷ(×) ② ㄱ(×), ㄴ(○), ㄷ(×)
③ ㄱ(×), ㄴ(×), ㄷ(×) ④ ㄱ(○), ㄴ(○), ㄷ(×)
⑤ ㄱ(○), ㄴ(×), ㄷ(○)

해 설 ㄱ. [×] "제406조의 채권자취소권의 행사로 인한 사해행위의 취소와 일탈재산의 원상회복은 채권자와 수익자 또는 전득자에 대한 관계에 있어서만 효력이 발생할 뿐이고 채무자가 직접 권리를 취득하는 것이 아니므로, 토지와 지상 건물이 함께 양도되었다가 채권자취소권의 행사에 따라 그 중 건물에 관하여만 양도가 취소되고 수익자와 전득자 명의의 소유권이전등기가 말소되었다고 하더라도, 이는 관습상 법정지상권의 성립요건인 '동일인의 소유에 속하고 있던 토지와 지상 건물이 매매 등으로 인하여 소유자가 다르게 된 경우'에 해당한다고 할 수 없다"(대판 2014.12.24. 2012다73158).

☞ 위와 같은 사실관계를 이러한 법리에 비추어 보면, 甲이 乙에게 Z건물 및 X토지를 함께 매도하였다가 채권자취소권의 행사에 따라 그 중 Z건물에 관하여만 매매계약이 취소되고 乙 명의의 소유권이전등기가 말소되었다고 하더라도, 이는 동일인 소유에 속하고 있던 토지와 건물의 소유권에 변동이 생긴 것은 아니므로 X 토지에 관하여 甲에게 관습법상 법정지상권이 발생하지는 않는다.

ㄴ. [×] 관습법상 법정지상권이 성립하기 위해서는, 원칙적으로 i) 처분 당시 토지와 건물의 소유권이 동일인에게 속하여야 하며 ii) 매매 기타의 적법한 원인으로 소유자가 달라져야 하며 iii) 또한 당사자 사이에 건물을 철거한다는 특약이 없어야 한다.

이 중 소유자 동일성의 판단 기준시점과 관련하여 判例는 원칙적으로 "토지와 건물 중 어느 하나가 '처분될 당시'에 토지와 그 지상건물이 동일인의 소유에 속하였으면 족하고 원시적으로 동일인의 소유였을 필요는 없다"(대판 1995.07.28. 95다9075,9082)는 입장이나, 예외적으로 부동산

'강제경매'로 인해 토지와 건물의 소유자가 달라진 경우에는 **'압류의 효력이 발생하는 때'**를 기준으로 토지와 그 지상건물이 동일인의 소유에 속하였을 것을 요구한다(대판 2012.10.18. 전합2010다52140).

즉 判例는 "**부동산강제경매절차에서 목적물을 매수한 사람의 법적 지위는 다른 특별한 사정이 없는 한 그 절차상 '압류의 효력이 발생하는 때'를 기준으로 하여 정하여지므로**, 강제경매의 목적이 된 토지 또는 그 지상 건물의 소유권이 강제경매로 인하여 그 절차상의 매수인에게 이전된 경우에 건물의 소유를 위한 관습상 법정지상권이 성립하는가 하는 문제에 있어서는 그 **매수인이 소유권을 취득하는 매각대금의 완납시**(과거 판례의 태도)**가 아니라 그 압류의 효력이 발생하는 때를 기준**으로 하여 토지와 그 지상 건물이 동일인에 속하였는지 여부가 판단되어야 한다. 한편 경매의 목적이 된 부동산에 대하여 가압류가 있고 그것이 본압류로 이행되어 경매절차가 진행된 경우에는 **애초 가압류가 효력을 발생하는 때를 기준**으로 토지와 그 지상 건물이 동일인에 속하였는지 여부를 판단할 것이다"(대판 2012.10.18. 전합2010다52140)고 판시하고 있다.

☞ 지문의 경우 Y토지에 대한 가압류 등기가 마쳐질 당시에는 Z건물이 존재하지 않았으므로 그 후 강제경매로 인한 관습상 법정지상권은 성립하지 않는다.

ㄷ. [X] 判例는 법정지상권의 성립과 관련하여 "저당권설정 당시 동일인의 소유에 속하고 있던 토지와 지상 건물이 경매로 인하여 소유자가 다르게 된 경우에 건물소유자는 건물의 소유를 위한 민법 제366조의 법정지상권을 취득한다. 그리고 건물 소유를 위하여 법정지상권을 취득한 사람으로부터 경매에 의하여 건물의 소유권을 이전받은 매수인은 매수 후 건물을 철거한다는 등의 매각조건하에서 경매되는 경우 등 특별한 사정이 없는 한 건물의 매수취득과 함께 위 지상권도 당연히 취득하는데, 이러한 법리는 사해행위의 수익자 또는 전득자가 건물의 소유자로서 법정지상권을 취득한 후 채무자와 수익자 사이에 행하여진 건물의 양도에 대한 채권자취소권의 행사에 따라 수익자와 전득자 명의의 소유권이전등기가 말소된 다음 경매절차에서 건물이 매각되는 경우에도 마찬가지로 적용된다"(대판 2014.12.24. 2012다73158)고 판시하였다.

☞ 법정지상권에 관한 判例이지만 이러한 법리는 지문과 같은 강제경매절차에 의한 관습상 법정지상권의 경우에도 적용된다 할 것이다. 따라서 채권자취소권 행사에 따른 소유권이전등기의 말소와 무관하게 소유자의 변동은 인정되지 않는다. 그렇다면 Z건물에 대한 압류의 효력이 발생할 당시까지도 乙은 X토지와 Z건물을 소유하고 있었으므로 그 후 강제경매에 의해 건물의 소유권을 이전받은 매수인 丙은 관습상 법정지상권을 취득한다.

[정답] ③

문 71 현재의 건물 소유자에게 법정지상권 또는 관습법상의 법정지상권이 인정되는 경우를 모두 고른 것은? (경매나 분필시에 건물 철거를 매각조건으로 하거나 건물 철거 특약을 맺는 등 특별한 사정이 없었음을 전제로 하고, 다툼이 있는 경우 판례에 의함) [변시 8회]

ㄱ. 甲 소유의 토지 위에 건물의 소유자 乙이 건물의 소유를 위한 법정지상권을 취득한 후, 丙이 그 건물을 경매를 통하여 매수한 경우
ㄴ. 甲이 토지와 그 지상건물을 소유하다가 乙에게 유효하게 건물의 소유명의를 신탁한 후 丙에게 토지에 관하여 저당권을 설정하여 주었고 그 후 丙의 저당권 실행으로 인한 경매절차에서 丁이 토지의 소유권을 취득한 경우
ㄷ. 甲이 자신 소유의 토지 위에 乙과 건물을 공유하고 있다가 토지에 관하여 저당권을 설정하였는데 이 저당권의 실행으로 토지가 丙에게 매각된 경우
ㄹ. 토지의 구분소유적 공유자 甲이 자신의 배타적 점유 부분에 건물을 신축하고 등기한 후, 그 토지에 대한 강제경매에 의하여 다른 공유자 乙이 甲의 지분을 모두 취득한 경우
ㅁ. 토지의 구분소유적 공유자 甲이 자신이 특정하여 매수하지 아니한 부분에 건물을 신축한 다음 각자의 특정 소유부분대로 토지를 분필한 경우

① ㄱ, ㄴ, ㄹ ② ㄱ, ㄷ, ㄹ
③ ㄱ, ㄷ, ㅁ ④ ㄱ, ㄴ, ㄷ, ㄹ
⑤ ㄴ, ㄷ, ㄹ, ㅁ

해 설 ㄱ. [○] ※ 법정지상권을 취득한 자로부터 '경매'로 건물의 소유권을 취득한 자

"저당권의 효력이 저당부동산에 부합된 물건과 종물에 미친다는 제358조 본문을 유추하여 보면 건물에 대한 저당권의 효력은 그 건물에 종된 권리인 건물의 소유를 목적으로 하는 지상권에도 미치게 되므로, 건물에 대한 저당권이 실행되어 경락인이 그 건물의 소유권을 취득하였다면 경락 후 건물을 철거한다는 등의 매각조건에서 경매되었다는 등 특별한 사정이 없는 한, 경락인은 건물 소유를 위한 지상권도 민법 제187조의 규정에 따라 등기 없이 당연히 취득한다"(대판 1996.4.26, 95다52864).

☞ 乙이 건물의 소유를 위한 법정지상권을 취득하였고, 丙은 그 건물을 철거한다는 등의 특별 매각조건 없이 경매로 소유권을 취득하였다면 당연히 법정지상권도 함께 취득한다(제187조 본문). 따라서 丙은 법정지상권 등기 여부와 상관없이 법정지상권자이다.

쟁점정리 주물에 대해 공시방법을 갖춘 경우에 종물에 대한 별도의 공시방법이 필요 없는지와 관련하여, 判例는 (법정)지상권이 딸린 건물을 매도한 경우 제100조 2항을 유추하여 건물의 소유권뿐만 아니라 그 (법정)지상권도 양도한 것으로 보는데, 다만 지상권이전등기가 있어야만 지상권이 건물양수인에게 이전하는 것이고 건물소유권 이전등기로써 당연히 (법정)지상권까지 이전되는 것은 아니라고 한다(제187조 단서 참조)(대판 1985.4.9, 전합84다카1131,1132). 다만 주된 권리에 관하여 별도의 공시방법 없이 물권변동의 효과가 발생하는 경우(예컨대 경락으로 인한 소유권 취득)에는 종된 권리에 관하여도 별도의 공시방법 없이 물권변동의 효과가 발생한다(제187조 본문 참조)(위 95다52864판결).

ㄴ. [X] ※ 건물의 등기부상 소유명의를 타인에게 신탁한 토지소유자

"민법 제366조의 법정지상권은 저당권설정 당시 동일인의 소유에 속하던 토지와 그 지상건물이 경매로 인하여 각기 그 소유자가 다르게 된 때에 건물의 소유자를 위하여 발생하는 것이므로, 토지와 그 지상건물이 각기 소유자를 달리하고 있던 중 토지 또는 그 지상건물만이 경매에 의하여 다른 사람에게 소유권이 이전된 경우에는 위 법조 소정의 법정지상권이 발생할 여지가 없으며, 또 건물의 등기부상 소유명의를 타인에게 신탁한 경우에 신탁자는 제3자에게 그 건물이 자기의 소유임을 주장할 수 없고, 따라서 그 건물과 부지인 토지가 동일인의 소유임을 전제로 한 법정지상권을 취득할 수 없다"(대판 2004.2.13. 2003다29043).

☞ 토지소유자 甲이 건물의 명의를 乙에게 신탁한 경우 대외적으로는 乙이 건물의 소유자이므로, 그 후 토지에 저당권이 설정되었으므로 저당권 설정 당시 건물과 토지가 동일인의 소유일 것이라는 요건을 구비하지 못하여 甲 또는 乙은 법정지상권을 취득할 수 없다.

ㄷ. [O] ※ 건물공유자

"건물공유자의 1인이 그 건물의 부지인 토지를 단독으로 소유하면서 그 토지에 관하여만 저당권을 설정하였다가 위 저당권에 의한 경매로 인하여 토지의 소유자가 달라진 경우에도, 위 토지 소유자는 자기뿐만 아니라 다른 건물공유자들을 위하여도 위 토지의 이용을 인정하고 있었다고 할 것인 점, 저당권자로서도 저당권 설정 당시 법정지상권의 부담을 예상할 수 있었으므로 불측의 손해를 입는 것이 아닌 점, 건물의 철거로 인한 사회경제적 손실을 방지할 공익상의 필요성도 인정되는 점 등에 비추어 위 건물공유자들은 민법 제366조에 의하여 토지 전부에 관하여 건물의 존속을 위한 법정지상권을 취득한다"(대판 2011.1.13. 2010다67159).

☞ 甲이 단독으로 소유하는 토지 위에 甲과 乙이 건물을 공유하고, 그 후 토지에 설정된 저당권이 실행되어 토지와 건물의 소유자가 달라진 경우 건물 공유자 甲과 乙은 모두 토지 전부에 관하여 법정지상권을 취득한다.

비교판례 ※ 토지공유자

"토지공유자의 한 사람이 다른 공유자의 지분 과반수의 동의를 얻어 건물을 건축한 후 토지와 건물의 소유자가 달라진 경우 토지에 관하여 관습법상의 법정지상권이 성립되는 것으로 보게 되면 이는 토지공유자의 1인으로 하여금 자신의 지분을 제외한 다른 공유자의 지분에 대하여서까지 지상권설정의 처분행위를 허용하는 셈이 되어 부당하다. 그리고 이러한 법리는 민법 제366조의 법정지상권의 경우에도 마찬가지로 적용되고, 나아가 토지와 건물 모두가 각각 공유에 속한 경우에 토지에 관한 공유자 일부의 지분만을 목적으로 하는 근저당권이 설정되었다가 경매로 인하여 그 지분을 제3자가 취득하게 된 경우에도 마찬가지로 적용된다"(대판 2014.9.4. 2011다73038,73045).

ㄹ. [O] ※ 구분소유적 공유관계, 특정 소유 부분 건물 신축

"구분소유적 공유를 하는 토지 위의 자신의 특정 소유부분에 건물을 신축한 자가 그의 대지지분만을 다른 구분소유적 공유자에게 양도하거나 다른 구분소유자가 경락받은 경우 관습법상의 법정지상권이 성립한다"(대판 1990.6.26. 89다카24094

☞ 대내적으로는 특정 부분을 각자가 단독으로 소유한다. 구분소유적 공유자 甲이 자신의 점유하는 특정부분 위에 건물을 신축하여 건물의 소유권을 취득하였고, 乙이 강제경매를 통하여 甲의 지분을 모두 취득하였으므로, 甲은 건물의 소유를 위한 관습법상 법정지상권을 취득한다.

ㅁ. [X] ※ 구분소유적 공유관계, 특정 소유 아닌 부분 건물 신축

"구분소유적 공유관계에 있어서는 통상적인 공유관계와는 달리 당사자 내부에 있어서는 각자가 특정매수한 부분은 각자의 단독 소유로 되었다 할 것이므로, 乙은 위 대지 중 그가 매수하지 아니한 부분에 관하여는 甲에게 그 소유권을 주장할 수 없어 위 대지 중 乙이 매수하지 아

니한 부분지상에 있는 乙 소유의 건물부분은 당초부터 건물과 토지의 소유자가 서로 다른 경우에 해당되어 그에 관하여는 관습상의 법정지상권이 성립될 여지가 없다"(대판 1994.1.28. 93다49871).

☞ 대내적으로는 특정 부분을 각자가 단독으로 소유한다. 구분소유적 공유자 甲이 자신의 점유하는 특정부분이 아닌 부분에 건물을 신축하였으므로, 건물과 토지의 소유자가 다른 경우에 해당하므로 관습상의 법정지상권이 성립될 여지가 없다.

[정답] ②

문72 甲은 乙로부터 금전을 차용하면서 乙에게 甲 소유인 X 토지에 저당권을 설정해 주었고, Y는 X 토지 위에 있는 건물이다. 이에 관한 설명 중 옳은 것을 모두 고른 것은? (각 지문은 독립적이며, 다툼이 있는 경우 판례에 의함) [변시 12회]

ㄱ. X 토지에 저당권이 설정된 당시 甲에 의하여 건축 중이던 Y 건물의 규모·종류가 외형상 예상할 수 있는 정도까지 건축이 진전되었고, 그 후 그 저당권의 실행을 위한 경매절차에서 매수인이 매각대금을 다 낼 때까지 독립된 부동산으로서 건물의 요건을 갖추었다면 Y 건물을 위한 법정지상권이 성립한다.

ㄴ. 甲이 X 토지와 미등기인 Y 건물을 함께 매수하면서 X 토지에 관해서만 소유권이전등기를 넘겨받았는데, X 토지에 대하여 乙에게 저당권을 설정하고 그 저당권의 실행으로 X 토지가 丙의 소유가 되었다면, Y 건물을 위한 법정지상권이 성립한다.

ㄷ. 乙의 저당권 실행에 따른 경매로 인하여 X 토지의 소유권이 丙에게 이전되고 그 후 甲이 자기 소유인 Y 건물을 丁에게 양도하면서 자신이 취득한 법정지상권을 양도한 경우, 丁이 지상권에 대한 등기를 하지 않았다고 하더라도 丙이 丁을 상대로 소유권에 기하여 Y 건물의 철거를 구할 수는 없다.

① ㄱ
② ㄱ, ㄴ
③ ㄱ, ㄷ
④ ㄴ, ㄷ
⑤ ㄱ, ㄴ, ㄷ

해 설 ※ 법정지상권

ㄱ. [○] "제366조 소정의 법정지상권은 저당권 설정 당시 동일인의 소유에 속하던 토지와 건물이 경매로 인하여 양자의 소유자가 다르게 된 때에 건물의 소유자를 위하여 발생하는 것으로서, 토지에 관하여 저당권이 설정될 당시 그 지상에 건물이 위 토지 소유자에 의하여 건축중이었고, 그것이 사회관념상 독립된 건물로 볼 수 있는 정도에 이르지 않았다 하더라도 건물의 규모, 종류가 외형상 예상할 수 있는 정도까지 건축이 진전되어 있는 경우에는, 저당권자는 완성될 건물을 예상할 수 있으므로 법정지상권을 인정하여도 불측의 손해를 입는 것이 아니며 사회경제적으로도 건물을 유지할 필요가 인정되기 때문에 법정지상권의 성립을 인정함이 상당하다"(대판 1992.6.12. 92다7221).

ㄴ. [X] "민법 제366조의 법정지상권은 저당권 설정 당시에 동일인의 소유에 속하는 토지와 건물이 저당권의 실행에 의한 경매로 인하여 각기 다른 사람의 소유에 속하게 된 경우에 건물의 소유를 위하여 인정되는 것이므로, 미등기건물을 그 대지와 함께 매수한 사람이 그 대지에 관하여만 소유권이전등기를 넘겨받고 건물에 대하여는 그 등기를 이전 받지 못하고 있다가, 대지에 대하여 저당권을 설정하고 그 저당권의 실행으로 대지가 경매되어 다른 사람의 소유로 된 경우에는, 그 저당권의 설정 당시에 이미 대지와 건물이 각각 다른 사람의 소유에 속하고 있었으므로 법정지상권이 성립될 여지가 없다"(대판 2002.6.20. 전합2002다9660).

ㄷ. [O] "법정지상권을 가진 건물소유자로부터 건물을 양수하면서 법정지상권까지 양도받기로 한 자는 채권자대위의 법리에 따라 전건물소유자 및 대지소유자에 대하여 차례로 지상권의 설정등기 및 이전등기절차이행을 구할 수 있다 할 것이므로 이러한 법정지상권을 취득할 지위에 있는 자에 대하여 대지소유자가 소유권에 기하여 건물철거를 구함은 지상권의 부담을 용인하고 그 설정등기절차를 이행할 의무있는 자가 그 권리자를 상대로 한 청구라 할 것이어서 신의성실의 원칙상 허용될 수 없다"(대판 1985.4.9. 전합84다카1131,1132).

[정답] ③

문 73 법정지상권에 관한 설명 중 옳은 것(○)과 옳지 않은 것(×)을 올바르게 조합한 것은? (다툼이 있는 경우에는 판례에 의함) [변시 9회]

ㄱ. X토지와 그 지상 Y건물의 소유자인 甲이 X토지와 Y건물에 관하여 乙에게 공동저당권을 설정해준 다음 Y건물을 헐고 Z건물을 신축한 후 Z건물에 관하여 X토지와 동일한 순위의 공동저당권을 설정해준 경우, 저당권의 실행으로 丙이 X토지의 소유권을 취득하면, 甲은 Z건물을 위한 법정지상권을 취득할 수 없다.
ㄴ. X토지와 그 지상 Y건물의 소유자인 甲이 X토지와 Y건물을 乙에게 매도하고 각 소유권이전등기를 마쳐주었는데, 그 후 甲의 채권자 丙에 의하여 Y건물에 관한 매매계약만 사해행위취소소송을 통하여 취소되고 그에 따라 Y건물에 마쳐져 있던 乙 명의의 등기가 말소된 경우, 甲은 Y건물의 존립을 위한 관습법상 법정지상권을 취득한다.
ㄷ. X토지와 그 지상 Y건물의 소유자인 甲이 X토지와 미등기된 Y건물을 乙에게 매도하였으나 X토지에 관하여서만 소유권이전등기를 넘겨주고 Y건물에 관하여는 등기를 이전해주지 못하고 있는 경우라면, 甲에게 Y건물을 위한 관습법상 법정지상권은 성립하지 않는다.

① ㄱ(○), ㄴ(×), ㄷ(○)
② ㄱ(○), ㄴ(○), ㄷ(×)
③ ㄱ(×), ㄴ(×), ㄷ(×)
④ ㄱ(×), ㄴ(○), ㄷ(×)
⑤ ㄱ(×), ㄴ(×), ㄷ(○)

해 설 ㄱ. [X] ※ **토지와 건물에 '공동저당권' 이 설정되어 있는 경우 지상건물이 철거되고 새로 건물이 신축된 경우**

判例는 동일인의 소유에 속하는 토지 및 그 지상 건물에 관하여 공동저당권이 설정된 후 그 지상 건물이 철거되고 새로 건물이 **'신축된 경우'**에는 **'그 신축건물에 토지와 동순위의 공동저당권이 설정되지 아니한 경우'**에는 저당물의 경매로 인하여 토지와 신축건물이 서로 다른 소유자에게 속하게 되더라도 **제366조의 법정지상권은 성립하지 않는다**고 한다(대판 2003.12.18. 전합98다43601 : 전체가치고려설).

왜냐하면 "공동저당권자는 **'토지 및 건물 각각의 교환가치 전부'**를 담보로 취득한 것으로서, 건물이 철거된 후 신축된 건물에 토지와 동순위의 공동저당권이 설정되지 아니하였는데도 그 신축건물을 위한 법정지상권이 성립한다면, 공동저당권자가 법정지상권이 성립하는 신축건물의 교환가치를 취득할 수 없게 되는 결과 법정지상권의 가액 상당 가치를 되찾을 길이 막혀 **'당초 토지에 관하여 아무런 제한이 없는 나대지로서의 교환가치 전체를 실현시킬 수 있다고 기대'**하고 담보를 취득한 공동저당권자에게 불측의 손해를 입게 하기 때문이다"(전합98다43601판시내용)

☞ 사안에서 공동저당권을 설정해준 다음 Y건물을 헐고 Z건물을 신축한 후 Z건물에 관하여 X토지와 동일한 순위의 공동저당권을 설정해 준 경우이므로, 判例에 따르면 甲은 Z건물을 위한 법정지상권을 취득할 수 있다.

ㄴ. [X] ※ **형식적으로만 소유명의자를 달리하게 된 경우(사해행위의 취소와 일탈재산의 원상회복)**

"제406조의 채권자취소권의 행사로 인한 사해행위의 취소와 일탈재산의 원상회복은 채권자와 수익자 또는 전득자에 대한 관계에 있어서만 효력이 발생할 뿐이고 채무자가 직접 권리를 취득하는 것이 아니므로, 토지와 지상 건물이 함께 양도되었다가 채권자취소권의 행사에 따라 그 중 건물에 관하여만 양도가 취소되고 수익자와 전득자 명의의 소유권이전등기가 말소되었다고 하더라도, 이는 **관습상 법정지상권의 성립요건인 '동일인의 소유에 속하고 있던 토지와 지상 건물이 매매 등으로 인하여 소유자가 다르게 된 경우'에 해당한다고 할 수 없다"**(대판 2014.12.24. 2012다73158).

ㄷ. [O] ※ **형식적으로만 소유명의자를 달리하게 된 경우(대지와 미등기건물의 일괄 매매)**

判例는 **대지와 그 지상의 미등기건물을 일괄하여 매수하고 대지에 대하여만 소유권이전등기를 마친 경우,** 형식상으로는 미등기건물의 소유자와 대지의 소유자가 다르지만, **"토지의 점유 · 사용에 관하여 당사자 사이에 약정이 있는 것으로 볼 수 있거나 토지 소유자가 건물의 처분권까지 함께 취득한 경우에는 관습상의 법정지상권을 인정할 까닭이 없다"**할 것이어서 미등기건물의 소유자(건물 신축자)에게 관습상의 법정지상권은 성립하지 않는다고 한다(대판 2002.6.20. 전합2002다9660).

비교판례 그러나 判例는 동일인 소유의 대지와 그 지상의 (대지소유자가 신축하였으나 그 보존등기를 마치지 않은) **미등기건물 중 대지만 다른 사람에게 이전된 경우,** 미등기건물의 소유자는 관습상의 법정지상권을 취득한다고 한다.

[정답] ⑤

※ 다음 사례에 관한 아래 각 문항(문 74 ~ 문 75)에 답하시오.

甲은 자기 소유의 X토지 위에 Y건물을 신축하기 위하여 건축업자 乙과 공사도급계약을 체결하였다. 이 도급계약에서 건물 소유권은 甲에게 귀속되는 것으로 하고, 공사대금은 건물 완공 시 지급하기로 하였다.
乙이 위 도급계약에 따라 Y건물의 신축공사를 시작하여 건물의 기둥, 벽체와 지붕공사를 완성한 후 甲은 공사대금 확보를 위하여 A로부터 2억 원을 차용하면서 X토지에 관하여 채권최고액을 2억 2,000만 원으로 하는 A 명의의 근저당권을 설정해주었다.
甲이 A에 대하여 차용금을 갚지 못하자 A는 X토지에 대하여 담보권 실행 경매를 신청하였고 이 경매절차에서 丙이 X토지를 매수하여 대금을 납입하고 소유권이전등기를 마쳤다.
乙은 Y건물을 완공한 후 점유하면서 甲에게 공사대금을 지급하고 Y건물을 인도받을 것을 통지하였지만 甲은 공사대금을 지급하지 못하고 있다.

문 74 다음 설명 중 옳은 것(○)과 옳지 않은 것(×)을 올바르게 조합한 것은? (다툼이 있는 경우 판례에 의함) [변시 10회]

ㄱ. 甲과 A가 X토지에 관한 근저당권설정계약을 체결하면서 법정지상권의 성립을 배제하기로 하는 특약을 한 경우 甲은 丙에 대하여 법정지상권을 주장할 수 없다.
ㄴ. 甲이 법정지상권에 대하여 등기를 갖추지 않고 있던 중 丙이 丁에게 X토지를 매도하고 소유권이전등기를 마쳐준 경우 甲은 丁에 대하여 법정지상권을 주장할 수 없다.
ㄷ. Y건물에 대한 강제경매절차에서 戊가 Y건물을 매수하고 매각대금을 납입하여 소유권을 취득하면 특별한 사정이 없는 한 법정지상권도 함께 취득한다.
ㄹ. 법정지상권에 관한 지료가 결정되지 않은 경우 甲이 2년 이상 지료를 지급하지 않았더라도 丙은 지상권소멸청구를 할 수 없다.

① ㄱ(○), ㄴ(×), ㄷ(○), ㄹ(○)
② ㄱ(○), ㄴ(○), ㄷ(×), ㄹ(×)
③ ㄱ(×), ㄴ(○), ㄷ(○), ㄹ(×)
④ ㄱ(×), ㄴ(×), ㄷ(○), ㄹ(○)
⑤ ㄱ(×), ㄴ(×), ㄷ(×), ㄹ(○)

해설 ㄱ. [×] 제366조 법정지상권은 ⅰ) 건물철거로 인한 사회경제적 손실의 방지와 ⅱ) 저당권자의 담보가치에 대한 기대를 고려한 공익을 위한 규정이므로 강행규정이다. 따라서 저당권설정 당사자 간의 특약으로 저당목적물인 토지에 대하여 법정지상권을 배제하는 약정을 하더라도 그 특약은 효력이 없다(대판 1988.10.25. 87다카1564). 반면에 '관습법상 법정지상권'은 특약(토지임대차계약 체결 등)으로 배제가 가능하다(대판 1992.10.27. 92다3984).

ㄴ. [X] 제366조 법정지상권은 '법률의 규정'에 의하여 성립하는 것이므로 제187조에 의하여 등기를 요하지 않는다. 그러나 제3자에게 이 법정지상권을 전득시키려면 제187조 단서에 의하여 등기를 하여야 한다.

☞ 법정지상권이 성립하기 위해서는 i) 저당권설정 당시부터 건물이 존재할 것, ii) 저당권이 설정될 당시 토지와 건물의 소유자가 동일할 것, iii) 토지나 건물 중 적어도 어느 하나에 저당권이 설정될 것, iv) 경매로 인해 건물과 토지에 대한 소유자가 분리될 것을 요한다(제366조). 사안의 경우 甲이 A에게 저당권을 설정할 당시 기둥, 벽체와 지붕공사가 완성되어 건물이 존재하고 甲과 乙사이에서 '신축건물의 소유권은 도급인 甲에게 귀속되는 것으로 한다' 는 특약으로 인하여 甲은 저당권 설정 당시 토지와 건물의 소유자가 동일 요건을 충족하며, X토지에 저당권이 설정되고 경매로 인하여 토지와 건물의 소유자가 달라졌으므로 **甲은 제187조에 따라 등기 없이도 366조의 법정지상권을 취득하였다. 따라서 丙뿐만 아니라 X토지의 전득자인 丁에게도 등기없이 법정지상권을 주장할 수 있다.**

관련판례 "**최소한의 기둥과 지붕 그리고 주벽이 이루어지면** 독립한 부동산으로서의 건물의 요건을 갖춘 것이라고 보아야 한다"(대판 2002.04.26. 2000다16350).

"일반적으로 자기의 노력과 재료를 들여 건물을 건축한 사람은 그 건물의 소유권을 원시취득하는 것이고, 다만 도급계약에 있어서는 수급인이 자기의 노력과 재료를 들여 건물을 완성하더라도 도급인과 수급인 사이에 도급인 명의로 건축허가를 받아 소유권보존등기를 하기로 하는 등 완성된 건물의 소유권을 도급인에게 귀속시키기로 합의한 것으로 보여질 경우에는 그 건물의 소유권은 도급인에게 원시적으로 귀속된다"(대판 1992.3.27. 91다34790).

ㄷ. [O] "저당권설정 당시 동일인의 소유에 속하고 있던 토지와 지상 건물이 경매로 인하여 소유자가 다르게 된 경우에 건물소유자는 건물의 소유를 위한 민법 제366조의 법정지상권을 취득한다. **그리고 건물 소유를 위하여 법정지상권을 취득한 사람으로부터 경매에 의하여 건물의 소유권을 이전받은 매수인은** 매수 후 건물을 철거하는 등의 매각조건하에서 경매되는 경우 등 **특별한 사정이 없는 한 건물의 매수취득과 함께 위 지상권도 당연히 취득하는데**, 이러한 법리는 사해행위의 수익자 또는 전득자가 건물의 소유자로서 법정지상권을 취득한 후 채무자와 수익자 사이에 행하여진 건물의 양도에 대한 채권자취소권의 행사에 따라 수익자와 전득자 명의의 소유권이전등기가 말소된 다음 경매절차에서 건물이 매각되는 경우에도 마찬가지로 적용된다"(대판 2014.12.24. 2012다73158)

ㄹ. [O] "법정지상권의 경우 당사자 사이에 지료에 관한 협의가 있었다거나 법원에 의하여 지료가 결정되었다는 아무런 입증이 없다면, **법정지상권자가 지료를 지급하지 않았다고 하더라도 지료 지급을 지체한 것으로는 볼 수 없으므로 법정지상권자가 2년 이상의 지료를 지급하지 아니하였음을 이유로 하는 토지소유자의 지상권소멸청구는 이유가 없고**, 지료액 또는 그 지급시기 등 지료에 관한 약정은 이를 등기하여야만 제3자에게 대항할 수 있는 것이고, 법원에 의한 지료의 결정은 당사자의 지료결정청구에 의하여 형식적 형성소송인 지료결정판결로 이루어져야 제3자에게도 그 효력이 미친다"(대판 2001.3.13. 99다17142)

[정답] ④

문 75 **다음 설명 중 옳지 않은 것은?** (다툼이 있는 경우 판례에 의함) [변시 10회]

① 乙의 甲에 대한 공사대금채권은 Y건물에 관하여 생긴 채권으로 이미 그 변제기가 도래하였으므로 乙은 그 채권을 변제받을 때까지 Y건물을 유치할 권리가 있다.

② 乙이 Y건물을 점유하면서 유치권을 행사하던 중 제3자 B가 乙의 점유를 침탈하여 乙이 점유를 상실하면 유치권은 소멸하며, 乙이 점유회수의 소를 제기하여 점유를 회복할 수 있다는 사정만으로 乙의 유치권이 존속하는 것은 아니다.

③ 乙이 甲의 승낙 없이 Y건물을 C에게 임대하여 임차인 C가 점유하고 있는 상태에서, Y건물에 대하여 강제경매절차가 진행되어 Y건물이 매각된 경우, C는 임차권에 기한 점유로써 위 경매절차에서 매수인에게 대항할 수 없다.

④ 乙이 甲의 승낙을 받아 Y건물을 D에게 임대한 후 위 임대차가 D의 차임 연체를 이유로 적법하게 해지되었으나 D가 Y건물을 반환하지 않은 채 계속 점유하고 있는 경우, 乙의 유치권은 소멸한다.

⑤ 乙이 유치물의 보존에 필요한 사용을 한 경우에도 특별한 사정이 없는 한 그 차임 상당액을 甲에게 부당이득으로 반환할 의무가 있다.

해 설 ① [○] "주택건물의 신축공사를 한 수급인이 그 건물을 점유하고 있고 또 그 건물에 관하여 생긴 공사금 채권이 있다면, 수급인은 그 채권을 변제받을 때까지 건물을 유치할 권리가 있다고 할 것이고, 이러한 유치권은 수급인이 점유를 상실하거나 피담보채무가 변제되는 등 특단의 사정이 없는 한 소멸되지 않는다"(대판 1995.9.15. 95다16202).

② [○] 유치권자가 목적물의 점유를 잃으면 유치권은 당연히 소멸한다(제328조). 따라서 점유는 계속되어야 한다. 判例도 甲회사가 건물신축 공사대금 일부를 지급받지 못하자 건물을 점유하면서 유치권을 행사해 왔는데, 그 후 乙이 경매절차에서 건물 중 일부를 매수하여 소유권이전등기를 마친 다음 甲 회사의 점유를 침탈하여 丙에게 임대한 사안에서, "**乙의 점유침탈로 甲회사가 점유를 상실한 이상 유치권은 소멸하고**, 甲 회사가 점유회수의 소(제204조)를 제기하여 승소판결을 받아 점유를 회복하면 점유를 상실하지 않았던 것으로 되어 유치권이 되살아나지만(제192조 2항 참조), **점유회수의 소를 제기하여 점유를 회복할 수 있다는 사정만으로 甲회사의 유치권이 소멸하지 않았다고 볼 것은 아니다**"(대판 2012.2.9. 2011다72189)라고 한다.

③ [○] 유치권자는 채무자의 승낙없이 유치물의 사용, 대여, 담보제공을 하지 못한다(제324조 제2항). **따라서 소유자의 동의 없이 유치권자로부터 유치권의 목적물을 임차한 자는 소유자에 대하여 점유할 정당한 권원이 있다고 할 수 없으므로 임차인은 소유자에게 대항하지 못하며, 따라서 목적물이 경매되면 경락인에게도 대항할 수 없다.** 이는 임차권이 대항력을 갖추고 있더라도 마찬가지이다(대결 2002.11.27. 2002마3516).

④ [X] **※ 채권자가 채무자의 '승낙'을 받아 유치물을 제3자에게 임대하는 방법(제324조 2항)으로 '간접점유'하던 중 임대차가 종료된 경우(유치권 존속)**
"유치권의 성립요건인 유치권자의 점유는 직접점유이든 간접점유이든 관계없다. 간접점유를 인정하기 위해서는 간접점유자와 직접점유를 하는 자 사이에 일정한 법률관계, 즉 점유매개관계가 필요한데, 간접점유에서 점유매개관계를 이루는 임대차계약 등이 해지 등의 사유로 종료

되더라도 직접점유자가 목적물을 반환하기 전까지는 간접점유자의 직접점유자에 대한 반환청구권이 소멸하지 않는다. 따라서 점유매개관계를 이루는 임대차계약 등이 종료된 이후에도 직접점유자가 목적물을 점유한 채 이를 반환하지 않고 있는 경우에는, 간접점유자의 반환청구권이 소멸한 것이 아니므로 간접점유의 점유매개관계가 단절된다고 할 수 없다"(대판 2019.8.14. 2019다205329).

⑤ [○] ※ 유치물 사용권 및 부당이득반환
"민법 제324조에 의하면, 유치권자는 선량한 관리자의 주의로 유치물을 점유하여야 하고, 소유자의 승낙 없이 유치물을 보존에 필요한 범위를 넘어 사용하거나 대여 또는 담보제공을 할 수 없으며, 소유자는 유치권자가 위 의무를 위반한 때에는 유치권의 소멸을 청구할 수 있다고 할 것인바, 공사대금채권에 기하여 유치권을 행사하는 자가 스스로 유치물인 주택에 거주하며 사용하는 것은 특별한 사정이 없는 한 유치물인 주택의 보존에 도움이 되는 행위로서 유치물의 보존에 필요한 사용에 해당한다고 할 것이다. 그리고 유치권자가 유치물의 보존에 필요한 사용을 한 경우에도 특별한 사정이 없는 한 차임에 상당한 이득을 소유자에게 반환할 의무가 있다"(대판 2009.9.24. 2009다40684).

[정답] ④

문 76 법정지상권에 관한 설명 중 옳지 않은 것은? (다툼이 있는 경우 판례에 의함) [변시 11회]

① 토지 또는 그 지상 건물의 소유권이 강제경매로 인하여 매수인에게 이전되는 경우, 매각대금의 완납 시를 기준으로 토지와 지상건물이 동일인에게 속하였는지에 따라 관습상 법정지상권의 성립 여부를 가려야 한다.

② 건물의 소유를 위한 법정지상권을 취득한 사람으로부터 경매에 의하여 건물의 소유권을 이전받은 매수인은 특별한 사정이 없는 한 위 법정지상권을 취득한다.

③ 건물공유자 중 1인이 그 건물의 부지인 토지를 단독으로 소유하면서 그 토지에 관하여만 저당권을 설정하였다가 저당권의 실행에 의한 경매로 제3자가 토지의 소유권을 취득한 경우, 건물공유자들은 토지 전부에 관하여 법정지상권을 취득한다.

④ 미등기건물이 그 대지와 함께 매도되었는데 매수인에게 위 대지에 관하여만 소유권이전등기가 마쳐진 경우, 매도인에게 관습상 법정지상권이 인정되지 않는다.

⑤ 채권을 담보하기 위하여 나대지에 가등기가 경료된 다음 대지소유자가 그 지상에 건물을 신축하였는데, 그 후 위 가등기에 기한 본등기가 마쳐진 경우, 특별한 사정이 없는 한 위 건물을 위한 관습상 법정지상권이 성립하지 않는다.

해설 ① [×] "부동산강제경매절차에서 목적물을 매수한 사람의 법적 지위는 다른 특별한 사정이 없는 한 그 절차상 '압류의 효력이 발생하는 때'를 기준으로 하여 정하여지므로, 강제경매의 목적이 된 토지 또는 그 지상 건물의 소유권이 강제경매로 인하여 그 절차상의 매수인에게 이전된 경우에 건물의 소유를 위한 관습상 법정지상권이 성립하는가 하는 문제에 있어서는 그 매수인이 소유권을 취득하는 매각대금의 완납시(과거 판례의 태도)가 아니라 그 압류의 효력이 발생하는 때를 기준으로 하여 토지와 그 지상

건물이 동일인에 속하였는지 여부가 판단되어야 한다. 한편 경매의 목적이 된 부동산에 대하여 가압류가 있고 그것이 본압류로 이행되어 경매절차가 진행된 경우에는 **애초 가압류가 효력을 발생하는 때를 기준으로** 토지와 그 지상 건물이 동일인에 속하였는지 여부를 판단할 것이다"(대판 2012.10.18. 전합2010다52140)

② [○] ※ **법정지상권의 양도(주물 · 종물 이론)**

"**제358조 본문을 유추하여 보면 건물에 대한 저당권의 효력은 그 건물에 종된 권리인 건물의 소유를 목적으로 하는 지상권에도 미치게 되므로**, 건물에 대한 저당권이 실행되어 경락인이 그 건물의 소유권을 취득하였다면 경락 후 건물을 철거한다는 등의 매각조건에서 경매되었다는 등 특별한 사정이 없는 한, **경락인은 건물 소유를 위한 지상권도 제187조의 규정에 따라 등기 없이 당연히 취득하게 되고**, 한편 이 경우에 경락인이 건물을 제3자에게 양도한 때에는, 특별한 사정이 없는 한 제100조 제2항의 유추적용에 의하여 건물과 함께 종된 권리인 지상권도 양도하기로 한 것으로 봄이 상당하다"(대판 1996.4.26. 95다52864)

③ [○] ※ **건물공유의 경우**

대지소유자가 그 지상건물을 타인과 함께 공유하면서 그 단독소유의 대지만을 건물철거의 조건 없이 타에 매도한 경우 **'건물공유자들 전부'는 각기 건물을 위하여 대지 전부에 대하여 관습에 의한 법정지상권을 취득한다**(대판 1977.7.26. 76다388). 이는 **제366조의 법정지상권의 경우에도 동일하다**(대판 2011.1.13. 2010다67159).

④ [○] ※ **미등기 건물양수인의 경우(부정)**

"미등기 건물을 그 대지와 함께 양수한 사람이 그 대지에 관하여서만 소유권이전등기를 넘겨받고 건물에 대하여는 그 등기를 이전받지 못하고 있는 상태에서 그 대지가 경매되어 소유자가 달라지게 된 경우에는, **미등기 건물의 양수인은 미등기 건물을 처분할 수 있는 권리는 있을지언정 소유권은 가지고 있지 아니하므로 대지와 건물이 동일인의 소유에 속한 것이라고 볼 수 없어 법정지상권이 발생할 수 없다**"(대판 1998.4.24. 98다4798).

⑤ [○] ※ **나대지에 관하여 가압류, 압류가 되거나 담보가등기가 된 경우(부정)**

"원래 채권을 담보하기 위하여 나대지상에 가등기가 경료되었고, 그 뒤 대지소유자가 그 지상에 건물을 신축하였는데, 그 후 그 가등기에 기한 본등기가 경료되어 대지와 건물의 소유자가 달라진 경우에 관습상 법정지상권을 인정하면 애초에 대지에 채권담보를 위하여 가등기를 경료한 사람의 이익을 크게 해하게 되기 때문에 특별한 사정이 없는 한 건물을 위한 **관습상 법정지상권이 성립한다고 할 수 없다**"(대판 1994.11.22. 94다5458).

비교판례 **이와 구별하여 청구권 보전의 가등기의 경우** "대지에 관한 乙명의의 가등기가 경료된 후 건물이 신축되었고 그에 기한 본등기가 이루어지기 전까지 대지와 건물은 모두 丙의 소유에 속해 있다가 乙이 대지에 관하여 소유권이전등기를 경료함으로써 대지와 건물이 각기 소유자를 달리하게 된 것이니, 다른 사정이 없는 한 丙은 대지상의 건물의 소유를 목적으로 하는 **관습상의 법정지상권을 취득하였다**"(대판 1982.6.22. 81다1298)고 한다.

[정답] ①

문 77 X토지에 대한 법정지상권에 관한 설명 중 옳은 것(○)과 옳지 않은 것(×)을 올바르게 조합한 것은? (각 지문은 독립적이며, 다툼이 있는 경우에는 판례에 의함) [변시 13회]

ㄱ. 甲이 그 소유 X토지에 관하여 乙 명의로 저당권을 설정한 후 乙의 동의를 얻어 X토지에 Y건물을 신축하였다. 저당권이 실행되어 丙이 X토지의 소유권을 취득한 경우 甲은 민법 제366조의 법정지상권을 취득한다.
ㄴ. 甲이 乙 소유 X토지 위에 소유하고 있는 Y건물을 甲의 채권자 丙이 가압류한 후 乙이 Y건물의 소유권을 취득하였다. 위 가압류에 기한 본압류 및 강제경매절차가 진행되어 丁이 Y건물의 소유권을 취득한 경우 丁은 관습상의 법정지상권을 취득한다.
ㄷ. 甲이 그 소유 X토지에 관하여 乙의 채권을 담보하기 위하여 乙 명의로 가등기를 마쳐 준 다음 X토지 위에 Y건물을 신축하였다. 그 후 乙이 위 가등기에 기한 본등기를 마친 경우 甲은 관습상의 법정지상권을 취득하지 못한다.
ㄹ. X토지와 Y건물을 甲과 乙이 각 2분의 1 지분씩 공유하던 중 甲이 Y건물의 공유지분을 丙에게 증여한 경우 丙은 관습상의 법정지상권을 취득한다.

① ㄱ(○), ㄴ(×), ㄷ(○), ㄹ(×)
② ㄱ(○), ㄴ(×), ㄷ(×), ㄹ(○)
③ ㄱ(×), ㄴ(○), ㄷ(○), ㄹ(×)
④ ㄱ(×), ㄴ(○), ㄷ(×), ㄹ(○)
⑤ ㄱ(×), ㄴ(×), ㄷ(○), ㄹ(×)

해설 ㄱ. [×] 법정지상권이 성립하기 위해서는 i) 저당권설정 당시부터 건물이 존재할 것, ii) 저당권이 설정될 당시 토지와 건물의 소유자가 동일할 것, iii) 토지나 건물 중 적어도 어느 하나에 저당권이 설정될 것, iv) 경매로 인해 건물과 토지에 대한 소유자가 분리될 것을 요한다(제366조).
이에 따르면, 토지에 관하여 저당권이 설정될 당시에 토지 위에 건물이 존재하여야 한다. 따라서 건물 없는 토지에 대하여 저당권이 설정된 후 건물을 건축하였는데 그 후 저당권실행으로 토지와 지상건물의 소유자를 달리한 경우 법정지상권의 성립은 부정된다(대결 1995.12.11. 95마1262). 이를 인정한다면 토지의 담보가치를 나대지의 교환가치로 평가하여 취득한 저당권자에게 불측의 손해를 줄 수 있기 때문이다. 또한 이 경우 근저당권자가 건물의 건축에 동의한 경우라도 그러한 사정은 공시할 수 없어 법률관계를 불명확하게 하므로 법정지상권이 성립되지 않는다고 한다(대판 2003.9.5. 2003다26051)

ㄴ. [×] 대법원은 최근 전원합의체 판결을 통해 "부동산강제경매절차에서 목적물을 매수한 사람의 법적 지위는 다른 특별한 사정이 없는 한 그 절차상 '압류의 효력이 발생하는 때'를 기준으로 하여 정하여지므로, 강제경매의 목적이 된 토지 또는 그 지상 건물의 소유권이 강제경매로 인하여 그 절차상의 매수인에게 이전된 경우에 건물의 소유를 위한 관습상 법정지상권이 성립하는가 하는 문제에 있어서는 그 매수인이 소유권을 취득하는 매각대금의 완납시(과거 판례의 태도)가 아니라 그 압류의 효력이 발생하는 때를 기준으로 하여 토지와 그 지상 건물이 동일인에 속하였는지 여부가 판단되어야 한다. 한편 경매의 목적이 된 부동산에 대하여 가압류가 있고 그것이 본압류로 이행되어 경매절차가 진행된 경우에는 애초 가압류가 효력을 발생하는 때를 기준으로 토지와 그 지상 건물이 동일인에 속하였는지 여부를 판단할 것이다"(대판 2012.10.18. 전합2010다52140)

ㄷ. [○] "원래 채권을 담보하기 위하여 나대지상에 가등기가 경료되었고, 그 뒤 대지소유자가 그 지상에 건물을 신축하였는데, 그 후 그 가등기에 기한 본등기가 경료되어 대지와 건물의 소유자가 달라진 경우에 관습상 법정지상권을 인정하면 애초에 대지에 채권담보를 위하여 가등기를 경료한 사람의 이익을 크게 해하게 되기 때문에 특별한 사정이 없는 한 건물을 위한 관습상 법정지상권이 성립한다고 할 수 없다"(대판 1994.11.22. 94다5458)

비교판례 이와 구별하여 청구권 보전의 가등기의 경우 "대지에 관한 乙명의의 가등기가 경료된 후 건물이 신축되었고 그에 기한 본등기가 이루어지기 전까지 대지와 건물은 모두 丙의 소유에 속해 있다가 乙이 대지에 관하여 소유권이전등기를 경료함으로써 대지와 건물이 각기 소유자를 달리하게 된 것이니, 다른 사정이 없는 한 丙은 대지상의 건물의 소유를 목적으로 하는 관습상의 법정지상권을 취득하였다"(대판 1982.6.22. 81다1298)고 한다.

ㄹ. [X] 토지 및 그 지상 건물 모두가 각 공유에 속한 경우 토지 및 건물공유자 중 1인이 그중 건물 지분만을 타에 증여하여 토지와 건물의 소유자가 달라진 경우에도 해당 토지 전부에 관하여 건물의 소유를 위한 관습법상 법정지상권이 성립된 것으로 보게 된다면, 이는 토지공유자의 1인으로 하여금 다른 공유자의 의사에 기하지 아니한 채 자신의 지분을 제외한 다른 공유자의 지분에 대하여서까지 지상권설정의 처분행위를 허용하는 셈이 되어 부당하다(대판 2022.8.31. 2018다218601, 92다55756 참고)

[정답] ⑤

제3절 전세권

문 78 전세권에 관한 설명 중 옳은 것은? (다툼이 있는 경우에는 판례에 의함) [변시 1회]

① 전세권이 성립한 후 전세목적물의 소유권이 양도된 경우, 전세권이 소멸하면 전세권자는 전 소유자에 대해서도 전세금반환을 청구할 수 있다.

② 전세권의 존속기간이 만료되면, 전세금의 반환을 받지 못하였더라도 제3자에게 전세권을 양도할 수 없다.

③ 전세권자의 채권자가 전세권에 저당권을 취득한 경우, 전세권이 기간만료로 소멸하면 전세권설정자는 전세금반환청구권에 대한 저당권자의 압류 등이 없더라도 저당권자에게 전세금을 지급하여야 한다.

④ 전세권설정계약이 합의해지된 경우, 전세권자는 전세권과 분리하여 전세금반환채권만을 확정적으로 양도할 수 없다.

⑤ 토지와 건물의 소유자가 건물에 전세권을 설정하였으나 그 토지가 경매절차에서 제3자에게 매각되어 건물소유자가 법정지상권을 취득한 후 건물이 다시 타인에게 양도되었다면, 건물의 양수인이 토지 소유자와의 관계에서 법정지상권을 취득할 지위를 포기하더라도 그 포기의 효력은 전세권자에게 미치지 않는다.

해 설 ① [×] 전세권의 존속기간 중 전세목적물의 소유권이 이전된 경우에 신소유자가 전세권설정자의 지위를 승계하는지, 따라서 신 소유자만이 전세금반환의무를 부담하고, 구 소유자는 그 의무를 면하는지에 관해 민법의 명문의 규정이 없어 문제된다. 이에 대해 判例는 승계긍정설의 입장이다(아래 2006다6072판결).

관련판례 "전세권이 성립한 후 목적물의 소유권이 이전되는 경우에 전세권은 전세권자와 목적물의 소유권을 취득한 신 소유자 사이에서 계속 동일한 내용으로 존속하게 된다고 보아야 할 것이고, 따라서 목적물의 신 소유자는 구 소유자와 전세권자 사이에 성립한 전세권의 내용에 따른 권리의무의 직접적인 당사자가 되어 전세권이 소멸하는 때에 전세권자에 대하여 전세권설정자의 지위에서 전세금반환의무를 부담하게 되고, 구 소유자는 전세권설정자의 지위를 상실하여 전세금반환의무를 면하게 된다고 보아야 한다"(대판 2006.5.11. 2006다6072)

② [×] "전세권설정등기를 마친 민법상의 전세권은 그 성질상 용익물권적 성격과 담보물권적 성격을 겸비한 것으로서, 전세권의 존속기간이 만료되면 전세권의 용익물권적 권능은 전세권설정등기의 말소 없이도 당연히 소멸하고 단지 전세금반환채권을 담보하는 담보물권적 권능의 범위 내에서 전세금의 반환시까지 그 전세권설정등기의 효력이 존속하고 있다 할 것인데, 이와 같이 존속기간의 경과로서 본래의 용익물권적 권능이 소멸하고 담보물권적 권능만 남은 전세권에 대해서도 그 피담보채권인 전세금반환채권과 함께 제3자에게 이를 양도할 수 있다 할 것이지만 이 경우에는 민법 제450조 제2항 소정의 확정일자 있는 증서에 의한 채권양도절차를 거치지 않는 한 위 전세금반환채권의 압류 · 전부 채권자 등 제3자에게 위 전세보증금반환채권의 양도사실로써 대항할 수 없다"(대판 2005.3.25. 2003다35659).

③ [×] 전세권의 존속기간이 만료된 후의 전세권을 목적으로 하는 저당권(제371조)의 효력과 관련하여 判例는 判例는 " i) 전세권에 대하여 저당권이 설정된 경우 그 저당권의 목적물은 전세권 자체이지 전세금반환채권이 아니고, 전세권의 존속기간이 만료되면 전세권은 소멸하므로 더 이상 전세권 자체에 대하여 저당권을 실행할 수 없다. ii) 이 경우 전세금반환채권은 전세권에 갈음하여 존속하는 것으로서 저당권자는 전세금반환채권에 대하여 물상대위권을 행사할 수 있다(즉 민사집행법 제273조에 의하여 전세금반환채권에 대하여 압류 및 추심명령 또는 전부명령을 받거나, 제3자가 전세금반환채권에 대하여 실시한 강제집행절차에서 배당요구를 하는 방법으로). iii) 제317조가 정하는 동시이행항변권 제도의 취지와 전세권을 목적물로 하는 저당권의 설정은 그 소유자의 의사와는 상관없이 전세권자의 동의만 있으면 가능한 것이고, 원래 전세권에서 전세금반환의무는 전세권설정자가 전세권자에게 지급함으로써 그 의무이행을 다할 뿐인 점에서, 전세금반환채권에 대해 제3자의 압류 등이 없는 한 전세권설정자는 전세권자에 대하여만 전세금반환의무를 부담한다"(대판 1999.9.17. 98다31301)라고 판시하여 물상대위설의 입장을 취하고 있다.

☞ 이러한 判例에 따르면 전세권의 존속기간이 만료된 후에는 전세권저당권자가 전세금반환청구권을 '압류'하지 않는 이상(제342조 참조) 전세권설정자는 전세권저당권자가 아닌 전세권자에게 전세금을 반환하더라도 그것은 유효하다.

④ [×] "전세권이 담보물권적 성격도 가지는 이상 부종성과 수반성이 있는 것이므로 전세권을 그 담보하는 전세금반환채권과 분리하여 양도하는 것은 허용되지 않는다고 할 것이나, 한편 담보물권의 수반성이란 피담보채권의 처분이 있으면 언제나 담보물권도 함께 처분된다는 것이 아니라, 채권 담보라고 하는 담보물권 제도의 존재 목적에 비추어 볼 때 특별한 사정이 없는 한 피담보채권의 처분에는 담보물권의 처분도 포함된다고 보는 것이 합리적이라는 것일 뿐이므로, i) 전세권이 존속기간의 만료로 소멸한 경우이거나, ii) 전세계약의 합의해지 또는 iii) 당사자간의 특약에 의하여 전세권반환채권의 처분에도 불구하고, 전세권의 처분이 따르지 않는 경우 등의

특별한 사정이 있는 때에는 채권양수인은 담보물권이 없는 무담보의 채권을 양수한 것이 된다"(대판 1997.11.25. 97다29790)

⑤ [○] "토지와 건물을 함께 소유하던 토지 · 건물의 소유자가 건물에 대하여 전세권을 설정하여 주었는데 그 후 토지가 타인에게 경락되어 민법 제305조 제1항에 의한 법정지상권을 취득한 상태에서 다시 건물을 타인에게 양도한 경우, 그 건물을 양수하여 소유권을 취득한 자는 특별한 사정이 없는 한 법정지상권을 취득할 지위를 가지게 되고, 다른 한편으로는 전세권 관계도 이전받게 되는바, 민법 제304조 등에 비추어 건물 양수인이 토지 소유자와의 관계에서 전세권자의 동의 없이 법정지상권을 취득할 지위를 소멸시켰다고 하더라도, 그 건물 양수인은 물론 토지 소유자도 그 사유를 들어 전세권자에게 대항할 수 없다"(대판 2007.8.24. 2006다14684)

[정답] ⑤

문 79 전세권에 관한 설명 중 옳지 않은 것은? (다툼이 있는 경우에는 판례에 의함) [변시 4회]

① 전세권의 존속기간이 경과한 후 전세금반환채권을 제3자에게 양도하여 전세권의 부기등기까지 마쳤더라도, 확정일자 있는 증서에 의한 채권양도절차를 거치지 않으면 전세금반환채권에 대한 압류채권자, 전부채권자 등 제3자에게 전세금반환채권의 양도사실로써 대항할 수 없다.

② 전세권자는 전세권설정자에게 전세권 목적물의 현상을 유지하기 위해 지출한 필요비의 상환을 청구할 수 있다.

③ 당사자가 주로 채권담보의 목적으로 전세권을 설정하였고 그 설정과 동시에 목적물을 인도하지 아니한 경우라도, 장차 전세권자가 목적물을 사용 · 수익하는 것을 완전히 배제하는 것이 아니라면 그 전세권도 유효하다.

④ 전세권자는 전세권설정계약에 다른 약정이 없는 한 원전세권설정자의 동의 없이 전전세(轉傳貰)할 수 있다.

⑤ 전세권이 부동산의 일부에 설정된 경우, 전세권의 목적물이 아닌 나머지 부분에 대해서는 그 전세권에 기한 경매신청을 할 수 없다.

해설 ① [○] "전세권의 존속기간이 만료되면 전세권의 용익물권적 권능은 전세권설정등기의 말소 없이도 당연히 소멸하고 단지 전세금반환채권을 담보하는 담보물권적 권능의 범위 내에서 전세금의 반환시까지 그 전세권설정등기의 효력이 존속하고 있다 할 것인데, 이와 같이 존속기간의 경과로서 본래의 용익물권적 권능이 소멸하고 담보물권적 권능만 남은 전세권에 대해서도 그 피담보채권인 전세금반환채권과 함께 제3자에게 이를 양도할 수 있다 할 것이지만 이 경우에는 민법 제450조 2항 소정의 확정일자 있는 증서에 의한 채권양도절차를 거쳐야 제3자에게 대항할 수 있다. 따라서 전세기간 만료 이후 전세권양도계약 및 전세권이전의 부기등기가 이루어진 것만으로는 전세금반환채권의 양도에 관하여 확정일자 있는 통지나 승낙이 있었다고 볼 수 없어 이로써 제3자인 전세금반환채권의 압류 · 전부 채권자에게 대항할 수 없다"(대판 2005.3.25. 2003다35659).

② [×] 전세권자는 임차인과 달리 목적물의 현상을 유지하고 그 통상의 관리에 속한 수선을 하여야 할 유지·수선의무를 부담하기 때문에(제309조), 필요비의 상환은 청구할 수 없고, 일정한 요건하에 유익비상환청구권만 인정된다(제310조).

③ [○] "전세권이 용익물권적 성격과 담보물권적 성격을 겸비하고 있다는 점 및 목적물의 인도는 전세권의 성립요건이 아닌 점 등에 비추어 볼 때 당사자가 주로 채권담보의 목적으로 전세권을 설정하였고, 그 설정과 동시에 목적물은 인도하지 아니한 경우라고 하더라도, **장차 전세권자가 목적물을 사용·수익하는 것을 완전히 배제하는 것이 아니라면**, 그 전세권의 효력을 부인할 수는 없다"(대판 1995.2.10, 94다18508)

④ [○] **제306조(전세권의 양도, 임대 등)** 「전세권자는 전세권을 타인에게 양도 또는 담보로 제공할 수 있고 그 존속기간내에서 그 목적물을 타인에게 전전세 또는 임대할 수 있다. **그러나 설정행위로 이를 금지한 때에는 그러하지 아니하다.**」

비교조문 **제282조(지상권의 양도, 임대)** 「지상권자는 타인에게 그 권리를 양도하거나 그 권리의 존속기간 내에서 그 토지를 임대할 수 있다.」 **제629조(임차권의 양도, 전대의 제한)** 「①항 임차인은 임대인의 동의없이 그 권리를 양도하거나 임차물을 전대하지 못한다. ②항 임차인이 전항의 규정에 위반한 때에는 임대인은 계약을 해지할 수 있다.」

⑤ [○] **제318조(전세권자의 경매청구권)** 「전세권설정자가 전세금의 반환을 지체한 때에는 전세권자는 민사집행법의 정한 바에 의하여 전세권의 목적물의 경매를 청구할 수 있다.」
判例는 "**전세권의 목적물이 아닌 나머지 건물 부분에 대하여는 우선변제권은 별론으로 하고 경매신청권은 없다**"(대판 1992.3.10, 91마256)고 하며, "건물의 일부에 대하여 전세권이 설정되어 있는 경우 전세권자는 전세권의 목적이 된 부분을 초과하여 건물 전부의 경매를 청구할 수 없다고 할 것이고, 그 **전세권의 목적이 된 부분이 구조상 또는 이용상 독립성이 없어 독립한 소유권의 객체로 분할할 수 없고 따라서 그 부분만의 경매신청이 불가능하다고 하여 달리 볼 것은 아니다**"(대결 2001.7.2, 2001마212)라고 판시하고 있다. 즉, **분할이 불가능한 경우에도 전부경매청구가 불가하다고** 본다.

[정답] ②

문 80 **甲은 乙과 乙 소유의 건물에 대하여 전세금 3억 원에 전세권설정계약을 체결하고 그 등기까지 마쳤다. 이에 관한 설명 중 옳지 않은 것은? (각 지문은 독립적이며, 다툼이 있는 경우 판례에 의함)** [변시 8회]

① 甲과 乙이 실제로는 전세권설정계약을 체결하지 않고 임대차계약에 기한 임대차보증금반환채권을 담보할 목적으로 전세권설정등기를 마친 경우라 하더라도, 이 사실을 모른 채 甲의 채권자인 丙이 甲의 전세권부 채권을 가압류하였다면 乙은 丙을 상대로 위 전세권설정계약의 무효를 주장할 수 없다.

② 甲은 존속기간의 경과로 인해 본래의 용익물권적 권능이 소멸하고 담보물권적 권능만 남은 전세권에 대해서는 그 피담보채권인 전세금반환채권과 함께 제3자에게 이를 양도할 수 있다.

③ 전세권이 성립한 후 건물의 소유권이 乙로부터 丙에게 이전된 경우, 전세권은 甲과 丙 사이에서 계속 동일한 내용으로 존속하게 된다고 보아야 할 것이고, 丙은 전세권의 내용에 따른 권리의무의 직접적인 당사자가 되어 전세권이 소멸하는 때에 甲에 대하여 전세권설정자의 지위에서 전세금반환의무를 부담하게 된다.

④ 甲이 전세권 소멸 후 그 목적물을 인도하였다고 하더라도 전세권설정등기의 말소등기에 필요한 서류를 교부하거나 그 이행의 제공을 하지 아니하는 이상, 乙은 전세금의 반환을 거부할 수 있고, 이 경우 다른 특별한 사정이 없는 한 乙이 전세금에 대한 이자 상당액의 이득을 법률상 원인 없이 얻는다고 볼 수 없다.

⑤ 甲의 전세권설정등기 당시 乙이 위 건물의 대지에 대한 소유권자이었으나 그 뒤 乙이 그 대지를 丙에게 매도하여 丙 명의의 소유권이전등기가 경료된 경우, 丙은 甲에게 지상권을 설정한 것으로 본다.

해 설 ① [○] ※ 채권가압류권자가 민법 108조 2항의 제3자에 해당하는지 여부(적극)

"실제로는 전세권설정계약을 체결하지 아니하였으면서도 임대차계약에 기한 임차보증금반환채권을 담보할 목적 또는 금융기관으로부터 자금을 융통할 목적으로 임차인과 임대인 사이의 합의에 따라 임차인 명의로 전세권설정등기를 경료한 경우, 위 전세권설정계약이 통정허위표시에 해당하여 무효라 하더라도 위 전세권설정계약에 의하여 형성된 법률관계에 기초하여 새로이 법률상 이해관계를 갖게 된 제3자에 대하여는 그 제3자가 그와 같은 사정을 알고 있었던 경우에만 그 무효를 주장할 수 있다. 그리고 **통정한 허위표시에 의하여 외형상 형성된 법률관계로 생긴 채권을 가압류한 경우 그 가압류권자는 허위표시에 기초하여 새로이 법률상 이해관계를 가지게 된 제3자에 해당**하므로, 그가 선의인 이상 위 통정허위표시의 무효를 그에 대하여 주장할 수 없다"(대판 2010.3.25. 2009다35743).

② [○] ※ 전세기간 경과 후 전세권의 양도

"전세권의 존속기간이 만료되면 전세권의 용익물권적 권능은 전세권설정등기의 말소 없이도 당연히 소멸하고 단지 전세금반환채권을 담보하는 담보물권적 권능의 범위 내에서 전세금의 반환시까지 그 전세권설정등기의 효력이 존속하고 있다 할 것인데, 이와 같이 **존속기간의 경과로서 본래의 용익물권적 권능이 소멸하고 담보물권적 권능만 남은 전세권에 대해서도 그 피담보채권인 전세금반환채권과 '함께' 제3자에게 이를 양도할 수 있다**"(대판 2005.3.25. 2003다35659). 이 경우에는 민법

제450조 2항 소정의 확정일자 있는 증서에 의한 채권양도절차를 거쳐야 제3자에게 대항할 수 있다. 따라서 전세기간 만료 이후 전세권양도계약 및 전세권이전의 부기등기가 이루어진 것만으로는 전세금반환채권의 양도에 관하여 확정일자 있는 통지나 승낙이 있었다고 볼 수 없어 이로써 제3자인 전세금반환채권의 압류 · 전부 채권자에게 대항할 수 없다.

③ [○] ※ **전세권의 존속기간 중 전세목적물의 소유권이 제3자에게 이전된 경우**
"전세권이 성립한 후 목적물의 소유권이 이전되는 경우에 **전세권은 전세권자와 목적물의 소유권을 취득한 신 소유자 사이에서 계속 동일한 내용으로 존속**하게 된다고 보아야 할 것이고, 따라서 목적물의 신 소유자는 구 소유자와 전세권자 사이에 성립한 전세권의 내용에 따른 권리의무의 직접적인 당사자가 되어 전세권이 소멸하는 때에 전세권자에 대하여 전세권설정자의 지위에서 전세금반환의무를 부담하게 되고, **구 소유자는 전세권설정자의 지위를 상실하여 전세금반환의무를 면하게 된다**고 보아야 한다"(대판 2006.5.11. 2006다6072).

④ [○] ※ **전세권설정자의 전세금반환의무와 전세권자의 등기말소 및 목적물반환의무의 동시이행관계**
"전세권이 소멸한 때에는 전세권설정자는 전세권자로부터 그 목적물의 인도 및 전세권설정등기의 말소등기에 필요한 서류의 교부를 받는 동시에 전세금을 반환하여야 한다(제317조). 따라서 **전세권자가 그 목적물을 인도하였다고 하더라도 전세권설정등기의 말소등기에 필요한 서류를 교부하거나 그 이행의 제공을 하지 아니하는 이상, 전세권설정자는 전세금의 반환을 거부할 수 있고, 이 경우 다른 특별한 사정이 없는 한 그가 전세금에 대한 이자 상당액의 이득을 법률상 원인 없이 얻는다고 볼 수 없다**"(대판 2002.2.5. 2001다62091).

관련판례 "채권적 전세권에 있어서는 그 건물의 시가의 절반상당정도의 금액이 전세금으로써 일시에 교부되고 그 전세금의 이자는 그 임대료와 상계되고 있음이 특단의 사정이 없는 한 인정 시행되어 오고 있고 당사자 일방이 목적물 명도채무와 다른 일방의 전세금반환채무는 특단의 사정이 없는 한 동시이행관계에 있으므로 **전세계약기간 종료후 전세금을 반환치 않고 있는 동안의 본건 건물부분의 점유를 불법점유라 할 수 없고 점유사용에 따른 임료상당액과 전세금에 대한 이자상당액은 서로 대가관계에 있다**"(대판 1976.10.26. 76다1184).

⑤ [×] 대지와 건물이 동일 소유자에 속한 경우에 그 건물에 전세권을 설정한 때에는 그 대지소유권의 특별승계인은 **'전세권설정자'**(전세권자가 아님에 유의)에 대하여 법정지상권을 설정한 것으로 본다(제305조).

[정답] ⑤

문 81 **甲 소유의 X 주택에 관한 乙의 전세권에 대하여 丙의 저당권이 설정되어 있다. 다음 중 옳지 않은 것은?**(다툼이 있는 경우에는 판례에 의함) [변시 3회]

① 丙의 저당권의 목적물은 乙의 전세권이므로 그 전세권이 기간만료로 소멸하면 丙은 더 이상 그 전세권에 대하여 저당권을 실행할 수 없다.

② 乙의 전세권이 기간만료로 소멸하면 丙의 저당권도 당연히 소멸된다.

③ 乙의 전세권이 기간만료로 소멸하면 甲은 전세금반환채권에 대한 제3자의 압류 등이 없는 한 乙에 대하여만 전세금반환의무를 부담한다.

④ 乙의 전세권이 기간만료로 소멸하면 丙은 제3자가 전세금반환채권에 대하여 실시한 강제집행절차에서 배당요구를 하는 방법으로 乙에 대한 일반채권자보다 우선변제를 받을 수 있다.

⑤ 乙의 전세권이 기간만료로 소멸하면 丙은 전세금반환채권에 대하여 압류 및 전부명령을 받는 등의 방법으로 권리를 행사하여 甲에 대하여 전세금의 지급을 구할 수 있으나 그 전세금반환채권에 대하여 압류가 경합된 상태에서 전부명령을 받았다면 이는 무효이므로 甲에 대하여 전세금의 지급을 구할 수 없다.

해 설 判例는 "ⅰ) ① [○] **전세권이 기간만료로 종료된 경우 전세권은 전세권설정등기의 말소등기 없이도 당연히 소멸하고**, ② [○] **저당권의 목적물인 전세권이 소멸하면 저당권도 당연히 소멸하는** 것이므로 전세권을 목적으로 한 저당권자는 전세권의 목적물인 부동산의 소유자에게 더 이상 저당권을 주장할 수 없다. ⅱ) 전세권에 대하여 저당권이 설정된 경우 그 저당권의 목적물은 물권인 전세권 자체이지 전세금반환채권은 그 목적물이 아니고, ④ [○] **전세권의 존속기간이 만료되면 전세권은 소멸하므로** 더 이상 전세권 자체에 대하여 저당권을 실행할 수 없게 되고, 이러한 경우에는 민법 제370조, 제342조 및 민사집행법 제273조에 의하여 **저당권의 목적물인 전세권에 갈음하여 존속하는 것으로 볼 수 있는 전세금반환채권에 대하여 압류 및 추심명령 또는 전부명령을 받거나 제3자가 전세금반환채권에 대하여 실시한 강제집행절차에서 배당요구를 하는 등의 방법으로 자신의 권리를 행사하여 비로소 전세권설정자에 대해 전세금의 지급을 구할 수 있게 된다**는 점, 전세권을 목적물로 하는 저당권의 설정은 전세권의 목적물 소유자의 의사와는 상관없이 전세권자의 동의만 있으면 가능한 것이고, 원래 전세권에 있어 전세권설정자가 부담하는 전세금반환의무는 전세금반환채권에 대한 제3자의 압류 등이 없는 한 전세권자에 대해 전세금을 지급함으로써 그 의무이행을 다할 뿐이라는 점에 비추어 볼 때, ③ [○] **전세권저당권이 설정된 경우에도 전세권이 기간만료로 소멸되면 전세권설정자는 전세금반환채권에 대한 제3자의 압류 등이 없는 한 전세권자에 대하여만 전세금반환의무를 부담한다고** 보아야 한다"(대판 1999.9.17. 98다31301).

또한 "저당목적물의 변형물인 금전 기타 물건에 대하여 일반 채권자가 물상대위권을 행사하려는 저당채권자보다 단순히 먼저 압류나 가압류의 집행을 함에 지나지 않은 경우에는 저당권자는 그 전은 물론 그 후에도 목적채권에 대하여 물상대위권을 행사하여 일반 채권자보다 우선변제를 받을 수가 있으며(대판 1994.11.22. 94다25728), 위와 같이 ⑤ [X] **전세권부 근저당권자가 우선권 있는 채권에 기하여 전부명령을 받은 경우에는 형식상 압류가 경합되었다 하더라도 그 전부명령은 유효하다**"(대판 2008.12.24. 2008다65396).

[정답] ⑤

문 82 甲은 2012. 2. 10. 乙 소유인 X 주택에 관하여 乙과 사이에 존속기간 3년, 전세금 3억 원으로 하는 전세권설정계약을 체결하고 전세권등기를 한 후 X 주택을 점유·사용하였다. 甲은 2013. 4. 10. 丙으로부터 변제기를 전세기간 만료일로 정하여 3억 원을 차용하고, 같은 날 위 전세권에 관하여 저당권을 설정하여 주었다. 전세기간이 종료한 날부터 1개월 후 丙은 위 저당권에 기한 물상대위권의 행사로써 甲의 전세금반환채권을 압류·전부받은 후 乙을 상대로 전부금 3억 원의 지급을 구하는 소를 제기하였다. 옳은 것을 모두 고른 것은? (각 지문은 독립적이며, 다툼이 있는 경우 판례에 의함) [변시 5회]

ㄱ. 전세기간 중인 2013. 6. 10. 甲의 과실로 X 주택의 일부를 멸실시켜 1,000만 원 상당의 손해를 발생시켰다. 전세기간이 종료된 후 乙은 전세금으로써 위 손해의 배상에 충당하고 그 충당으로 丙에게 대항할 수 있다.
ㄴ. 전세기간 중인 2012. 8. 10. 乙이 甲에게 전세기간 만료일 전일을 변제기로 하여 1억 원을 대여한 경우 특별한 사정이 없는 한 乙은 위 대여금채권에 의한 상계로 丙에게 대항할 수 있다.
ㄷ. 전세기간 종료 즉시 乙이 甲에게 전세금을 반환한 경우 乙은 이 반환으로써 丙에게 대항할 수 있다.

① ㄴ ② ㄱ, ㄴ
③ ㄱ, ㄷ ④ ㄴ, ㄷ
⑤ ㄱ, ㄴ, ㄷ

해 설 ㄱ. [O] 제315조는 전세권자의 귀책사유로 목적물의 전부 또는 일부가 '멸실'된 경우에 전세금으로써 그 손해의 배상에 충당할 수 있다고 규정하고 있다. 즉, 전세금에는 설정자에 대한 전세권자의 손해배상채무를 담보하는 보증금의 성질이 있다.

한편, 저당권은 저당물의 멸실, 훼손 또는 공용징수로 인하여 저당권 설정자(보다 정확하게는 저당물의 소유자)가 받을 금전 기타 물건에 대하여도 이를 행사할 수 있고(제370조, 제342조), 判例는 "전세권이 저당권의 목적인 경우 전세기간의 만료로 전세권이 소멸한 경우 전세금반환채권에 대해 물상대위를 할 수 있다"(대판 1999.9.17, 98다31301)고 판시하였다.

그런데 判例는 "전세금은 그 성격에 비추어 민법 제315조에 정한 전세권설정자의 전세권자에 대한 손해배상채권 외 다른 채권까지 담보한다고 볼 수 없으므로, 전세권설정자가 전세권자에 대하여 위 손해배상채권 외 다른 채권을 가지고 있더라도 다른 특별한 사정이 없는 한 이를 가지고 전세금반환채권에 대하여 물상대위권을 행사한 전세권저당권자에게 상계 등으로 대항할 수 없다"(대판 2008.3.13, 2006다29372,29389)고 판시하였다. 결국 判例를 반대해석하면 전세권설정자가 전세권자에 대하여 제315조에 정한 손해배상채권을 가지고 있다면 이를 가지고 전세금반환채권에 대하여 물상대위권을 행사한 전세권저당권자에게 상계 등으로 대항할 수 있다.

☞ 즉, 전세권을 목적으로 한 저당권자 丙은, 전세권자 甲이 전세권설정자 乙에게 전세권 소멸 후 발생하는 3억 원의 전세금반환청구권에 대해 저당권의 피담보채권인 3억원의 범위 내에서 물상대위를 할 수 있으나(제370조, 제342조), 전세권설정자 乙은 전세목적물이 전세권자 甲의 과실로 멸실되어 소멸할 경우 발생하는 1000만 원 상당액의 손해에 대해서는 전세권자 甲에게 반환하여야 할 전세금으

로써 위 손해를 충당할 수 있으므로(제315조), **그 충당으로 丙에게 대항할 수 있다.** 결국 丙의 乙에 대한 3억 원의 지급을 구하는 소는 2억 9000만 원에 대해서만 일부인용 될 것이다.

ㄴ. [O] 전세권저당권자가 전세금반환채권에 대하여 물상대위권을 행사한 경우, 전세권설정자가 전세권자에 대한 반대채권으로 상계를 주장할 수 있는지에 대해, 判例는 원칙적으로 "전세권저당권자가 전세금반환채권에 대하여 물상대위권을 행사한 경우, 종전 저당권의 효력은 물상대위의 목적이 된 전세금반환채권에 존속하여 저당권자가 그 전세금반환채권으로부터 다른 일반채권자보다 **우선변제를 받을 권리가 있으므로, 설령 전세금반환채권이 압류된 때에 전세권설정자가 전세권자에 대하여 반대채권을 가지고 있고 그 '반대채권'과 전세금반환채권이 상계적상에 있다고 하더라도 그러한 사정만으로 전세권설정자가 전세권저당권자에게 상계로써 대항할 수는 없다**"(대판 2014.10.27. 2013다91672) 고 하여 부정하는 입장이나, "**전세금반환채권은 전세권이 성립하였을 때부터 이미 그 발생이 예정되어 있다고 볼 수 있으므로, 전세권저당권이 설정된 때에 이미 전세권설정자가 전세권자에 대하여 반대채권을 가지고 있고 그 반대채권의 변제기가 장래 발생할 전세금반환채권의 변제기와 동시에 또는 그보다 먼저 도래하는 경우와 같이 전세권설정자에게 합리적 기대 이익을 인정할 수 있는 경우에는 특별한 사정이 없는 한 전세권설정자는 그 반대채권을 자동채권으로 하여 전세금반환채권과 상계함으로써 전세권저당권자에게 대항할 수 있다**"(대판 2014.10.27. 2013다91672)고 하여 **예외적으로 긍정하는 입장**이다.

저당권에는 우선변제권이 있고 물상대위권은 이에 기초한 것이므로 이를 해치는 결과를 가져오는 상계는 원칙적으로 허용되지 않지만, 상계에 관한 기대이익을 인정할 수 있는 경우, 즉 저당권을 설정하기 전(물상대위권에 기해 압류를 한 시점이 아님)에 이미 상계에 관한 요건을 구비한 경우(변제기 선도래설 또는 제한설)에는 상계가 허용된다고 봄이 타당하다. 즉, **전세권설정자가 상계를 통해 달성하고자 하는 우선변제적 효과에 대한 합리적 기대와 전세권저당권자에게 예기치 못한 상계항변으로 인한 채권상실의 위험을 적절히 조화한다는** 측면에서 전세권설정자가 전세권자에 대한 반대채권(자동채권)의 변제기가 전세금반환채권(수동채권)의 변제기보다 나중에 도래하는 경우에는 전세권설정자의 상계항변이 허용되지 않는다고 할 것이다(제한설 또는 변제기선도래설). 따라서 判例의 태도는 타당하다.

☞ 지문의 경우 전세권설정자 乙의 전세권자 甲에 대한 대여금채권(자동채권)은 전세권저당권 설정시(2013.4.10.)보다 앞선 2012.8.10.에 취득되었으며, 변제기(2015.2.9.)도 전세권설정자 乙의 전세권자 甲에 대한 전세금반환채무의 변제기(2015.2.10)보다 앞서므로 전세권설정자 乙에게는 상계에 대한 합리적 기대 이익을 인정할 수 있으므로 乙은 상계로 丙에게 대항할 수 있다.

비교판례 ㄱ. 지문에서 인용한 대판 2008.3.13.선고 2006다29372, 29389 판결은 **전세권저당권자가 임대차보증금반환채권의 담보를 목적으로 전세권이 설정된 것임을 저당권자가 몰랐던 사안**(제108조 2항)임을 **유의**해야 한다. 이때는 전세권저당권자인 丙이 甲과 乙간의 통정허위표시에 대한 선의 제3자여서 전세권설정계약이 유효한 것으로 인정되는데, 임대차계약은 전세권설정계약과 **양립할 수 없으므로**, 임대차계약의 유효를 전제로 하는 임대차보증금반환채권도 인정될 수 없다. 따라서 전세권설정자가 전세권자에 대해 반대채권(임대차계약에 의하여 발생한 연체차임, 관리비, 손해배상 등의 채권)을 갖는다고 하더라도 상계할 여지는 없게 된다. 즉, 상계로써 전세권저당권자에게 대항할 여지가 없다.

따라서 전세권설정자 乙의 전세권자 甲에 대한 임차권반환채권에 근거한 반대채권은 애초에 통정허위표시의 선의 제3자인 전세권저당권자 丙에게 변제기의 선후를 불문하고 대항 할 수 없는 것이고, ㄴ. 지문에서 인용한 대판 2014.10.27. 2013다91672 판결은 대여금채권으로서 전세금반환채권과는 **양립가능한** 채권이어서 구체적으로 변제기의 선후에 따른 상계에 대한 합리적인 기대 이익을 고려하여 상계로써 대항을 인정한 것이다.

ㄷ. [○] 전세권의 존속기간이 만료된 후의 전세권을 목적으로 하는 저당권의 효력에 관해 判例는 "ⅰ) **전세권에 대하여 저당권이 설정된 경우 그 저당권의 목적물은 전세권 자체이지 전세금반환채권이 아니고,** 전세권의 존속기간이 만료되면 전세권은 소멸하므로 더 이상 전세권 자체에 대하여 저당권을 실행할 수 없다. ⅱ) **이 경우 전세금반환채권은 전세권에 갈음하여 존속하는 것으로서 저당권자는 전세금반환채권에 대하여 물상대위권을 행사할 수 있다**(즉 민사집행법 제273조에 의하여 전세금반환채권에 대하여 압류 및 추심명령 또는 전부명령을 받거나, 제3자가 전세금반환채권에 대하여 실시한 강제집행절차에서 배당요구를 하는 방법으로). ⅲ) 제317조가 정하는 동시이행항변권 제도의 취지와 전세권을 목적물로 하는 저당권의 설정은 그 소유자의 의사와는 상관없이 전세권자의 동의만 있으면 가능한 것이고, 원래 전세권에서 전세금반환의무는 전세권설정자가 전세권자에게 지급함으로써 그 의무이행을 다할 뿐인 점에서, **전세금반환채권에 대해 제3자의 압류 등이 없는 한 전세권설정자는 전세권자에 대하여만 전세금반환의무를 부담한다**"(대판 1999.9.17, 98다31301)고 판시하여 물상대위설의 입장을 취하고 있다.

전세권을 목적으로 저당권을 설정하려는 자는 전세권 자체보다는 전세금반환청구권을 담보의 목적으로 생각하는 것이 대부분이다. 따라서 전세권의 존속기간이 만료하면 전세권을 목적으로 하는 저당권은 전세권(담보물권)부 전세금반환청구권에 대한 권리질권으로 파악하는 것이 저당권자의 의사에 부합한다. 그러나 이러한 견해에 따르면 전세권설정자는 원칙적으로 전세권자에게 전세금을 반환하면 안 되는바, **전세권에 대한 저당권의 설정은 전세권설정자의 관여 없이 전세권자와 저당권자의 합의만으로 이루어지기 때문에 위와 같이 해석하면 전세권설정자가 전세금을 이중지급하게 되는 위험에 빠질 수 있다.**

따라서 전세권이 존속기간의 만료로 담보물권의 성격을 갖게 된 이상 저당권의 목적이 소멸한 것으로 보아 물상대위로 해결하는 견해가 타당하다.

전세권의 존속기간이 만료된 후에는 丙(전세권저당권자)이 전세금반환청구권을 '압류'하지 않는 이상 乙(전세권설정자)이 甲(전세권자)에게 전세금을 반환한 때에는 그것은 유효하고, 그 결과 전세권을 목적으로 하는 저당권등기는 말소되어야 한다. 지문의 경우 乙은 전세기간 종료 즉시 甲에게 전세금을 반환하였고 丙이 전세금반환청구권을 '압류'한 사정이 보이지 않으므로 丙의 전세금반환청구는 이유 없다(대판 1999.9.17, 98다91901). 따라서 乙은 이 반환으로써 丙에게 대항할 수 있다.

[정답] ⑤

문 83 **甲은 그 소유인 X 아파트에 관하여 乙에게 전세권을 설정하여 주었다. 丙이 乙에게 금전을 대여하고 위 전세권을 목적으로 한 저당권을 설정받았다. 乙은 전세기간 만료일에 甲에게 X 아파트를 반환하였다. 이에 관한 설명 중 옳지 않은 것을 모두 고른 것은?** (각 지문은 독립적이고, 다툼이 있는 경우에는 판례에 의함) [변시 7회]

ㄱ. 甲은 전세금 반환채권에 대한 압류 등이 없는 한 乙에 대하여만 전세금 반환의무를 부담한다.
ㄴ. 丙은 전세금 반환채권에 대한 압류 및 전부명령을 받은 후 甲에게 전세금의 지급을 구하고 있다. 이에 대하여 甲은 전세권이 설정된 후 전세권저당권이 설정되기 전에 乙에게 금전을 대여하였는데 그 채권으로 상계를 주장한다. 그 대여금채권의 변제기가 전세기간 만료 후 위 압류 및 전부명령 송달 전에 도래하는 경우, 甲은 위 상계로 丙에게 대항할 수 있다.
ㄷ. 전세권설정이 통정허위표시에 의하여 이루어진 것이고 丙이 저당권을 설정받을 당시 이러한 사정을 과실로 알지 못하였다면, 이 전세권말소에 대하여 丙은 등기상 이해관계인으로서 승낙할 의무가 있다.

① ㄴ　　② ㄷ
③ ㄱ, ㄴ　　④ ㄴ, ㄷ
⑤ ㄱ, ㄴ, ㄷ

해 설 ㄱ. [○] ※ 전세권의 존속기간이 만료된 후의 전세권을 목적으로 하는 저당권의 효력

전세권의 존속기간이 만료된 후의 전세권을 목적으로 하는 저당권의 효력에 관하여 判例는 "ⅰ) 전세권에 대하여 저당권이 설정된 경우 그 저당권의 목적물은 전세권 자체이지 전세금반환채권이 아니고, 전세권의 존속기간이 만료되면 전세권은 소멸하므로 더 이상 전세권 자체에 대하여 저당권을 실행할 수 없다. ⅱ) 이 경우 전세금반환채권은 전세권에 갈음하여 존속하는 것으로서 저당권자는 전세금반환채권에 대하여 물상대위권을 행사할 수 있다(즉 민사집행법 제273조에 의하여 전세금반환채권에 대하여 압류 및 추심명령 또는 전부명령을 받거나, 제3자가 전세금반환채권에 대하여 실시한 강제집행절차에서 배당요구를 하는 방법으로). ⅲ) 제317조가 정하는 동시이행항변권 제도의 취지와 전세권을 목적물로 하는 저당권의 설정은 그 소유자의 의사와는 상관없이 전세권자의 동의만 있으면 가능한 것이고, 원래 전세권에서 전세금반환의무는 전세권설정자가 전세권자에게 지급함으로써 그 의무이행을 다할 뿐인 점에서, **전세금반환채권에 대해 제3자의 압류 등이 없는 한 전세권설정자는 전세권자에 대하여만 전세금반환의무를 부담한다**"(대판 1999.9.17, 98다31301)고 판시하여 물상대위설의 입장을 취하고 있다.

☞ 따라서 判例에 따르면 甲은 전세금 반환채권에 대한 압류 등이 없는 한 전세권저당권자 丙이 아닌 전세권자 乙에 대하여만 전세금 반환의무를 부담한다.

ㄴ. [X] ※ 전세권저당권자가 전세금반환채권에 대하여 물상대위권을 행사한 경우, 전세권설정자가 전세권자에 대한 반대채권으로 상계를 주장할 수 있는지 여부

"ⅰ) 전세권저당권자가 전세금반환채권에 대하여 물상대위권을 행사한 경우, 종전 저당권의 효력은 물상대위의 목적이 된 전세금반환채권에 존속하여 저당권자가 그 전세금반환채권으로부

터 다른 일반채권자보다 우선변제를 받을 권리가 있으므로, 설령 전세금반환채권이 압류된 때에 전세권설정자가 전세권자에 대하여 반대채권을 가지고 있고 그 '반대채권'과 전세금반환채권이 상계적상에 있다고 하더라도 그러한 사정만으로 전세권설정자가 전세권저당권자에게 상계로써 대항할 수는 없다. ii) 그러나 **전세금반환채권은 전세권이 성립하였을 때부터 이미 그 발생이 예정되어 있다고 볼 수 있으므로, 전세권저당권이 설정된 때에 이미 전세권설정자가 전세권자에 대하여 반대채권**(사안에서는 甲의 乙에 대한 대여금채권)**을 가지고 있고 그 반대채권의 변제기가 장래 발생할 전세금반환채권의 변제기**(사안에서는 전세기간만료시)**와 동시에 또는 그보다 먼저 도래하는 경우와 같이 전세권설정자에게 합리적 기대 이익을 인정할 수 있는 경우에는 특별한 사정이 없는 한 전세권설정자는 그 반대채권을 자동채권으로 하여 전세금반환채권과 상계함으로써 전세권저당권자에게 대항할 수 있다.** iii) 대판 2008.3.13.선고 2006다29372, 29389 판결은 임대차보증금반환채권의 담보를 목적으로 전세권이 설정된 것임을 저당권자가 몰랐던 사안에서 임대차계약에 의하여 발생한 연체차임, 관리비, 손해배상 등의 채권을 자동채권으로 하여 전세금반환채권과 상계할 수 없다고 한 것으로, 이 사건과는 그 사안을 달리하여 원용하기에 적절하지 않다"(대판 2014.10.27. 2013다91672)

☞ 判例에 따르면 **甲이 전세권이 설정된 후 '전세권저당권'이 설정되기 전에**(물상대위권에 기해 압류를 한 시점이 아님) **乙에게 금전을 대여하였다면 그 채권으로 상계를 주장할 수 있다. 그러나** 전세권설정자가 상계를 통해 달성하고자 하는 우선변제적 효과에 대한 합리적 기대와 전세권저당권자에게 예기치 못한 상계항변으로 인한 채권상실의 위험을 적절히 조화한다는 측면에서 判例가 판시하는 바와 같이 전세권설정자가 전세권자에 대한 반대채권(자동채권)의 변제기가 전세금반환채권(수동채권)의 변제기보다 나중에 도래하는 경우에는 전세권설정자의 상계항변이 허용되지 않는다(제한설 또는 변제기선도래설).[1] 따라서 사안에서 **甲의 乙에 대한 대여금채권**(자동채권)**의 변제기가 전세기간 만료 후, 즉 甲의 丙에 대한 전세금반환채권**(수동채권)**의 변제기보다 나중에 도래하는 경우에는 전세권설정자의 상계항변이 허용되지 않으므로, 甲은 위 상계로 丙에게 대항할 수 없다.**

비교판례 "실제로는 전세권설정계약이 없으면서도 임대차계약에 기한 임차보증금 반환채권을 담보할 목적으로 임차인과 임대인 사이의 합의에 따라 임차인 명의로 전세권설정등기를 경료한 후 그 전세권에 대하여 근저당권이 설정된 경우 (…중략…) 전세금은 그 성격에 비추어 민법 제315조 소정의 전세권설정자의 전세권자에 대한 손해배상채권 외 다른 채권까지 담보한다고 볼 수 없으므로, 전세권설정자가 전세권자에 대하여 위 손해배상채권 외 다른 채권을 가지고 있더라도 다른 특별한 사정이 없는 한 이를 가지고 전세금반환채권에 대하여 물상대위권을 행사한 전세권저당권자에게 상계 등으로 대항할 수 없다"(대판 2008.3.13. 2006다29372,29389).

ㄷ. [X] ※ **통정허위표시의 제3자 보호기준**

"전세권설정계약이 통정허위표시에 해당하여 무효라 하더라도 위 전세권설정계약에 의하여 형성된 법률관계에 기초하여 새로이 법률상 이해관계를 갖게 된 제3자에 대하여는 그 제3자가 그와 같은 사정을 알고 있었던 경우에만 그 무효를 주장할 수 있다"(대판 2010.3.25. 2009다35743).

☞ 통정허위표시의 제3자 보호기준은 선의가 문제될 뿐이지 무과실까지 요구되지는 않는다(제108조 2항). 따라서 전세권설정이 통정허위표시에 의하여 이루어진 것이고 丙이 저당권을 설정받을 당시 이러한 사정을 과실로 알지 못하였다면, 이 전세권말소에 대하여 丙은 등기상 이해관계인으로서 승낙할 의무가 없다.

---

1) [관련판례] 제498조의 해석과 관련한 현재 확립된 判例는 "압류 또는 가압류의 효력발생 당시에 제3채무자가 채무자에 대해 갖는 자동채권의 변제기가 아직 도래하지 않았더라도 압류채권자가 그 이행을 청구할 수 있는 때, 즉 피압류채권인 수동채권의 변제기가 도래한 때에 자동채권의 변제기가 동시에 도래하거나 또는 그 전에 도래한 때에는 제3채무자의 상계에 관한 기대는 보호되어야 한다는 점에서 상계할 수 있다"(대판 1987.7.7, 86다카2762 등)고 한다. 최근에는 전원합의체 판결로 이를 확인하였다(대판 2012.2.16, 전합2011다45521).

참고판례 등기의 말소를 신청하는 경우에 그 말소에 대하여 등기상 이해관계 있는 제3자가 있을 때에는 제3자의 승낙이 있어야 한다(부동산등기법 제57조). 判例에 따르면 동조에서 말하는 '등기상 이해관계 있는 제3자'란, "말소등기를 함으로써 손해를 입을 우려가 있는 등기상의 권리자로서 그 손해를 입을 우려가 있다는 것이 등기부 기재에 의해 형식적으로 인정되는 자이고, 제3자가 승낙의무를 부담하는지 여부는 말소등기권리자에 대해 승낙을 하여야 할 '실체법상 의무'가 있는지 여부에 의해 결정된다"(대판 2007.4.27. 2005다43753).

[정답] ④

문 84 **乙은 2017. 10. 10. 甲으로부터 甲 소유의 X건물을 보증금 1억 원, 차임 월 200만 원, 임차기간 2년으로 정하여 임차하고, 같은 날 단순히 자신의 보증금반환채권을 담보할 목적으로 甲의 동의를 받아 위 건물에 관하여 전세금은 1억 원, 존속기간은 위 임차기간과 동일하게 하여 전세권설정등기를 마쳤다. 그 후 乙은 위 사실을 알지 못하는 丙으로부터 1억 원을 차용하면서 자신의 전세권에 관하여 2017. 10. 20. 丙 명의의 전세권저당권을 설정하여 주었다. 이에 관한 설명 중 옳은 것(○)과 옳지 않은 것(×)을 올바르게 조합한 것은?** (다툼이 있는 경우에는 판례에 의함) [변시 9회]

ㄱ. 임대차기간이 만료되자 丙이 乙의 전세금반환채권을 압류·전부하여 甲에 대하여 1억 원의 지급을 청구한 경우, 甲은 자신이 2017. 12. 10. 乙에게 변제기를 2018. 12. 10.로 정하여 대여한 대여금채권을 자동채권으로 하는 상계로 丙에게 대항할 수 있다.
ㄴ. 丙은 전세권의 존속기간이 만료되면 더 이상 전세권 자체에 대하여 저당권을 실행할 수 없고, 전세금반환채권에 대하여 물상대위권을 행사하여 전세금의 지급을 구하여야 한다.
ㄷ. 甲과 乙 사이에 체결된 임대차계약은 乙 명의로 전세권설정등기가 마쳐진 후에는 전세권설정계약으로 변경되어 그 효력이 발생하기 때문에 甲은 乙에 대하여 더 이상 그 전세권설정계약이 통정허위표시로서 무효라고 주장할 수 없다.
ㄹ. 甲과 乙이 2019. 3. 27. X건물에 관하여 보증금 8,000만 원, 월 차임 100만 원, 임차기간 2년으로 정하여 임차하기로 하는 내용으로 종전의 임대차계약을 변경하였다면, 甲은 丙에 대해서도 당연히 전세권의 일부소멸을 주장할 수 있다.

① ㄱ(○), ㄴ(×), ㄷ(○), ㄹ(×)
② ㄱ(○), ㄴ(○), ㄷ(×), ㄹ(○)
③ ㄱ(×), ㄴ(○), ㄷ(×), ㄹ(×)
④ ㄱ(×), ㄴ(○), ㄷ(○), ㄹ(○)
⑤ ㄱ(×), ㄴ(×), ㄷ(○), ㄹ(×)

해설 ㄱ. [X] ㄴ. [O] ※ 전세권저당권자가 전세금반환채권에 대하여 물상대위권을 행사한 경우, 전세권설정자가 전세권자에 대한 반대채권으로 상계를 주장할 수 있는지 여부

"전세권을 목적으로 한 저당권이 설정된 경우, 전세권의 존속기간이 만료되면 전세권의 용익물권적 권능이 소멸하기 때문에 더 이상 전세권 자체에 대하여 저당권을 실행할 수 없게 되고, 저당권자는 저당권의 목적물인 전세권에 갈음하여 존속하는 것으로 볼 수 있는 전세금반환채권에 대하여 압류 및 추심

명령 또는 전부명령을 받거나 제3자가 전세금반환채권에 대하여 실시한 강제집행절차에서 배당요구를 하는 등의 방법으로 **물상대위권을 행사하여 전세금의 지급을 구하여야 한다**(㉡ 해설).
전세권저당권자가 위와 같은 방법으로 전세금반환채권에 대하여 물상대위권을 행사한 경우, 종전 저당권의 효력은 물상대위의 목적이 된 전세금반환채권에 존속하여 저당권자가 전세금반환채권으로부터 다른 일반채권자보다 우선변제를 받을 권리가 있으므로, 설령 전세금반환채권이 압류된 때에 전세권설정자가 전세권자에 대하여 반대채권을 가지고 있고 반대채권과 전세금반환채권이 상계적상에 있다고 하더라도 그러한 사정만으로 전세권설정자가 전세권저당권자에게 상계로써 대항할 수는 없다. 그러나 전세금반환채권은 전세권이 성립하였을 때부터 이미 발생이 예정되어 있다고 볼 수 있으므로, **전세권저당권이 설정된 때에 이미 전세권설정자가 전세권자에 대하여 반대채권을 가지고 있고 반대채권의 변제기가 장래 발생할 전세금반환채권의 변제기와 동시에 또는 그보다 먼저 도래하는 경우와 같이 전세권설정자에게 합리적 기대 이익을 인정할 수 있는 경우에는 특별한 사정이 없는 한 전세권설정자는 반대채권을 자동채권으로 하여 전세금반환채권과 상계함으로써 전세권저당권자에게 대항할 수 있다**"(대판 2014.10.27. 2013다91672)
☞ 즉, 甲의 乙에 대한 자동채권인 대여금채권은 2017. 12. 10.에 발생한바, 이는 전세권저당권이 설정된 때인 2017. 10. 20. 이후이다. 따라서 전세권설정자 甲의 상계에 대한 기대이익은 보호받을 수 없는바, 甲은 전세권저당권자 丙에게 상계로 대항할 수 없다(㉠ 해설).

ㄷ. [X] ※ 통정한 허위의 의사표시
"실제로는 전세권설정계약이 없으면서도 임대차계약에 기한 임차보증금 반환채권을 담보할 목적으로 임차인과 임대인 사이의 합의에 따라 임차인 명의로 전세권설정등기를 경료한 후 그 전세권에 대하여 근저당권이 설정된 경우, **설령 위 전세권설정계약만 놓고 보아 그것이 통정허위표시에 해당하여 무효라 하더라도 이로써 위 전세권설정계약에 의하여 형성된 법률관계를 토대로 별개의 법률원인에 의하여 새로운 법률상 이해관계를 갖게 된 근저당권자에 대하여는 그와 같은 사정을 알고 있었던 경우에만 그 무효를 주장할 수 있다**"(대판 2008.3.13. 2006다29372,29389).
☞ 즉, 丙이 선의인 경우 丙에게만 무효를 주장할 수 없을 뿐, 甲은 乙에 대하여 무효를 주장할 수 있다.

ㄹ. [X] ※ 전세권저당권설정자의 전세권 소멸행위
判例는 "임대차보증금 반환채권을 담보하기 위하여 전세권설정등기를 경료한 후 그 전세권에 대하여 저당권이 설정된 경우, **임대인과 임차인 사이에 있어서 임대차계약만이 유효하고 외형만 작출된 위 전세권설정계약이 무효라고 하더라도 그와 같은 사정을 알지 못한 제3자인 저당권자에 대하여는 그 무효를 주장할 수 없다**"고 하면서, "소외인과 피고는 전세권의 존속기간 중 이 사건 부동산 중 일부만 임대차계약의 목적물로 존속하고 나머지 부분은 합의해지하기로 하면서 이 사건 부동산 중 일부를 임대차보증금 8,000만 원, 월 차임 100만 원, 임차기간 2년으로 정하여 임차하기로 하는 내용으로 종전의 임대차계약을 변경하였음을 알 수 있는바, **민법 제371조 2항이 '전세권을 목적으로 저당권을 설정한 자는 저당권자의 동의 없이 전세권을 소멸하게 하는 행위를 하지 못한다'고 규정하고 있는 점에 비추어 볼 때,** 위와 같은 경우 소외인과 피고 사이에서는 위 전세권이 위 계약 내용대로 변경되어 전세금이 1억 원에서 8,000만 원으로 일부 소멸한다고 할 것이지만, **위 전세권저당권자인 원고에 대한 관계에서는 소외인은 물론 위 전세권설정자인 피고도 원고의 동의가 있지 않는 한 위와 같은 전세권의 일부 소멸을 주장할 수 없다**"(대판 2006.2.9. 2005다59864)고 하였다.

[정답] ③

문 85 전세권에 관한 설명 중 옳지 않은 것은? (다툼이 있는 경우 판례에 의함) [변시 10회]

① 甲이 통정허위표시에 해당하여 무효인 건물 전세권설정계약에 기한 전세권부 채권을 가압류한 경우, 가압류등기를 마칠 당시 전세권의 존속기간이 만료되었으나 전세권설정등기가 말소되지 않은 상태였고 전세권 갱신에 관한 등기가 불필요한 전세권 명의자가 건물을 여전히 점유·사용하고 있었다면, 甲은 위 허위표시를 기초로 새로이 법률상 이해관계를 가진 제3자에 해당한다.

② 전세기간 만료 후 전세권을 전세금반환채권과 함께 양도하면서 전세권 이전의 부기등기를 마쳤으나 확정일자 있는 증서에 의한 채권양도절차를 거치지 않은 경우, 채권양수인은 전세금반환채권의 압류·전부 채권자에게 대항할 수 없다.

③ 전세권이 존속기간의 만료로 종료된 경우 최선순위 전세권자의 채권자는 전세권이 설정된 부동산에 대한 경매절차에서 채권자대위권에 기하거나 전세금반환채권에 대하여 압류 및 추심명령을 받은 다음 추심권한에 기하여 자기 이름으로 전세권에 대한 배당요구를 할 수 있다.

④ 건물에 대하여 전세권을 설정하여 준 건물 소유자가 대지의 지상권자로서 지료 지급을 지체하여 대지 소유자의 지상권소멸청구에 의하여 지상권이 소멸하고 건물철거 및 대지인도를 명하는 판결이 확정된 경우, 대지 소유자는 건물 전세권자에게 건물에서의 퇴거를 청구할 수 없다.

⑤ 토지와 그 지상 건물을 함께 소유하던 甲이 乙에게 건물에 대하여 전세권을 설정해준 후 토지가 丙에게 경락되어 법정지상권을 취득한 상태에서 다시 건물을 丁에게 양도한 경우, 丁이 丙과 토지에 관한 임대차계약을 체결하였으나 그 임대차가 丁의 차임 연체를 이유로 적법하게 해지되더라도, 丙은 乙에게 건물에서의 퇴거를 청구할 수 없다.

해설 ① [O] ※ **채권가압류권자가 민법 108조 2항의 제3자에 해당하는지 여부(적극)**

"실제로는 전세권설정계약을 체결하지 아니하였으면서도 임대차계약에 기한 임차보증금반환채권을 담보할 목적 또는 금융기관으로부터 자금을 융통할 목적으로 임차인과 임대인 사이의 합의에 따라 임차인 명의로 전세권설정등기를 경료한 경우, 위 전세권설정계약이 통정허위표시에 해당하여 무효라 하더라도 위 전세권설정계약에 의하여 형성된 법률관계에 기초하여 새로이 법률상 이해관계를 갖게 된 제3자에 대하여는 그 제3자가 그와 같은 사정을 알고 있었던 경우에만 그 무효를 주장할 수 있다. 그리고 **통정한 허위표시에 의하여 외형상 형성된 법률관계로 생긴 채권을 가압류한 경우 그 가압류권자는 허위표시에 기초하여 새로이 법률상 이해관계를 가지게 된 제3자에 해당하므로**, 그가 선의인 이상 위 통정허위표시의 무효를 그에 대하여 주장할 수 없다"(대판 2010.3.25. 2009다35743).

② [O] "전세권설정등기를 마친 민법상의 전세권은 그 성질상 용익물권적 성격과 담보물권적 성격을 겸비한 것으로서, 전세권의 존속기간이 만료되면 전세권의 용익물권적 권능은 전세권설정등기의 말소 없이도 당연히 소멸하고 단지 전세금반환채권을 담보하는 담보물권적 권능의 범위 내에서 전세금의 반환시까지 그 전세권설정등기의 효력이 존속하고 있다 할 것인데, 이와 같이 **존속기간의 경과로서 본래의 용익물권적 권능이 소멸하고 담보물권적 권능만 남은 전세권에 대해**

서도 그 피담보채권인 전세금반환채권과 함께 제3자에게 이를 양도할 수 있다 할 것이지만 이 경우에는 민법 제450조 제2항 소정의 확정일자 있는 증서에 의한 채권양도절차를 거치지 않는 한 위 전세금반환채권의 압류 · 전부 채권자 등 제3자에게 위 전세보증금반환채권의 양도사실로써 대항할 수 없다"(대판 2005.3.25. 2003다35659).

③ [○] 민사집행법 제91조 제3항은 "전세권은 저당권 · 압류채권 · 가압류채권에 대항할 수 없는 경우에는 매각으로 소멸된다."라고 규정하고, 같은 조 제4항은 "제3항의 경우 외의 전세권은 매수인이 인수한다. 다만 전세권자가 배당요구를 하면 매각으로 소멸된다."라고 규정하고 있는데, 이는 저당권 등에 대항할 수 없는 전세권과 달리, 최선순위의 전세권은 존속기간에 상관없이 오로지 전세권자의 배당요구에 의하여만 소멸하고, 전세권자가 배당요구를 하지 않는 한 매수인에게 인수된다는 취지이다. 따라서 최선순위의 전세권은 전세권자 스스로 배당요구를 하여야만 매각으로 소멸함이 원칙이다. 그러나 전세권이 존속기간의 만료나 합의해지 등으로 종료하면 전세권의 용익물권적 권능은 소멸하고 단지 전세금반환채권을 담보하는 담보물권적 권능의 범위 내에서 전세금의 반환 시까지 전세권설정등기의 효력이 존속하므로, **전세권이 존속기간의 만료 등으로 종료한 경우라면 최선순위 전세권자의 채권자는 전세권이 설정된 부동산에 대한 경매절차에서 채권자대위권에 기하거나 전세금반환채권에 대하여 압류 및 추심명령을 받은 다음 추심권한에 기하여 자기 이름으로 전세권에 대한 배당요구를 할 수 있다**(대판 2015.11.17. 2014다10694).

④ [X] **※ 지료연체에 따른 지상권소멸(제304조 2항 위반 부정)**
"지상권을 가지는 건물소유자가 그 건물에 전세권을 설정하였으나 그가 2년 이상의 지료를 지급하지 아니하였음을 이유로 지상권설정자, 즉 토지소유자의 청구로 지상권이 소멸하는 것(제287조 참조)은 전세권설정자가 전세권자의 동의 없이는 할 수 없는 위 민법 제304조 2항상의 '지상권 또는 임차권을 소멸하게 하는 행위'에 해당하지 아니한다. 따라서 전세권설정자가 건물의 존립을 위한 토지사용권을 가지지 못하여 그가 토지소유자의 건물철거 등 청구에 대항할 수 없는 경우에 제304조 등을 들어 전세권자 또는 대항력 있는 임차권자가 토지소유자의 권리행사에 대항할 수 없음은 물론이다"(대판 2010.8.19. 2010다43801).
☞ 즉, 건물 전세권자는 민법 304조 2항으로 대항할 수 없으므로, 대지 소유자는 건물 전세권자에게 건물에서의 퇴거를 청구할 수 있다.

⑤ [○] "토지와 건물을 함께 소유하던 토지 · 건물의 소유자가 건물에 대하여 전세권을 설정하여 주었는데 그 후 토지가 타인에게 경락되어 민법 제305조 제1항에 의한 법정지상권을 취득한 상태에서 다시 건물을 타인에게 양도한 경우, 그 건물을 양수하여 소유권을 취득한 자는 특별한 사정이 없는 한 법정지상권을 취득할 지위를 가지게 되고, 다른 한편으로는 전세권 관계도 이전받게 되는바, **민법 제304조 등에 비추어 건물 양수인이 토지 소유자와의 관계에서 전세권자의 동의 없이 법정지상권을 취득할 지위를 소멸시켰다고 하더라도, 그 건물 양수인은 물론 토지 소유자도 그 사유를 들어 전세권자에게 대항할 수 없다**"(대판 2007.8.24. 2006다14684)
☞ 사안의 경우, 토지 소유자 丙과 건물 양수인 丁 사이에서 토지에 관한 임대차계약이 적법하게 해지되었다고 하더라도, 민법 304조 2항에 의하면 토지 소유자 丙은 위 임대차계약의 해지를 들어 전세권자 乙에게 대항할 수 없다. 따라서 丙은 乙에게 건물에서의 퇴거를 청구할 수 없다.

[정답] ④

문86 **甲은 乙과 乙 소유 X 건물에 관하여 전세권설정계약을 체결하고 그 등기를 마쳤다. 이에 관한 설명 중 옳지 않은 것은?** (다툼이 있는 경우 판례에 의함) [변시 11회]

① 전세금의 지급은 전세권 성립의 요소가 되는 것이지만, 그렇다고 하여 전세금의 지급이 반드시 현실로 수수되어야만 하는 것은 아니다.

② 甲은 전세권 존속 중이라도, 장래에 그 전세권이 소멸하여 전세금반환채권이 발생하는 것을 조건으로 그 장래의 조건부 채권을 양도할 수 있다.

③ 乙이 전세권 존속 중에 X 건물을 丙에게 양도한 경우 전세금반환의무는 丙이 부담한다.

④ 甲이 자신의 채권자 丙을 위하여 위 전세권에 관하여 전세권저당권설정등기를 마친 후 전세권의 존속기간이 만료된 경우, 丙은 전세금반환채권에 대하여 압류·추심명령 또는 압류·전부명령을 받거나 제3자가 그 채권에 대하여 실시한 강제집행절차에서 배당요구를 하였다면 전세금에서 우선변제를 받을 수 있다.

⑤ 甲의 전세권이 X 건물의 일부에 설정된 경우에, 전세권의 목적인 부분이 구조상 또는 이용상 독립성이 없어 독립한 소유권의 객체로 분할할 수 없고 따라서 그 부분만의 경매신청이 불가능하다면, 甲은 X 건물 전부에 대해서 경매신청을 할 수 있다.

해설 ① [O] "전세금의 지급은 전세권 성립의 요소가 되는 것이지만 그렇다고 하여 전세금의 지급이 **반드시 현실적으로 수수되어야만 하는 것은 아니고** 기존의 채권으로 전세금의 지급에 갈음할 수도 있다"(대판 1995.2.10, 94다18508)

② [O] 전세권은 전세금을 지급하고 타인의 부동산을 그 용도에 따라 사용·수익하는 권리로서 전세금의 지급이 없으면 전세권은 성립하지 아니하는 등으로 **전세금은 전세권과 분리될 수 없는 요소**일 뿐 아니라, 전세권에 있어서는 그 설정행위에서 금지하지 아니하는 한 전세권자는 전세권 자체를 처분하여 전세금으로 지출한 자본을 회수할 수 있도록 되어 있으므로 전세권이 존속하는 동안은 전세권을 존속시키기로 하면서 전세금반환채권만을 전세권과 분리하여 확정적으로 양도하는 것은 허용되지 않는 것이며, **다만 전세권 존속 중에는 장래에 그 전세권이 소멸하는 경우에 전세금 반환채권이 발생하는 것을 조건으로 그 장래의 조건부 채권을 양도할 수 있을 뿐**이라 할 것이다(대판 2002.8.23, 2001다69122).

③ [O] 判例는 **승계긍정설**의 입장이다. 즉 "전세권이 성립한 후 목적물의 소유권이 이전되는 경우에 전세권은 전세권자와 목적물의 소유권을 취득한 신 소유자 사이에서 계속 동일한 내용으로 존속하게 된다고 보아야 할 것이고, 따라서 **목적물의 신 소유자(사안에서 丙)는 구 소유자와 전세권자 사이에 성립한 전세권의 내용에 따른 권리의무의 직접적인 당사자**가 되어 전세권이 소멸하는 때에 전세권자에 대하여 전세권설정자의 지위에서 전세금반환의무를 부담하게 되고, **구 소유자(사안에서 乙)는 전세권설정자의 지위를 상실하여 전세금반환의무를 면하게 된다**고 보아야 한다"(대판 2006.5.11, 2006다6072)고 한다.

④ [O] 전세권저당권자는 저당권의 존재를 증명하는 서류를 제출하여 전세권저당권설정자(전세권자)의 전세권설정자에 대한 전세금반환채권에 대하여 추심명령 또는 전부명령을 받은 후 전세권설정자에 대하여 추심금 청구나 전부금청구를 통하여 전세금의 지급을 구할 수 있고(민사집행법 제273조), **전세금반환채권에 대하여 일반 채권자가 압류나 가압류의 집행을 이미 한 상태에 있다면 물**

상대위권을 행사하여 전세금반환청구권에 대한 배당절차에서 전세권저당권설정자(전세권자)의 일반채권자보다 우선하여 변제를 받을 수 있다(제370조, 제342조)(대판 2008.12.24. 2008다65396).

⑤ [×] ※ 일부전세의 경우 경매신청권
전세권설정자가 전세금의 반환을 지체한 때에는 전세권자는 민사집행법의 정한 바에 의하여 전세권의 목적물의 경매를 청구할 수 있다(제318조). 그러나 判例는 "전세권의 목적물이 아닌 나머지 건물 부분에 대하여는 우선변제권은 별론으로 하고 경매신청권은 없다"(대판 1992.3.10. 91마256)고 하며, "건물의 일부에 대하여 전세권이 설정되어 있는 경우 전세권자는 전세권의 목적이 된 부분을 초과하여 건물 전부의 경매를 청구할 수 없다고 할 것이고, 그 전세권의 목적이 된 부분이 구조상 또는 이용상 독립성이 없어 독립한 소유권의 객체로 분할할 수 없고 따라서 그 부분만의 경매신청이 불가능하다고 하여 달리 볼 것은 아니다"(대결 2001.7.2. 2001마212)라고 한다. 즉, 분할이 불가능한 경우에도 전부경매청구가 불가하다.

[정답] ⑤

문87 **甲은 자기 소유 X건물에 乙 앞으로 전세권을 설정해 주었다. 이에 관한 설명 중 옳지 않은 것을 모두 고른 것은?** (각 지문은 독립적이며, 다툼이 있는 경우에는 판례에 의함) [변시 13회]

ㄱ. 乙이 자신의 채권자 丙을 위하여 전세권 위에 저당권을 설정해 준 후 甲이 乙에게 변제기를 정하지 않고 금전을 대여한 경우 전세권의 존속기간 만료 후 丙이 물상대위에 의하여 乙의 전세금반환채권을 압류하였다면 甲은 대여금채권과 전세금반환채권의 상계로써 丙에게 대항할 수 있다.

ㄴ. 乙이 자신의 채권자 丙을 위하여 전세권 위에 저당권을 설정해 준 경우 전세권의 존속기간 만료 후 乙의 일반채권자 丁이 전세금반환채권을 가압류한 다음, 丙이 물상대위에 의하여 乙의 전세금반환채권에 대하여 압류 및 전부명령을 받았다면 丙은 甲에 대하여 전세금의 지급을 구할 수 없다.

ㄷ. 乙의 전세권은 임대차계약에 따른 임대차보증금반환채권을 담보할 목적으로 설정되었다. 乙이 이러한 사정을 알고 있는 자신의 채권자 丙을 위하여 전세권 위에 저당권을 설정해 준 경우 甲은 물상대위권을 행사하는 丙에 대하여 임대차계약에 따른 연체차임 공제 주장으로 대항할 수 있다.

ㄹ. 존속기간이 만료한 후 乙이 전세권과 함께 전세금반환채권을 양도하고 양수인 戊 앞으로 부기등기를 한 경우 戊와 전세금반환채권의 압류·전부 채권자 사이의 우열은 부기등기시점과 압류시점의 선후에 따라 정해진다.

① ㄱ, ㄴ
② ㄱ, ㄹ
③ ㄴ, ㄹ
④ ㄱ, ㄴ, ㄷ
⑤ ㄱ, ㄴ, ㄹ

해설 ㄱ. [X] "전세권저당권자가 전세금반환채권에 대하여 물상대위권을 행사한 경우, 종전 저당권의 효력은 물상대위의 목적이 된 전세금반환채권에 존속하여 저당권자가 그 전세금반환채권으로부터 다른 일반채권자보다 우선변제를 받을 권리가 있으므로, 설령 전세금반환채권이 압류된 때에 전세권설정자가 전세권자에 대하여 반대채권을 가지고 있고 그 '반대채권'과 전세금반환채권이 상계적상에 있다고 하더라도 그러한 사정만으로 전세권설정자가 전세권저당권자에게 상계로써 대항할 수는 없다"(대판 2014.10.27. 2013다91672)

ㄴ. [X] "저당권이 설정된 전세권의 존속기간이 만료된 경우에 저당권자는 민법 제370조, 제342조 및 민사집행법 제273조에 의하여 저당권의 목적물인 전세권에 갈음하여 존속하는 것으로 볼 수 있는 전세금반환채권에 대하여 압류 및 추심명령 또는 전부명령을 받는 등의 방법으로 권리를 행사하여 전세권설정자에 대해 전세금의 지급을 구할 수 있고, 저당목적물의 변형물인 금전 기타 물건에 대하여 일반 채권자가 물상대위권을 행사하려는 저당채권자보다 단순히 먼저 압류나 가압류의 집행을 함에 지나지 않은 경우에는 저당권자는 그 전은 물론 그 후에도 목적채권에 대하여 물상대위권을 행사하여 일반 채권자보다 우선변제를 받을 수가 있으며, 위와 같이 전세권부 근저당권자가 우선권 있는 채권에 기하여 전부명령을 받은 경우에는 형식상 압류가 경합되었다 하더라도 그 전부명령은 유효하다" (대판 2008.12.24. 2008다65396)

ㄷ. [O] 判例는 임대차보증금반환채권 담보 목적의 전세권에 근저당권이 설정된 사안에서, "전세권설정계약은 임대차계약과 양립할 수 없는 범위에서 통정허위표시에 해당하여 무효이나, 전세권설정등기는 임대차계약에 따른 임대차보증금반환채권을 담보할 목적으로 마쳐진 것으로서 유효하고, 전세권근저당권자(제371조)가 이 사건 전세권설정등기가 임대차보증금반환채권 담보 목적임을 알고 있었으므로(제108조 2항) 전세권설정자는 전세권근저당권자에 대하여 이 사건 임대차계약에 따른 연체차임 등의 공제 주장으로 대항할 수 있을 뿐이며, 따라서 전세권설정등기는 임대차보증금 중 연체차임 등을 공제한 나머지를 담보하는 범위에서 여전히 유효하므로, 전세권근저당권자는 전세권설정자로부터 그 나머지 임대차보증금 상당액을 지급받을 때까지 전세권설정등기의 말소를 저지할 이익이 있다"(대판 2021.12.30. 2018다268538)고 한다.

ㄹ. [X] "전세권의 존속기간이 만료되면 전세권의 용익물권적 권능은 전세권설정등기의 말소 없이도 당연히 소멸하고 단시 전세금반환채권을 담보하는 담보물권적 권능의 범위 내에서 전세금의 반환시까지 그 전세권설정등기의 효력이 존속하고 있다 할 것인데, 이와 같이 존속기간의 경과로서 본래의 용익물권적 권능이 소멸하고 담보물권적 권능만 남은 전세권에 대해서도 그 피담보채권인 전세금반환채권과 함께 제3자에게 이를 양도할 수 있다 할 것이지만 이 경우에는 민법 제450조 2항 소정의 확정일자 있는 증서에 의한 채권양도절차를 거쳐야 제3자에게 대항할 수 있다. 따라서 전세기간 만료 이후 전세권양도계약 및 전세권이전의 부기등기가 이루어진 것만으로는 전세금반환채권의 양도에 관하여 확정일자 있는 통지나 승낙이 있었다고 볼 수 없어 이로써 제3자인 전세금반환채권의 압류·전부 채권자에게 대항할 수 없다"(대판 2005.3.25. 2003다35659)

[정답] ⑤

제5장 담보물권

제1절 유치권

문 88 유치권에 관한 설명 중 옳은 것을 모두 고른 것은? (다툼이 있는 경우 판례에 의함) [변시 13회]

ㄱ. 유치권자가 채권 전부의 변제를 받을 때까지 유치물 전부에 대하여 그 권리를 행사할 수 있다는 유치권의 불가분성은 그 목적물이 분할 가능하거나 수 개의 물건인 경우에도 적용된다.

ㄴ. 하나의 채권을 피담보채권으로 하여 여러 필지의 토지에 유치권을 취득한 유치권자가 그 중 일부 필지의 토지에 대하여 선량한 관리자의 주의의무를 위반한 경우 특별한 사정이 없는 한 위반행위가 있었던 필지의 토지에 대하여만 유치권 소멸청구가 가능하다.

ㄷ. 물건의 점유를 침탈당한 자가 본권인 유치권 소멸에 따른 손해배상청구권을 행사하는 경우 점유를 침탈당한 날부터 1년 내에 이를 행사하여야 한다.

ㄹ. 근저당권이 설정된 채무자 소유의 부동산의 경매절차에서 유치권이 주장되지 아니하였고, 부동산이 매각되어 매수인에게 소유권이 이전됨으로써 근저당권이 소멸하였는데, 이후 자신이 압류 전부터 유치권이 있다고 주장하는 사람이 있는 경우 채권자인 근저당권자는 유치권 부존재 확인을 구할 법률상 이익이 있다.

ㅁ. 유치권 배제 특약이 있는 경우 다른 법정요건이 모두 충족되더라도 유치권은 발생하지 않으나, 유치물을 경매절차에서 매수한 자는 위 특약의 당사자가 아니므로 위 약정의 효력을 주장할 수 없다.

① ㄱ, ㄴ, ㄹ　② ㄱ, ㄴ, ㅁ
③ ㄱ, ㄷ, ㅁ　④ ㄴ, ㄷ, ㄹ
⑤ ㄷ, ㄹ, ㅁ

해 설 ㄱ. [○] 민법 제321조는 '유치권자는 채권 전부의 변제를 받을 때까지 유치물 전부에 대하여 그 권리를 행사할 수 있다'고 규정하고 있으므로, 유치물은 그 각 부분으로써 피담보채권의 전부를 담보하며, 이와 같은 유치권의 불가분성은 그 목적물이 분할 가능하거나 수개의 물건인 경우에도 적용된다(대판 2007.9.7. 2005다16942)

ㄴ. [○] 유치권자는 선량한 관리자의 주의로 유치물을 점유하여야 한다(제324조 1항). 유치권자는 채무자의 승낙 없이 유치물의 사용, 대여, 담보제공을 하지 못한다(제324조 2항). 유치권자가 이를 위반한 경우에는 소유자는 유치권의 소멸을 청구할 수 있다(제324조 3항).
判例는 "하나의 채권을 피담보채권으로 하여 여러 필지의 토지에 대하여 유치권을 취득한 유치권자가 그 중 일부 필지의 토지에 대하여 선량한 관리자의 주의의무를 위반하였다면 특별한 사정이 없는 한 유치권 대상 필지 전체에 대하여 유치권 소멸청구를 할 수 있는 것이 아니라 위반행위가 있었던 해당 필지의 토지에 대해서만 유치권 소멸청구가 가능하다"고 한다(대판 2022.6.16. 2018다301350).

ㄷ. [X] 점유물반환청구권은 침탈을 당한 날로부터 1년내에 행사하여야 한다(제204조 3항). 이러한 제척기간은 判例에 따르면 출소기간이다. 그런데, **제204조 3항은 본권 침해로 발생한 손해배상청구권의 행사에는 적용되지 않으므로 점유를 침탈당한 자가 본권인 유치권 소멸에 따른 손해배상청구권을 행사하는 때에는 제204조 3항이 적용되지 아니하고,** 점유를 침탈당한 날부터 1년 내에 행사할 것을 요하지 않는다(대판 2021.8.19. 2021다213866)

ㄹ. [O] "**경락인이 경매절차에서 유치권이 주장되지 아니한 경우에는,** 담보목적물이 매각되어 그 소유권이 이전됨으로써 근저당권이 소멸하였더라도 채권자는 **유치권의 존재를 알지 못한 매수인으로부터 민법 제575조, 제578조 제1항, 제2항에 의한 담보책임을 추급당할 우려**가 있고, 위와 같은 위험은 채권자의 법률상 지위를 불안정하게 하는 것이므로, **채권자인 근저당권자로서는 위 불안을 제거하기 위하여 유치권 부존재 확인을 구할 법률상 이익이 있다**"(대판 2020.1.16. 2019다247385).

ㅁ. [X] 判例는 **유치권 배제 특약**이 있는 경우 특약에 따른 효력은 특약의 상대방뿐 아니라 **그 밖의 사람도 주장할 수 있다고 하며,** 유치권 배제 특약에도 조건을 붙일 수 있다고 한다(대판 2018.1.24. 2016다234043).

[정답] ①

문 89 민사상 유치권에 관한 설명 중 옳지 않은 것은?(다툼이 있는 경우에는 판례에 의함) [변시 3회]

① 甲 소유의 주택의 증축공사를 공사대금의 지급시기를 정하지 않고 도급받은 乙이 경매개시결정의 기입등기가 마쳐지기 전에 甲으로부터 위 주택의 점유를 이전받았으나 그 기입등기가 마쳐진 후에 공사를 완공한 경우, 乙은 그 공사대금채권을 피담보채권으로 한 유치권을 내세워 그 주택에 관한 경매절차의 매수인에게 대항할 수 있다.

② 乙이 공사대금채권을 피담보채권으로 하여 甲 소유의 주택에 대하여 유치권을 행사하면서 스스로 그 주택에 거주하며 사용하더라도 甲은 위 유치권의 소멸을 청구할 수 없다.

③ 甲이 丙으로부터 건물 신축공사를 수급한 乙과 체결한 약정에 따라 그 공사 현장에 시멘트를 공급하여 취득한 물품대금채권을 피담보채권으로 하여서는 甲은 그 신축된 건물에 관하여 유치권을 취득할 수는 없다.

④ 甲 소유의 토지에 근저당권이 설정된 후에 甲이 위 토지에 관한 공사대금채권자 乙에게 위 토지의 점유를 이전함으로써 乙로 하여금 유치권을 취득하게 한 경우, 乙은 원칙적으로 위 유치권을 내세워 그 후 위 근저당권 실행을 위한 그 토지에 관한 경매절차의 매수인에게 대항할 수 있다.

⑤ 甲이 乙에게 토지를 매도하고 매매대금을 다 지급받지 않은 상태에서 소유권이전등기를 마쳐주었으나 토지를 계속 점유하고 있다고 하더라도 甲은 그 매매대금채권을 피담보채권으로 하여 乙로부터 토지를 매수한 丁에게 유치권을 주장할 수 없다.

해 설 ① [×] 피담보채권의 변제기도래는 다른 담보물권에 있어서는 담보권실행의 요건에 불과하나 유치권에 있어서는 성립요건이다. 이와 같이 하지 않으면 변제기 전에 상대방의 채무이행을 간접적으로 강제하는 결과가 되기 때문이다. 따라서 채무자가 법원으로부터 기한을 허여 받은 경우에는 채권자가 유치권을 잃게 된다(제203조 3항, 제626조 2항 단서 등).

관련판례 "채무자 소유의 부동산에 경매개시결정의 기입등기가 마쳐져 압류의 효력이 발생한 후에 유치권을 취득한 경우에는 그로써 그 부동산에 관한 경매절차의 매수인에게 대항할 수 없는바, 채무자 소유의 건물에 관하여 증·개축 등 공사를 도급받은 수급인이 경매개시결정의 기입등기가 마쳐지기 전에 채무자로부터 그 건물의 점유를 이전받았다 하더라도, **경매개시결정의 기입등기가 마쳐져 압류의 효력이 발생한 후에 공사를 완공하여 공사대금채권을 취득한 경우에는 그때 비로소 유치권이 성립한다고 할 것이므로 수급인은 그 유치권을 내세워 경매절차의 매수인에게 대항할 수 없다**"(대판 2011.10.13, 2011다55214).

② [○] **제324조(유치권자의 선관의무)** 「②항 유치권자는 채무자의 승낙없이 유치물의 사용, 대여 또는 담보제공을 하지 못한다. 그러나 유치물의 보존에 필요한 사용은 그러하지 아니하다. ③항 유치권자가 전2항의 규정에 위반한 때에는 채무자는 유치권의 소멸을 청구할 수 있다.」 ☞ 判例에 따르면 공사대금채권에 기하여 주택에 대해 유치권을 행사하는 자가 스스로 유치물인 주택에 거주하며 사용하는 것은 특별한 사정이 없는 한 유치물의 보존에 필요한 사용에 해당한다(대판 2009.9.24, 2009다40684). 따라서 이 경우 채무자는 유치권의 소멸을 청구할 수 없다.

③ [○] "도급인이 수급인과의 약정에 따라 공사현장에 시멘트와 모래 등의 건축자재를 공급한 경우, 도급인의 **건축자재대금채권**은 매매계약에 따른 매매대금채권에 불과할 뿐 건물 자체에 관하여 생긴 채권이라고 할 수 없다"(대판 2012.1.26, 2011다96208)

관련판례 "주택건물의 신축공사를 한 수급인이 그 건물을 점유하고 있고 또 그 건물에 관하여 생긴 공사금채권이 있다면, 수급인은 그 채권을 변제받을 때까지 건물을 유치할 권리가 있다" (대판 1995.9.15, 95다16202,16219)

④ [○] 목적물이 경매절차를 통해 매각된 경우 '유치권'은 소멸하지 않고 인수되는 것이 원칙이나 (민사집행법 제91조 5항 ; 인수주의), '저당권'은 소멸한다(동법 제91조 2항 ; 소제주의). 따라서 경매로 인한 '압류'의 효력이 발생하기 전에 유치권을 취득한 경우에는 **최선순위의 저당권보다 뒤에 성립한 유치권이더라도 매각으로 유치권은 소멸되지 않고 매수인(경락인)에게 대항할 수 있는 있는 것이 원칙**이다(대판 2009.1.15, 2008다70763 ; 대판 2005.8.19, 2005다22688).

관련판례 다만 최근 判例에 따르면 '상사유치권'이 저당권보다 뒤에 성립한 경우에는 유치권자는 경락인에게 대항할 수 없다고 한다(대판 2013.2.28, 2010다57350).

⑤ [○] 判例는 "매도인이 부동산을 점유하고 있고 소유권을 이전받은 매수인에게서 매매대금 일부를 지급받지 못하고 있다고 하여 매매대금채권을 피담보채권으로 매수인이나 그에게서 부동산 소유권을 취득한 제3자를 상대로 유치권을 주장할 수 없다"(대결 2012.1.12, 2011마2380)고 한다. 왜냐하면 형식주의를 취한 이상 등기 등을 얻은 자에 대항하여 등기 등을 얻지 못한 자의 인도거절권능을 일반적으로 인정하는 것은 타당하지 않기 때문이다.

[정답] ①

문 90 유치권에 관한 설명으로 옳지 않은 것은? (다툼이 있는 경우 판례에 의함) [변시 8회]

① 도급인과 건물신축공사 계약을 체결한 수급인이 공사완료 예정일에 공사를 완료하였으나 도급인이 공사대금을 지급하지 않는 경우, 수급인은 공사대금청구권 및 공사대금 채무불이행에 따른 손해배상청구권을 피담보채권으로 하여 도급인에게 위 신축건물에 관한 유치권으로 대항할 수 있다.

② 다세대주택 전체의 창호 공사를 완성한 수급인이 위 공사 전부에 대하여 일률적으로 지급하기로 한 공사대금 잔액을 변제받기 위하여 위 다세대주택 중 한 세대를 점유하여 유치권을 행사하는 경우, 그 유치권은 위 한 세대에 대하여 시행한 공사대금만이 아니라 위 다세대주택 전체에 대하여 시행한 공사대금 잔액 전부에 대한 채권을 피담보채권으로 하여 성립한다.

③ 도급인 소유의 부동산에 경매개시결정의 기입등기가 경료되어 압류의 효력이 발생한 이후에 수급인이 도급인으로부터 위 부동산의 점유를 이전받고 이에 관한 공사 등을 시행함으로써 도급인에 대한 공사대금채권 및 이를 피담보채권으로 한 유치권을 취득한 경우, 부동산을 점유한 수급인은 그 부동산에 관한 경매절차의 매수인에게 유치권으로 대항할 수 없다.

④ 건축자재상인이 건물 신축공사 수급인과 체결한 약정에 따라 건축자재를 공급하였으나 건축자재대금을 받지 못한 경우, 건축자재상인은 위 신축건물에 관하여 건축자재대금채권을 피담보채권으로 하는 유치권의 성립을 주장할 수 있다.

⑤ 공사대금채권에 기하여 유치권을 행사하는 자가 유치물인 주택에 거주하며 사용하는 것이 보존행위에 해당하여 허용되는 경우에도, 특별한 사정이 없는 한 차임에 상당한 이득은 소유자에게 반환해야 한다.

해 설 ① [○] ※ 수급인의 공사대금채권 및 채무불이행으로 인한 손해배상채권

㉠ "주택건물의 신축공사를 한 **수급인이 그 건물을 점유하고 있고 또 그 건물에 관하여 생긴 공사금 채권**이 있다면, 수급인은 그 채권을 변제받을 때까지 **건물을 유치할 권리**가 있다고 할 것이고, 이러한 유치권은 수급인이 점유를 상실하거나 피담보채무가 변제되는 등 특단의 사정이 없는 한 소멸되지 않는다"(대판 1995.9.15. 95다16202,16219). ㉡ "**채무불이행에 의한 손해배상청구권은 원채권의** 연장이라 보아야 할 것이므로 **물건과 원채권과 사이에 견련관계**가 있는 경우에는 **그 손해배상채권과 그 물건과의 사이에도 견련관계가 있다**할 것으로서 손해배상채권에 관하여 유치권항변을 내세울 수 있다"(대판 1976.9.28. 76다582).

② [○] ※ 유치권의 불가분성

"민법 제321조는 '유치권자는 채권 전부의 변제를 받을 때까지 유치물 전부에 대하여 그 권리를 행사할 수 있다'고 규정하고 있으므로, **유치물은 그 각 부분으로써 피담보채권의 전부를 담보하며, 이와 같은 유치권의 불가분성은 그 목적물이 분할 가능하거나 수개의 물건인 경우에도 적용된다.** 다세대주택의 창호 등의 공사를 완성한 하수급인이 **공사대금채권 잔액을 변제받기 위하여 위 다세대주택 중 한 세대를 점유하여 유치권을 행사**하는 경우, 그 유치권은 위 한 세대에 대하여 시행한 공사대금만이 아니라 **다세대주택 전체에 대하여 시행한 공사대금채권의 잔액 전부를 피담보채권으로 하여 성립한다**"(대

판 2007.9.7. 2005다16942).

[쟁점정리] 민법 제321조는 '유치권자는 채권 전부의 변제를 받을 때까지 유치물 전부에 대하여 그 권리를 행사할 수 있다'고 규정하고 있으므로, 유치물은 그 각 부분으로써 피담보채권의 전부를 담보하며, 이와 같은 **유치권의 불가분성은 그 목적물이 분할 가능하거나 수개의 물건인 경우에도 적용된다**(위 2005다16942판결).

③ [○] ※ **채권이 변제기에 있을 것**
"유치권은 목적물에 관하여 생긴 채권이 변제기에 있는 경우에 비로소 성립하고(민법 제320조), 한편 채무자 소유의 부동산에 **경매개시결정의 기입등기가 마쳐져 압류의 효력이 발생한 후에 유치권을 취득한** 경우에는 그로써 **부동산에 관한 경매절차의 매수인에게 대항할 수 없는데,** 채무자 소유의 건물에 관하여 증·개축 등 공사를 도급받은 수급인이 경매개시결정의 기입등기가 마쳐지기 전에 채무자에게서 건물의 점유를 이전받았다 하더라도 **경매개시결정의 기입등기가 마쳐져 압류의 효력이 발생한 후에 공사를 완공하여 공사대금채권을 취득함으로써 그때 비로소 유치권이 성립한 경우에는, 수급인은 유치권을 내세워 경매절차의 매수인에게 대항할 수 없다**"(대판 2011.10.13. 2011다55214).

④ [×] ※ **그 물건에 관하여 생긴 채권**
"도급인이 수급인과의 약정에 따라 공사현장에 시멘트와 모래 등의 건축자재를 공급한 경우, 도급인의 건축자재대금채권은 매매계약에 따른 매매대금채권에 불과할 뿐 건물 자체에 관하여 생긴 채권이라고 할 수 없다"(대판 2012.1.26. 2011다96208)

⑤ [○] ※ **유치물 사용권 및 부당이득반환**
"민법 제324조에 의하면, 유치권자는 선량한 관리자의 주의로 유치물을 점유하여야 하고, 소유자의 승낙 없이 유치물을 보존에 필요한 범위를 넘어 사용하거나 대여 또는 담보제공을 할 수 없으며, 소유자는 유치권자가 위 의무를 위반한 때에는 유치권의 소멸을 청구할 수 있다고 할 것인바, 공사대금채권에 기하여 **유치권을 행사하는 자가 스스로 유치물인 주택에 거주하며 사용하는 것**은 특별한 사정이 없는 한 유치물인 주택의 보존에 도움이 되는 행위로서 **유치물의 보존에 필요한 사용에 해당**한다고 할 것이다. 그리고 유치권자가 유치물의 보존에 필요한 사용을 한 경우에도 **특별한 사정이 없는 한 차임에 상당한 이득을 소유자에게 반환할 의무**가 있다"(대판 2009.9.24. 2009다40684).

[비교판례] "**유치권자가 유치물에 관하여 제3자와의 사이에 전세계약을 체결하여 전세금을 수령하였다면** 전세금이 종국에는 전세입자에게 반환되어야 할 것임에 비추어 다른 **특별한 사정이 없는 한 그가 얻은 구체적 이익은 그가 전세금으로 수령한 금전의 이용가능성이고,** 그가 이와 같이 구체적으로 얻은 이익과 관계없이 추상적으로 산정된 차임 상당액을 부당이득으로 반환하여야 한다고 할 수 없다. 그리고 이러한 이용가능성은 그 자체 현물로 반환될 수 없는 성질의 것이므로 그 '가액'을 산정하여 반환을 명하여야 하는바, 그 가액은 **결국 전세금에 대한 법정이자 상당액이다**"(대판 2009.12.24. 2009다32324).

[정답] ④

문 91 **甲은 X 건물의 소유자이다. 乙은 甲에 대하여 X 건물에 관한 공사대금채권을 근거로 X 건물을 점유하면서 유치권을 주장하고 있다. 한편, 이 건물에 대하여 저당권을 설정받았던 丙이 피담보채무가 변제되지 않자 경매를 신청하여 경매절차가 진행되었고, 이에 따라 丁은 X 건물을 매수하였다. 다음 설명 중 옳은 것은?** (각 지문은 독립적이고, 다툼이 있는 경우 판례에 의함) [변시 4회]

① 乙이 X 건물에 대하여 적법한 유치권을 취득한 경우, 乙은 위 경매절차에서 우선변제권을 주장하여 甲의 일반채권자보다 우선하여 배당받을 수 있다.

② 乙이 丁에 대하여 유치권을 행사할 수 있는 경우에는 乙은 丁에 대하여 공사대금의 지급을 청구할 수 있다.

③ 만약 乙이 경매개시결정 기입등기 이전부터 X 건물을 점유하고 있었다면, 그 이후에 공사대금채권을 취득하더라도 乙은 丁에 대하여 유치권으로 대항할 수 있다.

④ 경매개시결정 기입등기 이후에 乙이 甲으로부터 점유를 취득하였더라도 乙은 丁에게 유치권으로 대항할 수 있다.

⑤ 유치권을 취득하기 위한 乙의 점유는 직접점유이든 간접점유이든 관계가 없으나, 乙이 직접점유자인 甲으로부터 간접점유를 취득한 경우에는 乙은 유치권을 행사할 수 없다.

해 설 ① [X] 유치권자는 채권의 변제를 받기 위하여 유치물을 경매할 수 있다(제322조 1항). 유치권에 기한 경매는 담보권 실행을 위한 경매의 예에 따라 실시한다(민사집행법 제274조 1항). 다만, 이 경우의 **경매는 환가에 목적이 있는 것일 뿐, 경매에 의한 배당절차에서 우선변제권은 없다**. 다만 간이변제충당(제322조 2항) 또는 과실수취권(제323조)을 통해 또는 대세적인 인도거절권능의 행사를 통해 '사실상 우선변제권'이 인정된다(아래 2011다84298판결 참고).

관련판례 "저당권 등의 설정 후에 (민사)유치권을 취득한 자는 그 저당권의 실행절차에서 목적물을 매수한 사람을 포함하여 목적물의 소유자 기타 권리자에 대하여 '대세적인 인도거절권능'을 행사할 수 있다. 따라서 부동산유치권은 대부분의 경우에 **'사실상 최우선순위의 담보권'으로서 작용하여**, (민사)유치권자는 자신의 채권을 목적물의 교환가치로부터 일반채권자는 물론 저당권자 등에 대하여도 그 성립의 선후를 불문하여 우선적으로 자기 채권의 만족을 얻을 수 있다" (대판 2011.12.22, 2011다84298)

② [X] 유치권은 물권이기 때문에 채무자뿐만 아니라 모든 자에게 주장할 수 있다. 특히 경매의 경우 민사집행법상 경락인은 유치권자에게 유치권으로 담보하는 채권을 **'변제할 책임이 있다'**고 규정되어 있으나(동법 제91조 5항), 이는 부동산상의 부담을 승계한다는 취지로서 인적 채무까지 인수한다는 취지는 아니므로, 유치권자는 경락인에 대하여 그 피담보채권의 변제가 있을 때까지 유치목적물인 부동산의 인도를 거절할 수 있을 뿐이고 그 **피담보채권의 변제를 청구할 수는 없다**(대판 1996.8.23, 95다8713).

③ [X] ④ [X] 목적물이 경매절차를 통해 매각된 경우 '유치권'은 소멸하지 않고 인수되는 것이 원칙이나(민사집행법 제91조 5항 ; 인수주의), '저당권'은 소멸한다(동법 제91조 2항 ; 소제주의). 따라서 **경매로 인한 '압류'의 효력이 발생하기 前에 유치권을 취득한 경우에는 최선순위의 저당권보다 뒤에 성립한 유치권이더라도 매각으로 유치권은 소멸되지 않고** 매수인(경락인)에게 대항할 수 있는 있는 것이 원칙이다(대판 2009.1.15, 2008다70763 ; 대판 2005.8.19, 2005다22688).

그러나 "**경매개시결정의 기입등기가 마쳐져 '압류'의 효력이 발생한 後에 공사를 완공하여 공사대금채권을**

취득한 경우에는 그때 비로소 유치권이 성립한다고 할 것이므로 수급인은 그 유치권을 내세워 경매절차의 매수인에게 대항할 수 없다"(대판 2011.10.13, 2011다55214).

☞ 따라서 설문 ③에서 만약 乙이 경매개시결정 기입등기 이전부터 X 건물을 점유하고 있었다고 하더라도 그 이후에 공사대금채권을 취득하였다면 乙은 丁에 대하여 유치권으로 대항할 수 없다.

또한 "채무자 소유의 건물 등 부동산에 강제경매개시결정의 기입등기가 경료되어 압류의 효력이 발생한 이후에 채무자가 위 부동산에 관한 공사대금 채권자에게 그 점유를 이전함으로써 그로 하여금 유치권을 취득하게 한 경우, 그와 같은 점유의 이전은 목적물의 교환가치를 감소시킬 우려가 있는 처분행위에 해당하여 민사집행법 제92조 제1항, 제83조 제4항에 따른 압류의 처분금지효에 저촉되므로 점유자로서는 위 유치권을 내세워 그 부동산에 관한 경매절차의 매수인에게 대항할 수 없다"(대판 2005.8.19, 2005다22688).

☞ 따라서 설문 ④에서 경매개시결정 기입등기 이후에 乙이 甲으로부터 점유를 취득하였다면 乙은 丁에게 유치권으로 대항할 수 없다.

⑤ [O] 유치권자의 점유는 직접점유이든 간접점유이든 이를 묻지 않는다. 다만 유치권은 목적물을 유치함으로써 채무자의 변제를 간접적으로 강제하는 것을 본체적 효력으로 하는 권리인 점 등에 비추어, 그 직접점유자가 채무자인 경우에는 유치권의 요건으로서의 점유에 해당하지 않는다고 할 것이다(대판 2008.4.11, 2007다27236).

☞ 즉, 사안에서 채무자 甲을 직접점유자로 하여 채권자 乙이 간접점유하는 경우에는 유치권이 성립하지 않는다.

[정답] ⑤

문 92 상인이 아닌 甲은 乙에게 甲 소유의 X 건물을 보수하는 공사를 도급하면서 공사기간은 2개월로 하고, 공사대금의 변제기는 공사완료 시로 약정하였다. 甲은 도급계약 당일 乙에게 보수공사를 위하여 X 건물을 인도하였다. 乙은 보수공사를 마쳤으나 공사대금을 받지 못하여 X 건물을 계속 점유하고 있다. 옳은 것을 모두 고른 것은? (각 지문은 독립적이며, 다툼이 있는 경우 판례에 의함) [변시 5회]

ㄱ. X 건물에 관하여 도급계약 전에 제3자의 근저당권이 설정되었다가 보수공사가 완료된 후에 그 근저당권에 기한 경매개시결정의 기입등기가 마쳐져 압류의 효력이 발생한 경우 乙은 유치권을 주장하여 그 경매에서의 매수인에게 인도를 거절할 수 있다.
ㄴ. X 건물에 관하여 도급계약 전에 제3자의 신청에 의한 강제경매개시결정의 기입등기가 마쳐져 압류의 효력이 발생한 경우 乙은 유치권을 주장하여 그 경매에서의 매수인에게 인도를 거절할 수 있다.
ㄷ. X 건물에 관하여 도급계약 전에 제3자 명의의 가압류등기가 마쳐졌다가 보수공사 완료 후에 강제경매개시결정의 기입등기가 마쳐져 압류의 효력이 발생한 경우 乙은 유치권을 주장하여 그 경매에서의 매수인에게 인도를 거절할 수 있다.
ㄹ. X 건물에 관하여 보수공사 개시 후 완료 전에 제3자의 신청에 의하여 경매개시결정의 기입등기가 마쳐져 압류의 효력이 발생한 경우 乙은 유치권을 주장하여 그 경매에서의 매수인에게 인도를 거절할 수 있다.

① ㄱ ② ㄴ
③ ㄱ, ㄷ ④ ㄱ, ㄷ, ㄹ
⑤ ㄴ, ㄷ, ㄹ

해설 ㄱ. [○] 유치권은 i) 타인의 물건 또는 유가증권(목적물)을 ii) 적법하게 점유하고 있으며(재항변 사유), iii) 그 목적물에 관하여 생긴 채권이 iv) 변제기에 있을 때 v) 유치권 배제특약이 없는 경우(재항변 사유)에 성립한다(제320조).
즉, 유치권은 성립요건을 모두 갖춘 시점에 성립한다. 그러나 이로써 제3자에 의한 압류의 처분금지효에 반하는 결과가 발생한다면 유치권의 주장이 불가하다. 따라서 압류의 효력발생시점을 기준으로 유치권의 성립요건이 그 전에 갖추어진 경우는 유치권자가 유치권을 주장하여 경매의 매수인 등에게 유치목적물의 인도를 거절할 수 있으나(유치권 성립 → 압류 = 유치권주장可), 유치권의 성립요건이 압류의 효력 발생 후에 갖추어진 경우는 유치권자가 유치권을 주장하여 경매의 매수인 등에게 유치목적물의 인도를 거절할 수 없다(압류 → 유치권 성립 = 유치권주장不可). 수급인의 보수채권은 도급목적물과 견련성이 있는 것이므로 보수채권을 위한 유치권이 인정된다(대판 1995.9.15, 95다16202). 또한 判例에 따르면 이미 저당권이 설정된 물건이라도 저당권실행의 경매개시되기 전에 목적물을 인도받아 취득한 경우, 유치권자는 경매의 매수인에게 대항할 수 있다고 한다(대판 2009.1.15, 2008다70763). 왜냐하면 목적물이 경매절차를 통해 매각된 경우 '유치권'은 소멸하지 않고 인수되는 것이 원칙이나(민사집행법 제91조 5항 ; 인수주의), '저당권'은 소멸하고(동법 제91조 2항 ; 소제주의), 따라서 경매로 인한 '압류'의 효력이 발생하기 전에 유치권을 취득한 경우에는 최선순위의 저당권보다 뒤에 성립한 유치권이더라도 매각으로 유치권은 소멸되지

않고 매수인(경락인)에게 대항할 수 있기 때문이다(대판 2009.1.15, 2008다70763 ; 대판 2005.8.19, 2005다22688).

☞ 지문의 경우 甲은 상인이 아니므로 민사유치권이 적용되며, 저당권이 설정된 물건에 대해서도 유치권 성립은 가능하고, 보수공사가 완료됨으로써 유치권이 성립한 이상 그 후 압류의 효력이 발생하더라도 乙은 유치권을 주장하여 경매의 매수인에게 인도를 거절할 수 있다(**저당권 설정 → 유치권 성립 → 압류 = 유치권 주장 可**)

ㄴ. [X] "채무자 소유의 건물 등 부동산에 강제경매개시결정의 기입등기가 경료되어 압류의 효력이 발생한 이후에 채무자가 위 부동산에 관한 공사대금 채권자에게 그 점유를 이전함으로써 그로 하여금 유치권을 취득하게 한 경우, **그와 같은 점유의 이전은 목적물의 교환가치를 감소시킬 우려가 있는 처분행위에 해당하여** 민사집행법 제92조 제1항, 제83조 제4항에 따른 **압류의 처분금지효에 저촉되므로 점유자로서는 위 유치권을 내세워 그 부동산에 관한 경매절차의 매수인에게 대항할 수 없다**" (대판 2005.8.19, 2005다22688). 이 경우 위 부동산에 경매개시결정의 기입등기가 경료되어 있음을 채권자가 알았는지 여부 또는 이를 알지 못한 것에 관하여 과실이 있는지 여부 등은 채권자가 그 유치권을 매수인에게 대항할 수 없다는 결론에 아무런 영향을 미치지 못한다(대판 2006.8.25, 2006다22050).

위 판결은 압류와의 관계에서 유치권의 성립을 제한적으로 인정한 최초의 판결로 평가되는데, 민사집행법은 압류된 후에는 이에 저촉되는 채무자의 처분은 압류채권자에 대해서는 효력이 없다고 규정하고 있다(동법 제92조 1항). 따라서 압류의 효력이 발생한 이후에 채무자가 공사대금 채권자에게 점유를 이전하여 채권자로 하여금 유치권을 취득하게 한 경우, 이러한 **점유의 이전은 목적물의 교환가치를 감소시킬 우려가 있는 처분행위에 해당하므로** 압류채권자에 대해서는 유치권을 주장할 수 없고, 그 압류채권자에 의한 경매절차에서의 매수인에 대해서도 유치권을 주장할 수 없다고 보아야 한다.

민사집행법 제91조 5항은 유치권의 경우에 매수인이 그 부담을 인수하는 인수주의를 채택하고 있으나, 이것은 유치권자가 압류채권자에 대항할 수 있는 것, 즉 압류 이전에 목적물에 대해 유치권이 성립한 것을 전제로 한다고 보아야 할 것이다.

☞ 따라서 乙은 제3자의 신청에 의해 압류의 효력이 발생한 이후에는 더 이상 유치권 취득을 주장하여 경매의 매수인에게 인도를 거절할 수 없다(**압류 → 유치권 성립 = 유치권주장 不可**).

ㄷ. [O] 경매개시로 인한 '가압류'의 효력 발생 후에 그 목적물을 인도받아 유치권을 취득한 경우, 대법원은 "부동산에 가압류등기가 경료되어 있을 뿐 **현실적인 매각절차가 이루어지지 않고 있는 상황** 하에서는 채무자의 점유이전으로 인하여 제3자가 유치권을 취득하게 된다고 하더라도 이를 처분행위로 볼 수는 없다"(대판 2011.11.24, 2009다19246)고 판시하여 이러한 유치권은 경매절차에서 매각으로 소멸하지 않고 매수인에게 인수된다고 판단하였다. 앞서 검토한 '압류'의 처분금지효의 경우 점유관계를 명시하는 매각물건명세서, 현황조사서, 감정평가서 등이 작성되어 제3자의 신뢰가 강하게 보호되어야 하는 반면 '가압류'의 처분금지효의 경우는 매각물건명세서, 현황조사서, 감정평가서 등이 작성되지 않는 점에서 본질적인 차이가 있기 때문이다.

☞ 지문의 경우 제3자의 가압류 이후 乙에게 유치권이 성립하였지만 이는 가압류의 처분금지효에 반하지 않고 압류이전에 취득한 유치권을 주장하는 것은 가능하다(**가압류 → 유치권성립 → 압류 = 유치권주장 可**).

ㄹ. [X] "유치권은 그 목적물에 관하여 생긴 채권이 변제기에 있는 경우에 비로소 성립하고(민법 제320조), 한편 채무자 소유의 부동산에 경매개시결정의 기입등기가 마쳐져 압류의 효력이 발생한 후에 유치권을 취득한 경우에는 그로써 그 부동산에 관한 경매절차의 매수인에게 대항할

수 없는바(대판 2009.1.15. 2008다70763). 채무자 소유의 건물에 관하여 증·개축 등 공사를 도급받은 수급인이 경매개시결정의 기입등기가 마쳐지기 전에 채무자로부터 그 건물의 점유를 이전받았다 하더라도 경매개시결정의 기입등기가 마쳐져 압류의 효력이 발생한 후에 공사를 완공하여 공사대금채권을 취득함으로써 그때 비로소 유치권이 성립한 경우에는, 수급인은 그 유치권을 내세워 경매절차의 매수인에게 대항할 수 없는 것이다"(대판 2011.10.13. 2011다55214)

☞ 제3자의 신청에 의하여 경매개시결정의 기입등기가 마쳐져 압류의 효력이 발생한 이후 보수공사를 완료함으로써 성립한 유치권에 기해서는 乙은 그 경매에서의 매수인에게 인도를 거절할 수 없다(압류 → 유치권성립 = 유치권주장 不可).

[정답] ③

문 93 다음 설명 중 「민법」상 유치권 행사가 인정되는 경우를 모두 고른 것은? (다툼이 있는 경우 판례에 의함)

[변시 6회]

ㄱ. 채무자 소유의 부동산에 강제경매개시결정의 기입등기가 경료되어 압류의 효력이 발생한 이후에 채무자가 그 부동산에 관한 공사대금채권자에게 점유를 이전함으로써 유치권을 취득하게 한 경우, 공사대금채권자가 그 부동산에 관한 경매절차의 매수인에게

ㄴ. 채무자 소유 건물의 보수공사를 맡은 수급인이 경매개시결정의 기입등기가 경료되기 전에 위 건물의 점유를 이전받고경매개시결정의 기입등기가 경료된 후 공사를 완공하여 공사대금채권을 취득한 경우, 수급인이 그 부동산에 관한 경매절차의 매수인에게

ㄷ. 체납처분에 의한 압류가 되어 있는 부동산에 대하여 경매절차가 개시되기 전에 그 부동산에 관한 민사유치권을 취득한 자가 그 후에 진행된 경매절차의 매수인에게

ㄹ. 건물신축 도급계약에서 완성된 건물에 하자가 있고 하자에 상응하는 손해액이 공사잔대금액 이상이어서 도급인이 하자보수청구권에 기하여 수급인의 공사잔대금 채권 전부에 대하여 동시이행항변을 하였으나, 수급인이 도급인에게 하자보수의무의 이행제공을 하지 않은 경우, 건물을 점유하고 있는 수급인이 도급인에게

① ㄷ
② ㄱ, ㄹ
③ ㄴ, ㄷ
④ ㄴ, ㄹ
⑤ ㄷ, ㄹ

해설 ㄱ. 유치권 부정

"채무자 소유의 건물 등 부동산에 강제경매개시결정의 기입등기가 경료되어 압류의 효력이 발생한 이후에 채무자가 위 부동산에 관한 공사대금 채권자에게 그 점유를 이전함으로써 그로 하여금 유치권을 취득하게 한 경우, 그와 같은 점유의 이전은 목적물의 교환가치를 감소시킬 우려가 있는 처분행위에 해당하여 민사집행법 제92조 제1항, 제83조 제4항에 따른 압류의 처분금지효에 저촉되므로 점유자로서는 위 유치권을 내세워 그 부동산에 관한 경매절차의 매수인에게 대항할 수 없다"(대판 2005.8.19. 2005다22688)

ㄴ. 유치권 부정

"유치권은 목적물에 관하여 생긴 채권이 변제기에 있는 경우에 비로소 성립하고(제320조), 한편 채무자 소유의 부동산에 경매개시결정의 기입등기가 마쳐져 압류의 효력이 발생한 후에 유치권을 취득한 경우에는 그로써 부동산에 관한 경매절차의 매수인에게 대항할 수 없는데, 채무자 소유의 건물에 관하여 증·개축 등 공사를 도급받은 수급인이 경매개시결정의 기입등기가 마쳐지기 전에 채무자에게서 건물의 점유를 이전받았다 하더라도 경매개시결정의 기입등기가 마쳐져 압류의 효력이 발생한 후에 공사를 완공하여 공사대금채권을 취득함으로써 그때 비로소 유치권이 성립한 경우에는, 수급인은 유치권을 내세워 경매절차의 매수인에게 대항할 수 없다"(대판 2011.10.13, 2011다55214)

ㄷ. 유치권 인정 ※ '체납처분압류 후' 경매절차가 개시되기 전에 민사유치권을 취득한 경우

최근에 대법원은 전원합의체 판결로 "부동산에 관한 민사집행절차에서는 경매개시결정과 함께 압류를 명하므로 압류가 행하여짐과 동시에 매각절차인 경매절차가 개시되는 반면, 국세징수법에 의한 체납처분절차에서는 그와 달리 체납처분에 의한 압류(이하 '체납처분압류'라고 한다)와 동시에 매각절차인 공매절차가 개시되는 것이 아닐 뿐만 아니라, 체납처분압류가 반드시 공매절차로 이어지는 것도 아니다. 또한 체납처분절차와 민사집행절차는 서로 별개의 절차로서 공매절차와 경매절차가 별도로 진행되는 것이므로, 부동산에 관하여 체납처분압류가 되어 있다고 하여 경매절차에서 이를 그 부동산에 관하여 경매개시결정에 따른 압류가 행하여진 경우와 마찬가지로 볼 수는 없다. 따라서 체납처분압류가 되어 있는 부동산이라고 하더라도 그러한 사정만으로 경매절차가 개시되어 경매개시결정등기가 되기 전에 부동산에 관하여 민사유치권을 취득한 유치권자가 경매절차의 매수인에게 유치권을 행사할 수 없다고 볼 것은 아니다"라고 판단하였다(대판 2014.3.20. 전합2009다60336).

ㄹ. 유치권 부정

"신축 건물의 하자에 상응하는 금액이 공사잔대금액 이상이어서 도급인이 하자보수청구권 등에 기하여 수급인의 공사잔대금 채권 전부에 대하여 '동시이행의 항변'을 한 때에는, 공사잔대금 채권의 변제기가 도래하지 아니한 경우와 마찬가지로 수급인은 도급인에 대하여 하자보수의무나 하자보수에 갈음한 손해배상의무 등에 관한 이행의 제공을 하지 아니한 이상 공사잔대금 채권에 기한 유치권을 행사할 수 없다"(대판 2014.1.16. 2013다30653).

[정답] ①

문 94 민사유치권에 관한 설명 중 옳은 것을 모두 고른 것은? (다툼이 있는 경우에는 판례에 의함) [변시 9회]

ㄱ. 건물신축 도급계약에서 수급인이 완성한 신축 건물에 하자가 있고 하자 및 손해에 상응하는 금액이 공사잔대금액 이상이어서 도급인이 하자보수에 갈음한 손해배상청구권에 기하여 수급인의 공사잔대금채권 전부에 대하여 동시이행의 항변을 한 경우, 수급인은 위 손해배상채무에 관한 이행의 제공을 하지 아니한 이상 공사잔대금채권에 기한 유치권을 행사할 수 없다.

ㄴ. 이른바 계약명의신탁약정을 맺고 명의수탁자가 명의신탁약정에 관하여 알지 못하는 소유자와 건물 매매계약을 체결한 뒤 수탁자 명의로 소유권이전등기를 마친 경우, 명의신탁자가 명의수탁자에 대하여 가지는 매매대금 상당의 부당이득반환청구권은 당해 건물의 반환청구권과 동일한 법률관계 또는 사실관계로부터 발생한 채권에 해당하지 않는다.

ㄷ. 건물의 옥탑, 외벽 등에 설치된 간판이 일반적으로 건물의 일부가 아니라 독립된 물건으로 남아 있으면서 과다한 비용을 들이지 않고 건물로부터 분리될 수 있는 경우에는, 특별한 사정이 없는 한 간판 설치공사 대금채권은 그 건물 자체에 관하여 생긴 채권이라고 할 수는 없다.

ㄹ. 자재업자가 공사수급인과의 계약으로 시멘트를 공급하였고 이것이 공사수급인에 의해 건물신축공사에 사용됨으로써 부합된 경우, 시멘트대금채권은 신축된 건물 자체에 관하여 생긴 채권이라고 할 수 있다.

ㅁ. 유치권의 피담보채권의 소멸시효기간이 확정판결 등에 의하여 10년으로 연장된 경우에도 유치권의 목적물을 매수하여 소유권을 취득한 자는 그 피담보채권의 소멸시효기간이 연장된 효과를 부정하고 종전의 단기소멸시효기간을 원용할 수 있다.

① ㄱ, ㄴ
② ㄹ, ㅁ
③ ㄱ, ㄴ, ㄷ
④ ㄱ, ㄴ, ㅁ
⑤ ㄴ, ㄹ, ㅁ

해 설 ※ 유치권의 성립요건

유치권은 i) 타인의 물건 또는 유가증권(목적물)을 ii) 적법하게 점유하고 있으며(재항변 사유), iii) 그 목적물에 관하여 생긴 채권(채권과 목적물과의 견련관계)이 iv) 변제기에 있을 때 v) 유치권 배제특약이 없는 경우(재항변 사유)에 성립한다(제320조)(**변, 특, 타, 목, 적**)

ㄱ. [○] ※ 채권이 변제기에 있을 것

"신축 건물의 하자에 상응하는 금액이 공사잔대금액 이상이어서 도급인이 하자보수청구권 등에 기하여 수급인의 공사잔대금 채권 전부에 대하여 **'동시이행의 항변'을 한 때에는, 공사잔대금 채권의 변제기가 도래하지 아니한 경우와 마찬가지로** 수급인은 도급인에 대하여 하자보수의무나 하자보수에 갈음한 손해배상의무 등에 관한 이행의 제공을 하지 아니한 이상 공사잔대금 채권에 기한 유치권을 행사할 수 없다"(대판 2014.1.16. 2013다30653).

ㄴ. [○] ※ 명의신탁자가 명의수탁자에 대한 '부당이득반환채권'에 기하여 유치권을 행사할 수 있는지 여부(소극)

"계약명의신탁약정이 부동산실명법 시행 후인 경우에는 명의신탁자는 애초부터 당해 부동산의 소유권을 취득할 수 없었으므로 위 명의신탁약정의 무효로 인하여 명의신탁자가 입은 손해는 당해 부동산 자체가 아니라 명의수탁자에게 제공한 매수자금이라 할 것이고, 따라서 **명의수탁자는 당해 부동산 자체가 아니라 명의신탁자로부터 제공받은 매수자금을 부당이득하였다고** 할 것이다"(대판 2005.1.28, 2002다66922).

그런데 "명의신탁자의 이와 같은 부당이득반환청구권은 ⅰ) **부동산 자체로부터 발생한 채권이 아닐 뿐만 아니라** ⅱ) **소유권 등에 기한 부동산의 반환청구권과 동일한 법률관계나 사실관계로부터 발생한 채권이라고 보기도 어려우므로,** 결국 민법 제320조 제1항에서 정한 유치권 성립요건으로서의 목적물과 **채권 사이의 견련관계를 인정할 수 없다**"(대판 2009.3.26, 2008다34828). 따라서 유치권이 인정되지 않는다.

ㄷ. [○] ※ 간판 설치공사 대금채권으로 건물에 대한 유치권(소극)

"건물의 옥탑, 외벽 등에 설치된 간판의 경우 일반적으로 건물의 일부가 아니라 독립된 물건으로 남아 있으면서 과다한 비용을 들이지 않고 건물로부터 분리할 수 있는 것이 충분히 있을 수 있고, 그러한 경우에는 특별한 사정이 없는 한 간판 설치공사 대금채권을 그 건물 자체에 관하여 생긴 채권이라고 할 수 없다"(대판 2013.10.24, 2011다44788).

ㄹ. [×] ※ 건축자재대금채권으로 건물에 대한 유치권(소극)

"도급인이 수급인과의 약정에 따라 공사현장에 시멘트와 모래 등의 건축자재를 공급한 경우, 도급인의 건축자재대금채권은 매매계약에 따른 매매대금채권에 불과할 뿐 건물 자체에 관하여 생긴 채권이라고 할 수 없다"(대판 2012.1.26, 2011다96208).

ㅁ. [×] ※ 주채무의 시효연장이 제3취득자에게 미치는 영향

"유치권이 성립된 부동산의 매수인은 피담보채권의 소멸시효가 완성되면 시효로 인하여 채무가 소멸되는 결과 직접적인 이익을 받는 자에 해당하므로 소멸시효의 완성을 원용할 수 있는 지위에 있다고 할 것이나, 매수인은 유치권자에게 채무자의 채무와는 별개의 독립된 채무를 부담하는 것이 아니라 단지 채무자의 채무를 변제할 책임을 부담하는 점 등에 비추어 보면, **유치권의 피담보채권의 소멸시효기간이 확정판결 등에 의하여 10년으로 연장된 경우 매수인은 그 채권의 소멸시효기간이 연장된 효과를 부정하고 종전의 단기소멸시효기간을 원용할 수는 없다**"(대판 2009.9.24, 2009다39530)

비교판례 **주채무의 소멸시효기간의 연장이 보증채무에 대하여도 미치는지 여부에 대하 判例는 연장부정설의 입장인바,** 그 근거로는 "ⅰ) 판결의 확정으로 인해 소멸시효기간이 연장되는 효과는 판결의 당사자인 채권자와 주채무자 사이에 발생하는 효력에 관한 것이고, ⅱ) **보증채무가 주채무에 부종한다 하더라도 양자는 별개의 채무이고, 제440조의 의미는 '보증채무의 부종성'에 기인한 것이라기보다는 '채권자보호를 위한 특별규정'**으로서, 보증인에 대한 별도의 시효중단조치가 불필요함을 의미하는 것일 뿐 중단된 이후의 시효기간까지도 당연히 보증인에게 효력이 미친다는 취지는 아니라는 것"을 들고 있다(대판 1986.11.25, 86다카1569).

[정답] ③

문 95 **유치권에 관한 설명 중 옳지 않은 것은?** (다툼이 있는 경우 판례에 의함) [변시 11회]

① 원고 소유의 점포를 피고가 점유하고 있는 경우, 원고가 피고를 상대로 위 점포의 인도를 구하는 것과는 별도로 동일한 피고를 상대로 위 점포에 대한 유치권의 부존재확인을 구하는 것도 확인의 이익이 있다.

② 체납처분에 의한 압류가 되어 있는 부동산이라고 하더라도 경매절차가 개시되어 경매개시결정등기가 되기 전에 그 부동산에 관하여 민사유치권을 취득한 유치권자는 경매절차의 매수인에게 유치권을 행사할 수 있다.

③ 부동산 경매절차에서 유치권이 주장되지 아니한 경우에는, 담보목적물이 매각되어 그 소유권이 이전됨으로써 근저당권이 소멸하였더라도 채권자인 근저당권자는 유치권을 주장하는 자를 상대로 유치권 부존재확인을 구할 법률상 이익이 있다.

④ 근저당권자는 부동산 경매절차에서 유치권 신고를 한 사람을 상대로 유치권 전부의 부존재확인뿐만 아니라 유치권을 내세워 대항할 수 있는 범위를 초과하는 부분에 해당하는 유치권 일부의 부존재확인도 구할 법률상 이익이 있다.

⑤ 부동산에 가압류등기가 경료되어 있을 뿐 현실적인 매각절차가 이루어지지 않고 있는 상황에서는 위 부동산에 대한 채무자의 점유가 제3자에게 이전됨으로 인하여 제3자가 위 부동산에 대하여 유치권을 취득하게 된다고 하더라도 이를 '가압류 채권자에게 대항할 수 없는 처분행위'로 볼 수는 없다.

해 설 ① [×] ※ **유치권부존재확인의 소(확인의 이익을 부정한 예)**

"원고 소유의 이 사건 점포를 피고가 점유하고 있는 경우에는 이 사건 점포의 인도를 구하는 것이 원고의 소유권에 대한 불안과 위험을 유효하고 적절하게 제거하는 직접적인 수단이 되므로 이와 별도로 피고를 상대로 이 사건 점포에 대한 유치권의 부존재확인을 구하는 것은 확인의 이익이 없어 부적법하다"(대판 2014.4.10. 2010다84932)

② [○] ※ **'체납처분압류 후' 경매절차가 개시되기 전에 민사유치권을 취득한 경우(유치권 인정)**

"**부동산에 관한 민사집행절차에서는 경매개시결정과 함께 압류를 명하므로 압류가 행하여짐과 동시에 매각절차인 경매절차가 개시되는 반면,** 국세징수법에 의한 체납처분절차에서는 그와 달리 체납처분에 의한 압류(이하 '체납처분압류'라고 한다)와 동시에 매각절차인 공매절차가 개시되는 것이 아닐 뿐만 아니라, **체납처분압류가 반드시 공매절차로 이어지는 것도 아니다. 또한 체납처분절차와 민사집행절차는 서로 별개의 절차로서** 공매절차와 경매절차가 별도로 진행되는 것이므로, 부동산에 관하여 체납처분압류가 되어 있다고 하여 경매절차에서 이를 그 부동산에 관하여 경매개시결정에 따른 압류가 행하여진 경우와 마찬가지로 볼 수는 없다. 따라서 체납처분압류가 되어 있는 부동산이라고 하더라도 그러한 사정만으로 경매절차가 개시되어 경매개시결정등기가 되기 전에 부동산에 관하여 민사유치권을 취득한 유치권자가 경매절차의 매수인에게 유치권을 행사할 수 없다고 볼 것은 아니다"(대판 2014.3.20. 전합2009다60336)

비교판례 ※ **경매개시로 인한 '압류 후' 민사유치권을 취득한 경우(유치권 부정)**

"채무자 소유의 건물 등 부동산에 강제경매개시결정의 기입등기가 경료되어 **압류의 효력이 발생한 이후**에 채무자가 위 부동산에 관한 공사대금 채권자에게 그 점유를 이전함으로써 그로 하여금 유치권을 취득하게 한 경우, 그와 같은 점유의 이전은 목적물의 교환가치를 감소시킬 우려가 있는 처분행위에 해당하여 민사집행법 제92조 1항, 제83조 4항에 따른 압류의 처분금지효에 저촉되므로 점유자로서는 위 유치권을 내세워 그 부동산에 관한 경매절차의 매수인에게 대항할 수 없다"(대판 2005.8.19. 2005다22688)

③ [○] ※ 경매절차에서 유치권이 주장되지 아니한 경우, 채권자인 근저당권자가 유치권의 부존재 확인을 구할 법률상 이익이 있는지 여부(적극) 및 이때 채무자가 아닌 소유자가 유치권의 부존재 확인을 구할 법률상 이익이 있는지 여부(소극)

"경매절차에서 유치권이 주장되지 아니한 경우에는, 담보목적물이 매각되어 그 소유권이 이전됨으로써 근저당권이 소멸하였더라도 채권자는 유치권의 존재를 알지 못한 매수인으로부터 민법 제575조, 제578조 제1항, 제2항에 의한 담보책임을 추급당할 우려가 있고, 위와 같은 위험은 채권자의 법률상 지위를 불안정하게 하는 것이므로, 채권자인 근저당권자로서는 위 불안을 제거하기 위하여 유치권 부존재 확인을 구할 법률상 이익이 있다. 반면 채무자가 아닌 소유자는 위 각 규정에 의한 담보책임을 부담하지 아니하므로, 유치권의 부존재 확인을 구할 법률상 이익이 없다"(대판 2020.1.16. 2019다247385).

비교판례 ※ 경매절차에서 유치권이 주장되었으나 소유부동산 또는 담보목적물이 매각된 경우, 소유권을 상실하거나 근저당권이 소멸된 소유자와 근저당권자가 유치권의 부존재 확인을 구할 법률상 이익이 있는지 여부(소극)

"근저당권자에게 담보목적물에 관하여 각 유치권의 부존재 확인을 구할 법률상 이익이 있다고 보는 것은 경매절차에서 유치권이 주장됨으로써 낮은 가격에 입찰이 이루어져 근저당권자의 배당액이 줄어들 위험이 있다는 데에 근거가 있고, 이는 소유자가 그 소유의 부동산에 관한 경매절차에서 유치권의 부존재 확인을 구하는 경우에도 마찬가지이다. 위와 같이 경매절차에서 유치권이 주장되었으나 소유부동산 또는 담보목적물이 매각되어 그 소유권이 이전되어 소유권을 상실하거나 근저당권이 소멸하였다면, 소유자와 근저당권자는 유치권의 부존재 확인을 구할 법률상 이익이 없다"(대판 2020.1.16. 2019다247385).

④ [○] ※ 유치권부존재확인의 소(확인의 이익을 인정한 예)

判例는 "저가낙찰로 인해 경매를 신청한 근저당권자의 배당액이 줄어들거나 경매목적물 가액과 비교하여 거액의 유치권 신고로 매각 자체가 불가능하게 될 위험은 경매절차에서 근저당권자의 법률상 지위를 불안정하게 하는 것이므로 위 불안을 제거하는 근저당권자의 이익을 단순한 사실상·경제상의 이익이라고 볼 수는 없다. 따라서 근저당권자는 유치권 신고를 한 사람을 상대로 유치권 전부의 부존재뿐만 아니라 경매절차에서 유치권을 내세워 대항할 수 있는 범위를 초과하는 유치권의 부존재 확인을 구할 법률상 이익이 있고, 심리 결과 유치권 신고를 한 사람이 유치권의 피담보채권으로 주장하는 금액의 일부만이 경매절차에서 유치권으로 대항할 수 있는 것으로 인정되는 경우에는 법원은 특별한 사정이 없는 한 그 유치권 부분에 대하여 일부패소의 판결을 하여야 한다"(대판 2016.3.10. 2013다99409)고 판시하였다. 같은 이유로 만약 피담보채권자체가 인정되지 않는다면, 근저당권자는 유치권 신고를 한 사람을 상대로 유치권 전부의 부존재확인을 구할 법률상 이익이 인정된다(대판 2004.9.23. 2004다32848).

⑤ [○] ※ '가압류'의 효력 발생 후에 그 목적물을 인도받아 유치권을 취득한 경우(유치권 인정)

최근에 대법원은 "부동산에 가압류등기가 경료되어 있을 뿐 현실적인 매각절차가 이루어지지 않고 있는 상황 하에서는 채무자의 점유이전으로 인하여 제3자가 유치권을 취득하게 된다고 하더라도 이를 처분행위로 볼 수는 없다"(대판 2011.11.24. 2009다19246)라고 판시하여 이러한 유치권은 경매절차에서 매각으로 소멸하지 않고 매수인에게 인수된다고 판단하였다.

[정답] ①

문96 甲은 자기 소유인 X 토지에 상가건물을 신축하는 공사를 乙에게 도급하였다. 계약 당시 건축허가와 소유권보존등기는 甲의 명의로 하고, 공사대금은 공정률이 30%, 60%, 100%가 될 때마다 그에 상응하는 대금을 지급하기로 약정하였다. 乙은 자기의 재료와 비용으로 건물을 신축하여 완공하였다. 甲 명의로 건물의 소유권보존등기가 경료되었으나 乙은 甲으로부터 공사대금 중 30%밖에 지급받지 못한 상태이다. 乙은 완공건물을 인도하지 않고 점유하고 있다. 다음 설명 중 옳지 않은 것은? (다툼이 있는 경우에는 판례에 의함) [변시 2회]

① 신축건물의 소유자는 甲이다.

② 丙이 甲으로부터 신축건물을 매수하고 등기를 이전받은 다음 乙에게 건물인도를 청구하는 경우, 乙은 건물인도를 거절할 수 있다.

③ 신축공사가 시작되기 전에 X 토지에 저당권이 설정되어 있었는데 건물완공 후 그 저당권의 실행으로 토지 소유권이 丁에게 이전된 경우, 丁은 乙에게 건물에서의 퇴거를 청구할 수 있다.

④ 乙이 신축건물의 경매를 신청한 경우, 乙은 배당절차에서 일반채권자와 동일한 순위로 배당받을 수 있다.

⑤ 乙이 신축건물의 점유를 계속하는 경우, 甲에 대한 공사대금채권의 소멸시효는 진행하지 않는다.

해 설 ① [○] 判例는 제작물공급계약에서 제작물이 부동산(건물)인 경우 **'특약이 없는 한'** 자기의 노력과 재료를 들여 건물을 건축한 사람은 그 건물의 소유권을 원시적으로 취득한다(대판 1990.2.13, 89다카11401)고 보아 수급인이 재료의 전부 또는 주요부분을 제공하는 제작물 공급계약의 경우에는 '수급인'에게 소유권이 귀속한다고 본다. 다만 判例는 특약의 범위를 넓게 인정하여 구체적인 사안에서는 도급인이 신축 건물의 소유권을 원시취득한다고 판단한 경우가 적지 않은바, **도급인명의로 건축허가를 받고 또 그 명의로 건물에 대한 소유권보존등기를 하기로 한 경우**(대판 1997.5.30, 97다8601), 공사 기성고 비율에 따라 상당액의 공사대금이 '지급된' 경우(대결 1994.12.9, 94마2089)에는 각각 **완성된 건축물의 소유권을 원시적으로 도급인에게 귀속시키기로 하는 '묵시적 합의'가 있는 것으로 본다.**

☞ 따라서 사안에서는 계약당시 건축허가와 소유권보존등기를 도급인 甲의 명의로 하였으므로 당사자의 묵시적 합의에 의해 신축건물의 소유자는 도급인 甲이다.

② [○] 수급인의 보수채권은 도급목적물과 견련성이 있는 것이므로 보수채권을 위한 유치권이 인정된다(제320조). 따라서 당해 건물의 소유권자 甲으로 소유권을 승계취득 받은 丙이 수급인 乙에게 제213조에 기한 인도청구를 하는 경우 乙은 대세적 효력이 있는 법정담보물권인 '유치권'을 이유로 제213조 단서에 기한 '점유할 권리'를 주장할 수 있다. 즉 건물인도를 거절할 수 있다.

관련판례 "주택건물의 신축공사를 한 수급인이 그 건물을 점유하고 있고 또 그 건물에 관하여 생긴 공사금 채권이 있다면, 수급인은 그 채권을 변제받을 때까지 건물을 유치할 권리가 있다고 할 것이고, 이러한 유치권은 수급인이 점유를 상실하거나 피담보채무가 변제되는 등 특단의 사정이 없는 한 소멸되지 않는다"(대판 1995.9.15, 95다16202).

③ [○] 제366조의 법정지상권이 성립하기 위해서는 i) 저당권설정 당시부터 건물이 존재할 것, ii) 저당권이 설정될 당시 토지와 건물의 소유자가 동일할 것, iii) 토지나 건물 중 적어도 어느 하나에 저당권이 설정될 것, iv) 경매로 인해 건물과 토지에 대한 소유자가 분리될 것을 요한다.

☞ 따라서 X토지에 저당권이 설정된 후 건물이 완공되었다면 건물소유자 甲에게 제366조의 법정지상권은 인정되지 않으므로 당해 건물은 철거될 운명에 있으며, 乙 또한 **'건물'에 관한 유치권으로 토지소유자 丁의 퇴거청구(제214조)에 대항할 수 없다.** 즉, 토지소유자 丁에 대한 관계에 있어서는 甲의 토지 점유 및 을의 건물점유는 불법점유이다.

관련판례 "건물점유자가 건물의 원시취득자에게 그 건물에 관한 유치권이 있다고 하더라도 그 건물의 존재와 점유가 토지소유자에게 불법행위가 되고 있다면 그 유치권으로 토지소유자에게 대항할 수 없다"(대판 1989.2.14. 87다카3073)

④ [○] 유치권자는 채권의 변제를 받기 위하여 유치물을 경매할 수 있다(제322조 1항). 유치권에 기한 경매는 담보권 실행을 위한 경매의 예에 따라 실시한다(민사집행법 제274조 1항). 다만, 이 경우의 경매는 환가에 목적이 있는 것일 뿐, 경매에 의한 배당절차에서 우선변제권은 없다(그러나 간이변제충당 또는 과실수취권을 통해 사실상 우선변제권이 인정된다).

☞ 따라서 사안에서 유치목적물(신축건물)의 경매를 신청한 유치권자 乙은 배당절차에서 일반채권자와 동일한 순위로 배당을 받을 수 있다.

관련판례 "민법 제322조 제1항에 의하여 실시되는 유치권에 의한 경매도 강제경매나 담보권 실행을 위한 경매와 마찬가지로 목적부동산 위의 부담을 소멸시키는 것을 법정매각조건으로 하여 실시되고 우선채권자뿐만 아니라 일반채권자의 배당요구도 허용되며, **유치권자는 일반채권자와 동일한 순위로 배당을 받을 수 있다고 봄이 상당하다.** 다만 집행법원은 부동산 위의 이해관계를 살펴 위와 같은 법정매각조건과는 달리 매각조건 변경결정을 통하여 목적부동산 위의 부담을 소멸시키지 않고 매수인으로 하여금 인수하도록 정할 수 있다"(대판 2011.8.18. 2011다35593).

⑤ [X] **제326조(피담보채권의 소멸시효)** 「유치권의 행사는 채권의 소멸시효의 진행에 영향을 미치지 아니한다.」 채권자가 담보목적물을 점유(유치)한다고 해서 피담보채권을 '행사'한다고 볼 수 없다. 즉 시효중단인 '청구'로 볼 수 없다(제168조 1호).

☞ 따라서 사안에서 유치권자인 乙이 담보목적물인 신축건물의 점유를 계속하다고 하더라도 甲에 대한 공사대금채권의 소멸시효는 진행한다.

[정답] ⑤

문97 **甲은 乙로부터 금전을 빌리면서 2022. 4. 1. 甲 소유인 X 주택에 乙 명의로 근저당권을 설정해 주었다. 이후 甲은 2022. 6. 1. 丙과 X 주택을 개량하기 위해서 공사도급계약을 체결하였고, 丙은 2022. 7. 1. 위 공사를 마쳤다. 乙은 2022. 11. 1. 위 근저당권을 실행하였고, 그 경매절차에서 丁이 X 주택을 매수하였다. 이에 관한 설명 중 옳지 않은 것은?** (각 지문은 독립적이며, 甲과 丙은 상인이 아니고, 다툼이 있는 경우 판례에 의함) [변시 12회]

① 丙이 2022. 6. 1.부터 X 주택을 점유하고 있다가 2022. 7. 1.위 공사대금채권을 피담보채권으로 하는 유치권을 취득하였다면 丙은 丁에게 유치권을 주장할 수 있다.

② 丙이 공사를 마쳤음에도 甲으로부터 공사대금을 지급받지 못한 상태에서 X 주택이 근저당권의 실행에 의해서 압류된 후에 甲이 丙에게 X 주택의 점유를 이전해 주어 丙이 유치권을 취득하였다면 丙은 丁에게 유치권을 주장할 수 없다.

③ 丁이 丙에게 X 주택의 인도를 청구하는 경우에 丙의 유치권 항변이 이유 있다면 법원은 '丙은 甲으로부터 유치권의 피담보채권액을 지급받음과 동시에 丁에게 X 주택을 인도할 것'을 명하여야 한다.

④ 丙이 丁에게 유치권 항변을 할 수 있는 경우에 丙이 스스로 X 주택에 거주하면서 이를 사용하더라도 특별한 사정이 없는 한 丁은 丙에게 유치권의 소멸을 청구할 수 없다.

⑤ 丙이 공사대금채권을 피담보채권으로 하여 丁에게 유치권을 행사할 수 있다면 丁은 丙에 대한 채권을 자동채권으로 하여 위 공사대금채권과 상계할 수 있다.

해설 ① [O] "수급인의 보수채권은 도급목적물과 **견련성**이 있는 것이므로 보수채권을 위한 유치권이 인정된다. 다만 **유치권은 타물권**이므로 완성물의 소유권이 도급인에게 귀속하는 경우에 수급인은 보수채권을 피담보채권으로 하여 완성물에 관하여 유치권을 행사할 수 있다"(대판 1995.9.15. 95다16202). **"압류 효력 발생 전에 유치권을 취득한 경우**에는 유치권 취득시기가 근저당권설정 후라거나 유치권 취득 전에 설정된 근저당권에 기하여 경매절차가 개시되었다고 하더라도 유치권을 내세워 그 부동산에 관한 경매절차의 매수인에게 대항할 수 있다"(대판 2009.1.15. 2008다70763).

☞ 따라서 丙의 유치권은 2022. 4. 1. 근저당권이 설정된 이후이나 2022. 11. 1. 근저당권 실행 전인 2022. 7. 1. 취득하였으므로 丙은 경락인 丁에게 유치권을 주장할 수 있다.

② [O] "채무자 소유의 부동산에 경매개시결정의 기입등기가 마쳐져 압류의 효력이 발생한 후에 유치권을 취득한 경우에는 그로써 그 부동산에 관한 경매절차의 매수인에게 대항할 수 없는바, 채무자 소유의 건물에 관하여 증·개축 등 공사를 도급받은 수급인이 경매개시결정의 기입등기가 마쳐지기 전에 채무자로부터 그 건물의 점유를 이전받았다 하더라도, **경매개시결정의 기입등기가 마쳐져 압류의 효력이 발생한 후에 공사를 완공하여 공사대금채권을 취득한 경우에는 그때 비로소 유치권이 성립한다고 할 것이므로 수급인은 그 유치권을 내세워 경매절차의 매수인에게 대항할 수 없다**"(대판 2011.10.13. 2011다55214).

③ [O] 상대방의 목적물 인도청구의 소(제213조 본문)에 대하여 유치권자가 유치권을 행사한 경우(제213조 단서), 유치권은 그 채권의 변제를 받을 때까지 목적물을 유치하는 것을 내용으로 하므로 원고 패소판결을 하여야 함이 원칙이나, 判例는 채무의 변제와 상환으로 물건을 인도하라는 뜻의 상환급부판결(원고의 일부승소판결) 을 하고 있다(대판 1974.6.25. 73다1642). 즉,

단순이행청구에 대하여 일부인용판결로서 상환이행판결을 하는 것은 처분권주의(민사소송법 제203조)에 반하지 않을 뿐 아니라, 소송경제상 유리하고 유치권의 목적은 이것으로 충분히 달성할 수 있기 때문이다(통설).

④ [○] 공사대금채권에 기하여 주택에 대해 유치권을 행사하는 자가 스스로 유치물인 주택에 거주하며 사용하는 것은 특별한 사정이 없는 한 유치물의 보존에 필요한 사용에 해당한다(대판 2009.9.24. 2009다40684).

⑤ [×] 수동채권은 피상계자(채권자)가 상계자(채무자)에 대해 가지는 채권이어야 한다. 이와 관련하여 判例는 "만약 상대방이 제3자에 대하여 가지는 채권을 수동채권으로 하여 상계할 수 있다고 한다면, 이는 상계의 당사자가 아닌 상대방과 제3자 사이의 채권채무관계에서 상대방이 제3자에게서 채무의 본지에 따른 현실급부를 받을 이익을 침해하게 될 뿐 아니라, 상대방의 채권자들 사이에서 상계자만 독점적인 만족을 얻게 되는 불합리한 결과를 초래하게 되므로, 상계의 담보적 기능과 관련하여 법적으로 보호받을 수 있는 당사자의 합리적 기대가 이러한 경우에까지 미친다고 볼 수는 없다"(대판 2011.4.28. 2010다101394)고 한다.

[정답] ⑤

문 98 **甲은 乙과 乙 소유 X 주택에 대한 공사도급계약을 체결하고 공사대금은 완공과 동시에 일괄 지급받기로 했다. 甲이 공사를 완성했는데도 乙은 공사대금을 지급하지 않은 채 X 주택의 인도를 청구하였고, 甲은 적법한 유치권을 행사하면서 X 주택에 거주하고 있다. X 주택의 부지인 Y 토지는 丁의 소유이다. 이에 관한 설명 중 옳은 것을 모두 고른 것은?** (각 지문은 독립적이며, 다툼이 있는 경우 판례에 의함)

[변시 14회]

ㄱ. 甲이 X 주택에 관하여 유익비를 지출한 경우, 甲은 X 주택의 가액 증가가 현존한 경우에 한해 乙의 선택에 따라 그 지출한 금액이나 증가액의 상환을 乙에게 청구할 수 있다.

ㄴ. 甲은 丁에 대해 X 주택에 거주한 기간 동안 Y 토지의 사용·수익으로 인해 발생한 차임 상당 부당이득반환의무를 부담하지 않는다.

ㄷ. 甲의 유치권에 의한 X 주택 경매절차에서 매각이 이루어진 경우, 乙의 채권자 B가 신청한 X 주택 경매절차에서 매각이 이루어진 경우와 마찬가지로 甲의 유치권은 소멸하지 않는다.

ㄹ. 乙의 채권자 B가 신청한 경매절차에서 丙이 X 주택을 매수한 경우, 甲의 채권자 A가 '甲이 X 주택을 丙에게 인도해 줌과 동시에 丙으로부터 지급받을 채권'에 대하여 압류 및 추심명령을 신청하는 것은 허용된다.

① ㄱ
② ㄱ, ㄴ
③ ㄷ, ㄹ
④ ㄱ, ㄴ, ㄷ
⑤ ㄱ, ㄴ, ㄹ

해설 ㄱ. [○] 유치권자가 유치물에 관하여 유익비를 지출한 때에는 그 가액의 증가가 현존한 경우에 한하여 소유자의 선택에 좇아 그 지출한 금액이나 증가액의 상환을 청구할 수 있다. 그러나 법원은 소유자의 청구에 의하여 상당한 상환기간을 허여할 수 있다(제325조 2항)

ㄴ. [○] 判例는 "타인 소유의 토지 위에 권한 없이 건물을 소유하고 있는 자는 그 자체로써 특별한 사정이 없는 한 법률상 원인 없이 타인의 재산으로 인하여 토지의 차임에 상당하는 이익을 얻고 이로 인하여 타인에게 동액 상당의 손해를 주고 있다고 보아야 한다"(대판 1998.5.8. 98다2389)고 판시하고 있다. 따라서 건물소유자(乙)는 건물을 사용·수익하지 않더라도 '부지'에 관한 부당이득은 성립하고, 건물을 사용수익하고 있는 건물을 점유자인 유치권자 甲이 부지점유자로서 부당이득반환청구를 진다고 볼 수 없다(대판 2012.5.10. 2012다4633 참조)

ㄷ. [X] 유치권자는 채권의 변제를 받기 위하여 유치물을 경매할 수 있다(제322조 1항). 유치권에 기한 경매는 담보권 실행을 위한 경매의 예에 따라 실시한다(민사집행법 제274조 1항).
한편 "유치권에 의한 경매도 강제경매나 담보권 실행을 위한 경매와 마찬가지로 목적부동산 위의 부담을 소멸시키는 것을 법정매각조건으로 하여 실시되고(이른바 소멸주의), 우선채권자뿐만 아니라 일반채권자의 배당요구도 허용되며, 유치권자는 일반채권자와 동일한 순위로 배당을 받을 수 있다(유치권자라는 이유만으로는 배당에 참가할 수 없으나, 채권에 관하여 별도로 집행권원 등을 얻어 일반채권자의 지위에서 배당에 참가하는 것은 가능하다)
☞ 즉, 유치권자의 경매신청에 터 잡은 '유치권에 기한경매'의 경우 원칙적 소멸주의에 따라 유치권 또한 소멸한다.
비교판례 "다만 유치권에 의한 경매절차는 목적물에 대하여 강제경매 또는 담보권 실행을 위한 경매절차가 개시된 경우에는 정지되도록 되어 있으므로(민사집행법 제274조 제2항), 유치권에 의한 경매절차가 정지된 상태에서 그 목적물에 대한 강제경매 또는 담보권 실행을 위한 경매절차가 진행되어 매각이 이루어졌다면, 유치권에 의한 경매절차가 소멸주의를 원칙으로 하여 진행된 경우와는 달리 그 유치권은 소멸하지 않는다"(대판 2011.8.18. 2011다35593)

ㄹ. [X] 재산적 가치가 있는 것이라도 독립성이 없어 그 자체로 처분하여 현금화할 수 없는 권리는 집행의 목적으로 할 수 없다(대판 1988.12.13. 88다카3465). 한편 유치권자는 경락인에 대하여 그 피담보채권의 변제가 있을 때까지 유치목적물인 부동산의 인도를 거절할 수 있을 뿐이고 그 피담보채권의 변제를 청구할 수는 없다(대판 1996.8.23. 95다8720).
이러한 변제에 관한 채무자(유치권자)의 권한은 이 사건 유치권 내지는 그 피담보채권인 이 사건 공사대금 채권과 분리하여 독립적으로 처분하거나 환가할 수 없는 것으로서, 결국 압류할 수 없는 성질의 것이라고 봄이 타당하다(대결 2014.12.30. 2014마1407).

[정답] ②

제2절 질권

문 99 채권질권에 관한 설명으로 옳지 않은 것은? (다툼이 있는 경우 판례에 의함) [변시 8회]

① 질권자는 질권의 목적이 된 채권과 그에 대한 지연손해금채권을 피담보채권의 범위에 속하는 자기 채권액에 대한 부분에 한하여 직접 추심하여 자기 채권의 변제에 충당할 수 있다.

② 질권자가 제3채무자로부터 자기 채권을 초과한 금전을 지급받아 초과수령한 부분에 관하여 그 부분을 질권설정자에게 그대로 반환하였더라도, 질권자는 제3채무자에 대하여 부당이득반환의무를 부담한다.

③ 「주택임대차보호법」상 대항력을 갖춘 임차인이 임대차보증금반환채권에 질권을 설정하고 임대인이 그 질권 설정을 승낙한 후 임대주택이 양도된 경우에는 임대인은 임대차관계에서 탈퇴하고 임차인에 대한 임대차보증금반환채무를 면하게 된다.

④ 질권의 목적인 채권의 양도행위는 특별한 사정이 없는 한 질권자의 이익을 해하는 변경에 해당되지 않으므로 질권자의 동의를 요하지 않는다.

⑤ 제3채무자가 질권설정 사실을 승낙한 후 질권자가 제3채무자에게 질권설정계약의 합의해지 사실을 통지하였다면, 그 계약이 아직 해지되지 아니하였다고 하더라도 선의인 제3채무자는 질권설정자에게 대항할 수 있는 사유로 질권자에게 대항할 수 있다.

해 설 ① [○] ※ 채권질권의 실행방법

"질권의 목적이 된 채권이 금전채권인 때에는 질권자는 **자기채권의 한도**에서 질권의 목적이 된 채권을 **직접 청구할 수 있고**(제353조 2항), 채권질권의 효력은 질권의 목적이 된 채권의 지연손해금 등과 같은 부대채권에도 미치므로 채권질권자는 질권의 목적이 된 **채권과 그에 대한 지연손해금채권을** 피담보채권의 범위에 속하는 **자기채권액에 대한 부분에 한하여 직접 추심하여 자기채권의 변제에 충당할 수 있다**"(대판 2005.2.25. 2003다40668).

② [X] ※ 채권질권자가 제3채무자로부터 초과 수령한 경우

"질권자가 제3채무자로부터 자기채권을 **초과하여 금전을 지급받은 경우 초과 지급 부분에 관하여는 제3채무자의 질권설정자에 대한 급부와 질권설정자의 질권자에 대한 급부가 있다고 볼 수 없으므로, 제3채무자는 특별한 사정이 없는 한 질권자를 상대로 초과 지급 부분에 관하여 부당이득반환을 구할 수 있지만,** 부당이득반환청구의 상대방이 되는 수익자는 실질적으로 그 이익이 귀속된 주체이어야 하는데, **질권자가 초과 지급 부분을 질권설정자에게 그대로 반환한** 경우에는 **초과 지급 부분에 관하여 질권설정자가 실질적 이익을 받은 것이지** 질권자로서는 실질적 이익이 없다고 할 것이므로, 제3채무자는 **질권자를 상대로 초과 지급 부분에 관하여 부당이득반환을 구할 수 없다**"(대판 2015.5.29. 2012다92258).

비교판례 ※ 입질채권의 발생원인인 계약관계에 무효 등의 흠이 있어 입질채권이 부존재하는 경우

"금전채권의 질권자가 민법 제353조 제1항, 제2항에 의하여 자기채권의 범위 내에서 직접청구권을 행사하는 경우 질권자는 질권설정자의 대리인과 같은 지위에서 입질채권을 추심하여 자기채권의 변제에 충당하고 그 한도에서질권자는 질권설정자의 대리인과 같은 지위에서 입질채

권을 추심하여 자기채권의 변제에 충당하고 그 한도에서 질권설정자에 의한 변제가 있었던 것으로 보므로, 위 범위 내에서는 **제3채무자의 질권자에 대한 금전지급으로써 제3채무자의 질권설정자에 대한 급부가 이루어질 뿐만 아니라 질권설정자의 질권자에 대한 급부도 이루어진다**(이른바 단축급부 : 저자주). **이러한 경우 입질채권의 발생원인인 계약관계에 무효 등의 흠이 있어 입질채권이 부존재한다고 하더라도 제3채무자는 특별한 사정이 없는 한 상대방 계약당사자인 질권설정자에 대하여 부당이득반환을 구할 수 있을 뿐이고 질권자를 상대로 직접 부당이득반환을 구할 수 없다.** 이와 달리 제3채무자가 질권자를 상대로 직접 부당이득반환청구를 할 수 있다고 보면 자기 책임하에 체결된 계약에 따른 위험을 제3자인 질권자에게 전가하는 것이 되어 계약법의 원리에 반하는 결과를 초래할 뿐만 아니라 질권자가 질권설정자에 대하여 가지는 항변권 등을 침해하게 되어 부당하기 **때문이다**(同 判例).

③ [○] ※ **임대차보증금반환채권에 대한 질권 설정과 임대인 지위 승계**
"주택임대차보호법 제3조 4항은 같은 조 제1항이 정한 대항요건을 갖춘 임대차의 목적이 된 임대주택의 양수인은 임대인의 지위를 승계한 것으로 본다고 규정하고 있다. 이는 법률상의 당연승계 규정으로 보아야 하므로, **임대주택이 양도된 경우에 양수인은 주택의 소유권과 결합하여 임대인의 임대차계약상 권리 · 의무 일체를 그대로 승계한다. 그 결과 양수인이 임대차보증금반환채무를 면책적으로 인수하고, 양도인은 임대차관계에서 탈퇴하여 임차인에 대한 임대차보증금반환채무를 면하게 된다.** 이는 **임차인이 임대차보증금반환채권에 질권을 설정하고 임대인이 그 질권 설정을 승낙한 후에 임대주택이 양도된 경우에도 마찬가지라고** 보아야 한다"(대판 2018.6.19. 2018다201610).

④ [○] ※ **질권자의 이익을 해하는 변경**
질권설정자는 질권자의 동의없이 질권의 목적된 권리를 소멸하게 하거나 질권자의 이익을 해하는 변경을 할 수 없다(제352조). 그러나 그러나 **질권의 목적인 채권의 양도행위는 질권의 효력이 미치기 때문에**(담보물권의 추급력) **제352조의 질권자를 해하는 변경이 아니다.** 따라서 질권자의 동의 없이 할 수 있다(대판 2005.12.22. 2003다55059).

⑤ [○] ※ **채권질권설정계약의 해지**
"**제3채무자가 질권설정 사실을 승낙한 후 질권설정계약이 합의해지된** 경우 질권설정자가 해지를 이유로 제3채무자에게 원래의 채권으로 대항하려면 **질권자가 제3채무자에게 해지 사실을 통지하여야** 하고, 만일 **질권자가 제3채무자에게 질권설정계약의 해지 사실을 통지하였다면**, 설사 아직 해지가 되지 **아니하였다고 하더라도 선의인 제3채무자는 질권설정자에게 대항할 수 있는 사유로 질권자에게 대항할 수 있다고** 봄이 타당하다. 그리고 위와 같은 해지 통지가 있었다면 해지 사실은 추정되고, 그렇다면 해지 통지를 믿은 제3채무자의 선의 또한 추정된다고 볼 것이어서 **제3채무자가 악의라는 점은 선의를 다투는 질권자가 증명할** 책임이 있다"(대판 2014.4.10. 2013다76192 : 제349조의 2항에 의하여 지명채권을 목적으로 한 질권설정의 경우에도 제451조가 준용된 사안).

쟁점정리 **判例는 지명채권의 양도통지를 한 후 양도계약이 '해제'된 경우, 채권양도인이 해제를 이유로 다시 원래의 채무자에 대하여 양도채권으로 대항하려면,** i) 채권양도인이 채권양수인의 동의를 받아 양도통지를 철회하거나(제452조 2항 참조 : 대판 1978.6.13. 78다468) ii) 채권양수인이 채무자에게 위와 같은 해제 사실을 통지하여야 한다고 한다(대판 1993.8.27. 93다17379).

[정답] ②

문 100 **저축성보험의 보험계약자인 甲은 乙로부터 금전을 차용하면서 그 담보로 보험회사인 丙에 대하여 가지는 보험금청구권(보험료환급청구권 포함)에 질권을 설정하여 주었다. 한편 甲의 다른 채권자인 丁은 甲에 대한 채권을 청구채권으로 하여 위 보험금청구권을 가압류하였다. 다음 설명 중 옳은 것을 모두 고른 것은?** (각 지문은 독립적이고, 다툼이 있는 경우 판례에 의함) [변시 4회]

ㄱ. 乙은 위 보험금청구권에 관한 지연손해금에 대하여 질권을 행사할 수 없다.
ㄴ. 丁의 채권가압류결정이 丙에게 송달되기 전에 丙이 확정일자 있는 서면에 의하여 질권 설정에 승낙하였다면, 丁은 乙에 대하여 가압류로 대항할 수 없다.
ㄷ. 만약 위 보험금청구권의 변제기가 乙의 甲에 대한 위 채권의 변제기보다 먼저 도래하였고 丁의 가압류가 없는 경우라면, 乙은 丙에 대하여 보험금의 공탁을 청구할 수 있다.

① ㄴ
② ㄷ
③ ㄱ, ㄴ
④ ㄴ, ㄷ
⑤ ㄱ, ㄴ, ㄷ

해설 ※ 사안은 보험금청구권이라는 채권에 질권이 설정된 '권리질권'에 관한 문제이다. 채권질권의 목적이 될 수 있는 것은 '양도할 수 있는 채권'이다(제345조 · 제355조 · 제331조). 장래의 보험금청구권과 같은 장래의 채권도 채권질권의 목적이 될 수 있다.

ㄱ. [×] **제334조(피담보채권의 범위)** 「질권은 원본, 이자, 위약금, 질권실행의 비용, 질물보존의 비용 및 채무불이행 또는 질물의 하자로 인한 손해배상의 채권을 담보한다. 그러나 다른 약정이 있는 때에는 그 약정에 의한다.」

제355조(준용규정) 「권리질권에는 본절의 규정 외에 동산질권에 관한 규정을 준용한다.」

☞ 따라서 채권질권자 乙은 위 보험금청구권에 관한 지연손해금(채무불이행으로 인한 손해배상채권)에 대하여도 질권을 행사할 수 있다.

관련판례 "질권의 목적이 된 채권이 금전채권인 때에는 질권자는 자기채권의 한도에서 질권의 목적이 된 채권을 직접 청구할 수 있고, 채권질권의 효력은 질권의 목적이 된 채권의 지연손해금 등과 같은 부대채권에도 미치므로 채권질권자는 질권의 목적이 된 채권과 그에 대한 지연손해금채권을 피담보채권의 범위에 속하는 자기채권액에 대한 부분에 한하여 직접 추심하여 자기채권의 변제에 충당할 수 있다"(대판 2005.2.25. 2003다40668)

ㄴ. [○] **제349조(지명채권에 대한 질권의 대항요건)** 「①항 지명채권을 목적으로 한 질권의 설정은 설정자가 제450조의 규정에 의하여 제3채무자에게 질권설정의 사실을 통지하거나 제3채무자가 이를 승낙함이 아니면 이로써 제3채무자 기타 제3자에게 대항하지 못한다. ②항 제451조의 규정은 전항의 경우에 준용한다.」

☞ 따라서 채권질권자 乙이 다른 '제3자'인 채권의 가압류권자 丁에게 대항하기 위해서는 제3채무자 丙에게 확정일자 있는 증서로 통지나 승낙이 이루어져야 하고(제349조 1항, 제450조 2항), 이들의 우열은 채무자의 인식을 기준으로 하는바(아래 전합93다24223판결), 사안에서는 丁의 채권가압류결정이 丙에게 송달되기 전에 丙이 확정일자 있는 서면에 의하여 질권 설정에 승낙하였으므로 丁은 乙에 대하여 가압류로 대항할 수 없다.

관련판례 判例는 "채권이 이중으로 양도된 경우의 양수인 상호 간의 우열은 통지 또는 승낙에 붙여진 확정일자의 선후에 의하여 결정할 것이 아니라, 채권양도에 대한 채무자의 인식, 즉 확정일자 있는 양도통지가 채무자에게 도달한 일시 또는 확정일자 있는 승낙일시의 선후에 의하여 결정하여야 한다"(대판 1994.4.26. 전합93다24223)고 하여 채권양수인과 동일채권에 대하여 가압류명령을 집행한 자 사이의 우열은 확정일자 있는 채권양도통지와 가압류결정정본의 제3채무자에 대한 도달의 선후에 의하여 결정하여야 한다고 보아 도달시를 기준으로 우열을 결정한다.

ㄷ. [O] **제353조(질권의 목적이 된 채권의 실행방법)** 「①항 질권자는 질권의 목적이 된 채권을 직접 청구할 수 있다. ②항 채권의 목적물이 금전인 때에는 질권자는 자기채권의 한도에서 직접 청구할 수 있다. ③항 전항의 채권의 변제기가 질권자의 채권의 변제기보다 먼저 도래한 때에는 질권자는 제3채무자에 대하여 그 변제금액의 공탁을 청구할 수 있다. 이 경우에 질권은 그 공탁금에 존재한다.」

[정답] ④

문 101 **질권에 관한 설명 중 각 괄호 안에 들어갈 용어를 올바르게 나열한 것은?** (다툼이 있는 경우 판례에 의함) [변시 6회]

- ○ 저당권에 의하여 담보되는 채권 위에 권리질권을 설정하고 저당권등기에 질권설정의 부기등기를 하지 않은 경우 질권의 효력은 저당권에 (A).
- ○ 질권의 목적인 채권의 양도에 대해서는 질권자의 동의를 (B).
- ○ 질권의 목적이 된 채권이 금전채권인 때에는 질권자는 자기채권의 한도 내에서 질권의 목적이 된 채권을 직접 청구할 수 (C).
- ○ 질권자가 자기의 권리의 범위 내에서 자기의 책임으로 질물을 전질한 경우, 질권자는 전질을 하지 않았더라면 면할 수 있었을 불가항력으로 인한 손해에 대해 책임을 (D).
- ○ 임대차보증금반환채권에 대해 질권을 설정한 경우 질권자에 대한 임대차계약서의 교부는 질권의 효력발생 (E).

	A	B	C	D	E
①	미친다	요한다	있다	지지 않는다	요건이다
②	미치지 않는다	요하지 않는다	있다	진다	요건이 아니다
③	미친다	요한다	있다	진다	요건이 아니다
④	미치지 않는다	요하지 않는다	있다	진다	요건이다
⑤	미치지 않는다	요하지 않는다	없다	지지 않는다	요건이다

해 설 A. **제348조(저당채권에 대한 질권과 부기등기)** 「저당권으로 담보한 채권을 질권의 목적으로 한 때에는 그 저당권등기에 질권의 부기등기를 하여야 그 효력이 저당권에 미친다.」

B. 질권설정자는 질권자의 동의 없이 질권의 목적인 권리를 소멸하게 하거나 질권자를 해하는 변경을 하지 못한다(제352조). 그러나 질권의 목적인 채권의 양도행위는 질권의 효력이 미치기 때문에(담보물권의 추급력) 제352조의 질권자를 해하는 변경이 아니다. 따라서 질권자의 동의 없이 할 수 있다(대판 2005.12.22, 2003다55059).

C. **제353조(질권의 목적이 된 채권의 실행방법)** 「①항 질권자는 질권의 목적이 된 채권을 직접 청구할 수 있다. ②항 채권의 목적물이 금전인 때에는 질권자는 자기채권의 한도에서 직접 청구할 수 있다.」

D. **제336조(전질권)** 「질권자는 그 권리의 범위내에서 자기의 책임으로 질물을 전질할 수 있다. 이 경우에는 전질을 하지 아니하였으면 면할 수 있는 불가항력으로 인한 손해에 대하여도 책임을 부담한다.」

E. 채권을 질권의 목적으로 하는 경우에 '채권증서'가 있는 때에는 질권의 설정은 그 증서를 교부함으로써 그 효력이 생기지만(제347조), 判例에 따르면 임대차계약서는 여기에서의 '채권증서'에 해당하지 않는다고 한다(대판 2013.8.22, 2013다32574).

[정답] ②

문 102 甲은 건축업자 乙에게 건축자재 1톤을 매도하여 이를 인도하면서 대금은 6개월 후에 지급받기로 하였다. 다음 설명 중 옳은 것을 모두 고른 것은? (다툼이 있는 경우에는 판례에 의함) [변시 2회]

ㄱ. 乙이 위 건축자재를 사용하여 丙의 주택을 건축함으로써 건축자재의 분리가 불가능하게 된 경우, 건축 당시 丙이 그 건축자재대금이 모두 지급되지 아니한 사실을 알고 있었다면 丙은 甲에게 부당이득반환의무가 있다.

ㄴ. 乙이 위 건축자재대금이 전혀 지급되지 아니한 사실을 잘 알고 있는 丁에게 건축자재를 양도담보로 제공하였는데 乙의 채권자가 건축자재를 압류하는 경우, 丁은 제3자이의의 소를 제기할 수 있다.

ㄷ. 乙은 장래의 건축을 위하여 확보하여 둔 위 건축자재에 관하여 화재보험에 가입한 후, 戊로부터 돈을 차용하고 그 건축자재에 관하여 戊에게 질권을 설정하여 주었다. 건축자재가 戊의 과실없이 화재로 소실되어 乙의 다른 채권자 己가 보험금채권에 관하여 압류 및 추심명령을 받은 경우, 戊는 별도의 압류 없이도 적법한 배당요구에 기하여 그 보험금채권에서 己에 우선하여 변제받을 수 있다.

① ㄴ, ㄷ
② ㄱ, ㄷ
③ ㄱ, ㄴ
④ ㄴ
⑤ ㄷ

해 설 ㄱ. [X] 甲과 乙의 동산(건축자재) 매매계약의 경우 특별히 **소유권을 매도인 甲에게 유보하겠다는 특약이 없는 이상** 비록 매매대금을 매수인 乙이 지급하지 않았다고 하더라도 **'인도'에 의해 건축자재의 소유권은 매수인 乙이 취득하였다.** 따라서 乙이 위 건축자재를 사용하여 丙의 주택을 건축한 경우 判例에 따르면 '특약이 없는 한' 자기의 노력과 재료를 들여 건물을 건축한 사람은 그 건물의 소유권을 원시적으로 취득한다(대판 1990.2.13, 89다카11401)고 보아 수급인이 재료의 전부 또는 주요부분을 제공하는 제작물 공급계약의 경우에는 '수급인' 乙에게 소유권이 귀속한다고 본다. 그렇다면 건축 당시 도급인 丙이 그 건축자재대금이 모두 지급되지 아니한 사실을 알고 있었는지와 상관없이 도급인 丙은 매도인 甲에게 부당이득반환의무가 없다.

비교판례 "민법 제261조의 보상청구가 인정되기 위해서는 민법 제261조 자체의 요건만이 아니라, 부당이득 법리에 따른 판단에 의하여 부당이득의 요건이 모두 충족되었음이 인정되어야 한다. **매도인에게 소유권이 유보된 자재가** 제3자와 매수인 사이에 이루어진 도급계약의 이행으로 제3자 소유 건물의 건축에 사용되어 부합된 경우 보상청구를 거부할 법률상 원인이 있다고 할 수 없지만, **제3자가 도급계약에 의하여 제공된 자재의 소유권이 유보된 사실에 관하여 과실 없이 알지 못한 경우라면 선의취득의 경우와 마찬가지로 제3자가 그 자재의 귀속으로 인한 이익을 보유할 수 있는 법률상 원인이 있다고 봄이 상당하므로, 매도인으로서는 그에 관한 보상청구를 할 수 없다**"(대판 2009.9.24, 2009다15602).

ㄴ. [O] 判例는 동산양도담보의 경우 가등기담보 등에 관한 법률의 시행 전후를 불문하고 양도담보권자는 청산절차를 마치기 전이라 하더라도, 제3자에 대한 관계에서는 물건의 소유자임을 주장할 수 있다고 하여 **신탁적 소유권이전설**의 입장이다(대판 1994.8.26, 93다44739).
☞ 따라서 동산양도담보권자 丁은 乙이 위 건축자재대금을 전혀 지급하지 아니한 사실을 알았던지 몰랐던지 건축자재의 소유권을 취득한다. 그러므로 乙의 채권자가 건축자재를 압류하는 경우, 丁은 제3자이의의 소를 제기할 수 있다.

ㄷ. [O] 질권은 질물의 멸실, 훼손 또는 공용징수로 인하여 질권설정자가 받을 금전 기타 물건에 대하여도 이를 행사할 수 있다(제342조). 이 경우에는 그 지급 또는 인도전에 압류하여야 한다. i) 담보물의 멸실이나 훼손이라는 사실 외에 제3자인 보험자와 보험계약이라는 별개의 요건이 개재된 보험금청구권에 대해서도 물상대위가 인정되는지와 관련해서 보험금청구권 역시 실질적으로 목적물의 가치대표물이고 물상대위제도가 목적물의 가치대표물에도 질권의 효력이 미치는 것을 승인하고 있음을 고려한다면 이를 긍정하여야 한다. 判例도(대판 2004.12.24, 2004다52798) 화재보험계약상의 보험금청구권에 대하여 저당권자가 물상대위권을 행사할 수 있다고 하였다. ii) 질권자 물상대위권을 행사하기 위해서는, 대위물의 지급 또는 인도 전에 이를 압류하여야 한다(제342조 단서). 미리 압류를 하여야 한다고 규정한 것은 물상대위의 목적인 채권의 특정성을 유지하여 그 효력을 보전함과 동시에 제3자에게 불측의 손해를 입히지 않으려는 데 있는 것이므로, 저당목적물의 변형물인 금전 기타 물건에 대하여 이미 제3자가 압류하여 그 금전 또는 물건이 특정된 이상 저당권자가 스스로 이를 압류하지 않고서도 물상대위권을 행사하여 일반 채권자보다 우선변제를 받을 수 있다(대판 2002.10.11, 2002다33137). 즉 判例는 타인이 압류하더라도 물상대위의 존속요건은 충족된다는 취지이며, 특정성유지설에 따른 것으로 볼 수 있다.
☞ 따라서 질권설정자 乙의 다른 채권자 己가 보험금채권에 관하여 압류 및 추심명령을 받은 경우, 질권자 戊는 별도의 압류 없이도 적법한 배당요구에 기하여 그 보험금채권에서 己에 우선하여 변제받을 수 있다.

[정답] ①

문 103 甲은 乙에 대하여 1억 원의 대여금채권을 가지고 있다. 위 대여금채권을 담보할 목적으로 乙은 丙에 대하여 갖고 있던 1억 원의 매매대금채권에 관하여 甲에게 채권질권을 설정하여 주었고 丙은 이를 승낙하였다. 甲은 양 채권의 변제기가 도래한 후 丙을 상대로 채권질권을 실행하고자 한다. 이에 관한 설명 중 옳은 것을 모두 고른 것은? (각 지문은 독립적이며, 다툼이 있는 경우 판례에 의함) [변시 7회]

ㄱ. 甲이 丙을 상대로 매매대금채권을 직접 청구함에 대하여 乙이 동의하지 않으면 甲은 「민사집행법」에서 정한 절차에 따라 추심해야 한다.
ㄴ. 甲이 「민사집행법」에 따라 매매대금채권에 대하여 압류 및 전부명령을 받기 위해서는 위 대여금채권에 관한 확정판결 등 집행권원은 필요하지 않다.
ㄷ. 甲의 직접 청구에 따라 丙이 甲에게 1억 원을 지급하였는데 후일 乙의 丙에 대한 위 매매대금채권이 부존재한 것으로 밝혀진 경우, 丙은 甲에 대하여 부당이득반환을 청구할 수 있다.

① ㄱ ② ㄴ ③ ㄷ
④ ㄱ, ㄴ ⑤ ㄴ, ㄷ

해 설 ㄱ. [×] ※ 질권의 목적이 된 채권의 실행방법
질권자는 질권의 목적이 된 채권을 직접 청구할 수도 있고(제353조 1항), 민사집행법에 정한 집행방법에 의하여 질권을 실행할 수도 있다(제354조). 채권 질권자는 양자의 방법을 선택적으로 행사할 수 있고, 채권을 직접 청구할 경우 질권 설정자의 동의를 요하지 않는다.

ㄴ. [○] ※ 민사집행법에 의한 입질채권의 집행방법
민사집행법에 의한 집행으로는 채권의 추심, 전부, 현금화 세 가지가 있다. 이 경우 집행권원을 요하지 않고 질권의 존재를 증명하는 서류만 제출되면 개시된다(민사집행법 제273조 1항).

ㄷ. [×] ※ 입질채권의 발생원인인 계약관계에 무효 등의 흠이 있어 입질채권이 부존재하는 경우
"금전채권의 질권자가 민법 제353조 제1항, 제2항에 의하여 자기채권의 범위 내에서 직접청구권을 행사하는 경우 질권자는 질권설정자의 대리인과 같은 지위에서 입질채권을 추심하여 자기채권의 변제에 충당하고 그 한도에서질권자는 질권설정자의 대리인과 같은 지위에서 입질채권을 추심하여 자기채권의 변제에 충당하고 그 한도에서 질권설정자에 의한 변제가 있었던 것으로 보므로, 위 범위 내에서는 **제3채무자의 질권자에 대한 금전지급으로써 제3채무자의 질권설정자에 대한 급부가 이루어질 뿐만 아니라 질권설정자의 질권자에 대한 급부도 이루어진다**(이른바 단축급부 : 저자주). **이러한 경우 입질채권의 발생원인인 계약관계에 무효 등의 흠이 있어 입질채권이 부존재한다고 하더라도 제3채무자는 특별한 사정이 없는 한 상대방 계약당사자인 질권설정자에 대하여 부당이득반환을 구할 수 있을 뿐이고 질권자를 상대로 직접 부당이득반환을 구할 수 없다.** 이와 달리 제3채무자가 질권자를 상대로 직접 부당이득반환청구를 할 수 있다고 보면 자기 책임하에 체결된 계약에 따른 위험을 제3자인 질권자에게 전가하는 것이 되어 계약법의 원리에 반하는 결과를 초래할 뿐만 아니라 질권자가 질권설정자에 대하여 가지는 항변권 등을 침해하게 되어 부당하기 때문이다"(대판 2015.5.29. 2012다92258)

[정답] ②

문 104 **甲이 乙에 대한 임대차보증금반환채권에 관하여 丙에 대한 금전채무의 담보를 위하여 丙과 질권설정계약을 체결하고 이 사실을 확정일자 있는 증서로 乙에게 통지하였다. 이에 관한 설명 중 옳은 것(○)과 옳지 않은 것(×)을 올바르게 조합한 것은?** (각 지문은 독립적이며, 다툼이 있는 경우 판례에 의함)

[변시 13회]

ㄱ. 甲이 저당권으로 담보되는 임대차보증금반환채권에 대하여 丙에게 질권을 설정한 경우 질권의 부기등기에 채권의 지연손해금을 별도로 기재하지 않았다면, 이는 저당권부 질권의 피담보채권 범위에 포함되지 않는다.

ㄴ. 위 乙이 丙의 동의 없이 甲에 대한 채권을 가지고 임대차보증금반환채권과 상계합의를 하여 소멸하게 한 경우라도 丙은 여전히 乙에게 직접 채무의 변제를 청구할 수 있다.

ㄷ. 甲의 임대차보증금반환채권에 대하여 甲의 일반채권자 丁의 신청으로 압류 및 전부명령이 내려진 경우 그 명령이 乙에게 송달된 날보다 먼저 丙이 확정일자 있는 증서로 대항요건을 갖추었다면 乙은 丁에게 변제했음을 들어 丙에게 대항할 수 없다.

ㄹ. 甲이 丙에게 질권을 설정해 준 후 甲의 임대차보증금반환채권을 담보하기 위하여 乙 소유 부동산에 저당권을 설정한 경우 丙이 위 저당권설정등기에 질권의 부기등기를 하지 않았다면 질권의 효력이 저당권에 미치지 아니한다.

① ㄱ(○), ㄴ(○), ㄷ(×), ㄹ(×)
② ㄱ(○), ㄴ(×), ㄷ(○), ㄹ(×)
③ ㄱ(○), ㄴ(×), ㄷ(×), ㄹ(○)
④ ㄱ(×), ㄴ(○), ㄷ(○), ㄹ(○)
⑤ ㄱ(×), ㄴ(○), ㄷ(○), ㄹ(×)

해설 ㄱ. [×] "채권질권의 효력은 '질권의 목적이 된 채권'의 지연손해금 등과 같은 부대채권에도 미치므로 채권질권자는 질권의 목적이 된 채권과 그에 대한 지연손해금채권을 피담보채권의 범위에 속하는 자기채권액에 대한 부분에 한하여 직접 추심하여 자기채권의 변제에 충당할 수 있다(대판 2005.2.25. 2003다40668)

한편, 민법 제355조의 규정에 의하여 권리질권에 준용되는 민법 제334조 전문은 '질권은 원본, 이자, 위약금, 질권실행의 비용, 질물보존의 비용 및 채무불이행 또는 질물의 하자로 인한 손해배상의 채권을 담보한다.'고 정하고 있다. 부동산등기법 제76조 제1항은 등기관이 민법 제348조에 따라 저당권부 채권에 대한 질권의 등기를 할 때에는 부동산등기법 제48조에서 규정한 사항 외에 '채권액 또는 채권최고액, 채무자의 성명 또는 명칭과 주소 또는 사무소 소재지, 변제기와 이자의 약정이 있는 경우에는 그 내용'을 기록하여야 한다고 정하고 있어 **채권의 지연손해금을 등기사항으로 정하고 있지 않다.** 이러한 사정에 비추어 보면, **채권의 지연손해금을 별도로 등기부에 기재하지 않았더라도 근저당권부 질권의 피담보채권의 범위가 등기부에 기재된 약정이자에 한정된다고 볼 수 없다**(대판 2023.1.12. 2020다296840).

ㄴ. [○] 乙과 甲이 매매대금채권과 보증금반환채권을 상계하기로 합의한 경우라도(상계합의), **제352조에** 따라 임대차보증금반환채권의 질권자 丙은 여전히 임대인 甲을 상대로 임차보증금의 반환을 청구할 수 있다(대판 2018.12.27. 2016다265689)

ㄷ. [○] "질권설정자가 제349조 1항에 따라 제3채무자에게 질권이 설정된 사실을 통지하거나 제3채무자가 이를 승낙한 때에는 제3채무자가 질권자의 동의 없이 질권의 목적인 채무를 '변제' 하더라도 질권자에게 대항할 수 없고, 질권자는 여전히 제3채무자에게 직접 채무의 변제를 청구할 수 있다. 따라서 질권의 목적인 채권에 대하여 질권설정자의 일반채권자의 신청으로 압류·전부명령이 내려진 경우에도 그 명령이 송달된 날보다 먼저 질권자가 확정일자 있는 문서에 의해 제349조 1항에서 정한 대항요건을 갖추었다면, 전부채권자는 질권이 설정된 채권을 이전받을 뿐이고 제3채무자는 전부채권자에게 변제했음을 들어 질권자에게 대항할 수 없다"(대판 2022.3.31. 2018다21326)

ㄹ. [○] "민법 제348조의 입법취지에 비추어 보면, '담보가 없는 채권에 질권을 설정한 다음 그 채권을 담보하기 위해서 저당권을 설정한 경우'에도 '저당권으로 담보한 채권에 질권을 설정한 경우'와 달리 볼 이유가 없다. … 중략 … 따라서 담보가 없는 채권에 질권을 설정한 다음 그 채권을 담보하기 위해 저당권이 설정되었더라도, 민법 제348조가 유추적용되어 저당권설정등기에 질권의 부기등기를 하지 않으면 질권의 효력이 저당권에 미친다고 볼 수 없다"(대판 2020.4.29. 2016다235411)

[정답] ④

제3절 저당권

문 105 **A는 B 명의의 1번 근저당권이 설정되어 있는 C 소유의 X 주택에 관하여 전세권을 취득하였다. 그 후 X 주택에 관하여 D 명의의 2번 근저당권이 설정되었다. 다음 설명 중 옳지 않은 것은?**(각 지문은 독립적이고, 다툼이 있는 경우에는 판례에 의함) [변시 3회]

① B의 1번 근저당권 실행을 위한 경매절차가 개시되면 A는 B에게 X 주택으로 담보된 채권을 변제하더라도 민법 제364조(제3취득자의 변제)에 의하여는 1번 근저당권의 소멸을 청구할 수 없다.

② C로부터 X 주택을 매수하여 소유권이전등기를 마치면서 그 매매대금에서 1번 근저당권의 채권최고액을 공제하고 잔액만을 지급한 E는 원칙적으로 B에게 X 주택으로 담보된 채권을 변제하고 민법 제364조(제3취득자의 변제)에 의하여 1번 근저당권의 소멸을 청구할 수 있다.

③ A는 D보다 선순위 전세권자이지만 D의 2번 근저당권 실행을 위한 경매절차에서 X 주택을 매수한 F에게 대항할 수 없다.

④ D는 B에게 X 주택으로 담보된 채권을 변제하더라고 민법 제364조(제3취득자의 변제)에 의하여는 1번 근저당권의 소멸을 청구할 수는 없다.

⑤ A가 B에게 X 주택으로 담보된 채권을 변제하면 B의 권리를 대위할 수 있다.

해설 ① [X] **제364조(제3취득자의 변제)** 「저당부동산에 대하여 소유권, 지상권 또는 전세권을 취득한 제3자는 저당권자에게 그 부동산으로 담보된 채권을 변제하고 저당권의 소멸을 청구할 수 있다.」
선순위 근저당권 실행을 위한 경매절차가 개시되었다고 하더라도 매각에 의하여 경매절차 매수인에게 소유권이 이전되기 전까지 후순위 전세권자는 저당부동산으로 담보된 채권을 변제하고 저당권의 소멸을 청구할 수 있다.
☞ 따라서 B의 1번 저당권이 설정된 X 주택에 A가 전세권을 취득한 경우 전세권자 A는 제364조에 따른 제3취득자에 해당하므로, A는 제364조의 제3취득자의 변제에 의하여 1번 근저당권의 소멸을 청구할 수 있다.

② [O] 부동산의 양수인이 매매계약을 할 때 피담보채무를 인수한 경우에는, 그 때부터 그는 채권자에 대한 관계에서는 채무자의 지위로 변경되므로 제364조는 적용되지 않는다. 물론 이 경우에는 채무인수의 요건을 갖추어야 하므로 채권자의 승낙이 있어야 한다(제454조). 따라서 그러한 **채권자의 승낙이 없이 단지 매도인이 매매대금에서 피담보채무를 공제한 잔액만을 수수한 사실만으로는 채무인수가 있었다고 할 수 없으므로**(判例는 그러한 경우는 특별한 사정이 없는 한 이행인수로 본다) **이때의 매수인은 제364조의 제3취득자로서 저당권을 소멸시킬 수 있다**(대판 2002.5.24. 2002다7176).

③ [O] 경매를 통해 매각부동산 위의 모든 저당권은 매각으로 소멸하기 때문에(민사집행법 91조), 저당권 이전에 성립된 용익권인지 여부는 경매를 신청하는 저당권자를 기준으로 하는 것이 아니라, **최선순위저당권을 기준으로 하여 결정된다.**
☞ 따라서 사안의 경우와 같이 B의 1번 근저당권등기⇒ A의 전세권등기⇒ D의 2번 근저당권등기의 순서로 등기가 되어 있는 X주택에 대해 2번 저당권자 D의 신청으로 경매가 행하여진 때에도 결국 1번 저당권의 실행이 있었던 것으로 되기 때문에, 그 후에 전세권등기를 갖춘 A는 매수인 F에게 인수되지 않고 매각으로 소멸한다.

관련판례 "**후순위저당권의 실행으로 목적부동산이 경락되어 그 선 순위저당권이 함께 소멸한 경우 비록 후순위 저당권자에게는 대항할 수 있는 임차권이더라도 소멸된 선순위저당권보다 뒤에 등기되었거나 대항력을 갖춘 임차권은 함께 소멸**하므로 이와 같은 경우의 경락인은 주택임대차보호법 제3조에서 말하는 임차주택의 양수인 중에 포함되지 않는다고 할 것이고, 따라서 임차인은 경락인에 대하여 그 임차권의 효력을 주장할 수 없다"(대판 1990.1.23. 89다카33043).

④ [O] 제3취득자의 범위와 관련하여 법문에는 '소유권, 지상권 또는 전세권을 취득한 제3자'라고 규정되어 있는바, 학설은 대체로 제364조를 열거조항으로 이해한다. 判例도 '후순위 근저당권자'는 제3취득자에 포함되지 않는다고 한다. 따라서 후순위 근저당권자는 제469조에 따른 (이해관계 있는) 제3자의 변제로서 피담보채무 전액을 변제해야만 그 말소를 구할 수 있다(대판 2006.1.26. 2005다17341).

⑤ [O] 제481조에서 '변제할 정당한 이익이 있는 자'란 변제하지 않으면 채권자로부터 집행을 받거나, 자기의 권리를 잃게 되는 지위에 있는 자로서 '법률상의 이해관계'를 가지는 자를 말한다(대판 1990.4.10. 89다카24834).
☞ 사안에서 후순위 전세권자는 '저당부동산의 제3취득자'에 해당하여(제364조) 변제할 정당한 이익이 있는 자이므로 변제를 하면 당연히 채권자를 대위한다(제481조). 따라서 채권자를 대위한 자는 자기의 권리에 의하여 구상할 수 있는 범위에서 채권 및 그 담보에 관한 권리를 행사할 수 있다(제482조 1항).

[정답] ①

문106 **甲이 乙에 대한 차용금채무를 담보하기 위하여 자기 소유 X 토지에 乙 명의의 저당권을 설정해 주었다. 甲의 부탁을 받은 丙은 위 채무를 담보하기 위하여 乙과 연대보증계약을 체결하였다. 그 후 丁이 甲으로부터 X 토지를 매수하여 소유권이전등기를 마쳤다. 이에 관한 설명 중 옳지 않은 것은?** (각 지문은 독립적이며, 다툼이 있는 경우 판례에 의함)

[변시 12회]

① 丙이 乙에게 甲의 차용금채무를 변제한 후 甲에게 구상금을 청구할 경우, 그 구상권의 범위에는 면책된 날 이후의 법정이자가 포함된다.

② 丁이 X 토지에 관한 필요비를 지출하였더라도, 丁은 X 토지에 관한 저당권의 실행에 따른 경매 매각대금에서 그 필요비를 우선상환 받을 수는 없다.

③ 丁은 X 토지에 관하여 저당권의 실행에 따른 경매절차의 경매인(競買人)이 될 수 있다.

④ 丁은 乙에게 변제기가 도래한 甲의 차용금채무를 변제하고 X 토지에 설정된 乙 명의의 저당권의 소멸을 청구할 수 있다.

⑤ 만약 甲이 戊의 차용금채무를 담보하기 위하여 X 토지에 乙 명의의 저당권을 설정해 주었는데 乙의 저당권 실행으로 丁이 X 토지에 대한 소유권을 잃었다면, 丁이 위 저당권의 피담보채무의 이행을 인수하였다는 등의 특별한 사정이 없는 한 丁은 戊에 대해 구상권을 행사할 수 있다.

해 설 ① [○] ※ 수탁보증인의 사후구상권

구상권의 범위는 출재한 연대채무자의 구상권의 범위에 관한 규정이 준용된다(제441조 2항). 따라서 주채무를 한도로 한 출재액 이외에, 면책된 날 이후의 법정이자 및 피할 수 없는 비용과 손해배상을 포함한다(제425조 2항).

② [×] ※ 민법 제367조의 규정 취지 및 저당물에 관한 소유권을 취득한 자도 위 규정의 제3취득자에 해당하는지 여부(적극)

"**민법 제367조가 저당물의 제3취득자가 그 부동산에 관한 필요비 또는 유익비를 지출한 때에는 저당물의 경매대가에서 우선상환을 받을 수 있다고 규정한** 취지는 저당권설정자가 아닌 제3취득자가 저당물에 관한 필요비 또는 유익비를 지출하여 저당물의 가치가 유지·증가된 경우, 매각대금 중 그로 인한 부분은 일종의 공익비용과 같이 보아 제3취득자가 경매대가에서 우선상환을 받을 수 있도록 한 것이므로 **저당물에 관한 지상권, 전세권을 취득한 자만이 아니고 소유권을 취득한 자도 민법 제367조 소정의 제3취득자에 해당한다**"(대판 2004.10.15. 2004다36604).

☞ 丁은 저당물의 제3취득자로서 민법 제367조에 의해 저당권의 실행에 따른 경매 매각대금에서 그 필요비를 우선상환 받을 수 있다.

③ [○] ※ 저당부동산의 제3취득자의 보호(경매인이 될 수 있는 권리)

저당물의 소유권을 취득한 제3자도 경매인이 될 수 있다(제363조 2항). 저당권설정자인 동시에 채무자인 자를 제외하고는 누구든지 경매인이 될 수 있으므로(민사집행규칙 제202조, 제59조), 이는 주의적 규정이다.

참고쟁점 본조는 소유권만을 규정하고 있으나 기타 지상권, 전세권 등의 권리를 취득한 자도 당연히 경매인이 될 수 있다(대판 1978.2.28. 77다2314).

④ [○] ※ **제3취득자의 변제권**

채무자의 채무불이행으로 인해 저당권이 실행되면 저당권이 설정된 부동산의 제3취득자는 부동산에 대한 권리를 잃게 되므로, 그 불안을 제거하기 위해 민법 제364조는 제3취득자에게 부동산으로 담보된 채권을 변제하고 저당권의 소멸을 청구할 수 있는 권리를 규정하고 있다.

참고쟁점 원래 채무는 제3자라도 변제할 수 있는 것이며(제469조 1항), 더구나 저당부동산의 제3취득자는 이해관계 있는 제3자이므로 채무자의 의사에 반해서도 변제할 수 있다(제469조 2항). 그럼에도 법이 특별히 제364조를 규정하여 보호하고 있다. 즉, 제3취득자는 그 부동산으로 담보된 채권, 즉 **제360조에 규정된 범위의 금액만을 변제**하면 되므로 지연이자의 범위가 이행기일 경과후 1년분에 한정된다. 또한 근저당권의 경우에는 채무액이 최고액을 초과하는 경우 근저당권의 제3취득자는 **'최고액'과 '경매비용'만을 변제**하고 근저당권설정등기의 말소를 청구할 수 있다(대판 1971.5.15. 71마251).

⑤ [○] "타인의 채무를 담보하기 위하여 저당권을 설정한 부동산의 소유자인 물상보증인으로부터 저당부동산의 소유권을 취득한 제3취득자는 저당권이 실행되면 저당부동산에 대한 소유권을 잃는다는 점에서 물상보증인과 유사한 지위에 있다. 따라서 물상보증의 목적물인 저당부동산의 제3취득자가 채무를 변제하거나 저당권의 실행으로 인하여 저당부동산의 소유권을 잃은 때에는 특별한 사정이 없는 한 물상보증인의 구상권에 관한 민법 제370조, 제341조의 규정을 유추적용하여, 물상보증인으로부터 저당부동산을 양수한 제3취득자는 보증채무에 관한 규정에 의하여 채무자에 대한 구상권이 있다"(대판 2014.12.24. 2012다49285).

☞ 甲은 물상보증인이고, 丁은 물상보증인 甲으로부터 저당부동산을 취득한 제3취득자이므로 위 판례에 따르면 물상보증인과 유사한 지위에 있다. 따라서 저당부동산의 소유권을 잃은 丁은 제370조, 제341조에 따라 채무자 戊에게 구상권을 행사할 수 있다.

비교쟁점 다만, **제3취득자가 담보부동산에 설정된 근저당권의 피담보채무의 이행을 인수한 경우**, 그것은 결국 자기의 채무를 변제하는 것이 되어 채무자에 대한 구상권이 발생하지 않을 뿐 아니라, 그 이행인수는 매매당사자 사이의 내부적인 계약에 불과하여 이로써 물상보증인의 책임이 소멸하는 것은 아니므로, 따라서 담보부동산에 대한 담보권이 실행된 경우에도 **제3취득자가 아닌 '원래의 물상보증인'이 채무자에 대해 구상권**을 가진다(대판 1997.5.30. 97다1556).

[정답] ②

문 107 **甲 소유인 X 토지에 乙이 대여금채권을 담보하기 위하여 저당권을 가지고 있었다. 甲은 관련 서류를 위조하여 乙의 저당권설정등기를 말소한 후 丙에게 저당권을 설정하여 주었다. 甲은 丁에게 X 토지를 매도하고 소유권이전등기를 경료하여 주었다. 이에 관한 설명 중 옳은 것을 모두 고른 것은?** (각 지문은 독립적이며, 다툼이 있는 경우 판례에 의함) [변시 7회]

ㄱ. 乙이 저당권회복등기 청구의 소를 제기한다면 丁을 피고로 삼아야 한다.
ㄴ. 丙의 경매신청에 의하여 X 토지가 경매되는 경우 배당이의소송을 통하여 위 사실관계가 모두 밝혀지더라도 乙은 배당받을 수 없다.
ㄷ. 위 토지가 경매되어 丙이 배당받고 乙이 배당받지 못한 경우 乙은 자신이 선순위 배당권자였음을 주장하여 丙을 상대로 부당이득반환을 청구할 수 있다.

① ㄴ　② ㄷ
③ ㄱ, ㄴ　④ ㄱ, ㄷ
⑤ ㄴ, ㄷ

해 설 ㄱ. [X] ※ **말소회복등기의 상대방**(말소당시의 소유자)

"불법하게 말소된 것을 이유로 한 근저당권설정등기 회복등기청구는 그 등기말소 당시의 소유자를 상대로 하여야 한다"(대판 1969.3.18, 68다1617).

ㄴ. [X], ㄷ. [O] ※ **저당권등기가 불법말소된 경우 구제수단**

저당권설정등기가 위법하게 말소되어 아직 회복등기를 경료하지 못한 연유로 그 부동산에 대한 경매절차의 배당기일에서 피담보채권액에 해당하는 금액을 배당받지 못한 저당권자는 배당기일에 출석하여 이의를 하고 **배당이의의 소를 제기하여 구제를 받을 수 있고**(대판 2002.10.22, 2000다59678 : Ⓛ 관련 해설), 설령 배당기일에 출석하지 않음으로써 배당표가 확정되었다고 하더라도, 확정된 배당표에 의하여 배당을 실시하는 것은 실체법상의 권리를 확정하는 것이 아니기 때문에 위 경매절차에서 **실제로 배당받은 자에 대하여 부당이득반환 청구로서** 그 배당금의 한도 내에서 그 저당권설정등기가 말소되지 아니하였더라면 배당받았을 금액의 지급을 구할 수 있다(대판 1998.10.2, 98다27197 : Ⓒ 관련 해설).

[정답] ②

문 108 **甲은 乙, 丙으로부터 금원을 각 차용하고 甲 소유 부동산에 관하여 乙에게 1번 저당권을, 丙에게 2번 저당권을 각 설정하여 주었다. 다음 설명 중 옳지 않은 것은?** (다툼이 있는 경우에는 판례에 의함)

[변시 2회]

① 乙의 저당권설정등기가 위조된 등기서류에 의하여 원인없이 말소된 경우에도 저당권은 소멸하지 않는다.

② 乙의 저당권설정등기가 원인없이 말소되었고 그 회복등기 전에 丙의 경매신청으로 丁에게 경락되어 대금이 완납된 경우, 乙은 회복등기를 위하여 丁을 상대로 승낙의 의사표시를 구할 수 있다.

③ 乙의 저당권설정등기가 원인없이 말소되었고 그 회복등기 전에 丙의 경매신청으로 丁에게 경락되어 배당할 금액의 전부가 丙에게 배당된 경우, 乙은 丙에 대하여 부당이득반환을 청구할 수 있다.

④ 甲이 乙에 대한 채무를 전부 변제한 경우, 말소등기를 하지 않아도 1번 저당권은 소멸한다.

⑤ 甲이 乙에 대한 채무를 모두 변제하였음에도 1번 저당권설정등기를 말소하지 아니한 상태에서 다시 戊로부터 금원을 차용하고 乙의 협조를 얻어 戊에게 1번 저당권 이전의 부기등기를 경료하였는데, 위 부기등기의 기입일자보다 2번 저당권설정등기의 기입일자가 빠른 경우, 戊는 丙에게 1번 저당권설정등기와 그 부기등기의 유효를 주장할 수 없다.

해 설 ① [○] ② [X] **등기는 물권의 효력발생요건이고 존속요건은 아니어서 등기가 원인 없이 말소된 경우에는 그 물권의 효력에 아무런 영향이 없고,** 그 회복등기가 마쳐지기 전이라도 말소된 등기의 등기명의인은 적법한 권리자로 추정되며, 그 회복등기 신청절차에 의하여 말소된 등기를 회복할 수 있다. 따라서 부동산에 관한 저당권설정등기가 위조된 등기서류에 의하여 아무런 원인 없이 말소되었다고 하더라도 **그 저당권은 여전히 유효하게 존속하므로** 저당권자는 회복등기 신청절차에 의하여 말소된 등기를 회복할 수 있고, 회복등기 전이라도 말소된 등기의 명의인은 적법한 저당권자로 추정된다(대판 1997.9.30, 95다39526). 그러나 저당권이 설정된 목적물에 대한 경매가 진행되어 경락인(매수인)이 경락대금(매각대금)을 납부한 경우에는 **저당권은 소멸하고, 위법하게 말소된 저당권 역시 달리 볼 것은 아니므로,** 이 경우에는 이미 소멸한 저당권에 관한 말소등기의 회복등기를 위하여 현소유자(경락인)을 상대로 그 승낙의 의사표시를 구할 수는 없다(소제주의 : 민사집행법 제91조 2항 참조, 부동산 등기법 제59조[1])(대판 1998.10.2, 98다27197).

③ [○] 저당권설정등기가 위법하게 말소되어 아직 회복등기를 경료하지 못한 연유로 그 부동산에 대한 경매절차의 배당기일에서 피담보채권액에 해당하는 금액을 배당받지 못한 저당권자는 배당기일에 출석하여 이의를 하고 배당이의의 소를 제기하여 구제를 받을 수 있고(대판 2002.10.22, 2000다59678), 설령 배당기일에 출석하지 않음으로써 배당표가 확정되었다고 하더라도, 확정된 배당표에 의하여 배당을 실시하는 것은 실체법상의 권리를 확정하는 것이 아니기

1) 부동산 등기법 제59조(말소등기의 회복) ; 말소된 등기의 회복을 신청하는 경우에 등기상 이해관계 있는 제3자가 있을 때에는 그 제3자의 승낙이 있어야 한다.

때문에 위 경매절차에서 실제로 배당받은 자에 대하여 부당이득반환 청구로서 그 배당금의 한도 내에서 그 저당권설정등기가 말소되지 아니하였더라면 배당받았을 금액의 지급을 구할 수 있다 (대판 1998.10.2, 98다27197).

④ [○] 甲이 乙에 대한 채무를 전부 변제한 경우, 말소등기를 하지 않아도 '저당권의 부종성'(제369조)에 의해 1번 저당권은 당연히 소멸한다.

⑤ [○] 부동산의 소유자 겸 채무자가 채권자에게 피담보채무를 모두 변제함으로써 저당권이 소멸된 경우 그 저당권설정등기 또한 효력을 상실하나, 채무자가 새로운 제3의 채권자로부터 금원을 차용함에 있어 그 제3자와 사이에 차용금 채무를 담보하기 위하여 잔존하는 종전 채권자 명의의 저당권설정등기를 이용하여 이에 터잡아 새로운 제3의 채권자에게 저당권 이전의 부기등기를 경료하기로 하는 내용의 저당권등기 유용의 합의를 하고 그 부기등기를 경료하였다면, 제3의 채권자로서는 ⅰ) 부동산의 소유자(채무자)에 대하여 그 등기 유용의 합의를 주장하여 저당권설정등기의 말소청구에 대항할 수 있고, ⅱ) 다만 그 저당권 이전의 부기등기 이전에 등기부상 이해관계를 가지게 된 자에 대하여는 위 등기 유용의 합의 사실을 들어 위 저당권설정등기 및 그 저당권 이전의 부기등기의 유효를 주장할 수는 없다(대판 1998.3.24, 97다56242).

☞ 따라서 무효인 1번 저당권설정등기를 유용하려는 戊의 부기등기의 기입일자보다 丙명의 2번 저당권설정등기의 기입일자가 빠른 경우, 戊는 丙에게 1번 저당권설정등기와 그 부기등기의 유효를 주장할 수 없다.

[정답] ②

문 109 **甲은 乙과의 계속적 거래관계에서 발생하는 대여금채권을 담보하기 위하여 乙 소유의 X 토지에 채권자 甲, 채무자 乙, 채권최고액 2억 원의 1번 근저당권을 설정받았다. 다음 설명 중 옳지 않은 것은?** (다툼이 있는 경우에는 판례에 의함) [변시 1회]

① 乙이 나대지 상태에서 X에 근저당권을 설정한 후 그 지상에 건물을 신축하기 시작하였는데, 채무를 변제하지 못하여 근저당권실행이 예상됨에도 불구하고 공사를 계속한다면, 甲은 근저당권에 기한 공사중지청구를 할 수 있다.

② 丙이 乙로부터 나대지 상태에서 X에 대하여 용익권을 설정받고 Y 건물을 축조한 후 乙이 Y의 소유권을 취득한 경우, 甲은 X와 함께 Y에 대해서도 경매를 청구할 수 있다.

③ 확정된 피담보채무액이 2억 2,000만 원인 경우, X의 2번 근저당권자인 丁은 甲에게 채권최고액 2억 원을 변제하고 1번 근저당권의 소멸을 청구할 수 있다.

④ X가 수용되면서 乙 앞으로 공탁된 수용보상금에 대해 甲이 압류를 하기 전에 乙이 이를 모두 출급하였다면, 甲은 乙에 대하여 수용보상금 중 2억 원을 한도로 하는 피담보채권액을 부당이득으로 반환청구할 수 있다.

⑤ 甲이 X에 대한 근저당권과 함께 그 담보가치가 저감하는 것을 막는 것을 주요한 목적으로 하여 지상권을 취득하였다면, 피담보채무 소멸에 따라 근저당권이 소멸할 때 그 지상권도 부종하여 소멸한다.

해 설 ① [○] 저당권은 목적물에 대한 점유의 이전 없이 그 교환가치를 파악하여 채권의 우선변제를 받는 것을 내용으로 하므로(제356조), 이러한 내용에 장애를 가져오는 것은 저당권의 침해가 된다. **저당토지에 건물을 신축하는 것이 저당권 침해인지와 관련하여** 判例는 **"저당권이 실행에 이르렀거나 실행이 예상되는 상황인 경우인데도 저당목적 대지상에 건물신축공사가 진행되고 있다면,** 이는 경매절차에서 매수희망자를 감소시키거나 매각가격을 저감시켜 결국 저당권자가 지배하는 교환가치의 실현을 방해하거나 방해할 염려가 있는 사정에 해당한다"(대판 2006.1.27. 2003다58454)고 판시함으로써 **제한적으로 긍정**하는 입장이다.

② [○] 일괄경매청구권이 인정되기 위해서는 원칙적으로 i) 토지에 대하여 저당권설정 당시에 그 지상에 건물이 없을 것, ii) 저당권설정 후에 설정자가 당해 토지에 건물을 건축하였을 것, iii) 경매신청시에 토지와 지상건물의 소유자가 동일할 것이 필요하다(제365조). 그러나 判例는 저당권설정자로부터 저당토지의 용익권을 취득한 자가 건물을 신축하고 저당권설정자가 신축자로부터 그 건물의 소유권을 취득한 경우에 일괄경매청구권을 인정함으로써(대판 2003.4.11. 2003다3850), ii) '저당권설정자가 건물을 신축하였을 것'이라는 요건을 완화하고 있다.

③ [×] "민법 제364조의 규정에 의한 권리를 취득한 제3자는 피담보채무가 확정된 이후에 채권최고액의 범위 내에서 그 확정된 피담보채무를 변제하고 근저당권의 소멸을 청구할 수 있으나, **근저당부동산에 대하여 후순위근저당권을 취득한 자는 민법 제364조에서 정한 권리를 행사할 수 있는 제3취득자에 해당하지 아니하므로** 이러한 후순위근저당권자가 선순위근저당권의 피담보채무가 확정된 이후에 그 확정된 피담보채무를 변제한 것은 민법 제469조의 규정에 의한 이해관계 있는 제3자의 변제로서 유효한 것인지 따져볼 수는 있을지언정 민법 제364조의 규정에 따라 선순위근저당권의 소멸을 청구할 수 있는 사유로는 삼을 수 없다"(대판 2006.1.26. 2005다17341)

④ [×] **법무부 최종 정답이 ③번이라고 하나, 과연 ④번 지문이 옳은지에 대해서는 의문이 많다.** 즉 사안은 채무자 겸 근저당권 설정자인 乙이 수용보상금을 수령한 경우인바, 乙은 처음부터 甲에게 채무가 있는 채무자이므로 甲은 乙에 대하여 대여금채권에 기한 강제이행을 청구할 수 있을지언정 부당이득의 반환을 청구할 수는 없다고 보여진다.[1] 물론 수용금을 받은 자가 채무자 아닌 '저당부동산의 제3취득자'라면 옳은 지문이 될 수 있다. **아래 判例는 제3취득자가 수용보상금을 받은 경우를 전제로** 하고 있다.

참고판례 "저당권자는 저당권의 목적이 된 물건의 멸실, 훼손 또는 공용징수로 인하여 저당목적물의 소유자가 받을 저당목적물에 갈음하는 금전 기타 물건에 대하여 물상대위권을 행사할 수 있으나, 다만 그 지급 또는 인도 전에 이를 압류하여야 하며, **저당권자가 위 금전 또는 물건의 인도청구권을 압류하기 전에 저당물의 소유자가 그 인도청구권에 기하여 금전 등을 수령한 경우** 저당권자는 더 이상 물상대위권을 행사할 수 없게 된다. i) 이 경우 저당권자는 저당권의 채권최고액 범위 내에서 저당목적물의 교환가치를 지배하고 있다가 저당권을 상실하는 손해를 입게 되는 반면에(저당권자의 손해), ii) 저당목적물의 소유자는 저당권의 채권최고액 범위 내에서 저당권자에게 저당목적물의 교환가치를 양보하여야 할 지위에 있다가 마치 그러한 저당권의 부담이 없었던 것과 같은 상태에서의 대가를 취득하게 되는 것이므로, 그 수령한 금액 가운데 저당권의 채권최고액을 한도로 하는 피담보채권액의 범위 내에서는 이득을 얻게 된다(저당권설정자의 이득). iii) 저당목적물 소유자가 얻은 위와 같은 이익은 저당권자의 손실로 인한 것으로서 인과

1) 여기서의 '저당물의 소유자'는 '담보물의 제3취득자'나 '물상보증인'을 의미하지 '채무자'를 의미하는 것은 아니라는 견해가 있다. 즉, 계약상의 의무를 부담하는 자가 그 의무를 이행하지 않고 있는 경우에 형식적으로는 채무자가 변제하지 않음으로써 부당하게 이득을 얻고 있는 것처럼 보이지만 그는 타인, 즉 계약상대방의 손실에 의하여 이득하고 있는 것이라고 할 수 없으므로, 부당이득이 성립하지 않고 채무불이행이 문제될 뿐이라는 것이다[지원림, 민법강의(12판), 5-245]. 실제로 아래 2008다17656 判例도 제3취득자가 수용보상금을 받은 경우이다.

관계가 있을 뿐 아니라(인과관계), ⅳ) 위와 같은 이익을 소유권자에게 종국적으로 귀속시키는 것은 저당권자에 대한 관계에서 공평의 관념에 위배되어 법률상 원인이 없다고 봄이 상당하므로(법률상 원인 없음), 저당목적물 소유자는 저당권자에게 이를 부당이득으로 반환할 의무가 있다"(대판 2009.5.14. 2008다17656)

☞ [사실관계] 甲이 乙에 대한 대여금채권을 담보하기 위해 乙 소유 부동산에 채권최고액 4,600만 원의 근저당권설정등기를 마쳤다. 한편 丙은 乙로부터 위 부동산을 증여받아 소유권이전등기를 마쳤는데, 한국도로공사가 이를 '강제수용'하면서 丙 앞으로 수용보상금을 공탁하였다. 그런데 甲이 이 공탁금출급청구권을 압류하기 전에 丙이 공탁금을 전액 수령한 경우, 判例는 저당물의 제3취득자(丙)가 저당물수용으로 인한 수용보상금을 모두 지급받은 경우 이는 저당권자(甲)에 대하여 피담보채권액 범위에서 부당이득이 된다고 판단하였다.

⑤ [○] "근저당권 등 담보권 설정의 당사자들이 그 목적이 된 토지 위에 차후 용익권이 설정되거나 건물 또는 공작물이 축조·설치되는 등으로써 그 목적물의 담보가치가 저감하는 것을 막는 것을 주요한 목적으로 하여 채권자 앞으로 아울러 지상권을 설정하였다면, 그 피담보채권이 변제 등으로 만족을 얻어 소멸한 경우는 물론이고 시효소멸한 경우에도 그 지상권은 피담보채권에 부종하여 소멸한다"(대판 2011.4.14. 2011다6342)

[정답] ③

문 110 **나대지에 대하여 저당권이 설정된 후 그 토지 위에 건물이 축조되어 일괄경매되는 경우(「민법」 제365조)에 관한 설명 중 옳지 않은 것은?** (각 지문은 독립적이며, 다툼이 있는 경우 판례에 의함) [변시 12회]

① 저당권의 우선변제적 효력은 그 지상 건물에는 미치지 않고 저당권자가 우선변제를 받는 범위는 토지의 매각대금에 한정된다.

② 저당권자가 건물의 매각대금에서 배당을 받으려면 적법한 배당요구를 하였거나 그 밖에 달리 배당을 받을 수 있는 채권으로서 필요한 요건을 갖추고 있어야 한다.

③ 저당권설정자로부터 그 토지에 대한 용익권을 설정받은 자가 그 토지 위에 건물을 축조한 후 저당권설정자가 그 건물의 소유권을 취득하였다면 저당권자는 토지와 함께 그 건물에 대하여 경매를 청구할 수 있다.

④ 저당권설정자가 토지 위에 건물을 축조하고 그 건물을 제3자에게 매도하여 경매개시결정 당시 그 건물의 소유권이 제3자에게 귀속된 경우에도 그 건물에 대하여 일괄경매가 가능하다.

⑤ 만약 저당권자가 토지에 대하여만 경매를 신청한 경우, 저당권자는 그 토지에 관한 경매기일 공고 시까지는 그 건물에 대하여 일괄경매의 추가신청을 할 수 있다.

해설 ① [○] **제365조(저당지상의 건물에 대한 경매청구권)** 「토지를 목적으로 저당권을 설정한 후 그 설정자가 그 토지에 건물을 축조한 때에는 저당권자는 토지와 함께 그 건물에 대하여도 경매를 청구할 수 있다. 그러나 그 건물의 경매대가에 대하여는 우선변제를 받을 권리가 없다.」

즉, 제365조의 일괄경매청구권을 통해 저당토지 위의 건물도 경매할 수 있으나, 이때에도 우선변제는 토지매각대금에 대해서만 허용된다(대판 2012.3.15. 2011다54587).

② [○] ※ 건물 경매대가에 대한 토지 저당권자의 지위
"민법 제365조 본문이 토지를 목적으로 한 저당권을 설정한 후 저당권설정자가 그 토지에 건물을 축조한 때에는 저당권자가 토지와 건물에 대하여 일괄하여 경매를 청구할 수 있도록 규정한 취지는, 저당권설정자로서는 저당권 설정 후에도 그 지상에 건물을 신축할 수 있는데 후에 저당권 실행으로 토지가 제3자에게 매각될 경우에 건물을 철거하여야 한다면 사회경제적으로 현저한 불이익이 생기게 되므로 이를 방지할 필요가 있고, 저당권자에게도 저당토지상 건물의 존재로 인하여 생기게 되는 경매의 어려움을 해소하여 저당권 실행을 쉽게 할 수 있도록 한 데 있으며, 같은 조 단서에 의하면 그때 저당권자에게는 건물의 매각대금에 대하여 우선변제를 받을 권리가 없도록 규정되어 있는 점에 비추어 보면, 위와 같은 경우 토지의 저당권자가 건물의 매각대금에서 배당을 받으려면 민사집행법 제268조, 제88조의 규정에 의한 적법한 배당요구를 하였거나 그 밖에 달리 배당을 받을 수 있는 채권으로서 필요한 요건을 갖추고 있어야 한다"(대판 2012.3.15. 2011다54587).

③ [○] ※ 일괄경매청구권의 요건 – 저당권설정 후에 설정자가 당해 토지에 건물을 건축하였을 것
判例는 저당권설정자로부터 저당토지의 용익권을 취득한 자가 건물을 신축하고 저당권설정자가 신축자로부터 그 건물의 소유권을 취득한 경우에 일괄경매청구권을 인정하였다(대판 2003.4.11. 2003다3850)

④ [×] ※ 일괄경매청구권의 요건 – 경매신청시에 토지와 지상건물의 소유자가 동일할 것
判例는 나대지에 관하여 저당권을 설정하여 준 뒤 그 지상에 건물을 신축하여 그 소유권을 제3자에게 양도해 준 사안에서 "제365조에 기한 일괄경매청구권은 저당권설정자가 건물을 축조하여 소유하고 있는 경우에 한한다"(대결 1999.4.20. 99마146)고 하여 일괄경매청구권을 부정하였다.

⑤ [○] ※ 일괄경매의 추가신청
토지의 저당권자가 토지에 대해 경매를 신청한 후에도 그 토지상의 건물에 대하여 토지에 관한 경매기일 공고시까지는 일괄경매의 추가신청을 할 수 있고, 이 경우 집행법원은 두 개의 경매사건을 병합하여 일괄경매절차를 진행하여야 한다(대결 2001.6.13. 2001마1632).

[정답] ④

문 111 甲은 X 토지의 소유자이고 乙은 Y 토지의 소유자이다. 丙은 甲에 대한 채권을 담보하기 위하여 X 토지와 Y 토지에 공동저당권을 갖고 있다. X 토지와 Y 토지가 모두 수용되어 보상금채권이 발생하였다. 이에 관한 설명 중 옳은 것(○)과 옳지 않은 것(×)을 올바르게 조합한 것은?
(각 지문은 독립적이며, 다툼이 있는 경우 판례에 의함) [변시 7회]

ㄱ. 甲의 채권자 丁이 X 토지의 보상금채권을 가압류하였고, 이어 丙이 물상대위권에 기하여 위 보상금채권에 대한 압류 및 전부명령을 받은 경우에도 丙은 보상금채권에 관하여 丁보다 우선변제를 받을 수 있다.
ㄴ. 丙이 Y 토지의 보상금채권에 압류 등 조치를 취하지 아니하던 중 물상보증인 乙이 보상금을 수령하였다면 丙은 乙을 상대로 부당이득반환을 청구할 수 있다.
ㄷ. 丙이 X 토지의 보상금채권에 압류 등 조치를 취하지 아니하던 중 甲의 채권자 戊가 그 보상금채권에 대하여 압류 및 전부 명령을 받아 보상금을 수령하였다면 丙은 戊를 상대로 부당이득반환을 청구할 수 있다.

① ㄱ(○), ㄴ(○), ㄷ(×) ② ㄱ(○), ㄴ(×), ㄷ(○)
③ ㄱ(○), ㄴ(×), ㄷ(×) ④ ㄱ(×), ㄴ(○), ㄷ(×)
⑤ ㄱ(×), ㄴ(×), ㄷ(○)

해설 ㄱ. [○] 물상대위권은 저당권의 효력이 확정된 것이므로 저당권자와 같은 순위에서 우선변제권을 행사할 수 있다. 사안의 경우 丙의 저당권 설정이 수용보상금에 관한 丁의 가압류보다 선순위이므로 물상대위권자 丙이 丁보다 우선변제를 받을 수 있다.
"수용되는 토지에 대하여 가압류가 집행되어 있더라도 토지수용으로 기업자가 그 소유권을 원시취득하게 됨에 따라 그 토지 가압류의 효력은 소멸하는 것이고, 이 경우에 그 토지 가압류가 수용보상금채권에 당연히 전이되어 그 효력이 미치게 된다고는 할 수 없으므로, 수용 전 토지에 대한 가압류채권자가 다시 수용보상금채권에 대하여 가압류를 하였다고 하더라도, 수용 전 토지에 대하여 위 토지 가압류 이후 저당권을 취득하였다가 위 수용보상금채권에 대하여 물상대위에 따른 압류를 한 자에 대하여는, 수용 전 토지에 관하여 주장할 수 있었던 사유를 수용보상금채권에 대한 배당절차에서까지 주장할 수는 없다"(대판 2004.4.16. 2003다64206)

ㄴ. [○] ※ 압류 또는 배당요구가 있기 전에 '저당물의 소유자'가 물상대위물(금전 또는 물건)을 수령한 경우
"저당권자가 위 금전 또는 물건의 인도청구권을 압류하기 전에 저당물의 소유자가 그 인도청구권에 기하여 금전 등을 수령한 경우 저당권자는 더 이상 물상대위권을 행사할 수 없게 된다. i) 이 경우 저당권자는 저당권의 채권최고액 범위 내에서 저당목적물의 교환가치를 지배하고 있다가 저당권을 상실하는 손해를 입게 되는 반면에(저당권자의 손해), ii) 저당목적물의 소유자는 저당권의 채권최고액 범위 내에서 저당권자에게 저당목적물의 교환가치를 양보하여야 할 지위에 있다가 마치 그러한 저당권의 부담이 없었던 것과 같은 상태에서의 대가를 취득하게 되는 것이므로, 그 수령한 금액 가운데 저당권의 채권최고액을 한도로 하는 피담보채권액의 범위 내에서는 이득을 얻게 된다(저당권설정자의 이득). iii) 저당목적물 소유자가 얻은 위와 같은 이익은 저당권자의 손실로 인한 것으로서 인과관계가 있을 뿐 아니라(인과관계), iv) 위와 같은 이익을 소유

권자에게 종국적으로 귀속시키는 것은 저당권자에 대한 관계에서 공평의 관념에 위배되어 법률상 원인이 없다고 봄이 상당하므로(법률상 원인 없음), 저당목적물 소유자는 저당권자에게 이를 부당이득으로 반환할 의무가 있다"(대판 2009.5.14. 2008다17656)

ㄷ. [X] ※ **압류 또는 배당요구가 있기 전에 '다른 채권자'가 물상대위물(금전 또는 물건)을 수령한 경우**
"이러한 물상대위권의 행사에 나아가지 아니한 채 단지 수용대상토지에 대하여 담보물권의 등기가 된 것만으로는 그 보상금으로부터 우선변제를 받을 수 없고, **저당권자가 물상대위권의 행사에 나아가지 아니하여 우선변제권을 상실한 이상 '다른 채권자'가 그 보상금 또는 이에 관한 변제공탁금으로부터 이득을 얻었다고 하더라도 저당권자는 이를 부당이득으로서 반환청구할 수 없다**"(대판 2001.10.11. 2002다33137).

[정답] ①

문 112 부동산 저당권에 관한 설명 중 옳지 않은 것은? (다툼이 있는 경우 판례에 의함) [변시 8회]

① 근저당 거래관계가 계속되어 근저당권의 피담보채권이 확정되지 아니하는 동안에는 그 채권의 일부가 대위변제되었다 하더라도 그 근저당권이 대위변제자에게 이전되지 않는다.
② 동일 부동산에 관하여 가압류등기가 먼저 행해진 후 근저당권설정등기가 마쳐진 경우 그 근저당권자는 가압류채권자에 대한 관계에서는 우선변제권을 주장할 수 없다.
③ 근저당권자가 피담보채무의 불이행을 이유로 경매신청을 한 경우 경매신청시에 근저당권의 피담보채무액이 확정되지만, 경매개시결정이 있은 후에 경매신청이 취하된 경우에는 그 소급효로 인하여 채무확정의 효과가 번복된다.
④ 저당목적물인 부동산이 수용된 경우 저당권자가 저당권설정자의 토지수용보상금 지급청구권에 관하여 물상대위권을 행사하기 전에 다른 채권자가 위 지급청구권에 대하여 압류·추심명령을 받아 보상금을 지급받은 때에는, 저당권자는 우선변제권을 상실하게 되고 그 다른 채권자에 대하여 부당이득반환도 청구할 수 없다.
⑤ 근저당권이전의 부기등기가 경료된 후 그 피담보채무가 소멸한 경우, 주등기인 근저당권설정등기의 말소등기만 구하면 되고 그 부기등기에 대한 말소를 구하는 것은 소의 이익이 없다.

해 설 ① [O] ※ **근저당권의 피담보채권 확정 전 일부 대위변제**
"근저당권이라고 함은 계속적인 거래관계로부터 발생하고 소멸하는 불특정다수의 장래채권을 결산기에 계산하여 잔존하는 채무를 일정한 한도액의 범위 내에서 담보하는 저당권이어서, 거래가 종료하기까지 채권은 계속적으로 증감변동하는 것이므로, 근저당 거래관계가 계속중인 경우 즉, **근저당권의 피담보채권이 확정되기 전에 그 채권의 일부를 양도하거나 대위변제한 경우 근저당권이 양수인이나 대위변제자에게 이전할 여지는 없다**"(대판 2000.12.26. 2000다54451).

비교판례 "그 근저당권에 의하여 담보되는 피담보채권이 확정되게 되면, 그 피담보채권액이 그 근저당권의 채권최고액을 초과하지 않는 한 그 근저당권 내지 그 실행으로 인한 경락대금에 대한 권리 중 그 피담보채권액을 담보하고 남는 부분은 저당권의 일부 이전의 부기등기의 경료 여부와 관계없이 대위변제자에게 법률상 당연히 이전된다(대판 2002.7.26. 2001다53929).

② [○] ※ 가압류권자와 (근)저당권자의 배당순위

"부동산에 대하여 가압류등기가 먼저 되고 나서 근저당권설정등기가 마쳐진 경우에 그 근저당권등기는 가압류에 의한 처분금지의 효력 때문에 그 집행보전의 목적을 달성하는 데 필요한 범위 안에서 가압류채권자에 대한 관계에서만 상대적으로 무효이다. 위 경우 가압류채권자와 근저당권자 및 근저당권설정등기 후 강제경매신청을 한 압류채권자 사이의 배당관계에 있어서, 근저당권자는 선순위 가압류채권자에 대하여는 우선변제권을 주장할 수 없으므로 1차로 채권액에 따른 안분비례에 의하여 평등배당을 받은 다음, 후순위 경매신청압류채권자에 대하여는 우선변제권이 인정되므로 경매신청압류채권자가 받을 배당액으로부터 자기의 채권액을 만족시킬 때까지 이를 흡수하여 배당받을 수 있다"(대결 1994.11.29. 94마417).

③ [×] ※ 근저당권의 피담보채권 확정

"근저당권자가 피담보채무의 불이행을 이유로 경매신청을 한 경우에는 경매신청시에 근저당 채무액이 확정되고, 그 이후부터 근저당권은 부종성을 가지게 되어 보통의 저당권과 같은 취급을 받게 되는바, 위와 같이 경매신청을 하여 경매개시결정이 있은 후에 경매신청이 취하되었다고 하더라도 채무확정의 효과가 번복되는 것은 아니다"(대판 1989.11.28. 89다카15601). 그러나 경매신청이 '각하'된 경우에는 피담보채권이 확정되지 않는다.

④ [○] ※ 물상대위권 행사 전 제3자가 보상금을 지급받은 경우

"물상대위권의 행사에 나아가지 아니한 채 단지 수용대상토지에 대하여 담보물권의 등기가 된 것만으로는 그 보상금으로부터 우선변제를 받을 수 없고, 저당권자가 물상대위권의 행사에 나아가지 아니하여 우선변제권을 상실한 이상 다른 채권자가 그 보상금 또는 이에 관한 변제공탁금으로부터 이득을 얻었다고 하더라도 저당권자는 이를 부당이득으로서 반환청구할 수 없다"(대판 2001.10.11. 2002다33137).

비교판례 判例에 따르면 저당권자가 물상대위권을 행사하기 전에 저당물의 소유자(저당권설정자)가 물상대위물(금전 또는 물건)을 수령한 경우, 그 지급의무를 부담하는 제3자가 물상대위권자 있음을 알고 있었더라도 그 변제는 원칙적으로 유효한 것이 되어 저당권자는 더 이상 물상대위를 행사할 수 없지만(일반채권자의 지위를 가짐에는 변동이 없다), 저당물의 소유자(저당권설정자)에 대해서는 부당이득반환청구를 할 수 있다고 한다(대판 2009.5.14. 2008다17656).

⑤ [○] ※ 근저당권이전의 부기등기의 말소를 구할 소의 이익이 인정되는지 여부

判例는 "채무자의 변경을 내용으로 하는 근저당권변경의 부기등기는 기존의 주등기인 근저당권설정등기에 종속되어 주등기와 일체를 이루는 것이고 주등기와 별개의 새로운 등기는 아니므로, 그 피담보채무가 변제로 인하여 소멸된 경우 위 주등기의 말소만을 구하면 되고, 그에 기한 부기등기는 별도로 말소를 구하지 않더라도 주등기가 말소되는 경우에는 직권으로 말소되어야 할 성질의 것이므로, 위 부기등기의 말소청구는 권리보호의 이익이 없는 부적법한 청구"라고 한다(대판 2000.10.10. 2000다19526).

[정답] ③

문 113 **근저당권에 관한 설명 중 옳은 것(○)과 옳지 않은 것(×)을 올바르게 조합한 것은?** (다툼이 있는 경우에는 판례에 의함) [변시 9회]

ㄱ. 근저당권의 피담보채권이 확정되지 아니하는 동안에는 그 채권의 일부가 대위변제되더라도 그 근저당권이 대위변제자에게 이전될 여지가 없지만, 피담보채권이 확정된 후에는 근저당권의 일부 이전의 부기등기가 있어야 그 근저당권이 대위변제자에게 이전된다.
ㄴ. 근저당권설정등기가 불법하게 말소된 경우 근저당권자는 그 등기말소 당시의 소유자가 아니라 현재 등기명의자인 소유자를 상대로 근저당권설정등기의 회복등기청구를 하여야 한다.
ㄷ. 근저당권자가 근저당권설정자의 피담보채무의 불이행을 이유로 경매신청을 하였으나 경매개시결정이 있은 후에 경매신청을 취하한 경우에는 근저당권의 피담보채무는 확정되지 않는다.

① ㄱ(○), ㄴ(×), ㄷ(×)
② ㄱ(○), ㄴ(○), ㄷ(×)
③ ㄱ(×), ㄴ(×), ㄷ(×)
④ ㄱ(×), ㄴ(○), ㄷ(○)
⑤ ㄱ(×), ㄴ(○), ㄷ(×)

해설 ㄱ. [X] ※ 근저당권의 피담보채권 확정 前

"근저당권은 계속적인 거래관계로부터 발생하고 소멸하는 불특정다수의 장래 채권을 결산기에 계산하여 잔존하는 채무를 일정한 한도액의 범위 내에서 담보하는 저당권이어서, 근저당 거래관계가 계속 중인 경우, 즉 근저당권의 피담보채권이 확정되기 전에 그 채권의 일부를 양도하거나 대위변제한 경우 근저당권이 양수인이나 대위변제자에게 이전할 여지가 없다"(대판 1996.6.14. 95다53812).

※ 근저당권의 피담보채권 확정 後

"근저당권에 의하여 담보되는 피담보채권이 확정되게 되면, 그 피담보채권액이 그 근저당권의 채권최고액을 초과하지 않는 한 그 근저당권 내지 그 실행으로 인한 경락대금에 대한 권리 중 그 피담보채권액을 담보하고 남는 부분은 저당권의 일부이전의 부기등기의 경료 여부와 관계없이 대위변제자에게 법률상 당연히 이전된다"(대판 2002.7.26. 2001다53929).

ㄴ. [X] ※ 저당권등기가 불법말소된 경우 말소회복등기의 상대방(말소당시의 소유자)

"불법하게 말소된 것을 이유로 한 근저당권설정등기 회복등기청구는 그 등기말소 당시의 소유자를 상대로 하여야 한다"(대판 1969.3.18. 68다1617).

ㄷ. [X] ※ 근저당권자의 경매신청취하

"근저당권자가 피담보채무의 불이행을 이유로 경매신청을 한 경우에는 경매신청시에 근저당 채무액이 확정되고, 그 이후부터 근저당권은 부종성을 가지게 되어 보통의 저당권과 같은 취급을 받게 되는바, 위와 같이 경매신청을 하여 경매개시결정이 있은 후에 경매신청이 취하되었다고 하더라도 채무확정의 효과가 번복되는 것은 아니다"(대판 2002.11.26. 2001다73022).

[정답] ③

문 114 甲이 2012. 1. 3. 乙, 丙 회사와 각 공급기간을 2년으로 하여 우유를 공급받는 계약을 체결하고, 외상대금을 담보하기 위하여 甲 소유인 X 부동산에 관하여 乙 회사에게 1순위로 채권최고액 3,000만 원의, 丙 회사에게 2순위로 채권최고액 4,000만 원의 각 근저당권을 설정하여 주었다. 2012. 8. 5. 乙 회사에 대한 외상대금 원금이 2,400만 원, 丙 회사에 대한 외상대금 원금이 3,600만 원에 이르게 되자 丙 회사가 경매를 신청하여 X 부동산이 1억 원에 매각되어 대금이 완납되고 매수인 명의로 소유권 이전등기가 경료되었다. 외상대금 원금과 지연손해금의 날짜별 금액은 다음과 같고, 甲의 일반채권자 丁이 1억 원의 채권으로 적법하게 배당요구를 한 상태이다. 乙 회사와 丙 회사가 위 근저당권에 기하여 우선적으로 배당받을 금액은? (다툼이 있는 경우에는 판례에 의함) [변시 2회]

	乙 회사			丙 회사		
	외상대금 원 금	지연손해금	합 계	외상대금 원 금	지연손해금	합 계
2012. 8. 5. (경매신청)	2,400만 원	300만 원	2,700만 원	3,600만 원	300만 원	3,900만 원
2012. 12. 5. (매각대금완납)	2,600만 원	360만 원	2,960만 원	3,600만 원	500만 원	4,100만 원
2013. 1. 5. (배당일)	2,600만 원	390만 원	2,990만 원	3,600만 원	600만 원	4,200만 원

① 乙 회사 2,700만 원, 丙 회사 3,900만 원
② 乙 회사 2,960만 원, 丙 회사 3,900만 원
③ 乙 회사 2,960만 원, 丙 회사 4,000만 원
④ 乙 회사 2,990만 원, 丙 회사 3,900만 원
⑤ 乙 회사 2,990만 원, 丙 회사 4,000만 원

해 설 ※ 근저당권자가 근저당목적물에 대하여 경매신청을 함으로써 거래를 종료시키려는 의사를 표시한 경우에는 '경매신청시'에 피담보채권의 원본이 확정된다(대판 1988.10.11. 87다카545). 그리고 후순위 근저당권자가 경매를 신청한 경우 선순위 근저당권의 피담보채권은 그 근저당권이 소멸하는 시기, 즉 '경락인이 경락대금을 완납한 때'에 확정된다(대판 1999.9.21. 99다26085).

근저당권의 피담보채권이 확정되더라도 최고액을 한도로 담보한다는 근저당권의 본질은 변하지 않는다. 따라서 제360조가 적용되지 않고, 근저당권은 최고액의 범위 내에서 확정된 피담보채권 원본에 대한 '배당기일까지'의 지연손해금을 모두 담보하게 된다(대판 2007.4.26. 2005다38300). 이 점에 있어서 근저당권은 여전히 보통의 저당권과 다르다고 할 것이다.

☞ 따라서 사안에서 후순위저당권자 丙이 경매를 신청한 경우 ⅰ) 丙 자신의 피담보채권액 원본(元本)은 경매신청시인 2012. 8. 5. 3,600만 원으로 확정되고 근저당권은 채권최고액 4,000만 원의 범위 내에서 확정된 피담보채권 원본에 대한 배당일까지의 지연손해금(400만 원)을 모두 담보하게 된다. 따라서 丙은 4,000만 원에 대해 X부동산을 통해 우선변제받을 수 있다. ⅱ) 그리고 고 근저당권은 채권최고액 3,000만 원의 범위 내에서 확정된 피담보채권 원본에 대한 배당일까

지의 지연손해금(390만 원)을 모두 담보하게 된다. 따라서 乙은 2,990만 원에 대해 X부동산을 통해 우선변제받을 수 있다.

[정답] ⑤

문 115 근저당권의 피담보채권의 확정시기에 관한 설명 중 옳은 것(○)과 옳지 않은 것(×)을 올바르게 조합한 것은? (다툼이 있는 경우 판례에 의함) [변시 12회]

ㄱ. 근저당권이 설정된 뒤 채무자 또는 근저당권설정자에 대하여 회생절차개시결정이 내려진 경우, 근저당권의 피담보채무는 특별한 사정이 없는 한 회생절차개시결정 시점을 기준으로 확정된다.

ㄴ. 근저당권자가 피담보채무의 불이행을 이유로 경매를 신청하면 경매신청 시에 피담보채권은 확정되며, 경매개시결정이 있은 후에 그 신청을 취하하더라도 채무확정의 효과는 번복되지 않는다.

ㄷ. 후순위 근저당권자가 경매를 신청한 경우, 선순위 근저당권자의 피담보채권은 매수인이 매각대금을 지급한 때 확정된다.

ㄹ. 공동근저당권자가 목적 부동산 중 일부 부동산에 대하여 제3자가 신청한 경매절차에 소극적으로 참가하여 우선배당을 받은 경우, 위 일부 부동산에 관한 근저당권의 피담보채권은 매수인이 매각대금을 지급한 때에 확정된다.

ㅁ. 공동근저당권자가 목적 부동산 중 일부 부동산에 대하여 제3자가 신청한 경매절차에 소극적으로 참가하여 우선배당을 받은 경우, 나머지 목적 부동산에 관한 근저당권의 피담보채권도 매수인이 매각대금을 지급한 때에 확정된다.

① ㄱ(×), ㄴ(×), ㄷ(○), ㄹ(○), ㅁ(○)
② ㄱ(×), ㄴ(○), ㄷ(○), ㄹ(○), ㅁ(×)
③ ㄱ(○), ㄴ(×), ㄷ(×), ㄹ(×), ㅁ(○)
④ ㄱ(○), ㄴ(○), ㄷ(○), ㄹ(○), ㅁ(×)
⑤ ㄱ(○), ㄴ(○), ㄷ(○), ㄹ(○), ㅁ(○)

해설 ㄱ. [○] 근저당권이 설정된 뒤 채무자 또는 근저당권설정자에 대하여 회생절차개시결정이 내려진 경우 근저당권의 피담보채무는 특별한 사정이 없는 한 '회생절차개시결정을 기준으로 확정'되므로, 확정 이후에 발생한 새로운 거래관계에서 발생한 원본채권이 근저당권에 의하여 담보될 여지는 없다(대판 2021.1.28. 2018다286994).

ㄴ. [○] "근저당권자가 피담보채무의 불이행을 이유로 경매신청을 한 경우에는 경매신청시에 근저당 채무액이 확정되고, 그 이후부터 근저당권은 부종성을 가지게 되어 보통의 저당권과 같

은 취급을 받게 되는바, 위와 같이 경매신청을 하여 경매개시결정이 있은 후에 경매신청이 취하되었다고 하더라도 채무확정의 효과가 번복되는 것은 아니다"(대판 2002.11.26. 2001다73022)

ㄷ. [○] 후순위 근저당권자가 경매를 신청한 경우 선순위 근저당권의 피담보채권은 그 근저당권이 소멸하는 시기, 즉 '경락인이 경락대금을 완납한 때'에 확정된다(대판 1999.9.21. 99다26085)

ㄹ. [○] ㅁ. [×] 공동근저당권자가 목적 부동산 중 일부 부동산에 대하여 **'제3자가 신청한 경매절차에 소극적으로 참가하여 우선배당을 받은 경우'**, 해당 부동산에 관한 근저당권의 피담보채권은 그 근저당권이 소멸하는 시기, 즉 매수인이 매각대금을 지급한 때에 확정되지만(ⓔ부분 해설), '나머지 목적 부동산에 관한 근저당권의 피담보채권'은 기본거래가 종료하거나 채무자나 물상보증인에 대하여 파산이 선고되는 등의 다른 확정사유가 발생하지 아니하는 한 확정되지 아니한다(ⓜ부분 해설)(대판 2017.9.21. 2015다50637).

[정답] ④

문 116 甲 소유의 X 부동산과 乙 소유의 Y 부동산에 甲의 채권자 丙을 위한 공동저당권이 설정되어 있다. X에는 丁을 위한 후순위 저당권이, Y에는 乙의 채권자인 戊를 위한 후순위 저당권이 각 설 정되어 있다. X의 경매대가는 1억 원, Y의 경매대가는 2억 원, 丙의 공동저당권의 피담보채권액은 1억 5,000만 원이다. 다음 설명 중 옳지 않은 것은? (집행비용은 고려하지 않고, 다툼이 있는 경우에는 판례에 의함)

[변시 1회]

① Y의 경매대가가 먼저 배당되는 경우, 丙은 1억 5,000만 원 전액을 배당받을 수 있다.
② ①의 경우에 乙은 변제자대위에 의하여 X의 경매대가 1억 원을 배당받을 수 있다.
③ ①의 경우에 戊는 乙이 배당받을 금액에 대하여 물상대위할 수 있다.
④ X의 경매대가가 먼저 배당되는 경우, 丁은 Y의 경매대가에 대하여 丙을 대위할 수 없다.
⑤ X와 Y의 경매대가가 동시에 배당되는 경우, 丙은 X의 경매대가로부터 5,000만 원을, Y의 경매대가로부터 1억 원을 각각 배당받는다.

해 설 ① [○] ② [○] ③ [○] ④ [○] 물상보증인 乙 소유 부동산 Y가 먼저 경매된 '이시배당'에서, 공동저당권자 丙은 **제368조 제2항**에 의해 자신의 채권 전액인 1억 5,000만 원을 우선 배당받을 수 있다(①번 지문). 이러한 이시배당에서 공동저당의 목적물(X, Y) 중 일부가 물상보증인 소유(Y)인 경우에 그 부동산이 경매되면 물상보증인(乙)은 채무자(甲)에 대하여 구상권을 취득하고 구상권을 확보하기 위하여 채권자(丙)를 대위하여 다른 공동저당 부동산[×] 위의 공동저당권을 취득하게 된다(제481조, 제482조). 이때 물상보증인의 대위권(제481조, 제482조)과 후순위저당권자 대위권(제368조 2항 후단)이 충돌하는바, 判例는"채무자 소유의 부동산에 대한 후순위저당권자는 민법 제368조 제2항 후단에 의하여 1번 공동저당권자를 대위하여 물상보증인 소유의 부동산에 대하여 저당권을 행사할 수 없다"(대결 1995.6.13. 95마500)고 판시하여 물상보증인을 우선시키고 있다.
따라서 물상보증인 乙은 제482조의 변제자대위에 의하여 채무자 소유 부동산 X의 경매대가 1억 원을 배당받을 수 있으나(②번 지문)(대판 1996.3.8. 95다36596),[1] 반대로 채무자 소유의 부동산 Y에 대한 후순위저당권자 丁은 물상보증인 소유의 부동산 Y의 경매대가에 대하여 제368조

제2항 후단에 의하여 선순위자 丙을 대위할 수 없다(④번 지문).
아울러 **물상보증인 소유 부동산(Y)의 후순위저당권자(戊)와 물상보증인(乙)과의 관계**에서 判例는 "공동저당의 목적인 채무자소유의 부동산과 물상보증인소유의 부동산에 각각 채권자를 달리하는 후순위저당권이 설정되어 있는 경우, **자기소유의 부동산이 먼저 경매되어 1번저당권자에게 대위변제를 한 물상보증인은 1번저당권을 대위취득하고 그 물상보증인 소유부동산의 후순위저당권자는 1번저당권에 대하여 물상대위를 할 수 있다**"(대판 1994.5.10. 93다25417)라고 판시하고 있다. 따라서 사안에서 戊는 乙이 배당받을 금액에 대하여 물상대위할 수 있다(③번 지문).

⑤ [X] **제368조 제1항의 적용범위**와 관련하여 최근 判例는 "제368조 1항은 채무자 소유의 수 개의 부동산 또는 동일한 물상보증인 소유의 수 개의 부동산에 관하여 공동저당권이 설정된 경우에만 적용되고, **채무자 소유의 부동산과 물상보증인 소유의 부동산에 관하여 공동저당권이 설정된 경우에는 적용되지 않는**다고 한다. 즉 이 경우에는 **채무자 소유 부동산의 경매대가에서 공동저당권자에게 우선적으로 배당**을 하고, 부족분이 있는 경우에 한하여 물상보증인 소유 부동산의 경매대가에서 추가로 배당을 하여야 한다"(대판 2010.4.15. 2008다41475)고 한다. 검토하건대, 물상보증인 소유 부동산의 경매대가로 피담보채무가 변제되면 물상보증인은 채무자에 대한 구상권으로 공동저당권자를 변제자대위하여 다시 채무자 소유 부동산의 경매대가에서 그 만족을 얻게 될 것이므로 判例의 태도는 타당하다(통설).
☞ 따라서 사안에서 주채무자의 부동산 X의 경매대가 1억 원에서 일단 공동저당권자의 1억 5,천만 원의 채권 중 1억원을 배당하고 나머지 5천만 원의 채권으로 물상보증인의 Y부동산에 배당을 받아야 한다. 결국 丙은 X부동산에서는 1억 원을, Y부동산에서는 5천만 원을 각 배당받게 된다.

[정답] ⑤

1) "채권자가 물상보증인 소유 토지와 공동담보로 주채무자 소유 토지에 1번 근저당권을 취득한 후 이와 별도로 주채무자 소유 토지에 2번 근저당권을 취득한 사안에서, 먼저 주채무자의 토지에 대하여 피담보채무의 불이행을 이유로 근저당권이 실행되어 경매대금에서 1번 근저당권의 피담보채권액을 넘는 금액이 배당된 경우에는, 변제자 대위의 법리에 비추어 볼 때 민법 제368조 제2항은 적용되지 않으므로 후순위(2번) 저당권자인 채권자는 물상보증인 소유 토지에 대하여 자신의 1번 근저당권을 대위행사할 수 없고, 따라서 물상보증인의 근저당권설정등기는 그 피담보채무의 소멸로 인하여 말소되어야 한다"

문 117 甲은 乙에게 5,000만 원을 대여하고 채무자 乙이 소유하는 X 부동산(시가 4,000만 원)과 물상보증인 丙이 소유하는 Y 부동산(시가 4,000만 원)에 채권최고액 5,000만 원(피담보채무 5,000만 원)인 공동근저당권을 설정받았다. 그 뒤 乙은 丁으로부터 4,000만 원을 차용하고 X 부동산에 丁 명의의 채권최고액 4,000만 원(피담보채무 4,000만 원)인 2번 근저당권을 설정하여 주었다. 각 부동산이 경매절차에서 시가와 같은 가격으로 매각되어 모두 배당된다고 가정한다. 다음 중 옳은 것을 모두 고른 것은? (지연손해금과 집행비용은 고려하지 아니하고, 다툼이 있는 경우에는 판례에 의함) [변시 2회]

ㄱ. X 부동산과 Y 부동산이 동시에 경매되어 배당되는 경우, 丁은 1,500만 원을 배당받는다.
ㄴ. X 부동산이 먼저 경매되어 배당된 후 Y 부동산이 경매되는 경우, Y 부동산의 매각대금에서 丁은 배당받지 못한다.
ㄷ. Y 부동산이 먼저 경매되어 배당된 후 X 부동산이 경매되어 배당되는 경우, 丙은 3,000만 원을 배당받을 수 있다.

① ㄴ, ㄷ ② ㄱ, ㄷ ③ ㄱ, ㄴ
④ ㄱ ⑤ ㄴ

해 설 ㄱ. [×] 일괄경매(동시배당의 경우)에는 공동저당권자의 자의를 허용하지 않고 각 부동산의 경매대가에 비례해서 피담보채권의 부담 부분을 안분하고(제368조 1항), 그 비례안분액을 넘는 부분은 후순위저당권자의 변제에 충당한다. 그러나 최근 判例는 "제368조 1항은 채무자 소유의 수 개의 부동산 또는 동일한 물상보증인 소유의 수 개의 부동산에 관하여 공동저당권이 설정된 경우에만 적용되고, **채무자 소유의 부동산과 물상보증인 소유의 부동산에 관하여 공동저당권이 설정된 경우에는 적용되지 않는다**고 한다. 즉 이 경우에는 **채무자 소유 부동산의 경매대가에서 공동저당권자에게 우선적으로 배당**을 하고, 부족분이 있는 경우에 한하여 물상보증인 소유 부동산의 경매대가에서 추가로 배당을 하여야 한다"(대판 2010.4.15, 2008다41475)고 한다.

☞ 따라서 채무자 소유 X 부동산과 물상보증인 소유 Y 부동산이 동시에 경매되어 배당되는 경우, 1순위 저당권자 甲은 채무자 소유 X부동산에서 4,000만원, 물상보증인 소유 Y부동산에서 1,000만원을 배당받는다. 그러므로 X부동산의 2순위 저당권자 丁은 배당받을 수 없다.

ㄴ. [○] ㄷ. [○] 개별경매(이시배당의 경우)의 경우 공동저당권자는 어느 일부 부동산만을 경매하여 먼저 배당받는 경우에는 그 경매대금에서 전부변제를 받을 수 있다(제368조 2항 1문). 이 때 후순위저당권자는 동시에 배당했더라면 공동저당권자가 다른 부동산에서 변제받을 수 있었던 금액의 한도 내에서 공동저당권자를 대위한다(제368조 2항 2문). 그러나 이상의 법리는 채무자 소유의 수 개의 부동산 또는 동일한 물상보증인 소유의 수 개의 부동산에 관하여 공동저당권이 설정된 경우에만 적용되고, **채무자 소유의 부동산과 물상보증인 소유의 부동산에 관하여 공동저당권이 설정된 경우에는 적용되지 않는다.**

㉠ 구체적으로 **채무자 소유 부동산이 먼저 경매되면** 그 부동산의 후순위저당권자는 물상보증인 소유 부동산에 후순위저당권자대위를 하지 못하고(대결 1995.6.13, 95마500).[1] 그리고 이러한 법리는 채무자 소유의 부동산에 후순위 저당권이 설정된 후에 물상보증인 소유의 부동산이 추가로

1) "채무자 소유의 부동산에 대한 후순위저당권자는 민법 제368조 제2항 2문에 의하여 1번 공동저당권자를 대위하여 물상보증인 소유의 부동산에 대하여 저당권을 행사할 수 없다"

공동저당의 목적으로 된 경우에도 마찬가지로 적용된다(대판 2014.1.23. 2013다207996). ㉡ **반대로 물상보증인 소유 부동산이 먼저 경매되면** 물상보증인이 채무자 소유 부동산에 '변제자대위'를 하고 물상보증인 소유 부동산의 후순위저당권자는 이에 대하여 다시 '물상대위'를 하게 된다(대판 1994.5.10. 93다25417).

☞ 즉 이 경우에는 채무자 乙소유 X부동산이 먼저 경매되면 그 X부동산의 후순위저당권자 丁은 물상보증인 丙소유 Y부동산에 후순위저당권자대위를 하지 못하고(ㄴ.의 경우), 반대로 물상보증인 丙소유 Y부동산이 먼저 경매되면 1순위 저당권자 甲이 Y부동산에서 4,000만 원 및 X부동산에서 1,000만 원을 배당받고, 물상보증은 丙은 X부동산에서 3,000만 원만큼 '변제자대위'를 한다(ㄷ.의 경우).

[정답] ①

문 118 **X 토지에는 甲 명의의 1번 저당권(피담보채권액 4,000만원), 乙 명의의 2번 저당권(피담보채권액 1억 5,000만원), 丙 명의의 3번 저당권(피담보채권액 7,000만원)이 각 설정되어 있고, Y 토지에는 乙 명의의 1번 저당권(피담보채권액 1억 5,000만원), 丁 명의의 2번 저당권(피담보채권액 3,000만원)이 각 설정되어 있으며, 위 각 피담보채권의 채무자는 모두 A이고, 乙명의의 저당권은 공동저당권이다. X 토지의 경매대가는 1억 6,000만원, Y 토지의 경매대가는 8,000만 원이다. 다음 설명 중 옳은 것은?**(이자, 지연손해금과 집행비용은 고려하지 말고, 다툼이 있는 경우에는 판례에 의함) [변시 3회]

① X 토지와 Y토지가 모두 채무자(A) 소유인 경우, X 토지와 Y 토지가 동시에 경매되면, 乙은 X 토지의 경매대가에서 1억 원을 배당받는다.

② X 토지와 Y 토지가 모두 채무자(A) 소유인 경우, X 토지가 먼저 경매되면, 丙은 Y 토지의 경매대가에서 5,000만 원을 배당받는다.

③ X 토지는 채무자 (A) 소유, Y토지는 물상보증인(B) 소유인 경우 , X 토지가 먼저 경매되면, 丙은 Y 토지의 경매대가에서 3,000만원을 배당받는다.

④ X 토지는 채무자(A) 소유, Y 토지는 물상보증인(B) 소유인 경우, Y 토지가 먼저 경매되면, 丁은 X 토지의 경매대가에서 3,000만 원을 배당 받는다.

⑤ X 토지는 채무자(A) 소유, Y 토지는 물상보증인(B) 소유인 경우, X 토지와 Y 토지가 동시에 경매되면, 乙 은 Y 토지의 경매대가에서 6,000만원을 배당받는다.

해 설 ① [×] **제368조(공동저당과 대가의 배당, 차순위자의 대위)** 「①항 동일한 채권의 담보로 수개의 부동산에 저당권을 설정한 경우에 그 부동산의 경매대가를 동시에 배당하는 때에는 각 부동산의 경매대가에 비례하여 그 채권의 분담을 정한다.」

☞ 만약 乙이 X토지와 Y토지에 1번 저당권을 가지고 있다면 X토지(1억 6천만 원)와 Y토지(8천만 원)가 동시배당되는 경우 제368조 1항에 따라 각 부동산의 경매대가에 비례하여 2 : 1의 비율로 X토지에서 1억 원, Y토지에서 5천만 원을 배당받는다. 그러나 사안의 경우 X토지에는 甲이 1번 저당권을 가지고 있으므로 甲의 피담보채권액인 4천만 원을 공제한 X토지(1억 2천)와 Y토지(8천만 원)의 경매대가에 비례하여 3 : 2의 비율로 X토지에서 9천만 원, Y토지에서 6천만 원을 배당받는다.

② [×] **제368조(공동저당과 대가의 배당, 차순위자의 대위)** 「②항 전항의 저당부동산중 일부의 경매대가를 먼저 배당하는 경우에는 그 대가에서 그 채권전부의 변제를 받을 수 있다. 이 경우에 그 경매한 부동산의 차순위저당권자는 선순위저당권자가 전항의 규정에 의하여 다른 부동산의 경매대가에서 변제를 받을 수 있는 금액의 한도에서 선순위자를 대위하여 저당권을 행사할 수 있다.」

☞ X토지(1억 6천만 원)가 먼저 경매되면 1번 저당권자 甲의 피담보채권액 4천만 원에 배당되고, 2번 저당권자 乙의 피담보채권액 1억 2천만 원에 배당된다. 따라서 3번 저당권자 丙은 X토지에서는 배당받을 수 있는 금액이 없고 제368조 2항 2문에 의해 선순위저당권자 乙이 동시배당받았더라면 다른 부동산 Y토지에서 배당받을 수 있었던 6천만 원의 범위 내에서 선순위자 **乙을 대위하여 6천만 원을 배당받을 수 있다.** 다만 이때에도 乙이 먼저 잔액 3천만 원을 배당받고 나머지 3천만 원을 丙이 乙을 대위하여 배당받게 된다.

③ [×] ④ [○] 제368조 2항 2문은 채무자 소유의 수 개의 부동산 또는 동일한 물상보증인 소유의 수 개의 부동산에 관하여 공동저당권이 설정된 경우에만 적용되고, 채무자 소유의 부동산과 물상보증인 소유의 부동산에 관하여 공동저당권이 설정된 경우에는 적용되지 않는다. 즉 이 경우에는 채무자 소유 부동산이 먼저 경매되면 그 부동산의 후순위저당권자는 물상보증인 소유 부동산에 후순위저당권자대위를 하지 못하고(대결 1995.6.13. 95마500)[1], 반대로 물상보증인 소유 부동산이 먼저 경매되면 물상보증인이 채무자 소유 부동산에 '변제자대위'를 하고 물상보증인 소유 부동산의 후순위저당권자는 이에 대하여 다시 '물상대위'를 하게 된다(대판 1994.5.10. 93다25417)[2]

☞ 따라서 ③번 지문에서 채무자 소유 X토지가 먼저 경매되면, X토지의 후순위저당권자 **丙은 물상보증인 소유 Y토지에 후순위저당권자대위(제368조 2항 2문)를 하지 못한다.** 그리고 반대로 ④번 지문에서 물상보증인 소유 Y토지가 먼저 경매되면, 乙은 8천만 원 전액을 배당받고 丁은 배당받을 금액이 없다. 그 후 X토지가 경매되면 甲이 4천만 원, 乙이 7천만 원을 배당받는다. 이 경우 X토지의 매각대금 중에서 나머지 5천만 원에 대하여 물상보증인 B가 '변제자대위'(제481조, 제482조 1항)를 할 수 있고, 이에 대하여 물상보증인 소유 Y토지의 후순위저당권자 丁은 다시 '물상대위'(제370조, 제342조)를 할 수 있으므로 결국 **丁은 X토지의 경매대가에서 자신의 피담보채권액 3천만 원을 배당받을 수 있다.**

⑤ [×] 判例는 "제368조 1항은 채무자 소유의 수 개의 부동산 또는 동일한 물상보증인 소유의 수 개의 부동산에 관하여 공동저당권이 설정된 경우에만 적용되고, 채무자 소유의 부동산과 물상보증인 소유의 부동산에 관하여 공동저당권이 설정된 경우에는 적용되지 않는다고 한다. 즉 이 경우에는 채무자 소유 부동산의 경매대가에서 공동저당권자에게 우선적으로 배당을 하고, 부족분이 있는 경우에 한하여 물상보증인 소유 부동산의 경매대가에서 추가로 배당을 하여야 한다"(대판 2010.4.15. 2008다41475)고 한다.

☞ 따라서 ⑤번 지문에서 乙은 채무자 소유 X토지(1억 6천만 원)에서 1순위 저당권자 甲의 피담보채권액 4천만 원이 배당되고 남은 1억 2천만 원을 배당받고, **나머지 3천만 원은 물상보증인 소유 Y토지에서 배당받을 수 있다.**

[정답] ④

1) "채무자 소유의 부동산에 대한 후순위저당권자는 민법 제368조 제2항 2문에 의하여 1번 공동저당권자를 대위하여 물상보증인 소유의 부동산에 대하여 저당권을 행사할 수 없다"

2) "공동저당의 목적인 채무자소유의 부동산과 물상보증인소유의 부동산에 각각 채권자를 달리하는 후순위저당권이 설정되어 있는 경우, 자기소유의 부동산이 먼저 경매되어 1번 저당권자에게 대위변제를 한 물상보증인은 1번 저당권을 대위취득하고 그 물상보증인 소유부동산의 후순위저당권자는 1번 저당권에 대하여 물상대위를 할 수 있다"

문 119 A는 甲에게 3억 원을 빌려주면서 甲 소유의 X 토지(시가 2억 원)와 乙 소유의 Y 토지(시가 3억 원)에 제1순위 공동저당권을 설정받았다. 그 후 乙은 丙으로부터 1억 원을 차용하면서 丙에게 Y 토지에 제2순위 저당권을 설정하여 주었다. A는 Y 토지에 대하여 경매를 신청하여 그 경매절차에서 매각대금 3억 원의 배당을 받아 채권 전체의 만족을 얻었다. A는 甲의 요청에 따라 X 토지에 마쳐져 있던 저당권을 말소하여 주었다. 甲은 다시 丁으로부터 1억 원을 차용하고 丁에게 새로 X 토지에 관하여 저당권을 설정하여 주었다. 乙은 X 토지에 관하여 말소된 저당권을 회복하고자 한다. 옳은 것을 모두 고른 것은? (각 지문은 독립적이며, 다툼이 있는 경우 판례에 의함) [변시 5회]

ㄱ. 저당권말소회복등기가 이루어지지 아니한 상태에서도 乙은 X 토지의 제1순위 저당권자이다.
ㄴ. 저당권말소회복등기청구의 소는 A를 상대로 제기하여야 한다.
ㄷ. 乙이 등기부상 저당권등기를 회복하기 위해서는 丁의 승낙이 필요하다.
ㄹ. 甲이 丁에 대한 채무를 변제하지 못하여 丁의 경매신청에 따라 X 토지가 매각되어 戊가 소유권을 취득하였고 丁은 매각대금으로부터 채권의 만족을 얻었다. 뒤늦게 乙이 저당권 말소회복등기청구의 소를 제기한 경우 戊로부터 승낙의 의사표시를 받으면 승소할 수 있다.

① ㄱ, ㄴ
② ㄱ, ㄷ
③ ㄱ, ㄹ
④ ㄴ, ㄷ
⑤ ㄷ, ㄹ

해설 ㄱ. [O] 후순위저당권자는 동시에 배당했더라면 공동저당권자가 다른 부동산에서 변제받을 수 있었던 금액의 한도 내에서 공동저당권자를 대위한다(제368조 2항 2문). 그런데 이상의 법리는 채무자 소유의 수 개의 부동산 또는 동일한 물상보증인 소유의 수 개의 부동산에 관하여 공동저당권이 설정된 경우에만 적용되고, 채무자 소유의 부동산과 물상보증인 소유의 부동산에 관하여 공동저당권이 설정된 경우에는 적용되지 않는다.

i) 채무자 소유 부동산이 먼저 경매되면 그 부동산의 후순위저당권자는 물상보증인 소유 부동산에 후순위저당권자대위를 하지 못하고(대결 1995.6.13. 95마500), 이러한 법리는 채무자 소유의 부동산에 후순위 저당권이 설정된 후에 물상보증인 소유의 부동산이 추가로 공동저당의 목적으로 된 경우에도 마찬가지로 적용된다(대판 2014.1.23. 2013다207996).

ii) 반대로 물상보증인 소유 부동산이 먼저 경매되면 물상보증인이 채무자 소유 부동산에 '변제자대위'를 하고 물상보증인 소유 부동산의 후순위저당권자는 이에 대하여 다시 '물상대위'를 하게 된다(대판 1994.5.10. 93다25417). 그 이유는 채무자 소유 부동산과 물상보증인 소유 부동산에 공동저당권이 설정된 경우, 물상보증인은 변제자대위를 통해 최종적인 책임을 채무자에게 전가할 수 있는 기대를 갖게 되는데, 이러한 기대가 그 뒤 채무자 소유 부동산에 후순위 저당권이 설정되었다고 하여 침해되어서는 안 되기 때문이다.

☞ 지문의 경우 자기 소유의 부동산이 먼저 경매되어 1번 저당권자에게 대위변제를 한 물상보증인 乙은 채무자 甲소유 X 토지상의 1번 저당권을 등기 없이도 대위취득하고(제481조, 제187조). 물상보증인 乙소유 부동산의 후순위저당권자 丙은 1번 저당권자 A를 물상대위하여 X 토지의 1순위 저당권자가 된다.

A는 X토지에 마쳐진 저당권을 말소하여 주었으나 이는 저당권 등기를 말소할 권한이 없는 A가 甲의 요청에 따라 임의로 말소한 것이므로 무효이다. 判例는 "**등기는 물권의 효력발생요건이고 존속요건은 아니어서 등기가 원인 없이 말소된 경우에는 그 물권의 효력에 아무런 영향이 없고, 그 회복등기가 마쳐지기 전이라도 말소된 등기의 등기명의인은 적법한 권리자로 추정되며, 그 회복등기 신청절차에 의하여 말소된 등기를 회복할 수 있다. 따라서 부동산에 관한 저당권설정등기가 위조된 등기서류에 의하여 아무런 원인 없이 말소되었다고 하더라도 그 저당권은 여전히 유효하게 존속하므로** 저당권자는 회복등기 신청절차에 의하여 말소된 등기를 회복할 수 있고, 회복등기 전이라도 말소된 등기의 명의인은 적법한 저당권자로 추정된다"(대판 1997.9.30. 95다39526)고 판시하였으므로 저당권말소회복등기가 이루어지지 아니한 상태에서도 乙은 여전히 1순위 저당권자이다.

ㄴ. [X] 判例는 말소회복등기의 상대방은 현재의 등기명의인이 아니라 '말소 당시의 소유자'라고 한다(대판 1969.3.18. 68다1617). 지문의 경우 저당권말소회복등기청구의 소는 말소 당시의 소유자인 甲을 상대로 하여야 한다.

ㄷ. [O] 말소된 등기의 회복을 신청하는 경우에 등기상 이해관계 있는 제3자가 있을 때에는 그 제3자의 승낙이 있어야 한다(부동산등기법 제59조).

☞ 지문에서 丁은 X토지에 설정되어 있던 A의 저당권설정등기가 말소된 후 새로이 저당권을 설정한 자로서 1번 저당권 등기에 대한 말소회복등기가 되면 丁은 2번 저당권자가 되므로, 丁은 乙의 말소회복등기에 대한 등기상 이해관계 있는 제3자가 된다. 따라서 乙이 저당권등기를 회복하기 위해서는 丁의 승낙이 필요하다. 참고로 등기에는 공신력이 인정되지 않으므로 원칙적으로 "불법한 방법에 의하여 등기권리자의 등기가 말소된 후에 등기부상 권리를 취득한 자는 그 등기권리자의 회복등기절차에 승인할 의무가 있다"(대판 1971.8.31. 71다1285).

ㄹ. [X] "부동산에 관하여 근저당권설정등기가 마쳐졌다가 등기가 위조된 관계서류에 기하여 아무런 원인 없이 말소되었다는 사정만으로는 곧바로 근저당권이 소멸하는 것은 아니지만, 부동산이 경매절차에서 매각되면 매각부동산에 존재하였던 저당권은 당연히 소멸하는 것이므로(민사집행법 제91조 2항, 제268조 참조), 근저당권설정등기가 원인 없이 말소된 이후에 근저당목적물인 부동산에 관하여 다른 근저당권자 등 권리자의 신청에 따라 경매절차가 진행되어 매각허가결정이 확정되고 매수인이 매각대금을 완납하였다면, 원인 없이 말소된 근저당권도 소멸한다. 따라서 원인 없이 말소된 근저당권설정등기의 회복등기절차 이행과 회복등기에 대한 승낙의 의사표시를 구하는 소송 도중에 근저당목적물인 부동산에 관하여 경매절차가 진행되어 매각허가결정이 확정되고 매수인이 매각대금을 완납하였다면 매각부동산에 설정된 근저당권은 당연히 소멸하므로, **더 이상 원인 없이 말소된 근저당권설정등기의 회복등기절차 이행이나 회복등기에 대한 승낙의 의사표시를 구할 법률상 이익이 없게 된다**"(대판 2014.12.11. 2013다28025)

☞ 乙이 丁보다 선순위 저당권자라 하더라도 乙의 저당권은 어차피 丁의 저당권실행으로 당연히 소멸될 것이었으므로 이미 X 토지가 매각되어 戊가 소유권을 취득한 이상 회복등기를 구할 법률상 이익이 없다. 따라서 그 후 乙이 저당권 말소회복등기청구의 소를 제기하여 戊로부터 승낙의 의사표시를 받았다 하더라도 乙은 승소할 수 없다.

[정답] ②

문 120 **甲은 乙에 대한 5,000만 원의 채권을 담보하기 위하여 乙 소유 부동산 X(경매대가 6,000만 원)와 丙 소유 부동산 Y(경매대가 4,000만 원)에 각각 1번 저당권을 설정받았다. 그리고 X에는 丁이 피담보채권 4,000만 원의 2번 저당권을, Y에는 戊가 피담보채권 2,000만 원의 2번 저당권을 각각 설정받았다. 이에 관한 설명 중 옳은 것은?** (이자, 지연손해금과 집행비용은 고려하지 말 것, 다툼이 있는 경우 판례에 의함)

[변시 6회]

① X와 Y의 경매대가를 동시에 배당하는 경우, 경매법원은 甲에게 X로부터 3,000만 원, Y로부터 2,000만 원을 각각 배당하여야 한다.

② X에 대한 경매대가가 먼저 배당되어 甲이 5,000만 원을 배당받은 경우, 丁은 Y에 대한 甲의 1번 저당권을 대위행사할 수 있다.

③ Y에 대한 경매대가가 먼저 배당되어 甲이 4,000만 원을 배당받은 경우, 丙은 甲이 배당받은 범위 내에서 X에 대한 甲의 1번 저당권을 취득한다.

④ Y에 대한 경매대가로부터 배당을 받은 甲이 X에 설정된 저당권을 임의로 말소한 후 X에 대한 경매가 실행되어 매각대금이 완납된 경우, 丙은 말소된 저당권등기의 회복등기절차의 이행을 구할 수 있다.

⑤ 甲이 피담보채권을 변제받기 전에 Y에 대한 저당권을 포기한 경우, 甲은 X에 대한 경매절차에서 자신이 Y에 대한 저당권을 포기하지 않았더라면 丁이 대위할 수 있었던 2,000만 원 한도에서 丁에 우선하여 배당받을 수 없다.

해설 ① [×] "공동저당권이 설정되어 있는 수개의 부동산 중 일부는 채무자 소유이고 일부는 물상보증인의 소유인 경우 위 각 부동산의 경매대가를 동시에 배당하는 때에는, **물상보증인이 민법 제481조, 제482조의 규정에 의한 변제자대위에 의하여 채무자 소유 부동산에 대하여 담보권을 행사할 수 있는 지위에 있는 점 등을 고려할 때,** '동일한 채권의 담보로 수개의 부동산에 저당권을 설정한 경우에 그 부동산의 경매대가를 동시에 배당하는 때에는 각 부동산의 경매대가에 비례하여 그 채권의 분담을 정한다'고 규정하고 있는 민법 제368조 제1항은 적용되지 아니한다고 봄이 상당하다. 따라서 이러한 경우 경매법원으로서는 채무자 소유 부동산의 경매대가에서 공동저당권자에게 우선적으로 배당을 하고, 부족분이 있는 경우에 한하여 물상보증인 소유 부동산의 경매대가에서 추가로 배당을 하여야 한다"(대판 2010.4.15. 2008다41475).

☞ **채무자 소유의 부동산과 물상보증인 소유의 부동산에 관하여 공동저당권이 설정된 경우에는 제368조 1항이 적용되지 않고,** 이 경우에는 채무자 소유 부동산의 경매대가에서 공동저당권자에게 우선적으로 배당을 한다는 위 判例에 따르면, 甲은 X부동산으로부터 5,000만원 전액을 배당받게 된다.

② [×] "**공동저당의 목적인 채무자 소유의 부동산과 물상보증인 소유의 부동산 중 채무자 소유의 부동산에 대하여 먼저 경매가** 이루어져 그 경매대금의 교부에 의하여 1번 공동저당권자가 변제를 받더라도, 채무자 소유의 부동산에 대한 후순위저당권자는 민법 제368조 제2항 후단에 의하여 1번 공동저당권자를 대위하여 물상보증인 소유의 부동산에 대하여 저당권을 행사할 수 없다"(대결 1995.6.13. 95마500)

☞ 채무자 소유의 부동산 X의 경매대가가 먼저 배당되는 경우, X에 대한 후순위저당권자 丁은 물상보증인 소유의 부동산 Y의 경매대가에 대하여 제368조 2항 2문에 의하여 선순위자 甲

을 대위할 수 없다. 결국 제368조 2항 2문은 채무자 소유의 부동산과 물상보증인 소유의 부동산에 관하여 공동저당권이 설정된 경우에는 적용되지 않는다.

③ [○] "공동저당의 목적인 채무자소유의 부동산과 물상보증인소유의 부동산에 각각 채권자를 달리하는 후순위저당권이 설정되어 있는 경우, 자기소유의 부동산이 먼저 경매되어 1번저당권자에게 대위변제를 한 물상보증인은 1번저당권을 대위취득하고 그 물상보증인 소유부동산의 후순위저당권자는 1번저당권에 대하여 물상대위를 할 수 있다"(대판 1994.5.10, 93다25417)

☞ 물상보증인 丙 소유 부동산 Y가 먼저 경매된 '이시배당'에서, 공동저당권자 甲은 제368조 2항 1문에 의해 자신의 채권 4,000만 원을 우선 배당받을 수 있다. 이러한 이시배당에서 공동저당의 목적물(X, Y) 중 일부가 물상보증인 소유(Y)인 경우에 그 부동산이 경매되면 물상보증인(丙)은 채무자(乙)에 대하여 구상권을 취득하고 구상권을 확보하기 위하여 채권자(甲)를 대위하여 다른 부동산(X)에 공동저당권을 취득한다(제481조, 제482조).

④ [×] 위 ③의 경우 물상보증인 丙이 대위취득한 X부동산의 1번 저당권설정등기에 대하여는 말소등기가 경료될 것이 아니라 丙 명의로 대위에 의한 저당권이전의 부기등기가 경료되어야 한다(대판 2001.6.1, 2001다21854). 다만, 丙은 법정대위에 의해 저당권이전의 부기등기 경료와 상관없이 당연히 甲의 1번 저당권을 취득하므로 甲의 '불법말소'를 이유로 원칙적으로 저당권설정등기 '말소회복등기'를 청구할 수 있다. 그러나 저당권이 설정된 목적물에 대한 경매가 진행되어 경락인(매수인)이 경락대금(매각대금)을 납부한 경우에는 저당권은 소멸하고, 위법하게 말소된 저당권 역시 달리 볼 것은 아니므로, 이 경우에는 이미 소멸한 저당권에 관한 말소등기의 회복등기를 위하여 현소유자(경락인)을 상대로 그 승낙의 의사표시를 구할 수는 없다(소제주의 : 민사집행법 제91조 2항 참조, 부동산 등기법 제59조)(대판 1998.10.2, 98다27197).

참고판례 "원인 없이 말소된 근저당권설정등기의 회복등기절차 이행과 회복등기에 대한 승낙의 의사표시를 구하는 소송 도중에 근저당목적물인 부동산에 관하여 경매절차가 진행되어 매각허가결정이 확정되고 매수인이 매각대금을 완납하였다면 매각부동산에 설정된 근저당권은 당연히 소멸하므로, 더 이상 원인 없이 말소된 근저당권설정등기의 회복등기절차 이행이나 회복등기에 대한 승낙의 의사표시를 구할 법률상 이익이 없게 된다"(대판 2014.12.11, 2013다28025)

⑤ [×] 判例는 "선순위 공동저당권자가 피담보채권을 변제받기 전에 공동저당 목적 부동산 중 일부에 관한 저당권을 포기한 경우에는, 후순위저당권자가 있는 부동산에 관한 경매절차에서, 저당권을 포기하지 아니하였더라면 후순위저당권자가 대위할 수 있었던 한도에서는 후순위저당권자에 우선하여 배당을 받을 수 없다고 보아야 한다"(대판 2009.12.10, 2009다41250)고 한다. 즉, 당해 판결은 저당권의 포기로 인한 효력을 그대로 인정하되, 다만 그로 인하여 후순위저당권자가 입게 되는 불이익을 구제하기 위하여, 제485조를 유추하여 저당권포기로 인하여 후순위저당권자가 대위할 수 없게 된 부분에 한하여, 선순위공동저당권자의 우선변제권을 제한하는 입장이다.

☞ 그러나 위 2009다41250판결은 제368조 2항 2문에 의한 후순위저당권자의 대위가 인정되는 경우를 전제로 하는 판결인바, ②지문에서 살펴본 바와 같이 제368조 2항 2문은 채무자 소유의 부동산과 물상보증인 소유의 부동산에 관하여 공동저당권이 설정된 경우에는 적용되지 않으므로, 甲이 피담보채권을 변제받기 전에 Y에 대한 저당권을 포기한 경우라 하더라도 선순위 공동저당권자인 甲은 X에 대한 경매절차에서 후순위저당권자인 丁에 우선하여 배당받을 수 있다.

[정답] ③

문 121 **저당권에 관한 설명 중 옳지 않은 것은?** (다툼이 있는 경우 판례에 의함) [변시 10회]

① 공동저당권의 목적물인 물상보증인 소유의 X토지, Y토지 중 먼저 경매된 X토지의 후순위 저당권자 乙이 Y토지에 공동저당의 대위등기를 하지 않고 있는 사이에 선순위 공동저당권자 甲이 Y토지에 관한 저당권등기를 말소한 경우, 乙은 그 후 Y토지에 관하여 소유권을 취득한 丙에 대하여 甲을 대위할 수 없다.

② 공동저당권의 목적물인 채무자 소유 부동산과 물상보증인 소유 부동산의 경매대가를 동시에 배당하는 경우, 물상보증인이 채무자를 위한 연대보증인의 지위를 겸하고 있더라도 채무자 소유 부동산의 경매대가에서 공동저당권자에게 우선적으로 배당을 하고, 부족분이 있는 경우에 한하여 물상보증인 소유 부동산의 경매대가에서 추가로 배당을 한다.

③ 공동저당권의 목적물인 채무자 소유 부동산과 물상보증인 소유 부동산 중 채무자 소유 부동산에 대하여 먼저 경매가 이루어져 경매대금에서 선순위 공동저당권자가 채권 전액을 변제받은 경우, 채무자 소유 부동산에 대한 후순위 저당권자는 물상보증인 소유 부동산에 대한 선순위 저당권에 대하여 물상대위를 할 수 있으므로, 물상보증인 소유 부동산에 대한 선순위 저당권설정등기에 대하여는 위 후순위 저당권자 앞으로 대위에 의한 부기등기가 경료되어야 한다.

④ 저당권으로 담보된 채권에 질권을 설정하는 경우, 질권자와 질권설정자가 피담보채권만을 질권의 목적으로 하고 저당권은 질권의 목적으로 하지 않는 것도 가능하고, 이는 저당권의 부종성에 반하지 않는다.

⑤ 저당권부 채권이 양도되는 경우 채권양수인이 채권양도로 채무자에게 대항하기 위해서는 채무자에 대한 채권양도의 통지나 채무자의 승낙이 있어야 하나, 저당권의 이전을 목적으로 하는 물권적 합의는 저당권을 양도·양수하는 당사자 사이에 있으면 족하다.

해 설 ① [○] "ⅰ) 후순위저당권자는 제368조 2항에 의해 선순위저당권자가 가지고 있던 다른 부동산에 대한 저당권을 대위하게 되는데, **그 저당권이 말소되지 않고 등기부에 존속하는 동안에는 공동저당의 대위등기를 하지 않더라도** 제3취득자는 저당권이 있는 상태에서 취득한 것이므로, 이 경우에는 제3취득자를 보호할 필요성은 적고, 따라서 **후순위저당권자는 대위할 수 있다.** ⅱ) **그러나, 후순위저당권자가 대위할 저당권이 말소된 상태에서 그 부동산의 소유권 등 새로이 이해관계를 취득한 제3자에 대해서는,** 제3취득자를 보호하여야 하고, **후순위저당권자는 제368조 2항에 의한 대위를 주장할 수 없다**"(대판 2015.3.20, 2012다99341).

☞ 보증인(물상보증인 포함)이 대위변제를 한 경우에는 저당권의 등기에 미리 대위의 부기등기를 하여야만 그 저당물의 제3취득자에 대해 채권자를 대위하게 되는데(제482조 2항 1호 및 5호), 이처럼 **제3취득자를 보호할 필요성은 후순위저당권자가 대위하는 경우에도 마찬가지로 존재하고,** 더욱이 변제자대위의 경우에는 저당권뿐 아니라 채권까지 이전되는데 후순위저당권자의 대위의 경우에는 채권은 이전되지 않는 점을 고려하면, 후순위저당권자를 변제자보다 더 보호하여야 할 필요성이 있지도 않다(이하 위 判例의 판시내용).

② [○] ※ 제368조 1항의 적용범위
判例는 제368조 1항은 채무자 소유의 수 개의 부동산 또는 동일한 물상보증인 소유의 수 개의 부동산에 관하여 공동저당권이 설정된 경우에만 적용되고, **채무자 소유의 부동산과 물상보증인 소유의 부동산에 관하여 공동저당권이 설정된 경우에는 적용되지 않는다고** 한다. 즉, 이 경우에는 **채무자 소유 부동산의 경매대가에서 공동저당권자에게 우선적으로 배당을** 하고, 부족분이 있는 경우에 한하여 물상보증인 소유 부동산의 경매대가에서 추가로 배당을 하여야 한다(대판 2010.4.15. 2008다41475)[1]고 한다. 이는 물상보증인이 채무자를 위한 연대보증인의 지위를 겸하고 있는 경우에도 마찬가지이다(대판 2016.3.10. 2014다231965).
☞ 물상보증인 소유 부동산의 경매대가로 피담보채무가 변제되면 물상보증인은 채무자에 대한 구상권으로 공동저당권자를 변제자대위하여 다시 채무자 소유 부동산의 경매대가에서 그 만족을 얻게 될 것이고, 채무자 소유 부동산의 후순위저당권자는 물상보증인의 이러한 변제자대위를 각오하고 후순위저당권을 취득한 것으로 보는 것이 합리적이기 때문에 判例는 타당하다.

③ [×] "**공동저당의 목적인 채무자 소유의 부동산과 물상보증인 소유의 부동산 중 채무자 소유의 부동산에 대하여 먼저 경매가** 이루어져 그 경매대금의 교부에 의하여 1번 공동저당권자가 변제를 받더라도, 채무자 소유의 부동산에 대한 후순위저당권자는 민법 제368조 제2항 후단에 의하여 1번 공동저당권자를 대위하여 물상보증인 소유의 부동산에 대하여 저당권을 행사할 수 없다"(대결 1995.6.13. 95마500)
☞ 채무자 소유의 부동산의 경매대가가 먼저 배당되는 경우, 채무자 소유의 부동산의 후순위저당권자는 물상보증인 소유의 부동산의 경매대가에 대하여 제368조 2항 2문에 의하여 선순위자를 대위할 수 없다. 결국 제368조 2항 2문은 채무자 소유의 부동산과 물상보증인 소유의 부동산에 관하여 공동저당권이 설정된 경우에는 적용되지 않는다.

④ [○] ※ **피담보채권만을 질권의 목적으로 하고 저당권은 질권의 목적으로 하지 않는 것도 가능한지 여부(적극)**
"민법 제361조는 "저당권은 그 담보한 채권과 분리하여 타인에게 양도하거나 다른 채권의 담보로 하지 못한다."라고 정하고 있을 뿐 피담보채권을 저당권과 분리해서 양도하거나 다른 채권의 담보로 하지 못한다고 정하고 있지 않다. 채권담보라고 하는 저당권 제도의 목적에 비추어 특별한 사정이 없는 한 **피담보채권의 처분에는 저당권의 처분도 당연히 포함된다고 볼 것이지만, 피담보채권의 처분이 있으면 언제나 저당권도 함께 처분된다고는 할 수 없다.**
따라서 저당권으로 담보된 채권에 질권을 설정한 경우 원칙적으로는 저당권이 피담보채권과 함께 질권의 목적이 된다고 보는 것이 합리적이지만, **질권자와 질권설정자가 피담보채권만을 질권의 목적으로 하고 저당권은 질권의 목적으로 하지 않는 것도 가능하고** 이는 '저당권의 부종성'에 반하지 않는다. **이는 저당권과 분리해서 피담보채권만을 양도한 경우 양도인이 채권을 상실하여 양도인 앞으로 된 저당권이 소멸하게 되는 것과 구별된다**"(대판 2020.4.29. 2016다235411).

⑤ [○] "저당권은 피담보채권과 분리하여 양도하지 못하는 것이어서 저당권부 채권의 양도는 언제나 저당권의 양도와 채권양도가 결합되어 행해지므로 저당권부 채권의 양도는 민법 제186조의 부동산물권변동에 관한 규정과 민법 제449조 내지 제452조의 채권양도에 관한 규정에 의해 규율되므로 저당권의 양도에 있어서도 물권변동의 일반원칙에 따라 저당권을 이전할 것을 목적으로 하는 물권적 합의와 등기가 있어야 저당권이 이전된다고 할 것이나, 이 때의 물권적

1) **[구체적 예]** 예컨대 채무자 소유 A부동산과 물상보증인 소유 B부동산에 채권자 甲의 1번 공동저당권(피담보채권 2억 원)이 설정된 뒤, A부동산에 乙의 2번 저당권(피담보채권 1억 원), B부동산에 丙의 2번 저당권(피담보채권 1억 원)이 각 설정되었다가, A부동산과 B부동산이 함께 경매된 경우(경매대가는 A부동산 1억 5천만 원, B부동산 1억 5천만 원), 甲은 A부동산에서 1억 5천만원, B부동산에서 나머지 5천만원을 배당받고, 丙은 1억원, 乙은 0원을 각 배당받는다.

합의는 저당권의 양도·양수받는 당사자 사이에 있으면 족하고 그 외에 그 채무자나 물상보증인 사이에까지 있어야 하는 것은 아니라 할 것이고, 단지 채무자에게 채권양도의 통지나 이에 대한 채무자의 승낙이 있으면 채권양도를 가지고 채무자에게 대항할 수 있게 되는 것이다"(대판 2005.6.10. 2002다15412, 15429).

[정답] ③

문 122 근저당권에 관한 설명 중 옳지 않은 것은? (다툼이 있는 경우 판례에 의함) [변시 10회]

① 물상보증인이 근저당권의 피담보채무를 면책적으로 인수하여 근저당권 변경의 부기등기가 경료된 경우, 특별한 사정이 없는 한 그 근저당권은 그 후 물상보증인이 다른 원인으로 근저당권자에 대하여 부담하게 된 새로운 채무까지 담보하는 것은 아니다.

② 선순위의 근저당권부 채권을 양수한 자가 채권양도의 대항요건을 갖추지 않았으나 근저당권 이전의 부기등기를 마치고 근저당권 실행의 요건을 갖추어 신청한 경매절차에서 매각대금이 배당되는 경우, 후순위 근저당권자는 채권양도로 대항할 수 없는 제3자에 포함되지 않는다.

③ 근저당권의 피담보채권의 총액이 채권최고액을 초과하는 경우, 근저당권자와 채무자 겸 근저당권설정자와의 관계에 있어서는 채권 전액의 변제가 있을 때까지 근저당권의 효력이 채권최고액과는 관계없이 잔존채무에 미친다.

④ 공동근저당권자가 공동담보의 목적 부동산 일부에 대한 환가대금으로부터 피담보채권의 일부를 우선변제받은 경우, 나머지 목적 부동산에 대한 우선변제권의 범위는 피담보채권의 확정 여부와 상관없이 최초의 채권최고액에서 우선변제받은 금액을 공제한 나머지 채권최고액으로 제한된다.

⑤ 공동근저당의 목적 부동산 일부에 대한 경매가 실행되어 그 경매대가로 피담보채권 일부가 변제된 후 잔존 원본에 대한 지연이자가 다시 발생하였다면, 공동근저당권자가 공동근저당권 목적 부동산의 각 환가대금으로부터 배당받는 원본 및 지연이자의 합산액이 결과적으로 최초의 채권최고액을 초과하더라도, 그 지연이자에 대하여는 나머지 목적 부동산에 관한 경매절차에서 다시 우선변제권을 행사할 수 있다.

해설 ① [O] 기본계약상의 지위의 이전이 아니라 개별 채무만을 인수한 경우에는 **인수한 기존의 채무만이 근저당에 의해 담보된다.** 判例도 "물상보증인이 근저당권의 채무자의 계약상의 지위를 인수한 것이 아니라, 다만 그 채무만을 면책적으로 인수하고 이를 원인으로 하여 근저당권 변경의 부기등기가 경료된 경우, 특별한 사정이 없는 한 그 변경등기는 당초 채무자가 근저당권자에 대하여 부담하고 있던 것으로서 물상보증인이 인수한 채무만을 그 대상으로 하는 것이지, 그 후 채무를 인수한 물상보증인이 다른 원인으로 근저당권자에 대하여 부담하게 된 새로운 채무까지 담보하는 것으로 볼 수는 없다"(대판 2002.11.26. 2001다73022)고 하여 **결과적으로 면책적 채무인수시 종전의 근저당권은 확정된다는 입장**을 취하고 있다.

☞ '물상보증인의 의사'는 '구 채무자가 부담하고 있다가 신 채무자가 인수하게 된 채무만을 담보한다'는 의사이지 그 후 신채무자(채무인수인)가 다른 원인으로 부담하게 된 새로운 채무까지 담보하겠다는 의사로 볼 수는 없다. 따라서 **면책적 채무인수는 근저당권의 확정사유이다.**

② [○] 제450조에서의 '제3자'는 그 채권에 관하여 양수인의 지위와 양립할 수 없는 법률상의 지위를 취득한 자를 말한다. 그러나 채권양도에 의해 간접적으로 영향을 받는데 지나지 않는 '채무자의 채권자'는 제3자에 해당하지 않으며, 이들에 대해서는 확정일자 있는 증서에 의하지 않더라도 대항할 수 있다는 것이 判例의 태도이다(대판 2005.6.23, 2004다29279)
"채권양도의 대항요건의 흠결의 경우 채권을 주장할 수 없는 채무자 이외의 제3자는 양도된 채권 자체에 관하여 양수인의 지위와 양립할 수 없는 법률상 지위를 취득한 자에 한하므로, **선순위의 근저당권부채권을 양수한 채권자보다 후순위의 근저당권자는 채권양도의 대항요건을 갖추지 아니한 경우 대항할 수 없는 제3자에 포함되지 않는다**"(대판 2005.6.23, 2004다29279).

③ [○] "원래 저당권은 원본, 이자, 위약금, 채무불이행으로 인한 손해배상 및 저당권의 실행비용을 담보하는 것이며, 채권최고액의 정함이 있는 근저당권에 있어서 이러한 채권의 총액이 그 채권최고액을 초과하는 경우, 적어도 근저당권자와 채무자 겸 근저당권설정자와의 관계에 있어서는 위 채권 전액의 변제가 있을 때까지 근저당권의 효력은 채권최고액과는 관계없이 잔존채무에 여전히 미친다"(대판 2001.10.12, 2000다59081).

④ [○] ⑤ [×] " i) **공동근저당권이 설정된 목적 부동산에 대하여 동시배당이 이루어지는 경우에** 공동근저당권자는 채권최고액 범위 내에서 피담보채권을 제368조 제1항에 따라 부동산별로 나누어 각 환가대금에 비례한 액수로 배당받으며, 공동근저당권의 각 목적 부동산에 대하여 채권최고액만큼 반복하여, 이른바 **누적적으로 배당받지 아니한다.** 그렇다면 공동근저당권이 설정된 목적 부동산에 대하여 **이시배당이 이루어지는 경우에도** 동시배당의 경우와 마찬가지로 공동근저당권자가 **공동근저당권 목적 부동산의 각 환가대금으로부터 채권최고액만큼 반복하여 배당받을 수는 없다고** 해석하는 것이 제368조 제1항 및 제2항의 취지에 부합한다. ii) 그러므로 공동근저당권자가 스스로 근저당권을 실행하거나 타인에 의하여 개시된 경매 등의 환가절차를 통하여 공동담보의 목적 부동산 중 일부에 대한 환가대금 등으로부터 다른 권리자에 우선하여 피담보채권의 일부에 대하여 배당받은 경우에, 그와 같이 **우선변제받은 금액에 관하여는 공동담보의 나머지 목적 부동산에 대한 경매 등의 환가절차에서 다시 공동근저당권자로서 우선변제권을 행사할 수 없다고** 보아야 하며, **공동담보의 나머지 목적 부동산에 대하여 공동근저당권자로서 행사할 수 있는 우선변제권의 범위는 피담보채권의 확정 여부와 상관없이 최초의 채권최고액에서 위와 같이 우선변제받은 금액을 공제한 나머지 채권최고액으로 제한된다(④번지문)고 해석함이 타당하다. 그리고 이러한 법리는 채권최고액을 넘는 피담보채권이 원금이 아니라 이자·지연손해금인 경우에도 마찬가지로 적용(⑤번지문)된다**"(대판 2017.12.21. 전합2013다16992).

[정답] ⑤

문 123 **근저당권에 관한 설명 중 옳지 않은 것은?** (다툼이 있는 경우 판례에 의함) [변시 11회]

① 근저당권 설정의 당사자들이 그 목적인 토지 위에 건물이 설치되어 토지의 담보가치가 감소하는 것을 막는 것을 주요한 목적으로 하여 채권자 앞으로 지상권을 아울러 설정한 경우, 피담보채권의 소멸로 근저당권이 소멸하면 지상권은 소멸한다.

② 선순위의 근저당권부 채권의 양수인이 근저당권 이전의 부기등기를 마쳤다면, 채권양도의 대항요건을 갖추지 아니하였더라도, 후순위 근저당권자에게 채권양도로 대항할 수 있다.

③ 근저당권자가 피담보채무의 불이행을 이유로 경매신청을 한 경우에는 경매신청 시에 피담보채무가 확정되나, 경매개시결정이 있은 후에 경매신청이 취하되면 채무확정의 효과가 번복된다.

④ 후순위 근저당권자가 경매를 신청한 경우, 선순위 근저당권의 피담보채무는 경매절차에서 매수인이 매각대금을 완납한 때에 확정된다.

⑤ 甲은 乙이 운영하는 도박장에서 도박을 하던 중 도박자금이 부족해지자 乙로부터 1억원을 차용하면서 그 차용금 채무의 담보 목적으로 甲 소유 X 토지에 관하여 乙 앞으로 근저당권설정등기를 마쳐주었다. 이 경우, 甲은 乙을 상대로 위 등기의 말소를 청구할 수 있다.

해 설 ① [○] ※ 담보지상권의 소멸

"근저당권 등 담보권 설정의 당사자들이 그 목적이 된 토지 위에 차후 용익권이 설정되거나 건물 또는 공작물이 축조·설치되는 등으로써 그 목적물의 담보가치가 저감하는 것을 막는 것을 주요한 목적으로 하여 채권자 앞으로 아울러 지상권을 설정하였다면, **그 피담보채권이 변제 등으로 만족을 얻어 소멸한 경우는 물론이고 시효소멸한 경우에도 그 지상권은 피담보채권에 부종하여 소멸한다**"(대판 2011.4.14, 2011다6342).

② [○] ※ **저당권과 피담보채권을 함께 양도하면서 채권양도의 제3자에 대한 대항요건은 갖추지 않았으나 저당권의 이전등기를 마친 경우**

判例는 "채권양도의 대항요건의 흠결의 경우 채권을 주장할 수 없는 채무자 이외의 제3자는 양도된 채권 자체에 관하여 양수인의 지위와 양립할 수 없는 법률상 지위를 취득한 자에 한하므로, **선순위의 근저당권부채권을 양수한 채권자보다 후순위의 근저당권자는 채권양도의 대항요건을 갖추지 아니한 경우 대항할 수 없는 제3자에 포함되지 않는다**"고 한다(대판 2005.6.23, 2004다29279).

☞ 즉, 선순위의 근저당권부채권의 양수인은 설령 채권양도의 대항요건을 갖추지 아니하였더라도 후순위 근저당권자에게 채권양도로 대항할 수 있다.

비교판례 한편 위 判例는 채권양도의 대항요건을 갖추지 않았으나 저당권의 이전등기는 마친 양수인이 저당권에 기하여 임의경매를 신청할 수 있는지 나아가 배당을 받을 수 있는지 문제된다. 이와 관련하여 "피담보채권을 저당권과 함께 양수한 자는 저당권이전의 부기등기를 마치고 저당권실행의 요건을 갖추고 있는 한 **채권양도의 대항요건을 갖추고 있지 아니하더라도 경매신청을 할 수 있으며**, 채무자는 경매절차의 이해관계인으로서 채권양도의 대항요건을 갖추지 못하였다는 사유를 들어 경매개시결정에 대한 이의나 즉시항고절차에서 다툴 수 있고, 이 경우는 신청채권자가 대항요건을 갖추었다는 사실을 증명하여야 할 것이나, 이러한 절차를 통하여 채권 및 근저당권의 양수인의 신청에 의하여 개시된 경매절차가 실효되지 아니한 이상 그 경매절차는 적법한 것이고, 또한 그 경매신청인은 양수채권의 변제를 받을 수도 있다"(대판 2005.6.23, 2004다29279)고 한다.

③ [×] ※ **근저당권자가 경매신청을 한 경우 피담보채권액의 확정**
근저당권자가 근저당목적물에 대하여 경매신청을 함으로써 거래를 종료시키려는 의사를 표시한 경우에는 **'경매신청시'**(경매개시결정시가 아님)에 피담보채권의 원본이 **확정된다**(대판 1988.10.11, 87다카545). 그리고 **일단 근저당권자의 경매신청에 의하여 피담보채권이 확정된 이상 그 후 경매신청이 '취하'되더라도 확정의 효력에는 영향이 없다**(대판 2002.11.26, 2001다73022). 그러나 경매신청이 '각하'된 경우에는 피담보채권이 확정되지 않는다.

④ [○] ※ **제3자(후순위담보권자)가 경매신청을 한 경우 피담보채권액의 확정**
후순위 근저당권자가 경매를 신청한 경우 선순위 근저당권의 피담보채권은 그 근저당권이 소멸하는 시기, 즉 '경락인이 경락대금을 완납한 때'에 **확정된다**(대판 1999.9.21, 99다26085).

⑤ [○] ※ **불법원인급여의 '급여'**
불법의 원인으로 인하여 재산을 급여하거나 노무를 제공한 때에는 그 이익의 반환을 청구하지 못한다(제746조 본문). 여기서의 **급부는 '종국적'인 것이어야** 한다. 따라서 급부대상이 부동산인 경우에는 등기가 있어야 하고 동산인 경우에는 인도가 있어야 한다.
判例도 **급부의 수령자가 이를 실현하려면 국가의 협력 내지 법의 보호를 기다려야 하는 경우는 제746조의 급부가 아니라고 보았다.** 즉, **'도박채무의 담보로 부동산에 근저당권을 설정'**한 경우, 수령자가 그 이익을 얻으려면 경매신청을 하여야 하는 별도의 조치를 요하는 점에서 그 급부는 종국적인 것이 아니어서 말소를 청구할 수 있다고 한다(대판 1995.8.11, 94다54108).

비교판례 다만 '도박채무의 양도담보조로 이전해 준 (가등기 후) 소유권이전등기'는 제746조의 불법원인급여에 해당하여 그 말소를 청구할 수 없다고 하였다(대판 1989.9.29, 89다카5994).

[정답] ③

문 124 乙은 甲에 대한 1억 원의 채무를 담보하기 위하여 乙 소유 X토지(시가 1억 2천만 원)와 물상보증인 丙 소유 Y토지(시가 8천만 원)에 공동저당권을 설정해 주었다. X토지에 관하여 丁이 2번 저당권(피담보채권 1천만 원)을, Y토지에 관하여 戊가 2번 저당권(피담보채권 4천만 원)을 취득하였다. 이에 관한 설명 중 옳은 것(○)과 옳지 않은 것(×)을 올바르게 조합한 것은? (이자와 지연손해금, 집행비용은 고려하지 말 것. 다툼이 있는 경우에는 판례에 의함) [변시 13회]

ㄱ. X토지가 먼저 경매되어 매각대금(1억 원)으로 甲이 채권 전액을 배당받은 후 Y토지가 경매되는 경우 Y토지의 매각대금(8천만 원)에서 丁은 1천만 원을 변제받을 수 있다.
ㄴ. Y토지가 먼저 경매되어 매각대금(8천만 원)이 전액 甲에게 배당된 경우 乙은 丙에 대하여 가지고 있는 변제기가 도래한 5천만 원의 대여금채권을 丙이 乙에 대하여 취득한 구상금 채권과 상계함으로써 戊에게 대항할 수 있다.
ㄷ. 乙이 X토지를 己에게 매각하고 소유권이전등기를 마친후 乙의 일반채권자 A(채권액 1억 원)에 의하여 위 매매계약이 사해행위로 취소되어 가액배상을 하여야 하는 경우 X토지와 Y토지의 시가변동이 없다면 가액배상의 범위는 2천만 원이다.

① ㄱ(○), ㄴ(×), ㄷ(○)
② ㄱ(○), ㄴ(×), ㄷ(×)
③ ㄱ(×), ㄴ(○), ㄷ(○)
④ ㄱ(×), ㄴ(×), ㄷ(○)
⑤ ㄱ(×), ㄴ(×), ㄷ(×)

해설 ㄱ. [×] "공동저당의 목적인 채무자 소유의 부동산과 물상보증인 소유의 부동산 중 '채무자 소유의 부동산에 대하여 먼저 경매'가 이루어져 그 경매대금의 교부에 의하여 1번 공동저당권자가 변제를 받더라도, 채무자 소유의 부동산에 대한 후순위저당권자는 민법 제368조 제2항 후단에 의하여 1번 공동저당권자를 대위하여 물상보증인 소유의 부동산에 대하여 저당권을 행사할 수 없다(대결 1995.6.13. 95마500)고 판시하여 물상보증인을 우선(변제자대위 우선설)시키고 있다.

즉, 判例는 후순위저당권자의 대위규정(제368조 2항 후문)은 채무자 소유의 수 개의 부동산 또는 동일한 물상보증인 소유의 수 개의 부동산에 관하여 공동저당권이 설정된 경우에만 적용되고, 채무자 소유의 부동산과 물상보증인 소유의 부동산에 관하여 공동저당권이 설정된 경우에는 적용되지 않는다는 입장이다.

☞ 채무자 소유의 부동산에 대한 경매가 이루어져 1번 공동저당권자가 1억 원의 피담보채권 전액을 배당받은 후, 물상보증인 소유 Y토지가 경매되는 경우 그 매각대금에서 채무자 소유 부동산의 후순위저당권자인 丁은 배당받을 수 없다.

ㄴ. [×] 물상보증인 소유 부동산의 후순위저당권자가 물상대위를 하는 경우, "채무자는 물상보증인에 대한 반대채권이 있더라도 특별한 사정이 없는 한 물상보증인의 구상금 채권과 상계함으로써 물상보증인 소유의 부동산에 대한 후순위저당권자에게 대항할 수 없다. 채무자는 선순위공동저당권자가 물상보증인 소유의 부동산에 대해 먼저 경매를 신청한 경우에 비로소 상계할 것을 기대할 수 있는데, 이처럼 우연한 사정에 의하여 좌우되는 상계에 대한 기대가 물상보증인 소유의 부동산에 대한 후순위저당권자가 가지는 법적 지위에 우선할 수 없다"(대판 2017.4.26. 2014다221777,221784)

ㄷ. [X] 수 개의 부동산 중 일부는 채무자의 소유이고 다른 일부는 물상보증인의 소유인 경우에는, 물상보증인이 민법 제481조, 제482조의 규정에 따른 변제자대위에 의하여 채무자 소유의 부동산에 대하여 저당권을 행사할 수 있는 지위에 있는 점 등을 고려할 때, 그 물상보증인이 채무자에 대하여 구상권을 행사할 수 없는 특별한 사정이 없는 한 **채무자 소유의 부동산이 부담하는 피담보채권액은 채무자 소유 부동산의 가액을 한도로 한 공동저당권의 피담보채권액 전액이고, 물상보증인 소유의 부동산이 부담하는 피담보채권액은 공동저당권의 피담보채권액에서 위와 같은 채무자 소유의 부동산이 부담하는 피담보채권액을 제외한 나머지라고 봄이 상당하다.** 이러한 법리는 하나의 공유부동산 중 일부 지분이 채무자의 소유이고, 다른 일부 지분이 물상보증인의 소유인 경우에도 마찬가지로 적용된다(대판 2013.7.18. 전합2012다5643)

아울러 가액상환에서 가액은 '사해행위가 성립하는 범위 내'에서 **'사실심변론종결시'**(사해행위시가 아님)를 기준으로 하여 산정된다(대판 2001.12.27. 2001다33734). 가액배상은 **㉠ 채권자의 피보전채권액**(사해행위 당시를 기준으로 하되 사실심변론종결시까지의 이자나 지연손해금은 포함)과 **㉡ 목적물의 공동담보가액**(책임재산=사해행위의 범위) **중 적은 금액을 한도로** 이루어진다.

☞ 따라서 사안의 경우 ㉠ A의 피보전채권액 1억과 ㉡ 공동담보의 목적이 되는 책임재산의 범위인 (X토지의 시가 1억 2천에서 우선변제권이 확보된 1순위 甲의 1억 + 2순위 丁의 1천만 원을 공제한) 1천만 원 중 적은 금액인 1천만 원이 가액배상의 범위가 된다.

[정답] ⑤

문 125 **乙은 甲과의 계속적 물품 거래에 따른 채무를 담보하기 위하여 채무자 乙소유 X토지에 채권최고액 1억 원인 근저당권을 설정해 주었다. 乙의 친구 丙은 乙의 위 채무를 담보하기 위하여 丙소유 Y건물에 채권최고액 1억 원인 근저당권을 설정하였다. 그 후 X토지에 관하여 丁이 2번 저당권(피담보채권 8,000만 원)을 취득하였다. 乙의 채무불이행으로 물품 거래가 종료된 후 甲의 신청에 따라 Y건물이 먼저 경매되었고, 당시 甲의 물품대금채권은 1억 1,000만 원(원금 1억 원, 지연손해금 1,000만 원)이었으며, 매각대금 8,000만 원은 전액 甲에게 배당되었다(지연손해금 1,000만 원, 원금 7,000만 원에 충당됨). 그 후 甲의 신청에 따라 X토지가 경매되었고, 당시 甲의 채권은 3,500만 원(원금 3,000만 원, 지연손해금 500만 원)이었으며, 매각대금은 7,500만 원이었다. 이에 관한 설명 중 옳은 것을 모두 고른 것은?** (집행비용은 고려하지 않음. 각 지문은 독립적이며, 다툼이 있는 경우 판례에 의함) [변시 13회]

ㄱ. X토지와 Y건물의 근저당권이 공동근저당권인 경우 甲은 X토지의 경매대금에서 2,000만 원을 배당받을 수 있다.

ㄴ. X토지와 Y건물의 근저당권이 피담보채권을 누적적으로 담보하는 근저당권인 경우 甲은 X토지의 경매대금에서 3,500만 원을 배당받을 수 있다.

ㄷ. X토지와 Y건물의 근저당권이 피담보채권을 누적적으로 담보하는 근저당권인 경우 丁은 X토지의 경매대금에서 4,000만 원을 배당받을 수 있다.

① ㄴ
② ㄱ, ㄴ
③ ㄱ, ㄷ
④ ㄴ, ㄷ
⑤ ㄱ, ㄴ, ㄷ

해설 ㄱ. [O] 공동근저당에 관하여도 공동저당에 관한 제368조가 적용되고, 공동근저당권자가 스스로 근저당권을 실행한 경우는 물론이며 타인에 의하여 개시된 경매·공매 절차, 수용 절차 또는 회생절차 등(이하 '경매 등의 환가절차'라 한다)에서 환가대금 등으로부터 다른 권리자에 우선하여 피담보채권의 일부에 대하여 배당받은 경우에도 적용된다"(대판 2017.12.21. 전합2013다16992).

"ⅰ) 공동근저당권이 설정된 목적 부동산에 대하여 동시배당이 이루어지는 경우에 공동근저당권자는 채권최고액 범위 내에서 피담보채권을 제368조 제1항에 따라 부동산별로 나누어 각 환가대금에 비례한 액수로 배당받으며, 공동근저당권의 각 목적 부동산에 대하여 채권최고액만큼 반복하여, 이른바 누적적으로 배당받지 아니한다. 그렇다면 공동근저당권이 설정된 목적 부동산에 대하여 이시배당이 이루어지는 경우에도 동시배당의 경우와 마찬가지로 공동근저당권자가 공동근저당권 목적 부동산의 각 환가대금으로부터 채권최고액만큼 반복하여 배당받을 수는 없다고 해석하는 것이 제368조 제1항 및 제2항의 취지에 부합한다. ⅱ) 그러므로 공동근저당권자가 스스로 근저당권을 실행하거나 타인에 의하여 개시된 경매 등의 환가절차를 통하여 공동담보의 목적 부동산 중 일부에 대한 환가대금 등으로부터 다른 권리자에 우선하여 피담보채권의 일부에 대하여 배당받은 경우에, 그와 같이 우선변제받은 금액에 관하여는 공동담보의 나머지 목적 부동산에 대한 경매 등의 환가절차에서 다시 공동근저당권자로서 우선변제권을 행사할 수 없다고 보아야 하며, 공동담보의 나머지 목적 부동산에 대하여 공동근저당권자로서 행사할 수 있는 우선변제권의 범위는 피담보채권의 확정 여부와 상관없이 최초의 채권최고액에서 위와 같이 우선변제받은 금액을 공제한 나머지 채권최고액으로 제한된다고 해석함이 타당하다"(대판 2017.12.21. 전합2013다16992) "그리고 위와 같은 법리는 채권최고액을 넘는 피담보채권이 원금이 아니라 이자·지연손해금인 경우에도 마찬가지로 적용된다"(대판 2017.12.21. 전합2013다16992)

☞ 甲의 우선변제권이 확보된 피담보채권액은 1억 원이고, Y건물에 대한 경매절차에서 매각대금 8천만 원은 甲의 피담보채권인 지연손해금 1천만 원 및 원금 7천만 원에 충당되었으므로, 위 8천만 원에 관하여는 공동담보의 나머지 목적 부동산인 X건물에 대한 경매에서 다시 우선변제권을 행사할 수 없다. 즉, 甲이 X 건물에 대하여 행사할 수 있는 우선변제권의 범위는 최초의 채권최고액 1억 원에서 우선변제받은 8천만 원을 공제한 나머지 2천만 원으로 제한된다.

ㄴ. [O] "누적적 근저당권은 공동근저당권과 달리 담보의 범위가 중첩되지 않으므로, 누적적 근저당권을 설정받은 채권자는 여러 개의 근저당권을 동시에 실행할 수도 있고, 여러 개의 근저당권 중 어느 것이라도 먼저 실행하여 그 채권최고액의 범위에서 피담보채권의 전부나 일부를 우선변제받은 다음 피담보채권이 소멸할 때까지 나머지 근저당권을 실행하여 그 근저당권의 채권최고액 범위에서 반복하여 우선변제를 받을 수 있다"(대판 2020.4.9. 2014다51756,51763)

☞ 甲은 X 건물에 대하여 그 채권최고액 1억 원의 범위 내에서, 현재 피담보채권액 3천5백만 원을 전부 우선하여 배당받을 수 있다.

ㄷ. [X] 채권자가 하나의 기본계약에서 발생하는 동일한 채권을 담보하기 위하여 채무자 소유의 부동산과 물상보증인 소유의 부동산에 누적적 근저당권을 설정받았는데 물상보증인 소유의 부동산이 먼저 경매되어 매각대금에서 채권자가 변제를 받은 경우, 물상보증인은 채무자에 대하여 구상권을 취득함과 동시에 민법 제481조, 제482조에 따라 종래 채권자가 가지고 있던 채권 및 담보에 관한 권리를 행사할 수 있다. 이때 물상보증인은 변제자대위에 의하여 종래 채권자가 보유하던 채무자 소유 부동산에 관한 근저당권을 대위취득하여 행사할 수 있다(대판 2020.4.9. 2014다51756,51763)

☞ 사안에서 丙의 변제자대위(8천만 원)를 고려하여야 하므로, 채무자 소유 부동산인 X토지의 후순위근저당권자인 丁에게 배당될 금액은 없음에 주의하여야 한다.

[정답] ②

제4절 비전형담보물권

문 126 가등기담보에 관한 설명 중 옳지 않은 것은? (다툼이 있는 경우 판례에 의함) [변시 13회]

① 「가등기담보 등에 관한 법률」(이하 '가등기담보법'이라고 한다)에 따라 담보가등기를 마친 부동산에 대하여 강제경매개시결정이 있는 경우 그 경매신청이 청산금을 지급하기 전(청산금이 없는 경우에는 청산기간이 지나기 전)에 행하여졌다면 담보가등기권리자는 그 가등기에 따른 본등기를 청구할 수 없다.

② 가등기담보법에 따른 청산절차를 위반하여 담보가등기에 기한 본등기가 이루어진 경우 담보목적 부동산에 관하여 진행된 경매절차에서 매수인이 본등기가 무효인 사실을 알지 못한 채 부동산을 매수하여 소유권을 취득하였다면 채무자는 더 이상 채권자에 대하여 피담보채무액 전부를 변제하고 그 본등기의 말소를 청구할 수 없다.

③ 금전소비대차에 기한 차용금반환채무와 그 외의 원인으로 발생한 채무를 동시에 담보할 목적으로 가등기가 경료된 후 후자의 채무가 변제 기타의 사유로 소멸하고 금전소비대차에 기한 차용금반환채무만 남게 된 경우 그 가등기담보에 가등기담보법이 적용되지 아니한다.

④ 가등기담보법에 따른 청산절차를 거치지 않고 마쳐진 본등기가 무효인 경우 채무자가 담보목적부동산에 관하여 채권자와 임대차계약을 체결하고 채권자에게 차임을 지급하였다면 위 차임은 특별한 사정이 없는 한 피담보채무의 변제에 충당된 것으로 보아야 한다.

⑤ 가등기담보권의 사적 실행에서 채권자가 청산금 지급 이전에 본등기와 담보목적물의 인도를 받을 수 있다거나 청산기간이나 동시이행관계를 인정하지 아니하는 방식의 담보권실행은 가등기담보법상 허용되지 아니한다.

해설 ① [○] 담보가등기를 마친 부동산에 대하여 강제경매등의 개시 결정이 있는 경우에 그 경매의 신청이 청산금을 지급하기 전에 행하여진 경우(청산금이 없는 경우에는 청산기간이 지나기 전)에는 담보가등기권리자는 그 가등기에 따른 본등기를 청구할 수 없다(가등기담보법 제14조).

② [○] "**가등기담보법 제3조, 제4조의 청산절차를 위반하여 이루어진 담보가등기에 기한 본등기가 무효라고 하더라도 선의의 제3자가 그 본등기에 터 잡아 소유권이전등기를 마치는 등으로** 담보목적부동산의 소유권을 취득하면, **채무자 등은 더 이상 가등기담보법 제11조 단서 후문에 따라 채권자를 상대로 그 본등기의 말소를 청구할 수 없게 된다.** 이 경우 그 반사적 효과로서 무효인 채권자 명의의 본등기는 그 등기를 마친 시점으로 소급하여 확정적으로 유효하게 되고, 이에 따라 담보목적부동산에 관한 채권자의 가등기담보권은 소멸하며, 청산절차를 거치지 않아 무효였던 채권자의 위 본등기에 터 잡아 이루어진 등기 역시 소급하여 유효하게 된다고 보아야 한다. 다만 이 경우에도 채무자 등과 채권자 사이의 청산금 지급을 둘러싼 채권 · 채무 관계까지 모두 소멸하는 것은 아니고,

채무자 등은 채권자에게 청산금의 지급을 청구할 수 있다"(대판 2021.10.28. 2016다248325).

③ [×] "**금전소비대차나 준소비대차에 기한 차용금반환채무와 그 외의 원인으로 발생한 채무를 동시에 담보할 목적으로** 경료된 가등기나 소유권이전등기라도 **그 후 후자의 채무가 변제 기타의 사유로 소멸하고** 금전소비대차나 준소비대차에 기한 차용금반환채무의 전부 또는 일부만이 남게 된 경우에는 **그 가등기담보나 양도담보에 가등기담보 등에 관한 법률이 적용된다**"(대판 2004.4.27. 2003다29968)

④ [○] "**담보가등기에 기하여 마쳐진 본등기가 무효인 경우**(가담법 제3조, 제4조), 담보목적 부동산에 대한 **소유권은 담보가등기 설정자인 채무자** 등에게 있고 소유권의 권능 중 하나인 사용수익권도 당연히 담보가등기 설정자가 보유한다. 따라서 **채무자가 자신이 소유하는 담보목적 부동산에 관하여 채권자와 임대차계약을 체결하고 채권자에게 차임을 지급하거나 채무자가 자신과 임대차계약을 체결하고 있는 임차인으로 하여금 채권자에게 차임을 지급하도록 하여 채권자가 차임을 수령하였다면**, 채권자와 채무자 사이에 위 차임을 피담보채무의 변제와는 무관한 별개의 것으로 취급하기로 약정하였거나 달리 차임이 피담보채무의 변제에 충당되었다고 보기 어려운 특별한 사정이 없는 한 **위 차임은 피담보채무의 변제에 충당된 것으로** 보아야 한다"(대판 2019.6.13. 2018다300661).

⑤ [○] 청산금의 지급채무와 가등기에 기한 본등기 및 인도의무의 이행은 동시이행의 관계에 있다(동법 제4조 3항). 이에 반하는 특약으로서 채무자등에게 불리한 것은 그 효력이 없다(동법 제4조 4항 본문)

[정답] ③

문 127 **「가등기담보 등에 관한 법률」의 내용에 관한 설명 중 옳지 않은 것은?** (다툼이 있는 경우 판례에 의함)

[변시 4회]

① 「가등기담보 등에 관한 법률」은 매매대금채권을 담보하기 위하여 가등기를 한 경우에는 적용되지 않는다.

② 채권자가 주관적으로 평가한 청산금의 액수가 정당하게 평가된 청산금의 액수에 미치지 못하여도 담보권 실행 통지로서의 효력이나 청산기간의 진행에는 아무런 영향이 없다.

③ 채권자는 자신이 통지한 청산금의 금액에 대하여 다툴 수 있다.

④ 가등기담보권자와 채무자의 특약으로 청산절차 없이 본등기가 이루어졌다면, 그러한 본등기는 약한 의미의 양도담보로서의 효력도 없다.

⑤ 가등기담보권 실행 통지의 상대방이 수인일 때 일부에 대한 통지가 누락될 경우, 청산기간이 진행되지 않는다.

해설 ① [○] **「가등기담보 등에 관한 법률」 제1조(목적)** 「이 법은 차용물의 반환에 관하여 차주가 차용물을 갈음하여 다른 재산권을 이전할 것을 예약할 때 그 재산의 예약 당시 가액이 차용액과 이에 붙인 이자를 합산한 액수를 초과하는 경우에 이에 따른 담보계약과 그 담보의 목적으로 마친 가등기 또는 소유권이전등기의 효력을 정함을 목적으로 한다.」

☞ 가등기담보법 제1조의 문언상 금전소비대차 또는 준소비대차로 인한 차용금채무를 담보하기

위하여 소유권이전등기 또는 가등기가 마쳐진 경우에만 적용되는 것으로 되어 있지만(대판 1997.3.11. 96다50797) 피담보채권이 매매대금채권, 공사대금채권 등인 경우 동법이 유추적용될 수 없는지 문제된다. 관련하여 判例는 **"가등기담보법 제1조를 근거로 피담보채무가 매매대금채권인 경우에는 가담법이 적용되지 않으며,** 주된 목적이 매매대금채권의 확보에 있고 대여금채권의 확보는 부수적 목적인 경우라도 가담법이 적용되지 않는다"고 한다(대판 2002.12.24. 2002다50484).

② [○] ⑤ [○] 변제기 후 채무자 등에게 '통지 당시'의 청산금의 '평가액'을 통지하여야 한다(동법 제3조 1항 1문). "이때의 채무자 등에는 채무자와 물상보증인 뿐만 아니라 담보가등기 후 소유권을 취득한 제3취득자가 포함되는 것이므로(제2조 제2호), **위 통지는 이들 모두에게 하여야 하는 것으로서 채무자 등의 전부 또는 일부에 대하여 위 통지를 하지 않으면 청산기간이 진행할 수 없게 되고,** 따라서 가등기담보권자는 그 후 적절한 청산금을 지급하였다 하더라도 가등기에 기한 본등기를 청구할 수 없으며, 양도담보의 경우에는 그 소유권을 취득할 수 없다"(대판 1995.4.28. 94다36162).

청산금이 없다고 인정되는 때에는 그 뜻을 통지하여야 한다(동법 제3조 제1항 2문). 평가액은 채권자의 주관적인 평가액이다. 통지의 방법에는 제한이 없으나 청산기간의 명확화를 위해 서면으로 하는 것이 바람직하다. **채권자가 이와 같이 나름대로 평가한 청산금의 액수가 객관적인 청산금의 평가액에 미치지 못한다고 하더라도 담보권 실행의 통지로서의 효력이나 청산기간의 진행에는 아무런 영향이 없다**(대판 1996.7.30. 96다6974).

③ [×] 청산기간이 경과한 후, 채권자는 '통지 당시'를 기준으로 한 청산금의 '객관적 가액'을 채무자 등에게 지급하여야 한다(동법 제4조 제1항 1문). 다만 채권자는 그가 통지한 청산금의 '평가액'이 '객관적인 가액'보다 크다는 이유로 청산금의 수액을 다툴 수 없다(동법 제9조 참조).

④ [○] 청산금의 지급채무와 가등기에 기한 본등기 및 인도의무의 이행은 동시이행의 관계에 있다(동법 제4조 3항). 이에 반하는 특약으로서 채무자등에게 불리한 것은 그 효력이 없다(동법 제4조 4항 본문). 따라서 청산금의 지급 없이 담보가등기에 기한 본등기가 이루어진 경우 그 본등기는 무효이고, 이른바 약한 의미의 양도담보로서 존속하는 것이 아니다. 다만, 그 후 동법 소정의 절차에 따라 청산절차를 마치면 그 소유권이전등기는 실체관계에 부합하는 유효한 등기가 된다(아래 2002다42001판결).

[관련판례] "가등기 담보 등에 관한 법률 제3조, 제4조의 각 규정에 비추어 볼 때 그 각 규정을 위반하여 담보가등기에 기한 본등기가 이루어진 경우에는 그 **본등기는 무효**라고 할 것이고, 설령 그와 같은 본등기가 가등기권리자와 채무자 사이에 이루어진 특약에 의하여 이루어졌다고 할지라도 만일 그 특약이 채무자에게 불리한 것으로서 무효라고 한다면 그 본등기는 여전히 무효일 뿐, **이른바 약한 의미의 양도담보로서 담보의 목적 내에서는 유효하다고 할 것이 아니고,** 다만 가등기권리자가 가등기담보등에관한법률 제3조, 제4조에 정한 절차에 따라 청산금의 평가액을 채무자 등에게 통지한 후 채무자에게 정당한 청산금을 지급하거나 지급할 청산금이 없는 경우에는 채무자가 그 통지를 받은 날로부터 2월의 청산기간이 경과하면 위 무효인 본등기는 실체적 법률관계에 부합하는 유효한 등기가 될 수 있다"(대판 2002.12.10. 2002다42001).

[정답] ③

문 128 甲은 乙로부터 금전을 차용하면서 만약 변제기에 채무를 변제하지 못하면 甲 소유인 X 토지에 관한 소유권을 乙에게 이전하기로 약정하고, 이를 담보하기 위하여 X 토지에 관하여 乙 명의로 가등기를 경료하여 주었다. 위 약정 당시 X 토지의 시가는 채무 원리금액을 훨씬 초과하였다. 이에 관한 설명 중 옳은 것(○)과 옳지 않은 것(×)을 올바르게 조합한 것은?

(각 지문은 독립적이며, 다툼이 있는 경우 판례에 의함) [변시 7회]

ㄱ. 변제기에 甲이 채무원리금을 변제하고자 하였으나 乙이 수령을 거부하자 甲이 가등기 말소에 필요한 서류 일체의 교부를 반대급부로 하여 그때까지의 채무원리금을 변제공탁 하였다면 이 공탁은 적법하다.

ㄴ. 가등기 설정 당시, 이행지체가 발생하는 경우 청산절차 없이 가등기에 기한 본등기를 경료하기로 특약을 맺었는데, 그 후 이행지체가 발생하자 乙은 위 특약에 따라 X 토지에 관하여 乙 앞으로 위 가등기에 기한 소유권이전등기를 경료하였다. 이 경우 乙은 X 토지의 소유권을 취득한 것이 아니지만 이 소유권이전등기는 약한 의미의 양도담보로서의 효력을 갖는다.

ㄷ. 甲이 채무원리금의 지급을 지체하는 경우 乙은 X 토지에 관하여 담보권 실행을 위한 경매를 신청할 수 있다.

① ㄱ(×), ㄴ(×), ㄷ(○)
② ㄱ(○), ㄴ(×), ㄷ(○)
③ ㄱ(○), ㄴ(○), ㄷ(○)
④ ㄱ(×), ㄴ(○), ㄷ(×)
⑤ ㄱ(○), ㄴ(○), ㄷ(×)

해설 ㄱ. [X] ※ 조건부 공탁

"채무담보를 위하여 근저당권설정등기, 가등기 등이 경료되어 있는 경우 그 채무의 변제의무는 그 등기의 말소의무보다 선행되는 것이며, 채무의 변제와 그 등기말소절차의 이행을 교환적으로 구할 수 없으므로, 그 등기의 각 말소등기절차이행에 소요되는 일체의 서류를 교부할 것을 반대급부로 하여 한 변제공탁은 채무의 본지에 따른 것이라 할 수 없다"(대판 1991.4.12, 90다9872).

ㄴ. [X] ※ 가등기담보권의 실행 - 청산금의 지급

청산금의 지급채무와 가등기에 기한 본등기 및 인도의무의 이행은 동시이행의 관계에 있다(가등기담보 등에 관한 법률 제4조 3항). 이에 반하는 특약으로서 채무자등에게 불리한 것은 그 효력이 없다(동법 제4조 4항 본문)[다만 청산기간 경과 후에 행하여진 특약으로서 제3자의 권리를 해하지 아니하는 것은 그러하지 아니하다(동법 제4조 4항 단서)]. 따라서 청산금의 지급 없이 담보가등기에 기한 본등기가 이루어진 경우 그 본등기는 무효이고, 이른바 **약한 의미의 양도담보로서 존속하는 것이 아니다**(대판 1994.1.25, 92다20132).

참고판례 다만, 그 후 동법 소정의 절차에 따라 청산절차를 마치면 그 소유권이전등기는 실체관계에 부합하는 유효한 등기가 된다(대판 2002.12.10, 2002다42001).

ㄷ. [○] ※ 가등기담보권의 실행 - 경매의 청구

가등기담보 등에 관한 법률 제12조(경매의 청구) 「①항 담보가등기권리자는 그 선택에 따라

제3조에 따른 담보권을 실행하거나 담보목적부동산의 경매를 청구할 수 있다. 이 경우 경매에 관하여는 담보가등기권리를 저당권으로 본다.」

[정답] ①

문 129 **甲 소유의 X 부동산에 관하여 乙의 가등기가 마쳐져 있었는데, 丙은 이를 매수하여 인도받고 그 소유권이전등기를 마친 다음 X를 개량하기 위하여 유익비를 지출하였다. 다음 설명 중 옳은 것은?** (다툼이 있는 경우에는 판례에 의함) [변시 1회]

① 乙은 가등기에 기하여 본등기를 하기 전이라도 丙을 상대로 하여 소유권이전등기의 말소를 청구할 수 있다.

② 乙의 본등기로 소유권을 상실한 丙은 그 소유자로 등기되었을 당시에 지출한 유익비에 기하여 유치권을 행사할 수 있다.

③ 丙 명의의 소유권이전등기가 마쳐진 이상 乙이 가등기에 기하여 본등기를 청구하려면 丙을 상대로 하여야 한다.

④ 乙의 가등기가 담보가등기인 경우, X에 대한 예약 당시의 시가가 그 피담보채권액에 미치지 못한다고 하더라도, 乙은 본등기를 하면서 甲에게 「가등기담보 등에 관한 법률」에 따른 청산금평가액의 통지 및 청산금지급 등의 절차를 이행하여야 적법한 소유권을 취득한다.

⑤ 乙의 가등기가 담보가등기인 경우, 「가등기담보 등에 관한 법률」의 규정에 따른 청산절차 진행 전에 신청된 강제경매절차에서 丁이 그 소유권을 취득하였다고 하더라도, 乙이 그 후에 위 법률에 따른 청산절차를 마치면 乙은 적법한 소유권을 취득할 수 있다.

해 설 ① [X] ③ [X] 判例에 따르면 **가등기만으로는 실체법적인 효력이 없으므로** 본등기 전에는 丙을 상대로 말소등기를 청구할 수 없고(제214조), 가등기에 의한 본등기 청구는 등기명의자인 丙이 아니라 가등기의무자인 전소유자 甲에게 행사해야 한다고 한다(대결 1962.12.24. 전합4294민재항675).

② [O] "가등기가 되어있는 부동산 소유권을 이전받은 甲이 그 부동산에 대하여 필요비나 유익비를 지출한 것은 가등기에 의한 본등기가 경유됨으로써 가등기 이후의 저촉되는 등기라 하여 직권으로 말소를 당한 소유권이전등기의 명의자 甲 과 본등기 명의자인 乙 내지 그 특별승계인인 丙 과의 법률관계는 **결과적으로 타인의 물건에 대하여 甲이 그 점유기간 내에 비용을 투입한 것이 된다고 보는 것이 상당하다**"결국 甲에게 비용상환청구권을 위한 유치권이 인정된다는 뜻이다(유치권의 목적이 될 수 있는 것은 '타인 소유'의 물건이다)(대판 1976.10.26. 76다2079)

④ [X] 가등기담보 등에 관한 법률(이하 가담법)은 대상 부동산의 예약 당시 가액이 차용액과 이자를 합산한 액수를 넘는 경우 적용된다(가담법 제1조).
"가등기담보부동산에 대한 매매예약당시의 시가가 그 피담보채무액에 미치지 못하는 경우에는 가등기담보등에관한법률 제3조가 정하는 청산금의 평가액의 통지를 할 여지가 없다 할 것이다"(대결 1990.1.23. 89다카21125)

⑤ [X] 담보가등기는 강제경매 개시 결정이 있는 경우 그 경매 신청이 청산금을 지급하기 전에 행하여진 경우에는 가등기에 따른 본등기를 청구할 수 없다(가담법 제14조).

[정답] ②

문 130 **甲은 2008. 7. 10. 乙에게 1억 5,000만 원을 대여하면서 그 채권을 담보하기 위해 이행기인 2009. 7. 10.까지 채무를 이행하지 않으면 乙 소유의 시가 4억 원인 X 부동산을 甲에게 이전하기로 하는 내용의 계약을 체결하고 2008. 7. 15. 소유권이전등기청구권의 가등기를 마쳤다. 다음 설명 중 옳은 것은?** (다툼이 있는 경우에는 판례에 의함) [변시 1회]

① 乙로부터 변제를 받지 못한 甲은 X의 소유권을 취득하는 귀속청산에 의하거나 제3자에 대한 양도를 통한 처분청산에 의하여 가등기담보권을 실행할 수 있다.

② 담보권의 실행통지에 있어서 甲이 주관적으로 평가한 청산금 액수(X의 가액과 피담보채권액의 차액)를 명시하였으나 이것이 객관적인 청산금 액수에 미치지 못하는 때에는 통지로서의 효력이 없다.

③ 甲이 청산절차를 거치지 않고 행한 본등기는 무효이지만, 당사자의 특약에 의한 때에는 약한 의미의 양도담보로서 담보목적범위 내에서는 효력이 있다.

④ 만약 甲, 乙, 丙 3자의 합의에 의해 丙의 명의로 가등기를 한 경우, 비록 丙에게 채권이 실질적으로 귀속되었더라도 이는 담보물권의 부종성에 반하며 실권리자 아닌 자 명의의 등기로서 효력이 없다.

⑤ 만약 위 계약 당시 이미 X 위에 乙의 丁에 대한 3억 원의 채무를 담보하는 저당권이 설정되어 있었다면, 甲이 청산절차를 거치지 않았다는 이유만으로 가등기에 기한 본등기가 무효인 것은 아니다.

해설 ① [X] 가등기담보등에 관한 법률은 채무불이행이 생긴 때에 이전하기로 한 부동산의 '예약당시의 가액'이 차용액과 그에 붙인 이자의 합산액을 넘는 경우에 관하여 당해 법을 적용하고 있다(동법 제1조). 따라서 담보목적물인 X부동산의 예약당시의 가액이 시가 4억 원으로 피담보채권인 1억 5,000만 원을 초과하므로 가담법의 적용대상이다. 가등기담보권을 실행하는 방법으로는 '귀속청산'(채권자가 목적물의 가액에서 채권액을 공제한 나머지를 반환하고 그 목적물의 소유권을 취득하는 것)과 '처분청산'(채권자가 목적물을 제3자에게 처분하여 그 환가대금에서 자기채권의 만족을 취하는 것)이 있는데, **判例는 '가담법상의 처분청산'은 경매를 통한 공적실행을 의미하며 사적실행에 따른 처분청산은 인정되지 않는다고** 한다(대판 2002.12.10. 2002다42001)

② [X] "채권자가 나름대로 평가한 **청산금의 액수가 객관적인 청산금의 평가액에 미치지 못한다고 하더라도 담보권 실행의 통지로서의 효력이나 청산기간의 진행에는 아무런 영향이 없고,** 다만 채무자 등은 정당하게 평가된 청산금을 지급 받을 때까지 목적부동산의 소유권이전등기 및 인도 채무의 이행을 거절하면서 피담보채무 전액을 채권자에게 지급하고 채권담보의 목적으로 마쳐진 가등기의 말소를 구할 수 있을 뿐이다"(대판 1996.7.30. 96다6974,6981)

③ [×] "가등기담보등에관한법률 제3조, 제4조의 각 규정에 비추어 볼 때 그 각 규정을 위반하여 담보가등기에 기한 본등기가 이루어진 경우에는 그 본등기는 무효라고 할 것이고, 설령 그와 같은 본등기가 가등기권리자와 채무자 사이에 이루어진 특약에 의하여 이루어졌다고 할지라도 만일 그 특약이 채무자에게 불리한 것으로서 무효라고 한다면 그 본등기는 여전히 무효일 뿐, 이른바 약한 의미의 양도담보로서 담보의 목적 내에서는 유효하다고 할 것이 아니고, 다만 가등기권리자가 가등기담보등에관한법률 제3조, 제4조에 정한 절차에 따라 청산금의 평가액을 채무자 등에게 통지한 후 채무자에게 정당한 청산금을 지급하거나 지급할 청산금이 없는 경우에는 채무자가 그 통지를 받은 날로부터 2월의 청산기간이 경과하면 위 무효인 본등기는 실체적 법률관계에 부합하는 유효한 등기가 될 수 있다"(대판 2002.12.10. 2002다42001)

④ [×] 判例는 '담보물권의 성립상 부종성'을 완화하여 ⅰ) 채권자와 채무자 및 제3자 사이에 합의가 있고, ⅱ) 제3자에게 그 채권이 실질적으로 귀속되었다고 볼 수 있는 특별한 사정이 있다면, 제3자 명의의 담보물권(저당권, 전세권, 담보가등기 등)도 유효하다고 한다(대판 2000.12.12. 2000다49879)

⑤ [○] 判例에 따르면 가담법 제1조의 '부동산의 예약당시의 가액'을 정함에 있어 차주의 재산에 선순위 근저당권이 설정되어 있는 경우에는 위 피담보채무액을 공제한 가액을 위 법조 소정의 재산가액으로 보는 것이 타당하다고 한다. 따라서 담보목적물인 X부동산의 예약당시의 가액인 시가 4억 원에서 선순위 저당권자 丁의 피담보채권액 3억 원을 공제한 1억 원을 가담법 제1조의 '부동산의 예약당시의 가액'으로 보아야 한다. 그러므로 ① 지문에서 검토한 바와 같이 부동산의 예약당시의 가액이 담보가등기의 피담보채권액 1억 5천만 원에 미치지 못하게 되어 가담법이 적용되지 않는다. 그렇다면 청산절차를 거치지 않더라도 가등기에 기한 본등기가 무효인 것은 아니다.

관련판례 "가등기담보 등에 관한 법률은 재산권 이전의 예약에 의한 가등기담보에 있어서 재산의 예약 당시의 가액이 차용액 및 이에 붙인 이자의 합산액을 초과하는 경우에 적용되는바, 재산권 이전의 예약 당시 재산에 대하여 선순위 근저당권이 설정되어 있는 경우에는 재산의 가액에서 피담보채무액을 공제한 나머지 가액이 차용액 및 이에 붙인 이자의 합산액을 초과하는 경우에만 적용된다. 가등기담보 등에 관한 법률이 적용되지 않는 경우에도 채권자가 채권담보의 목적으로 부동산에 가등기를 경료하였다가 그 후 변제기까지 변제를 받지 못하여 위 가등기에 기한 소유권이전의 본등기를 경료한 경우에는, 당사자들 사이에 채무자가 변제기에 피담보채무를 변제하지 아니하면 채권채무관계는 소멸하고 부동산의 소유권이 확정적으로 채권자에게 귀속된다는 명시의 특약이 없는 한, 그 본등기도 채권담보의 목적으로 경료된 것으로서 정산절차를 예정하고 있는 이른바 '약한 의미의 양도담보'가 된다. 그리고 이와 같이 약한 의미의 양도담보가 된 경우에는 채무의 변제기가 도과한 후에도 채권자가 담보권을 실행하여 정산절차를 마치기 전에는 채무자는 언제든지 채무를 변제하고 채권자에게 위 가등기 및 그 가등기에 기한 본등기의 말소를 청구할 수 있다"(대판 2006.8.24. 2005다61140)

[정답] ⑤

문 131 甲은 乙로부터 금전을 차용하고, 만약 변제기에 채무를 변제하지 못하면 甲이 소유하는 X 토지의 소유권을 乙에게 이전하기로 하는 내용의 약정을 체결하였다. 그 약정 당시 X 토지의 시가는 원금과 변제기까지의 이자의 합산액을 훨씬 상회하고 있었다. 옳은 것을 모두 고른 것은? (각 지문은 독립적이며, 다툼이 있는 경우 판례에 의함) [변시 5회]

ㄱ. 甲은 위 약정시에 위 채무의 담보로 乙에게 X 토지에 관한 소유권이전등기를 마쳤다. 변제기에 甲이 채무를 변제하지 못하자 乙은 변제기 다음 날 청산절차를 거치지 않은 채 이러한 사실을 모르는 丙에게 X 토지를 매도하고 소유권이전등기를 마쳐주었다. 이 경우 甲은 채무액을 변제하고 丙의 등기를 말소할 수 없다.

ㄴ. 甲은 위 약정시에 위 채무를 담보하기 위하여 乙에게 X 토지에 관한 가등기를 마쳐주었다. 변제기에 甲이 채무를 변제하지 못하자 乙은 그 다음 날 甲에게 적법한 청산통지를 하고 정당하게 산정된 청산금을 지급한 다음, 미리 받아둔 서류를 이용하여 본등기를 마쳤다. 그로부터 4개월 후 甲은 채무액을 변제하고 乙의 본등기를 말소할 수 없다.

ㄷ. 甲은 위 약정시에 위 채무를 담보하기 위하여 乙에게 X 토지에 관한 가등기를 마쳐주었다. 위 가등기 전에 X 토지에 관하여 甲의 채권자 丙 명의로 근저당권이 설정되어 있었다. 甲이 乙에게 채무를 변제하지 못한 상태에서 변제기로부터 6개월이 경과한 시점에 丙의 신청에 따라 위 근저당권에 기한 경매가 개시되자, 乙은 바로 청산통지를 하고 정당하게 산정된 청산금을 지급한 다음 가등기에 기한 본등기를 마쳤다. 이 경우 乙의 본등기는 유효하다.

① ㄱ
② ㄴ
③ ㄷ
④ ㄱ, ㄴ
⑤ ㄱ, ㄷ

해설 ㄱ. [○] 가등기담보계약에는 피담보채무의 불이행시 그 채무의 변제에 갈음하여 일정한 재산권을 채권자에게 이전하기로 하는 대물변제의 예약(또는 매매의 예약)을 하는 것, 즉 유담보약정이 포함되어야 하고 대물변제의 예약 또는 매매예약 당시에 그 목적물의 가액이 차용액 및 이자의 합산액을 초과하여야 한다(가등기담보법 제1조 ; 이하 동법).

☞ 지문의 경우 금전소비대차를 담보하기 위하여 X 토지에 양도담보가 설정되고 설정당시 X 토지의 시가가 소비대차의 원금과 변제기까지 이자의 합산액을 훨씬 상회하고 있었으므로 동법이 적용된다.

그런데 동법은 강행규정으로서 그 귀속실행절차에 관해 엄격한 제한을 가하고 있다. 따라서 乙이 청산절차를 거치지 않은 것은 위법이며 甲은 채무액을 변제하면 그 채권담보의 목적으로 마친 소유권이전등기의 말소(담보가등기도 포함 : 통설)를 청구할 수 있다(동법 제11조 본문).

하지만 채권자가 동법에 정해진 청산절차 없이 그 담보목적부동산을 처분하여 선의의 제3자가 소유권을 취득한 경우에는 말소를 청구할 수 없다(동법 제11조 단서). 따라서 甲은 변제 후에도 丙의 등기를 말소할 수 없다. 다만 乙의 처분행위는 甲에 대한 관계에서 불법행위가 성립하며, 이때 甲이 입은 손해는 다른 특별한 사정이 없는 한 채무자가 더는 그 소유권이전등기의 말소를 청구할 수 없게 된 때의 담보목적부동산의 가액에서 그때까지의 채무액을 공제한 금액이라고 봄이 상당하다(대판 2010.8.26. 2010다27458).

ㄴ. [○] 채무자 등은 **'청산금채권을 변제받을 때'**(청산기간 중이 아님)까지 그 채무액(반환할 때까지의 이자와 손해금을 포함한다)을 채권자에게 '미리'지급하고 그 채권담보의 목적으로 마친 소유권이전등기의 말소(담보가등기도 포함 : 통설)를 청구할 수 있다(가담법 제11조 본문). 이처럼 그 등기의 말소를 구하려면 '먼저' 채무를 변제하여야 하고 피담보채무의 변제와 교환적으로 말소를 구할 수는 없다(대판 1984.9.11. 84다카781). 그리고 채무자 등의 말소청구권은 채권자로부터 정당한 청산금의 지급이 이루어진 경우(가담법 제11조 본문의 반대해석) 소멸한다.
☞ 지문의 경우 乙은 甲에게 적법한 청산통지를 하고 정당하게 산정된 청산금을 지급한 다음 본등기를 마쳤으므로 甲은 그 후 4개월이 지나 변제를 하더라도 乙의 본등기를 말소할 수 없다.

ㄷ. [×] 다른 권리자에 의하여 목적 부동산에 대한 경매가 신청된 경우 경매 등 개시의 결정이 있는 경우에 그 경매의 신청이 청산금을 지급하기 전에 행하여진 때(청산금이 없는 경우에는 청산기간의 경과 전)에는 가등기담보권자는 그 가등기에 기한 본등기를 청구할 수 없다(동법 제14조). 判例도 "가등기담보법 제13조, 제14조, 제15조에 의하면, 이러한 **청산절차를 거치기 전에 강제경매 등의 신청이 행하여진 경우 담보가등기권자는 그 가등기에 기한 본등기를 청구할 수 없고,** 그 가등기가 부동산의 매각에 의하여 소멸하되 다른 채권자보다 자기 채권을 우선변제받을 권리가 있을 뿐이다"(대판 2010.11.9. 2010마1322)고 판시하였다.
☞ X 토지에 설정된 선순위 근저당권자 丙의 신청에 따라 경매가 개시된 후에 乙이 청산금을 지급한 이상 乙은 더 이상 청산절차를 거쳐 본등기를 청구할 수 없으므로 乙의 본등기는 무효이다.

[정답] ④

문 132 **甲이 乙에 대한 금전채무를 담보하기 위하여 점유개정의 방법으로 자신의 소유인 공장기계를 乙에게 양도하고, 그 후 甲이 丙에 대한 금전채무를 담보하기 위하여 점유개정의 방법으로 다시 그 기계를 丙에게 양도하였다. 다음 설명 중 옳은 것을 모두 고른 것은?**(다툼이 있는 경우에는 판례에 의함) [변시 3회]

ㄱ. 甲과 乙 사이의 대내적 관계에서 위 기계의 소유권은 乙에게 있다.
ㄴ. 甲이 위 기계에 대한 점유를 잃으면, 乙 역시 그에 대한 양도담보권을 상실한다.
ㄷ. 丙은 양도담보권을 선의취득한다.
ㄹ. 丙이 乙에게 양도담보권이 있다는 사실을 알면서 甲으로부터 위 기계를 현실인도받아 제3자에게 처분함으로써 乙의 담보권실행을 방해하는 행위는 위법하여 손해배상청구의 대상이 된다.

① ㄱ
② ㄹ
③ ㄱ, ㄹ
④ ㄴ, ㄷ
⑤ ㄴ, ㄹ

해 설 ㄱ. [X] 判例는 동산양도담보의 경우 가등기담보 등에 관한 법률의 시행 전후를 불문하고 신탁적 소유권이전설의 입장이다. 즉 "동산에 관하여 양도담보계약이 이루어지고 양도담보권자가 점유개정의 방법으로 인도를 받았다면 그 청산절차를 마치기 전이라 하더라도 담보목적물에 대한 사용수익권은 없지만 제3자에 대한 관계에 있어서는 그 물건의 소유자임을 주장하고 그 권리를 행사할 수 있다"(대판 1994.8.26. 93다44739)고 판시하거나, "금전채무를 담보하기 위하여 채무자가 그 소유의 동산을 채권자에게 양도하되 점유개정에 의하여 채무자가 이를 계속 점유하기로 한 경우 특별한 사정이 없는 한 동산의 소유권은 신탁적으로 이전됨에 불과하여 채권자와 채무자 사이의 대내적 관계에서 채무자는 의연히 소유권을 보유하나 대외적인 관계에 있어서 채무자는 동산의 소유권을 이미 채권자에게 양도한 무권리자가 된다"(대판 2004.10.28. 2003다30463)고 판시하고 있다.

☞ 따라서 甲과 乙 사이의 대내적 관계에서 위 기계의 소유권은 양도담보권설정자인 甲에게 있다.

ㄴ. [X] 양도담보가 설정되면 대외적인 관계에서 소유권이 양도담보권자에게 넘어간다. 가령 점유개정의 방법으로 양도담보를 설정한 후에 양도담보권자나 양도담보설정자가 그 동산에 대한 점유를 상실하더라도 그 양도담보의 효력에는 아무런 영향이 없다(대판 2000.6.23. 99다65066).

ㄷ. [X] "점유개정의 방법으로 인도를 하더라도 선의취득이 인정되지 않는 한 나중에 설정계약을 체결한 채권자는 양도담보권을 취득할 수 없는데, 현실의 인도가 아닌 점유개정으로는 선의취득이 인정되지 아니하므로, 결국 뒤의 채권자는 양도담보권을 취득할 수 없다"(대판 2004.10.28. 2003다30463). 그러나 점유개정에 의한 선의취득이 부정된다고 하여, 그것을 종국적인 것으로 볼 것은 아니다. 즉, 그 후에 다른 인도방법(현실인도 또는 반환청구권의 양도)을 갖추면, 선의취득을 부정할 것은 아니다. 다만 이러한 경우에 다른 인도방법을 갖출 때(점유개정시 아님) 특히 선의·무과실의 요건이 구비되어야 한다.

☞ 따라서 다른 특별한 사정이 없는 한 점유개정에 따라 점유하고 있는 丙은 양도담보권을 선의취득할 수 없다.

ㄹ. [O] "동산에 대하여 점유개정의 방법으로 이중양도담보를 설정한 경우 원래의 양도담보권자는 뒤의 양도담보권자에 대하여 배타적으로 자기의 담보권을 주장할 수 있으므로, 뒤의 양도담보권자가 양도담보의 목적물을 처분함으로써 원래의 양도담보권자로 하여금 양도담보권을 실행할 수 없도록 하는 행위는, 이중양도담보 설정행위가 횡령죄나 배임죄를 구성하는지 여부나 뒤의 양도담보권자가 이중양도담보 설정행위에 적극적으로 가담하였는지 여부와 관계없이, 원래의 양도담보권자의 양도담보권을 침해하는 위법한 행위이다"(대판 2000.6.23. 99다65066).

☞ 악의가 있어 공장기계에 대한 양도담보권을 취득하지 못한 제2양도담보권자 丙이 양도담보권을 실행하여 공장기계를 인도받은 후 제3자에게 처분한 경우에는 그 제3자가 공장기계를 선의취득할 수 있다. 이 경우에는 반사적으로 제1양도담보권자 乙의 적법, 유효한 양도담보권이 소멸하게 되므로, 제2양도담보권자 丙은 제1양도담보권자 乙에게 불법행위로 인한 손해배상책임을 진다.

[정답] ②

문 133 동산에 대한 담보에 관한 설명 중 옳지 않은 것은? (다툼이 있는 경우에는 판례에 의함) [변시 4회]

① 「동산 · 채권 등의 담보에 관한 법률」상의 동산담보권이 설정된 동산에 대하여 양도담보를 설정하더라도 양도담보는 유효하다.

② 위 ①의 동산담보권이 설정된 담보목적물은 선의취득의 대상이 될 수 없다.

③ 위 ①의 동산담보권은 담보목적물의 매각, 임대, 멸실, 훼손 또는 공용징수 등으로 인하여 담보권설정자가 받을 금전이나 그 밖의 물건에 대하여도 행사할 수 있다.

④ 동산에 대하여 점유개정의 방법으로 이중양도담보를 설정한 경우, 뒤의 양도담보권자가 양도담보의 목적물을 처분함으로써 원래의 양도담보권자로 하여금 양도담보권을 실행할 수 없도록 하는 행위는 원래의 양도담보권자의 양도담보권을 침해하는 위법한 행위가 될 수 있다.

⑤ 양도담보권 실행을 위한 환가절차에 있어서는 양도담보설정자의 다른 채권자들은 양도담보권자에 대한 관계에 있어서 안분배당을 요구할 수 없다.

해설 ① [○] 「동산 · 채권 등의 담보에 관한 법률」에 의한 담보권과는 별개로 기존의 담보제도는 존속한다. 따라서 동법상의 동산담보권이 설정된 동산에 대하여 양도담보를 설정하더라도 양도담보는 유효하다.

② [X] **동산 · 채권 등의 담보에 관한 법률 제32조(담보목적물의 선의취득)** 「이 법에 따라 동산담보권이 설정된 담보목적물의 소유권 · 질권을 취득하는 경우에는 「민법」 제249조부터 제251조까지의 규정을 준용한다.」

③ [○] **동산 · 채권 등의 담보에 관한 법률 제14조(물상대위)** 「동산담보권은 담보목적물의 매각, 임대, 멸실, 훼손 또는 공용징수 등으로 인하여 담보권설정자가 받을 금전이나 그 밖의 물건에 대하여도 행사할 수 있다. 이 경우 그 지급 또는 인도 전에 압류하여야 한다.」

☞ 주의할 점은, 민법(제342조)과는 달리 담보목적물의 멸실 · 훼손 · 공용징수 외에 '매각 또는 임대'의 경우에까지 물상대위를 인정한 점이다. 설정자가 담보권이 설정된 동산을 제3자에게 매각하여 그가 선의취득하는 경우가 있을 수 있고, 이러한 경우를 대비한 것이다.

④ [○] "**동산에 대하여 점유개정의 방법으로 이중양도담보를 설정한 경우** 원래의 양도담보권자는 뒤의 양도담보권자에 대하여 배타적으로 자기의 담보권을 주장할 수 있으므로, **뒤의 양도담보권자가 양도담보의 목적물을 처분함으로써 원래의 양도담보권자로 하여금 양도담보권을 실행할 수 없도록 하는 행위는**, 이중양도담보 설정행위가 횡령죄나 배임죄를 구성하는지 여부나 뒤의 양도담보권자가 이중양도담보 설정행위에 적극적으로 가담하였는지 여부와 관계없이, **원래의 양도담보권자의 양도담보권을 침해하는 위법한 행위이다**"(대판 2000.6.23. 99다65066).

⑤ [○] "동산을 목적으로 하는 유동집합물 양도담보설정계약을 체결함과 동시에 채무불이행시 강제집행을 수락하는 공정증서를 작성한 경우, 양도담보권자로서는 그 집행증서에 기하지 아니하고 양도담보계약내용에 따라 이를 사적으로 타에 처분하거나 스스로 취득한 후 정산하는 방법으로 현금화할 수도 있지만, **집행증서에 기하여 담보목적물을 압류하고 강제경매를 실시하는 방법으로 현금화할 수도 있는데, 만약 후자의 방식에 의하여 강제경매를 실시하는 경우, 이러한 방법에 의한 경매절차는 형식상은 강제집행이지만, 그 실질은 일반 강제집행절차가 아니라 동산양도담보권의 실행**

을 위한 환가절차로서 그 압류절차에 압류를 경합한 양도담보설정자의 다른 채권자는 양도담보권자에 대한 관계에서 압류경합권자나 배당요구권자로 인정될 수 없고, 따라서 환가로 인한 매득금에서 환가비용을 공제한 잔액은 양도담보권자의 채권변제에 우선적으로 충당하여야 한다"(대판 2005.2.18. 2004다37430).

[정답] ②

문 134 **甲은 乙에 대한 2,000만 원의 채무를 담보하기 위하여 자신 소유 X 동산을 乙에게 양도하되 甲이 X를 계속 점유하기로 하였다. 이에 관한 설명 중 옳지 않은 것은?** (다툼이 있는 경우 판례에 의함)

[변시 11회]

① 丙이 X를 무단으로 점유하는 경우에, 乙은 丙에 대하여 X의 인도를 구할 수 있다.

② 丙이 X를 무단으로 점유하는 경우에, 乙은 丙에 대하여 차임 상당의 손해배상을 구할 수는 없다.

③ 甲이 X를 위와 같이 乙에게 양도한 후, X를 각각의 목적물로 하여 다른 채권자 丙과 피담보채권액 1,000만 원의 양도담보설정계약을 체결하고, 다시 乙과 피담보채권액 1,000만 원의 양도담보설정계약을 추가로 체결하였는데, 각 설정계약에서 점유개정의 방법으로 X를 인도하였다. 이 경우, 乙의 양도담보권의 피담보채권액은 2,000만 원에서 3,000만 원으로 증액되고, 丙은 양도담보권을 취득하지 못한다.

④ X가 화재로 소실되어 甲이 보험회사에 대하여 보험금청구권을 가지는 경우에, 乙은 그 보험금청구권에 대하여 물상대위권을 행사할 수 있다.

⑤ 丙 소유의 Y 동산이 X에 부합되어 丙이 Y의 소유권을 상실한 경우에, 丙은 乙을 상대로 「민법」 제261조(첨부로 인한 구상권)에 따른 보상을 청구할 수 있을 뿐 甲을 상대로 보상을 청구할 수는 없다.

해 설 ① [○] ※ 양도담보의 대외적 관계

判例는 동산양도담보의 경우 가등기담보 등에 관한 법률의 시행 전후를 불문하고 신탁적 소유권 이전설의 입장이다. 즉 "동산의 소유권은 신탁적으로 이전됨에 불과하여 채권자와 채무자 사이의 대내적 관계에서 채무자는 의연히 소유권을 보유하나 대외적인 관계에 있어서 채무자는 동산의 소유권을 이미 채권자에게 양도한 무권리자가 된다"(대판 2004.10.28. 2003다30463). 따라서 동산양도담보권자는 대외적관계에서 목적물의 소유권을 주장할 수 있다.

☞ 대외적으로 양도담보권자인 乙이 X 동산의 소유권자이므로 X를 무단점유하고 있는 丙에 대하여 소유권에 기한 방해제거청구권으로 인도청구권을 행사할 수 있다(민법 제213조).

② [○] ※ 양도담보의 대내적 관계

"일반적으로 부동산을 채권담보의 목적으로 양도한 경우 특별한 사정이 없는 한 목적부동산에 대한 사용수익권은 채무자인 양도담보설정자에게 있으므로, 양도담보권자는 사용수익할 수 있는 정당한 권한이 있는 채무자나 채무자로부터 그 사용수익할 수 있는 권한을 승계한 자에 대하여는 사용수익을 하지 못한 것을 이유로 임료 상당의 손해배상이나 부당이득반환청구를 할 수 없

다"(대판 2008.2.28. 2007다37394,37400 : 동산양도담의 경우에도 마찬가지이다)
☞ 무단점유로 인한 차임상당의 손해배상은 사용수익권의 침해를 전제로 하는 것이므로 양도담보물의 사용수익권이 인정되지 않는 乙은 丙에게 차임상당의 손해배상청구권을 행사할 수 없다.

③ [○] ※ 동산 이중양도담보
"금전채무를 담보하기 위하여 채무자가 그 소유의 동산을 채권자에게 양도하되 점유개정에 의하여 채무자가 이를 계속 점유하기로 한 경우 특별한 사정이 없는 한 동산의 소유권은 신탁적으로 이전됨에 불과하여 채권자와 채무자 사이의 대내적 관계에서 채무자는 의연히 소유권을 보유하나 대외적인 관계에 있어서 채무자는 동산의 소유권을 이미 채권자에게 양도한 무권리자가 되는 것이어서 다시 다른 채권자와의 사이에 양도담보 설정계약을 체결하고 **점유개정의 방법으로 인도를 하더라도 선의취득이 인정되지 않는 한 나중에 설정계약을 체결한 채권자는 양도담보권을 취득할 수 없는데, 현실의 인도가 아닌 점유개정으로는 선의취득이 인정되지 아니하므로, 결국 뒤의 채권자는 양도담보권을 취득할 수 없다**"(대판 2004.10.28. 2003다30463).
☞ 제2양도담보권자인 丙이 점유개정에 의한 양도담보권을 취득한 이상 양도담보권을 선의취득할 수 없으므로, 제1양도담보권자인 乙에게만 양도담보권이 인정되는바, 乙의 양도담보권은 피담보채권의 증액이 인정되나, 丙에게는 양도담보권이 인정되지 않는다.

④ [○] ※ 양도담보권자의 물상대위
"동산 양도담보권자는 양도담보 목적물이 소실되어 양도담보 설정자가 보험회사에 대하여 화재보험계약에 따른 보험금청구권을 취득한 경우 담보물 가치의 변형물인 화재보험금청구권에 대하여 양도담보권에 기한 물상대위권을 행사할 수 있다"(대판 2014.9.25. 2012다58609)

⑤ [×] ※ 민법 제261조에 따라 보상을 청구할 수 있는 상대방(양도담보설정자)
"判例는 동산의 부합과 관련하여 "부당이득반환청구에서 '이득'이란 실질적인 이익을 의미하며, 동산양도담보권은 담보물의 교환가치 취득을 목적으로 하는 것이므로 이러한 양도담보권의 성격에 비추어 보면, **양도담보권의 목적인 주된 동산에 다른 동산이 부합(제257조)되어 부합된 동산에 관한 권리자가 권리를 상실하는 손해를 입은 경우 주된 동산이 담보물로서 가치가 증가된 데 따른 실질적 이익은 주된 동산에 관한 '양도담보권설정자'에게 귀속되는** 것이다(즉, 신탁적 소유권이전설에 따라 대외적으로 소유권자인 '양도담보권자'에게 이득이 귀속되는 것이 아니다). **따라서 이 경우 부합으로 인하여 권리를 상실하는 자는 양도담보권설정자를 상대로 제261조에 따라 보상을 청구할 수 있을 뿐 양도담보권자를 상대로 보상을 청구할 수는 없다**"(대판 2016.4.28. 2012다19659)고 한다.
☞ 사안의 경우, 丙은 실질적 이득자인 양도담보권설정자인 甲을 상대로 보상을 청구할 수 있을 뿐, 양도담보권자인 乙을 상대로는 보상을 청구할 수 없다.

[정답] ⑤

❶ 민 법

채권총론

제1장 채권법 서론

문 1 **채권관계에서의 보호의무에 관한 설명 중 옳은 것은?** (다툼이 있는 경우 판례에 의함)

[변시 12회]

① 계약상 법률관계에서는 일방 당사자가 상대방 당사자에게 손실이 발생하지 아니하도록 상대방 당사자의 이익을 보호하거나 배려할 일반적인 의무를 부담하는 것이 원칙이다.

② 카지노사업자가 카지노 운영과 관련하여 공익상 포괄적인 영업 규제를 받고 있다면 특별한 사정이 없는 한 이를 근거로 카지노이용자의 이익을 위한 카지노사업자의 보호의무를 인정할 수 있다.

③ 병원에 환자가 입원하여 치료를 받는 경우, 병원은 입원환자의 휴대품 등의 도난을 방지함에 필요한 적절한 조치를 강구하여 줄 신의칙상의 보호의무가 있다.

④ 공중접객업인 숙박업을 경영하는 자가 투숙객과 체결하는 숙박계약에 있어서 통상의 임대차에서 더 나아가 고객의 안전까지 배려하여야 할 보호의무를 부담한다고 볼 수 없다.

⑤ 기획여행업자가 여행자와의 여행계약에서 부담하는 안전배려의무에, 그가 여행자에게 발생할 수 있는 위험을 예견할 수 있을 때에 여행자에게 그 뜻을 알려 여행자 스스로 그 위험을 수용할지 선택할 기회를 주어야 하는 조치까지 포함되는 것은 아니다.

해 설 ① [X] "계약을 둘러싼 법률관계에서도 **'자기책임의 원칙'**상 일방 당사자가 상대방 당사자에게 손실이 발생하지 아니하도록 하는 등 상대방 당사자의 이익을 보호하거나 배려할 일반적인 의무를 원칙적으로 부담하는 것은 아니다"(대판 2014.8.21. 전합2010다92438). 따라서 카지노사업자인 乙회사 직원이 카지노사업자의 영업제한규정 중 1회 베팅한도를 제한하는 규정을 위반하였더라도, 1회 베팅한도를 초과하여 카지노를 이용한 甲에 대한 보호의무를 위반하였다고 볼 수 없어 사용자책임(제756조)을 지지 않는다고 한다.

② [X] "카지노사업자가 카지노 운영과 관련하여 공익상 포괄적인 영업 규제를 받고 있더라도 특별한 사정이 없는 한 이를 근거로 함부로 카지노이용자의 이익을 위한 **카지노사업자의 보호의무 내지 배려의무를 인정할 것은 아니다.** 카지노사업자로서는 정해진 게임 규칙을 지키고 게임 진행에 필요한 서비스를 제공하면서 관련 법령에 따라 카지노를 운영하기만 하면 될 뿐, 관련 법령에 분명한 근거가 없는 한 카지노사업자에게 자신과 게임의 승패를 겨루어 재산상 이익을 얻으려

애쓰는 카지노이용자의 이익을 자신의 이익보다 우선하거나 카지노이용자가 카지노 게임으로 지나친 재산상 손실을 입지 아니하도록 보호할 의무가 있다고 보기는 어렵다"(대판 2014.8.21. 전합2010다92438)

③ [○] "병원은 입원환자의 휴대품 등의 도난을 방지함에 필요한 적절한 조치를 강구하여 줄 '신의칙상의 보호의무'가 있으므로, 이를 소홀히 하여 입원환자와는 아무런 관련이 없는 자가 입원환자의 병실에 무단출입하여 입원환자의 휴대품 등을 절취하였다면 병원은 그로 인한 손해배상책임을 면하지 못한다"(대판 2003.4.11. 2002다63275).

④ [×] "공중접객업인 숙박업을 경영하는 자는 고객의 안전을 배려하여야 할 '보호의무'를 부담하며 이러한 의무는 숙박계약의 특수성을 고려한 '신의칙상의 부수의무'로서 이를 위반한 경우 불완전이행으로 인한 채무불이행책임을 부담한다. 이 경우 피해자로서는 구체적 보호의무의 존재와 그 위반 사실을 주장·입증하여야 하며 숙박업자로서는 통상의 채무불이행에 있어서와 마찬가지로 그 채무불이행에 관하여 자기에게 과실이 없음을 주장·입증하지 못하는 한 그 책임을 면할 수는 없다"(대판 2000.11.24. 2000다38718,38725).

⑤ [×] "여행업자는 기획여행계약의 상대방인 여행자에 대하여 '기획여행계약상의 부수의무'로서, 여행자의 생명·신체·재산 등의 안전을 확보하기 위하여, 여행목적지·여행일정·여행행정·여행서비스기관의 선택 등에 관하여 미리 충분히 조사·검토하여 전문업자로서의 합리적인 판단을 하고, 또한 그 계약 내용의 실시에 관하여 조우할지 모르는 위험을 미리 제거할 수단을 강구하거나 또는 여행자에게 그 뜻을 고지하여 여행자 스스로 그 위험을 수용할지 여부에 관하여 선택의 기회를 주는 등의 합리적 조치를 취할 '신의칙상의 주의의무'를 진다"(대판 1998.11.24. 98다25061).

[정답] ③

제2장 채권의 목적

문2 채권의 목적에 관한 설명 중 옳지 않은 것은? (다툼이 있는 경우 판례에 의함) [변시 14회]

① 의사가 환자에게 부담하는 진료채무는 특별한 사정이 없는 한 수단채무이다.
② 우리나라 통화를 외화채권에 변제충당할 때에는 특별한 사정이 없는 한 현실로 변제충당할 당시의 외국환시세에 의하여 환산하여야 한다.
③ 선택채권은 선택에 의하여 채권의 목적이 확정되므로 선택채권의 소멸시효는 선택권을 행사한 때부터 진행한다.
④ 금전채무에 관하여 이자 약정이 없는 경우에도 채무자의 이행지체로 인한 지연이자는 특별한 사정이 없는 한 법정이율에 의하여 청구할 수 있다.
⑤ 채권액이 외국통화로 지정된 금전채권인 외화채권을 채권자가 대용급부의 권리를 행사해 우리나라 통화로 환산하여 청구하는 경우, 법원이 채무자에게 이행을 명할 때에는 사실심 변론 종결 당시의 외국환시세에 의하여 환산하여야 한다.

해 설 ① [O] ① 일정한 결과를 실현하여야 할 의무(**결과채무**, 예컨대 도급에 있어서 일을 완성시켜야 하는 수급인 채무)를 위반하여 채무자가 불완전한 결과를 실현시킨 때에는 불완전이행이 성립한다. ② 일정한 결과를 얻기 위하여 최선의 조치를 하여야 할 의무(**수단채무, 예컨대 의료계약에서 의사의 진료채무**)를 위반한 경우는 대부분 불완전이행이 성립한다.

② [O] 과거 判例는 변제기(이행기)를 환산시기로 삼았지만, **제378조의 문언에 충실하게 '채무자가 현실로 이행할 때'로 견해를 바꾸었다**(전합90다2147). 그래서 우리나라 통화로써 외화채권에 변제충당할 때도 **현실로 '변제충당할 당시'의 외환시세에 의해 환산하여야 하는 것**으로 보았다(대판 2000.6.9. 99다56512)

③ [X] 선택채권은 선택권을 **행사할 수 있을 때부터** 진행된다(행사한 때가 아님 ; 대판 2000.5.12. 98다23195).

④ [O] 금전채무불이행에 의한 손해배상액은 실제 손해액이 얼마인가에 관계없이, 법정이율(민법에 정한 연 5%, 상법에 정한 연 6%, 소송촉진 등에 관한 특례법에 정한 연 12%)에 의해 정해진다(제397조 1항 본문). **"금전채무에 관하여 아예 이자약정이 없어서 이자청구를 전혀 할 수 없는 경우에도 채무자의 이행지체로 인한 지연손해금은 법정이율에 의하여 청구할 수 있다"**(대판 2009.12.24. 2009다85342).

⑤ [O] 判例에 따르면 제376조와 제377조 2항은 '변제기'라고 표현하고 있는 데 비해 제378조는 '지급할 때'라고 달리 표현하고 있어, 이것은 변제기(이행기)가 아닌 채무자가 현실로 지급하는 때를 의미한다고 하며, **다만 채권자가 대용권을 '재판상 청구'하는 경우에는**, 채무자가 현실로 이행할 때에 가장 가까운 **'사실심변론종결일'의 환율을 환산시기로** 본다. 그리고 제1심 이행판결에 대하여 채무자만이 불복·항소한 경우, 항소심은 속심이므로 채무자가 항소이유로 삼거나 심리과정에서 내세운 주장이 이유 없다고 하더라도 법원으로서는 '항소심 변론종결 당시'의 외국환시세를 기준으로 채권액을 다시 환산해 본 후 불이익변경금지 원칙에 반하지 않는 한 채무자의 항소를 일부 인용하여야 한다(대판 2007.4.12. 2006다72765).

[정답] ③

문 3 甲은 乙에게 乙이 생산한 참외 100상자를 주문하였고, 대금은 100만 원으로 정하였다. 甲과 乙은 품질이나 이행지에 관하여는 달리 약정을 하지 않았다. 乙은 丙에게 자신이 생산한 참외 중에서 100상자를 甲의 주소지로 운송해 줄 것을 부탁하였다. 이에 관한 설명 중 옳지 않은 것은? [변시 6회]

① 乙은 자신이 생산한 참외 중 중등품 100상자를 甲의 주소지에서 인도하여야 한다.
② 丙이 위 참외를 트럭에 싣고 甲의 주소지로 가던 중 丙의 과실 없이 사고를 당하여 참외가 모두 파손된 경우, 乙은 자신이 생산한 다른 참외가 있더라도 참외 100상자를 다시 인도할 필요가 없다.
③ 丙이 참외 100상자를 싣고 이행일시에 甲의 주소지에 도착하여 甲에게 적법한 이행제공을 하였으나 甲이 수령을 거절하는 바람에 丙이 되돌아 가다가 그의 과실 없이 교통사고를 당하여 참외가 멸실된 경우, 乙의 위 참외 인도채무는 소멸한다.
④ 위 ③의 경우에 乙은 甲에게 위 참외대금의 지급을 청구할 수 있다.
⑤ 배달된 참외 중의 일부가 배달 중에 파손되었음을 발견한 甲은 乙에게 다시 하자 없는 참외로 급부해 줄 것을 청구할 수 있다.

해설 ① [○] **제375조(종류채권)** 「①항 채권의 목적을 종류로만 지정한 경우에 법률행위의 성질이나 당사자의 의사에 의하여 품질을 정할 수 없는 때에는 채무자는 중등품질의 물건으로 이행하여야 한다.」

☞ 종류채권은 특정물채권과 달리 목적물의 개성이 중시되지 않기 때문에, 종류물인지 여부(개성의 중시 여부)는 거래의 일반관념에 의하여 객관적으로 정해지는 것이 아니라, **당사자의 의사를 표준**으로 하여 정하여 진다. 乙의 채무는 참외 100상자를 인도하는 것으로 사안에서 甲이 특정 참외 상자를 지정한 것으로 보이지 않으므로 불특정한 참외 100상자를 인도하면 족한 '종류채무'이다.

② [×] **乙이 참외 100상자를 다시 인도할 필요가 있는지 여부**(조달의무)**는 급부의 위험이 누구에게 있는지와 관련된 문제인바, 종류물의 특정으로 급부**(물건)**의 위험이 채권자 甲에게 이전한다.** 따라서 특정된 물건이 그 후 어떤 사정으로 멸실한 경우에는, 채무자 乙은 다른 종류물로 다시 이행하여야 할 의무(조달의무)를 지지는 않으며 그 인도의무를 면한다.

사안의 경우 채권자 甲이 채무자 乙에게 지정권을 준 사정은 없기 때문에 채무자 乙의 '이행에 필요한 행위의 완료 여부'에 따라 특정여부가 결정된다(제375조 2항). 이는 변제장소와 관련한 채무의 종류에 따라 다른데, 사안과 같이 이행지에 관하여 달리 약정한 바가 없다면 채무변제는 채권자 甲의 현주소에서 하여야 한다. 즉, 지참채무가 원칙이다. 지참채무의 경우는 채권자의 주소에서 '현실의 제공'을 한 때(제460조 본문), 즉 목적물이 채권자의 주소에 도달하고 채권자가 언제든지 수령할 수 있는 상태에 놓여진 때에 특정된다.

따라서 위 지문에서와 같이 **채권자 甲의 주소지에 도달하기 전, 즉 특정되기 전에 목적물이 모두 파손된 경우라면 채무자 乙은 여전히 조달의무를 지게 되고, 참외 100상자를 다시 인도해야 한다.**

③ [○] 지문의 경우 채무자 乙이 채권자 甲에게 적법한 이행제공을 하였기 때문에 비록 甲이 수령을 거절하였다고 하더라도 제375조 2항의 '이행에 필요한 행위를 완료'했다고 봄이 타당하다. 그러므로 乙의 참외 100상자 인도채무는 특정되었다. 따라서 이 때 참외라는 급부(물건)의 위험은 채권자 甲에게 이전하고 채무자 乙은 이행기의 현상대로 물건을 인도하면 된다(제462

조). 그런데, 사안에서 그 특정된 참외가 파손된 것이므로 乙의 의무는 급부불능이 되었고 이러한 **급부위험은 채권자 甲이 부담하게 되므로 乙의 참외 인도채무는 소멸한다.**

④ [○] 乙이 甲에게 위 참외대금의 지급을 청구하기 위해서는 소위 '채권자위험부담주의'인 제538조 1항의 법리가 적용되어야 한다. 지문 ③에서 채무자 乙은 채무의 내용에 좇은 이행의 제공을 하였으나 채권자 甲이 수령을 거절하였으므로 채권자지체가 성립한다(제400조). 따라서 지문 ③과 같이 **채권자지체 중 쌍방당사자의 책임 없는 사유로 멸실된 경우**(제538조 1항 2문) 채무자는 자신의 급부의무는 면하게 되나 채권자는 반대급부의 이행을 청구할 수 있다. 즉 채무자 乙은 급부의무를 면하게 되므로 위 참외 인도채무는 소멸하지만 채무자 乙은 채권자 甲에게 반대급부인 참외대금의 지급을 청구할 수 있다.

⑤ [○] 매매의 목적물을 종류로 지정한 경우라 하더라도 그 후 특정된 목적물에 하자가 있는 때에는 매도인은 하자담보책임을 진다(제581조 1항). 이 경우 매수인은 계약의 해제나 손해배상청구를 하지 않고 하자 없는 물건, 소위 **'완전물급부청구권'**을 행사할 수 있다(동조 2항).
☞ 지문의 경우 甲은 목적물의 일부(참외 중 일부)가 파손되었음을 발견한 바, 그 사실을 안 날로부터 6개월 내에 乙에게 다시 하자 없는 목적물(참외)로 급부해 달라고 청구할 수 있다.

[정답] ②

문4 다음 설명 중 옳지 않은 것은? (다툼이 있는 경우 판례에 의함) [변시 5회]

① 외화채권을 채무자가 우리나라 통화로 변제할 경우, 이행기가 아니라 현실로 이행하는 때의 외국환 시세에 의하여 환산한 우리나라 통화로 변제하여야 한다.
② 채권자가 외화채권을 대용급부의 권리를 행사하여 우리나라 통화로 환산하여 청구하는 경우, 제1심 법원은 그 변론종결 당시를 기준으로 채권액을 환산한 금액에 대하여 이행을 명해야 하고, 제1심 판결에 대하여 채무자만 항소한 경우, 채무자의 항소이유나 주장이 이유 없다면 항소심 법원은 항소심 변론종결 당시의 외국환시세를 기준으로 채권액을 다시 환산할 필요는 없다.
③ 집행법원이 경매절차에서 외화채권자에 대하여 배당을 할 때에는 특별한 사정이 없는 한 배당기일 당시의 외국환시세를 우리나라 통화로 환산하는 기준으로 삼아야 한다.
④ 우리나라 통화를 외화채권에 변제충당할 때 특별한 사정이 없는 한 현실로 변제충당할 당시의 외국환시세에 의하여 환산하여야 한다.
⑤ 채무불이행으로 인한 손해배상을 규정하고 있는 민법 제394조는 다른 의사표시가 없는 한 손해는 금전으로 배상하여야 한다고 규정하고 있는데, 위 법조 소정의 금전이라 함은 우리나라의 통화를 가리키는 것이어서 채무불이행으로 인한 손해배상을 구하는 채권은 당사자가 외국통화로 지급하기로 약정하였다는 등의 특별한 사정이 없는 한 채권액이 외국통화로 지정된 외화채권이라고 할 수 없다.

해 설 ① [○] "외화채권이란 다른 나라 통화, 즉 외화로 지급하기로 된 금전채권을 말한다. 이러한 외화채권에서는 특약이 없는 한 채무자는 그 선택에 따라서 그 외국의 각종의 통화로 변제할 수 있고(제377조 1항), 채권액을 외국의 통화로 지급하기로 합의한 때에도 '채무자'는 역시 우리나라의 통화로 변제할 수도 있다(제378조). 이를 '대용급부권'(代用給付權)이라 하는데, **공평의 관념상 또 화폐거래가 자유롭게 유통되는 성질상 채권자에게도 대용급부청구권을 인정하는 것이 타당하다.**

제376조와 제377조 2항은 '변제기'라고 표현하고 있는 데 비해 제378조는 '지급할 때'라고 달리 표현하고 있어, 이것은 변제기(이행기)가 아닌 채무자가 현실로 지급하는 때를 의미한다고 하며, **다만 채권자가 대용권을 '재판상 청구'하는 경우에는**, 채무자가 현실로 이행할 때에 가장 가까운 '사실심변론종결일'의 환율을 환산시기로 본다"(대판 1991.3.12. 전합90다2147).

종전 判例는 **채무자가 대용권을 행사하는 경우** 변제기(이행기)를 환산시기로 삼았지만, 제378조의 문언에 충실하게 **'채무자가 현실로 이행할 때'**로 견해를 바꾸었다.

② [×] "제1심 이행판결에 대하여 채무자만이 불복·항소한 경우, 항소심은 속심이므로 채무자가항소이유로 삼거나 심리 과정에서 내세운 주장이 이유 없다고 하더라도 법원으로서는 **'항소심 변론종결 당시'의 외국환시세를 기준**으로 채권액을 다시 환산해 본 후 불이익변경금지 원칙에 반하지 않는 한 채무자의 항소를 일부 인용하여야 한다"(대판 2007.4.12. 2006다72765)

③ [○] "채권액이 외국통화로 정해진 금전채권인 외화채권을 채무자가 우리나라 통화로 변제하는 경우에 그 환산시기는 이행기가 아니라 현실로 이행하는 때, 즉 현실이행 시의 외국환시세에 의하여 환산한 우리나라 통화로 변제하여야 하고, 이와 같은 법리는 외화채권자가 경매절차를 통하여 변제를 받는 경우에도 동일하게 적용되어야 할 것이므로, 집행법원이 경매절차에서 외화채권자에 대하여 배당을 함에 있어서는 특별한 사정이 없는 한 **배당기일 당시의 외국환시세를 우리나라 통화로 환산하는 기준**으로 삼아야 할 것이다"(대판 2011.4.14. 2010다103642)

④ [○] "채권액이 외국통화로 정해진 금전채권인 외화채권을 채무자가 우리나라 통화로 변제하는 경우에 그 환산시기는 이행기가 아니라 현실로 이행하는 때, 즉 현실이행시의 외국환시세에 의하여 환산한 우리나라 통화로 변제하여야 하고(대판 1991.3.12. 90다2147 전원합의체 판결), 우리나라 통화를 외화채권에 변제충당할 때도 특별한 사정이 없는 한 **현실로 변제충당할 당시의 외국환시세에 의하여** 환산하여야 할 것이다"(대판 2000.6.9. 99다56512)

⑤ [○] "채무불이행으로 인한 손해배상을 규정하고 있는 민법 제394조는 다른 의사표시가 없는 한 손해는 금전으로 배상하여야 한다고 규정하고 있는바, 위 법조 소정의 금전이라 함은 우리나라의 통화를 가리키는 것이어서 **채무불이행으로 인한 손해배상을 구하는 채권은** 당사자가 외국통화로 지급하기로 약정하였다는 등의 **특별한 사정이 없는 한 채권액이 외국통화로 지정된 외화채권이라고 할 수 없다**"(대판 1997.5.9. 96다48688)

[정답] ②

문5 **금전채권의 이자 및 지연손해금에 관한 설명 중 옳지 않은 것은? (다툼이 있는 경우 판례에 의함)**

[변시 8회]

① 금전소비대차에서 지연손해금에 관한 약정 없이 이자에 관한 약정만이 있는 경우 특별한 사정이 없는 한 금전반환채무의 이행지체로 인한 지연손해금도 그 약정이율에 의하기로 하였다고 보는 것이 당사자의 의사에 부합하지만, 그 약정이율이 법정이율보다 낮은 경우에는 법정이율에 의한 지연손해금을 청구할 수 있다.

② 계약 당사자 쌍방이 합의에 의하여 계약을 해제할 경우에는 당사자 사이에 별도의 약정이 없는 이상 합의해제로 인하여 반환할 금전에 그 받은 날로부터의 이자를 더하여 반환할 의무가 없다.

③ 이자 또는 지연손해금 채권은 원본채권과 별개의 채권이기는 하나 원본의 존재를 전제로 그에 대응하여 발생하는 권리이므로, 원본채권의 소멸시효 완성의 효력은 그 시효 완성 전에 이미 발생한 이자 및 지연손해금 채권에도 미친다.

④ 손해배상의 예정액이 부당히 과다한 경우 법원은 이를 적당히 감액할 수 있으나, 금전채무불이행을 원인으로 한 손해배상에 관하여는 채권자는 손해의 증명을 요하지 아니하고 채무자는 과실 없음을 항변하지 못하므로, 금전채무의 이행지체에 대비한 지연손해금을 따로 약정하였더라도 이는 감액의 대상이 될 수 없다.

⑤ 금전채무 이행에 불확정한 기한이 있는 경우에 채무자가 그 기한이 도래함을 알지 못하였다면 이행지체로 인한 지연손해금 지급의무가 발생하지 않는다.

해 설 ① [O] ※ **민법 제397조 1항 단서의 의미**(약정이율에 의한 지연손해금이 인정되기 위한 요건)

금전채무에 대해서 약정이율(약정이자)을 정한 것이 있는 때에는 그 약정이율이 법령의 제한에 위반되지 않는 한 채무불이행시에 지연배상금 산정의 기준이 된다(제397조 1항 단서). 즉, "소비대차에서 '변제기 후의 이자약정이 없는 경우' 특별한 의사표시가 없는 한 변제기가 지난 후에도 당초의 '약정이자'를 지급하기로 한 것으로 보는 것이 '당사자의 의사'이므로"(대판 1981.9.8. 80다2649) 변제기가 경과하여 채무불이행이 성립한 이후에는 **약정이자의 이율은 지연배상금**(지연이자) **산정을 위한 이율로 적용된다.**

다만, 判例에 따르면 이 단서규정은 약정이율이 법정이율 이상인 경우에만 적용되고, 약정이율이 법정이율보다 낮은 경우에는 그 본문으로 돌아가 법정이율에 의하여 지연손해금을 정할 것이다. 우선 금전채무에 관하여 아예 이자약정이 없어서 이자청구를 전혀 할 수 없는 경우에도 채무자의 이행지체로 인한 지연손해금은 법정이율에 의하여 청구할 수 있으므로, 이자를 조금이라도 청구할 수 있었던 경우에는 더욱이나 법정이율에 의한 지연손해금을 청구할 수 있다고 보는 것이 합리적이기 때문이다(대판 2009.12.24. 2009다85342).

② [O] ※ **합의해제의 효력**

"합의해제 또는 해제계약이라 함은 해제권의 유무에 불구하고 계약 당사자 쌍방이 합의에 의하여 기존의 계약의 효력을 소멸시켜 당초부터 계약이 체결되지 않았던 것과 같은 상태로 복귀시킬 것을 내용으로 하는 새로운 계약으로서, 그 효력은 그 합의의 내용에 의하여 결정되고 **여기에는 해제에 관한 민법 제548조 제2항의 규정은 적용되지 아니하므로,** 당사자 사이에 약정이 없는 이상 합의해제로 인하여 반환할 금전에 그 받은 날로부터의 이자를 가하여야 할 의무가 있는 것은 아니다"(대판 1996.7.30. 95다16011).

③ [○] ※ 이자채권과 시효완성의 효과

제183조(종속된 권리에 대한 소멸시효의 효력) 「주된 권리의 소멸시효가 완성한 때에는 종속된 권리에 그 효력이 미친다.」

"이자 또는 지연손해금은 주된 채권인 원본의 존재를 전제로 그에 대응하여 일정한 비율로 발생하는 종된 권리인데, **하나의 금전채권의 원금 중 일부가 변제된 후 나머지 원금에 대하여 소멸시효가 완성된 경우**, 가분채권인 금전채권의 성질상 변제로 소멸한 원금 부분과 소멸시효 완성으로 소멸한 원금 부분을 구분하는 것이 가능하고, 이 경우 원금에 종속된 권리인 이자 또는 지연손해금 역시 변제로 소멸한 원금 부분에서 발생한 것과 시효완성으로 소멸된 원금 부분에서 발생한 것으로 구분하는 것이 가능하므로, **소멸시효 완성의 효력은 소멸시효가 완성된 원금 부분으로부터 그 완성 전에 발생한 이자 또는 지연손해금에는 미치나, 변제로 소멸한 원금 부분으로부터 그 변제 전에 발생한 이자 또는 지연손해금에는 미치지 않는다**"(대판 2008.3.14. 2006다2940).

④ [×] ※ 손해배상예정액의 감액

일반적으로 손해배상을 구하는 채권자가 손해의 발생 및 그 액을 증명하여야 하지만(제390조), 금전채무 불이행의 경우에 그 증명이 곤란할 뿐만 아니라 금전은 일정한 과실을 발생시키는 것이 보통이므로 **채권자가 손해의 발생과 손해액을 증명할 필요는 없다**(제397조 2항 전단). 일반적으로 채무자는 자신의 귀책사유에 기한 것이 아닌 채무불이행에 대하여 책임을 지지 않지만(제390조 단서), 금전채무의 채무자는 **채무불이행이 자신에게 책임 없는 사유로 인한 것임을 증명하더라도 책임을 면할 수 없다**(제397조 2항 후단).

한편, 손해배상의 예정액이 부당히 과다한 경우에는 법원은 '직권으로' 적당히 감액할 수 있는 바(제398조 2항)(대판 2002.12.24. 2000다54536), **이는 금전채무불이행에 대한 손해배상 예정의 경우에도 마찬가지**라 할 것이다.

⑤ [○] ※ 불확정기한부 채무

불확정기한부 채무'는 채무자가 기한이 도래함을 안 때로부터(구체적으로는 그 다음날부터) 지체책임이 있다(제387조 1항 2문). 따라서 채무자가 그 기한이 도래함을 알지 못하였다면 이행지체로 인한 지연손해금 지급의무가 발생하지 않는다.

그러나 채권자의 최고가 있으면 채무자가 기한의 도래를 알지 못하더라도 그 최고를 받은 때로부터(구체적으로는 그 다음날부터) 지체책임이 있다고 할 것이다.

[정답] ④

문 6 **금전채권 및 이에 대한 지체책임에 관한 설명 중 옳은 것은?** (다툼이 있는 경우 판례에 의함) [변시 13회]

① 금전소비대차의 채권자가 고의 또는 과실로 이자제한법상의 최고이자율을 초과하는 이자를 받은 경우 그 초과 부분이 원본에 충당됨으로써 원본이 전부 소멸하고도 남는 금액이 있으면, 특별한 사정이 없는 한 그 부분에 대해서는 채권자에게 불법행위책임이 발생한다.

② 금전채권의 일부에 대한 전부명령이 확정되면 압류채무자에 대하여 그 채권에 대한 반대채권을 가진 제3채무자의 상계는 채권 총액에 대한 전부된 부분의 채권액과 전부되지 않은 부분의 채권액의 각 비율에 따라 행사되어야 한다.

③ 보증채무의 연체이율에 관하여 별도의 약정이 없는 한 보증채무에는 주채무에 대하여 약정된 연체이율이 적용된다.

④ 이행기가 불확정기한으로 되어 있는 경우에 기한이 도래한 때부터 채무자는 이행지체의 책임을 지게 된다.

⑤ 피보증인의 불법행위로 인하여 손해가 발생하게 되면, 신원보증인은 피보증인의 불법행위 시부터 신원보증채무에 대한 지체책임을 진다.

해 설 ① [○] "**금전을 대여한 채권자가 고의 또는 과실로 이자제한법을 위반하여 최고이자율을 초과하는 이자를 받아 채무자에게 손해**를 입힌 경우에는 특별한 사정이 없는 한 **민법 제750조에 따라 불법행위가 성립한다**고 보아야 한다. 최고이자율을 초과하여 지급된 이자는 이자제한법 제2조 제4항에 따라 원본에 충당되므로, 이와 같이 충당하여 **원본이 소멸하고도 남아 있는 초과 지급액은 이자제한법 위반 행위로 인한 손해라고 볼 수 있다**"(대판 2021.2.25. 2020다230239)

② [×] "**채권의 일부양도가 이루어지면** 특별한 사정이 없는 한 각 분할된 **부분에 대하여 독립한 분할채권이 성립하므로**, 그 채권에 대하여 양도인에 대한 반대채권으로 상계하고자 하는 채무자로서는 **양도인을 비롯한 각 분할채권자 중 어느 누구도 상계의 상대방으로 지정하여 상계할 수 있고**, 그러한 채무자의 상계 의사표시를 수령한 분할채권자는 제3자에 대한 대항요건을 갖춘 양수인이라 하더라도 양도인 또는 다른 양수인에 귀속된 부분에 대하여 먼저 상계되어야 한다거나 각 분할채권액의 **채권 총액에 대한 비율에 따라 상계되어야 한다는 이의를 할 수 없다**"(대판 2002.2.8. 2000다50596).

이는 '채권의 일부 전부명령'이 있는 경우에도 마찬가지이다. 즉 判例는 "가분적인 금전채권의 일부에 대한 전부명령이 있을 경우 특별한 사정이 없는 한 분할채권이 성립하고 제3채무자로서는 상계 대상에 대한 선택권이 있다"고 한다(대판 2010.3.25. 2007다35152)

③ [×] 보증채무는 채권자와 보증인 사이의 보증계약에 의하여 성립하며, 주채무와는 별개의 독립한 채무이다. 따라서 소멸시효기간은 따로 결정되며, 보증채무에 관해 따로 위약금 기타 손해배상액을 예정할 수 있고(제429조 2항), **보증채무 자체의 이행지체로 인한 지연손해금은 보증한도액과는 별도로 부담하며 주채무에 관하여 약정된 연체이율이 당연히 여기에 적용되는 것은 아니다**(대판 2003.6.13. 2001다29803)

④ [×] 채무이행의 불확정한 기한이 있는 경우에는 **채무자는 기한이 도래함을 안 때로부터 지체책임이 있다**(제387조 1항 2문).

⑤ [×] "신원보증인의 채무는 피보증인의 불법행위로 인한 손해배상채무 그 자체가 아니고 신원보증계약에 기하여 발생한 채무로서 이행기의 정함이 없는 채무이므로 채권자로부터 이행청구를 받지 않으면 지체의 책임이 생기지 않는다"(대판 2009.11.26. 2009다59671)

참고판례 불법행위로 인한 손해배상채무는 그 성립과 동시에(그 당일부터) 또 채권자의 청구 없이도 당연히 이행지체가 된다는 것이 判例이다(대판 1975.5.27. 74다1393)

[정답] ①

문7 「이자제한법」에 관한 설명 중 옳지 않은 것은? (다툼이 있는 경우 판례에 의함) [변시 12회]

① 채권자와 공동으로, 고의 또는 과실로 「이자제한법」을 위반하여 최고이자율을 초과하는 이자를 받아 채무자에게 손해를 입힌 자는 「민법」 제760조에 따라 손해를 배상할 책임이 있다.

② 선이자를 사전공제한 경우, 그 공제액이 채무자가 실제 수령한 금액을 원본으로 하여 「이자제한법」에서 정한 최고이자율에 따라 계산한 금액을 초과하는 때에는 그 초과 부분은 원본에 충당한 것으로 본다.

③ 「이자제한법」의 최고이자율 제한에 관한 규정은 계약을 위반한 사람을 제재하고 계약의 이행을 간접적으로 강제하기 위하여 정한 위약벌의 경우에는 적용될 수 없다.

④ 이자에 대하여 다시 이자를 지급하기로 하는 복리약정은 「이자제한법」에서 정한 최고이자율을 초과하는 부분에 해당하는 금액에 대하여는 무효로 한다.

⑤ 최고이자율을 초과하여 지급된 이자는 「이자제한법」 제2조 제4항에 따라 원본에 충당되고, 이와 같이 충당하여 원본이 소멸하고도 남아 있는 초과 지급액은 부당이득으로서 그 반환을 청구할 수 있을 뿐, 이를 「이자제한법」 위반 행위로 인한 손해라고 볼 수 없다.

해 설 ① [○] "금전을 대여한 채권자가 고의 또는 과실로 이자제한법을 위반하여 최고이자율을 초과하는 이자를 받아 채무자에게 손해를 입힌 경우에는 특별한 사정이 없는 한 민법 제750조에 따라 불법행위가 성립한다고 보아야 한다. 나아가 채권자와 공동으로 위와 같은 이자제한법 위반 행위를 하였거나 이에 가담한 사람도 민법 제760조에 따라 연대하여 손해를 배상할 책임이 있다"(대판 2021.2.25. 2020다230239)

② [○] "이자제한법상 대여원금은 선이자를 사전 공제하였더라도 실제 수령한 금액을 원본으로 하여 이 원본에 대하여 최고이자율에 따라 계산한 금액을 초과하는 부분은 약정 원본에 충당한 것으로 본다"(대판 2012.10.11. 2012다55198).

③ [○] "이자제한법의 최고이자율 제한에 관한 규정은 금전대차에 관한 계약상의 이자에 관하여 적용될 뿐, 계약을 위반한 사람을 제재하고 계약의 이행을 간접적으로 강제하기 위하여 정한 위약벌의 경우에는 적용될 수 없다"(대판 2017.11.29. 2016다259769).

④ [○] **이자제한법 제5조 (복리약정제한)** 「이자에 대하여 다시 이자를 지급하기로 하는 복리약정은 제2조 1항에서 정한 최고이자율을 초과하는 부분에 해당하는 금액에 대하여는 무효로 한다.」

⑤ [X] "금전을 대여한 채권자가 고의 또는 과실로 이자제한법을 위반하여 최고이자율을 초과하는 이자를 받아 채무자에게 손해를 입힌 경우에는 특별한 사정이 없는 한 민법 제750조에 따라 불법행위가 성립한다고 보아야 한다. 최고이자율을 초과하여 지급된 이자는 이자제한법 제2조 제4항에 따라 원본에 충당되므로, 이와 같이 충당하여 원본이 소멸하고도 남아 있는 초과 지급액은 이자제한법 위반 행위로 인한 손해라고 볼 수 있다. 부당이득반환청구권과 불법행위로 인한 손해배상청구권은 서로 별개의 청구권으로서, 제한 초과이자에 대하여 부당이득반환청구권이 있다고 해서 그것만으로 불법행위의 성립이 방해되지 않는다"(대판 2021.2.25, 2020다230239).

[정답] ⑤

제3장 채권의 효력

제1절 채무불이행의 유형 및 요건

문8 甲은 乙로부터 냉동창고를 임차한 창고업자이다. 甲은 이 냉동창고가 파손되어 乙에게 수선을 요청하였다. 이에 乙은 A에게 보수공사를 맡겼는데 A의 피용자 丙의 과실로 냉동창고에 화재가 발생하여 냉동창고에 보관 중이던 B의 임치물이 소실되었다. 이에 관한 설명 중 옳지 않은 것을 모두 고른 것은? (다툼이 있는 경우 판례에 의함)

[변시 6회]

ㄱ. 乙은 임대차계약에 따른 임대물수선의무를 이행하기 위하여 제3자인 A에게 도급을 주어 공사를 하게 된 것이고 A 및 丙에 대하여 지휘 감독하는 관계가 아니므로 乙은 甲에 대하여 채무불이행책임을 지지 않는다.
ㄴ. A는 자기의 피용자 丙의 과실에 의한 화재이므로 乙에 대하여 채무불이행책임을 진다.
ㄷ. A는 자기의 피용자 丙의 과실에 의한 화재이므로 甲에 대하여 「민법」 제756조에 따라 불법행위책임을 진다.
ㄹ. A는 자기의 피용자 丙의 과실에 의한 화재이므로 甲에 대하여 채무불이행책임을 진다.

① ㄱ, ㄴ
② ㄱ, ㄹ
③ ㄴ, ㄷ
④ ㄴ, ㄹ
⑤ ㄷ, ㄹ

해설 ㄱ. [X] "ⅰ) 민법 제391조에서의 이행보조자로서의 피용자라 함은 일반적으로 채무자의 의사관여 아래 그 채무의 이행행위에 속하는 활동을 하는 사람이면 족하고, 반드시 채무자의 지시 또는 감독을 받는 관계에 있어야 하는 것은 아니므로 채무자에 대하여 종속적인가 독립적인 지위에 있는가는 문제되지 않는다. ⅱ) 임대인이 임차인과의 임대차계약상의 약정에 따라 제3자에게 도급을 주어 임대차목적 시설물을 수선한 경우에는 그 수급인도 임대인에 대하여 종속적인지 여부를 불문하고 이행보조자로서의 피용자라고 보아야 할 것이고, 이러한 수급인이 시설물 수선 공사 등을 하던 중 수급인의 과실로 인하여 화재가 발생한 경우에는 임대인은 민법 제391조에 따라 위 화재발생에 귀책사유가 있다 할 것이어서 임차인에 대한 채무불이행상의 손해배상책임이 있다"(대판 2002.7.12. 2001다44338)

☞ 위 지문의 경우 **수급인 A는 乙의 임대차계약과 관련하여 이행보조자**에 해당하여 임대인 乙은 임차인 甲에 대하여 채무불이행 책임을 져야 한다(제623조, 제390조).

ㄴ. [○] 위 ㄱ.지문과 마찬가지로 **피용자 丙은 A의 도급계약과 관련하여 이행보조자**에 해당하여 수급인 A는 도급인 乙에 대하여 채무불이행 책임을 져야 한다(제665조, 제390조).

ㄷ. [○] "사용자책임이 성립하려면 사용자와 불법행위자 사이에 사용관계, 즉 사용자가 불법행위자를 실질적으로 지휘 · 감독하는 관계에 있어야 한다"(대판 1999.10.12. 98다62671).

☞ 피용자 丙은 A의 도급계약과 관련하여 제391조의 '피용자'에도 해당하지만, 제756조의 '피용자'에도 해당한다. 수급인인 A의 피용자 丙은 과실에 의해 냉동창고에 화재를 발생시켜 수치인 甲이 냉동창고에 보관 중이던 임치인 B의 물건을 소실시킴에 따라 甲이 B에게 임치계약에 따른 반환을 하지 못하는 재산상의 손해를 발생시켰다(제700조). 따라서 사용자 A는 피해자 甲에 대하여 제756조의 사용자책임을 진다.

ㄹ. [×] ㄷ.지문과 같이 A는 제756조의 사용자책임을 甲에 대하여 질 수 있을 뿐(제3자의 채권침해이나 물권침해와 달리 채권침해의 경우 위법성 판단은 사실상 고의로 한정되므로 사안의 경우에는 제756조의 성립도 어려울 것이다), 甲과는 임대차계약의 당사자가 아니므로 수급인 A는 임차인 甲에게 채무불이행책임을 지지 않는다.

[정답] ②

문 9 **이행지체에 관한 설명 중 옳은 것은?** (다툼이 있는 경우 판례에 의함) [변시 5회]

① 매수인이 매도인으로부터 물품을 공급받은 다음 그들 사이의 물품대금 지급방법에 관한 약정에 따라 그 대금의 지급을 위하여 매도인에게 지급기일이 물품 공급일자 이후로 된 약속어음을 발행·교부한 경우 물품대금 지급채무의 이행기는 그 약속어음의 지급기일이지만, 예외적으로 그 약속어음이 발행인의 지급정지의 사유로 그 지급기일 이전에 지급거절된 때에는 그때 위 물품대금 지급채무의 이행기가 도달한다.

② 이행기의 정함이 없는 채권을 양수받은 채권양수인이 채무자를 상대로 이행청구를 하면 그 다음 날부터 이행지체 책임이 발생하며, 이는 채무자에 대한 지명채권 양도의 통지가 이행청구 이후에 도달한 경우에도 동일하다.

③ 乙이 甲에게 기존 매매대금 채무의 이행확보를 위해 약속어음을 발행한 경우 약정된 매매대금채무의 변제기가 도과하더라도 甲이 乙에게 위 약속어음을 반환하지 않는 이상 원칙적으로 이행지체가 발생하지 않는다.

④ 甲의 乙에 대한 매매대금채권의 지급을 금지하는 채권가압류 명령이 乙에게 송달되었다면 그 매매대금채권의 변제기가 도래하더라도 乙은 이행지체 책임을 면한다.

⑤ 특정물의 매매에 있어서 매수인의 대금지급채무가 이행지체에 빠졌다 하더라도 그 목적물의 인도가 이루어지지 아니하는 한 매도인은 매수인의 대금지급채무의 이행지체를 이유로 매매대금의 이자 상당액의 손해배상청구를 할 수 없다.

해설 ① [X] 이행지체가 성립하기 위해서는 ⅰ) 채무가 이행기에 있고, ⅱ) 그 이행이 가능함에도 불구하고 이행을 지체할 것, ⅲ) 채무자의 귀책사유가 있을 것, ⅳ) 위법할 것을 요한다.

이 중 이행기와 관련하여 어음·수표상의 채권과 원인채권이 병존하는 경우에 判例는 어음·수표의 교부를 원인채권의 **지급을 확보하기 위한** 경우(담보목적)와 원인채권의 **지급을 위한** 경우(지급의 편의를 위한 경우) 등 두 유형으로 나누어 달리 취급한다.

원인채권의 **지급을 확보하기 위한** 방법으로 어음이 수수된 경우에 判例는 "원인채권과 어음채권은 별개로서 채권자는 그 선택에 따라 권리를 행사할 수 있고, 원인채권에 기하여 청구를 한 것만으로는 어음채권 그 자체를 행사한 것으로 볼 수 없어 어음채권의 소멸시효를 중단시키지 못한다"(대판 1999.6.11. 99다16378)고 판시하였다. 반면, **지급을 위한 경우** 判例는 어음채권을 먼저 행사할 것을 예정한 것으로 보아 "채권자로서는 어음채권을 우선 행사하고 그에 의하여 만족을 얻을 수 없는 때 비로소 채무자에 대하여 기존의 원인채권을 행사할 수 있는 것이므로, 채권자가 기존채무의 변제기보다 후의 일자가 만기로 된 어음을 교부받은 때에는 특단의 사정이 없는 한 기존채무의 지급을 유예하는 의사가 있었다고 보아야 한다"(대판 2001.2.13. 2000다5961)고 판시하였다.

☞ 지문의 경우 **지급을 위하여** 약속어음이 교부된 것이므로, 물품대금 지급채무의 이행기는 다른 특별한 사정이 없는 한 그 약속어음의 지급기일로 확정되고, 위 약속어음이 발행인에게 발생한 지급정지사유로 그 지급기일이 도래하기 전에 지급거절 되었더라도 그 지급거절 된 때에 물품대금 지급채무의 이행기가 도래하는 것은 아니다.

"매수인이 매도인으로부터 물품을 공급받은 다음 그들 사이의 물품대금 지급방법에 관한 약정에 따라 그 대금의 지급을 위하여 물품 매도인에게 지급기일이 물품공급일자 이후로 된 약속어음을 발행 · 교부한 경우, 물품대금 지급채무의 이행기는 다른 특별한 사정이 없는 한 그 약속어음의 지급기일이고, 위 약속어음이 발행인에게 발생한 지급정지사유로 그 지급기일이 도래하기 전에 지급거절 되었더라도 그 지급거절 된 때에 물품대금 지급채무의 이행기가 도래하는 것은 아니다"(대판 2000.9.5. 2000다26333)

② [X] 채무이행의 기한이 없는 경우에는 채무자는 이행청구를 받은 때로부터(구체적으로는 그 다음날부터) 지체책임이 있다(제387조 2항). 그런데 지명채권의 양도는 양도인이 채무자에게 통지하거나 채무자가 승낙하지 아니하면 채무자 기타 제삼자에게 대항하지 못하므로(제451조 1항), 이행기의 정함이 없는 채권을 양수한 양수인으로부터 이행청구를 받은 채무자는 이로써 지체책임을 지지 않고, 그 후 채권양도통지가 도달되면 그 다음 날부터(이행의 소를 제기한 때가 아님) 이행지체의 책임을 진다. 즉, "지명채권이 양도된 경우 채무자에 대한 **대항요건이 갖추어질 때까지** 채권양수인은 채무자에게 **대항할 수 없으므로,** 이행기의 정함이 없는 채권을 양수한 **채권양수인이 채무자를 상대로 그 이행을 구하는 소를 제기하고** 소송 계속 중 채무자에 대한 **채권양도통지가 이루어진 경우에**는 특별한 사정이 없는 한 채무자는 **채권양도통지가 도달된 다음 날부터**(이행의 소를 제기한 때가 아님) **이행지체**의 책임을 진다"(대판 2014.4.10. 2012다29557)

③ [X] 동시이행의 항변권이 존재하는 것만으로 '이행지체 저지효'가 발생하는데 이를 존재효 또는 당연효라고 한다(대판 2010.10.14. 2010다47438). **그러나 예외적으로 동시이행관계에 있더라도 이행지체가 발생하는 경우가 있다.** 判例는 원인채무의 변제와 어음이나 수표의 반환에 대해 동시이행관계를 인정하면서도 '당연효'를 인정하지 않고, 채무자가 동시이행의 항변권을 행사하여 원인채무의 지급을 거절하는 경우에만 지체책임을 면한다고 본다.

즉, 判例는 "채무이행을 확보하기 위해 어음을 교부한 경우 원인채무의 이행과 어음의 반환은 동시이행관계이나, 어음을 반환하지 않는 것은 원인채무의 지급을 거절할 수 있는 사유일 뿐이므로 원인채무의 이행기를 도과하면 원칙적으로 이행지체책임을 진다"(대판 1999.7.9. 98다47542,47559)고 하면서, "어음반환과 동시이행을 주장하는 경우에는 원인채무의 이행지체가 정당화될 수 있다"(대판 1993.11.9. 93다11203,11210)고 하여 항변권을 적극적으로 행사하여 그 지급을 거절하고 있는 것이 아닌 한 이행지체의 책임을 면할 수 없다고 본다.

왜냐하면 채무자의 원인채무와 채권자의 어음반환의무가 동시이행관계에 있는 이유는 양 채무가 **대가적인 견련관계에 있어서가 아니라, 만일 채무자가 무조건 원인채무를 이행하여야 한다면 채무자는 이로써 어음소지인에게 대항할 수 없는 결과 이중변제의 위험에 빠지기 때문이다.** 따라서 어음상 권리가 시효완성으로 소멸하여 채무자에게 이중지급의 위험이 없고 채무자가 다른 어음상 채무자에 대하여 권리를 행사할 수도 없는 경우에는 채권자의 원인채권 행사에 대하여 채무자에게 어음상환의 동시이행항변을 인정할 필요가 없으므로 결국 채무자의 동시이행항변권은 부인된다(대판 2010.7.29. 2009다69692).

④ [X] " i) **채권의 가압류는 제3채무자에 대하여 채무자에게 지급하는 것을 금지하는 데 그칠 뿐 채무 그 자체를 면하게 하는 것이 아니고, 가압류가 있다 하여도 그 채권의 이행기가 도래한 때에는 제3채무자는 그 지체책임을 면할 수 없다**고 보아야 할 것이다. ii) 이 경우 가압류에 불구하고 제3채무자가 채무자에게 변제를 한 때에는 나중에 채권자에게 이중으로 변제하여야 할 위험을 부담하게 되므로 **제3채무자로서는 민법 제487조의 규정에 의하여 공탁을 함으로써**(실무상 가압류의 경우는 현행 민사집행법상의 집행공탁으로 사실상 통일 ; 저자 주)**이중변제의 위험에서 벗어나고 이행지체의 책임도 면할 수 있**다고 보아야 할 것이다. 제3채무자가 이와 같이 채권의 가압류를 이유로 변제공탁을 한 때에는 그 **가압류의 효력은 채무자의 공탁금출급청구권에 대하여 존속한다**고 할 것이므로 그로 인하여 가압류 채권자에게 어떤 불이익이 있다고도 할 수 없다. iii) 위의 법리는 부당이득반환채권이

가압류된 후에 제3채무자가 악의로 되어 그 받은 이익에 덧붙여 반환하여야 할 이자지급책임을 면하기 위한 경우에도 마찬가지라 할 것이고, 또 채권자의 소재가 불명한 경우에도 채무자로서는 변제공탁을 하지 않는 한 그 이행지체의 책임 내지 부당이득에 대한 이자의 배상책임을 면할 수 없음은 물론이다"(대판 1994.12.13, 전합93다951)

☞ 甲의 乙에 대한 매매대금채권의 지급을 금지하는 채권가압류 명령이 乙에게 송달되었다면 乙은 변제공탁을 하지 않는 한 그 매매대금채권의 변제기가 도래한 경우 이행지체 책임을 면할 수 없다.

⑤ [O] "특정물의 매매에 있어서 매수인의 대금지급채무가 이행지체에 빠졌다 하더라도 그 목적물이 매수인에게 인도될 때까지는 매수인은 매매대금의 이자를 지급할 필요가 없는 것이므로(제587조), **그 목적물의 인도가 이루어지지 아니하는 한** 매도인은 매수인의 대금지급의무 이행의 지체를 이유로 매매대금의 이자 상당액의 손해배상청구를 할 수 없다"(대판 1995.6.30. 95다14190)

[정답] ⑤

문 10 이행지체에 관한 설명 중 옳은 것은? (다툼이 있는 경우에는 판례에 의함) [변시 2회]

① 정지조건부 기한이익 상실의 특약이 있는 경우, 특별한 사정이 없는 한 그 특약에서 정한 기한이익 상실사유가 발생하였더라도 채권자의 이행청구가 없으면 채무자는 지체책임을 지지 않는다.

② 확정기한이 있는 금전채권에 대하여 가압류결정이 내려진 경우, 채무자는 기한이 도래하더라도 지체책임을 지지 않는다.

③ 불법행위로 인한 손해배상의무는 기한의 정함이 없는 채무로서 채무자는 피해자의 이행청구를 받은 때로부터 지체책임이 있다.

④ 채무자는 확정된 지연손해금채무에 대하여 채권자의 이행청구를 받은 때로부터 지체책임을 부담하게 된다.

⑤ 토지거래허가를 전제로 하는 매매계약의 경우, 허가가 있기 전이라도 매도인이 소유권이전등기 소요서류의 이행제공을 하였다면 매수인은 계약내용에 따른 대금지급의무를 부담하므로 매수인이 그 의무를 이행하지 아니한 때에는 매도인은 계약을 해제할 수 있다.

해 설 **제387조(이행기와 이행지체)** 「①항 채무이행의 확정한 기한이 있는 경우에는 채무자는 기한이 도래한 때로부터 지체책임이 있다. 채무이행의 불확정한 기한이 있는 경우에는 채무자는 기한이 도래함을 안 때로부터 지체책임이 있다. ②항 채무이행의 기한이 없는 경우에는 채무자는 이행청구를 받은 때로부터 지체책임이 있다.」

① [X] "채권자의 별도의 의사표시가 없더라도 바로 이행기가 도래한 것과 같은 효과를 발생케 하는 이른바 정지조건부 기한이익 상실의 특약을 하였을 경우에는 그 특약에 정한 기한의 이익 상실사유가 발생함과 동시에 기한의 이익을 상실케 하는 채권자의 의사표시가 없더라도 이

행기 도래의 효과가 발생하고, 채무자는 특별한 사정이 없는 한 그 때부터 이행지체의 상태에 놓이게 된다"(대판 1999.7.9, 99다15184).

관련쟁점 형성권적 기한이익 상실 약정은 일정한 사유가 발생한 것만으로 곧바로 기한의 도래가 의제되지는 않고, 채권자가 기한이익 상실의 의사표시를 한 때 비로소 기한의 도래가 의제된다.

② [×] 채권이 가압류(아래 전합93다951판결) 또는 가처분(대판 2010.2.25, 2009다22778)된 경우에도 이행기가 도래하면 채무자는 이행하여야 하고, 그렇지 않으면 이행지체의 책임을 진다.

"ⅰ) 채권의 가압류는 제3채무자에 대하여 채무자에게 지급하는 것을 금지하는 데 그칠 뿐 채무 그 자체를 면하게 하는 것이 아니고, 가압류가 있다 하여도 그 채권의 이행기가 도래한 때에는 제3채무자는 그 지체책임을 면할 수 없다고 보아야 할 것이다. ⅱ) 이 경우 가압류에 불구하고 제3채무자가 채무자에게 변제를 한 때에는 나중에 채권자에게 이중으로 변제하여야 할 위험을 부담하게 되므로 제3채무자로서는 민법 제487조의 규정에 의하여 공탁을 함으로써(실무상 가압류의 경우는 현행 민사집행법상의 집행공탁으로 사실상 통일 ; 저자 주)이중변제의 위험에서 벗어나고 이행지체의 책임도 면할 수 있다고 보아야 할 것이다. 제3채무자가 이와 같이 채권의 가압류를 이유로 변제공탁을 한 때에는 그 가압류의 효력은 채무자의 공탁금출급청구권에 대하여 존속한다고 할 것이므로 그로 인하여 가압류 채권자에게 어떤 불이익이 있다고도 할 수 없다"(대판 1994.12.13, 전합93다951)

③ [×] 불법행위로 인한 손해배상채무는 그 성립과 동시에(그 당일부터) 또 채권자의 청구 없이도 당연히 이행지체가 된다는 것이 判例이다(대판 1975.5.27, 74다1393).

비교판례 "타인의 토지를 점유함으로 인한 부당이득반환채무는 이행의 기한이 없는 채무로서 이행청구를 받은 때로부터 지체책임이 있다"(대판 2008.2.1, 2007다8914).

④ [○] "금전채무의 지연손해금채무는 금전채무의 이행지체로 인한 손해배상채무로서 이행기의 정함이 없는 채무에 해당하므로, 채무자는 확정된 지연손해금채무에 대하여 채권자로부터 이행청구를 받은 때로부터 지체책임을 부담하게 된다"(대판 2004.7.9, 2004다11582)

⑤ [×] 토지거래허가받기 전의 유동적 무효상태에서는 채권적 효력도 전혀 발생하지 아니하여 계약의 이행청구를 할 수 없어 매수인의 대금지급의무나 매도인의 소유권이전등기의무가 없다(대판 1991.12.24, 전합90다12243). 따라서 허가를 받기 전의 상태에서 상대방의 거래계약상 채무불이행을 이유로 거래계약을 해제하거나 그로 인한 손해배상을 청구할 수도 없다(대판 1997.7.25, 97다4357).

[정답] ④

문 11 **이행지체에 관한 설명 중 옳지 않은 것은?** (다툼이 있는 경우 판례에 의함) [변시 7회]

① 기한이익 상실의 특약은 특별한 사정이 없는 이상 위 특약에서 정한 사유가 발생한 후 채권자의 통지나 청구 등 채권자의 의사행위를 기다려 비로소 이행기가 도래하는 것으로 하는 형성권적 기한이익 상실의 특약으로 추정된다.

② 금전채무의 이행지체로 인하여 발생하는 지연이자채권은 「민법」 제163조 제1호가 규정한 '1년 이내의 기간으로 정한 채권'에 해당하여 3년의 단기소멸시효에 걸린다.

③ 이행기의 정함이 없는 채권의 양수인이 채무자를 상대로 그 이행을 구하는 소를 제기하고 소송계속 중 채무자에 대한 채권양도 통지가 이루어진 경우에는 특별한 사정이 없는 한 채무자는 채권양도 통지가 도달된 다음 날부터 이행지체의 책임을 진다.

④ 쌍무계약의 당사자 일방이 먼저 한 번 현실의 제공을 하여 상대방을 수령지체에 빠지게 하였다고 하더라도, 그 이행의 제공이 중지되어 더 이상 그 제공이 계속되지 아니하는 기간 동안에는 상대방의 의무가 이행지체 상태에 빠졌다고 할 수는 없으므로, 그 이행의 제공이 중지된 이후에 상대방의 의무가 이행지체되었음을 전제로 하는 손해배상청구를 할 수 없다.

⑤ 당사자가 불확정한 사실이 발생한 때를 이행기한으로 정한 경우, 그 사실이 발생한 때는 물론 그 사실의 발생이 불가능하게 된 때에도 이행기한은 도래한 것으로 보아야 한다.

해 설 ① [○] ※ 기한이익 상실 특약

"기한이익 상실의 특약은 그 내용에 의하여 일정한 사유가 발생하면 채권자의 청구 등을 요함이 없이 당연히 기한의 이익이 상실되어 이행기가 도래하는 것으로 하는 정지조건부 기한이익 상실의 특약과 일정한 사유가 발생한 후 채권자의 통지나 청구 등 채권자의 의사행위를 기다려 비로소 이행기가 도래하는 것으로 하는 형성권적 기한이익 상실의 특약의 두 가지로 대별할 수 있고, 기한이익 상실의 특약이 위의 양자 중 어느 것에 해당하느냐는 당사자의 의사해석의 문제이지만 일반적으로 기한이익 상실의 특약이 채권자를 위하여 둔 것인 점에 비추어 명백히 정지조건부 기한이익 상실의 특약이라고 볼 만한 특별한 사정이 없는 이상 **형성권적 기한이익 상실의 특약으로 추정**하는 것이 타당하다"(대판 2002.9.4, 2002다28340).

② [×] "변제기 이후에 지급하는 지연이자는 금전채무의 이행을 지체함으로 인한 손해배상금이지 이자가 아니고 또 민법 제163조 제1호 소정의 1년 이내의 기간으로 정한 채권도 아니므로 단기소멸시효의 대상이 되는 것도 아니다"(대판 1989.2.28, 88다카214).

☞ **지연배상금은 손해배상금이지 이자가 아니므로** 본조의 적용이 없고 원본채권의 소멸시효기간과 같다고 보아야 한다. 즉, 채권이 '채무불이행'으로 인하여 손해배상청구권으로 바뀐 때에는, 그 **동일성이 유지**되므로 그 손해배상청구권의 시효기간은 원채권의 시효기간에 따른다(통설, 대판 2010.9.9, 2010다28031).

③ [○] "채무에 이행기의 정함이 없는 경우에는 채무자가 이행의 청구를 받은 다음 날부터 이행지체의 책임을 지는 것이나, 한편 지명채권이 양도된 경우 채무자에 대한 대항요건이 갖추어질 때까지 채권양수인은 채무자에게 대항할 수 없으므로, 이행기의 정함이 없는 채권을 양수한 채권양수인이 채무자를 상대로 그 이행을 구하는 소를 제기하고 소송 계속 중 채무자에 대

한 채권양도통지가 이루어진 경우에는 특별한 사정이 없는 한 채무자는 **채권양도통지가 도달된 다음 날부터**(이행의 소를 제기한 때가 아님) **이행지체의 책임을 진다**"(대판 2014.4.10. 2012다29557)

④ [○] "쌍무계약의 당사자 일방이 먼저 한 번 현실의 제공을 하고, 상대방을 수령지체에 빠지게 하였다고 하더라도 그 이행의 제공이 계속되지 않는 경우는 **과거에 이행의 제공이 있었다는 사실만으로 상대방이 가지는 동시이행의 항변권이 소멸하는 것은 아니므로**, 일시적으로 당사자 일방의 의무의 이행 제공이 있었으나 곧 그 이행의 제공이 중지되어 더 이상 그 제공이 계속되지 아니하는 기간 동안에는 상대방의 의무가 이행지체 상태에 빠졌다고 할 수는 없다고 할 것이고, 따라서 그 이행의 제공이 중지된 이후에 상대방의 의무가 이행지체되었음을 전제로 하는 손해배상청구도 할 수 없는 것이다"(대판 1995.3.14. 94다26646)

⑤ [○] "당사자가 불확정한 사실이 발생한 때를 이행기한으로 정한 경우에는 그 사실이 발생한 때는 물론 그 사실의 발생이 불가능하게 된 때에도 이행기한은 도래한 것으로 보아야 한다"(대판 2002.3.29. 2001다41766)

[정답] ②

문 12 이행지체에 관한 설명 중 옳은 것을 모두 고른 것은? (다툼이 있는 경우 판례에 의함) [변시 10회]

ㄱ. 이행지체를 이유로 계약을 해제할 때 그 전제요건인 이행의 최고는 반드시 미리 일정기간을 명시하여 행해야 하며 이를 명시하지 아니한 최고는 부적법하다.
ㄴ. 신원보증인의 채무는 피보증인의 불법행위로 인한 손해배상채무 그 자체가 아니고 신원보증계약에 기하여 발생한 채무로서 이행기의 정함이 없는 채무이므로 채권자로부터 이행청구를 받지 않으면 지체의 책임이 생기지 않는다.
ㄷ. 금전채무에 관하여 이행지체에 대비한 지연손해금 비율을 따로 약정한 경우에 이를 손해배상액의 예정이라고 할 수는 없으므로 법원의 감액 대상이 되지 않는다.
ㄹ. 매매계약이 무효로 되는 때에는 매도인이 악의의 수익자인 경우 특별한 사정이 없는 한 매도인은 반환할 매매대금에 대하여 「민법」이 정한 연 5%의 법정이율에 의한 이자를 붙여 반환하여야 하는데, 위와 같은 법정이자의 지급의무는 반환의무의 이행지체로 인한 손해배상이므로, 매도인의 매매대금반환의무와 매수인의 소유권이전등기 말소등기절차 이행의무가 동시이행의 관계에 있는 경우에는 발생하지 않는다.
ㅁ. 이행기의 정함이 없는 채권을 양수한 채권양수인이 채무자를 상대로 그 이행을 구하는 소를 제기하고 소송계속 중 채무자에 대한 채권양도통지가 이루어진 경우에는 특별한 사정이 없는 한 채무자는 채권양도통지가 도달된 다음 날부터 이행지체의 책임을 진다.

① ㅁ
② ㄴ, ㅁ
③ ㄱ, ㄴ, ㅁ
④ ㄱ, ㄷ, ㄹ
⑤ ㄴ, ㄹ, ㅁ

해 설 ㄱ. [X] "이행지체를 이유로 계약을 해제함에 있어서 그 전제요건인 **이행의 최고는 반드시 미리 일정 기간을 명시하여 최고하여야 하는 것은 아니며** 최고한 때로부터 상당한 기간이 경과하면 해제권이 발생한다고 할 것이고, 매도인이 매수인에게 중도금을 지급하지 아니하였으니 매매계약을 '해제'하겠다는 통고를 한 때에는 이로써 중도금 지급의 '최고'가 있었다고 보아야 하며, 그로부터 상당한 기간이 경과하도록 매수인이 중도금을 지급하지 아니하였다면 매도인은 매매계약을 해제할 수 있다"(대판 1994.11.25. 94다35930).

ㄴ. [O] "신원보증인의 채무는 피보증인의 불법행위로 인한 손해배상채무 그 자체가 아니고 신원보증계약에 기하여 발생한 채무로서 이행기의 정함이 없는 채무이므로 채권자로부터 이행청구를 받지 않으면 지체의 책임이 생기지 않는다"(대판 2009.11.26. 2009다59671).

ㄷ. [X] "금전채무에 관하여 이행지체에 대비한 지연손해금 비율을 따로 약정한 경우에 이는 일종의 손해배상액의 예정으로서 민법 제398조에 의한 감액의 대상이 된다"(대판 2000.7.28. 99다38637)

ㄹ. [X] "계약무효의 경우 각 당사자가 상대방에 대하여 부담하는 반환의무는 성질상 부당이득반환의무로서 악의의 수익자는 그 받은 이익에 법정이자를 붙여 반환하여야 하므로(제748조 제2항), **매매계약이 무효로 되는 때에는 매도인이 악의의 수익자인 경우** 특별한 사정이 없는 한 매도인은 반환할 매매대금에 대하여 민법이 정한 연 5%의 **법정이율에 의한 이자를 붙여 반환하여야** 한다. 그리고 위와 같은 법정이자의 지급은 부당이득반환의 성질을 가지는 것이지 반환의무의 이행지체로 인한 손해배상이 아니므로, **매도인의 매매대금 반환의무와 매수인의 소유권이전등기 말소등기절차 이행의무가 동시이행의 관계에 있는지 여부와는 관계가 없다**"(대판 2017.3.9. 2016다47478)

ㅁ. [O] 채무이행의 기한이 없는 경우에는 채무자는 이행청구를 받은 때로부터(구체적으로는 그 다음날부터) 지체책임이 있다(제387조 2항). 그런데 **지명채권의 양도는 양도인이 채무자에게 통지하거나 채무자가 승낙하지 아니하면 채무자 기타 제삼자에게 대항하지 못하므로**(제451조 1항), 이행기의 정함이 없는 채권을 양수한 양수인으로부터 이행청구를 받은 채무자는 이로써 지체책임을 지지 않고, 그 후 채권양도통지가 도달되면 그 다음 날부터(이행의 소를 제기한 때가 아님) 이행지체의 책임을 진다. 즉, "지명채권이 양도된 경우 채무자에 대한 **대항요건이 갖추어질 때까지** 채권양수인은 채무자에게 **대항할 수 없으므로**, 이행기의 정함이 없는 채권을 양수한 **채권양수인이 채무자를 상대로 그 이행을 구하는 소를 제기하고** 소송 계속 중 채무자에 대한 **채권양도통지가 이루어진 경우에는** 특별한 사정이 없는 한 채무자는 **채권양도통지가 도달된 다음 날부터**(이행의 소를 제기한 때가 아님) **이행지체의 책임을 진다**"(대판 2014.4.10. 2012다29557)

[정답] ②

문 13 지연손해금에 관한 설명 중 옳은 것(○)과 옳지 않은 것(×)을 올바르게 조합한 것은? (다툼이 있는 경우 판례에 의함) [변시 11회]

ㄱ. 이행기의 정함이 없는 채권의 양수인이 채무자를 상대로 그 이행을 구하는 소를 제기하고 소송계속 중 채무자에 대한 채권양도통지가 이루어진 경우에는 특별한 사정이 없는 한 채무자는 소장부본 송달을 받은 다음날부터 이행지체의 책임을 진다.
ㄴ. 불법행위로 인한 손해배상채무는 특별한 사정이 없는 한 채무 성립과 동시에 지연손해금이 발생한다.
ㄷ. 금전채무에 관하여 이행지체에 대비한 지연손해금 비율을 따로 약정한 경우에 이는 손해배상액의 예정으로 추정되고, 그 액수가 부당히 과다한 때에는 법원이 적당히 감액할 수 있다.
ㄹ. 승소판결이 확정된 후 동일한 당사자가 그 확정된 채권의 소멸시효 중단을 위하여 확정판결과 동일한 소송물에 기하여 신소를 제기하였는데 「소송촉진 등에 관한 특례법」(이하 '소송촉진법'이라 함)의 변경으로 소송촉진법에서 정한 지연손해금 이율이 달라진 경우, 후소에서 확정된 선행판결과 달리 변경된 소송촉진법상의 이율을 적용하여 선행판결과 다른 금액을 원고의 채권액으로 인정할 수 있다.

① ㄱ(○), ㄴ(×), ㄷ(×), ㄹ(○)
② ㄱ(○), ㄴ(○), ㄷ(○), ㄹ(×)
③ ㄱ(×), ㄴ(×), ㄷ(○), ㄹ(×)
④ ㄱ(×), ㄴ(○), ㄷ(○), ㄹ(○)
⑤ ㄱ(×), ㄴ(○), ㄷ(○), ㄹ(×)

해 설 ㄱ. [X] ※ 기한의 정함이 없는 채무의 채권양도와 이행지체책임

"지명채권이 양도된 경우 채무자에 대한 대항요건이 갖추어질 때까지 채권양수인은 채무자에게 대항할 수 없으므로, 이행기의 정함이 없는 채권을 양수한 채권양수인이 채무자를 상대로 그 이행을 구하는 소를 제기하고 소송 계속 중 채무자에 대한 채권양도통지가 이루어진 경우에는 특별한 사정이 없는 한 채무자는 채권양도통지가 도달된 다음 날부터(이행의 소를 제기한 때가 아님) 이행지체의 책임을 진다"(대판 2014.4.10. 2012다29557).

ㄴ. [○] 불법행위로 인한 손해배상채무는 그 성립과 동시에(그 당일부터) 또 채권자의 청구 없이도 당연히 이행지체가 된다는 것이 判例이다(대판 1975.5.27. 74다1393).

비교쟁점 채무이행의 기한이 없는 경우에는 채무자는 이행청구를 받은 때로부터(구체적으로는 그 다음날부터) 지체책임이 있다(제387조 2항).

ㄷ. [○] ※ 지연손해금 비율에 대한 특약

"금전채무에 관하여 이행지체에 대비한 지연손해금 비율을 따로 약정한 경우에 이는 일종의 손해배상액의 예정으로서 민법 제398조에 의한 감액의 대상이 된다. 손해배상 예정액이 부당하게 과다한 경우에는 법원은 당사자의 주장이 없더라도 직권으로 이를 감액할 수 있고, 지연손해금의 과다 여부는 그 대상 채무를 달리할 경우에는 별도로 판단할 수 있다"(대판 2000.7.28. 99다38637)

ㄹ. [X] ※ 승소판결 확정 후 소송촉진법이 변경된 경우

"확정판결의 기판력에 의하여 당사자는 확정판결과 동일한 소송물에 기하여 신소를 제기할 수 없는 것이 원칙이나, 시효중단 등 특별한 사정이 있는 경우에는 예외적으로 신소가 허용된다. 그러나 이러한 경우에도 신소의 판결이 전소의 승소확정판결의 내용에 저촉되어서는 안 되므로, 후소 법원으로서는 그 확정된 권리를 주장할 수 있는 모든 요건이 구비되어 있는지에 관하여 다시 심리할 수 없다.

다만 전소의 변론종결 후에 새로 발생한 변제, 상계, 면제 등과 같은 채권소멸사유는 후소의 심리대상이 되어 채무자인 피고는 후소 절차에서 위와 같은 사유를 들어 항변할 수 있으나, 법률이나 판례의 변경은 전소 변론종결 후에 발생한 새로운 사유에 해당한다고 할 수 없다.

승소판결이 확정된 후 소송촉진 등에 관한 특례법(이하 '소송촉진법'이라고 한다)의 변경으로 소송촉진법에서 정한 지연손해금 이율이 달라졌다고 하더라도 그로 인하여 선행 승소확정판결의 효력이 달라지는 것은 아니고, 확정된 선행판결과 달리 변경된 소송촉진법상의 이율을 적용하여 선행판결과 다른 금액을 원고의 채권액으로 인정할 수 있는 것도 아니다"(대판 2019.8.29. 2019다215272).

[정답] ⑤

문 14 **동시이행관계에 관한 설명 중 옳지 않은 것은?** (별도의 특약은 없는 것으로 하고, 다툼이 있는 경우에는 판례에 의함) [변시 1회]

① 전세권이 소멸한 경우, 전세권자의 목적물 인도의무 및 전세권설정등기 말소의무와 전세권설정자의 전세금반환의무는 동시이행관계에 있다.

② 부동산매매계약상 매수인이 약정된 중도금지급기일인 2010. 4. 1. 중도금 1억 원의 지급을 지체한 후 계약이 해제되지 않은 상태에서 잔대금 2억 원의 지급기일인 2010. 10. 1. 매수인이 3억 원을 이행제공하였다면, 매수인은 매도인에게 소유권이전등기를 청구하기 위한 자신의 의무를 다 했다고 할 수 있다.

③ 근저당권설정등기가 마쳐진 부동산의 매매계약에 있어서, 매도인의 소유권이전의무 외에 근저당권설정등기 말소의무도 매수인의 잔대금지급의무와 동시이행관계에 있다.

④ 이자부 소비대차계약에서 채무자가 담보목적으로 채무자 소유의 부동산에 근저당권설정등기를 하였는데 변제기에 원리금을 갚지 아니하여 채권자로부터 대여금청구소송을 제기당한 경우, 채무자는 근저당권설정등기 말소등기와 동시에 원리금을 변제하겠다는 항변을 할 수 없다.

⑤ 임차인이 임차물을 인도할 의무와 임대인이 임대보증금 중 미지급 월임료 등을 공제한 나머지 보증금을 반환할 의무가 동시이행관계에 있는 이상, 임대인이 임차인에게 위 보증금반환의무를 이행하였다거나 그 현실적인 이행의 제공을 하여 임차인의 임차물 인도의무가 지체에 빠졌다는 사실이 인정되지 않는다면, 임차인은 임대차기간만료 후 인도를 지연할 경우 지급키로 한 약정지연손해금을 지급할 의무가 없다.

해 설 ※ 동시이행의 항변권이 성립하기 위해서는 ⅰ) 동일한 쌍무계약에 의한 대가적 채무가 존재할 것, ⅱ) 적어도 상대방의 채무가 변제기에 있을 것, ⅲ) 상대방이 이행 또는 이행의 제공을 하고 있지 않을 것이 필요하다(제536조). 설문은 ⅰ)의 요건과 관련한 질문이다.

① [○] **제317조(전세권의 소멸과 동시이행)** 「전세권이 소멸한 때에는 전세권설정자는 전세권자로부터 그 목적물의 인도 및 전세권설정등기의 말소등기에 필요한 서류의 교부를 받는 동시에 전세금을 반환하여야 한다.」

② [X] "매수인이 선이행하여야 할 중도금지급을 하지 아니한 채 잔대금지급일을 경과한 경우에는 매수인의 중도금 및 이에 대한 지급일 다음날부터 잔대금지급일까지의 지연손해금과 잔대금의 지급채무는 매도인의 소유권이전등기의무와 특별한 사정이 없는 한 동시이행관계에 있다"(대판 1991.3.27. 90다19930)
☞ 따라서 잔대금 지급기일 이후에 상대방의 이행이 없으면 그때부터 지체책임을 지지 않는 것일 뿐, 잔대금 지급기일까지 발생한 중도금지급에 관한 이행지체로서 지연손해금(2010. 4. 2 ~ 2010. 10. 1.)은 이행하여야한다.

③ [○] **제568(매매의 효력)** 「①항 매도인은 매수인에 대하여 매매의 목적이 된 권리를 이전하여야 하며 매수인은 매도인에게 그 대금을 지급하여야 한다. ②항 전항의 쌍방의무는 특별한 약정이나 관습이 없으면 동시에 이행하여야 한다.」
"특별한 사정이 없는 한 매도인은 완전한 권리의 이전이 필요하므로 근저당권설정등기 말소의무도 대금지급의무와 동시이행관계에 있다. 이 때 근저당권설정등기의 말소의무에 관한 이행제공은 그 근저당채무가 변제되었다는 것만으로는 부족하고 근저당권설정등기의 말소에 필요한 서류까지도 준비해야 한다"(대판 1979.11.13. 79다1562)

④ [○] 소비대차 계약에 있어서 채무의 담보목적으로 저당권 설정등기를 경료한 경우에 채무자의 채무변제는 저당권설정등기 말소등기에 앞서는 선행의무이며 채무의 변제와 동시이행 관계에 있는 것이 아니다(대판 1969.9.30. 69다1173).

⑤ [○] "임차인이 임차건물을 명도할 의무와 임대인이 임대보증금 중 미지급월임료 등을 공제한 나머지 보증금을 반환할 의무가 동시이행관계에 있는 이상, 임대인이 임차인에게 위 보증금반환의무를 이행하였다거나 그 현실적인 이행의 제공을 하여 임차인의 건물명도의무가 지체에 빠졌다는 사실이 인정되지 않는다면 임차인은 임대차기간만료후 명도를 지연할 경우 지급키로 한 약정지연손해금을 지급할 의무가 없다"(대판 1988.4.12. 86다카2476).

[정답] ②

문 15 **동시이행관계에 관한 설명 중 옳지 않은 것은? (다툼이 있는 경우 판례에 의함)** [변시 8회]

① 채무를 담보하기 위하여 어음이 발행된 경우, 채권자가 원인채권을 행사함에 있어서 채무자는 원칙적으로 어음과 상환으로 지급하겠다는 항변으로 채권자에게 대항할 수 있다.

② 「주택임대차보호법」상의 임차권등기명령에 의하여 임차권이 등기된 경우, 임대인의 임대차보증금반환의무와 임차인의 임차권등기말소의무는 동시이행관계에 있다.

③ 근저당권설정등기가 되어 있는 부동산을 매매하는 경우, 특별한 사정이 없는 한 매도인의 근저당권말소 및 소유권이전등기의무와 매수인의 잔대금지급의무는 동시이행관계에 있다.

④ 수급인이 도급계약상의 의무를 제대로 이행하지 못하여 도급인의 신체 또는 재산에 손해가 발생한 경우, 하자확대손해로 인한 수급인의 손해배상채무와 도급인의 공사대금채무는 동시이행관계에 있다.

⑤ 계약이 해제된 경우 계약당사자가 부담하는 원상회복의무뿐만 아니라 손해배상의무도 함께 동시이행관계에 있다.

해 설 ① [O] ※ **어음상환과의 동시이행항변**

"기존의 원인채권과 어음채권이 병존하는 경우에 채권자가 원인채권을 행사함에 있어서 채무자는 원칙적으로 어음과 상환으로 지급하겠다고 하는 항변으로 채권자에게 대항할 수 있다"(대판 2010.7.29. 2009다69692).

쟁점정리 채무이행을 확보하기 위해 어음을 교부한 경우 원인채무의 이행과 어음의 반환은 동시이행관계이나(위 2009다69692판결), 어음을 반환하지 않는 것은 원인채무의 지급을 거절할 수 있는 사유일 뿐이므로 원인채무의 이행기를 도과하면 원칙적으로 이행지체책임을 진다(대판 1999.7.9. 98다47542,47559). 단, 어음반환과 동시이행을 주장하는 경우에는 원인채무의 이행지체가 정당화될 수 있다(대판 1993.11.9. 93다1203,1121). ☞ 즉, **判例는 원인채무의 변제와 어음이나 수표의 반환에 대해 동시이행관계를 인정하면서도 '당연효'를 인정하지 않고**, 채무자가 동시이행의 항변권을 행사하여 원인채무의 지급을 거절하는 경우에만 지체책임을 면한다고 본다.

② [X] ※ **임대인의 임대차보증금 반환의무와 임차인의 임차권등기 말소의무**

"주택임대차보호법 제3조의3 규정에 의한 임차권등기는 이미 임대차계약이 종료하였음에도 임대인이 그 보증금을 반환하지 않는 상태에서 경료되게 되므로, 이미 사실상 이행지체에 빠진 임대인의 임대차보증금의 반환의무와 그에 대응하는 임차인의 권리를 보전하기 위하여 새로이 경료하는 **임차권등기에 대한 임차인의 말소의무를 동시이행관계에 있는 것으로 해석할 것은 아니고**, 특히 위 임차권등기는 임차인으로 하여금 기왕의 대항력이나 우선변제권을 유지하도록 해 주는 담보적 기능만을 주목적으로 하는 점 등에 비추어 볼 때, **임대인의 임대차보증금의 반환의무가 임차인의 임차권등기 말소의무보다 먼저 이행되어야 할 의무이다**"(대판 2005.6.9. 2005다4529).

비교쟁점 이와 달리 전세권설정자의 전세금반환의무와 전세권자의 전세권등기말소의무는 동시이행의 관계에 있다(제317조). 이와 동일하게 일반적인 임차권등기가 마쳐진 경우에도 임대인의 보증금반환의무와 임차인의 임차권등기말소의무는 동시이행의 관계에 있다.

③ [○] ※ 근저당권이 설정되어 있는 부동산 매매
"근저당권설정등기가 되어 있는 부동산을 매매하는 경우 매수인이 근저당권의 피담보채무를 인수하여 그 채무금 상당을 매매잔대금에서 공제하기로 하는 특약을 하는 등 특별한 사정이 없는 한 매도인의 근저당권말소 및 소유권이전등기의무와 매수인의 잔대금지급의무는 동시이행의 관계에 있는 것이다"(대판 1991.11.26. 91다23103).

④ [○] ※ 하자확대손해로 인한 수급인의 손해배상채무와 도급인의 공사대금채무
민법 제667조(수급인의 담보책임) 「②항 도급인은 하자의 보수에 갈음하여 또는 보수와 함께 손해배상을 청구할 수 있다. ③항 전항의 경우에는 제536조의 규정을 준용한다.」
'하자로 인한 확대손해'는 제667조 2항의 하자담보책임에 따른 손해배상의 범위에 포함되지 않는다(대판 2004.8.20. 2001다70337참고). 따라서 확대손해에 대한 배상을 청구하기 위해서는 수급인의 귀책사유를 전제로 한 채무불이행책임을 원인으로 하여야 한다. 그리고 하자확대손해로 인한 수급인의 손해배상채무도 도급인의 공사대금채무와 동시이행관계에 있다(대판 2005.11.10. 2004다37676).

⑤ [○] ※ 계약해제로 인하여 발생하는 원상회복의무와 손해배상의무
민법 제549조(원상회복의무와 동시이행) 「제536조의 규정은 전조(원상회복)의 경우에 준용한다.」
"계약이 해제되면 계약당사자는 상대방에 대하여 원상회복의무와 손해배상의무를 부담하는데, 이 때 계약당사자가 부담하는 원상회복의무뿐만 아니라 손해배상의무도 함께 동시이행의 관계에 있다"(대판 1996.7.26. 95다25138,25145).

[정답] ②

문 16 동시이행에 관한 설명 중 옳은 것은? (다툼이 있는 경우에는 판례에 의함) [변시 13회]

① 도급계약에서 수급인이 도급계약에 따른 의무를 제대로 이행하지 못함으로 말미암아 도급인의 신체 또는 재산에도 손해가 발생한 경우 이러한 확대손해로 인한 수급인의 손해배상채무와 도급인의 공사대금채무는 동시이행관계에 있지 아니하다.
② 채무담보의 목적으로 경료된 채권자 명의의 소유권이전등기나 그 청구권보전 가등기의 말소의무는 피담보채무의 변제와 동시이행관계에 있다.
③ 근저당권 실행을 위한 경매가 무효로 되어 근저당권자인 채권자 甲이 채무자 丙을 대위하여 낙찰자 乙에 대한 소유권이전등기 말소청구권을 행사한 경우 甲의 배당금 반환채무와 乙의 소유권이전등기 말소의무는 동시이행관계에 있다.
④ 하수급인에 대한 수급인의 공사대금채무를 인수한 도급인은 하수급인의 공사대금청구에 대하여 하수급인에 대한 수급인의 하자보수청구권에 기한 동시이행항변으로 대항할 수 있다.
⑤ 상가건물임대차에서 임차인의 임차목적물 반환의무와 임대인의 권리금 회수 방해로 인한 손해배상의무는 임대차계약의 종료라는 동일한 원인에 기하여 발생한 것일 뿐만 아니라 공평의 관점에서 보더라도 이행상의 견련관계를 인정할 수 있다.

해설 ① [×] 하자확대손해로 인한 수급인의 손해배상채무도 도급인의 공사대금채무와 동시이행관계에 있다(대판 2005.11.10. 2004다37676)

② [×] 채무자 등은 '청산금채권을 변제받을 때'(청산기간 중이 아님)까지 그 채무액(반환할 때까지의 이자와 손해금을 포함한다)을 채권자에게 '미리' 지급하고 그 채권담보의 목적으로 마친 소유권이전등기의 말소(담보가등기도 포함 : 통설)를 청구할 수 있다(가담법 제11조 본문).
이처럼 그 등기의 말소를 구하려면 '먼저' 채무를 변제하여야 하고 피담보채무의 변제와 교환적으로 말소를 구할 수는 없다(대판 1984.9.11. 84다카781).

③ [×] 서로 이행의 상대방을 달리하는 경우에는 동시이행의 항변권은 인정되지 않는다. 가령, "근저당권실행을 위한 경매가 무효로 되어 채권자(=근저당권자)가 채무자를 대위하여 낙찰자에 대한 소유권이전등기 말소청구권을 행사하는 경우, 낙찰자가 부담하는 소유권이전등기말소의무는 채무자에 대한 것인 반면, 낙찰자의 배당금 반환청구권은 실제 배당금을 수령한 채권자에 대한 채권이므로, 양자는 동시이행의 관계에 있지 않다"(대판 2006.9.22. 2006다24049).

④ [○] "도급계약에 있어서 완성된 목적물에 하자가 있는 때에는 도급인은 수급인에 대하여 하자의 보수를 청구할 수 있고 그 하자의 보수에 갈음하여 또는 보수와 함께 손해배상을 청구할 수 있는바, 이들 청구권은 수급인의 공사대금채권과 동시이행관계에 있으므로 수급인의 하수급인에 대한 하도급 공사대금채무를 인수한 도급인은 수급인이 하수급인과 사이의 하도급계약상 동시이행의 관계에 있는 수급인의 하수급인에 대한 하자보수청구권 내지 하자에 갈음한 손해배상채권 등에 기한 동시이행의 항변으로써 하수급인에게 대항할 수 있다"(대판 2007.10.11. 2007다31914).

⑤ [×] "동시이행의 항변권 제도의 취지에서 볼 때 당사자가 부담하는 각 채무가 쌍무계약에서 고유의 대가관계에 있는 채무가 아니더라도, 양 채무가 동일한 법률요건으로부터 생겨서 대가적 의미가 있거나 공평의 관점에서 보아 견련적으로 이행시킴이 마땅한 경우에는 동시이행의 항변권을 인정할 수 있다. 임차인의 임차목적물 반환의무는 임대차계약의 종료에 의하여 발생하나, 임대인의 권리금 회수 방해로 인한 손해배상의무는 상가건물 임대차보호법에서 정한 권리금 회수기회 보호의무 위반을 원인으로 하고 있으므로 양 채무는 동일한 법률요건이 아닌 별개의 원인에 기하여 발생한 것일 뿐 아니라 공평의 관점에서 보더라도 그 사이에 이행상 견련관계를 인정하기 어렵다"(대판 2019.7.10. 2018다242727)

[정답] ④

문 17 甲과 乙은 2011. 5. 20. 甲 소유의 X 토지에 관한 매매계약을 체결하면서 계약금 3,000만 원은 당일 지급하였고, 중도금과 잔금 2억 7,000만 원은 같은 해 8. 20. 지급하기로 하였는데, 같은 해 7. 10. X 토지가 수용되어 甲이 보상금으로 4억 원을 받았다. 다음 설명 중 옳은 것을 모두 고른 것은? (다툼이 있는 경우에는 판례에 의함) [변시 2회]

ㄱ. 乙은 甲에 대하여 보상금의 지급을 구하지 않고, 계약금 3,000만 원에 대한 부당이득반환청구권을 행사할 수 있다.
ㄴ. X 토지의 수용은 甲의 귀책사유에 의한 것이 아니므로 위험부담의 법리에 따라 乙의 반대급부의무 역시 소멸하고, 이는 乙이 甲에 대하여 보상금의 반환을 청구하더라도 마찬가지이다.
ㄷ. 甲이 지급받은 보상금의 반환을 청구할 수 있는 乙의 권리는 특별한 사정이 없는 한 X 토지가 수용된 시점부터 소멸시효가 진행한다.

① ㄱ, ㄷ　　② ㄱ, ㄴ, ㄷ　　③ ㄱ
④ ㄴ　　⑤ ㄷ

해 설 ㄱ. [○] ㄴ. [×] 대상청구권은 채권자의 권리이지 의무가 아니므로, 쌍무계약에 기한 채무가 채무자에게 '책임 없는' 사유로 소멸한 경우에, 채권자는 제537조에 의하여 자신의 채무를 면할 수도 있고, 대상청구권을 행사할 수도 있다. 다만 이 경우 채권자가 대상청구권을 행사한 경우에는 채권자는 그 한도에서 자신의 반대급부를 이행하여야 한다.

위 설문은 당사자 쌍방의 책임없는 사유로 매도인 甲의 소유권이전의무가 후발적으로 불능이 된 사안이다. 따라서 채권자 乙은 채무자 甲에 대하여 i) 이행불능의 '대상'(代償)인 보상금의 지급을 구하지 않고, 제537조를 선택해 계약금 3,000만 원에 대한 부당이득반환청구권을 행사할 수도 있고(ㄱ.의 경우), ii) '대상'(代償)인 보상금의 지급을 구한다면, 즉 대상청구권을 행사한다면 자신의 반대급부인 중도금과 잔금 2억 7,000만 원은 지급해야 한다(ㄴ.의 경우). 물론 대등액에서 상계의 의사표시를 통해 실질적으로 1억 3,000만 원(4억 원 − 2억 7,000만 원)의 지급을 청구할 수 있을 것이다.

ㄱ.지문 관련판례 "제537조는 채무자위험부담주의를 채택하고 있는바, 쌍무계약에서 당사자 쌍방의 귀책사유 없이 채무가 이행불능된 경우 채무자는 급부의무를 면함과 더불어 반대급부도 청구하지 못하므로, **쌍방 급부가 없었던 경우에는 계약관계는 소멸하고 이미 이행한 급부는 법률상 원인 없는 급부가 되어 부당이득의 법리에 따라 반환청구할 수 있다**"(대판 2009.5.28. 2008다98655,98662).

ㄴ.지문 관련판례 "쌍무계약의 당사자 일방이 상대방의 급부가 이행불능이 된 사정의 결과로 상대방이 취득한 대상에 대하여 급부청구권을 행사할 수 있다고 하더라도, 그 당사자 일방이 대상청구권을 행사하려면 상대방에 대하여 반대급부를 이행할 의무가 있는바"(대판 1996.6.25. 95다6601).

ㄷ. [○] "대상청구권은 특별한 사정이 없는 한 매매 목적물의 수용 또는 국유화로 인하여 매도인의 소유권이전등기의무가 이행불능 되었을 때 매수인이 그 권리를 행사할 수 있다고 보아야 할 것이고 따라서 그 때부터 소멸시효가 진행하는 것이 원칙이라 할 것이다"(대판 2002.2.8. 99다23901).

[정답] ①

문 18 **이행불능에 관한 설명 중 옳지 않은 것은?** (다툼이 있는 경우 판례에 의함) [변시 9회]

① 동시이행의 관계에 있는 쌍방의 채무 중 어느 한 채무가 이행불능이 됨으로 인하여 발생한 손해배상채무도 여전히 다른 채무와 동시이행의 관계에 있다.

② 부동산소유권이전등기의무자가 그 부동산에 관하여 가등기를 경료한 경우 그 가등기만으로는 소유권이전등기의무가 이행불능이 된다고 할 수 없으나, 제3자 앞으로 채무담보를 위하여 소유권이전등기를 경료한 경우 그 의무자가 위 채무를 변제할 자력이 없는 때에는 특단의 사정이 없는 한 그 소유권이전등기의무는 이행불능이 된다.

③ 매매 목적 부동산에 관하여 제3자의 처분금지가처분의 등기가 기입되었다고 하더라도 그 가처분등기로 인하여 바로 계약이 이행불능으로 되는 것은 아니다.

④ 매매목적물이 화재로 인하여 소실됨으로써 매도인의 매매목적물에 대한 인도의무가 이행불능이 되었다면 매수인은 화재사고로 인해 매도인이 지급받게 되는 화재보험금에 대하여 대상청구권을 행사할 수 있고, 이때 매수인이 화재보험금에 대하여 행사할 대상청구권의 범위는 실제 지급하거나 지급하기로 약정한 매매대금 상당액의 한도로 제한된다.

⑤ 물권적 방해배제청구권의 행사로 등기말소를 구하는 소유자가 그 후 소유권을 상실함으로써 이제 등기말소를 청구할 수 없게 되었다면, 등기말소의무자에 대하여 그 권리의 이행불능을 이유로 「민법」 제390조상의 손해배상청구권을 행사할 수 없다.

해설 ① [○] ※ **동시이행관계에 있는 쌍방 채무 중 어느 한 채무의 이행불능으로 발생한 손해배상채무가 다른 채무와 동시이행관계에 있는지 여부(적극)**

한 쪽의 채무가 급부불능으로 인해 소멸하면 동시이행의 항변권도 소멸한다. 그러나 채무자의 귀책사유로 인해 이행불능이 된 때에는 그 채무는 손해배상채무로 바뀌지만 그 동일성은 유지되므로 동시이행의 항변권도 존속한다(대판 2000.2.25, 97다30066).

② [○] ※ **소유권이전등기의무의 이행불능(가등기, 이전등기)**

"부동산소유권이전등기 의무자가 그 부동산상에 가등기를 경료한 경우 가등기는 본등기의 순위보전의 효력을 가지는 것에 불과하고 또한 그 소유권이전등기 의무자의 처분권한이 상실되지도 아니하므로 **그 가등기만으로는 소유권이전등기의무가 이행불능이 된다고 할 수 없다. 그러나 부동산소유권이전등기 의무자가 그 부동산에 관하여 제3자 앞으로 비록 채무담보를 위하여 소유권이전등기를 경료하였다고 할지라도 그 의무자가 채무를 변제할 자력이 없는 경우에는 특단의 사정이 없는 한 그 소유권이전등기의무는 이행불능이 된다**"(대판 1991.7.26, 91다8104).

③ [○] ※ **소유권이전등기의무의 이행불능(처분금지가처분 등기)**

"소유권이전등기의무의 이행불능으로 인한 전보배상청구권의 소멸시효는 이전등기의무가 이행불능 상태에 돌아간 때로부터 진행된다고 할 것이고, 매매의 목적이 된 부동산에 관하여 제3자의 **처분금지가처분의 등기가 기입되었다 할지라도, 이는 단지 그에 저촉되는 범위 내에서 가처분채권자에게 대항할 수 없는 효과가 있다는 것일 뿐** 그것에 의하여 곧바로 부동산 위에 어떤 지배관계가 생겨서 채무자가 그 부동산을 임의로 타에 처분하는 행위 자체를 금지하는 것은 아니라 하겠으므로, **그 가처분등기로 인하여 바로 계약이 이행불능으로 되는 것은 아니고, 제3자 앞으로 소유권이전등기**

가 경료되는 등 사회거래의 통념에 비추어 계약의 이행이 극히 곤란한 사정이 발생하는 때에 비로소 이행불능으로 된다"(대판 2002.12.27, 2000다47361).

④ [X] ※ 대상청구권의 범위가 채권자가 급부불능으로 인하여 받은 손해의 한도로 제한되는지 여부
대법원은 매매의 목적물이 화재로 소실됨에 따른 화재보험금에 대해 매수인의 대상청구권을 인정하면서 화재보험금 전부에 대해 대상청구권을 행사할 수 있는 것이지 '매매대금 상당액의 한도 내로 그 범위가 제한된다고 할 수 없다'고 판시하여 무제한설에 가까운 입장(매수인의 손해는 화재로 소실될 당시의 목적물의 시가상당액이다)을 밝혔다(대판 2016.10.27, 2013다7769).

⑤ [O] ※ 물권적 청구권의 이행불능으로 인한 전보배상청구가 인정되는지 여부(소극)
"소유자가 자신의 소유권에 기하여 실체관계에 부합하지 아니하는 등기의 명의인을 상대로 그 등기말소나 진정명의회복 등을 청구하는 경우에, 그 권리는 물권적 청구권으로서의 방해배제청구권(제214조)의 성질을 가진다. 그러므로 소유자가 그 후에 소유권을 상실함으로써 이제 등기말소 등을 청구할 수 없게 되었다면, 이를 위와 같은 청구권의 실현이 객관적으로 불능이 되었다고 파악하여 등기말소 등 의무자에 대하여 그 권리의 이행불능을 이유로 민법 제390조상의 손해배상청구권을 가진다고 말할 수 없다. 위 법규정에서 정하는 채무불이행을 이유로 하는 손해배상청구권은 계약 또는 법률에 기하여 이미 성립하여 있는 채권관계에서 본래의 채권이 동일성을 유지하면서 그 내용이 확장되거나 변경된 것으로서 발생한다. 그러나 위와 같은 등기말소청구권 등의 물권적 청구권은 그 권리자인 소유자가 소유권을 상실하면 이제 그 발생의 기반이 아예 없게 되어 더 이상 그 존재 자체가 인정되지 아니하는 것이다. 이러한 법리는 선행소송에서 소유권보존등기의 말소등기청구가 확정되었다고 하더라도 그 청구권의 법적 성질이 채권적 청구권으로 바뀌지 아니하므로 마찬가지이다"(대판 2012.5.17, 전합2010다28604).

[정답] ④

문19 이행불능에 관한 설명 중 옳지 않은 것은? (다툼이 있는 경우 판례에 의함) [변시 12회]

① 매매의 목적이 된 부동산에 관하여 이미 제3자의 처분금지가처분등기가 기입되었다 할지라도, 바로 계약의 이행이 불능으로 되는 것은 아니다.
② 채무불이행의 요건인 이행불능은 사회생활에 있어서의 경험법칙 또는 거래상의 관념에 비추어 볼 때 채권자가 채무자의 이행의 실현을 기대할 수 없는 경우를 말한다.
③ 증여의 대상인 권리가 계약 당시 타인에게 귀속되어 있다면 증여자의 계약에 따른 이행은 불능이라고 보아야 한다.
④ 매매 목적 부동산에 관하여 매도인이 이중으로 제3자와 매매계약을 체결하였다는 사실만 가지고는 선행 매매계약이 이행불능이라고 할 수 없다.
⑤ 임대차계약상 목적물을 사용·수익하게 할 임대인의 의무는 임대인이 소유권을 상실하였다는 이유만으로는 불능하게 된 것이라고 단정할 수 없다.

해 설 ① [O] 매매계약 성립 후 매도인의 채권자가 목적물을 가압류(대판 1992.12.22. 92다28518)하거나 처분금지가처분(대판 2002.12.27. 2000다47361)을 하였더라도, 이는 단지 그에 저촉되는 범위 내에서 집행채권자에게 대항할 수 없는 효과가 있다는 것일 뿐(상대적 처분금지효), 그것에 의하여 곧바로 부동산 위에 어떤 지배관계가 생겨서 매도인(채무자)이 그 부동산을 임의로 타에 처분하는 행위자체를 금지하는 것은 아니므로, **매도인이 이를 말소하여 완전한 소유권을 이전할 수 있다면, 매도인의 소유권이전의무가 이행불능이 되었다고 할 수 없다.**

비교쟁점 그러나 매도인이 '무자력'인 경우에는 이행불능이 될 수 있다(대판 2002.12.27. 2000다47361).

② [O] 채무의 이행이 불능이라는 것은 단순히 절대적 · 물리적으로 불능인 경우가 아니라 사회생활에 있어서의 경험법칙 또는 거래상의 관념에 비추어 볼 때 채권자가 채무자의 이행의 실현을 기대할 수 없는 경우를 말한다(대판 2003.1.24. 2000다22850). 즉, 사실상 불능뿐만 아니라 법률상 불능도 포함한다.

③ [X] "민법이 타인의 권리의 매매를 인정하고 있는 것처럼 타인의 권리의 증여도 가능하며, 이 경우 채무자는 권리를 취득하여 채권자에게 이전하여야 하고, 이 같은 사정은 계약 당시부터 예정되어 있으므로, **매매나 증여의 대상인 권리가 타인에게 귀속되어 있다는 이유만으로 채무자의 계약에 따른 이행이 불능이라고 할 수는 없다**"(대판 2016.5.12. 2016다200729

④ [O] 매매목적물에 관하여 이중으로 제3자와 매매계약을 체결하였다는 사실만 가지고는 매매계약이 법률상 이행불능이라고 할 수 없다(대판 1995.6.30. 94다32207).

⑤ [O] 임대차계약상의 임대인의 의무는 목적물을 사용수익케 할 의무로서, 목적물에 대한 소유권 있음을 성립요건으로 하고 있지 아니하여 임대인이 소유권을 상실하였다는 이유만으로 그 의무가 이행불능이 되는 것은 아니다(대판 1994.5.10. 93다379770).

비교쟁점 그러나 **임차인이 진실한 소유자로부터 '목적물의 반환청구'나 '임료 내지 그 해당액의 지급요구'를 받는 등의 이유로 임대인이 임차인으로 하여금 사용 · 수익케 할 수가 없게 되었다면** 임대인의 채무는 이행불능으로 된다(대판 1996.9.6. 94다54641). 이때 임대차는 임차인의 해지의 의사표시를 기다리지 않고 곧바로 종료된다.

[정답] ③

문 20 대상청구권에 관한 설명 중 옳은 것(○)과 옳지 않은 것(×)을 올바르게 조합한 것은? (다툼이 있는 경우 판례에 의함) [변시 13회]

ㄱ. 매매목적물의 수용으로 인하여 매도인의 소유권이전등기의무가 이행불능되었다면 그로부터 상당한 기간이 지난 뒤에야 수용으로 인한 보상금청구의 방법과 절차가 마련되었더라도 대상청구권의 소멸시효는 이행불능 시부터 진행한다.

ㄴ. 甲이 乙을 상대로 사해행위취소 및 원물반환으로 근저당권설정등기의 말소를 청구하여 승소판결이 확정되었는데, 그 후 해당 부동산이 경매에서 제3자에게 매각됨으로써 위 확정판결에 기한 乙의 근저당권설정등기 말소의무가 이행불능되었다. 이 경우 甲은 대상청구권을 행사하여 乙이 위 근저당권에 기하여 지급받은 배당금의 반환을 청구할 수 있다.

ㄷ. 매매에 따른 소유권이전등기 전에 매매목적물이 수용된 경우 매수인이 매도인을 상대로 수용보상금청구권이 자신에게 속한다는 채권의 귀속에 관한 확인을 구하는 청구는, 하나의 채권에 관하여 2인 이상이 서로 채권자라고 주장하는 경우로 그 확인의 이익이 있다.

① ㄱ(○), ㄴ(○), ㄷ(○) ② ㄱ(○), ㄴ(○), ㄷ(×)
③ ㄱ(○), ㄴ(×), ㄷ(○) ④ ㄱ(×), ㄴ(○), ㄷ(○)
⑤ ㄱ(×), ㄴ(○), ㄷ(×)

해 설 ㄱ. [×] 국유화가 된 사유의 특수성과 법규의 미비 등으로 그 보상금의 지급을 구할 수 있는 방법이나 절차가 없다가 상당한 기간이 지난 뒤에야 보상금청구의 방법과 절차가 마련된 경우라면, 대상청구권자로서는 그 보상금청구의 방법이 마련되기 전에는 대상청구권을 행사하는 것이 불가능하였던 것이고, 따라서 이러한 경우에는 보상금을 청구할 수 있는 방법이 마련된 시점부터 대상청구권에 대한 소멸시효가 진행하는 것으로 봄이 상당할 것인바, 이는 대상청구권자가 보상금을 청구할 길이 없는 상태에서 추상적인 대상청구권이 발생하였다는 사유만으로 소멸시효가 진행한다고 해석하는 것은 대상청구권자에게 너무 가혹하여 사회정의와 형평의 이념에 반하기 때문이다"(대판 2002.2.8. 99다23901).

ㄴ. [○] 判例는 신용보증기금이 甲 주식회사를 상대로 제기한 사해행위취소소송에서 원물반환으로 근저당권설정등기의 말소를 구하여 승소판결이 확정되었는데, 그 후 해당 부동산이 관련 경매사건에서 담보권 실행을 위한 경매절차를 통하여 제3자에게 매각된 사안에서, "위와 같이 부동산이 담보권 실행을 위한 경매절차에 의하여 매각됨으로써 확정판결에 기한 甲 회사의 근저당권설정등기 말소등기절차의무가 이행불능된 경우, 신용보증기금은 대상청구권 행사로서 甲 회사가 말소될 근저당권설정등기에 기한 근저당권자로서 지급받은 배당금의 반환을 청구할 수 있다"(대판 2012.6.28. 2010다71431)고 판시하였다.

ㄷ. [×] 判例는 "대상청구권의 행사로서 그 토지의 소유자가 토지의 대가로서 지급받은 수용보상금의 반환을 청구할 수 있다고 하더라도, 시효취득자가 직접 토지의 소유자를 상대로 공탁된 토지수용보상금의 수령권자가 자신이라는 '확인'을 구할 수는 없다"(대판 1995.7.28. 95다2074)고 한다.

[정답] ⑤

제2절 채무불이행의 효과

문 21 **손해배상에 관한 설명 중 옳지 않은 것은?** (다툼이 있는 경우 판례에 의함) [변시 6회]

① 채무자가 이행거절의 의사를 명백히 표시하여 채권자가 최고 없이 이행에 갈음하는 손해배상을 청구할 수 있는 경우, 그 손해액의 산정은 청구 당시의 급부목적물의 시가를 표준으로 해야 한다.

② 특별손해는 채무자가 특별한 사정을 알았거나 알 수 있었을 경우에 한하여 배상할 책임이 인정되는데, 특별한 사정에 대한 채무자의 예견가능성에 대한 증명책임은 채권자가 부담한다.

③ 계약 당시 당사자 사이에 손해배상액을 예정하는 내용의 약정이 있는 경우 특별한 사정이 없는 한 위 약정은 그 계약과 관련된 불법행위책임에 따른 손해까지 예정한 것이라고 볼 수 없다.

④ 피해자가 입은 손해 중 일부만을 청구하는 경우 법원이 과실상계를 함에 있어서는 손해의 전액에서 과실비율에 의한 감액을 하고 그 잔액이 청구액을 초과하지 않을 경우에는 그 잔액을 인용하고, 잔액이 청구액을 초과할 경우에는 청구의 전액을 인용하여야 한다.

⑤ 손해배상 예정액이 부당하게 과다한 경우 당사자의 주장이 없더라도 법원은 직권으로 이를 감액할 수 있다.

해설 ① [×] "채무자의 이행거절로 인한 채무불이행에서의 손해액 산정은, 채무자가 이행거절의 의사를 명백히 표시하여 최고 없이 계약의 해제나 손해배상을 청구할 수 있는 경우에는 이행거절 당시의 급부목적물의 시가를 표준으로 해야 한다"(대판 2007.9.20. 2005다63337).

② [○] 특별한 사정으로 인한 손해는 채무자가 그 사정을 알았거나 알 수 있었을 때에 한하여 배상의 책임이 있다(제393조 2항). 특별한 사정의 존재 및 채무자의 예견가능성에 대해서는 채권자가 증명책임이 있다(통설).

③ [○] "계약 당시 당사자 사이에 손해배상액을 예정하는 내용의 약정이 있는 경우에는 그것은 계약상의 채무불이행으로 인한 손해액에 관한 것이고 이를 그 계약과 관련된 불법행위상의 손해까지 예정한 것이라고는 볼 수 없다"(대판 1999.1.15. 98다48033).

④ [○] "일개의 손해배상청구권 중 일부가 소송상 청구되어 있는 경우에 과실상계를 함에 있어서는 손해의 전액에서 과실비율에 의한 감액을 하고 그 잔액이 청구액을 초과하지 않을 경우에는 그 잔액을 인용할 것이고 잔액이 청구액을 초과할 경우에는 청구의 전액을 인용하는 것으로 풀이하는 것이 일부 청구를 하는 당사자의 통상적 의사라고 할 것이다"(대판 1991.1.25. 90다6491).

⑤ [○] "손해배상 예정액이 부당하게 과다한 경우에는 법원은 당사자의 주장이 없더라도 직권으로 이를 감액할 수 있으며"(대판 2002.12.24. 2000다54536).

[정답] ①

문 22 **통상손해와 특별손해에 관한 다음 설명 중 옳지 않은 것은?** (다툼이 있는 경우에는 판례에 의함) [변시 1회]

① 매수인이 잔금지급을 지체한 경우, 계약을 해제하지 아니한 매도인이 지체된 기간 동안 입은 손해 중 그 미지급 잔금에 대한 법정이율에 따른 이자 상당의 금액은 통상손해이다.

② 금융기관이 약속어음할인을 하고 취득한 어음을 지급기일에 적법하게 지급제시를 하지 아니하여 소구권을 보전하지 아니한 경우, 지급기일 후에 어음발행인의 자력이 악화되는 바람에 어음환매자가 발행인에 대한 어음채권과 원인채권의 어느 것도 받을 수 없게 됨으로 인하여 손해를 입었다면, 이러한 손해는 발행인의 자력의 악화라는 특별사정으로 인한 손해이다.

③ 불법행위로 인하여 영업용 물건이 멸실되거나 일부 손괴되어, 이를 대체할 다른 물건을 마련하기 위하여 필요한 합리적인 기간 동안 그 물건을 이용하여 영업을 계속하지 못함으로 인한 손해는 통상의 손해이다.

④ 건물을 신축할 목적으로 토지를 매수한 매수인이 설계비 또는 공사계약금을 지출하였다가 토지매매계약이 해제됨으로 말미암아 이를 회수하지 못하는 손해는 통상손해이다.

⑤ 매수인이 잔금지급을 지체한 경우, 지체된 기간 동안 매매대상토지의 개별공시지가가 급등하여 계약을 해제하지 아니한 매도인의 양도소득세 부담이 늘어났다면, 그 늘어난 부담은 특별한 사정에 의하여 발생한 손해에 해당한다.

해설 ① [O] ⑤ [O] "**매수인의 잔금지급 지체로 인하여 계약을 해제하지 아니한 매도인이 지체된 기간 동안 입은 손해 중 그 미지급 잔금에 대한 법정이율에 따른 이자 상당의 금액은 통상손해**라고 할 것이지만, 그 사이에 **매매대상 토지의 개별공시지가가 급등하여 매도인의 양도소득세 부담이 늘었다고 하더라도 그 손해**는 사회일반의 관념상 매매계약에서의 잔금지급의 이행지체의 경우 통상 발생하는 것으로 생각되는 범위의 통상손해라고 할 수는 없고, 이는 **특별한 사정에 의하여 발생한 손해**에 해당한다" (대판 2006.4.13. 2005다75897).

② [O] 소구권보전의무 불이행과 원인채권에 관한 상법 중 어음법상 특히 중요한 판례이다. "금융기관이 어음할인을 하고 취득한 어음을 지급기일에 적법하게 지급제시를 하지 아니하여 소구권을 보전하지 아니하였다 할지라도, 지급기일 후에 어음발행인의 자력이 악화되어 무자력이 되는 바람에 어음환매자가 발행인에 대한 어음채권과 원인채권의 어느 것도 받을 수 없게 됨으로 인하여 손해를 입게 된 것이라면, 이러한 손해는 **어음 주채무자인 발행인의 자력의 악화라는 특별 사정으로 인한 손해**로서 지급제시 의무를 불이행한 금융기관이 그 의무 불이행 당시인 어음의 지급기일에 장차 어음발행인의 자력이 악화될 것임을 알았거나 알 수 있었을 때라야 어음을 환매하는 자에 대하여 손해배상 채무를 진다"(대판 2003.1.24. 2002다59849).

③ [O] 물건멸실의 경우 시가 상당액, 즉 교환가치가 통상손해에 해당하는데, 그로 인한 사용이익(휴업손해)의 상실도 통상손해에 해당하는지 문제된다. 이와 관련하여 **대법원 멸실과 훼손의 경우 모두 교환가치와는 별도로 휴업손해를 배상하여야** 하는 것으로 견해를 바꾸었다.
"**불법행위로 영업용 물건이 멸실된 경우**, 이를 대체할 다른 물건을 마련하기 위하여 필요한 합리적인 기간 동안 그 물건을 이용하여 영업을 계속하였더라면 얻을 수 있었던 이익, 즉 휴업손해

는 그에 대한 증명이 가능한 한 통상의 손해로서 그 교환가치와는 별도로 배상하여야 하고, 이는 영업용 물건이 일부 손괴된 경우, 수리를 위하여 필요한 합리적인 기간 동안의 휴업손해와 마찬가지라고 보아야 할 것이다"(대판 2004.3.18. 전합2001다82507).

참고판례 종전의 判例는 (불법행위의 사안이기는 하지만) 물건이 멸실되거나 훼손된 경우, 그 수리가 가능한지 여부에 따라 '휴업손해'에 대한 배상 여부를 달리 판단하여 왔다. 즉 i) **수리가 불가능할만큼 물건이 '멸실'**되어 시가 상당의 손해배상을 구하는 경우, 그 손해액은 그 당시의 시가와 그에 대한 지연손해금이고, 장차 그 물건을 사용 수익할 수 있었을 이익은 그 시가인 교환가격에 포함되므로 따로 청구할 수 없다고 하였다(대판 1990.10.16. 90다카20210). 그러나 ii) **수리가 가능할만큼 물건이 '일부 훼손'**된 경우에 그 수선에 소요되는 기간 중 소유자가 사용을 하지 못함에 따라 입은 손해는 통상의 손해에 해당한다고 하며(대판 1972.12.12. 72다1820), 다만 수리비가 과다하여 목적물의 시가를 상회한다면 형평의 원칙상 그 손해액은 멸실에 준하여 그 목적물의 교환가치 범위 내로 제한되어야 한다고 본다(대판 1994.10.14. 94다3964). 대법원은 전원합의체판결(위 전합2001다82507판결)로써 종전 위 i)의 判例를 변경하면서 멸실과 훼손의 경우 모두 교환가치와는 별도로 휴업손해를 배상하여야 하는 것으로 견해를 바꾸었다.

④ [×] "**매매대금을 완불하지 않은 토지의 매수인**이 그 토지 상에 건물을 신축하기 위하여 설계비 또는 공사계약금을 지출하였다가 계약이 해제됨으로 말미암아 이를 회수하지 못하는 손해를 입게 되었다 하더라도 이는 이례적인 사정에 속하는 것으로서, 설사 토지의 매도인이 매수인의 취득 목적을 알았다 하더라도 마찬가지라 할 것이므로, 토지의 매도인으로서는 소유권이전의무의 이행기까지 최소한 매수인이 설계계약 또는 공사도급계약을 체결하였다는 점을 알았거나 알 수 있었을 때에 한하여 그 배상책임을 부담한다"(대판 1996.2.13. 95다47619).

[정답] ④

문23 손해배상의 범위에 관한 설명 중 옳지 않은 것은? (다툼이 있는 경우 판례에 의함) [변시 12회]

① 불법행위로 영업용 물건이 멸실된 경우, 휴업손해는 그에 대한 증명이 가능한 한 통상의 손해로서 불법행위자가 그 교환가치와는 별도로 배상하여야 한다.

② 채무불이행에 있어 특별한 사정으로 인한 손해는 당사자들의 개별적, 구체적 사정에 따른 손해를 말한다.

③ 수급인이 제공한 하자 있는 목적물을 도급인이 사용함에 따라 발생하는 도급인의 정신적 고통으로 인한 손해는 수급인이 그러한 사정을 알았을 경우 특별손해로서 도급인이 배상받을 수 있다.

④ 불법행위로 인하여 건물이 훼손되었으나 수리가 가능한 경우에는 그 수리비가 통상의 손해이므로, 수리비가 교환가치를 초과한다고 하더라도 수리비 전액이 손해배상액이 된다.

⑤ 매매계약의 이행불능으로 인한 전보배상책임의 범위는 이행불능 당시의 매매목적물의 시가에 의하여야 하고 그와 같은 시가 상당액이 곧 통상의 손해라 할 것이다.

해 설 ① [○] "(불법행위로) **영업용 물건이 멸실된 경우, 이를 대체할 다른 물건을 마련하기 위하여 필요한 합리적인 기간 동안 그 물건을 이용하여 영업을 계속하였더라면 얻을 수 있었던 이익, 즉 휴업손해는** 그에 대한 증명이 가능한 한 통상의 손해로서 그 교환가치와는 별도로 배상하여야 한다"며, 멸실과 훼손의 경우 모두 교환가치와는 별도로 휴업손해를 청구할 수 있다고 한다(대판 2004.3.18. 전합2001다82507).

② [○] "민법 제393조 제1항은 '채무불이행으로 인한 손해배상은 통상의 손해를 그 한도로 한다.' 라고 규정하고 있고, 제2항은 "특별한 사정으로 인한 손해는 채무자가 이를 알았거나 알 수 있었을 때에 한하여 배상의 책임이 있다."라고 규정하고 있다. 제1항의 통상손해는 특별한 사정이 없는 한 그 종류의 채무불이행이 있으면 사회일반의 거래관념 또는 사회일반의 경험칙에 비추어 통상 발생하는 것으로 생각되는 범위의 손해를 말하고, 제2항의 **특별한 사정으로 인한 손해는 당사자들의 개별적, 구체적 사정에 따른 손해를 말한다**"(대판 2019.4.3. 2018다286550).

③ [○] "건물신축 도급계약에서 수급인이 신축한 건물에 하자가 있어 도급인이 받은 정신적 고통은 하자가 보수되거나 이에 갈음하여 손해배상이 이루어짐으로써 회복되는 것이 보통이고, 이것만으로는 회복될 수 없는 정신적 고통을 입었다는 특별한 사정이 있고 수급인이 이에 대한 예견가능성이 있는 때에 한해 위자료를 인정할 수 있다"(대판 1996.6.11. 95다12798).

④ [×] 위법행위로 인하여 물건이 '**훼손**'되었을 때 수리가 가능한 경우에는 '수리비'가 통상의 손해이나, 다만 '수리비가 과다하여 목적물의 시가를 상회'한다면 형평의 원칙상 그 손해액은 멸실에 준하여 그 목적물의 교환가치 범위 내로 제한되어야 한다고 본다(대판 1994.10.14. 94다3964).

비교쟁점 또한 '수리로 인하여 훼손 전보다 건물의 교환가치가 증가'하는 경우에는 그 수리비에서 교환가치 증가분을 공제한 금액이 그 손해이다(대판 2004.2.27. 2002다39456).

⑤ [○] "채무자가 부동산을 타인에게 매각함으로써 소유권이전등기 의무가 이행불능이 된 경우 통상의 손해는 매각대금액 (당시의 시가액으로 확정) 상당이라 할 것이고 부동산의 현시가 상당액은 물가등귀라는 특별사정으로 인한 손해액이라 할 것이다"(대판 1967.11.21. 67다2158).

[정답] ④

문 24 **甲은 그 소유의 토지를 乙에게 매도하면서 매매대금채무의 불이행에 관하여 손해배상액의 예정을 하였다. 甲이 乙의 채무불이행을 이유로 그 예정된 손해배상액을 청구하는 경우에 관한 설명 중 옳은 것은?** (다툼이 있는 경우에는 판례에 의함) [변시 1회]

① 甲은 乙의 이행지체 및 손해발생사실을 증명하여야 하고, 손해액을 증명할 필요는 없다.
② 乙이 甲의 과실을 증명하여 과실상계를 주장하는 경우, 법원은 손해배상액의 산정에 그 과실을 참작하여야 한다.
③ 다른 약정이 없는 한 乙은 자신에게 귀책사유가 없다는 것을 주장·증명하더라도 예정배상액의 지급책임을 면할 수 없다.
④ 손해배상예정액이 부당하게 과다한지 여부는 손해배상예정의 약정시를 기준으로 판단하여야 한다.
⑤ 甲은 특약이 없는 한 통상의 손해뿐만 아니라 특별한 사정으로 인한 손해에 관하여도 예정된 배상액만을 청구할 수 있다.

해설 ① [X] "채무불이행으로 인한 손해배상액이 예정되어 있는 경우에는 채권자는 채무불이행 사실만 증명하면 손해의 발생 및 그 액을 증명하지 아니하고 예정배상액을 청구할 수 있고, 채무자는 채권자와 채무불이행에 있어 채무자의 귀책사유를 묻지 아니한다는 약정을 하지 아니한 이상 자신의 귀책사유가 없음을 주장·입증함으로써 예정배상액의 지급책임을 면할 수 있다"(대판 2007.12.27. 2006다9408)

☞ 이행지체라는 '채무불이행사실'은 채권자 甲이 증명해야 하지만, '손배배상액을 미리 예정' 하였으므로 채권자 甲이 손해발생 사실을 증명할 필요는 없다.

② [X] ① 지문 판례참고

② [X] **제398조(배상액의 예정)** 「②항 손해배상의 예정액이 부당히 과다한 경우에는 법원은 적당히 감액할 수 있다.」

"손실배상액을 예정한 경우에는 과실상계를 적용할 것이 아니다"(대판 1972.3.31. 72다108)

"지체상금이 손해배상의 예정으로 인정되어 이를 감액함에 있어서는 채무자가 계약을 위반한 경위 등 제반사정이 참작되므로 손해배상액의 감경에 앞서 채권자의 과실 등을 들어 따로 감경할 필요는 없다"(대판 2002.1.25. 99다57126)

④ [X] "손해배상의 예정액이 부당하게 과다한지의 여부 내지 그에 대한 적당한 감액의 범위를 판단하는 데 있어서는, 법원이 구체적으로 그 판단을 하는 때 즉, **사실심의 변론종결 당시를 기준**으로 하여 그 사이에 발생한 위와 같은 모든 사정을 종합적으로 고려하여야 한다"(대판 1999.4.23. 98다45546)

⑤ [O] "계약 당시 손해배상액을 예정한 경우에는 다른 특약이 없는 한 채무불이행으로 인하여 입은 통상손해는 물론 특별손해까지도 예정액에 포함되고 채권자의 손해가 예정액을 초과한다 하더라도 초과부분을 따로 청구할 수 없다"(대판 1993.4.23. 92다41719)

[정답] ⑤

문 25 甲과 乙은 甲이 乙에게 건물을 신축해 주기로 하는 도급계약을 체결하면서 "甲이 완공기한을 어길 경우 乙에게 지체 1일당 예정 공사금액의 0.1%에 상당하는 지체상금을 지급한다."라고 약정하였고, 위 약정을 위약벌로 볼 만한 특별한 사정이나 지체상금에 관한 다른 약정은 없었다. 이에 관한 설명 중 옳지 않은 것을 모두 고른 것은? (각 지문은 독립적이며, 다툼이 있는 경우 판례에 의함) [변시 7회]

ㄱ. 위 약정은 손해배상액의 예정으로 추정되고, 「민법」 제398조에 의한 감액의 대상이 된다 할 것이나, 손해배상 예정액이 부당하게 과다하다고 하더라도 변론주의의 원칙상 법원은 이에 관한 당사자의 주장이 없으면 이를 감액할 수 없다.

ㄴ. 乙이 위 약정에 기한 손해배상액을 청구하기 위하여는 甲이 위 약정을 어긴 사실만 증명하면 되고 손해의 발생이나 손해액을 증명할 필요가 없으며, 甲은 자신의 귀책사유가 없음을 주장·증명함으로써 손해배상 예정액의 지급책임을 면할 수 있다.

ㄷ. 채무불이행으로 인한 손해배상은 통상의 손해를 그 한도로 함이 원칙이므로, 乙은 완공기한 위반으로 인하여 특별한 손해가 발생한 사실과 甲이 그 사정을 알았거나 알 수 있었다는 사실을 증명한다면, 이에 관한 특별한 약정이 없더라도 甲에게 위 약정에 기한 손해배상액을 초과한 금액을 청구할 수 있다.

ㄹ. 위 약정에 따른 지체상금이 과다한지 여부는 지체상금률 그 자체가 과다한지 여부를 판단하여야 하고 지체상금률 자체는 과다하지 않은데 단순히 지체일수가 증가함에 따라 지체상금 총액이 증가했다고 해서 그 지체상금 총액을 기준으로 판단하여서는 아니된다.

ㅁ. 乙은 위 약정에도 불구하고 위 도급계약에 따른 이행을 청구하거나 도급계약을 해제할 수 있다.

① ㄱ, ㄴ ② ㄴ, ㄷ ③ ㄱ, ㄷ, ㄹ
④ ㄴ, ㄷ, ㅁ ⑤ ㄱ, ㄷ, ㄹ, ㅁ

해 설 ㄱ. [X] 判例는 도급계약 등을 체결함에 있어 수급인이 이행기에 채무를 이행하지 아니하는 경우에 대비하여 '지체상금 약정'을 하는 경우 손해배상액의 예정으로 본다(대판 1989.7.25. 88다카6273 등). 또한 "손해배상 예정액이 부당하게 과다한 경우에는 법원은 당사자의 주장이 없더라도 '직권'으로 이를 감액할 수 있다"(대판 2009.12.24. 2009다60169,60176).

ㄴ. [O] ※ 손해배상액의 예정 – 예정된 손해배상액 청구요건
채무불이행으로 인한 손해배상액의 예정이 있는 경우에는 채권자는 채무불이행 사실만 증명하면 손해의 발생 및 그 액을 증명하지 아니하고 예정배상액을 청구할 수 있다(대판 2000.12.8. 2000다50350). 한편, 채무자의 귀책사유의 요부에 관해서 判例는 "채무자는 채권자와 채무불이행에 있어 채무자의 귀책사유를 묻지 아니한다는 약정을 하지 아니한 이상 자신의 귀책사유가 없음을 주장·입증함으로써 예정배상액의 지급책임을 면할 수 있다. 그리고 채무자의 귀책사유를 묻지 않기로 하는 약정의 존재는 엄격하게 제한하여 인정하여야 한다"(대판 2007.12.27. 2006다9408)고 판시하여 원칙적으로 귀책사유가 필요하다는 입장이다.

☞ 사안의 경우 귀책사유를 묻지 않기로 하는 약정은 존재하지 않으므로 甲은 자신의 귀책사유가 없음을 주장·증명하여야 하지만, 乙은 甲이 위 약정을 어긴 사실만 증명하면 손해의 발생이나 손해액을 증명할 필요가 없이 약정에 기한 손해배상액을 청구할 수 있다.

ㄷ. [X] ※ 손해배상예정액의 청구
"당사자사이의 채무불이행에 관하여 손해배상액을 예정한 경우에 채권자는 통상의 손해뿐만 아니라 특별한 사정으로 인한 손해에 관하여도 예정된 배상액만을 청구할 수 있고 특약이 없는 한 예정액을 초과한 배상액을 청구할 수는 없다"(대판 1988.9.27, 86다카2375,2376).

비교판례 判例는 예외적으로 도급에서 하자보수보증금은 특수한 손해배상액의 예정의 성질을 가진다고 보아 예정액을 초과하는 손해에 대하여 초과액 상당의 손해배상을 받을 수 있다는 입장이다(대판 2002.7.12, 2000다17810).

ㄹ. [X] ※ 예정배상액의 감액 판단대상 및 적용범위
"지체상금을 계약 총액에서 지체상금률을 곱하여 산출하기로 정한 경우, 민법 제398조 제2항에 의하면, 손해배상액의 예정액이 부당히 과다한 경우에는 법원은 적당히 감액할 수 있다고 규정되어 있고 여기의 손해배상의 예정액이란 문언상 그 예정한 손해배상액의 총액을 의미한다고 해석되므로, **손해배상의 예정에 해당하는 지체상금의 과다 여부는 지체상금 총액을 기준으로 하여 판단하여야 한다**"(대판 2002.12.24, 2000다54536).

ㅁ. [O] **제398조(배상액의 예정)** 「③항 손해배상액의 예정은 이행의 청구나 계약의 해제에 영향을 미치지 않는다.」

[정답] ③

문 26 위약금약정에 관한 설명 중 옳지 않은 것은? (다툼이 있는 경우에는 판례에 의함) [변시 2회]

① 지체상금이 손해배상액의 예정으로 인정되어 이를 감액할 경우, 채권자의 과실이 인정되면 법원은 손해배상의 예정액의 감액에 앞서 이를 이유로 별도로 지체상금을 감액하여야 한다.

② 채무불이행에 있어 채무자의 귀책사유를 묻지 아니한다는 약정이 없는 한 채무자는 자신의 귀책사유가 없음을 증명함으로써 손해배상의 예정액의 지급책임을 면할 수 있다.

③ 도급계약을 체결하면서 위약금약정을 한 경우, 도급계약이 취소되면 위약금약정도 그 효력을 잃는다.

④ 손해배상의 예정액이 부당히 과다하여 법원이 직권으로 감액한 경우, 감액된 부분은 처음부터 무효인 것으로 본다.

⑤ 위약벌로 인정되는 위약금이 부당히 과다하더라도 법원은 직권으로 감액할 수 없다.

해설 ① [X] "지체상금이 손해배상의 예정으로 인정되어 이를 감액함에 있어서는 채무자가 계약을 위반한 경위 등 제반사정이 참작되므로 손해배상액의 감경에 앞서 채권자의 과실 등을 들어 따로 감경할 필요는 없다"(대판 2002.1.25, 99다57126).

② [○] 최근 判例는 명시적으로 "채무자는 채권자와 채무불이행에 있어 채무자의 귀책사유를 묻지 아니한다는 약정을 하지 아니한 이상 자신의 귀책사유가 없음을 주장·입증함으로써 예정배상액의 지급책임을 면할 수 있다"(대판 2007.12.27, 2006다9408)고 판시하고 있다.

③ [○] 손해배상액의 예정이란 채무불이행의 경우에 채무자가 지급하여야 할 손해배상액을 당사자 사이의 계약으로 '미리' 정하여 두는 것을 말한다(제398조 1항). 이는 채무불이행을 정지조건으로 하는 '조건부계약'이며 기본채권관계에 '종된 계약'이다. 따라서 주된 계약이 무효이거나 취소되는 경우에는 손해배상액의 예정도 효력을 상실한다.

④ [○] 법원이 손해배상의 예정액이 부당하게 과다하다고 하여 감액을 한 경우에 손해배상액의 예정에 관한 약정 중 감액에 해당하는 부분은 처음부터 무효라고 할 것이다(대판 2004.12.10, 2002다73852). 따라서 이미 급부한 부분은 반환청구가 가능하다.

⑤ [○] 위약벌은 당사자 사이에 의무이행을 확보하기 위하여 의무부담자에게 압력을 가하기 위한 수단으로 약정되는 '사적 제제(私的 制裁)'로서 채무불이행이 있으면 채무자는 손해의 유무를 묻지 않고 또 실제 손해가 있으면 위약벌 외에 이 손해도 배상하여야 한다는 점에서 손해배상액의 예정과 구별되는 것이다. 또 이 경우에는 배상액의 예정에 관한 규정이 적용되지 않고, 따라서 **법원이 감액하지도 못한다**(대판 2002.4.23, 2000다56973). 다만, 그 의무의 강제에 의하여 얻어지는 채권자의 이익에 비해 약정된 벌이 과도하게 무거울 때에는 그 일부 또는 전부가 공서양속에 반하여 무효로 된다(대판 1993.3.23, 92다46905).

[정답] ①

문 27 **손해배상액의 예정에 관한 설명 중 옳은 것(○)과 옳지 않은 것(×)을 올바르게 조합한 것은?** (다툼이 있는 경우 판례에 의함) [변시 14회]

ㄱ. 금전채무의 불이행에 대하여 손해배상액을 예정한 경우, 감액 요건인 '부당성'은 계약의 목적과 내용, 손해배상액을 예정한 동기, 채무액에 대한 예정액의 비율, 예상 손해액의 크기, 당시의 거래관행 등뿐만 아니라, 통상적인 연체금리도 고려하여 판단하여야 한다.

ㄴ. 손해배상 예정액의 감액 사유에 대한 사실인정이나 그 비율을 정하는 것은 원칙적으로 사실심의 전권에 속하는 사항이지만, 손해배상액의 예정이 없더라도 채무자가 당연히 지급의무를 부담하여 채권자가 받을 수 있던 금액보다 적은 금액으로 감액하는 것은 감액의 한계를 벗어나는 것이다.

ㄷ. 도급계약에서 손해배상액의 예정으로서 지체상금을 계약 총액에 지체상금률을 곱하여 산출하기로 정한 경우, 지체상금의 과다 여부는 지체상금률 그 자체가 과다한지를 기준으로 판단한다.

ㄹ. 수급인의 하자보수의무 불이행 시 도급인에게 귀속하는 것으로 약정된 하자보수보증금은 특별한 사정이 없는 한 손해배상액의 예정으로 볼 것이므로, 도급인은 수급인의 하자보수의무 불이행을 이유로 하자보수보증금의 몰취 외에 그 실손해액을 증명하여 수급인으로부터 그 초과액 상당의 손해배상을 받을 수는 없다.

① ㄱ(○), ㄴ(○), ㄷ(×), ㄹ(×)
② ㄱ(×), ㄴ(○), ㄷ(×), ㄹ(○)
③ ㄱ(○), ㄴ(×), ㄷ(○), ㄹ(○)
④ ㄱ(×), ㄴ(○), ㄷ(○), ㄹ(×)
⑤ ㄱ(○), ㄴ(○), ㄷ(×), ㄹ(○)

해 설 ㄱ. [○] 判例는 손해배상예정액의 감액에 있어서 참작할 사유에 관하여 일정한 기준을 제시하고 있다(지, 목, 내, 동, 비, 크, 모든 사정). 즉, 여기서 **'부당히 과다한 경우'**라 함은 ⅰ) 채권자와 채무자의 각 지위, ⅱ) **계약의 목적 및 내용**, ⅲ) **손해배상액을 예정한 동기**, ⅳ) 채무액에 대한 예정액의 비율, ⅴ) 예상손해액의 **크기**, ⅵ) 그 당시의 **거래관행 등 모든 사정을 참작하여** 일반 사회관념에 비추어 그 예정액의 지급이 **'경제적 약자의 지위'**에 있는 채무자에게 부당한 압박을 가하여 공정성을 잃는 결과를 초래한다고 인정되는 경우를 뜻하는 것으로 보아야 한다(대판 2021.11.25. 2017다8876 등).

ㄴ. [○] **감액사유에 대한 사실인정이나 그 비율을 정하는 것은** 형평의 원칙에 비추어 현저히 불합리하다고 인정되지 않는 한 **'사실심의 전권에 속하는 사항'**이다(대판 2017.5.30. 2016다275402 등). 다만 **손해배상액 예정이 없더라도 채무자가 당연히 지급의무를 부담하여 채권자가 받을 수 있던 금액보다 적은 금액으로 감액하는** 것은 손해배상액 예정에 관한 약정 자체를 전면 부인하는 것과 같은 결과가 되기 때문에 **감액의 한계를 벗어나는 것이다**(대판 2023.8.18. 2022다227619).

ㄷ. [X] 판단의 대상은 배상비율 자체를 말하는 것이 아니라 **비율에 따라 계산한 예정배상액의 총액을 의미한다**(대판 2000.7.28. 99다38637).

ㄹ. [X] 채권자는 실제로 발생한 손해액이 예정액보다 많다는 것을 입증하더라도 그의 증액을 청구하지 못하고, 채무자는 채권자의 실제손해가 예정액보다 적다는 것을 입증하더라도 감액을 요구하지 못한다(대판 2008.11.13. 2008다46906)
그러나, "공사도급계약서 또는 그 계약내용에 편입된 약관에 수급인이 하자담보책임 기간 중 도급인으로부터 하자보수요구를 받고 이에 불응한 경우 하자보수보증금은 도급인에게 귀속한다는 조항이 있을 때 **이 하자보수보증금은 특별한 사정이 없는 한 손해배상액의 예정으로 볼 것이고**, 다만 **하자보수보증금의 특성상 실손해가 하자보수보증금을 초과하는 경우에는** 그 초과액의 손해배상을 구할 수 있다는 명시규정이 없다고 하더라도 도급인은 수급인의 하자보수의무 불이행을 이유로 **하자보수보증금의 몰취 외에 그 실손해액을 입증하여 수급인으로부터 그 초과액 상당의 손해배상을 받을 수도 있는 특수한 손해배상액의 예정으로 봄이 상당하다**"(대판 2002.7.12. 2000다17810)

[정답] ①

문 28 **손해배상액의 예정 및 위약벌에 관한 설명 중 옳지 않은 것은?**(다툼이 있는 경우 판례에 의함)

[변시 9회]

① 손해배상액의 예정이 있는 경우, 채무자는 실제로 손해발생이 없다거나 손해액이 예정배상액보다 적다는 것을 증명하더라도 이 점만으로 그 예정배상액의 지급을 면하거나 감액을 청구하지 못한다.
② 손해배상액의 예정이 있는 경우, 채무자가 채권자와 사이에 채무불이행에 있어 채무자의 귀책사유를 묻지 아니한다는 약정을 하지 아니한 이상, 채무자는 자신의 귀책사유가 없음을 주장 · 증명함으로써 예정배상액의 지급책임을 면할 수 있다.
③ 손해배상액의 예정이 있는 경우, 채무불이행으로 인한 손해의 발생 및 확대에 채권자에게도 과실이 있다면 「민법」 제398조 제2항에 따라 손해배상 예정액을 감액할 수는 있을지언정 채권자의 과실을 들어 과실상계를 할 수는 없다.
④ 위약벌이 약정된 경우 손해배상액의 예정에 관한 「민법」 제398조 제2항을 유추 적용하여 그 약정액을 감액할 수 없다.
⑤ 위약벌이 약정된 경우에도 강행규정인 「이자제한법」이 정한 최고이자율을 초과하는 부분은 무효이다.

해 설 ① [○] 채권자는 실제로 발생한 손해액이 예정액보다 많다는 것을 입증하더라도 그의 증액을 청구하지 못하고, 채무자는 채권자의 실제손해가 예정액보다 적다는 것을 입증하더라도 감액을 요구하지 못한다(대판 2008.11.13. 2008다46906). 그리고 判例는 특약이 없는 한 예정배상액에는 통상손해와 특별손해가 모두 포함되는 것으로 본다(대판 1988.9.27, 86다카2375,2376).

② [○] ※ 손해배상예정에서 채무자의 귀책사유의 요부
"채무자는 채권자와 채무불이행에 있어 채무자의 귀책사유를 묻지 아니한다는 약정을 하지 아니한 이상 자신의 귀책사유가 없음을 주장 · 입증함으로써 예정배상액의 지급책임을 면할 수 있다. 그리고 채무자의 귀

책사유를 묻지 않기로 하는 약정의 존재는 엄격하게 제한하여 인정하여야 한다"(대판 2007.12.27, 2006다9408).

③ [O] ※ 손해배상 예정액의 감액과 과실상계
判例는 "채무불이행으로 인한 손해의 발생 및 확대에 채권자에게도 과실이 있다고 하여도 **제398조 2항에 따라 채권자의 과실을 비롯하여 채무자가 계약을 위반한 경위 등 제반사정을 참작하여 손해배상 예정액을 감액할 수는 있을지언정 채권자의 과실을 들어 과실상계를 할 수는 없다**"고 한다(대판 2016.6.10, 2014다200763).

④ [O] ※ 손해배상액의 예정과 위약벌
위약벌은 당사자 사이에 의무이행을 확보하기 위하여 의무부담자에게 압력을 가하기 위한 수단으로 약정되는 '**사적 제재**(私的 制裁)'로서 채무불이행이 있으면 채무자는 손해의 유무를 묻지 않고 또 실제 손해가 있으면 위약벌 외에 이 손해도 배상하여야 한다는 점에서 손해배상액의 예정과 구별되는 것이다. 또 이 경우에는 **배상액의 예정에 관한 규정이 적용되지 않고, 따라서 법원이 감액하지도 못한다**(대판 2002.4.23, 2000다56973). 다만, 그 의무의 강제에 의하여 얻어지는 채권자의 이익에 비해 **약정된 벌이 과도하게 무거울 때에는 그 일부 또는 전부가 공서양속에 반하여 무효로 된다**(대판 2015.12.10, 2014다14511 : 계약이행의 대가인 58억 원의 3배 가까이 되는 146억 원을 위약벌로 정한 사안에서 제103조 위반으로 무효라고 판단한 사안).

⑤ [X] ※ 위약벌과 이자제한법
"이자제한법의 최고이자율 제한에 관한 규정은 **금전대차에 관한 계약상의 이자에 관하여 적용될 뿐**, 계약을 위반한 사람을 제재하고 계약의 이행을 간접적으로 강제하기 위하여 정한 **위약벌의 경우에는 적용될 수 없다**"(대판 2017.11.29, 2016다259769).

[정답] ⑤

문 29 손해배상에 관한 설명 중 옳은 것(○)과 옳지 않은 것(×)을 올바르게 조합한 것은? (다툼이 있는 경우 판례에 의함) [변시 11회]

ㄱ. 부동산의 등기청구권을 보전하기 위한 처분금지가처분이 부당하게 집행되어 위 가처분의 존재로 인하여 소유자가 부동산의 처분기회를 상실하였거나 그 대가를 제때 지급받지 못하는 불이익을 입었다고 하더라도, 그것이 당해 부동산을 보유하면서 얻는 점용이익을 초과하지 않는 한 손해가 발생하였다고 보기 어렵다.

ㄴ. 쌍무계약에서 쌍방의 채무가 동시이행관계에 있는 경우, 일방의 채무의 이행기가 도래하더라도 상대방 채무의 이행제공이 있을 때까지는 그 채무를 이행하지 않아도 이행지체의 책임을 지지 않는 것이지만, 이와 같은 효과는 이행지체의 책임이 없다고 주장하는 자가 동시이행의 항변권을 행사하지 않는 경우에는 발생하지 아니한다.

ㄷ. 계약 상대방의 채무불이행을 이유로 한 계약의 해지 또는 해제는 손해배상의 청구에 영향을 미치지 아니하지만, 다른 특별한 사정이 없는 한 그 손해배상책임 역시 채무불이행으로 인한 손해배상책임과 다를 것이 없으므로, 상대방에게 고의 또는 과실이 없을 때에는 배상책임을 지지 아니한다. 그러나 상대방의 채무불이행과 상관없이 일정한 사유가 발생하면 계약을 해지 또는 해제할 수 있도록 하는 약정해지·해제권을 유보한 경우에는 상대방에게 고의 또는 과실이 없더라도 그에 따른 손해배상책임을 진다.

ㄹ. 일반육체노동을 하는 사람 또는 육체노동을 주로 생계활동으로 하는 사람은 특별한 사정이 없는 한 만 60세를 넘어 만 65세까지 가동할 수 있다고 보는 것이 경험칙에 합당하다.

① ㄱ(×), ㄴ(×), ㄷ(×), ㄹ(○)
② ㄱ(×), ㄴ(○), ㄷ(○), ㄹ(×)
③ ㄱ(○), ㄴ(○), ㄷ(×), ㄹ(○)
④ ㄱ(○), ㄴ(×), ㄷ(×), ㄹ(○)
⑤ ㄱ(○), ㄴ(×), ㄷ(○), ㄹ(×)

해 설 ㄱ. [○] ※ 부동산의 등기청구권을 보전하기 위한 처분금지가처분이 부당하게 집행된 경우, 그로 인한 손해의 발생 여부(한정 소극)

"부동산의 등기청구권을 보전하기 위한 처분금지가처분이 부당하게 집행되었다면, 이러한 처분금지가처분은 처분금지에 관하여 상대적 효력을 가지는 것으로서 그 집행 후에도 채무자는 당해 부동산에 대한 사용·수익을 계속하면서 여전히 이를 처분할 수 있으므로, 비록 위 가처분의 존재로 인하여 처분기회를 상실하였거나 그 대가를 제때 지급받지 못하는 불이익을 입었다고 하더라도 그것이 당해 부동산을 보유하면서 얻는 점용이익을 초과하지 않는 한 손해가 발생하였다고 보기 어렵고, 설사 점용이익을 초과하는 불이익을 입어 손해가 발생하였다고 하더라도 그 손해는 특별한 사정에 의하여 발생한 손해로서 가처분채권자가 그 사정을 알았거나 알 수 있었을 때에 한하여 배상책임을 진다"(대판 1998.9.22. 98다21366).

ㄴ. [×] **※ 동시이행항변권의 이행지체 저지효(당연효)**
동시이행의 항변권을 가지는 채무자는 자신의 채무를 이행하지 않는 것이 정당한 것으로 인정되기 때문에, 비록 이행기에 이행을 하지 않더라도 이행지체가 되지 않는다(제390조 단서). **이행지체책임의 면책의 효력은 그 항변권을 행사 · 원용하지 않아도 발생한다**(대판 2010.10.14, 2010다47438).

ㄷ. [×] **※ 약정해제권의 효과**
"계약 상대방의 채무불이행을 이유로 한 계약의 해지 또는 해제는 손해배상의 청구에 영향을 미치지 아니하지만(제551조), 다른 특별한 사정이 없는 한 그 손해배상책임 역시 채무불이행으로 인한 손해배상책임과 다를 것이 없으므로, **상대방에게 고의 또는 과실이 없을 때에는 배상책임을 지지 아니한다(제390조). 이는 상대방의 채무불이행과 상관없이 일정한 사유가 발생하면 계약을 해지 또는 해제할 수 있도록 하는 약정해지 · 해제권을 유보한 경우에도 마찬가지이고** 그것이 자기책임의 원칙에 부합한다"(대판 2016.4.15, 2015다59115)

ㄹ. [○] **※ 일반육체노동을 하는 사람 또는 육체노동을 주로 생계활동으로 하는 사람의 가동연한을 경험칙상 만 65세까지로 보아야 하는지 여부(원칙적 적극)**
"대법원은 1989. 12. 26. 선고한 88다카16867 전원합의체 판결(이하 '종전 전원합의체 판결'이라 한다)에서 일반육체노동을 하는 사람 또는 육체노동을 주로 생계활동으로 하는 사람(이하 '육체노동'이라 한다)의 가동연한을 경험칙상 만 55세라고 본 기존 견해를 폐기하였다. 그 후부터 현재에 이르기까지 육체노동의 가동연한을 경험칙상 만 60세로 보아야 한다는 견해를 유지하여 왔다.
그런데 우리나라의 사회적 · 경제적 구조와 생활여건이 급속하게 향상 · 발전하고 법제도가 정비 · 개선됨에 따라 종전 전원합의체 판결 당시 위 경험칙의 기초가 되었던 제반 사정들이 현저히 변하였기 때문에 위와 같은 견해는 더 이상 유지하기 어렵게 되었다. **이제는 특별한 사정이 없는 한 만 60세를 넘어 만 65세까지도 가동할 수 있다고 보는 것이 경험칙에 합당하다**"(대판 2019.2.21. 전합 2018다248909).

[정답] ④

문 30 다음 설명 중 옳지 않은 것은? (다툼이 있는 경우 판례에 의함) [변시 4회]

① 채권자지체 중에는 채무자는 고의 또는 중대한 과실이 없으면 불이행으로 인한 모든 책임이 없다.

② 손해배상액의 예정은 이행의 청구나 계약의 해제에 영향을 미치지 아니한다.

③ 채권자가 그 채권의 목적인 물건 또는 권리의 가액전부를 손해배상으로 받은 때에는 채무자는 그 물건 또는 권리에 관하여 당연히 채권자를 대위한다.

④ 채권자지체 중이라도 채무자는 이자 있는 채권에 대하여는 이자를 지급할 의무가 있다.

⑤ 당사자가 금전이 아닌 것으로써 손해의 배상에 충당할 것을 예정한 위약금 약정도 손해배상액의 예정으로 추정된다.

해 설 ① [○] **제401조(채권자지체와 채무자의 책임)** 「채권자지체 중에는 채무자는 고의 또는 중대한 과실이 없으면 불이행으로 인한 모든 책임이 없다.」

② [○] ⑤ [○] **제398조(배상액의 예정)** 「①항 당사자는 채무불이행에 관한 손해배상액을 예정할 수 있다. ②항 손해배상의 예정액이 부당히 과다한 경우에는 법원은 적당히 감액할 수 있다. ③항 손해배상액의 예정은 이행의 청구나 계약의 해제에 영향을 미치지 아니한다. ④ 위약금의 약정은 손해배상액의 예정으로 추정한다. ⑤항 당사자가 금전이 아닌 것으로써 손해의 배상에 충당할 것을 예정한 경우에도 전4항의 규정을 준용한다.」

③ [○] **제399조(손해배상자의 대위)** 「채권자가 그 채권의 목적인 물건 또는 권리의 가액전부를 손해배상으로 받은 때에는 채무자는 그 물건 또는 권리에 관하여 당연히 채권자를 대위한다.」

④ [×] **제402조(동전)** 「채권자지체 중에는 이자있는 채권이라도 채무자는 이자를 지급할 의무가 없다.」

[정답] ④

제4장 채권의 대외적 효력

제1절 책임재산의 보전

제1관 채권자대위권

문 31 채권자대위권에 관한 설명 중 옳은 것을 모두 고른 것은? (각 지문은 독립적이며, 다툼이 있는 경우 판례에 의함) [변시 14회]

ㄱ. 甲이 미등기 건물을 매수하였으나 소유권이전등기를 하지 못한 경우, 甲은 위 건물의 소유권을 원시취득한 매도인 乙을 대위하여 불법점유자 丙을 상대로 직접 자신에게 위 건물을 인도할 것을 청구할 수 있다.

ㄴ. 甲이 乙에 대한 금전채권을 보전하기 위하여 乙의 丙에 대한 금전채권을 대위행사하면서 직접 자신에게 이행하도록 청구하여 승소판결이 확정된 경우, 乙의 丙에 대한 금전채권이 변제 등으로 소멸하기 전이라면 乙의 일반채권자인 丁은 乙의 丙에 대한 금전채권을 압류할 수 있다.

ㄷ. 乙이 丙에게 채권의 양도를 구할 수 있는 권리를 가지고 있고 甲이 乙의 丙에 대한 위 권리를 대위행사하는 경우, 甲은 丙에 대하여 직접 자신에게 채권양도 절차를 이행하도록 청구할 수 있다.

ㄹ. X 부동산의 최종 매수인 甲이 중간 매수인 乙에 대한 소유권이전등기청구권을 보전하기 위해 乙을 대위하여 매도인 丙을 상대로 X 부동산에 대한 처분금지가처분을 받았고 乙이 위 대위 사실을 알게 된 경우, 이후 甲이 乙을 대위하여 丙을 상대로 소유권이전등기절차의 이행을 구하더라도, 丙은 乙에게 X 부동산에 관하여 소유권이전등기를 마쳐 준 사실로 甲에 대하여 대항할 수 없다.

① ㄱ, ㄴ
② ㄱ, ㄹ
③ ㄴ, ㄷ
④ ㄱ, ㄴ, ㄹ
⑤ ㄱ, ㄷ, ㄹ

해설 ㄱ. [○] "원고가 미등기 건물을 매수하였으나 소유권이전등기를 하지 못한 경우에는 위 건물의 소유권을 원시취득한 매도인을 대위하여 불법점유자에 대하여 인도청구를 할 수 있고 이때 원고는 불법점유자에 대하여 직접 자기에게 인도할 것을 청구할 수도 있다"(대판 1980.7.8. 79다1928).

ㄴ. [○] 判例에 따르면 ㉠ 채권자대위소송에서 제3채무자로 하여금 직접 대위채권자에게 금전의 지급을 명하는 판결이 확정된 경우에도, 대위채권자는 채무자를 대위하여 피대위채권에 대한 변제를 수령하게 될 뿐 자신의 채권에 대한 변제로서 수령하게 되는 것이 아니므로 피대위채권이 변제 등으로 소멸하기 전에 '채무자의 다른 채권자'가 피대위채권을 '압류 · 가압류'할 수 있다(대판 2016.8.29. 2015다236547).

ㄷ. [×] "채무자가 제3채무자에게 채권의 양도를 구할 수 있는 권리를 가지고 있고, 채권자가 채무자의 위 권리를 대위행사하는 경우에는 채권자의 직접 청구를 인정할 예외적인 사유가 없으므로, 원칙으로 돌아가 채권자는 제3채무자에 대하여 채무자에게 채권양도절차를 이행하도록 청구하여야 하고, 직접 자신에게 채권양도절차를 이행하도록 청구할 수 없다. 만약 제3채무자가 직접 채권자에게 채권을 양도하는 절차를 이행하도록 하면 그 채권은 채권자에게 이전된다고 볼 수밖에 없어 대위행사의 효과가 채무자가 아닌 채권자에게 귀속하게 되기 때문이다"(대판 2024.3.12. 2023다301682).

ㄹ. [×] 乙에게 처분금지가처분의 사실이 통지된 이후에 丙이 乙에게 위 부동산에 관한 소유권이전등기를 마쳐주었다면, 判例에 따르면 제405조 2항에서 금지하는 '처분'에 '변제의 수령'은 포함되지 않기 때문에 이는 유효하다고 한다(대판 1991.4.12. 90다9407). 따라서 丙은 이로써 甲에게 대항할 수 있다.

참고로 위 90다9407판례는 "부동산의 전득자(채권자 : 甲)가 양수인 겸 전매인(채무자 : 乙)에 대한 소유권이전등기청구권을 보전하기 위하여 양수인(乙)을 대위하여 양도인(제3채무자 : 丙)을 상대로 처분금지가처분을 한 경우 '가처분에 따른'(채권자대위권이 아님) 피보전권리는 양수인(乙)의 양도인(丙)에 대한 소유권이전등기청구권일 뿐, 전득자(甲)의 양수인(乙)에 대한 소유권이전등기청구권까지 포함되는 것은 아니고, 그 가처분결정에서 제3자에 대한 처분을 금지하였다 하여도 그 제3자 중에는 양수인(乙)은 포함되지 아니하므로 그 가처분 후에 양수인(乙)이 양도인(丙)으로부터 넘겨받은 소유권이전등기는 위 가처분의 효력에 위배되지 아니하여 유효하다"고 판시하였다.

[정답] ①

문 32 다음 설명 중 옳지 않은 것을 모두 고른 것은? (다툼이 있는 경우 판례에 의함) [변시 4회]

ㄱ. 채무자가 채권자대위권 행사의 통지를 받은 후에는 채무자의 채무불이행을 이유로 제3채무자가 매매계약을 해제하더라도, 제3채무자는 원칙적으로 계약해제로써 대위권을 행사하는 채권자에게 대항할 수 없다.
ㄴ. 채권자대위권은 채무자의 제3채무자에 대한 권리를 행사하는 것이므로, 제3채무자는 채무자에 대해 가지는 모든 항변사유로 채권자에게 대항할 수 있으나, 채권자는 채무자가 주장할 수 있는 사유의 범위 내에서 주장할 수 있을 뿐 자기와 제3채무자 사이의 독자적인 사정에 기한 사유를 주장할 수는 없다.
ㄷ. 유류분반환청구권은 그 행사 여부가 유류분권리자의 인격적 이익을 위하여 그의 자유로운 의사결정에 전적으로 맡겨진 권리로서 행사상의 일신전속성을 가진다고 보아야 하므로, 유류분권리자에게 그 권리행사의 확정적 의사가 있다고 인정되는 경우가 아니라면 채권자대위권의 목적이 될 수 없다.

① ㄱ
② ㄷ
③ ㄱ, ㄴ
④ ㄱ, ㄷ
⑤ ㄴ, ㄷ

해 설 ㄱ. [X] **제405조(채권자대위권행사의 통지)** 「①항 채권자가 전조 제1항의 규정에 의하여 보전행위 이외의 권리를 행사한 때에는 채무자에게 통지하여야 한다. ②항 채무자가 전항의 통지를 받은 후에는 그 권리를 처분하여도 이로써 채권자에게 대항하지 못한다.」

"법정해제는 채무자의 객관적 채무불이행에 대한 제3채무자의 정당한 법적 대응인 점 등을 고려할 때 채무자가 자신의 채무불이행을 이유로 매매계약이 해제되도록 한 것을 두고 민법 제405조 제2항에서 말하는 '처분'에 해당한다고 할 수 없다. …(중략)… 다만 형식적으로는 채무자의 채무불이행을 이유로 한 계약해제인 것처럼 보이지만 실질적으로는 채무자와 제3채무자 사이의 합의에 따라 계약을 해제한 것으로 볼 수 있거나, 채무자와 제3채무자가 단지 대위채권자에게 대항할 수 있도록 채무자의 채무불이행을 이유로 하는 계약해제인 것처럼 외관을 갖춘 것이라는 등의 특별한 사정이 있는 경우에는 채무자가 피대위채권을 처분한 것으로 보아 제3채무자는 계약해제로써 대위권을 행사하는 채권자에게 대항할 수 없다"(대판 2012.5.17, 전합2011다87235).

비교판례 "채권자가 채무자를 대위하여 제3채무자의 부동산에 대한 처분금지가처분을 신청하여 처분금지가처분 결정을 받은 경우, 이는 그 부동산에 관한 소유권이전등기청구권을 보전하기 위한 것이므로 피보전권리인 소유권이전등기청구권을 행사한 것과 같이 볼 수 있어, **채무자가 그러한 채권자대위권의 행사 사실을 알게 된 이후에 그 부동산에 대한 매매계약을 '합의해제'함으로써 채권자대위권의 객체인 그 부동산의 소유권이전등기청구권을 소멸시켰다 하더라도 이로써 채권자에게 대항할 수 없다"**(대판 1996.4.12, 95다54167).

ㄴ. [O] 채권자는 채무자의 권리를 행사하는 것이므로 제405조에 따른 대위권 행사의 통지가 있기 전에 제3채무자는 채무자에 대하여 가지는 모든 항변으로 채권자에게 대항할 수 있다. 그러나 채무자가 채권자에게 주장할 수 있는 사유(소멸시효의 완성의 주장, 취소권, 해제권 등 그 권리의 행사가 채무자의 의사에 달려있는 항변을 말한다. 그러나 피보전채권이 이미 변제 등으로 소멸하였다는 항변은 할 수 있다)를 주장할 수는 없다(대판 2004.2.12, 2001다10151). 또한 **채권자는 제3채무자에 대하여 채무자가 주장할 수 있는 범위 내에서 주장할 수 있을 뿐, 자기와 제3채무자 사이의 독자적인 사정에 기한 사유를 주장할 수는 없다**(대판 2009.5.28, 2009다4787).

사실관계 위 2009다4787판결은 채권자가 무효인 소유권이전등기청구권 가등기의 유용 합의에 따라 부동산 소유자인 채무자로부터 그 가등기 이전의 부기등기를 마친 제3채무자를 상대로 채무자를 대위하여 가등기의 말소를 구한 사안에서, 채권자가 그 부기등기 전에 부동산을 가압류한 사실을 주장하는 것은 채무자가 아닌 채권자 자신이 제3채무자에 대하여 가지는 사유에 관한 것이어서 허용되지 않는다고 한 사례이다.

ㄷ. [O] "**유류분반환청구권**은 그 행사 여부가 유류분권리자의 인격적 이익을 위하여 그의 자유로운 의사결정에 전적으로 맡겨진 권리로서 **행사상의 일신전속성을 가진다**고 보아야 하므로, 유류분권리자에게 그 권리행사의 확정적 의사가 있다고 인정되는 경우가 아니라면 채권자대위권의 목적이 될 수 없다"(대판 2010.5.27, 2009다93992).

[정답] ①

문 33 甲은 자기의 소유인 X 아파트를 乙에게 대금 3억 원에 매도하였는데 아직 잔대금 1억 원을 지급받지 못함에 따라 등기도 이전 해주지 아니하였다. 乙은 X 아파트를 丙에게 대금 3억 5,000만 원에 전매하였다. 甲의 금전채권자 A는 甲을 대위하여 乙을 상대로 매매 잔대금 청구소송을 제기하였다(제1소송). 한편 丙도 乙을 대위하여 甲을 상대로 乙에게로의 소유권이전등기 청구소송을 제기하고(제2소송), 이를 乙에게 통지하였다. 다음 중 옳은 것을 모두 고른 것은?(다툼이 있는 경우에는 판례에 의하고, 각 지문은 모두 독립적이며 채권자 대위소송은 적법하게 제기된 것으로 전제한다) [변시 3회]

ㄱ. 제1소송이 제기된 후 甲은 乙로부터 잔대금을 변제받았다. 이 경우 甲이 위 변제 당시 제1소송의 제기사실을 알았다면 乙은 위 변제로 A에게 대항하지 못한다.

ㄴ. 제1소송에서, 乙의 甲에 대한 잔대금채무가 시효로 소멸한 경우 乙은 그 시효완성의 이익을 A에게 주장할 수 있다.

ㄷ. 甲과 乙은 제2소송이 제기되자 그들 사이의 매매계약을 합의해제하였고, 甲은 X 아파트를 이러한 사정을 모르는 丁에게 매도하고 소유권이전등기를 경료하여 주었다. 이 경우 丁 명의의 등기는 무효이다.

① ㄱ
② ㄴ
③ ㄷ
④ ㄱ, ㄴ
⑤ ㄴ, ㄷ

해설 ㄱ. [X] 채권자가 보존행위 이외의 권리를 행사한 때에는 채무자에게 이를 통지하여야 하고(제405조 1항), 채무자가 그 통지를 받은 후에는 그 권리를 '처분'하여도 채권자에게 대항하지 못한다(제405조 2항). 그리고 통지는 없었지만 채무자가 대위권행사 사실을 안 때에도 통지가 있었던 때와 마찬가지의 효과가 발생한다(대판 2003.1.10, 2000다27343).

그러나 통지 등이 있는 경우에는 처분행위가 금지될 뿐 관리·보존행위까지 금지되는 것은 아니므로 통지 후에도 제3채무자의 변제가 금지되는 것은 아니다(대판 1991.4.12, 90다9407).

☞ 따라서 제1소송(채권자대위소송)이 제기된 후 채무자 甲이 제3채무자 乙로부터 잔대금을 변제받은 것은 제405조 2항의 처분행위가 아니므로, 甲이 위 변제 당시 당해 채권자대위소송의 제기사실을 알았다 하더라도 乙은 위 변제로 채권자 A에게 대항할 수 있다.

ㄴ. [O] 채권자대위권 행사의 통지가 있기 전에 제3채무자는 채무자에 대하여 가지는 모든 항변으로 채권자에게 대항할 수 있다. 그러나 채무자가 채권자에게 주장할 수 있는 사유(소멸시효의 완성의 주장, 취소권, 해제권 등 그 권리의 행사가 채무자의 의사에 달려있는 항변을 말한다. 그러나 피보전채권이 이미 변제 등으로 소멸하였다는 항변은 할 수 있다)를 주장할 수는 없다(대판 2004.2.12, 2001다10151).

☞ 따라서 제1소송(채권자대위소송)에서 제3채무자 乙의 채무자 甲에 대한 잔대금채무(피대위채권)가 시효로 소멸한 경우 乙은 그 시효완성의 이익을 채권자 A에게 주장할 수 있다.

ㄷ. [X] 제405조 2항에서 말하는 금지되는 처분행위에는 '채권 자체'에 대한 처분행위 뿐만 아니라 '채권 발생의 기초가 되는 법률관계에 대한 처분행위'[예컨대 채권발생원인이 된 기본계약의 합의해제(아래 95다54167판결)]도 포함된다.

따라서 "채권자가 채무자를 대위하여 제3채무자의 부동산에 대한 처분금지가처분을 신청하여 처분금지가처분 결정을 받은 경우, 이는 그 부동산에 관한 소유권이전등기청구권을 보전하기 위한 것이므로 피보전권리인 소유권이전등기청구권을 행사한 것과 같이 볼 수 있어, **채무자가 그러한 채권자대위권의 행사 사실을 알게 된 이후에 그 부동산에 대한 매매계약을 합의해제함으로써 채권자대위권의 객체인 그 부동산의 소유권이전등기청구권을 소멸시켰다 하더라도 이로써 채권자에게 대항할 수 없다**"(대판 1996.4.12. 95다54167).

☞ 따라서 제2소송(채권자대위소송)이 제기된 후 채무자 甲과 제3채무자 乙이 합의해제한 것은 제405조 2항의 처분행위이므로, 이는 채권자 丙에게 대항할 수 없다. 다만 **채권자 丙에게 대항할 수 없다는 것은 丙에 대한 관계에서 乙이 甲에게 소유권이전등기청구권이란 '채권'을 가지고 있다는 의미일 뿐**이다. 따라서 여전히 그 부동산의 소유자는 등기를 가지고 있는 甲이므로 甲이 X아파트를 이러한 사정을 모르는 丁에게 매도하고 소유권이전등기를 경료하여 주었다면 丁은 **'이중양도 법리'**에 의해 유효하게 소유권을 취득하다. 따라서 丁명의의 등기는 유효하다.

아울러 判例는 '해제의 의사표시가 있은 후라도 그 등기 등을 말소하지 않은 동안' 새로운 권리를 취득하게 된 '선의'의 제3자도 포함된다고 하며(대판 1985.4.9. 84다카130,131). 이러한 법리는 법정해제의 경우뿐만 아니라 합의해제의 경우에도 마찬가지이다(대판 2004.7.8. 2002다73203). 즉 **丁은 제548조 1항 단서의 유추적용에 의해 보호되는 제3자**이다.

[정답] ②

문 34 **甲이 자기 소유의 아파트를 乙에게 매도하고 乙이 계약금과 중도금을 지급한 후 잔금을 지급하지 않고 있고 소유권이전등기가 경료되지 않은 상태에서, 다시 乙이 丙에게 위 아파트를 매도하고 丙은 乙에게 매매대금 전액을 지급하였다. 그 후 丙이 乙을 대위하여 甲에게 소유권이전등기청구소송을 제기하여 소가 계속 중에 있다. 이에 관한 설명 중 옳지 않은 것은?** (다툼이 있는 경우 판례에 의함) [변시 6회]

① 위 소송에서 甲은 丙에 대하여 乙로부터 잔금을 받음과 동시에 소유권이전등기를 해 주겠다고 항변할 수 있다.

② 丙이 乙에게 대위행사를 통지하였고 그 후 甲이 乙의 잔금채무불이행을 이유로 매매계약을 해제한 경우, 甲은 丙에게 계약해제로써 대항할 수 없다.

③ 丙이 위 소송계속 중 乙에게 대위행사를 통지한 후 통지를 수령한 乙이 甲에게 소유권이전등기청구소송을 제기한 경우, 乙이 제기한 소송은 부적법하여 각하된다.

④ 丙이 乙에게 대위행사를 일반우편으로 통지하여 乙이 알게 된 경우, 그 후 丙이 제기한 소송이 패소로 확정되었다면 그 패소판결의 효력은 乙에게도 미친다.

⑤ 丙이 乙에게 대위행사를 통지하였고 그 후 甲과 乙이 둘 사이의 매매계약을 합의하여 해제한 경우, 甲은 丙에게 계약해제로써 대항할 수 없다.

해설 ① [O] "채권자대위권은 채무자의 제3채무자에 대한 권리를 행사하는 것이므로, 제3채무자는 채무자에 대해 가지는 모든 항변사유로 채권자에게 대항할 수 있다"(대판 2009.5.28. 2009다4787).

☞ 따라서 지문에서 제3채무자인 甲은 채무자 乙에 대한 동시이행항변권으로 채권자 丙에게 대항할 수 있다.

쟁점정리 ※ 제3채무자의 채권자에 대한 항변권

1) 피대위채권(원칙적 가능, 예외적 불가)

원칙적으로 채권자는 채무자의 권리를 행사하는 것이므로 대위권 행사의 통지가 있기 전에 제3채무자는 채무자에 대하여 가지는 모든 항변(피대위권리에 대한 항변)으로 채권자에게 대항할 수 있다(대판 2009.5.28, 2009다4787). 그러나 제405조에 따른 통지 후에는 채무자의 '처분권'이 제한되므로, 통지 후에 채무자가 한 피대위권리에 관한 처분행위에 기하여 제3채무자가 취득한 항변사유로는 채권자에게 대항할 수 없다.

2) 피보전채권(원칙적 불가, 예외적 가능)

제3채무자가 채권자의 채무자에 대한 권리(피보전권리)의 발생원인이 된 법률행위가 무효라거나 변제 등으로 소멸하였다는 등의 사실 외에는(대판 2015.9.10, 2013다55300), 원칙적으로 채무자가 채권자에게 주장할 수 있는 사유(소멸시효의 완성의 주장, 취소권, 해제권 등 그 권리의 행사가 채무자의 의사에 달려있는 항변을 말한다)를 주장할 수는 없다(대판 2004.2.12, 2001다10151).

② [X] ⑤ [O] 채권자가 보존행위 이외의 권리를 행사한 때에는 채무자에게 이를 통지하여야 하고(제405조 1항), 채무자가 그 통지를 받은 후에는 그 권리를 '처분'하여도 채권자에게 대항하지 못한다(제405조 2항). 여기서 말하는 금지되는 처분행위와 관련하여 判例는 ㉠ '채권 발생의 기초가 되는 법률관계에 대한 처분행위'[예컨대 채권발생원이 된 기본계약의 합의해제(대판 1996.4.12, 95다54167)]는 포함된다고 하나, ㉡ 채무를 불이행함으로써 제3채무자로 하여금 채권의 발생원인이 된 기본계약을 해제하게 한 경우는 제405조 제2항에서 말하는 '처분'에 해당한다고 할 수 없다고 한다(대판 2012.5.17, 전합2011다87235).

※ 채권자대위권 행사사실이 통지된 후에 '채무자가 채무를 불이행하여 계약이 해제되도록 한 것'이 제405조 2항의 '처분'에 해당하는지 여부(소극)

"법정해제는 채무자의 객관적 채무불이행에 대한 제3채무자의 정당한 법적 대응인 점 등을 고려할 때 채무자가 자신의 채무불이행을 이유로 매매계약이 해제되도록 한 것을 두고 민법 제405조 제2항에서 말하는 '처분'에 해당한다고 할 수 없다. …(중략)… 다만 형식적으로는 채무자의 채무불이행을 이유로 한 계약해제인 것처럼 보이지만 실질적으로는 채무자와 제3채무자 사이의 합의에 따라 계약을 해제한 것으로 볼 수 있거나, 채무자와 제3채무자가 단지 대위채권자에게 대항할 수 있도록 채무자의 채무불이행을 이유로 하는 계약해제인 것처럼 외관을 갖춘 것이라는 등의 특별한 사정이 있는 경우에는 채무자가 피대위채권을 처분한 것으로 보아 제3채무자는 계약해제로써 대위권을 행사하는 채권자에게 대항할 수 없다"(대판 2012.5.17, 전합2011다87235).

※ 채권자대위권 행사사실이 통지된 후에 '채무자와 제3채무자가 합의해제한 것'이 제405조 2항의 '처분'에 해당하는지 여부(적극)

"채권자가 채무자를 대위하여 제3채무자의 부동산에 대한 처분금지가처분을 신청하여 처분금지가처분 결정을 받은 경우, 이는 그 부동산에 관한 소유권이전등기청구권을 보전하기 위한 것이므로 피보전권리인 소유권이전등기청구권을 행사한 것과 같이 볼 수 있어, **채무자가 그러한 채권자대위권의 행사 사실을 알게 된 이후에 그 부동산에 대한 매매계약을 '합의해제'함으로써 채권자대위권의 객체인 그 부동산의 소유권이전등기청구권을 소멸시켰다 하더라도 이로써 채권자에게 대항할 수 없다"** (대판 1996.4.12, 95다54167).

③ [O] ※ 대위소송 중 채무자소송(중복제소 긍정)

"채권자대위소송 계속 중 채무자가 제3채무자에 대해서 소송이 제기된 경우, 양 소송은 동일 소송이므로 후소는 중복소제기금지원칙에 위배되어 제기된 부적법한 소송으로 각하될 수 밖에 없다"(대판 1992.5.22, 91다41187).

민사소송법 제259조(중복된 소제기의 금지) 「법원에 계속되어 있는 사건에 대하여 당사자는 다시 소를 제기하지 못한다.」

④ [○] ※ 대위소송에 의한 판결의 효력

제218조(기판력의 주관적 범위) 「③항 다른 사람을 위하여 원고나 피고가 된 사람에 대한 확정판결은 그 다른 사람에 대하여도 효력이 미친다.」

判例는 채무자가 어떠한 사유로든 채권자대위소송이 제기된 사실을 알았다면 기판력은 채무자에게 미친다고 한다(대판 1975.5.13. 74다1664).

☞ 乙이 일반우편으로 통지를 받았더라도 채무자가 어떠한 사유로든 채권자대위소송이 제기된 사실을 알았다면 기판력은 채무자에게 미친다(대판 1945.5.1. 전합74다1664).

[정답] ②

문 35 **채권자대위권에 관한 설명 중 옳은 것(○)과 옳지 않은 것(×)을 올바르게 조합한 것은?** (각 지문은 독립적이며, 다툼이 있는 경우 판례에 의함) [변시 7회]

ㄱ. 이혼으로 인한 재산분할청구권은 재산권적 성질을 가진 것이므로, 이와 관련한 협의 또는 심판이 제기되기 전이라도 이를 보전하기 위하여 채권자대위권을 행사할 수 있다.

ㄴ. 수임인이 가지는 「민법」 제688조 제2항 전단 소정의 대변제청구권은 통상의 금전채권과는 다른 목적을 갖는 것이므로, 수임인이 대변제청구권을 보전하기 위하여 채무자인 위임인의 채권을 대위행사하는 경우에는 채무자의 무자력을 요건으로 하지 아니한다.

ㄷ. 채무자가 채권자대위권 행사의 통지를 받은 후에는 피대위권리를 처분하여도 채권자에게 대항하지 못하므로, 채무자가 채무를 불이행함으로써 통지 전에 체결된 약정에 따라 피대위권리의 발생원인인 계약이 자동적으로 해제되었다고 하더라도 특별한 사정이 없는 한 제3채무자는 그 계약해제로써 대위권을 행사하는 채권자에게 대항할 수 없다.

ㄹ. 채권자대위권에서 보전되는 채권은 보전의 필요성이 인정되고 이행기가 도래한 것이면 되고, 채권의 발생원인이 어떠하든 대위권을 행사함에는 아무런 방해가 되지 아니하나, 적어도 채무자에 대한 채권이 제3채무자에게 대항할 수 있는 것이어야 한다.

① ㄱ(○), ㄴ(○), ㄷ(×), ㄹ(×)
② ㄱ(×), ㄴ(○), ㄷ(×), ㄹ(×)
③ ㄱ(×), ㄴ(○), ㄷ(×), ㄹ(○)
④ ㄱ(×), ㄴ(×), ㄷ(○), ㄹ(×)
⑤ ㄱ(○), ㄴ(×), ㄷ(○), ㄹ(○)

해설 ㄱ. [×] ※ 채권자대위권 – 피보전채권의 존재

"이혼으로 인한 재산분할청구권은 협의 또는 심판에 의하여 그 구체적 내용이 형성되기까지는 그 범위 및 내용이 불명확·불확정하기 때문에 구체적으로 권리가 발생하였다고 할 수 없으므로 이를 보전하기 위하여 채권자대위권을 행사할 수 없다"(대판 1999.4.9. 98다58016). 그러나 채권자취소권은 입법적으로 가능하게 되었다(제839조의3 참조)

ㄴ. [○] ※ 채권자대위권 – 채권보전의 필요성(채무자의 무자력)

피보전채권이 금전채권인 경우 원칙적으로 채무자가 무자력이어야 한다. 그러나 判例에 따르면 수임인이 가지는 제688조 2항 소정의 대변제청구권은 통상의 금전채권과는 다른 목적을 갖는 것이므로, 수임인이 이 대변제청구권을 보전하기 위하여 채무자인 위임인의 채권을 대위행사하는 경우에는 채무자의 무자력을 요건으로 하지 않는다고 한다(대판 2002.1.25. 2001다52506).

ㄷ. [×] ※ 채권자대위권 행사사실이 통지된 후에 '채무자가 채무를 불이행하여 계약이 해제되도록 한 것'이 제405조 2항의 '처분'에 해당하는지 여부(소극)

"**법정해제는 채무자의 객관적 채무불이행에 대한 제3채무자의 정당한 법적 대응인 점 등을 고려할 때 채무자가 자신의 채무불이행을 이유로 매매계약이 해제되도록 한 것을 두고 민법 제405조 제2항에서 말하는 '처분'에 해당한다고 할 수 없다.** …(중략)… 다만 형식적으로는 채무자의 채무불이행을 이유로 한 계약해제인 것처럼 보이지만 실질적으로는 채무자와 제3채무자 사이의 합의에 따라 계약을 해제한 것으로 볼 수 있거나, 채무자와 제3채무자가 단지 대위채권자에게 대항할 수 있도록 채무자의 채무불이행을 이유로 하는 계약해제인 것처럼 외관을 갖춘 것이라는 등의 특별한 사정이 있는 경우에는 채무자가 피대위채권을 처분한 것으로 보아 제3채무자는 계약해제로써 대위권을 행사하는 채권자에게 대항할 수 없다"(대판 2012.5.17. 전합2011다87235).

ㄹ. [×] ※ 채권자대위권 – 피보전채권의 존재

피보전채권의 종류는 묻지 않으며, 금전채권 뿐만 아니라 특정채권도 인정되며, 채권적 청구권 뿐만 아니라 물권적 청구권도 포함된다(대판 2007.5.10. 2006다82700,82717). 또 피대위채권보다 먼저 성립되어 있을 필요도 없다. 그리고 **제3채무자에게 대항할 수 있는 것이어야 하는 것도 아니다**(대판 2000.6.9. 98다18155).

비교판례 다만, 채무자에게 대항할 수 없는 채권자는 채무자의 권리를 대위행사할 수 없다. 예컨대, "임대인의 동의 없는 임차권의 양도에서 양수인은 임대인에 대해 대항할 수 없으므로, 임차권의 양수인은 임대인의 권한을 대위행사할 수 없다"(대판 1985.2.8. 84다카188).

[정답] ②

문 36 채권자대위권에 관한 설명 중 옳은 것(○)과 옳지 않은 것(×)을 올바르게 조합한 것은? (각 지문은 독립적이며, 다툼이 있는 경우 판례에 의함) [변시 8회]

ㄱ. 채무자가 채권자대위권 행사의 통지를 받은 후에 제3채무자가 채무자의 채무불이행을 이유로 그 채무자와의 매매계약을 해제한 경우, 특별한 사정이 없는 한 제3채무자는 대위권을 행사하는 채권자에게 그 계약해제로써 대항할 수 있다.

ㄴ. 채권자대위권을 재판상 행사하는 경우, 채권자가 채무자를 상대로 하여 그 보전되는 청구권에 기한 이행청구의 소를 제기하여 승소판결이 확정되었더라도, 제3채무자는 그 청구권의 존재를 다툴 수 있다.

ㄷ. 채권자 甲이 채무자 乙에 대한 금전채권을 보전하기 위하여 제3채무자 丙에 대한 금전채권을 대위행사하는 경우, 丙으로 하여금 직접 甲에게 이행하도록 청구할 수도 있는데, 이러한 채권자대위소송에서 甲이 금전의 지급을 명하는 승소 확정판결을 받았다면, 위 피대위채권이 변제 등으로 소멸하기 전이라도 乙의 다른 채권자는 위 채권을 압류 또는 가압류할 수 없다.

ㄹ. 채권자 甲이 채무자 乙에 대한 금전채권을 보전하기 위하여 제3채무자 丙에 대한 금전채권을 대위행사하는 경우, 甲이 乙에게 대위권 행사사실을 통지하거나 乙이 이를 알게 된 이후에는, 피대위채권에 대한 전부명령은 우선권 있는 채권에 기초한 것이라는 등의 특별한 사정이 없는 한 무효이다.

① ㄱ(○), ㄴ(×), ㄷ(×), ㄹ(○)
② ㄱ(○), ㄴ(×), ㄷ(○), ㄹ(×)
③ ㄱ(○), ㄴ(○), ㄷ(○), ㄹ(×)
④ ㄱ(×), ㄴ(×), ㄷ(○), ㄹ(○)
⑤ ㄱ(×), ㄴ(○), ㄷ(×), ㄹ(○)

해 설 ㄱ. [○] ※ 채권자대위권 행사사실이 통지된 후에 '채무자가 채무를 불이행하여 계약이 해제되도록 한 것'이 제405조 2항의 '처분'에 해당하는지 여부(소극)

"법정해제는 채무자의 객관적 채무불이행에 대한 제3채무자의 정당한 법적 대응인 점 등을 고려할 때 채무자가 자신의 채무불이행을 이유로 매매계약이 해제되도록 한 것을 두고 민법 제405조 제2항에서 말하는 '처분'에 해당한다고 할 수 없다. …(중략)… 다만 형식적으로는 채무자의 채무불이행을 이유로 한 계약해제인 것처럼 보이지만 실질적으로는 채무자와 제3채무자 사이의 합의에 따라 계약을 해제한 것으로 볼 수 있거나, 채무자와 제3채무자가 단지 대위채권자에게 대항할 수 있도록 채무자의 채무불이행을 이유로 하는 계약해제인 것처럼 외관을 갖춘 것이라는 등의 특별한 사정이 있는 경우에는 채무자가 피대위채권을 처분한 것으로 보아 제3채무자는 계약해제로써 대위권을 행사하는 채권자에게 대항할 수 없다"(대판 2012.5.17, 전합2011다87235).

비교판례 ※ 채권자대위권 행사사실이 통지된 후에 '채무자와 제3채무자가 합의해제한 것'이 제405조 2항의 '처분'에 해당하는지 여부(적극)

"채무자가 피대위권리의 발생 원인이 되는 계약을 '합의해제'함으로써 피대위권리를 소멸시키는 것은 민법 제405조 제2항에서 말하는 '권리의 처분'에 해당하므로, 채무자는 위와 같은 합의해제로써 대위채권자에게 대항할 수 없다"(대판 1996.4.12, 95다54167).

ㄴ. [X] "채권자대위권을 행사함에 있어 채권자가 채무자를 상대로 그 보전되는 청구권에 기한 이행청구의 소를 제기하여 승소판결을 선고받고 그 판결이 확정되면 제3채무자는 그 청구권의 존재를 다툴 수 없다"(대판 2007.5.10, 2006다82700,82717).

비교판례 채권자와 채무자 사이에 피보전채권이 존재하지 않는다는 확정판결이 있는 경우에는 채권자대위의 소는 '채권보전의 필요성'이 없어 부적법하다(대판 2002.5.10, 2000다55171).

ㄷ. [X], ㄹ. [O] **※ 채권자대위권 행사와 채권압류 및 전부명령의 경합**
甲은 乙에 대해 금전채권이 있고 乙은 丙에 대해 금전채권이 있는데, 甲이 丙을 상대로 채권자대위소송을 제기하여, 제1심 법원으로부터 '丙은 피대위채권을 甲에게 지급하라'는 판결이 선고되었고, 乙은 이 법원에 증인으로 출석하여 甲이 채권자대위권을 행사한 사실을 알고 있었다. 이러한 상태에서, **乙의 채권자 A**가 위 피대위채권, 즉 乙이 丙에게 갖는 채권에 대해 채권압류 및 전부명령을 받았는데, 判例(대판 2016.8.29. 2015다236547)는 아래 ①②의 이유를 들어 '압류는 유효하나, 전부명령'은 무효라고 판단하였다. 그러나 **甲의 채권자 B**가 甲이 丙으로부터 지급받을 피대위채권에 대해 채권압류 및 전부명령을 받았는데, 判例는 아래 ③의 이유를 들어 '압류 및 전부명령' 모두 무효라고 보았다.

ㄷ. 지문 관련
① **채권자대위소송에서** 제3채무자로 하여금 직접 대위채권자에게 금전의 지급을 명하는 **판결이 확정된 경우에도,** 대위채권자는 채무자를 대위하여 피대위채권에 대한 변제를 수령하게 될 뿐 자신의 채권에 대한 변제로서 수령하게 되는 것이 아니므로 피대위채권이 변제 등으로 소멸하기 전에 **'채무자의 다른 채권자'가 피대위채권을 '압류 · 가압류'할 수 있다**(同 判例).

ㄹ. 지문 관련
② **그러나 대위채권자가 채무자에게 대위권 행사사실을 통지하거나 채무자가 이를 알게 된 후에 '채무자의 다른 채권자'가** 피대위채권을 '전부명령'을 받을 수 있다고 한다면 전부명령을 받은 '채무자의 다른 채권자'가 대위채권자를 배제하고 전속적인 만족을 얻는 결과가 되어, 채권자대위권의 실질적 효과를 확보하고자 하는 민법 제405조 제2항의 취지에 반하게 된다. 따라서 이러한 상태에서의 **'전부명령'은 무효이다**(즉, '채무자의 다른 채권자'의 전부명령은 무효이나 압류는 유효하다)(同 判例).

비교판례 ③ 한편 대위채권자의 제3채무자에 대한 추심권능 내지 변제수령권능은 그 자체로서 독립적으로 처분하여 환가할 수 있는 것이 아니어서 압류할 수 없는 성질의 것이므로 **'대위채권자의 채권자'가 '대위채권자가 제3채무자로부터 채권자대위소송 판결에 따라 지급받을 채권'에 대하여 받은 '압류 및 전부명령' 모두 무효**이다(同 判例).

[정답] ①

문 37 **채권자대위권에 관한 설명 중 옳지 않은 것은?** (다툼이 있는 경우 판례에 의함) [변시 9회]

① 비법인사단인 채무자가 제3채무자를 상대로 소를 제기하였으나 사원총회의 결의 없이 총유재산에 관한 소가 제기되었다는 이유로 각하판결을 선고받고 그 판결이 확정된 경우, 이는 채무자가 스스로 제3채무자에 대한 권리를 재판상 행사한 것으로 보아야 하므로, 그 후 비법인사단의 채권자가 제기한 채권자대위소송은 부적법하다.

② 이행인수계약에서 인수인이 그 인수한 채무를 이행하지 않는 경우 채권자는 인수인에 대하여 직접 자신에게 이행할 것을 청구할 수는 없지만, 채권자대위권에 의하여 채무자의 인수인에 대한 청구권을 대위행사할 수는 있다.

③ 채무자 소유의 부동산을 시효취득한 채권자의 사망 후 그 채권자의 공동상속인 중 1인이 채무자에 대한 소유권이전등기청구권을 피보전채권으로 하여 제3채무자를 상대로 채무자의 제3채무자에 대한 소유권이전등기의 말소등기청구권을 대위행사하는 경우, 그 공동상속인은 자신의 지분 범위 내에서만 채무자의 제3채무자에 대한 소유권이전등기의 말소등기청구권을 대위행사할 수 있다.

④ 채권자대위소송에서 피보전채권의 소멸시효가 완성되었다 하더라도 제3채무자는 원칙적으로 위 소멸시효 완성의 항변을 원용할 수 없다.

⑤ 채권자대위권을 행사함에 있어서 채권자가 채무자를 상대로 하여 그 보전되는 청구권에 기한 이행청구의 소를 제기하여 승소판결을 선고받고 그 판결이 확정되면 제3채무자는 그 청구권의 존재를 다툴 수 없다고 보는 것이 원칙이나, 그 청구권의 취득이 강행법규에 위반되어 무효인 경우 제3채무자는 그 존재를 다툴 수 있다.

해설 ① [X] ※ 총유재산에 관한 소송

"**비법인사단이 사원총회의 결의 없이 제기한 소는 소제기에 관한 특별수권(민법 제276조 1항)을 결하여 부적법하고, 그 경우 소제기에 관한 비법인사단의 의사결정이 있었다고 할 수 없다.** 따라서 비법인사단인 채무자 명의로 제3채무자를 상대로 한 소가 제기되었으나 사원총회의 결의 없이 총유재산에 관한 소가 제기되었다는 이유로 '각하판결'을 받고 그 판결이 확정된 경우에는 채무자가 스스로 제3채무자에 대한 권리를 행사한 것으로 볼 수 없다"(대판 2018.10.25. 2018다210539).

② [O] ※ **이행인수 약정이 체결된 경우 그에 기한 채무자의 인수인에 대한 청구권을 채권자가 대위행사할 수 있는지 여부(적극)**

"이행인수는 인수인이 채무자에 대하여 그 채무를 이행할 것을 약정하는 채무자와 인수인 간의 계약으로서, 인수인은 채무자와 사이에 채권자에게 채무를 이행할 의무를 부담하는 데 그치고 직접 채권자에 대하여 채무를 부담하는 것이 아니므로 채권자는 직접 인수인에게 채무를 이행할 것을 청구할 수 없으나, 채무자는 인수인이 그 채무를 이행하지 아니하는 경우 인수인에 대하여 채권자에게 이행할 것을 청구할 수 있고, 그에 관한 승소의 판결을 받은 때에는 금전채권의 집행에 관한 규정을 준용하여 강제집행을 할 수도 있다. 이러한 **채무자의 인수인에 대한 청구권은 그 성질상 재산권의 일종으로서 일신전속적 권리라고 할 수는 없으므로, 채권자는 채권자대위권에 의하여 채무자의 인수인에 대한 청구권을 대위행사 할 수 있다**"(대판 2009.6.11. 2008다75072).

③ [○] ※ 채권자대위권의 범위(피보전채권의 범위)

甲이 乙의 丙에 대한 점유취득시효를 원인으로 한 소유권이전등기청구권 중 일부 지분을 상속받았다고 주장하면서 丁을 상대로 丙의 丁에 대한 소유권이전등기의 말소등기청구권을 대위하여 전부 말소를 구한 사안에서, 判例는 "甲의 상속지분을 넘는 부분에 관하여는 보전의 필요성이 없다는 점을 지적하거나 甲이 주장한 상속지분이 증거에 의하여 인정되는 상속지분과 일치하지 아니함에도 아무런 석명을 하지 아니한 채 甲이 주장하는 지분을 초과하는 부분에 관하여 보전의 필요성이 없다는 이유로 소를 각하한 원심판결에 석명의무를 다하지 아니하여 심리를 제대로 하지 않은 잘못이 있다"(대판 2014.10.27. 2013다25217)고 하였다.

④ [○] ※ 채권자대위권의 행사에서 제3채무자가 소멸시효 완성을 주장할 수 있는 직접수익자에 해당하는지 여부

'채권자대위권의 행사에서 제3채무자'는 채무자가 채권자에 대하여 가지는 항변으로 대항할 수 없을 뿐더러 시효이익을 직접 받는 자에도 해당하지 않는다는 이유로 채권자의 채권이 시효로 소멸하였다고 주장할 수 없다고 한다(대판 1998.12.8. 97다31472).

비교판례 다만 채무자가 이미 소멸시효를 원용한 경우에는 피보전채권이 소멸하게 되므로 제3채무자가 그 '효과'를 원용하여 피보전채권의 부존재를 주장하는 것은 허용된다(대판 2008.1.31. 2007다64471).

⑤ [○] ※ 피보전채권에 관한 소송에서 '승소판결 확정' 후 대위소송을 제기한 경우

만약 채권자가 먼저 채무자를 상대로 제기한 소송에서 '승소'한 후 제3채무자를 상대로 대위소송을 제기하였다면 제3채무자는 그 청구권의 존재를 다툴 수 없다(대판 2003.4.11. 2003다1250 ; 대판 2007.5.10. 2006다82700,82717). 즉, "일반적으로 채권자대위권을 행사하는 경우, 채권자가 채무자를 상대로 그 보전되는 청구권에 기한 이행청구의 소를 제기하여 승소판결을 선고받고 확정되었다면, 특별한 사정이 없는 한 그 청구권의 발생원인이 되는 사실관계가 제3채무자와의 관계에서도 증명되었다고 볼 수 있다"(대판 1995.2.10. 94다39369). 물론 이는 소송물도 다르고 당사자도 다르므로 대위소송 자체가 기판력에 저촉되는 사안은 아니다.

그러나 대법원은 "채권자가 채무자에게 가지는 청구권(피보전채권)의 취득이 강행법규에 위반되어 무효라고 볼 수 있는 경우 등에는 확정판결에도 불구하고 채권자대위소송의 제3채무자와의 관계에서는 피보전권리가 존재하지 아니한다"(대판 2015.9.24. 2014다74919)고 한다.

[정답] ①

문 38 甲은 비법인사단인 乙과 공사계약을 체결한 후 공사를 완료하여 乙에 대한 공사대금채권을 가지고 있었으나, 乙은 丙에 대한 매매대금채권을 가지고 있는 외에는 달리 재산이 없었다. 이에 甲은 乙에 대한 자신의 위 공사대금채권을 보전하기 위하여 乙을 대위하여 丙에게 위 매매대금의 지급을 청구하는 소를 제기한 후 乙에게 채권자대위권 행사의 통지를 하였다. 이에 관한 설명 중 옳은 것을 모두 고른 것은? (다툼이 있는 경우 판례에 의함) [변시 10회]

ㄱ. 丙은 위 소송에서 甲이 乙에 대하여 가지는 공사대금채권의 소멸시효가 완성되었다는 항변으로 甲에게 대항할 수 없다.
ㄴ. 丙은 위 소송에서 甲과 乙 사이의 공사계약이 무효라거나 공사대금채권이 변제되어 소멸하였다는 사실을 주장하여 다툴 수 있다.
ㄷ. 甲이 위 소송 도중 乙로부터 丙에 대한 매매대금채권을 양수하여 양수금청구로 소를 교환적으로 변경한 경우에도 당초의 채권자대위소송으로 인한 소멸시효중단의 효과는 소멸하지 않는다.
ㄹ. 甲이 위 채권자대위권에 기한 소를 제기할 당시 이미 乙이 丙을 상대로 위 매매대금의 지급을 구하는 소를 제기한 바가 있다면, 비록 乙의 소가 비법인사단인 乙의 사원총회 결의 없이 총유재산에 관하여 제기된 소라는 이유로 각하판결이 확정되었다고 하더라도 乙이 스스로 丙에 대한 권리를 행사한 것으로 볼 수 있으므로, 甲이 제기한 채권자대위권에 기한 소는 부적법하다.
ㅁ. 乙이 채권자대위권 행사의 통지를 받은 후에 丙에 대한 채무를 불이행하여 丙이 乙과의 매매계약을 해제한 경우, 특별한 사정이 없는 한 丙은 매매계약의 해제로써 甲에게 대항할 수 있다.

① ㄱ, ㄴ, ㄷ
② ㄱ, ㄴ, ㅁ
③ ㄴ, ㄷ, ㅁ
④ ㄱ, ㄴ, ㄷ, ㅁ
⑤ ㄱ, ㄷ, ㄹ, ㅁ

해설 ㄱ. [O] **'채권자대위권의 행사에서 제3채무자'**는 채무자가 채권자에 대하여 가지는 항변(예를 들어 피보전채권의 소멸시효가 완성되었다는 항변)으로 대항할 수 없을 뿐더러 시효이익을 직접 받는 자에도 해당하지 않는다는 이유로 **채권자의 채권이 시효로 소멸하였다고 주장할 수 없다**(대판 1998.12.8, 97다31472). 다만 채무자가 이미 소멸시효를 원용한 경우에는 피보전채권이 소멸하게 되므로 제3채무자가 그 '효과'를 원용하여 피보전채권의 부존재를 주장하는 것은 허용된다(대판 2008.1.31, 2007다64471).

ㄴ. [O] **※ 제3채무자의 채권자에 대한 항변권-피보전채권(원칙적 불가, 예외적 가능)**
① 원칙적으로 제3채무자는 채무자가 채권자에 대하여 가지는 항변권(소멸시효의 완성의 주장, 취소권, 해제권 등 그 권리의 행사가 채무자의 의사에 달려있는 항변을 말한다)이나 형성권 등과 같이 권리자에 의한 행사를 필요로 하는 사유를 들어 채권자의 채무자에 대한 권리(피보전권리)가 인정되는지 여부를 다툴 수 없다(대판 2004.2.12, 2001다10151). ② 그러나 **채권자의 채무자에**

대한 권리의 발생원인이 된 법률행위가 무효라거나 위 권리가 변제 등으로 소멸하였다는 등의 사실을 주장하여 채권자의 채무자에 대한 권리가 인정되는지 여부를 다투는 것은 가능하고, 이 경우 법원은 제3채무자의 주장을 고려하여 채권자의 채무자에 대한 권리가 인정되는지 여부에 관하여 직권으로 심리 · 판단하여야 한다(대판 2015.9.10. 2013다55300).

ㄷ. [○] 원고가 채권자대위권에 기해 청구를 하다가 당해 피대위채권 자체를 양수하여 양수금청구로 소를 변경한 사안에서, 判例는 이는 청구원인의 교환적 변경으로서 채권자대위권에 기한 구 청구는 취하된 것으로 보아야 하나, 양소의 소송물이 동일한 점, 시효중단의 효력은 특정승계인에게도 미치는 점(제169조), 원고를 '권리 위에 잠자는 자'로 볼 수 없는 점 등에 비추어 볼 때, 당초의 채권자대위소송으로 인한 시효중단의 효력이 소멸하지 않는다고 한다(대판 2010.6.24. 2010다17284).

ㄹ. [X] ※ 총유재산에 관한 소송
"비법인사단이 사원총회의 결의 없이 제기한 소는 소제기에 관한 특별수권(민법 제276조 1항)을 결하여 부적법하고, 그 경우 소제기에 관한 비법인사단의 의사결정이 있었다고 할 수 없다. 따라서 비법인사단인 채무자 명의로 제3채무자를 상대로 한 소가 제기되었으나 사원총회의 결의 없이 총유재산에 관한 소가 제기되었다는 이유로 '각하판결'을 받고 그 판결이 확정된 경우에는 채무자가 스스로 제3채무자에 대한 권리를 행사한 것으로 볼 수 없다"(대판 2018.10.25. 2018다210539).

ㅁ. [○] 제405조(채권자대위권행사의 통지) 「①항 채권자가 전조 제1항의 규정에 의하여 보전행위 이외의 권리를 행사한 때에는 채무자에게 통지하여야 한다. ②항 채무자가 전항의 통지를 받은 후에는 그 권리를 처분하여도 이로써 채권자에게 대항하지 못한다.」
"법정해제는 채무자의 객관적 채무불이행에 대한 제3채무자의 정당한 법적 대응인 점 등을 고려할 때 채무자가 자신의 채무불이행을 이유로 매매계약이 해제되도록 한 것을 두고 민법 제405조 제2항에서 말하는 '처분'에 해당한다고 할 수 없다. …(중략)… 다만 형식적으로는 채무자의 채무불이행을 이유로 한 계약해제인 것처럼 보이지만 실질적으로는 채무자와 제3채무자 사이의 합의에 따라 계약을 해제한 것으로 볼 수 있거나, 채무자와 제3채무자가 단지 대위채권자에게 대항할 수 있도록 채무자의 채무불이행을 이유로 하는 계약해제인 것처럼 외관을 갖춘 것이라는 등의 특별한 사정이 있는 경우에는 채무자가 피대위채권을 처분한 것으로 보아 제3채무자는 계약해제로써 대위권을 행사하는 채권자에게 대항할 수 없다"(대판 2012.5.17. 전합2011다87235).

비교판례 "채권자가 채무자를 대위하여 제3채무자의 부동산에 대한 처분금지가처분을 신청하여 처분금지가처분 결정을 받은 경우, 이는 그 부동산에 관한 소유권이전등기청구권을 보전하기 위한 것이므로 피보전권리인 소유권이전등기청구권을 행사한 것과 같이 볼 수 있어, 채무자가 그러한 채권자대위권의 행사 사실을 알게 된 이후에 그 부동산에 대한 매매계약을 '합의해제'함으로써 채권자대위권의 객체인 그 부동산의 소유권이전등기청구권을 소멸시켰다 하더라도 이로써 채권자에게 대항할 수 없다"(대판 1996.4.12. 95다54167).

[정답] ④

문 39 채권자대위권에 관한 설명 중 옳지 않은 것은? (다툼이 있는 경우 판례에 의함) [변시 11회]

① 甲이 채무자 乙을 대위하여 제3채무자 丙을 상대로 X 토지에 관하여 매매에 기한 소유권이전등기를 구하는 소를 제기하였다. 위 소송에서 피보전채권이 인정되지 않는다는 이유로 소각하 판결이 확정된 경우, 확정판결의 기판력은 甲이 乙을 상대로 피보전채권의 이행을 구하는 후소에 미치지 않는다.

② 甲이 채무자 乙을 대위하여 제3채무자 丙을 상대로 X 토지에 관하여 매매에 기한 소유권이전등기를 구하는 소를 제기하였다. 乙이 甲으로부터 채권자대위권 행사의 통지를 받은 뒤 乙과 丙의 매매계약이 합의해제되었다면, 丙은 위 매매계약의 해제로 甲의 대위권 행사에 대항할 수 없다.

③ 물권적 청구권도 채권자대위권의 피보전권리가 될 수 있다.

④ 乙 소유의 부동산을 시효취득한 A의 공동상속인 중 1인인 甲이 乙에 대한 소유권이전등기청구권을 피보전채권으로 하여 丙을 상대로 乙의 丙에 대한 소유권이전등기의 말소등기청구권을 대위행사하는 경우, 甲 자신의 지분 범위 내에서만 대위행사할 수 있고, 지분을 초과하는 부분에 관하여는 乙을 대위할 보전의 필요성이 없다.

⑤ 채무자의 공유지분이 다른 공유자들의 공유지분과 함께 근저당권을 공동으로 담보하고 있고, 근저당권의 피담보채권이 채무자의 공유지분 가치를 초과하여 채무자의 공유지분만을 경매하면 남을 가망이 없어 경매절차가 취소될 수밖에 없는 반면, 공유물분할의 방법으로 공유부동산 전부를 경매하면 각 공유지분의 경매대가에 비례해서 공동근저당권의 피담보채권을 분담하게 되어 채무자의 공유지분 경매대가에서 근저당권의 피담보채권 분담액을 변제하고 남을 가망이 있는 경우라면, 금전채권자는 채무자를 대위하여 부동산에 관한 공유물분할청구권을 행사할 수 있다.

해설 ① [○] ※ **대위소송에 의한 판결의 효력**

判例는 채무자가 어떠한 사유로든 채권자대위소송이 제기된 사실을 알았다면 기판력은 채무자에게 미친다고 한다(대판 1975.5.13. 74다1664). 다만 이때 채무자에게도 기판력이 미친다는 의미는 채권자대위소송의 소송물인 피대위채권의 존부에 관하여 채무자에게도 기판력이 인정된다는 것이고, 채권자대위소송의 소송요건인 피보전채권의 존부에 관하여 당해 소송의 당사자가 아닌 채무자에게 기판력이 인정된다는 것은 아니다. 따라서 채권자가 채권자대위권을 행사하는 방법으로 제3채무자를 상대로 소송을 제기하였다가 채무자를 대위할 피보전채권이 인정되지 않는다는 이유로 소각하 판결을 받아 확정된 경우 그 판결의 기판력이 채권자가 채무자를 상대로 피보전채권의 이행을 구하는 소송에 미치는 것은 아니다(대판 2014.1.23. 2011다108095).

② [○] ※ **채권자대위권 행사사실이 통지된 후에 '채무자와 제3채무자가 합의해제한 것'이 제405조 2항의 '처분'에 해당하는지 여부(적극)**

"채권자가 채무자를 대위하여 제3채무자의 부동산에 대한 처분금지가처분을 신청하여 처분금지가처분 결정을 받은 경우, 이는 그 부동산에 관한 소유권이전등기청구권을 보전하기 위한 것이므로 피보전권리인 소유권이전등기청구권을 행사한 것과 같이 볼 수 있어, 채무자가 그러한 채권자대위권의 행사 사실을 알게 된 이후에 그 부동산에 대한 매매계약을 합의해제함으로써 채권자대위권의 객체인 그 부동산의 소유권이전등기청구권을 소멸시켰다 하더라도 이로써 채권자에게 대항할 수 없다"(대판 1996.4.12. 95다54167).

③ [○] ※ 채권자대위권의 피보전채권
채권의 종류는 묻지 않고, 금전채권 뿐만 아니라 특정채권도 인정되며, 채권적 청구권 뿐만 아니라 判例에 따르면 물권적 청구권도 포함된다(대판 2007.5.10. 2006다82700,82717).

④ [○] ※ 채권자대위권의 범위(피보전채권의 범위)
"채무자 소유의 부동산을 시효취득한 채권자의 공동상속인이 채무자에 대한 소유권이전등기청구권을 피보전채권으로 하여 제3채무자를 상대로 채무자의 제3채무자에 대한 소유권이전등기의 말소등기청구권을 대위행사하는 경우, 공동상속인은 자신의 지분 범위 내에서만 채무자의 제3채무자에 대한 소유권이전등기의 말소등기청구권을 대위행사할 수 있고, 지분을 초과하는 부분에 관하여는 채무자를 대위할 보전의 필요성이 없다"(대판 2014.10.27. 2013다25217).

⑤ [X] ※ '금전채권자'가 채무자를 대위해서 '부동산에 관한' 공유물분할청구권을 행사할 수 있는지 여부
判例에 따르면 공유물분할청구권도 채권자대위권의 목적이 될 수 있으나, "채권자가 자신의 '금전채권'을 보전하기 위하여 채무자를 대위하여 '부동산에 관한' 공유물분할청구권을 행사하는 것은, 책임재산의 보전과 직접적인 관련이 없어 채권의 현실적 이행을 유효·적절하게 확보하기 위하여 필요하다고 보기 어렵고 채무자의 자유로운 재산관리행위에 대한 부당한 간섭이 되므로 보전의 필요성을 인정할 수 없다. 또한 특정 분할방법을 전제하고 있지 않는 공유물분할청구권의 성격 등에 비추어 볼 때 그 대위행사를 허용하면 여러 법적 문제들이 발생한다. 따라서 극히 예외적인 경우가 아니라면 금전채권자는 부동산에 관한 공유물분할청구권을 대위행사할 수 없다고 보아야 한다. 이는 채무자의 공유지분이 다른 공유자들의 공유지분과 함께 근저당권을 공동으로 담보하고 있고, 근저당권의 피담보채권이 채무자의 공유지분 가치를 초과하여 채무자의 공유지분만을 경매하면 남을 가망이 없어 민사집행법 제102조에 따라 경매절차가 취소될 수밖에 없는 반면, 공유물분할의 방법으로 공유부동산 전부를 경매하면 민법 제368조 제1항에 따라 각 공유지분의 경매대가에 비례해서 공동근저당권의 피담보채권을 분담하게 되어 채무자의 공유지분 경매대가에서 근저당권의 피담보채권 분담액을 변제하고 남을 가망이 있는 경우에도 마찬가지이다"(대판 2020.5.21. 전합2018다879 : 채무초과인 채무자의 책임재산으로 아파트의 공유지분이 있으나, 공유지분에 대한 강제집행이 근저당권 등 선순위 권리로 인하여 곤란하게 되자, 금전채권자인 원고가 채무자를 대위하여 아파트에 관한 공유물분할을 청구한 사안)[2] 라고 한다

[정답] ⑤

2) "이와 달리 공유물에 근저당권 등 선순위 권리가 있어 남을 가망이 없다는 이유로 민사집행법 제102조에 따라 공유지분에 대한 경매절차가 취소된 경우에는 공유자의 금전채권자는 자신의 채권을 보전하기 위하여 공유자의 공유물분할청구권을 대위행사할 수 있다는 취지로 판단한 대판 2015.12.10. 2013다56297은 이 판결의 견해에 배치되는 범위에서 이를 변경하기로 한다"

문 40 **甲은 乙에 대하여 변제기가 도래한 2억 원의 대여금채권(A채권)을 가지고 있고, 채무초과 상태인 乙은 丙에 대하여 변제기가 도래한 2억 원의 대여금채권(B채권)을 가지고 있으며, 乙은 그 소유의 X부동산을 丁에게 증여하였다. 이에 관한 설명 중 옳지 않은 것은?** (각 지문은 독립적이고, 다툼이 있는 경우 판례에 의함)

[변시 13회]

① 甲은 A채권을 보전하기 위해 乙을 대위하여 丙을 상대로 직접 자신에게 B채권을 지급할 것을 구하는 소를 제기할 수 있으며, 그 판결확정 후 甲의 채권자 戊가 이러한 甲의 丙에 대한 지급청구권에 대하여 압류 및 전부명령을 받았다면 그 압류명령 및 전부명령은 모두 무효이다.

② 甲이 乙을 상대로는 A채권의 지급을 구하지 않은 채 A채권을 피보전채권으로 하여 丙을 상대로 B채권의 지급을 구하는 채권자대위소송을 제기한 경우 丙은 A채권이 변제로 소멸하였음을 주장하여 다툴 수 있으나 A채권이 시효로 소멸하였음을 주장하여 甲에게 대항할 수는 없다.

③ 乙이 甲의 丙에 대한 채권자대위권행사 사실을 알게 된 후 채권자대위소송 계속 중 乙의 다른 채권자인 己의 신청에 의하여 B채권에 대한 압류 및 전부명령이 이루어졌다면, B채권에 대한 전부명령은 특별한 사정이 없는 한 무효이나 압류명령은 유효하므로 甲의 丙에 대한 위 채권자대위소송은 기각된다.

④ 甲이 사해행위취소소송에 따라 丁에 대하여 가액배상채권을 가지는 경우 丁이 乙에 대한 채권을 가지고 있다는 이유로 甲에게 상계를 주장하여 총 채권액 중 자기 채권에 해당하는 안분액의 지급을 거절하는 것은 허용되지 않는다.

⑤ 甲이 A채권을 피보전채권으로 하여 제척기간 내에 丁을 상대로 사해행위취소의 소를 제기하였다가 제척기간이 경과한 후에 피보전채권을 乙에 대한 부당이득반환채권으로 변경하였다면 이는 소의 교환적 변경에 해당하지 않으므로 위 사해행위취소의 소는 적법하다.

해설 ① [○] **대위채권자의 제3채무자에 대한 추심권능 내지 변제수령권능은** 그 자체로서 독립적으로 처분하여 환가할 수 있는 것이 아니어서 압류할 수 없는 성질의 것이므로 **'대위채권자(甲)의 채권자(戊)'가 '대위채권자가 제3채무자로부터 채권자대위소송 판결에 따라 지급받을 채권'에 대하여 받은 '압류 및 전부명령' 모두 무효이다**(대판 2016.8.29. 2015다236547)

② [○] **채권자의 채무자에 대한 권리의 발생원인이 된 법률행위가 무효라거나 위 권리가 변제 등으로 소멸하였다는 등의 사실을** 주장하여 채권자의 채무자에 대한 권리가 인정되는지 여부를 **다투는 것은 가능하고,** 이 경우 법원은 제3채무자의 주장을 고려하여 채권자의 채무자에 대한 권리가 인정되는지 여부에 관하여 직권으로 심리 · 판단하여야 한다(대판 2015.9.10. 2013다55300).

'채권자대위권의 행사에서 제3채무자'는 채무자가 채권자에 대하여 가지는 항변으로 대항할 수 없을 뿐더러 **시효이익을 직접 받는 자에도 해당하지 않는다**는 이유로 채권자의 채권이 시효로 소멸하였다고 주장할 수 없다고 한다(대판 1998.12.8. 97다31472). 다만 채무자가 이미 소멸시효를 원용한 경우에는 피보전채권이 소멸하게 되므로 제3채무자가 그 '효과'를 원용하여 피보전채권의 부존재를 주장하는 것은 허용된다(대판 2008.1.31. 2007다64471).

③ [×] 判例에 따르면 ㉠ 채권자대위소송에서 제3채무자로 하여금 직접 대위채권자에게 금전의 지급을 명하는 판결이 확정된 경우에도, 대위채권자는 채무자를 대위하여 피대위채권에 대한 변제를 수령하게 될 뿐 자신의 채권에 대한 변제로서 수령하게 되는 것이 아니므로 피대위채권이 변제 등으로 소멸하기 전에 '채무자(乙)의 다른 채권자(己)'가 피대위채권을 '압류 · 가압류'할 수 있다. ㉡ 그러나 대위채권자가 채무자에게 대위권 행사사실을 통지하거나 채무자가 이를 알게 된 후에 '채무자의 다른 채권자'가 피대위채권을 '전부명령'을 받을 수 있다고 한다면 전부명령을 받은 '채무자의 다른 채권자'가 대위채권자를 배제하고 전속적인 만족을 얻는 결과가 되어, 채권자대위권의 실질적 효과를 확보하고자 하는 민법 제405조 제2항의 취지에 반하게 된다. 따라서 이러한 상태에서의 '전부명령'은 무효이다(즉, '채무자의 다른 채권자'의 전부명령은 무효이나 압류는 유효하다)(대판 2016.8.29. 2015다236547).

다만, 이행소송의 경우 당사자적격은 주장 자체로 판단되어야 한다는 것이 判例의 입장이므로, 이러한 경우 일반적으로 (금전)채권에 대한 (가)압류가 있더라도 이는 채무자가 제3채무자로부터 현실로 급부를 추심하는 것만을 금지하는 것일 뿐 채무자는 제3채무자를 상대로 그 이행을 구하는 소송을 제기할 수 있고 법원은 (가)압류가 되어 있음을 이유로 이를 배척할 수는 없는 것이 원칙이다(대판 2002.4.26. 2001다59033)

☞ 피대위권리인 B 채권(금전채권)에 대한 己의 압류가 유효하다고 하더라도, 甲의 채권자대위소송은 소의 이익이 인정되고 법원은 이를 전부 인용하는 판결을 하여야 한다.

④ [○] 채권자의 가액반환 청구에 대하여 수익자는 채무자에 대한 원래의 채권 또는 장차 안분배당받을 채권으로 상계할 수 없다(대판 2001.2.27. 2000다44348 ; 대판 2001.6.1. 99다63183).

만약 이를 인용하면 자신의 채권에 대하여 변제를 받은 수익자를 보호하고 다른 채권자의 이익을 무시하는 결과가 되어 채권자취소권 제도의 취지에 반하게 되기 때문이다.

⑤ [○] 채권자가 사해행위의 취소를 구하면서 그 보전하고자 하는 채권을 추가하거나 교환하는 것은 그 사해행위취소권을 이유 있게 하는 공격방법에 관한 주장을 변경하는 것일 뿐이지 소송물 또는 청구 자체를 변경하는 것이 아니므로, '소의 변경'이라고 할 수 없다(대판 2003.5.27. 2001다13532)

[정답] ③

제2관 채권자취소권

문41 채권자취소권에 관한 설명 중 옳지 않은 것은? (각 지문은 독립적이며, 다툼이 있는 경우에는 판례에 의함)

[변시 13회]

① 사해행위로 부동산 소유권이 이전된 후 그 부동산에 관하여 제3자가 저당권이나 지상권 등의 권리를 취득한 경우 채권자는 수익자를 상대로 사해행위취소 및 채무자에 대한 소유권이전등기절차의 이행을 청구할 수 있다.

② 甲이 2023. 7.경 자신의 유일한 재산인 X부동산을 배우자인 乙에게 명의신탁하였는데, 甲이 위 명의신탁약정의 해지를 전제로 X부동산을 丙에게 매도하고, 甲, 乙, 丙 간의 합의 하에 乙에게서 곧바로 丙 앞으로 소유권이전등기를 마쳐 준 경우 甲과 丙 사이의 위 매매는 甲의 일반채권자들을 해하는 사해행위에 해당할 수 있다.

③ 채무자가 그 소유의 유일한 재산인 부동산에 관하여 매매예약에 따른 예약완결권의 제척기간 경과가 임박한 상태에서 제척기간을 연장하기 위하여 새로 매매예약을 하는 행위는 채권자취소권의 대상인 사해행위가 될 수 있다.

④ 사해행위가 있은 후 채권자가 취소원인이 있음을 알면서 피보전채권을 양도하고 양수인이 그 채권을 보전하기 위하여 채권자취소권을 행사하는 경우에는 그 채권의 양도인이 취소원인을 안 날을 기준으로 제척기간 도과 여부를 판단하여야 한다.

⑤ 乙이 2023. 7.경 친구인 甲과 체결한 명의신탁약정에 따라 명의신탁 사실을 알지 못하는 X부동산의 소유자 丙과 X부동산에 대한 매매계약을 체결하고 乙 명의로 소유권이전등기가 경료된 후 채무초과 상태에 있는 甲이 실질적인 당사자가 되어 X부동산을 제3자에게 매도하였다면 甲의 매도행위는 甲의 일반채권자에 대한 사해행위가 된다.

해설 ① [O] 사해행위로 부동산 소유권이 이전된 후 그 부동산에 관하여 제3자가 저당권이나 지상권 등의 권리를 취득한 경우 判例는 **"채권자는 수익자를 상대로 원물반환 대신 그 가액 상당의 배상을 구할 수도 있다고 할 것이나,** 그렇다고 하여 채권자가 스스로 위험이나 불이익을 감수하면서 **원물반환을 구하는 것까지 허용되지 아니하는 것으로 볼 것은 아니고,** 그 경우 채권자는 원상회복 방법으로 **가액배상 대신 수익자 명의의 등기의 말소를 구하거나 수익자를 상대로 채무자 앞으로 직접 소유권이전등기절차를 이행할 것을 구할 수 있다"**(대판 2001.2.9. 2000다57139)고 한다.

② [O] 부부간의 명의신탁이 **조세포탈 · 강제집행의 면탈 또는 법령상 제한의 회피를 목적으로 하지 않는 경우에 한해,** 명의신탁약정의 무효 · 과징금 · 이행강제금 · 벌칙 · 기존 명의신탁약정에 의한 등기의 실명등기에 관한 규정 등의 적용을 받지 않는다(부동산실명법 제8조)

"**유효한 명의신탁관계가 종료된 경우 신탁자의 수탁자에 대한 소유권이전등기청구권은 신탁자의 일반채권자들에게 공동담보로 제공되는 책임재산**이 된다. 그런데 **신탁자가 유효한 명의신탁약정을 해지함을 전제로 신탁된 부동산을 제3자에게 직접 처분하면서** 수탁자 및 제3자와의 합의 아래 중간등기를 생략하고 **수탁자에게서 곧바로 제3자 앞으로 소유권이전등기를 마쳐 준 경우** 이로 인하여 신탁자의 책임재산인 수탁자에 대한 소유권이전등기청구권이 소멸하게 되므로, 이로써 **신탁자가 무자력이 되거나 심**

화되고 신탁자도 그러한 사실을 인식하고 있었다면 이러한 신탁자의 법률행위는 신탁자의 일반채권자들을 해하는 행위로서 사해행위에 해당한다"(대판 2016.7.29. 2015다56086).

③ [○] "채무자가 유일한 재산인 그 소유의 부동산에 관한 매매예약에 따른 예약완결권이 제척기간 경과가 임박하여 소멸할 예정인 상태에서 제척기간을 연장하기 위하여 새로 매매예약을 하는 행위는 채무자가 부담하지 않아도 될 채무를 새롭게 부담하게 되는 결과가 되므로 채권자취소권의 대상인 사해행위가 될 수 있다"(대판 2018.11.29. 2017다247190)

④ [○] 만약 "사해행위가 있은 후 채권자가 취소원인을 알면서 피보전채권을 양도하고 양수인이 그 채권을 보전하기 위하여 채권자취소권을 행사하는 경우에는, 채권의 양도인이 취소원인을 안 날을 기준으로 제척기간 도과 여부를 판단하여야 한다"(대판 2018.4.10. 2016다272311 : 판시내용에 따르면 양도인이 취소원인을 모른 경우에는 제척기간 도과여부는 양수인을 기준으로 판단된다는 취지로 이해될 여지가 있다)

⑤ [×] 무효인 계약명의신탁에서, "신탁자가 수탁자에 대하여 부당이득반환채권만을 가지는 경우에는 그 부동산은 신탁자의 일반채권자들의 공동담보에 제공되는 책임재산이라고 볼 수 없고, 신탁자가 위 부동산에 관하여 제3자와 매매계약을 체결하는 등 신탁자가 실질적인 당사자가 되어 처분행위를 하고 소유권이전등기를 마쳐주었다고 하더라도 그로써 신탁자의 책임재산에 감소를 초래한 것이라고 할 수 없으므로, 이를 들어 신탁자의 일반채권자들을 해하는 사해행위라고 할 수 없다"(대판 2013.9.12. 2011다89903)

[정답] ⑤

문 42 채권자취소권에 관한 설명 중 옳은 것은? (다툼이 있는 경우 판례에 의함) [변시 5회]

① 채권자취소권을 특정물에 대한 소유권이전등기청구권을 보전하기 위하여 행사하는 것은 허용되지 않으므로 부동산의 제1양수인은 자신의 소유권이전등기청구권 보전을 위하여 양도인과 제2양수인 사이에서 이루어진 이중양도행위에 대하여 채권자취소권을 행사할 수는 없으나, 양도인이 부동산을 제2양수인에게 이중양도하고 소유권이전등기를 마침으로써 제1양수인이 양도인에 대해 취득하는 손해배상채권은 채권자취소권의 피보전채권이 될 수 있다.

② 채권자취소권을 행사하기 위해서는 처분행위 당시 채권자를 해하는 것이기만 하면 되므로, 사실심 변론종결 당시에 채무자가 자력을 회복하여 채권자를 해하지 않게 된 경우에도 채권자취소권 행사가 가능하다.

③ 수익자 또는 전득자의 악의의 증명책임은 채권자가 부담한다.

④ 채권자가 채무자의 채권자취소권을 대위행사하는 경우 채권자가 취소원인을 안 지 1년이 지났다면, 채무자가 그 취소원인을 안 날로부터 1년, 법률행위가 있은 날로부터 5년 내라도 채권자취소의 소를 제기할 수 없다.

⑤ 채권자는 사해행위의 취소와 원상회복을 청구함에 있어 사해행위의 취소만을 먼저 청구한 다음 원상회복을 나중에 청구할 수 있으며, 이 경우 사해행위 취소 청구가 민법 제406조 제2항에 정하여진 기간 안에 제기되었다면 원상회복의 청구는 그 기간이 지난 뒤에도 할 수 있다.

해설 ① [X] 채권자취소권의 요건으로서 **객관적 요건으로는** ⅰ) (금전)채권이 사해행위 이전에 발생하여야 하고(피보전채권), ⅱ) 채권자를 해하는 재산권을 목적으로 하는 법률행위가 있어야 하며(사해행위), **주관적 요건으로는** 채무자 및 수익자(또는 전득자)의 사해의사가 있어야 한다(제406조).
부동산 이중매매를 사해행위로 보아 취소할 때에는 피보전채권의 인정여부와 발생시기가 문제된다. 채권자취소권은 책임재산을 보전하기 위한 것이고 그 행사의 효과는 '모든 채권자의 이익을 위하여'효력이 있으므로(제407조), 채권자취소권의 피보전채권은 원칙적으로 금전채권이어야 한다. 즉, 민법 제407조에 따라 '특정채권 자체'의 보전을 위한 경우에는 채권자취소권을 행사할 수 없다(통설). 判例도 "채권자취소권을 특정물에 대한 소유권이전등기청구권을 보전하기 위하여 행사하는 것은 허용되지 않으므로, 부동산의 제1양수인은 자신의 **'소유권이전등기청구권'** 보전을 위하여 양도인과 제3자 사이에서 이루어진 이중양도행위에 대하여 채권자취소권을 행사할 수 없다"(대판 1999.4.27, 98다56690)고 한다.
설사 '특정채권 자체'의 보전을 위한 채권자취소권 행사를 인정하더라도 발생시기가 문제된다. 判例는 "사해행위라고 주장하는 이 사건 부동산에 관한 매매 당시 아직 위 손해배상채권이 발생하지 아니하였고, 그 채권 성립에 관한 고도의 개연성 또한 없어 원고는 피고에 대한 **'손해배상채권'**을 피보전채권으로 하여 채권자취소권을 행사할 수 없다(대판 1999.4.27, 98다56690)고 판시하였다.

② [X] **채권자를 해한다 함은 채무자의 재산행위로 그의 일반재산이 감소하여 '채권의 공동담보에 부족'이 생기게 되는 것, 즉 채무초과상태에 이르거나 이미 이른 채무초과상태가 심화되어야 한다**(즉, 채무자의 무자력). 채무자의 법률행위가 사해행위가 되는지는 **처분행위 당시를 기준**으로 판단하여야 한다[설령 재산처분행위가 정지조건부인 경우라 하더라도 특별한 사정이 없는 한 마찬가지이다(대판 2013.6.28, 2013다8564)]. 따라서 행위 당시에 무자력이 아닌 이상 후에 무자력으로 되었더라도 사해행위로 되는 것은 아니다. 한편 행위시에 무자력인 경우에도 채무자가 후에 자력을 회복한 때에는 취소권을 인정할 필요가 없으므로, **무자력은 사실심변론종결시까지 유지되어야 한다**(이 경우 그러한 사정변경이 있다는 사실은 채권자취소소송의 상대방이 증명하여야 한다 ; 대판 2007.11.29, 2007다54849).

③ [X] 수익자 또는 전득자는 그 이익을 받는 행위 또는 전득의 당시에 채권자를 해하게 됨을 알고 있었어야 한다(제406조 1항 단서). 증명책임과 관련하여 判例는 "사해행위취소소송에 있어서 채무자의 악의의 점에 대하여는 그 취소를 주장하는 채권자에게 입증책임이 있으나 수익자 또는 전득자가 악의라는 점에 관하여는 입증책임이 채권자에게 있는 것이 아니고 **수익자 또는 전득자 자신에게 선의라는 사실을 입증할 책임이** 있다"(대판 1997.5.23, 95다51908)고 한다.

④ [X] "채권자취소권도 채권자가 채무자를 대위하여 행사하는 것이 가능하다고 할 것인바, 민법 제404조 소정의 채권자대위권은 채권자가 자신의 채권을 보전하기 위하여 채무자의 권리를 자신의 이름으로 행사할 수 있는 권리라 할 것이므로, **채권자가 채무자의 채권자취소권을 대위행사하는 경우, 제소기간은 대위의 목적으로 되는 권리의 채권자인 채무자를 기준으로 하여 그 준수 여부를 가려야 할 것이고**(즉 대위권을 행사하는 채권자를 기준으로 할 것이 아니다), 따라서 채무자가 취소원인을 안 날로부터 1년, 법률행위가 있은 날로부터 5년 내라면 채권자는 채권자대위권의 행사로서 채권자취소의 소를 제기할 수 있다"(대판 2001.12.27, 2000다73049).

⑤ [O] 채권자는 사해행위의 취소와 원상회복의 청구를 동시에 할 수도 있고(대판 1980.7.22, 80다795), 또는 사해행위의 취소만을 먼저 청구한 다음 원상회복을 나중에 청구할 수도 있으며, 이 경우 사해행위의 취소가 제406조 2항 소정의 기간 안에 제기되었다면 원상회복의 청구는 그 기간이 지난 뒤에도 할 수 있다(대판 2001.9.4, 2001다14108).

비교판례 그러나 '수익자'를 상대로 사해행위 취소의 소를 제기한 다음 기간이 지난 뒤에 '전득자'에 대하여 원상회복을 구하는 소를 추가한 경우에는 그렇지 않다. 수익자에 대한 소와 전득자에 대한 소는 별개이기 때문에 채권자는 기간 내에 전득자를 상대로 사해행위 취소를 구하는 소를 제기하였어야 한다. 결국 후자의 경우 전득자에 대하여는 취소를 구하는 소가 적법하게 제기되지 않았기 때문에, 전득자에 대하여 원상회복을 구하는 소는 그 자체로 이유 없게 된다(대판 2005.6.9. 2004다17535 ; 매수인인 수익자가 소유권이전등기를 마친 다음 전득자 앞으로 매매예약에 기하여 가등기를 마쳐 준 사안).

[정답] ⑤

문 43 **甲은 乙 은행으로부터 1억 원의 신용대출을 받아 사업을 하던 중 사업이 여의치 않아 이를 변제할 수 없게 되었다. 甲은 자신의 유일한 재산인 주택 X에 대한 乙 은행의 강제집행을 회피할 목적으로 이러한 사정을 알고 있는 丙과 통정하여 丙에게 매도한 것으로 가장하여 丙 앞으로 주택 X의 소유권이전등기를 경료하였다. 그 후 丙은 丁에게 위 주택 X에 관하여 저당권을 설정해 주었다. 이에 관한 설명 중 옳지 않은 것은?** (다툼이 있는 경우 판례에 의함) [변시 6회]

① 甲과 丙 사이의 매매계약은 통정허위표시로 무효이나 丁이 甲과 丙 사이의 사정에 관하여 선의인 경우, 甲은 丁을 상대로 위 매매계약의 무효를 주장할 수 없다.

② 乙 은행은 甲과 丙 사이의 위 매매계약이 통정허위표시로서 무효인 경우라도 채권자취소권을 행사하여 위 계약의 취소를 구할 수 있다.

③ 채권자취소권은 채무자와 수익자 사이에서 체결된 사해행위를 취소하는 것이지만, 乙 은행이 채권자취소소송을 제기하는 경우 채무자인 甲은 피고가 되지 아니한다.

④ 乙 은행은 채권자취소권을 행사하여 甲과 丙 사이의 매매계약을 취소하고, 丙을 상대로 X주택에 관하여 채무자인 甲 앞으로 진정명의회복을 원인으로 한 소유권이전등기를 구할 수 있다.

⑤ 乙 은행의 채권자취소소송에서 법원이 원상회복으로서 원물반환이 아닌 가액배상을 명하는 경우, 그 부동산의 가액은 특별한 사정이 없는 한 사해행위 당시를 기준으로 산정하여야 한다.

해설 ① [o] 허위표시의 무효는 선의의 제3자에게 대항하지 못한다(제108조 2항). 이 때 제3자는 당사자 및 포괄승계인 이외의 자로써 '허위표시에 의하여 외형상 형성된 법률관계를 토대로 i) 실질적으로 ii) 새로운 iii) 법률상 이해관계를 맺은 자'로 한정된다는 것이 통설과 判例의 입장이다. ☞ 丁은 가장양수인 丙으로부터 저당권을 설정받은 제108조 제2항의 제3자에 해당한다.

② [o] 통설 및 判例(대판 1984.7.24. 84다카68)는 허위표시도 제406조(채권자취소권)의 '법률행위'에 해당하는 것으로 해석한다. 왜냐하면 무효와 취소의 '이중효'[3]의 이론적 측면뿐만 아니

3) 무효와 취소의 '이중효'란 무효와 취소는 논리필연적으로 구분되는 것은 아니며, 무효와 취소는 법률효과를 뒷받침하는 근거로서 결국은 입법정책의 문제에 속한다고 할 수 있으며, 무효인 행위라도 법적으로 '無'는 아니라는 이론이다. 따라서 무효인 법률행위도 취소의 대상의 된다는 이론이다.

라 통정허위표시의 경우에는 사해행위의 전형적 방법으로 쓰이고 있다는 현실적인 측면과 통정허위표시의 경우 제3자의 보호법리(제108조 2항)에 의해 채무자의 재산이 일탈될 가능성이 있어 채권자가 사해행위를 주장하여 그 취소를 구할 실익이 있기 때문이다.

③ [○] "채권자가 채권자취소권을 행사하려면 사해행위로 인하여 이익을 받은 자나 전득한 자를 상대로 그 법률행위의 취소를 구하는 소송을 제기하여야 하고, 채무자를 상대로 그 소송을 제기할 수는 없다"(대판 2009.1.15, 2008다72394)

④ [○] 부동산의 소유권이 악의의 수익자에게 이전된 후 '선의의 전득자가 저당권'을 취득한 경우에도 채권자는 수익자를 상대로 가액반환을 청구하는 것이 원칙이다. 채권자는 수익자에게 진정명의회복을 원인으로 하는 소유권이전등기를 청구할 수 있으나, 이 경우 채무자에게로 소유권이 회복되더라도 전득자의 저당권은 존속하기 때문에, 이를 사해행위 이전의 상태로 '원상회복'되었다고 평가할 수는 없기 때문이다. 그러나 **채권자가 스스로 위험이나 불이익을 감수하면서 원물반환을 구하는 것까지 허용되지 아니하는 것으로 볼 것은 아니고**, 그 경우 채권자는 원상회복 방법으로 가액배상 대신 수익자 명의의 등기의 말소를 구하거나(부동산 등기법 제57조 1항 참조)[4) **수익자를 상대로 채무자 앞으로 직접 소유권이전등기절차를 이행할 것을 구할 수 있다**(대판 2001.2.9, 2000다57139). 수익자가 가액반환의무를 이행할 자력이 없거나, 저당권의 피담보채권액이 소액인 경우에는 이전등기 형식의 원물반환을 구하는 것이 훨씬 효과적일 것이다.

⑤ [×] 채권자취소송에서 원상회복의 방법의 예외로서 가액반환을 하여야 하는 경우, 가액상환에서 가액은 '사해행위가 성립하는 범위 내'에서 **'사실심변론종결시'를 기준**으로 하여 산정된다(대판 2001.12.27, 2001다33734).

[정답] ⑤

문 44 **甲이 채무초과 상태에서 그 소유의 유일한 재산인 X 부동산을 乙에게 증여하였고, 甲의 채권자 丙이 사해행위취소소송을 제기하였다. 다음 설명 중 옳은 것은?** (다툼이 있는 경우에는 판례에 의함) [변시 1회]

① X에 관하여 채권자를 丁, 채권최고액을 2억 2,000만 원으로 하는 근저당권이 설정되어 있는데, 증여 당시 X의 가액은 2억 원, 피담보채권액은 1억 6,000만 원인 경우에 甲의 증여행위는 사해행위에 해당하지 않는다.

② 위 증여가 채권자를 해함을 乙이 알았다는 점은 丙이 증명하여야 한다.

③ 甲이 제소 당시에 채무초과 상태에 있었다면 그 후 甲이 채무초과 상태에서 벗어났더라도 이미 계속된 사해행위취소소송에 영향을 주지 않는다.

④ 乙이 선의인 戊를 위하여 X에 관한 근저당권을 설정하여 준 경우에, 丙은 乙 명의의 등기의 말소에 갈음하여 甲 앞으로 직접 소유권이전등기를 청구할 수 있다.

⑤ X에 관한 등기명의가 甲에게 회복되면, 丙은 X에 관하여 다른 채권자에 우선하여 채권의 만족을 얻을 수 있다.

---

4) 부동산 등기법 제57조 1항(이해관계 있는 제3자가 있는 등기의 말소) 등기의 말소를 신청하는 경우에 그 말소에 대하여 등기상 이해관계 있는 제3자가 있을 때에는 제3자의 승낙이 있어야 한다.

해 설 ① [×] "저당권이 설정되어 있는 부동산이 사해행위로 양도된 경우에 그 사해행위는 부동산의 가액, 즉 시가에서 저당권의 피담보채권액을 공제한 잔액의 범위 내에서 성립하고, 피담보채권액이 부동산의 가액을 초과하는 때에는 당해 부동산의 양도는 사해행위에 해당한다고 할 수 없는바, 여기서 피담보채권액이라 함은 근저당권의 경우 채권최고액이 아니라 실제로 이미 발생하여 있는 채권금액이다"(대판 2001.10.9. 2000다42618)

☞ 따라서 증여당시 X부동산의 시가(2억 원)가 근저당권의 실제 피담보채권액(1억 6,000만 원)을 초과하므로 나머지 4,000만 원 범위 내에서 사해행위에 해당한다(일부 사해행위).

비교판례 ㉠ 가압류된 부동산의 처분행위의 경우 그 부동산 전부에 대하여 사해행위가 성립한다(대판 2003.2.11. 2002다37474).[1] ㉡ 채무자가 부동산을 사해행위로서 양도한 후 양수인이 선의의 제3자에게 저당권을 설정한 경우 부동산 가액 전부에 관하여 사해행위가 성립한다(대판 2003.12.12. 2003다40286).[2]

주의할 점 목적물 전체가 채무자의 책임재산인 경우에는 법률행위 전체가 사해행위에 해당한다. 예컨대5,000만원의 채무를 부담하고 있는 채무자가 시가 1억원 상당의 유일한 재산을 증여한 경우, 5,000만원의 범위에서만 사해행위가 성립하는 것이 아니다. 재산 전체가 일반채권자들의 공동담보에 속해 있었기 때문에 증여계약 전체가 사해행위에 해당하고, 다만 취소의 범위가 문제될 뿐이다.

② [×] "사해행위취소소송에 있어서 채무자가 악의라는 점에 대하여는 그 취소를 주장하는 채권자에게 입증책임이 있으나 수익자 또는 전득자가 악의라는 점에 관하여는 채권자에게 입증책임이 있는 것이 아니라 수익자 또는 전득자 자신에게 선의라는 사실을 입증할 책임이 있다고 할 것이다"(대판 2007.7.12. 2007다18218 등)

③ [×] "처분행위 당시에는 채권자를 해하는 것이었다고 하더라도 그 후 채무자가 자력을 회복하여 사해행위취소권을 행사하는 사실심의 변론종결시에는 채권자를 해하지 않게 된 경우에는 책임재산 보전의 필요성이 없어지게 되어 채권자취소권이 소멸하는 것으로 보아야 할 것이다" (대판 2007.11.29. 2007다54849)

④ [○] "채권자의 사해행위취소 및 원상회복청구가 인정되면, 수익자는 원상회복으로서 사해행위의 목적물을 채무자에게 반환할 의무를 지게 되고, 만일 원물반환이 불가능하거나 현저히 곤란한 경우에는 원상회복의무의 이행으로서 사해행위 목적물의 가액 상당을 배상하여야 하는바, 여기에서 원물반환이 불가능하거나 현저히 곤란한 경우라 함은 원물반환이 단순히 절대적, 물리적으로 불능인 경우가 아니라 사회생활상의 경험법칙 또는 거래상의 관념에 비추어 그 이행의 실현을 기대할 수 없는 경우를 말하는 것이므로, 사해행위 후 그 목적물에 관하여 제3자가 저당권이나 지상권 등의 권리를 취득한 경우에는 수익자가 목적물을 저당권 등의 제한이 없는 상태로 회복하여 이전하여 줄 수 있다는 등의 특별한 사정이 없는 한 채권자는 수익자를 상대로 원물반환 대신 그 가액 상당의 배상을 구할 수도 있다고 할 것이나, 그렇다고 하여 채권자가 스스로 위험이나 불이익을 감수하면서 원물반환을 구하는 것까지 허용되지 아니하는 것으로 볼 것은 아니고, 그 경우 채권자는 원상회복 방법으로 가액배상 대신 수익자 명의의 등기의 말소를 구하거나 수익자를 상대로 채

---

1) "사해행위 당시 어느 부동산이 가압류되어 있다는 사정은 채권자 평등의 원칙상 채권자의 공동담보로서 그 부동산의 가치에 아무런 영향을 미치지 아니하므로, 가압류가 된 여부나 그 청구채권액의 다과에 관계없이 그 부동산 전부에 대하여 사해행위가 성립한다"

2) "사해행위 후 그 목적물에 관하여 선의의 제3자가 저당권을 취득하였음을 이유로 가액배상을 명하는 경우에는 사해행위 당시 일반 채권자들의 공동담보로 되어 있었던 부동산 가액 전부의 배상을 명하여야 할 것이고, 그 가액에서 제3자가 취득한 저당권의 피담보채권액을 공제할 것은 아니다"

무자 앞으로 직접 소유권이전등기절차를 이행할 것을 구할 수 있다"(대판 2001.2.9. 2000다57139)

⑤ [X] "사해행위취소란 채권의 보전을 위하여 일반 채권자들의 공동담보에 제공되고 있는 채무자의 재산이 그의 처분행위로 감소되는 경우, 채권자의 청구에 의해 이를 취소하고, 일탈된 재산을 채무자의 책임재산으로 환원시키는 제도로서, 사해행위의 취소와 원상회복은 모든 채권자의 이익을 위하여 효력이 있으므로(민법 제407조), 취소채권자가 자신이 회복해 온 재산에 대하여 우선권을 가지는 것은 아니라고 할 것이므로, 사해행위의 수익자 소유의 부동산에 대한 경매절차에서 취소채권자가 수익자에 대한 가액배상판결에 기하여 배당을 요구하여 배당을 받은 경우, 그 배당액은 배당요구를 한 취소채권자에게 그대로 귀속되는 것이 아니라 채무자의 책임재산으로 회복되는 것이며, 이에 대하여 채무자에 대한 채권자들은 채권만족에 관한 일반원칙에 따라 채권내용을 실현할 수 있는 것이다"(대판 2005.8.25. 2005다14595) 다만 상계를 통해 실질적으로 우선변제받는 방법은 가능하다.

[정답] ④

문 45 다음 각 사례에서 빈칸을 알맞게 채운 것은? (다툼이 있는 경우 판례에 의함) [변시 7회]

ㄱ. 채무자 甲 소유의 X 토지(시가 4,000만 원)와 Y 토지(시가 6,000만 원)에 대해 피담보채권액 3,000만 원의 공동저당권이 설정되어 있는 상태에서 甲이 Y 토지를 매도하여 그에 따른 소유권이전등기를 마쳤다. 甲의 일반 채권자 乙(채권금액 1억 원)에 의해 Y 토지에 대한 매매계약이 사해행위로 취소되어 가액배상을 해야 하는 경우, X, Y 토지의 시가변동이 없다면 사해행위취소에 따른 가액배상 범위는 (A)이다.

ㄴ. 채무자 丙과 물상보증인 丁이 공유하는 Z 토지(시가 1억 원, 丙 지분 2/5, 丁 지분 3/5)에 대해 피담보채권액 3,000만 원의 저당권이 설정되어 있는 상태에서 丙이 Z 토지의 지분을 매도하여 그에 따른 지분이전등기를 마쳤다. 丙의 일반 채권자 戊(채권금액 1억 원)에 의해 Z 토지에 관한 丙 소유 지분에 대한 매매계약이 사해행위로 취소되어 가액배상을 해야 하는 경우, 丁이 丙에 대하여 구상권을 행사할 수 없는 특별한 사정이 없고, Z 토지의 시가 변동이 없다면 사해행위취소에 따른 가액배상 범위는 (B)이다.

① A: 4,200만 원, B: 1,000만 원
② A: 4,200만 원, B: 2,800만 원
③ A: 6,000만 원, B: 1,000만 원
④ A: 6,000만 원, B: 2,800만 원
⑤ A: 6,000만 원, B: 4,000만 원

해 설 ㄱ. ※ 공동저당권이 설정된 채무자 소유의 수 개의 부동산 중 일부 부동산을 처분한 경우
判例는 "공동저당권이 설정되어 있는 수 개의 부동산 중 일부가 양도된 경우에 있어서의 그 피담보채권액은 특별한 사정이 없는 한 민법 제368조의 규정 취지에 비추어 공동저당권의 목적으로 된 각 부동산의 가액에 비례하여 공동저당권의 피담보채권액을 안분한 금액이라고 보아야 한다"(대판 2003.11.13. 2003다39989)고 한다.

☞ A : Y토지의 시가(6,000만원) - 피담보채권을 안분한 채권액(3,000만원×3/5) = 4,200만원

ㄴ. **※ 공동저당 부동산 중 일부가 채무자 아닌 제3자(물상보증인) 소유인 경우**

判例는 "수 개의 부동산에 공동저당권이 설정되어 있는 경우 그 책임재산을 산정함에 있어 각 부동산이 부담하는 피담보채권액은 특별한 사정이 없는 한 민법 제368조의 규정 취지에 비추어 공동저당권의 목적으로 된 각 부동산의 가액에 비례하여 공동저당권의 피담보채권액을 안분한 금액이라고 보아야 한다. 그러나 그 수 개의 부동산 중 일부는 채무자의 소유이고 다른 일부는 물상보증인의 소유인 경우에는, 물상보증인이 민법 제481조, 제482조의 규정에 따른 변제자대위에 의하여 채무자 소유의 부동산에 대하여 저당권을 행사할 수 있는 지위에 있는 점 등을 고려할 때, 그 **물상보증인이 채무자에 대하여 구상권을 행사할 수 없는 특별한 사정이 없는 한 채무자 소유의 부동산이 부담하는 피담보채권액은 채무자 소유 부동산의 가액을 한도로 한 공동저당권의 피담보채권액 전액**이고, 물상보증인 소유의 부동산이 부담하는 피담보채권액은 공동저당권의 피담보채권액에서 위와 같은 채무자 소유의 부동산이 부담하는 피담보채권액을 제외한 나머지라고 봄이 상당하다. 이러한 법리는 하나의 공유부동산 중 일부 지분이 채무자의 소유이고, 다른 일부 지분이 물상보증인의 소유인 경우에도 마찬가지로 적용된다"(대판 2013.7.18. 전합2012다5643)고 한다.

☞ B : 丙지분의 가액(1억원×2/5) - 피담보채권전액(3,000만원) = 1,000만원

[정답] ①

문46 **甲은 乙에 대하여 2010. 1. 20.을 변제기로 하는 1,000만 원의 금전채무를 부담하고 있던 중 2010. 3. 1. 다른 채권자 丙에게 자신의 유일한 재산인 X 토지(시가 4,000만 원)를 대물변제하였다. 이에 乙은 甲의 대물변제에 대하여 채권자취소소송을 제기하였다. 다음 설명 중 옳은 것은?** (다툼이 있는 경우에는 판례에 의함) [변시 2회]

① 채권자취소소송에서 乙은 丙의 악의를 증명하여야 한다.

② 乙이 취소원인을 2010. 4. 2. 알았다면 乙은 2015. 4. 2.까지 채권자취소권을 재판상 행사할 수 있다.

③ 丙의 채권이 우선변제권 있는 5,000만 원의 임금채권이라면, 甲의 丙에 대한 대물변제는 사해행위가 되지 않는다.

④ 만약 甲이 2010. 2. 20. 신용카드회사인 丁과 신용카드 가입계약을 체결하여 발급받은 신용카드로 2010. 3. 10. 전자제품을 구입한 후 카드대금을 연체하였다면, 丁은 이 신용카드대금채권을 피보전채권으로 甲의 대물변제에 대해 채권자취소소송을 제기할 수 있다.

⑤ 乙의 소송이 적법하게 계속된 경우, 甲의 다른 채권자 戊가 위 대물변제에 대하여 제기한 채권자취소소송은 중복소송에 해당하여 각하된다.

해설 ① [X] "사해행위취소소송에 있어서 채무자의 악의의 점에 대하여는 그 취소를 주장하는 채권자에게 입증책임이 있으나 수익자 또는 전득자가 악의라는 점에 관하여는 입증책임이 채권자에게 있는 것이 아니고 수익자 또는 전득자 자신에게 선의라는 사실을 입증할 책임이 있다"(대판 1997.5.23, 95다51908).

② [X] 채권자취소의 소는 채권자가 취소원인을 안 날로부터 1년, 법률행위 있은 날로부터 5년 내에 제기하여야 한다(제406조 2항). ☞ 따라서 乙이 취소원인을 2010. 4. 2. 알았다면 乙은 2011. 4. 2.까지 채권자취소권을 재판상 행사할 수 있다.

③ [O] "채무자의 재산이 채무의 전부를 변제하기에 부족한 경우에 채무자가 그의 유일한 재산을 어느 특정 채권자에게 대물변제로 제공하는 행위는 다른 특별한 사정이 없는 한 다른 채권자들에 대한 관계에서 사해행위가 되지만, 채권자들의 공동담보가 되는 채무자의 총재산에 대하여 다른 채권자에 우선하여 변제를 받을 수 있는 권리를 가지는 채권자는 처음부터 채무자의 재산에 대한 환가절차에서 다른 채권자에 우선하여 배당을 받을 수 있는 지위에 있으므로, 그와 같은 **우선변제권 있는 채권자에 대한 대물변제의 제공행위는 특별한 사정이 없는 한 다른 채권자들의 이익을 해한다고 볼 수 없어 사해행위가 되지 않는다**"(대판 2008.2.14, 2006다33357).

④ [X] 判例는 "채권자취소권에 의하여 보호될 수 있는 채권은 원칙적으로 사해행위라고 볼 수 있는 행위가 행하여지기 전에 발생한 것임을 요하나, i) 사해행위 당시에 이미 채권 성립에 기초가 되는 법률관계가 발생되어 있고, ii) 가까운 장래에 그 법률관계에 기하여 채권이 성립되리라는 점에 대한 고도의 개연성이 있으며, iii) 실제로 가까운 장래에 그 개연성이 현실화되어 채권이 성립된 경우에는 그 채권도 채권자취소권의 피보전채권이 될 수 있다"(대판 1999.11.12, 99다29916 등)고 한다.
이와 관련하여 채무자가 채권자와 신용카드가입계약을 체결하고 신용카드를 발급받았으나 자신의 유일한 부동산을 매도한 후에 비로소 신용카드를 사용하기 시작하여 신용카드대금을 연체하게 된 사안에서는, **신용카드를 사용함으로써 비로소 채권이 성립하는 것이므로, 단순히 신용카드가입계약만으로 '채권성립의 기초가 되는 법률관계'에 해당하는 것으로는 보지 않았다.** 그래서 위 신용카드대금채권은 사해행위 이후에 발생한 채권에 불과하여 사해행위의 피보전채권이 될 수 없다고 하였다(대판 2004.11.12, 2004다40955).

⑤ [X] 채권자취소권은 채권자대위권과는 달리 **채권자 개개인에게 부여된 고유의 권리이므로**, 비록 채무자의 같은 법률행위를 대상으로 각각 채권자취소권을 행사하더라도 소송물이 달라 중복제소에 해당하지 않는다(대판 2003.7.11, 2003다19558 ; 대판 2005.11.25, 2005다51457).

참고판례 "어느 한 채권자가 동일한 사해행위에 관하여 채권자취소 및 원상회복청구를 하여 승소판결을 받아 그 판결이 확정되었다는 것만으로 그 후에 제기된 다른 채권자의 동일한 청구가 권리보호의 이익이 없어지게 되는 것은 아니고, 그에 기하여 재산이나 가액의 회복을 마친 경우에 비로소 다른 채권자의 채권자취소 및 원상회복청구는 그와 중첩되는 범위 내에서 권리보호의 이익이 없게 된다"(대판 2003.7.11, 2003다19558 등).

[정답] ③

문 47 甲은 2012. 10. 1. 乙에게 5,000만 원을 대여하였다. 乙은 2012. 11. 1. A 은행으로부터도 3,000만원을 대출받고 유일한 재산인 X아파트(시가 1억 원이고, 그 후에도 변동이 없다)에 관하여 채권최고액 4,000만 원의 근저당권을 설정한 다음, 같은 날 위와 같은 사정을 잘 아는 아들 丙에게 X 아파트를 증여하고 소유권이전등기를 경료하여 주었다. 甲은 2012. 12. 1. 乙의 증여행위가 사해행위를 알게 되자, 같은 날 丙을 상대로 乙과 丙 사이의 증여계약을 취소하고 丙 명의의 소유권이전등기를 말소하라는 내용의 채권자취소소송을 제기하였다. 다음 중 옳은 것을 모두 고른 것은?(이자, 지연손해금은 없는 것으로 가정한다. 다툼이 있는 경우에는 판례에 의하고, 각 지문은 모두 독립적이다) [변시 3회]

ㄱ. 甲이 제기한 소송의 심리과정에서 甲이 2012. 11. 15. 乙로부터 대여금채권을 모두 변제받아 피보전채권이 소멸한 사실이 밝혀졌다. 법원은 甲의 소를 각하하여야 한다.

ㄴ. 甲이 제기한 소송이 진행되던 중 丙은 A 은행에 3,000만원을 변제하고 근저당권설정등기를 말소하였다. 이에 甲은 위 소송의 청구를 5,000만 원의 범위 내에서 위 증여계약을 취소하고 5,000만 원의 가액배상을 구하는 것으로 변경하였다. 한편 乙에 대하여 7,000만 원의 물품대금채권을 가지고 있던 다른 채권자 丁은 2013. 10. 5. 별소로 丙을 상대로 7,000만 원의 범위 내에서 위 증여계약을 취소하고 7,000만 원의 가액배상을 구하는 채권자취소소송을 제기하였는데 위 양 소송이 병합되어 심리되었다. 이 소송에서 甲과 丁은 둘 다 전부승소판결을 받을 수 있다.

ㄷ. 甲은 위 소송에서 승소판결을 받고 그 판결이 확정되었다. 한편, 丙은 위 소송의 변론종결 전인 2012. 12. 10. X 아파트를 악의인 戊에게 매도하고 소유권이전등기를 경료하여 준 상태였다. 이에 甲은 2013. 12. 9. 戊를 상대로 다시 乙과 丙 사이의 증여계약을 취소하고 戊 명의의 등기의 말소를 구하는 소를 제기하였다. 甲은 이 소송에서 승소할 수 있다.

① ㄱ
② ㄴ
③ ㄷ
④ ㄱ, ㄴ
⑤ ㄴ, ㄷ

해설 ㄱ. [×] 채권자취소권의 요건으로서 ① 객관적 요건으로는 i) (금전)채권이 사해행위 이전에 발생하여야 하고(피보전채권), ii) 채권자를 해하는 재산권을 목적으로 하는 법률행위가 있어야 하며(사해행위), ② 주관적 요건으로는 채무자 및 수익자(또는 전득자)의 사해의사가 있어야 한다(제406조). 채권자취소권의 피보전채권이 흠결된 경우에는 채권자취소권이 발생하지 않은 것이 되어 원고의 청구는 이유 없게 된다. 따라서 법원은 원고의 청구를 '기각'하게 된다(대판 1993.2.12, 92다25151).

☞ 甲이 乙로부터 대여금채권을 모두 변제받아 피보전채권이 소멸한 경우 법원은 甲의 소를 '각하'가 아닌 '기각'하여야 한다.

ㄴ. [○]

(1) 사해행위의 범위

"채무자가 양도한 목적물에 담보권이 설정되어 있는 경우라면 그 목적물 중에서 일반채권자들의 공동담보에 제공되는 책임재산은 피담보채권액을 공제한 나머지 부분만이라 할 것이고, 그 피담보채권이 목적물의 가격을 초과하고 있는 때에는 당해 목적물의 양도는 사해행위에 해당한다고 할 수 없는바, 여기서 피담보채권액이라 함은 근저당권의 경우에 채권최고액이 아니라 실제로 이미 발생하여 있는 채권금액이다"(대판 2001.10.9. 2000다42618).

☞ 채무자 乙이 양도한 시가 1억 원의 X아파트에 A의 저당권이 설정되어 있는 본 사안의 경우 X아파트 중에서 일반채권자들의 공동담보에 제공되는 책임재산은 A의 채권최고액 4천만 원이 아닌 실제 피담보채권액 3천만 원을 공제한 7천만 원 부분만이라 할 것이다.

(2) 원상회복의 방법

"저당권이 설정되어 있는 부동산에 관하여 사해행위가 이루어진 경우에 그 사해행위는 부동산의 가액에서 저당권의 피담보채권액을 공제한 잔액의 범위 내에서만 성립한다고 보아야 하므로, **사해행위 후 변제 등에 의하여 저당권설정등기가 말소된 경우**, 사해행위를 취소하여 그 부동산의 자체의 회복을 명하는 것은 당초 일반채권자들의 공동담보로 되어 있지 아니하던 부분까지 회복을 명하는 것이 되어 공평에 반하는 결과가 되므로, **그 부동산의 가액에서 저당권의 피담보채무액을 공제한 잔액의 한도에서 사해행위를 취소하고 그 가액의 배상을 구할 수 있을 뿐이고, 그와 같은 가액산정은 사실심 변론종결시를 기준으로 하여야 한다**"(대판 1999.9.7. 98다41490)

"사해행위취소로 인한 원상회복으로서 가액배상을 명하는 경우에는, 취소채권자는 직접 자기에게 가액배상금을 지급할 것을 청구할 수 있고, 위 지급받은 가액배상금을 분배하는 방법이나 절차 등에 관한 아무런 규정이 없는 현행법 아래에서 **다른 채권자들이 위 가액배상금에 대하여 배당요구를 할 수도 없으므로, 결국 채권자는 자신의 채권액을 초과하여 가액배상을 구할 수는 없다**"(대판 2008.11.13. 2006다1442).

☞ 乙의 사해행위 후 수익자 丙이 3,000만 원을 변제하고 저당권설정등기를 말소하였으므로 X부동산의 가액인 1억 원에서 저당권의 피담보채무액 3천만 원을 공제한 7천만 원의 한도에서 i) 甲은 자신의 피보전채권액 5천만 원의 범위내에서 ii) 丁은 자신의 피보전채권액 7천만 원의 범위내에서 가액배상을 구할 수 있다.

(3) 사해행위 취소소송의 경합(중복소제기 여부) 및 가액반환 주문

"채권자취소권은 채권자대위권과는 달리 채권자 개개인에게 부여된 고유의 권리이므로, 비록 채무자의 같은 법률행위를 대상으로 각각 채권자취소권을 행사하더라도 소송물이 달라 **중복제소에 해당하지 않는다**"(대판 2003.7.11. 2003다19558 ; 대판 2005.11.25. 2005다51457).

"여러 명의 채권자가 사해행위취소 및 원상회복청구의 소를 제기하여 여러 개의 소송이 계속중인 경우에는 각 소송에서 채권자의 청구에 따라 사해행위의 취소 및 원상회복을 명하는 판결을 선고하여야 하고, 수익자(전득자를 포함)가 가액배상을 하여야 할 경우에도 **수익자가 반환하여야 할 가액을 채권자의 채권액에 비례하여 채권자별로 안분한 범위 내에서 반환을 명할 것이 아니라, 수익자가 반환하여야 할 가액 범위 내에서 각 채권자의 피보전채권액 전액의 반환을 명하여야 한다**"(대판 2005.11.25. 2005다51457). "이와 같이 여러 개의 소송에서 수익자가 배상하여야 할 가액 전액의 반환을 명하는 판결이 선고되어 확정될 경우 수익자는 이중으로 가액을 반환하게 될 위험에 처할 수 있을 것이나, 수익자가 어느 채권자에게 자신이 배상할 가액의 일부 또는 전부를 반환한 때에는 그 범위 내에서 다른 채권자에 대하여 청구이의 등의 방법으로 이중지급을 거부할 수 있을 것이다"(대판 2005.11.25. 2005다51457).

☞ 따라서 채권자 甲의 가액반환 취소소송과 채권자 丁의 가액반환 취소소송이 병합되어 심리되었다면 甲과 丁은 둘 다 전부승소판결을 받을 수 있다.

ㄷ. [X] 채권자취소의 소는 채권자가 취소원인을 안 날로부터 1년, 법률행위 있은 날로부터 5년 내에 제기하여야 한다(제406조 2항).

"채권자가 전득자를 상대로 민법 제406조 제1항에 의한 채권자취소권을 행사하기 위해서는, 같은 조 제2항에서 정한 기간 안에 채무자와 수익자 사이의 사해행위의 취소를 소송상 공격방법의 주장이 아닌 법원에 소를 제기하는 방법으로 청구하여야 하는 것이고, **비록 채권자가 수익자를 상대로 사해행위의 취소를 구하는 소를 이미 제기하여 채무자와 수익자 사이의 법률행위를 취소하는 내용의 판결을 선고받아 확정되었더라도 그 판결의 효력은 그 소송의 피고가 아닌 전득자에게는 미칠 수 없는 것이므로, 채권자가 그 소송과는 별도로 전득자에 대하여 채권자취소권을 행사하여 원상회복을 구하기 위해서는** 위에서 본 법리에 따라 민법 **제406조 제2항에서 정한 기간 안에 전득자에 대한 관계에 있어서 채무자와 수익자 사이의 사해행위를 취소하는 청구를 하지 않으면 아니 된다**"(대판 2005.6.9. 2004다17535).

☞ 사안에서 채권자 甲은 2012. 12. 1. 채무자 乙의 증여행위가 사해행위임을 알게 되었으므로 2013. 12. 1.(수익자인 丙이 전득자인 戊에게 처분행위를 한 2012. 12. 10.로부터 1년인 2013. 12. 10.이 아님)전에 전득자 戊를 상대로 채권자취소권을 행사하였어야 한다(제406조 2항). 참고로 戊는 민사소송법 제218조 1항의 '변론종결 후 승계인'이 아니므로 丙에 대한 채권자취소송의 기판력이 미치지 않는다. 따라서 甲이 2013. 12. 9. 戊를 상대로 채권자취소권을 행사한다면 제소기간 도과로 甲의 소는 '각하'될 것이다.

[정답] ②

문 48 채권자취소권에 관한 설명 중 옳은 것을 모두 고른 것은? (다툼이 있는 경우 판례에 의함) [변시 4회]

ㄱ. 채권자가 전득자를 상대로 하여 사해행위취소의 소를 제기하는 경우, 취소의 대상이 되는 사해행위는 채무자와 수익자 사이에서 행하여진 법률행위에 국한될 뿐 수익자와 전득자 사이의 법률행위는 그 대상이 되지 않는다.
ㄴ. 사해행위가 채권자에 의하여 취소되기 전에 이미 수익자가 배당금을 현실로 지급받은 경우, 채권자는 원상회복방법으로 수익자 또는 전득자를 상대로 배당 또는 변제로 수령한 금원 중 자신의 채권액 상당의 지급을 가액배상의 방법으로 청구할 수 있다.
ㄷ. 가등기에 기하여 본등기가 경료된 경우 가등기의 원인인 법률행위와 본등기의 원인인 법률행위가 명백히 다른 경우가 아닌 한, 사해행위 요건의 구비 여부는 가등기의 원인인 법률행위 당시를 기준으로 하여 판단하여야 한다.

① ㄱ
② ㄱ, ㄴ
③ ㄱ, ㄷ
④ ㄴ, ㄷ
⑤ ㄱ, ㄴ, ㄷ

해설 ㄱ. [O] "채권자가 전득자를 상대로 하여 사해행위의 취소와 함께 책임재산의 회복을 구하는 사해행위취소의 소를 제기한 경우에 그 취소의 효과는 채권자와 전득자 사이의 상대적인 관계에서만 생기는 것이고 채무자 또는 채무자와 수익자 사이의 법률관계에는 미치지 않는 것이므로, 이 경우 **취소의 대상이 되는 사해행위는 채무자와 수익자 사이에서 행하여진 법률행위에 국한되고, 수익자와 전득자 사이의 법률행위는 취소의 대상이 되지 않는다**"(대판 2004.8.30. 2004다21923).

ㄴ. [O] "**사해행위가 채권자에 의하여 취소되기 전에 이미 수익자가 배당금을 현실로 지급받은 경우에는**, 수익자가 경매절차에서 채무자와의 사해행위로 취득한 근저당권부 채권에 기하여 배당에 참가하여 배당표는 확정되었으나 채권자의 배당금지급금지가처분 등으로 인하여 배당금을 현실적으로 지급받지 못한 경우와 달리, **채권자는 원상회복방법으로 수익자 또는 전득자를 상대로 배당 또는 변제로 수령한 금원 중 자신의 채권액 상당의 지급을 가액배상의 방법으로 청구할 수 있다** 할 것이나, 채권에 대한 압류가 경합하여 제3채무자가 금전채권을 집행공탁한 경우 비록 제3채무자의 채무가 소멸되는 것이기는 하지만, 제3채무자의 채권자는 현실적으로 채권을 추심한 것이 아니라 공탁금출급청구권을 취득한 것에 불과하고 압류의 효력이 채무자의 공탁금출급청구권에 대하여 존속하게 되는 것이므로 사해행위의 취소에 따른 원상회복은 금전지급에 의한 가액배상이 아니라 공탁금출급청구권을 채권자에게 양도하는 방법으로 하여야 한다"(대판 2004.6.25. 2004다9398)

ㄷ. [O] "가등기에 기하여 본등기가 경료된 경우 가등기의 원인인 법률행위와 본등기의 원인인 법률행위가 명백히 다른 것이 아닌 한 사해행위 요건의 구비 여부는 가등기의 원인된 법률행위 당시를 기준으로 판단하여야 한다"(대판 2014.3.27. 2013다1518 등)

[정답] ⑤

문 49 채권자취소권에 관한 설명 중 옳은 것은? (다툼이 있는 경우 판례에 의함) [변시 7회]

① 사해행위인 매매예약에 기하여 수익자 앞으로 가등기를 마친 다음 전득자 앞으로 가등기 이전의 부기등기 후 가등기에 기한 본등기까지 마쳤다면, 채권자는 더 이상 수익자를 상대로 사해행위인 매매예약의 취소를 청구할 수 없다.

② 채권자는 채무자가 제3자에 대하여 가지고 있는 채권자취소권을 대위행사할 수 있고, 이 경우 채권자는 자신이 그 취소원인을 안 날로부터 1년, 법률행위가 있은 날로부터 5년 내라면 채권자취소의 소를 제기할 수 있다.

③ 무자력 상태의 채무자가 소송절차를 통해 수익자에게 자신의 책임재산을 이전하기로 하여, 수익자가 제기한 소송에서 자백하는 등의 방법으로 패소판결을 받아 확정시키고, 이에 따라 수익자 앞으로 그 책임재산에 대한 소유권이전등기가 마쳐진 경우에도, 이러한 채무자와 수익자 사이의 이전합의는 일반 채권자의 이익을 해하는 사해행위가 될 수 있다.

④ 채무자가 사해행위취소의 판결에 의하여 등기명의를 회복한 부동산을 제3자에게 처분하였다고 하더라도 위 판결을 받은 취소채권자는 등기 명의인을 상대로 등기의 말소를 청구할 수 있으나, 취소채권자를 제외하고 사해행위 당시의 채무자에 대한 일반 채권자는 등기 명의인을 상대로 등기의 말소를 청구할 수 없다.

⑤ 채권자가 어느 수익자에 대하여 사해행위취소 및 원상회복 청구를 하여 승소확정판결을 받았다면, 그에 기하여 재산이나 가액의 회복을 마치기 전이라도 그 채권자는 자신의 피보전채권에 기하여 다른 수익자에 대하여 별도로 사해행위취소 및 원상회복 청구를 할 수 없다.

해 설 ① [×] ※ 채권자취소권 – 원상회복의 방법

원상회복은 원칙적으로 그 목적물의 반환을 청구하여야 한다. 다만, ⅰ) **원물반환이 불가능하거나, ⅱ) 현저히 곤란한 경우에는 예외적으로 원물반환에 갈음하여 가액반환이 허용된다.**

사해행위인 매매예약에 기하여 수익자 앞으로 가등기를 마친 후 전득자 앞으로 가등기 이전의 부기등기를 마치고 가등기에 기한 본등기까지 마친 경우 判例는 "채권자는 수익자를 상대로 사해행위인 매매예약의 취소를 청구할 수 있고, 부기등기의 결과 가등기 및 본등기에 대한 말소청구소송에서 수익자의 피고적격이 부정되더라도, 위 부기등기는 사해행위인 매매예약에 기초한 수익자의 권리의 이전을 나타내는 것으로서 부기등기에 의하여 수익자로서의 지위가 소멸하지는 아니하므로 **수익자는 부기등기로 인한 가등기말소의무의 불능에 대한 원상회복으로서 가액배상을 할 의무를** 진다"(대판 2015.5.21. 전합2012다952 : 가등기에 의한 권리의 양도인(수익자)은 가등기말소등기청구 소송의 상대방이 될 수 없고 본등기의 명의인도 아니므로 가액배상의무를 부담하지 않는다는 종전판결을 변경)고 한다.

비교판례 **부기등기가 없는 사안에서는 수익자에게 가등기 및 본등기에 대한 말소청구소송의 피고적격이 인정되므로 가액배상이 이루어져야 하는 것이 아니다.** 즉, "소유권이전등기청구권보전을 위한 가등기가 사해행위로서 이루어진 경우 그 매매예약을 취소하고 원상회복으로서 가등기를 말소하면 족한 것이고, **가등기 후에 저당권이 말소되었다거나 그 피담보채무가 일부 변제된 점 또는 그 가등기가 사실상 담보가등기라는 점 등은 그와 같은 원상회복의 방법에 아무런 영향을 주지 않는다**"(대판 2003.7.11. 2003다19435).

② [×] ※ 채권자취소권의 대위행사

"채권자취소권도 채권자가 채무자를 대위하여 행사하는 것이 가능하다고 할 것인바, 민법 제404조 소정의 채권자대위권은 채권자가 자신의 채권을 보전하기 위하여 채무자의 권리를 자신의 이름으로 행사할 수 있는 권리라 할 것이므로, **채권자가 채무자의 채권자취소권을 대위행사하는 경우, 제소기간은 대위의 목적으로 되는 권리의 채권자인 채무자를 기준으로 하여 그 준수 여부를 가려야 할 것이고**(즉 대위권을 행사하는 채권자를 기준으로 할 것이 아니다), 따라서 채무자가 취소원인을 안 날로부터 1년, 법률행위가 있은 날로부터 5년 내라면 채권자는 채권자대위권의 행사로서 채권자취소의 소를 제기할 수 있다"(대판 2001.12.27. 2000다73049).

③ [○] ※ 채권자취소권 – 사해행위

"무자력 상태의 채무자가 '소송절차'를 통해 수익자에게 자신의 책임재산을 이전하기로 하여, 수익자가 제기한 소송에서 채무자가 자백하는 등의 방법으로 패소판결이 확정되고, 이에 따라 수익자 앞으로 책임재산에 대한 소유권이전등기 등이 마쳐진 경우, 채무자와 수익자 사이의 이전합의는 채무자의 일반채권자들을 해하는 사해행위가 될 수 있다. 이 때 **사해행위취소로 인한 원상회복은 채무자와 수익자 사이의 위 '확정판결의 기판력'에 저촉되지 않는다**"(대판 2017.4.7. 2016다204783)

④ [×] ※ 사해행위 취소로 그 등기명의를 회복한 부동산을 '채무자'가 제3자에게 처분한 경우

"사해행위의 취소는 채권자와 수익자의 관계에서 상대적으로 채무자와 수익자 사이의 법률행위를 무효로 하는 데에 그치고 채무자와 수익자 사이의 법률관계에는 영향을 미치지 아니하므로, 채무자가 직접 그 부동산을 취득하여 권리자가 되는 것은 아니다. 따라서 채무자가 사해행위 취소로 그 등기명의를 회복한 부동산을 제3자에게 처분하더라도 **이는 무권리자의 처분에 불과하여 효력이 없으므로,** 채무자로부터 제3자에게 마쳐진 소유권이전등기나 이에 기초하여 순차로 마쳐진 소유권이전등기 등은 모두 원인무효의 등기로서 말소되어야 한다. 이 경우 **취소채권자나 민법 제407조에 따라 사해행위 취소와 원상회복의 효력을 받는 채권자는** 채무자의 책임재산으로 취급되는 그 부동산에 대한 강제집행을 위하여 위와 같은 **원인무효 등기의 명의인을 상대로 그 등**

기의 말소를 청구할 수 있다"(대판 2017.3.9. 2015다217980).

☞ 취소채권자뿐만 아니라 사해행위 당시의 채무자에 대한 일반 채권자도 그 등기의 말소를 청구할 수 있다.

⑤ [X] **"채권자가 어느 수익자(전득자를 포함한다)에 대하여 사해행위취소 및 원상회복청구를 하여 승소판결을 받아 그 판결이 확정되었다 하더라도 그에 기하여 재산이나 가액의 회복을 마치지 아니한 이상 채권자는 자신의 피보전채권에 기하여 다른 수익자에 대하여 별도로 사해행위취소 및 원상회복청구를 할 수 있고,** 채권자가 여러 수익자들을 상대로 사해행위취소 및 원상회복청구의 소를 제기하여 여러 개의 소송이 계속중인 경우에는 각 소송에서 채권자의 청구에 따라 사해행위의 취소 및 원상회복을 명하는 판결을 선고하여야 하며, 수익자가 가액배상을 하여야 할 경우에도 다른 소송의 결과를 참작할 필요 없이 수익자가 반환하여야 할 가액 범위 내에서 채권자의 피보전채권 전액의 반환을 명하여야 한다"(대판 1975.2.25. 74다2114).

[정답] ③

문 50 사해행위 취소에 관한 설명 중 옳지 않은 것은? (다툼이 있는 경우 판례에 의함) [변시 8회]

① 근저당권설정계약이 사해행위인 이상 근저당권설정등기가 경매로 인하여 말소되었다고 하더라도 근저당권설정등기로 인하여 해를 입게 되는 채권자는 근저당권설정계약의 취소를 구할 이익이 있다.

② 사해행위 이후 저당권 등이 설정되어 채권자가 사해행위 취소와 함께 원상회복으로서 가액배상 또는 원물반환으로 채무자 앞으로 소유권이전등기절차 이행을 구할 수 있는 경우, 채권자의 선택에 따라 사해행위 취소 및 원상회복으로서 원물반환 청구를 하여 승소 판결이 확정되었으나, 그 후 저당권 실행 등으로 원물반환의 목적을 달성할 수 없게 되었다면, 그 채권자는 다시 원상회복청구권을 행사하여 가액배상을 청구할 수 있다.

③ 부동산을 양도받아 소유권이전등기청구권을 가지고 있는 자가 양도인이 제3자에게 이를 이중으로 양도하여 소유권이전등기를 경료하여 줌으로써 취득하는 부동산 가액 상당의 손해배상채권은 그 이중양도행위에 대한 사해행위취소권을 행사할 수 있는 피보전채권에 해당한다고 할 수 없다.

④ 수인의 채권자 중 1인이 채무자의 재산처분 행위의 취소를 구하는 사해행위 취소의 소를 제기하였는데 그 소송 계속 중 다른 채권자가 채무자의 동일한 재산처분 행위의 취소를 구하는 사해행위 취소의 소를 제기하더라도, 이는 중복제소에 해당하지 않는다.

⑤ 채무자의 수익자에 대한 채권양도가 사해행위로 취소되는 경우 수익자가 제3채무자로부터 아직 그 채권을 추심하지 아니한 때에는 채권자는 사해행위취소에 따른 원상회복으로서 수익자로 하여금 제3채무자에 대하여 채권양도가 취소되었다는 취지의 통지를 하도록 청구할 수 있다. 그러나 이러한 통지가 이루어지더라도 채권자는 채무자를 대위하여 제3채무자에게 그 채권에 관한 지급을 청구할 수 없다.

해 설 ① [○] ※ **근저당권설정등기가 낙찰로 소멸된 경우 사해행위 취소의 소의 이익**

"채무자와 수익자 사이의 근저당권설정계약이 사해행위인 이상 그로 인한 근저당권설정등기가 경락으로 인하여 말소되었다고 하더라도 **수익자로 하여금 근저당권자로서의 배당을 받도록 하는 것은 민법 제406조 제1항의 취지에 반하므로,** 수익자에게 그와 같은 부당한 이득을 보유시키지 않기 위하여 그 근저당권설정등기로 인하여 해를 입게 되는 채권자는 근저당권설정계약의 취소를 구할 이익이 있다"(대판 1997.10.10. 97다8687). 이 경우, 원상회복은 가액 배상 방법에 의하게 될 것이다(대판 2011.2.10. 2010다90708).

② [X] ※ **사해행위취소소송의 기판력**

"사해행위 후 목적물에 관하여 제3자가 저당권이나 지상권 등의 권리를 취득한 경우에는 수익자가 목적물을 저당권 등의 제한이 없는 상태로 회복하여 이전하여 줄 수 있다는 등의 특별한 사정이 없는 한, 채권자는 원상회복 방법으로 수익자를 상대로 가액 상당의 배상을 구할 수도 있고, 채무자 앞으로 직접 소유권이전등기절차를 이행할 것을 구할 수도 있다. 이 경우 원상회복청구권은 사실심 변론종결 당시의 채권자의 선택에 따라 원물반환과 가액배상 중 어느 하나로 확정되며, 채권자가 일단 사해행위 취소 및 원상회복으로서 원물반환 청구를 하여 승소판결이 확정되었다면, **그 후 어떠한 사유로 원물반환의 목적을 달성할 수 없게 되었다고 하더라도 다시 원상회복청구권을 행사하여 가액배상을 청구할 수는 없으므로 그 청구는 권리보호의 이익이 없어 허용되지 않는다"**(대판 2006.12.7. 2004다54978).

☞ 전소에서 승소한 당사자가 원상회복방법만을 달리하여 제기하는 후소는 동일한 소송물을 대상으로 한 것이므로, 전소 승소 확정판결의 기판력이 미쳐 권리보호의 이익이 없게 된다. 다만 "위와 같이 부동산이 담보권 실행을 위한 경매절차에 의하여 매각됨으로써 확정판결에 기한 근저당권설정등기 말소등기절차의무가 이행불능된 경우, **채권자는 '대상청구권' 행사로서 말소될 근저당권설정등기에 기한 근저당권자로서 지급받은 배당금의 반환을 청구할 수 있다"**(대판 2012.6.28. 2010다71431)

[판례해설] 위 ①지문의 2010다90708의 경우 수익자가 배당금을 수령한 이후 취소채권자에게 가액배상을 명하는 판결이 확정된 사례이다. 이 경우 부당이득반환을 원인으로 수익자에게 배당금반환을 명하는 판결을 선고하면 된다. 반면, ②지문의 2010다71431의 경우는 원물반환을 명하는 판결 확정 후 경매가 진행되어 수익자가 배당금을 수령한 사례이다. 이 경우 취소채권자에게 부당이득반환의 법리가 적용된다는 보장이 없다.[3] 또한, 다시 가액반환을 청구하는 소를 제기하는 것도 권리보호이익이 없어 허용되지 않는다(대판 2006.12.7. 2004다54978).[4] 대신 ②지문의 2010다71431 판례는 취소채권자가 수익자에게 대상청구권을 행사하는 것은 가능하다고 판시하였다.

③ [○] ※ **채권자취소 피보전채권의 성립 시기와 이중매매**

"채권자취소권에 의하여 보호될 수 있는 채권은 원칙적으로 사해행위라고 볼 수 있는 행위가 행하여지기 전에 발생된 것임을 요하나, 그 사해행위 당시에 이미 채권성립의 기초가 되는 법률관계가 발생되어 있고, 가까운 장래에 그 법률관계에 기하여 채권이 성립되리라는 점에 대

---

3) "이 사안에서 사해행위가 없었더라면 당해 경매절차에서 배당되었을 상황을 상정해 보면, 수익자인 피고에게 배당된 금원은 채무자인 甲에게 배당되었을 것이고, 취소채권자인 원고는 당해 경매절차에서 적법하게 배당받을 자가 아니어서 이를 배당받는 못하였을 것이다. 따라서 피고가 수령한 배당금이 원고에 대하여 부당이득이 된다고 보기는 어렵다고 생각한다"(이봉민, 민사판례연구36, 한국민사판례연구회, p.48)

4) "대상판결은 종전 대판 2006.12.7. 2004다54978 선고 판결에서 원물반환을 명한 판결이 확정된 이후의 가액반환청구는 권리보호이익이 없다는 취지의 판시와 저촉되는 문제를 피하고자 대상청구의 법리를 통하여 구체적 타당성을 도모하려고 했던 것으로 생각된다."(이봉민, 민사판례연구36, 한국민사판례연구회, p.48)

한 고도의 개연성이 있으며, 실제로 가까운 장래에 그 개연성이 현실화되어 채권이 성립된 경우에는, 그 채권도 채권자취소권의 피보전채권이 될 수 있다고 할 것이지만, **부동산을 양도받아 소유권이전등기청구권을 가지고 있는 자가 양도인이 제3자에게 이를 이중으로 양도하여 소유권이전등기를 경료하여 줌으로써 취득하는 부동산 가액 상당의 손해배상채권은 이중양도행위에 대한 사해행위취소권을 행사할 수 있는 위와 같은 피보전채권에 해당한다고 할 수 없다고 할 것이다.** 또한 **채권자취소권을 특정물에 대한 소유권이전등기청구권을 보전하기 위하여 행사하는 것은 허용되지 않으므로** 부동산의 제1양수인은 자신의 소유권이전등기청구권 보전을 위하여 양도인과 제3자 사이에서 이루어진 이중양도행위에 대하여 채권자취소권을 행사할 수 없다"(대판 1999.4.27. 98다56690).

☞ 즉, 피보전채권의 성립시기와 내용 모두 요건을 충족시키지 못하였다.

④ [○] **※ 수인의 채권자가 동일한 행위에 대하여 채권자취소소송을 제기한 경우 중복제소인지 여부**

"채권자취소권은 채권자대위권과는 달리 채권자 개개인에게 부여된 고유의 권리이므로, 비록 채무자의 같은 법률행위를 대상으로 각각 채권자취소권을 행사하더라도 **소송물이 달라 중복제소에 해당하지 않는다**"(대판 2003.7.11. 2003다19558).

비교판례 **※ 한 명의 채권자가 피보전권리를 달리하여 채권자취소권을 이중으로 행사하는 경우**

위 2005다51457와 달리 어느 한 채권자가 보전하고자 하는 채권을 달리 하여 동일한 법률행위의 취소 및 원상회복을 구하는 채권자취소의 소를 이중으로 제기하는 경우에는 전소와 후소는 소송물이 동일하다고 보아야 한다(대판 2012.7.5. 2010다80503). 피보전채권은 사해행위취소권과 원상회복청구권을 이유 있게 하는 공격방법에 해당하기 때문이다.

⑤ [○] **※ 사해행위가 채권양도인 경우 원상회복 방법 및 사해행위 취소의 효과(상대효)**

채무자의 수익자에 대한 채권양도가 사해행위로 취소되는 경우, 수익자가 제3채무자에게서 아직 채권을 추심하지 아니한 때에는, 채권자는 사해행위취소에 따른 원상회복으로서 수익자가 제3채무자에게 채권양도가 취소되었다는 취지의 통지를 하도록 청구할 수 있다. 그런데 사해행위의 취소는 채권자와 수익자의 관계에서 상대적으로 채무자와 수익자 사이의 법률행위를 무효로 하는 데에 그치고, 채무자와 수익자 사이의 법률관계에는 영향을 미치지 아니한다. 따라서 채무자의 수익자에 대한 채권양도가 사해행위로 취소되고, 그에 따른 원상회복으로서 제3채무자에게 채권양도가 취소되었다는 취지의 통지가 이루어지더라도, **채권자와 수익자의 관계에서 채권이 채무자의 책임재산으로 취급될 뿐, 채무자가 직접 채권을 취득하여 권리자로 되는 것은 아니므로, 채권자는 채무자를 대위하여 제3채무자에게 채권에 관한 지급을 청구할 수 없다**"(대판 2015.11.17. 2012다2743).

[정답] ②

문 51 **甲에 대하여 대여금채무를 부담하고 있는 乙이 그의 유일한 소유 재산인 부동산을 그의 아들인 丙에게 매도하고, 그 후 丙은 이를 다시 丁에게 매도한 후 각 소유권이전등기가 경료되었다. 이에 관한 설명 중 옳지 않은 것은? (다툼이 있는 경우 판례에 의함)** [변시 8회]

① 甲이 丙 및 丁을 상대로 사해행위 취소 및 원상회복을 구하여 이들 명의의 각 소유권이전등기가 말소된 경우, 丁은 乙의 채무를 변제한 것과 같은 지위에 있는 점에서 乙에게 부당이득의 반환을 청구할 수 있으므로, 향후 乙의 채권자들에 의해 진행될 원상회복 부동산에 대한 강제경매절차에서 위 부당이득반환채권으로 배당을 요구할 권리가 있다.

② 甲이 丙 및 丁을 상대로 사해행위 취소 및 원상회복을 구하여 이들 명의의 각 소유권이전등기의 말소를 명하는 확정판결을 받았더라도, 乙에 대한 다른 채권자 戊는 위 판결에 기하여 乙을 대위하여 말소등기를 신청할 수는 없다. 다만 등기관이 위 등기신청을 받아들여 말소등기를 마쳐 버렸다면 그 말소등기를 무효의 등기라 할 수는 없다.

③ 甲이 丁을 상대로 乙과 丙 사이의 매매계약을 사해행위로서 취소함에 있어서는 乙과 丙 사이의 매매계약이 아닌 丙과 丁 사이의 매매계약까지 甲을 해하는 행위로서 사해행위에 해당함을 증명할 필요는 없다.

④ 甲은 丁을 상대로 한 원상회복의 방법으로 丁 명의의 소유권이전등기를 말소하는 대신 乙 앞으로 직접 소유권이전등기절차를 이행할 것을 청구할 수도 있다.

⑤ 甲은 丙 및 丁을 상대로 사해행위 취소 및 원상회복을 구함에 있어 사해행위의 취소만을 먼저 청구한 다음 원상회복을 나중에 청구할 수도 있는데, 이 경우 사해행위 취소 청구가 「민법」 제406조 제2항에 정하여진 기간 안에 제기되었다면 원상회복의 청구는 그 기간이 지난 뒤에도 할 수 있다.

해 설 ① [×] ※ 사해행위 취소의 수익자 · 전득자에 대한 효과

수익자(전득자)는 그 재산의 명의를 채무자 앞으로 회복시킬 의무를 진다. 그러나 이것은 채권자의 강제집행을 위한 수단에 지나지 않고 채무자와의 관계에서 그 권리는 여전히 수익자(전득자)에게 속하는 것이므로, **채권자가 강제집행을 하여 만족을 얻은 부분에 대해 수익자(전득자)는 채무자에 대해 '부당이득반환'을 청구할 수 있다. 그러나 이와 같은 부당이득반환채권은 사해행위 이후에 발생한 채권이므로 수익자 등은 제407조의 채권자에 해당하지 않는다.** 따라서 원상회복된 채무자의 재산에 대한 강제집행절차에서 배당을 요구할 권리가 없다(대판 2015.10.29. 2012다14975).

비교판례 ※ 수익자도 채권자 중 1인인 경우(예컨대 채권자 중 1인에 대한 근저당권 설정, 대물변제)

㉠ 이 경우 사해행위의 상대방인 수익자는 그의 채권이 사해행위 당시에 그대로 존재하고 있었거나(담보제공의 경우) 또는 사해행위가 취소되면서 그의 채권이 부활하게 되는 결과 본래의 채권자로서의 지위를 회복하게 되는 것이므로(대물변제의 경우), 다른 채권자와 함께 제407조의 채권자에 해당한다. 따라서 **원상회복된 채무자의 재산에 대한 강제집행절차에서 배당을 요구할 권리가 있다**(대판 2003.6.27. 2003다15907). ㉡ 그러나 채권자의 가액반환 청구에 대하여 수익자는 채무자에 대한 원래의 채권 또는 장차 안분배당받을 채권으로 상계할 수 없다(대판 2001.2.27. 2000다44348 ; 대판 2001.6.1. 99다63183).

② [○] ※ **사해행위 취소의 상대적 효력 및 다른 채권자에 의한 말소등기의 유효 여부**
"채권자가 수익자를 상대로 사해행위 취소 및 원상회복으로 소유권이전등기의 말소를 명하는 판결을 받았으나 말소등기를 마치지 않은 경우, 채권자취소권의 상대적 효력에 따라 소송 당사자가 아닌 다른 채권자는 채무자를 대위하여 말소등기를 신청할 수 없으나, 민법 제407조 등의 취지에 비추어 소송당사자가 아닌 다른 채권자가 위 판결에 따라 채무자를 대위하여 마친 말소등기는 **실체관계에 부합하는 등기로서 유효하다**"(대판 2015.11.17. 2013다84995).

③ [○] "채권자가 사해행위의 취소로서 수익자를 상대로 채무자와의 법률행위의 취소를 구함과 아울러 전득자를 상대로도 전득행위의 취소를 구함에 있어서, 전득자의 악의는 전득행위 당시 그 행위가 채권자를 해한다는 사실, 즉 사해행위의 객관적 요건을 구비하였다는 것에 대한 인식을 의미하므로, 전득자의 악의를 판단함에 있어서는 단지 전득자가 전득행위 당시 채무자와 수익자 사이의 법률행위의 사해성을 인식하였는지 여부만이 문제가 될 뿐이지, **수익자와 전득자 사이의 전득행위가 다시 채권자를 해하는 행위로서 사해행위의 요건을 갖추어야 하는 것은 아니다**"(대판 2006.7.4. 2004다61280). 즉, 전득자를 상대로 사해행위 취소를 구하는 경우에도, 취소의 대상이 되는 사해행위는 채무자와 수익자 사이의 재산상 법률행위라 할 것이므로, 수익자와 전득자 사이의 전득행위가 별도로 사해행위 요건을 갖추어야 하는 것은 아니다.
☞ 따라서 甲이 丁을 상대로 乙과 丙 사이의 매매계약을 사해행위로서 취소함에 있어서는 乙과 丙 사이의 매매계약이 사해행위에 해당함을 증명하면 족한 것이지 丙과 丁 사이의 매매계약까지 사해행위에 해당함을 증명할 필요는 없다.

④ [○] ※ **사해행위 취소시 원상회복의 방법**
"자기 앞으로 소유권을 표상하는 등기가 되어 있었거나 법률에 의하여 소유권을 취득한 자가 진정한 등기명의를 회복하기 위한 방법으로는 그 등기의 말소를 구하는 외에 현재의 등기명의인을 상대로 직접 소유권이전등기절차의 이행을 구하는 것도 허용되어야 하는바, 이러한 법리는 사해행위 취소소송에 있어서 취소 목적 부동산의 등기명의를 수익자로부터 채무자 앞으로 복귀시키고자 하는 경우에도 그대로 적용될 수 있다고 할 것이고, 따라서 **채권자는 사해행위의 취소로 인한 원상회복 방법으로 수익자 명의의 등기의 말소를 구하는 대신 수익자를 상대로 채무자 앞으로 직접 소유권이전등기절차를 이행할 것을 구할 수도 있다**"(대판 2000.2.25. 99다53704).

⑤ [○] ※ **사해행위 취소소송의 제척기간 준수 여부 판단 방법**
"채권자가 민법 제406조 제1항에 따라 사해행위의 취소와 원상회복을 청구함에 있어 사해행위의 취소만을 먼저 청구한 다음 원상회복을 나중에 청구할 수 있으며, 이 경우 **사해행위 취소 청구가 민법 제406조 제2항에 정하여진 기간 안에 제기되었다면 원상회복의 청구는 그 기간이 지난 뒤에도 할 수 있다**"(대판 2001.9.4. 2001다14108).

비교판례 **그러나 '수익자'를 상대로 사해행위 취소의 소를 제기한 다음 기간이 지난 뒤에 '전득자'에 대하여 원상회복을 구하는 소를 추가한 경우**에는 그렇지 않다. 수익자에 대한 소와 전득자에 대한 소는 별개이기 때문에 채권자는 기간 내에 전득자를 상대로 사해행위 취소를 구하는 소를 제기하였어야 한다. 결국 후자의 경우 전득자에 대하여는 취소를 구하는 소가 적법하게 제기되지 않았기 때문에(기판력의 주관적 범위), 전득자에 대하여 원상회복을 구하는 소는 그 자체로 이유 없게 된다(대판 2005.6.9. 2004다17535).

[정답] ①

문 52 채권자취소권에 관한 설명 중 옳지 않은 것을 모두 고른 것은? (다툼이 있는 경우에는 판례에 의함)

[변시 9회]

ㄱ. 사해행위의 목적물인 부동산에 관하여 우선변제권 있는 임차인이 있는 경우에는 부동산 가액 중 임차보증금 해당 부분은 일반 채권자의 공동담보에 제공되었다고 볼 수 없으므로, 임대차계약의 체결시기와 상관없이 그 임차보증금 반환채권액은 가액반환의 범위에서 공제되어야 한다.

ㄴ. 채무자 소유의 유일한 재산인 부동산에 관한 매매예약완결권이 제척기간 경과가 임박하여 소멸할 예정인 상태에서, 채무자가 제척기간을 연장하기 위하여 새로 매매예약을 하는 행위는 기존에 부담하는 채무 외에 추가로 채무를 부담하는 것이 아니므로 사해행위에 해당하지 아니한다.

ㄷ. 채무초과상태에 있는 채무자가 상속을 포기하는 것은 사해행위취소의 대상이 되지 않고, 유증을 포기하는 것도 직접적으로 채무자의 일반재산을 감소시키지 아니하므로 사해행위취소의 대상이 되지 아니한다.

ㄹ. 신축건물의 도급인이 「민법」 제666조가 정한 수급인의 저당권설정청구권의 행사에 따라 공사대금채무의 담보로 그 건물에 저당권을 설정하는 행위는 특별한 사정이 없는 한 사해행위에 해당하지 아니하고, 수급인으로부터 공사대금채권을 양수받은 자의 저당권설정청구에 의하여 신축건물의 도급인이 그 건물에 저당권을 설정하는 행위 역시 다른 특별한 사정이 없는 한 사해행위에 해당하지 아니한다.

① ㄱ
② ㄱ, ㄴ
③ ㄷ, ㄹ
④ ㄱ, ㄴ, ㄷ
⑤ ㄴ, ㄷ, ㄹ

해 설 ㄱ. [×] ※ 부동산에 관한 사해행위 이후에 비로소 채무자가 부동산을 임대한 경우, 임차보증금을 가액반환의 범위에서 공제하여야 하는지 여부(소극)

"사해행위 이전에 임대차계약이 체결되었고 임차인에게 임차보증금에 대해 우선변제권이 있다면, 부동산 가액 중 임차보증금에 해당하는 부분이 일반 채권자의 공동담보에 제공되었다고 볼 수 없으므로 수익자가 반환할 부동산 가액에서 우선변제권 있는 임차보증금 반환채권액을 공제하여야 한다. 그러나 부동산에 관한 사해행위 이후에 비로소 채무자가 부동산을 임대한 경우에는 그 임차보증금을 가액반환의 범위에서 공제할 이유가 없다. 이러한 경우에는 부동산 가액 중 임차보증금에 해당하는 부분도 일반 채권자의 공동담보에 제공되어 있음이 분명하기 때문이다"(대판 2018.9.13. 2018다215756).

ㄴ. [×] ※ 제척기간 임박한 상태에서의 새로운 매매예약이 사해행위인지 여부(적극)

"채무자가 유일한 재산인 그 소유의 부동산에 관한 매매예약에 따른 예약완결권이 제척기간 경과가 임박하여 소멸할 예정인 상태에서 제척기간을 연장하기 위하여 새로 매매예약을 하는 행위는 채무자가 부담하지 않아도 될 채무를 새롭게 부담하게 되는 결과가 되므로 채권자취소권의 대상인 사해행위가 될 수 있다"(대판 2018.11.29. 2017다247190).

ㄷ. [O] ※ 상속포기의 사해행위취소(부정)

대법원은 "상속의 포기는 비록 포기자의 재산에 영향을 미치는 바가 없지 아니하나 상속인으로서의 지위 자체를 소멸하게 하는 행위로서 순전한 재산법적 행위와 같이 볼 것이 아니다. 오히려 상속의 포기는 1차적으로 피상속인 또는 후순위상속인을 포함하여 다른 상속인 등과의 인격적 관계를 전체적으로 판단하여 행하여지는 '인적 결단'으로서의 성질을 가진다"(대판 2011.6.9. 2011다29307)고 보아 상속의 포기는 사해행위취소의 대상이 되지 못한다고 한다.

※ 제1074조 유증 포기의 사해행위취소(부정)

"유증을 받을 자는 유언자의 사망 후에 언제든지 유증을 승인 또는 포기할 수 있고, 그 효력은 유언자가 사망한 때에 소급하여 발생하므로(민법 제1074조), 채무초과 상태에 있는 채무자라도 자유롭게 유증을 받을 것을 포기할 수 있다. 또한 채무자의 유증 포기가 직접적으로 채무자의 일반재산을 감소시켜 채무자의 재산을 유증 이전의 상태보다 악화시킨다고 볼 수도 없다. 따라서 유증을 받을 자가 이를 포기하는 것은 사해행위 취소의 대상이 되지 않는다고 보는 것이 옳다"(대판 2019.1.17. 2018다260855).

ㄹ. [O] ※ 수급인의 저당권설정청구권(제666조) 행사에 따라 도급인이 저당권을 설정하는 행위의 사해행위취소(부정)

"민법 제666조는 "부동산공사의 수급인은 보수에 관한 채권을 담보하기 위하여 그 부동산을 목적으로 한 저당권의 설정을 청구할 수 있다."라고 규정하고 있는바, 이는 부동산공사에서 그 목적물이 보통 수급인의 자재와 노력으로 완성되는 점을 감안하여 그 목적물의 소유권이 원시적으로 도급인에게 귀속되는 경우 수급인에게 목적물에 대한 저당권설정청구권을 부여함으로써 수급인이 사실상 목적물로부터 공사대금을 우선적으로 변제받을 수 있도록 하는 데 그 취지가 있고, 이러한 수급인의 지위가 목적물에 대하여 유치권을 행사하는 지위보다 더 강화되는 것은 아니어서 도급인의 일반 채권자들에게 부당하게 불리해지는 것도 아닌 점 등에 비추어, 신축건물의 도급인이 민법 제666조가 정한 수급인의 저당권설정청구권의 행사에 따라 공사대금채무의 담보로 그 건물에 저당권을 설정하는 행위는 특별한 사정이 없는 한 사해행위에 해당하지 아니한다.

민법 제666조에서 정한 수급인의 저당권설정청구권은 공사대금채권을 담보하기 위하여 인정되는 채권적 청구권으로서 공사대금채권에 부수하여 인정되는 권리이므로, 당사자 사이에 공사대금채권만을 양도하고 저당권설정청구권은 이와 함께 양도하지 않기로 약정하였다는 등의 특별한 사정이 없는 한, 공사대금채권이 양도되는 경우 저당권설정청구권도 이에 수반하여 함께 이전된다고 봄이 타당하다. 따라서 신축건물의 수급인으로부터 공사대금채권을 양수받은 자의 저당권설정청구에 의하여 신축건물의 도급인이 그 건물에 저당권을 설정하는 행위 역시 다른 특별한 사정이 없는 한 사해행위에 해당하지 아니한다"(대판 2018.11.29. 2015다19827).

[정답] ②

문 53 **甲은 乙에 대하여 1억 원의 금전채권을 가지고 있었는데, 乙은 자기의 유일한 재산인 X부동산을 丙에게 매도하고 소유권이전등기까지 마쳐주었고, 그 후 X부동산에 관하여 A가 저당권을 취득하였다. 甲이 丙을 상대로 사해행위취소 및 원상회복을 구하는 소를 제기한 경우에 관한 설명 중 옳은 것(○)과 옳지 않은 것(×)을 올바르게 조합한 것은?** (다툼이 있는 경우 판례에 의함) [변시 10회]

ㄱ. 丙이 X부동산을 저당권의 제한이 없는 상태로 회복하여 乙에게 이전하여 줄 수 있다는 등의 특별한 사정이 없는 한, 甲은 丙을 상대로 원물반환 대신 가액 상당의 배상을 구할 수 있다.
ㄴ. 甲이 원상회복의 방법으로 가액배상 대신 丙을 상대로 丙 명의 소유권이전등기의 말소를 구하거나, 乙 앞으로 직접 소유권이전등기절차를 이행할 것을 구할 수는 없다.
ㄷ. 원물반환과 가액배상이 모두 가능한 경우, 법원은 甲의 선택에도 불구하고 직권으로 사해행위취소로 인한 원상회복을 원물반환과 가액배상 중 어느 하나로 확정할 수 있다.
ㄹ. 甲이 일단 사해행위취소 및 원상회복으로서 丙 명의 등기의 말소를 청구하여 승소판결이 확정되었다면, 어떠한 사유로 丙 명의 등기를 말소하는 것이 불가능하게 되었다고 하더라도 다시 丙을 상대로 원상회복청구권을 행사하여 가액배상을 청구하거나 원물반환으로서 乙 앞으로 직접 소유권이전등기절차를 이행할 것을 청구할 수는 없다.

① ㄱ(○), ㄴ(○), ㄷ(×), ㄹ(×) ② ㄱ(○), ㄴ(×), ㄷ(×), ㄹ(○)
③ ㄱ(○), ㄴ(×), ㄷ(○), ㄹ(×) ④ ㄱ(×), ㄴ(○), ㄷ(×), ㄹ(○)
⑤ ㄱ(×), ㄴ(×), ㄷ(○), ㄹ(○)

해설 ㄱ. [○] ㄴ. [×] ㄷ. [×] ㄹ. [○]

"사해행위로 부동산 소유권이 이전된 후 그 부동산에 관하여 제3자가 저당권이나 지상권 등의 권리를 취득한 경우에는 수익자가 부동산을 저당권 등의 제한이 없는 상태로 회복하여 채무자에게 이전하여 줄 수 있다는 등의 특별한 사정이 없는 한 **채권자는 수익자를 상대로 원물반환 대신 가액 상당의 배상을 구할 수 있지만**(ㄱ지문), 그렇다고 하여 채권자가 스스로 위험이나 불이익을 감수하면서 원물반환을 구하는 것까지 허용되지 않는 것은 아니다. 채권자는 원상회복 방법으로 **가액배상 대신 수익자 명의 등기의 말소를 구하거나 수익자를 상대로 채무자 앞으로 직접 소유권이전등기절차를 이행할 것을 구할 수도 있다**(ㄴ지문). 이 경우 원상회복청구권은 사실심 변론종결 당시 **채권자의 선택에 따라** 원물반환과 가액배상 중 어느 하나로 확정된다(ㄷ지문). 채권자가 일단 사해행위취소 및 원상회복으로서 수익자 명의의 등기의 말소를 청구하여 승소판결이 확정되었다면, 어떠한 사유로 수익자 명의의 등기를 말소하는 것이 불가능하게 되었다고 하더라도 **다시 수익자를 상대로 원상회복청구권을 행사하여 가액배상을 청구하거나 원물반환으로서 채무자 앞으로 직접 소유권이전등기절차를 이행할 것을 청구할 수는 없으므로**(ㄹ지문), 그러한 청구는 권리보호의 이익이 없어 허용되지 않는다"(대판 2018.12.28. 2017다265815)

[정답] ②

문 54 **채권자취소권에 관한 설명 중 옳지 않은 것은?** (다툼이 있는 경우 판례에 의함) [변시 11회]

① 사해행위인 매매예약에 기하여 수익자 앞으로 가등기를 마친 후 전득자 앞으로 가등기 이전의 부기등기를 마치고 나아가 가등기에 기한 본등기까지 마친 경우, 수익자는 가등기 및 본등기에 대한 말소청구소송에서 피고적격은 없더라도 사해행위 취소의 상대방은 될 수 있다.

② 채무자가 제3자의 채무를 담보하기 위한 근저당권이 설정되어 있는 부동산을 양도한 경우, 근저당권의 피담보채권액과 채권최고액이 모두 부동산 가격을 초과하는 때에는 부동산의 양도가 사해행위에 해당하지 않는다.

③ 어느 채권자가 수익자를 상대로 사해행위 취소 및 원상회복으로 소유권이전등기의 말소를 명하는 판결을 받았으나 말소등기를 마치지 아니한 경우, 소송의 당사자가 아닌 다른 채권자는 위 판결에 기하여 채무자를 대위하여 말소등기를 신청할 수 있다.

④ 전득자의 악의 판단에서는 전득자가 전득행위 당시 채무자와 수익자 사이의 법률행위의 사해성을 인식하였는지만이 문제가 될 뿐이고, 수익자가 채무자와 수익자 사이 법률행위의 사해성을 인식하였는지는 원칙적으로 문제되지 않는다.

⑤ 채무초과 상태의 채무자가 수익자에게 자신의 책임재산을 이전해 주기 위하여, 수익자가 원고가 되어 채무자를 상대로 제기한 부동산 소유권이전등기 소송에서 자백간주 확정판결을 받아 수익자 앞으로 소유권이전등기를 마친 경우, 위 확정판결을 통해 마쳐진 소유권이전등기가 사해행위 취소로 인한 원상회복으로써 말소된다고 하더라도, 그것이 확정판결의 효력에 반하거나 모순되는 것이라고는 할 수 없다.

해 설 ① [○] ※ **사해행위인 매매예약에 기하여 수익자 앞으로 가등기를 마친 후 전득자 앞으로 가등기 이전의 부기등기를 마치고 가등기에 기한 본등기까지 마친 경우**

이 경우 判例는 "채권자는 수익자를 상대로 사해행위인 매매예약의 취소를 청구할 수 있고, 부기등기의 결과 가등기 및 본등기에 대한 **말소청구소송에서 수익자의 피고적격이 부정되더라도**, 위 부기등기는 사해행위인 매매예약에 기초한 수익자의 권리의 이전을 나타내는 것으로서 부기등기에 의하여 수익자로서의 지위가 소멸하지는 아니하므로 **수익자는 부기등기로 인한 가등기말소의 무의 불능에 대한 원상회복으로서 가액배상을 할 의무를 진다**"(대판 2015.5.21. 전합2012다952 : 가등기에 의한 권리의 양도인(수익자)은 가등기말소등기청구 소송의 상대방이 될 수 없고 본등기의 명의인도 아니므로 가액배상의무를 부담하지 않는다는 종전판결을 변경)고 한다.

비교판례 **부기등기가 없는 사안에서는 수익자에게 가등기 및 본등기에 대한 말소청구소송의 피고적격이 인정되므로 가액배상이 이루어져야 하는 것이 아니다.** 즉, "소유권이전등기청구권보전을 위한 가등기가 사해행위로서 이루어진 경우 그 매매예약을 취소하고 원상회복으로서 가등기를 말소하면 족한 것이고, 가등기 후에 저당권이 말소되었다거나 그 피담보채무가 일부 변제된 점 또는 그 가등기가 사실상 담보가등기라는 점 등은 그와 같은 원상회복의 방법에 아무런 영향을 주지 않는다"(대판 2003.7.11. 2003다19435).

② [○] ※ '이미' 담보물권이 설정되어 있는 재산의 처분행위
"채무자가 양도한 목적물에 담보권이 설정되어 있는 경우라면 그 목적물 중에서 일반채권자들의 공동담보에 제공되는 책임재산은 피담보채권액을 공제한 나머지 부분만이라 할 것이고, 그 피담보채권이 목적물의 가격을 초과하고 있는 때에는 당해 목적물의 양도는 사해행위에 해당한다고 할 수 없는바, 여기서 피담보채권액이라 함은 근저당권의 경우에 채권최고액이 아니라 실제로 이미 발생하여 있는 채권금액이다"(대판 2001.10.9. 2000다42618).

③ [×] ※ 사해행위 취소로 인한 원상회복으로 소유권이전등기의 말소를 명하는 판결을 받았으나 말소등기를 마치지 않은 경우
"채권자가 수익자를 상대로 사해행위 취소 및 원상회복으로 소유권이전등기의 말소를 명하는 판결을 받았으나 말소등기를 마치지 않은 경우, 채권자취소권의 상대적 효력에 따라 소송 당사자가 아닌 다른 채권자는 채무자를 대위하여 말소등기를 신청할 수 없으나, '민법 제407조 등의 취지'에 비추어 다른 채권자가 사해행위취소판결에 따라 사해행위가 취소되었다는 사정을 들어 수익자를 상대로 다시 소유권이전등기의 말소를 청구하면 수익자는 말소등기를 해 줄 수밖에 없다. 따라서 결국 소송당사자가 아닌 다른 채권자가 위 판결에 따라 채무자를 대위하여 마친 말소등기는 실체관계에 부합하는 등기로서 유효하다"(대판 2015.11.17. 2013다84995).

④ [○] ※ 전득자의 사해의사
'전득자'를 상대로 채권자취소권을 행사하는 경우에는 수익자의 선·악에 상관없이 전득자가 전득행위 당시 채무자와 수익자 사이의 법률행위의 사해성을 인식하였는지 여부만이 문제가 될 뿐이지, 수익자와 전득자 사이의 전득행위가 다시 채권자를 해하는 행위로서 사해행위의 요건을 갖추어야 하는 것은 아니다(대판 2006.7.4. 2004다61280 ; 2012.8.17. 2010다87672).

⑤ [○] ※ 무자력 상태의 채무자가 '소송절차'를 통해 수익자에게 자신의 책임재산을 이전하는 행위
"무자력 상태의 채무자가 '소송절차'를 통해 수익자에게 자신의 책임재산을 이전하기로 하여, 수익자가 제기한 소송에서 채무자가 자백하는 등의 방법으로 패소판결이 확정되고, 이에 따라 수익자 앞으로 책임재산에 대한 소유권이전등기 등이 마쳐진 경우, 채무자와 수익자 사이의 이전합의는 채무자의 일반채권자들을 해하는 사해행위가 될 수 있다. 이 때 사해행위취소로 인한 원상회복은 채무자와 수익자 사이의 위 '확정판결의 기판력'에 저촉되지 않는다"(대판 2017.4.7. 2016다204783)

[정답] ③

문 55 乙은 甲에 대하여 1억 원의 대여금채권을 가지고 있다. 甲은 자신의 유일한 재산인 X 토지에 대하여 채권자 丙 명의로 근저당권을 설정해 주었다. 乙은 甲에 대한 대여금채권을 피보전채권으로 하여 丙을 상대로 甲과 丙 사이에 체결된 근저당권설정계약을 취소하는 사해행위 취소의 소를 제기하였다. 이에 관한 설명 중 옳은 것을 모두 고른 것은? (다툼이 있는 경우 판례에 의함) [변시 11회]

ㄱ. 乙이 제척기간 내에 사해행위 취소의 소를 제기하였다면, 제척기간이 경과한 후에 피보전채권을 위 대여금채권에서 乙의 甲에 대한 부당이득금반환채권으로 변경할 수 있다.
ㄴ. 丙이 근저당권을 실행하여 배당금을 수령하였다면, 乙은 사해행위 취소로 인한 원상회복청구를 함에 있어서 가액배상의 방법으로 丙을 상대로 하여 자신에게 배당금을 반환할 것을 구할 수 있다.
ㄷ. 丙은 乙의 甲에 대한 대여금채권의 소멸시효 완성을 원용할 수 없다.
ㄹ. 乙은 사해행위 당시 甲이 공동담보 부족에 의하여 일반채권자가 채권변제를 받기 어렵게 될 위험이 생긴다는 사실을 인식하였다는 사실만 증명하면 족하고, 특정채권자를 해한다는 甲의 인식까지 증명하여야 하는 것은 아니다.
ㅁ. 처분행위 당시에는 채권자를 해하는 것이었더라도 그 후 甲이 자력을 회복하거나 채무가 감소하여 사해행위 취소소송의 사실심 변론종결시에 채권자를 해하지 않게 되었다면, 甲의 당사자적격이 없으므로 법원은 사해행위 취소의 소를 각하하여야 한다.

① ㄱ, ㅁ ② ㄱ, ㄴ, ㄹ
③ ㄱ, ㄷ, ㄹ ④ ㄴ, ㄷ, ㅁ
⑤ ㄱ, ㄴ, ㄹ, ㅁ

해설 ㄱ. [O] ※ 사해행위취소소송 계속 중 피보전채권의 변경
채권자가 사해행위의 취소를 구하면서 그 보전하고자 하는 채권을 추가하거나 교환하는 것은 그 사해행위취소권을 이유 있게 하는 공격방법에 관한 주장을 변경하는 것일 뿐이지 소송물 또는 청구 자체를 변경하는 것이 아니므로, '소의 변경'이라고 할 수 없다(대판 2003.5.27. 2001다13532). 따라서 피보전채권을 교환적으로 변경하였다고 하더라도 제척기간의 준수 여부는 최초에 소를 제기할 때를 기준으로 판단하여야지 피보전채권을 변경하는 서면을 법원에 제출한 때를 기준으로 하여서는 아니 된다.

ㄴ. [O] 근저당권설정계약을 사해행위로서 취소한 경우, 원상회복의 방법은 ① 근저당권설정등기가 말소되지 않고 있는 때에는 근저당권설정등기말소라는 방법으로, ② 근저당권 실행으로 근저당권설정등기가 말소되었으나 수익자인 근저당권자가 배당금을 수령하지 못한 때에는 배당금지급청구권의 양도라는 방법으로, ③ 수익자인 근저당권자가 배당금을 수령한 경우에는 수령한 배당금의 지급을 구하는 가액배상의 방법을 취한다(대판 2011.2.10. 2010다90708 등).

ㄷ. [X] ※ 소멸시효 완성을 주장할 수 있는 자의 범위
사해행위취소소송의 상대방이 된 '사해행위의 수익자'는, 사해행위가 취소되면 사해행위에 의해 얻은 이익을 상실하고 사해행위취소권을 행사하는 채권자의 채권이 소멸하면 그와 같은 이익

의 상실을 면하는 지위에 있으므로, **피보전채권의 소멸에 의해 직접 이익을 받는 자에 해당한다**(대판 2007.11.29, 2007다54849).

ㄹ. [O] ※ **채권자취소권의 주관적 요건인 "사해의사"의 의미**
"사해의사란 채무자가 법률행위를 함에 있어 그 채권자를 해함을 안다는 것이다. 여기서 '안다'고 함은 의도나 의욕을 의미하는 것이 아니라 단순한 인식으로 충분하다. 결국 사해의사란 공동담보 부족에 의하여 채권자가 채권변제를 받기 어렵게 될 위험이 생긴다는 사실을 인식하는 것이며, **이러한 인식은 일반 채권자에 대한 관계에서 있으면 족하고, 특정의 채권자를 해한다는 인식이 있어야 하는 것은 아니다**"(대판 2009.3.26, 2007다63102).

ㅁ. [X] ※ **'사해행위'의 일반적인 판단기준으로 채무자의 무자력**
채권자취소권의 본안요건으로서 ① 객관적 요건으로는 i) (금전)채권이 사해행위 이전에 발생하여야 하고(피보전채권), ii) 채권자를 해하는 재산권을 목적으로 하는 법률행위가 있어야 하며(사해행위), ② 주관적 요건으로는 채무자 및 수익자(또는 전득자)의 사해의사가 있어야 한다(제406조). 따라서 위 요건이 흠결된 경우 **소 각하 판결이 아닌 청구기각 판결을 하여야 한다.**
위 요건 중 채무자의 법률행위가 사해행위가 되는지는 **처분행위 당시를 기준**으로 판단하여야 한다. 따라서 행위 당시에 무자력이 아닌 이상 후에 무자력으로 되었더라도 사해행위로 되는 것은 아니다. 한편 행위시에 무자력인 경우에도 채무자가 후에 자력을 회복한 때에는 취소권을 인정할 필요가 없으므로, **무자력은 사실심변론종결시까지 유지되어야** 한다(이 경우 그러한 사정변경이 있다는 사실은 채권자취소소송의 상대방이 증명하여야 한다 ; 대판 2007.11.29, 2007다54849 참고)
☞ 甲의 자력이 회복되거나 사실심변론종결시에 채권자를 해하는 행위가 되지 않는다면 청구기각판결을 선고해야 한다.

[정답] ②

문 56 2022. 6. 22. 甲은 채무초과 상태에서 그 소유의 유일한 재산인 X 부동산을 乙에게 매도하고, 2022. 8. 22. 소유권이전등기를 경료해 주었다. 甲의 채권자 丙은 사해행위취소의 소를 적법하게 제기하였다. 이에 관한 설명 중 옳은 것(○)과 옳지 않은 것(×)을 올바르게 조합한 것은? (각 지문은 독립적이며, 다툼이 있는 경우 판례에 의함) [변시 12회]

ㄱ. X 부동산에 관하여 채권자를 丁, 채무자를 甲, 채권최고액을 3억 9천만 원으로 하는 근저당권이 설정되어 있었던 경우, 매매 당시 X 부동산의 가액은 3억 원, 피담보채권액은 3억 4천만 원일 때 甲의 매매행위는 사해행위에 해당한다.
ㄴ. X 부동산에 근저당권이 설정되어 있었던 상태에서 사해행위 후 채권 전액을 변제하여 근저당권설정등기가 말소된 경우, 丙은 가액의 배상을 구할 수 있을 뿐이고 그 가액 산정은 사해행위 당시를 기준으로 하여야 한다.
ㄷ. 丙이 乙을 상대로 사해행위취소의 소를 제기하여 乙로부터 원상회복으로 직접 가액배상을 받을 경우, 乙이 甲에 대한 반대채권이 있다면 이를 가지고 상계를 주장할 수 없다.

① ㄱ(×), ㄴ(×), ㄷ(○)
② ㄱ(×), ㄴ(○), ㄷ(×)
③ ㄱ(×), ㄴ(○), ㄷ(○)
④ ㄱ(○), ㄴ(×), ㄷ(×)
⑤ ㄱ(○), ㄴ(×), ㄷ(○)

해 설 ㄱ. [×] ※ '이미' 담보물권이 설정되어 있는 재산의 처분행위

"저당권이 설정되어 있는 부동산이 사해행위로 양도된 경우에 그 사해행위는 부동산의 가액, 즉 시가(공시지가와 일치하는 것은 아니다)에서 저당권의 피담보채권액을 공제한 잔액의 범위 내에서 성립하고, 피담보채권액이 부동산의 가액을 초과하는 때에는 당해 부동산의 양도는 사해행위에 해당한다고 할 수 없는바, 여기서 피담보채권액이라 함은 근저당권의 경우 채권최고액이 아니라 실제로 이미 발생하여 있는 채권금액이다"(대판 2001.10.9. 2000다42618).

☞ X부동산의 시가는 3억 원인데 피담보채권액은 이를 초과하는 3억 4천만 원이므로 사해행위가 성립하지 않는다.

ㄴ. [×] ※ '저당권부 부동산이 사해행위로 양도'된 후 수익자(양수인)의 변제에 의하여 저당권이 소멸한 경우

判例는 "사해행위를 취소하여 그 부동산의 자체의 회복을 명하는 것은(말소되었던 저당권까지 회복되는 것은 아님 ; 저자주) 당초 일반채권자들의 공동담보로 되어 있지 아니하던 부분까지 회복을 명하는 것이 되어 공평에 반하는 결과가 되므로, 그 부동산의 가액에서 저당권의 피담보채무액을 공제한 잔액의 한도에서 사해행위를 취소하고 그 가액의 배상을 구할 수 있을 뿐"(대판 1999.9.7. 98다41490)이라고 한다. 또한 가액상환에서 가액은 '사해행위가 성립하는 범위 내'에서 '사실심변론종결시'(사해행위시가 아님)를 기준으로 하여 산정된다(대판 2001.12.27. 2001다33734)

ㄷ. [○] "채권자의 가액반환 청구에 대하여 수익자는 채무자에 대한 원래의 채권 또는 장차 안분배당받을 채권으로 상계할 수 없다"(대판 2001.2.27. 2000다44348 ; 대판 2001.6.1. 99다63183). 만약 이를 인용하면 자신의 채권에 대하여 변제를 받은 수익자를 보호하고 다른 채권자의 이익을 무시하는 결과가 되어 채권자취소권 제도의 취지에 반하게 되기 때문이다.

비교판례 하지만 수익자가 채권자취소권을 행사하는 '채권자에 대해 가지는 별개의 다른 채권'을 집행하기 위하여 그에 대한 집행권원을 가지고 채권자의 수익자에 대한 가액배상채권을 압류하고 전부명령을 받는 것은 허용된다. 나아가 상계가 금지되는 채권이라고 하더라도 압류금지채권에 해당하지 않는 한 강제집행에 의한 전부명령의 대상이 될 수 있다(대결 2017.8.21. 2017마499)

[정답] ①

문 57 **상가분양계약에 관한 설명 중 옳지 않은 것을 모두 고른 것은?** (다툼이 있는 경우에는 판례에 의함)

[변시 2회]

ㄱ. 상가 내 특정 점포의 분양계약에서 분양자가 수분양자들에 대하여 부담하는 분양 점포에 관한 소유권이전등기의무와 상가 총면적 중 분양 점포면적에 해당하는 비율의 대지 지분에 관한 소유권이전등기의무 중 분양 점포에 관한 소유권이전등기의무의 이행이 불능에 이르렀더라도 그 대지 지분에 관한 소유권이전등기의무의 이행이 가능하다면, 수분양자들은 분양자에 대하여 위 대지 지분에 관한 소유권이전등기 절차의 이행을 구할 수 있다.

ㄴ. 업종을 지정하여 상가를 분양한 경우, 수분양자가 경업금지의 약정을 위배하면 분양자는 그 분양계약을 해제하는 등의 조치를 취함으로써 그 기존 점포의 상인들의 영업권이 실질적으로 보호되도록 최선을 다하여야 할 의무를 부담한다.

ㄷ. 업종을 지정하여 상가를 분양한 경우, 분양자의 수분양자에 대한 분양계약상의 의무는 전체 수분양자의 영업권을 실질적으로 보호하기 위한 것이므로, 분양자가 상가의 활성화를 위하여 업종의 일부를 변경하고 매장의 위치를 재조정하여 상가의 구성을 변경한 경우에는 그로 인하여 기존의 영업상 이익을 침해받을 처지에 있지 아니한 수분양자에 대하여도 의무를 위반한 것이다.

ㄹ. 업종을 지정하여 상가를 분양한 경우, 지정업종에 대한 경업금지의무는 수분양자들에게 적용되는 것이고, 이해를 조정할 위치에 있는 분양자에게는 적용되지 않는다.

① ㄱ, ㄷ, ㄹ
② ㄴ, ㄷ
③ ㄷ, ㄹ
④ ㄱ
⑤ ㄹ

해설 ㄱ. [×] A가 그 소유 대지 위에 상가건물을 신축하기로 하고 B와 그 중 어느 특정점포부분에 대해 분양계약을 체결하였는데, A가 피분양자로부터 분양대금의 일부를 수령하였음에도 불구하고 상가건물의 신축공사를 하지 아니하고 그에 대한 건축허가도 받지 아니한 상태에서 부도를 내어 해외로 도피한 사안에서, B는 분양 받기로 한 점포의 '대지' 지분에 대해 소유권이전등기를 청구한 것이다. 이에 대해 대법원은, "쌍무계약에 있어 당사자 일방이 부담하는 채무의 일부만이 채무자의 책임 있는 사유로 이행할 수 없게 된 때에는, 그 이행이 불가능한 부분을 제외한 나머지 부분만의 이행으로는 계약의 목적을 달성할 수 없다면 채무의 이행은 전부가 불능이라고 보아야 할 것이므로, 채권자로서는 채무자에 대하여 계약 전부를 해제하거나 또는 채무 전부의 이행에 갈음하는 전보배상을 청구할 수 있을 뿐이지, 이행이 가능한 부분만의 급부를 청구할 수 없다"(대판 1995.7.25. 95다5929)고 하면서, 위 사안에서는 A가 분양계약에 따라 상가건물을 신축하여 B에게 점포를 인도하고 그 소유권이전등기를 마쳐줄 의무는 이행불능상태에 이르렀다고 보고, 한편 토지와 그 지상건물을 매매한 경우 토지와 그 지상의 건물은 법률적인 운명을 같이 하게 되는 것이 거래의 관행이고 당사자의 의사에도 합치하는 것이고, 특히 장래에 건축될 집합건물인 상가 내의 특정점포의 분양계약에 있어서 분양자가 부담하는 분양점포에 대한 소유권이전등기의무와 그 점포면적에 비례하는 대지 지분에 대한 소유권이전등기의무는 불가분의 관계에 있어, 전자의 이행이 불능에 이르렀다면 후자의 의무의 이행이 가능하다고 하더라도 그 이행만으로는 B가 분양계약 당시 원했던 계약의 목적을 달성할 수는 없는 것이므로, A의 B에 대한 분양계약상의 채무는 전부 이행불능 상태에 이르렀다고 볼 것이고, 따라서 B는 A에 대하여 위 대지 지분에 관한 소유권이전등기절차의 이행만을 구할 수는 없다고 판결하였다.

ㄴ. [O] 주택조합이 상가 일부 층의 수분양자들과의 사이에 장차 나머지 층을 분양함에 있어 상가 내의 기존 업종과 중복되지 아니하는 업종을 지정하여 분양하여 기존의 영업권을 보호하겠다고 한 약정의 의미는, 주택조합이 상가 일부에 관한 분양계약을 체결함에 있어 단순히 그 수분양자에 대하여 상가 내의 기존 점포의 업종과 다른 영업을 할 것을 구두로 고지하는 정도에 그치지 아니하고, 나아가 그 경업금지를 분양계약의 내용으로 하여 만약 분양계약 체결 이후라도 수분양자가 경업금지의 약정을 위배하는 경우에는 그 분양계약을 해제하는 등의 조치를 취함으로써 그 기존 점포의 상인들의 영업권이 실질적으로 보호되도록 최선을 다하여야 할 의무를 부담한다는 것이다(대판 1995.9.5. 94다30867).

ㄷ. [X] "대규모 상가를 분양할 경우에 분양자가 수분양자들에게 특정 영업을 정하여 분양하는 이유는 수분양자들이 해당 업종을 독점적으로 운영하도록 보장하는 한편 상가 내의 업종 분포와 업종별 점포 위치를 고려하여 상가를 구성함으로써 적절한 상권이 형성되도록 하고 이를 통하여 분양을 활성화하기 위한 것이고, 수분양자들로서도 해당 업종에 관한 영업이 보장된다는 전제 아래 분양회사와 계약을 체결한 것이므로, 지정업종에 관한 경업금지의무는 수분양자들에게만 적용되는 것이 아니라 분양자에게도 적용된다. 이 경우 분양자의 수분양자에 대한 의무는 수분양자의 영업권을 실질적으로 보호하기 위한 것이므로, 비록 분양자가 상가의 활성화를 위하여 업종의 일부를 변경하고 매장의 위치를 재조정하여 상가의 구성을 변경한다고 하더라도, 그로 인하여 기존의 영업상 이익을 침해받을 처지에 있지 아니한 수분양자에 대하여는 의무를 위반한 것이 아니다"(대판 2008.5.29. 2005다25151).

ㄹ. [X] "상가 분양회사가 수분양자에게 특정영업을 정하여 분양한 이유는 수분양자에게 그 업종을 독점적으로 운영하도록 보장함으로써 이를 통하여 분양을 활성화하기 위한 것이고, 수분양자들 역시 지정품목이 보장된다는 전제 아래 분양회사와 계약을 체결한 것이므로, 지정업종에 대한 경업금지의무는 수분양자들에게만 적용되는 것이 아니라 분양회사에게도 적용되어 분양회사 역시 상가활성화를 저해하지 않는 범위 내에서만 다른 수분양자들의 업종변경을 승인할 의무가 있을 뿐 그 개점을 자유롭게 승인할 수 있는 것으로 해석할 수는 없다"(대판 2005.7.14. 2004다67011).

[정답] ①

문58 甲은 乙에 대하여 1억 원의 금전채권을 가지고 있었는데, 乙은 자기의 유일한 재산인 X 부동산을 丙에게 매도하고 소유권이전등기까지 마쳐 주었다. 그 후 甲은 丙을 상대로 X 부동산 매매계약에 대한 사해행위취소 및 원상회복을 구하는 소를 제기하였다. 이에 관한 설명 중 옳은 것(○)과 옳지 않은 것(×)을 올바르게 조합한 것은? (각 지문은 독립적이며, 다툼이 있는 경우 판례에 의함) [변시 14회]

ㄱ. 甲의 丙에 대한 사해행위취소 및 원상회복청구 소송에서 승소판결이 확정된 후 乙에게 소유권이전등기 명의가 회복되기 전 甲의 乙에 대한 금전채권이 소멸한 경우, 丙은 청구이의의 소로써 위 확정판결의 집행력의 배제를 구할 수 없다.

ㄴ. 甲이 丙에 대하여 사해행위취소 및 원상회복으로서 소유권이전등기 말소를 구하여 승소확정판결을 받았는데, 어떠한 사유로 丙 명의의 소유권이전등기를 말소하는 것이 불가능하게 되었다면 甲은 다시 丙에 대하여 원상회복으로서 乙에게 직접 소유권이전등기 절차를 이행할 것을 청구할 수 있다.

ㄷ. 甲의 丙에 대한 사해행위취소 및 원상회복청구 소송에서 승소판결이 확정되어 乙에게 소유권이전등기 명의가 회복된 후 乙이 다시 X 부동산을 丁에게 매도하여 소유권이전등기를 마쳐 준 경우, 乙이 X 부동산을 丙에게 매도한 후 乙에 대한 금전채권을 가지게 된 戊는 丁 명의의 소유권이전등기 말소를 청구할 수 있다.

ㄹ. 丙의 일반채권자인 A가 丙 명의로 X 부동산에 관한 소유권이전등기가 마쳐진 것을 기화로 X 부동산을 압류하고 X 부동산에 관하여 진행된 경매절차에서 배당을 받았더라도, 이후 甲이 丙에 대하여 사해행위취소 및 원상회복으로서 가액배상의 확정판결을 받았다면 A는 가액배상액의 범위 내에서 甲에게 위 배당금을 부당이득으로 반환하여야 한다.

① ㄱ(○), ㄴ(×), ㄷ(×), ㄹ(×)
② ㄱ(×), ㄴ(×), ㄷ(○), ㄹ(×)
③ ㄱ(○), ㄴ(○), ㄷ(×), ㄹ(○)
④ ㄱ(×), ㄴ(×), ㄷ(×), ㄹ(×)
⑤ ㄱ(×), ㄴ(×), ㄷ(×), ㄹ(○)

해설 ㄱ. [×] "채권자취소소송에서 피보전채권의 존재가 인정되어 사해행위 취소 및 원상회복을 명하는 판결이 확정되었다고 하더라도, 그에 기하여 재산이나 가액의 회복을 마치기 전에 피보전채권이 소멸하여 채권자가 더 이상 채무자의 책임재산에 대하여 강제집행을 할 수 없게 되었다면, 이는 위 판결의 집행력을 배제하는 적법한 청구이의 이유가 된다"(대판 2017.10.26. 2015다224469).

ㄴ. [×] 채권자가 일단 사해행위 취소 및 원상회복으로서 원물반환 청구를 하여 승소 판결이 확정되었다면, 그 후 어떠한 사유로 원물반환의 목적을 달성할 수 없게 되었다고 하더라도 다시 원상회복청구권을 행사하여 가액배상을 청구할 수는 없으므로 그 청구는 권리보호의 이익이 없어 허용되지 않는다(대판 2006.12.7. 2004다54978). 원물반환으로서 채무자 앞으로 직접 소유권이전등기절차를 이행할 것을 청구하는 경우도 마찬가지로 허용되지 않는다(대판 2018.12.28. 2017다265815).

ㄷ. [X] 사해행위 취소로 그 등기명의를 회복한 부동산을 '채무자'가 제3자에게 처분한 경우 "이는 '무권리자의 처분행위'에 해당하므로 제3자에게 마쳐진 등기는 원인무효로서 '취소채권자나 제407조에 따라 사해행위 취소와 원상회복의 효력을 받는 채권자'는 강제집행을 위하여 그 등기의 말소를 청구할 수 있다"(대판 2017.3.9. 2015다217980)

☞ 乙의 사해행위 이후에 비로소 乙에 대한 금전채권을 가지게 된 戊는 제407조에 따라 사해행위 취소와 원상회복의 효력을 받는 체권자가 아니므로, 丁 명의의 소유권이전등기의 말소를 청구할 수 없다.

비교판례 "채권자가 수익자를 상대로 사해행위 취소 및 원상회복으로 소유권이전등기의 말소를 명하는 판결을 받았으나 말소등기를 마치지 않은 경우, 채권자취소권의 상대적 효력에 따라 소송 당사자가 아닌 다른 채권자는 채무자를 대위하여 말소등기를 신청할 수 없으나, '민법 제407조 등의 취지'에 비추어 다른 채권자가 사해행위취소판결에 따라 사해행위가 취소되었다는 사정을 들어 수익자를 상대로 다시 소유권이전등기의 말소를 청구하면 수익자는 말소등기를 해 줄 수밖에 없다. 따라서 결국 소송당사자가 아닌 다른 채권자가 위 판결에 따라 채무자를 대위하여 마친 말소등기는 실체관계에 부합하는 등기로서 유효하다"(대판 2015.11.17. 2013다84995).

ㄹ. [X] "채무자의 부동산에 관하여 증여 등 사해행위로 수익자에게 그 소유권이 이전된 후 경매의 실행으로 배당절차가 진행된 경우에도 마찬가지로, 그 부동산 가액 중 수익자의 채권자가 배당절차에 참여하여 취득한 배당액 상당은 사해행위 당시 채무자의 일반 채권자들의 공동담보였으므로 가액배상 등 원상회복의 범위에서 공제하여 산정할 것은 아니고, 수익자의 채권자가 채무자의 일반채권자에 해당하는 지위를 겸하고 있다고 하여 달리 볼 것도 아니다"(대판 2023.6.29. 2022다244928).

☞ 사해행위 이후 수익자 丙의 일반채권자 A가 X부동산에 관하여 진행된 경매절차에서 취득한 배당액 상당은 사해행위 당시 채무자 乙의 일반채권자(甲)의 공동담보였으므로, 그 배상액은 丙이 甲에게 가액배상할 범위에서 공제할 것이 아니다. 따라서 甲은 그 배당액 상당을 포함하여 가액배상으로 책임재산을 회복할 수 있고, A는 甲에게 위 배당금을 부당이득으로 반환하지 않아도 된다.

[정답] ④

문 59 **다음 각 사례에서 빈칸을 알맞게 채운 것은?** (X, Y 토지의 시가 변동은 없고, 공동저당권 설정 시 책임분담에 관한 특별한 사정은 없음. 이자와 지연손해금, 집행비용은 고려하지 말 것. 각 지문은 독립적이며, 다툼이 있는 경우 판례에 의함) [변시 14회]

ㄱ. 채무자 甲 소유의 X 토지(시가 2,000만 원)와 Y 토지(시가 4,000만 원)에 관하여 丙 앞으로 피담보채권액 3,000만 원의 공동저당권이 설정되어 있는 상태에서, 甲이 Y 토지를 A에게 매도하여 A 명의의 소유권이전등기가 마쳐졌다. 甲의 일반채권자 乙(피보전채권액 1억 원)에 의해 Y 토지에 관한 매매계약이 사해행위로 취소되어 가액배상을 하는 경우, 가액배상액은 (가)이다.

ㄴ. 채무자 甲 소유의 X 토지(시가 3,000만 원)와 Y 토지(시가 6,000만 원)에 관하여 丙 앞으로 피담보채권액 6,000만 원의 공동저당권이 설정되어 있는 상태에서, 甲이 X, Y 토지를 A에게 일괄매도하여 A 명의의 소유권이전등기가 마쳐졌다. 甲의 일반채권자 乙(피보전채권액 1억 원)에 의해 X, Y 토지에 관한 매매계약이 사해행위로 취소되어 가액배상을 하는 경우, 가액배상액은 (나)이다.

ㄷ. 채무자 甲 소유의 X 토지(시가 5억 원)에는 丙의 피담보채권액 2억 원의 1순위 저당권과 丁의 피담보채권액 1억 원의 2순위 저당권이 각 설정되어 있고, 물상보증인 戊 소유의 Y 토지(시가 5억 원)에는 丁의 X 토지에 관한 피담보채권액 전부에 관하여 공동저당권이 설정되어 있는 상태에서, 甲이 X 토지를 A에게 매도하여 A 명의의 소유권이전등기가 마쳐졌다. 甲의 일반채권자 乙(피보전채권액 3억 원)에 의해 X 토지에 관한 매매계약이 사해행위로 취소되어 가액배상을 하는 경우, 가액배상액은 (다)이다.

	가	나	다
①	2,000만 원	3,000만 원	2억 원
②	2,000만 원	3,000만 원	2억 5,000만 원
③	2,000만 원	6,000만 원	2억 원
④	4,000만 원	6,000만 원	2억 5,000만 원
⑤	4,000만 원	6,000만 원	2억 원

해 설 ㄱ. [2,000만 원] ① 判例는 "공동저당권이 설정되어 있는 수 개의 부동산 중 일부가 양도된 경우에 있어서의 그 피담보채권액은 특별한 사정이 없는 한 민법 제368조의 규정 취지에 비추어 공동저당권의 목적으로 된 각 부동산의 가액에 비례하여 공동저당권의 피담보채권액을 안분한 금액이라고 보아야 한다"(대판 2003.11.13. 2003다39989)고 한다.

☞ 이에 따르면 채무자 甲이 Y부동산을 처분한 행위가 사해행위라면 안분액 2,000만 원(3,000×2/3)을 공제한 나머지 가액 2,000만 원(4,000−2,000)의 범위에서 사해행위가 된다.

② 한편, 가액상환에서 가액은 '사해행위가 성립하는 범위 내'에서 **'사실심변론종결시'**(사해행위시가 아님)를 기준으로 하여 산정된다(대판 2001.12.27. 2001다33734). 가액배상은 ㉠ **채권자의 피보**

전채권액(사해행위 당시를 기준으로 하되 사실심변론종결시까지의 이자나 지연손해금은 포함)**과** Ⓛ **목적물의 공동담보가액**(책임재산=사해행위의 범위) **중 적은 금액을 한도**로 이루어진다.

☞ 이에 따르면 일반채권자 乙의 피보전채권액 1억원 보다 Y의 공동담보가액 2천만원이 더 적은 금액이므로, 2천만 원이 가액배상액이다.

ㄴ. [3,000만 원] 判例는 "**사해행위의 목적 부동산 전부가 하나의 계약으로 동일인에게 일괄 양도된** 경우에는 사해행위로 되는 매매계약이 공동저당 부동산의 일부를 목적으로 할 때처럼 그 부동산 가액에서 공제하여야 할 피담보채권액의 산정이 문제되지 아니하므로 특별한 사정이 없는 한 **그 취소에 따른 배상액의 산정은 목적 부동산 전체의 가액에서 공동저당권의 피담보채권 총액을 공제하는 방식으로 함이 그 취소 채권자의 의사에도 부합하는 상당한 방법이라 할 것이다**"(대판 2005.5.27. 2004다67806)고 한다.

☞ 이에 따르면 만약 채무자 甲이 X부동산과 Y부동산을 하나의 계약으로 일괄 처분한 행위가 사해행위라면 사해행위의 범위(=채무자의 책임재산)는 총 9,000만 원(X부동산의 가액 + Y부동산의 가액)에서 우선변제권이 보장된 丙의 피담보채권액인 6,000만 원을 공제한 3,000만 원이 된다.

☞ 일반채권자 乙의 피보전채권액 1억원 보다 X+Y의 공동담보가액 3천만원이 더 적은 금액이므로, 3천만 원이 가액배상액이다.

ㄷ. [2억 원] 判例는 "제3자[물상보증인(대판 2013.7.18. 전합2012다5643) 또는 제3취득자(대판 2010.12.23. 2008다25671)]가 제481조, 제482조의 규정에 정한 **변제자대위 등에 의하여 채무자 소유의 부동산에 대하여 저당권을 행사할 수 있는 지위에 있는 경우라면 채무자 소유의 부동산에 관한 피담보채권액은 공동저당권의 피담보채권액 전액**으로 보아야 한다. 이러한 법리는 하나의 공유부동산 중 일부 지분이 채무자 소유이고, 다른 일부 지분이 물상보증인 소유인 경우에도 마찬가지로 적용된다"(대판 2021.11.11. 2021다258777)고 한다.

☞ 이에 따르면 만약 Y부동산이 물상보증인 또는 제3취득자 소유이어서 이러한 제3자가 저당채무를 대위변제하여 채무자 소유 X부동산에 변제자대위를 할 수 있게 될 것이라면, 채무자 甲이 자신 소유의 X부동산을 처분한 행위에서(사해행위임을 전제), 사해행위의 범위는 X부동산의 가액 5억 원에서 피담보채권액 전액인 3억 원(2억 원 + 1억 원)을 공제한 2억 원이 된다.

[정답] ①

문 60 甲은 2015. 2. 1. 乙에게 1억 원을 변제기 2016. 1. 31.로 정하여 대여하였는데, 乙은 위 대여금을 전혀 변제하지 않은 상태에서 2021. 4. 1. 유일한 재산인 시가 3억 원 상당의 X토지를 丙에게 매도하고, 그 다음 날 소유권이전등기를 경료해 주었다. 甲은 2022. 2. 21. 丙을 피고로 하여 아래와 같은 청구취지로 소를 제기하였고, 1심 법원에서 아래 주문과 같은 판결을 선고하였다. 이에 관한 설명 중 옳은 것을 모두 고른 것은? (X토지의 시가 변동은 없다고 가정하고, 이자와 지연손해금은 고려하지 않음. 각 지문은 독립적이며, 다툼이 있는 경우 판례에 의함) [변시 13회]

[청구취지]
1. 피고와 乙 사이에 X토지에 관하여 2021. 4. 1. 체결된 매매계약을 취소한다.
2. 피고는 乙에게 제1항 기재 토지에 관하여 서울중앙지방법원 등기국 2021. 4. 2. 접수 제1234호로 마친소유권이전등기의말소등기절차를 이행하라.
3. 소송비용은 피고가 부담한다.
4. 제2항은 가집행할 수 있다.

[주문]
1. 피고와 乙 사이에 X토지에 관하여 2021. 4. 1. 체결된 매매계약을 100,000,000원의 한도 내에서 취소한다.
2. 피고는 원고에게 100,000,000원을 지급하라.
3. 원고의 나머지 청구를 기각한다.
4. 소송비용은 피고가 부담한다.
5. 제2항은 가집행할 수 있다.

ㄱ. 만약 X토지에 관하여 2020. 3. 15.에 설정된 저당권(피담보채무액 1억 원)이 2021. 5. 1.에 소멸하였다면 법원이 청구취지 변경 없이 주문 제1, 2항과 같은 판결을 선고한 것은 타당하다.
ㄴ. 법원이 주문 제5항과 같이 가집행을 선고한 것은 타당하다.
ㄷ. 만약 甲이 주문 제2항과 같이 1억 원의 지급을 구하는 것으로 청구취지를 변경하면서 「소송촉진 등에 관한 특례법」에 따라 연12%의 비율에 의한 지연손해금을 청구하였다면 법원은 주문 제2항에서 연 12%의 비율에 의한 지연손해금을 명하는 것으로 선고할 수 있다.
ㄹ. 만약 甲이 은행이고 丙이 甲의 위 대여금채권에 대한 소멸시효 항변을 하였다면 법원은 甲의 청구를 전부 기각하는 취지의 판결을 선고하였을 것이다.
ㅁ. 丙이 甲에 대하여 가지는 금전채권을 집행채권으로 하여 주문 제2항의 가액배상채권에 대하여 받은 압류 및 전부명령은 무효이다.

① ㄱ, ㄹ
② ㄱ, ㅁ
③ ㄴ, ㄷ
④ ㄱ, ㄷ, ㄹ
⑤ ㄴ, ㄹ, ㅁ

해설 ㄱ. [O] 判例는 특히 저당권 등이 설정된 부동산에 관하여 사해행위가 이루어진 다음 그 저당권 등이 말소된 경우, 원물반환청구 중에는 가액배상을 구하는 취지도 포함된 것으로 판단한다.
저당권이 설정되어 있는 부동산이 사해행위로 이전된 경우에 그 사해행위는 부동산의 가액에서 저당권의 피담보채권액을 공제한 잔액의 범위 내에서만 성립한다고 보아야 하므로, 사해행위 후 변제 등에 의하여 저당권설정등기가 말소된 경우 그 부동산의 가액에서 저당권의 피담보채무액을 공제한 잔액의 한도에서 사해행위를 취소하고 그 가액의 배상을 구할 수 있을 뿐이고, 특별한 사정이 없는 한 변제자가 누구인지에 따라 그 방법을 달리한다고 볼 수는 없는 것이며, 사해행위인 계약 전부의 취소와 부동산 자체의 반환을 구하는 청구취지 속에는 위와 같이 일부취소를 하여야 할 경우 그 일부취소와 가액배상을 구하는 취지도 포함되어 있다고 볼 수 있으므로 청구취지의 변경이 없더라도 바로 가액반환을 명할 수 있다(대판 2001.6.12. 99다20612).

ㄴ. [X], ㄷ. [X] "가액배상의무는 사해행위의 취소를 명하는 판결이 확정된 때에 비로소 발생하므로 그 '판결이 확정된 다음날'부터 이행지체 책임을 지게 되고, 따라서 소송촉진 등에 관한 특례법 소정의 이율은 적용되지 않고 민법 소정의 법정이율이 적용된다"(대판 2009.1.15. 2007다61618)(지문 ㉢).
그리고 사해행위청구에서 가액배상의 청구는 사해행위취소의 효과발생을 전제로 하는 이행청구로 그 이행기의 도래가 판결확정 이후임이 명백하여 확정 전에는 집행할 수 없으므로 가집행의 선고를 붙이지 않는다(지문 ㉡).
비교판례 가집행선고는 '재산권의 이행청구에 관한 미확정의 종국판결'에 집행력을 부여하는 형성적 재판이므로 ㉠ 확인판결, ㉡ 형성판결(공유물분할판결, 사해행위취소청구), ㉢ 의사의 진술을 명하는 판결(이전등기 · 말소등기 청구, 부동산등기법 제57조 또는 제59조의 승낙의 의사표시를 구하는 청구, 채권양도 통지청구, 토지거래허가신청 등), ㉣ 이행기가 판결확정 이후에 도래함이 명백한 판결(사해행위취소소송에서의 가액배상청구) 등의 경우에는 가집행선고가 허용되지 않는다. 그러나 동시이행관계나 선이행관계는 가집행 선고가 가능하다.

ㄹ. [O] 채권자취소권의 요건으로서 ① 객관적 요건으로는 i) (금전)채권이 사해행위 이전에 발생하여야 하고(피보전채권), ii) 채권자를 해하는 재산권을 목적으로 하는 법률행위가 있어야 하며(사해행위), ② 주관적 요건으로는 채무자 및 수익자(또는 전득자)의 사해의사가 있어야 한다(제406조). 피보전채권이 흠결된 경우 사해행위취소소송은 청구기각된다.
사해행위취소소송의 상대방이 된 '사해행위의 수익자'는, 사해행위가 취소되면 사해행위에 의해 얻은 이익을 상실하고 사해행위취소권을 행사하는 채권자의 채권이 소멸하면 그와 같은 이익의 상실을 면하는 지위에 있으므로, 피보전채권의 소멸에 의해 직접 이익을 받는 자에 해당한다고 한다(대판 2007.11.29. 2007다54849)

ㅁ. [X] 수익자가 채권자취소권을 행사하는 '채권자에 대해 가지는 별개의 다른 채권'을 집행하기 위하여 그에 대한 집행권원을 가지고 채권자의 수익자에 대한 가액배상채권을 압류하고 전부명령을 받는 것은 허용된다. 나아가 상계가 금지되는 채권이라고 하더라도 압류금지채권에 해당하지 않는 한 강제집행에 의한 전부명령의 대상이 될 수 있다(대결 2017.8.21. 2017마499).

[정답] ①

제5장 수인의 채권자 및 채무자

문 61 불가분채권 · 채무관계에 관한 설명 중 옳은 것을 모두 고른 것은? (다툼이 있는 경우 판례에 의함) [변시 14회]

ㄱ. 건물 공유자들의 그 건물 무단 점유자에 대한 차임 상당 부당이득반환청구권은 특별한 사정이 없는 한 성질상 불가분채권이다.
ㄴ. 금전채권의 불가분채권자들 중 1인을 집행채무자로 한 압류 및 전부명령이 이루어진 경우, 그 집행채무자인 불가분채권자의 채권은 전부채권자에게 이전되더라도 다른 불가분채권자는 그 불가분채권의 채무자에게 불가분채권 전부의 이행을 청구할 수 있다.
ㄷ. 타인 소유 대지 위에 권원 없이 세워진 건물의 소유자를 상속한 공동상속인들의 건물 철거의무는 다른 공동상속인의 지분에 관하여도 철거의무를 부담하는 불가분채무이므로, 이 경우 공동상속인들을 상대로 한 건물철거소송은 필수적 공동소송이다.

① ㄴ　② ㄱ, ㄴ
③ ㄱ, ㄷ　④ ㄴ, ㄷ
⑤ ㄱ, ㄴ, ㄷ

해 설 ㄱ. [X] 공유물을 무단으로 점유한 제3자에 대한 불법행위에 의한 손해배상청구권 또는 부당이득반환청구권은 공유자 각자의 그 지분비율에 따른 분할채권관계에 있다(대판 1979.1.30. 78다2088).
비교판례 수인이 공동으로 법률상 원인 없이 타인의 재산을 사용한 경우의 부당이득반환채무는 불가분적 이득의 상환으로서 불가분채무이며 불가분채무는 각 채무자가 채무 전부를 이행할 의무가 있으며, 1인의 채무이행으로 다른 채무자도 그 의무를 면하게 된다고 하였다(대판 2001.12.11. 2000다13948)

ㄴ. [O] 불가분채권의 경우, 청구와 이행에 따른 효과 이외의 사유는 다른 채권자에게 그 효력이 없다(제410조 1항 후문).
判例에 따르면, "수인의 채권자에게 금전채권이 불가분적으로 귀속되는 경우에, 불가분채권자들 중 1인을 집행채무자로 한 압류 및 전부명령이 이루어지면 그 불가분채권자의 채권은 전부채권자에게 이전되지만, 그 압류 및 전부명령은 집행채무자가 아닌 다른 불가분채권자에게 효력이 없으므로, 다른 불가분채권자의 채권의 귀속에 변경이 생기는 것은 아니다. 따라서 다른 불가분채권자는 모든 채권자를 위하여 채무자에게 불가분채권 전부의 이행을 청구할 수 있고, 채무자는 모든 채권자를 위하여 다른 불가분채권자에게 전부를 이행할 수 있다. 이러한 법리는 불가분채권의 목적이 금전채권인 경우 그 일부에 대하여만 압류 및 전부명령이 이루어진 경우에도 마찬가지이다"(대판 2023.3.30. 2021다264253).
예컨대, 보증금반환채권의 불가분채권자인 공동임차인 중 1인에 대한 채권자가 임대차보증금반환채권 일부에 대하여 압류 및 전부명령을 받은 경우 그 압류 및 전부명령의 효력은 나머지 공동임차인들에게 미치지 않는다(대판 2023.3.30. 2021다264253).

ㄷ. [X] 공동상속인들의 건물철거의무는 그 성질상 불가분채무라고 할 것이고 각자 그 지분의 한도

내에서 건물 전체에 대한 철거의무를 지는 것이다(대판 1980.6.24. 80다756). 따라서 토지소유자인 원고가 위 공동 상속자인 소외 A를 제외하고 나머지 상속인들인 피고들만을 상대로 하여 건물 전체의 철거를 구하고 있다고 해서 이것이 잘못이라고 할 수는 없다(同 判例).
즉, 判例는 공동상속인들의 건물철거의무는 그 성질상 불가분채무라고 하면서도, 각자 자기 지분의 범위 안에서 목적물 전체에 대한 의무를 부담한다고 하여 가분채무와 마찬가지로 처리하여 공동상속인들을 상대로 한 건물철거소송은 필수적 공동소송이 아니라는 취지로 판시하였다.

[정답] ①

문 62 다수당사자의 채권관계에 관한 설명 중 옳지 않은 것은? (다툼이 있는 경우 판례에 의함) [변시 9회]

① 급부의 내용이 가분인 금전채무가 공동상속된 경우, 이는 상속개시와 동시에 당연히 법정상속분에 따라 공동상속인에게 분할되어 귀속된다.
② 공동불법행위자 전원에게 과실이 있는 경우, 그 중 1인이 자기의 부담부분 이상을 변제하여 공동의 면책을 얻게 하였을 때에는, 그에게 구상의무를 부담하는 다른 공동불법행위자가 수인이라면 이들의 구상권자에 대한 채무는 특별한 사정이 없는 한 부진정연대채무이다.
③ 불가분채권자 중의 1인과 채무자 간에 경개나 면제가 있는 경우에 채무 전부의 이행을 받은 다른 채권자는 그 1인이 권리를 잃지 아니하였으면 그에게 분급할 이익을 채무자에게 상환하여야 한다.
④ 여러 사람이 공동으로 법률상 원인 없이 타인의 재산을 사용한 경우의 부당이득반환채무는 특별한 사정이 없는 한 불가분채무이므로 각 채무자가 채무 전부를 이행할 의무가 있고, 1인의 채무이행으로 다른 채무자도 그 의무를 면하게 된다.
⑤ 하나의 계약으로 수인에게 연대채무가 발생한 경우 어느 연대채무자에 대한 법률행위의 무효나 취소의 원인은 다른 연대채무자의 채무에 영향을 미치지 아니한다.

해설 ① [O] ※ 상속채무가 가분채무인 경우
"금전채무와 같이 급부의 내용이 가분인 채무가 공동상속된 경우, 이는 상속 개시와 동시에 당연히 법정상속분에 따라 공동상속인에게 분할되어 귀속되는 것이므로, 상속재산 분할의 대상이 될 여지가 없다"(대판 1997.6.24. 97다8809).

② [X] ※ 수인의 구상의무자간 상호관계(원칙적 분할채무)
공동불법행위자 중 1인에 대하여 구상의무를 부담하는 다른 공동불법행위자가 수인인 경우에는 특별한 사정이 없는 이상 그들의 구상권자에 대한 채무는 각자의 부담 부분에 따른 '분할채무'로 본다(대판 2002.9.27. 2002다15917). 따라서 각자의 내부적 부담부분의 범위 내에서만 구상의무를 부담한다.

비교판례 그러나 구상권자인 공동불법행위자측에 과실이 없는 경우, 즉 내부적인 부담 부분이 전혀 없는 경우에는 이와 달리 그에 대한 수인의 구상의무 사이의 관계를 '부진정연대관계'로 봄이 상당하다고 한다(대판 2005.10.13. 2003다24147).

③ [○] ※ 불가분채권의 1인에게 생긴 사유의 효력(상대적 효력있는 사유)
불가분채권의 경우 청구와 이행에 따른 효과 이외의 사유는 다른 채권자에게 그 효력이 없다(제410조 1항 후문). 다만 경개나 면제가 있는 경우에 채무전부의 이행을 받은 다른 채권자는 그 1인이 권리를 잃지 아니하였으면 그에게 분급할 이익을 채무자에게 상환하여야 한다(제410조 2항).

비교쟁점 ※ 불가분채권의 1인에게 생긴 사유의 효력(절대적 효력있는 사유)
불가분채권의 각 채권자는 모든 채권자를 위하여 이행을 청구할 수 있고, 채무자는 모든 채권자를 위하여 각 채권자에게 이행할 수 있으므로(제409조 후문), 이 청구와 이행의 한도에서는 다른 채권자에게도 그 효력이 미친다(제410조 1항 전문). 즉 1인의 채권자의 청구에 의한 시효중단 · 이행지체의 효과나, 채무자가 1인의 채권자에 대해 한 변제 · 변제의 제공 · 채권자지체의 효과는 모두 다른 채권자에게도 발생한다.

④ [○] ※ 공동의 점유 · 사용으로 인한 부당이득 반환채무의 성질(불가분채무)
"여러 사람이 공동으로 법률상 원인 없이 타인의 재산을 사용한 경우의 부당이득 반환채무는 특별한 사정이 없는 한 불가분적 이득의 반환으로서 불가분채무이고, 불가분채무는 각 채무자가 채무 전부를 이행할 의무가 있으며, 1인의 채무이행으로 다른 채무자도 그 의무를 면하게 된다"(대판 2001.12.11, 2000다13948).

⑤ [○] ※ 어느 연대채무자에 생긴 무효, 취소
연대채무는 채무자의 수만큼 복수의 채무가 존재하는 것으로(복수성), 채무자간에 연대관계가 존재하지만 각자의 채무는 독립되어있다(독립성). 따라서 어느 연대채무자에 대한 법률행위의 무효나 취소의 원인은 다른 연대채무자의 채무에 영향을 미치지 아니한다(제415조).

[정답] ②

문 63 다음 설명 중 옳지 않은 것은? (다툼이 있는 경우 판례에 의함) [변시 4회]

① 연대채무자 중 1인에게 발생한 법률행위의 무효나 취소의 원인은 다른 연대채무자의 채무에는 영향이 없다.
② 채권자의 신청에 의한 경매개시결정에 따라 연대채무자 중 1인 소유의 부동산이 압류된 경우, 압류에 의한 시효중단의 효력은 다른 연대채무자에게 미치지 않는다.
③ 부진정연대채무자 중 1인이 자신의 채권자에 대한 반대채권으로 상계를 한 경우, 그 상계로 인한 채무소멸의 효력은 소멸한 채무 전액에 관하여 다른 부진정연대채무자에 대하여도 미친다.
④ 공동불법행위자 중 1인의 손해배상채무가 시효로 소멸한 후 다른 공동불법행위자가 피해자에게 자기의 부담 부분을 넘는 손해를 배상한 경우, 손해를 배상한 공동불법행위자는 손해배상채무가 시효로 소멸한 다른 공동불법행위자에게는 구상권을 행사할 수 없다.
⑤ 부진정연대채무자 중 1인을 위하여 보증인이 된 자가 피보증인을 위하여 채무를 변제하였다면 다른 부진정연대채무자에 대하여 구상권을 행사할 수 있다.

해 설 ① [○] ※ 어느 연대채무자에 생긴 무효, 취소
연대채무는 채무자의 수만큼 복수의 채무가 존재하는 것으로(복수성), 채무자간에 연대관계가 존재하지만 각자의 채무는 독립되어있다(독립성). 따라서 어느 연대채무자에 대한 법률행위의 무효나 취소의 원인은 다른 연대채무자의 채무에 영향을 미치지 아니한다(제415조).

② [○] **제416조(이행청구의 절대적 효력)** 「어느 연대채무자에 대한 이행청구는 다른 연대채무자에게도 효력이 있다.」
제423조(효력의 상대성의 원칙) 「전7조의 사항외에는 어느 연대채무자에 관한 사항은 다른 연대채무자에게 효력이 없다.」
☞ 이행청구 이외의 시효중단사유(압류 · 가압류 · 가처분 등)는 상대적 효력이 있을 뿐이다. 채권자가 연대채무자 1인의 소유 부동산에 대하여 경매신청을 한 경우에 이는 최고로서의 효력이 있다. 한편 이 최고는 다른 연대채무자에게도 효력이 있으므로(제416조), 채권자가 6개월 내에 '다른 연대채무자'를 상대로 재판상 청구 등을 한 때에는 그 '다른 연대채무자'에 대한 채권의 소멸시효가 중단되지만, 이로 인하여 중단된 시효는 위 경매절차가 종료된 때가 아니라 재판이 확정된 때부터 새로 진행된다. 그리고 연대채무자 1인의 소유 부동산이 경매개시결정에 따라 압류된 경우, '다른 연대채무자'에게는 시효중단의 효력이 없다(제169조 참조)(대판 2001.8.21, 2001다22840).

③ [○] 종래 判例의 기본적 입장은 상계의 상대적 효력만 인정하였으나, 최근 전원합의체 판결을 통해 "부진정연대채무자 중 1인이 자신의 채권자에 대한 반대채권으로 상계를 한 경우에도 채권은 변제, 대물변제, 또는 공탁이 행하여진 경우와 동일하게 현실적으로 만족을 얻어 그 목적을 달성하는 것이므로, 그 상계로 인한 채무소멸의 효력은 소멸한 채무 전액에 관하여 다른 부진정연대채무자에 대하여도 미친다고 보아야 한다. 이는 부진정연대채무자 중 1인이 채권자와 상계계약을 체결한 경우에도 마찬가지이다. 나아가 이러한 법리는 채권자가 상계 내지 상계계약이 이루어질 당시 다른 부진정연대채무자의 존재를 알았는지 여부에 의하여 좌우되지 아니한다"(대판 2010.9.16, 전합2008다97218)고 하여 상계의 절대적 효력을 인정하였다.

비교판례 그러나 부진정연대채무자 사이에는 고유한 의미의 부담부분이 존재하지 않으므로 이를 전제로 한 제418조 2항은 유추적용되지 않는다(대판 1994.5.27, 93다21521).

④ [×] "공동불법행위자(부진정연대채무자) 중 1인의 손해배상채무가 시효로 소멸한 후에 다른 공동불법행위자(부진정연대채무자) 1인이 피해자에게 자기의 부담 부분을 넘는 손해를 배상하였을 경우에도, 그 공동불법행위자는 다른 공동불법행위자에게 구상권을 행사할 수 있다"(대판 2010.12.23, 2010다52225).

비교쟁점 **제421조(소멸시효의 절대적 효력)** 「어느 연대채무자에 대하여 소멸시효가 완성한 때에는 그 부담부분에 한하여 다른 연대채무자도 의무를 면한다.」

⑤ [○] "어느 부진정연대채무자를 위하여 보증인이 된 자가 채무를 이행한 경우에는 다른 부진정연대채무자에 대하여도 직접 구상권을 취득하게 되고, 그와 같은 구상권을 확보하기 위하여 채권자를 대위하여 채권자의 다른 부진정연대채무자에 대한 채권 및 그 담보에 관한 권리를 구상권의 범위 내에서 행사할 수 있다"(대판 2010.5.27, 2009다85861).

[정답] ④

문 64 甲, 乙은 丙으로부터 농기계 1대를 10일 동안 사용하기로 하고 차임 1,000만 원에 공동으로 임차하였는데 甲, 乙 사이의 부담부분에 관하여 따로 정하지 아니하였다. 이에 관한 설명 중 옳지 않은 것은? (다툼이 있는 경우 판례에 의함) [변시 11회]

① 甲, 乙의 丙에 대한 차임지급채무가 기한의 정함이 없는 경우, 丙이 甲에게 이행청구를 하여 甲의 채무의 이행기가 도래하면 乙의 채무 역시 이행기가 도래한다.

② 甲에게 위 임대차계약의 무효의 원인이 있는 경우, 乙은 여전히 丙에 대하여 1,000만 원의 차임지급채무를 부담한다.

③ 甲이 丙에 대한 700만 원의 반대채권을 가지고 丙의 甲에 대한 차임채권과 상계하였다면, 乙의 丙에 대한 채무는 300만 원으로 감축된다.

④ 甲이 丙에 대하여 700만 원의 반대채권을 가지고 丙의 甲에 대한 차임채권과 상계할 수 있음에도 상계를 하지 않는 경우, 乙은 500만 원의 범위 내에서 甲의 丙에 대한 반대채권을 가지고 丙의 甲에 대한 차임채권과 상계할 수 있다.

⑤ 甲이 丙에게 차임지급채무 1,000만 원 중 500만 원을 지급한 경우, 甲은 乙에 대하여 구상권을 행사할 수 없다.

해설 ① [○] ※ 공동임차인의 연대의무(연대채무의 일체형 절대적 효력 : 이행청구)

수인이 공동으로 임차하는 경우, 임차인 각자는 차임의 지급을 비롯하여 임차인의 의무를 연대하여 부담한다(제654조, 제616조). 그런데 어느 연대채무자에 대한 이행청구는 다른 연대채무자에게도 효력이 있으므로(제416조), 공동임차인 1인에 대한 이행청구는 다른 공동임차인에게 효과가 있다.

☞ 공동임차인 甲에게 이행청구를 하여 甲의 채무의 이행기가 도래하면 다른 공동임차인 乙의 채무 역시 이행기가 도래한다.

② [○] ※ 연대채무의 독립성

어느 연대채무자에 대한 법률행위의 무효나 취소의 원인은 다른 연대채무자의 채무에 영향을 미치지 아니한다(제415조).

☞ 甲에게 위 임대차계약의 무효의 원인이 있더라도, 다른 공동임차인에게는 영향이 없으므로 乙은 여전히 丙에 대하여 1,000만 원의 차임지급채무를 부담한다.

③ [○] ※ 공동임차인의 연대의무(연대채무의 일체형 절대적 효력 : 상계)

어느 연대채무자가 채권자에 대하여 채권이 있는 경우에 그 채무자가 상계한 때에는 채권은 모든 연대채무자의 이익을 위하여 소멸한다(제418조 1항).

☞ 甲이 丙에 대하여 한 상계의 효과는 乙에게 절대적으로 효과가 미치므로, 甲이 丙에 대하여 700만 원의 반대채권을 가지고 상계하였다면, 乙의 丙에 대한 채무는 300만 원으로 감축된다.

④ [○] ※ 공동임차인의 연대의무(연대채무의 부담부분형 절대적 효력 : 면, 상, 혼, 소)

면제(제419조), 혼동(제420조), 소멸시효의 완성(제421조), 다른 연대채무자에 의한 상계(제418조 2항)의 경우 당해 채무자의 부담부분에 한하여 절대적 효력이 인정된다. 즉, **상계할 채권이 있는 연대채무자가 상계하지 아니한 때에는 그 채무자의 부담부분에 한하여 다른 연대채무자가 상계할 수 있다(제418조 2항).**

☞ 甲과 乙은 부담부분에 대하여 따로 정하지 않았는바, **연대채무자의 부담부분은 균등한 것으로**

추정되므로(제424조), 甲과 乙의 丙에 대한 차임채무 1000만 원에 대한 부담부분은 각 500만 원으로 균등하다. 따라서 甲이 丙에 대하여 700만 원의 반대채권을 가지고 丙의 甲에 대한 차임채권과 상계할 수 있음에도 상계를 하지 않는 경우, 乙은 500만 원의 범위 내에서 甲의 丙에 대한 반대채권을 가지고 丙의 甲에 대한 차임채권과 상계할 수 있다.

⑤ [X] ※ 연대채무의 구상관계(자신의 부담부분 이하의 출재도 구상가능)
어느 연대채무자가 i) 변제 기타 자기의 출재로 ii) 공동면책이 된 때에는 iii) 다른 연대채무자의 부담부분에 대하여 구상권을 행사할 수 있다(제425조 1항). 공동면책이 있기만 하면 되고 그 범위가 출재를 한 연대채무자의 부담부분 이상일 필요가 없다(통설). 공평을 위한 것이기 때문이다[공동보증인간의 구상권이나(제448조) 및 부진정연대채무자간의 구상권(대판 1997.12.12, 96다50896)에서는 '자기의 부담부분'을 넘어야 하지만, 주관적 공동관계가 존재하는 연대채무에서도 그렇게 볼 것은 아니다]. 따라서 공동면책이 있기만 하면 출재한 액에 관하여 부담부분의 비율에 따라 구상할 수 있다.
☞ 甲과 乙의 丙에 대한 차임채무에 대한 부담부분은 균등하므로(제424조), 甲이 丙에게 차임지급채무 1,000만 원 중 500만 원을 지급한 경우, 甲은 乙에 250만 원(=500만원×1/2)에 대하여 구상권을 행사할 수 있다.

[정답] ⑤

문65 다수당사자 채권관계에 관한 설명 중 옳은 것(○)과 옳지 않은 것(×)을 올바르게 조합한 것은? (각 지문은 독립적이며, 다툼이 있는 경우 판례에 의함) [변시 12회]

ㄱ. 甲, 乙, 丙이 공동의 불법행위로 丁에게 9,000만 원의 부진정연대채무를 부담하고 있고 과실비율은 균등하다. 이 경우 甲의 보증인 戊가 6,000만 원을 변제하였다면 戊는 乙과 丙에 대해 각 2,000만 원의 구상권을 취득한다.
ㄴ. 주채무자인 甲의 부탁을 받은 乙은 채권자 丙에 대해 주채무금액 5,000만 원에 관한 보증을 하였다. 이후 주채무의 변제기한인 2022. 8. 31.이 도래하고 甲이 변제를 하지 않아 2022. 9. 30.자로 약정이자 1,000만 원, 지연손해금 50만 원이 발생하게 되면 2022. 9. 30. 乙은 甲에게 6,050만 원의 사전구상금액을 청구할 수 있다.
ㄷ. 甲은 주채무자, 戊는 채권자인 상황에서 乙, 丙, 丁이 戊에 대해 주채무금액 9,000만 원에 관한 연대보증을 하였고 그 비율이 균등하다. 이 경우 丙이 3,000만 원을 변제한 후 丁이 6,000만 원을 변제하였다면 丁은 다른 연대보증인 중 乙에 대해서만 3,000만 원의 구상권을 취득한다.

① ㄱ(○), ㄴ(×), ㄷ(×)
② ㄱ(○), ㄴ(×), ㄷ(○)
③ ㄱ(×), ㄴ(○), ㄷ(○)
④ ㄱ(×), ㄴ(○), ㄷ(×)
⑤ ㄱ(×), ㄴ(×), ㄷ(○)

해 설 ㄱ. [X] ※ 수인의 구상의무자간 상호관계

제447조(연대, 불가분채무의 보증인의 구상권) 「어느 연대채무자나 어느 불가분채무자를 위하여 보증인이 된 자는 다른 연대채무자나 다른 불가분채무자에 대하여 그 부담부분에 한하여 구상권이 있다.」

判例는 "어느 **부진정연대채무자를 위하여 보증인이 된 자가 채무를 이행한 경우에는 다른 부진정연대채무자에 대하여도 직접 구상권을 취득**하게 되고, 그와 같은 구상권을 확보하기 위하여 채권자를 대위하여 채권자의 다른 부진정연대채무자에 대한 채권 및 그 담보에 관한 권리를 구상권의 범위 내에서 행사할 수 있다"(대판 2010.5.27. 2009다85861)고 한다. 즉, 연대 · 불가분채무의 보증인의 구상권에 관한 제447조가 부진정연대채무의 경우에도 유추적용된다.

한편, 연대채무와는 달리 자기 부담부분을 넘은(초과) 면책행위를 해야 다른 부진정연대채무자에게 구상권을 행사할 수 있다(대판 1997.12.12. 96다50896). 아울러 공동불법행위자 중 1인에 대하여 구상의무를 부담하는 다른 공동불법행위자가 수인인 경우에는 특별한 사정이 없는 이상 그들의 구상권자에 대한 채무는 각자의 부담 부분에 따른 '분할채무'로 본다(대판 2002.9.27. 2002다15917). 따라서 각자의 내부적 부담부분의 범위 내에서만 구상의무를 부담한다.

☞ 甲, 乙, 丙의 과실비율이 균등하므로 甲의 보증인 戊가 丁에게 9,000만 원의 부진정연대채무 중 6,000만 원을 변제하였다면 戊는 甲의 부담부분인 3,000만 원을 넘는 3,000만 원에 대해서 乙과 丙에 대해 각 1,500만 원의 구상권(분할채권)을 취득한다.

ㄴ. [O] ※ **사전구상의 범위**(구상 당시까지의 채무전액)

사전구상은 장래의 변제를 위하여 자금의 제공을 청구하는 것이므로 i) **'면책에 필요한 비용 그 자체'**인 주채무인 원금과 사전구상에 응할 때까지 이미 발생한 약정이자와 기한 후의 지연손해금, 피할 수 없는 비용 기타의 손해액이 포함될 뿐이고, ii) '면책비용에 대한 법정이자'나 주채무인 원금에 대한 장래 도래할 이행기까지의 이자, **수탁보증인이 아직 지출하지 아니한 금원에 대한 지연손해금은 사전구상권의 범위에 포함될 수 없다**(대판 2005.11.25. 2004다66834,66841 등).

☞ 乙은 甲에게 원금 5,000만 원과 구상당시인 2022. 9. 30.까지의 약정이자 1,000만 원 및 지연손해금 50만 원을 합한 6,050만 원의 사전구상금액을 청구할 수 있다.

ㄷ. [O] ※ 연대보증인 상호 간의 구상권 행사

연대보증인이 여럿인 경우 그 중 1인이 '자기의 부담부분을 넘은 변제'를 하여 '공동면책'이 된 때에는 다른 보증인들에게 그들의 부담부분에 대하여 구상권을 행사할 수 있다(제448조 2항, 제425조). 다만 判例에 따르면 "다른 연대보증인 가운데 이미 자기의 부담부분을 변제한 사람에 대하여는 구상을 할 수 없으므로 그를 제외하고 **아직 자기의 부담부분을 변제하지 아니한 사람에 대하여만 구상권을 행사하여야 한다**"(대판 1993.5.27. 93다4656)

☞ 丙은 자기부담부분인 3,000만 원을 변제했으므로 乙과 丁에게 구상권을 행사할 수 없고, 丁은 자신의 부담부분을 넘는 3,000만 원에 대해 아직 자기의 부담부분을 변제하지 아니한 乙에 대해서만 3,000만 원을 구상할 수 있다.

[정답] ③

문 66 **다음 설명 중 옳지 않은 것은?** (다툼이 있는 경우 판례에 의함) [변시 5회]

① 공동불법행위자는 채권자에 대한 관계에서 부진정연대책임을 지되, 공동불법행위자 중 1인이 전체 채무를 변제한 경우 특별한 사정이 없는 한 나머지 공동불법행위자들이 부담하는 구상채무의 성질은 각자의 부담부분에 따른 분할채무이다.

② 보증인은 자신의 채권자에 대한 채권으로 채권자의 보증채권과 상계할 수 있을 뿐만 아니라, 주채무자의 채권자에 대한 채권으로도 상계할 수 있다.

③ 공동불법행위자는 자신의 부담부분 이상을 변제하여 공동의 면책을 얻게 하였을 때에 다른 공동불법행위자에 대하여 구상권을 행사할 수 있으나, 연대채무자는 자신의 부담부분 이상을 변제하지 않더라도 다른 연대채무자에 대하여 구상권을 행사할 수 있다.

④ 부진정연대채무자 중의 1인이 채권자에 대하여 한 상계는 절대적 효력이 있지만, 부진정연대채무자 중의 1인과 채권자 사이의 상계계약의 경우에는 절대적 효력이 인정되지 않는다.

⑤ 여러 사람이 공동으로 법률상 원인 없이 타인의 재산을 사용한 경우의 부당이득 반환채무는 특별한 사정이 없는 한 불가분적 이득의 반환으로서 불가분채무이고, 불가분채무는 각 채무자가 채무 전부를 이행할 의무가 있으며, 1인의 채무이행으로 다른 채무자도 그 의무를 면하게 된다.

해설 ① [○] 제760조는 공동불법행위자는 연대하여 그 손해를 배상할 책임이 있다고 규정한다. 그런데 통설과 判例는 이 연대를 '부진정연대채무'로 해석한다. 왜냐하면 연대채무에서는 절대적 효력이 미치는 범위가 상당히 넓으므로 피해자를 두텁게 보호하기 위해서는 부진정연대채무로 함이 유리하기 때문이다.

그러나 공동불법행위자 중 1인에 대하여 구상의무를 부담하는 다른 공동불법행위자가 수인인 경우에는 특별한 사정이 없는 이상 그들의 구상권자에 대한 채무는 각자의 부담 부분에 따른 '분할채무'로 본다(대판 2002.9.27, 2002다15917). 따라서 각자의 내부적 부담부분의 범위 내에서만 구상의무를 부담한다.

비교판례 다만 구상권자인 공동불법행위자측에 과실이 없는 경우(운전자에게 과실이 없는 경우에도 자배법상 운행자책임이 성립할 수 있다), 즉 내부적인 부담 부분이 전혀 없는 경우에는 이와 달리 그에 대한 수인의 구상의무 사이의 관계를 '부진정연대관계'로 봄이 상당하다고 한다(대판 2005.10.13, 2003다24147).

② [○] 보증인은 자신의 채권자에 대한 채권으로 채권자의 보증채권과 상계할 수 있을 뿐만 아니라, 보증인은 주채무자의 채권에 의한 상계로 채권자에게 대항할 수 있다(제434조). 즉 보증인은 주채무자의 상계권을 직접 행사할 수 있다.

비교판례 반대로 "채권자가 주채무자에 대해 상계적상에 있는 채권을 가지고 있으면서 상계하지 않고 있는 때에는 보증인이 상계하거나 이를 이유로 보증채무의 이행을 거절할 수 있는 것은 아니다"(대판 1987.5.12, 86다카1340).

③ [○] 공동보증인간의 구상권이나(제448조) 및 부진정연대채무자간의 구상권(대판 1997.12.12, 96다50896)에서는 '자기의 부담부분'을 넘어야 하지만, 주관적 공동관계가 존재하는 연대채무에서도

그렇게 볼 것은 아니다.

즉 判例는 "부진정연대채무의 관계에 있는 복수의 책임주체 내부관계에 있어서는 형평의 원칙상 일정한 부담부분이 있을 수 있으며, 그 부담부분은 각자의 고의 및 과실의 정도에 따라 정하여지는 것으로서, 부진정연대채무자 중 1인이 자기의 부담부분 이상을 변제하여 공동의 면책을 얻게 하였을 때에는 다른 부진정연대채무자에게 그 부담부분의 비율에 따라 구상권을 행사할 수 있다"(대판 2006.1.27, 2005다19378 : A의 경비용역계약상 채무불이행으로 인한 손해배상채무와 B의 절도라는 불법행위로 인한 손해배상채무는 부진정연대의 관계에 있고, A의 부담부분을 20%, B의 부담부분을 80%로 인정한 사안)고 판시하고 있다.

반면 연대채무의 경우 구상권이 성립하기 위해서는 공동면책이 있기만 하면 되고 그 범위가 출재를 한 연대채무자의 부담부분 이상일 필요가 없다(통설). 연대채무자 사이의 구상권 행사에 있어서 '부담부분'이란 연대채무자가 그 내부관계에서 출재를 분담하기로 한 비율을 말한다. 그 결과 최근 判例가 판시하는 바와 같이 "변제 기타 자기의 출재로 일부 공동면책되게 한 연대채무자는 역시 변제 기타 자기의 출재로 일부 공동면책되게 한 다른 연대채무자를 상대로 하여서도 자신의 공동면책액 중 다른 연대채무자의 분담비율에 해당하는 금액이 다른 연대채무자의 공동면책액 중 자신의 분담비율에 해당하는 금액을 초과한다면 그 범위에서 여전히 구상권을 행사할 수 있다고 보아야 한다"(대판 2013.11.14, 2013다46023). 예를 들어 A·B·C가 D에 대하여 300만 원의 연대채무를 부담하고 그들의 부담부분이 균등한 경우에, A가 D에게 60만 원을 변제하였다면 A는 B와 C에게 20만 원(=60만원×1/3)씩 구상할 수 있다. 그리고 만약 B도 30만 원을 변제하였으면 A는 B에게 10만 원[(20만 원-10만원(=30만원×1/3)]을 구상할 수 있다.

④ [×] 종래 判例의 기본적 입장은 상계의 상대적 효력만 인정하였으나, 최근 전원합의체 판결은 "부진정연대채무자 중 1인이 자신의 채권자에 대한 반대채권으로 상계를 한 경우에도 채권은 변제, 대물변제, 또는 공탁이 행하여진 경우와 동일하게 현실적으로 만족을 얻어 그 목적을 달성하는 것이므로, 그 상계로 인한 채무소멸의 효력은 소멸한 채무 전액에 관하여 다른 부진정연대채무자에 대하여도 미친다고 보아야 한다. 이는 부진정연대채무자 중 1인이 채권자와 상계계약을 체결한 경우에도 마찬가지이다. 나아가 이러한 법리는 채권자가 상계 내지 상계계약이 이루어질 당시 다른 부진정연대채무자의 존재를 알았는지 여부에 의하여 좌우되지 아니한다"(대판 2010.9.16, 전합2008다97218)고 하여 상계의 절대적 효력을 인정하였다.

⑤ [○] "여러 사람이 공동으로 법률상 원인 없이 타인의 재산을 사용한 경우의 부당이득의 반환채무는 특별한 사정이 없는 한 불가분적 이득의 반환으로서 불가분채무이고, 불가분채무는 각 채무자가 채무 전부를 이행할 의무가 있으며, 1인의 채무이행으로 다른 채무자도 그 의무를 면하게 된다"(대판 2001.12.11, 2000다13948).

[정답] ④

문 67 甲은 공인중개사인 乙의 중개보조원으로 일하면서 고객인 丙의 인감증명서와 도장을 업무상 자신이 보유하고 있음을 기화로 허위의 임대차계약을 체결하였고, 이를 통해 6,000만 원을 취득하여 丙에게 동액 상당의 손해를 입혔는데, 乙은 甲의 불법행위에 가담하지 않았다. 丙은 甲과 乙에 대해서 각각 일반불법행위책임과 사용자책임을 근거로 6,000만 원의 손해배상을 청구하였다. 이에 대하여 피해자 丙에게도 주의의무를 다하지 않은 과실이 인정되었고 과실비율은 50%였다. 이에 관한 설명 중 옳은 것은? (다툼이 있는 경우 판례에 의함) [변시 8회]

① 甲은 丙의 손해배상청구에 대하여 과실상계를 주장할 수 있다.
② 乙은 丙의 손해배상청구에 대하여 과실상계를 주장할 수 없다.
③ 丙이 乙의 손해배상채무 전부를 면제한 경우 甲은 丙에 대하여 3,000만 원의 손해배상책임을 부담한다.
④ 乙은 丙에 대하여 가지는 별도의 물품대금채권 2,000만 원으로 丙의 위 손해배상채권을 상계할 수 있다.
⑤ 甲이 丙에 대하여 2,000만 원을 변제한 경우 乙은 丙에 대하여 3,000만 원의 손해배상책임을 부담한다.

해 설 ※ 부진정연대채무

甲은 丙에 대하여 고의의 불법행위로 인한 손해배상책임을 부담하고(제750조), 乙은 비록 甲의 불법행위에 가담하지 않았지만, 피용자 甲에 대한 선임·감독상 주의의무 위반을 이유로 丙에 대하여 사용자책임을 부담한다(제756조). 따라서 甲과 乙은 공동불법행위책임을 부담하지 않더라도 **甲과 乙의 丙에 대한 각 채무는 부진정연대관계에 있다**(대판 1962.11.15, 62다596).

① [×], ② [×] ※ 부진정연대채무와 과실상계

"**피해자의 부주의를 이용하여 고의로 불법행위를 저지른 자가** 바로 그 **피해자의 부주의를 이유로 자신의 책임을 감하여 달라고 주장하는 것은 허용될 수 없으나**, 이는 그러한 사유가 있는 자에게 과실상계의 주장을 허용하는 것이 신의칙에 반하기 때문이므로, 불법행위자 중의 일부에게 그러한 사유가 있다고 하여 **그러한 사유가 없는 다른 불법행위자까지도 과실상계의 주장을 할 수 없다고 해석할 것은 아니다**"(대판 2007.6.14, 2005다32999).

☞ 甲은 丙의 부주의를 이용하여 고의로 불법행위를 하였으므로 과실상계를 주장할 수 없지만, 乙을 그러한 사유가 없으므로 과실상계를 주장할 수 있다. 따라서 甲은 6,000만 원(손해전액), 乙은 3,000만 원의 범위(피해자 丙의 과실 50%)에서 丙에 대한 책임을 부담한다.

③ [×] ※ 부진정연대채무자 중 1인에 대한 채무면제의 효력

"부진정연대채무자 상호간에 있어서 채권의 목적을 달성시키는 변제와 같은 사유는 채무자 전원에 대하여 절대적 효력을 발생하지만 그 밖의 사유는 상대적 효력을 발생하는 데에 그치는 것이므로 **피해자가 채무자 중의 1인에 대하여 손해배상에 관한 권리를 포기하거나 채무를 면제하는 의사표시를 하였다 하더라도 다른 채무자에 대하여 그 효력이 미친다고 볼 수는 없다** 할 것이고, 이러한 법리는 채무자들 사이의 내부관계에 있어 1인이 피해자로부터 합의에 의하여 손해배상채무의 일부를 면제받고도 사후에 면제받은 채무액을 자신의 출재로 변제한 다른 채무자에 대하여 다시 그 부담부분에 따라 구상의무를 부담하게 된다하여 달리 볼 것은 아니다"(대판 2006.1.27, 2005다19378).

☞ 丙의 乙에 대한 채무면제는 상대적 효력만이 있을 뿐이므로, 甲은 丙에 대하여 6,000만 원

의 손해배상책임을 부담한다.

④ [X] ※ **피용자의 고의의 불법행위로 인한 사용자책임과 민법 제496조**
"민법 제756조에 의한 사용자의 손해배상책임은 피용자의 배상책임에 대한 대체적 책임이고, 같은 조 제1항에서 사용자가 피용자의 선임 및 그 사무감독에 상당한 주의를 한 때 또는 상당한 주의를 하여도 손해가 있을 경우에는 책임을 면할 수 있도록 규정함으로써 사용자책임에서 사용자의 과실은 직접의 가해행위가 아닌 피용자의 선임·감독에 관련된 것으로 해석되는 점에 비추어 볼 때, **피용자의 고의의 불법행위로 인하여 사용자책임이 성립하는 경우에 민법 제496조의 적용을 배제하여야 할 이유가 없으므로** 사용자책임이 성립하는 경우 **사용자는 자신의 고의의 불법행위가 아니라는 이유로 민법 제496조의 적용을 면할 수는 없다**"(대판 2006.10.26. 2004다63019).
☞ 乙은 고의가 없다고 할지라도, 피용자 甲의 고의의 불법행위로 인하여 乙은 사용자 책임을 부담하므로 제496조에 의하여 자신의 물품대금채권과 상계를 할 수 없다.

⑤ [O] ※ **불법행위자의 피해자에 대한 과실비율이 달라 배상할 손해액의 범위가 달라지는 경우**
누가 채무를 변제하였느냐에 따라 소멸되는 채무의 범위가 달라진다.

㉠ **[소액의 채무자가 일부변제한 경우] 적은 손해액을 배상할 의무가 있는 자가 손해액의 일부를 변제한** 경우에는 많은 손해액을 배상할 의무 있는 자의 채무가 그 변제금 전액에 해당하는 부분이 소멸한다.

㉡ **[다액의 채무자가 일부변제한 경우] 많은 손해액을 배상할 의무가 있는 자가 손해액의 일부를 변제한** 경우, 종래 判例는 ⅰ) 사용자 및 피용자의 부진정연대책임의 경우에는 '과실비율설'(공동부담부분은 변제액 중 채무자의 과실비율에 상응하는 만큼 소멸한다는 견해)에 따라 판단하고(대판 1995.7.14. 94다19600), ⅱ) 계약책임자(손해배상책임이 아닌 채무 그 자체)및 불법행위자의 부진정연대책임의 경우에는 '외측설'에 따라 판단하였으나(대판 2000.3.14. 99다67376 ; 2010.2.25. 2009다87621), **최근에는 전원합의체 판결을 통해 '외측설'**(단독부담부분이 먼저 소멸하고 변제액 중 남은 부분이 있는 경우 그만큼 공동부담부분도 소멸한다는 견해)**로 입장을 통일**하였다. 즉, "금액이 다른 채무가 서로 부진정연대 관계에 있을 때 다액채무자가 일부 변제를 하는 경우 변제로 인하여 먼저 소멸하는 부분은 **당사자의 의사와 채무 전액의 지급을 확실히 확보하려는 부진정연대채무 제도의 취지에 비추어 볼 때 다액채무자가 단독으로 채무를 부담하는 부분으로 보아야 한다.** 이러한 법리는 사용자의 손해배상액이 피해자의 과실을 참작하여 과실상계를 한 결과 타인에게 직접 손해를 가한 피용자 자신의 손해배상액과 달라졌는데 다액채무자인 피용자가 손해배상액의 일부를 변제한 경우에 적용되고, 공동불법행위자들의 피해자에 대한 과실비율이 달라 손해배상액이 달라졌는데 다액채무자인 공동불법행위자가 손해배상액의 일부를 변제한 경우에도 적용된다"(대판 2018.3.22. 전합 2012다74236)라고 판시하였다.
☞ 따라서 사안의 경우 다액채무자인 甲의 2,000만 원 변제로 甲의 채무는 4,000만 원이 되고, 甲의 변제액 2,000만 원 중 甲의 단독부담부분인 3,000만 원을 제하고 남은 부분이 없으므로 乙의 채무는 여전히 3,000만 원이다.

[정답] ⑤

문 68 甲과 乙이 丙의 부주의를 이용하여 고의로 공동불법행위를 저질러 丙에게 1억 원의 손해를 입혔다. 이 손해에 丙이 기여한 과실이 20%이며, 이에 가담하지 않은 丁이 甲의 사용자로서 사용자책임을 진다. 이에 관한 설명 중 옳지 않은 것을 모두 고른 것은? (다툼이 있는 경우에는 판례에 의함) [변시 9회]

ㄱ. 甲과 乙은 丙의 과실을 이유로 과실상계를 주장할 수 없고, 丁 역시 甲의 사용자로서 과실상계를 주장할 수 없다.

ㄴ. 丁이 丙에 대하여 대여금채권을 갖고 있는 경우, 丁은 불법행위에 가담하지 않았음을 이유로 고의의 불법행위채권을 수동채권으로 하는 상계 금지 규정인 「민법」 제496조의 적용을 배제하고 위 대여금채권을 자동채권으로 하여 丙의 丁에 대한 손해배상채권을 상계할 수 있다.

ㄷ. 丙의 甲에 대한 손해배상채권만 시효로 소멸한 후 乙이 丙에게 손해를 전부 배상하였다면, 乙은 甲을 상대로 구상권을 행사할 수 있다.

ㄹ. 丙이 甲을 상대로 손해배상청구의 소를 제기한 경우, 丙의 乙에 대한 손해배상채권도 소멸시효가 중단된다.

① ㄱ, ㄴ
② ㄱ, ㄹ
③ ㄴ, ㄷ
④ ㄱ, ㄴ, ㄹ
⑤ ㄱ, ㄷ, ㄹ

해설 ㄱ. [X] "사용자가 피용자의 과실에 의한 불법행위로 인한 사용자책임을 부담하는 경우와 마찬가지로 피용자의 고의에 의한 불법행위로 인하여 사용자책임을 부담하는 경우에도 피해자에게 그 손해의 발생과 확대에 기여한 과실이 있다면 **사용자책임의 범위를 정함에 있어서 이러한 피해자의 과실을 고려하여 그 책임을 제한할 수 있다**"(대판 2002.12.26. 2000다56952).

ㄴ. [X] "민법 제756조에 의한 사용자의 손해배상책임은 피용자의 배상책임에 대한 대체적 책임이고, 같은 조 제1항에서 사용자가 피용자의 선임 및 그 사무감독에 상당한 주의를 한 때 또는 상당한 주의를 하여도 손해가 있을 경우에는 책임을 면할 수 있도록 규정함으로써 사용자책임에서 사용자의 과실은 직접의 가해행위가 아닌 피용자의 선임·감독에 관련된 것으로 해석되는 점에 비추어 볼 때, **피용자의 고의의 불법행위로 인하여 사용자책임이 성립하는 경우에 민법 제496조의 적용을 배제하여야 할 이유가 없으므로 사용자책임이 성립하는 경우 사용자는 자신의 고의의 불법행위가 아니라는 이유로 민법 제496조의 적용을 면할 수는 없다**"(대판 2006.10.26. 2004다63019)

ㄷ. [O] "공동불법행위자의 다른 공동불법행위자에 대한 구상권은 피해자의 다른 공동불법행위자에 대한 손해배상채권과는 그 발생 원인 및 성질을 달리하는 별개의 권리이고, 연대채무에 있어서 소멸시효의 절대적 효력에 관한 민법 제421조의 규정은 공동불법행위자 상호간의 부진정연대채무에 대하여는 그 적용이 없으므로, **공동불법행위자 중 1인의 손해배상채무가 시효로 소멸한 후에 다른 공동불법행위자 1인이 피해자에게 자기의 부담 부분을 넘는 손해를 배상하였을 경우에도, 그 공동불법행위자는 다른 공동불법행위자에게 구상권을 행사할 수 있다**"(대판 1997.12.23. 97다42830).

ㄹ. [X] 제760조는 공동불법행위자는 연대하여 그 손해를 배상할 책임이 있다고 규정한다. 그런데 통설과 判例는 이 연대를 '부진정연대채무'로 본다(대판 1982.4.27. 80다2555). 그런데 부진정연

대채무의 경우 광범위한 절대적 효력이 인정되는 연대채무와 달리 채권을 만족시키는 사유인 변제, 대물변제, 공탁, 상계에 있어서만 절대적 효력이 인정된다.
연대채무에서 절대적 효력이 있는 것, 즉 면제(제419조 참조, 대판 2006.1.27. 2005다19378), 소멸시효의 완성(제421조 참조, 대판 2010.12.23. 2010다52225), **소멸시효의 중단**(대판 2011.4.4. 2010다91866) 등은 **부진정연대채무에서는 상대적 효력이 있을 뿐이다.** 그리고 이러한 부진정연대채무자 상호 간의 상대적 효력 사유로는 다른 부진정연대채무자의 구상금청구에 대한 유효한 항변이 될 수 없다.

[정답] ④

문 69 다수 당사자의 채권관계에 관한 설명 중 옳지 않은 것을 모두 고른 것은? (각 지문은 독립적이며, 다툼이 있는 경우 판례에 의함) [변시 7회]

ㄱ. A에 대하여 3,000만 원의 연대채무를 부담하고 있는 甲, 乙, 丙이 내부적으로 4:4:2의 비율로 부담부분을 정한 상태에서 甲이 A에게 3,000만 원을 변제하였다. 만약 丙이 자신의 부담부분을 상환할 자력이 없고 A가 乙에게 연대의 면제를 해 주었다면, 甲은 乙에게 1,200만 원을, A에게 300만 원을 각 청구할 수 있다.
ㄴ. 연대채무자 중의 한 사람이 공동면책을 이유로 다른 연대채무자에게 구상권을 행사하려면 자기의 부담부분을 넘은 변제를 하여야 한다.
ㄷ. 어느 연대채무자가 다른 연대채무자에게 구상권을 행사할 때 그 부담부분은 균등한 것으로 추정되나, 연대채무자 사이에 부담부분에 관한 특약이 있거나 특약이 없더라도 채무의 부담과 관련하여 각 채무자의 수익비율이 다른 경우에는 그 특약 또는 비율에 따라 부담부분이 결정된다.
ㄹ. 甲과 乙이 공동불법행위책임을 지는 경우, 甲의 손해배상채무가 시효로 소멸한 후에는 乙이 피해자에게 자기의 부담부분을 넘는 손해를 배상하였다고 하더라도 甲을 상대로 구상권을 행사할 수 없다.
ㅁ. 공동불법행위자 중 1인에 대하여 구상의무를 부담하는 다른 공동불법행위자가 수인인 경우에는 특별한 사정이 없는 이상 그들의 구상권자에 대한 채무는 각자의 부담부분에 따른 분할채무로 봄이 상당하지만, 구상권자인 공동불법행위자 측에 과실이 없는 경우, 즉 내부적인 부담부분이 전혀 없는 경우에는 그에 대한 수인의 구상의무 사이의 관계를 부진정연대관계로 보아야 한다.

① ㄱ, ㄴ
② ㄱ, ㄷ
③ ㄴ, ㄹ
④ ㄱ, ㄷ, ㅁ
⑤ ㄴ, ㄹ, ㅁ

해설 ㄱ. [O] 연대채무자중에 상환할 자력이 없는 자가 있는 때에는 그 채무자의 부담부분은 구상권자 및 다른 자력이 있는 채무자가 그 부담부분에 비례하여 분담한다(제427조 1항). 따라서 상환할 자력이 없는 丙의 부담부분 600만원(3,000만원×1/5)에 대해서는 甲과 乙이 300만원씩 부담한다. 그런데 상환할 자력이 없는 채무자의 부담부분을 분담할 다른 채무자가 채권자로부터 연대의 면제를 받은 때에는 그 채무자의 분담할 부분은 채권자의 부담으로 하므로(제427조 2항), 연대의 면제를 받은 乙의 부담부분은 채권자 A가 부담하게 된다.
한편, 어느 연대채무자가 변제 기타 자기의 출재로 공동면책이 된 때에는 다른 연대채무자의 부담부분에 대하여 구상권을 행사할 수 있으므로(제425조 1항), 전액 변제한 甲은 乙에게 1,200만원(3,000만원×2/5), A에게 300만원을 청구할 수 있다.

ㄴ. [X] "민법은 연대보증인 중의 한 사람이 공동면책을 이유로 다른 연대보증인에게 구상권을 행사하려면 '자기의 부담부분을 넘은' 변제를 하였을 것을 그 요건으로 규정하였으나(제448조 제2항), 연대채무자 중의 한 사람이 공동면책을 이유로 다른 연대채무자에게 구상권을 행사하는 데 있어서는 그러한 제한 없이 '부담부분'에 대하여 구상권을 행사할 수 있는 것으로 규정하고 있다"(제425조 제1항)(대판 2013.11.14. 2013다46023).
즉, 공동면책이 있기만 하면 되고 그 범위가 **출재를 한 연대채무자의 부담부분 이상일 필요가 없다**(통설). 공평을 위한 것이다[공동보증인간의 구상권이나(제448조) 및 부진정연대채무자간의 구상권(대판 1997.12.12. 96다50896)에서는 '자기의 부담부분'을 넘어야 하지만, 주관적 공동관계가 존재하는 연대채무에서도 그렇게 볼 것은 아니다]. 따라서 **공동면책이 있기만 하면 출재한 액에 관하여 부담부분의 비율에 따라 구상**할 수 있다.

ㄷ. [O] "연대채무자가 변제 기타 자기의 출재로 공동면책을 얻은 때에는 다른 연대채무자의 부담부분에 대하여 구상권을 행사할 수 있고 이때 부담부분은 균등한 것으로 추정되나 연대채무자 사이에 부담부분에 관한 특약이 있거나 특약이 없더라도 채무의 부담과 관련하여 각 채무자의 수익비율이 다르다면 특약 또는 비율에 따라 부담분이 결정된다"(대판 2014.8.20. 2012다97420).

ㄹ. [X] "공동불법행위자의 다른 공동불법행위자에 대한 구상권은 피해자의 다른 공동불법행위자에 대한 손해배상채권과는 그 발생원인 및 성질을 달리하는 별개의 권리이고, 연대채무에 있어서 소멸시효의 절대적 효력에 관한 민법 제421조의 규정은 공동불법행위자 상호간의 부진정연대채무에 대하여는 그 적용이 없으므로, **공동불법행위자 중 1인의 손해배상채무가 시효로 소멸한 후에 다른 공동불법행위자 1인이 피해자에게 자기의 부담 부분을 넘는 손해를 배상하였을 경우에도**, 그 공동불법행위자는 다른 공동불법행위자에게 구상권을 행사할 수 있다" 같은 이유로 "공동불법행위자가 다른 공동불법행위자에 대한 **구상권을 취득한 이후에 피해자의 그 다른 공동불법행위자에 대한 손해배상채권이 시효로 소멸**되었다고 하여 그러한 사정만으로 이미 취득한 구상권이 소멸된다고 할 수 없다"(대판 1996.3.26. 96다3791).

ㅁ. [O] ① **[원칙적 분할채무]** 공동불법행위자 중 1인에 대하여 구상의무를 부담하는 다른 공동불법행위자가 수인인 경우에는 특별한 사정이 없는 이상 그들의 구상권자에 대한 채무는 각자의 부담 부분에 따른 '분할채무'로 본다(대판 2002.9.27. 2002다15917). 따라서 각자의 내부적 부담부분의 범위 내에서만 구상의무를 부담한다. ② **[예외적 부진정연대채무]** 그러나 구상권자인 공동불법행위자측에 과실이 없는 경우(운전자에게 과실이 없는 경우에도 자배법상 운행자책임이 성립할 수 있다), 즉 내부적인 부담 부분이 전혀 없는 경우에는 이와 달리 그에 대한 수인의 구상의무 사이의 관계를 '부진정연대관계'로 봄이 상당하다고 한다(대판 2005.10.13. 2003다24147).

[정답] ③

문 70 다수당사자 채권관계에 대한 설명 중 옳은 것(○)과 옳지 않은 것(×)을 올바르게 조합한 것은? (이자와 지연손해금은 고려하지 않음. 다툼이 있는 경우에는 판례에 의함) [변시 13회]

ㄱ. 연대채무자 중 1인이 채무 일부를 면제받는 경우에 그 연대채무자가 지급해야 할 잔존 채무액이 부담부분을 초과하는 경우 다른 연대채무자는 채무 전액을 부담하여야 한다.

ㄴ. 중첩적 채무인수에서 채무자와 인수인은 원칙적으로 부진정연대채무관계에 있다.

ㄷ. 채권자가 연대채무자 중 1인의 소유 부동산에 대하여 경매신청을 하고 그로부터 6개월 내에 다른 연대채무자를 상대로 재판상 청구를 하였다면 경매신청 시로부터 그 다른 연대채무자에 대한 채권의 소멸시효가 중단되고, 중단된 시효는 위 경매절차 종료 시로부터 새로 진행된다.

ㄹ. 甲, 乙, 丙이 공동불법행위로 丁에게 900만 원의 손해를 입혔다. 내부적으로 甲에게는 과실이 없고 乙과 丙의 과실 비율은 균등하다. 甲이 900만 원 전액을 丁에게 배상하였다면 甲은 乙에 대하여 900만 원의 구상채무 이행을 청구할 수 있다.

① ㄱ(○), ㄴ(○), ㄷ(×), ㄹ(×)
② ㄱ(○), ㄴ(×), ㄷ(○), ㄹ(○)
③ ㄱ(○), ㄴ(×), ㄷ(×), ㄹ(○)
④ ㄱ(○), ㄴ(×), ㄷ(×), ㄹ(×)
⑤ ㄱ(×), ㄴ(○), ㄷ(○), ㄹ(×)

해설 ㄱ. [○] "㉠ 연대채무자 중 1인이 채무 일부를 면제받는 경우에 그 연대채무자가 지급해야 할 잔존 채무액이 부담부분을 초과하는 경우에는 그 연대채무자의 부담부분이 감소한 것은 아니므로 다른 연대채무자의 채무에도 영향을 주지 않아 다른 연대채무자는 채무 전액을 부담하여야 한다. ㉡ 반대로 일부 면제에 의한 피면제자의 잔존 채무액이 부담부분보다 적은 경우에는 차액(부담부분 − 잔존 채무액)만큼 피면제자의 부담부분이 감소하였으므로, 차액의 범위에서 면제의 절대적 효력이 발생하여 다른 연대채무자의 채무도 차액만큼 감소한다"(대판 2019.8.14. 2019다216435)

ㄴ. [X] 判例는 "중첩적 채무인수에서 채무자의 부탁 없이 채권자와의 계약으로 채무를 인수하는 것은 매우 드문 일이므로 채무자와 인수인은 원칙적으로 주관적 공동관계가 있는 연대채무관계에 있고, 인수인이 채무자의 부탁을 받지 아니하여 주관적 공동관계가 없는 경우에는 부진정연대관계에 있는 것으로 보아야 한다"(대판 2009.8.20. 2009다32409)

ㄷ. [X] 채권자가 연대채무자 1인의 소유 부동산에 대하여 경매신청을 한 경우에 이는 최고로서의 효력이 있다. 한편 이 최고는 다른 연대채무자에게도 효력이 있으므로(제416조), 채권자가 6개월 내에 '다른 연대채무자'를 상대로 재판상 청구 등을 한 때에는 그 '다른 연대채무자'에 대한 채권의 소멸시효가 중단되지만, 이로 인하여 중단된 시효는 위 경매절차가 종료된 때가 아니라 재판이 확정된 때부터 새로 진행된다. 그리고 연대채무자 1인의 소유 부동산이 경매개시결정에 따라 압류된 경우, '다른 연대채무자'에게는 시효중단의 효력이 없다(제169조 참조)(대판 2001.8.21. 2001다22840)

ㄹ. [○] 구상권자인 공동불법행위자측에 과실이 없는 경우(운전자에게 과실이 없는 경우에도 자배법상 운행자책임이 성립할 수 있다), 즉 내부적인 부담 부분이 전혀 없는 경우에는 그에 대한 수인의 구상의무 사이의 관계를 '부진정연대관계'로 봄이 상당하다고 한다(대판 2005.10.13. 2003다24147). 따라서

甲은 乙에 대하여 900만 원 전액에 대해 구상금 청구를 할 수 있다.

[비교판례] 공동불법행위자 중 1인에 대하여 구상의무를 부담하는 다른 공동불법행위자가 수인인 경우에는 특별한 사정이 없는 이상 그들의 구상권자에 대한 채무는 각자의 부담 부분에 따른 '분할채무'로 본다(대판 2002.9.27. 2002다15917). 따라서 각자의 내부적 부담부분의 범위 내에서만 구상의무를 부담한다.

[정답] ③

문 71 **보증채무에 관한 설명 중 옳은 것을 모두 고른 것은?** (다툼이 있는 경우 판례에 의함) [변시 4회]

ㄱ. 보증채무에 대한 소멸시효가 중단되었더라도 이로써 주채무에 대한 소멸시효가 중단되는 것은 아니다.
ㄴ. 주채무가 소멸시효 완성으로 소멸된 경우 보증채무도 그 자체의 시효중단에 불구하고 당연히 소멸된다.
ㄷ. 보증채무자는 보증채무 자체의 이행지체로 인한 지연손해금에 대하여는 보증한도액과 별도로 이를 부담한다.
ㄹ. 보증채무의 연체이율에 관하여 특별한 약정이 없으면 주채무에 관하여 약정된 연체이율이 적용된다.

① ㄱ, ㄴ ② ㄱ, ㄴ, ㄷ
③ ㄱ, ㄷ, ㄹ ④ ㄴ, ㄷ, ㄹ
⑤ ㄱ, ㄴ, ㄷ, ㄹ

[해설] ㄱ. [○] ㄴ. [○] 주채무가 시효중단되면 보증채무도 당연히 시효중단되나(제440조), 보증채무에 대한 소멸시효가 중단되었다고 하더라도 이로써 주채무에 대한 소멸시효가 중단되는 것은 아니다. 다만, 주채무가 소멸시효 완성으로 소멸된 경우에는 연대보증채무도 그 채무 자체의 시효중단에 불구하고 부종성에 따라 당연히 소멸된다(대판 1994.1.11. 93다21477).

ㄷ. [○] ㄹ. [X] 보증채무는 채권자와 보증인 사이의 보증계약에 의하여 성립하며, 주채무와는 별개의 독립한 채무이다. 따라서 보증채무에 관해 따로 위약금 기타 손해배상액을 예정할 수 있고(제429조 2항), 보증채무 자체의 이행지체로 인한 지연손해금은 보증한도액과는 별도로 부담하며 주채무에 관하여 약정된 연체이율이 당연히 여기에 적용되는 것은 아니다(대판 2003.6.13. 2001다29803).

[정답] ②

문 72 **보증채무에 관한 설명 중 옳지 않은 것은?** (다툼이 있는 경우 판례에 의함) [변시 14회]

① 주채무자에 대한 확정판결에 의하여 「민법」 제163조 각 호의 단기소멸시효에 해당하는 주채무의 소멸시효기간이 10년으로 연장된 상태에서 주채무를 보증하였더라도, 특별한 사정이 없는 한 보증채무의 소멸시효기간은 이와 별개로 보증채무의 성질에 따라 결정된다.

② 다른 사람이 발행하는 약속어음에 명시적으로 어음보증을 하는 사람은 그 어음보증으로 인한 어음상의 채무만을 부담하는 것이 원칙이다.

③ 여러 공동불법행위자 중 1인의 신원보증인이 피보증인의 손해배상채무를 변제한 경우, 피보증인이 아닌 다른 공동불법행위자에 대하여는 그 부담부분에 한하여 구상권을 행사할 수 있다.

④ 계속적 채권관계에서 발생하는 주계약상의 불확정채무에 대하여 보증한 경우, 보증채무는 보증계약의 종료 시점과 관계 없이 주계약상의 채무가 확정된 때에 이와 함께 확정된다.

⑤ 주채권과 분리하여 보증채권만 양도하기로 하는 약정은 효력이 없다.

해 설 ① [○] "보증채무는 주채무와는 별개의 독립한 채무이므로 보증채무와 주채무의 소멸시효기간은 채무의 성질에 따라 각각 별개로 정해진다. 그리고 주채무자에 대한 확정판결에 의하여 민법 제163조 각 호의 단기소멸시효에 해당하는 주채무의 소멸시효기간이 10년으로 연장된 상태에서 주채무를 보증한 경우, 특별한 사정이 없는 한 보증채무에 대하여는 민법 제163조 각 호의 단기소멸시효가 적용될 여지가 없고, 성질에 따라 보증인에 대한 채권이 민사채권인 경우에는 10년, 상사채권인 경우에는 5년의 소멸시효기간이 적용된다"(대판 2014.6.12. 2011다76105)

② [○] 다른 사람이 발행하는 약속어음에 명시적으로 어음보증을 하는 사람은 그 어음보증으로 인한 어음상의 채무만을 부담하는 것이 원칙이고, 특별히 채권자에 대하여 자기가 그 약속어음 발행의 원인이 된 채무까지 보증하겠다는 뜻으로 어음보증을 한 경우에 한하여 그 원인채무에 대한 보증책임을 부담한다(대판 2005.10.13. 2005다33176).

③ [○] 어느 연대채무자나 어느 불가분채무자를 위하여 보증인이 된 자는 다른 연대채무자나 다른 불가분채무자에 대하여 그 부담부분에 한하여 구상권이 있다(제447조).
제447조는 부진정연대채무의 경우에도 유추적용된다. 따라서 判例는 "어느 공동불법행위자를 위하여 보증인이 된 사람이 피보증인을 위하여 손해배상채무를 변제한 경우, 그 보증인은 피보증인이 아닌 다른 공동불법행위자에 대하여 그 부담 부분에 한하여 구상권을 행사할 수 있고, 이러한 법리는 어느 공동불법행위자를 위하여 그가 위 손해배상채무를 변제한 보증인에 대하여 부담하는 구상채무를 보증한 구상보증인이 피보증인을 위하여 그 구상채무를 변제한 경우에도 마찬가지여서 그 구상보증인은 피보증인이 아닌 다른 공동불법행위자에 대하여 그 부담 부분에 한하여 구상권을 행사할 수 있다"(대판 2008.7.24. 2007다37530)고 판시하였다.

④ [×] 계속적 채권관계에서 발생하는 주계약상의 불확정 채무에 대하여 보증한 경우의 보증채무는 통상적으로는 주계약상의 채무가 확정된 때에 이와 함께 확정되는 것이지만, 채권자와 주채무자와 사이에서는 주계약상의 거래기간이 연장되었으나 보증인과 사이에서 보증기간이 연장되지 아니함으로써 보증계약관계

가 종료된 때에는, 보증계약 종료시에 보증채무가 확정되므로 보증인은 그 당시의 주계약상의 채무에 대하여는 보증책임을 지나, 그 후의 채무에 대하여는 보증계약 종료 후의 채무이므로 보증책임을 지지 않는다(대판 1999.8.24. 99다25481).

⑤ [O] 주채무자에 대한 채권이 이전하면 보증인에 대한 채권도 당연히 함께 이전한다. 이 경우 주채무자에 대해 채권양도의 대항요건(제450조)을 갖추면 보증인에 대하여도 그 효력이 미친다(대판 1976.4.13. 75다1100). 즉, 별도로 보증채권에 관하여 대항요건을 갖출 필요는 없다. 한편 주채무자에 대한 채권만을 이전하기로 하는 특약은 유효하고, 이 경우 보증채무는 소멸한다. 그러나 보증인에 대한 채권만을 이전하기로 하는 특약은 보증채무의 부종성에 반하므로 무효이다(대판 2002.9.10. 2002다21509)

[정답] ④

문 73 보증채무에 관한 설명 중 옳은 것을 모두 고른 것은? (다툼이 있는 경우에는 판례에 의함) [변시 9회]

ㄱ. 보증의 효력발생요건으로서 「민법」 제428조의2 제1항 전문에서 정한 '보증인의 서명'에 타인이 보증인의 이름을 대신 쓰는 것은 해당하지 않지만, '보증인의 기명날인'은 타인이 이를 대행하는 방법으로 하여도 무방하다.
ㄴ. 보증채무는 주채무와는 별개의 채무이기 때문에 보증채무 자체의 이행지체로 인한 지연손해금은 보증의 한도액과는 별도로 부담하여야 하고, 이때 보증채무의 연체이율에 관하여 특별한 약정이 없는 경우라면 거래행위의 성질에 따라 「상법」 또는 「민법」에서 정한 법정이율에 따라야 한다.
ㄷ. 보증인이 보증채무를 이행함에 따라 주채무자가 보증인에 대하여 부담하게 될 구상금채무를 연대보증하는 경우, 그 연대보증인은 특별한 사정이 없으면 주채무자와 같은 내용의 채무를 부담한다.
ㄹ. 물상보증의 경우에도 「보증인 보호를 위한 특별법」이 적용된다.

① ㄹ
② ㄱ, ㄴ
③ ㄴ, ㄷ
④ ㄱ, ㄴ, ㄷ
⑤ ㄱ, ㄷ, ㄹ

해설 ㄱ. [O] ※ 보증의 효력 발생 요건으로서 민법 제428조의2 제1항 전문에서 정한 '보증인의 기명날인'을 타인이 대행할 수 있는지 여부(적극)
"민법 제428조의2 제1항 전문은 "보증은 그 의사가 보증인의 기명날인 또는 서명이 있는 서면으로 표시되어야 효력이 발생한다."라고 규정하고 있는데, '보증인의 서명'은 원칙적으로 보증인이 직접 자신의 이름을 쓰는 것을 의미하므로 타인이 보증인의 이름을 대신 쓰는 것은 이에 해당하지 않지만, '보증인의 기명날인'은 타인이 이를 대행하는 방법으로 하여도 무방하다"(대판 2019.3.14. 2018다282473)

ㄴ. [O] ※ 보증채무의 독립성

"보증채무는 주채무와는 별개의 채무이기 때문에 보증채무 자체의 이행지체로 인한 지연손해금은 보증한도액과는 별도로 부담하고, 이 경우 보증채무의 연체이율에 관하여 특별한 약정이 있으면 그에 따르고, 특별한 약정이 없는 경우라면 그 거래행위의 성질에 따라 상법 또는 민법에서 정한 법정이율에 따라야 할 것이고, 주채무에 관하여 약정된 연체이율이 당연히 여기에 적용되는 것은 아니다"(대판 2003.6.13. 2001다29803).

ㄷ. [O] ※ 주채무자가 부담할 보증인에 대한 구상금채무의 연대보증인이 주채무자와 같은 내용의 채무를 부담하는지 여부(원칙적 적극)

"보증인이 보증채무를 이행함에 따라 주채무자가 보증인에 대하여 부담하게 될 구상금채무를 연대 보증하는 경우, 연대보증인은 특별한 사정이 없으면 주채무자와 같은 내용의 채무를 부담한다"(대판 2014.3.27. 2012다6769)

ㄹ. [X] ※ 물상보증의 경우에도 보증인 보호를 위한 특별법이 적용되는지 여부(소극)

"보증인 보호를 위한 특별법(이하 '보증인보호법'이라 한다)의 목적 및 보증인보호법 제2조 제1호, 제2호의 문언에 비추어 볼 때, 보증인보호법은 민법 제429조 제1항에 따른 보증채무를 부담하는 경우에 적용될 뿐 타인의 채무에 대하여 담보물의 한도 내에서 책임을 지는 물상보증의 경우에는 적용되지 아니한다"(대판 2015.3.26. 2014다83142).

[정답] ④

문 74 채무의 보증에 관한 설명 중 옳은 것을 모두 고른 것은? (다툼이 있는 경우 판례에 의함) [변시 10회]

ㄱ. 「민법」 제428조의2 제1항 전문은 "보증은 그 의사가 보증인의 기명날인 또는 서명이 있는 서면으로 표시되어야 효력이 발생한다."라고 규정하고 있는데, '보증인의 서명'은 원칙적으로 보증인이 직접 자신의 이름을 쓰는 것을 의미하므로 타인이 보증인의 이름을 대신 쓰는 것은 이에 해당하지 않지만, '보증인의 기명날인'은 타인이 이를 대행하는 방법으로 하여도 무방하다.
ㄴ. 보증채무를 부담하는 내용의 지급보증서에서 보증금액을 정하여 두었다고 하더라도 보증채무는 주채무와는 별개의 채무이기 때문에 보증채무 자체의 이행지체로 인한 지연손해금은 지급보증의 한도액과는 별도로 부담하여야 한다.
ㄷ. 보증계약 체결 후 채권자가 보증인의 승낙 없이 주채무자에 대하여 변제기를 연장하여 주었다면 보증인의 책임을 가중하는 것이라고 할 수 없으므로, 보증채무에 대하여는 그 효력이 미치지 않는다.
ㄹ. 주채무에 대한 소멸시효가 완성되어 보증채무가 소멸된 상태에서 보증인이 보증채무를 이행하거나 승인한 경우, 주채무의 시효소멸에도 불구하고 보증채무를 이행하겠다는 의사를 표시한 경우 등과 같이 부종성을 부정하여야 할 다른 특별한 사정이 없는 한 보증인은 여전히 주채무의 시효소멸을 이유로 보증채무의 소멸을 주장할 수 있다.
ㅁ. 채권자와 주채무자 사이의 확정판결에 의하여 주채무가 확정되어 그 소멸시효기간이 10년으로 연장되면, 그 보증채무 또한 보증채무 부종성의 원칙상 종전 소멸시효가 단기의 소멸시효에 해당하는 것이라도 그 적용이 배제되고 10년의 소멸시효기간이 적용된다.

① ㄱ, ㄴ, ㄹ
② ㄱ, ㄷ, ㄹ
③ ㄱ, ㄷ, ㅁ
④ ㄴ, ㄷ, ㅁ
⑤ ㄴ, ㄹ, ㅁ

해설 ㄱ. [O] "민법 제428조의2 제1항 전문은 "보증은 그 의사가 보증인의 기명날인 또는 서명이 있는 서면으로 표시되어야 효력이 발생한다."라고 규정하고 있는데, '보증인의 서명'은 원칙적으로 보증인이 직접 자신의 이름을 쓰는 것을 의미하므로 타인이 보증인의 이름을 대신 쓰는 것은 이에 해당하지 않지만, '보증인의 기명날인'은 타인이 이를 대행하는 방법으로 하여도 무방하다"(대판 2019.3.14. 2018다282473)

ㄴ. [O] "지급보증서에서 보증금액을 정하여 둔 것은 보증인이 보증책임을 지게 될 주채무에 관한 한도액을 정한 것으로서, 그 한도액에는 주채무자의 채권자에 대한 대출금 채무의 원금과 이자 및 지연손해금이 모두 포함되고 그 합계액이 그 한도액을 초과할 수 없지만, 보증채무는 주채무와는 별개의 채무이기 때문에 보증채무 자체의 이행지체로 인한 지연손해금은 지급보증의 한도액과는 별도로 부담하여야 한다"(대판 1998.2.27. 97다1433)

ㄷ. [X] 보증인의 부담이 주채무의 목적이나 형태보다 중한 때에는 주채무의 한도로 감축한다(제430조). 그러나 判例는 보증계약체결 후 채권자가 보증인의 승낙 없이 주채무자에게 '변제기를 연장'해 준 경우에 그것이 보증인의 책임을 가중하는 것은 아니므로 보증인에게도 그 효력이 미친다고 한다(대판 1996.2.23. 95다49141).

ㄹ. [O] ※ **보증채무의 부종성**
보증인은 주채무자의 항변(예컨대 주채무의 부존재, 소멸, 소멸시효의 완성)으로 채권자에게 대항할 수 있다. 문제는 **보증인이 자신의 보증채무에 관하여 시효의 이익을 포기하고 나서 주채무의 시효소멸을 이유로 보증채무의 소멸을 주장할 수 있는가** 하는 점이다. 이에 관해 判例는 "주채무의 시효소멸에도 불구하고 보증채무를 이행하겠다는 의사를 표시한 경우 등과 같이 '**부종성**'을 부정하여야 할 다른 특별한 사정이 없는 한 보증인은 여전히 주채무의 시효소멸을 이유로 보증채무의 소멸을 주장할 수 있다고 보아야 한다"(대판 2012.7.12. 2010다51192)고 한다.

ㅁ. [X] ※ **주채무의 소멸시효기간의 연장이 보증채무에 대하여도 미치는지 여부**
判例는 연장부정설의 입장인바, 그 근거로는 " i) 판결의 확정으로 인해 소멸시효기간이 연장되는 효과는 판결의 당사자인 채권자와 주채무자 사이에 발생하는 효력에 관한 것이고, ii) 보증채무가 주채무에 부종한다 하더라도 양자는 별개의 채무이고, **제440조의 의미는 '보증채무의 부종성'에 기인한 것이라기보다는 '채권자보호를 위한 특별규정'**으로서, 보증인에 대한 별도의 시효중단조치가 불필요함을 의미하는 것일 뿐 중단된 이후의 시효기간까지도 당연히 보증인에게 효력이 미친다는 취지는 아니라는 것"을 들고 있다(대판 1986.11.25. 86다카1569).

비교판례 ※ **주채무의 시효연장이 제3취득자, 물상보증인에게 미치는 영향**
"**담보목적물의 제3취득자 또는 물상보증인은** 채권자에게 채무자의 채무와는 별개의 독립된 채무를 부담하는 것이 아니라 단지 채무자의 채무를 변제할 책임을 부담한다. 따라서 **채권에 관하여 소멸시효가 중단되거나 소멸시효기간이 제165조에 따라 연장되더라도 그 효과가 그대로 미친다**"(대판 2009.9.24. 2009다39530).

[정답] ①

문 75 **甲에 대한 乙의 1,000만 원의 금전채무에 대하여 丙과 丁이 연대보증인이 된 경우에 관한 설명 중 옳은 것은?** (별도의 특약은 없는 것으로 하고, 다툼이 있는 경우에는 판례에 의함) [변시 1회]

① 丙이 甲으로부터 청구를 받은 경우, 丙이 乙에게 집행이 용이한 재산이 있음을 증명하면 甲은 우선 乙에게 청구하여야 한다.
② 甲의 丁에 대한 채권포기는 乙에게도 그 효력이 미친다.
③ 丙이 1,000만 원을 甲에게 변제한 경우, 丙은 乙에 대하여 구상할 수 있지만 丁에 대하여 구상할 수는 없다.
④ 甲이 丙에 대한 연대보증채권을 피보전권리로 하여 丙 소유의 부동산에 가압류를 한 경우에도 乙에 대한 채권의 소멸시효는 중단되지 않는다.
⑤ 乙이 甲에 대하여 채권을 가지고 있더라도 丙은 이 채권에 의한 상계를 가지고 甲에게 대항할 수 없다.

해 설 ① [X] **제437조(보증인의 최고, 검색의 항변)** 「채권자가 보증인에게 채무의 이행을 청구한 때에는 보증인은 주채무자의 변제자력이 있는 사실 및 그 집행이 용이할 것을 증명하여 먼저 주채무자에게 청구할 것과 그 재산에 대하여 집행할 것을 항변할 수 있다. 그러나 보증인이 주채무자와 연대하여 채무를 부담한 때에는 그러하지 아니하다.」

☞ 연대보증은 주채무자와 연대하여 보증책임을 부담하므로 보충성 인정되지 않아 민법 제437조의 최고·검색의 항변은 인정되지 않는다. 따라서 甲은 변제기가 도래하면 주채무자 乙 또는 연대보증인 丙과 丁 누구에게나 선택적으로 채무 이행을 청구할 수 있다.

② [X] 부종성의 결과 주채무자에 관하여 생긴 사유는 모두 연대보증인에게 효력이 미친다. 그러나 반대로 연대보증인에 관하여 생긴 사유는 변제, 대물변제, 경개, 상계 등 채권의 목적을 달성하는 사유를 제외하고는 주채무자에 대하여 효력이 없다.

관련판례 "연대보증인 1인에 대한 채권포기는 주채무자나 다른 연대보증인에게는 효력이 미치지 아니한다"(대판 1994.11.8. 94다37202)

③ [X] **제448조(공동보증인간의 구상권)** 「①항 수인의 보증인이 있는 경우에 어느 보증인이 자기의 부담부분을 넘은 변제를 한 때에는 제444조의 규정을 준용한다. ②항 주채무가 불가분이거나 각 보증인이 상호연대로 또는 주채무자와 연대로 채무를 부담한 경우에 어느 보증인이 **자기의 부담부분을 넘은 변제를 한 때**에는 제425조 내지 제427조의 규정을 준용한다.」

☞ 수인의 보증인이 연대보증인인 경우에 공동보증인들은 분별의 이익을 누리지 못하며 분별의 이익을 갖지 못하는 공동보증인들 중 1인이 '자기부담부분'(사안에서는 500만 원) 이상을 변제하면 연대채무에 관한 규정에 따라 다른 공동보증인에게 구상할 수 있다(제448조 2항, 제425조 내지 제427조).

④ [O] 주채무자에 대한 시효중단은 보증채무자에게도 효력이 있으나(제440조), 보증인에 대한 시효중단은 보증채무에 관한 것일 뿐이므로 주채무자에 효력이 없다. 다만, 주채무가 시효로 소멸하면 보증채무도 부종성에 의해 소멸한다.

관련판례 "보증채무에 대한 소멸시효가 중단되었다고 하더라도 이로써 주채무에 대한 소멸시효가 중단되는 것은 아니고, 주채무가 소멸시효 완성으로 소멸된 경우에는 보증채무도 그 채무 자체의 시효중단에 불구하고 부종성에 따라 당연히 소멸된다"(대판 2002.5.14. 2000다62476)

⑤ [X] **제434조 (보증인과 주채무자 상계권)** 「보증인은 주채무자의 채권에 의한 상계로 채권자에게 대항할 수 있다.」

☞ 보증인 丙은 주채무자 乙의 채권으로 상계가 가능하다.

[정답] ④

문 76 **甲은 乙에게 1,000만 원의 채무를 지고 있고, 이에 대해 甲의 부탁을 받은 丙이 연대보증하였다. 다음 설명 중 옳은 것은?** (다툼이 있는 경우에는 판례에 의함) [변시 2회]

① 甲이 1,000만 원의 채무에 대한 소멸시효기간이 경과한 후 시효의 이익을 포기한 경우, 丙은 소멸시효를 원용하여 자신의 연대보증채무의 소멸을 주장할 수 없다.

② 乙이 丙에게 변제를 청구해 온 경우, 丙은 먼저 甲에게 청구할 것을 항변할 수 있다.

③ 甲이 변제기에 기한의 유예를 요청하여 乙이 변제기한을 연장해 준 경우, 그 효력은 원칙적으로 丙에게 미치지 않는다.

④ 甲이 乙에게 위 채무를 변제하고도 이 사실을 丙에게 통지하지 않았고, 그 후 丙이 사전통지를 하지 않은 채 乙에게 보증채무를 이행한 경우, 丙은 甲에게 구상권을 행사할 수 없다.

⑤ 만약 丁도 甲의 乙에 대한 채무를 연대보증한 경우라면, 乙에게 400만 원을 변제한 丙은 丁에 대하여 200만 원의 범위에서 구상할 수 있다.

해 설 ① [×] 소멸시효 이익의 포기(제184조 1항의 반대해석)의 효과는 상대적이어서 포기할 수 있는 자가 다수인 경우에 1인의 포기는 다른 사람에게 영향을 미치지 않는다. 判例도 직접 이익을 받는 자의 시효원용권은 채무자의 시효원용권에 기초한 것이 아닌 독자적인 것이라고 하여 채무자의 시효이익의 포기는 다른 직접수익자의 시효원용권에 영향을 미치지 않는다고 한다(대판 1995.7.11, 95다12446). 따라서 **주채무자의 소멸시효이익의 포기는 연대보증인에게 영향을 미치지 않는다**(대판 1995.7.11, 95다12446).

② [×] 연대보증에는 '보충성'이 없으므로 채권자의 청구에 대해 최고·검색의 항변권이 없다(제437조 단서).

③ [×] 보증인의 부담이 주채무의 목적이나 형태보다 중한 때에는 주채무의 한도로 감축한다(제430조). 그러나 判例는 보증계약체결 후 채권자가 보증인의 승낙 없이 주채무자에게 '변제기를 연장'해 준 경우에 그것이 보증인의 책임을 가중하는 것은 아니므로 보증인에게도 그 효력이 미친다고 한다(대판 1996.2.23, 95다49141).

④ [○] "제446조의 규정은 제445조 1항의 규정을 전제로 하는 것이어서 제445조 1항의 사전 통지를 하지 아니한 수탁보증인까지 보호하는 취지의 규정은 아니므로, 수탁보증에 있어서 주채무자가 면책행위를 하고도 그 사실을 보증인에게 통지하지 아니하고 있던 중에 보증인도 사전통지를 하지 아니한 채 이중의 면책행위를 한 경우에는 보증인은 주채무자에 대하여 제446조에 의하여 자기의 면책행위의 유효를 주장할 수 없다고 봄이 상당하다 할 것이다. 따라서 이 **경우에는 이중변제의 기본 원칙으로 돌아가 먼저 이루어진 주채무자의 면책행위가 유효하고 나중에 이루어진 보증인의 면책행위는 무효**로 보아야 한다"(대판 1997.10.10, 95다46265).

☞ **따라서 보증인은 주채무자에게 구상권을 행사하지 못하고**, 이중으로 변제를 받은 채권자를 상대로 부당이득의 반환을 청구할 수 있을 뿐이다(제748조 2항).

비교쟁점 보증인이 먼저 변제를 하고 그 통지를 하지 않은 상태에서 주채무자가 나중에 선의로 이중의 면책행위를 한 때에는 (주채무자에게는 사전통지의무가 없으므로) 제445조 2항에 의해 주채무자의 면책이 유효한 것으로 된다.

⑤ [X] 연대보증인 가운데 한 사람이 '자기의 부담부분을 초과'하여 변제하였을 때에는 다른 연대보증인에 대하여 구상을 할 수 있는데(제448조 2항), 부담부분은 먼저 당사자의 특약 또는 연대채무를 부담함으로써 얻는 이익의 비율에 의하되, 이러한 기준을 통하여도 부담부분이 결정되지 않는 경우에는 균등한 것으로 추정한다(대판 2009.6.25. 2007다70155).
☞ 따라서 연대보증인 丙은 채권자 乙에게 자신의 부담부분인 500만원을 초과하여 변제한 경우이어야 다른 연대보증인 丁에 대하여 구상할 수 있다.

[정답] ④

문 77 甲의 乙에 대한 금전채무에 관하여 丙이 乙과 보증계약을 체결하였다. 이에 관한 설명 중 옳지 않은 것을 모두 고른 것은? (각 지문은 독립적이며, 다툼이 있는 경우 판례에 의함) [변시 7회]

ㄱ. 甲의 乙에 대한 채무에 관하여 위약금의 정함이 없는 경우에도 보증계약에서 별도로 위약금을 정할 수 있다.
ㄴ. 미성년자 甲이 법정대리인의 동의를 얻지 않고 乙에 대한 채무를 부담하는 행위를 한 경우에, 丙이 보증계약 체결 당시 그러한 사정을 알고 있었고 그 후 甲의 행위가 취소된 때에는, 丙은 甲이 부담하고 있던 채무와 동일한 목적의 독립채무를 부담한 것으로 본다.
ㄷ. 甲의 乙에 대한 채무액이 500만 원이고 丙이 甲의 부탁을 받아 乙과 보증계약을 체결한 경우에, 甲이 그 후 취득한 乙에 대한 300만 원의 금전채권을 자동채권으로 하여 乙에 대한 채무와 상계하려고 하고 있었는데, 丙이 甲에게 통지함이 없이 乙에게 500만 원을 변제한 때에는 甲은 丙으로부터 구상청구를 받아도 300만 원에 대해서는 상계를 할 수 있었다는 사유로 丙에게 대항할 수 있다.
ㄹ. 丙이 甲의 부탁을 받아 乙과 보증계약을 체결하였다면, 丙은 사전구상권이 인정되는 경우 甲을 상대로 丙이 부담할 것이 확정된 채무 전액 및 면책비용에 대한 법정이자나 채무의 원본에 대한 장래 도래할 이행기까지의 이자를 청구할 수 있다.
ㅁ. 甲의 乙에 대한 채무에 관하여 소멸시효가 완성되었더라도 甲이 시효의 이익을 포기한 이상 보증채무의 부종성에 따라 丙도 더 이상 소멸시효의 완성을 주장할 수 없다.

① ㄱ, ㄹ
② ㄴ, ㄹ
③ ㄹ, ㅁ
④ ㄴ, ㄷ, ㅁ
⑤ ㄴ, ㄹ, ㅁ

해설 ㄱ. [O] **제429조(보증채무의 범위)** 「②항 보증인은 그 보증채무에 관한 위약금 기타 손해배상액을 예정할 수 있다.」 보증채무는 채권자와 보증인 사이의 보증계약에 의하여 성립하며, 주채무와는 별개의 독립한 채무이다. 따라서 보증채무 자체의 이행지체로 인한 지연손해금은 보증한도액과는 별도로 부담하며 주채무에 관하여 약정된 연체이율이 당연히 여기에 적용되는 것은 아니다(대판 2003.6.13. 2001다29803).

ㄴ. [X] 종래 민법은 취소의 원인(예컨대 제한능력)이 있는 채무를 보증한 자가 보증계약 당시 그 원인의 존재를 알았던 경우에, 취소가 있으면 주채무와 동일한 내용의 독립채무를 부담한 것으로 보았다(제436조). 이는 보증이 아니라 일종의 손해담보계약이다. 그러나 당해 제436조는 **개정민법**(2016.2.4.시행)**에 의해 삭제되었다.**

ㄷ. [O] **제445조(구상요건으로서의 통지)** 「①항 보증인이 주채무자에게 통지하지 아니하고 변제 기타 자기의 출재로 주채무를 소멸하게 한 경우에 주채무자가 채권자에게 대항할 수 있는 사유가 있었을 때에는 이 사유로 보증인에게 대항할 수 있고 그 대항사유가 상계인 때에는 상계로 소멸할 채권은 보증인에게 이전된다.」

☞ 보증인 丙이 주채무자가 甲에게 사전에 통지하지 아니하고 변제한 경우에는 주채무자 甲은 채권자 乙에게 대항할 수 있는 사유인 상계로 구상권을 행사하는 丙에게 대항할 수 있다.

ㄹ. [X] 수탁보증인이 사전구상권을 행사하는 경우, 그 사전구상권의 범위에는 채무의 원본과 이미 발생한 이자 및 지연손해금, 피할 수 없는 비용과 손해액이 이에 포함되지만(제441조 2항), 면책비용에 대한 법정이자나 채무의 원본에 대한 장래 도래할 이행기까지의 이자, 수탁보증인이 아직 지출하지 아니한 금원에 대한 지연손해금은 사전구상권의 범위에 포함될 수 없다(대판 2005.11.25, 2004다66834,66841등)

ㅁ. [X] **제433조(보증인과 주채무자 항변권)** 「②항 주채무자의 항변포기는 보증인에게 효력이 없다.」

참고판례 **시효이익 포기의 효과는 상대적이어서** 포기할 수 있는 자가 다수인 경우에 1인의 포기는 다른 사람에게 영향을 미치지 않는다. 判例도 직접 이익을 받는 자의 시효원용권은 채무자의 시효원용권에 기초한 것이 아닌 독자적인 것이라고 하여 채무자의 시효이익의 포기는 다른 직접수익자의 시효원용권에 영향을 미치지 않는다고 한다(대판 1995.7.11, 95다12446). 따라서 **주채무자의 소멸시효이익의 포기는 보증인**(대판 1991.1.29, 89다카1114), 저당부동산의 제3취득자, 연대보증인(대판 1995.7.11, 95다12446) **등에 영향을 미치지 않는다.**

[정답] ⑤

문 78 **甲은 乙로부터 금전을 차용하면서 丙에게 부탁하여 자신의 乙에 대한 채무에 대하여 연대보증을 서게 하였다. 이에 관한 설명 중 옳은 것은?** (다툼이 있는 경우 판례에 의함) [변시 6회]

① 甲이 변제기에 기한의 유예를 요청하여 乙이 변제기한을 연장해 준 경우, 그 효력은 원칙적으로 丙에게 미치지 않는다.

② 甲이 乙에게 변제하고도 이 사실을 丙에게 통지하지 않고 있는 동안 丙이 사전통지를 하지 않고 乙에게 보증채무를 이행한 경우, 丙은 甲에게 구상권을 행사할 수 없다.

③ 乙이 丙에게 변제를 청구한 경우, 丙은 먼저 甲에게 청구할 것을 항변할 수 있다.

④ 甲이 자신의 채무에 대한 소멸시효기간이 경과한 후 시효의 이익을 포기한 경우, 丙은 甲의 채무의 시효소멸을 원용하여 자신의 연대보증채무의 소멸을 주장할 수 없다.

⑤ 丙의 채무에 대한 소멸시효가 중단되면, 甲의 채무에 대한 소멸시효가 완성되더라도 丙의 채무는 소멸하지 않는다.

해 설 ① [X] 보증인의 부담이 주채무의 목적이나 형태보다 중한 때에는 주채무의 한도로 감축한다(제430조). 이와 관련하여 判例는 보증계약체결 후 채권자가 보증인의 승낙 없이 주채무자에게 '변제기를 연장'해 준 경우에 그것이 반드시 보증인의 책임을 가중하는 것은 아니므로 '원칙적'으로 보증인에게도 그 효력이 미친다고 한다(대판 1996.2.23, 95다49141).

비교판례 그렇지만 당사자 사이에 '보증인의 동의'를 얻어 피보증채무의 이행기가 연장된 경우에 한하여 피보증채무를 계속하여 보증하겠다는 취지의 특별한 약정이 있다면 그 약정에 따라야 한다(대판 2007.6.14, 2005다9326 등). 그리고 '보증기간을 정한 경우'에는 주채무의 변제기가 연장되더라도 보증기간이 연장되는 것은 아니다(대판 2006.4.28, 2004다16976).

② [O] ※ **주채무자가 사후통지를 하지 아니하고 보증인이 사전통지를 하지 않은 경우**

"제446조의 규정은 제445조 1항의 규정을 전제로 하는 것이어서 제445조 1항의 사전 통지를 하지 아니한 수탁보증인까지 보호하는 취지의 규정은 아니므로, 수탁보증에 있어서 주채무자가 면책행위를 하고도 그 사실을 보증인에게 (사후)통지하지 아니하고 있던 중에(=제446조에 해당) 보증인도 사전 통지를 하지 아니한 채 이중의 면책행위를 한 경우(=제445조 1항에 해당)에는 보증인은 주채무자에 대하여 제446조에 의하여 자기의 면책행위의 유효를 주장할 수 없다. 따라서 **이 경우에는 이중변제의 기본 원칙으로 돌아가 먼저 이루어진 주채무자의 면책행위가 유효하고 나중에 이루어진 보증인의 면책행위는 무효**로 보아야 한다"(대판 1997.10.10, 95다46265)

☞ 따라서 수탁보증인 丙은 제446조에 기하여 주채무자 甲에게 구상권을 행사하지 못하고, 이중으로 변제를 받은 채권자 乙을 상대로 부당이득의 반환을 청구할 수 있을 뿐이다(제748조 2항).

비교쟁점 보증인이 먼저 변제를 하고 그 통지를 하지 않은 상태에서 주채무자가 나중에 선의로 이중의 면책행위를 한 때에는 (주채무자에게는 사전통지의무가 없으므로) 제445조 2항에 의해 주채무자의 면책이 유효한 것으로 된다.

③ [X] 연대보증에는 보충성이 인정되지 않으므로 연대보증인은 최고·검색의 항변권을 갖지 못한다(제437조 단서).

④ [X] "주채무가 시효로 소멸한 때에는 보증인도 그 시효소멸을 원용할 수 있으며, 주채무자가 시효의 이익을 포기하더라도 보증인에게는 그 효력이 없다"(대판 1991.1.29, 89다카1114).

⑤ [X] "보증채무에 대한 소멸시효가 중단되었다고 하더라도 이로써 주채무에 대한 소멸시효가 중단되는 것은 아니고, 주채무가 소멸시효 완성으로 소멸된 경우에는 보증채무도 그 채무 자체의 시효중단에 불구하고 부종성에 따라 당연히 소멸된다"(대판 2002.5.14, 2000다62476).

[정답] ②

문 79 甲은 우유대리점을 경영하고 있다. 甲은 乙 우유회사와 우유를 공급받은 계약을 체결하면서 대금 지급을 지체하는 경우 연 12%의 비율에 의한 지연손해금을 지급하기로 약정하였다. 丙은 甲의 부탁을 받고 甲의 乙 회사에 대한 우유대금 지급채무를 담보하기 위하여 乙 회사의 1억 원을 한도로 하는 근보증계약을 체결하였다. 그 후 甲의 乙회사에 대한 우유대금 원금채무가 1억 원 이상이 연체되자 乙 회사는 甲과의 우유공급계약을 해지하였다. 다음 중 옳은 것을 모두 고른 것은?(다툼이 있는 경우에는 판례에 의하고, 각 지문은 독립적이다) [변시 3회]

ㄱ. 乙 회사는 丙에게 보증채무의 이행을 청구하였다. 이 경우 丙이 乙 회사에 부담하는 채무는 1억 원 및 이에 대한 연 12%의 비율에 의한 지연손해금이다.
ㄴ. 甲의 우유대금채무에 관하여 소멸시효 완성이 2개월 남았을 때에 乙 회사는 甲에게 우유대금의 지급을 최고하였고, 이에 甲은 즉시 乙회사에 우유대금채무의 존재를 인정하는 내용의 답변서를 보냈다. 그로부터 1년 후 乙 회사가 丙을 상대로 보증채무의 이행을 구하는 소송을 제기하였고 이에 丙은 甲의 채무인정은 보증인에게는 효력이 없으므로 丙의 보증채무는 시효로 소멸하였다고 항변하였다. 乙 회사는 위 소송에서 승소할 수 없다.
ㄷ. 甲이 乙 회사에게 연체된 우유대금채무를 모두 변제한 후에도 丙에게 이를 통지하지 아니하였고, 丙의 甲의 채무변제 사실을 모른 채 역시 甲에게 통지하지 아니하고 乙 회사에게 우유대금 보증채무를 이중으로 변제한 경우 丙은 甲에게 구상권을 행사할 수 없다.

① ㄱ　② ㄴ
③ ㄷ　④ ㄱ, ㄴ
⑤ ㄴ, ㄷ

해 설 ㄱ. [×] "보증계약의 한도액이나 계속적 거래의 한도액이 정하여져 있는 경우 보증인은 그 한도액의 범위 내에서만 책임을 진다. 그 때 그 한도액이 주채무의 원금만을 기준으로 하는지 여부는 당사자의 특약의 해석에 의하여 정하여지나, 특별한 사정이 없는 한 보증한도의 범위 안에서 확정된 주채무 및 그 이자, 위약금, 손해배상 기타 주채무에 종속한 채무를 모두 포함한다고 해석하여야 한다"(대판 1995.6.30, 94다40444).

☞ 따라서 근보증인 丙이 채권자 乙에게 부담하는 채무는 1억 원이 된다.

참고판례 "보증한도액을 정한 근보증에서, 보증채무는 주채무와는 별개의 채무이기 때문에 보증채무 자체의 이행지체로 인한 지연손해금은 보증한도액과는 별도로 부담하고, 이 경우 보증채무의 연체이율에 관하여 특별한 약정이 없는 경우라면 그 거래행위의 성질에 따라 상법 또는 민법에서 정한 법정이율에 따라야 하며, 주채무에 관하여 약정된 연체이율이 당연히 여기에 적용되는 것은 아니지만, 특별한 약정이 있다면 이에 따라야 한다"(대판 2000.4.11., 99다12123).

☞ 만약 丙이 보증채무를 이행하지 않는다면 채권자 乙에게 부담하는 지연손해금은 특별한 사정이 없는 한 주채무에 관하여 약정된 연 12%의 비율이 아닌 연 6%의 상사이율에 따라야 한다. 그리고 이는 보증한도액 1억 원과는 별도로 부담한다.

ㄴ. [X] **주채무자에 대한 시효의 중단은 보증인에 대하여 그 효력이 있다**(제440조). 시효의 중단은 당사자 및 그 승계인간에만 효력이 있으므로(제169조), 본조는 이에 대한 예외를 규정한 것인데, 判例에 따르면 이는 '보증채무의 부종성' 때문이 아니라 주채무와 별도로 보증채무가 시효로 소멸하는 것을 막아 '채권자를 보호'하기 위한 것이라고 한다(대판 1986.11.25, 86다카1569).

☞ 채권자 乙이 시효완성 2개월 전에 주채무자 甲에게 최고한 후 1년 후 보증인 丙을 상대로 보증채무의 이행을 구하는 소를 제기한 것은 보증채무에 대한 시효중단사유가 되지 않으나(제174조 참조), 주채무자 甲이 시효완성 전 우유대금채무의 존재를 인정하는 내용의 답변서를 보낸 것은 시효중단 사유로서 '승인'에 해당하므로(제168조 3호), 이러한 주채무자에 대한 시효의 중단은 보증인에 대하여 효력이 있다(제440조). 따라서 채권자 乙은 보증인 丙을 상대로 한 보증채무 이행의 소에서 승소할 수 있다.

ㄷ. [O] 주채무자가 수탁보증인에게 사후통지를 하지 아니하고 보증인이 사전통지를 하지 않은 경우 判例는 "제446조의 규정은 제445조 1항의 규정을 전제로 하는 것이어서 제445조 1항의 사전통지를 하지 아니한 수탁보증인까지 보호하는 취지의 규정은 아니므로, 수탁보증에 있어서 주채무자가 면책행위를 하고도 그 사실을 보증인에게 통지하지 아니하고 있던 중에 보증인도 사전통지를 하지 아니한 채 이중의 면책행위를 한 경우에는 보증인은 주채무자에 대하여 제446조에 의하여 자기의 면책행위의 유효를 주장할 수 없다고 봄이 상당하다 할 것이다. 따라서 **이 경우에는 이중변제의 기본 원칙으로 돌아가 먼저 이루어진 주채무자의 면책행위가 유효하고 나중에 이루어진 보증인의 면책행위는 무효**로 보아야 한다"(대판 1997.10.10, 95다46265)고 판시하고 있다. 따라서 보증인은 주채무자에게 구상권을 행사하지 못하고, 이중으로 변제를 받은 채권자를 상대로 부당이득의 반환을 청구할 수 있을 뿐이다(제748조 2항).

[정답] ③

문80 甲과 乙은 2018. 1.경 甲 소유의 건물을 신축하기로 하는 공사도급계약을 체결하여 乙은 공사를 완료한 후 건물을 甲에게 인도하였고, 甲은 그 건물에 관한 소유권보존등기를 마쳤다. 한편 丙은 위 도급계약 시 甲의 乙에 대한 공사대금채무에 대하여 乙과 보증계약을 체결하였다. 이에 관한 설명 중 옳지 않은 것은? (각 지문은 독립적이며, 다툼이 있는 경우 판례에 의함) [변시 8회]

① 乙과 丙의 보증계약이 丙의 기명날인 또는 서명이 있는 서면으로 체결되지 않았다면 그 보증계약은 효력이 없다.

② 乙이 공사대금채권을 피보전채권으로 하여 건물에 대하여 가압류한 경우, 그 가압류 사실을 丙에게 통지하지 않았더라도, 丙의 보증채무는 소멸시효가 중단된다.

③ 乙의 甲에 대한 공사대금채권의 소멸시효가 완성된 후 丙이 스스로 보증채무를 이행하였다면 다른 특별한 사정이 없는 한 丙은 乙의 공사대금채권의 소멸시효 완성의 효과를 주장할 수 없다.

④ 건물신축공사 과정에서 乙의 피용자 丁의 과실로 행인인 제3자 戊가 상해를 입은 경우, 甲이 구체적인 공사의 시공 자체를 관리하는 형태로는 관여하지 않았고, 다만 공사가 설계도대로 시행되고 있는지 확인하는 정도로만 관여하였다면, 甲은 원칙적으로 사용자책임을 지지 않는다.

⑤ 甲이 건물을 인도받아 점유하던 중 건물의 보존상의 하자로 인하여 행인인 제3자 戊가 상해를 입은 경우 甲은 자신의 과실이 없는 경우에도 불법행위로 인한 손해배상책임을 진다.

해설 ① [○] ※ **보증계약의 성립 요건**(형식적 유효 요건)

통상적으로 보증계약이 무상으로 또 계획 없이 체결되는 점에서, 사전에 보증계약의 진지성(책임부담의 인식)과 신중성을 확보하기 위해, **개정민법**(2016.2.4.시행)**은 보증계약이 보증인의 명시적인 의사에 의해서만 성립하는 것으로 정하였다.** 즉, i) **보증은 그 의사가 보증인의 기명날인 또는 서명이 있는 서면으로 표시되어야 효력이 발생한다.** 다만, 보증의 의사가 전자적 형태로 표시된 경우에는 효력이 없다(제428조의2 1항). ii) 보증채무를 보증인에게 불리하게 변경하는 경우에도 동일한 방식을 취하여야 한다(제428조의2 2항). iii) 위와 같은 방식을 취하지 않은 것은 무효이다. 그러나 보증인이 보증채무를 이행한 경우에는 그 한도에서 제1항과 제2항에 따른 방식의 하자를 이유로 보증의 무효를 주장할 수 없다(제428조의2 3항).

② [○] ※ **주채무에 대한 시효중단**

시효완성의 이익을 받을 자(채무자)가 아니라 제3자(물상보증인 또는 저당부동산의 제3취득자 등)에 대해 압류 등을 한 경우에는, 그 자(채무자)에 대하여 통지한 때에 시효중단의 효력이 발생한다(제176조). 그러나 주채무자에 대한 시효의 중단은 보증인에 대하여 그 효력이 있으므로(제440조), **그 시효중단사유가 압류, 가압류 및 가처분이라고 하더라도 이를 보증인에게 통지하여야 시효중단의 효력이 발생하는 것은 아니다**(대판 2005.10.27. 2005다35554,35561).

③ [×] ※ **보증채무의 부종성**

보증인은 주채무자의 항변(예컨대 주채무의 부존재, 소멸, 소멸시효의 완성)으로 채권자에게 대항할 수 있다. 문제는 **보증인이 자신의 보증채무에 관하여 시효의 이익을 포기하고 나서 주채무의 시효**

소멸을 이유로 보증채무의 소멸을 주장할 수 있는가 하는 점이다. 이에 관해 判例는 "주채무의 시효소멸에도 불구하고 보증채무를 이행하겠다는 의사를 표시한 경우 등과 같이 '부종성'을 부정하여야 할 다른 특별한 사정이 없는 한 보증인은 여전히 주채무의 시효소멸을 이유로 보증채무의 소멸을 주장할 수 있다고 보아야 한다"(대판 2012.7.12. 2010다51192)고 한다.

☞ 判例에 따르면 소멸시효완성 후의 '변제'는 '묵시적 채무의 승인'으로 시효이익을 포기하는 것으로 '추정'하므로, 乙의 甲에 대한 공사대금채권의 소멸시효가 완성된 후(주채무가 시효가 완성되었으므로 부종성에 따라 보증채무도 시효가 완성되었다) 丙이 스스로 보증채무를 이행하였다면 이는 '보증채무'의 시효이익을 포기하는 것으로 추정된다.

그러나 보증인에게 생긴 사유는 주채무자에게 그 효력이 없고(상대적 효력), 위 2010다51192 판결에 따르면 보증채무의 '부종성'을 부정해야 할 다른 특별한 사정이 없는 한 丙은 주채무의 시효소멸을 이유로 乙의 공사대금채권(보증채무)의 소멸시효 완성의 효과를 주장할 수 있다.

④ [○] ※ 도급계약의 경우 사용자책임 성립 여부

독립적인 지위에서 일의 완성의무를 지는 수급인은 원칙적으로 제756조의 피용자라고 할 수 없다. 다만 도급인이 수급인의 일의 진행 및 방법에 관하여 구체적인 지휘감독권을 보유한 경우에는 도급인과 수급인의 관계는 실질적으로 사용자 및 피용자의 관계와 다를 바 없으므로, 수급인이 고용한 제3자의 불법행위로 인한 손해에 대하여 도급인은 제756조에 의한 사용자책임을 면할 수 없다(대판 1987.10.28. 87다카1185).

건설공사의 경우, 判例는 현장에서 구체적인 공사의 운영 및 시행을 직접 지시 · 지도하고 감시 · 독려함으로써 시공 자체를 관리하는 '감독(監督)'의 경우에는 사용자책임을 인정할 수 있으나, 단순히 공사의 운영 및 시공의 정도가 설계도 또는 시방서대로 시행되고 있는가를 확인하여 공정을 감독하는 데에 불과한 이른바 '감리(監理)'의 경우에는 사용자책임이 인정되지 않는다고 한다(대판 1988.6.14. 88다카102).

⑤ [○] ※ 소유자의 공작물책임

인공적 작업에 의해 제작된 물건인 '공작물'의 설치 또는 보존의 하자로 인해, 또는 '수목'의 재식(栽植) 또는 보존의 하자로 인해 타인에게 손해를 가한 때에는, 1차적으로 그 공작물(또는 수목)의 점유자가 손해배상책임을 지되 그가 손해의 방지에 필요한 주의를 다한 경우에는 면책되고, 이때에는 2차적으로 소유자가 손해배상책임을 진다(제758조). 이 때, 소유자의 책임은 무과실책임으로서, 면책이 인정되지 않는다(제758조 1항 단서).

☞ 사안의 경우 甲은 직접점유자이면서 소유자인데 점유자로서는 과실이 인정되지 않으므로 제758조 1항 단서에 의해 소유자로서 무과실책임을 지게 된다.

[정답] ③

제6장 채권양도와 채무인수

제1절 채권양도

문 81 채권양도에 관한 설명 중 옳지 않은 것은? (다툼이 있는 경우 판례에 의함) [변시 8회]

① 임대인이 임차인으로부터 임대차보증금반환채권의 양도통지를 받은 후에는 임대인과 임차인 사이에 임대차계약의 갱신이나 계약기간 연장에 관하여 명시적 또는 묵시적 합의가 있더라도 그 합의의 효과는 위 보증금반환채권의 양수인에 대하여는 미칠 수 없다.

② 채권자가 그 채권을 제3자에게 양도하는 경우 주채무자에 대하여만 채권양도의 대항요건을 갖추었을 뿐, 보증인에 대하여는 채권양도의 대항요건을 갖추지 않았더라도, 특별한 사정이 없는 한 채권양수인은 보증인에 대하여 보증채무의 이행을 구할 수 있다.

③ 채권의 당사자는 채권양도금지의 특약으로써 선의의 제3자에게 대항하지 못하나 채권양도금지의 특약을 알지 못함에 중대한 과실이 있는 양수인은 위 선의의 제3자에 해당하지 않는다.

④ 양도금지의 특약이 있는 채권이더라도 압류 및 전부명령에 의한 이전이 가능하고, 이는 압류채권자가 양도금지의 특약이 있다는 사실을 알고 있어도 마찬가지이다.

⑤ 양수인의 권리확보에 위험을 초래할 만한 사정을 조사하고 확인할 책임은 양수인에게 있는 것이 원칙이므로 양수인이 양도금지 특약의 존재를 알지 못하였음을 증명하여야 한다.

해 설 ① [○] ※ **임대차보증금반환채권의 양도와 통지의 효과**

채권의 양도에 의해 양도인에 대한 채무자의 지위가 달라질 것은 아니므로, 채무자는 그 **'통지를 받은 때까지'** 양도인에 대하여 생긴 사유(채무의 불성립 · 무효 · 취소 · 동시이행의 항변 · 기한의 유예 · 채권의 소멸 등)로써 양수인에게 대항할 수 있다(제451조 2항).

다만, **대항사유 자체는 통지 뒤에 생겼더라도 그 '사유 발생의 기초가 되는 법률관계'가 통지 전에 이미 존재**하였다면 이는 '계약 자체에 처음부터 내재하는 고유한 위험'이라고 볼 수 있으므로 그 대항사유로써 양수인에게 대항할 수 있다. 그러나 통지를 받은 후부터는 양수인만이 채권자로 되므로, '통지 이후'에 양도인에 대하여 생긴 사유로는 양수인에게 대항하지 못한다. 그래서 判例는 **임차보증금반환채권의 양도 통지 후 임대차계약의 갱신이나 연장에 관한 합의는 양수인에게 그 효력이 없다**고 한다(대판 1989.4.25. 88다카4253). 왜냐하면 임대차계약의 합의갱신 등은 채권양도 통지 후에 발생한 '새로운' 계약이라고 볼 수 있으므로, 계약 자체에 처음부터 내재하는 고유한 위험이라고 볼 수 없기 때문이다.

② [○] "보증채무는 주채무에 대한 부종성 또는 수반성이 있어서 주채무자에 대한 채권이 이전되면 당사자 사이에 별도의 특약이 없는 한 보증인에 대한 채권도 함께 이전하고, 이 경우 채권양도의 대항요건도 주채권의 이전에 관하여 구비하면 족하고, 별도로 보증채권에 관하여 대

항요건을 갖출 필요는 없다"(대판 2002.9.10, 2002다21509).

③ [○], ⑤ [×] ※ **제449조 2항 단서의 선의의 제3자의 범위**
당사자, 즉 채권자와 채무자의 양도금지의 의사표시에 의하여 채권은 그 양도성을 상실한다. 그러나 양도금지의 특약은 선의의 제3자에게 대항할 수 없다(제449조 2항 단서).
제449조 2항 단서의 선의의 제3자의 범위에 관하여 **判例는 선의의 양수인이 보호받기 위해서는 선의이며, 중과실이 없어야 한다고 하며, 양수인의 악의 또는 중과실에 대한 증명책임은 채권양도금지특약으로 채권양수인에게 대항하려는 자(채무자)가 부담한다**고 한다(대판 1999.12.28, 99다8834).

④ [○] ※ **양도금지특약이 있는 채권에 대한 전부명령**
당사자, 즉 채권자와 채무자의 양도금지의 의사표시에 의하여 채권은 그 양도성을 상실한다. 그러나 양도금지의 특약은 선의의 제3자에게 대항할 수 없다(제449조 2항 단서).
그러나 양도금지특약이 있는 채권이라도 개인의 의사표시로써 압류금지재산을 만들어내는 것은 채권자를 해하는 것이 되어 부당하기 때문에, **'악의'의 채권자라도 압류 및 전부명령에 의해 채권을 취득할 수 있다**(대판 2003.12.11, 2001다3771).

[정답] ⑤

문 82 채권양도에 관한 설명 중 옳지 않은 것은? (다툼이 있는 경우 판례에 의함) [변시 5회]

① 부동산 매매로 인한 소유권이전등기청구권을 제3자에게 양도하는 경우 매수인이 매도인에게 양도사실을 통지하는 것만으로는 매도인에 대한 대항력이 생기지 않으며 반드시 매도인의 동의나 승낙을 받아야 대항력이 생긴다.
② 당사자의 의사표시에 의한 채권양도금지 특약은 제3자가 악의인 경우는 물론 제3자가 채권양도금지 특약을 알지 못한 데에 중대한 과실이 있는 경우에도 채권양도금지 특약으로써 대항할 수 있고, 제3자의 악의 내지 중과실은 채권양도금지 특약으로 양수인에게 대항하려는 자가 이를 주장 · 증명하여야 한다.
③ 당사자의 의사표시에 의한 채권양도금지 특약이 있는 경우 악의의 양수인으로부터 다시 선의로 양수한 전득자는 그 채권을 유효하게 취득하나, 선의의 양수인으로부터 다시 채권을 양수한 악의의 전득자는 그 채권을 유효하게 취득하지 못한다.
④ 전세금반환채권의 경우, 전세권이 존속하는 동안은 전세권을 존속시키기로 하면서 전세금반환채권만을 전세권과 분리하여 확정적으로 양도하는 것은 허용되지 않으며, 다만 전세권 존속 중에는 장래에 그 전세권이 소멸하는 경우에 전세금 반환채권이 발생하는 것을 조건으로 그 장래의 조건부 채권을 양도할 수 있다.
⑤ 채무자가 채권자에게 채무변제와 관련하여 다른 채권을 양도하는 것은 특단의 사정이 없는 한 채무변제를 위한 담보 또는 변제의 방법으로 양도되는 것으로 추정할 것이지 채무변제에 갈음한 것으로 볼 것은 아니어서, 그 경우 채권양도만 있으면 바로 원래의 채권이 소멸한다고 볼 수는 없고 채권자가 양도받은 채권을 변제받은 때에 비로소 그 범위 내에서 채무자가 면책된다.

해 설 ① [○] "매매로 인한 소유권이전등기청구권은 특별한 사정이 없는 이상 그 권리의 성질상 양도가 제한되고 그 양도에 채무자의 승낙이나 동의를 요한다고 할 것이므로 **통상의 채권양도와 달리** 양도인의 채무자에 대한 통지만으로는 채무자에 대한 대항력이 생기지 않으며 **반드시 채무자의 동의나 승낙을 받아야** 대항력이 생긴다"(대판 2001.10.9. 2000다51216).

② [○] 채권은 당사자가 반대의 의사를 표시한 경우에는 양도하지 못한다(제449조 2항 본문). 그러나 그 의사표시로써 선의의 제3자에게 대항하지 못한다(제449조 2항 단서). 제449조 2항 단서의 선의의 제3자의 범위에 관하여 무과실까지 요구되는지에 관하여 **判例는 선의의 양수인이 보호받기 위해서는 선의이며, 중과실이 없어야 한다고 한다**(대판 1999.12.28, 99다8834). 그리고 判例는 양수인의 선의 또는 중과실에 대한 입증책임은 채권양도금지특약으로 채권양수인에게 대항하려는 자가 부담한다고 한다(대판 2003.1.24. 2000다5336,5343).

③ [×] "민법 제449조 2항 단서는 채권양도금지 특약으로써 대항할 수 없는 자를 '선의의 제3자'라고만 규정하고 있어 채권자로부터 직접 양수한 자만을 가리키는 것으로 해석할 이유는 없으므로, 악의의 양수인으로부터 다시 선의로 양수한 전득자도 위 조항에서의 선의의 제3자에 해당한다. 또한 선의의 양수인을 보호하고자 하는 위 조항의 입법 취지에 비추어 볼 때, 이러한 선의의 양수인으로부터 다시 채권을 양수한 전득자는 그 선의·악의를 불문하고 채권을 유효하게 취득한다고 할 것이다"(엄폐물의 법칙 ; 대판 2015.4.9. 2012다118020).

④ [○] 전세권은 전세금을 지급하고 타인의 부동산을 그 용도에 따라 사용·수익하는 권리로서 전세금의 지급이 없으면 전세권은 성립하지 아니하는 등으로 **전세금은 전세권과 분리될 수 없는 요소**일 뿐 아니라, 전세권에 있어서는 그 설정행위에서 금지하지 아니하는 한 전세권자는 전세권 자체를 처분하여 전세금으로 지출한 자본을 회수할 수 있도록 되어 있으므로 전세권이 존속하는 동안은 전세권을 존속시키기로 하면서 전세금반환채권만을 전세권과 분리하여 확정적으로 양도하는 것은 허용되지 않는 것이며, **다만 전세권 존속 중에는 장래에 그 전세권이 소멸하는 경우에 전세금 반환채권이 발생하는 것을 조건으로 그 장래의 조건부 채권을 양도할 수 있을 뿐**이라 할 것이다(대판 2002.8.23. 2001다69122).

⑤ [○] "채무자가 채권자에게 채무변제와 관련하여 다른 채권을 양도하는 것은 특단의 사정이 없는 한 **채무변제를 위한 담보 또는 변제의 방법으로 양도되는 것으로 추정**할 것이지 채무변제에 갈음한 것으로 볼 것은 아니어서, 그 경우 채권양도만 있으면 바로 원래의 채권이 소멸한다고 볼 수는 없고 채권자가 **양도받은 채권을 변제받은 때에 비로소 그 범위 내에서 채무자가 면책된다** 할 것이다(대판 1995.12.22. 95다16660).

비교판례 반면 **채무변제에 '갈음하여' 다른 채권을 양도하기로 한 경우에는** 특별한 사정이 없는 한 채**권양도의 요건을 갖추어 대체급부가 이루어짐으로써 원래의 채무는 소멸**하는 것이고 그 양수한 채권의 변제까지 이루어져야만 원래의 채무가 소멸한다고 할 것은 아니다. 이 경우 대체급부로서 채권을 양도한 양도인은 양도 당시 양도대상인 채권의 존재에 대해서는 담보책임을 지지만 당사자 사이에 별도의 약정이 있다는 등 특별한 사정이 없는 한 그 채무자의 변제자력까지 담보하는 것은 아니라 할 것이다"(대판 2013.5.9. 2012다40998)

[정답] ③

문 83 채권양도에 관한 설명 중 옳은 것을 모두 고른 것은? (다툼이 있는 경우 판례에 의함) [변시 4회]

ㄱ. 주채무자에 대하여 채권양도통지 등 대항요건을 갖추었다면 연대보증인에 대하여 별도의 대항요건을 갖추지 않았더라도 양수인은 연대보증인에게 대항할 수 있다.
ㄴ. 임대인이 임대차보증금반환채권의 양도통지를 받은 후에는 임대인과 임차인 사이에 임대차계약의 갱신이나 계약기간 연장에 관하여 명시적 또는 묵시적 합의가 있더라도 그 합의의 효과는 임대차보증금반환채권의 양수인에 대하여는 미칠 수 없다.
ㄷ. 지명채권의 양도통지를 한 후 양도계약이 합의해제된 경우, 채권양도인이 해제를 이유로 다시 원래의 채무자에 대하여 양도채권으로 대항하려면, 채권양도인이 채권양수인의 동의를 받아 양도통지를 철회하거나 채권양수인이 채무자에게 위와 같은 해제 사실을 통지하여야 한다.

① ㄷ ② ㄱ, ㄴ
③ ㄱ, ㄷ ④ ㄴ, ㄷ
⑤ ㄱ, ㄴ, ㄷ

해설 ㄱ. [O] "보증채무는 주채무에 대한 부종성 또는 수반성이 있어서 주채무자에 대한 채권이 이전되면 당사자 사이에 별도의 특약이 없는 한 보증인에 대한 채권도 함께 이전하고, 이 경우 채권양도의 대항요건도 주채권의 이전에 관하여 구비하면 족하고, 별도로 보증채권에 관하여 대항요건을 갖출 필요는 없다"(대판 2002.9.10, 2002다21509).

ㄴ. [O] 채권의 양도에 의해 양도인에 대한 채무자의 지위가 달라질 것은 아니므로, 채무자는 그 '통지를 받은 때까지' 양도인에 대하여 생긴 사유로써 양수인에게 대항할 수 있다(제451조 2항). 다만, 대항사유 자체는 통지 뒤에 생겼더라도 그 '사유 발생의 기초가 되는 법률관계'가 통지 전에 이미 존재하였다면 이는 '계약 자체에 처음부터 내재하는 고유한 위험'이라고 볼 수 있으므로 그 대항사유로써 양수인에게 대항할 수 있다. 그러나 통지를 받은 후부터는 양수인만이 채권자로 되므로, '통지 이후'에 양도인에 대하여 생긴 사유로는 양수인에게 대항하지 못한다. 判例는 "**임대인이 임대차보증금반환청구채권의 양도통지를 받은 후에는 임대인과 임차인 사이에 임대차계약의 갱신이나 계약기간 연장에 관하여 명시적 또는 묵시적 합의가 있더라도 그 합의의 효과는 보증금반환채권의 양수인에 대하여는 미칠 수 없다**"(대판 1989.4.25., 88다카4253)고 한다. 왜냐하면 임대차계약의 합의갱신 등은 채권양도 통지 후에 발생한 '새로운' 계약이라고 볼 수 있으므로, 계약 자체에 처음부터 내재하는 고유한 위험이라고 볼 수 없기 때문이다.

ㄷ. [O] "지명채권의 양도통지를 한 후 그 양도계약이 해제된 경우에, 양도인이 그 해제를 이유로 다시 원래의 채무자에 대하여 양도채권으로 대항하려면 **양수인이 채무자에게 위와 같은 해제사실을 통지하여야** 한다"(대판 1993.8.27, 93다17379). "제452조 2항에 채권양도의 통지는 양수인의 동의가 없으면 철회하지 못한다고 규정되어 있으므로 채권양도인과 양수인과의 채권양도 계약이 해제되었고 채권양도인이 채무자에게 양도철회통지를 하였다고 하더라도 채무자는 이것을 채권양수인에게 대항할 수는 없다"(대판 1978.6.13, 78다468)

[정답] ⑤

문 84 **지명채권의 양도에 관한 설명 중 옳지 않은 것은?** (다툼이 있는 경우 판례에 의함) [변시 6회]

① 지명채권의 양도통지를 한 후 그 양도계약이 해제된 경우, 양도인이 그 해제를 이유로 다시 원래의 채무자에 대하여 양도채권으로 대항하려면 양수인이 채무자에게 위와 같은 해제사실을 통지하여야 한다.

② 선순위의 근저당권부채권을 양도하였으나 아직 대항요건을 갖추지 못한 경우, 후순위 근저당권자는 대항요건을 갖추지 못하였음을 이유로 그 채권양도의 효력을 부인할 수 없다.

③ 지명채권양도의 대항요건으로서 채무자의 승낙의 상대방은 양도인 또는 양수인 모두 가능하다.

④ 확정일자 있는 채권양도 통지와 채권가압류결정 정본이 같은 날 도달되었는데 그 선후관계에 대하여 달리 증명이 없으면 동시에 도달된 것으로 추정한다.

⑤ 채무자가 채권발생의 원인인 계약을 해제할 수 있는 권리가 있는 상태에서 그 채권이 양도되고 양도인이 양도통지를 한 경우, 채무자는 계약의 해제로써 양수인에게 대항할 수 없다.

해 설 ① [O] 判例는 지명채권의 양도통지를 한 후 양도계약이 '해제'된 경우, 채권양도인이 해제를 이유로 다시 원래의 채무자에 대하여 양도채권으로 대항하려면, i) 채권양도인이 채권양수인의 동의를 받아 양도통지를 철회하거나(제452조 2항 참조 : 대판 1978.6.13, 78다468) ii) 채권양수인이 채무자에게 위와 같은 해제 사실을 통지하여야 한다고 한다(대판 1993.8.27, 93다17379)

비교판례 **채권양도가 처음부터 무효인 경우에는** 채권양도인이 채무자에 대한 관계에서 여전히 채권자이다(제450조의 대항요건은 적용되지 않는다). 따라서 채권양도인이 채권양수인의 동의를 얻어 철회(제452조 2항)하기 전에도 채무자는 채권양도의 무효를 이유로 채권양수인의 청구를 거절할 수 있다.

② [O] 제450조에서의 '제3자'는 그 채권에 관하여 양수인의 지위와 양립할 수 없는 법률상의 지위를 취득한 자를 말한다. 그러나 채권양도에 의해 간접적으로 영향을 받는데 지나지 않는 '채무자의 채권자'는 제3자에 해당하지 않으며, 이들에 대해서는 확정일자 있는 증서에 의하지 않더라도 대항할 수 있다는 것이 判例의 태도이다(대판 2005.6.23, 2004다29279)
"채권양도의 대항요건의 흠결의 경우 채권을 주장할 수 없는 채무자 이외의 제3자는 양도된 채권 자체에 관하여 양수인의 지위와 양립할 수 없는 법률상 지위를 취득한 자에 한하므로, **선순위의 근저당권부채권을 양수한 채권자보다 후순위의 근저당권자는 채권양도의 대항요건을 갖추지 아니한 경우 대항할 수 없는 제3자에 포함되지 않는다**"(대판 2005.6.23, 2004다29279).

③ [O] 채무자의 승낙은 채무자가 양수인 또는 양도인 어느 쪽에 대해 하더라도 무방하다(대판 1986.2.25, 85다카1529).

④ [O] 확정일자 있는 채권양도 통지와 채권가압류결정 정본이 같은 날 도달 한 경우, **두 개의 통지가 같은 날짜에 도달한 경우에는 동시도달로 추정된다**(대판 1994.4.26, 전합 93다24223)

⑤ [X] 채권의 양도에 의해 양도인에 대한 채무자의 지위가 달라질 것은 아니므로, 채무자는 그 **'통지를 받은 때까지'** 양도인에 대하여 생긴 사유(채무의 불성립 · 무효 · 취소 · 동시이행의 항변 · 기

한의 유예 · 채권의 소멸 등)로써 양수인에게 대항할 수 있다(제451조 2항). 다만, **대항사유 자체는 통지 뒤에 생겼더라도 그 '사유 발생의 기초가 되는 법률관계'가 통지 전에 이미 존재하였다면** 이는 '계약 자체에 처음부터 내재하는 고유한 위험'이라고 볼 수 있으므로 그 대항사유로써 양수인에게 대항할 수 있다.

☞ 따라서 대금채권이 양도되어 양도통지를 받은 후에 채권양도의 기초가 되는 계약이 채권양도인의 채무불이행으로 해제된 경우 양도인의 채무불이행 및 그에 따른 채무자의 해제권 행사라는 사정이 양도 통지이후에 발생하였다 하더라도 채권양도의 기초가 되는 계약이 일방의 채무불이행으로 해제될 수 있다는 것은 계약 자체에 내재하는 고유한 위험이고, 그 해제권 발생의 기초가 되는 계약은 통지 전에 이미 성립하였기 때문에 이는 제451조 2항의 양도통지를 받기 전에 생긴 사유에 해당한다. **따라서 채무자는 해제로써 양수인에게 대항할 수 있으므로 채무자가 양수인에게 이미 지급한 급부가 있다면 원상회복으로 반환을 청구할 수 있다**(대판 2003.1.24, 2000다22850 참고). 이 때 양수인은 해제에 따른 제548조 1항 단서의 제3자로서 보호받을 수 없다(대판 2003.1.24, 2000다22850 등)

[정답] ⑤

문 85 **甲은 2010. 2. 1. 乙에게 1억 원을 대여한 후 2010. 5. 3. 丙에게 위 대여금채권 전부를 양도하고, 같은 날 乙에게 확정일자 있는 내용증명우편으로 채권양도통지를 하여, 그 통지가 2010. 5. 6. 乙에게 도달하였다. 한편, 甲의 채권자인 丁은 2010. 4. 29. 위 대여금채권 전부에 대하여 압류명령을 받았고, 그 결정이 2010. 5. 6. 乙에게 도달하였다. 다음 설명 중 옳지 않은 것은?** (다툼이 있는 경우에는 판례에 의함)

[변시 1회]

① 丙과 丁 사이의 우열은 위 확정일자 있는 양도통지와 위 채권압류명령 중 어느 것이 乙에게 먼저 도달하였는지에 따라 결정하여야 한다.

② 위 확정일자 있는 양도통지가 위 채권압류명령보다 乙에게 먼저 도달하였더라도 위 채권압류명령이 무효로 되는 것은 아니다.

③ 위 채권양도통지와 위 채권압류명령 중 어느 것이 乙에게 먼저 도달하였는지 밝혀지지 아니한 경우, 丙은 아직 이행을 하지 않고 있는 乙에게 위 양수금채권 전부의 이행을 청구할 수 있다.

④ ③의 경우, 丙이 乙로부터 위 양수금 전부를 변제받았다면, 丁과의 사이에 각자의 채권액에 안분하여 내부적으로 정산할 의무를 부담한다.

⑤ ③의 경우, 乙은 위 대여금 채무액을 공탁함으로써 법률관계의 불안으로부터 벗어날 수 있다.

해설 ① [O] ③ [O] ④ [O] ⑤ [O] 채권의 이중양도에 있어 동시도달로 추정되는 경우의 법률관계에 관한 중요판례의 태도이다.

"ⅰ) **채권이 이중으로 양도된 경우의 양수인 상호간의 우열**은 통지 또는 승낙에 붙여진 확정일자의 선후에 의하여 결정할 것이 아니라, 채권양도에 대한 **채무자의 인식, 즉 확정일자 있는 양도통지가 채무자에게 도달한 일시** 또는 **확정일자 있는 승낙의 일시의 선후에 의하여 결정**하여야 할 것이고, 이러한 법리는 채권양수인과 동일 채권에 대하여 가압류명령을 집행한 자 사이의 우열을 결정하는 경우에 있어서도 마찬가지이므로, 확정일자 있는 채권양도 통지와 가압류결정 정본의 제3채무자(채권양도의 경우는 채무자)에 대한 도달의 선후에 의하여 그 우열을 결정하여야 한다(① 지문관련).

ii) 채권양도 통지, 가압류 또는 압류명령 등이 제3채무자에 동시에 송달되어 그들 **상호간에 우열이 없는 경우**에도 그 채권양수인, 가압류 또는 압류채권자는 모두 제3채무자에 대하여 완전한 대항력을 갖추었다고 할 것이므로, 그 전액에 대하여 채권양수금, 압류전부금 또는 추심금의 이행청구를 하고 적법하게 이를 변제받을 수 있고, **제3채무자로서는 이들 중 누구에게라도 그 채무 전액을 변제하면 다른 채권자에 대한 관계에서도 유효하게 면책되는** 것이며, 만약 양수채권액과 가압류 또는 압류된 채권액의 합계액이 제3채무자에 대한 채권액을 초과할 때에는 그들 상호간에는 법률상의 지위가 대등하므로 **공평의 원칙상 각 채권액에 안분하여 이를 내부적으로 다시 정산할 의무**가 있다(③, ④ 지문관련).

iii) 채권양도의 통지와 가압류 또는 압류명령이 제3채무자에게 동시에 송달되었다고 인정되어 채무자가 채권양수인 및 추심명령이나 전부명령을 얻은 가압류 또는 압류채권자 중 한 사람이 제기한 급부소송에서 전액 패소한 이후에도 다른 채권자가 그 송달의 선후에 관하여 다시 문제를 제기하는 경우 **기판력의 이론상 제3채무자는 이중지급의 위험이 있을 수 있으므로, 동시에 송달된 경우에도 제3채무자는 송달의 선후가 불명한 경우에 준하여 채권자를 알 수 없다는 이유로 변제공탁을 함으로써 법률관계의 불안으로부터 벗어날 수 있다**"(대판 1994.4.26. 전합93다24223)(⑤ 지문관련).

② [X] 채권이 양도되고 대항력(확정일자)을 구비한 상태에서 그 양도된 채권을 양도인의 채권자들이 압류, 추심명령을 하게 되면 이미 채권은 양수인에게 이전되었으므로(피압류채권은 이미 존재하지 않는 것과 같다) 이러한 압류, 추심은 무효이다.

참고판례 "채권압류의 효력발생 전에 채무자가 그 채권을 처분한 경우에는 그보다 먼저 압류한 채권자가 있어 그 채권자에게는 대항할 수 없는 사정이 있더라도 그 처분 후에 집행에 참가하는 채권자에 대하여는 처분의 효력을 대항할 수 있는 것이므로, 채무자가 압류 또는 가압류의 대상인 채권을 양도하고 확정일자 있는 통지 등에 의한 채권양도의 대항요건을 갖추었다면, 그 후 채무자의 다른 채권자가 그 양도된 채권에 대하여 압류 또는 가압류를 하더라도 그 압류 또는 가압류 당시에 피압류채권은 이미 존재하지 않는 것과 같아 압류 또는 가압류로서의 효력이 없고, 따라서 그 다른 채권자는 압류 등에 따른 집행절차에 참여할 수 없다"(대판 2010.10.28. 2010다57213,57220)

[정답] ②

문 86 **채권양도에 관한 설명 중 옳지 않은 것은?** (다툼이 있는 경우 판례에 의함) [변시 7회]

① 동일한 채권에 관하여 확정일자 있는 채권양도 통지, 가압류 또는 압류명령 등이 제3채무자(채권양도의 경우는 채무자, 이하 이 문항에서는 같다)에게 동시에 송달되어 그들 상호간에 우열이 없는 경우, 양수채권액과 가압류 또는 압류된 채권액의 합계액이 제3채무자에 대한 채권액을 초과할 때에는 그들 상호간에는 법률상의 지위가 대등하므로 공평의 원칙상 제3채무자는 위 채권자들의 각 채권액에 안분하여 채무를 변제하여야 한다.

② 당사자 사이에 양도금지의 특약이 있는 채권이더라도 전부명령에 의하여 전부되는 데에는 지장이 없고, 전부채권자로부터 다시 그 채권을 양수한 자가 그 특약의 존재를 알았다고 하더라도 채무자는 위 특약을 근거로 그 채권양도의 무효를 주장할 수 없다.

③ 채권양도의 통지는 「민사소송법」상의 송달에 관한 규정에서 송달장소로 정하는 채무자의 주소 · 거소 · 영업소 또는 사무소 등에 해당하지 아니하는 장소에서라도 채무자가 사회통념상 그 통지의 내용을 알 수 있는 객관적 상태에 놓여졌다고 인정됨으로써 족하다.

④ 채권양도에 관한 채무자의 승낙은 채무자가 채권양도 사실에 관한 인식을 표명하는 것으로서 이른바 관념의 통지에 해당하고, 대리인에 의하여도 위와 같은 승낙을 할 수 있다.

⑤ 채권양도의 통지는 그 양도인이 채권이 양도되었다는 사실을 채무자에게 알리는 행위에 불과하므로, 그것만으로 도급계약에 관하여 「민법」 제667조 내지 제671조에 규정된 하자담보책임의 제척기간 준수에 필요한 권리의 행사에 해당한다고 할 수 없다.

해 설 ① [X] ※ **확정일자 있는 통지가 동시에 도달한 경우의 법률관계**

각 양수인과 채무자 간의 법률관계에 대해 判例는 "제1 · 2 양수인 모두 채무자에 대해 완전한 대항력을 갖추었으므로 양수인 각자는 채무자에게 그 채권 전액에 대해 이행청구를 하고 그 변제를 받을 수 있다"(대판 1994.4.26. 전합93다24223)고 판시하여 **전액청구를 긍정**하였다. 다만, 다른 채권자가 그 송달의 선후에 관하여 다시 문제를 제기하는 경우에는 제3채무자는 이중지급의 위험이 있을 수 있으므로, 동시에 송달된 경우에도 제3채무자는 송달의 선후가 불명한 경우에 준하여 채권자를 알 수 없다는 이유로 **변제공탁**(제487조 2문)을 할 수 있다고 보았다(대판 1994.4.26. 전합93다24223).

한편, 양수인 간의 법률관계(전액청구설에 의하는 경우 양수인 간의 내부적인 정산의무의 유무)에 대해서는 "확정일자 있는 통지가 동시에 도달한 경우에 양수채권액과 가압류 또는 압류된 채권액의 합계액이 제3채무자에 대한 채권액을 **초과**할 때에는, 그들 상호 간에는 법률상의 지위가 대등하므로 공평의 원칙상 각 채권액에 안분하여 이를 내부적으로 다시 정산할 의무가 있다"(대판 1994.4.26. 전합93다24223)고 하여 **양수채권액 안분설**의 입장이다.

☞ 따라서 **제3채무자는** 누구에게든 전액을 지급할 수 있고, **지급받은 자는** 내부적으로 정산의무를 부담한다.

② [○] ※ 전부명령과 양도금지 특약

전부명령에 의하여 피전부채권은 동일성을 유지한 채로 집행채무자로부터 집행채권자에게 이전되므로(민사집행법 제229조 3항), 제3채무자인 피고는 채권압류 전에 피전부채권자에 대하여 가지고 있었던 항변사유를 가지고 전부채권자에게 대항할 수 있다.

그러나 피전부채권이 양도금지의 특약이 있는 채권이더라도 전부명령에 의하여 전부되는 데에는 지장이 없고, 양도금지의 특약이 있는 사실에 관하여 집행채권자가 선의인가 악의인가는 전부명령의 효력에 영향을 미치지 못하는 것이므로(대판 2002.8.27. 2011다71699), 제3채무자인 피고가 채무자와 사이에 피전부채권에 관하여 양도금지의 특약을 체결하였고, 원고가 그 사실을 알고 있었다고 주장하더라도 이는 유효한 항변이 될 수 없다. 나아가 전부채권자로부터 다시 그 채권을 양수한 자가 그 특약의 존재를 알았거나 중대한 과실로 알지 못하였다고 하더라도 제3채무자는 위 특약을 근거로 삼아 채권양도의 무효를 주장할 수 없다(대판 2003.12.11. 2001다3771).

③ [○] ※ 채권양도의 대항요건 – 채무자에 대한 통지의 도달

채권양도의 통지는 채무자에게 도달됨으로써 효력이 발생하는 것이고, 여기서 도달은 보다 탄력적인 개념으로서 민사소송법상의 송달에서와 같은 엄격함은 요구되지 아니하므로 민사소송법상의 송달에 관한 규정에서 송달장소로 정하는 채무자의 주소 · 거소 · 영업소 또는 사무소 등에 해당하지 아니하는 장소에서라도 채무자가 사회통념상 그 통지의 내용을 알 수 있는 객관적 상태에 놓여졌다고 인정됨으로써 족하다(대판 2010.4.15. 2010다57).

④ [○] ※ 채권양도의 대항요건 – 채권자의 승낙

"민법 제451조 제1항 전문은 "채무자가 이의를 보류하지 아니하고 전조의 승낙을 한 때에는 양도인에게 대항할 수 있는 사유로써 양수인에게 대항하지 못한다."고 규정하고 있는데, 이는 채무자의 승낙이라는 사실에 공신력을 주어 양수인을 보호하고 거래의 안전을 꾀하기 위한 규정이다. 여기서 '승낙'이라 함은 채무자가 채권양도 사실에 관한 인식을 표명하는 것으로서 이른바 관념의 통지에 해당하고, 대리인에 의하여도 위와 같은 승낙을 할 수 있다"(대판 2013.6.28. 2011다83110).

⑤ [○] ※ 채권양도의 통지가 제척기간의 권리행사 방법에 대당하는지 여부(소극)

"채권양도의 통지는 양도인이 채권이 양도되었다는 사실을 채무자에게 알리는 것에 그치는 행위이므로, 그것만으로 제척기간 준수에 필요한 권리의 재판외 행사에 해당한다고 할 수 없다"(대판 2012.3.22. 전합2010다28840).

[정답] ①

문 87 甲은 2012. 3. 5. 乙에게 1억 원을 변제기 2012. 12. 4.로 정하여 대여하였다. 甲은 2012. 8. 5. 그 대여금채권을 丙에게 양도하였고, 甲은 같은 날 乙에게 전화로 채권양도를 통지하였다. 다음 중 옳은 것을 모두 고른 것은?(다툼이 있는 경우에는 판례에 의하고, 각 지문은 모두 독립적이다) [변시 3회]

ㄱ. 甲은 2012. 12. 3. 丁에게 乙에 대한 위 대여금채권을 이중으로 양도하고 내용증명우편으로 乙에게 채권양도사실을 통지하였고, 그 통지가 2012. 12. 5. 도달되었다. 乙은 2012. 12. 4. 제1양수인 丙에게 위 채권 금액 1억 원을 변제하였다. 이 경우 제2양수인 丁이 乙을 상대로 양수금청구소송을 제기하면 승소할 수 없다.

ㄴ. 위 대여 당시 A는 乙을 위하여 甲에게 위 대여금 반환채무에 관하여 연대보증을 하였다. 甲은 丙에의 채권양도 당시 A에게는 채권양도의 통지도 하지 않고 승낙도 받지 못했다. 이 경우 丙은 A에게 보증채무의 이행을 구할 수 없다.

ㄷ. 위 대여 당시 甲과 乙은 그 채권에 관하여 양도금지특약을 하였다. 丙이 乙에게 양수금청구소송을 제기하자 乙은 양도금지특약이 있으므로 채권양도는 무효라고 주장하였다. 이에 丙은 그 특약에 관하여 알지 못했고 알지 못한 데에 중과실도 없다고 주장하였고, 乙은 丙이 알았거나 알지 못한 데에 중과실이 있었다고 주장하였다. 乙과 丙 모두 그 점에 관하여 충분히 증명하지 못한 경우 丙은 승소할 수 없다.

① ㄱ ② ㄴ ③ ㄷ
④ ㄱ, ㄴ ⑤ ㄱ, ㄷ

해설 ㄱ. [○] **제450조(지명채권양도의 대항요건)** 「① 지명채권의 양도는 양도인이 채무자에게 통지하거나 채무자가 승낙하지 아니하면 채무자 기타 제3자에게 대항하지 못한다. ② 전항의 통지나 승낙은 확정일자있는 증서에 의하지 아니하면 채무자 이외의 제3자에게 대항하지 못한다.」

여기서 '대항하지 못한다'는 것은 채권이 존재하고 그 채권 위에 양립할 수 없는 권리가 존재하는 경우를 전제로 하는 것이다. 따라서 채무자가 이미 양수인에게 변제한 후에는(단순한 통지에 의한 경우에도), 제2양수인이 확정일자 있는 증서에 의한 통지를 이유로 그 변제를 청구하더라도 대항력의 문제는 발생할 여지가 없고, 이미 한 변제는 유효하다. 判例도 "양도된 채권이 이미 변제 등으로 소멸한 경우에는, 그 후에 그 채권에 관한 채권압류 및 추심명령이 송달되더라도 그 채권압류 및 추심명령은 존재하지 아니하는 채권에 대한 것으로서 무효이고, 위와 같은 대항요건의 문제는 발생될 여지가 없다"(대판 2003.10.24. 2003다37426)고 한다.

☞ 따라서 비록 丙에 대한 제1양도행위는 전화에 의한 단순통지이고 丁에 대한 제2양도행위는 내용증명우편이라는 확정일자 있는 증서에 의한 통지이지만, 후자의 통지도달이 이미 제1양수인 丙에 대한 변제가 이루어진 다음에 있었기 때문에 대항력의 문제는 발생할 여지가 없고, 이미 한 채무자 乙의 변제는 유효하다. 그러므로 제2양수인 丁이 채무자 乙을 상대로 양수금청구소송을 제기하면 승소할 수 없다.

ㄴ. [×] "보증채무는 주채무에 대한 부종성 또는 수반성이 있어서 주채무자에 대한 채권이 이전되면 당사자 사이에 별도의 특약이 없는 한 보증인에 대한 채권도 함께 이전하고, 이 경우 채권양도의 대항요건도 주채권의 이전에 관하여 구비하면 족하고, 별도로 보증채권에 관하여 대항요건을 갖출 필요는 없다"(대판 2002.9.10, 2002다21509).
☞ 따라서 양도인 甲은 양수인 丙에의 채권양도 당시 보증인 A에게 채권양도의 대항요건을 갖추지 않았다 하더라도 주채무자 乙에게 채권양도의 대항요건(통지)을 갖추었으므로 丙은 A에게 보증채무의 이행을 구할 수 있다.

ㄷ. [×] 채권은 당사자가 반대의 의사를 표시한 경우에는 양도하지 못한다. 그러나 그 의사표시로써 선의의 제3자에게 대항하지 못한다(제449조 2항). 이와 관련하여 判例는 "당사자의 의사표시에 의한 채권양도 금지는 제3자가 악의의 경우는 물론 제3자가 채권양도 금지를 알지 못한 데에 중대한 과실이 있는 경우 그 채권양도 금지로써 대항할 수 있다 할 것이나, 제3자의 악의 내지 중과실은 채권양도 금지의 특약으로 양수인에게 대항하려는 자가 이를 주장 · 입증하여야 한다"(대판 1999.12.28. 99다8834)고 한다.
☞ 따라서 채무자 乙이 양수인 丙의 악의 내지 중과실을 증명하지 못하는 한, 丙은 乙에 대한 양수금청구소송에서 승소할 수 있다.

[정답] ①

문 88 **甲은 乙에 대한 3,000만 원의 물품대금채권 중 1,000만 원 부분을 丙에게 양도하고 乙에게 확정일자 있는 증서로 2015. 6. 2. 통지하여 그 통지는 같은 날 도달하였다. 그후 2015. 6. 30. 甲은 다시 위 물품대금채권 3,000만 원 전부를 丁에게 양도하였고, 같은 날 乙이 이의를 보류하지 않고 이를 구두로 승낙하였다. 한편 甲의 채권자 戊는 甲의 乙에 대한 3,000만 원의 물품대금채권 중 800만 원 부분에 대하여 압류 및 전부명령을 받았고, 그 전부명령은 2015. 7. 4. 乙에게 도달하여 확정되었다. 乙은 丁, 戊에게 각 얼마를 지급하여야 하는가?** (다툼이 있는 경우 판례에 의함) [변시 5회]

① 丁에게 3,000만 원, 戊에게 0원
② 丁에게 2,000만 원, 戊에게 0원
③ 丁에게 2,200만 원, 戊에게 800만 원
④ 丁에게 2,000만 원, 戊에게 800만 원
⑤ 丁에게 1,200만 원, 戊에게 800만 원

해 설 지명채권의 양도는 양도인이 채무자에게 통지하거나 채무자가 승낙하지 아니하면 채무자 기타 제3자에게 대항하지 못한다(제450조 1항). 그리고 그 통지나 승낙은 확정일자 있는 증서에 의하지 아니하면 채무자 이외의 제3자에게 대항하지 못한다(제450조 2항).
동일한 채권에 대해 양립할 수 없는 법률상의 지위를 취득한 자 상호 간의 우열의 기준에 관해 정리하면 다음과 같다(이중양도의 경우를 중심으로 검토).

㉠ 제1양도, 제2양도 중 하나만이 확정일자 있는 증서에 의한 대항력을 갖춘 경우는 확정일자 있는 통지 · 승낙을 갖춘 양수인만이 채무자 및 다른 이중 양수인과의 관계에서 채권자임을 주장

할 수 있다. 따라서 **확정일자 있는 증서에 의한 통지가 그 일자 및 도달시기에 있어서 단순통지된 양도보다 늦은 경우도 마찬가지**이다(대판 1972.1.31, 71다2697). 아울러 채무자가 이의를 보류하지 않은 승낙을 한 경우에는 채무자는 양도인에게 대항할 수 있는 사유로 양수인에게 대항할 수 없는바(제451조 1항 본문), 여기서 '양도인에게 대항할 수 있는 사유'란 채권의 성립·존속·행사를 저지·배척하는 사유는 물론, 변제 등에 의한 채무소멸의 사유, 나아가 불법목적에 의하여 발생된 채권의 항변사유(제103조 위반으로 무효라는 항변)도 **포함한다**(대판 1962.4.4, 4294민상1296). 그러나 민법은 채권의 귀속에 관한 우열을 오로지 확정일자 있는 증서에 의한 통지 또는 승낙의 유무와 그 선후로써만 결정하도록 규정하고 있으므로 **위 규정의 '양도인에게 대항할 수 있는 사유'에 채권의 귀속**(채권이 이미 타인에게 양도되었다는 사실)**은 이에 포함되지 아니한다**(대판 1994.4.29, 93다35551).

☞ **丁과 丙·戊의 관계가 이에 해당**한다. 사안에서 丙은 확정일자 있는 통지에 의해 제3자에 대한 대항력을 갖추었고(2015. 6. 2.), 법원이 강제집행의 일환으로 하는 전부명령이나 그 전제가 되는 가압류 또는 압류의 명령이 기재된 일자있는 서면도 자체가 확정일자 있는 증서이므로(대판 1988.4.12, 87다카2429), 戊 또한 확정일자 있는 통지에 의해 제3자에 대한 대항력을 갖추었다(2015. 7. 4.). 따라서 乙이 이의를 보류하지 않은 승낙(2015. 6. 30.)을 하였더라도 丁은 확정일자 있는 丙 또는 戊에게 대항하지 못한다.

ⓛ 제1양수인, 제2양수인 모두 확정일자 있는 증서에 의한 대항력을 갖춘 경우, 判例는 채권양수인과 동일채권에 대하여 가압류명령을 집행한 자 사이의 우열은 확정일자 있는 채권양도통지와 가압류결정정본의 제3채무자(채권양도의 경우 채무자)에 대한 도달의 선후에 의하여 결정하여야 한다고 보아 **도달시를 기준으로 우열을 결정한다**(대판 1994.4.26, 전합93다24223).

☞ **丙과 戊의 관계가 이에 해당**한다. 사안에서 丙과 戊 모두 확정일자 있는 증서에 의한 대항력을 갖춘 경우이므로 양자의 우열은 채권양도통지와 전부명령이 채무자 乙에게 도달한 선후에 의해 결정하여야 한다. 결국 丙의 채권(2015. 6. 2. 도달)이, 戊의 채권(2015. 7. 4. 도달)보다 앞서게 된다.

따라서 채무자 乙은 채무액 3000만 원 중, 丙에게 1000만 원을 우선 지급하고, 다음으로 戊에게는 800만 원을, 丁에게는 나머지 1200만 원을 각 지급하여야 한다.

[정답] ⑤

문 89 채권양도에 관한 설명 중 옳지 않은 것은? (다툼이 있는 경우 판례에 의함) [변시 9회]

① 전세기간 만료 이후 전세권양도계약 및 전세권이전의 부기등기가 이루어진 것만으로는 전세금반환채권의 양도에 관하여 확정일자 있는 통지나 승낙이 있었다고 볼 수 없어 이로써 제3자인 전세금반환채권의 압류·전부 채권자에게 대항할 수 없다.

② 피담보채권과 저당권이 함께 양도되어 피담보채권은 채권양도의 대항요건을 갖추었으나 저당권은 그 이전등기가 경료되지 않은 상태에서 배당절차가 실시된 경우, 저당권의 명의인은 집행채무자로부터 변제받기 위하여 배당이의로 배당표의 경정을 구할 수 없다.

③ 甲이 丙에 대한 차용금 채무의 담보조로 자신이 乙에 대하여 가지고 있는 임대차보증금반환채권을 丙에게 양도하고 이를 乙에게 통지하였다면, 이후 甲이 丙에게 차용금 채무를 변제했더라도 乙은 甲의 변제를 이유로 丙의 양수금 청구를 거절할 수 없다.

④ 부동산매매로 인한 소유권이전등기청구권의 양도는 특별한 사정이 없는 한 통상의 채권양도와 달리 양도인의 채무자에 대한 통지만으로는 채무자에 대한 대항력이 생기지 않으며 반드시 채무자의 동의나 승낙을 받아야 대항력이 생긴다.

⑤ 甲과 乙이 X채권에 관하여 양도금지 특약을 하였으나 乙이 이에 위반하여 丙에게 X채권을 양도하고 甲에게 채권양도 통지를 한 경우, 양수인인 丙이 위 채권양도금지 특약을 과실 없이 알지 못하였더라도 丙으로부터 대항요건을 갖추어 채권을 양수한 전득자 丁이 악의라면 丁은 X채권을 유효하게 취득하지 못한다.

해 설 ① [O] ※ 전세기간 만료 후 전세권을 수반한 전세금반환청구권의 양도방법

"전세권의 존속기간이 만료되면 전세권의 용익물권적 권능은 전세권설정등기의 말소 없이도 당연히 소멸하고 단지 전세금반환채권을 담보하는 담보물권적 권능의 범위 내에서 전세금의 반환시까지 그 전세권설정등기의 효력이 존속하고 있다 할 것인데, 이와 같이 **존속기간의 경과로서 본래의 용익물권적 권능이 소멸하고 담보물권적 권능만 남은 전세권에 대해서도 그 피담보채권인 전세금반환채권과 함께 제3자에게 이를 양도할 수 있다 할 것이지만 이 경우에는 민법 제450조 2항 소정의 확정일자 있는 증서에 의한 채권양도절차를 거쳐야 제3자에게 대항할 수 있다.** 따라서 전세기간 만료 이후 전세권양도계약 및 전세권이전의 부기등기가 이루어진 것만으로는 **전세금반환채권의 양도에 관하여 확정일자 있는 통지나 승낙이 있었다고 볼 수 없어 이로써 제3자인 전세금반환채권의 압류 · 전부 채권자에게 대항할 수 없다**"(대판 2005.3.25, 2003다35659).

② [O] ※ **근저당권부 채권이 양도되었으나 근저당권의 이전등기가 경료되지 않은 상태에서 실시된 배당절차에서 근저당권의 명의인이 배당이의로 배당표의 경정을 구할 수 있는지 여부(소극)**

判例는 "피담보채권과 근저당권을 함께 양도하는 경우에 채권양도는 당사자 사이의 의사표시만으로 양도의 효력이 발생하지만 근저당권이전은 이전등기를 하여야 하므로 채권양도와 근저당권이전등기 사이에 어느 정도 시차가 불가피한 이상 피담보채권이 먼저 양도되어 일시적으로 피담보채권과 근저당권의 귀속이 달라진다고 하여 근저당권이 무효로 된다고 볼 수는 없다"(대판 2003.10.10, 2001다77888)라는 입장으로 **채권양도의 효력은 먼저 발생하는** 것으로 본다.

한편 위 판결은 "위 근저당권은 그 피담보채권의 양수인에게 이전되어야 할 것에 불과하고,

근저당권의 명의인은 피담보채권을 양도하여 결국 피담보채권을 상실한 셈이므로 집행채무자로부터 변제를 받기 위하여 배당표에 자신에게 배당하는 것으로 배당표의 경정을 구할 수 있는 지위에 있다고 볼 수 없다"고 하여, 근저당권 명의인의 배당이의를 배척하였다

③ [○] ※ 채권양도가 다른 채무의 담보조로 이루어진 경우, 양도채권의 채무자가 그 피담보채무가 변제로 소멸되었다는 이유로 채권양수인의 양수금 청구를 거절할 수 있는지 여부(소극)
"채권양도가 다른 채무의 담보조로 이루어졌으며 또한 그 채무가 변제되었다고 하더라도, 이는 채권 양도인과 양수인 간의 문제일 뿐이고, 양도채권의 채무자는 채권 양도·양수인 간의 채무 소멸 여하에 관계없이 양도된 채무를 양수인에게 변제하여야 하는 것이므로, 설령 그 피담보채무가 변제로 소멸되었다고 하더라도 양도채권의 채무자로서는 이를 이유로 채권양수인의 양수금 청구를 거절할 수 없다"(대판 1999.11.26, 99다23093).

쟁점정리 甲과 乙 간의 계약과 甲과 丙 사이의 (채권양도)계약은 계약의 당사자가 다른 별개의 계약이므로, 乙은 甲의 丙에 대한 항변사유를 원용할 수는 없다(채권의 양도담보의 법적 성질).

④ [○] ※ 등기청구권의 양도
"부동산매매계약에서 매도인과 매수인은 서로 동시이행관계에 있는 일정한 의무를 부담하므로 이행과정에 신뢰관계가 따르기 때문에 매매로 인한 소유권이전등기청구권의 양도는 통상의 채권양도와 달리 양도인의 채무자에 대한 통지만으로는 채무자에 대한 대항력이 생기지 않으며 반드시 채무자의 동의나 승낙을 받아야 대항력이 생긴다"(대판 2001.10.9, 2000다51216).

비교판례 "취득시효완성으로 인한 소유권이전등기청구권은 채권자와 채무자 사이에 아무런 계약관계나 신뢰관계가 없고, 그에 따라 채권자가 채무자에게 반대급부로 부담하여야 하는 의무도 없다. 따라서 취득시효완성으로 인한 소유권이전등기청구권의 양도의 경우에는 매매로 인한 소유권이전등기청구권에 관한 양도제한의 법리가 적용되지 않는다"(대판 2018.7.12, 2015다36167).

⑤ [X] ※ 제449조 2항 단서의 선의의 제3자의 범위(엄폐물의 법칙)
"당사자의 의사표시에 의한 채권양도금지 특약은 제3자가 악의인 경우는 물론 제3자가 채권양도금지 특약을 알지 못한 데에 중대한 과실이 있는 경우에도 채권양도금지 특약으로써 대항할 수 있고, 제3자의 악의 내지 중과실은 채권양도금지 특약으로 양수인에게 대항하려는 자가 이를 주장·증명하여야 한다. 그리고 민법 제449조 제2항 단서는 채권양도금지 특약으로써 대항할 수 없는 자를 '선의의 제3자'라고만 규정하고 있어 채권자로부터 직접 양수한 자만을 가리키는 것으로 해석할 이유는 없으므로, 악의의 양수인으로부터 다시 선의로 양수한 전득자도 위 조항에서의 선의의 제3자에 해당한다. 또한 선의의 양수인을 보호하고자 하는 위 조항의 입법 취지에 비추어 볼 때, 이러한 선의의 양수인으로부터 다시 채권을 양수한 전득자는 선의·악의를 불문하고 채권을 유효하게 취득한다"(대판 2015.4.9, 2012다118020).

[정답] ⑤

문 90 甲은 乙에게 1억 원을 대여하면서 위 대여금채권에 대한 채권양도금지 특약을 체결하였다. 이에 관한 설명 중 옳은 것을 모두 고른 것은? (다툼이 있는 경우 판례에 의함) [변시 10회]

ㄱ. 甲이 乙에 대한 대여금채권을 丙에게 양도하여 丙이 乙을 상대로 양수금청구의 소를 제기한 경우, 乙이 丙에 대하여 채권양도금지 특약으로 대항하기 위해서는 丙이 채권양도금지 특약에 관하여 악의이거나, 악의가 아니라도 채권양도금지 특약에 관하여 알지 못한 데에 중대한 과실이 있음을 乙이 주장·증명하여야 한다.

ㄴ. 甲이 乙에 대한 대여금채권을 丙에게 양도한 경우, 丙이 甲과 乙 사이의 채권양도금지 특약에 관하여 선의인 경우라도 丙으로부터 다시 위 대여금채권을 양수한 丁이 위 채권양도금지 특약에 관하여 악의라면 丁은 위 대여금채권을 유효하게 취득하지 못한다.

ㄷ. 丙이 채권양도금지 특약의 체결사실을 알고 있었음에도 甲이 乙에 대한 대여금채권을 丙에게 양도하고 이후 乙이 위 채권양도를 추인하였다면, 채권양도계약은 계약을 체결한 날로 소급하여 효력이 발생한다.

ㄹ. 丙이 甲의 乙에 대한 대여금채권에 관하여 전부명령을 받은 후 그 채권을 戊에게 양도한 경우, 戊가 채권양도금지 특약의 존재를 알았거나 중대한 과실로 알지 못하였다고 하더라도 乙은 위 채권양도금지 특약을 근거로 삼아 丙과 戊 사이의 채권양도의 무효를 주장할 수 없다.

① ㄹ ② ㄱ, ㄹ
③ ㄴ, ㄹ ④ ㄱ, ㄴ, ㄷ ⑤ ㄱ, ㄷ, ㄹ

해 설 ㄱ. [O] 당사자, 즉 채권자와 채무자의 양도금지의 의사표시에 의하여 채권은 그 양도성을 상실한다. 그러나 양도금지의 특약은 선의의 제3자에게 대항할 수 없다(제449조 2항 단서).

제449조 2항 단서의 선의의 제3자의 범위에 관하여 判例는 선의의 양수인이 보호받기 위해서는 선의이며, 중과실이 없어야 한다고 하며, 양수인의 악의 또는 중과실에 대한 증명책임은 채권양도금지특약으로 채권양수인에게 대항하려는 자(채무자)가 부담한다고 한다(대판 1999.12.28. 99다8834).

ㄴ. [X] "민법 제449조 2항 단서는 채권양도금지 특약으로써 대항할 수 없는 자를 '선의의 제3자'라고만 규정하고 있어 채권자로부터 직접 양수한 자만을 가리키는 것으로 해석할 이유는 없으므로, 악의의 양수인으로부터 다시 선의로 양수한 전득자도 위 조항에서의 선의의 제3자에 해당한다. 또한 선의의 양수인을 보호하고자 하는 위 조항의 입법 취지에 비추어 볼 때, 이러한 선의의 양수인으로부터 다시 채권을 양수한 전득자는 그 선의 · 악의를 불문하고 채권을 유효하게 취득한다고 할 것이다"(엄폐물의 법칙 ; 대판 2015.4.9. 2012다118020).

ㄷ. [X] ※ 양도금지특약에 위반된 양도에 대하여 채무자가 사후에 승낙한 경우(무효행위의 추인)

判例에 따르면 양도금지특약에 위반한 채권의 양도는 원래 무효이지만 채무자의 '승낙'으로 '추인'이 되므로 '장래에 향하여' 채권양도의 효력이 발생한다(제139조 참조)(대판 2000.4.7. 99다52817). 즉, 이러한 사후승낙은 양도금지특약에 대한 물권적 효과설에 따르면 무효행위의 추인이고, 무효행위의 추인은 새로운 법률행위로 보므로(제139조 단서) 소급효가 발생하지 않는다.

ㄹ. [O] ※ 전부명령과 양도금지 특약

전부명령에 의하여 피전부채권은 동일성을 유지한 채로 집행채무자로부터 집행채권자에게 이전되므로(민사집행법 제229조 3항), 제3채무자인 피고는 채권압류 전에 피전부채권자에 대하여 가지고 있었던 항변사유를 가지고 전부채권자에게 대항할 수 있다.

그러나 양도금지특약이 있는 채권이라도 개인의 의사표시로써 압류금지재산을 만들어내는 것은 채권자를 해하는 것이 되어 부당하기 때문에, '악의'의 채권자라도 압류 및 전부명령에 의해 채권을 취득할 수 있다(대판 2003.12.11. 2001다3771).

[정답] ②

문 91 채권양도에 관한 설명 중 옳지 않은 것은? (다툼이 있는 경우 판례에 의함) [변시 11회]

① 점유취득시효 완성으로 인한 소유권이전등기청구권을 양도하는 경우, 채무자에 대한 대항력 취득을 위하여 양도인의 채무자에 대한 통지만으로는 부족하고, 양도에 대한 채무자의 승낙이나 동의를 요한다.

② 양도금지특약이 붙은 채권을 전부명령에 의하여 전부한 경우, 그 전부채권자와 그로부터 다시 그 채권을 양수한 자가 모두 그 특약의 존재를 알았거나 중대한 과실로 알지 못하였다고 하더라도 채무자는 위 특약을 근거로 삼아 채권양도의 무효를 주장할 수 없다.

③ 甲은 丙에 대한 채무의 담보명목으로 甲의 乙에 대한 대여금채권을 丙에게 양도하고 乙에게 확정일자 있는 증서로 양도통지를 하였다. 이후 甲이 동일한 채권을 丁에게 양도한 후 甲과 丙이 양도계약을 합의해지하고 丙이 그 사실을 乙에게 통지함으로써 채권이 다시 甲에게 귀속하게 되었더라도, 그로 인하여 丁이 당연히 채권을 취득한다고 할 수 없다.

④ 甲은 丙에 대한 채무의 담보명목으로 甲의 乙에 대한 대여금채권을 丙에게 양도하고 乙에게 확정일자 있는 증서로 양도통지를 하였다. 이후 甲의 丙에 대한 피담보채무가 변제로 소멸하였다 하더라도, 乙은 이를 이유로 丙의 양수금 청구를 거절할 수 없다.

⑤ 채권양도의 대항요건을 갖추지 못한 채권양수인이 채무자를 상대로 재판상의 청구를 하였다면, 이는 소멸시효의 중단사유인 재판상 청구에 해당한다.

해설 ① [X] ※ 등기청구권의 양도

"부동산매매계약에서 매도인과 매수인은 서로 동시이행관계에 있는 일정한 의무를 부담하므로 이행과정에 신뢰관계가 따르기 때문에 매매로 인한 소유권이전등기청구권의 양도는 통상의 채권양도와 달리 양도인의 채무자에 대한 통지만으로는 채무자에 대한 대항력이 생기지 않으며 반드시 채무자의 동의나 승낙을 받아야 대항력이 생긴다(대판 2001.10.9. 2000다51216). 그러나 취득시효완성으로 인한 소유권이전등기청구권은 **채권자와 채무자 사이에 아무런 계약관계나 신뢰관계가 없고,** 그에 따라 채권자가 채무자에게 반대급부로 부담하여야 하는 의무도 없다. 따라서 **취득시효완성으로 인한 소유권이전등기청구권의 양도의 경우에는 매매로 인한 소유권이전등기청구권에 관한**

양도제한의 법리가 적용되지 않는다"(대판 2018.7.12. 2015다36167).

② [○] ※ **양도금지특약이 있는 채권을 압류할 수 있는지 여부(적극)**
양도금지특약이 있는 채권이라도 개인의 의사표시로써 압류금지재산을 만들어내는 것은 채권자를 해하는 것이 되어 부당하기 때문에, '악의'의 채권자라도 압류 및 전부명령에 의해 채권을 취득할 수 있다(대판 2003.12.11. 2001다3771). 나아가 전부채권자로부터 다시 그 채권을 양수한 자가 그 특약의 존재를 알았거나 중대한 과실로 알지 못하였다고 하더라도 제3채무자는 위 특약을 근거로 채권양도의 무효를 주장할 수 없다(엄폐물의 법칙)(대판 2003.12.11. 2001다3771).

③ [○] ※ **처분권한 없는 자가 지명채권을 양도한 경우, 채권양도로서 효력을 가지는지 여부(원칙적 소극)**
지명채권의 양도란 채권의 귀속주체가 법률행위에 의하여 변경되는 것으로서 이른바 '**준물권행위 내지 처분행위**'의 성질을 가지므로, 그것이 유효하기 위하여는 양도인이 그 채권을 처분할 수 있는 권한을 가지고 있어야 한다. 처분권한 없는 자가 지명채권을 양도한 경우 특별한 사정이 없는 한 채권양도로서 효력을 가질 수 없으므로 양수인은 그 채권을 취득하지 못한다(대판 2016.7.14. 2015다46119). 따라서 "양도인이 지명채권을 제1양수인에게 1차로 양도한 다음(담보목적의 경우도 신탁적 양도설에 따라 마찬가지) 제1양수인(사안에서 丙)이 확정일자 있는 증서에 의한 대항요건을 갖추었다면 채권이 제1양수인에게 이전하고 양도인(사안에서 甲)은 채권에 대한 처분권한을 상실하므로, 그 후 양도인이 동일한 채권을 제2양수인(사안에서 丁)에게 양도하였더라도 제2양수인은 채권을 취득할 수 없다. 또한 제2차 양도계약 후 양도인과 제1양수인이 제1차 양도계약을 합의해지한 다음 제1양수인이 그 사실을 채무자에게 통지함으로써 채권이 다시 양도인에게 귀속하게 되었더라도 양도인이 처분권한 없이 한 제2차 양도계약이 채권양도로서 유효하게 될 수는 없으므로, 그로 인하여 제2양수인이 당연히 채권을 취득하게 된다고 볼 수는 없다"(대판 2016.7.14. 2015다46119).

④ [○] ※ **담보목적의 채권양도(채권의 양도담보)**
지명채권의 양도는 채권양도와 원인행위가 하나의 행위로 함께 이루어지는 것이 보통이므로 당사자의 의사를 고려하여 **무인성이 인정되지 않는다**고 본다(즉 그 원인행위가 무효, 취소 등으로 실효되면 채권양도도 무효로 된다 : 대판 2011.3.24. 2010다100711). 주의할 점은 **채권양도의 유인성은 채권양도계약을 중심으로 하여 그 당사자**(양도인과 양수인) **사이에서 발생하는 문제라는 점**이다. 즉 양수인과 채무자와의 관계에서는 그 직접적인 적용이 없다. 채권은 그 동일성을 유지하면서 양수인에게 이전하는 것이므로, 채무자는 양도인(채권자)에 대해 가지는 그 채권에 관한 항변사유로써 양수인에게 대항할 수 있을 뿐이다(제451조 참조).
☞ 따라서 判例는 **담보목적의 채권양도**(채권의 양도담보)와 관련하여 "채권양도가 다른 채무의 담보조로 이루어졌으며 또한 그 채무가 변제되었다고 하더라도, 이는 채권양도인과 양수인 간의 문제일 뿐이고, 양도채권의 채무자는 채권양도 · 양수인 간의 채무소멸 여하에 관계없이 양도된 채무를 양수인에게 변제하여야 하는 것이므로, 설령 그 피담보채무가 변제로 소멸되었다고 하더라도 양도채권의 채무자로서는 이를 이유로 채권양수인의 양수금청구를 거절할 수 없다" (대판 1999.11.26. 99다23093)고 한다.

⑤ [○] ※ **채권양도의 대항요건을 갖추지 못한 상태에서 '채권양수인'이 채무자를 상대로 소를 제기한 경우**
채권양수인이 소멸시효기간이 경과하기 전에 채무자를 상대로 소를 제기하였는데, 채권양도사실의 채무자에 대한 통지는 소멸시효기간이 경과한 후에 이루어진 경우, 위 채권의 소멸시효가 중단되는지 여부가 문제되는바, 判例는 "채권양도에 의하여 채권은 그 동일성을 잃지 않고 양도인으로부터 양수인에게 이전되며, 이러한 법리는 채권양도의 대항요건을 갖추지 못하였다고 하더라도 마찬가지인 점 등에서 비록 '**대항요건을 갖추지 못하여**' 채무자에게 대항하지 못한다

고 하더라도 **'채권의 양수인'**이 채무자를 상대로 재판상의 청구를 하였다면 **이는 소멸시효 중단사유인 재판상의 청구에 해당한다**"(대판 2005.11.10, 2005다41818)고 한다.

[정답] ①

문 92 채권의 압류 및 추심명령, 채권양도에 관한 설명 중 옳지 않은 것은? (다툼이 있는 경우 판례에 의함)

[변시 5회]

① 제3채무자가 압류채권자에게 압류된 채권액 상당에 관하여 지체책임을 지는 것은 추심명령이 발령된 후 압류채권자로부터 추심금청구를 받은 다음 날부터이다.
② 임대인이 임차인으로부터 임대차보증금반환채권의 양도통지를 받은 후에 임대인과 임차인 사이에 임대차 계약기간 연장에 관하여 합의가 있을 경우 그 합의의 효과는 그 채권의 양수인에 대하여도 미친다.
③ 채권양도통지와 채권가압류결정 정본이 같은 날 도달되었는데 그 선후관계에 대하여 달리 증명이 없으면 동시에 도달된 것으로 추정한다.
④ 채권에 대한 압류 후에 피압류채권이 제3자에게 양도된 경우 그 채권양도는 압류채무자에 대한 다른 채권자와의 관계에서 유효하다.
⑤ 금전채권에 대한 가압류가 있더라도 가압류채무자는 제3채무자를 상대로 그 이행을 구하는 소를 제기할 수 있고, 법원은 가압류가 되어 있음을 이유로 그 청구를 배척할 수 없다.

해 설 ① [O] "추심명령은 압류채권자에게 채무자의 제3채무자에 대한 채권을 추심할 권능을 수여함에 그치고, 제3채무자로 하여금 압류채권자에게 압류된 채권액 상당을 지급할 것을 명하거나 그 지급 기한을 정하는 것이 아니므로, **제3채무자가 압류채권자에게 압류된 채권액 상당에 관하여 지체책임을 지는 것은 집행법원으로부터 추심명령을 송달받은 때부터가 아니라, 추심명령이 발령된 후 압류채권자로부터 추심금 청구를 받은 다음날부터라고 할 것이다**"(대판 2012.10.25. 2010다47117).

② [X] "임대인이 임대차보증금반환청구채권의 양도통지를 받은 후에는 임대인과 임차인 사이에 임대차계약의 갱신이나 계약기간 연장에 관하여 명시적 또는 묵시적 합의가 있더라도 그 합의의 효과는 보증금반환채권의 양수인에 대하여는 미칠 수 없다"(대판 1989.4.25. 88다카4253).

③ [O] "채권양도 통지와 채권가압류결정 정본이 같은 날 도달되었는데 그 선후관계에 대하여 달리 입증이 없으면 동시에 도달된 것으로 추정한다"(대판 1994.4.26. 93다24223).

④ [O] "채권에 대한 압류의 처분금지의 효력은 절대적인 것이 아니고, 이에 저촉되는 채무자의 처분행위가 있어도 압류의 효력이 미치는 범위에서 압류채권자에게 대항할 수 없는 상대적 효력을 가지는 데 그치므로, **압류 후에 피압류채권이 제3자에게 양도된 경우 채권양도는 압류채무자의 다른 채권자 등에 대한 관계에서는 유효하다.** 그리고 채권양도 행위가 사해행위로 인정되어 취소 판결이 확정된 경우에도 취소의 효과는 사해행위 이전에 이미 채권을 압류한 다른 채권자에게는 미치지 아니한다"(대판 2015.5.14. 2014다12072).

⑤ [○] "일반적으로 채권에 대한 가압류가 있더라도 이는 가압류채무자가 제3채무자로부터 현실로 급부를 추심하는 것만을 금지하는 것이므로 가압류채무자는 제3채무자를 상대로 그 이행을 구하는 소송을 제기할 수 있고, 법원은 가압류가 되어 있음을 이유로 이를 배척할 수 없는 것이며, 채권양도는 구 채권자인 양도인과 신 채권자인 양수인 사이에 채권을 그 동일성을 유지하면서 전자로부터 후자에게로 이전시킬 것을 목적으로 하는 계약을 말한다 할 것이고, 채권양도에 의하여 채권은 그 동일성을 잃지 않고 양도인으로부터 양수인에게 이전된다 할 것이며, 가압류된 채권도 이를 양도하는 데 아무런 제한이 없으나, 다만 가압류된 채권을 양수받은 양수인은 그러한 가압류에 의하여 권리가 제한된 상태의 채권을 양수받는다고 보아야 할 것이다"(대판 2000.4.11. 99다23888)

[정답] ②

문93 임차인 甲이 임대인 乙에 대한 임대차보증금반환채권을 丙에게 양도한 후 내용증명우편으로 乙에게 양도통지를 하였고, 그 통지가 乙에게 도달하였다. 이에 관한 설명 중 옳은 것은? (각 지문은 독립적이며, 다툼이 있는 경우 판례에 의함) [변시 12회]

① 乙은 채권양도통지 도달 이후에는 甲의 연체차임을 임대차보증금반환채권에서 공제할 수 없다.

② 乙에게 채권양도통지 도달 이후 甲의 채권자 丁이 동일한 채권에 대해 압류를 하여 그 결정이 乙에게 송달된 경우, 丙은 압류의 부담이 있는 채권을 양수한다.

③ 乙에게 채권양도통지 도달 이후 丙의 채권자 戊가 丙의 양수금채권을 가압류한 경우, 丙은 양수금청구의 소를 제기할 수 없다.

④ 乙에게 채권양도통지가 도달되기 전에 甲의 채권자 己가 동일한 채권에 대해 가압류를 하여 그 결정이 먼저 송달된 경우, 丙에 대한 채권양도는 己가 甲에 대한 본안소송에서 승소하여 집행권원을 취득하더라도 유효하다.

⑤ 甲과 乙 사이에 임대차보증금반환채권 양도금지특약을 하였는데 丙이 그 특약을 알지 못한 것에 중대한 과실이 있는 경우, 乙은 丙에 대해 위 양도금지특약의 항변으로 대항할 수 있다.

해 설 ① [×] 判例(대판 1988.1.19. 87다카1315)가 판시하는 바와 같이 임대인(채무자)과 양수인의 이익형량을 고려할 때 임대차보증금반환채권의 양수인은 그 채권이 불확정한 채권이라는 사정을 감수하고 양수받은 것이라는 점(임차인의 채무는 보증금에서 공제되는 것이 처음부터 예정되어 있다)에서 비록 양도 통지 후에 생긴 임차인의 채무라 하더라도 임차보증금에서 공제할 수 있다고 해석하는 것이 타당하다(제451조 2항 참조).

관련판례 "임대차보증금은 임대차계약이 종료된 후 임차인이 목적물을 인도할 때까지 발생하는 차임 및 기타 임차인의 채무를 담보하는 것으로서 그 피담보채무액은 임대차관계의 종료 후 목적물이 반환될 때에 특별한 사정이 없는 한 별도의 의사표시 없이 임대차보증금에서 당연히 공제된다"(대판 2007.8.23. 2007다21856,21863).

"임차보증금을 피전부채권으로 하여 전부명령이 있을 경우에도 제3채무자인 임대인은 임차인에게 대항할 수 있는 사유로서 전부채권자에게 대항할 수 있는 것이어서 건물임대차보증금의 반환채권에 대한 전부명령의 효력이 그 송달에 의하여 발생한다고 하여도 위 보증금반환채권은 임대인의 채권이 발생하는 것을 해제조건으로 하는 것이므로 임대인의 채권을 공제한 잔액에 관하여서만 전부명령이 유효하다"(대판 1988.1.19. 87다카1315).

② [X] "채권압류의 효력발생 전에 채무자가 그 채권을 처분한 경우에는 그보다 먼저 압류한 채권자가 있어 그 채권자에게는 대항할 수 없는 사정이 있더라도 그 처분 후에 집행에 참가하는 채권자에 대하여는 처분의 효력을 대항할 수 있는 것이므로, 채무자가 압류 또는 가압류의 대상인 **채권을 양도하고 확정일자 있는 통지 등에 의한 채권양도의 대항요건을 갖추었다면, 그 후 채무자의 다른 채권자가 그 양도된 채권에 대하여 압류 또는 가압류를 하더라도** 그 압류 또는 가압류 당시에 피압류채권은 이미 존재하지 않는 것과 같아 **압류 또는 가압류로서의 효력이 없고,** 따라서 그 다른 채권자는 압류 등에 따른 집행절차에 참여할 수 없다"(대판 2010.10.28. 2010다57213,57220).

③ [X] "채권가압류가 된 경우, 제3채무자는 채무자에 대하여 채무의 지급을 하여서는 안되고, 채무자는 추심, 양도 등의 처분행위를 하여서는 안되지만, 이는 이와 같은 변제나 처분행위를 하였을 때에 이를 가압류채권자에게 대항할 수 없다는 것이며, **채무자가 제3채무자를 상대로 이행의 소를 제기하여 채무명의를 얻더라도 이에 기하여 제3채무자에 대하여 강제집행을 할 수는 없다고 볼 수 있을 뿐이고 그 채무명의를 얻는 것까지 금하는 것은 아니라고 할 것이다**"(대판 1989.11.24. 88다카25038).

☞ 통지를 받은 후부터는 양수인만이 채권자로 되므로, 양수인 丙의 채권자 戊가 丙의 양수금채권에 대해 가압류를 한 것은 유효하나, 이로써 丙이 양수금청구의 소를 제기할 수 없는 것은 아니다.

④ [X] "㉠ 가압류된 채권도 이를 양도하는 데 아무런 제한이 없다 할 것이나, 다만 가압류된 채권을 양수받은 양수인은 그러한 **가압류에 의하여 권리가 제한된 상태의 채권을 양수받는다고** 보아야 할 것이고, 이는 채권을 양도받았으나 확정일자 있는 양도통지나 승낙에 의한 대항요건을 갖추지 아니하는 사이에 양도된 채권이 가압류된 경우에도 동일하다. ㉡ 또한 채권가압류의 처분금지의 효력은 본안소송에서 가압류채권자가 승소하여 채무명의를 얻는 등으로 피보전권리의 존재가 확정되는 것을 조건으로 하여 발생하는 것이므로 **채권가압류결정의 채권자가 본안소송에서 승소하는 등으로 채무명의를 취득하는 경우에는 가압류에 의하여 권리가 제한된 상태의 채권을 양수받는 양수인에 대한 채권양도는 무효가 된다**"(대판 2002.4.26. 2001다59033).

⑤ [O] 당사자, 즉 채권자와 채무자의 양도금지의 의사표시에 의하여 채권은 그 양도성을 상실한다. 그러나 양도금지의 특약은 선의의 제3자에게 대항할 수 없다(제449조 2항 단서). 제449조 2항 단서의 선의의 제3자의 범위에 관하여 **判例는 선의의 양수인이 보호받기 위해서는 선의이며, 중과실이 없어야 한다고 하며,** 양수인의 악의 또는 중과실에 대한 증명책임은 채권양도금지특약으로 채권양수인에게 대항하려는 자(채무자)가 부담한다고 한다(대판 1999.12.28. 99다8834, 대판 2019.12.19. 전합2016다24284).

[정답] ⑤

문 94 甲과 乙은 甲소유의 X토지를 乙이 매수하는 계약을 체결하면서 매매대금은 X토지의 인도 및 소유권이전등기의 경료와 동시에 지급하기로 약정하였다. 丙은 위 매매계약에 따른 乙의 甲에 대한 매매대금 지급채무를 연대보증하였다. 이에 관한 설명 중 옳지 않은 것을 모두 고른 것은? (각 지문은 독립적이며, 다툼이 있는 경우에는 판례에 의함) [변시 13회]

ㄱ. 乙이 甲에게 매매대금 전액을 지급한 후에 소유권이전등기청구권을 丁에게 양도하고 乙이 이를 甲에게 통지하면 丁은 甲에 대하여 직접 소유권이전등기절차의 이행을 청구할 수 있다.

ㄴ. 甲은 丁에게 乙에 대한 매매대금채권을 양도하면서 위 계약 내용 및 X토지에 관하여 아직 소유권이전등기를 마쳐 주지 아니한 사실을 설명하였고, 같은 날 乙은 채권양도에 대하여 이의 보류 없는 승낙을 하였다. 이후 丁이 乙에게 양수금의 지급을 청구할 경우 乙은 甲으로부터 소유권이전등기의무의 이행제공이 없었음을 이유로 丁의 청구를 거절할 수 없다.

ㄷ. 甲이 乙에 대한 매매대금채권을 丁에게 양도하고 확정일자 있는 증서에 의하여 乙에게 이를 통지하였더라도, 甲이 乙에 대한 채권을 다시 戊에게 양도한 후에 甲과 丁 사이의 채권양도계약을 합의해지하고 합의해지 사실을 丁이 乙에게 통지하였다면 특별한 사정이 없는 한 戊는 乙에 대한 매매대금채권을 취득한다.

ㄹ. 甲이 乙에 대한 매매대금채권을 丁에게 양도하고 이를 乙에게 통지하면 특별한 사정이 없는 한 乙에 대한 채권뿐만 아니라 丙에 대한 채권도 丁에게 함께 이전된다.

ㅁ. 甲과 乙은 매매계약상 채권의 양도를 하지 않기로 약정하였지만 甲은 그러한 약정을 알고 있던 丁에게 매매대금채권을 양도하고 이를 乙에게 통지하였고 이후 丁이 다시 甲과 乙 사이의 약정 사실을 알지 못하는 戊에게 매매대금채권을 양도하고 乙에게 이를 통지한 경우 乙은 채권양도금지특약이 있었음을 이유로 戊에게 대항할 수 없다.

① ㄱ, ㄴ, ㄷ
② ㄴ, ㄷ, ㄹ
③ ㄴ, ㄹ, ㅁ
④ ㄱ, ㄴ, ㄷ, ㄹ
⑤ ㄱ, ㄷ, ㄹ, ㅁ

해 설 ㄱ. [X] 종전의 判例는 매매로 인한 소유권이전등기청구권을 채권적 청구권으로 보면서도 '3자 합의설'의 이론구성에 의거하여 그 양도성을 제한하여 왔는데(대판 1995.8.22. 95다15575), 최근 判例는 또 다른 논거로서 매매로 인한 소유권이전등기청구권은 그 '이행과정에 신뢰관계'가 따른다는 것을 이유로 (특별한 사정이 없는 이상 권리의 성질상 양도가 제한되어) 통상의 채권양도와 달리 채무자에 대한 **통지만으로는 채무자에 대한 대항력이 생기지 않으며 반드시 채무자의 동의나 승낙을 받아야 대항력이 생긴다**(대판 2001.10.9. 2000다51216)고 한다.

ㄴ. [X] 채무자가 이의를 보류하지 않은 승낙을 한 경우에는 채무자는 양도인에게 대항할 수 있는 사유로 양수인에게 대항할 수 없다(제451조 1항 본문). 채무자가 이의를 보류하지 않은 승낙을 하는 경우에는 양수인은 보통 아무런 항변이 존재하지 않는다고 신뢰하는 것이 보통이

므로, '채무자의 승낙에 공신력'을 주어 양수인의 신뢰를 보호하고 채권양도의 안전을 보장하기 위한 것이다. 본 규정의 취지상 악의의 양수인 등은 보호할 필요가 없다(통설). 이때 양수인이 보호받기 위해서, 判例는 양수인이 악의 또는 중과실이 아니어야 한다고 한다(대판 2002.3.29. 2000다13887).

☞ 甲은 丁에게 乙에 대한 매매대금채권을 양도하면서 위 계약 내용 및 X토지에 관하여 아직 소유권이전등기를 마쳐 주지 아니한 사실을 설명하였으므로 양수인 丁은 채무자 乙의 '동시이행의 항변권'에 대해 악의 또는 중과실이라고 보아야 한다. 따라서 乙은 甲으로부터 소유권이전등기의무의 이행제공이 없었음을 이유로 丁의 청구를 거절할 수 있다.

ㄷ. [X] "양도인이 지명채권을 제1양수인에게 1차로 양도한 다음(담보목적의 경우도 신탁적 양도설에 따라 마찬가지) 제1양수인이 확정일자 있는 증서에 의한 대항요건을 갖추었다면 채권이 제1양수인에게 이전하고 양도인은 채권에 대한 처분권한을 상실하므로, 그 후 양도인이 동일한 채권을 제2양수인에게 양도하였더라도 제2양수인은 채권을 취득할 수 없다. 또한 제2차 양도계약 후 양도인과 제1양수인이 제1차 양도계약을 합의해지한 다음 제1양수인이 그 사실을 채무자에게 통지함으로써 채권이 다시 양도인에게 귀속하게 되었더라도 양도인이 처분권한 없이 한 제2차 양도계약이 채권양도로서 유효하게 될 수는 없으므로, 그로 인하여 제2양수인이 당연히 채권을 취득하게 된다고 볼 수는 없다"(대판 2016.7.14. 2015다46119)

ㄹ. [O] 보증채무의 경우에는 '부종성'의 성질상 주채무가 양도된 경우 보증채무도 함께 이전되고, 채권자가 채권양도의 주채무자에게 통지하면 보증인에 대해서는 따로 통지하지 않더라도 보증인에게 대항할 수 있다(대판 2002.9.10. 2002다21509)

ㅁ. [O] 당사자, 즉 채권자와 채무자의 양도금지의 의사표시에 의하여 채권은 그 양도성을 상실한다(제449조 2항 본문). 그러나 양도금지의 특약은 선의의 제3자에게 대항할 수 없다(제449조 2항 단서). 악의의 양수인으로부터 다시 선의로 양수한 전득자도 위 조항에서의 선의의 제3자에 해당한다. 또한 이러한 선의의 양수인으로부터 다시 채권을 양수한 전득자는 선의·악의를 불문하고 채권을 유효하게 취득한다(엄폐물의 법칙 ; 대판 2015.4.9. 2012다118020)

[정답] ①

문 95 **도급인 甲과 수급인 乙은 2023. 2. 1. 건물신축공사에 관한 도급계약을 체결하면서 완공 즉시 공사대금을 지급하기로 하였고, 乙은 2023. 9. 1. 공사를 완료하였다. 이에 관한 설명 중 옳지 않은 것은?**
(각 지문은 독립적이며, 다툼이 있는 경우 판례에 의함) [변시 14회]

① 도급계약에 따른 乙의 공사대금 채권과 甲의 하자보수보증금 채권이 동시이행의 관계에 있는 경우, 乙이 2023. 5. 1. 丙에게 乙의 甲에 대한 공사대금 채권을 양도하고 그 다음 날 甲에게 확정일자 있는 증서에 의한 양도통지가 도달한 이후 甲의 하자보수보증금 채권이 발생하였더라도 甲은 이를 자동채권으로 하여 丙의 양수금 채권과 상계할 수 있다.

② 丙이 甲과 乙 사이에 공사대금 채권을 양도하지 않기로 약정한 사실을 알면서 乙의 甲에 대한 공사대금 채권에 대하여 압류 및 전부명령을 받아 그 명령이 확정된 경우, 그 압류 및 전부명령은 유효하다.

③ 丙이 乙의 甲에 대한 공사대금 채권에 대하여 2023. 4. 1. 압류 및 전부명령을 받고 그 다음 날 甲, 乙에게 위 압류 및 전부명령이 모두 송달되어 확정된 경우, 甲이 위 압류 및 전부명령을 송달받기 전에 乙에 대한 대여금 채권을 가지고 있었고 그 대여금 채권의 변제기가 2023. 8. 1.이라면 甲은 乙에 대한 대여금 채권을 자동채권으로 하여 丙의 전부금 채권과 상계할 수 있다.

④ 乙이 2023. 10. 1. 丙에게 甲에 대한 공사대금 채권을 양도하고 2023. 11. 1. 甲에게 확정일자 있는 증서에 의한 양도통지가 도달한 경우, 丙이 양수금 채권으로 甲의 丙에 대한 2023. 9. 1.이 변제기인 대여금 채권과 상계한다면 그 상계적상일은 2023. 11. 1.이다.

⑤ 乙이 2023. 4. 1. 丙에게 甲에 대한 공사대금 채권을 양도하고 그 다음 날 甲에게 확정일자 있는 증서에 의한 양도통지가 도달한 다음, 乙의 채권자 丁이 2023. 5. 1. 乙의 甲에 대한 공사대금 채권에 대하여 압류명령을 받은 경우, 그 후 乙의 다른 채권자인 戊가 제기한 사해행위취소소송에 의하여 위 채권양도가 취소되었다면 위 압류명령은 장래에 乙에게 원상회복될 공사대금 채권에 대한 것으로서 유효하다.

해 설 ① [O] 동시이행의 항변권이 붙어 있는 채권은 이를 '자동채권'으로 하여 상계하지 못한다(대판 2002.8.23. 2002다25242). 다만 **자동채권과 수동채권이 서로 동시이행관계**에 있는 경우에는 **'양 채무를 현실적으로 이행하여야 할 필요성이 없는 한'** 동시이행의 항변권이 붙어 있는 채권을 자동채권으로 하는 상계도 허용된다(대판 2006.7.28. 2004다54633).

한편, 채무자는 채권양도의 **'통지를 받은 때까지'** 양도인에 대하여 생긴 사유(채무의 불성립 · 무효 · 취소 · 동시이행의 항변 · 기한의 유예 · 채권의 소멸 등)로써 양수인에게 대항할 수 있다(제451조 2항). 다만, **대항사유 자체는 통지 뒤에 생겼더라도 그 '사유 발생의 기초가 되는 법률관계'가 통지 전에 이미 존재하였다면** 이는 '계약 자체에 처음부터 내재하는 고유한 위험'이라고 볼 수 있으므로 그 대항사유로써 양수인에게 대항할 수 있다.

☞ **동시이행항변권 자체는 하자보수보증금 채권이 발생한 때 즉 위 채권양도 통지 뒤에 생긴 것이지만, 그**

발생의 기초가 되는 법률관계인 도급계약은 통지 전에 이미 존재하고 있었으므로, 하자보수보증금채권과 공사대금채권이 서로 동시이행관계에 있는 경우, 甲은 상계로 대항할 수 있다.

② [○] 양도금지특약이 있는 채권이라도 개인의 의사표시로써 압류금지재산을 만들어내는 것은 채권자를 해하는 것이 되어 부당하기 때문에, '악의'의 채권자라도 압류 및 전부명령에 의해 채권을 취득할 수 있다(대판 2003.12.11. 2001다3771).

③ [○] 지급을 금지하는 명령을 받은 제3채무자는 그 후에 취득한 채권에 의한 상계로 그 명령을 신청한 채권자에게 대항하지 못한다(제498조). 지급금지명령을 받은 채권이란 압류 또는 가압류를 당한 채권으로서, 본조는 압류의 효력을 유지하여 채무자의 재산으로부터 만족을 얻으려는 집행채권자를 보호하려는 데에 그 취지가 있다. 그러므로 압류 또는 가압류의 효력이 발생하기 전에 제3채무자가 채무자에 대해 채권을 가지고 있은 때에는 상계할 수 있다(제498조의 반대해석).

다만 判例는 "㉠ 압류의 효력 발생 당시에 대립하는 양 채권이 상계적상에 있거나, ㉡ 그 당시에 제3채무자가 채무자에 대해 갖는 자동채권의 변제기가 아직 도래하지 않았더라도 압류채권자가 그 이행을 청구할 수 있는 때, 즉 피압류채권인 수동채권의 변제기가 도래한 때(2023.9.1.)에 자동채권의 변제기가 동시에 도래하거나 또는 그 전에 도래(2023.8.1.)한 때에는 제3채무자의 상계에 관한 기대는 보호되어야 한다는 점에서 상계할 수 있다"(대판 2012.2.16. 전합2011다45521)

④ [○] '채권이 양도된 후 양수인이 양수금채권을 자동채권으로 하여 상계하거나 채무자가 양수인에 대한 채권을 자동채권으로 하여 상계하는 경우'에는 상계의 요건 중 '채권의 대립성' 때문에 최소한 채권양도의 대항요건이 갖추어진 이후에야 비로소 상계가 가능하다(따라서 그 이전에 자동채권과 수동채권의 변제기가 모두 도래한 경우에도 상계적상일은 양 채권의 변제기가 도래한 날이 아니라 채권양도의 대항요건이 갖추어진 날이 된다). 이와 관련하여 判例도 채권양수인이 양수채권을 자동채권으로 하여 그 채무자가 채권양수인에 대해 가지고 있던 기존 채권과 상계한 경우, 채권양수인은 채권양도의 대항요건이 갖추어진 때 비로소 자동채권을 행사할 수 있으므로 채권양도 전에 이미 양 채권의 변제기가 도래하였다고 하더라도 상계의 효력은 변제기로 소급하는 것이 아니라 채권양도의 대항요건이 갖추어진 시점으로 소급한다고 한다(대판 2022.6.30. 2022다200089).

⑤ [×] 判例는 채권양수인과 동일채권에 대하여 가압류명령을 집행한 자 사이의 우열은 확정일자 있는 채권양도통지와 가압류결정정본의 제3채무자(채권양도의 경우 채무자)에 대한 도달의 선후에 의하여 결정하여야 한다고 보아 도달시를 기준으로 우열을 결정한다(대판 1994.4.26. 전합93다24223). 동일한 취지로 判例는 채권이 양도되고 대항력(확정일자)을 구비한 상태에서 그 양도된 채권을 양도인의 채권자들이 압류, 추심명령을 하게 되면 이미 채권은 양수인에게 이전되었으므로(피압류채권은 이미 존재하지 않는 것과 같다) 이러한 압류, 추심은 무효라고 한다(대판 2010.10.28. 2010다57213,57220).

한편, 그 후의 사해행위취소소송에서 위 채권양도계약이 취소되어 채권이 원채권자에게 복귀하였다고 하더라도 이미 무효로 된 채권압류명령 등이 다시 유효로 되는 것은 아니다(상대적 무효설)(대판 2022.12.1. 2022다247521).

[정답] ⑤

제2절 채무인수

문 96 **甲과 乙은 건물신축공사 도급계약을 체결하였는데, 공사대금은 완공된 건물의 인도와 동시에 일괄지급하기로 하였다. 그리고 乙의 甲에 대한 공사대금채무를 담보하기 위하여 丙이 그 소유의 X 부동산에 근저당권을 설정하였고, 丁이 위 채무를 연대보증하였다. 다음 설명 중 옳은 것은?** (다툼이 있는 경우에는 판례에 의함) [변시 2회]

① 丙이 甲에게 피담보채무를 임의로 변제하였다면 丙은 乙에게 구상권을 행사할 수 있는데, 그 구상권의 확보를 위하여 丙은 甲의 승낙을 얻어야 甲을 대위할 수 있다.

② 丁이 甲에게 보증채무를 이행하였다면 丁은 乙에게 구상권을 행사할 수 있지만, 자기의 채무를 이행하였기 때문에 甲을 대위할 수는 없다.

③ 甲이 채권의 추심을 위하여 공사대금채권을 戊에게 양도하고 그 대항요건을 갖추었으나, 그 후 甲과 戊 사이의 추심위임계약이 해지된 경우, 위 채권이 甲에게 복귀하는데, 이때 戊는 원상회복의무로서 乙에게 이를 통지할 의무를 부담한다.

④ 乙의 공사대금채무를 己가 면책적으로 인수한 경우, 丙은 채무인수에 동의하였는지 여부에 상관없이 甲에 대하여 근저당권설정등기의 말소를 구할 수 있다.

⑤ 乙의 공사대금채무를 己가 중첩적으로 인수한 경우, 丁의 보증채무는 소멸한다.

해 설 ① [×] ② [×] 변제할 정당한 이익이 있는 자는 임의대위(제480조)의 경우와는 달리 채권자의 승낙을 얻을 필요가 없이 법률상 당연히 채권자를 대위한다(제481조). 변제할 정당한 이익이 있는 자란 변제하지 않으면 채권자로부터 집행을 받거나, 자기의 권리를 잃게 되는 지위에 있는 자로서 '법률상의 이해관계'를 가지는 자를 말한다(대판 1990.4.10, 89다카24834). 가령, 사안에서 (연대)보증인 丁, 물상보증인 丙이 이에 해당한다.

③ [○] "ⅰ) 처분행위(준물권행위)로서의 '채권양도계약'과 채권양도의 의무를 발생시키는 것을 내용으로 하는 '양도의무계약'은 실제거래에서는 한꺼번에 일체로 행하여지는 경우가 적지 않으나, 그 법적 파악에 있어서는 구별되어야 하는 별개의 독립한 행위이다. ⅱ) 그러므로 양도의무계약에 관한 민법상의 임의규정은 채권양도계약에는 적용되지 않는다. 즉 채권양도계약에 위임의 규정을 바로 적용하여 그에 의해 채권양도계약을 해지할 수는 없다. ⅲ) **원인행위인 위임을 해지한 경우,** (그것은 채권양도계약에도 효력을 미쳐) **채권은 양도인에게 복귀한다. 이 경우 양수인은 위임계약의 해지로 인하여 양도인에 대하여 부담하는 원상회복의무**(이는 계약의 효력불발생에서의 원상회복의무 일반과 마찬가지로 부당이득반환의무의 성질을 가진다)**의 한 내용으로 채무자에게 이를 통지할 의무를 부담한다**"(대판 2011.3.24, 2010다100711).

☞ 判例는 지명채권의 양도통지를 한 후 양도계약이 '해제'된 경우, 채권양도인이 해제를 이유로 다시 원래의 채무자에 대하여 양도채권으로 대항하려면, ⅰ) 채권양도인이 채권양수인의 동의를 받아 양도통지를 철회하거나(제452조 2항 참조 : 대판 1978.6.13, 78다468) ⅱ) 채권양수인이 채무자에게 위와 같은 해제 사실을 통지하여야 한다고 한다(대판 1993.8.27, 93다17379).

④ [X] **면책적 채무인수의 경우** ⅰ) 전채무자의 채무에 대한 보증이나 '제3자'가 제공한 담보는 채무인수로 인하여 소멸하나, 보증인이나 제3자가 채무인수에 '동의'한 경우에는 그러하지 아니하다(제459조). 채무자의 변경으로 인해 채무자의 자력에 변화가 생김으로써 보증인이나 물상보증인에게 불이익이 발생할 우려가 있기 때문이다. ⅱ) 채무자가 제공한 담보는 인수계약이 채권자와 인수인 사이에 체결된 경우에만 담보가 소멸하고, 그 밖의 경우에는 채무자인 담보제공자가 채무인수에 동의한 것으로 보아 담보는 존속한다고 보는 것이 일반적이다(제459조 단서 유추적용).

⑤ [X] **중첩적 채무인수의 경우** 인수인은 종전 채무자와 동일한 내용의 채무를 부담한다. 따라서 종래의 채무자가 그 채무관계에 있어 가졌던 모든 항변사유로 채권자에게 대항할 수 있고, 기존 채무에 있는 담보나 보증은 존속한다.

[정답] ③

문 97 채무인수 등에 관한 설명 중 옳지 않은 것은? (다툼이 있는 경우 판례에 의함) [변시 6회]

① 중첩적 채무인수는 채권자와 채무인수인과의 합의가 있는 이상 채무자의 의사에 반하여서도 이루어질 수 있다.

② 중첩적 채무인수에서 인수인이 채무자의 부탁으로 인수한 경우 채무자와 인수인은 원칙적으로 연대채무관계에 있다.

③ 채권자의 승낙에 의하여 면책적 채무인수의 효력이 생기는 경우, 채권자가 승낙을 거절하면 그 이후에는 채권자가 다시 승낙하여도 채무인수로서의 효력이 생기지 않는다.

④ 채무의 이행인수에 있어 채무자는 인수인이 그 채무를 이행하지 아니하는 경우 인수인에 대하여 채권자에게 이행할 것을 청구할 수 있고, 채권자는 채권자대위권에 의하여 채무자의 인수인에 대한 위와 같은 청구권을 대위행사할 수 있다.

⑤ 채무자와 인수인 사이의 면책적 채무인수약정에 대해 채권자의 승낙이 있는 경우, 채무자가 자신의 채무를 담보하기 위해 설정하였던 저당권은 원칙적으로 소멸한다.

해 설 ① [O] "중첩적 채무인수는 채권자와 채무인수인과의 합의가 있는 이상 채무자의 의사에 반하여서도 이루어질 수 있다"(대판 1988.11.22. 87다카1836).

② [O] "중첩적 채무인수에서 채무자의 부탁 없이 채권자와의 계약으로 채무를 인수하는 것은 매우 드문 일이므로 채무자와 인수인은 **원칙적으로 주관적 공동관계가 있는 연대채무관계에 있고**, 인수인이 채무자의 부탁을 받지 아니하여 주관적 공동관계가 없는 경우에는 부진정연대관계에 있는 것으로 보아야 한다"(대판 2009.8.20. 2009다32409).

③ [O] "채권자의 승낙에 의하여 채무인수의 효력이 생기는 경우, 채권자가 승낙을 거절하면 그 이후에는 채권자가 다시 승낙하여도 채무인수로서의 효력이 생기지 않는다"(대판 1998.11.24. 98다33765).

④ [O] "이행인수는 인수인이 채무자에 대하여 그 채무를 이행할 것을 약정하는 채무자와 인수인

간의 계약으로서, 인수인은 채무자와 사이에 채권자에게 채무를 이행할 의무를 부담하는 데 그치고 직접 채권자에 대하여 채무를 부담하는 것이 아니므로 채권자는 직접 인수인에게 채무를 이행할 것을 청구할 수 없으나, 채무자는 인수인이 그 채무를 이행하지 아니하는 경우 인수인에 대하여 채권자에게 이행할 것을 청구할 수 있고, 그에 관한 승소의 판결을 받은 때에는 금전채권의 집행에 관한 규정을 준용하여 강제집행을 할 수도 있다. 이러한 **채무자의 인수인에 대한 청구권은 그 성질상 재산권의 일종으로서 일신전속적 권리라고 할 수는 없으므로, 채권자는 채권자대위권에 의하여 채무자의 인수인에 대한 청구권을 대위행사 할 수 있다**"(대판 2009.6.11, 2008다75072)

⑤ [X] 채무자가 제공한 담보는 인수계약이 채권자와 인수인 사이에 체결된 경우에만 담보가 소멸하고, 그 밖의 경우에는 채무자인 담보제공자가 채무인수에 동의한 것으로 보아 담보는 존속한다고 보는 것이 통설이다(제459조 단서 유추적용). 참고로 유치권 등 법정담보물권은 피담보채무가 인수되더라도 존속한다.

[정답] ⑤

문 98 **丙은 乙의 甲에 대한 차용금반환채무를 인수하였다. 이에 관한 설명 중 옳지 않은 것은?** (각 지문은 독립적이며, 다툼이 있는 경우 판례에 의함) [변시 7회]

① 丙이 위 차용금반환채무를 면책적으로 인수한 경우, 丙은 乙이 甲에게 항변할 수 있었던 사유로 甲에게 대항할 수 없다.

② 乙과 丙 사이에 면책적 채무인수에 관한 약정이 있었던 경우, 乙 또는 丙은 상당한 기간을 정하여 이에 관한 승낙 여부의 확답을 甲에게 최고할 수 있고, 甲이 그 기간 내에 확답을 발송하지 않은 때에는 거절한 것으로 본다.

③ 乙과 丙 사이에 면책적 채무인수에 관한 약정이 있었던 경우, 甲이 승낙을 거절하였다면 그 이후에는 다시 승낙하여도 특별한 사정이 없는 한 甲에 대하여 면책적 채무인수로서의 효력이 생기지 않는다.

④ 丙이 甲과의 계약으로 위 차용금반환채무를 중첩적으로 인수한 경우, 丙이 乙의 부탁을 받지 아니하여 주관적 공동관계가 없었다면, 丙과 乙의 각 채무는 부진정연대관계에 있는 것으로 보아야 한다.

⑤ 丙이 乙의 부탁을 받아 甲과의 계약으로 위 차용금반환채무를 중첩적으로 인수한 경우, 丙이 甲에 대한 손해배상채권을 자동채권으로 하여 甲의 채권에 대하여 대등액에서 상계의 의사표시를 하였다면, 乙의 甲에 대한 채무도 상계에 의하여 소멸되었다고 보아야 한다.

해 설 ① [X] **제458조(전채무자의 항변사유)** 「인수인은 전채무자의 항변할 수 있는 사유로 채권자에게 대항할 수 있다.」

② [O] **제454조(채무자와의 계약에 의한 채무인수)** 「①항 제3자가 채무자와의 계약으로 채무를 인수한 경우에는 채권자의 승낙에 의하여 그 효력이 생긴다. ②항 채권자의 승낙 또는 거절의 상대방

은 채무자나 제3자이다.」

제455조(승낙여부의 최고) 「①항 전조의 경우에 제3자나 채무자는 상당한 기간을 정하여 승낙여부의 확답을 채권자에게 최고할 수 있다. ②항 **채권자가 그 기간내에 확답을 발송하지 아니한 때에는 거절한 것으로 본다.**」

③ [O] ※ 면책적 채무인수 – 채권자의 승낙거절
"채권자의 승낙에 의하여 채무인수의 효력이 생기는 경우, 채권자가 승낙을 거절하면 그 이후에는 채권자가 다시 승낙하여도 채무인수로서의 효력이 생기지 않는다"(대판 1998.11.24. 98다33765).

④ [O] ※ 중첩적 채무인수 – 채무자의 채무와 인수인의 채무와의 관계
"중첩적 채무인수에서 채무자의 부탁 없이 채권자와의 계약으로 채무를 인수하는 것은 매우 드문 일이므로 채무자와 인수인은 원칙적으로 주관적 공동관계가 있는 연대채무관계에 있고, 인수인이 채무자의 부탁을 받지 아니하여 주관적 공동관계가 없는 경우에는 부진정연대관계에 있는 것으로 보아야 한다"(대판 2009.8.20. 2009다32409)

⑤ [O] ※ 중첩적 채무인수 – 상계의 절대효
중첩적 채무인수에서 채무자와 인수인은 원칙적으로 연대채무관계에 있고, 예외적으로 부진정연대관계에 있는 것으로 보는데(대판 2009.8.20. 2009다32409), 전자의 경우에는 제418조 1항에 의해, 후자의 경우는 判例(아래 참고판례 전합2008다97218 참조)에 의해 상계의 절대적 효력이 인정된다.

☞ 사안의 경우 丙이 乙의 부탁을 받아 채무를 중첩적으로 인수하였으므로 제418조 1항에 의하여 채무인수인 丙의 상계의 의사표시로 인해 다른 연대채무자인 원채무자 乙의 甲에 대한 채무도 상계에 의하여 소멸되었다고 보아야 한다. 만약 丙과 乙의 관계가 부진정연대채무의 관계에 있다고 보더라도 결과가 달라지지는 않는다.

참고판례 "중첩적 채무인수인이 채권자에 대한 손해배상채권을 자동채권으로 하여 채권자의 자신에 대한 그 채권에 대하여 대등액에서 상계의 의사표시를 하였다면, 연대채무자 1인이 한 상계의 절대적 효력을 규정하고 있는 제418조 제1항의 규정에 의하여, 다른 연대채무자인 원채무자의 채권자에 대한 채무도 상계에 의하여 소멸되었다고 보아야 한다"(대판 1997.4.22. 96다56443).

참고판례 "부진정연대채무자 중 1인이 자신의 채권자에 대한 반대채권으로 상계를 한 경우에도 채권은 변제, 대물변제, 또는 공탁이 행하여진 경우와 동일하게 **현실적으로 만족을 얻어 그 목적을 달성하는 것이므로, 그 상계로 인한 채무소멸의 효력은 소멸한 채무 전액에 관하여 다른 부진정연대채무자에 대하여도 미친다고** 보아야 한다. 이는 부진정연대채무자 중 1인이 채권자와 상계계약을 체결한 경우에도 마찬가지이다. 나아가 이러한 법리는 채권자가 상계 내지 상계계약이 이루어질 당시 다른 부진정연대채무자의 존재를 알았는지 여부에 의하여 좌우되지 아니한다"(대판 2010.9.16. 전합2008다97218).

[정답] ①

문 99 중첩적(병존적) 채무인수에 관한 설명 중 옳은 것을 모두 고른 것은? (각 지문은 독립적이며, 다툼이 있는 경우 판례에 의함) [변시 12회]

ㄱ. 甲이 乙에게 임대한 자기 소유 건물을 丙에게 매도하면서 乙의 승낙 없이 乙에 대한 임대차보증금반환채무를 丙이 인수하고 그 채무액만큼 매매대금에서 공제하기로 약정한 경우, 특별한 사정이 없는 한 그 약정은 중첩적 채무인수에 해당한다.

ㄴ. 甲이 乙에 대해 부담하는 채무를 乙과 丙의 합의에 따라 丙이 중첩적으로 인수하는 경우, 그 채무인수에 대하여 甲이 동의하지 않더라도 중첩적 채무인수의 효력에는 아무런 영향이 없다.

ㄷ. 乙이 甲 소유의 토지를 매수하면서, 甲과 乙 사이에 중도금 및 잔금을 乙이 甲의 채권자 丙에게 직접 지급하기로 하여 丙으로 하여금 그 채권을 취득하게 할 의사로 약정한 경우, 그 약정은 제3자를 위한 계약으로서 중첩적 채무인수에 해당한다.

① ㄴ
② ㄱ, ㄴ
③ ㄱ, ㄷ
④ ㄴ, ㄷ
⑤ ㄱ, ㄴ, ㄷ

해 설 ㄱ. [X] "부동산의 매수인이 매매목적물에 관한 임대차보증금 반환채무 등을 인수하는 한편 그 채무액을 매매대금에서 공제하기로 약정한 경우, 그 인수는 특별한 사정이 없는 이상 매도인을 면책시키는 면책적 채무인수가 아니라 이행인수로 보아야 하고, 면책적 채무인수로 보기 위해서는 이에 대한 채권자 즉 임차인의 승낙이 있어야 한다"(대판 2015.5.29. 2012다84370).

ㄴ. [O] "중첩적 채무인수는 채권자와 채무인수인과의 합의가 있는 이상 채무자의 의사에 반하여서도 이루어질 수 있다"(대판 1988.11.22. 87다카1836). 채권자와 인수인 사이의 계약으로 하는 경우 채무자의 채무에 대한 담보로서의 기능을 한다는 점에서 채무자의 의사에 반하여도 인수가 가능하다.

ㄷ. [O] "인수계약의 당사자인 채무자와 인수인에게 채권자로 하여금 직접 인수인에 대한 채권을 취득케 하고자 할 의사가 있었다면 이는 제3자를 위한 계약으로서 병존적 채무인수가 될 것이나, 그렇지 않은 때에는 이행인수로 될 뿐이다"(대판 1997.10.24. 97다28698 : 부동산을 매매하면서 매도인과 매수인 사이에 중도금 및 잔금은 매도인의 채권자에게 직접 지급하기로 약정한 경우, 그 약정은 매도인의 채권자로 하여금 매수인에 대하여 그 중도금 및 잔금에 대한 직접청구권을 행사할 권리를 취득케 하는 제3자를 위한 계약에 해당하고 동시에 매수인이 매도인의 그 제3자에 대한 채무를 인수하는 병존적 채무인수에도 해당한다고 본 사례).

[정답] ④

문 100 甲은 乙로부터 乙 소유의 X 건물을 10억 원에 매수하는 매매계약을 체결하면서 위 매매대금 중 4억 원은 이미 X 건물에 설정되어 있던 乙의 근저당권부 차용금채무 4억 원을 甲이 인수하는 것으로 하고, 나머지 6억 원은 X 건물의 소유권이전등기서류와 상환으로 지급하기로 약정하였다. 다음 설명 중 옳은 것을 모두 고른 것은? (각 지문은 독립적이고, 다툼이 있는 경우 판례에 의함) [변시 4회]

ㄱ. 甲이 乙의 위 근저당권부 차용금채무 4억 원을 乙로부터 인수하기로 약정한 것은, 특별한 사정이 없는 한 매매대금 중 4억 원의 지급에 갈음하기로 한 것이다.
ㄴ. 甲은 위 근저당권부 차용금채무 4억 원을 현실적으로 당장 변제할 의무는 없고, 특별한 사정이 없는 한 매매대금에서 위 채무액을 공제한 6억 원만 지급함으로써 잔금지급의무를 이행한 것으로 된다.
ㄷ. 甲이 인수한 위 근저당권부 차용금채무의 이자를 지급하지 않고 있다면, 특별한 사정이 없더라도 乙은 이를 이유로 甲과의 위 매매계약을 해제할 수 있다.
ㄹ. 甲이 위 근저당권부 차용금채무 4억 원의 변제를 불이행하여 乙이 대신 변제한 경우, 甲의 구상채무 이행의무와 乙의 소유권이전등기 이행의무는 동시이행관계에 있지 않다.

① ㄱ, ㄴ ② ㄴ, ㄷ
③ ㄱ, ㄴ, ㄷ ④ ㄱ, ㄴ, ㄹ
⑤ ㄱ, ㄷ, ㄹ

해 설 ※ 부동산의 매수인이 매매대금의 지급에 갈음하여 그 부동산에 대한 매도인의 채무를 인수한 경우의 법률관계

ㄱ. [O] 사안에서 乙의 채권자의 승낙이 보이지 않는 상황에서 매수인 甲은 매매대금 10억 원 중 매도인 乙의 차용금채무 4억 원을 인수하는 것으로 하고 나머지 6억 원을 지급하기로 약정하였으므로, 이는 인수인 甲이 채무자 乙과의 관계에서 4억 원의 채무를 인수하기로 하는 '이행인수'가 있었다고 보여지고, 4억 원은 매매대금의 지급에 갈음한 것이다.

관련판례 "부동산의 매수인이 매매목적물에 관한 채무(피담보채무, 임대보증금반환채무 등)를 인수하는 한편 그 채무액을 매매대금에서 공제하기로 약정한 경우, 그 인수는 특별한 사정이 없는 한 매도인을 면책시키는 채무인수가 아니라 이행인수로 보아야 하고, 면책적 채무인수로 보기 위하여는 이에 대한 채권자의 승낙이 있어야 한다"(대판 1995.8.11, 94다58599).
"부동산매매계약과 함께 이행인수계약이 이루어진 경우, 매수인이 인수한 채무는 매매대금지급채무에 갈음한 것으로서…"(대판 2004.7.9, 2004다13083).

ㄴ. [O] 判例에 따르면 "특별한 사정이 없는 한 매수인은 인수한 채무를 현실적으로 변제할 의무는 없고, 매수인이 매매대금에서 그 채무액을 공제한 나머지를 지급함으로써 잔금지급의무를 다한 것으로 보아야 하고, 또한 이 약정의 내용은 매도인과 매수인과의 계약으로 매수인이 매도인의 채무를 변제하기로 하는 것으로서 매수인은 제3자의 지위에서 매도인에 대하여만 그의 채무를 변제할 의무를 부담함에 그친다"고 한다(대판 2002.5.10, 2000다18578).

ㄷ. [X] 전술한 바와 같이 判例에 따르면 매수인은 매매대금에서 인수채무액을 공제한 나머지를 지급함으로써 잔금지급의무를 다한 것으로 보아야 하므로, 매수인이 인수채무를 변제하지 않

았다고 하여도 매도인이 계약을 해제할 수는 없다(대판 1993.6.29, 93다19108). 이는 인수한 피담보채무의 이자를 지급하지 아니한 경우에도 같다(대판 1998.10.27., 98다25184).

관련쟁점 다만 "매수인이 인수채무를 이행하지 아니함으로써 매매대금의 일부를 지급하지 아니한 것과 동일하다고 평가할 수 있는 '특별한 사유'가 있을 때에 한하여 매도인의 계약해제권이 발생한다"고 한다(대판 1993.2.12, 92다23193). 이 때 특별한 사유에 대해 判例는 "매수인이 인수채무를 이행하지 않음에 따라 i) 매매목적물인 부동산이나 공동담보로 제공된 다른 부동산에 설정된 담보권의 실행으로 임의경매절차가 개시되었다거나 개시될 염려가 있고, ii) 또한 매도인 측이 이를 막기 위하여 부득이 피담보채무를 변제할 필요성이 있는 경우"라고 한다(대판 1998.10.27, 98다25184). 다만 구체적 사안에서 대체로 判例는 '매도인이 자기의 出捐으로 매수인이 인수한 채무를 대신 변제한 경우'에만 계약해제권의 발생을 인정하는 입장을 취하고 있다.

ㄹ. [X] "부동산매매계약과 함께 이행인수계약이 이루어진 경우, 매수인이 인수한 채무는 매매대금지급채무에 갈음한 것으로서 매도인이 매수인의 인수채무불이행으로 말미암아 또는 임의로 인수채무를 대신 변제하였다면, 그로 인한 손해배상채무 또는 구상채무는 인수채무의 변형으로서 매매대금지급채무에 갈음한 것의 변형이므로 매수인의 손해배상채무 또는 구상채무와 매도인의 소유권이전등기의무는 대가적 의미가 있어 이행상 견련관계에 있다고 인정되고, 따라서 양자는 동시이행의 관계에 있다고 해석함이 공평의 관념 및 신의칙에 합당하다"(대판 2004.7.9, 2004다13083).

[정답] ①

문 101 이행인수에 관한 설명 중 옳은 것을 모두 고른 것은? (다툼이 있는 경우 판례에 의함) [변시 8회]

ㄱ. 이행인수인은 채무자의 채무를 변제하는 등으로 채무자를 면책시킬 의무를 부담하므로, 채권자에 대한 관계에서 직접 이행의무를 부담하게 된다.

ㄴ. 이행인수인은 채권자에게 채무를 이행하지 않을 경우 채무자에 대하여 채무불이행의 책임을 지게 되어 특별한 법적 불이익을 입게 될 지위에 있으므로, 「민법」 제481조에 의하여 법정대위를 할 수 있는 '변제할 정당한 이익이 있는 자'라고 할 수 있다.

ㄷ. 부동산의 매수인이 매매목적물에 관한 근저당권의 피담보채무를 인수하는 한편 그 채무액을 매매대금에서 공제하기로 약정한 경우, 다른 특별한 약정이 없는 이상 이는 매도인을 면책시키는 채무인수가 아니라 이행인수로 보아야 하고, 매수인은 공제하고 남은 매매대금을 지급할 뿐만 아니라 인수한 피담보채무도 변제하여야 잔금지급의무를 다하였다고 할 것이다.

ㄹ. 이행인수인이 채권자에 대하여 채무자의 채무를 승인하더라도 다른 특별한 사정이 없는 한 위 채무의 시효중단 사유가 되는 채무승인의 효력은 발생하지 않는다.

① ㄴ
② ㄱ, ㄷ
③ ㄴ, ㄷ
④ ㄴ, ㄹ
⑤ ㄷ, ㄹ

해설 ※ 이행인수

'이행인수'란 인수인이 채무자의 채무를 이행할 것을 약정하는 채무자와 인수인 사이의 계약을 말한다. 이는 채무자가 인수인에 대해 직접 권리를 취득하게 되는 채무인수와 구별되어야 한다.

ㄱ. [X] "인수인은 채무자와의 관계에서 이행의무를 부담하며 채권자에게 직접 채무를 부담하지는 않는다. 따라서 **채권자도 인수인에게 이행을 청구할 권리는 없다**(인수인은 채권자에 대한 관계에서 채무자의 이행보조자로 다루어진다). 다만 채무자의 인수인에 대한 청구권은 그 성질상 재산권의 일종으로서 일신전속적 권리라고 할 수는 없으므로, **채권자는 '채권자대위권'에 의하여 채무자의 인수인에 대한 청구권을 대위행사할 수는 있다**"(대판 2009.6.11. 2008다75072).

ㄴ. [O] "민법 제481조에 의하여 법정대위를 할 수 있는 '변제할 정당한 이익이 있는 자'라고 함은 변제함으로써 당연히 대위의 보호를 받아야 할 법률상의 이익을 가지는 자를 의미한다. 그런데 **이행인수인이 채무자와의 이행인수약정에 따라 채권자에게 채무를 이행하기로 약정하였음에도 불구하고 이를 이행하지 아니하는 경우에는 채무자에 대하여 채무불이행의 책임을 지게 되어 특별한 법적 불이익을 입게 될 지위에** 있다고 할 것이므로, **이행인수인은 그 변제를 할 정당한 이익이 있다고** 할 것이다"(대결 2012.7.16. 2009마461).

ㄷ. [X] "**부동산의 매수인이 매매목적물에 관한 채무**(피담보채무, 임대보증금반환채무 등)**를 인수하는 한편 그 채무액을 매매대금에서 공제하기로 약정한 경우, 그 인수는 특별한 사정이 없는 한 매도인을 면책시키는 채무인수가 아니라 이행인수로 보아야** 하고, 면책적 채무인수로 보기 위하여는 이에 대한 채권자의 승낙이 있어야 한다"(대판 1995.8.11. 94다58599). 그리고 이행인수로 해석되는 경우, "특별한 사정이 없는 한 매수인은 인수한 채무를 현실적으로 변제할 의무는 없고, **매수인이 매매대금에서 그 채무액을 공제한 나머지를 지급함으로써 잔금지급의무를 다한 것**으로 보아야 하고, 또한 이 약정의 내용은 매도인과 매수인과의 계약으로 매수인이 매도인의 채무를 변제하기로 하는 것으로서 매수인은 제3자의 지위에서 매도인에 대하여만 그의 채무를 변제할 의무를 부담함에 그친다"고 한다(대판 2002.5.10. 2000다18578).

ㄹ. [O] "소멸시효 중단사유인 채무의 승인은 시효이익을 받을 당사자나 대리인만 할 수 있으므로 이행인수인이 채권자에 대하여 채무자의 채무를 승인하더라도 다른 특별한 사정이 없는 한 시효중단 사유가 되는 채무승인의 효력은 발생하지 않는다"(대판 2016.10.27. 2015다239744).

비교쟁점 면책적 채무인수는 시효중단사유 중 승인에 해당한다(제168조 3호). 따라서 소멸시효가 중단되고 채무인수일로부터 소멸시효가 새로이 진행된다.

[정답] ④

문 102 甲은 乙로부터 乙 소유의 X토지를 9억 원에 매수하되, X토지의 임차인인 丙에 대하여 乙이 부담하고 있는 5억 원의 임대차보증금반환채무를 인수하고, 위 채무액을 매매대금에서 공제하기로 약정하였다. 이에 관한 설명 중 옳은 것을 모두 고른 것은? (다툼이 있는 경우 판례에 의함) [변시 10회]

ㄱ. 甲이 乙로부터 X토지에 관한 임대차보증금반환채무를 인수하는 한편 그 채무액을 매매대금에서 공제하기로 약정한 경우, 그 인수는 특별한 사정이 없는 이상 이행인수로 보아야 하고, 면책적 채무인수로 보기 위해서는 이에 대한 丙의 승낙이 있어야 한다.

ㄴ. 임차인이 채무자인 임대인을 면책시키는 것은 그의 채권을 처분하는 행위이므로, 乙이 丙에 대한 임대차보증금반환채무를 면책받기 위해서는 반드시 丙의 명시적 의사표시에 의한 승낙을 받아야 한다.

ㄷ. 甲이 乙로부터 丙에 대한 임대차보증금반환채무에 관하여 면책적 채무인수를 하고자 할 경우, 甲이나 乙은 상당한 기간을 정하여 丙에게 면책적 채무인수에 관한 승낙 여부의 확답을 최고할 수 있고, 丙이 그 기간 내에 확답을 발송하지 아니한 때에는 이를 거절한 것으로 본다.

ㄹ. 면책적 채무인수를 하고자 하는 甲과 乙의 최고에 대한 승낙을 丙이 거절하여 甲과 乙이 매매계약을 해제하였더라도, 丙이 다시 이에 관하여 승낙하면 甲은 丙에 대하여 보증금반환채무를 부담한다.

① ㄱ, ㄷ
② ㄱ, ㄹ
③ ㄱ, ㄴ, ㄷ
④ ㄱ, ㄷ, ㄹ
⑤ ㄴ, ㄷ, ㄹ

해 설 ㄱ. [O] "부동산의 매수인이 매매목적물에 관한 채무(피담보채무, 임대보증금반환채무 등)를 인수하는 한편 그 채무액을 매매대금에서 공제하기로 약정한 경우, 그 인수는 특별한 사정이 없는 한 매도인을 면책시키는 채무인수가 아니라 **이행인수로 보아야 하고, 면책적 채무인수로 보기 위하여는 이에 대한 채권자의 승낙이 있어야 한다**"(대판 1995.8.11. 94다58599).

ㄴ. [X] "임대차보증금 반환채무의 면책적 인수에 대한 임차인의 승낙은 반드시 명시적 의사표시에 의하여야 하는 것은 아니고 **묵시적 의사표시에 의하여서도 가능하다.** 그러나 임차인이 채무자인 임대인을 면책시키는 것은 그의 채권을 처분하는 행위이므로, 만약 임대차보증금 반환채권의 회수가능성 등이 의문시되는 상황이라면 임차인의 어떠한 행위를 임대차보증금 반환채무의 면책적 인수에 대한 묵시적 승낙의 의사표시에 해당한다고 쉽게 단정하여서는 아니 된다"(대판 2015.5.29. 2012다84370).

ㄷ. [O] **제455조(승낙여부의 최고)** 「①항 전조의 경우에 제3자나 채무자는 상당한 기간을 정하여 승낙여부의 확답을 채권자에게 최고할 수 있다. ②항 **채권자가 그 기간내에 확답을 발송하지 아니한 때에는 거절한 것으로 본다.**」

ㄹ. [X] "채권자의 승낙에 의하여 채무인수의 효력이 생기는 경우, 채권자가 승낙을 거절하면 그 이후에는 채권자가 다시 승낙하여도 채무인수로서의 효력이 생기지 않는다"(대판 1998.11.24. 98다33765).

[정답] ①

문 103 채권관계의 당사자 변경에 관한 설명 중 옳은 것을 모두 고른 것은? (다툼이 있는 경우 판례에 의함)

[변시 11회]

ㄱ. 양도금지특약을 위반하여 채권을 제3자에게 양도한 경우에, 채권양수인이 양도금지특약이 있음을 알았거나 중대한 과실로 알지 못하였다면, 채권 이전의 효과가 생기지 아니한다.

ㄴ. 「주택임대차보호법」이 정한 대항요건을 갖춘 임대차의 목적인 주택의 양수인은 임대차보증금반환채무를 면책적으로 인수하고, 양도인은 임대차관계에서 탈퇴하여 임차인에 대한 임대차보증금반환채무를 면한다.

ㄷ. 병존적 채무인수에서 인수인이 채무자의 부탁 없이 채권자와의 계약으로 채무를 인수하는 것은 매우 드문 일이므로, 채무자와 인수인은 통상 주관적 공동관계가 있는 연대채무관계에 있고, 인수인이 채무자의 부탁을 받지 아니하여 주관적 공동관계가 없는 경우에는 부진정연대관계에 있는 것으로 보아야 한다.

ㄹ. 채무자와 인수인의 합의에 의한 병존적 채무인수는 일종의 제3자를 위한 계약이라고 할 것이므로, 채권자의 수익의 의사표시는 계약의 효력발생요건이다.

① ㄱ
② ㄱ, ㄷ
③ ㄴ, ㄹ
④ ㄱ, ㄴ, ㄷ
⑤ ㄱ, ㄴ, ㄷ, ㄹ

해 설 ㄱ. [O] ※ 제449조 2항 단서의 선의의 제3자의 범위

당사자, 즉 채권자와 채무자의 양도금지의 의사표시에 의하여 채권은 그 양도성을 상실한다. 그러나 양도금지의 특약은 선의의 제3자에게 대항할 수 없다(제449조 2항 단서). 제449조 2항 단서의 선의의 제3자의 범위에 관하여 判例는 선의의 양수인이 보호받기 위해서는 선의이며, 중과실이 없어야 한다고 하며, 양수인의 악의 또는 중과실에 대한 증명책임은 채권양도금지특약으로 채권양수인에게 대항하려는 자(채무자)가 부담한다고 한다(대판 1999.12.28. 99다8834, 대판 2019.12.19. 전합2016다24284).

ㄴ. [O] ※ 임차목적물이 양도된 경우(면책적 채무인수)

주택 임대차보호법은 임차주택의 양수인 기타 임대할 권리를 승계한 자(상속·경매 등으로 임차물의 소유권을 취득한 자)는 '임대인의 지위'를 승계한 것으로 본다(동법 제3조 4항, 상가건물 임대차보호법 제3조 2항도 동일). 이 경우 임대차에 종된 계약인 보증금계약 등도 임대차관계에 수반하여 이전되어(제100조 2항 유추적용), 그 결과 判例에 따르면 양수인이 임대차보증금반환채무를 '면책적으로 인수'(병존적 인수 아님)하고, 양도인은 임대차관계에서 탈퇴하여 임차인에 대한 임대차보

증금반환채무를 면하게 된다고 한다(대판 1987.3.10. 86다카1114). 따라서 주택 양수인이 임차인에게 임대차보증금을 반환하면 양수인은 양도인에게 부당이득반환을 청구할 수 없다(대판 1993.7.16. 93다17324).

참고로 동법 제3조 4항은 대항력을 갖춘 일반적인 임차권을 취득한 양수인에게도 유추적용될 수 있다(통설). 그리고 동 규정은 임차인 보호를 위한 '법정승계'사유로 (임차목적물)양수인의 동의 등 당사자의 합의와 상관없이 인정된다.

ㄷ. [○] 判例는 "중첩적 채무인수에서 채무자의 부탁 없이 채권자와의 계약으로 채무를 인수하는 것은 매우 드문 일이므로 채무자와 인수인은 원칙적으로 주관적 공동관계가 있는 연대채무관계에 있고, 인수인이 채무자의 부탁을 받지 아니하여 주관적 공동관계가 없는 경우에는 부진정연대관계에 있는 것으로 보아야 한다"(대판 2009.8.20. 2009다32409)고 한다.

ㄹ. [×] 병존적 채무인수는 채무자와 인수인 사이의 인수계약으로도 가능하며, 이 경우 제3자를 위한 계약이 된다. 따라서 채권자의 수익의 의사표시를 필요로 한다(제539조 2항). 채권자가 인수인에 대하여 청구 기타 채권자로서의 권리를 행사하면 그것이 곧 수익의 의사표시가 된다. 이 경우 채권자의 수익의 의사표시는 그 계약의 '성립요건이나 효력발생요건'이 아니라 채권자가 인수인에 대하여 채권을 취득하기 위한 요건이다(대판 2013.9.13. 2011다56033).

[정답] ④

문 104 계약인수에 관한 설명 중 옳은 것을 모두 고른 것은? (다툼이 있는 경우 판례에 의함) [변시 14회]

ㄱ. 계약인수에서는 개별 채권양도에서 채무자 보호를 위하여 요구되는 대항요건은 별도로 요구되지 않고, 이러한 법리는 「상법」상 영업양도에 수반된 계약인수에 대해서도 마찬가지로 적용된다.

ㄴ. 「표시 · 광고의 공정화에 관한 법률」상 허위 · 과장광고의 불법행위를 원인으로 하는 손해배상청구권을 가지고 있던 아파트 수분양자가 수분양자의 지위를 제3자에게 양도하면, 양수인은 특별한 사정이 없는 한 별도의 채권양도 절차 없이도 위 손해배상청구권을 행사할 수 있다.

ㄷ. 매도인의 매수인에 대한 매매대금 채권이 압류된 이후 매도인의 지위를 이전하는 계약인수가 이루어진 경우, 매도인과 매수인 사이의 계약관계는 소멸하더라도 인수인은 위 압류에 의하여 권리가 제한된 상태의 매매대금 채권을 이전받게 된다.

① ㄱ
② ㄷ
③ ㄱ, ㄴ
④ ㄱ, ㄷ
⑤ ㄴ, ㄷ

해 설 ㄱ [○] "영업양도에 수반된 근로계약인수의 효과가 인정될 경우, 근로계약에 기초하여 기 발생한 영업양도인의 근로자에 대한 손해배상채권에 관한 영업양수인의 승계취득에 개별 채권양도의 대항요건을 별도로 갖추어야 하는 것은 아니다"(대판 2020.12.10. 2020다245958).

ㄴ [X] 이미 발생한 채무의 승계에 관하여 判例는 "계약당사자 중 일방이 상대방 및 제3자와 3면 계약을 체결하거나 상대방의 승낙을 얻어 계약상 당사자로서의 지위를 포괄적으로 제3자에게 이전하는 경우 이를 양수한 제3자는 양도인의 계약상 지위를 승계함으로써 종래 계약에서 이미 발생한 채권·채무도 모두 이전받게 된다"(대판 2011.6.23. 전합2007다63089)고 한다. 다만, 계약상 지위를 전제로 한 권리관계만 이전될 뿐이므로 불법행위에 기한 손해배상청구권은 별도의 채권양도절차 없이 제3자에게 당연히 이전되는 것은 아니다(대판 2015.7.23. 2012다15336).

ㄷ [O] 계약 당사자로서의 지위 승계를 목적으로 하는 계약인수의 경우에는 양도인이 계약관계에서 탈퇴하는 까닭에 양도인과 상대방 당사자 사이의 계약관계가 소멸하지만(대판 2007.9.6. 2007다31990), 양도인이 계약관계에 기하여 가지던 권리의무가 동일성을 유지한 채 양수인에게 그대로 승계된다. 따라서 양도인의 제3채무자에 대한 채권이 압류된 후 그 채권의 발생원인인 계약의 당사자 지위를 이전하는 계약인수가 이루어진 경우 양수인은 압류에 의하여 권리가 제한된 상태의 채권을 이전받게 되므로, 제3채무자는 계약인수에 의하여 그와 양도인 사이의 계약관계가 소멸하였음을 내세워 압류채권자에 대항할 수 없다"(대판 2015.5.14. 2012다41359)

[정답] ④

제7장 채권의 소멸

제1절 변제

문 105 채무의 변제에 관한 설명 중 옳지 않은 것은? (다툼이 있는 경우에는 판례에 의함) [변시 1회]

① 甲이 乙에 대하여 금전채무를 부담하고 乙이 丙에 대하여 동일한 금액의 채무를 부담하는 경우, 甲이 乙의 지시로 丙에게 직접 변제하였다면 후에 甲과 乙 사이의 계약이 해제되더라도 甲은 丙에 대하여 급부한 것을 부당이득으로 반환청구할 수 없다.

② 채권양도가 있었으나 아직 대항요건이 갖추어지지 아니하였다면 채무자가 채권양도사실을 알고서 양도인에게 변제한 경우에도 양수인에 대하여 변제의 유효를 주장할 수 있다.

③ 채무자 甲이 乙에게 변제한 후 진정한 채권자가 丙으로 밝혀진 경우라도, 乙이 채권의 준점유자이고 甲이 선의·무과실로 변제하였다면, 甲은 乙에게 변제한 것의 반환을 청구할 수 없다.

④ 채권자 甲에 대한 乙의 채무를 제3자인 丙이 자신의 채무인 줄 알고 甲에게 변제한 경우에도 乙의 채무는 소멸하고, 丙은 원칙적으로 乙에 대하여 부당이득반환을 청구할 수 있다.

⑤ 물상보증인은 채무자의 의사에 반하여 채무를 변제할 수 있다.

해설 ① [○] 이른바 단축급부로서 법률상 원인없는 급부 수령이라고 할 수 없다.

관련판례 "계약의 일방 당사자가 계약 상대방의 지시 등으로 **급부과정을 단축**하여 계약 상대방과 또 다른 계약관계를 맺고 있는 **제3자에게 직접 급부**한 경우, 그 급부로써 급부를 한 계약 당사자의 상대방에 대한 급부가 이루어질 뿐 아니라 그 상대방의 제3자에 대한 급부로도 이루어지는 것이므로 계약의 일방 당사자는 **제3자를 상대로 법률상 원인 없이 급부를 수령하였다는 이유로 부당이득반환청구를 할 수 없다**"(대판 2003.12.26. 2001다46730)

② [○] 채권양도 사실에 대해 채무자가 악의라는 점만으로 양수인이 대항요건을 갖춘 것은 아니고(제450조 1항 참조), 채권양도 후 대항요건이 구비되기 전의 양도인은 채무자에 대한 관계에서는 여전히 채권자의 지위에 있으므로(대판 2009.2.12. 2008두20109), 채무자는 자신의 채무를 채권 양도인에게 변제해도 유효한 변제가 되고, 양도인에 대한 대항사유로서 양수인에게 대항할 수 있다(제451조 1항).

참고판례 "채무자가 채권양도 통지를 받기 전 채권자(의 대리인)에게 변제하였으면 이로서 위 채무는 채무 소멸한 것이다"(서울고법 1978.5.12. 77나462)

③ [○] 채권의 준점유자에 대한 변제는 변제자가 선의이며 과실 없는 때에 한하여 효력이 있다(제470조). 이 경우 채무소멸의 효과는 절대적이어서, 채권자는 급부를 수령한 채권의 준점유자에 대하여 부당이득반환청구권(제748조 제2항) 또는 불법행위에 기한 손해배상청구권(제750조)을 가지는 반면, 변제자는 채권의 준점유자에 대하여 부당이득으로서 급부의 반환을 청구하지 못한다(절대적 효력설).

참고판례 "채권압류가 경합된 경우에 그 압류채권자 중의 한 사람이 전부명령을 얻은 경우 그 전부명령은 무효이지만 제3채무자가 선의 · 무과실로 그 전부 채권자에게 전부금을 변제하였다면 이는 **채권의 준점유자에 대한 변제로서 유효하므로** 제3채무자의 채무자에 대한 채무는 소멸되고 제3채무자는 압류채권자에 대하여 2중 변제의 의무를 부담하지 아니하며 전부채권자에 대하여 전부명령의 무효를 주장하여 **부당이득반환청구도 할 수 없다**"(대판 1980.9.30. 78다1292)

④ [×] **제745조(타인의 채무의 변제)** 「①항 채무자 아닌 자가 착오로 인하여 타인의 채무를 변제한 경우에 채권자가 선의로 증서를 훼멸하거나 담보를 포기하거나 시효로 인하여 그 채권을 잃은 때에는 변제자는 그 반환을 청구하지 못한다. ②항 전항의 경우에 변제자는 채무자에 대하여 구상권을 행사할 수 있다.」

☞ 제3자가 타인의 채무를 자기의 채무로 잘못 알고 변제한 때에는 제3자 변제로서의 효력이 생기지 않으므로 급부한 것의 반환을 청구할 수 있는 것이 원칙이다. 그런데 채권자가 유효한 변제를 받은 것으로 믿어 증서를 훼멸하거나 담보를 포기하거나 시효로 채권을 잃은 때에도 부당이득의 반환을 인정하게 되면 선의의 채권자가 피해를 입는 점에서, 이 경우에는 제3자에게 채권자에 대한 부당이득반환청구를 허용하지 않지만(제745조 1항), 채무자에 대하여는 그의 채무를 면하게 한 점에서 구상권을 행사할 수 있다(제745조 2항).

따라서 사안에서 제3자 丙은 자신의 채무인 줄 알고 착오로 변제한 경우이므로 乙의 채무는 소멸하지 않고 그 결과 丙은 원칙적으로 甲에게 부당이득반환을 청구하여야 한다.

⑤ [○] **제469조(제3자의 변제)** 「②항 이해관계없는 제3자는 채무자의 의사에 반하여 변제하지 못한다.」

물상보증인은 채무변제로 자신의 불안한 지위를 해소할 이해관계 있는 제3자에 해당하므로 채무자의 의사에 반해서도 변제할 수 있다(제469조 2항의 반대해석).

참고판례 "민법 제469조 제2항은 이해관계 없는 제3자는 채무자의 의사에 반하여 변제하지 못한다고 규정하고, 민법 제481조는 변제할 정당한 이익이 있는 자는 변제로 당연히 채권자를 대위한다고 규정하고 있는바, 위 조항에서 말하는 '이해관계' 내지 '변제할 정당한 이익'이 있는 자는 변제를 하지 않으면 채권자로부터 집행을 받게 되거나 또는 채무자에 대한 자기의 권리를 잃게 되는 지위에 있기 때문에 변제함으로써 당연히 대위의 보호를 받아야 할 법률상 이익을 가지는 자를 말하고, 단지 사실상의 이해관계를 가진 자는 제외된다"(대결 2009.5.28. 2008마109)

[정답] ④

문 106 채권의 변제순위에 관한 설명 중 옳지 않은 것을 모두 고른 것은? (다툼이 있는 경우 판례에 의함)

[변시 6회]

ㄱ. 부동산에 대하여 가압류등기가 된 후 저당권이 설정되고 이후 강제경매 신청을 한 압류채권자가 있는 경우, 1차로 가압류채권자와 저당권자 및 압류채권자 사이에 채권액에 비례하여 평등배당을 한 후, 저당권자는 자신의 채권액을 전부 변제받을 수 있을 때까지 압류채권자가 받을 배당액으로부터 우선하여 배당받을 수 있다.

ㄴ. 동일한 주택에 대항요건을 갖추고 서로 일자를 달리하여 확정일자를 받은 여러 명의 임차인들이 「주택임대차보호법」에 의하여 보증금 중 일정액의 보호를 받는 소액임차인의 지위를 겸하는 경우, 임차인들은 그 주택에 관한 배당절차에서 먼저 소액임차인으로서 보호받는 일정액을 우선 배당받은 후 나머지 임차보증금채권액에 대하여는 채권액에 비례하여 평등배당을 받는다.

ㄷ. 동일한 채권에 대하여 확정일자 있는 채권양도의 통지와 채권압류 및 추심명령이 제3채무자에게 동시에 송달된 경우, 제3채무자는 채권양수인이나 압류채권자 중 누구에게라도 채무전액을 변제할 수 있다. 다만 제3채무자에 대한 채권액이 양수채권액과 압류채권액의 합계액보다 적은 경우에는 그들 사이에 각 채권액에 안분하여 이를 내부적으로 다시 정산해야 한다.

ㄹ. 동일한 채권에 대하여 확정일자 있는 채권양도의 통지와 채권가압류명령이 제3채무자에게 동시에 도달하여 제3채무자가 변제공탁을 하고 이후 배당이 되는 경우, 위 도달시점 이후 채권압류 및 추심명령을 받은 다른 채권자가 배당요구를 하더라도 채권양수인과 선행가압류채권자 사이에서만 채권액에 안분하여 배당하여야 한다.

① ㄱ ② ㄴ
③ ㄱ, ㄷ ④ ㄴ, ㄹ
⑤ ㄷ, ㄹ

해설 ㄱ. [○] "부동산에 대하여 가압류등기가 먼저 되고 나서 근저당권설정등기가 마쳐진 경우에 그 근저당권등기는 가압류에 의한 처분금지의 효력 때문에 그 집행보전의 목적을 달성하는 데 필요한 범위 안에서 가압류채권자에 대한 관계에서만 상대적으로 무효이다. 이 경우 가압류채권자와 근저당권자 및 근저당권설정등기 후 강제경매신청을 한 압류채권자 사이의 배당관계에 있어서, 근저당권자는 선순위 가압류채권자에 대하여는 우선변제권을 주장할 수 없으므로 1차로 채권액에 따른 안분비례에 의하여 평등배당을 받은 다음, 후순위 경매신청압류채권자에 대하여는 우선변제권이 인정되므로 경매신청압류채권자가 받을 배당액으로부터 자기의 채권액을 만족시킬 때까지 이를 흡수하여 배당받을 수 있다"(대결 1994.11.29. 94마417).

ㄴ. [X] "주택임대차보호법 제3조의2 제2항은 대항요건(주택인도와 주민등록전입신고)과 임대차계약증서상의 확정일자를 갖춘 주택임차인에게 부동산 담보권에 유사한 권리를 인정한다는 취지로서, 이에 따라 대항요건과 확정일자를 갖춘 임차인들 상호간에는 대항요건과 확정일자를 최종적으로 갖춘 순서대로 우선변제받을 순위를 정하게 되므로, 만일 대항요건과 확정일자를 갖춘 임차인들이 주택임대차보호법 제8조 제1항에 의하여 보증금 중 일정액의 보호를 받는 소액임차인의 지위를 겸하는 경우, 먼저 소액임차인으로서 보호받는 일정액을 우선 배당하고 난 후의 나머지 임차보증금채권액에 대하여는 대항요건과 확정일자를 갖춘 임차인으로서의 순위에 따라 배당을 하여야 하는 것이다"(대판 2007.11.15. 2007다45562)

ㄷ. [○] "채권양도 통지, 가압류 또는 압류명령 등이 제3채무자에 동시에 송달되어 그들 상호간에 우열이 없는 경우에도 그 채권양수인, 가압류 또는 압류채권자는 모두 제3채무자에 대하여 완전한 대항력을 갖추었다고 할 것이므로, 그 전액에 대하여 채권양수금, 압류전부금 또는 추심금의 이행청구를 하고 적법하게 이를 변제받을 수 있고, 제3채무자로서는 이들 중 누구에게라도 그 채무 전액을 변제하면 다른 채권자에 대한 관계에서도 유효하게 면책되는 것이며, 만약 양수채권액과 가압류 또는 압류된 채권액의 합계액이 제3채무자에 대한 채권액을 초과할 때에는 그들 상호간에는 법률상의 지위가 대등하므로 공평의 원칙상 각 채권액에 안분하여 이를 내부적으로 다시 정산할 의무가 있다"(대판 1994.4.26. 전합93다24223).

ㄹ. [○] "확정일자 있는 채권양도 통지와 채권가압류명령이 동시에 도달됨으로써 제3채무자가 변제공탁을 하고, 그 후에 다른 채권압류 또는 가압류가 이루어졌다 하더라도 채권양수인과 선행가압류채권자 사이에서만 채권액에 안분하여 배당하여야 한다"(대판 2004.9.3. 2003다22561).

[정답] ②

문 107 **채무자가 동일한 채권자에 대하여 같은 종류를 목적으로 하는 수개의 채무를 부담하는데 변제의 제공이 그 채무 전부를 소멸하게 하지 못하는 경우에 관한 설명 중 옳지 않은 것은?** (다툼이 있는 경우에는 판례에 의함) [변시 2회]

① 채무자의 변제가 채권자에 대한 모든 채무를 소멸시키기에 부족한 때에는 채권자가 적당하다고 인정하는 순서와 방법에 의하여 충당하기로 하는 약정이 있는 경우, 채무자가 변제를 하면서 위 약정과 달리 특정 채무의 변제에 우선적으로 충당한다고 지정하더라도, 그에 대하여 채권자가 명시적 또는 묵시적으로 동의하지 않는 한 그 지정은 효력이 없어 채무자가 지정한 채무가 변제되어 소멸하는 것은 아니다.

② 변제자의 지정이 없다면 변제받은 자가 그 당시 어느 채무를 지정하여 변제에 충당할 수 있지만, 변제자가 그 충당에 대하여 즉시 이의를 한 때에는 그러하지 아니하다.

③ 법정변제충당의 경우, 이행기가 도래한 채무와 도래하지 아니한 채무가 있으면 이행기가 도래한 채무의 변제에 충당하는데, 이행기의 도래 여부는 이행기의 유예가 있더라도 본래의 이행기를 기준으로 판단한다.

④ 변제자가 그 채무 전부를 소멸하게 하지 못한 급여를 한 때에는 특약이 없는 한 비용, 이자, 원본의 순서로 변제에 충당하여야 한다.

⑤ 담보권 실행을 위한 경매에서 배당금이 담보권자가 가지는 수개의 피담보채권 전부를 소멸시키기에 부족한 경우에는 채권자와 채무자 사이에 변제충당에 관한 합의가 있었다고 하더라도 그 합의충당은 허용될 수 없고, 획일적으로 민법 제477조 및 제479조에 따른 법정변제충당의 방법에 따라 충당하여야 한다.

해설 ① [O] 변제충당이란 ⅰ) 동일한 채권자에 대하여 같은 종류를 목적으로 한 '수개의 채무'를 지는 경우(제476조 1항), 또는 ⅱ) 1개의 채무의 변제로서 수개의 급부를 해야 할 경우(제478조)에 변제의 제공이 그 채무 전부를 소멸하게 하지 못하는 때에, 그 중 어느 채무의 변제에 충당할 것인가를 정하는 것이다.

"채권자와 채무자의 합의로 채권자가 적당하다고 인정하는 순서와 방법에 의해 충당하기로 약정한 이상(이른바 합의충당), 채무자가 변제를 하면서 위 약정과 달리 특정 채무의 변제에 충당한다고 지정하더라도, 그에 대해 채권자가 동의하지 않는 한, 그 지정은 효력이 없어 채무자가 지정한 채무가 변제되어 소멸하는 것은 아니다"(대판 1999.11.26. 98다27517).

② [O] 변제자가 지정권을 행사하지 않은 때에는 2차적으로 '변제받는 자'가 그 당시(변제제공 수령 후 지체없이) 변제자에 대한 의사표시로써 변제의 충당을 할 수 있다(제476조 2항 본문 및 3항, 제478조). 그러나 변제자가 즉시 이의를 한 때에는 변제수령자의 지정은 효력을 잃고(제476조 2항 단서), 법정충당의 방법에 따라 변제충당이 이루어진다.

③ [X] "법정변제충당의 순위를 정함에 있어서 변제의 유예가 있는 채무에 대하여는 유예기까지 변제기가 도래하지 않은 것과 같게 보아야 한다"(대판 1999.8.24. 99다22281,22298).

④ [O] 채무자가 1개 또는 수개의 채무의 비용 및 이자를 지급할 경우에 변제자가 그 전부를 소멸하게 하지 못한 급여를 한 때에는 (총)비용, (총)이자(지연이자도 포함된다), (총)원본의 순서로 변제에 충당하여야 한다(제479조 1항).

⑤ [○] "담보권의 실행 등을 위한 경매에 있어서 배당금이 동일 담보권자가 가지는 수개의 피담보채권의 전부를 소멸시키기에 부족한 경우, 채권자와 채무자 사이에 변제충당에 관한 합의가 있었다고 하더라도 그 합의에 의한 변제충당은 허용될 수 없고, 이 경우에는 획일적으로 가장 공평·타당한 충당방법인 제477조의 규정에 의한 법정변제충당의 방법에 따라 충당을 하여야 한다"(대판 1996.5.10. 95다55504).

[정답] ③

문 108 변제충당에 관한 설명 중 옳지 않은 것은? (다툼이 있는 경우 판례에 의함) [변시 4회]

① 변제자가 주채무자이고 연대보증약정이 있는 경우로서 다른 조건이 동일하다면, 연대보증기간 내의 채무와 연대보증기간 종료 후의 채무 사이의 변제이익은 같다.
② 변제자가 주채무자인 경우로서 다른 조건이 동일하다면, 물상보증인이 제공한 물적 담보가 있는 채무와 그러한 담보가 없는 채무 사이의 변제이익은 같다.
③ 변제자가 주채무자인 경우로서 다른 조건이 동일하다면, 제3자가 발행 또는 배서한 어음에 의하여 담보되는 채무가 그렇지 않은 채무보다 변제이익이 더 많다.
④ 주채무자 이외의 자가 변제자인 경우로서 다른 조건이 동일하다면, 변제자가 발행 또는 배서한 어음에 의하여 담보되는 채무가 그렇지 않은 채무보다 변제이익이 더 많다.
⑤ 변제자가 주채무자인 경우로서 다른 조건이 동일하다면, 담보로 주채무자 자신이 발행 또는 배서한 어음에 의하여 담보되는 채무가 그렇지 않은 채무보다 변제이익이 더 많다.

해 설 **제477조(법정변제충당)** 「당사자가 변제에 충당할 채무를 지정하지 아니한 때에는 다음 각호의 규정에 의한다. 1. 채무중에 이행기가 도래한 것과 도래하지 아니한 것이 있으면 이행기가 도래한 채무의 변제에 충당한다. 2. **채무전부의 이행기가 도래하였거나 도래하지 아니한 때에는 채무자에게 변제이익이 많은 채무의 변제에 충당**한다. 3. 채무자에게 변제이익이 같으면 이행기가 먼저 도래한 채무나 먼저 도래할 채무의 변제에 충당한다. 4. 전2호의 사항이 같은 때에는 그 채무액에 비례하여 각 채무의 변제에 충당한다.」

① [○] ② [○] **'주채무자가 변제할 때' 보증인이 있는 채무와 보증인이 없는 채무 사이에는 변제 이익의 차이가 없다**(왜냐하면 보증인이 있는 채무도 구상의무의 존재로 인해 결국 자기의 채무이기 때문이다). 마찬가지로 '변제자가 채무자인 경우' 물상보증인이 제공한 물적 담보가 있는 채무와 그러한 담보가 없는 채무 사이에도 변제이익의 점에서 차이가 없다(대판 2014.4.30. 2013다8250). 따라서 (주)채무자가 변제한 금원은 이행기가 먼저 도래한 채무부터 (법정변제)충당하여야 한다(제477조 3호 ; 대판 1999.8.24., 99다26481).

비교판례 그러나 **변제자 자신의 채무**(주채무)**가 보증채무**(연대보증채무를 포함한다)**보다 변제이익이 더 많다**(대판 2002.7.12. 99다68652).

③ [×] ④ [○] ⑤ [○] **주채무자 이외의 자가 변제자인 경우**에는, 변제자가 발행 또는 배서한 어음에 의하여 담보되는 채무가 다른 채무보다 변제이익이 많다. 이에 대해 **주채무자가 변제자인 경우**에는, 담보로 제3자가 발행 또는 배서한 약속어음이 교부된 채무와 다른 채무 사이에 변제이익

에서 차이가 없으나, 담보로 주채무자 자신이 발행 또는 배서한 어음으로 교부된 채무는 다른 채무보다 변제이익이 많다(대판 1999.8.24. 99다22281,22298).

[정답] ③

문 109 변제충당에 관한 설명 중 옳지 않은 것은? (다툼이 있는 경우 판례에 의함) [변시 6회]

① 담보권 실행을 위한 경매의 배당절차에서는 합의충당과 지정충당은 허용되지 않고 법정변제충당의 방법에 의하여야 한다.

② 변제자가 주채무자인 경우 보증인이 있는 채무와 보증인이 없는 채무 사이에는 변제이익의 차이가 없으나, 변제자가 채무자인 경우 물상보증인이 제공한 물적 담보가 있는 채무와 그러한 담보가 없는 채무 사이에는 물적 담보가 있는 채무의 변제이익이 더 많다.

③ 비용, 이자, 원본에 대한 변제충당에 있어 당사자 사이에 특별한 합의가 없는 한 비용, 이자, 원본의 순서로 충당하여야 하고 채무자는 물론 채권자라도 위 법정순서와 다르게 일방적으로 충당의 순서를 지정할 수는 없으나, 상대방의 이의제기가 없어 묵시적인 합의가 있다고 볼 경우에는 그러하지 아니하다.

④ 주채무자가 변제자인 경우에는 담보로 제3자가 발행 또는 배서한 약속어음이 교부된 채무와 그러한 담보가 없는 채무는 변제이익이 동일하다.

⑤ 1,000만 원의 원금과 50만 원의 이자 및 비용을 변제할 채무자가 50만 원을 채권자에게 지급하면서 이를 원금에 충당할 것을 지정한다고 하더라도 원칙적으로 원금의 변제에 충당되지 않으며, 이로 인하여 채권자가 변제의 수령을 거절하더라도 채권자지체에 빠지지 않는다.

해 설 ① [O] "담보권의 실행 등을 위한 경매에 있어서 배당금이 동일 담보권자가 가지는 수개의 피담보채권의 전부를 소멸시키기에 부족한 경우, 채권자와 채무자 사이에 변제충당에 관한 합의가 있었다고 하더라도 그 합의에 의한 변제충당은 허용될 수 없고, 이 경우에는 획일적으로 가장 공평·타당한 충당방법인 민법 제477조의 규정에 의한 법정변제충당의 방법에 따라 충당을 하여야 한다"(대판 1996.5.10. 95다55504).

② [X] "변제자가 주채무자인 경우 보증인이 있는 채무와 보증인이 없는 채무 사이에 전자가 후자에 비하여 변제이익이 더 많다고 볼 근거는 전혀 없으므로 양자는 변제이익의 점에서 차이가 없다고 보아야 한다. 마찬가지로 변제자가 채무자인 경우 물상보증인이 제공한 물적 담보가 있는 채무와 그러한 담보가 없는 채무 사이에도 변제이익의 점에서 차이가 없다"(대판 2014.4.30. 2013다8250).

③ [O] "비용, 이자, 원본에 대한 변제충당에 있어서는 민법 제479조에 그 충당 순서가 법정되어 있고 지정 변제충당에 관한 같은 법 제476조는 준용되지 않으므로 당사자 사이에 특별한 합의가 없는 한 비용, 이자, 원본의 순서로 충당하여야 할 것이고, 채무자는 물론 채권자라고

할지라도 위 법정 순서와 다르게 일방적으로 충당의 순서를 지정할 수는 없다고 할 것이지만, 당사자의 일방적인 지정에 대하여 상대방이 지체없이 이의를 제기하지 아니함으로써 묵시적인 합의가 되었다고 보여지는 경우에는 그 법정충당의 순서와는 달리 충당의 순서를 인정할 수 있는 것이다"(대판 2002.5.10. 2002다12871).

④ [○] "주채무자가 변제자인 경우에는, 담보로 제3자가 발행 또는 배서한 약속어음이 교부된 채무와 다른 채무 사이에 변제이익의 점에서 차이가 없다고 보아야 할 것이나, 담보로 주채무자 자신이 발행 또는 배서한 어음이 교부된 채무는 다른 채무보다 변제이익이 많은 것으로 보아야 한다"(대판 1999.8.24. 99다22281).

⑤ [○] 채무자가 1개 또는 수개의 채무의 비용 및 이자를 지급할 경우에 변제자가 그 전부를 소멸하게 하지 못한 급여를 한 때에는 비용이나 이자가 이행기에 있는지 여부를 묻지 않고(대판 1967.10.6. 67다1587 참고), (총)비용, (총)이자(지연이자도 포함된다), (총)원본의 순서로 변제에 충당하여야 한다(제479조 1항). 따라서 변제자 일방의 지정충당이 있더라도 이는 인정되지 않고(대판 1990.11.9. 90다카7262), 그 지정은 민법 제479조 제1항에 반하여 채권자에 대하여 효력이 없으므로, 채권자는 그 수령을 거절할 수 있다(대판 2005.8.19. 2003다22042).

[정답] ②

문 110 변제충당에 관한 설명 중 옳지 않은 것은? (다툼이 있는 경우 판례에 의함) [변시 9회]

① 특별한 사정이 없는 한 변제자가 타인의 채무에 대한 보증인으로서 부담하는 보증채무(연대보증채무 포함)는 변제자 자신의 채무에 비하여, 연대채무는 단순채무에 비하여 각각 변제자에게 그 변제의 이익이 적다.

② 채권자와 채무자 사이에 미리 채권자가 적당하다고 인정하는 순서와 방법에 의하여 충당하기로 하는 내용의 변제충당에 관한 약정이 있다면, 변제수령권자인 채권자가 위 약정에 터 잡아 변제충당을 한 이상 변제자에 대한 의사표시와 관계없이 충당의 효력이 있다.

③ 비용, 이자, 원본에 대한 변제충당에 있어서는 당사자 사이에 특별한 합의가 없는 한 비용, 이자, 원본의 순서로 충당하여야 하고, 채무자는 물론 채권자라 할지라도 위 법정 순서와 다르게 일방적으로 충당의 순서를 지정할 수는 없다.

④ 위 ③에도 불구하고 당사자의 일방적인 지정에 대하여 상대방이 지체 없이 이의를 제기하지 아니함으로써 묵시적인 합의가 되었다고 보이는 경우에는 그 법정충당의 순서와는 달리 충당의 순서를 인정할 수 있다.

⑤ 담보권 실행을 위한 경매에서 배당된 배당금이 담보권자가 가지는 수개의 피담보채권 전부를 소멸시키기에 부족한 경우, 「민법」 제476조에 의한 지정변제충당은 허용될 수 없으나, 채권자와 채무자 사이에 변제충당에 관한 합의가 있다면 그 합의에 따른 변제충당은 허용된다.

해 설 ① [○] ※ 주채무자가 보증채무 혹은 연대채무를 같이 부담하고 있는 경우
변제자가 타인의 채무에 대한 '보증인으로서 부담하는 보증채무'(연대보증채무도 포함)는 주채무에 부종하기 때문에 '변제자 자신의 채무'에 비하여 변제이익이 적고, '연대채무'는 '단순채무'에 비하여 채권자로부터 바로 전액청구를 받을 가능성이 낮기 때문에 변제이익이 적다(대판 1999.7.9. 98다55543 ; 대판 2002.7.12. 99다68652). 따라서 '변제자 자신의 주채무에 우선충당'되어야 한다.

② [○] ※ 합의충당(계약에 의한 충당)
채권자와 채무자의 '합의'로 변제가 채권자에 대한 모든 채무를 소멸시키기에 부족한 때에는 채권자가 적당하다고 인정하는 순서와 방법에 의하여 충당하기로 한 것이라면, 채권자가 그 약정에 터 잡아 스스로 적당하다고 인정하는 순서와 방법에 좇아 변제충당을 한 이상 변제자에 대한 의사표시와 관계없이 충당의 효력이 있다(대판 2012.4.13. 2010다1180).

③ [○], ④ [○] ※ 비용, 이자, 원본에 대한 변제충당에 있어서 충당의 순서 및 당사자 사이의 묵시적 합의에 의한 임의충당을 인정할 수 있는지 여부(적극)
"비용, 이자, 원본에 대한 변제충당에 있어서는 민법 제479조에 그 충당 순서가 법정되어 있고 지정 변제충당에 관한 같은 법 제476조는 준용되지 않으므로 당사자 사이에 특별한 합의가 없는 한 비용, 이자, 원본의 순서로 충당하여야 할 것이고, 채무자는 물론 채권자라고 할지라도 위 법정 순서와 다르게 일방적으로 충당의 순서를 지정할 수는 없다고 할 것이지만(③번 해설), 당사자의 일방적인 지정에 대하여 상대방이 지체없이 이의를 제기하지 아니함으로써 묵시적인 합의가 되었다고 보여지는 경우에는 그 법정충당의 순서와는 달리 충당의 순서를 인정할 수 있는 것이다(④번 해설)"(대판 2002.5.10. 2002다12871).

⑤ [×] ※ 담보권 실행을 위한 경매에서 배당된 배당금이 담보권자가 가지는 수개의 피담보채권 전부를 소멸시키기에 부족한 경우, 변제충당의 방법(=법정변제충당)
강제경매(대판 199.7.23. 90다18678) 또는 담보권실행경매(대판 1996.5.10. 95다55504)에서는 채권자, 채무자 외에 다수의 이해관계인이 있을 수 있기 때문에 획일적으로 가장 공평·타당한 충당방법인 제477조의 규정에 의한 법정변제충당의 방법에 따라 충당을 하여야 한다.

[정답] ⑤

문 111 甲은 乙에게 아래와 같이 2번에 걸쳐 돈을 대여하였는데, 乙은 원리금을 전혀 변제하지 않고 있다가 2017. 12. 9. 甲에게 채무 변제 명목으로 1,000만 원을 지급하였다. 위 변제금의 변제충당에 관한 설명 중 옳은 것을 모두 고른 것은? (이자에 대한 지연손해금은 고려하지 않고, 각 지문은 독립적이며, 다툼이 있는 경우 판례에 의함) [변시 8회]

제1차 대여: 대여일 2017. 4. 10., 대여금 1,000만 원, 이자 월 1%(매월 9일 후불로 지급), 변제기 2017. 9. 9. (2017. 12. 9.까지의 이자 및 지연손해금 80만 원 발생)
제2차 대여: 대여일 2017. 9. 10., 대여금 2,000만 원, 이자 월 2%(매월 9일 후불로 지급), 변제기 2018. 1. 9. (2017. 12. 9.까지의 이자 120만 원 발생)

ㄱ. 위 채무변제 시 乙이 별다른 말없이 금원을 교부하였고 甲도 말없이 수령하였다. 이 경우 2017. 12. 9. 현재 남아 있는 제1차 대여금의 원리금 합계는 200만 원이다.
ㄴ. 위 채무변제 시 乙이 제2차 대여금의 원리금에 지정하여 변제한다는 의사를 표시하였고, 이에 甲이 그 지정에 반대하는 의사를 분명히 밝히면서 금원을 수령하였다. 이 경우 2017. 12. 9. 현재 남아 있는 제1차 대여금의 원리금 합계는 1,000만 원이다.
ㄷ. 위 채무변제 시 甲은 乙과 제2차 대여금의 원리금에 변제충당하기로 합의한 후 위 금원을 수령하였다. 이 경우 2017. 12. 9. 현재 남아 있는 제1차 대여금의 원리금 합계는 1,080만 원이다.

① ㄱ
② ㄱ, ㄴ
③ ㄱ, ㄷ
④ ㄴ, ㄷ
⑤ ㄱ, ㄴ, ㄷ

해설 ※ 변제충당의 법리

乙의 甲에 대한 1,000만 원 변제의 제공이 乙의 甲에 대한 각 대여금채무를 변제하기에 부족하므로 충당의 문제가 발생한다. 乙의 甲에 대한 변제일인 2017. 12. 9. 당시 각 채무의 원본, 이자, 지연손해금은 다음과 같다.

제1차 대여금 채무 : 원금 1,000만 원, 이자 50만 원(1,000만 원×0.01×5개월), 지연손해금 30만 원(1,000만 원×0.01× 3개월)

제2차 대여금 채무 : 원금 2,000만 원, 이자 120만 원(2,000만 원×0.01×3개월)

ㄱ. [O] ※ 법정충당

甲과 乙 간 충당에 대한 합의가 없고, 채무자 乙의 지정이 없었으므로, 법정변제충당의 방식에 의하는바, 채무자가 1개 또는 수개의 채무의 비용 및 이자를 지급할 경우에 변제자가 그 전부를 소멸하게 하지 못한 급여를 한 때에는 비용, 이자, 원본의 순서로 변제에 충당하여야 한다(제479조, 제447조). 따라서 각 대여금 채무의 이자 및 지연손해금 합계 200만 원에 먼저 충당되고, 나머지 800만 원은 제477조 1호에 의하여 변제기가 이미 도래한 제1차 대여금 채무 원금에 충당된다. 결국 사안의 경우 변제 당시 제1차 대여금 채무는 원금 200만 원이 남는다.

ㄴ. [○] ※ 지정충당

1차적 지정권자는 '변제자'이다. 즉 변제자는 변제를 할 때 변제수령자에 대한 의사표시로 변제에 충당할 채무를 지정할 수 있다(제476조 1항 및 3항, 제478조). 변제자의 충당지정에 대하여는 변제수령자의 동의는 필요하지 않으며, 수령자가 변제자의 지정에 대하여 이의를 제출하지도 못한다. 그리고 비용 상호간, 이자 상호간, 원본 상호 간에는 지정의 효력이 미친다(제479조 2항 참조).

☞ 따라서 변제자 乙이 甲에 대하여 제2차 대여금의 원리금에 충당할 것을 지정하였으므로 1,000만 원은 제2차 대여금의 원리금에 먼저 충당되고(제476조 1항), 甲의 이의는 乙의 지정에 아무런 영향을 미치지 못한다. 다만 비용, 이자, 원본에 대한 변제충당은 변제자에 의한 지정이 허용되지 아니하고 (총)비용, (총)이자(지연이자도 포함된다), (총)원본의 순서로 변제에 충당하여야 한다(제479조 1항). 결국 사안의 경우 1,000만 원은 우선 각 대여금 채무의 이자 및 지연손해금 합계 200만 원에 먼저 충당되고, 나머지 800만 원만이 제476조 1항에 의하여 제2차 대여금 원금에 충당된다. 따라서 변제 당시 제1차 대여금 채무는 원금 1,000만 원이 남는다.

ㄷ. [○] ※ 합의충당

민법은 계약에 의한 변제충당에 관해 정하고 있지는 않지만, 변제자와 변제수령자 사이의 계약에 의해 충당방법을 정하는 때에는 그 방법이 어떤 것이든 유효하다. 따라서 계약에 의한 충당은 제479조(비용·이자·원본에 대한 변제충당의 순서), 제476조(지정변제충당) 및 제477조(법정변제충당)에 우선하여 적용된다(대판 1999.11.26, 98다27517 등).

사안의 경우 甲과 乙 간 제2차 대여금의 원리금에 충당하기로 한 합의가 있었으므로 민법 제476조 내지 제479조의 규정은 적용되지 아니하고, 1,000만 원은 제2차 대여금의 이자, 원본 순서로 충당되어 변제 당시 제2차 대여금 채무는 원금 1,120만 원이 남는다. 따라서 제1차 대여금에는 충당되는 금액이 없으므로 변제 당시 제1차 대여금은 원금 1,000만 원, 이자 및 지연손해금 80만 원이 남는다.

[정답] ⑤

문 112 **다음 설명 중 옳은 것은?** (다툼이 있는 경우 판례에 의함) [변시 5회]

① 채무의 일부 변제제공은 채무의 본지에 따른 이행의 제공이라 할 수 없어 이행제공의 효력이 발생할 수 없으나, 채무의 일부를 공탁한 경우에는 그 부분에 한해 원칙적으로 변제의 효력이 발생한다.

② 비용, 이자, 원본에 대한 변제충당에 있어서는 민법 제479조에 그 충당 순서가 법정되어 있으므로 당사자 사이에 특별한 합의가 없는 한 비용, 이자, 원본의 순서로 변제에 충당하여야 할 것이나, 채권자는 일방적으로 위 법정 순서와 다르게 충당의 순서를 지정할 수 있다.

③ 채무의 성질 또는 당사자의 의사표시로 변제장소를 정하지 아니한 때에는 특정물의 인도는 채권자의 현주소지에서 하여야 한다.

④ 채권의 준점유자에 대한 변제는 변제자가 선의이며 과실이 없는 경우에 한해 효력이 있는데, 만약 그 변제를 받은 자에게 변제수령의 권한이 인정된다면 채권의 준점유자에 대한 변제의 법리를 적용할 필요 없이 그에 대한 변제는 유효하다.

⑤ 변제받을 권한 없는 자에 대한 변제의 경우에도 채권자가 이익을 받은 한도에서 효력이 있는데, 여기에서 말하는 '채권자가 이익을 받은' 경우에는 변제의 수령자가 진정한 채권자에게 채무자의 변제로 받은 급부를 직접 전달한 경우는 포함되나, 무권한자의 변제수령을 채권자가 사후에 추인한 경우는 포함되지 않는다.

해 설 ① [X] "채무의 일부 변제제공은 채무의 본지에 따른 이행의 제공이라 할 수 없고 이행제공의 효력이 발생할 수 없는 것이어서 그 채무의 일부를 공탁했다 하더라도 변제의 효력이 발생할 수 없다"(대판 1984.9.11. 84다카781)

② [X] 변제충당의 순서는 i) 일차적으로 당사자 사이의 자유로운 합의에 의하여 정할 수 있으나(합의충당), ii) 당사자 사이의 계약이 없는 경우에는 당사자 일방의 지정에 의하여(지정충당 : 제476조), iii) 그리고 당사자 일방의 지정도 없는 경우에는 법정충당(제477조)에 의하여 결정되는 것이 원칙이다.

채무자가 1개 또는 수개의 채무의 비용 및 이자를 지급할 경우에 변제자가 그 전부를 소멸하게 하지 못한 급여를 한 때에는 비용이나 이자가 이행기에 있는지 여부를 묻지 않고(대판 1967.10.6. 67다1587 참고), (총)**비용**, (총)**이자**(지연이자도 포함된다), (총)**원본의 순서로 변제에 충당하여야** 한다(제479조 1항). 따라서 변제자 일방의 지정충당이 있더라도 이는 인정되지 않는다(대판 1990.11.9. 90다카7262). 물론 당사자 쌍방이 제479조와 다른 특별한 합의를 하거나 또는 당사자의 일방적인 지정에 대하여 상대방이 지체없이 이의를 제기하지 아니함으로써 **묵시적인 합의(충당)**가 이루어졌다고 보여지는 경우에는 그렇지 않다(대판 2002.5.10. 2002다12871·12888).

③ [X] 채무의 성질 또는 당사자의 의사표시로 변제장소를 정하지 아니한 때에는 **특정물**의 인도는 채권성립당시에 그 물건이 있던 장소에서 하여야 한다(제467조 1항). 채무의 성질 또는 당사자의 의사표시로 변제장소를 정하지 아니한 때에 채권자의 현주소에서 변제하여야 하는 경우는 **특정물인도이외**의 채무를 변제하는 경우이다(제467조 2항).

④ [○] "민법 제470조에서 정하는 '채권의 준점유자'는 진정한 채권자 등 변제수령의 권한이 있는 자 이외의 자로서 변제자의 입장에서 볼 때 일반의 거래관념상 채권을 행사할 정당한 권한을 가진 것으로 믿을 만한 외관을 가지는 사람을 말한다. 따라서 채무자가 채권의 준점유자에 대한 변제를 가리기 위해서는, 먼저 그 변제를 받은 자가 변제를 수령할 권한이 없는 자임이 전제가 되어야 하고, 만약 **변제수령의 권한이 인정되면 채권의 준점유자에 대한 변제의 법리를 적용할 필요 없이 그에 대한 변제는 유효**하다고 보아야 한다"(대판 2012.6.14. 2010다29034)

⑤ [X] "민법 제472조는 불필요한 연쇄적 부당이득반환의 법률관계가 형성되는 것을 피하기 위하여 변제받을 권한 없는 자에 대한 변제의 경우에도 그로 인하여 채권자가 이익을 받은 한도에서 효력이 있다고 규정하고 있다. 여기에서 **'채권자가 이익을 받은' 경우란** 변제수령자가 채권자에게 변제로 받은 급부를 전달한 경우는 물론이고, 그렇지 않더라도 무권한자의 변제수령을 채권자가 사후에 추인한 때와 같이 무권한자의 변제수령을 채권자의 이익으로 돌릴 만한 실질적 관련성이 인정되는 경우도 포함된다"(대판 2012.10.25. 2010다32214).

[정답] ④

문 113 채권의 소멸 사유에 관한 설명 중 옳은 것은? (다툼이 있는 경우 판례에 의함) [변시 7회]

① 채무 전액이 아닌 일부에 대한 변제공탁은 그 부분에 관하여서도 효력이 생기지 않으나, 채권자가 공탁금을 채권의 일부에 충당한다는 유보의 의사표시를 하고 이를 수령한 때에는 그 공탁금은 채권의 일부의 변제에 충당되고, 그 경우 유보의 의사표시는 반드시 명시적으로 하여야 한다.

② 변제자(채무자)와 변제수령자(채권자)는 이해관계 있는 제3자의 이익을 해치지 아니하더라도 이미 급부를 마친 뒤에는 기존의 충당방법을 배제하고 제공된 급부를 어느 채무에 어떤 방법으로 다시 충당할 것인가를 약정할 수 없다.

③ 경개계약은 구채무를 소멸시키고 신채무를 성립시키는 처분행위이므로, 경개로 인한 신채무가 당사자가 알지 못한 사유로 인하여 성립되지 아니하더라도 구채무는 소멸된다.

④ 채권자와 채무자 사이에 미리 변제충당에 관한 약정이 있고, 그 약정내용이 변제가 채권자에 대한 모든 채무를 소멸시키기에 부족한 때에는 채권자가 적당하다고 인정하는 순서와 방법에 의하여 충당하기로 한 것이라면, 변제수령권자인 채권자가 그 약정에 따라 스스로 적당하다고 인정하는 순서와 방법에 좇아 변제충당을 한 이상 변제자에 대한 의사표시와 관계없이 그 충당의 효력이 있다.

⑤ 담보권 실행을 위한 경매에서 배당된 배당금이 담보권자가 가지는 수개의 피담보채권 전부를 소멸시키기에 부족한 경우에도 채권자와 채무자 사이에 변제충당에 관한 합의가 있었다면 이에 따르고, 이에 관한 합의가 없다면 법정변제충당의 방법에 따라 충당하여야 한다.

해 설 ① [X] ※ 일부공탁

"변제공탁이 유효하려면 채무 전부에 대한 변제의 제공 및 채무 전액에 대한 공탁이 있어야 하고, 채무 전액이 아닌 일부에 대한 공탁은 그 부족액이 아주 근소하다는 등의 특별한 사정이 있는 경우를 제외하고는 채권자가 이를 수락하지 않는 한 그 공탁 부분에 관하여서도 채무소멸의 효과가 발생하지 않는다"(대판 1998.10.13. 98다17046) 그러나 채권자가 공탁금을 채권의 일부에 충당한다는 유보의 의사표시를 하고 이를 수령한 때에는 그 공탁금은 채권의 일부의 변제에 충당되고, 그 경우 유보의 의사표시는 반드시 명시적으로 하여야 하는 것은 아니다(대판 2009.10.29. 2008다51359).

② [X] ※ 기존의 '법정충당'을 배제하고 다시 '합의충당'할 수 있는지 여부(원칙적 적극)

"변제자(채무자)와 변제수령자(채권자)는 변제로 소멸한 채무에 관한 보증인 등 이해관계 있는 제3자의 이익을 해하지 않는 이상 이미 급부를 마친 뒤에도 기존의 충당방법을 배제하고 제공된 급부를 어느 채무에 어떤 방법으로 다시 충당할 것인가를 약정할 수 있다"(대판 2013.9.12. 2012다118044).

③ [X] ※ 경개 – 구채무불소멸의 경우

"경개계약은 구채무를 소멸시키고 신채무를 성립시키는 처분행위로서 구채무의 소멸은 신채무의 성립에 의존하므로, 경개로 인한 신채무가 원인의 불법 또는 당사자가 알지 못한 사유로 인하여 성립하지 아니하거나 취소된 때에는 구채무는 소멸하지 않는 것이며(민법 제504조), 특히 경개계약에 조건이 붙어 있는 이른바 조건부 경개의 경우에는 구채무의 소멸과 신채무의 성립 자체가 그 조건의 성취 여부에 걸려 있게 된다"(대판 2007.11.15. 2005다31316).

④ [O] ※ 변제충당 – 합의충당(계약에 의한 충당)

"변제충당지정은 상대방에 대한 의사표시로써 하여야 하나, 채권자와 채무자 사이에 변제충당에 관한 약정이 있고, 그 약정내용이 변제가 채권자에 대한 모든 채무를 소멸시키기에 부족한 때에는 채권자가 적당하다고 인정하는 순서와 방법에 의하여 충당하기로 한 것이라면, 변제수령권자인 채권자가 위 약정에 터 잡아 스스로 적당하다고 인정하는 순서와 방법에 좇아 변제충당을 한 이상 변제자에 대한 의사표시와 관계없이 충당의 효력이 있다고 해석하는 것이 타당하다"(대판 2012.4.13. 2010다1180).

참고판례 민법은 계약에 의한 변제충당에 관해 정하고 있지는 않지만, 변제자와 변제수령자 사이의 계약에 의해 충당방법을 정하는 때에는 그 방법이 어떤 것이든 유효하다. 따라서 계약에 의한 충당은 제479조(비용 · 이자 · 원본에 대한 변제충당의 순서), 제476조(지정변제충당) 및 제477조(법정변제충당)에 우선하여 적용된다(대판 1999.11.26. 98다27517 등). 다만 아래 ⑤번 지문 해설에서처럼 경매에 의한 매각대금의 변제충당의 경우에는 합의충당이 제한된다(강제경매 : 대판 199.7.23. 90다18678)(담보권실행경매 : 대판 1996.5.10. 95다55504).

⑤ [X] ※ 변제충당 – 담보권실행경매

"담보권의 실행 등을 위한 경매에 있어서 배당금이 동일 담보권자가 가지는 수개의 피담보채권의 전부를 소멸시키기에 부족한 경우, 채권자와 채무자 사이에 변제충당에 관한 합의가 있었다고 하더라도 그 합의에 의한 변제충당은 허용될 수 없고, 이 경우에는 획일적으로 가장 공평 · 타당한 충당방법인 민법 제477조의 규정에 의한 법정변제충당의 방법에 따라 충당을 하여야 한다"(대판 1996.5.10. 95다55504).

[정답] ④

문 114 변제충당에 관한 설명 중 옳지 않은 것은? (다툼이 있는 경우 판례에 의함) [변시 10회]

① 「민법」 제477조의 법정변제충당의 순서에 따라 변제충당을 할 경우, 법정변제충당의 순서는 채무자의 변제제공 당시를 기준으로 정하여야 한다.

② 「민법」 제477조 제4호에 따른 안분비례에 의한 법정변제충당과는 달리, 그 법정변제충당에 의하여 부여되는 법률효과 이상으로 자신에게 유리한 변제충당의 지정 또는 변제충당의 합의가 있다거나 당해 채무가 법정변제충당에서 우선순위에 있으므로 당해 채무에 전액 변제충당 되었다고 주장하는 자는 그 사실을 주장 · 증명할 책임을 부담한다.

③ 비용, 이자, 원본에 대한 변제충당에서 당사자 사이에 특별한 합의가 없는 한 「민법」 제479조에 의하여 비용, 이자, 원본의 순서로 충당하여야 할 것이고, 채무자는 물론 채권자라고 할지라도 위 법정 순서와 다르게 일방적으로 충당의 순서를 지정할 수는 없지만, 당사자 사이에 묵시적인 합의가 있었다고 보이는 경우에는 법정충당의 순서와 달리 충당의 순서를 인정할 수 있다.

④ 담보권 실행을 위한 경매에서 배당된 배당금이 담보권자가 가지는 수개의 피담보채권 전부를 소멸시키기에 부족한 경우에는 「민법」 제477조 및 제479조의 규정에 의한 법정변제충당의 방법에 따라 충당하여야 하나, 채권자와 채무자 사이에 변제충당에 관한 합의가 있었다면 그 합의에 따른 변제충당은 허용된다.

⑤ 변제자가 주채무자인 경우 보증인이 있는 채무와 보증인이 없는 채무는 변제이익의 점에서 차이가 없고, 변제자가 채무자인 경우에도 물상보증인이 제공한 물적 담보가 있는 채무와 그러한 담보가 없는 채무는 변제이익의 점에서 차이가 없다.

해설 ① [O] "변제충당에 관한 민법 제476조 내지 제479조는 임의규정이므로 변제자와 변제받는 자 사이에 위 규정과 다른 약정이 있다면 약정에 따라 변제충당의 효력이 발생하고, 위 규정과 다른 약정이 없는 경우에 변제의 제공이 채무 전부를 소멸하게 하지 못하는 때에는 민법 제476조의 지정변제충당에 따라 변제충당의 효력이 발생하고 보충적으로 민법 제477조의 법정변제충당의 순서에 따라 변제충당의 효력이 발생한다. **이때 민법 제477조의 법정변제충당의 순서는 채무자의 변제제공 당시를 기준으로 정하여야 한다**"(대판 2015.11.26. 2014다71712)

② [O] "채무자가 동일한 채권자에 대하여 같은 종류를 목적으로 한 수개의 채무를 부담한 경우에 변제의 제공에 있어서 당사자가 변제에 충당할 채무를 지정하지 아니한 때에는 민법 제477조의 규정에 따라 법정변제충당되는 것이고 특히 민법 제477조 제4호에 의하면 법정변제충당의 순위가 동일한 경우에는 각 채무액에 안분비례하여 각 채무의 변제에 충당되는 것이므로, 위 안분비례에 의한 법정변제충당과는 달리, **그 법정변제충당에 의하여 부여되는 법률효과 이상으로 자신에게 유리한** 변제충당의 지정, 당사자 사이의 변제충당의 합의가 있다거나 또는 당해 채무가 법정변제충당에 있어 우선순위에 있어서 당해 채무에 전액 변제충당되었다고 **주장하는 자는 그 사실을 주장입증할 책임을 부담한다**"(대판 1994.2.22. 93다49338).

③ [O] "비용, 이자, 원본에 대한 변제충당에 있어서는 민법 제479조에 그 충당 순서가 법정되어 있고 지정 변제충당에 관한 같은 법 제476조는 준용되지 않으므로 당사자 사이에 특별한 합의가 없는 한 비용, 이자, 원본의 순서로 충당하여야 할 것이고, 채무자는 물론 채권자라고

할지라도 위 법정 순서와 다르게 일방적으로 충당의 순서를 지정할 수는 없다고 할 것이지만, 당사자의 일방적인 지정에 대하여 상대방이 지체없이 이의를 제기하지 아니함으로써 묵시적인 합의가 되었다고 보여지는 경우에는 그 법정충당의 순서와는 달리 충당의 순서를 인정할 수 있는 것이다"(대판 2002.5.10. 2002다12871).

④ [×] 강제경매(대판 199.7.23. 90다18678) 또는 담보권실행경매(대판 1996.5.10. 95다55504)에서는 채권자, 채무자 외에 다수의 이해관계인이 있을 수 있기 때문에 획일적으로 가장 공평·타당한 충당방법인 제477조의 규정에 의한 법정변제충당의 방법에 따라 충당을 하여야 한다.

⑤ [○] "변제자가 주채무자인 경우 보증인이 있는 채무와 보증인이 없는 채무 사이에 전자가 후자에 비하여 변제이익이 더 많다고 볼 근거는 전혀 없으므로 양자는 변제이익의 점에서 차이가 없다고 보아야 한다. 마찬가지로 변제자가 채무자인 경우 물상보증인이 제공한 물적 담보가 있는 채무와 그러한 담보가 없는 채무 사이에도 변제이익의 점에서 차이가 없다"(대판 2014.4.30. 2013다8250).
왜냐하면 (물상)보증인이 있는 채무도 구상의무의 존재로 인해 결국 자기의 채무이기 때문이다. 따라서 (주)채무자가 변제한 금원은 이행기가 먼저 도래한 채무부터 (법정변제)충당하여야 한다(제477조 3호)(대판 1999.8.24. 99다26481).

[정답] ④

문 115 **甲은 2020. 5. 6. 乙로부터 2억 원을 이자 월 1.5%, 변제기 2021. 10. 5.로 정하여 차용하였다(이하 'A차용금'이라 함). 甲은 2019. 12. 6.에도 乙로부터 1억 5,000만 원을 이자 월 1%, 변제기 2020. 11. 5.로 정하여 차용하였는데(이하 'B차용금'이라 함), 당시 丙이 B차용금 채무를 연대보증하였다. 甲은 2020. 6. 5. 乙에게 B차용금에 대한 그 때까지의 이자 900만 원과 원금 중 5,000만 원의 변제 명목으로 5,900만 원을 지급하였고, 乙은 이에 동의하며 수령하였다. 甲은 2022. 1. 5. 乙에게 2억 원을 추가로 변제하였는데, 이 변제의 충당에 관한 당사자 사이의 합의나 지정은 없었다. 위 2억 원은 A차용금과 B차용금에 얼마씩 충당되는가? (모든 계약은 유효함을 전제로 하고, 다툼이 있는 경우 판례에 의함)** (다툼이 있는 경우 판례에 의함) [변시 11회]

	A차용금	B차용금
①	1억 원	1억 원
②	8,100만 원	1억 1,900만 원
③	1억 7,200만 원	2,800만 원
④	1억 8,100만 원	1,900만 원
⑤	2억 원	0원

해 설 ① [×] ② [×] ③ [×] ④ [○] ⑤ [×]

※ 합의충당
민법은 계약에 의한 변제충당에 관해 정하고 있지는 않지만, 변제자와 변제수령자 사이의 계약에 의해 충당방법을 정하는 때에는 그 방법이 어떤 것이든 유효하다. 따라서 계약에 의한

충당은 제479조(비용 · 이자 · 원본에 대한 변제충당의 순서), 제476조(지정변제충당) 및 제477조(법정변제충당)에 우선하여 적용된다(대판 1999.11.26. 98다27517 등).

☞ 사안에서 甲은 2020. 6. 5. 乙에게 B차용금에 대한 그 때까지의 이자 900만 원과 원금 중 5,000만 원의 변제 명목으로 5,900만 원을 지급하였고, 乙은 이에 동의하며 수령한 '합의충당'이 있었으므로 아래에서 살피는 법정변제충당과 상관없이 위 B차용금에 먼저 충당되어 B의 채무는 원금 1억 원만 남아있다.

※ 비용 상호간, 이자 상호간, 원본 상호간 변제충당

변제자에 의한 지정도 변제수령자에 의한 지정도 없는 경우 또는 변제수령자가 지정하였으나 변제자가 즉시 이의를 제기한 경우에 비용, 이자 및 원본 사이에서는 법정순서에 따라 변제에 충당된다(제477조, 제479조 2항). 따라서 채무자가 1개 또는 수개의 채무의 비용 및 이자를 지급할 경우 변제자가 그 전부를 소멸하게 하지 못한 급여를 한 때에는 비용이나 이자가 이행기에 있는지 여부를 묻지 않고(대판 1967.10.6. 67다1587 참고), (총)비용, (총)이자(지연이자도 포함된다), (총)원본의 순서로 변제에 충당하여야 한다(제479조 1항).

☞ 채무의 전부의 이행기가 도래하였거나 또는 도래하지 않은 때에는 먼저 채무자에게 변제이익이 많은 채무의 변제에 충당한다(제477조 2호). 사안의 경우 甲이 2억 원을 변제제공한 2022. 1. 5. 현재 A차용금채무와 B차용금채무의 변제기는 모두 도래한 상태이므로 변제이익이 많은 채무의 비용, 이자, 원본 순으로 충당된다.

※ 주채무자의 수개의 채무 사이에 인적 · 물적 담보에 차이가 있는 경우 변제충당

'주채무자가 변제할 때' 보증인이 있는 채무와 보증인이 없는 채무 사이에는 변제 이익의 차이가 없다. 왜냐하면 보증인이 있는 채무도 구상의무의 존재로 인해 결국 자기의 채무이기 때문이다.

☞ 사안의 경우 B차용금채무에는 연대보증인 丙이 있으나 이로써 B차용금채무가 A차용금채무보다 변제이익이 더 많지 않다.

※ 이자 유무 내지 이율에 차이가 있는 경우 변제충당

이자부채무가 무이자채무보다 고이율의 채무가 저이율의 채무보다 변제이익이 많다.

☞ 사안의 경우 A차용금채무의 이자는 월 1.5%이고 B차용금채무의 이자는 월 1%이므로 A차용금채무가 B차용금채무보다 변제이익이 더 많다. 따라서 2억 원은 A차용금채무의 2020. 5. 6.부터 2022. 1. 5.까지 이자 및 지연손해금 6000만 원(2억 원 × 0.15 × 20개월), B차용금채무의 2020. 6. 6.부터 2022. 1. 5.까지 이자 및 지연손해금 1,900만 원(1억 원 × 0.1 × 19개월), A차용금채무의 원금 1억 2,100만 원 순서로 변제충당된다. 따라서 A차용금채무에서 1억 8,100만 원, B차용금채무에서 1,900만 원이 각 충당된다.

[정답] ④

문 116 채권의 소멸에 관한 설명 중 옳은 것을 모두 고른 것은? (다툼이 있는 경우에는 판례에 의함) [변시 9회]

ㄱ. 채권자가 채무액의 일부를 대위변제한 자에게 고의 또는 과실로 그가 대위변제한 비율을 넘어 근저당권 전부를 이전해준 경우, 다른 보증인은 보증채무를 이행함으로써 채권자에 대한 법정대위권자로서 근저당권을 실행하여 배당받을 수 있었던 금액의 한도에서 보증책임을 면한다.
ㄴ. 무효인 채권압류 및 전부명령을 받은 자에 대한 변제라도 그 채권자가 피전부채권에 관하여 무권리자라는 사실을 변제자가 과실 없이 알지 못하고 변제한 때에는 그 변제는 채권의 준점유자에 대한 변제로서 유효하다.
ㄷ. 채무자가 채권자의 승낙을 얻어 본래의 채무이행에 갈음하여 부동산으로 대물변제를 하였으나 본래의 채무가 존재하지 않았던 경우, 당사자가 특별한 의사표시를 하지 않는 한 대물변제는 무효로서 부동산의 소유권이 이전되는 효과가 발생하지 않는다.
ㄹ. 매도인이나 수급인의 담보책임을 기초로 한 손해배상채권의 제척기간이 지났으나 제척기간이 지나기 전 상대방의 채권과 상계할 수 있었던 경우, 매수인이나 도급인은 '소멸시효완성된 채권에 의한 상계'를 규정한 「민법」 제495조를 유추적용하여 위 손해배상채권을 자동채권으로 상대방의 채권과 상계할 수 없다.

① ㄱ, ㄷ
② ㄱ, ㄴ, ㄷ
③ ㄱ, ㄴ, ㄹ
④ ㄴ, ㄷ, ㄹ
⑤ ㄱ, ㄴ, ㄷ, ㄹ

해 설 ㄱ. [O] **제485조(채권자의 담보상실, 감소행위와 법정대위자의 면책)** 「제481조의 규정에 의하여 대위할 자가 있는 경우에 채권자의 고의나 과실로 담보가 상실되거나 감소된 때에는 대위할 자는 그 상실 또는 감소로 인하여 상환을 받을 수 없는 한도에서 그 책임을 면한다.」

※ 채권자의 담보상실, 감소행위와 법정대위자의 면책
"채권자가 일부 대위변제자에게 그가 대위변제한 비율을 넘어 근저당권 전부를 이전하여 준 경우, 결국 채권자는 근저당권의 피담보채무 중 일부를 대위변제한 다른 보증인이 법정대위권을 행사할 수 있는 채권의 담보를 고의로 상실되게 한 것이므로, 다른 보증인은 그의 보증채무를 이행함으로써 채권자에 대한 법정대위권자로서 근저당권을 실행하여 배당받을 수 있었던 금액의 한도에서 보증의 책임을 면한다"(대판 1996.12.6. 96다35774).

ㄴ. [O] ※ 무효인 전부명령을 받은 자에 대한 제3채무자의 변제가 채권의 준점유자에 대한 변제로서 효력을 발생하기 위한 요건
"무효인 채권압류 및 전부명령을 받은 자에 대한 변제라도 그 채권자가 피전부채권에 관하여 무권리자라는 사실을 알지 못하거나 과실 없이 그러한 사실을 알지 못하고 변제한 때에는 그 변제는 채권의 준점유자에 대한 변제로서 유효하다"(대판 1997.3.11. 96다44747).

ㄷ. [O] ※ **본래의 채무가 존재하지 않음이 밝혀진 경우 대물변제의 효력(무효)**

대물변제는 본래의 채무이행에 갈음하여 다른 급여를 하는 것이므로, 기존의 채권이 존재하는 것을 전제로 한다. 채권이 존재하지 않거나 무효·취소된 경우에는 대물변제도 무효가 되며, 그 급부는 비채변제가 된다.

즉, "채무자가 채권자의 승낙을 얻어 본래의 채무이행에 갈음하여 부동산으로 대물변제를 하였으나 **본래의 채무가 존재하지 않았던 경우에는**, 당사자가 특별한 의사표시를 하지 않은 한 **대물변제는 무효로서 부동산의 소유권이 이전되는 효과가 발생하지 않는다**"(대판 1991.11.12, 91다9503).

ㄹ. [X] ※ **소멸시효완성된 채권에 의한 상계**

소멸시효는 그 기산일에 소급하여 소멸한다(제167조). 따라서 소멸시효로 채무를 면하게 되는 자는 기산일 이후의 이자 등을 지급할 의무가 없다. 다만 **시효로 소멸하는 채권이 그 소멸시효가 완성하기 전에 상계할 수 있었던 것이라면 채권자는 상계할 수 있다**(제495조). 이는 (매도인이나 수급인의 담보책임을 기초로 한 손해배상채권의) **제척기간이 지났으나, 제척기간이 지나기 전 상대방의 채권과 상계할 수 있었던 경우에도 마찬가지이다**

즉, "매도인의 담보책임을 기초로 한 매수인의 손해배상채권 또는 수급인의 담보책임을 기초로 한 도급인의 손해배상채권이 각각 상대방의 채권과 상계적상에 있는 경우에 당사자들은 채권·채무관계가 이미 정산되었거나 정산될 것으로 기대하는 것이 일반적이므로, 그 신뢰를 보호할 필요가 있다. 이러한 손해배상채권의 제척기간이 지난 경우에도 그 기간이 지나기 전에 상대방에 대한 채권·채무관계의 정산 소멸에 대한 신뢰를 보호할 필요성이 있다는 점은 소멸시효가 완성된 채권의 경우와 아무런 차이가 없다. 따라서 **매도인이나 수급인의 담보책임을 기초로 한 손해배상채권의 제척기간이 지난 경우에도 제척기간이 지나기 전 상대방의 채권과 상계할 수 있었던 경우에는 매수인이나 도급인은 민법 제495조를 유추적용해서 위 손해배상채권을 자동채권으로 해서 상대방의 채권과 상계할 수 있다**"대판 2019.3.14. 2018다255648).

[정답] ②

문 117 **甲은 乙에게 1억 원을 대여하면서 乙 소유인 X 토지에 관하여 근저당권을 설정받았다. 丙은 乙의 부탁을 받고 乙의 위 채무를 보증하였다. 변제기가 도래하였음에도 乙이 채무를 변제하지 않고 있다. 옳은 것을 모두 고른 것은?**(이자, 지연손해금은 없는 것으로 가정한다. 다툼이 있는 경우에는 판례에 의하고, 각 지문은 모두 독립적이다) [변시 3회]

ㄱ. 乙이 丙에게 보증채무를 변제하지 말 것을 요구하였음에도 丙은 乙의 의사에 반하여 甲에게 변제하였다. 이 경우 丙은 乙에게 구상권을 행사할 수 있다.

ㄴ. 丙이 甲에게 5,000만 원을 변제하였다. 그 후 X 토지가 경매되어 매각대금 중 배당가능한 금액이 8,000만 원이 된 경우 丙은 4,000만 원을 배당 받을 수 있다.

ㄷ. 丙이 보증채무를 모두 변제하였다. 丙이 X 토지상의 근저당권에 관하여 자신의 명의로 부기등기를 경료하지 않고 있는 사이에 乙은 다시 丁으로부터 금원을 차용하고 丁에게 제2순위 근저당권을 설정하여 주었다. X 토지가 경매되는 경우 丙이 변제사실을 증명하여 배당요구하면 丙은 丁보다 우선하여 배당받을 수 있다.

① ㄱ　　② ㄴ
③ ㄷ　　④ ㄱ, ㄴ
⑤ ㄱ, ㄷ

해설 ㄱ. [○] 이해관계 있는 제3자는 채무자의 의사에 반하여 변제할 수 있다(제469조 2항). 제469조 2항의 이해관계 있는 제3자란 변제를 하지 않으면 채권자로부터 집행을 받게 되거나 또는 채무자에 대한 자기의 권리를 잃게 되는 지위에 있기 때문에 변제함으로써 당연히 대위의 보호를 받아야 할 '법률상 이익'을 가지는 자를 말한다(대결 2009.5.28. 2008마109).

☞ 따라서 수탁보증인 丙은 법률상의 이해관계가 있는 제3자로서 주채무자 乙의 의사에 반하여 변제할 수 있으므로 丙은 乙에게 제441조의 '수탁보증인의 구상권'을 행사할 수 있다.

ㄴ. [X] 제483조 1항의 해석과 관련한 문제이다.

채권의 일부에 대하여 대위변제가 있는 때에는 대위자는 그 변제한 가액에 비례하여 채권자와 함께 그 권리를 행사해야 하는바(제483조 1항), '변제한 가액에 비례하여 행사'의 의미와 관련하여 判例는 "대위변제제도는 구상권을 보호하려는 것뿐이므로 채권자를 해하면서까지 변제자를 보호할 필요가 없고, 그 일부대위의 효력이 채권자가 갖는 **담보물권의 불가분성**을 해칠 수도 없으므로 **채권자는 일부 대위변제자에 대하여 우선변제권을 가지고 있다**"고 한다(대판 1988.9.27. 88다카1797 등).

☞ 따라서 丙이 甲에게 1억 원 중 일부인 5천만 원을 변제하였다면, 변제할 정당한 이익이 있는 자이므로 변제로 당연히 채권자를 대위한다(제481조, 법정대위). 그러므로 구상할 수 있는 범위에서(제441조 2항, 제425조 2항) 채권(5천만 원) 및 그 담보에 관한 권리(X토지 저당권)를 행사할 수 있다(제482조 1항). 다만 제483조 1항에 따라 변제한 가액에 비례하여 채권자와 함께 그 권리를 행사할 수 있는바, 채권자 우선설에 따르는 判例에 의하면 X토지 경락대금 8천만 원 중 먼저 채권자 甲에게 5천만 원이 배당되고 남은 3천만 원이 일부대위변제자인 수탁보증인 丙에게 배당될 것이다.

ㄷ. [○] "변제할 정당한 이익이 있는 사람이 채무자를 위하여 근저당권 피담보채무의 일부를 대위변제한 경우에는 대위변제자는 **근저당권 일부 이전의 부기등기 경료 여부에 관계없이** 변제한 가액 범위 내에서 채권자가 가지고 있던 채권 및 담보에 관한 권리를 법률상 당연히 취득한다"(대판 2011.6.10. 2011다9013).

"후순위 근저당권자는 통상 자신의 이익을 위하여 선순위 근저당권의 담보가치를 초과하는 담보가치만을 파악하여 담보권을 취득한 자에 불과하므로 변제자대위와 관련해서 후순위 근저당권자를 보증인보다 더 보호할 이유도 없다. 이러한 사정들과 민법 제482조 제2항 제1호와 제2호가 상호작용하에 법정대위자 중 보증인과 제3취득자의 이해관계를 조절하는 규정인 점 등을 종합하여 보면, **보증인은 미리 저당권의 등기에 그 대위를 부기하지 않고서도 저당물에 후순위 근저당권을 취득한 제3자에 대하여 채권자를 대위할 수 있다고 할 것이므로 민법 제482조 제2항 '제1호의 제3자'에 후순위 근저당권자는 포함되지 않는다**"(대판 2013.2.15. 2012다48855).

☞ 즉, 변제자대위의 경우 채권 및 그 담보에 관한 권리는 법률상 대위자에게 당연히 이전된다(제482조 1항). 따라서 채권자의 저당권은 등기 없이도 대위자에게 당연히 이전된다. 사안에서 연대보증인 丙이 보증채무를 모두 변제하였으므로 법정대위에 의해 X토지상의 근저당권에 부기등기를 경료하지 않더라도 당연히 甲의 1순위 근저당권을 취득한다. 아울러 判例에 따르면 제482조 2항 제1호의 제3자에 후순위 근저당권자는 포함되지 않으므로 X토지가 경매되는 경우 丙이 변제사실을 증명하여 배당요구하면 丙은 2순위 근저당권자 丁보다 우선하여 배당받을 수 있다.

참고판례 "저당부동산에 대하여 후순위 근저당권을 취득한 제3자는 민법 제364조에서 정한 저당권소멸청구권을 행사할 수 있는 제3취득자에 해당하지 아니하고(대판 2006.1.26. 2005다17341), 달리 선순위 근저당권의 실행으로부터 그의 이익을 보호하는 규정이 없으므로 변제자대위와 관련해서 후순위 근저당권자보다 보증인을 더 보호할 이유가 없으며, 나아가 선순위 근저당권의 피담보채무에 대하여 직접 보증책임을 지는 보증인과 달리 선순위 근저당권의 피담보채무에 대한 직접 변제책임을 지지 않는 **후순위 근저당권자는 보증인에 대하여 채권자를 대위할 수 있다고 봄이 타당하므로, 민법 제482조 제2항 '제2호의 제3취득자'에 후순위 근저당권자는 포함되지 아니한다**"(대판 2013.2.15. 2012다48855).

[정답] ⑤

문 118 甲에게 2,000만 원의 대여금채무를 부담하고 있는 乙은 위 채무에 대한 담보로 甲에게 乙 소유의 X 토지에 대하여 피담보채권액 2,000만 원의 저당권을 설정하여 주었다. 丙은 乙의 甲에 대한 위 대여금채무를 주채무로 하여 甲과 연대보증계약을 체결하였다. 丙은 위 대여금채무 중 1,000만 원을 대위변제하였고, 甲은 나머지 대여금채권을 변제받기 위하여 X 토지에 설정된 위 저당권에 기하여 경매를 신청하였으며, 위 경매절차에서 X 토지는 1,500만 원에 매도되었다. 다음 설명 중 옳은 것을 모두 고른 것은? (다툼이 있는 경우 판례에 의함) [변시 4회]

ㄱ. 丙은 대위변제한 1,000만 원 범위 내에서 甲이 乙에 대하여 가지고 있던 채권 및 담보에 관한 권리를 취득한다.
ㄴ. 甲은 丙에게 X 토지에 설정된 위 저당권 일부 이전의 부기등기를 경료해 줄 의무가 있다.
ㄷ. 丙은 X 토지 경매에 따른 배당절차에서 대위변제한 1,000만 원 부분에 한하여 甲에 우선해서 배당받는다.

① ㄱ
② ㄱ, ㄴ
③ ㄱ, ㄷ
④ ㄴ, ㄷ
⑤ ㄱ, ㄴ, ㄷ

해 설 ㄱ. [O] ㄴ. [O] ㄷ. [X]

"변제할 정당한 이익이 있는 자가 채무자를 위하여 채권의 일부를 대위변제할 경우에 대위변제자는 변제한 가액의 범위내에서 종래 채권자가 가지고 있던 채권 및 담보에 관한 권리를 취득하게 되고 따라서 채권자가 부동산에 대하여 저당권을 가지고 있는 경우에는 채권자는 대위변제자에게 일부 대위변제에 따른 저당권의 일부이전의 부기등기를 경료해 주어야 할 의무가 있다 할 것이나 이 경우에도 채권자는 일부 대위변제자에 대하여 우선변제권을 가지고 있다"(대판 1988.9.27, 88다카1797).

☞ 사안에서 丙은 연대보증인으로 乙의 채무를 변제할 정당한 이익이 있는 자로 변제로 당연히 채권자 甲을 대위하는바(제481조), 丙은 대위변제한 1,000만 원의 범위 내에서 甲이 乙에 대하여 가지고 있던 채권 1,000만 원 및 X토지에 설정된 저당권에 관한 권리를 당연히 취득한다(제482조 1항). 예컨대 X토지에 설정된 甲의 저당권은 등기 없이도 丙에게 당연히 일부이전된다. 다만 이와 별개로 丙는 甲에게 저당권 일부 이전의 부기등기를 청구할 수 있다. 따라서 채권자 甲이 사안과 같이 X토지에 대하여 저당권을 가지고 있는 경우에는 甲은 일부 대위변제자 丙에게 일부 대위변제에 따른 저당권의 일부이전의 부기등기를 경료해 주어야 할 의무가 있으나, 判例에 따르면 이 경우에도 X토지 경매에 따른 배당절차에서 채권자 甲은 일부 대위변제자 丙에 대하여 우선변제권을 가지고 있다고 한다(위 88다카1797판결).

즉 判例는 제483조 1항의 '변제한 가액에 비례하여 행사'의 의미에 대해 채권자우선설의 입장인바, 대위변제제도는 구상권을 보호하려는 것뿐이므로 채권자를 해하면서까지 변제자를 보호할 필요가 없고, 그 일부대위의 효력이 채권자가 갖는 담보물권의 불가분성을 해칠 수도 없으므로 통설도 判例와 동일한 입장이다.

[정답] ②

문 119 甲은 사채업자 乙로부터 1억 2,000만 원을 대출받았는데, 丙과 丁은 甲의 乙에 대한 채무를 연대보증하였고, 위 대출금채무에 대한 담보로 丁은 그 소유의 X 토지(시가 6,000만 원 상당)에, 戊는 그 소유의 Y 토지(시가 4,000만 원 상당)에 각 저당권을 설정하였다. 다음 설명 중 옳지 않은 것은? (각 지문은 독립적이고, 다툼이 있는 경우에는 판례에 의함) [변시 1회]

① 丙은 甲의 의사에 반해서도 변제할 수 있다.
② 丁이 甲을 위하여 7,000만 원을 乙에게 변제한 후 乙이 나머지 5,000만 원을 회수하기 위하여 저당권을 실행하여 X가 5,000만 원에 매각되었다면, 乙은 매각대금 5,000만 원 전부를 배당받을 수 있다.
③ ②의 경우에 丁은 乙의 권리를 대위하여 丙에게 4,000만 원을 청구할 수 있다.
④ 乙이 丙의 보증채무를 면제해 주더라도 乙에 대한 戊의 책임에는 영향이 없다.
⑤ 甲의 乙에 대한 채무의 소멸시효가 완성된 후 甲이 변제기한의 유예를 요청하였더라도, 戊는 乙을 상대로 저당권말소등기를 청구할 수 있다.

해설 ① [○] 丙은 연대보증인으로서 법률상 이해관계를 가지는 자이므로 주채무자 甲의 의사에 반해서도 변제할 수 있다(제469조 2항의 반대해석).

② [○] "변제할 정당한 이익이 있는 자가 채무자를 위하여 채권의 일부를 대위변제할 경우에 대위변제자는 변제한 가액의 범위 내에서 종래 채권자가 가지고 있던 채권 및 담보에 관한 권리를 취득하게 되고 따라서 채권자가 부동산에 대하여 저당권을 가지고 있는 경우에는 채권자는 대위변제자에게 일부 대위변제에 따른 저당권의 일부이전의 부기등기를 경료해 주어야 할 의무가 있으나 이 경우에도 채권자는 일부 대위변제자에 대하여 우선변제권을 가지고, 다만 일부 대위변제자와 채권자 사이에 변제의 순위에 관하여 따로 약정을 한 경우에는 그 약정에 따라 변제의 순위가 정해진다"(대판 2010.4.8. 2009다80460)

☞ 제483조 제1항은 "채권의 일부에 대하여 대위변제가 있는 때에는 대위자는 그 변제한 가액에 비례하여 채권자와 함께 그 권리를 행사한다"고 규정하고 있는바, '변제한 가액에 비례하여 행사'의 의미에 대해 통설과 判例(위 2009다80460판결)는 일부대위자는 채권자와 함께 그 권리를 행사할 뿐이고, 변제에 관해서는 채권자가 우선한다는 입장이다(채권자 우선설). 따라서 채권자 乙은 7천만 원을 변제받고 5천만 원의 채권이 남아있으므로 X부동산의 경매대가 5천만 원에서 전부 우선변제를 받게 된다.

③ [○] "민법 제482조 제2항 제4호, 제5호가 물상보증인 상호간에는 재산의 가액에 비례하여 부담 부분을 정하도록 하면서, 보증인과 물상보증인 상호간에는 보증인의 총 재산의 가액이나 자력 여부, 물상보증인이 담보로 제공한 재산의 가액 등을 일체 고려하지 아니한 채 형식적으로 인원수에 비례하여 평등하게 대위비율을 결정하도록 규정한 것은, 인적 무한책임을 부담하는 보증인과 물적 유한책임을 부담하는 물상보증인 사이에는 보증인 상호간이나 물상보증인 상호간과 같이 상호 이해조정을 위한 합리적인 기준을 정하는 것이 곤란하고, 당사자 간의 특약이 있다는 등의 특별한 사정이 없는 한 오히려 인원수에 따라 대위비율을 정하는 것이 공평하고 법률관계를 간명하게 처리할 수 있어 합리적이며 그것이 대위자의 통상의 의사 내지 기대에 부합하기 때문이다. 이러한 규정 취지는 동일한 채무에 대하여 보증인 또는 물상보증인이 여럿 있고, 이 중에서 보증인과 물상보증인의 지위를 겸하는 자가 포함되어 있는 경우에도 동일하게 참작되어야

하므로, 위와 같은 경우 민법 제482조 제2항 제4호, 제5호 전문에 의한 대위비율은 보증인과 물상보증인의 지위를 겸하는 자도 1인으로 보아 산정함이 상당하다"(대판 2010.6.10. 2007다61113,61120)

☞ ②의 경우에 丁이 7천만 원을 乙에게 변제한 후 乙이 저당권을 실행하여 丁소유 X토지가 5천만 원에 매각되어 乙이 매각대금 5천만 원 전부를 배당받았으므로 결국 丁이 1억 2천만원 전액을 변제한 결과가 된다. 이때 법정대위자 상호간의 관계가 문제되는데(제482조 2항 5호), 丁은 연대보증인과 물상보증인의 지위를 겸하고 있는 바, 대위비율을 정할 때 判例(위 2007다61113,61120판결)는 1인으로 취급하여 이중으로 대위를 당하지 않게 하고 있다. 따라서 1억 2천만 원 채무에 대한 丙, 丁, 戊의 내부적 부담은 1 : 1 : 1로서 각 4천만 원이 된다. 따라서 丁은 乙을 대위하여 4천만 원을 丙에게 청구할 수 있다.

④ [X] 변제할 정당한 이익이 있는 자는 변제로 당연히 채권자를 대위한다(제481조). 이 경우에 채권자의 고의나 과실로 '담보'가 상실되거나 감소된 때에는 대위할 자는 그 상실 또는 감소로 인하여 상환을 받을 수 없는 한도에서 그 책임을 면한다(제485조). "여기서의 '담보'라 함은 주된 채무를 담보하기 위한 인적 담보 또는 물적 담보를 말하며, 담보의 상실 또는 감소의 전형적 예는 채권자가 인적 담보인 보증인의 채무를 면제해 주거나 물적 담보인 담보물권을 포기하거나 순위를 불리하게 변경하거나 담보물을 훼손하거나 반환하는 행위 등을 들 수 있다"(대판 2000.12.12. 99다13669)

☞ 채권자가 인적담보인 보증인의 채무를 면제해 주는 경우는 담보의 상실 또는 감소에 해당한다(위 99다13669판결). 따라서 乙이 丙의 보증채무를 면제해 준 경우에 戊는 丙에게 상환을 받을 수 없는 한도에서 그 책임을 면하게 된다.

⑤ [O] 시효이익의 포기는 의사표시이므로 시효완성의 사실을 알고서 하여야 하는바, 判例는 시효완성 후에 시효이익을 포기하는 듯한 행위가 있으면 시효완성사실에 대한 악의를 추정한다(대판 1967.2.7. 66다2173). 따라서 주채무자 甲의 변제기한의 유예요청은 시효이익의 포기로 볼 수 있다(제184조 1항의 반대해석).

判例는 소멸시효의 완성을 원용할 수 있는 자는 권리의 소멸에 의하여 직접 이익을 받는 자에 한정된다고 하는바(대판 1995.7.11. 95다12446), 물상보증인은 채권자에 대하여 물적 유한책임을 지고 있어 그 피담보채권의 소멸에 의해 직접 이익을 받는 관계에 있으므로 소멸시효의 완성을 주장할 수 있다(대판 2004.1.16. 2003다30890).

判例는 직접 이익을 받는 자의 시효원용권은 채무자의 시효원용권에 기초한 것이 아닌 독자적인 것이라고 하여 채무자의 시효이익의 포기는 다른 직접수익자의 시효원용권에 영향을 미치지 않는다고 한다(포기의 상대효). 그러므로 주채무자 甲의 시효이익의 포기는 물상보증인 戊에게 영향을 주지 않는다. 따라서 피담보채권이 소멸시효가 완성되는 경우 저당권도 부종성에 의해 소멸하므로 戊는 乙을 상대로 저당권말소등기를 청구할 수 있다.

[정답] ④

문 120 **1억 원의 채무를 부담하고 있는 甲을 위하여 乙과 丙은 보증인이 되었고, 丁은 자기 소유의 시가 6,000만 원의 부동산에 저당권을 설정하여 물상보증인이 되었으며, 戊도 자기 소유의 시가 4,000만 원의 부동산에 저당권을 설정하여 물상보증인이 되었다. 당사자 사이의 특약 등 다른 특별한 사정이 없다면 乙이 甲의 채무 전액을 변제한 경우, 乙이 丙, 丁, 戊에 대하여 채권자를 대위할 수 있는 범위로 옳은 것은?** (다툼이 있는 경우 판례에 의함) [변시 5회]

① 丙에 대하여 2,500만 원, 丁에 대하여 2,500만 원, 戊에 대하여 2,500만 원
② 丙에 대하여 2,500만 원, 丁에 대하여 2,000만 원, 戊에 대하여 3,000만 원
③ 丙에 대하여 2,500만 원, 丁에 대하여 3,000만 원, 戊에 대하여 2,000만 원
④ 丙에 대하여 5,000만 원, 丁에 대하여 1,500만 원, 戊에 대하여 1,000만 원
⑤ 丙에 대하여 7,500만 원, 丁에 대하여 0원, 戊에 대하여 0원

해 설 변제할 정당한 이익이 있는 자는 변제로 당연히 채권자를 대위한다(제481조). 변제할 정당한 이익이 있는 자란 변제하지 않으면 채권자로부터 집행을 받거나, 자기의 권리를 잃게 되는 지위에 있는 자로서 '법률상의 이해관계'를 가지는 자를 말한다(대판 1990.4.10. 89다카24834). 가령, 불가분채무자 · 연대채무자 · (연대)보증인 · 물상보증인 · 후순위담보권자 · 담보물의 제3취득자 · 구상권이 있는 이행인수인(대결 2012.7.16. 2009마461) 등이 있는데, 지문의 경우 乙과 丙은 보증인으로서, 丁과 戊는 물상보증인으로서 각 변제할 정당한 이익이 있는 자에 해당한다.

변제로 인해 채권자를 대위한 자는 자기의 권리에 의하여 구상할 수 있는 범위에서 채권 및 그 담보에 관한 권리를 행사할 수 있다(제482조 1항). 전부변제의 경우 변제자대위의 요건을 갖추는 것을 전제로, '구상권의 범위 내'에서 채권자가 가졌던 '채권'및 '채권의 담보에 관한 권리'가 법률상 대위자에게 당연히 이전된다.

법정대위자 상호 간의 효과에 있어 물상보증인은 원칙적으로 보증인과 동일하게 취급하며, 물상보증인 상호 간의 관계에서 물상보증인 중 1인은 '각 부동산의 가액'에 비례하여 다른 물상보증인에 대하여 채권자를 대위한다(제482조 2항 4호). 그리고, 보증인과 물상보증인 사이의 관계에 있어서는 그 인원수에 비례하여 채권자를 대위한다(제482조 2항 5호 본문). 이 때 물상보증인이 수인인 경우는 보증인의 부담부분을 제외하고 그 잔액에 대하여 각 재산의 가액에 비례하여 대위의 범위가 정해진다(제482조 2항 5호 단서). 보증인이 수인인 경우에 보증인 각자는 공동보증인 상호간의 구상에 관한 제448조에 따른 범위 내에서 대위할 수 있고, (물상)보증인이 구상권을 행사하기 위해서는 자기의 부담부분을 초과하는 출연이 있어야 한다(대판 2010.6.10. 2007다61113,61120)

☞ 즉, 1억 원의 채무는 먼저 乙, 丙, 丁, 戊의 인원수에 비례하여 보증인 乙과 丙이 부담하는 부분은 1억 원×1/2=5,000만 원이고(제482조 2항 5호 본문), 나아가 乙과 丙은 또 다시 인원수에 비례하여 각 2,500만 원을 부담한다. 물상보증인 丁과 戊는 채무액 1억 원에서 보증인이 부담하는 5,000만 원을 제외한 잔액 5,000만 원에서 각 재산의 가액에 비례하여 丁은 3,000만 원, 戊는 2,000만 원을 각 부담한다(제482조 2항 5호 단서). 乙은 자신의 부담부분인 2,500만 원을 넘어 채무 전액을 변제하였으므로 丙에 대하여 2,500만 원, 丁에 대하여 3,000만 원, 戊에 대하여 2,000만 원의 범위 내에서 채권자를 대위할 수 있다.

[정답] ③

문 121 변제자대위에 관한 설명 중 옳은 것을 모두 고른 것은? (다툼이 있는 경우 판례에 의함) [변시 10회]

ㄱ. 채무를 변제할 정당한 이익이 있는 자가 채무를 대위변제한 경우에 통상 채무자에 대하여 구상권을 가짐과 동시에 변제자의 법정대위에 관한 「민법」 제481조에 의하여 당연히 채권자를 대위하나, 위 구상권과 변제자대위권은 별개의 권리이므로, 대위변제자와 채무자 사이에 구상금에 관한 지연손해금 약정이 있더라도 이 약정은 변제자대위권을 행사하는 경우에는 적용될 수 없다.

ㄴ. 변제할 정당한 이익이 있는 자가 채무자를 위하여 근저당권의 피담보채무의 일부를 대위변제한 경우에 대위변제자는 피담보채무의 일부 대위변제를 원인으로 한 근저당권 일부이전의 부기등기의 경료 여부와 관계없이 변제한 가액의 범위 내에서 종래 채권자가 가지고 있던 채권 및 담보에 관한 권리를 법률상 당연히 취득하게 되는 것이므로, 이러한 경우에 대위변제자는 위 채권자보다 우선하여 배당받는다.

ㄷ. 채무자로부터 담보부동산을 취득한 제3자는 채무를 변제하거나 담보권의 실행으로 소유권을 잃게 되면 물상보증인에 대하여 채권자를 대위할 수 있다.

ㄹ. 물상보증인이 채무를 변제하거나 저당권의 실행으로 저당물의 소유권을 잃었더라도 다른 사정에 의하여 채무자에 대하여 구상권이 없는 경우에는 채권자를 대위하여 채권자의 채권 및 담보에 관한 권리를 행사할 수 없다.

ㅁ. 채무자 소유 부동산과 물상보증인 소유 부동산에 공동근저당권을 설정한 채권자가 채무자 소유 부동산에 대한 담보를 상실하게 하거나 감소하게 한 경우, 공동근저당권자는 물상보증인 소유 부동산에 관한 경매절차에서 물상보증인이 담보 상실 내지 감소로 인한 면책을 주장할 수 있는 한도에서, 물상보증인 소유 부동산의 후순위 근저당권자에 우선하여 배당받을 수 없다.

① ㄱ, ㄹ
② ㄴ, ㄷ
③ ㄱ, ㄹ, ㅁ
④ ㄱ, ㄴ, ㄹ, ㅁ
⑤ ㄱ, ㄷ, ㄹ, ㅁ

해 설 ㄱ. [○] "채무를 변제할 이익이 있는 자가 채무를 대위변제한 경우에 통상 채무자에 대하여 구상권을 가짐과 동시에 민법 제481조에 의하여 당연히 채권자를 대위하나, 위 구상권과 변제자대위권은 그 원본, 변제기, 이자, 지연손해금의 유무 등에 있어서 그 내용이 다른 별개의 권리이므로, 대위변제자와 채무자 사이에 구상금에 관한 지연손해금 약정이 있더라도 이 약정은 구상금을 청구하는 경우에 적용될 뿐, 변제자대위권을 행사하는 경우에는 적용될 수 없다"(대판 2009.2.26. 2005다32418)

ㄴ. [X] "변제할 정당한 이익이 있는 자가 채무자를 위하여 채권의 일부를 대위변제할 경우에 대위변제자는 변제한 가액의 범위내에서 종래 채권자가 가지고 있던 채권 및 담보에 관한 권리를 취득하게 되고 따라서 채권자가 부동산에 대하여 저당권을 가지고 있는 경우에는 채권자는 대위변제자에게 일부 대위변제에 따른 저당권의 일부이전의 부기등기를 경료해 주어야 할 의무가 있다 할 것이나 이

경우에도 채권자는 일부 대위변제자에 대하여 우선변제권을 가지고 있다"(대판 1988.9.27. 88다카1797).

☞ 즉 **判例는 제483조 1항의 '변제한 가액에 비례하여 행사'의 의미에 대해 채권자우선설의 입장인바**, 대위변제제도는 구상권을 보호하려는 것뿐이므로 채권자를 해하면서까지 변제자를 보호할 필요가 없고, 그 일부대위의 효력이 채권자가 갖는 담보물권의 불가분성을 해칠 수도 없으므로 통설도 判例와 동일한 입장이다.

ㄷ. [X] ※ **물상보증인과 채무자로부터 담보목적물을 취득한 제3자와의 관계**

"① 물상보증인이 채무를 변제하거나 담보권의 실행으로 소유권을 잃은 때에는 보증채무를 이행한 보증인과 마찬가지로 **채무자로부터 담보부동산을 취득한 제3자에 대하여 구상권의 범위 내에서 출재한 전액에 관하여 채권자를 대위할** 수 있는 반면, ② 채무자로부터 담보부동산을 취득한 제3자는 채무를 변제하거나 담보권의 실행으로 소유권을 잃더라도 **물상보증인에 대하여 채권자를 대위할 수 없다**"(대판 2014.12.18. 전합2011다50233).[1]

ㄹ. [O] "물상보증인이 채무를 변제하거나 저당권의 실행으로 인하여 저당물의 소유권을 잃었더라도 다른 사정에 의하여 채무자에 대하여 구상권이 없는 경우에는 채권자를 대위하여 채권자의 채권 및 그 담보에 관한 권리를 행사할 수 없다"(대판 2014.4.30. 2013다80429 · 80436).

ㅁ. [O] "물상보증인의 변제자대위에 대한 기대권은 민법 제485조에 의하여 보호되어, 채권자가 고의나 과실로 담보를 상실하게 하거나 감소하게 한 때에는, 특별한 사정이 없는 한 **물상보증인은 그 상실 또는 감소로 인하여 상환을 받을 수 없는 한도에서 면책 주장을 할 수 있다.** 채권자가 물적 담보인 담보물권을 포기하거나 순위를 불리하게 변경하는 것은 담보의 상실 또는 감소행위에 해당한다. 따라서 채무자 소유 부동산과 물상보증인 소유 부동산에 공동근저당권을 설정한 채권자가 공동담보 중 채무자 소유 부동산에 대한 담보 일부를 포기하거나 순위를 불리하게 변경하여 담보를 상실하게 하거나 감소하게 한 경우, 물상보증인은 그로 인하여 상환받을 수 없는 한도에서 책임을 면한다. 그리고 **이 경우 공동근저당권자는** 나머지 공동담보 목적물인 물상보증인 소유 부동산에 관한 경매절차에서, **물상보증인이 위와 같이 담보 상실 내지 감소로 인한 면책을 주장할 수 있는 한도에서는, 물상보증인 소유 부동산의 후순위 근저당권자에 우선하여 배당받을 수 없다**"(대판 2018.7.11. 2017다292756)

[정답] ③

---

1) "이와 달리 담보부동산을 매수한 제3취득자는 물상보증인에 대하여 각 부동산의 가액에 비례하여 채권자를 대위할 수 있다고 한 대법원 1974. 12. 10. 선고 74다1419 판결은 이 판결의 견해에 배치되는 범위 내에서 이를 변경하기로 한다"

문 122 **甲은 乙에 대한 3억 원의 대여금 채권을 담보하기 위하여, 乙 소유의 X 토지, 丙 소유의 Y 토지, 丁 소유의 Z 토지에 각각 저당권을 취득하였고 戊와는 보증계약을 체결하였다. 이에 관한 설명 중 옳은 것을 모두 고른 것은?** (이자와 지연손해금, 집행비용은 고려하지 말 것. 각 지문은 독립적이며, 다툼이 있는 경우 판례에 의함) [변시 14회]

ㄱ. 丙이 乙의 채무를 면책적으로 인수한 경우, 丙은 특별한 사정이 없는 한 乙에 대하여 구상권을 가진다.
ㄴ. A가 乙로부터 X 토지를 취득한 후에 戊가 甲에게 3억 원을 변제한 경우, 戊는 X 토지에 설정된 위 저당권에 관하여 대위의 부기등기를 하지 않더라도 A에 대하여 甲을 대위할 수 있다.
ㄷ. 乙로부터 X 토지를 취득한 A가 X 토지에 설정된 위 저당권의 실행으로 소유권을 잃은 경우, A는 丙, 丁에 대하여 甲을 대위할 수 없다.
ㄹ. 丙이 甲에게 3억 원을 변제한 후 Z 토지에 설정된 위 저당권에 관하여 대위의 부기등기를 하지 않고 있는 동안에 A가 丁으로부터 Z 토지를 취득한 경우, 丙은 Z 토지에 설정된 위 저당권에 관하여 대위의 부기등기를 하지 않더라도 A에 대하여 甲을 대위할 수 있다.

① ㄱ, ㄷ ② ㄴ, ㄷ
③ ㄴ, ㄹ ④ ㄱ, ㄴ, ㄹ
⑤ ㄴ, ㄷ, ㄹ

해 설 ㄱ. [×] "타인의 채무를 담보하기 위하여 그 소유의 부동산에 저당권을 설정한 물상보증인이 타인의 채무를 변제하거나 저당권의 실행으로 저당물의 소유권을 잃은 때에는 채무자에 대하여 구상권을 취득한다(민법 제370조, 제341조). 그런데 구상권 취득의 요건인 '채무의 변제'라 함은 채무의 내용인 급부가 실현되고 이로써 채권이 그 목적을 달성하여 소멸하는 것을 의미하므로, 기존 채무가 동일성을 유지하면서 인수 당시의 상태로 종래의 채무자로부터 인수인에게 이전할 뿐 기존 채무를 소멸시키는 효력이 없는 면책적 채무인수는 설령 이로 인하여 기존 채무자가 채무를 면한다고 하더라도 이를 가리켜 채무가 변제된 경우에 해당한다고 할 수 없다. 따라서 채무인수의 대가로 기존 채무자가 물상보증인에게 어떤 급부를 하기로 약정하였다는 등의 사정이 없는 한 물상보증인이 기존 채무자의 채무를 면책적으로 인수하였다는 것만으로 물상보증인이 기존 채무자에 대하여 구상권 등의 권리를 가진다고 할 수 없다"(대판 2019.2.14. 2017다274703).

ㄴ. [○] 보증인은 '미리' 전세권이나 저당권의 등기에 대위를 부기하면 담보목적물의 제3취득자에 대하여 채권자를 대위할 수 있으나, 제3취득자는 보증인에 대하여 채권자를 대위하지 못한다(제482조 2항 1호, 2호). 이때 보증인이 '미리' 대위의 부기등기를 하여야 하는데 그 표준되는 시점이 문제된다. 검토하건대, 보증인이 변제하기 전이라면 제3자에게 불측의 손해를 가할 위험은 없으므로 '보증인의 변제 후 제3취득자의 등기 전'이라는 견해가 타당하다(통설). 判例도 같은 취지이다(대판 1990.11.9. 90다카10305). 따라서 제3취득자가 전세물이나 저당물의 권리를 취득한 후에 변제한 보증인은 대위의 부기등기 없이도 항상 제3자에게 대위할 수 있다(대판 2020.10.15. 2019다222041).

ㄷ. [O] "㉠ 물상보증인이 채무를 변제하거나 담보권의 실행으로 소유권을 잃은 때에는 보증채무를 이행한 보증인과 마찬가지로 채무자로부터 담보부동산을 취득한 제3자에 대하여 구상권의 범위 내에서 출재한 전액에 관하여 채권자를 대위할 수 있는 반면, ㉡ **채무자로부터 담보부동산을 취득한 제3자는 채무를 변제하거나 담보권의 실행으로 소유권을 잃더라도 물상보증인에 대하여 채권자를 대위할 수 없다**"(대판 2014.12.18. 전합2011다50233).

ㄹ. [X] "민법 제482조 제2항 제5호 단서에서 대위의 부기등기에 관한 제1호의 규정을 준용하도록 규정한 취지는 자기의 재산을 타인의 채무의 담보로 제공한 **'물상보증인이 수인'** 일 때 그중 일부의 물상보증인이 채무의 변제로 다른 물상보증인에 대하여 채권자를 대위하게 될 경우에 미리 대위의 부기등기를 하여 두지 아니하면 채무를 변제한 뒤에 그 저당물을 취득한 제3취득자에 대하여 채권자를 대위할 수 없도록 하려는 것이라고 해석되므로 자신들 소유의 부동산을 채무자의 채무의 담보로 제공한 **물상보증인들이 채무를 변제한 뒤 다른 물상보증인 소유부동산에 설정된 근저당권설정등기에 관하여 대위의 부기등기를 하여 두지 아니하고 있는 동안에 제3취득자가 위 부동산을 취득하였다면, 대위변제한 물상보증인들은 제3취득자에 대하여 채권자를 대위할 수 없다**"(대판 1990.11.9. 90다카10305).

[정답] ②

문 123 **甲은 2020. 8.11. 乙과 대출계약을 체결하면서 乙에 대한 채권을 담보하기 위하여 乙소유의 X토지에 채권최고액 12억원의 근저당권을 설정하였고, 丙과 丁이 乙의 부탁을 받아 甲과 연대보증계약을 체결하였다. 甲은 乙이 위 채무를 변제하지 않자 2023. 1.23. X토지에 관하여 위 근저당권에 기한 임의경매를 신청하였고, 경매신청 시 甲의 乙에 대한 채권액은 12억원이었다. 경매절차 진행 중 丙은 4억원, 丁은 2억원을 각 甲에게 변제하였고, 그에 따라 甲으로부터 근저당권 일부의 이전등기를 받았다. 甲은 경매신청 후 2023. 5.12. 乙에게 3억 원을 추가로 대여하였고, 경매절차에서 戊가 X토지를 9억 원에 매수하여 2023. 8.18. 그 대금을 완납하였다. 위 경매절차에서 甲, 丙, 丁에게 각 배당될 금액의 조합으로 옳은 것은?** (이자와 지연손해금, 집행비용은 고려하지 않음. 다툼이 있는 경우 판례에 의함)

[변시 13회]

	甲	丙	丁
①	3억 원	4억 원	2억 원
②	4억 5,000만 원	3억 원	1억 5,000만 원
③	5억 4,000만 원	2억 4,000만 원	1억 2,000만 원
④	6억 원	2억 원	1억 원
⑤	9억 원	0원	0원

해 설 Ⅰ. 甲의 피담보채권 확정시기

근저당권자가 근저당목적물에 대하여 경매신청을 함으로써 거래를 종료시키려는 의사를 표시한 경우에는 **'경매신청시'**(경매개시결정시가 아님)에 피담보채권의 원본이 확정된다(대판 1988.10.11. 87다카545).

II. 丙과 丁의 일부변제에 따른 우열관계

제483조 (일부의 대위) 「①항 채권의 일부에 대하여 대위변제가 있는 때에는 대위자는 그 변제한 가액에 비례하여 채권자와 함께 그 권리를 행사한다」

"변제할 정당한 이익이 있는 자가 채무자를 위하여 채권의 일부를 대위변제할 경우에 대위변제자는 변제한 가액의 범위내에서 종래 채권자가 가지고 있던 채권 및 담보에 관한 권리를 취득하게 되고 따라서 채권자가 부동산에 대하여 저당권을 가지고 있는 경우에는 채권자는 대위변제자에게 일부 대위변제에 따른 저당권의 일부이전의 부기등기를 경료해 주어야 할 의무가 있다 할 것이나 이 경우에도 채권자는 일부 대위변제자에 대하여 우선변제권을 가지고 있다"(대판 1988.9.27. 88다카1797)

III. 사안의 경우

2023. 1. 23. 甲의 乙에 대한 피담보채권액은 12억으로 확정된다. 따라서 甲이 2023. 5. 12. 乙에게 3억 원을 추가로 대여하였다고 하여 이에 대해 甲의 근저당권에 의하여 우선변제권이 있는 경우라고 할 수 없고, 경매절차에서 戊가 X토지를 9억 원에 매수한 경우 甲은 6억 원(12억 원 - 丙과 丁의 변제 금액 6억 원)을 우선적으로 변제받고, 나머지 3억 원에 대하여 丙과 丁이 변제금액에 비례하여 안분배당받으므로 丙은 2억 원, 丁은 1억 원을 배당받는다.

[정답] ④

제3절 변제공탁

문 124 공탁에 관한 설명 중 옳지 않은 것은? (다툼이 있는 경우 판례에 의함) [변시 12회]

① 변제공탁의 요건 중 '변제자가 과실 없이 채권자를 알 수 없는 경우'라 함은 객관적으로 채권자 또는 변제수령권자가 존재하고 있으나 채무자가 선량한 관리자의 주의를 다하여도 채권자가 누구인지를 알 수 없는 경우를 말한다.

② 변제공탁의 목적인 채무는 현존하는 확정채무일 필요는 없으므로 장래의 채무나 불확정채무도 변제공탁의 목적이 될 수 있다.

③ 채권자의 태도로 보아 채무자가 설사 채무의 이행제공을 하였더라도 그 수령을 거절하였을 것이 명백한 경우에는 채무자는 이행의 제공을 하지 않고 바로 변제공탁할 수 있다.

④ 변제공탁이 적법한 경우에는 채권자가 공탁물 출급청구를 하였는지와 관계없이 공탁을 한 때에 변제의 효력이 발생한다.

⑤ 공탁물 출급청구권과 공탁물 회수청구권은 서로 독립한 별개의 청구권이므로 공탁물 출급청구권에 대한 압류는 공탁물 회수청구권에 대하여 영향을 미치지 않는다.

해 설 ① [O] 민법 제487조 후단의 '변제자가 과실 없이 채권자를 알 수 없는 경우'라 함은 객관적으로 채권자 또는 변제수령권자가 존재하고 있으나 채무자가 선량한 관리자의 주의를 다하여도 채권자가 누구인지 알 수 없는 경우를 말한다(대판 2005.5.26. 2003다12311).

② [X] ※ 변제공탁의 목적인 채무

"변제공탁의 목적인 채무는 현존하는 확정채무여야 하지만, 그 의미는 장래의 채무나 불확정채무는 원칙적으로 변제공탁의 목적이 되지 못한다는 것일 뿐, 채무자에 대한 각 채권자의 채권이 동일한 채권이어야 한다는 의미는 아니다"(대판 2014.12.24. 2014다207245,207252)

③ [O] 변제자가 '적법한 변제제공'을 하였는데도 채권자가 이를 수령하지 않을 때에는 '채권자의 귀책사유를 묻지 않고' 변제자는 변제공탁을 할 수 있다(통설). 다만 채권자의 태도로 보아 채무자가 설사 채무의 이행제공을 하였더라도 그 수령을 거절하였을 것이 명백한 경우(영구적 불수령=이행거절)에는 채무자는 이행의 제공을 하지 않고 바로 '변제공탁'할 수 있다(대판 1994.8.26. 93다42276).

비교쟁점 그러나 채권자가 미리 수령을 거절한 경우에도 채권자지체에 빠뜨려 채권자가 '대가위험'을 부담하도록 하기 위해서는(제538조 1항 2문) 변제제공(현실제공이나 구두제공)이 필요하다(대판 2004.3.12. 2001다79013).

④ [O] 공탁이 행해진 이후에도 변제자는 원칙적으로 공탁물을 회수할 수 있고(제489조 1항 1문) 공탁물의 회수가 있으면 공탁하지 아니한 것으로 본다(같은 항 2문). 이러한 공탁물회수와 공탁으로 인한 변제의 효과발생 사이의 관계에 대하여 대법원은 '해제조건설'을 취하고 있다.

"변제공탁이 적법한 경우에는 채권자가 공탁물 출급청구를 하였는지 여부와는 관계없이 공탁을 한 때에 변제의 효력이 발생하나, 변제공탁자가 공탁물 회수권의 행사에 의하여 공탁물을 회수한 경우에는 공탁하지 아니한 것으로 보아 채권소멸의 효력은 소급하여 없어진다(해제조건설 : 저자주)"(대판 2014.5.29. 2013다212295)

⑤ [O] "공탁물 출급청구권과 공탁물 회수청구권은 서로 독립한 별개의 청구권이므로 설령 공탁물 출급청구권에 대한 압류 등이 있었다고 하더라도 이는 공탁물 회수청구권에 대하여 아무런 영향을 미치지 않는다"(대결 2020.5.22. 2018마5697).

[정답] ②

제4절 상계

문 125 상계에 관한 설명 중 옳은 것은? (다툼이 있는 경우에는 판례에 의함) [변시 1회]

① 고의의 불법행위로 인한 손해배상채권을 자동채권으로 하는 상계는 허용되지 않는다.
② 피용자의 고의의 불법행위로 인하여 사용자책임이 성립하는 경우, 사용자는 피해자의 사용자에 대한 손해배상채권을 수동채권으로 하여 상계할 수 있다.
③ 채권의 일부양도가 이루어진 경우, 그 분할된 채권에 대하여 양도인에 대한 반대채권으로 상계하고자 하는 채무자는 양도인을 비롯한 각 분할채권자 중 어느 누구라도 상계의 상대방으로 지정하여 상계할 수 있다.
④ 상대방이 제3자에 대하여 가지는 채권을 수동채권으로 하여 상계할 수 있다.
⑤ 상계의 대상이 될 수 있는 자동채권과 수동채권이 서로 동시이행관계에 있다면 특별한 사정이 없는 한 상계가 허용되지 않는다.

해 설 ① [X] **제496조(불법행위채권을 수동채권으로 하는 상계의 금지)** 「채무가 고의의 불법행위로 인한 것인 때에는 그 채무자는 상계로 채권자에게 대항하지 못한다.」
☞ 제496조의 취지는 고의에 의한 불법행위의 발생을 방지함과 아울러 고의의 불법행위로 인한 피해자에게 현실의 변제를 받게 하려는 데 있다(대판 2002.1.25. 2001다52506). 따라서 피해자가 손해배상채권을 '자동채권'으로 하여 상계하는 것은 무방하다.

② [X] "**민법 제756조에 의한 사용자의 손해배상책임은 피용자의 배상책임에 대한 대체적 책임**이고, 같은 조 제1항에서 사용자가 피용자의 선임 및 그 사무감독에 상당한 주의를 한 때 또는 상당한 주의를 하여도 손해가 있을 경우에는 책임을 면할 수 있도록 규정함으로써 사용자책임에서 사용자의 과실은 직접의 가해행위가 아닌 피용자의 선임 · 감독에 관련된 것으로 해석되는 점에 비추어 볼 때, 피용자의 고의의 불법행위로 인하여 사용자책임이 성립하는 경우에 민법 제496조의 적용을 배제하여야 할 이유가 없으므로 사용자책임이 성립하는 경우 사용자는 자신의 고의의 불법행위가 아니라는 이유로 민법 제496조의 적용을 면할 수는 없다"(대판 2006.10.26. 2004다63019)

③ [○] "채권의 일부 양도가 이루어지면 특별한 사정이 없는 한 각 분할된 부분에 대하여 독립한 분할채권이 성립하므로 그 채권에 대하여 양도인에 대한 반대채권으로 상계하고자 하는 채무자로서는 양도인을 비롯한 각 분할채권자 중 어느 누구도 상계의 상대방으로 지정하여 상계할 수 있고, 그러한 채무자의 상계 의사표시를 수령한 분할채권자는 제3자에 대한 대항요건을 갖춘 양수인이라 하더라도 양도인 또는 다른 양수인에 귀속된 부분에 대하여 먼저 상계되어야 한다거나 각 분할채권액의 채권 총액에 대한 비율에 따라 상계되어야 한다는 이의를 할 수 없다"(대판 2002.2.8. 2000다50596).

사실관계 甲건설은 乙교회에 대해 공사잔대금채권 6억원이 있고, 乙은 위 공사의 하자로 인해 甲에 대해 1억원의 손해배상채권이 있는데, 甲은 乙에 대한 위 채권 중 3억원의 채권을 丙에게 양도하였다. 여기서 乙이 甲에 대한 1억원의 채권을 가지고 상계하는 경우, 먼저 甲에 대해 상계하여야 하는가? 또 丙에 대해 상계할 때에는 그 비율(즉, 3억원 × 1억/ 6억= 5,000만원)에 따라 상계할 수 있는가? 判例는 위와 같은 이유로 乙은 甲에 대한 1억원의 채권 전부를 丙이 乙에 대해 가지는 양수금채권(3억원)과 상계할 수 있는 것으로 보았다.

④ [X] "상계는 당사자 쌍방이 서로 같은 종류를 목적으로 한 채무를 부담한 경우에 서로 같은 종류의 급부를 현실로 이행하는 대신 어느 일방 당사자의 의사표시로 그 대등액에 관하여 채권과 채무를 동시에 소멸시키는 것이고, 이러한 상계제도의 취지는 서로 대립하는 두 당사자 사이의 채권·채무를 간이한 방법으로 원활하고 공평하게 처리하려는 데 있으므로, 수동채권으로 될 수 있는 채권은 상대방이 상계자에 대하여 가지는 채권이어야 하고, 상대방이 제3자에 대하여 가지는 채권과는 상계할 수 없다고 보아야 한다. 그렇지 않고 만약 상대방이 제3자에 대하여 가지는 채권을 수동채권으로 하여 상계할 수 있다고 한다면, 이는 상계의 당사자가 아닌 상대방과 제3자 사이의 채권채무관계에서 상대방이 제3자에게서 채무의 본지에 따른 현실급부를 받을 이익을 침해하게 될 뿐 아니라, 상대방의 채권자들 사이에서 상계자만 독점적인 만족을 얻게 되는 불합리한 결과를 초래하게 되므로, 상계의 담보적 기능과 관련하여 법적으로 보호받을 수 있는 당사자의 합리적 기대가 이러한 경우에까지 미친다고 볼 수는 없다"(대판 2011.4.28. 2010다101394).

사실관계 원고는 근저당권에 기한 임의경매절차에서 A소유의 아파트를 매각 받아 매각대금을 완납함으로써 그 소유권을 취득하였다. 피고는 원래 위 아파트의 '후순위' 임차인이었는데, 그 임차권이 매각으로 소멸하였음에도 임대인 A에 대한 유익비상환청구권에 기한 유치권을 주장하며 원고가 위 아파트의 소유권을 취득한 이후에도 위 아파트를 계속 점유·사용하였다. 이에 원고가 피고를 상대로 소유권에 기하여 위 아파트의 인도를 청구하자, 피고는 위 유치권 항변을 하였고, 이에 대하여 원고는 다시 피고에 대한 부당이득반환채권으로 피고의 A에 대한 유익비상환청구권과 상계한다고 재항변하였으나 받아들여지지 않았다.

⑤ [X] "상계제도는 서로 대립하는 채권·채무를 간이한 방법에 의하여 결제함으로써 양자의 채권·채무 관계를 원활하고 공평하게 처리함을 목적으로 하고 있으므로, 상계의 대상이 될 수 있는 자동채권과 수동채권이 동시이행관계에 있다고 하더라도 서로 현실적으로 이행하여야 할 필요가 없는 경우라면 상계로 인한 불이익이 발생할 우려가 없고 오히려 상계를 허용하는 것이 동시이행관계에 있는 채권·채무 관계를 간명하게 해소할 수 있으므로 특별한 사정이 없는 한 상계가 허용된다"(대판 2006.7.28. 2004다54633)

관련쟁점 동시이행의 항변권이 붙어 있는 채권은 이를 '자동채권'으로 하여 상계하지 못한다. 이를 허용하면 상대방은 이유 없이 동시이행의 항변권을 잃기 때문이다(대판 2002.8.23. 2002다25242). 따라서 수동채권은 가능하다. 다만 자동채권과 수동채권이 서로 동시이행관계에 있는 경우에는 '양 채무를 현실적으로 이행하여야 할 필요성이 없는 한' 동시이행의 항변권이 붙어 있는 채권을 자동채권으로 하는 상계도 허용된다(위 2004다54633판결). 상계를 허용함으로써 오히려 당사자 사이의 채무 변제를 용이하게 처리할 수 있기 때문이다. 그래서 금전채무 상호 간에 동시이행관계가 있는 경우에는 일반적으로 상계가 허용되며, 判例는 도급인이 하자보수나 손해배상청구권을 자동채권으로 하고 그와 동시이행관계에 있는 수급인의 공사대금채권(제667조 3항)을 수동채권으로 하여 상계할 수 있음을 전제로 한다(대판 1996.7.12. 96다7250,7267).

[정답] ③

문 126 상계에 관한 설명 중 옳은 것(○)과 옳지 않은 것(×)을 올바르게 조합한 것은? (각 지문은 독립적이며, 다툼이 있는 경우 판례에 의함) [변시 8회]

ㄱ. 제3채무자의 채무자에 대한 자동채권이 수동채권인 피압류채권과 동시이행의 관계에 있는 경우에는, 압류명령이 제3채무자에게 송달되어 압류의 효력이 생긴 후에 자동채권이 발생하였다고 하더라도, 제3채무자는 그 채권에 의한 상계로 압류채권자에게 대항할 수 있다.

ㄴ. 유치권이 인정되는 아파트를 경매로 매수한 자는 아파트 일부를 점유·사용하고 있는 유치권자에 대한 임료 상당의 부당이득금 반환채권을 자동채권으로 하여 유치권자가 종전 소유자에 대하여 가지는 유익비상환채권을 상계할 수 있다.

ㄷ. 주채무자가 수탁보증인에 대해 사전에 담보제공청구권 등의 항변권을 포기한 경우, 그 수탁보증인은 주채무자에 대하여 가지는 「민법」 제442조의 사전구상권을 자동채권으로 하여 주채무자가 수탁보증인에 대하여 가지는 채권과 상계할 수 있다.

ㄹ. 고의로 인한 불법행위나 중과실로 인한 불법행위 모두 피해자에게 현실의 변제를 받을 수 있도록 할 필요성은 동일하므로, 고의의 불법행위로 인한 손해배상채권에 대한 상계금지는 중과실의 불법행위로 인한 손해배상채권의 경우에도 적용할 수 있다.

① ㄱ(○), ㄴ(○), ㄷ(×), ㄹ(○)
② ㄱ(○), ㄴ(×), ㄷ(○), ㄹ(×)
③ ㄱ(○), ㄴ(×), ㄷ(×), ㄹ(×)
④ ㄱ(×), ㄴ(○), ㄷ(○), ㄹ(×)
⑤ ㄱ(×), ㄴ(○), ㄷ(×), ㄹ(○)

해 설 ㄱ. [○] ※ 지급금지채권(압류 또는 가압류된 채권)을 수동채권으로 하는 상계

지급을 금지하는 명령을 받은 제3채무자는 그 후에 취득한 채권에 의한 상계로 그 명령을 신청한 채권자에게 대항하지 못한다(제498조). 지급금지명령을 받은 채권이란 압류 또는 가압류를 당한 채권으로서, 본조는 압류의 효력을 유지하여 채무자의 재산으로부터 만족을 얻으려는 집행채권자를 보호하려는 데에 그 취지가 있다. 그러므로 압류 또는 가압류의 효력이 발생하기 전에 제3채무자가 채무자에 대해 채권을 가지고 있은 때에는 상계할 수 있다(제498조의 반대해석).

그러나 判例는 그 채권이 (가)압류의 효력발생[(가)압류 명령이 제3채무자에게 송달된 때] 이후에 발생한 것이더라도 그 기초가 되는 원인이 가압류 이전에 이미 성립하여 존재하고 있는 경우에는, 본조 소정의 '가압류 이후에 취득한 채권'에 해당하지 않아 상계할 수 있다고 한다(대판 2001.3.27, 2000다43819). 즉 동시이행관계에 있는 반대채권의 성립이 압류명령 송달 후라고 하더라도 이 경우에는 상계가 허용된다. 동시이행관계인 경우에는 처음부터 채권발생의 기초관계가 존재하고 있어 상계를 할 수 있다는 기대가 존재하는 것이므로 제3채무자의 이러한 상계에 대한 기대 또는 신뢰는 존중되어야 할 것이기 때문이다.

ㄴ. [X] ※ 상계 수동채권의 요건

"상계의 수동채권은 피상계자(채권자)가 상계자(채무자)에 대하여 가지는 채권이어야 하고, 피상계자가 제3자에 대하여 가지는 채권과는 상계할 수 없다고 보아야 한다. 그렇지 않고 만약 상대방이 제3자에 대하여 가지는 채권을 수동채권으로 하여 상계할 수 있다고 한다면, 이는 상계의 당사자가 아닌 상대방과 제3자 사이의 채권채무관계에서 상대방이 제3자에게서 채무의 본지에 따른 현실급부를 받을 이익을 침해하게 될 뿐 아니라, 상대방의 채권자들 사이에서 상계자만 독점적인 만족을 얻게 되는 불합리한 결과를 초래하게 되기 때문이다"(대판 2011.4.28. 2010다101394).

☞ 유치권이 인정되는 아파트를 경락 · 취득한 자(A)가 아파트 일부를 점유 · 사용하고 있는 유치권자(B)에 대한 임료 상당의 부당이득금 반환채권을 자동채권으로 하여, 유치권자(B)의 종전 소유자(C)에 대한 유익비상환채권과 상계한다는 의사표시를 한 경우, 수동채권은 피상계자(B)가 제3자(C)에 대하여 가지는 채권이 되므로 이러한 상계는 허용되지 않는다.

ㄷ. [O] ※ 항변권이 부착된 자동채권에 의한 상계

"항변권이 붙어 있는 채권을 자동채권으로 하여 다른 채무(수동채권)와의 상계를 허용한다면 상계자 일방의 의사표시에 의하여 상대방의 항변권 행사의 기회를 상실시키는 결과가 되므로 그러한 상계는 허용될 수 없고, 특히 수탁보증인이 주채무자에 대하여 가지는 민법 제442조의 사전구상권에는 민법 제443조의 담보제공청구권이 항변권으로 부착되어 있는 만큼 이를 자동채권으로 하는 상계는 허용될 수 없다. 다만 민법 제443조는 임의규정으로서 주채무자가 사전에 담보제공청구권의 항변권을 포기한 경우에는 보증인은 사전구상권을 자동채권으로 하여 주채무자에 대한 채무와 상계할 수 있다"(대판 2004.5.28. 2001다81245).

ㄹ. [X] ※ 중과실에 의한 불법행위채권을 수동채권으로 하는 상계 가부

민법 제496조는 고의의 불법행위로 인한 손해배상채권에 대한 상계를 금지하고 있다. 이는 고의에 의한 불법행위의 발생을 방지함과 아울러 고의의 불법행위로 인한 피해자에게 현실의 변제를 받게 하려는 데 그 취지가 있다. 判例는 이 같은 입법취지나 적용결과에 비추어 볼 때, 민법 제496조를 중과실의 불법행위에 인한 손해배상채권에까지 유추 또는 확장적용하여야 할 필요성은 없다고 보았다(대판 1994.8.12. 93다52808).

[정답] ②

문 127 **甲은 乙에게 7,000만 원의 금전채권(변제기 2015. 5. 8.)이 있고, 乙은 甲에게 5,000만 원의 금전채권(변제기 2015. 8. 24.)이 있다. 다음 설명 중 옳은 것을 모두 고른 것은?** (각 지문은 독립적이며, 다툼이 있는 경우 판례에 의함) [변시 5회]

ㄱ. 甲의 乙에 대한 채권과 乙의 甲에 대한 채권이 모두 대여금채권인 경우, 2015. 7. 15. 甲은 상계할 수 있지만 乙은 상계할 수 없다.
ㄴ. 甲의 채권자 丙이 2015. 8. 20. 甲의 乙에 대한 대여금채권을 가압류하여 그 가압류명령이 乙에게 2015. 8. 21. 송달되었더라도 2015. 8. 25.에는 乙은 甲에 대한 자신의 대여금채권으로 위 가압류된 채권을 상계할 수 있다.
ㄷ. 甲의 乙에 대한 채권과 乙의 甲에 대한 채권이 모두 대여금채권인 경우, 乙이 2015. 10. 31. 상계의 의사표시를 하여 그 의사표시가 같은 날 甲에게 도달하였다면, 2015. 10. 31.을 기준으로 두 채권은 대등액의 범위 내에서 소멸한 것으로 본다.
ㄹ. 甲의 乙에 대한 채권이 이혼한 부부 사이에서 자녀의 양육비의 지급을 구하는 권리인 경우, 가정법원의 심판에 의하여 구체적인 청구권의 내용과 범위가 확정되었고 이미 이행기에 도달하였다면, 이를 상계의 자동채권으로 하는 것이 가능하다.
ㅁ. 甲의 乙에 대한 채권은 대여금채권이고, 乙의 甲에 대한 채권은 甲의 일방적인 폭행으로 인한 손해배상채권이라면 甲은 상계할 수 없으나, 乙은 상계할 수 있다.

① ㄱ, ㄴ, ㄹ ② ㄱ, ㄷ, ㅁ
③ ㄱ, ㄹ, ㅁ ④ ㄴ, ㄷ, ㄹ
⑤ ㄴ, ㄷ, ㅁ

해설 ㄱ. [○] 쌍방이 서로 같은 종류를 목적으로 한 채무를 부담한 경우에 그 쌍방의 채무의 이행기가 도래한 때에는 각 채무자는 대등액에 관하여 상계할 수 있다(제492조 1항). 이행기와 관련하여 자동채권은 반드시 이행기에 있어야 한다. 그렇지 않으면 상대방은 이유 없이 기한의 이익을 잃게 되기 때문이다. 그러나 수동채권은 채무자가 기한의 이익을 포기할 수 있으므로(제153조 2항), 이행기 도래 전이라도 이를 포기하고 상계할 수 있다(대판 1979.6.12. 79다662).

☞ 지문의 경우 2015. 7. 15. 甲의 乙에 대한 7,000만 원의 금전채권(변제기 2015. 5. 8.)은 이미 이행기가 도래하였으므로 자동채권이 될 수 있으므로 甲은 상계할 수 있으나, 乙의 甲에 대한 5,000만 원의 금전채권(변제기 2015. 8. 24.)은 아직 이행기가 도래하지 않았으므로 자동채권이 될 수 없어 乙은 상계할 수 없다.

ㄴ. [X] 전부명령은 압류명령을 전제로 발령되는 것이므로, 압류명령에 의하여 압류된 채권, 즉 민법 제498조의 지급금지채권을 대상으로 하는 것이고, 따라서 제3채무자로서는 압류명령 송달 후(가압류에서 본압류로 이전된 경우에는 가압류명령 송달 후) 취득한 채무자에 대한 채권을 자동채권으로 하여 피전부채권과의 상계를 주장할 수 없다.

나아가, 압류명령 송달 전에 이미 취득한 채무자에 대한 채권인 경우에도 양 채권이 상계적상에 있거나 자동채권이 변제기에 달하여 있지 않은 경우에는 그것이 수동채권의 변제기와 동시에 또는 그보다 먼저 변제기에 도달하는 경우에만 상계할 수 있다(대판 1987.7.7. 86다카2762 ; 대판 2012.2.16. 전합2011다45521).

☞ 지문의 경우 가압류의 효력발생 당시인 2015. 8. 21.에 자동채권의 변제기(2015. 8. 24.)는 아직 도래하지 않았고, 자동채권의 변제기(2015. 8. 24.)가 수동채권의 변제기(2015. 5. 8.)보다 후에 도래하게 되므로 乙은 자신의 대여금채권으로 가압류된 채권을 상계할 수 없다.

참고 참고로, 이와 같이 자동채권, 즉 채무자에 대한 채권은 압류명령 송달 당시에 적어도 발생은 하고 있어야 함이 원칙이나, 자동채권으로 삼으려는 채무자에 대한 채권이 **그때까지 아직 발생되어 있지 않았더라도 그 발생과 동시에 수동채권과 동시이행관계에 놓이는 경우**에는 자동채권의 발생기초가 되는 원인이 수동채권의 압류 이전부터 이미 성립하여 존재하고 있었다고 할 것이므로, 그러한 채권은 자동채권이 될 수 있다(대판 1993.9.28. 92다55794 ; 대판 2011.3.27. 2000다43819).

ㄷ. [×] 상계의 의사표시가 있으면 '각 채무가 상계할 수 있는 때'(상계적상시)로 소급하여 소멸한 것으로 본다(제493조 2항). 위 조항에서 '각 채무가 상계할 수 있는 때'란 양 채권이 모두 변제기가 도래한 경우와 수동채권의 변제기가 도래하지 아니하였다고 하더라도 기한의 이익을 포기할 수 있는 경우를 포함한다(대판 2011.7.28. 2010다70018).

☞ 지문의 경우 乙이 상계의 의사표시를 한 2015. 10. 31.에는 양 채권이 모두 변제기가 도래한 상태이므로, 상계적상일은 양 채권의 변제기가 모두 도래한 2015. 8. 24.이며, 이 때를 기준으로 두 채권은 대등액의 범위 내에서 소멸한 것으로 본다.

ㄹ. [○] "이혼한 부부 사이에서 子에 대한 양육비의 지급을 구할 권리(이하 '양육비채권')는 당사자의 협의 또는 가정법원의 심판에 의하여 구체적인 청구권의 내용과 범위가 확정되기 전에는 '상대방에 대하여 양육비의 분담액을 구할 권리를 가진다'라는 추상적인 청구권에 불과하고 당사자의 협의나 가정법원이 당해 양육비의 범위 등을 재량적·형성적으로 정하는 심판에 의하여 비로소 구체적인 액수만큼의 지급청구권이 발생하게 된다고 보아야 하므로, 당사자의 협의 또는 가정법원의 심판에 의하여 구체적인 청구권의 내용과 범위가 확정되기 전에는 그 내용이 극히 불확정하여 상계할 수 없지만, **가정법원의 심판에 의하여 구체적인 청구권의 내용과 범위가 확정된 후의 양육비채권 중 이미 이행기에 도달한 후의 양육비채권은 완전한 재산권(손해배상청구권)으로서 친족법상의 신분으로부터 독립하여 처분이 가능하고, 권리자의 의사에 따라 포기, 양도 또는 상계의 자동채권으로 하는 것도 가능하다**"(대판 2006.7.4. 2006므751).

ㅁ. [○] 채무가 고의의 불법행위로 인한 것인 때에는 그 채무자는 상계로 채권자에게 대항하지 못한다(제496조). 본조의 규정취지는 고의에 의한 불법행위의 발생을 방지함과 아울러 고의의 불법행위로 인한 피해자에게 현실의 변제를 받게 하려는 데 있다(대판 2002.1.25. 2001다5250). 따라서 피해자가 손해배상채권을 '자동채권'으로 하여 상계하는 것은 무방하다. 따라서 甲은 상계할 수 없으나 乙은 상계할 수 있다.

[정답] ③

문 128 甲과 乙 사이의 채권 발생 경위는 다음과 같다. 옳은 것을 모두 고른 것은?(다툼이 있는 경우에는 판례에 의하고, 각 지문은 모두 독립적이다) [변시 3회]

- A채권(대여금채권) : 甲은 2012. 12. 31. 乙에게 2,000만 원을 변제기 2013. 3. 5.로 정하여 대여하였다.
- B채권(부당이득금채권) : 乙은 2012. 1. 1.부터 2012. 12. 31.까지 사이에 권원 없음을 알면서도 甲의 의사에 반하여 甲소유인 X 아파트를 무단으로 점유하면서 사용하였다. 이로 인한 차임 상당 부당이득금은 2,000만 원이다.
- C채권(컴퓨터 대금채권) : 乙은 2012. 12. 5. 甲에게 컴퓨터 10대를 대금 2,000만원, 대금지급일 2013. 2. 5.로 정하여 매도하였고 아직 컴퓨터를 인도하지 않았다.
- D채권(양수금채권) : 丙은 2012. 10. 1. 甲에게 2,000만 원을 변제기 2013. 2. 5.로 정하여 대여하였다. 乙은 2012. 12. 1. 丙으로부터 이 채권을 양수하였고, 丙이 양도통지를 보내어 그 통지가 2012. 12. 11 甲에게 도달하였다.

ㄱ. 甲의 채권자 丁은 A 채권에 관하여 압류 전부명령을 받았고, 그 명령이 2013. 1. 2. 甲과 乙에게 도달하여 그 무렵 확정되었다. 乙은 2014. 1. 2. D채권을 자동채권으로 A채권을 수동채권으로 하여 丁에게 상계의사표시를 하였다. 이 경우 乙은 상계로 丁에게 대항할 수 있다.

ㄴ. 乙은 2014. 1. 2. 甲에게 D 채권을 자동채권으로 B 채권을 수동채권으로 하여 상계의사표시를 하였다. 상계는 인정된다.

ㄷ. 乙은 2014. 1. 2. 甲에게 C 채권을 자동채권으로 A 채권을 수동채권으로 하여 상계의사표시를 하였다. 상계는 인정된다.

ㄹ. 甲은 2014. 1. 2. 乙에게 B 채권을 자동채권으로 C 채권을 수동채권으로 하여 상계의사표시를 하였다. 상계는 인정된다.

① ㄱ, ㄴ
② ㄴ, ㄷ
③ ㄷ, ㄹ
④ ㄱ, ㄹ
⑤ ㄴ, ㄹ

해 설 ※ 상계가 유효하기 위해서는 양 채권이 상계적상에 있어야 하는바, i) 채권이 대립하고 있을 것, ii) 대립하는 채권이 동일한 종류일 것, iii) 적어도 자동채권의 변제기가 도래할 것, iv) 상계가 허용되지 않는 채권이 아닐 것을 요한다. v) 이러한 상계적상은 원칙적으로 상계의 의사표시가 행하여지는 당시에 현존하여야 한다(제492조). 설문에서는 iv) 상계가 허용되지 않는 채권이 아닐 것과 관련해서 문제된다.

ㄱ. [○] 제498조는 '지급을 금지하는 명령을 받은 제3채무자는 그 후에 취득한 채권에 의한 상계로 그 명령을 신청한 채권자에게 대항하지 못한다'고 규정하고 있다. 지급금지명령을 받은 채권이란 압류 또는 가압류를 당한 채권으로서, 본조는 압류의 효력을 유지하여 채무자의 재산으로부터 만족을 얻으려는 집행채권자를 보호하려는 데에 그 취지가 있다.

제498조의 반대해석상 지급금지명령을 받기 전에 제3채무자가 채무자에 대해 반대채권을 가지고 있는 경우에는 상계가 허용될 수 있다. 다만 이 경우 자동채권도 그 명령을 받기 전에 이행기가 도래해 있어야 하는지가 문제된다. 이와 관련하여 判例는 "민법 제498조 규정의 취지, 상계제도의 목적 및 기능, 채무자의 채권이 압류된 경우 관련 당사자들의 이익상황 등에 비추어 보면, 채권압류명령 또는 채권가압류명령을 받은 제3채무자가 압류채무자에 대한 반대채권을 가지고 있는 경우에 상계로써 압류채권자에게 대항하기 위하여는, **압류의 효력 발생 당시에 대립하는 양 채권이 상계적상에 있거나, 그 당시 반대채권(자동채권)의 변제기가 도래하지 아니한 경우에는 그것이 피압류채권(수동채권)의 변제기와 동시에 또는 그보다 먼저 도래하여야** 한다"(대판 2012.2.16. 전합2011다45521)고 한다.

☞ 사안에서 채권압류명령을 받은 제3채무자 乙은 압류채무자 甲에게 반대채권인 D채권을 가지고 있는바, 압류의 효력 발생 당시(2013. 1. 2.) 자동채권인 D 채권의 변제기는 2013. 2. 5.이므로 아직 자동채권의 변제기가 도래하지는 않았지만, 당해 자동채권의 변제기가 피압류채권(수동채권)인 A채권의 변제기인 2013. 3. 5.보다 먼저 도래하므로 乙은 상계로 압류채권자 丁에게 대항할 수 있다.

ㄴ. [X] 채무가 고의의 불법행위로 인한 것인 때에는 그 채무자는 상계로 채권자에게 대항하지 못한다(제496조). 따라서 피해자가 손해배상채권을 '자동채권'으로 하여 상계하는 것은 무방하다. 그리고 판례는 '부당이득'의 원인이 고의의 불법행위였다면 불법행위로 인한 손해배상채권을 청구하는 경우와 다를 바 없다 할 것이어서, 부당이득의 경우에도 제496조를 유추적용함이 타당하다고 한다(대판 2002.1.25. 2001다52506).

☞ 사안에서 B채권은 부당이득의 원인이 고의의 불법행위이므로, 乙이 B채권을 수동채권으로 하는 의사표시는 제496조의 유추적용에 의해 허용되지 않는다.

ㄷ. [X] ㄹ. [○] 동시이행의 항변권이 붙어 있는 채권은 이를 '자동채권'으로 하여 상계하지 못한다. 이를 허용하면 상대방은 이유 없이 동시이행의 항변권을 잃기 때문이다(대판 2002.8.23. 2002다25242). 따라서 수동채권에 항변권이 붙어 있는 경우에는 채무자가 이를 포기하고 상계하는 것은 무방하다.

☞ ㄷ. 사안에서 C채권은 컴퓨터 매매대금지급청구권인바, 이러한 채권에는 컴퓨터인도라는 동시이행의 항변권이 붙어있으므로 乙은 C채권을 자동채권으로 상계할 수 없다.

☞ ㄹ. 사안에서 甲은 乙에게 고의의 불법행위에 기한 손해배상채권에 준하는 부당이득반환채권인 B채권을 자동채권으로 동시이행의 항변권이 붙은 C채권을 수동채권으로 하는 상계의 의사표시를 할 수 있다.

[정답] ④

문 129 **상계에 관한 설명 중 옳지 않은 것은?** (다툼이 있는 경우 판례에 의함) [변시 10회]

① 매도인이나 수급인의 담보책임을 기초로 한 손해배상채권의 제척기간이 지난 경우에도 제척기간이 지나기 전 상대방의 채권과 상계할 수 있었다면 매수인이나 도급인은 위 손해배상채권을 자동채권으로 해서 상대방의 채권과 상계할 수 있다.

② 고의의 불법행위로 인한 손해배상채권의 채무자는 그 채권이 양도된 경우에 양수인에게도 상계로 대항할 수 없으나, 그 채권양도가 사해행위에 해당하는 경우 불법행위로 인한 손해배상채권의 채무자가 채권양도인에 대한 별도의 채권자 지위에서 채권양수인에게 채권자취소권을 행사하여 채권양도의 취소를 구함과 아울러 취소에 따른 원상회복 방법으로 직접 자신 앞으로 가액배상의 지급을 구하는 것은 허용된다.

③ 주채무자가 사전에 수탁보증인의 사전구상권에 부착되어 있는 담보제공청구권 등의 항변권을 포기한 경우, 수탁보증인은 사전구상권을 자동채권으로 하여 주채무자에 대한 채무와 상계할 수 있다.

④ 가정법원의 심판에 의하여 구체적인 청구권의 내용과 범위가 확정된 후의 양육비채권 중 이미 이행기에 도달한 후의 양육비채권은 권리자의 의사에 따라 상계의 자동채권으로 하는 것이 가능하다.

⑤ 가분적인 금전채권의 일부에 대한 전부명령이 확정되면 특별한 사정이 없는 한 전부된 채권 부분과 전부되지 않은 채권 부분에 대하여 각기 독립한 분할채권이 성립하게 되므로, 그 채권에 대하여 압류채무자에 대한 반대채권으로 상계하고자 하는 제3채무자로서는 각 분할채권액의 채권 총액에 대한 비율에 따라 상계하여야 한다.

해 설 ① [○] ※ **제척기간이 도과된 채권에 의한 상계**

소멸시효는 그 기산일에 소급하여 소멸한다(제167조). 따라서 소멸시효로 채무를 면하게 되는 자는 기산일 이후의 이자 등을 지급할 의무가 없다. 다만 **시효로 소멸하는 채권이 그 소멸시효가 완성하기 전에 상계할 수 있었던 것이라면 채권자는 상계할 수 있다**(제495조). 이는 (매도인이나 수급인의 담보책임을 기초로 한 손해배상채권의) **제척기간이 지났으나, 제척기간이 지나기 전 상대방의 채권과 상계할 수 있었던 경우에도 마찬가지이다**

즉, "매도인의 담보책임을 기초로 한 매수인의 손해배상채권 또는 수급인의 담보책임을 기초로 한 도급인의 손해배상채권이 각각 상대방의 채권과 상계적상에 있는 경우에 당사자들은 채권·채무관계가 이미 정산되었거나 정산될 것으로 기대하는 것이 일반적이므로, 그 신뢰를 보호할 필요가 있다. 이러한 손해배상채권의 제척기간이 지난 경우에도 그 기간이 지나기 전에 상대방에 대한 채권·채무관계의 정산 소멸에 대한 신뢰를 보호할 필요성이 있다는 점은 소멸시효가 완성된 채권의 경우와 아무런 차이가 없다. 따라서 **매도인이나 수급인의 담보책임을 기초로 한 손해배상채권의 제척기간이 지난 경우에도 제척기간이 지나기 전 상대방의 채권과 상계할 수 있었던 경우에는 매수인이나 도급인은 민법 제495조를 유추적용해서 위 손해배상채권을 자동채권으로 해서 상대방의 채권과 상계할 수 있다**"대판 2019.3.14. 2018다255648).

② [○] 고의의 불법행위로 인한 손해배상채권의 채무자는 그 채권을 수동채권으로 한 상계로 채권자에게 대항하지 못하고(제496조), 그 결과 **채권이 양도된 경우**에 양수인에게도 상계로 대항할

수 없게 되나(제451조 2항 참조), 채권양도가 사해행위에 해당하는 경우 불법행위로 인한 손해배상채권의 채무자가 채권양도인에 대한 별도의 채권자 지위에서 채권양수인에게 채권자취소권을 행사하여 채권양도의 취소를 구함과 아울러 취소에 따른 원상회복 방법으로 직접 자신 앞으로 가액배상의 지급을 구하는 것 자체는 제496조에 반하지 않으므로 허용된다(대판 2011.6.10. 2011다8980,8997).

③ [O] ※ **항변권이 부착된 자동채권에 의한 상계**
"항변권이 붙어 있는 채권을 자동채권으로 하여 다른 채무(수동채권)와의 상계를 허용한다면 상계자 일방의 의사표시에 의하여 상대방의 항변권 행사의 기회를 상실시키는 결과가 되므로 그러한 상계는 허용될 수 없고, 특히 수탁보증인이 주채무자에 대하여 가지는 **민법 제442조의 사전구상권에는 민법 제443조의 담보제공청구권이 항변권으로 부착되어 있는 만큼 이를 자동채권으로 하는 상계는 허용될 수 없다. 다만 민법 제443조는 임의규정으로서 주채무자가 사전에 담보제공청구권의 항변권을 포기한 경우에는 보증인은 사전구상권을 자동채권으로 하여 주채무자에 대한 채무와 상계할 수 있다**"(대판 2004.5.28. 2001다81245).

④ [O] "이혼한 부부 사이에서 子에 대한 양육비의 지급을 구할 권리(이하 '양육비채권')는 당사자의 협의 또는 가정법원의 심판에 의하여 구체적인 청구권의 내용과 범위가 확정되기 전에는 '상대방에 대하여 양육비의 분담액을 구할 권리를 가진다'라는 추상적인 청구권에 불과하고 당사자의 협의나 가정법원이 당해 양육비의 범위 등을 재량적·형성적으로 정하는 심판에 의하여 비로소 구체적인 액수만큼의 지급청구권이 발생하게 된다고 보아야 하므로, 당사자의 협의 또는 가정법원의 심판에 의하여 구체적인 청구권의 내용과 범위가 확정되기 전에는 그 내용이 극히 불확정하여 상계할 수 없지만, **가정법원의 심판에 의하여 구체적인 청구권의 내용과 범위가 확정된 후의 양육비채권 중 이미 이행기에 도달한 후의 양육비채권은 완전한 재산권(손해배상청구권)으로서 친족법상의 신분으로부터 독립하여 처분이 가능하고, 권리자의 의사에 따라 포기, 양도 또는 상계의 자동채권으로 하는 것도 가능하다**"(대판 2006.7.4. 2006므751).

⑤ [X] "가분적인 금전채권의 일부에 대한 전부명령이 확정되면 특별한 사정이 없는 한 전부명령이 제3채무자에 송달된 때에 소급하여 전부된 채권 부분과 전부되지 않은 채권 부분에 대하여 각기 독립한 분할채권이 성립하게 되므로, 그 채권에 대하여 압류채무자에 대한 반대채권으로 상계하고자 하는 제3채무자로서는 **전부채권자 혹은 압류채무자 중 어느 누구도 상계의 상대방으로 지정하여 상계하거나 상계로 대항할 수 있고**, 그러한 제3채무자의 상계 의사표시를 수령한 전부채권자는 압류채무자에 잔존한 채권 부분이 먼저 상계되어야 한다거나 **각 분할채권액의 채권 총액에 대한 비율에 따라 상계되어야 한다는 이의를 할 수 없다**"(대판 2010.3.25. 2007다35152).

[정답] ⑤

문 130 **상계에 관한 설명 중 옳지 않은 것은?** (다툼이 있는 경우 판례에 의함) [변시 11회]

① 甲은 乙에 대하여 1억 원의 대여금채권(변제기 2021. 5. 3.)을 가지고, 乙은 甲에 대하여 8,000만 원의 매매대금채권(변제기 2021. 9. 25.)을 가진다. 乙이 2021. 11. 5. 상계의 의사표시를 하여 같은 날 그 의사표시가 甲에게 도달하였다면, 2021. 9. 25.로 소급하여 두 채권은 대등액의 범위에서 소멸한 것으로 본다.

② 甲의 乙에 대한 대여금채권에 상계금지특약이 붙어 있더라도 甲으로부터 그 채권을 선의로 양수한 丙은 그 채권으로 乙의 丙에 대한 채권과 상계할 수 있다.

③ 甲의 乙에 대한 고의의 행위가 불법행위를 구성함과 동시에 채무불이행을 구성하는 경우, 甲이 위 채무불이행으로 인한 손해배상채권을 수동채권으로 하여 甲의 乙에 대한 대여금채권과 상계를 하는 것은 허용된다.

④ 부진정연대채무자 甲과 乙 중 甲이 자신의 채권자에 대한 반대채권으로 상계한 경우, 상계로 인한 채무소멸의 효력은 소멸한 채무 전액에 관하여 乙에게도 미친다.

⑤ 피고(乙)의 소송상 상계에 대하여 원고(甲)가 乙의 자동채권을 소멸시키기 위하여 다시 소송상 상계의 재항변을 하는 것은 특별한 사정이 없는 한 허용되지 아니한다.

해 설 ① [○] ※ **상계의 소급효**

상계의 의사표시가 있으면 '각 채무가 상계할 수 있는 때'에 소멸한 것으로 본다(제493조 2항). 따라서 **자동채권과 수동채권의 변제기가 모두 도래한 후에 상계의 의사표시를 한 경우에 상계적상일은 양 채권의 변제기가 모두 도래한 때이다**(그 이전에 이미 이행기가 도래한 채무에 대해서는 상계적상시까지 지체책임이 발생한다).

☞ 甲의 乙에 대한 1억 원의 수동채권의 변제기는 2021. 5. 3.이고, 乙의 甲에 대한 8,000만 원의 자동채권의 변제기는 2021. 9. 25.이므로, 상계적상시는 양 채권의 변제기가 모두 도래한 2021. 9. 25.이다. 따라서 乙이 2021. 11. 5. 상계의 의사표시를 하여 같은 날 그 의사표시가 甲에게 도달하였다면, 2021. 9. 25.로 소급하여 두 채권은 대등액의 범위에서 소멸한 것으로 본다.

② [○] ※ **상계금지특약**

상계금지특약으로써 선의의 제3자에게는 대항하지 못한다(제492조 2항 단서).

③ [X] ※ **민법 제496조가 채무불이행의 경우에도 유추적용되는지 여부(적극)**

"**제496조는 '채무가 고의의 불법행위로 인한 것인 때에는 그 채무자는 상계로 채권자에게 대항하지 못한다.' 라고 정하고 있다.** 이 규정은 고의의 불법행위로 인한 손해배상채권을 수동채권으로 한 상계에 관한 것이고 **고의의 채무불이행으로 인한 손해배상채권에는 적용되지 않는다.** 다만 고의에 의한 행위가 불법행위를 구성함과 동시에 채무불이행을 구성하여 **불법행위로 인한 손해배상채권과 채무불이행으로 인한 손해배상채권이 경합하는 경우에는 이 규정을 유추적용할 필요가 있다.** 이러한 경우에 고의의 채무불이행으로 인한 손해배상채권을 수동채권으로 한 상계를 허용하면 이로써 고의의 불법행위로 인한 손해배상채권까지 소멸하게 되어 고의의 불법행위에 의한 손해배상채권은 현실적으로 만족을 받아야 한다는 이 규정의 입법취지가 몰각될 우려가 있기 때문이다. 따라서 이러한 예외적인 경우에는 제496조를 유추적용하여 고의의 채무불이행으로 인한 손해배상채권을 수동채권으로 하는 상계를 한 경우에도 채무자가 그 상계로 채권자에게 대항할 수 없다고 보아야 한다"(대판 2017.2.15. 2014다19776,19783).

관련판례 判例는 '부당이득'의 원인이 고의의 불법행위였다면 불법행위로 인한 손해배상채권을 청구하는 경우와 다를 바 없다 할 것이어서, 부당이득의 경우에도 제496조를 유추적용함이 타당하다고 한다(대판 2002.1.25. 2001다52506).

④ [O] ※ 부진정연대채무와 상계
종래 判例의 기본적 입장은 상계의 상대적 효력만 인정하였으나, 전원합의체 판결을 통해 "부진정연대채무자 중 1인이 자신의 채권자에 대한 반대채권으로 상계를 한 경우에도 채권은 변제, 대물변제, 또는 공탁이 행하여진 경우와 동일하게 현실적으로 만족을 얻어 그 목적을 달성하는 것이므로, 그 상계로 인한 채무소멸의 효력은 소멸한 채무 전액에 관하여 다른 부진정연대채무자에 대하여도 미친다고 보아야 한다"(대판 2010.9.16. 전합2008다97218)고 하여 상계의 절대적 효력을 인정하였다.

⑤ [O] ※ 피고의 상계항변에 대하여 원고가 상계의 재항변을 하는 경우(불허)
"피고의 소송상 상계항변에 대하여 원고가 다시 피고의 자동채권을 소멸시키기 위하여 소송상 상계의 재항변을 하는 경우, ㉠ 법원이 원고의 소송상 상계의 재항변과 무관한 사유로 피고의 소송상 상계항변을 배척하는 경우에는 소송상 상계의 재항변을 판단할 필요가 없고, ㉡ 피고의 소송상 상계항변이 이유 있다고 판단하는 경우에는 원고의 청구채권인 수동채권과 피고의 자동채권이 상계적상 당시에 대등액에서 소멸한 것으로 보게 될 것이므로 원고가 소송상 상계의 재항변으로써 상계할 대상인 피고의 자동채권이 그 범위에서 존재하지 아니하는 것이 되어 이때에도 역시 원고의 소송상 상계의 재항변에 관하여 판단할 필요가 없게 된다. 그렇다면 원고의 소송상 상계의 재항변은 일반적으로 이를 허용할 이익이 없다"(대판 2014.6.12. 2013다95964).

[정답] ③

문 131 채권의 소멸에 관한 설명 중 옳은 것을 모두 고른 것은? (다툼이 있는 경우 판례에 의함) [변시 13회]

ㄱ. 임대인은 임대차 존속 중 차임채권의 소멸시효가 완성된 경우 이를 자동채권으로 삼아 임대차보증금 반환채무와 상계할 수 없으나, 민법 제495조의 유추적용에 의하여 그 연체차임을 임대차보증금에서 공제할 수는 있다.
ㄴ. 근로자의 경제생활 안정을 해할 염려가 없는 등 특별한 사정이 있어 사용자가 초과지급된 임금의 부당이득반환청구권으로 근로자의 임금채권과 상계할 수 있는 경우에도, 이러한 사용자의 상계는 임금채권의 2분의 1을 초과하는 부분에 관하여만 허용된다.
ㄷ. 채권양수인이 양수채권을 자동채권으로 하여 채무자가 양수인에 대해 가지고 있던 기존 채권과 상계한 경우 채권양도 전에 이미 양 채권의 변제기가 도래하였다고 하더라도 상계의 효력은 변제기가 아니라 채권양도의 대항요건이 갖추어진 시점으로 소급한다.
ㄹ. 임대인이 임차인에 대해 갖고 있던 대여금채권의 소멸시효가 임대차 존속 중 완성되었다면 임대인은 위 채권을 자동채권으로 하여 임차인의 임대인에 대한 유익비상환채권과 상계할 수 없다.

① ㄱ, ㄹ
② ㄴ, ㄷ
③ ㄷ, ㄹ
④ ㄱ, ㄴ, ㄹ
⑤ ㄱ, ㄴ, ㄷ, ㄹ

해설 ㄱ. [○] ㉠ "민법 제495조는 "'자동채권의 소멸시효 완성 전에 양 채권이 상계적상에 이르렀을 것'을 요건으로 하는데, 임대인의 임대차보증금 반환채무는 임대차계약이 종료된 때에 비로소 이행기에 도달하므로, 임대차 존속 중 차임채권의 소멸시효가 완성된 경우에는 소멸시효 완성 전에 임대인이 임대차보증금 반환채무에 관한 기한의 이익을 실제로 포기하였다는 등의 특별한 사정이 없는 한 양 채권이 상계할 수 있는 상태에 있었다고 할 수 없다. 그러므로 그 이후에 임대인이 이미 소멸시효가 완성된 차임채권을 자동채권으로 삼아 임대차보증금 반환채무와 상계하는 것은 민법 제495조에 의하더라도 인정될 수 없다"(대판 2016.11.25. 2016다211309)

그러나 ㉡ "임대차보증금은 차임의 미지급, 목적물의 멸실이나 훼손 등 임대차 관계에서 발생할 수 있는 임차인의 모든 채무를 담보하는 것이므로, 차임의 지급이 연체되면 장차 임대차 관계가 종료되었을 때 임대차보증금으로 충당될 것으로 생각하는 것이 당사자의 일반적인 의사이다. 즉, 임대인과 임차인 모두 차임채권이 소멸시효와 상관없이 임대차보증금에 의하여 담보되는 것으로 신뢰하고, 나아가 장차 임대차보증금에서 충당 공제되는 것을 용인하겠다는 묵시적 의사를 가지고 있는 것이 일반적이다"(대판 2016.11.25. 2016다211309)

ㄴ. [○] "민사집행법 제246조 제1항 제5호는 근로자인 채무자의 생활보장이라는 공익적, 사회정책적 이유에서 '퇴직금 그 밖에 이와 비슷한 성질을 가진 급여채권의 2분의 1에 해당하는 금액'을 압류금지채권으로 규정하고 있고, 민법 제497조는 압류금지채권의 채무자는 상계로

채권자에게 대항하지 못한다고 규정하고 있으므로, 사용자가 근로자에게 퇴직금 명목으로 지급한 금원 상당의 부당이득반환채권을 자동채권으로 하여 근로자의 퇴직금채권을 상계하는 것은 퇴직금채권의 2분의 1을 초과하는 부분에 해당하는 금액에 관하여만 허용된다고 봄이 상당하다"(대판 2010.5.20. 전합2007다90760)

ㄷ. [○] '채권이 양도된 후 양수인이 양수금채권을 자동채권으로 하여 상계하거나 채무자가 양수인에 대한 채권을 자동채권으로 하여 상계하는 경우'에는 상계의 요건 중 '채권의 대립성' 때문에 최소한 채권양도의 대항요건이 갖추어진 이후에야 비로소 상계가 가능하다(따라서 그 이전에 자동채권과 수동채권의 변제기가 모두 도래한 경우에도 상계적상일은 양 채권의 변제기가 도래한 날이 아니라 채권양도의 대항요건이 갖추어진 날이 된다). 이와 관련하여 判例도 채권양수인이 양수채권을 자동채권으로 하여 그 채무자가 채권양수인에 대해 가지고 있던 기존 채권과 상계한 경우, 채권양수인은 채권양도의 대항요건이 갖추어진 때 비로소 자동채권을 행사할 수 있으므로 채권양도 전에 이미 양 채권의 변제기가 도래하였다고 하더라도 상계의 효력은 변제기로 소급하는 것이 아니라 채권양도의 대항요건이 갖추어진 시점으로 소급한다고 한다(대판 2022.6.30. 2022다200089).

ㄹ. [○] "제495조가 적용되기 위해서는 '자동채권의 소멸시효 완성 전에 양 채권이 상계적상에 이르렀을 것'을 요건으로 한다. 따라서 "임차인의 유익비상환채권은 임대차계약이 종료한 때에 비로소 발생한다고 보아야 하므로 임대차 존속 중 임대인의 구상금채권의 소멸시효가 완성된 경우에는 위 구상금채권과 임차인의 유익비상환채권이 상계할 수 있는 상태에 있었다고 할 수 없으므로, 그 이후에 임대인이 이미 소멸시효가 완성된 구상금채권을 자동채권으로 삼아 임차인의 유익비상환채권과 상계하는 것은 제495조에 의하더라도 인정될 수 없다"(대판 2021.2.10. 2017다258787)

[정답] ⑤

❶ 민 법

채권각론

제1장 계약총론
제2장 계약의 효력
제2절 위험부담

문1 甲과 乙은 공동으로 丙에게 특수한 인쇄기계의 제작을 대금 3억 원에 도급하였다. 그 계약에서 도급대금은 완성된 인쇄기계의 인도와 동시에 지급하기로 약정하고 그 지급에 관하여 甲과 乙이 연대채무를 부담하기로 하였다. 다음 중 옳은 것을 모두 고른 것은?(다툼이 있는 경우에는 판례에 의하고, 각 지문의 모두 독립적이다) [변시 3회]

ㄱ. 丙은 인쇄기계 제작을 완성한 후 두 사람 중 보다 자력이 있는 甲에게 계속적으로 이행제공을 하면서 대금청구를 하였으나 乙에게는 한 번도 대금청구를 한 바 없다. 이 경우 乙도 丙에게 도급대금뿐만 아니라 지연손해금도 지급할 의무가 있다.
ㄴ. 丙은 인쇄기계 제작을 완성한 후 근거 없이 도급대금을 4억원으로 증액하여 달라고 요구하였다. 甲·乙은 수차례에 걸쳐 도급대금을 지급하고자 시도하면서 인쇄기계 인도를 요구하였으나 丙은 인쇄기계 인도와 대금 수령을 거절하였다. 그러던 중 甲, 乙, 丙의 과실 없이 위 인쇄기계가 멸실되었다. 이 경우 원칙적으로 丙은 甲·乙에 대하여 도급대금의 지급을 청구할 수 없는 대신 손해배상책임을 면한다.
ㄷ. 甲·乙은 인쇄기계가 완성되기 전부터 丙에게 근거 없이 도급대금을 지급할 수 없다는 취지의 확고한 이행거절의사를 표시하였다. 인쇄기계가 완성된 후 丙이 甲·乙에게 대금청구 및 인쇄기계 수령을 최고하기 전에 甲, 乙, 丙의 과실 없이 위 인쇄기계가 멸실되었다. 이 경우 丙은 甲·乙에게 도급대금을 청구할 수 있다.

① ㄱ ② ㄴ
③ ㄷ ④ ㄱ, ㄴ
⑤ ㄴ, ㄷ

해설 ㄱ. [○] **제416조(이행청구의 절대적 효력)** 「어느 연대채무자에 대한 이행청구는 다른 연대채무자에게도 효력이 있다.」
☞ 따라서 연대채무자 甲에 대한 이행제공 및 이행청구는 다른 연대채무자 乙에게도 효력이 있으므로 乙도 丙에게 도급대금 뿐만 아니라 지연손해금도 지급할 의무가 있다.

ㄴ. [X] **본 사안은 인쇄기계 제작계약의 수급인이자 채무자인 丙의 이행지체 중에 불가항력으로 인하여 이행불능이 된 경우이다.** 채무자의 귀책 없는 이행불능의 경우에는 채무자는 책임을 면하고 위험부담의 문제로 되지만(제537조, 제538조), 이행지체 중에 이행불능이 된 경우에는 이행지체에 대해 채무자의 귀책사유가 존재하는 한 이행불능 자체에는 책임이 없더라도 손해배상책임을 진다(제392조 본문). 그러나 채무자가 이행기에 이행하여도 손해를 면할 수 없는 경우에는 그러하지 아니하다(제392조 단서).
☞ 사안의 경우 甲과 乙은 수차례에 걸쳐 도급대금에 대한 변제제공을 하였으나(丙의 동시이행항변권 소멸), 채무자 丙이 인쇄기계 제작을 완성한 후 '근거 없이' 도급대금의 증액을 요구하며 자신의 이행을 미루는 경우이므로 이행지체가 일단 성립하였다. 따라서 이후 甲·乙과 丙의 과실 없이 기계가 멸실되어 급부불능이 되었으므로 채무자 丙은 제392조 본문에 따라 甲과 乙에게 손해배상책임을 진다.
그리고 이행불능이 되더라도 채권관계는 여전히 존속하므로 본래의 급부의무는 소멸하고 손해배상청구권으로 변경된다(제537조, 제538조의 대가위험부담의 문제가 아님). 즉 귀책사유 있는 채무자도 손해배상책임을 이행하고 상대방의 채무이행을 청구할 수 있다. 사안에서 丙은 특수한 인쇄기계의 제작을 완성하였으므로 甲과 乙에 대해 손해배상책임을 지는 것과 동시에 도급대금을 청구할 수 있다.

ㄷ. [X] **본 사안은 채무자 丙의 귀책사유 없는 이행불능 사안이므로 대가위험부담의 문제이다.** 즉 쌍무계약의 당사자 일방의 채무가 당사자 쌍방의 책임 없는 사유로 이행할 수 없게 된 때에는 채무자는 상대방의 이행을 청구하지 못한다(제537조). 그러나 채권자의 책임 있는 사유로 채무를 이행할 수 없게 된 경우이거나 채권자의 수령지체 중에 당사자 쌍방의 책임 없는 사유로 채무를 이행할 수 없게 된 경우에는 채무자는 상대방인 채권자의 이행을 청구할 수 있다(제538조 1항). 즉 채무자는 급부의무를 면하는 반면 대가를 청구할 수 있게 된다.
사안의 경우 채권자인 甲과 乙이 인쇄기계가 완성되기 전부터 도급대금지급의 확고한 '이행거절'의사를 표시했던바, 이것이 과연 제538조 1항 후문상의 수령지체에 해당하는지 여부가 쟁점이 된다. 判例는 **채권자가 미리 수령을 확고하게 거절한 경우에는 채무자는 구두제공조차 하지 않더라도 채무불이행책임을 면하나**(제460조·제461조), **대가위험을 상대방에게 이전시키기 위해서는**(제538조 1항 후문) **채무자의 변제제공**(현실제공이나 구두제공)**이 필요하다고** 한다(대판 2004.3.12, 2001다79013).[1]
☞ 사안에서 채무자인 丙은 아직 대금청구 및 인쇄기계 수령을 최고하지 않았으므로 변제제공을 하지 않은 것이고 이는 判例(위 2001다79013판결)의 태도에 따를 때 채권자 甲과 乙이 제538조상의 수령지체에 빠진 것이라 볼 수 없다. 그러므로 원칙으로 돌아가 제537조가 적용되어 채무자가 대가위험을 부담하므로 채무자 丙은 인쇄기계의 인도의무를 면하는 대신 그 대금지급청구권도 상실한다. 따라서 丙은 甲과 乙에게 도급대금을 청구할 수 없다.

[정답] ①

---

1) "민법 제400조 소정의 채권자지체가 성립하기 위해서는 민법 제460조 소정의 채무자의 변제 제공이 있어야 하고, 변제제공은 원칙적으로 현실 제공으로 하여야 하며 다만, 채권자가 미리 변제받기를 거절하거나 채무의 이행에 채권자의 행위를 요하는 경우에는 구두의 제공으로 하더라도 무방하고, 채권자가 변제를 받지 아니할 의사가 확고한 경우(이른바, 채권자의 영구적 불수령)에는 구두의 제공을 한다는 것조차 무의미하므로 그러한 경우에는 구두의 제공조차 필요 없다고 할 것이지만, 그러한 구두의 제공조차 필요 없는 경우라고 하더라도, 이는 그로써 채무자가 채무불이행책임을 면한다는 것에 불과하고, 민법 제538조 1항 2문 소정의 '채권자의 수령지체 중에 당사자 쌍방의 책임 없는 사유로 이행할 수 없게 된 때'에 해당하기 위해서는 현실제공이나 구두 제공이 필요하다. 다만, 그 제공의 정도는 그 시기와 구체적인 상황에 따라 신의성실의 원칙에 어긋나지 않게 합리적으로 정하여야 한다. 이 사건에서 원고의 수령거절의 의사가 확고하여 이른바, 채권자의 영구적 불수령에 해당한다고 하더라도, 채무자인 피고는 원고를 수령지체에 빠지게 하기 위하여 소유권이전등기에 필요한 서류 등을 준비하여 두고 원고에게 그 서류들을 수령하여 갈 것을 최고하는 구두 제공을 하였어야 한다"

제3절 제3자를 위한 계약

문2 **甲과 乙은 甲 소유의 시계를 乙에게 500만 원에 매도하면서 甲의 丙에 대한 채무의 변제에 충당하기 위해 500만 원을 乙이 丙에게 지급하기로 하는 제3자를 위한 계약을 하고 丙도 이를 승낙하였다. 이에 관한 설명 중 옳은 것은?** (다툼이 있는 경우 판례에 의함) [변시 6회]

① 시계가 모조품으로 밝혀져 乙이 사기를 이유로 甲과의 계약을 취소한 경우, 丙이 이러한 사실을 알지 못했다 하더라도 乙은 丙의 대금지급청구를 거절할 수 있다.

② 乙이 丙에 대하여 이행기에 있는 300만 원의 금전채권을 가지고 있다고 해도 乙은 이 채권을 가지고 丙에 대한 500만 원 지급채무와 상계할 수 없다.

③ 甲이 시계를 인도하지 않더라도 乙은 丙의 동의 없이 매매계약을 해제할 수 없다.

④ 乙이 丙에게 500만 원을 지급하였는데 甲이 이행을 지체하자 乙이 매매계약을 해제한 경우, 乙은 丙에게 500만 원의 반환을 구할 수 있다.

⑤ 甲이 시계를 乙에게 인도하였는데 乙이 丙에게 500만 원을 지급하지 않은 경우, 丙은 채무불이행을 이유로 매매계약을 해제하고 원상회복을 청구할 수 있다.

해 설 ① [O] 제3자를 위한 계약에서 위 사안과 같은 경우, 요약자(甲)와 낙약자(乙)사이의 관계를 '기본관계'(보상관계)라 하는데 이와 같은 **기본관계는 제3자를 위한 계약의 내용**이 된다. 즉, 기본관계에 대한 의사표시 흠결이나 하자는 계약의 효력에 영향을 미친다. 따라서 위 지문과 같이 **요약자(甲)와 낙약자(乙)사이의 계약이 무효이거나 취소되면 수익자(丙)의 권리는 소멸되는 것이다.**

그리고 위 사안에서 丙이 甲의 사기를 알지 못했다 하더라도 제110조 3항에 의해 보호되는 제3자가 아니다(대판 2005.7.22, 2005다7566참고). 수익의 의사표시를 한 것만으로는 실질적으로 새로운 이해관계를 맺은 것으로 볼 수 없기 때문이다.

② [X] "당사자 사이에 상계적상이 있는 채권이 병존하고 있는 경우에는 이를 상계할 수 있는 것이 원칙이고, 이러한 **상계의 대상이 되는 채권은 상대방과 사이에서 직접 발생한 채권에 한하는 것이 아니라, 제3자로부터 양수 등을 원인으로 하여 취득한 채권도 포함한다**"(대판 2003.4.11. 2002다59481).

주 의 낙약자는 '기본관계에 기한 항변'(동시이행의 항변권, 위험부담, 제3자를 위한 계약의 무효,취소,해제 등)으로 수익자에게 대항할 수 있는바(제542조), 당해 제542조의 낙약자의 '항변'은 요약자와 낙약자 사이의 계약(제539조의 제3자를 위한 계약)에서 기인하는 것에 한한다는 점이다. 따라서 그 계약 이외의 원인에 의하여 낙약자가 요약자에게만 대항할 수 있는 항변으로는 제3자에게 대항하지 못한다. 예컨대 **낙약자(乙)는 요약자(甲)에 대한 반대채권을 가지고 제3자(丙)의 자신에 대한 급부청구권과 상계하지는 못한다**('채권양도'의 방식에서는 채권은 동일성을 유지하면서 양수인에게 이전하므로, 채무자는 종전의 채권자에 대한 채권으로써 양수인에 대한 채무와 상계할 수 있고, 이 점은 제3자를 위한 계약의 경우와는 다르다).

③ [X] 제3자를 위한 계약에서 취소권이나 해제권은 계약의 당사자인 요약자나 낙약자가 행사할 수 있는 것이고 수익자는 행사하지 못하다. "제3자를 위한 계약의 경우 요약자는 낙약자의 채무불이행을 이유로 제3자의 동의없이 계약을 해제할 수 있다"(대판 1970.2.24. 69다1

④ [X] '요약자가 채무를 불이행'하면 낙약자는 계약을 해제할 수 있다. 그리고 그 전에 제3자가 수익의 의사표시를 하였더라도 이로써 수익자에게 대항할 수 있다. 다만 判例는 낙약자가 수익자에게 이미 이행한 것이 **'금전의 지급'**인 경우(이미 이행한 것이 동산 또는 부동산의 소유권 이전이면 물권행위의 유인성에 의하여 소유권변동이 소급적으로 무효가 되므로 낙약자가 소유권을 회복한다. 따라서 낙약자는 수익자에게 직접 그 반환 또는 말소등기를 할 수 있다), **"제3자를 위한 계약관계에서 낙약자와 요약자 사이의 법률관계**(이른바 기본관계)**를 이루는 계약이 해제된 경우, 그 계약관계의 청산은 계약의 당사자인 낙약자와 요약자 사이에 이루어져야** 하므로, 특별한 사정이 없는 한, 낙약자가 이미 제3자에게 급부한 것이 있더라도 낙약자는 계약해제에 기한 원상회복 또는 부당이득을 원인으로 제3자를 상대로 그 반환을 구할 수 없다"(대판 2005.7.22. 2005다7566,7573; 기본관계가 무효 또는 취소된 경우에도 마찬가지이다. 대판 2010.8.19. 2010다31860,31877 참고)고 판시하였다.

☞ 위 지문의 경우 낙약자 乙은 수익자 丙이 아닌 요약자 甲에게 500만 원의 원상회복을 청구할 수 있다.

⑤ [X] "ⅰ) **제3자를 위한 계약의 당사자가 아닌 수익자는 계약의 해제권이나 해제를 원인으로 한 원상회복청구권이 있다고 볼 수 없다.** ⅱ) 제3자를 위한 계약에 있어서 수익의 의사표시를 한 수익자는 낙약자에게 직접 그 이행을 청구할 수 있을 뿐만 아니라 요약자가 계약을 해제한 경우에는 낙약자에게 자기가 입은 손해의 배상을 청구할 수 있는 것이므로, **수익자가 완성된 목적물의 하자로 인하여 손해를 입었다면 수급인은 그 손해를 배상할 의무가 있다"**(대판 1994.8.12. 92다41559).

[정답] ①

문 3 **제3자를 위한 계약에 관한 설명 중 옳지 않은 것을 모두 고른 것은? (다툼이 있는 경우 판례에 의함)**

[변시 8회]

ㄱ. 매도인 甲과 매수인 乙이 토지거래허가구역 내 토지에 관한 매매계약을 체결하면서 매매대금을 丙에게 지급하기로 하는 제3자를 위한 계약을 체결하고 그 후 乙이 그 매매대금을 丙에게 지급하였는데, 토지거래허가를 받지 않아 유동적 무효였던 위 매매계약이 확정적으로 무효가 된 경우, 乙은 丙을 상대로 매매대금 상당액의 부당이득반환을 청구할 수 있다.
ㄴ. 제3자를 위한 계약의 체결 원인이 된 요약자와 제3자 사이의 법률관계의 효력은 요약자와 낙약자 사이의 법률관계의 성립이나 효력에 영향을 미친다.
ㄷ. 요약자의 채무불이행으로 인하여 낙약자가 계약을 해제한 경우에는 낙약자는 제3자에 대하여 계약의 해제로 인한 원상회복을 청구할 수 있다.
ㄹ. 낙약자는 요약자와 제3자 사이의 법률관계에 기한 항변으로 제3자에게 대항하지 못한다.

① ㄱ
② ㄴ, ㄷ
③ ㄴ, ㄹ
④ ㄷ, ㄹ
⑤ ㄱ, ㄴ, ㄷ

해 설 ㄱ. [X] ※ 제3자를 위한 계약에서 기본관계가 무효인 경우 급부의 청산

"계약의 일방 당사자가 계약 상대방의 지시 등으로 급부과정을 단축하여 계약 상대방과 또 다른 계약관계를 맺고 있는 제3자에게 직접 급부한 경우, 그 급부로써 급부를 한 계약 당사자의 상대방에 대한 급부가 이루어질 뿐 아니라 그 상대방의 제3자에 대한 급부로도 이루어지는 것이므로 계약의 일방 당사자는 제3자를 상대로 법률상 원인 없이 급부를 수령하였다는 이유로 부당이득반환청구를 할 수 없다"(대판 2008.9.11, 2006다46278).

☞ 매도인 甲과 매수인 乙이 토지거래허가구역 내 토지의 지분에 관한 매매계약(기본관계)을 체결하면서 매매대금을 丙에게 지급하기로 하는 제3자를 위한 계약을 체결하고 그 후 매수인 乙이 그 매매대금을 丙에게 지급하였는데, 토지거래허가를 받지 않아 유동적 무효였던 위 매매계약이 확정적으로 무효가 된 경우, 그 계약관계의 청산은 요약자인 甲과 낙약자인 乙 사이에 이루어져야 하므로, 특별한 사정이 없는 한 乙은 丙에게 매매대금 상당액의 부당이득반환을 구할 수 없다.

참고판례 매수인이 지급한 계약금은 그 계약이 유동적 무효상태로 있는 한 이를 부당이득으로 반환을 구할 수 없고, 유동적 무효상태가 확정적으로 무효로 되었을 때 비로소 부당이득으로 그 반환을 구할 수 있다(대판 1993.7.27, 91다33766).

ㄴ. [X], ㄹ. [O] ※ 대가관계의 효력이 제3자를 위한 계약에 미치는 영향

요약자와 수익자의 관계를 '대가관계'라 한다. 제3자를 위한 계약의 체결 원인이 된 요약자와 제3자(수익자) 사이의 법률관계(이른바 대가관계)의 효력은 제3자를 위한 계약 자체는 물론 그에 기한 요약자와 낙약자 사이의 법률관계(이른바 기본관계)의 성립이나 효력에 영향을 미치지 아니한다(대판 2003.12.11, 2003다49771).

따라서 낙약자는 요약자와 제3자(수익자) 사이의 대가관계에 기한 항변으로 제3자(수익자)에게 대항하지 못하고, 요약자도 대가관계의 부존재나 효력 상실을 이유로 자신이 기본관계에 기하여 낙약자에게 부담하는 채무의 이행을 거부할 수 없다.

ㄷ. [X] ※ 제3자를 위한 계약에서 기본관계가 해제된 경우 급부 청산관계의 당사자

"제3자를 위한 계약관계에서 낙약자와 요약자 사이의 법률관계(이른바 기본관계)를 이루는 계약이 해제된 경우, 계약관계의 청산은 계약의 당사자인 낙약자와 요약자 사이에 이루어져야 하므로, 특별한 사정이 없는 한, 낙약자가 이미 제3자에게 급부한 것이 있더라도 낙약자는 계약해제에 기한 원상회복 또는 부당이득을 원인으로 제3자를 상대로 그 반환을 구할 수 없다"(대판 2005.7.22, 2005다7566,7573).

[정답] ⑤

문 4 甲은 자신의 모교인 학교법인 丙에게 증여할 목적으로 건축업자 乙과 체육관 신축을 위한 도급계약을 체결하면서, 丙을 수익자로 하는 제3자 수익약정을 부가하였다. 다음 설명 중 옳은 것을 모두 고른 것은?(다툼이 있는 경우에는 판례에 의함) [변시 3회]

ㄱ. 乙의 노력과 재료로 체육관이 신축된 경우, 甲과 乙 사이에 위 체육관의 소유권 귀속에 관하여 특별한 약정이 없다면, 일단 甲이 체육관의 소유권을 원시취득한다.
ㄴ. 완성된 체육관에 하자가 있는 경우, 乙이 甲에게 부담하는 담보책임은 무과실책임으로서 과실상계에 관한 민법규정은 준용될 수 없기 때문에, 설령 甲에게 하자의 발생에 대한 과실이 있더라도 이를 고려할 수 없다.
ㄷ. 甲이 약정기일 내에 체육관이 완성되지 아니하여 도급계약을 해제하는 경우, 丙의 동의를 받을 필요가 없다.
ㄹ. 丙이 수익의 의사표시를 한 후에는, 乙의 채무불이행으로 인하여 丙이 입은 손해가 있다면 丙은 乙에 대하여 그 배상을 청구할 수 있고, 丙이 완성된 목적물의 하자로 인하여 손해를 입은 경우에도 乙에 대하여 그 배상을 청구할 수 있다.

① ㄱ ② ㄴ
③ ㄴ, ㄷ ④ ㄷ, ㄹ
⑤ ㄱ, ㄷ, ㄹ

해설 ㄱ. [×] 判例는 '특약이 없는 한' 자기의 노력과 재료를 들여 건물을 건축한 사람은 그 건물의 소유권을 원시적으로 취득한다(대판 1990.2.13, 89다카11401)고 보아 수급인이 재료의 전부 또는 주요부분을 제공하는 제작물 공급계약의 경우에는 '수급인'에게 소유권이 귀속한다고 본다.
☞ 따라서 설문의 경우 수급인 乙이 체육관의 소유권을 원시취득한다.

ㄴ. [×] 하자담보책임의 경우 判例는 과실상계의 법리를 적용하지 않고 경우에 따라 '신의칙'에 의해 해결하고 있다. 즉 "하자담보책임에 관한 제580조·제581조·제667조는 법이 특별히 인정한 무과실책임으로서 여기에 민법 제396조의 과실상계 규정이 준용될 수는 없다 하더라도, 담보책임이 민법의 지도이념인 공평의 원칙에 입각한 것인 이상 하자 발생 및 그 확대에 가공한 매수인 또는 도급인의 잘못(하자를 발견하지 못하여 손해를 확대시킨 과실)을 참작하여 손해배상의 범위를 정함이 상당하다"(대판 1995.6.30, 94다23920 ; 1999.7.13, 99다12888)고 한다.

ㄷ. [○] 제3자를 위한 계약에서 요약자는 계약당사자로서 취소권·해제권 등을 갖는다. 이와 관련하여 제3자의 권리가 생긴 후에 요약자가 계약을 해제하기 위해서는 수익자의 동의가 필요한지 문제되는바, 判例는 "요약자가 낙약자에게 반대급부 의무를 부담하고 있는 경우에 이러한 해제권을 허용치 아니함은 부당한 결과를 가져온다 할 것이므로 낙약자의 귀책사유로 인한 이행불능 또는 이행지체가 있을 때에는 요약자는 제3자의 동의 없이 계약당사자로서 계약을 해제할 수 있다"(대판 1970.2.24, 69다1410,1411)고 한다.
☞ 사안에서 제3자에 대한 이행을 약속받은 도급인 甲은 요약자이고, 제3자에 대한 급부이행 의무를 지는 수급인 乙은 낙약자이며 직접 급부를 받을 권리를 취득한 학교법인 丙은 수익자

이다. 이때 요약자 甲이 낙약자 乙의 채무불이행을 이유로 도급계약을 해제하는 경우에는 수익자 丙의 동의를 받을 필요가 없다.

ㄹ. [O] "제3자를 위한 계약에 있어서 수익의 의사표시를 한 수익자는 낙약자에게 직접 그 이행을 청구할 수 있을 뿐만 아니라 요약자가 계약을 해제한 경우에는 낙약자에게 자기가 입은 손해의 배상을 청구할 수 있는 것이므로, 수익자가 완성된 목적물의 하자로 인하여 손해를 입었다면 (낙약자인) 수급인은 그 손해를 배상할 의무가 있다"(대판 1994.8.12. 92다41559).

[정답] ④

제4절 계약의 해제(해지)

문5 계약의 해제에 관한 설명 중 옳은 것을 모두 고른 것은? (다툼이 있는 경우 판례에 의함)

[변시 12회]

ㄱ. 채권자가 채무불이행을 이유로 계약을 해제하는 경우 특별한 사정이 없는 한 해제된 계약의 내용에 포함된 손해배상액의 예정도 소급적으로 소멸한다.

ㄴ. 채권자가 채무의 내용인 급부 실현을 위해 필요한 협력행위를 하지 않아 계약 목적을 달성할 수 없는 경우, 채무자가 이를 이유로 계약을 해제하려면 채권자의 협력의무에 대한 약정이 있거나 신의칙상 채권자에게 협력의무가 있다고 인정될 만한 특별한 사정이 있어야 한다.

ㄷ. 원래의 계약에 있는 위약금에 관한 약정은 그것이 계약 내용이나 당사자의 의사표시 등에 비추어 합의해제에도 적용된다고 볼 만한 특별한 사정이 없는 한 합의해제의 경우에까지 적용되지는 않는다.

ㄹ. 계약이 합의에 따라 해제된 경우에는 상대방에게 손해배상을 하기로 특약하거나 손해배상청구를 유보하는 의사표시를 하는 등 다른 사정이 없는 한 채무불이행으로 인한 손해배상을 청구할 수 없다.

① ㄱ, ㄴ
② ㄴ, ㄷ
③ ㄷ, ㄹ
④ ㄱ, ㄴ, ㄹ
⑤ ㄴ, ㄷ, ㄹ

해설 ㄱ. [X] ※ 채무불이행을 이유로 계약을 해제하는 경우 계약내용에 포함된 손해배상액의 예정도 실효되는지 여부(원칙적 소극)

"민법 제398조 제1항, 제3항, 제551조의 문언 · 내용과 계약당사자의 일반적인 의사 등을 고려하면, 계약당사자가 채무불이행으로 인한 전보배상에 관하여 손해배상액을 예정한 경우에 채권자가 채무불

이행을 이유로 계약을 해제하거나 해지하더라도 원칙적으로 손해배상액의 예정은 실효되지 않고, 전보배상에 관하여 특별한 사정이 없는 한 손해배상액의 예정에 따라 배상액을 정해야 한다. 다만 위와 같은 손해배상액의 예정이 계약의 유지를 전제로 정해진 약정이라는 등의 사정이 있는 경우에 채무불이행을 이유로 계약을 해제하거나 해지하면 손해배상액의 예정도 실효될 수 있다. 이때 손해배상액의 예정이 실효된다고 볼 특별한 사정이 있는지는 약정 내용, 약정이 이루어지게 된 동기와 경위, 당사자가 이로써 달성하려는 목적, 거래의 관행 등을 종합적으로 고려하여 당사자의 의사를 합리적으로 해석하여 판단해야 한다"(대판 2022.4.14. 2019다292736).

ㄴ. [O] **※ 채무자가 채권자의 수령거절에 따른 채권자지체를 이유로 계약을 해제할 수 있는 경우(원칙적 소극)** "채권자지체가 성립하는 경우 그 효과로서 원칙적으로 채권자에게 민법 규정에 따른 일정한 책임이 인정되는 것 외에, 채무자가 채권자에 대하여 일반적인 채무불이행책임과 마찬가지로 손해배상이나 계약 해제를 주장할 수는 없다. 그러나 계약 당사자가 명시적·묵시적으로 채권자에게 급부를 수령할 의무 또는 채무자의 급부 이행에 협력할 의무가 있다고 약정한 경우, 또는 구체적 사안에서 신의칙상 채권자에게 위와 같은 수령의무나 협력의무가 있다고 볼 특별한 사정이 있다고 인정되는 경우에는 그러한 의무 위반에 대한 책임이 발생할 수 있다. 이와 같이 채권자에게 계약상 의무로서 수령의무나 협력의무가 인정되는 경우, 그 수령의무나 협력의무가 이행되지 않으면 계약 목적을 달성할 수 없거나 채무자에게 계약의 유지를 더 이상 기대할 수 없다고 볼 수 있는 때에는 채무자는 수령의무나 협력의무 위반을 이유로 계약을 해제할 수 있다"(대판 2021.10.28. 2019다293036).

ㄷ. [O] "원래의 계약에 있는 위약금이나 손해배상에 관한 약정은 그것이 계약 내용이나 당사자의 의사표시 등에 비추어 합의해제·해지의 경우에도 적용된다고 볼 만한 특별한 사정이 없는 한 합의해제·해지의 경우에까지 적용되지는 않는다"(대판 2021.5.7. 2017다220416).

ㄹ. [O] "계약이 합의에 의하여 해제 또는 해지된 경우에는 상대방에게 손해배상을 하기로 특약하거나 손해배상 청구를 유보하는 의사표시를 하는 등 다른 사정이 없는 한 채무불이행으로 인한 손해배상을 청구할 수 없다. 그리고 그와 같은 손해배상의 특약이 있었다거나 손해배상 청구를 유보하였다는 점은 이를 주장하는 당사자가 증명할 책임이 있다"(대판 2013.11.28. 2013다8755).

[정답] ⑤

문 6 **甲은 甲 소유인 X 토지를 乙에게 매도하는 매매계약을 체결하고, 계약금과 중도금을 지급받은 뒤 X 토지에 대한 소유권이전등기를 乙 명의로 경료해주었다. 그 후 乙이 잔금을 지급하기 전에 甲과 乙이 합의하여 위 매매계약을 해제하고자 할 경우, 다음 설명 중 옳지 않은 것은?** (각 지문은 독립적이고, 다툼이 있는 경우 판례에 의함) [변시 4회]

① 甲이 해제권의 발생 여부에 관계없이 위 매매계약의 효력을 소멸시켜 당초부터 계약이 체결되지 않았던 것과 같은 상태로 복귀시킬 것을 내용으로 하는 새로운 청약을 하고 乙이 이에 승낙하면 위 매매계약은 해제된다.

② 甲과 乙이 위 매매계약을 해제하기로 합의한 경우, 특별한 약정이 없다면 甲이 乙에게 반환하여야 할 금전에 대하여는 乙로부터 지급받은 다음 날부터 이자를 가산하여 지급하여야 한다.

③ 甲과 乙이 위 매매계약을 해제하기로 합의하기 전에 乙로부터 X 토지를 매수한 丙은 자신의 명의로 소유권이전등기가 경료되었다면 보호될 수 있다.

④ 甲이 乙에게 위 매매계약의 해제에 따른 원상회복 및 손해배상에 관한 조건을 제시한 경우, 그 조건에 대한 합의까지 이루어져야 합의해제가 성립된다.

⑤ 甲이 잔금지급 기일의 경과 후 계약해제를 주장하면서 이미 지급받은 계약금과 중도금의 반환으로 이를 공탁하고 乙이 아무런 이의 없이 그 공탁금을 수령한 경우에는 특단의 사정이 없는 한 합의해제된 것으로 본다.

해 설 ① [○] ④ [○] 합의해제란 해제권유무와 무관하게 당사자의 합의로 이미 체결한 계약을 해소하여 원상으로 회복시키는 새로운 '계약'을 말한다. 이는 사적자치의 원칙상 당연히 인정되는바, 합의해제가 성립하기 위해서는 일반적인 계약의 성립요건과 마찬가지로 ⅰ) 종전 계약의 소멸을 내용으로 하는 청약과 승낙, ⅱ) 표시행위에 나타난 청약과 승낙의 내용이 서로 객관적으로 일치할 것이 필요하다(대판 1998.8.21. 98다17602).

따라서 계약당사자의 일방이 계약해제에 따른 원상회복 및 손해배상의 범위에 관한 조건을 제시한 경우 그 조건에 관한 합의까지 이루어져야 합의해제가 성립된다(대판 1996.2.27. 95다43044)

② [×] 합의해제에 따라 당초 계약의 효과가 소급적으로 소멸하며, 계약이므로 단독행위로서의 해제를 전제로 하는 민법 제543조 이하의 규정은 원칙적으로 적용되지 않는다(대판 1979.10.30. 79다1455). 따라서 **제548조 2항이 적용되지 않으므로, 특약이 없는 이상 합의해제로 인하여 반환할 금전에 그 받은 날로부터의 이자를 가하여야 할 의무가 없다**(대판 1996.7.30. 95다16011).

결국 합의해제에 따른 당사자간의 효력은 1차적으로 해제계약의 내용에 의해 정해지고, 그 합의에 특별한 약정이 없는 경우에는 부당이득반환규정(제741조 이하)에 의해 반환범위가 정해진다.

③ [○] 계약의 효력은 원칙적으로 당사자 간에만 미치므로 완전한 권리를 취득한 제3자의 권리관계에는 영향을 미치지 못한다. 즉 **제548조 1항 단서 규정은 합의해제의 경우에도 유추적용된다.** 判例 역시 "계약의 합의해제에 있어서도 민법 제548조의 계약해제의 경우와 같이 이로써 제3자의 권리를 해할 수 없으나, 그 대상부동산을 전득한 매수자라도 완전한 권리를 취득하지 못한 자는 위 제3자에 해당하지 아니한다"(대판 1991.4.12. 91다2601)고 판시하고 있다.

⑤ [○] "매도인이 잔대금 지급기일 경과 후 계약해제를 주장하여 이미 지급받은 계약금과 중도금

을 반환하는 공탁을 하였을 때, 매수인이 아무런 이의없이 그 공탁금을 수령하였다면 위 매매계약은 특단의 사정이 없는 한 합의해제된 것으로 봄이 상당하다"(대판 1979.10.10, 79다1457).

[정답] ②

문 7 **계약의 해제에 관한 설명 중 옳지 않은 것은?** (다툼이 있는 경우에는 판례에 의함) [변시 2회]

① 당사자 일방이 계약을 해제한 때에는 각 당사자는 그 상대방에 대하여 원상회복의무가 있고, 반환할 금전에는 그 받은 날로부터 이자를 가하여야 한다.

② 甲이 乙에게 X 토지를 매도하였다가 대금을 지급받지 못하여 그 매매계약을 해제한 경우, 乙로부터 X 토지 위에 신축된 건물을 매수한 丙은 위 계약해제로 권리를 침해당하지 않을 제3자에 해당하지 않는다.

③ 매도인이 매수인의 중도금 지급채무 불이행을 이유로 매매계약을 적법하게 해제한 경우라도 매수인은 착오를 이유로 한 취소권을 행사하여 위 매매계약 전체를 무효로 돌릴 수 있다.

④ 매도인 丁과 매수인 戊 사이의 매매계약 체결 후 매매목적물의 시가 상승을 예상한 丁이 戊에게 금액 제시 없이 매매대금의 증액요청을 하였고, 이에 대하여 戊가 확답하지 않은 상태에서 이행기 전 이행착수금지 특약이 없다는 이유로 중도금을 이행기 전에 제공한 경우, 丁은 계약금의 배액을 공탁하여 해제권을 행사할 수 있다.

⑤ 매수인이 중도금 지급채무를 불이행하여 매도인이 그 이행을 최고한 경우, 그 최고가 약정된 금액보다 현저하게 과다하고, 청구한 금액을 제공하지 않으면 그것을 수령하지 않을 것이라는 매도인의 의사가 분명하다면, 위와 같은 최고에 터잡은 매도인의 계약해제는 효력이 없다.

해 설 ① [O] **제548조 (해제의 효과, 원상회복의무)** 「①항 당사자 일방이 계약을 해제한 때에는 각 당사자는 그 상대방에 대하여 원상회복의 의무가 있다. 그러나 제3자의 권리를 해하지 못한다. ② 전항의 경우에 반환할 금전에는 그 받은 날로부터 이자를 가하여야 한다.」

② [O] "계약당사자의 일방이 계약을 해제하여도 제3자의 권리를 침해할 수 없지만, 여기에서 그 제3자는 계약의 목적물에 관하여 권리를 취득하고 또 이를 가지고 계약당사자에게 대항할 수 있는 자를 말하므로, **토지를 매도하였다가 대금지급을 받지 못하여 그 매매계약을 해제한 경우에 있어 그 토지 위에 신축된 건물의 매수인은 위 계약해제로 권리를 침해당하지 않을 제3자에 해당하지 아니한다**"(대판 1991.5.28, 90다카16761).

관련쟁점 건축업자 A가 X토지를 매수하고 소유권이전등기를 받기 전에 토지소유자인 매도인 B의 승낙을 받아 그 X토지에 대규모로 견고하게 Y건물을 신축하고 이를 제3자 C에게 분양(양도)하여 소유권이전등기를 해 준 상태에서 매도인 B가 건축업자 A의 채무불이행을 이유로 토지매매계약을 적법하게 해제한 경우, ㉠ 건물의 양수인 C는 제548조 1항 단서의 제3자에 해당하지 않으며(대판 1991.5.28, 90다카16761), ㉡ 관습법상 법정지상권을 취득하는 것도 아니다(대판 1988.6.28, 87다카12895). ㉢ 다만 토지소유자인 매도인 B가 건물양수인 C를 상대로 건물철거를 주장하는 것(제214조)은 신의칙에 반한다(대판 2003.4.11, 2003다2154). 그러나 만약 위 사안에서 X토지의 매수인 A가 B의 선이행으로 'X토지에 대한 소유권이전등기를 경료받은 후' Y건물을 신축하여 건물의 소유권만을 C에게 이전한 경우라면, C는 X토지에 관하여 관습법상 법정지상권을 취득하기 때문에 나중에 토지 매매가 해제되는 경우에도 C는 제548조 1항 단서에 의해 보호된다.

③ [O] "매도인이 매수인의 중도금 지급채무 불이행을 이유로 매매계약을 적법하게 해제한 후라도 매수인으로서는 상대방이 한 계약해제의 효과로서 발생하는 손해배상책임을 지거나 매매계약에 따른 계약금의 반환을 받을 수 없는 불이익을 면하기 위하여 착오를 이유로 한 취소권을 행사하여 매매계약 전체를 무효로 돌리게 할 수 있다"(대판 1996.12.6, 95다24982).

☞ 왜냐하면 무효와 취소의 '이중효'의 이론적 측면뿐만 아니라 이를 인정할 경우 매수인으로서는 계약해제의 효과로서 발생하는 손해배상책임을 지는 불이익(제548조·제551조)을 피할 수 있는 실익도 있기 때문이다.

④ [X] "민법 제565조가 해제권 행사의 시기를 당사자의 일방이 이행에 착수할 때까지로 제한한 것은 당사자의 일방이 이미 이행에 착수한 때에는 그 당사자는 그에 필요한 비용을 지출하였을 것이고, 또 그 당사자는 계약이 이행될 것으로 기대하고 있는데 만일 이러한 단계에서 상대방으로부터 계약이 해제된다면 예측하지 못한 손해를 입게 될 우려가 있으므로 이를 방지하고자 함에 있고, **이행기의 약정이 있는 경우라 하더라도 당사자가 채무의 이행기 전에는 착수하지 아니하기로 하는 특약을 하는 등 '특별한 사정이 없는 한' 이행기 전에 이행에 착수할 수 있다**"(대판 2006.2.10, 2004다11599).

☞ 여기서 **특별한 사정이란 예컨대 중도금지급기일이 매도인을 위하여서도 기한의 이익이 있는 때를** 말한다. 즉 判例(위 2004다11599판결)는 매매계약의 체결 이후 시가 상승이 예상되자 매도인이 구두로 구체적인 금액의 제시 없이 매매대금의 증액요청을 하였고, 매수인은 이에 대하여 확답하지 않은 상태에서 중도금을 이행기 전에 제공하였는데, 그 이후 매도인이 계약금의 배액을 공탁하여 해제권을 행사한 사안에서, 시가 상승만으로 매매계약의 기초적 사실관계가 변경되었다고 볼 수 없고, **이행기 전의 이행의 착수가 허용되어서는 안 될 만한 불가피한 사정이 있는 것도 아**니므로 매도인은 위의 해제권을 행사할 수 없다고 하였다.

비교판례 그러나 다음의 경우에는 **'특별한 사정'에 해당하여 이행기 전에 이행에 착수할 수 없다고 보았**다. "토지거래허가를 전제로 하는 매매계약의 경우 허가가 있기 전에는 매수인이나 매도인에게 그 계약내용에 따른 대금의 지급이나 소유권이전등기 소요서류의 이행제공의 의무가 있다고 할 수 없을 뿐 아니라, 매도인이 민법 제565조에 의하여 계약금의 배액을 제공하고 계약을 해제하고자 하는 경우에 이 해약금의 제공이 적법하지 못하였다면 해제권을 보유하고 있는 기간 안에 적법한 제공을 한 때에 계약이 해제된다고 볼 것이고, 매도인이 매수인에게 계약을 해제하겠다는 의사표시를 하고 일정한 기한까지 해약금의 수령을 최고하였다면, 중도금 등 지급기일은 매도인을 위하여서도 기한의 이익이 있는 것이므로 매수인은 매도인의 의사에 반하여 이행할 수 없다"(대판 1997.6.27, 97다9369).

⑤ [O] **제544조 (이행지체와 해제)** 「당사자 일방이 그 채무를 이행하지 아니하는 때에는 상대방은 상당한 기간을 정하여 그 이행을 최고하고 그 기간 내에 이행하지 아니한 때에는 계약을 해제할 수 있다.」

'과다최고'의 경우에는 채무의 동일성이 인정되는 한, 본래 급부의 범위 내에서 최고의 효력이 인정된다. 다만, 과다한 정도가 현저하고 채권자가 청구한 금액을 제공하지 않으면 그것을 수령하지 않을 것이라는 의사가 분명한 경우에는 그 최고는 부적법하고, 이러한 최고에 터잡은 계약해제는 그 효력이 없다(대판 1994.5.10, 93다47615).

[정답] ④

문8 甲은 乙로부터 1억 원을 차용하였다. 그 후 甲은 丙에게 甲 소유인 X 토지를 1억 원에 매도하고, 〈보기〉에 나타난 각 법률관계에 따라 丙은 매매대금을 매매계약의 당사자가 아닌 乙에게 직접 지급하였다. 그 후 甲과 丙 사이의 X 토지 매매계약이 적법하게 해제되었다. 〈보기〉에서 옳은 것을 모두 고른 것은?(다툼이 있는 경우에는 판례에 의하고, 각 지문은 모두 독립적이다) [변시 3회]

〈보기〉

ㄱ. 甲이 丙에게 매매대금을 乙에게 지급하라고 지시하고 丙이 이에 따랐다. 이 경우 매매계약의 해제 후에, 丙은 지급했던 매매대금을 乙로부터 반환받을 수 있다.

ㄴ. X 토지 매매계약을 제3자를 위한 계약의 형태로 체결하고 乙을 매매대금의 수익자로 정하였다. 이 경우 매매계약의 해제 후에, 丙은 지급했던 매매대금을 乙로부터 반환받을 수 있다.

ㄷ. X 토지 매매계약에 기한 대금채권을 甲이 乙에게 양도하고 丙에게 이를 통지하였다. 이 경우 매매계약의 해제 후에, 丙은 지급했던 매매대금을 乙로부터 반환받을 수 있다.

① ㄱ ② ㄴ
③ ㄷ ④ ㄱ, ㄴ
⑤ ㄴ, ㄷ

해설 ※ 계약해제의 경우 원상회복의무의 당사자가 누구인지와 관련한 문제이다.

(1) 지시삼각관계(제3자를 위한 계약)에서의 반환청구권자

ㄱ. [X] "계약의 일방 당사자가 계약 상대방의 지시 등으로 급부과정을 단축하여 계약 상대방과 또 다른 계약관계를 맺고 있는 제3자에게 직접 급부한 경우, 그 급부로써 급부를 한 계약 당사자의 상대방에 대한 급부가 이루어질 뿐 아니라 그 상대방의 제3자에 대한 급부로도 이루어지는 것이므로 계약의 일방 당사자는 제3자를 상대로 법률상 원인 없이 급부를 수령하였다는 이유로 부당이득반환청구를 할 수 없다"(대판 2008.9.11, 2006다46278 ; 대판 2003.12.26, 2001다46730 ; 이는 전용물소권을 부정하는 것과 같은 이치이다).
☞ 甲과 丙 사이의 매매계약의 청산은 그들 사이에서 이루어져야 하는데 만일 丙이 乙에게 직접 원상회복을 청구할 수 있다고 보면, 자기 책임하에 체결된 계약에 따른 위험부담(甲의 무자력의 위험)을 제3자인 乙에게 전가시키는 것이 되어 계약법의 기본원리에 반하는 결과를 초래하게 되어 부당하기 때문에, 丙은 계약상대방인 甲에게 원상회복을 청구하여야지 甲에게 직접 원상회복을 이유로 그 매매대금의 반환을 청구할 수는 없다.

ㄴ. [X] 이는 제3자를 위한 계약관계에서 낙약자와 요약자 사이의 법률관계(이른바 기본관계)를 이루는 계약이 해제된 경우에도 마찬가지인바, 判例는 "계약관계의 청산은 계약의 당사자인 낙약자와 요약자 사이에 이루어져야 하므로, 특별한 사정이 없는 한, 낙약자가 이미 제3자에게 급부한 것이 있더라도 낙약자는 계약해제에 기한 원상회복 또는 부당이득을 원인으로 제3자를 상대로 그 반환을 구할 수 없다"(대판 2005.7.22, 2005다7566,7573)고 한다.
☞ 따라서 丙은 乙에게 지급했던 매매대금을 乙로부터 반환받을 수 없고, 매매계약의 당사자인 甲에게 원상회복으로 반환받을 수 있다.

(2) 대금채권이 양도되어 양도통지를 받은 후에 채권양도의 기초가 되는 계약이 채권양도인의 채무불이행으로 해제된 경우

ㄷ. [O] "민법 제548조 제1항 단서에서 규정하고 있는 제3자란 일반적으로 계약이 해제되는 경우 그 해제된 계약으로부터 생긴 법률효과를 기초로 하여 해제 전에 새로운 이해관계를 가졌을 뿐 아니라 등기·인도 등으로 완전한 권리를 취득한 자를 말하고, 계약상의 채권을 양수한 자는 여기서 말하는 제3자에 해당하지 않는다고 할 것인바, 계약이 해제된 경우 계약해제 이전에 해제로 인하여 소멸되는 채권을 양수한 자는 계약해제의 효과에 반하여 자신의 권리를 주장할 수 없음은 물론이고, 나아가 **특단의 사정이 없는 한 채무자로부터 이행받은 급부를 원상회복하여야 할 의무가 있다**"(대판 2003.1.24, 2000다22850).

사실관계 A가 B에게 상가를 분양하고 B가 상가를 명도받은 후 A가 그 대금채권을 C에게 양도하여 양수인 C가 B로부터 분양대금의 '일부'를 받았으나, A와 B의 분양계약이 해제된 경우, 해제에 의해 소멸하게 되는 채권을 양수한 C는 i) 해제에 따른 제548조 1항 단서의 제3자로서 보호받을 수 없고, ii) 제451조 2항의 반대해석에 따라 보호받을 수도 없고(해제는 채권양도 통지이후에 발생하였으나, 해제권 발생의 기초가 되는 계약은 통지 전에 이미 성립하였기 때문에 이는 제451조 2항의 양도통지를 받기 전에 생긴 사유에 해당한다), iii) A의 B에 대한 해제에 따른 동시이행항변권(제549조)을 원용할 수도 없어 자신이 받은 분양대금을 B에게 원상회복으로 반환해야 한다고 한다.[1)]
☞ 따라서 ㄷ.설문에서 丙은 지급했던 매매대금을 채권양수인 乙로부터 반환받을 수 있다.

[정답] ③

1) 사안에서 判例에 따르면 C는 분양계약상의 매도인의 지위를 양도받은 것이 아니라 분양대금 미수금채권을 양도받았을 뿐이고, 계약해제로 인하여 C는 B가 지급한 분양대금 중 '일부'만을 B에게 반환할 의무를 부담하고 있다고 보고, 위와 같은 의무는 B가 계약해제로 인하여 분양계약의 당사자인 A에게 부담하는 이 사건 분양 부분의 명도의무와 동시이행관계에 있다고 볼 수 없다고 한다.

문 9 **계약해제에 관한 설명 중 옳은 것은?** (다툼이 있는 경우 판례에 의함) [변시 6회]

① 甲이 그 소유건물을 乙에게 매각하는 계약을 체결하고, 乙은 그 건물 일부를 丙에게 분양하는 계약을 체결하였는데, 丙은 분양대금의 일부를 乙의 지시에 따라 甲에게 송금하였다. 乙이 甲에게 매매대금을 지급하지 못하여 丙이 건물을 분양받지 못하자 丙이 乙과의 분양계약을 해제한 경우, 丙은 직접 甲을 상대로 부당이득의 반환을 청구할 수 있다.

② 매매계약의 당사자 사이에 계약해제로 인한 원상회복의무로서 반환할 매매대금에 가산할 이자를 약정하였고 그 약정이율이 법정이율보다 낮은 경우, 위 매매대금 반환의무의 이행지체로 인한 지연손해금에 관하여도 위 약정이율이 적용되어야 한다.

③ 甲이 乙 주택조합을 대리한 丙과 조합가입계약을 체결하고 丙에게 조합원분담금 일부를 송금한 후에 甲이 이행불능을 근거로 조합가입계약을 유효하게 해제한 경우, 丙이 그 해제로 인한 원상회복의무를 부담한다.

④ 부동산 매매계약 해제시 매매대금 반환의무와 소유권이전등기말소의무가 동시이행관계에 있는지 여부에 관계없이 매도인은 매매대금을 받은 날로부터 법정이자를 가산하여 지급하여야 한다.

⑤ 매매계약의 해제로 인하여 매수인이 반환하여야 할 목적물의 사용이익을 산정함에 있어서 매수인이 투입한 현금자본의 기여분 및 매수인의 영업수완 등 노력으로 인한 운용이익은 원칙적으로 공제하여서는 안 된다.

해 설 ① [X] ※ 지시삼각관계(제3자를 위한 계약)에서의 반환청구권자

"**계약의 일방당사자(丙)가 상대방(乙)의 지시 등으로 상대방과 또 다른 계약관계를 맺고 있는 제3자(甲)에게 직접 급부한 경우**(이른바 삼각관계에서의 급부가 이루어진 경우), 그 **급부로써 급부를 한 당사자(丙)의 상대방(乙)에 대한 급부가 이루어질 뿐 아니라 그 상대방(乙)의 제3자(甲)에 대한 급부도 이루어지는 것이므로 계약의 일방당사자(丙)는 제3자(甲)를 상대로 법률상 원인 없이 급부를 수령하였다는 이유로 부당이득반환청구를 할 수 없다.** 이러한 경우에 계약의 일방당사자가 상대방에 대하여 급부를 한 원인관계인 법률관계에 무효 등의 흠이 있다는 이유로 제3자를 상대로 직접 부당이득반환청구를 할 수 있다고 보면 자기 책임하에 체결된 계약에 따른 위험부담을 제3자에게 전가하는 것이 되어 계약법의 원리에 반하는 결과를 초래할 뿐만 아니라 수익자인 제3자가 상대방에 대하여 가지는 항변권 등을 침해하게 되어 부당하기 때문이다. 이와 같이 삼각관계에서의 급부가 이루어진 경우에, 제3자가 급부를 수령함에 있어 계약의 일방당사자가 상대방에 대하여 급부를 한 원인관계인 법률관계에 무효 등의 흠이 있었다는 사실을 알고 있었다 할지라도 계약의 일방당사자는 제3자를 상대로 법률상 원인 없이 급부를 수령하였다는 이유로 부당이득반환청구를 할 수 없다"(대판 2008.9.11. 2006다46278).

② [X] "계약해제시 반환할 금전에 가산할 이자에 관하여 당사자 사이에 약정이 있는 경우에는 특별한 사정이 없는 한 이행지체로 인한 지연손해금도 그 약정이율에 의하기로 하였다고 보는 것이 당사자의 의사에 부합한다. 다만 그 **약정이율이 법정이율보다 낮은 경우에는 약정이율에 의하지 아니하고 법정이율에 의한 지연손해금을 청구할 수 있다고** 봄이 타당하다"(대판 2013.4.26. 2011다50509).

구체적 예 甲과 乙은 甲소유 X토지에 대한 매매계약을 1억원에 체결한 바, 乙은 계약금 1천만 원과 중도금 4천만 원은 약속한 날짜에 제대로 지급하여 특약에 따라 중도금 지급기일부터 乙이 X토지를 사용하고 있었다. 그러나 甲의 X토지에 관한 등기서류 교부와 동시에 지급하기로 한 잔금 5천만 원에 대한 지급을 乙이 지체함으로써 甲은 적법하게 乙과의 매매계약을 이행지체를 이유로 해제하였다. ☞ 만약 위 사안에서 甲과 乙 사이에 계약해제시에 반환할 금전에 가산할 이자에 관하여 월 0.4%(연 4.8%)의 약정이율만이 있었다면, 乙이 X토지에 관한 원상회복(손해배상 포함)을 이행하며 甲에게 최고하는 경우 甲은 계약금 및 중도금의 원상회복에 대해 乙의 원상회복 전까지는 월 0.4%의 약정이율을, 원상회복 이후부터는 연 5%의 비율에 의한 지연이자를 지급해야 한다.

제397조(금전채무불이행에 대한 특칙) 「①항 금전채무불이행의 손해배상액은 법정이율에 의한다. 그러나 법령의 제한에 위반하지 아니한 약정이율이 있으면 그 이율에 의한다. ②항 전항의 손해배상에 관하여는 채권자는 손해의 증명을 요하지 아니하고 채무자는 과실없음을 항변하지 못한다.」

③ [×] "**계약이 적법한 대리인에 의하여 체결된 경우에 대리인은 다른 특별한 사정이 없는 한 본인을 위하여 계약상 급부를 변제로서 수령할 권한도 가진다.** 그리고 대리인이 그 권한에 기하여 계약상 급부를 수령한 경우에, 그 법률효과는 계약 자체에서와 마찬가지로 직접 본인에게 귀속되고 대리인에게 돌아가지 아니한다. 따라서 계약상 채무의 불이행을 이유로 계약이 상대방 당사자에 의하여 유효하게 해제되었다면, **해제로 인한 원상회복의무는 대리인이 아니라 계약의 당사자인 본인이 부담**한다. 이는 본인이 대리인으로부터 그 수령한 급부를 현실적으로 인도받지 못하였다거나 해제의 원인이 된 계약상 채무의 불이행에 관하여 대리인에게 책임 있는 사유가 있다고 하여도 다른 특별한 사정이 없는 한 마찬가지라고 할 것이다"(대판 2011.8.18, 2011다30871).
☞ 따라서 지문에서 대리인 丙이 적법하게 대금을 수령한 이상(유권대리) 계약의 당사자인 본인 乙이 계약해제로 인한 원상회복의무를 부담한다.

④ [○] "**제548조 제2항은 원상회복의 범위에 속하는 것이며 일종의 부당이득반환의 성질을 가지는 것이고 반환의무의 이행지체로 인한 것이 아니므로,** 부동산 매매계약이 해제된 경우 매도인의 매매대금 반환의무와 매수인의 소유권이전등기말소등기 절차이행의무가 동시이행의 관계에 있는지 여부와는 관계없이 매도인이 반환하여야 할 매매대금에 대하여는 그 받은 날로부터 민법 소정의 법정이율인 연 5푼의 비율에 의한 법정이자를 부가하여 지급하여야 한다"(대판 2000.6.9, 2000다9123).

⑤ [×] "매매계약의 해제로 인하여 매수인이 반환하여야 할 목적물의 사용이익을 산정함에 있어서 매수인의 영업수완 등 노력으로 인한 이른바 운용이익이 포함된 것으로 볼 여지가 있는 경우 이러한 운용이익은 **사회통념상 매수인의 행위가 개입되지 아니하였더라도 그 목적물로부터 매도인이 당연히 취득하였으리라고 생각되는 범위 내의 것이 아닌 한 매수인이 반환하여야 할 사용이익의 범위에서 공제하여야 한다**"(대판 2006.9.8, 2006다26328 · 26335)

[정답] ④

문 10 **甲은 乙에게 자기 소유의 X 부동산을 매도하는 매매계약을 乙과 체결하였다. 이에 관한 설명 중 옳은 것은?** (각 지문은 독립적이며, 다툼이 있는 경우 판례에 의함) [변시 14회]

① 甲과 乙이 합의하여 계약을 해제한 경우라도 甲은 특별한 사정이 없는 한 乙의 채무불이행을 이유로 손해배상을 청구할 수 있다.

② 甲이 乙에게 X 부동산을 인도하고 소유권이전등기를 마쳐 주었지만 乙이 甲에게 잔금을 지급하지 못하던 중, 甲과 乙은 합의하여 계약을 해제하였다. 합의해제 후 乙이 丙에게 X 부동산을 매도하고 소유권이전등기까지 마쳐 주었다면, 丙은 합의해제 사실을 알았더라도 「민법」 제548조 제1항 단서의 제3자에 해당한다.

③ 乙의 채권자 丁이 乙의 甲에 대한 X 부동산의 소유권이전등기청구권을 가압류한 이후에도 甲은 乙의 채무불이행을 이유로 매매계약을 해제할 수 있지만, 계약이 해제되기 전에 丁이 가압류에 이어 위 소유권이전등기청구권을 압류한 경우에는 압류채권자로서 「민법」 제548조 제1항 단서의 제3자에 해당한다.

④ 甲이 X 부동산을 丙에게 매도하고 소유권이전등기를 마쳐 주자 乙은 甲의 소유권이전등기의무가 이행불능되었다는 이유로 甲에 대하여 계약의 해제와 함께 원상회복을 청구하였다. 만약 乙이 해제의 의사표시를 할 당시 이미 乙의 甲에 대한 소유권이전등기청구권의 소멸시효가 완성된 상태라면 위 이행불능 시점이 소유권이전등기청구권의 시효완성 전이라고 하더라도 乙의 해제권과 원상회복청구권은 원칙적으로 인정될 수 없다.

⑤ 乙이 매매대금을 지급한 후 甲의 귀책사유로 소유권이전등기의무가 이행불능되었고, 乙이 1주일 후 甲의 채무불이행을 이유로 계약을 해제한 경우, 그 계약의 해제로 인한 원상회복청구권의 소멸시효는 해제권 발생 시부터 진행한다.

해설 ① [X] 判例는 **계약이 합의에 따라 해제되거나 해지된 경우에는 특별한 사정이 없는 한 채무불이행으로 인한 손해배상을 청구할 수 없으나,** 상대방에게 손해배상을 하기로 특약하거나 손해배상 청구를 유보하는 의사표시가 있으면 그러한 특약이나 의사에 따라 손해배상을 하여야 한다. 그와 같은 손해배상의 특약이 있었다거나 손해배상 청구를 유보하였다는 점은 이를 주장하는 당사자가 증명할 책임이 있다(대판 2013.11.28. 2013다8755)고 한다.

② [X] 계약의 효력은 원칙적으로 당사자 간에만 미치므로 완전한 권리를 취득한 제3자의 권리관계에는 영향을 미치지 못한다. 즉 **제548조 1항 단서 규정은 합의해제의 경우에도 유추적용된다** (대판 1991.4.12. 91다2601 참조). 判例는 **'해제의 의사표시가 있은 후라도** 그 등기 등을 말소하지 않은 동안**' 새로운 권리를 취득하게 된 '선의'의 제3자도 포함된다**고 한다(대판 1985.4.9. 84다카130,131).

☞ 丙은 합의해제 후 **그 사실을 '알고'** X 부동산을 乙로부터 매수한 자이므로, 제548조 1항 단서의 제3자에 해당하지 않는다.

③ [X] 判例는 **채권의 양수인**이 취득한 권리는 채권에 불과하고 대세적 효력을 갖는 권리가 아니어서 (대항요건을 갖추었더라도) 채권의 양수인은 제3자에 해당하지 않는다고 한다(대판

2003.1.24. 2000다22850). 이는 대금채권 뿐만 아니라 소유권이전등기청구권의 경우에도 마찬가지이다. 즉 매수인의 매도인에 대한 소유권이전등기청구권(채권)을 양수받은 자나 소유권이전등기청구권을 압류하거나 가압류한 자도 마찬가지로 매매계약이 해제되면 보호받지 못한다(대판 2000.4.11. 99다51685)

비교판례 判例는 매수인이 소유권이전등기를 받은 후 매수인의 금전채권자가 그 '부동산'을 가압류하거나 압류한 경우에는 계약이 해제되더라도 채권자는 보호받는 제3자에 해당한다고 한다(대판 2000.1.14. 99다40937)

④ [O] "계약해제 의사표시 당시에 본래 채권이 시효의 완성으로 소멸하였다면 그 해제권 및 이에 근거한 원상회복청구권과 위약금청구권도 행사할 수 없거나 소멸한다"(대판 2023.5.18. 2020다8432).

⑤ [X] 분양계약의 이행불능을 이유로 매수인이 적법하게 분양계약을 해제하고 매도인을 상대로 이미 지급한 매매대금의 일부에 원상회복청구권을 행사하는 경우와 같이 금전에 대한 원상회복청구권은 그 본질이 채권적 청구권에 불과하므로 소멸시효의 대상에 해당하며, 이때 소멸시효는 해제 가능시가 아닌 해제시, 즉 원상회복청구권이 발생한 때부터 진행한다고 한다(대판 2009.12.24. 2009다63267).

[정답] ④

문 11 甲과 乙은 2013. 9. 20 甲 소유의 토지에 대하여 매매대금을 5억 원으로 하는 매매계약을 체결하면서, 乙이 계약 당일 계약금 5,000만 원을 甲에게 지급하였고, 중도금 2억 원은 2013. 10. 20. 지급하고, 잔금 2억 5,000만 원은 2013. 11. 20. 甲의 소유권이전과 상환하여 지급하기로 하였다. 다음 설명 중 옳은 것을 모두 고른 것은?(다툼이 있는 경우 판례에 의함) [변시 3회]

ㄱ. 甲이 乙에 대하여 중도금의 지급을 최고하였으나 乙이 이를 이행하지 않아 甲이 중도금의 지급을 구하는 소송을 제기하였다면, 특별한 사정이 없는 한 乙은 계약금 5,000만 원을 포기하더라도 위 매매계약을 해제할 수 없다.

ㄴ. 乙이 2013. 10. 20.을 경과하여 중도금의 이행을 지체하고 있는 중에, 甲 역시 소유권이전등기서류를 乙에게 이행제공 하지 않고, 2013. 11. 20.을 경과하였다면, 乙은 2013. 11. 21. 부터는 중도금에 대한 지체책임을 지지 않는다.

ㄷ. 乙 명의로 소유권이전등기가 이루어지기 전에 乙로부터 위 토지를 매수한 丙의 乙을 대위한 신청으로 위 토지에 대하여 처분금지가처분등기가 된 상태에서 甲과 乙 사이의 매매계약이 적법하게 해제된 경우, 위 가처분등기의 말소와 매도인의 대금반환의무는 동시이행관계에 있다.

ㄹ. 특별한 사정으로 甲이 乙에게 토지의 소유권이전등기를 먼저 해 주었으나, 乙의 잔대금지급채무불이행으로 인하여 甲이 2013. 12. 5. 위 매매계약을 적법하게 해제한 경우, 위 토지에 대한 원상회복의 등기가 되기 전인 2013. 12. 10 丁 앞으로 그 토지에 관한 근저당권설정등기가 이루어졌다면, 甲은 丁이 근저당권 설정 당시 甲의 해제권행사 사실을 알았더라도 丁에 대하여 근저당권설정등기의 말소를 청구할 수 없다.

① ㄴ
② ㄱ, ㄹ
③ ㄴ, ㄷ
④ ㄴ, ㄹ
⑤ ㄴ, ㄷ, ㄹ

해 설 ㄱ. [X] "매수인은 민법 제565조 제1항에 따라 본인 또는 매도인이 이행에 착수할 때까지는 계약금을 포기하고 계약을 해제할 수 있는바, 여기에서 이행에 착수한다는 것은 객관적으로 외부에서 인식할 수 있는 정도로 채무의 이행행위의 일부를 하거나 또는 이행을 하기 위하여 필요한 전제행위를 하는 경우를 말하는 것으로서 단순히 이행의 준비를 하는 것만으로는 부족하고, 그렇다고 반드시 계약내용에 들어맞는 이행제공의 정도에까지 이르러야 하는 것은 아니지만, 매도인이 매수인에 대하여 매매계약의 이행을 최고하고 매매잔대금의 지급을 구하는 소송을 제기한 것만으로는 이행에 착수하였다고 볼 수 없다"(대판 2008.10.23. 2007다72274)

ㄴ. [O] "매수인이 선이행하여야 할 중도금지급을 하지 아니한 채 잔대금지급일을 경과한 경우에는 매수인의 중도금 및 이에 대한 지급일 다음날부터 잔대금지급일까지의 지연손해금과 잔대금의 지급채무는 매도인의 소유권이전등기의무와 특별한 사정이 없는 한 동시이행관계에 있다"(대판 1991.3.27. 90다19930).

☞ 따라서 매수인 乙은 2013. 10. 21.부터 2013. 11. 20.까지만 중도금지체책임을 진다.

ㄷ. [×] "부동산에 관한 매매계약을 체결한 후 매수인 앞으로 소유권이전등기를 마치기 전에 매수인으로부터 그 부동산을 다시 매수한 제3자의 처분금지가처분신청으로 매매목적부동산에 관하여 가처분등기가 이루어진 상태에서 매도인과 매수인 사이의 매매계약이 해제된 경우, 매도인만이 가처분이의 등을 신청할 수 있을 뿐 매수인은 가처분의 당사자가 아니어서 가처분이의 등에 의하여 가처분등기를 말소할 수 있는 법률상의 지위에 있지 않고, 제3자가 한 가처분을 매도인의 매수인에 대한 소유권이전등기의무의 일부이행으로 평가할 수 없어 그 **가처분등기를 말소하는 것이 매매계약 해제에 따른 매수인의 원상회복의무에 포함된다고 보기도 어려우므로, 위와 같은 가처분등기의 말소와 매도인의 대금반환의무는 동시이행의 관계에 있다고 할 수 없다**"(대판 2009.7.9. 2009다18526)

ㄹ. [×] 계약해제로 인한 원상회복의무는 제3자의 권리를 해하지 못한다(제548조 1항 단서). 이때 제3자의 범위와 관련하여 判例는 "그 해제된 계약으로부터 생긴 법률효과를 기초로 하여 '해제 전'에 새로운 이해관계를 가졌을 뿐 아니라 등기·인도 등으로 완전한 권리를 취득한 자"를 말한다고 한다(대판 2002.10.11. 2002다33502). 그러나 判例는 '해제의 의사표시가 있은 후라도 그 등기 등을 말소하지 않은 동안' 새로운 권리를 취득하게 된 '선의'의 제3자도 포함된다고 한다(대판 1985.4.9. 84다카130,131).

☞ 따라서 丁은 해제의 의사표시가 있은 후 원상회복의 등기가 되기 전에 새로운 권리를 취득하게 된 자이나 악의이므로 제548조 1항 단서에 의해 보호받지 못한다. 그러므로 甲은 악의의 丁에 대하여 근저당권설정등기의 말소를 청구할 수 있다.

[정답] ①

문 12 甲과 乙은 2018. 1. 5. 甲 소유 A토지에 관한 매매계약을 체결하였다. 이 계약에서 매매대금은 1억 원으로 하고 乙은 계약금 1,000만 원을 계약 당일, 중도금 4,000만 원을 같은 달 31. 지급하기로 하고, 잔금 5,000만 원은 같은 해 2. 15. 甲의 토지 인도 및 소유권이전등기서류의 교부와 함께 지급하기로 약정하였다. 甲과 乙 사이의 법률관계에 관한 설명 중 옳은 것을 모두 고른 것은? (각 지문은 독립적이며, 다툼이 있는 경우 판례에 의함) [변시 8회]

ㄱ. 乙이 甲에게 계약금 중 500만 원만 지급한 경우 甲은 乙에게 자신이 乙로부터 수령한 500만 원의 배액인 1,000만 원을 지급하고 계약을 해제할 수 있다.
ㄴ. 乙은 2018. 2. 15.까지 매매대금을 모두 지급하였고, 甲은 乙에게 토지를 인도해 주었다. 그 후 甲은 같은 해 3. 15. 위 매매계약을 착오를 이유로 적법하게 취소하였다. 이러한 경우 乙은 선의·악의를 불문하고 甲의 토지를 인도받아 취소 시까지 사용·수익한 이익을 甲에게 반환하여야 한다.
ㄷ. 甲은 2018. 2. 15. 잔금 일부인 3,000만 원만 지급받고 乙에게 토지를 인도해 주었다. 이후 乙이 남은 잔금을 끝내 지급하지 아니하여 甲은 같은 해 3. 15. 위 매매계약을 채무불이행을 이유로 적법하게 해제하였다. 이러한 경우 甲은 지급받은 대금을 그 받은 날로부터 이자를 가산하여 乙에게 반환하여야 한다.
ㄹ. 甲은 2018. 2. 15. 잔금 일부인 3,000만 원만 지급받은 채 나머지 대금은 토지를 담보로 대출받아 마련하겠다는 乙의 말을 믿고 乙 앞으로 토지의 소유권이전등기를 마쳐 주었다. 그 후 乙이 남은 잔금을 끝내 지급하지 아니하여 甲은 같은 해 3. 15. 위 매매계약을 채무불이행을 이유로 적법하게 해제하였는데, 이미 乙의 채권자인 丙이 A토지에 대해 가압류 집행을 마쳐 두었다. 이러한 경우 甲은 丙에게 해제의 효과를 주장하지 못한다.

① ㄱ, ㄷ
② ㄴ, ㄷ
③ ㄴ, ㄹ
④ ㄷ, ㄹ
⑤ ㄴ, ㄷ, ㄹ

해설 ㄱ. [X] ※ 계약금의 일부만 지급한 상태에서 제565조 1항에 의한 해제가부
"계약이 일단 성립한 후에는 당사자의 일방이 이를 마음대로 해제할 수 없는 것이 원칙이고, 다만 주된 계약과 더불어 계약금계약을 한 경우에는 민법 제565조 제1항의 규정에 따라 임의 해제를 할 수 있기는 하나, 계약금계약은 금전 기타 유가물의 교부를 요건으로 하므로 단지 계약금을 지급하기로 약정만 한 단계에서는 아직 계약금으로서의 효력, 즉 위 민법 규정에 의해 계약해제를 할 수 있는 권리는 발생하지 않는다고 할 것이다. 따라서 당사자가 계약금의 일부만을 먼저 지급하고 잔액은 나중에 지급하기로 약정하거나 계약금 전부를 나중에 지급하기로 약정한 경우, 교부자가 계약금의 잔금이나 전부를 약정대로 지급하지 않으면 상대방은 계약금 지급의무의 이행을 청구하거나 채무불이행을 이유로 계약금약정을 해제할 수 있고, 나아가 위 약정이 없었더라면 주계약을 체결하지 않았을 것이라는 사정이 인정된다면 주계약도 해제할 수도 있

을 것이나, **교부자가 계약금의 잔금 또는 전부를 지급하지 아니하는 한 계약금계약은 성립하지 아니하므로 당사자가 임의로 주계약을 해제할 수는 없다**"(대판 2008.3.13. 2007다73611).

☞ 乙이 甲에게 계약금 전부가 아닌 일부만을 지급한 이상 계약금 계약은 성립하지 아니하였으므로, 乙뿐만 아니라 甲도 민법 제565조 1항에 의하여 주계약을 임의로 해제할 수 없고, 수령자인 甲이 해제할 수 있다고 하더라도 기준이 되는 금원은 약정 계약금(1,000만 원)이므로 甲은 교부받은 계약금의 일부인 500만 원의 배액 제공만으로는 민법 제565조 제1항에 의하여 주계약인 매매계약을 해제할 수 없다.

ㄴ. [X] ※ 선의의 점유자의 부당이득반환

"제201조 제1항에 의하면 선의의 점유자는 점유물의 과실을 취득한다고 규정하고 있고, 토지를 점유경작하므로 얻는 이득은 그 토지로 인한 과실에 준하는 것이니, 비록 법률상 원인없이 타인의 토지를 점유 경작함으로써 타인에게 손해를 입혔다고 할지라도 **선의의 점유자는 그 점유 경작으로 인한 이득을 그 타인에게 반환할 의무는 없다**"(대판 1981.9.22. 81다233).

☞ 乙은 선의일 때 한하여 제201조 1항에 의하여 A토지에 관한 과실수취권이 인정된다. 다만 甲의 취소 후에는 악의라고 할 것이다.

ㄷ. [O] ※ 계약해제시 원상회복의무

계약이 해제되어 甲과 乙은 원상회복의무를 부담한다(제548조 1항). 따라서 甲은 민법 제548조 2항에 의하여 乙에게 매매대금과 함께 각 대금을 받은 날로부터 매매대금에 대한 법정이자를 반환하여야 한다.

ㄹ. [O] ※ 민법 제548조 제1항 단서의 제3자와 계약 목적물을 가압류한 가압류채권자

"**민법 제548조 제1항 단서에서 말하는 제3자란** 일반적으로 **해제된 계약으로부터 생긴 법률효과를 기초로 하여 별개의 새로운 권리를 취득한 자를 말하는 것인바,** 해제된 계약에 의하여 채무자의 책임재산이 된 **계약의 목적물을 가압류한 가압류채권자는** 그 가압류에 의하여 당해 목적물에 대하여 잠정적으로 그 권리행사만을 제한하는 것이나 **종국적으로는 이를 환가하여 그 대금으로 피보전채권의 만족을 얻을 수 있는 권리를 취득하는 것이므로,** 그 권리를 보전하기 위하여서는 위 조항 단서에서 말하는 **제3자에는 위 가압류채권자도 포함된다**"(대판 2000.1.14. 99다40937).

비교판례 **부동산 처분금지가처분등기 기입 후 가압류가 집행된 상태에서 '가처분채권자'**(매도인)**가 부동산 매매계약을 해제한 경우, '가압류채권자'**(매수인의 채권자)**의 제548조 1항 단서 '제3자' 해당여부(소극)**

"부동산에 대하여 가압류등기가 된 경우에, 그 가압류채무자(매수인)의 전 소유자(매도인)가 위의 가압류 집행에 앞서 같은 부동산에 대하여 소유권이전등기의 말소청구권을 보전하기 위한 처분금지가처분등기를 경료한 다음, 채무자를 상대로 매매계약의 해제를 주장하면서 소유권이전등기 말소소송을 제기한 결과 승소판결을 받아 확정되기에 이르렀다면, **위와 같은 가압류는 결국 말소될 수밖에 없고(동일한 부동산에 대한 가압류와 가처분의 효력 순위는 그 집행 순서에 따라 정해진다)**, 따라서 이러한 경우 가압류채권자(매수인의 채권자)는 제548조 제1항 단서에서 말하는 제3자로 볼 수 없다"(대판 2013.9.12. 2011다89903).

[정답] ④

문 13 **계약의 해제에 관한 설명 중 옳은 것은?** (다툼이 있는 경우 판례에 의함) [변시 9회]

① 매도인으로부터 매매 목적물의 소유권을 이전받은 매수인이 매도인의 계약해제 이전에 제3자에게 목적물을 처분하여 계약해제에 따른 원물반환이 불가능하게 된 경우, 매수인이 원상회복의무로서 반환하여야 하는 목적물의 가액은 특별한 사정이 없는 한 그 처분 당시의 대가 또는 그 시가 상당액이다.

② 당사자가 기존 계약의 효력을 소멸시켜 원상으로 회복시키기로 합의한 경우, 특별한 약정이 없는 한 위 합의해제로 인하여 반환할 금전에는 그 받은 날로부터 이자를 가하여야 한다.

③ 부동산 매매계약이 해제되기 전에 매수인과 매매예약을 체결하고 그에 기한 소유권이전청구권 보전을 위한 가등기를 마친 사람은 「민법」 제548조 제1항 단서에서 말하는 계약해제로 보호받는 '제3자'에 포함되지 않는다.

④ 해제자가 계약 해제의 원인이 된 채무불이행에 관하여 그 원인의 일부를 제공하였다면, 신의칙 또는 공평의 원칙에 기하여 일반적으로 손해배상에 있어서의 과실상계에 준하여 계약의 해제로 인한 원상회복청구권의 내용이 제한될 수 있다.

⑤ 계약 해제로 인하여 당사자 일방이 수령한 금전을 반환함에 있어 그 받은 날로부터 가산하여 지급하여야 할 「민법」 제548조 제2항 소정의 이자는 반환의무의 이행지체로 인한 지연손해금이다.

해 설 ① [○] ※ **해제의 효과(원상회복의무 : 원칙적 원물반환, 예외적 가액반환)**

"계약이 해제된 경우에 각 당사자는 민법 제548조에 따라 상대방에 대하여 원상회복의 의무를 지며, 원상회복의무로서 반환할 금전에는 그 받은 날부터 이자를 가산하여 지급하여야 한다. 이와 같이 계약해제의 효과로서 원상회복의무를 규정한 민법 제548조는 부당이득에 관한 특별 규정의 성격을 가진 것이므로, 그 이익 반환의 범위는 이익의 현존 여부나 선의, 악의에 불문하고 특단의 사유가 없는 한 받은 이익의 전부이다. 따라서 매도인으로부터 매매 목적물의 소유권을 이전받은 매수인이 매도인의 계약해제 이전에 제3자에게 목적물을 처분하여 계약해제에 따른 **원물반환이 불가능하게 된 경우에 매수인은 원상회복의무로서 가액을 반환하여야 하며, 이때에 반환할 금액은 특별한 사정이 없는 한 그 처분 당시의 목적물의 대가 또는 그 시가 상당액과 처분으로 얻은 이익에 대하여 그 이득일부터의 법정이자를 가산한 금액이다**"(대판 2013.12.12. 2013다14675).

② [X] ※ **계약의 합의해제(해제계약)에 대하여 민법 제548조 제2항이 적용되는지 여부(소극)**

"**합의해제 또는 해제계약**이라 함은 해제권의 유무에 불구하고 계약 당사자 쌍방이 합의에 의하여 기존의 계약의 효력을 소멸시켜 당초부터 계약이 체결되지 않았던 것과 같은 상태로 복귀시킬 것을 내용으로 하는 **새로운 계약으로서, 그 효력은 그 합의의 내용에 의하여 결정되고 여기에는 해제에 관한 민법 제548조 제2항의 규정은 적용되지 아니하므로, 당사자 사이에 약정이 없는 이상 합의해제로 인하여 반환할 금전에 그 받은 날로부터의 이자를 가하여야 할 의무가 있는 것은 아니다**"(대판 1996.7.30. 95다16011).

③ [X] ※ **민법 제548조 제1항 단서에서 말하는 제3자에 가등기를 마친 사람도 포함되는지 여부(적극)**

"민법 제548조 제1항 단서에서 말하는 제3자는 일반적으로 해제된 계약으로부터 생긴 법률효과를 기초로 하여 해제 전에 새로운 이해관계를 가졌을 뿐만 아니라 등기, 인도 등으로 권리를 취득한 사람을 말하는 것인바, 매수인과 매매예약을 체결한 후 그에 기한 소유권이전청구권 보전을 위한 가등기를 마친 사람도 위 조항 단서에서 말하는 제3자에 포함된다"(대판 2014.12.11. 2013다14569).

④ [×] ※ 과실상계의 적용가부(소극)
"계약의 해제로 인한 원상회복청구권에 대하여 해제자가 해제의 원인이 된 채무불이행에 관하여 '원인'의 일부를 제공하였다는 등의 사유를 내세워 신의칙 또는 공평의 원칙에 기하여 일반적으로 손해배상에 있어서의 과실상계에 준하여 권리의 내용이 제한될 수 있다고 하는 것은 허용되어서는 아니된다"(대판 2014.3.13. 2013다34143).

⑤ [×] ※ 이자의 성격
"제548조 제2항은 원상회복의 범위에 속하는 것이며 일종의 부당이득반환의 성질을 가지는 것이고 반환의무의 이행지체로 인한 것이 아니므로, 부동산 매매계약이 해제된 경우 매도인의 매매대금 반환의무와 매수인의 소유권이전등기말소등기 절차이행의무가 동시이행의 관계에 있는지 여부와는 관계없이 매도인이 반환하여야 할 매매대금에 대하여는 그 받은 날로부터 민법 소정의 법정이율인 연 5푼의 비율에 의한 법정이자를 부가하여 지급하여야 한다"(대판 2000.6.9. 2000다9123).

[정답] ①

문 14 **甲과 乙은 이행기를 정하여 甲 소유의 X 건물에 대한 매매계약을 체결하였으나, 乙의 잔대금채무에 대한 이행지체를 이유로 甲이 위 매매계약을 해제하려고 한다. 이에 관한 설명 중 옳은 것은?** (각 지문은 독립적이며, 다툼이 있는 경우 판례에 의함) [변시 5회]

① 甲이 상당한 기간을 정하여 乙에게 잔대금의 지급을 최고하고 그 기간 내에 乙이 이행하지 않는 경우에 계약을 해제할 수 있지만, 특별한 사정이 없는 한 甲이 기간을 정하지 않고 최고하더라도 상당한 기간이 경과한 때에는 甲의 해제권이 인정된다.

② 위 매매계약에서 다른 약정 없이 '乙이 잔대금을 지급하지 아니한 상태로 지급기일을 경과하면 매매계약 자체가 자동적으로 해제된다'는 취지의 약정이 있는 경우에는 甲이 자신의 채무에 대한 이행제공을 통하여 乙을 이행지체에 빠뜨리지 않더라도 잔대금 지급기일의 경과만으로 위 매매계약은 자동 해제된 것으로 볼 수 있다.

③ 甲은 계약해제 전에 그 해제와 양립되지 아니하는 법률관계를 가진 丙에 대해서는 계약의 해제에 따른 법률효과를 주장할 수 없으나, 丙이 그 계약의 해제 전에 해제 가능성이 있다는 것을 알았거나 알 수 있었던 경우에는 해제의 효과를 주장할 수 있다.

④ 위 매매계약의 해제 전에 乙이 X 건물을 사용함으로써 이익을 얻은 경우, 甲이 매매계약의 해제 후 乙에 대한 원상회복을 청구할 때 乙이 취득한 사용이익의 반환을 함께 청구할 수는 없다.

⑤ 甲이 채무불이행을 이유로 매매계약을 해제하고 손해배상을 청구하는 경우에는 그 매매계약의 이행으로 인하여 甲이 얻을 이익, 즉 이행이익의 배상을 청구하는 것이 원칙이나, 신뢰이익이 이행이익보다 큰 경우 신뢰이익의 배상을 구할 수 있다.

해설 ① [O] 당사자 일방이 그 채무를 이행하지 아니하는 때에는 상대방은 상당한 기간을 정하여 그 이행을 최고하고 그 기간 내에 이행하지 아니한 때에는 계약을 해제할 수 있다(제544조 본문). 여기서 상당한 기간은 채무자가 이행을 준비하고 이행을 하는 데 필요한 기간이며, 채무자의 여행·질병 등의 주관적인 사정은 고려되지 않는다(다수설). 채권자가 정한 기간이 '상당한 기간'보다 짧은 경우에도 최고는 유효하며, 다만 '상당한 기간'이 경과한 뒤에 해제권이 생긴다고 새겨야 한다(대판 1979.9.25, 79다1135). 마찬가지로 상당기간을 정하지 않고서 최고를 한 경우에도 상당한 기간이 경과하면 해제권이 발생한다(대판 1990.3.27, 89다카14110).

② [X] 判例는 쌍방의 채무가 동시이행관계인 경우 이행의 제공을 하여 상대방을 이행지체에 빠뜨려야 자동해제가 된다고 한다(대판 1998.6.12, 98다505). 다만 동시이행의 경우에도 (매수인이 수회에 걸친 채무불이행에 대하여 책임을 느끼고 잔금 지급기일의 연기를 요청하면서 새로운 약정기일까지는 반드시 계약을 이행할 것을 확약하고) '불이행시 계약이 자동적으로 해제되는 것을 감수하겠다'는 등의 별도의 특약이 있는 때에는 특약에 따라 이행의 제공 없이도 자동해제 될 수 있다고 한다(대판 1996.3.8, 95다55467).

즉, 별도의 특약이 없는 한 동시이행관계인 경우에는 해제조건부 계약이라 하더라도 조건성취시 계약이 자동해제 되지는 않고 이행의 제공을 하여 매수인으로 하여금 이행지체에 빠지게 하였을 때에 비로소 자동적으로 매매계약이 해제된다고 보아야 한다(1992.10.27, 91다32022).

③ [X] 해제의 의사표시 전 제3자의 보호에 관해 민법은 "계약해제로 인한 원상회복의무는 제3자의 권리를 해하지 못한다"(제548조 1항 단서)고 규정한다. 이 때 제3자의 범위와 관련하여 判例는 "그 해제된 계약으로부터 생긴 법률효과를 기초로 하여 '해제 전'에 새로운 이해관계를 가졌을 뿐 아니라 등기·인도 등으로 완전한 권리를 취득한 자"를 말한다고 한다(대판 2002.10.11, 2002다33502). 이 경우 제3자 인정 여부는 해제의 가능성을 알았는지 모르는데 과실이 있었는지와 무관하다. 해제권의 행사여부는 해제권자인 甲의 결정권한으로, 甲이 해제권을 행사할지 말지를 제3자 丙이 객관적으로 예측할 수는 없기 때문이다.

④ [X] 당사자일방이 계약을 해제한 때에는 각 당사자는 그 상대방에 대하여 원상회복의 의무가 있고(제548조 1항), 원상회복으로 반환해야할 대상이 금전인 경우에는 그 받은 날로부터 이자를 가하여야 한다(제548조 2항). 금전을 반환하는 경우와의 균형상 원상회복으로 반환해야할 대상이 물건인 때에는 과실이나 사용이익도 반환하여야 한다. 다만 사용이익을 반환하는 외에 감가상각비까지 반환할 필요는 없다. 사용이익 속에 감가상각비가 포함되기 때문이다.

"계약 해제로 인하여 계약 당사자가 원상회복의무를 부담함에 있어서 당사자 일방이 목적물을 이용한 경우에는 그 사용에 의한 이익을 상대방에게 반환하여야 하는 것이므로, 피고가 이 사건 지게차와 페이로더를 원고가 인도받은 후 사용하였다 하더라도 이 사건 양도계약의 해제로 인하여 원고에게 그 사용에 의한 이익의 반환을 구함은 별론으로 하고, 위 지게차 등이 원고에 의하여 사용됨으로 인하여 감가 내지 소모가 되는 요인이 발생하였다 하여도 그것을 훼손으로 볼 수 없는 한 그 감가비 상당은 원상회복의무로서 반환할 성질의 것은 아니라 할 것이다"(대판 1991.8.9, 91다13267).

⑤ [X] 계약해제의 효과는 손해배상의 청구에 영향을 미치지 않는다(제551조). 여기에서 말하는 손해배상은 채무불이행으로 인한 손해배상이고, 그 범위도 원칙적으로 '이행이익'의 배상이다(통설). 즉 해제로 인하여 기이행된 급부를 반환함으로써 이루어지는 원상회복만으로 계약이 해제될 때까지 당사자 일방이 입은 손해가 제거되는 것은 아니므로, 실질적 공평의 관점에서 법이 해제와 손해배상의 양립을 인정하는 것이다. 따라서 여기서의 이행이익 상당액이란 원상회복을 통해 전보되지 못한 추가적인 손해를 의미한다.

그런데, 최근 들어 대법원은 계약의 이행을 믿고 지출한 비용의 배상(이를 '신뢰이익'이라고 표현하지만)은 이행이익의 범위를 초과할 수 없고, 또 비용의 배상을 청구하든지 아니면 이행이익의 배상을 청구하든지 양자를 선택해서 행사할 수 있다고 한다. 또한 신뢰이익의 배상도 '통상손해'와 '특별손해'로 구분하여, 후자의 경우에는 상대방이 그러한 지출을 알았거나 알 수 있었어야만 그 배상을 청구할 수 있다고 한다(아래 2002다2539판결). 예를 들어 건물을 신축할 목적으로 토지를 매수한 매수인이 설계비 또는 공사계약금을 지출하였다가 토지매매계약이 해제됨으로 말미암아 이를 회수하지 못하는 손해는 '신뢰이익'손해이지만, 이는 특별한 사정으로 인한 '특별손해'에 해당한다(대판 1996.2.13. 95다47619).

결국 신뢰이익의 배상을 인정하는 判例에 따르더라도 그 신뢰이익은 과잉배상금지의 원칙에 비추어 이행이익의 범위를 초과할 수 없으므로 신뢰이익이 이행이익보다 큰 경우 신뢰이익의 배상을 구할 수 있다는 지문은 틀렸다.

[정답] ①

문 15 甲은 2017. 1. 10. 자신이 소유하는 X 부동산을 乙에게 매도하는 계약을 체결하면서 乙로부터 계약금을 수령하였다. 이 매매계약서에 의하면 乙은 중도금을 2017. 2. 10. 지급하고, 잔금은 2017. 3. 10. 소유권 이전등기에 필요한 서류와 상환하여 지급하기로 되어 있었다. 이에 관한 설명 중 옳은 것(○)과 옳지 않은 것(×)을 올바르게 조합한 것은? (각 지문은 독립적이며, 다툼이 있는 경우 판례에 의함) [변시 7회]

ㄱ. "乙이 중도금을 지급하지 않으면 계약은 자동해제되고 계약금은 甲이 몰취한다."라고 약정한 경우, 乙이 2017. 2. 10.까지 중도금을 지급하지 않았다면 계약은 자동으로 해제된다.

ㄴ. 乙이 2017. 2. 10. 중도금을 지급하려 하였으나 甲이 정당한 사유 없이 그 수령을 거절하였을 뿐만 아니라 계약을 이행하지 아니할 의사를 명백히 표시한 경우, 乙은 2017. 3. 3. 이행을 최고하지 않고 계약을 해제할 수 있다.

ㄷ. "乙이 잔금지급을 지체하면 계약은 자동으로 해제된다."라고 약정한 경우, 乙이 2017. 3. 10.까지 잔금을 지급하지 않았다면 甲이 등기이전에 필요한 서류를 제공하지 않더라도 계약은 자동으로 해제된다.

① ㄱ(○), ㄴ(○), ㄷ(○)
② ㄱ(×), ㄴ(×), ㄷ(○)
③ ㄱ(×), ㄴ(○), ㄷ(×)
④ ㄱ(×), ㄴ(○), ㄷ(○)
⑤ ㄱ(○), ㄴ(○), ㄷ(×)

해 설 ㄱ. [○] ※ **중도금지급채무의 불이행을 조건으로 한 실권조항**

判例는 "매매계약에 있어서 매수인이 중도금을 약정한 일자에 지급하지 아니하면 그 계약을 무효로 한다고 하는 특약이 있는 경우 매수인이 약정한대로 중도금을 지급하지 아니하면(해제의 의사표시를 요하지 않고) 그 불이행 자체로써 계약은 그 일자에 자동적으로 해제된 것이라고 보아야 한다"(대판 1991.8.13, 91다13717)고 한다. 즉 중도금의 지급은 선이행의무이므로 그 불이행시 즉시 조건이 성취되어 해제의 효력이 발생한다. 따라서 "매도인이 그 후에 중도금의 지급을 최고하였다 하더라도, 이는 은혜적으로 한번 지급의무를 이행할 기회를 준 것에 지나지 아니한다"(대판 1980.2.12, 79다2035)고 한다.

☞ 乙의 중도금지급의무는 선이행의무이므로 乙이 2017. 2. 10.까지 중도금을 지급하지 않았다면 계약은 자동으로 해제된다.

ㄴ. [○] ※ **이행거절에서 이행최고의 요부**

이행지체에서 채무자가 '미리 이행하지 아니할 의사를 표시한 경우'에는 이행최고를 할 필요없이 바로 해제할 수 있는 것처럼(제544조 단서), 이행거절에서도 이행최고가 무의미하므로 최고 없이 바로 전보배상을 청구할 수 있다(대판 2005.8.19, 2004다53173).

ㄷ. [X] ※ **잔대금지급채무의 불이행을 조건으로 한 실권조항**(제한해석)

"부동산 매매계약에 있어서 매수인이 잔대금 지급기일까지 그 대금을 지급하지 못하면 그 계약이 자동적으로 해제된다는 취지의 약정이 있더라도 특별한 사정이 없는 한 **매수인의 잔대금 지급의무와 매도인의 소유권이전등기의무는 동시이행의 관계에 있으므로** 매도인이 잔대금 지급기일에 소유권이전등기에 필요한 서류를 준비하여 매수인에게 알리는 등 이행의 제공을 하여 매수인으로 하여금 이행지체에 빠지게 하였을 때에 비로소 자동적으로 매매계약이 해제된다고 보아야 하고 매수인이 그 약정 기한을 도과하였더라도 이행지체에 빠진 것이 아니라면 대금 미지급으로 계약이 자동해제된 것으로 볼 수 없다"(대판 1998.6.12, 98다505).

☞ 乙의 잔금지급의무는 甲의 소유권이전등기에 필요한 서류제공의무와 동시이행의 관계에 있으므로 乙이 2017. 3. 10.까지 잔금을 지급하지 않았더라도 甲의 이행제공이 있어야 비로소 자동적으로 해제된다.

참고판례 다만 동시이행의 경우에도 "매수인이 수회에 걸친 채무불이행에 대하여 책임을 느끼고 잔금 지급기일의 연기를 요청하면서 새로운 약정기일까지는 반드시 계약을 이행할 것을 확약하고 **불이행시에는 매매계약이 자동적으로 해제되는 것을 감수하겠다는 내용의 약정**을 한 특별한 사정이 있다면, 매수인이 잔금 지급기일까지 잔금을 지급하지 아니함으로써 그 매매계약은 자동적으로 실효된다"(대판 1996.3.8, 95다55467).

[정답] ⑤

문 16 법률행위의 당사자가 그 법률행위의 무효·취소 또는 해제에 따른 법률효과를 주장할 수 없게 되는 '제3자'에 해당하는 경우로서 옳은 것을 모두 고른 것은? (다툼이 있는 경우 판례에 의함) [변시 8회]

ㄱ. 丙이 甲을 기망하여 甲이 자신의 명의로 乙 은행으로부터 대출을 받은 다음 乙이 파산선고를 받았고, 그 후 甲이 丙의 사기를 이유로 乙과의 대출계약을 적법하게 취소하였는데, 파산채권자들 전부가 丙이 甲을 기망한 사실을 몰랐을 경우에 있어서의 파산관재인 丁

ㄴ. 甲이 乙에게 그 소유 부동산을 매도하였는데, 乙의 채권자 丙이 乙의 甲에 대한 소유권이전등기청구권을 압류한 뒤 甲이 乙의 계약상 의무위반을 이유로 계약을 적법하게 해제한 경우에 있어서의 丙

ㄷ. 매매계약을 통하여 주택의 소유권을 취득하였다가 그 계약의 해제로 인하여 소유권을 상실하게 된 임대인 甲으로부터 그 계약이 해제되기 전에 그 주택을 임차하고 「주택임대차보호법」상의 대항요건을 갖춘 임차인 乙

ㄹ. 甲이 그 소유 부동산을 친구 乙에게 「부동산 실권리자명의 등기에 관한 법률」에 의해 무효인 명의신탁등기를 하여준 후, 丙이 관계서류를 위조하여 자신이 소유자라고 주장하면서 乙을 상대로 소유권이전등기청구의 소를 제기하여 乙의 인낙을 받아 자신 명의로 소유권이전등기를 한 뒤 이런 사정을 모르는 丁에게 증여하고 소유권이전등기를 한 경우에 있어서의 丁

① ㄴ
② ㄱ, ㄷ
③ ㄷ, ㄹ
④ ㄱ, ㄴ, ㄷ
⑤ ㄱ, ㄴ, ㄹ

해설 ㄱ. [O] ※ 민법 제110조 제3항의 제3자

"파산자가 상대방과 통정한 허위의 의사표시를 통하여 가장채권을 보유하고 있다가 파산이 선고된 경우 그 가장채권도 일단 파산재단에 속하게 되고, 파산선고에 따라 파산자와는 독립한 지위에서 파산채권자 전체의 공동의 이익을 위하여 직무를 행하게 된 **파산관재인은** 그 허위표시에 따라 외형상 형성된 법률관계를 토대로 실질적으로 새로운 법률상 이해관계를 가지게 된 **민법 제108조 제2항의 제3자에 해당하고**, 그 선의·악의도 파산관재인 개인의 선의·악의를 기준으로 할 수는 없고, 총파산채권자를 기준으로 하여 파산채권자 모두가 악의로 되지 않는 한 파산관재인은 선의의 제3자라고 할 수밖에 없다. 그리고 이와 같이 파산관재인이 제3자로서의 지위도 가지는 점 등에 비추어, 특별한 사정이 없는 한 **파산관재인은** 사기에 의한 의사표시에 따라 외형상 형성된 법률관계를 토대로 실질적으로 새로운 법률상 이해관계를 가지게 된 민법 **제110조 제3항의 제3자에** 해당한다고 보아야 할 것이고, 파산채권자 모두가 악의로 되지 않는 한 파산관재인은 선의의 제3자라고 할 수밖에 없을 것이다"(대판 2010.4.29., 2009다96083).

☞ 丙이 甲을 기망하여 甲이 乙과의 대출계약을 민법 제110조 제2항에 의하여 적법하게 취소한 경우, 乙의 파산관재인 丁은 민법 제110조 제3항의 제3자에 해당한다.

ㄴ. [X] ※ 민법 제548조 1항 단서의 제3자

"민법 제548조 제1항 단서에서 말하는 제3자란 일반적으로 그 해제된 계약으로부터 생긴 법률효과를 기초로 하여 해제 전에 새로운 이해관계를 가졌을 뿐 아니라 등기, 인도 등으로 완전한 권리를 취득한 자를 말하므로 계약상의 채권을 양수한 자나 그 채권 자체를 압류 또는 전부한 채권자는 여기서 말하는 제3자에 해당하지 아니한다"(대판 2000.4.11. 99다51685).

☞ 丙은 乙이 甲에 대하여 가지는 소유권이전등기청구권을 압류하였는바, 위 청구권은 계약상 채권에 불과하여 丙은 민법 제548조 1항 단서의 제3자에 해당하지 아니한다.

비교판례 判例는 매수인이 소유권이전등기를 받은 후 매수인의 금전채권자가 그 부동산을 가압류하거나 압류한 경우에는 계약이 해제되더라도 채권자는 보호받는 제3자에 해당한다고 한다(대판 2000.1.14. 99다40937).

ㄷ. [O] ※ 민법 제548조 1항 단서의 제3자

判例는 소유권을 취득하였다가 계약해제로 인하여 소유권을 상실하게 된 임대인으로부터 그 계약이 해제되기 전에 주택을 임차받아 주택의 인도와 주민등록을 마침으로써 주택임대차보호법 소정의 대항요건을 갖춘 임차인은 등기된 임차권자와 마찬가지로 제3자에 해당된다고 한다(대판 1996.8.20. 96다17653).

ㄹ. [X] ※ 부동산실명법 제4조 제3항 제3자

"부동산실명법 제4조 제3항에서 '제3자'라고 함은 명의신탁 약정의 당사자 및 포괄승계인 이외의 자로서 명의수탁자가 물권자임을 기초로 그와의 사이에 직접 새로운 이해관계를 맺은 사람을 말한다고 할 것이므로, 명의수탁자로부터 명의신탁된 부동산의 소유명의를 이어받은 사람이 위 규정에 정한 제3자에 해당하지 아니한다면 그러한 자로서는 부동산실명법 제4조 제3항의 규정을 들어 무효인 명의신탁등기에 터 잡아 마쳐진 자신의 등기의 유효를 주장할 수 없고, 따라서 그 명의의 등기는 실체관계에 부합하여 유효라고 하는 등의 특별한 사정이 없는 한 무효라고 할 것이다. 그리고 위와 같이 등기부상 명의수탁자로부터 소유권이전등기를 이어받은 자의 등기가 무효인 이상, 부동산 등기에 관하여 공신력이 인정되지 아니하는 우리 법제 아래서는 그 무효인 등기에 기초하여 새로운 법률원인으로 이해관계를 맺은 자가 다시 등기를 이어받았다면 그 명의의 등기 역시 특별한 사정이 없는 한 무효임을 면할 수 없다고 할 것이고, 이렇게 명의수탁자와 직접 이해관계를 맺은 것이 아니라 부동산실명법 제4조 제3항에 정한 제3자가 아닌 자와 사이에서 무효인 등기를 기초로 다시 이해관계를 맺은 데 불과한 자는 위 조항이 규정하는 제3자에 해당하지 않는다고 보아야 할 것이다(대판 2005.11.10. 2005다34667,34674).

☞ 명의수탁자인 乙 명의 소유권이전등기는 무효이고(부동산실명법 제4조 2항 본문), 위조서류를 통해 乙로부터 인낙을 받아 그 명의로 소유권이전등기를 마친 丙은 명의수탁자 乙이 부동산의 소유자임을 기초로 소유권을 이어받은 것도 아니고 乙과 사이에 새로운 법률원인으로 이해관계를 맺은 것도 아니므로 부동산실명법 제4조 3항에 정한 제3자에 해당한다고 할 수 없다. 따라서 丙 명의의 등기는 무효이고, 나아가 丙으로부터 부동산을 증여받은 丁도 무효인 丙 명의의 등기를 승계하였을 뿐 명의수탁자인 乙과 사이에 새로운 이해관계를 맺은 것이 아니어서 제3자에 해당하지 아니한다.

[정답] ②

문 17 甲은 자기 소유 X 토지를 乙에게 매도하였는데, 약정에 따라 계약금과 중도금만 지급받은 후 乙에게 소유권이전등기를 마쳐주었다. 그 후 甲은 乙의 매매잔대금 지급의무의 지체를 이유로 매매계약을 해제하였다. 이에 관한 설명 중 옳은 것을 모두 고른 것은? (다툼이 있는 경우 판례에 의함) [변시 11회]

ㄱ. 乙이 甲을 상대로 이미 지급한 매매대금의 반환을 구하는 소를 제기한 경우, 乙의 과실(過失)이 있다면 甲이 반환해야 할 금액을 산정함에 있어서 법원은 乙의 과실에 대한 甲의 주장이 없더라도 직권으로 이를 참작하여야 한다.
ㄴ. 乙이 甲을 상대로 이미 지급한 매매대금의 반환을 구하는 소를 제기하여 甲의 패소판결이 확정된 경우, 甲은 소가 제기된 때부터 악의의 수익자가 되므로 그 때부터 매매대금에 이자를 붙여 반환하면 된다.
ㄷ. 甲의 매매대금반환의무와 乙의 소유권이전등기말소의무가 동시이행관계에 있는지 여부와 관계없이 甲은 이미 지급받은 매매대금에 이자를 더하여 반환해야 한다.
ㄹ. 乙이 X 토지에 관하여 소유권이전등기를 마친 후 위 매매계약의 해제 전에 丙이 乙과 매매예약을 체결하고 그에 따른 소유권이전등기청구권 보전을 위한 가등기를 마친 경우, 丙은 해제로 인한 원상회복으로부터 보호받는 제3자에 해당하지 않는다.

① ㄷ ② ㄱ, ㄷ
③ ㄴ, ㄹ ④ ㄷ, ㄹ
⑤ ㄱ, ㄴ, ㄷ

해 설 ㄱ. [×] "계약의 해제로 인한 원상회복청구권에 대하여 해제자가 해제의 원인이 된 채무불이행에 관하여 '원인'의 일부를 제공하였다는 등의 사유를 내세워 신의칙 또는 공평의 원칙에 기하여 일반적으로 손해배상에 있어서의 과실상계에 준하여 권리의 내용이 제한될 수 있다고 하는 것은 허용되어서는 아니된다"(대판 2014.3.13. 2013다34143).

ㄴ. [×] 악의의 수익자는 그 받은 이익에 이자를 붙여 반환하고 손해가 있으면 이를 배상하여야 하고(제748조 2항), 수익자가 이익을 받은 후 법률상 원인 없음을 안 때에는 그때부터 악의의 수익자로서 이익반환의 책임이 있고, 선의의 수익자가 패소한 때에는 '그 소'를 제기한 때부터 악의의 수익자로 본다(제749조). 그런데 判例는 계약해제에 따른 '원상회복'에 관한 제548조의 규정은 부당이득에 관한 특칙이라고 본다(대판 1998.12.23. 98다43157). 그러므로 해제의 경우 반환범위에 대해서는 제548조가 적용될 뿐 부당이득에 관한 제748조가 적용되는 것이 아니며 원물반환의 경우라도 제201조 등이 적용되는 것도 아니다. 따라서 매도인은 제548조 2항에 의하여 반환할 금전에 그 받은 날로부터 이자를 가하여 반환해야 하며 매수인도 역시 반환할 물건의 사용이익을 반환해야 한다(제548조 2항의 유추해석).

ㄷ. [○] "제548조 제2항은 원상회복의 범위에 속하는 것이며 일종의 부당이득반환의 성질을 가지는 것이고 반환의무의 이행지체로 인한 것이 아니므로, 부동산 매매계약이 해제된 경우 매도인의 매매대금 반환의무와 매수인의 소유권이전등기말소등기 절차이행의무가 동시이행의 관계에 있는지 여부와는 관계없이 매도인이 반환하여야 할 매매대금에 대하여는 그 받은 날로부터 민법 소정의 법정이율인 연 5푼의 비율에 의한 법정이자를 부가하여 지급하여야 한다"(대판 2000.6.9. 2000다9123).

ㄹ. [X] 매수인과 매매예약을 체결한 후 그에 기한 소유권이전청구권 보전을 위한 가등기를 마친 사람도 제548조 1항 단서에서 말하는 제3자에 포함된다(대판 2014.12.11. 2013다14569).

[정답] ①

문 18 甲은 2023. 2. 1. 乙에게 甲 소유 X 부동산을 1억 원에 매도하기로 하는 계약을 체결하고, 계약 당일 乙로부터 계약금 1천만 원을 수령하였다. 위 계약서상 중도금 3천만 원에 대한 지급기일은 2023. 5. 1.로, 잔금 6천만 원에 대한 지급기일은 2023. 8. 1.로 각 정해져 있으며, 다음과 같은 내용이 포함되어 있다. 이에 관한 설명 중 옳은 것을 모두 고른 것은? (각 지문은 독립적이며, 다툼이 있는 경우 판례에 의함) [변시 13회]

제△△조 (계약의 해제)
① 매수인이 약정한 날짜에 중도금을 지급하지 아니한 경우 계약은 자동적으로 해제된다. 이 경우 매수인은 지급한 계약금의 반환을 청구할 수 없다.
② 매도인의 고의 또는 과실로 매수인이 X 부동산의 소유권을 취득하지 못하게 되어 매수인이 계약을 해제할 경우 매도인은 매수인으로부터 지급받은 금전에 대하여 그 수령일부터 계약을 해제한 때까지 연10%의 이자를 가산하여 반환한다.

ㄱ. 乙이 2023. 5. 1. 까지 甲에게 중도금을 지급하지 못하였다면 특별한 사정이 없는 한 별도의 최고나 해제의 의사표시 없이도 위 계약은 해제되고, 乙은 지급한 계약금의 반환을 청구할 수 없다.
ㄴ. 위 계약이 제△△조 제1항에 따라 해제되었다고 하더라도 甲과 乙이 계약이 여전히 유효함을 전제로 논의를 계속하면서 甲이 해제에 따른 법률효과를 주장하지 아니한 채 계약 내용에 따른 이행을 촉구하였다면 특별한 사정이 없는 한 甲과 乙 사이에서는 해제된 계약을 부활시키기로 하는 합의가 있었다고 봄이 상당하다.
ㄷ. 乙이 위 제△△조 제2항에 따라 위 계약을 해제하고 甲에게 지급한 금전의 반환 및 그 이자의 지급을 청구하였는데 甲이 그 이행을 지체한 경우 특별한 사정이 없는 한 그에 따른 지연손해금은 연10%의 비율로 계산하여야 한다
ㄹ. 만일 甲과 乙이 위 계약서 조항과는 무관하게 계약을 해제하기로 합의하면서 그 합의해제로 인하여 반환할 금전에 가산할 이자에 관하여는 별도로 약정한 바가 없다면, 乙이 지급한 금전에 대하여는 그 지급일로부터 연10%의 이율을 적용하여 반환하여야 한다.

① ㄱ, ㄴ
② ㄱ, ㄷ
③ ㄴ, ㄹ
④ ㄱ, ㄴ, ㄷ
⑤ ㄴ, ㄷ, ㄹ

해 설 ㄱ. [○] 判例는 "매매계약에 있어서 매수인이 '중도금'을 약정한 일자에 지급하지 아니하면 그 계약을 무효로 한다고 하는 특약이 있는 경우 매수인이 약정한대로 중도금을 지급하지 아니하면(해제의 의사표시를 요하지 않고) 그 불이행 자체로써 계약은 그 일자에 자동적으로 해제된 것이라고 보아야 한다"(대판 1991.8.13. 91다13717)고 한다. 나아가 자동해제시 매수인 乙은 지급한 계약금의 반환을 청구할 수 없다는 약정에 따라, 乙은 그 계약금의 반환을 청구할 수 없다.

ㄴ. [○] "쌍무계약을 체결하면서 어느 기한까지 일방이 채무를 이행하지 아니하면 자동적으로 계약이 해제된다고 약정한 경우 어느 일방이 채무를 이행하지 아니하였다면 별도의 이행최고나 해제의 의사표시를 요하지 않고 그 불이행 자체로써 계약이 자동으로 해제된 것으로 보아야 한다. 그러나 당사자들이 계약이 여전히 유효함을 전제로 논의를 계속하면서 해제에 따른 법률효과를 주장하지 아니한 채 계약 내용에 따른 이행을 촉구하거나 온전한 채무의 이행을 받지 못한 상대방이 별다른 이의 없이 급부 중 일부를 수령하였다면, 특별한 사정이 없는 한 계약당사자들 사이에서는 자동해제 약정의 효력을 상실시키고 자동해제된 계약을 부활시키기로 하는 합의가 있었다고 봄이 상당하다. 이러한 경우 채무이행을 받지 못한 상대방은 새로운 이행의 최고 없이 바로 해제권을 행사할 수 없다"(대판 2019.6.27. 2019다216817).

ㄷ. [○] "당사자 일방이 계약을 해제한 때에는 각 당사자는 상대방에 대하여 원상회복의무가 있고, 이 경우 반환할 금전에는 받은 날로부터 이자를 가산하여 지급하여야 한다(제548조 2항 참조). 여기서 가산되는 이자는 원상회복의 범위에 속하는 것으로서 일종의 부당이득반환의 성질을 가지는 것이고 반환의무의 이행지체로 인한 지연손해금이 아니다. 따라서 당사자 사이에 그 이자에 관하여 특별한 약정이 있으면 그 약정이율(사안의 연 10%)이 우선 적용되고 약정이율이 없으면 민사 또는 상사 법정이율이 적용된다"(대판 2013.4.26. 2011다50509).

ㄹ. [×] 합의해제의 경우 당초 계약의 효과가 소급적으로 소멸하며, 계약이므로 단독행위로서의 해제를 전제로 하는 민법 제543조 이하의 규정은 원칙적으로 적용되지 않는다(대판 1979.10.30. 79다1455). 따라서 1차적으로는 해제계약의 내용에 의해 효력이 정해지고, 그 합의에 특별한 약정이 없는 경우에는 부당이득반환규정(제741조 이하)에 의해 반환범위가 정해진다. 제548조 2항이 적용되지 않으므로, 특약이 없는 이상 합의해제로 인하여 반환할 금전에 그 받은 날로부터의 이자를 가하여야 할 의무가 없다(대판 1996.7.30. 95다16011)

[정답] ④

문 19 **甲은 2022. 1. 10. X 토지를 乙에게 1억 원에 매도하는 계약을 체결하였는데, 乙은 계약 당일 계약금 1,000만 원을, 2022. 3. 10. 중도금 4,000만 원을 지급하기로 하고, 2022. 5. 10. 잔금 5,000만 원을 지급하면서 甲으로부터 소유권이전등기에 필요한 서류를 교부받기로 하였다. 이에 관한 설명 중 옳은 것은?** (각 지문은 독립적이며, 다툼이 있는 경우 판례에 의함)

[변시 12회]

① 매매계약의 성립 당시 X 토지가 甲의 소유가 아니라면 매매계약은 무효이므로 甲은 乙에게 X 토지의 소유권을 이전해 주어야 할 의무를 지지 않는다.

② 甲이 2022. 2. 10. 丙에게 X 토지를 매도하고 소유권이전등기를 마쳐 주어 甲의 乙에 대한 소유권이전등기의무가 확정적으로 불능이 된 경우, 乙은 甲에 대한 손해배상청구권을 피보전채권으로 하여 甲과 丙의 매매계약을 사해행위로 취소할 수 있다.

③ 매매계약의 성립 후 X 토지가 1억 5천만 원에 수용된 경우, 乙은 1억 원 한도에서 甲에게 대상청구권을 행사하여 토지수용보상금의 지급을 구할 수 있다.

④ X 토지가 「부동산 거래신고 등에 관한 법률」상 토지거래허가구역 내에 있고 그 계약에 관해 토지거래허가를 받지 못한 경우, 乙이 2022. 3. 10.까지 중도금을 지급하지 아니하였더라도 甲은 채무불이행을 이유로 매매계약을 해제할 수 없다.

⑤ 계약체결 당일 乙이 계약금의 일부인 200만 원만 지급하고 이틀 후 나머지 800만 원을 지급하기로 하였다면, 2022. 1. 11. 甲은 수령한 금액의 배액인 400만 원을 지급하면서 계약을 해제할 수 있다.

해 설 ① [X] ※ 타인권리매매의 유효성

제569조(타인의 권리의 매매) 「매매의 목적이 된 권리가 타인에게 속한 경우에는 매도인은 그 권리를 취득하여 매수인에게 이전하여야 한다.」

☞ 제569조는 원시적 · 주관적 불능에 해당하는 타인 권리의 매매도 '**유효**'함을 전제로 매도인에게 권리 취득 및 이전 의무를 부과하고 있다(대판 1993.9.10. 93다20283).

② [X] ※ 부동산 이중매매와 채권자취소권

"사해행위라고 주장하는 이 사건 부동산에 관한 매매 당시 아직 위 손해배상채권이 발생하지 아니하였고, 그 **채권 성립에 관한 고도의 개연성 또한 없어** 원고는 피고에 대한 '**손해배상채권**'을 피보전채권으로 하여 채권자취소권을 행사할 수 없다"(대판 1999.4.27. 98다56690).

참고쟁점 "채권자취소권에 의하여 보호될 수 있는 채권은 원칙적으로 사해행위라고 볼 수 있는 행위가 행하여지기 전에 발생된 것임을 요하나, 그 사해행위 당시에 이미 채권성립의 기초가 되는 법률관계가 발생되어 있고, 가까운 장래에 그 법률관계에 기하여 채권이 성립되리라는 점에 대한 고도의 개연성이 있으며, 실제로 가까운 장래에 그 개연성이 현실화되어 채권이 성립된 경우에는, 그 채권도 채권자취소권의 피보전채권이 될 수 있다"(대판 1999.4.27. 98다56690).

또한 "채권자취소권을 특정물에 대한 소유권이전등기청구권을 보전하기 위하여 행사하는 것은 허용되지 않으므로(제407조), 부동산의 제1양수인은 자신의 '**소유권이전등기청구권**' **보전을 위하여 양도인과 제3자 사이에서 이루어진 이중양도행위에 대하여 채권자취소권을 행사할 수 없다**"(대판 1999.4.27.

98다56690).

③ [×] ※ **대상청구권의 범위가 채권자가 급부불능으로 인하여 받은 손해의 한도로 제한되는지 여부**

대법원은 매매의 목적물이 화재로 소실됨에 따른 화재보험금에 대해 매수인의 대상청구권을 인정하면서 화재보험금 전부에 대해 대상청구권을 행사할 수 있는 것이지 **'매매대금 상당액의 한도 내로 그 범위가 제한된다고 할 수 없다'**고 판시하여 **무제한설에 가까운 입장**(매수인의 손해는 화재로 소실될 당시의 목적물의 시가상당액이다)을 밝혔다(대판 2016.10.27. 2013다7769).

☞ 사안의 경우 판례의 입장인 무제한설에 따른다면 乙이 甲에게 대상청구권으로 행사할 수 있는 금액은 1억 5천만 원이다.

④ [○] ※ **유동적 무효상태에서의 당사자간 법률관계**

허가받기 전의 유동적 무효상태에서는 채권적 효력도 전혀 발생하지 아니하여 계약의 이행청구를 할 수 없어 매수인의 대금지급의무나 매도인의 소유권이전등기의무가 없다(대판 1991.12.24. 90다12243). 따라서 허가를 받기 전의 상태에서 상대방의 거래계약상 채무불이행을 이유로 거래계약을 해제하거나 그로 인한 손해배상을 청구할 수도 없다(대판 1997.7.25. 97다4357).

비교판례 그러나 당사자 사이에 '별개의 약정'으로 매매 잔금이 그 지급기일에 지급되지 아니하는 경우 매매계약을 자동적으로 해제하기로 약정하는 것은 가능하다(대판 2010.7.22. 2010다1456).

⑤ [×] ※ **계약금이 일부만 지급된 경우**

"계약금의 일부만 지급된 경우 매도인(수령자)이 매매계약을 해제할 수 있다고 하더라도 해약금의 기준이 되는 금원은 '실제 교부받은 계약금'이 아니라 '약정 계약금'이다"(대판 2015.4.23. 2014다231378).

관련판례 "계약금계약은 요물계약으로 금전 기타 유가물의 교부를 요건으로 하므로, 단지 계약금을 지급하기로 약정만 한 단계에서는 아직 계약금으로서의 효력, 즉 제565조 규정에 의해 계약해제를 할 수 있는 권리는 발생하지 않는다. 따라서 교부자가 계약금의 잔금 또는 전부를 지급하지 아니하는 한 계약금계약은 '성립'하지 아니하므로 당사자가 임의로 주계약을 해제할 수는 없다"(대판 2008.3.13. 2007다73611

[정답] ④

제3장 각종의 계약

제2절 매매

문 20 **매매예약의 완결권에 관한 설명 중 옳은 것은?** (다툼이 있는 경우 판례에 의함) [변시 4회]

① 매매예약의 완결권은 형성권으로서 10년의 제척기간에 걸리며, 그 행사기간을 당사자가 계약으로 정할 수는 없다.

② 당사자가 제척기간의 기산점을 특별히 약정한 경우에는 그 제척기간은 약정한 때부터 10년의 기간이 경과하면 만료된다.

③ 제척기간이 경과하더라도 상대방이 예약목적물을 인도받은 경우에는 예약완결권은 소멸되지 않는다.

④ 예약완결권자에게 상대방이 최고했음에도 불구하고 예약완결권자가 확답을 하지 않았을 때에는 예약완결권은 행사된 것으로 본다.

⑤ 공동명의로 담보가등기를 마친 수인의 채권자가 각자의 지분별로 별개의 독립적인 매매예약완결권을 가지는 경우, 채권자 중 1인은 단독으로 자신의 지분에 관하여 「가등기담보 등에 관한 법률」이 정한 청산절차를 이행한 후 소유권이전의 본등기절차이행청구를 할 수 있다.

해설 매매의 일방예약 또는 쌍방예약에 의하여 예약권리자가 상대방에 대하여 예약완결의 의사표시를 할 수 있는 권리를 '예약완결권'이라 한다. 예약완결권의 행사에 의하여 곧바로 본계약인 매매계약이 성립(제564조 1항)하므로 예약완결권은 '형성권'이다.

① [X] ③ [X] ④ [X] **제564조(매매의 일방예약)** 「① 매매의 일방예약은 상대방이 매매를 완결할 의사를 표시하는 때에 매매의 효력이 생긴다. ② 전항의 의사표시의 기간을 정하지 아니한 때에는 예약자는 상당한 기간을 정하여 매매완결여부의 확답을 상대방에게 최고할 수 있다. ③ **예약자가 전항의 기간내에 확답을 받지 못한 때에는 예약은 그 효력을 잃는다.**」

"민법 제564조가 정하고 있는 매매의 일방예약에서 예약자의 상대방이 매매완결의 의사를 표시하여 매매의 효력을 생기게 하는 권리(이른바 예약완결권)는 **일종의 형성권으로서 당사자 사이에 그 행사기간을 약정한 때에는 그 기간내에(제564조 2항의 반대 해석), 그러한 약정이 없는 때에는 예약이 성립한 때부터 10년 내에 이를 행사하여야 하고 위 기간을 도과한 때에는 상대방이 예약목적물인 부동산을 인도받은 경우라도 예약완결권은 제척기간의 경과로 인하여 소멸된다**"(대판 1992.7.28. 91다44766)

② [X] "**제척기간의 기산점은 특별한 사정이 없는 한 원칙적으로 권리가 발생한 때이고**, 당사자 사이에 매매예약완결권을 행사할 수 있는 시기를 특별히 약정한 경우에도 그 제척기간은 당초 권리의 발생일로부터 10년 간의 기간이 경과되면 만료되는 것이지, 그 기간을 넘어서 그 약정에 따라 권리를 행사할 수 있는 때로부터 10년이 되는 날까지로 연장된다고 볼 수 없다"(대판 1995.11.10. 94다22682,22699).

⑤ [O] 최근 전원합의체 판결은 "甲이 乙에게 돈을 대여하면서 담보 목적으로 乙 소유의 부동산 지분에 관하여 乙의 다른 채권자 A와 공동명의로 매매예약을 체결하고 각자의 채권액 비율에

따라 지분을 특정하여 가등기를 마쳤다면 채권자가 각자의 지분별로 별개의 독립적인 매매예약완결권을 갖는 것으로 볼 수 있으므로, 甲이 단독으로 담보목적물 중 자신의 지분에 관하여 매매예약완결권을 행사할 수 있고, 이에 따라 단독으로 자신의 지분에 관하여 가등기에 기한 본등기절차의 이행을 구할 수 있다"(아래 전합2010다82530판결)고 한다.

관련쟁점 종래의 判例는 "**복수의 채권자 甲과 A는 예약완결권을 준공유하는 관계**에 있고 복수채권자가 매매예약 완결권을 행사하는 경우는 매매예약 완결권의 처분행위라 할 것이므로, **매매예약의 의사표시 자체는 복수채권자 전원이 행사하여야** 하며, 채권자가 채무자에 대하여 예약이 완결된 매매목적물의 소유권이전의 본등기를 구하는 소는 **필요적 공동소송**으로서 복수채권자 전원이 제기하여야 할 것이다"라고 하였으나(대판 1984.6.12, 83다카2282), **변경된 判例에 따르면** "수인의 채권자가 각기 채권을 담보하기 위하여 채무자와 채무자 소유의 부동산에 관하여 수인의 채권자를 공동매수인으로 하는 1개의 매매예약을 체결하고 그에 따라 수인의 채권자 공동명의로 그 부동산에 가등기를 마친 경우, **수인의 채권자가 공동으로 매매예약완결권을 가지는 관계인지 아니면 채권자 각자의 지분별로 별개의 독립적인 매매예약완결권을 가지는 관계인지는 매매예약의 내용에 따라야** 하고, 매매예약에서 그러한 내용을 명시적으로 정하지 않은 경우에는 수인의 채권자가 공동으로 매매예약을 체결하게 된 동기 및 경위, 매매예약에 의하여 달성하려는 담보의 목적, 담보 관련 권리를 공동 행사하려는 의사의 유무, 채권자별 구체적인 지분권의 표시 여부 및 지분권 비율과 피담보채권 비율의 일치 여부, 가등기담보권 설정의 관행 등을 **종합적으로 고려하여 판단하여야** 한다"(대판 2012.2.16, 전합2010다82530)고 한다.

[정답] ⑤

문 21 예약에 관한 설명 중 옳지 않은 것은? (다툼이 있는 경우 판례에 의함) [변시 10회]

① 공사도급계약의 도급인이 될 자가 수급인 선정을 위한 입찰절차를 거쳐 낙찰자를 결정한 경우, 입찰을 실시한 자와 낙찰자 사이에는 도급계약의 본계약 체결의무를 내용으로 하는 예약관계가 성립된다.

② 매매의 일방예약이 성립하려면 그 예약에 터 잡아 맺어질 본계약의 요소가 되는 매매목적물, 그 이전방법, 매매가액, 지급방법 등의 내용이 확정되어 있거나 적어도 확정할 수 있어야 한다.

③ 매매예약의 완결권은 일종의 형성권으로서 당사자 사이에 행사기간을 약정한 때에는 그 기간 내에, 약정이 없는 때에는 예약이 성립한 때부터 10년 내에 이를 행사하여야 하고, 그 기간이 지난 때에는 예약완결권은 제척기간의 경과로 소멸한다.

④ 예약완결권을 그 행사의 의사표시를 담은 소장 부본을 상대방에게 송달함으로써 재판상 행사하는 경우, 소장을 제척기간 내에 법원에 제출하면 예약완결권을 제척기간 내에 적법하게 행사한 것이 된다.

⑤ 매매예약완결권을 가진 자가 그 예약완결권을 제척기간 내에 행사하지 않은 경우에는 예약목적물인 부동산을 이미 인도받은 경우라도 예약완결권은 제척기간의 경과로 인하여 소멸한다.

해 설 ① [○] "공사도급계약의 도급인이 될 자가 수급인을 선정하기 위해 입찰절차를 거쳐 낙찰자를 결정한 경우 **입찰을 실시한 자와 낙찰자 사이에는 도급계약의 본계약체결의무를 내용으로 하는 예약의 계약관계가 성립하고**, 어느 일방이 정당한 이유 없이 본계약의 체결을 거절하는 경우 상대방은 예약채무불이행을 이유로 한 손해배상을 청구할 수 있다"(대판 2011.11.10. 2011다41659)

② [○] "매매의 예약은 당사자의 일방이 매매를 완결할 의사를 표시한 때에 매매의 효력이 생기는 것이므로 적어도 일방예약이 성립하려면 그 예약에 터잡아 맺어질 본계약의 요소가 되는 매매목적물, 이전방법, 매매가액 및 지급방법 등의 **내용이 확정되어 있거나 확정할 수 있어야 한다**" (대판 1993.5.27. 93다4908,4915,4922).

③ [○] ⑤ [○] "민법 제564조가 정하고 있는 매매의 일방예약에서 예약자의 상대방이 매매완결의 의사를 표시하여 매매의 효력을 생기게 하는 권리(이른바 예약완결권)는 일종의 형성권으로서 **당사자 사이에 그 행사기간을 약정한 때에는 그 기간내에(제564조 2항의 반대 해석), 그러한 약정이 없는 때에는 예약이 성립한 때부터 10년 내에 이를 행사하여야 하고** 위 기간을 도과한 때에는 상대방이 예약목적물인 부동산을 인도받은 경우라도 예약완결권은 제척기간의 경과로 인하여 소멸된다"(대판 1992.7.28. 91다44766)

④ [×] "예약완결권은 재판상이든 재판외이든 그 기간 내에 행사하면 되는 것으로서, 예약완결권자가 예약완결권 행사의 의사표시를 담은 소장 부본을 상대방에게 송달함으로써 **재판상 행사하는 경우에는 그 소장 부본이 상대방에게 도달한 때에 비로소 예약완결권 행사의 효력이 발생하여** 예약완결권자와 상대방 사이에 매매의 효력이 생기므로, 예약완결권 행사의 의사표시가 담긴 소장 부본이 제척기간 내에 상대방에게 송달되어야만 예약완결권자가 제척기간 내에 적법하게 예약완결권을 행사하였다고 볼 수 있다"(대판 2019.7.25. 2019다227817)

[정답] ④

문 22 **매매목적물에 대한 과실수취권과 매매대금에 대한 이자, 지연손해금에 관한 설명 중 옳지 않은 것은?** (별도의 특약은 없는 것으로 하고, 다툼이 있는 경우에는 판례에 의함) [변시 1회]

① 매매목적물이 인도되지 않고 대금도 완제되지 아니한 경우, 매수인의 대금지급의무의 이행기가 지났더라도 매도인은 매매대금에 대한 지연손해금의 지급을 청구할 수 없다.

② 매매목적물이 인도되지 않고 대금도 완제되지 아니한 경우, 매도인의 인도의무의 이행기가 지났더라도 매수인은 인도의무지체로 인한 손해배상을 청구할 수 없다.

③ 매수인이 이행기에 대금을 완제하고도 매매목적물을 인도받지 못한 경우, 매도인은 매수인의 매매대금지급 시점 이후부터 매수인에게 그 대금에 대한 이자를 지급하여야 한다.

④ 매매계약이 취소된 경우, 선의의 매수인은 취소 이전에 인도받은 매매목적물로부터 수취한 과실을 반환할 필요가 없다.

⑤ 매매계약이 해제된 경우, 매도인은 수령한 매매대금 및 이에 대한 수령일부터의 법정이자를 반환하여야 한다.

해 설 ※ **제587조(과실의 귀속, 대금의 이자)** 「매매계약있은 후에도 인도하지 아니한 목적물로부터 생긴 과실은 매도인에게 속한다. 매수인은 목적물의 인도를 받은 날로부터 대금의 이자를 지급하여야 한다. 그러나 대금의 지급에 대하여 기한이 있는 때에는 그러하지 아니하다.」

☞ 제587조는 특히 부동산의 경우 의미가 있는바(동산매매의 경우에는 목적물의 인도가 곧 소유권이전의무의 이행을 의미), 당해 규정에 따르면 부동산 매매의 경우 매수인에게 소유권이전등기를 경료하였더라도 매수인에게 '인도'하기 전이라면 여전히 매도인이 과실을 수취할 수 있고, 반대로 매수인이 소유권이전등기를 받지 않았더라도 '인도'를 받으면 매수인에게 과실수취권이 넘어가게 된다. 즉 **제587조는 목적물의 사용이익과 대금의 이자 사이의 등가성을 선언한 것으로 이해되고 있다.**

① [○] ② [○] 매도인의 목적물 인도의무와 매수인의 대금지급의무는 동시이행관계에 있으므로(제536조), 동시이행관계에서 서로 이행이 없을 경우에는 이행지체 책임이 발생하지 않으므로 매매대금 또는 목적물 인도와 관련해 손해배상을 청구할 수 없다.

관련판례 **매수인이 매매대금을 완납하지 않은 상태에서는,** 매도인이 인도의무를 지체하더라도 매수인은 매도인의 매매목적물의 인도의무의 이행지체를 이유로 손해배상을 청구할 수 없다(대판 2004.4.23, 2004다8210). 마찬가지로 매수인의 대금지급채무가 이행지체에 빠진 경우에도 매도인은 인도하기 전까지는 그 목적물에서 생기는 과실을 수취할 수 있고 목적물의 관리·보존의 비용도 자기가 부담하여야 하며, 그에 대응하여 매수인도 매매대금의 이자 상당액의 손해배상을 지급할 필요가 없다(대판 1981.5.26, 80다211).

③ [×] 매도인은 매매대금에 대한 이자가 아닌 목적물로부터 발생된 과실을 반환하여야 한다(제587조).

관련판례 매수인이 대금을 이미 완납한 경우에는 매도인이 인도를 지체하고 있어도 매수인이 과실을 수취한다(대판 1993.11.9, 93다28928). 그러므로 제587조는 대금을 지급받지 않고 부동산의 이전등기를 해 준 경우에 인도전이라면 여전히 매도인이 과실을 수취한다는 점에서 의미가 있다.

④ [○] "쌍무계약이 취소된 경우 선의의 매수인에게 제201조가 적용되어 과실취득권이 인정되는 이상 선의의 매도인에게도 제587조의 유추적용에 의하여 대금의 운용이익 내지 법정이자의 반환을 부정함이 형평에 맞다"(대판 1993.5.14, 92다45025).

☞ 점유부당이득론의 형식논리에 따르자면 선의의 매수인은 제201조 1항이 적용되어 임료상당의 사용이익을 반환할 필요가 없으나, 선의의 매도인은 제748조 1항이 적용되어 매매대금의 법정이자까지 반환해야된다(현존이익에는 과실이 포함되기 때문이다). 그러나 이와 같은 결론은 쌍무·유상계약에서의 당사자의 공평성에 문제가 있을 수 있다. 따라서 判例는(위 92다45025판결) 계약당사자 사이에 발생할 수 있는 불공평을 제거하기 위하여 제587조(계약법)의 유추적용을 인정하고 있다.

⑤ [○] 계약이 해제된 경우 해제의 소급효로 인해 계약의 당사자는 원상회복의무로서 자신이 수령한 것을 이익의 현존 여부, 선·악을 불문하고 받은 급부 전체를 상대방에게 반환하여야 한다(제548조 1항). 특히 금전을 수령한 자는 그 '수령한 날'부터 (법정)이자(지연손해금이 아님)를 가산하여 반환하여야 한다(제548조 2항). 이는 수령한 금전으로부터 실제로 이자를 수취하였는가와 무관하게 인정된다.

[정답] ③

문 23 **甲은 2021. 1. 7. 본인 소유의 X토지를 乙에게 1억 원에 매도하는 매매계약을 체결하였는데, 계약금 1,000만 원 중 300만 원은 계약 당일 지급받았고, 나머지 계약금 700만 원은 2021. 1. 11. 중도금 2,000만 원은 2021. 3. 7. 각 지급받으며, 잔금 7,000만 원은 2021. 6. 7. 소유권이전등기에 필요한 서류를 乙에게 교부함과 동시에 지급받기로 약정하였다. 이에 관한 설명 중 옳은 것은?** (다툼이 있는 경우 판례에 의함) [변시 10회]

① 甲은 2021. 1. 8. 乙에게 계약해제의 의사표시를 함과 동시에 600만 원을 지급함으로써 매매계약을 해제할 수 있다.

② 乙이 약정기일에 매매대금을 전부 지급하였지만 甲으로부터 X토지를 인도받지 못한 경우, 乙은 X토지로부터 발생하는 과실을 수취할 권리를 가진다.

③ 甲의 잔금지급청구권과 乙의 소유권이전등기청구권이 동시이행의 관계에 있는 동안에는 잔금지급청구권의 소멸시효가 진행하지 않는다.

④ X토지에 관한 매매계약을 체결한 후 乙 앞으로 소유권이전등기를 마치기 전에 乙로부터 X토지를 다시 매수한 丙의 처분금지가처분신청으로 X토지에 관하여 가처분등기가 이루어진 상태에서 甲과 乙 사이의 매매계약이 해제된 경우, 가처분등기의 말소와 甲의 대금반환의무는 동시이행의 관계에 있다.

⑤ 乙이 소유권이전등기를 마치기 전에 매매계약의 이행으로 X토지를 인도받아 점유·사용하는 경우, 甲은 乙에 대하여 임료 상당의 부당이득반환을 청구할 수 있다.

해 설 ① [X] "계약금계약은 요물계약으로 금전 기타 유가물의 교부를 요건으로 하므로, 단지 계약금을 지급하기로 약정만 한 단계에서는 아직 계약금으로서의 효력, 즉 제565조 규정에 의해 계약해제를 할 수 있는 권리는 발생하지 않는다. 따라서 교부자가 계약금의 잔금 또는 전부를 지급하지 아니하는 한 계약금계약은 '성립'하지 아니하므로 당사자가 임의로 주계약을 해제할 수는 없다"(대판 2008.3.13. 2007다73611).

☞ 계약금 700만원은 2021. 1. 11. 수령받았으므로 2021. 1. 8.에는 아직 계약금을 이유로 주계약인 매매계약을 해제할 수는 없다.

② [O] ※ 제587조 적용시 대금완납 후의 법률관계

매수인이 대금을 이미 완납한 경우에는 매도인이 인도를 지체하고 있어도 매수인이 과실을 수취한다(대판 1993.11.9. 93다28928). 그러므로 제587조는 대금을 지급받지 않고 부동산의 이전등기를 해 준 경우에 인도전이라면 여전히 매도인이 과실을 수취한다는 점에서 의미가 있다.

비교쟁점 ※ 대금완납 전

매매목적물로부터 생긴 과실과 매매대금에 대한 이자는 대응관계에 있으므로, 매수인이 대금지급을 지체하고 있는 동안에도 목적물의 인도 전에는 매도인이 과실수취권을 갖는다. 따라서 매수인이 소유권이전'등기'를 받은 후에도 매수인에게 '인도'하기 전에는 대금이 '완납'되지 않는 한 매도인이 여전히 과실수취권을 갖는다(대판 1992.4.28. 91다32527).

③ [X] 확정기한부 채권'은 그 기한이 도래한 때부터 소멸시효가 진행한다(제166조 1항 참조). 그리고 그 권리에 대해 상대방이 동시이행의 항변권을 가지고 있더라도, 이러한 법률상의 장애는 권리자의 의사에 의해 제거될 수 있으므로 기한이 도래한 때 소멸시효가 진행한다(아래 90다9797판결).

관련판례 "매매에서 매도인이 매수인에게 대금을 청구하면 매수인은 매도인에게 재산권이전에 관한 동시이행의 항변권을 가지므로, 그 한도에서서는 대금청구권의 행사가 저지되지만(즉, 법률상의 장애에 해당하지만), 그것은 매도인이 자기의 의무를 이행함으로써 매수인의 항변권을 소멸시킬 수 있는 것이므로, 이행기부터 대금청구권의 소멸시효는 진행한다"(대판 1991.3.22. 90다9797).

④ [×] "부동산에 관한 매매계약을 체결한 후 매수인 앞으로 소유권이전등기를 마치기 전에 매수인으로부터 그 부동산을 다시 매수한 제3자의 처분금지가처분신청으로 매매목적부동산에 관하여 가처분등기가 이루어진 상태에서 매도인과 매수인 사이의 매매계약이 해제된 경우, 매도인만이 가처분이의 등을 신청할 수 있을 뿐 매수인은 가처분의 당사자가 아니어서 가처분이의 등에 의하여 가처분등기를 말소할 수 있는 법률상의 지위에 있지 않고, 제3자가 한 가처분을 매도인의 매수인에 대한 소유권이전등기의무의 일부이행으로 평가할 수 없어 **그 가처분등기를 말소하는 것이 매매계약 해제에 따른 매수인의 원상회복의무에 포함된다고 보기도 어려우므로, 위와 같은 가처분등기의 말소와 매도인의 대금반환의무는 동시이행의 관계에 있다고 할 수 없다**"(대판 2009.7.9. 2009다18526)

⑤ [×] "토지의 매수인이 아직 소유권이전등기를 마치지 않았더라도 매매계약의 이행으로 토지를 인도받은 때에는 매매계약의 효력으로서 이를 점유·사용할 권리가 있으므로, **매도인이 매수인에 대하여 그 점유·사용을 법률상 원인이 없는 이익이라고 하여 부당이득반환청구를 할 수는 없다.** 이러한 법리는 대물변제 약정 등에 의하여 매매와 같이 부동산의 소유권을 이전받게 되는 사람이 이미 부동산을 점유·사용하고 있는 경우에도 마찬가지로 적용된다"(대판 2016.7.7. 2014다2662)

[정답] ②

문 24 **매도인의 담보책임에 관한 설명 중 옳은 것은?** (다툼이 있는 경우 판례에 의함) [변시 6회]

① 甲은 자기 소유 17필지의 토지에 대하여 일괄하여 매매대금을 정하고 乙에게 매도하였으나 그 중 2필지가 타인 소유로 밝혀진 경우 매도인 甲이 그 2필지만에 대하여 매매계약을 해제할 수 있다.

② 매매목적물의 하자로 인하여 확대손해가 발생하였다는 이유로 매도인에게 그 확대손해에 대한 배상책임을 지우기 위하여는 채무의 내용으로 된 하자 없는 목적물을 인도하지 못한 의무위반사실 외에 그러한 의무위반에 대한 매도인의 귀책사유는 요구되지 않는다.

③ 매매목적물의 하자가 경미하여 수선 등의 방법으로도 계약의 목적을 달성하는 데 별다른 지장이 없고, 매도인에게 하자 없는 물건의 급부의무를 지우면 다른 구제방법에 비하여 매도인에게 현저한 불이익이 발생되는 경우라도 공평의 원칙상 매수인의 완전물 급부청구권의 행사를 제한할 수 없다.

④ 매매의 목적이 된 권리가 타인에게 속하여 매도인이 그 권리를 취득하여 매수인에게 이전할 수 없게 된 경우, 그 권리가 타인에게 속함을 알지 못한 매수인이 매도인에게 배상을 청구할 수 있는 손해에는 매수인이 얻을 수 있었던 이익의 상실은 포함되지 않는다.

⑤ 평형별 세대당 건물 및 공유대지가 일정한 면적을 가지고 있다는 데 주안을 두고 대금을 그 면적을 기준으로 정한 아파트 분양계약에서 분양자가 공유대지 면적의 일부를 이전할 수 없게 되었고, 그 일부 이행불능이 분양계약 체결 당시 존재한 사유에 의한 경우, 수분양자는 분양자에게 부족한 면적비율에 따라 대금감액을 청구할 수 있다.

해 설 ① [X] **권리의 일부가 타인에게 속한 경우에는 제571조가 적용되지 않는다.**

매도인이 그의 명의로 등기된 토지 15필지에 대해 일괄하여 매매대금을 정하고 이를 매수인에게 매도하였는데, 후에 이 중 3필지가 판결을 통해 타인의 소유로 밝혀진 경우, 매도인이 그 3필지 토지만에 대해 위 조항을 근거로 매매계약의 일부해제를 할 수 있는지가 문제된 사안에서, 判例는 "**민법 제571조 1항은 선의의 매도인이 매매의 목적인 권리의 전부를 이전할 수 없는 경우에 적용될 뿐** 매매의 목적인 권리의 일부를 이전할 수 없는 경우에는 적용될 수 없고, 마찬가지로 수개의 권리를 일괄하여 매매의 목적으로 정하였으나 그 중 일부의 권리를 이전할 수 없는 경우에도 위 조항은 적용될 수 없다"(대판 2004.12.9. 2002다33557)고 하여 부정하였다.

② [X] 判例는 **하자담보책임으로 인한 확대손해는 채무불이행책임으로 다루고 있다.**

"매매목적물의 하자로 인하여 확대손해 내지 2차 손해가 발생하였다는 이유로 매도인에게 그 확대손해에 대한 배상책임을 지우기 위하여는 채무의 내용으로 된 하자 없는 목적물을 인도하지 못한 의무위반사실 외에 그러한 의무위반에 대하여 **매도인에게 귀책사유**가 인정될 수 있어야만 한다"(대판 1997.5.7. 96다39455)

③ [X] 불특정물매매에서 매수인은 계약의 해제나 손해배상을 청구할 수 있으나, 계약의 해제 또는 손해배상의 청구를 하지 아니하고 하자없는 물건을 청구할 수 있다(제581조 2항). 다만 判

例에 따르면 "매매목적물의 하자가 경미하여 수선 등의 방법으로도 계약의 목적을 달성하는 데 별다른 지장이 없는 반면 매도인에게 하자 없는 물건의 급부의무를 지우면 다른 구제방법에 비하여 지나치게 큰 불이익이 매도인에게 발생되는 경우와 같이 하자담보의무의 이행이 오히려 공평의 원칙에 반하는 경우에는, 완전물급부청구권의 행사를 제한함이 타당하다"(대판 2014.5.16. 2012다72582)고 판시하였다.

④ [×] 타인권리매매의 경우 매도인이 그 권리를 취득하여 매수인에게 이전할 수 없을 때, 判例는 "매도인이 매수인에 대하여 배상하여야 할 손해액은 원칙적으로 매도인이 매매의 목적이 된 권리(의 일부)를 취득하여 매수인에게 이전할 수 없게 된 때의 이행불능이 된 권리의 시가, 즉 이행이익 상당액"(대판 1993.1.19. 92다37727)이라고 판시하였다.
☞ 채무자가 채무를 이행하였더라면 채권자가 얻었을 이익을 이행이익 또는 적극적 이익이라고 하는데, '채무불이행'으로 채권자가 이러한 이익을 얻지 못한 손해를 이행이익의 손해라고 한다(이행이익의 손해=이행이 있었더라면 존재하였을 채권자의 상태-현재의 상태). 예컨대 매수인이 얻을 수 있었던 이익의 상실도 이에 포함된다. 가령 A가 B로부터 매수한 부동산을 2,000만원의 전매이익을 얻고 팔 수 있었다면, 2,000만원이 이행이익이다. 따라서 만일 매도인 B가 매매계약상의 의무를 이행하지 않았기 때문에 매수인 A가 2,000만원의 전매이익을 얻지 못하였다면, A는 B에게 2,000만원의 이행이익의 손해의 배상을 청구할 수 있다.

⑤ [○] "목적물이 일정한 면적(수량)을 가지고 있다는 데 주안을 두고 대금도 면적을 기준으로 하여 정하여지는 아파트분양계약은 이른바 수량을 지정한 매매라 할 것이다"(대판 2002.11.8. 99다58136)라고 하여, 아파트 분양시 공유대지면적을 지정한 아파트 분양계약을 수량지정매매로 보아 공유대지면적을 부족하게 이전해 준 경우 민법 제574조에 의한 대금감액청구권을 인정하였다.

[정답] ⑤

문 25 **매도인의 담보책임에 관한 설명 중 옳지 않은 것은?** (다툼이 있는 경우 판례에 의함) [변시 9회]

① 매매목적물의 하자로 인하여 확대손해 내지 2차 손해가 발생하였다는 이유로 매도인에게 그 확대손해에 대한 배상책임을 지우기 위하여는, 채무의 내용으로 된 하자 없는 목적물을 인도하지 못한 의무위반사실 외에 그 의무위반에 대한 매도인의 귀책사유가 인정되어야 한다.

② 강제경매절차에서 매수인이 부동산을 매각받아 대금을 완납하고 그 앞으로 소유권이전등기를 마쳤으나 강제경매의 기초가 된 채무자 명의의 소유권이전등기가 원인무효이어서 강제경매절차가 무효로 된 경우, 그 매수인은 「민법」 제578조 제1항, 제2항에 따라 경매의 채무자나 채권자에게 담보책임을 물을 수 있다.

③ 타인의 권리 매매에서 매도인이 권리를 취득하여 매수인에게 이전하여야 할 의무가 매도인의 귀책사유로 인하여 이행불능이 되었다면, 매수인은 채무불이행 일반의 규정(「민법」 제546조, 제390조)에 따라 계약을 해제하고 손해배상을 청구할 수 있다.

④ 토지의 매매에 있어 목적물을 등기부상 평수에 따라 특정한 경우라도 당사자가 그 지정된 구획을 전체로서 평가하였고 평수에 의한 계산이 대상토지를 특정하고 그 대금을 결정하기 위한 방편에 불과하였다면, 그 매매는 「민법」 제574조에서 규정하는 '수량을 지정한 매매'라고 할 수 없다.

⑤ 매매목적물의 하자가 경미하여 수선 등의 방법으로도 계약의 목적을 달성하는 데 별다른 지장이 없는 반면 매도인에게 하자 없는 물건의 급부의무를 지우면 다른 구제방법에 비하여 지나치게 큰 불이익이 매도인에게 발생되는 경우에는 매수인의 완전물급부청구권 행사를 제한할 수 있다.

해설 ① [○] ※ **매매목적물의 하자로 인한 확대손해발생에 대한 책임을 지우기 위한 요건**

"매도인이 매수인에게 공급한 부품이 통상의 품질이나 성능을 갖추고 있는 경우, 나아가 내한성이라는 특수한 품질이나 성능을 갖추고 있지 못하여 하자가 있다고 인정할 수 있기 위하여는, 매수인이 매도인에게 완제품이 사용될 환경을 설명하면서 그 환경에 충분히 견딜 수 있는 내한성 있는 부품의 공급을 요구한 데 대하여, 매도인이 부품이 그러한 품질과 성능을 갖춘 제품이라는 점을 명시적으로나 묵시적으로 보증하고 공급하였다는 사실이 인정되어야만 할 것이고, **특히 매매목적물의 하자로 인하여 확대손해 내지 2차 손해가 발생하였다는 이유로 매도인에게 그 확대손해에 대한 배상책임을 지우기 위하여는 채무의 내용으로 된 하자 없는 목적물을 인도하지 못한 의무위반사실 외에 그러한 의무위반에 대하여 매도인에게 귀책사유가 인정될 수 있어야만 한다**"(대판 1997.5.7. 96다39455).

쟁점정리 특정물매매에 관한 하자담보책임(제580조)에 기한 손해배상의 범위에 대해서는 判例의 입장이 분명하지 않으나, 하자담보책임으로 인한 확대손해는 분명히 채무불이행책임으로 다루고 있다.

② [X] ※ **경매에서 매도인의 담보책임의 요건(공경매가 유효할 것)**

"경락인이 강제경매절차를 통하여 부동산을 경락받아 대금을 완납하고 그 앞으로 소유권이전등기까지 마쳤으나, 그 후 **강제경매절차의 기초가 된 채무자 명의의 소유권이전등기가 원인무효의 등기**

이어서 경매 부동산에 대한 소유권을 취득하지 못하게 된 경우, 이와 같은 강제경매는 무효라고 할 것이므로 경락인은 경매 채권자에게 경매대금 중 그가 배당받은 금액에 대하여 일반 부당이득의 법리에 따라 반환을 청구할 수 있고, 민법 제578조 제1항, 제2항에 따른 경매의 채무자나 채권자의 담보책임은 인정될 여지가 없다"(대판 2004.6.24, 2003다59259).

쟁점정리 경매의 담보책임(제578조)은 경매절차 자체는 유효해야 한다. 즉 경매절차 자체가 무효여서 소유권을 취득하지 못한다면, 경락받은 자는 제578조의 담보책임이 아니라 배당채권자에 대하여 부당이득반환청구권을 행사할 수 있을 뿐이다.

③ [○] ※ 타인의 권리매매에 있어서 매도인의 귀책사유로 이행불능이 된 경우 매도인의 손해배상책임
악의의 매수인은 원칙적으로 손해배상청구권이 없다(제570조 단서). 다만 매도인의 귀책사유가 있는 경우 채무불이행(이행불능)을 이유로 손해배상청구는 할 수 있다. 즉, 判例는 "타인의 권리를 매매의 목적으로 한 경우에 있어서 그 권리를 취득하여 매수인에게 이전하여야 할 매도인의 의무가 매도인의 귀책사유로 인하여 이행불능이 되었다면 매수인이 매도인의 담보책임에 관한 민법 제570조 단서의 규정에 의해 손해배상을 청구할 수 없다 하더라도 채무불이행 일반의 규정(민법 제546조, 제390조)에 좇아서 계약을 해제하고 손해배상을 청구할 수 있다"(대판 1993.11.23, 93다37328)고 판시하였다.

④ [○] ※ 경매법원의 토지에 대한 임의경매를 '수량을 지정한 매매'로 볼 수 있는지 여부(소극)
"일반적으로 담보권실행을 위한 임의경매에 있어 경매법원이 경매목적인 토지의 등기부상 면적을 표시하는 것은 단지 토지를 특정하여 표시하기 위한 방법에 지나지 아니한 것이고, 그 최저경매가격을 결정함에 있어 감정인이 단위면적당 가액에 공부상의 면적을 곱하여 산정한 가격을 기준으로 삼았다 하여도 이는 당해 토지 전체의 가격을 결정하기 위한 방편에 불과하다 할 것이어서, 특별한 사정이 없는 한 이를 민법 제574조 소정의 '수량을 지정한 매매'라고 할 수 없다"(대판 2003.1.24, 2002다65189).

비교판례 목적물이 일정한 면적(수량)을 가지고 있다는 데 주안을 두고 대금도 면적을 기준으로 하여 정하여지는 아파트분양계약은 이른바 수량을 지정한 매매라 할 것이다"(대판 2002.11.8, 99다58136)라고 판시하여, 아파트 분양시 공유대지면적을 지정한 아파트 분양계약을 수량지정매매로 보아 공유대지면적을 부족하게 이전해 준 경우 제574조에 의한 대금감액청구권을 인정하였다.

⑤ [○] ※ 종류매매에서 하자담보의무의 이행이 공평의 원칙에 반하는 경우 매수인의 완전물급부청구권 행사를 제한할 수 있는지 여부(적극)
"민법의 하자담보책임에 관한 규정은 매매라는 유상 · 쌍무계약에 의한 급부와 반대급부 사이의 등가관계를 유지하기 위하여 민법의 지도이념인 공평의 원칙에 입각하여 마련된 것인데, 종류매매에서 매수인이 가지는 완전물급부청구권을 제한 없이 인정하는 경우에는 오히려 매도인에게 지나친 불이익이나 부당한 손해를 주어 등가관계를 파괴하는 결과를 낳을 수 있다. 따라서 매매목적물의 하자가 경미하여 수선 등의 방법으로도 계약의 목적을 달성하는 데 별다른 지장이 없는 반면 매도인에게 하자 없는 물건의 급부의무를 지우면 다른 구제방법에 비하여 지나치게 큰 불이익이 매도인에게 발생되는 경우와 같이 하자담보의무의 이행이 오히려 공평의 원칙에 반하는 경우에는, 완전물급부청구권의 행사를 제한함이 타당하다"(대판 2014.5.16, 2012다72582).

[정답] ②

문 26 「민법」상 매도인의 담보책임에 관한 설명 중 옳지 않은 것은? (다툼이 있는 경우 판례에 의함) [변시 11회]

① 경매절차의 무효로 경매 부동산의 소유권을 취득하지 못한 매수인은 매매대금을 배당받은 경매 채권자 또는 채무자를 상대로 배당금 상당의 부당이득반환을 청구할 수 있고, 경매에 따른 담보책임을 물을 수도 있다.

② 건축을 목적으로 매매된 토지에 대하여 건축허가를 받을 수 없어 건축이 불가능하다는 법률적 제한은 매매목적물의 하자에 해당하고, 하자의 존부는 매매계약 성립시를 기준으로 판단하여야 한다.

③ 매도인의 담보책임을 기초로 한 손해배상채권의 제척기간이 지난 경우에도, 제척기간이 지나기 전 상대방의 채권과 상계할 수 있었다면, 매수인은 위 손해배상채권을 자동채권으로 하여 상대방의 채권과 상계할 수 있다.

④ 매도인의 하자담보책임과 채무불이행책임은 경합적으로 인정되므로, 매매목적물인 토지에 폐기물이 매립되어 있어서 매수인에게 폐기물을 처리하기 위한 비용 상당의 손해가 발생한다면, 매수인은 그 비용에 관하여 매도인에게 채무불이행으로 인한 손해배상을 청구할 수 있다.

⑤ 하자담보에 기한 손해배상청구권은 원칙적으로 10년의 소멸시효에 걸리고 매수인이 매매목적물을 인도받은 때부터 소멸시효가 진행한다.

해설 ① [×] 경매의 담보책임은 경매절차 자체는 유효해야 한다. 즉 경매절차 자체가 무효여서 소유권을 취득하지 못한다면, 경락받은 자는 제578조의 담보책임이 아니라 배당채권자에 대하여 부당이득반환청구권을 행사할 수 있을 뿐이다.

② [○] ※ 하자판단의 기준시

判例는 건축목적으로 매매된 토지에 대하여 건축허가를 받을 수 없어 건축이 불능한 경우, 이와 같은 법률적 제한 내지 장애 역시 목적물(물건)의 하자에 해당한다고 보아 제580조를 적용하였다(대판 2000.1.18, 98다18506). 判例는 "하자의 존부는 매매계약 성립 당시를 기준으로 판단하여야 한다"(대판 2000.1.18, 98다18506 ; 특정물매매 사안)고 판시한 바 있다. 따라서 계약 성립 이후에 하자가 발생한 경우에는 채무불이행책임 또는 위험부담의 법리가 적용된다고 한다(대결 1979.7.24, 78마248).

③ [○] ※ 제척기간과 제495조의 유추적용

"매도인의 담보책임을 기초로 한 매수인의 손해배상채권 또는 수급인의 담보책임을 기초로 한 도급인의 손해배상채권이 각각 상대방의 채권과 상계적상에 있는 경우에 당사자들은 채권·채무관계가 이미 정산되었거나 정산될 것으로 기대하는 것이 일반적이므로, 그 신뢰를 보호할 필요가 있다. 따라서 **매도인이나 수급인의 담보책임을 기초로 한 손해배상채권의 제척기간이 지난 경우에도 제척기간이 지나기 전 상대방의 채권과 상계할 수 있었던 경우에는 매수인이나 도급인은 민법 제495조를 유추적용해서 위 손해배상채권을 자동채권으로 해서 상대방의 채권과 상계할 수 있다**"(대판 2019.3.14, 2018다255648)

④ [○] ※ 불완전이행과 하자담보책임과의 관계

判例는 "매도인이 성토작업을 기화로 다량의 폐기물을 은밀히 매립하고 그 위에 토사를 덮은 다음 도시계획사업을 시행하는 공공사업시행자와 사이에서 정상적인 토지임을 전제로 협의취득절차를 진행하여 이를 매도함으로써 매수자로 하여금 그 토지의 폐기물처리비용 상당의 손해를 입게 하였다면 매도인은 이른바 불완전이행으로서 채무불이행으로 인한 손해배상책임을 부담하고, 이는 하자 있는 토지의 매매로 인한 민법 제580조 소정의 하자담보책임과 경합적으로 인정된다고 할 것이다"(대판 2004.7.22, 2002다51586)라고 판시하여 매매의 목적인 특정물에 원시적인 하자가 있는 경우에도 불완전급부로 인한 채무불이행책임이 성립할 수 있음을 명확히 하였다.

⑤ [○] ※ 하자담보책임 권리행사기간
매수인이 하자를 안 날로부터 6월 내에 행사해야 한다(제582조). 이때 '하자를 안 날'이란 그 결과가 하자로 인한 것임을 알았을 때를 말한다(대판 2003.6.27, 2003다20190).
최근 判例에 따르면 하자담보책임에 기한 매수인의 손해배상청구권은 매수인이 그 사실을 안 때부터 6월의 제척기간(제582조)에 걸리는 동시에 매수인이 매매의 '목적물을 인도받은 때'부터 10년의 소멸시효(제162조 1항)에도 걸린다고 한다(대판 2011.10.13, 2011다10266).

[정답] ①

문 27 **乙이 甲으로부터 A 소유 X 건물을 매수하기 위하여 매매계약을 체결하였다. X 건물이 甲의 소유가 아니라는 점을 알지 못한 乙은 타인 권리의 매매를 이유로 甲에게 담보책임에 따른 손해배상을 청구하였다. 이에 관한 설명 중 옳은 것(○)과 옳지 않은 것(×)을 올바르게 조합한 것은?** (각 지문은 독립적이며, 다툼이 있는 경우 판례에 의함) [변시 14회]

ㄱ. 乙이 X 건물의 소유권이 甲에게 속하지 아니함을 알지 못한 것이 乙의 과실에 의한 경우, 법원은 甲이 배상할 손해액을 산정할 때 이를 참작하여야 한다.
ㄴ. 甲 또한 X 건물이 자기 소유가 아니고 A 소유임을 알지 못한 상태에서 위 매매계약을 체결하고, 甲이 계약을 위반하면 계약금의 배액을 乙에게 배상하고 乙이 위약할 때에는 계약금의 반환을 구할 수 없다는 내용의 약정을 하였다면, 그 위약금 약정은 타인 권리의 매매로 인한 담보책임까지 예상하여 손해배상액을 예정한 것이라고 볼 수 없다.
ㄷ. 甲이 X 건물의 소유권을 취득하여 乙에게 이전해야 할 의무가 甲의 귀책사유로 이행불능이 된 경우, 乙은 甲에 대하여 타인 권리의 매매로 인한 담보책임으로 손해배상을 청구할 수 있을 뿐만 아니라 일반적인 채무불이행으로서 계약을 해제하고 손해배상을 청구할 수 있다. 이때 위 담보책임으로 인한 손해배상의 범위는 이행불능 당시를 기준으로 한 이행이익 상당이다.
ㄹ. 甲이 乙에게 X 건물의 소유권을 이전할 수 없게 된 것이 오직 乙의 귀책사유에 의한 경우에도 甲은 타인 권리의 매매로 인한 담보책임을 부담한다.

① ㄱ(○), ㄴ(○), ㄷ(○), ㄹ(○) ② ㄱ(○), ㄴ(×), ㄷ(○), ㄹ(○)
③ ㄱ(○), ㄴ(×), ㄷ(○), ㄹ(×) ④ ㄱ(×), ㄴ(×), ㄷ(×), ㄹ(○)
⑤ ㄱ(○), ㄴ(○), ㄷ(○), ㄹ(×)

해설 ㄱ. [O] 비록 타인의 권리의 매매로 인한 담보책임이 무과실책임이라 하더라도 손해의 공평·타당한 분담이라는 손해배상법의 기본원리를 고려할 때 손해의 발생 또는 확대에 관하여 매수인의 과실이 있는 경우에 이를 참작하는 것이 타당하다. 다만 判例는 제396조를 직접 적용하지 않고 형평의 원칙을 근거로 이를 인정하고 있다(대판 1971.12.21. 71다218).

ㄴ. [O] 매매 당사자가 모두 매매목적물이 타인의 소유인 사실을 모르고 계약을 체결한 경우 위약금의 약정은 타인의 권리매매에 있어서의 담보책임까지 예상하여 그 배상액을 예정한 것이라고 볼 수 없다(대판 1977.9.13. 76다1699).

ㄷ. [O] 선의의 매수인은 매도인의 귀책사유를 불문하고 손해배상을 청구할 수 있으나, 악의의 매수인은 원칙적으로 손해배상청구권이 없다(제570조 단서). 다만 判例는 매도인의 귀책사유가 있는 경우 채무불이행(이행불능)을 이유로 손해배상청구는 할 수 있다(대판 1993.11.23. 93다37328)고 하여 채무불이행과의 경합을 인정한다.
대법원은 "매도인이 매수인에 대하여 배상하여야 할 손해액은 원칙적으로 매도인이 매매의 목적이 된 권리(의 일부)를 취득하여 매수인에게 이전할 수 없게 된 때의 이행불능이 된 권리의 시가, 즉 이행이익 상당액"(대판 1993.1.19. 92다37727)이라고 한다.

ㄹ. [X] 타인의 권리매매에 있어 매도인의 목적물을 매수인에게 이전할 수 없게 된 것이 오직 매수인의 귀책사유에 기인한 경우에는 매도인은 민법 제569조 하자담보책임을 지지 않는다(대판 1979.6.26. 79다564).

[정답] ⑤

문 28 **甲소유의 X 토지를 무단 점유하고 있던 乙은 등기서류를 위조하여 X 토지에 관하여 자기 앞으로 소유권이전등기를 마쳤다. 乙은 2010. 10. 27. 자신이 X 토지의 소유자라고 거짓말하여 이에 속은 丙과 매매계약을 체결하고, 2010. 12. 27. 丙으로부터 매매대금 1억 원을 지급받은 다음 丙에게 X 토지에 관한 소유권이전등기를 마쳐주고 X 토지를 인도하였다. 뒤늦게 이와 같은 사실을 알게 된 甲은 2011. 9. 1. 丙을 상대로 X 토지에 관한 소유권이전등기의 말소를 구하는 소를 제기하여 2012. 3. 4. 승소판결을 받았고, 그 판결은 丙의 항소포기로 확정되었다. 다음 설명 중 옳지 않은 것은?** (다툼이 있는 경우에는 판례에 의함) [변시 2회]

① 丙은 사기에 의한 의사표시임을 이유로 乙과 체결한 매매계약을 취소하고, 乙을 상대로 위 매매대금 상당액을 부당이득으로 반환청구할 수 있다.

② 丙은 乙을 상대로 불법행위를 원인으로 한 손해배상청구를 할 수 있는데, 위 판결확정 시에 X 토지의 가격이 1억 2,000만 원으로 상승하였더라도 그 가격상승분에 대해서는 손해배상청구를 할 수 없다.

③ 丙은 乙을 상대로 매도인의 담보책임을 물을 수 있고, 이때의 손해배상은 이행이익을 그 내용으로 한다.

④ 위 소에서 甲이 X 토지에 관한 인도청구를 병합한 경우, 丙이 X 토지의 객관적 가치를 높이기 위하여 비용을 지출하였고 그 이익이 현존한다면, 丙은 반소로써 甲을 상대로 유익비의 상환을 청구할 수 있다.

⑤ 甲이 2012. 4. 2. 丙을 상대로 2010. 12. 27.부터 X 토지의 인도 완료일까지 그 사용으로 얻은 부당이득의 반환을 구하는 소를 제기한 경우, 丙은 2012. 4. 2.부터 악의의 점유자로 본다.

해설 ① [O] 사기에 의한 의사표시가 성립하기 위해서는 i) 사기자의 2단의 고의, ii) 기망행위(사기) iii) 기망행위의 위법성, iv) 기망행위와 착오 사이에 그리고 착오와 의사표시 사이에 인과관계가 존재하여야 한다(제110조).

☞ 사안에서는 위의 요건을 모두 충족하므로 丙은 사기에 의한 의사표시임을 이유로 乙과 체결한 매매계약을 취소하고, 乙을 상대로 위 매매대금 상당액을 부당이득으로 반환청구할 수 있다.

② [O] 乙은 무권리자임에도 불구하고 丙에게 마치 자신이 소유자인 것처럼 기망하여 이를 매도하고 丙으로부터 매매대금을 편취하였으므로 이는 제750조의 불법행위에 해당한다. 다만 손해배상의 범위와 관련하여 **判例**(아래 전합91다33070판결)는 **무효의 소유권이전등기를 유효한 등기로 믿고 부동산을 매수하기 위하여 출연한 금액 즉, 매매대금상당액(1억원)이라고 한다.**

"타인 소유의 토지에 관하여 매도증서, 위임장 등 등기관계서류를 위조하여 원인무효의 소유권이전등기를 경료하고 다시 이를 다른 사람에게 매도하여 순차로 소유권이전등기가 경료된 후에 토지의 진정한 소유자가 최종 매수인을 상대로 말소등기청구소송을 제기하여 그 소유자 승소의 판결이 확정된 경우 위 불법행위로 인하여 최종 매수인이 입은 손해는 무효의 소유권이전등기를 유효한 등기로 믿고 위 토지를 매수하기 위하여 출연한 금액, 즉 매매대금으로서 이는 기존이익의 상실인 적극적 손해에 해당하고, **최종 매수인은 처음부터 위 토지의 소유권을 취득하지 못한 것이어서 위 말소등기를 명하는 판결의 확정으로 비로소 위 토지의 소유권을 상실한 것이 아니므**

로 위 토지의 소유권상실이 그 손해가 될 수는 없다"(대판 1992.6.23, 전합91다33070).

③ [O] 타인의 권리를 매매한 경우 매도인은 그 권리를 취득하여 매수인에게 이전하여야 하며(제569조), 매도인이 그 권리를 취득하여 매수인에게 이전할 수 없는 때에는 선의의 매수인은 계약해제권과 함께 손해배상청구권을 행사할 수 있다(제570조). 이 경우 손해배상의 범위와 관련하여 제569조가 매도인에게 권리 취득 및 이전 의무를 부과하고 있어 **타인 권리의 매매로 인한 담보책임은 채무불이행에 대한 책임이라는데 견해가 일치되어 있는바, 그 범위는 이행이익 상당액이라고 본다**(대판 1967.5.18, 전합66다2618).

관련판례 즉, 대법원은 "매도인이 매수인에 대하여 배상하여야 할 손해액은 원칙적으로 매도인이 매매의 목적이 된 권리(의 일부)를 취득하여 매수인에게 이전할 수 없게 된 때의 **이행불능이 된 권리의 시가, 즉 이행이익 상당액**"(대판 1993.1.19, 92다37727)이라고 하며, "부동산을 매수하고 소유권이전등기까지 넘겨받았지만 진정한 소유자가 제기한 등기말소청구소송에서 매도인과 매수인 앞으로 된 소유권이전등기의 말소를 명한 판결이 확정됨으로써 매도인의 소유권이전의무가 이행불능된 경우, 그 **손해배상액 산정의 기준시점은 위 판결이 확정된 때이다**"(대판 1993.4.9, 92다25946)라고 한다.

④ [O] 점유자가 점유물을 개량하기 위하여 지출한 금액 기타 유익비에 관하여는 그 가액의 증가가 현존한 경우에 한하여 회복자의 선택에 좇아 그 지출금액이나 증가액의 상환을 청구할 수 있다(제203조 2항).
☞ 따라서 점유자 丙이 X 토지의 객관적 가치를 높이기 위하여 비용을 지출하였고 그 이익이 현존한다면, 丙은 반소(이 때 청구의 방법은 항변, 별소, 반소 등이 가능하다)로써 회복자 甲을 상대로 유익비의 상환을 청구할 수 있다.

⑤ [X] 점유자는 선의로 점유한 것으로 추정된다(제197조 1항). 그런데 선의의 점유자라도 본권에 관한 소에서 패소한 경우, 그 소가 제기된 때부터 악의의 점유자로 간주된다(제197조 2항). 여기서 '본권에 관한 소'에는 소유권에 기하여 점유물의 인도나 명도를 구하는 소송은 물론, 부당점유자를 상대로 점유로 인한 부당이득의 반환을 구하는 소송도 포함된다(대판 2002.11.22, 2001다6213)(민법 제749조 2항에서의 '그 소'라 함은 부당이득을 이유로 그 반환을 구하는 소를 가리킨다는 점에서 민법 제197조 2항의 '본권에 관한 소'와 다르다).
☞ 따라서 丙은 甲의 X토지에 관한 소유권이전등기의 말소를 구하는 소에서 패소하였으므로, '소가 제기된 때'인 2011. 9. 1.부터 악의의 점유자로 간주된다.

관련판례 "원고가 이 사건 토지는 원고의 소유이고 피고명의의 소유권이전등기는 원인무효의 등기라 하여 피고를 상대로 1979.9.8 이사건 토지에 관한 피고명의의 **소유권이전등기의 말소청구소송을 제기한 끝에 그 소송사건이 피고의 패소로 확정되었다면 피고는 민법 제197조 제2항의 규정에 의하여 원고의 위의 소유권이전등기말소 청구소송제기시인 1979.9.8부터는 이 사건 토지에 대한 악의의 점유자로 간주된다** 할 것이니 원심이 같은 취지에서 피고에 대하여 위 말소청구소송제기 및 이후로서 원고가 구하는 1980.7.1부터 이 사건 토지의 점유로 인한 부당이득의 반환을 명한 조처는 정당하다"(대판 1987.1.20, 86다카1372).

[정답] ⑤

문 29 **甲 소유인 A 토지에 대하여 乙이 등기관계서류를 위조하여 자신의 명의로 소유권이전등기를 마쳤다. 그 후 乙은 丙에게, 丙은 丁에게, 丁은 戊에게 A 토지를 순차로 매도하였고 이를 원인으로 한 각 소유권이전등기가 마쳐졌다. 이에 관한 설명 중 옳은 것은?** (다툼이 있는 경우 판례에 의함) [변시 7회]

① 타인의 권리의 매매에서 매도인의 담보책임에 관한 「민법」 제571조 제1항에 따른 계약해제의 효과로 발생하는 매도인의 손해배상의무와 매수인의 토지인도의무 사이에는 동시이행관계가 없다.

② 甲이 乙, 丙, 丁, 戊를 상대로 소유권이전등기말소청구의 소를 제기하는 경우, 이는 필수적 공동소송이다.

③ 丙 명의로 등기하여 등기부취득시효의 요건을 갖춘 기간이 5년, 丁 명의로 등기하여 등기부취득시효의 요건을 갖춘 기간이 3년, 戊 명의로 등기하여 등기부취득시효의 요건을 갖춘 기간이 3년일 때, 위 ②의 소에서 戊가 등기부취득시효의 완성을 주장하는 것은 받아들여질 수 없다.

④ 위 ②의 소에서 丁과 戊 명의의 소유권이전등기의 말소를 명한 판결이 확정됨으로써 丁의 戊에 대한 소유권이전의무가 이행불능되어 戊에게 손해가 발생한 경우, 그 손해배상액 산정의 기준시점은 위 판결이 확정된 때이다.

⑤ 위 ④와 같이 戊에게 손해가 발생한 경우, 戊는 丁을 대위하여 丙에 대하여 손해배상청구를 할 수 없다.

해 설 ① [×] ※ 담보책임 해제에 따른 효과

제583조는 '제536조의 규정은 제572조 내지 제575조, 제580조 및 제581조의 경우에 준용한다.'고 규정하고 있을 뿐, '매매의 목적인 권리가 전부 타인에게 속하여 매도인이 매매계약을 해제한 경우(제571조)'에는 동시이행의 항변권을 규정한 민법 제536조를 준용한다는 명문을 두지 아니하고 있다. 그러나 判例는 "제571조의 취지는, 선의의 매도인에게 무과실의 손해배상책임을 부담하도록 하면서, 그의 보호를 위하여 특별히 해제권을 부여한다는 것인바, 그 해제의 효과에 대하여 특별한 규정은 없지만 일반적인 해제와 달리 해석할 이유가 전혀 없다"(대판 1993.4.9. 92다25946)고 하면서, "쌍방의 채무가 고유의 대가 관계에 서는 쌍무계약상 채무가 아니라 하더라도, 구체적 계약 관계에서 쌍방의 채무 사이에 대가의 의미가 있어 이행의 견련관계를 인정하여야 할 사정이 있는 경우에는 동시이행의 항변권을 인정하여야 할 것"(대판 1993.4.9. 92다25946)이라고 한다.

② [×] "순차로 경료된 등기들의 말소를 청구하는 소송은 권리관계의 합일적인 확정을 필요로 하는 필수적 공동소송이 아니라 통상공동소송이다"(대판 2008.6.12. 2007다36445)

③ [×] ※ 등기부취득시효 – 등기의 승계

"등기부취득시효에 관한 민법 제245조 제2항의 규정에 위하여 소유권을 취득하는 자는 10년간 반드시 그의 명의로 등기되어 있어야 하는 것은 아니고 앞 사람의 등기까지 아울러 그 기간동안 부동산의 소유자로 등기되어 있으면 된다"(대판 1989.12.26. 전합87다카2176).

☞ 따라서 丙 명의로 등기하여 등기부취득시효의 요건을 갖춘 기간이 5년, 丁 명의로 등기하여 등기부취득시효의 요건을 갖춘 기간이 3년, 戊 명의로 등기하여 등기부취득시효의 요건을

갖춘 기간이 3년일 때, 위 ②의 소에서 戊가 등기부취득시효의 완성을 주장하는 것은 받아들여질 수 있다.

④ [O] ※ **손해배상액의 기준시점**
대법원은 "매도인이 매수인에 대하여 배상하여야 할 손해액은 원칙적으로 매도인이 매매의 목적이 된 권리(의 일부)를 취득하여 매수인에게 이전할 수 없게 된 때의 **이행불능이 된 권리의 시가, 즉 이행이익 상당액**"(대판 1993.1.19, 92다37727)이라고 하며, "부동산을 매수하고 소유권이전등기까지 넘겨받았지만 진정한 소유자가 제기한 등기말소청구소송에서 매도인과 매수인 앞으로 된 소유권이전등기의 말소를 명한 판결이 확정됨으로써 매도인의 소유권이전의무가 이행불능된 경우, 그 **손해배상액 산정의 기준시점은 위 판결이 확정된 때**이다"(대판 1993.4.9, 92다25946)라고 한다.

⑤ [X] ※ **채권자대위권 – 채권보전의 필요성**(금전채권인 경우)
손해배상청구권은 금전채권이고 금전채권을 피보전채권으로하는 채권자대위원의 행사요건으로 채무자는 무자력이어야 한다. 그러나 ㉠ **피보전채권과 피대위권리가 밀접하게 관련되어 있고,** ㉡ **채권자대위권을 행사하지 않으면 피보전채권을 유효 · 적절하게 행사할 수 없는 경우**에는 무자력을 요하지 않는다. 즉, 이런 경우에는 채권자대위권의 행사가 채무자의 자유로운 재산관리행위에 대한 부당한 간섭이 된다는 등의 특별한 사정이 없는 한, 채권자는 채무자의 권리를 대위하여 행사할 수 있다(대판 2001.5.8. 99다38699 등).

[정답] ④

문 30 **乙은 2010. 4. 1. 甲으로부터 甲 소유의 X 부동산을 매수하는 계약을 체결하면서 계약금 1,000만 원을 甲에게 지급하였다. 계약에 따르면 매매대금은 1억 원이며, 2010. 5. 1. 乙은 잔대금 9,000만 원을 지급하면서 甲으로부터 X 부동산의 소유권이전등기에 필요한 서류를 교부받기로 하였다. 다음 설명 중 옳지 않은 것은?** (다툼이 있는 경우에는 판례에 의함) [변시 2회]

① 乙은 2010. 4. 15. 계약금 1,000만 원을 포기하면서 위 매매계약을 해제할 수 있다.

② 특별한 사정이 없는 한, 이행기 도과 후 甲이 乙에게 지연손해금을 청구하기 위해서는 甲이 한 차례 이행제공을 하는 것으로 충분하고, 그 이행제공이 계속되어야 할 필요는 없다.

③ 乙이 별다른 근거도 없이 2010. 4. 5.부터 계약의 무효를 주장하면서 甲의 변제제공이 있더라도 그 수령을 거절할 것임을 표시하여 수령거절의사를 번복할 가능성이 없는 경우, 甲은 2010. 4. 15. 이행의 최고 없이 乙의 이행거절을 이유로 계약을 해제할 수 있다.

④ 甲이 2010. 5. 1. 乙에게 X 부동산에 관하여 소유권이전등기를 마쳐주고 X 부동산을 인도하였으나 乙이 잔대금을 지급하지 못하자, 甲과 乙이 위 잔대금을 차용금으로 하고 이자율은 연 4%로 약정한 경우, 차용금의 변제기가 도과하면, 甲은 乙의 이행지체로 인한 지연손해금을 법정이율에 따라 乙에게 청구할 수 있다.

⑤ '乙이 2010. 5. 1. 잔대금을 지급하지 못하면 이 계약은 자동적으로 해제된다'는 취지의 특약이 있는 경우, 특별한 사정이 없는 한 2010. 5. 1.이 도과되었더라도 乙이 이행지체에 빠진 것이 아니라면 잔대금의 미지급으로 이 계약이 자동해제된 것으로 볼 수 없다.

해 설 ① [O] 계약금은 다른 약정이 없는 한 해약금으로 추정된다(제565조). 그러나 약정해제권에 기하여 계약을 해제할 수 있는 기간은 '당사자 일방이 이행에 착수할 때'까지인바(제565조), 2010. 4. 15. 이라면 잔대금지급기일인 5. 1. 이 되기 전이므로 다른 특별한 사정이 없는 한 乙은 계약금 1,000만 원을 포기하면서 위 매매계약을 해제할 수 있다.

② [X] "쌍무계약의 당사자 일방이 먼저 한 번 현실의 제공을 하고, 상대방을 수령지체에 빠지게 하였다고 하더라도 그 이행의 제공이 계속되지 않는 경우는 **과거에 이행의 제공이 있었다는 사실만으로 상대방이 가지는 동시이행의 항변권이 소멸하는 것은 아니므로, 일시적으로 당사자 일방의 의무의 이행 제공이 있었으나 곧 그 이행의 제공이 중지되어 더 이상 그 제공이 계속되지 아니하는 기간 동안에는 상대방의 의무가 이행지체 상태에 빠졌다고 할 수는 없다**고 할 것이고, 따라서 그 이행의 제공이 중지된 이후에 상대방의 의무가 이행지체되었음을 전제로 하는 손해배상청구도 할 수 없는 것이다"(대판 1995.3.14, 94다26646)고 판시하여 계약해제를 위한 경우와는 달리 이행지체를 이유로 한 손해배상책임을 묻기 위해서는 이행의 제공이 계속되고 있어야 한다는 **계속적 이행제공설**의 입장이다.

③ [O] 채무자가 채무를 이행하지 아니할 의사를 명백히 표시한 경우에 채권자는 신의성실의 원칙상 이행기 전이라도 이행의 최고 없이 채무자의 이행거절을 이유로 계약을 해제하거나 채무자를 상대로 손해배상을 청구할 수 있지만, 이러한 이행거절이라는 채무불이행이 인정되기 위해서는 채무를 이행하지 아니할 채무자의 명백한 의사표시가 위법한 것으로 평가되어야 한다(대판 2015.2.12, 2014다227225).

"부동산 매도인이 중도금의 수령을 거절하였을 뿐만 아니라 계약을 이행하지 아니할 의사를 명백히 표시한 경우 매수인은 '신의성실의 원칙'상 소유권이전등기의무 이행기일까지 기다릴 필요없이 이를 이유로 매매계약을 해제할 수 있다"(대판 1993.6.25, 93다11821)

④ [○] "제397조 1항 단서규정은 약정이율이 법정이율 이상인 경우에만 적용되고, 약정이율이 법정이율보다 낮은 경우에는 그 본문으로 돌아가 법정이율에 의하여 지연손해금을 정할 것이다"(대판 2009.12.24, 2009다85342).

☞ 따라서 사안에서 준소비대차계약(제605조)에 따른 약정이율이 연 4%라면 법정이율인 연 5%보다 낮은 경우이므로 이 경우에는 법정이율에 의하여 지연손해금을 정할 것이다.

관련쟁점

(1) 원 칙

금전채무불이행에 의한 손해배상액은 실제 손해액이 얼마인가에 관계없이, 법정이율(민법에 정한 연 5%, 상법에 정한 연 6%)에 의해 정해진다(제397조 1항 본문).

(2) 예 외

1) 약정이율(약정이자)이 있는 경우

㉠ **법정이율보다 높은 약정이율이 있는 경우** : 금전채무에 대해서 약정이율(약정이자)을 정한 것이 있는 때에는 그 약정이율이 법령의 제한에 위반되지 않는 한 채무불이행시에 지연배상금 산정의 기준이 된다(제397조 1항 단서). 즉, "소비대차에서 '변제기 후의 이자약정이 없는 경우' 특별한 의사표시가 없는 한 변제기가 지난 후에도 당초의 '약정이자'를 지급하기로 한 것으로 보는 것이 '당사자의 의사'이므로"(대판 1981.9.8, 80다2649) 변제기가 경과하여 채무불이행이 성립한 이후에는 **약정이자의 이율은 지연배상금(지연이자) 산정을 위한 이율로 적용된다.**

㉡ **법정이율보다 낮은 약정이율이 있는 경우** : 최근에 判例는 '약정이율'이 법정이율보다 낮은 경우에는 '지연손해금'은 약정이율이 아니라 법정이율에 의하여 정해야 한다고 명백히 밝히고 있다(대판 2009.12.24, 2009다85342). 이러한 법리는 계약해제시 반환할 금전에 가산할 이자(제548조 2항)에 관하여도 적용된다(대판 2013.4.26, 2011다50509).

2) 지연손해금 약정이 있는 경우

약정이율이 채무불이행시의 지연배상금 산정의 기준으로 적용되는 것은 별도의 약정이 없는 때에 한하므로, 당사자간에 금전채무불이행에 대비하여 손해배상액 산정을 위한 이율(지연손해금률) 등을 정한 때에는 그러한 약정에 따르며(예를 들어 제398조의 손해배상액의 예정), '약정이율'(약정이자)에 의할 것이 아니다. 따라서 이러한 **지연손해금 약정이 법정이율보다 낮더라도 약정에 따른 지연손해금률이 적용된다**(대판 2013.4.26, 2011다50509).

⑤ [○] ※ **잔대금지급채무의 불이행을 조건으로 한 실권조항(동시이행관계이므로 이행제공해야 자동해제)**

"부동산 매매계약에 있어서 매수인이 잔대금 지급기일까지 그 대금을 지급하지 못하면 그 계약이 자동적으로 해제된다는 취지의 약정이 있더라도, 특별한 사정이 없는 한 매수인의 잔대금 지급의무와 매도인의 소유권이전등기의무는 동시이행의 관계에 있으므로 매도인이 잔대금 지급기일에 소유권이전등기에 필요한 서류를 준비하여 매수인에게 알리는 등 이행의 제공을 하여 매수인으로 하여금 이행지체에 빠지게 하였을 때에 비로소 자동적으로 매매계약이 해제된다고 보아야 하고 매수인이 그 약정 기한을 도과하였더라도 이행지체에 빠진 것이 아니라면 대금 미지급으로 계약이 자동해제된 것으로 볼 수 없다"(대판 1998.6.12, 98다505).

[정답] ②

제6절 임대차

문 31 임대차에 관한 설명 중 옳지 않은 것을 모두 고른 것은? (다툼이 있는 경우 판례에 의함) [변시 8회]

ㄱ. 임차인이 임대인 소유 건물의 일부를 임차하여 사용·수익하던 중 임차건물 부분에서 화재가 발생하여 임차건물 부분이 아닌 건물 부분까지 불에 탄 경우에, 건물의 규모와 구조로 볼 때 건물 중 임차건물 부분과 그 밖의 부분이 상호 유지·존립함에 있어서 구조상 불가분의 일체를 이루는 관계에 있다면, 임차인은 임차건물의 보존에 관하여 선량한 관리자의 주의의무를 다하였음을 증명하지 못하는 이상 그 임차 외 건물 부분이 소훼되어 임대인이 입게 된 손해도 채무불이행으로 인한 손해로 배상할 의무가 있다.

ㄴ. 임대인의 수선의무 면제특약에 면제되는 수선의무의 범위를 명시하지 않은 경우, 특별한 사정이 없는 한 대파손의 수리, 건물의 주요 구성부분의 대수선, 기본적 설비 교체 등 대규모의 수선은 여전히 임대인이 수선의무를 부담한다.

ㄷ. 「주택임대차보호법」상 대항력을 갖춘 임차인의 임대차보증금반환채권이 가압류된 경우, 임대주택의 양도로 인하여 임대차보증금반환채무가 이전된 때에는, 이미 집행된 가압류의 제3채무자 지위는 양수인에게 승계된다.

ㄹ. 부동산 임대차보증금반환채권의 양도에 대하여 임대인이 아무런 이의를 보류하지 아니한 채 이를 승낙하였더라도, 특별한 사정이 없는 한 임대인은 양수인에게 반환할 임대차보증금에서 임대차 목적물의 원상복구비용 상당의 손해배상액을 당연히 공제할 수 있다.

① ㄱ
② ㄱ, ㄴ
③ ㄴ, ㄷ
④ ㄱ, ㄴ, ㄹ
⑤ ㄴ, ㄷ, ㄹ

해 설 ㄱ. [X] ※ 임차물 멸실의 경우 손해배상과 증명책임

임대차가 종료한 경우, 임차인은 원상회복의무로서 임차물반화의무를 부담한다. 이는 특정물 인도 채무이므로, 임차인은 임차건물의 보존에 관하여 선량한 관리자의 주의의무를 다하여야 하고(민법 제374조), 임차물 멸실 등으로 임차인의 임차물반환채무가 이행불능이 된 경우에는 원칙적으로 '임차인이' 그 이행불능이 임차인의 귀책사유로 말미암은 것이 아님을 입증할 책임이 있다(대판 2006.1.13. 2005다51013,51020). 따라서 임차건물이 화재로 소훼된 경우에 있어서 그 화재의 발생원인이 불명인 때에도 임차인이 그 책임을 면하려면 그 임차건물의 보존에 관하여 선량한 관리자의 주의의무를 다하였음을 입증하여야 한다(대판 2001.1.19. 2000다57351).

그러나, ① "임차건물이 '임대인의 지배관리 영역 내'에 있는 부분(주로 대규모 수선을 요하는 부분)의 화재로 소훼된 경우에는 임차인의 선관주의의무의 위반을 '임대인'이 입증하여야 임차인에

게 손해배상책임을 지울 수 있으며"(대판 2006.2.10. 2005다65623), ② 임차 건물 부분에서 화재가 발생하여 임차 건물 부분이 아닌 건물 부분(이하 '임차 외 건물 부분'이라 한다)까지 불에 타버린 경우에, 임대인이 그 임차 외 건물 부분에 발생한 손해에 대하여 채무불이행을 원인으로 하는 배상을 구하려면, **'임차 외 건물 부분이 구조상 불가분의 일체를 이루는 관계에 있는 부분이라 하더라도'**, "ⅰ) 임차인이 보존 · 관리의무를 위반하여 화재가 발생한 원인을 제공하는 등 화재 발생과 관련된 임차인의 계약상 의무 위반이 있었고, ⅱ) 그러한 의무 위반과 임차 외 건물 부분의 손해 사이에 상당인과관계가 있으며, ⅲ) 임차 외 건물 부분의 손해가 의무 위반에 따라 민법 제393조에 의하여 배상하여야 할 손해의 범위 내에 있다는 점에 대하여 **'임대인'이 주장 · 증명하여야 한다**"(대판 2017.5.18. 전합2012다86895,86901).

ㄴ. [○] **※ 임대인의 수선의무 면제 특약의 효력이 미치는 범위**
"임대인이 수선의무를 지는 경우에도 특약에 의해 이를 면제할 수는 있지만(제652조 참조), **특약에서 수선의무의 범위를 명시하고 있는 등의 특별한 사정이 없는 한** 이것은 통상 생길 수 있는 **'소규모의 수선'**에 한하고, 대파손의 수리, 건물의 주요 구성부분에 대한 대수선, 기본적 설비부분의 교체 등과 같은 **'대규모의 수선'**은 이에 포함되지 아니하고, 임대인이 그 수선의무를 부담한다"(대판 1994.12.9, 94다34692).
☞ 判例는 특약으로 수선의무를 임차인이 부담하기로 정하였지만 그의 수선의무의 범위가 구체적으로 명시되지는 아니한 경우에 그 약정이 어떻게 의사해석 되어야 하는가를 판단하면서, 이를 제한적으로 해석하려는 태도를 보이고 있다. 즉 **당사자들의 약정이 임차인이 부담하는 수선의무의 범위를 구체적으로 명시하였으면 그것이 그대로 유효하다는 것을 전제로** 하고 있다.

ㄷ. [○] **※ 보증금반환채권이 가압류된 '후' 임차건물의 양수인의 지위**
주택 임대차보호법은 임차주택의 양수인 기타 임대할 권리를 승계한 자(상속 · 경매 등으로 임차물의 소유권을 취득한 자)는 **'임대인의 지위'를 승계**한 것으로 본다(동법 제3조 4항, 상가건물 임대차보호법 제3조 2항도 동일). 이 경우 임대차에 종된 계약인 보증금계약 등도 임대차관계에 수반하여 이전되어(제100조 2항 유추적용), 그 결과 判例에 따르면 양수인이 임대차보증금반환채무를 '면책적으로 인수'(병존적 인수 아님)하고, 양도인은 임대차관계에서 탈퇴하여 임차인에 대한 임대차보증금반환채무를 면하게 된다고 한다(대판 1987.3.10. 86다카1114).
이러한 법리는 임차인의 임대차보증금반환채권이 가압류된 상태에서 임대주택이 양도된 경우에도 그대로 적용되므로 이 경우 양수인은 임대차보증금반환채무를 면책적으로 인수하게 되는데, 나아가 채권가압류의 제3채무자의 지위까지 승계하는지 문제된다. 이와 관련하여 최근 判例는 "ⅰ) 임대주택의 양도로 임대인의 지위가 일체로 양수인에게 이전된다면 채권가압류의 제3채무자의 지위도 임대인의 지위와 함께 이전된다고 볼 수밖에 없다는 점과 ⅱ) 만약 이를 부정하면 가압류권자는 장차 본집행절차에서 주택의 매각대금으로부터 우선변제를 받을 수 있는 권리를 상실하는 중대한 불이익을 입게 된다는 점 등에서 **양수인은 채권가압류의 제3채무자의 지위도 승계하고, 가압류권자 또한 임대주택의 양도인이 아니라 양수인에 대하여만 위 가압류의 효력을 주장할 수 있다고 보아야 한다**"고 판시하였다(대판 2013.1.17. 전합2011다49523).

ㄹ. [○] "부동산임대차에 있어서 임차인이 임대인에게 지급하는 임대차보증금은 임대차관계가 종료되어 목적물을 반환하는 때까지 그 임대차관계에서 발생하는 임차인의 모든 채무를 담보하는 것으로서, 임대인의 임대차보증금 반환의무는 임대차관계가 종료되는 경우에 그 임대차보증금 중에서 목적물을 반환받을 때까지 생긴 연체차임 등 임차인의 모든 채무를 공제한 나머지 금액에 관하여서만 비로소 이행기에 도달하는 것이므로, **그 임대차보증금 반환 채권을 양도함에 있어서 임대인이 아무런 이의를 보류하지 아니한 채 채권양도를 승낙하였어도 임차 목적물을 개축하는 등**

하여 임차인이 부담할 원상복구비용 상당의 손해배상액은 반환할 임대차보증금에서 당연히 공제할 수 있다"(대판 2002.12.10. 2002다52657).

비교쟁점 그러나 "임대인과 임차인 사이에서 장래 임대목적물 반환시 위 원상복구비용의 보증금 명목으로 지급하기로 약정한 금액은, 임대차관계에서 당연히 발생하는 임차인의 채무가 아니라 임대인과 임차인 사이의 약정에 기하여 비로소 발생하는 채무에 불과하므로, 반환할 임대차보증금에서 당연히 공제할 수 있는 것은 아니라 할 것이어서, 임대차보증금 반환 채권을 양도하기 전에 임차인과 사이에 이와 같은 약정을 한 임대인이 이와 같은 약정에 기한 원상복구비용의 보증금 청구 채권이 존재한다는 이의를 보류하지 아니한 채 채권양도를 승낙하였다면 민법 제451조 제1항이 적용되어 그 원상복구비용의 보증금 청구 채권으로 채권양수인에게 대항할 수 없다"(同 判例).

[정답] ①

문 32 **甲과 乙은 甲 소유의 건물 중 1층에 대하여 임대차계약을 체결하였으나 乙이 임차하여 점유하고 있던 건물 1층에서 발생한 화재로 건물 1층뿐만 아니라 甲이 점유하고 있던 건물 2층도 전소되었다. 이에 관한 설명 중 옳은 것(○)과 옳지 않은 것(×)을 올바르게 조합한 것은?** (다툼이 있는 경우에는 판례에 의함) [변시 9회]

ㄱ. 건물 1층에서 발생한 화재가 甲이 지배, 관리하는 영역에 존재하는 하자로 인하여 발생한 것으로 추단된다면, 특별한 사정이 없는 한 甲은 화재로 인한 목적물 반환의무의 이행불능으로 인한 손해배상책임을 乙에게 물을 수 없다.
ㄴ. 건물 1층에서 발생한 화재가 그 발생 원인이 불분명한 경우라면 乙은 원칙적으로 화재로 인한 임대목적물 반환의무의 이행불능에 따른 손해배상책임을 지지 않는다.
ㄷ. 건물 1층과 구조상 불가분의 일체를 이루고 있는 건물 2층에서 발생한 재산상 손해에 대하여 乙에게 채무불이행에 기한 손해배상을 청구하는 경우, 甲은 화재 발생과 관련된 乙의 계약상 의무 위반이 있었다는 사실을 주장·증명하여야 한다.

① ㄱ(○), ㄴ(○), ㄷ(×)
② ㄱ(○), ㄴ(×), ㄷ(○)
③ ㄱ(○), ㄴ(×), ㄷ(×)
④ ㄱ(×), ㄴ(×), ㄷ(○)
⑤ ㄱ(×), ㄴ(×), ㄷ(×)

해 설 ㄱ. [○] ※ 임대인의 지배관리 영역 내의 화재(임대인에게 증명책임이 있는 경우)
"임대인은 목적물을 임차인에게 인도하고 임대차계약 존속 중에 그 사용, 수익에 필요한 상태를 유지하게 할 의무를 부담하므로(제623조), 임대차계약 존속 중에 발생한 화재가 임대인이 지배·관리하는 영역에 존재하는 하자로 인하여 발생한 것으로 추단된다면, 그 하자를 보수·제거하는 것은 임대차 목적물을 사용·수익하기에 필요한 상태로 유지하여야 하는 임대인의 의무에 속하며, 임차인이 하자를 미리 알았거나 알 수 있었다는 등의 특별한 사정이 없는 한, 임대인은 화재로 인한 목적물 반환의무의 이행불능 등에 관한 손해배상책임을 임차인에게 물을 수 없다(대판 2017.5.18. 전합2012다86895,86901). 이러한 법리는 임대인이 훼손된 임대차 목적물에 관하여 수선의무를 부담하더라도 동일하게 적용된다(대판 2019.4.11. 2018다291347).

ㄴ. [X] ※ 임차건물이 발생원인이 불명인 화재로 소훼된 경우(임차인에게 증명책임이 있는 경우)
임차인은 임차건물의 보존에 관하여 선량한 관리자의 주의의무를 다하여야 하고(제374조), 임차인의 임차물반환채무가 이행불능이 된 경우, 임차인이 그 이행불능으로 인한 손해배상 책임을 면하려면 그 이행불능이 임차인의 귀책사유로 말미암은 것이 아님을 입증할 책임이 있다(대판 2006.1.13. 2005다51013,51020). 따라서 임차건물이 화재로 소훼된 경우에 있어서 그 화재의 발생원인이 불명인 때에도 임차인이 그 책임을 면하려면 그 임차건물의 보존에 관하여 선량한 관리자의 주의의무를 다하였음을 입증하여야 한다(대판 2001.1.19. 2000다57351).

ㄷ. [O] ※ 임차 외 건물부분의 화재(임대인에게 증명책임이 있는 경우)
"임차 건물 부분에서 화재가 발생하여 임차 건물 부분이 아닌 건물 부분(이하 '임차 외 건물 부분'이라 한다)까지 불에 타 그로 인해 임대인에게 재산상 손해가 발생한 경우에는 '임차 외 건물 부분이 구조상 불가분의 일체를 이루는 관계에 있는 부분이라 하더라도', 그 부분에 발생한 손해에 대하여 임대인이 임차인을 상대로 채무불이행을 원인으로 하는 배상을 구하려면, i) 임차인이 보존·관리의무를 위반하여 화재가 발생한 원인을 제공하는 등 화재 발생과 관련된 '임차인의 계약상 의무 위반'이 있었고, ii) 그러한 의무 위반과 임차 외 건물 부분의 손해 사이에 '상당인과관계'가 있으며, iii) 임차 외 건물 부분의 손해가 의무 위반에 따라 민법 제393조에 의하여 배상하여야 할 '손해의 범위 내'에 있다는 점에 대하여 '임대인'이 주장·증명하여야 한다"(대판 2017.5.18. 전합2012다86895,86901).

[정답] ②

문33 甲은 X 주택과 인근 Y 창고를 소유하고 있다. Y 창고는 X 주택의 부속물·종물이 아니다. 乙은 甲으로부터 X 주택을 임차하여 전입신고를 하지 아니하고 사용하면서 점유할 권리 없이 Y 창고도 점유·사용하고 있다. 乙은 비용을 들여 X 주택과 Y 창고를 개량하여 가치를 증가시켰고, 지출된 비용만큼의 가치증가가 현존하고 있다. 임대차기간 도중에 甲은 X, Y 건물 모두를 丙에게 매도하고 소유권이전등기를 마쳐 주었다. 임대차기간이 만료되었고 丙은 乙에게 X, Y 건물의 인도를 청구하고 있다. 이에 관한 설명 중 옳은 것을 모두 고른 것은? (각 지문은 독립적이며, 다툼이 있는 경우 판례에 의함) [변시 7회]

ㄱ. 乙은 X 주택에 들인 유익비를 丙에게 청구할 수 있다.
ㄴ. 乙은 Y 창고에 들인 유익비를 丙에게 청구할 수 있다.
ㄷ. (사안을 달리하여) 乙이 공사업자 丁에게 도급하여 X, Y 건물의 개량공사가 이루어졌고 乙이 공사대금을 지급하지 아니한 경우, 丁은 甲에게 X 주택 가치증가분 상당의 부당이득반환을 청구할 수 있지만, Y 창고 가치증가분 상당의 부당이득반환은 청구할 수 없다.

① ㄱ
② ㄴ
③ ㄷ
④ ㄱ, ㄴ
⑤ ㄱ, ㄷ

해 설 ㄱ. [X], ㄴ. [O] **임차권이 대항력이 없는 경우에는 종전의 소유자(임대인)에게 비용상환을 청구할 수 있을 뿐 새로운 소유자에게는 비용상환을 청구할 수 없다.** 다만 임차인은 임대인에 대한 비용상환청구권에 기하여 목적물에 대한 유치권으로 양수인의 반환청구에 대항할 수 있다. 그러나 유치권을 이유로 양수인에게 직접 비용상환청구를 할 수는 없다. 만약 양수인이 목적물인도를 받기 위해 그 비용을 임차인에게 지급하였다면 양도인(임대인)에게 구상할 수 있다(대판 1990.2.23. 88다카32425,324320). **임차인은 제203조 2항에 의해서도 새로운 소유자에게 유익비의 상환을 청구하지 못한다**(대판 2003.7.25. 2001다64752)(지문 ㉠)

ㄴ. [O] 점유자가 점유물을 개량하기 위하여 지출한 금액 기타 유익비에 관하여는 그 가액의 증가가 현존한 경우에 한하여 회복자의 선택에 좇아 그 지출금액이나 증가액의 상환을 청구할 수 있다(제203조 2항).

☞ 제201조 내지 제203조는 별도의 계약관계 내지 민법에 특별한 규정이 없는 때에 점유자와 회복자의 관계를 규율하는 '일반규정'이다. 따라서 乙은 Y 창고를 권원 없이 점유하였으므로, 丙에게 그 유익비의 반환을 청구할 수 있다.

ㄷ. [X] 判例는 "계약상의 급부가 계약의 상대방뿐만 아니라 제3자의 이익으로 된 경우에 급부를 한 계약당사자가 계약 상대방에 대하여 계약상의 반대급부를 청구할 수 있는 이외에 그 제3자에 대하여 직접 부당이득반환청구를 할 수 있다고 보면, ⅰ) 자기 책임 하에 체결된 계약에 따른 위험부담을 제3자에게 전가시키는 것이 되어 **계약법의 기본원리에 반하는 결과**를 초래할 뿐만 아니라, ⅱ) 채권자인 계약당사자가 채무자인 계약 상대방의 일반채권자에 비하여 우대받는 결과가 되어 **일반채권자의 이익을 해치게 되고**, ⅲ) **수익자인 제3자가 계약 상대방에 대하여 가지는 항변권 등을 침해**하게 되어 부당하므로, 위와 같은 경우 계약상의 급부를 한 계약당사자는 이익의 귀속 주체인 제3자에 대하여 직접 부당이득반환을 청구할 수는 없다"(대판 2002.8.23. 99다66564,66571)고 판시하여 **전용물소권을 부정**하는 입장이다.

☞ 丁은 도급인인 乙에 대하여 공사대금을 청구할 수 있는 이외에 甲에게 X, Y 건물의 가치 증가분 상당의 부당이득반환을 청구할 수는 없다.

참고판례 "유효한 도급계약에 기하여 수급인이 도급인으로부터 제3자 소유 물건의 점유를 이전받아 이를 수리한 결과 그 물건의 가치가 증가한 경우, 도급인이 그 물건을 간접점유하면서 궁극적으로 자신의 계산으로 비용지출과정을 관리한 것이므로, 도급인만이 소유자에 대한 관계에서 제203조에 의한 비용상환청구권을 행사할 수 있는 비용지출자이고, 수급인은 그러한 비용지출자에 해당하지 않는다"(대판 2002.8.23. 99다66564)

[정답] ②

문 34 **임대차에 관한 설명 중 옳은 것은?** (다툼이 있는 경우 판례에 의함) [변시 6회]

① 임대차계약 체결 당시 여러 사람이 공동임대인으로서 임차인과 사이에 하나의 임대차계약을 체결한 경우 특별한 사정이 없는 한 공동임대인 전원의 해지의 의사표시에 의하여 임대차계약 전부를 해지하여야 하나, 임대차목적물 중 일부가 양도되어 양수인이 그에 관한 임대인의 지위를 승계함으로써 공동임대인으로 된 경우에는 전원이 해지의 의사표시를 할 필요는 없다.

② 토지의 매수인이 매매목적물에 관한 임대차보증금 반환채무를 인수하는 한편 그 채무액을 매매대금에서 공제하기로 약정한 경우, 그 인수는 특별한 사정이 없는 한 매도인을 면책시키는 면책적 채무인수로 보아야 한다.

③ 보증금이 수수된 임대차계약에서 임대차가 종료되어 목적물을 반환할 때까지 연체한 차임액이 위 보증금에서 전액 공제된 경우, 임차인은 임대차 종료 전에 차임채권을 양수한 자의 양수금청구에 대해 연체된 차임액이 보증금에서 공제되었음을 주장하여 양수금지급을 거절할 수 없다.

④ 임대인이 목적물을 사용 · 수익하게 할 의무를 불이행하여 목적물의 사용 · 수익에 부분적으로 지장이 생긴 경우뿐 아니라 임대인이 수선의무를 이행함으로써 목적물의 사용 · 수익에 지장이 생긴 경우에도 임차인은 그 지장의 한도 내에서 차임의 지급을 거절할 수 있다.

⑤ 「주택임대차보호법」상 대항력을 갖춘 임차인의 임대차보증금반환채권이 가압류된 상태에서 임대주택이 양도된 경우, 양수인이 채권가압류의 제3채무자의 지위를 승계하는 것은 아니므로 가압류권자는 임대주택의 양수인이 아니라 양도인에 대하여 위 가압류의 효력을 주장하여야 한다.

해 설 ① [X] "여러 사람이 공동임대인으로서 임차인과 하나의 임대차계약을 체결한 경우에는 민법 제547조 1항의 적용을 배제하는 특약이 있다는 등의 특별한 사정이 없는 한 **공동임대인 전원의 해지의 의사표시에 따라 임대차계약 전부를 해지하여야 한다.** 이러한 법리는 임대차계약의 체결 당시부터 공동임대인이었던 경우뿐만 아니라 임대차목적물 중 일부가 양도되어 그에 관한 임대인의 지위가 승계됨으로써 공동임대인으로 되는 경우에도 마찬가지로 적용된다"(대판 2015.10.29. 2012다5537).

제547조 (해지, 해제권의 불가분성) 「당사자의 일방 또는 쌍방이 수인인 경우에는 계약의 해지나 해제는 그 전원으로부터 또는 전원에 대하여 하여야 한다.」

② [X] "부동산의 매수인이 매매목적물에 관한 임대차보증금 반환채무 등을 인수하는 한편 그 채무액을 매매대금에서 공제하기로 약정한 경우, 그 인수는 특별한 사정이 없는 이상 매도인을 면책시키는 면책적 채무인수가 아니라 이행인수로 보아야 하고, 면책적 채무인수로 보기 위해서는 이에 대한 채권자 즉, 임차인의 승낙이 있어야 한다"(대판 2015.5.29. 2012다84370).

③ [X] "부동산 임대차에서 수수된 보증금은 차임채무, 목적물의 멸실 · 훼손 등으로 인한 손해배상채무 등 임대차에 따른 임차인의 모든 채무를 담보하는 것으로서 피담보채무 상당액은 임대

차관계의 종료 후 목적물이 반환될 때에 특별한 사정이 없는 한 별도의 의사표시 없이 보증금에서 당연히 공제되므로, 보증금이 수수된 임대차계약에서 차임채권이 양도되었다고 하더라도, 임차인은 임대차계약이 종료되어 목적물을 반환할 때까지 연체한 차임 상당액을 보증금에서 공제할 것을 주장할 수 있다"(대판 2015.3.26. 2013다77225)

④ [○] 임대차에서 목적물을 사용 · 수익하게 할 임대인의 의무와 임차인의 차임 지급의무는 상호 대가관계에 있으므로, 임대인이 수선의무를 이행하지 않아 임차인이 목적물을 전혀 사용할 수 없을 경우에는 임차인은 차임 전부의 지급을 거절할 수 있으나, **'목적물의 사용 · 수익이 부분적으로 지장이 있는 경우에는 그 한도 내에서 차임의 지급을 거절할 수 있을 뿐'** 그 전부의 지급을 거절할 수는 없다(대판 1997.4.25. 96다44778). 이는 임대인이 수선의무를 이행함으로써 목적물의 사용 · 수익에 지장이 초래된 경우에도 마찬가지이다(대판 2015.2.26. 2014다65724). 민법 제627조 소정의 '일부멸실에 따른 차임의 감액청구'는 같은 취지에 속하는 것이다.

⑤ [X] **※ 보증금반환채권이 가압류된 후 임차건물의 양수인**
"ⅰ) 임대주택의 양도로 임대인의 지위가 일체로 양수인에게 이전된다면 채권가압류의 제3채무자의 지위도 임대인의 지위와 함께 이전된다고 볼 수밖에 없다는 점과 ⅱ) 만약 이를 부정하면 가압류권자는 장차 본집행절차에서 주택의 매각대금으로부터 우선변제를 받을 수 있는 권리를 상실하는 중대한 불이익을 입게 된다는 점 등에서 **양수인은 채권가압류의 제3채무자의 지위도 승계하고, 가압류권자 또한 임대주택의 양도인이 아니라 양수인에 대하여만 위 가압류의 효력을 주장할 수 있다고 보아야 한다**"(대판 2013.1.17. 전합2011다49523).

[정답] ④

문 35 **甲은 건물의 소유를 목적으로 乙 소유의 토지에 대한 임대차계약을 乙과 체결하였는데, 그 후 甲은 건물을 완성한 다음 이를 丙에게 임대하였다. 다음 설명 중 옳은 것을 모두 고른 것은?**(다툼이 있는 경우에는 판례에 의함) [변시 3회]

ㄱ. 丙이 甲의 동의를 얻어 기존의 출입문을 제거하고 유리출입문과 새시를 부속물로서 설치한 경우, 甲과 丙 사이의 건물임대차계약이 丙의 차임지급채무불이행으로 인하여 해지되었다면, 丙의 甲에 대한 부속물매수청구는 허용되지 않는다.
ㄴ. 甲과 丙 사이에 일정 기간 이상 임대차를 존속시키기로 하는 임차권보장약정에 따라 丙이 甲에게 권리금을 지급하였으나, 甲의 사정으로 임대차계약이 중도 해지되어 丙이 당초 보장된 기간 동안 위 건물을 이용하지 못하였더라도, 甲은 丙에 대하여 권리금 반환의무를 부담하지 않는다.
ㄷ. 甲과 乙 사이의 토지임대차계약이 기간만료로 종료되는 경우, 甲의 乙에 대한 지상물 매수청구의 대상은 계약종료 당시 경제적 가치가 현존하고 임대인의 동의를 얻어 신축한 건물이어야 한다.
ㄹ. 甲과 乙 사이의 토지임대차계약이 기간만료로 종료되는 경우, 甲이 乙에 대하여 지상물매수청구권을 행사하기 위해서는 토지 위에 신축된 건물이 행정관청의 허가를 받은 적법한 건물이 아니어도 무관하다.

① ㄱ, ㄷ ② ㄱ, ㄹ
③ ㄴ, ㄷ ④ ㄴ, ㄹ
⑤ ㄱ, ㄴ, ㄹ

해설 ㄱ. [O] "임대차계약이 임차인의 채무불이행으로 인하여 해지된 경우에는 임차인은 민법 제646조에 의한 부속물매수청구권이 없다"(대판 1990.1.23. 88다카7245)

ㄴ. [X] "영업용 건물의 임대차에 수반되어 행하여지는 권리금의 지급은 임대차계약의 내용을 이루는 것은 아니고 권리금 자체는 거기의 영업시설·비품 등 유형물이나 거래처, 신용, 영업상의 노하우(know-how) 혹은 점포 위치에 따른 영업상의 이점 등 무형의 재산적 가치의 양도 또는 일정 기간 동안의 이용대가라고 볼 것인바, **권리금이 그 수수 후 일정한 기간 이상으로 그 임대차를 존속시키기로 하는 임차권 보장의 약정하에 임차인으로부터 임대인에게 지급된 경우에는, 보장기간 동안의 이용이 유효하게 이루어진 이상 임대인은 그 권리금의 반환의무를 지지 아니하며,** 다만 임차인은 당초의 임대차에서 반대되는 약정이 없는 한 임차권의 양도 또는 전대차 기회에 부수하여 자신도 일정 기간 이용할 수 있는 권리를 다른 사람에게 양도하거나 또는 다른 사람으로 하여금 일정기간 이용케 함으로써 권리금 상당액을 회수할 수 있을 것이지만, 반면 **임대인의 사정으로 임대차계약이 중도 해지됨으로써 당초 보장된 기간 동안의 이용이 불가능하였다는 등의 특별한 사정이 있을 때에는 임대인은 임차인에 대하여 그 권리금의 반환의무를 진다**고 할 것이고, 그 경우 임대인이 반환의무를 부담하는 권리금의 범위는, 지급된 권리금을 경과기간과 잔존기간에 대응하는 것으로 나누어, 임대인은 임차인으로부터 수령한 권리금 중 임대차계약이 종료될 때까지의 기간에 대

응하는 부분을 공제한 잔존기간에 대응하는 부분만을 반환할 의무를 부담한다고 봄이 공평의 원칙에 합치된다"(대판 2002.7.26. 2002다25013)

ㄷ. [X] "민법 제643조, 제283조에 규정된 임차인의 매수청구권은, 건물의 소유를 목적으로 한 토지 임대차의 기간이 만료되어 그 지상에 건물이 현존하고 임대인이 계약의 갱신을 원하지 아니하는 경우에 임차인에게 부여된 권리로서 그 지상 건물이 객관적으로 경제적 가치가 있는지 여부나 임대인에게 소용이 있는지 여부가 그 행사요건이라고 볼 수 없다"(대판 2002.5.31. 2001다42080). 또한 이 때 "지상물은 임대차계약 당시의 기존건물이거나 임대인의 동의를 얻어 신축한 것에 한정하지 않는다"(대판 1993.11.12. 93다34589).

관련쟁점 이에 반해 부속물매수청구권에서 '부속물'은 건물 기타 공작물의 임차인이 임대인에 대하여 임대차 종료시에 그 사용의 편익을 위하여 임대인의 동의를 얻어 이에 부속한 물건과 임대인으로부터 매수한 물건이어야 한다(제646조).

ㄹ. [O] "민법 제643조가 정하는 건물 소유를 목적으로 하는 토지 임대차에 있어서 임차인이 가지는 건물매수청구권은 건물의 소유를 목적으로 하는 토지 임대차계약이 종료되었음에도 그 지상 건물이 현존하는 경우에 임대차계약을 성실하게 지켜온 임차인이 임대인에게 상당한 가액으로 그 지상 건물의 매수를 청구할 수 있는 권리로서 국민경제적 관점에서 지상 건물의 잔존 가치를 보존하고, 토지 소유자의 배타적 소유권 행사로 인하여 희생당하기 쉬운 임차인을 보호하기 위한 제도이므로, 임대차계약 종료시에 경제적 가치가 잔존하고 있는 건물은 그것이 토지의 임대목적에 반하여 축조되고 임대인이 예상할 수 없을 정도의 고가의 것이라는 등의 특별한 사정이 없는 한, 비록 행정관청의 허가를 받은 적법한 건물이 아니더라도 그 대상이 된다"(대판 1997.12.23. 97다37753).

[정답] ②

문 36 **甲은 건물을 신축할 목적으로 乙로부터 토지를 임차하면서, 임대차 종료시 건물 기타 지상 시설 일체를 포기하기로 약정하였다. 乙은 임대차가 기간만료로 종료되자 甲을 상대로 토지인도 및 건물철거 청구소송을 제기하였다. 다음 설명 중 옳지 않은 것은?** (다툼이 있는 경우에는 판례에 의함) [변시 1회]

① 甲이 임대차 종료시 건물을 포기하겠다는 약정은 특별한 사정이 없는 한 임차인에게 불리한 것이어서 무효이다.

② 甲이 소송과정에서 건물매수청구권을 행사할 수 있었는데도 이를 행사하지 않았고 그 패소판결이 확정되었다면, 건물철거가 집행되기 전이라도 건물매수청구권이 실권되어 더 이상 별소로써 건물매수청구권을 행사할 수 없다.

③ 甲의 건물매수청구권은 형성권이어서 10년의 제척기간에 걸린다.

④ 乙의 토지인도 및 건물철거 청구에는 건물매수대금 지급과 동시에 건물인도 및 소유권 이전등기를 구하는 청구가 포함되어 있다고 볼 수 없다.

⑤ 만약 위 임대차가 기간의 정함이 없는 것으로서 乙의 해지통고에 의하여 종료되었더라도 甲은 건물매수청구권을 행사할 수 있다.

해 설 ① [○] 지상물매수청구권을 규정한 제643조는 강행규정으로서 이에 위반하는 약정으로 임차인에게 불리한 것은 무효가 된다(제652조).

참고판례 다만 임대차계약의 전체과정을 살펴보아 '지상물매수청구권을 포기하는 대신 임대차계약의 보증금 및 차임을 파격적으로 저렴하게 하는 등' 특약의 내용이 임차인에게 불리하지 않은 것이라면 그 특약을 무효로 볼 것은 아니다(대판 1997.4.8. 96다45443).

② [X] "건물의 소유를 목적으로 하는 토지 임대차에 있어서, 임대차가 종료함에 따라 토지의 임차인이 임대인에 대하여 건물매수청구권을 행사할 수 있음에도 불구하고 이를 행사하지 아니한 채, 토지의 임대인이 임차인에 대하여 제기한 토지인도 및 건물철거청구 소송에서 패소하여 그 패소판결이 확정되었다고 하더라도, 그 확정판결에 의하여 건물철거가 집행되지 아니한 이상 토지의 임차인으로서는 건물매수청구권을 행사하여 별소로써 임대인에 대하여 건물매매대금의 지급을 구할 수 있다"(대판 1995.12.26. 95다42195)

☞ 기판력은 표준시에 있어서의 권리관계의 존부판단에 생기기 때문에, 당사자는 전소의 표준시 이전(변론종결시전)에 존재하였으나 그 때까지 제출하지 않은 공격방어방법의 제출권을 잃는 것이지만(실권효), **표준시 전에 행사하지 아니한 임차인의 건물매수청구권은 상계권에 준하여 어느 때나 실권되지 아니한다.** 또한 전소 확정판결의 기판력은 전소의 소송물인 토지인도청구권 등의 존부에 대한 판단에 대하여만 발생하는 것이고 토지의 임차권 존부 및 그에 기한 건물매수청구권의 존부에 대해서까지 미친다고 할 수 없다.

③ [○] 지상물매수청구권은 형성권이다. 형성권은 원칙적으로 제척기간으로 보아야 한다. 다만 기간을 정하지 않는 형성권의 제척기간에 관하여 다수설은 그 형성권을 행사한 결과 발생하는 채권의 소멸시효기간(제162조 1항)을 고려하여 10년이라고 하고, 判例도 동일한 입장이다(대판 1995.11.10. 94다22682,22699 참고).

④ [○] ⑤ [○] "토지임차인의 지상물매수청구권은 기간의 정함이 없는 임대차에 있어서 임대인에 의한 해지통고에 의하여 그 임차권이 소멸된 경우에도 마찬가지로 인정된다. 토지임대차 종료시 임대인의 건물철거와 그 부지인도 청구에는 건물매수대금 지급과 동시에 건물명도를 구하는 청구가 포함되어 있다고 볼 수 없다"(대판 1995.7.11. 전합94다34265)

[정답] ②

문 37 **건물 소유를 목적으로 하는 토지 임대차에서 임차인의 지상물매수청구권에 관한 설명 중 옳지 않은 것은?** (다툼이 있는 경우 판례에 의함) [변시 7회]

① 종전 토지 임차인으로부터 미등기 무허가건물을 매수하여 점유하고 있는 현재의 토지 임차인은 소유자로서의 등기명의가 없더라도 특별한 사정이 없는 한 임대인에 대하여 지상물매수청구권을 행사할 수 있다.

② 토지 임차인의 지상물매수청구권은 임대차기간이 만료된 경우뿐만 아니라, 기간의 정함이 없는 임대차에서 임대인에 의한 해지통고에 의하여 그 임차권이 소멸된 경우에도 인정된다.

③ 토지 소유자가 아닌 제3자가 임대차계약의 당사자로서 토지를 임대한 경우, 토지 소유자가 임대인의 지위를 승계하였다는 등의 특별한 사정이 없는 한, 임대인이 아닌 토지 소유자가 직접 지상물매수청구권의 상대방이 될 수는 없다.

④ 임차인 소유 건물이 임대차 대상 토지 외에 임차인 또는 제3자 소유의 토지 위에 걸쳐서 건립되어 있는 경우, 임차지에 서 있는 건물 부분 중 구분소유의 객체가 될 수 있는 부분에 한하여 임차인은 지상물매수청구를 할 수 있다.

⑤ 토지 임대차 종료 시 임대인의 건물철거와 그 부지인도 청구에는 건물매수대금 지급과 동시에 건물명도를 구하는 청구가 포함되어 있다고 볼 수 있다.

해 설 ① [○] ※ **지상물매수청구권자**

지상물매수청구권은 지상물소유자에 한하여 행사할 수 있다(대판 1993.7.27, 93다6386). 다만 건물 소유를 목적으로 하는 '토지 임대인의 동의를 얻어' 토지임차인으로부터 임차권을 양수한 자가 토지 위에 **임차인이 신축한 미등기 무허가 건물을 매수한** 때에도, 그 점유 중인 건물에 대해 '법률상 또는 사실상의 처분권'을 갖고 있으므로 이러한 토지임차권 양수인은 임대인에게 그 건물의 매수를 청구할 수 있다(대판 2013.11.28, 2013다48364).

② [○] ※ **지상물매수청구권의 발생요건 – 토지임대차계약의 종료**

일정한 목적의 토지임대차에서 존속기간이 만료한 경우에 지상시설이 현존한 때에는 토지임차인은 1차로 임대인을 상대로 계약의 갱신을 청구할 수 있고, 임대인이 이를 거절한 때에는 2차로 상당한 가액으로 지상시설의 매수를 청구할 수 있다(제643조, 제283조). 그런데 기간의 약정 없는 토지임대차계약에 대해 임대인이 해지통고를 한 경우(제635조), 이때에는 임대인이 미리 계약의 갱신을 거절한 것으로 볼 수 있으므로, 임차인은 계약의 갱신을 청구할 필요없이 곧바로 지상물의 매수를 청구할 수 있다(대판 1995.2.3, 94다51178,51185).

③ [○] ※ **지상물매수청구의 상대방**

"토지 소유자가 아닌 제3자가 토지 임대행위를 한 경우에는 ㉠ 제3자가 토지 소유자를 적법하게 대리하거나 토지 소유자가 제3자의 무권대리행위를 추인하는 등으로 임대차계약의 효과가 토지 소유자에게 귀속되었다면 토지 소유자가 임대인으로서 지상물매수청구권의 상대방이 된다. ㉡ 그러나 '제3자가 임대차계약의 당사자로서 토지를 임대'하였다면, 토지 소유자가 임대인의 지위를 승계하였다는 등의 특별한 사정이 없는 한 임대인이 아닌 토지 소유자가 직접 지상물매수청구권의 상대방이 될 수는 없다"(대판 2017.4.26, 2014다72449,72456)

④ [O] ※ 지상물매수청구권의 발생요건 – 임차인이 지상물을 건축하여 현존하고 있는 사실
"건물 소유를 목적으로 하는 토지임대차에 있어서 임차인 소유 건물이 임대인이 임대한 토지 외에 임차인 또는 제3자 소유의 토지 위에 걸쳐서 건립되어 있는 경우에는, 임차지 상에 서 있는 건물 부분 중 구분소유의 객체가 될 수 있는 부분에 한하여 임차인에게 매수청구가 허용된다"(대판 1996.3.21. 전합93다42634).

⑤ [X] ※ 임대인의 건물철거청구 소송 중(또는 확정 後)에 임차인의 매수청구권 행사시 상환이행판결 여 부(부정, 적극적 석명 인정)
"토지임대차 종료시 임대인의 건물철거와 그 부지인도 청구에는 건물매수대금 지급과 동시에 건물명도를 구하는 청구가 포함되어 있다고 볼 수 없다"(대판 1995.7.11. 전합94다34265).

관련쟁점 따라서 임차인의 지상물매수청구권 행사의 항변이 받아들여지면 (교환적 · 예비적) 청구취지의 변경이 없는 한 임대인의 지상물철거 및 토지인도청구는 기각하여야 할 것이나, 법원으로서는 '석명권'을 적절히 행사하여 임대인으로 하여금 건물철거청구를 건물소유권이전등기·건물인도청구(대지와 건물부지가 일치할 경우 건물인도청구 이외에 별도의 대지인도청구는 불필요하다)로 변경하게 한 후 매매대금과의 상환이행을 명하는 판결을 하여야 하며, 이와 같은 석명권 행사 없이 그냥 기각하면 위법하다(대판 1995.7.11. 전합94다34265 ; 적극적 석명의무 긍정).

[정답] ⑤

문 38 임대차에 관한 설명 중 옳은 것을 모두 고른 것은? (다툼이 있는 경우에는 판례에 의함) [변시 2회]

ㄱ. 주택임대차보호법 제3조의3에 의한 임차권등기가 경료되어 있을 경우, 임대인의 임대차보증금 반환의무는 임차인의 임차권등기 말소의무보다 먼저 이행되어야 한다.
ㄴ. 임대차가 종료된 경우, 임대목적물이 임대인의 소유가 아니더라도 특별한 사정이 없는 한 임차인은 임대인에게 그 부동산을 인도하고 임대차 종료일까지의 연체차임을 지급할 의무가 있음은 물론, 인도 완료일까지 그 부동산을 점유 · 사용함에 따른 차임 상당의 부당이득금을 반환할 의무도 있다.
ㄷ. 채권양수인이 주택임대차보호법상의 우선변제권을 행사할 수 있는 주택임차인으로부터 임차보증금반환채권을 양수하였더라도 임차권과 분리된 임차보증금반환채권만을 양수하였다면, 그 채권양수인은 위 법상의 우선변제권을 행사할 수 있는 임차인에 해당한다고 볼 수 없다.
ㄹ. 특별한 사정이 없는 한 임대차가 종료되었더라도 목적물이 반환되지 않았다면 임차인은 임대차보증금이 있음을 이유로 임대인에 대하여 연체차임의 지급을 거절할 수 없다.

① ㄱ, ㄴ, ㄷ
② ㄱ, ㄴ, ㄹ
③ ㄱ, ㄷ, ㄹ
④ ㄴ, ㄷ, ㄹ
⑤ ㄱ, ㄴ, ㄷ, ㄹ

해 설 ㄱ. [○] "주택임대차보호법 제3조의3 규정에 의한 임차권등기는 이미 임대차계약이 종료하였음에도 임대인이 그 보증금을 반환하지 않는 상태에서 경료되게 되므로, 이미 사실상 이행지체에 빠진 임대인의 임대차보증금의 반환의무와 그에 대응하는 임차인의 권리를 보전하기 위하여 새로이 경료하는 임차권등기에 대한 임차인의 말소의무를 동시이행관계에 있는 것으로 해석할 것은 아니고, 특히 위 임차권등기는 임차인으로 하여금 기왕의 대항력이나 우선변제권을 유지하도록 해 주는 담보적 기능만을 주목적으로 하는 점 등에 비추어 볼 때, **임대인의 임대차보증금의 반환의무가 임차인의 임차권등기 말소의무보다 먼저 이행되어야 할 의무이다**"(대판 2005.6.9. 2005다4529).

관련쟁점 이와 달리 전세권설정자의 전세금반환의무와 전세권자의 전세권등기말소의무는 동시이행의 관계에 있다(제317조). 이와 동일하게 일반적인 임차권등기가 마쳐진 경우에도 임대인의 보증금반환의무와 임차인의 임차권등기말소의무는 동시이행의 관계에 있다.

ㄴ. [○] 임대차가 기간만료 등에 의해 종료한 경우 소유자가 임차인에게 목적물의 반환이나 그 사용에 따른 부당이득반환을 청구하는 등의 사정이 있는 경우가 아니면 임차인은 소유권이 없는 임대인에게 목적물 반환의무를 부담하며, 나아가 연체차임과 임대차 종료 이후의 명도시까지의 차임 상당의 부당이득반환의무도 부담한다(대판 2001.6.29. 2000다68290).

ㄷ. [○] 주택임대차의 '대항력'과 임대차계약증서상의 '확정일자'를 갖춘 임차인은 민사집행법에 의한 경매 또는 국세징수법에 의한 공매시 임차주택(대지를 포함)의 환가대금에서 후순위권리자나 기타 채권자보다 우선하여 보증금을 변제받을 권리가 있다(동법 제3조의2 2항).
"주택임대차보호법의 입법목적과 주택임차인의 임차보증금반환채권에 우선변제권을 인정한 제도의 취지에 비추어 볼 때, 임차권과 분리된 임차보증금반환채권만을 양수한 채권양수인은 동법 소정의 우선변제권을 행사할 수 있는 임차인에 해당한다고 볼 수 없다. 따라서 그 채권양수인은 임차주택에 대한 경매절차에서 주택임대차보호법상의 임차보증금 우선변제권자의 지위에서 배당요구를 할 수 없다. 다만, 채권양수인이 일반 금전채권자로서의 요건을 갖추어 배당요구를 할 수는 있다(대판 2010.5.27. 2010다10276).

ㄹ. [○] **차임 등을 보증금에서 공제할 수 있는지 여부**

(1) 임차목적물 반환 전

㉠ 충당 여부는 임대인의 자유이므로 보증금으로 연체차임 등에 충당하지 않고 차임을 청구할 수도 있다(대판 2005.5.12. 2005다459,466). 즉, 임대차계약 종료 전에는 연체차임이 공제 등의 별도의 의사표시 없이 임대차보증금에서 당연히 공제되는 것은 아니다(대판 2013.2.28. 2011다49608,49615). ㉡ 그리고 특별한 사정이 없는 한 **임대차계약이 종료되었다 하더라도 목적물이 명도되지 않았다면 임차인은 임대차보증금이 있음을 이유로 연체차임의 지급을 거절할 수 없다**(대판 2007.8.23. 2007다21856,21863).

(2) 임차목적물 반환시

임대차보증금은 임대차계약이 종료된 후 임차인이 목적물을 인도할 때까지 발생하는 차임 및 기타 임차인의 채무를 담보하는 것으로서 그 피담보채무액은 임대차관계의 종료 후 목적물이 반환될 때에 특별한 사정이 없는 한 별도의 의사표시 없이 임대차보증금에서 당연히 공제된다(대판 2007.8.23. 2007다21856,21863).

[정답] ⑤

문 39 **「주택임대차보호법」에 관한 설명 중 옳지 않은 것은?** (다툼이 있는 경우에는 판례에 의함) [변시 4회]

① 「주택임대차보호법」은 임대주택의 소유자가 아니더라도 그 주택에 관하여 적법하게 임대차계약을 체결할 수 있는 권한을 가진 임대인과 체결한 임대차계약에 적용된다.

② 임차인이 임차주택에 대하여 보증금반환 청구소송의 확정판결이나 그 밖에 이에 준하는 집행권원에 따라서 경매를 신청하는 경우에는 반대의무의 이행이나 이행의 제공을 집행개시의 요건으로 하지 아니한다.

③ 임차인이 임대차계약을 체결한 주된 목적이 주택을 사용 · 수익하려는 것에 있는 것이 아니고, 소액임차인으로 보호받아 선순위 담보권자에 우선하여 채권을 회수하려는 것에 있는 경우에는 「주택임대차보호법」상 소액임차인으로 보호받을 수 없다.

④ 임대인의 임대차보증금 반환의무와 임차인의 임차권등기 말소의무는 동시이행관계에 있다.

⑤ 임차인이 임차주택을 직접 점유하여 거주하지 않고 그곳에 주민등록을 하지 아니하였더라도, 임차인이 임대인의 승낙을 받아 적법하게 임차주택을 전대하고 그 전차인이 주택을 인도받아 자신의 주민등록을 마쳤다면 임차인은 적법한 대항요건을 갖추었다고 주장할 수 있다.

해 설 ① [O] "주택임대차보호법이 적용되는 임대차는 반드시 임차인과 주택 소유자인 임대인 사이에 임대차계약이 체결된 경우에 한정되는 것은 아니고, **주택 소유자는 아니더라도 주택에 관하여 적법하게 임대차 계약을 체결할 수 있는 권한을 가진 임대인과 임대차계약이 체결된 경우도 포함된다**"(대판 2012.7.26. 2012다45689).

② [O] **주택임대차보호법 제3조의2 (보증금의 회수)** 「①항 임차인이 임차주택에 대하여 보증금반환청구소송의 확정판결이나 그 밖에 이에 준하는 집행권원에 따라서 경매를 신청하는 경우에는 집행개시 요건에 관한 민사집행법 제41조에도 불구하고 반대의무의 이행이나 이행의 제공을 집행개시의 요건으로 하지 아니한다.」

③ [O] "주택임대차보호법의 입법목적은 주거용건물에 관하여 민법에 대한 특례를 규정함으로써 국민의 주거생활의 안정을 보장하려는 것이고(동법 제1조), 주택임대차보호법 제8조 제1항에서 임차인이 보증금 중 일정액을 다른 담보물권자보다 우선하여 변제받을 수 있도록 한 것은, 소액임차인의 경우 그 임차보증금이 비록 소액이라고 하더라도 그에게는 큰 재산이므로 적어도 소액임차인의 경우에는 다른 담보권자의 지위를 해하게 되더라도 그 보증금의 회수를 보장하는 것이 타당하다는 사회보장적 고려에서 나온 것으로서 민법의 일반규정에 대한 예외규정인바, 그러한 **입법목적과 제도의 취지 등을 고려할 때**, 채권자가 채무자 소유의 주택에 관하여 채무자와 임대차계약을 체결하고 전입신고를 마친 다음 그곳에 거주하였다고 하더라도 **실제 임대차계약의 주된 목적이 주택을 사용수익하려는 것에 있는 것이 아니고, 실제적으로는 소액임차인으로 보호받아 선순위 담보권자에 우선하여 채권을 회수하려는 것에 주된 목적이 있었던 경우에는 그러한 임차인을 주택임대차보호법상 소액임차인으로 보호할 수 없다**"(대판 2001.5.8. 2001다14733).

참고판례 "실제 임대차계약의 주된 목적이 주택을 사용 · 수익하려는 것인 이상, 처음 임대차계약을 체결할 당시에는 보증금액이 많아 주택임대차보호법상 소액임차인에 해당하지 않았지만 그 후 새로운 임대차계약에 의하여 정당하게 보증금을 감액하여 소액임차인에 해당하게 되었다면, 그 임대차계약이 통정허위표시에 의한 계약이어서 무효라는 등의 특별한 사정이 없는 한 그러한 임차인은 같은 법상 소액임차인으로 보호받을 수 있다"(대판 2008.5.15, 2007다23203).

④ [×] "**주택임대차보호법 제3조의3 규정에 의한 임차권등기**는 이미 임대차계약이 종료하였음에도 임대인이 그 보증금을 반환하지 않는 상태에서 경료되게 되므로, 이미 사실상 이행지체에 빠진 임대인의 임대차보증금의 반환의무와 그에 대응하는 임차인의 권리를 보전하기 위하여 새로이 경료하는 임차권등기에 대한 임차인의 말소의무를 동시이행관계에 있는 것으로 해석할 것은 아니고, 특히 위 임차권등기는 임차인으로 하여금 기왕의 대항력이나 우선변제권을 유지하도록 해 주는 담보적 기능만을 주목적으로 하는 점 등에 비추어 볼 때, **임대인의 임대차보증금의 반환의무가 임차인의 임차권등기 말소의무보다 먼저 이행되어야 할 의무이다**"(대판 2005.6.9, 2005다4529).

관련쟁점 이와 달리 전세권설정자의 전세금반환의무와 전세권자의 전세권등기말소의무는 동시이행의 관계에 있다(제317조). 이와 동일하게 일반적인 임차권등기가 마쳐진 경우에도 임대인의 보증금반환의무와 임차인의 임차권등기말소의무는 동시이행의 관계에 있다.

⑤ [○] **임차인(A)이 임대인(B)의 승낙을 얻어 C에게 전대를 한 경우**, 判例는 A가 이미 대항력을 취득하였는지를 불문하고 C가 (직접)점유를 하고 또 그의 이름으로 주민등록을 하는 것을 통해 A가 대항력을 가지는 것으로 본다. C를 통해 당해 주택이 임대차의 목적이 되었다는 사실은 충분히 공시될 수 있고, 또 그렇게 보더라도 제3자에게 불측의 손해를 입힐 염려가 없으며, 임차인으로 하여금 전대에 의한 임차보증금의 회수를 용이하게 하여 주택 임대차보호법의 취지에도 부합한다는 점을 그 이유로 든다(대판 1994.6.24, 94다3155).[1)]

관련쟁점 유의할 것은, A가 임차권의 대항력을 가지게 되는 것은 현재 점유하고 있는 전차인 C의 이름으로 주민등록이 된 경우를 전제로 하는 것이다. 그래서 C에게 전대를 하고서도 C는 주민등록을 하지 않고 실제로 살지 않는 A의 이름으로 주민등록이 된 사안에서, 判例는 A는 주민등록의 대상이 되는 '당해 주택에 주소 또는 거소를 가진 자'(주민등록법 제6조 1항)가 아니어서 그의 주민등록은 주민등록법 소정의 적법한 주민등록이라 할 수 없고, 이를 통해 A는 임차권의 대항력을 취득할 수 없다고 보았다(대판 2001.1.19, 2000다55645).

[정답] ④

1) **[참고판례]** "ⅰ) 임차인이 비록 임대인으로부터 별도의 승낙을 얻지 아니하고 제3자에게 임차물을 사용·수익하도록 한 경우에 있어서도, 임차인의 당해 행위가 임대인에 대한 배신적 행위라고 할 수 없는 특별한 사정이 인정되는 경우에는, 임대인은 자신의 동의 없이 전대차가 이루어졌다는 것만을 이유로 임대차계약을 해지할 수 없으며, 전차인은 그 전대차나 그에 따른 사용·수익을 임대인에게 주장할 수 있다 할 것이다. ⅱ) 주택의 전대차가 그 당사자 사이뿐 아니라 임대인에 대하여도 주장할 수 있는 적법, 유효한 것이라고 평가되는 경우에는, 전차인이 임차인으로부터 주택을 인도받아 자신의 주민등록을 마치고 있다면 이로써 주택이 임대차의 목적이 되어 있다는 사실은 충분히 공시될 수 있고 또 이러한 경우 다른 공시방법도 있을 수 없으므로, 결국 임차인의 대항요건은 전차인의 직접 점유 및 주민등록으로써 적법, 유효하게 유지, 존속한다고 보아야 한다"(대판 2007.11.29, 2005다64255)

문 40 **甲은 그 소유인 X 주택에 전입신고를 마치고 거주하다가 2010. 2. 1. 乙에게 X를 대금 3억 원에 매도하면서 같은 날 乙로부터 X를 임대차보증금 1억 원, 기간 2010. 2. 1.부터 2012. 1. 31.까지로 정하여 임차하였고, 같은 날 임대차계약서에 확정일자를 받았다. 甲은 2010. 2. 2. 乙의 요청에 따라 乙의 채권자인 丙에게 X에 관한 저당권설정등기를 마쳤다. 乙은 2010. 2. 10. X에 관하여 위 매매를 원인으로 한 소유권이전등기를 마치고, 같은 날 채권자 丁에게 근저당권설정등기를 마쳤다. 그 후 丙은 위 저당권실행을 위한 경매를 신청하였고, 戊는 그 경매절차에서 X를 매수하고 그 대금을 모두 지급하였으며, 甲은 그 경매절차에서 주택임대차보호법상 우선변제권 있는 임차인임을 이유로 적법하게 배당요구하였다. 다음 설명 중 옳은 것은?** (다툼이 있는 경우에는 판례에 의함) [변시 1회]

① 甲, 丙, 丁 순서로 배당받는다.
② 丙, 甲, 丁 순서로 배당받는다.
③ 丙, 丁, 甲 순서로 배당받는다.
④ 丙, 丁 순서로 배당받고, 甲은 주택임대차보호법상 우선변제권 있는 임차인으로서 배당받을 수 없다.
⑤ 만약 甲이 위 경매절차에서 배당요구하지 않았다면, 甲은 戊에 대하여 위 임대차보증금의 반환을 청구할 수 있다.

해 설 ① [X] ② [X] ③ [O] "갑이 주택에 관하여 소유권이전등기를 경료하고 주민등록 전입신고까지 마친 다음 처와 함께 거주하다가 을에게 매도함과 동시에 그로부터 이를 다시 임차하여 계속 거주하기로 약정하고 임차인을 갑의 처로 하는 임대차계약을 체결한 후에야 을 명의의 소유권이전등기가 경료된 경우, 제3자로서는 주택에 관하여 갑으로부터 을 앞으로 소유권이전등기가 경료되기 전에는 갑의 처의 주민등록이 소유권 아닌 임차권을 매개로 하는 점유라는 것을 인식하기 어려웠다 할 것이므로, 갑의 처의 주민등록은 주택에 관하여 을 명의의 소유권이전등기가 경료되기 전에는 주택임대차의 대항력 인정의 요건이 되는 적법한 공시방법으로서의 효력이 없고 을 명의의 **소유권이전등기가 경료된 날에야 비로소 갑의 처와 을 사이의 임대차를 공시하는 유효한 공시방법이 된다고 할 것이며, 주택임대차보호법 제3조 제1항에 의하여 유효한 공시방법을 갖춘 다음 날인 을 명의의 소유권이전등기일 익일부터 임차인으로서 대항력을 갖는다**"(대판 2000.2.11. 99다59306)

☞ 甲은 임대차계약 체결과 확정일자를 2010. 2. 1.에 받았으나 乙 명의의 소유권이전등기가 2010. 2. 10.에 있어 그 다음날인 2010. 2. 11. 00:00에 주택임대차보호법상의 대항력을 취득하게 되었다. 丙은 근저당권 설정등기를 마친 2010. 2. 2.부터 우선변제적 효력을 주장할 수 있다. 丁은 근저당권설정등기를 마친 2010. 2. 10.부터 우선변제적 효력을 주장할 수 있다. 따라서 **사안에서 등기일자와 대항력의 선후에 의하여 우열이 결정되는바, 丙, 丁, 甲 순으로 배당을 받게 된다.**

④ [X] 대항요건(주택의 인도와 전입신고)과 임대차계약서상에 확정일자를 갖춘 주택임차인은 후순위 권리자나 일반채권자보다 우선하여 매각대금으로부터 그의 보증금을 변제받을 수 있다 (주택임대차보호법 제3조의2 2항).

⑤ [X] "주택임대차보호법에 의하여 우선변제청구권이 인정되는 임대차보증금반환채권은 현행법상 배당요구가 필요한 배당요구채권에 해당한다. 따라서 경매에서 적법한 배당요구를 하지 아니한 경우에는 비록 실체법상 우선변제청구권이 있다 하더라도 경락대금으로부터 배당을 받을 수는 없다"(대판 1998.10.13. 98다12379)

"주택임대차보호법 제3조에 정한 대항요건을 갖춘 임차권보다 선순위의 근저당권이 있는 경우에는, 낙찰로 인하여 선순위 근저당권이 소멸하면 그보다 후순위의 임차권도 선순위 근저당권이 확보한 담보가치의 보장을 위하여 그 대항력을 상실하는 것이다"(대결 1998.8.24. 98마1031)
☞ 임차인 甲이 배당요구를 하지 않아 甲은 최선순위 저당권자 丙보다 후순위 임차인에 해당하여 경매절차에서 그 대항력이 소멸하게 되었다. 따라서 임차인 甲은 매수인 戊에게 대항할 수 없으므로 甲은 戊에게 임대차보증금의 반환을 청구할 수 없다.

[정답] ③

문 41 **甲이 X주택을 乙에게 임대하였고, 乙은 X주택을 인도받고 전입신고를 하였다. 이에 관한 설명 중 옳지 않은 것은?** (다툼이 있는 경우 판례에 의함) [변시 10회]

① 甲이 X주택의 소유자가 아니더라도 적법한 임대권한을 가지고 있다면 乙은 「주택임대차보호법」에 따라 대항력을 취득한다.
② 乙이 자신의 명의로 전입신고를 하지 않고 X주택에 동거하는 배우자의 명의로 전입신고를 하였더라도 乙은 「주택임대차보호법」에 따라 대항력을 취득한다.
③ 乙이 甲의 동의를 얻어 X주택을 丙에게 전대하였고, 전대차계약을 체결한 당일 丙이 X주택을 인도받아 그 즉시 전입신고를 한 경우, 乙의 임차권의 대항력은 유지된다.
④ 甲이 丁으로부터 X주택을 매수하여 소유권이전등기를 마친 후에 乙에게 임대한 경우, 丁이 甲의 매매대금채무의 이행지체를 이유로 매매계약을 해제하더라도 乙은 丁에게 임차권을 주장할 수 있다.
⑤ 甲으로부터 X주택을 매수한 戊가 X주택에 대한 소유권이전등기를 마치고 임대인의 지위를 승계하였다면, 甲과 戊는 연대하여 乙에 대한 임대차보증금반환채무를 부담한다.

해 설 ① [O] "주택임대차보호법이 적용되는 임대차는 반드시 임차인과 주택 소유자인 임대인 사이에 임대차계약이 체결된 경우에 한정되는 것은 아니고, 주택 소유자는 아니더라도 주택에 관하여 적법하게 임대차 계약을 체결할 수 있는 권한을 가진 임대인과 임대차계약이 체결된 경우도 포함된다"(대판 2012.7.26. 2012다45689).

② [O] "주택임대차보호법 제3조 제1항에서 규정하고 있는 주민등록이라는 대항요건은 임차인 본인뿐만 아니라 그 배우자나 자녀 등 가족의 주민등록을 포함한다"(대판 1996.1.26. 95다30338)

③ [O] ※ 적법한 주택임차권의 양수인이나 전차인이 우선변제권을 갖는지 여부(적극)
"주택임대차보호법 제3조 1항에 의한 대항력을 갖춘 주택임차인이 임대인의 동의를 얻어 임차권을 양도하거나 전대한 경우, 양수인이나 전차인에게 점유가 승계되고 전입신고가 이루어졌다면 **원래의 임차인이 갖는 임차권의 대항력은 소멸되지 아니하고 동일성을 유지한 채로 존속한다고** 보아야 한다. 이 경우 임차권 양수인은 원래의 임차인이 가지는 우선변제권을 행사할 수 있고, 전차인은 원래의 임차인이 가지는 우선변제권을 대위 행사할 수 있다"(대판 2010.6.10. 2009다101275).

④ [O] "매매계약의 이행으로 매매목적물을 인도받은 매수인은 그 물건을 사용·수익할 수 있는

지위에서 그 물건을 타인에게 적법하게 임대할 수 있으며, 이러한 지위에 있는 매수인으로부터 매매계약이 해제되기 전에 매매목적물인 주택을 임차하여 주택의 인도와 주민등록을 마침으로써 주택임대차보호법 제3조 제1항에 의한 **대항요건을 갖춘 임차인은 민법 제548조 제1항 단서에 따라 계약해제로 인하여 권리를 침해받지 않는 제3자에 해당하므로** 임대인의 임대권원의 바탕이 되는 계약의 해제에도 불구하고 자신의 임차권을 새로운 소유자에게 대항할 수 있다"(대판 2008.4.10. 2007다38908,38915).

비교판례 **※ 미등기매수인의 임대권한이 처음부터 제한되어 있는 경우(소극)**
미등기매수인의 임대권한이 처음부터 제한되어 있는 경우에는 제3자는 보호되지 않는다. 즉 "주택 매매계약에 부수하여 매매대금 수령 이전에 매수인에게 임대 권한을 부여한 경우, 이는 매매계약의 해제를 해제조건으로 한 것이고, **매도인으로부터 매매계약의 해제를 해제조건부로 전세 권한을 부여받은 매수인이 주택을 임대한 후 매도인과 매수인 사이의 매매계약이 해제됨으로써 해제조건이 성취**되어 그 때부터 매수인이 주택을 전세 놓을 권한을 상실하게 되었다면, **임차인은 전세계약을 체결할 권한이 없는 자와** 사이에 전세계약을 체결한 임차인과 마찬가지로 매도인에 대한 관계에서 그 주택에 대한 사용수익권을 주장할 수 없게 되어 매도인의 명도 청구에 대항할 수 없게 되는바, 이러한 법리는 임차인이 그 주택에 입주하고 주민등록까지 마쳐 주택 임대차보호법상의 대항요건을 구비하였거나 전세계약서에 확정일자를 부여받았다고 하더라도 마찬가지이다"(대판 1995.12.12. 95다32037). 이 때 임차인은 매수인(임대인)의 보증금반환과 동시이행으로 매도인에게 목적물인도를 하겠다는 동시이행의 항변을 행사할 수 없다(대판 1990.12.7. 90다카24939).

⑤ [X] **※ 대항력을 갖춘 임차주택의 양수인**
주택 임대차보호법은 임차주택의 양수인 기타 임대할 권리를 승계한 자(상속·경매 등으로 임차물의 소유권을 취득한 자)는 **'임대인의 지위'를 승계**한 것으로 본다(동법 제3조 4항, 상가건물 임대차보호법 제3조 2항도 동일). 이 경우 임대차에 종된 계약인 보증금계약 등도 임대차관계에 수반하여 이전되어(제100조 2항 유추적용), 그 결과 判例에 따르면 양수인이 임대차보증금반환채무를 '면책적으로 인수'(병존적 인수 아님)하고, **양도인은 임대차관계에서 탈퇴하여 임차인에 대한 임대차보증금반환채무를 면하게 된다고 한다**(대판 1987.3.10. 86다카1114). 따라서 주택 양수인이 임차인에게 임대차보증금을 반환하면 양수인은 양도인에게 부당이득반환을 청구할 수 없다(대판 1993.7.16. 93다17324).

[정답] ⑤

문 42 임대차에 관한 설명 중 옳지 않은 것은? (다툼이 있는 경우 판례에 의함) [변시 8회]

① 임대차계약상의 차임채권이 양도된 경우, 임대차계약 당사자 사이에 별도의 특약이 없는 한 임차인은 임대차계약이 종료되어 목적물을 반환할 때까지 연체된 차임상당액을 보증금에서 공제할 것을 주장할 수 없다.

② 「주택임대차보호법」 제3조 제1항의 대항요건을 갖춘 임차인의 임대차보증금반환채권에 대한 압류 및 전부명령이 확정되어 임차인의 임대차보증금반환채권이 집행채권자에게 이전된 후 소유자인 임대인이 당해 주택을 제3자에게 매도한 경우 임대인은 전부금 지급의무를 부담하지 않는다.

③ 「주택임대차보호법」 제3조 제1항의 대항요건과 임대차계약증서상의 확정일자를 갖춘 임차인은 「민사집행법」에 따른 경매를 할 때 임차주택의 환가대금에서 후순위권리자나 그 밖의 채권자보다 우선하여 보증금을 변제받을 권리가 있다.

④ 건물의 소유를 목적으로 하는 토지임대차계약에서 지상물매수청구권의 행사로 인하여 임대인과 임차인 사이에 지상물에 관한 매매가 성립하게 되며, 임대인은 그 매수를 거절하지 못한다.

⑤ 건물의 소유를 목적으로 하는 토지임대차계약 종료 시 토지 임대인이 토지 임차인을 상대로 하여 토지 임차인이 그의 비용으로 그 토지 지상에 신축한 건물 철거와 그 부지 인도 청구를 하고, 이에 대하여 토지 임차인은 지상물매수청구권을 행사하는 경우에는 토지 임대인의 청구에 해당 건물 매수대금 지급과 동시에 건물명도를 구하는 청구가 포함되어 있다고 볼 수 없다.

해 설 ① [×] "임대차에서 수수된 보증금은 차임채무, 목적물의 멸실·훼손 등으로 인한 손해배상채무 등 임대차에 따른 임차인의 모든 채무를 담보하는 것으로서 피담보채무 상당액은 임대차관계의 종료 후 목적물이 반환될 때에 별도의 의사표시 없이 보증금에서 당연히 공제되므로, 보증**금이 수수된 임대차계약에서 차임채권이 양도되었다고 하더라도, 임차인은 임대차계약이 종료되어 목적물을 반환할 때까지 연체한 차임 상당액을 보증금에서 공제할 것을 주장할 수 있다**"(대판 2015.3.26. 2013다77225)

② [○] "**주택임대차보호법 제3조 제1항의 대항요건을 갖춘 임차인의 임대차보증금반환채권에 대한 압류 및 전부명령이 확정되어 임차인의 임대차보증금반환채권이 집행채권자에게 이전된 경우 제3채무자인 임대인으로서는 임차인에 대하여 부담하고 있던 채무를 집행채권자에 대하여 부담하게 될 뿐** 그가 임대차목적물인 주택의 소유자로서 이를 제3자에게 매도할 권능은 그대로 보유하는 것이며, 위와 같이 소유자인 임대인이 당해 주택을 매도한 경우 주택임대차보호법 제3조 제2항에 따라 전부채권자에 대한 보증금지급의무를 면하게 되므로, 결국 임대인은 전부금지급의무를 부담하지 않는다"(대판 2005.9.9. 2005다23773).

③ [○] 주택임대차보호법 제3조 제1항·제2항 또는 제3항의 대항요건과 임대차계약증서상의 확정일자를 갖춘 임차인은 「민사집행법」에 따른 경매 또는 「국세징수법」에 따른 공매를 할 때에 임차주택(대지를 포함한다)의 환가대금에서 후순위권리자나 그 밖의 채권자보다 우선하여 보증금을 변제받을 권리가 있다(주택임대차보호법 제3조의2).

④ [O] 지상물매수청구권은 '형성권'으로서, 임차인의 행사만으로 지상물에 관해 임대인과 임차인 사이에 시가에 의한 매매 유사의 법률관계가 성립한다(대판 1991.4.9. 91다3260).

⑤ [O] 判例는 "토지임대차 종료시 임대인의 건물철거와 그 부지인도 청구에는 건물매수대금 지급과 동시에 건물명도를 구하는 청구가 포함되어 있다고 볼 수 없다. 따라서 임차인의 지상물매수청구권 행사의 항변이 받아들여지면 청구취지의 변경이 없는 한 임대인의 지상물철거 및 토지인도청구는 기각하여야 할 것이나, 이 경우 법원으로서는 임대인이 종전의 청구를 계속 유지할 것인지, 아니면 대금지급과 상환으로 지상물의 명도를 청구할 의사가 있는 것인지(예비적으로라도)를 석명하고 임대인이 그 석명에 응하여 소를 변경한 때에는 지상물 명도의 판결을 함으로써 분쟁의 1회적 해결을 꾀하여야 한다"(대판 1995.7.11. 전합94다34265)고 판시하였다.

[정답] ①

문43 **甲은 건물을 소유할 목적으로 乙 소유 X 토지에 관하여 乙과 임대차계약을 체결한 후, X 토지에 Y 건물을 신축하였다. 임대차계약이 종료된 후 Y 건물에 대한 매수청구권의 행사에 관한 설명 중 옳지 않은 것을 모두 고른 것은?** (각 지문은 독립적이며, 다툼이 있는 경우 판례에 의함) [변시 14회]

ㄱ. X 토지에 관한 임대차계약이 종료되기 전에 甲이 Y 건물을 미등기 무허가 상태로 A에게 매도하였다면, A가 乙의 동의를 얻어 X 토지의 임차인이 되었다고 하더라도 특별한 사정이 없는 한 A는 乙을 상대로 Y 건물에 대한 매수청구권을 행사할 수 없다.
ㄴ. 설문과 달리 乙이 아닌, 乙로부터 X 토지의 관리를 위탁받은 B가 계약 당사자로서 甲과 임대차계약을 체결한 경우라고 하더라도, X 토지에 관한 임대차계약이 종료되기 전에 乙이 B로부터 임대인의 지위를 승계하였다면, 甲은 乙을 상대로 Y 건물에 대한 매수청구권을 행사할 수 있다.
ㄷ. 甲이 乙을 상대로 제1심에서 Y 건물에 대한 매수청구권을 행사하였다가 乙의 동의를 얻어 철회한 후 항소심에서 다시 이를 행사하더라도 이는 허용된다.
ㄹ. 甲의 乙을 상대로 한 매수청구 대상인 Y 건물의 매수 가격에 관하여 甲과 乙 사이에 의사 합치가 이루어지지 않았다면, 법원은 매수청구권 행사 당시 Y 건물 시가를 매매대금으로 하는 매매계약이 성립하였음을 인정할 수 있을 뿐, 인정된 시가를 임의로 증감하여 직권으로 매매대금을 정할 수 없다.

① ㄱ
② ㄱ, ㄷ
③ ㄱ, ㄹ
④ ㄴ, ㄷ
⑤ ㄴ, ㄷ, ㄹ

해설 ㄱ. [X] 지상물매수청구권은 지상물소유자에 한하여 행사할 수 있다(대판 1993.7.27. 93다6386). 따라서 지상물소유자가 지상물을 양도한 경우 지상물매수청구권을 행사할 수 없다. 다만 건물 소유를 목적으로 하는 '토지 임대인의 동의를 얻어' 토지임차인으로부터 임차권을 양수한 자가 토지 위에 종전 임차인이 신축한 미등기 무허가 건물을 매수한 때에도, 그 점유 중인 건물에 대해 '법률상 또는 사실상의 처분권'을 갖고 있으므로 이러한 토지임차권 양수인은 임대인에게 그 건물의 매수를 청구할 수 있다(대판 2013.11.28. 2013다48364).

ㄴ. [○] 지상물매수청구권의 상대방은 원칙적으로 '임차권 소멸 당시의 토지소유자인 임대인'이다. 임대인이 임차권 소멸 당시에 이미 토지소유권을 상실한 경우에는 그에게 지상건물의 매수청구권을 행사할 수 없으며, 임대인이 임대차계약의 종료 전에 토지를 임의로 처분하였다 하여 달라지는 것은 아니다(대판 1994.7.29. 93다59717,93다59724). 그러나 '제3자가 임대차계약의 당사자로서 토지를 임대'하였다면, 토지 소유자가 임대인의 지위를 승계하였다는 등의 특별한 사정이 없는 한 임대인이 아닌 토지 소유자가 직접 지상물매수청구권의 상대방이 될 수는 없다"(대판 2017.4.26. 2014다72449,72456).

ㄷ. [○] 건물의 소유를 목적으로 한 토지 임대차가 종료한 경우에 임차인이 그 지상의 현존하는 건물에 대하여 가지는 매수청구권은 그 행사에 특정의 방식을 요하지 않는 것으로서 재판상으로 뿐만 아니라 재판 외에서도 행사할 수 있는 것이고 그 행사의 시기에 대하여도 제한이 없는 것이므로 임차인이 자신의 건물매수청구권을 제1심에서 행사하였다가 철회한 후 항소심에서 다시 행사하였다고 하여 그 매수청구권의 행사가 허용되지 아니할 이유는 없다(대판 2002.5.31. 2001다42080).

ㄹ. [○] 判例에 따르면 이 때 건물의 매수가격은 건물 자체의 가격 외에 건물의 위치, 주변토지의 여러 사정 등을 종합적으로 고려하여 매수청구권 행사 당시 건물이 현재하는 대로의 상태에서 평가된 시가를 말하는 것이다(대판 2008.5.29. 2007다4356: 법원이 그와 같이 인정된 시가를 임의로 증감하여 직권으로 매매대금을 정할 수 없다고 한 것에 대판 2024.4.12. 2023다309020,309037)

[정답] ①

문44 「상가건물 임대차보호법」의 적용 대상인 상가건물에 있어서 보증금액이 같은 법 제2조 제1항 단서의 대통령령으로 정하는 보증금액을 초과하는 임대차에 관한 설명 중 옳은 것을 모두 고른 것은? (다툼이 있는 경우 판례에 의함) [변시 12회]

ㄱ. 기간의 약정 없는 임대차의 경우, 임차인이 임대차 기간 동안 계약을 위반한 사실이 없어도 임차인의 계약갱신요구권이 인정되지 않는다.
ㄴ. 임차인이 임차건물에 대하여 임대차보증금반환청구소송의 확정판결에 의해 경매를 신청하는 경우 반대의무의 이행이나 이행의 제공을 집행개시의 요건으로 하지 않는다.
ㄷ. 임차인이 3기의 차임액에 달하는 차임을 연체했으나 임대인이 임대차계약을 해지하기 전에 임차인이 연체차임 전액을 지급한 경우, 임대인은 임차인이 임대차 기간 만료 5개월 전에 계약갱신 요구를 하더라도 이를 거절할 수 있다.
ㄹ. 임대인이 임대차 기간 종료 시 특별한 사유를 제시하지 않은 채 임차인이 주선한 신규 임차인과의 임대차계약 체결을 거절한 후 임차건물을 양도한 경우, 임대인과 임차건물 양수인의 비영리 사용기간을 합쳐 1년 6개월 이상이 경과하면 임대인은 권리금 침해로 인한 손해배상 책임이 없다.

① ㄱ, ㄷ
② ㄱ, ㄹ
③ ㄴ, ㄷ
④ ㄱ, ㄴ, ㄷ
⑤ ㄴ, ㄷ, ㄹ

해 설 ㄱ. [○] ※ 상가건물 임대차보호법 제2조 제1항 단서에 따라 대통령령으로 정한 보증금액을 초과하는 임대차에서 기간을 정하지 않은 경우, 임차인이 같은 법 제10조 제1항에서 정한 계약갱신요구권을 행사할 수 있는지 여부(소극)

"상가건물 임대차보호법(이하 '상가임대차법'이라고 한다)에서 기간을 정하지 않은 임대차는 그 기간을 1년으로 간주하지만(제9조 제1항), 대통령령으로 정한 보증금액을 초과하는 임대차는 위 규정이 적용되지 않으므로(제2조 제1항 단서), 원래의 상태 그대로 기간을 정하지 않은 것이 되어 민법의 적용을 받는다. 민법 제635조 제1항, 제2항 제1호에 따라 이러한 임대차는 임대인이 언제든지 해지를 통고할 수 있고 임차인이 통고를 받은 날로부터 6개월이 지남으로써 효력이 생기므로, 임대차기간이 정해져 있음을 전제로 기간 만료 6개월 전부터 1개월 전까지 사이에 행사하도록 규정된 임차인의 계약갱신요구권(상가임대차법 제10조 제1항)은 발생할 여지가 없다"(대판 2021.12.30. 2021다233730).

참고쟁점 대통령령으로 정한 보증금액을 초과하는 임대차는 상가임대차법 제3조, 제10조 1항·2항·3항 본문, 제10조의2부터 제10조의9까지의 규정, 제11조의2 및 제19조를 제외하고는 상가건물 임대차보호법이 적용되지 않는다(동법 제2조 1항 단서, 동조 3항). 따라서 제2조 1항 단서에 따른 보증금액을 초과하는 임대차에 대하여도 계약갱신요구권(제10조 1항)은 적용되지만, 기간의 약정 없는 임대차에 관한 규정(제9조 1항)은 적용되지 않으므로, 대통령령으로 정한 보증금액을 초과하는 임대차에 기간의 약정 없는 경우에는 계약갱신요구권(제10조 1항)도 적용되지 않는다.

ㄴ. [X] 대통령령으로 정한 보증금액을 초과하는 임대차는 상가임대차법 제3조, 제10조 1항·2항·3항 본문, 제10조의2부터 제10조의9까지의 규정, 제11조의2 및 제19조를 제외하고는 상가

건물 임대차보호법이 적용되지 않는다(동법 제2조 1항 단서, 동조 3항). 따라서 제2조 1항 단서에 따른 보증금액을 초과하는 임대차에 대해서는 보증금의 회수에 관한 상가건물 임대차보호법 제5조가 적용되지 않는다.

상가건물 임대차보호법 제5조(보증금의 회수) 「①항 임차인이 임차건물에 대하여 보증금반환청구소송의 확정판결, 그 밖에 이에 준하는 집행권원에 의하여 경매를 신청하는 경우에는 민사집행법제41조에도 불구하고 반대의무의 이행이나 이행의 제공을 집행개시의 요건으로 하지 아니한다.」

비교쟁점 주택임대차 보호법도 동일한 취지의 규정이 있다(주임법 제3조의2 1항). 주의할 것은 임차인은 임차주택을 인도하지 않고도 '강제경매'를 신청할 수 있으나(주임법 제3조의2 1항, 상임법 제5조 1항), 경매절차에서 임차인이 보증금을 수령하기 위하여는 임차건물을 인도한 증명을 해야 한다는 취지이고, 주택인도의무가 보증금반환의무보다 선이행되어야 하는 것은 아니다(대판 1994.2.22. 93다55241)(주임법 제3조의2 2항,3항, 상임법 제5조 2항,3항).

ㄷ. [○] **상가건물 임대차보호법 제10조의 8(보증금의 회수)** 「임차인의 차임연체액이 3기의 차임액에 달하는 때에는 임대인은 계약을 해지할 수 있다.」

"동법 제10조의8, 제10조 1항 1호 규정들의 문언과 취지에 비추어 보면 '임대차기간 중 어느 때라도 차임이 3기분에 달하도록 연체된 사실'이 있다면 임차인과의 계약관계 연장을 받아들여야 할 만큼의 신뢰가 깨어졌으므로 임대인은 계약갱신 요구를 거절할 수 있고, 반드시 임차인이 '계약갱신요구권을 행사할 당시에 3기분에 이르는 차임이 연체'되어 있어야 하는 것은 아니다"(대판 2021.5.13. 2020다255429).

ㄹ. [×] "구 상가건물 임대차보호법(2018. 10. 16. 법률 제15791호로 개정되기 전의 것, 이하 '구 상가임대차법'이라 한다) 제10조의4의 문언과 체계, 입법 목적과 연혁 등을 종합하면, 구 상가임대차법 제10조의4 제2항 제3호에서 정하는 '임대차 목적물인 상가건물을 1년 6개월 이상 영리목적으로 사용하지 아니한 경우'는 임대인이 임대차 종료 후 임대차 목적물인 상가건물을 1년 6개월 이상 영리목적으로 사용하지 아니하는 경우를 의미하고, 위 조항에 따른 정당한 사유가 있다고 보기 위해서는 임대인이 임대차 종료 시 그러한 사유를 들어 임차인이 주선한 자와 신규 임대차계약 체결을 거절하고, 실제로도 1년 6개월 동안 상가건물을 영리목적으로 사용하지 않아야 한다. 그렇지 않고 임대인이 다른 사유로 신규 임대차계약 체결을 거절한 후 사후적으로 1년 6개월 동안 상가건물을 영리목적으로 사용하지 않았다는 사정만으로는 위 조항에 따른 정당한 사유로 인정할 수 없다"(대판 2021.11.25. 2019다285257).

상가건물 임대차보호법 제10조의4(권리금 회수기회 보호 등) 「①항 임대인은 임대차기간이 끝나기 6개월 전부터 임대차 종료 시까지 다음 각 호의 어느 하나에 해당하는 행위를 함으로써 권리금 계약에 따라 임차인이 주선한 신규임차인이 되려는 자로부터 권리금을 지급받는 것을 방해하여서는 아니 된다. 다만, 제10조제1항 각 호의 어느 하나에 해당하는 사유가 있는 경우에는 그러하지 아니하다. … 이하 각호 생략…

②항 다음 각 호의 어느 하나에 해당하는 경우에는 제1항 제4호의 정당한 사유가 있는 것으로 본다. 3. 임대차 목적물인 상가건물을 1년 6개월 이상 영리목적으로 사용하지 아니한 경우」

[정답] ①

문 45 임차권등기명령에 관한 설명 중 옳은 것을 모두 고른 것은? (다툼이 있는 경우에는 판례에 의함) [변시 13회]

ㄱ. 임차권등기명령에 의하여 임차권등기를 한 임차인은 위 임차권등기가 첫 경매개시결정등기 전에 경료된 경우 별도로 배당요구를 하지 않아도 배당받을 채권자에 속한다.
ㄴ. 주택임대차보호법상 임대인의 임대차보증금 반환의무는 임차인의 임차권등기 말소의무보다 먼저 이행되어야 할 의무이다.
ㄷ. 주택임대차보호법은 임차권등기명령의 신청에 대한 재판절차와 임차권등기명령의 집행 등에 관하여 민사집행법상 가압류에 관한 절차규정을 일부 준용하고 있으므로 주택임대차보호법에서 정한 임차권등기명령에 따른 임차권등기에는 압류 또는 가압류, 가처분에 준하는 소멸시효 중단의 효력이 있다.

① ㄱ
② ㄴ
③ ㄱ, ㄴ
④ ㄱ, ㄷ
⑤ ㄱ, ㄴ, ㄷ

해설 ㄱ. [O] 임차권등기명령에 의하여 임차권등기를 한 임차인은 등기에 의해 공시가 되므로, 더 이상 배당요구채권자에 해당하는 것이 아니며, 따라서 별도로 배당요구를 하지 않아도 당연히 배당받을 채권자로 된다(대판 2005.9.15. 2005다33039)

ㄴ. [O] "주택 임대차보호법 제3조의3 규정에 의한 임차권등기는 이미 임대차계약이 종료하였음에도 임대인이 그 보증금을 반환하지 않는 상태에서 경료되게 되므로, 이미 사실상 이행지체에 빠진 임대인의 임대차보증금의 반환의무와 그에 대응하는 임차인의 권리를 보전하기 위하여 새로이 경료하는 임차권등기에 대한 임차인의 말소의무를 동시이행관계에 있는 것으로 해석할 것은 아니고, 특히 위 임차권등기는 임차인으로 하여금 기왕의 대항력이나 우선변제권을 유지하도록 해 주는 담보적 기능만을 주목적으로 하는 점 등에 비추어 볼 때, 임대인의 임대차보증금의 반환의무가 임차인의 임차권등기 말소의무보다 먼저 이행되어야 할 의무이다"(대판 2005.6.9. 2005다4529).

ㄷ. [X] "임차권등기명령에 따른 임차권등기가 본래의 담보적 기능을 넘어서 채무자의 일반재산에 대한 강제집행을 보전하기 위한 처분의 성질을 가진다고 볼 수는 없다. 그렇다면 임차권등기명령에 따른 임차권등기에는 민법 제168조 제2호에서 정하는 소멸시효 중단사유인 압류 또는 가압류, 가처분에 준하는 효력이 있다고 볼 수 없다"(대판 2019.5.16. 2017다226629)

[정답] ③

제8절 도 급

문46 **甲은 乙로부터 건물신축공사를 도급받아 X 건물을 완공하였다. 이에 관한 설명 중 옳은 것을 모두 고른 것은?** (각 지문은 독립적이며, 다툼이 있는 경우 판례에 의함) [변시 5회]

ㄱ. 甲 자신이 직접 X 건물을 완공해야 하는 것은 아니므로, 특별한 사정이 없는 한, 이행대행자 丙을 사용하였더라도 乙에 대한 채무불이행은 아니다.
ㄴ. 甲이 전적으로 자신의 재료와 노력으로 X 건물을 신축한 경우에는 甲과 乙 사이에 乙 명의로 건축허가를 받아 소유권보존등기를 하기로 하는 등 X 건물의 소유권을 乙에게 귀속시키기로 하는 합의가 있었더라도 그 소유권은 甲에게 있다.
ㄷ. 乙이 민법 제666조에서 정한 甲의 저당권설정청구권의 행사에 따라 공사대금채무의 담보로 X 건물에 저당권을 설정하는 행위는 특별한 사정이 없는 한 사해행위에 해당하지 않는다.
ㄹ. 乙이 甲의 공사에 대하여 그 공정을 조정하고 시공의 정도가 설계도대로 시행되고 있는지를 점검하는 정도의 감리적 감독은 乙이 甲의 불법행위에 대하여 사용자책임을 지기 위하여 필요한 요건인 '구체적이고 직접적인 지시, 감독'에 포함되지 않는다.

① ㄱ, ㄴ ② ㄴ, ㄷ
③ ㄱ, ㄷ, ㄹ ④ ㄴ, ㄷ, ㄹ
⑤ ㄱ, ㄴ, ㄷ, ㄹ

해 설 ㄱ. [O] "도급계약은 일의 완성이라는 결과를 목적으로 하는 것이므로, 당사자 사이에 특약이 있거나 일의 성질상 수급인 자신이 하지 않으면 채무의 본지에 따른 이행이 될 수 없다는 등의 특별한 사정이 없는 한 반드시 수급인 자신이 직접 일을 완성하여야 하는 것은 아니고, 이행보조자 또는 이행대행자를 사용하더라도 관계없다"(대판 2002.4.12, 2001다82545,82552).
☞ 따라서 수급인 甲이 이행대행자 丙을 사용하였더라도 도급인 乙에 대한 채무불이행은 아니다.
비교쟁점 **제682조(복임권의 제한)** 「①항 수임인은 위임인의 승낙이나 부득이한 사유없이 제삼자로 하여금 자기에 갈음하여 위임사무를 처리하게 하지 못한다.」

ㄴ. [X] **도급계약에서** 완성된 물건의 소유권 귀속에 관한 특약이 있는 경우 약정에서 정한 바에 의하고 특약은 묵시적으로도 가능하다. 判例도 **도급인명의로 건축허가를 받고** 또 그 명의로 건물에 대한 소유권보존등기를 하기로 한 경우(대판 1997.5.30, 97다8601) 완성된 건축물의 소유권을 원시적으로 도급인에게 귀속시키기로 하는 **'묵시적 합의'**가 있는 것으로 본다.
☞ 따라서 수급인 甲이 전적으로 자신의 재료와 노력으로 X건물을 신축한 경우 원칙적으로는 甲에게 X건물의 소유권이 귀속되는 것이나, 수급인 甲과 도급인 乙 사이에 乙 명의로 건축허가를 받아 소유권보존등기를 하기로 하는 등 X건물의 소유권을 乙에게 귀속시키기로 하는 합의가 있었다면 그 소유권은 乙에게 있다.

ㄷ. [O] "수급인이 사실상 목적물로부터 공사대금을 우선적으로 변제받을 수 있도록 하기 위해 수급인의 저당권설정청구권을 규정한 제666조의 취지상, 그리고 이러한 수급인의 지위가 목적물에 대하여 유치권을 행사하는 지위보다 더 강화되는 것은 아니어서 도급인의 일반 채권자들에게 부당하게 불리해지는 것도 아닌 점 등에 비추어, 신축건물의 도급인이 제666조가 정한 수급인의 저당권설정청구권의 행사에 따라 공사대금채무의 담보로 그 건물에 저당권을 설정하는 행위는 특별한 사정이 없는 한 사해행위에 해당하지 아니한다"(대판 2008.3.27. 2007다78616,78623).

☞ 수급인의 저당권설정청구권(제666조) 행사에 따라 도급인이 저당권을 설정하는 행위는 사해행위에 해당하지 않는다.

ㄹ. [O] "도급계약에서 도급인은 도급 또는 지시에 관하여 중대한 과실이 없는 한 수급인이 그 일에 관하여 제3자에게 가한 손해를 배상할 책임을 부담하지 않는 것이 원칙이고, 다만 도급인이 수급인의 일의 진행 및 방법에 관하여 구체적인 지휘감독권을 유보하고 공사의 시행에 관하여 구체적으로 지휘감독을 한 경우에는 도급인과 수급인의 관계는 실질적으로 사용자와 피용자의 관계와 다를 바가 없으므로 수급인이나 수급인의 피용자의 불법행위로 인하여 제3자에게 가한 손해에 대하여 도급인은 민법 제756조 소정의 사용자책임을 면할 수 없는데, 여기서 지휘감독이란 실질적인 사용자관계가 인정될 수 있을 정도로 공사시행 방법과 공사진행에 관하여 구체적으로 공사의 운영 및 시행을 직접 지시·지도하고 감시·독려하는 것이어야 한다. 그리고 위와 같은 사용자 및 피용자 관계를 인정할 수 있는 기초가 되는 도급인의 수급인에 대한 지휘감독은 현장에서 구체적인 공사의 운영 및 시행을 직접 지시·지도하고 감시·독려함으로써 시공자체를 관리함을 말하며, 단순히 공사의 운영 및 시공의 정도가 설계도 또는 시방서대로 시행되고 있는가를 확인하여 공정을 감독하는 데에 불과한 이른바 감리는 여기에 해당하지 않는다고 할 것이므로 도급인이 수급인의 공사에 대하여 감리적인 감독을 함에 지나지 않을 때에는 양자의 관계를 사용자 및 피용자의 관계와 같이 볼 수 없다"(대판 2014.2.13. 2013다78372)

[정답] ③

문 47 **甲은 자기 소유의 X 토지에 Y 건물을 신축하기 위하여 乙과 공사대금을 2억 원으로 하는 Y 건물 공사도급계약을 체결하였다. 이에 관한 설명 중 옳지 않은 것은?** (각 지문은 독립적이며, 다툼이 있는 경우 판례에 의함) [변시 14회]

① 乙이 공사를 중단하여 약정된 공사 기한 내에 공사를 완공하는 것이 불가능하다는 것이 명백해진 경우, 甲은 공사 기한이 도래하기 전이라도 계약을 해제할 수 있지만, 그에 앞서 원칙적으로 乙에 대하여 공사 기한으로부터 상당한 기간 내에 완공할 것을 최고하여야 한다.

② 甲과 乙 사이의 도급계약이 乙의 채무불이행을 이유로 해제된 경우, 해제 당시 공사가 상당한 정도로 진척되어 이를 원상회복하는 것이 중대한 사회적 · 경제적 손실을 초래하고 완성된 부분이 甲에게 이익이 된다면 도급계약은 미완성 부분에 대하여만 실효된다.

③ 甲과 乙 사이의 도급계약에 지체상금 약정이 포함되어 있는 경우, 甲의 지체상금 채권과 乙의 공사대금 채권은 특별한 사정이 없는 한 동시이행관계에 있다.

④ 乙이 완성한 Y 건물에 하자가 있어 甲이 하자보수에 갈음하여 1억 원 상당의 손해배상청구권을 행사한 경우, 특별한 사정이 없는 한 甲의 공사대금 지급채무는 이행지체에 빠지지 않고, 甲이 하자보수에 갈음한 손해배상채권을 자동채권으로 하고 乙의 공사대금 채권 2억 원을 수동채권으로 하여 상계의 의사표시를 한 다음 날 공사대금 지급채무가 이행지체에 빠진다.

⑤ 乙이 완성한 Y 건물에 중대한 하자가 있고, 이로 인하여 Y 건물이 무너질 위험성이 있어 보수가 불가능하고 다시 건축할 수밖에 없다면, 특별한 사정이 없는 한 甲은 Y 건물을 철거하고 다시 건축하는 데 드는 비용 상당액을 하자로 인한 손해배상으로 청구할 수 있다.

해 설 ① [○] 判例는 "공사도급계약에 있어서 수급인의 공사중단이나 공사지연으로 인하여 **약정된 공사기한 내의 공사완공이 불가능하다는 것이 명백하여진** 경우에는 도급인은 그 '**공사기한이 도래하기 전이라도 계약을 해제**'할 수 있지만, 그에 앞서 수급인에 대하여 위 **공사기한으로부터 상당한 기간 내에 완공할 것을 최고하여야 하고,** 다만 예외적으로 수급인이 미리 이행하지 아니할 의사를 표시한 때에는 위와 같은 최고 없이도 계약을 해제할 수 있다"(대판 1996.10.25. 96다21393,21409)고 한다.

② [○] 判例는 '건축공사도급계약'에 있어서 수급인의 '채무불이행'을 이유로 계약을 해제한 경우에 ⅰ) **공사가 상당한 정도로 진척되어 그 원상회복이 중대한 사회적 · 경제적 손실을 초래하게 되고,** ⅱ) **완성된 부분이 도급인에게 이익이 되는 때에는 도급계약은 미완성부분에 대해서만 실효**된다고 하여 계약해제의 효과를 장래에 향해서만 소멸시키고 있다(대판 1993.11.23. 93다25080).

③ [X] 동시이행은 원칙적으로 동일한 쌍무계약에서 발생한 의무에서 인정되고, **본래의 계약상의 의무가 아니라 별도의 특약에 의한 의무는 원칙적으로 동시이행이 아니다.** 가령 "공사도급계약상 **도급인의 지체상금채권과 수급인의 공사대금채권은** 특별한 사정이 없는 한 **동시이행의 관계에 있다고 할 수 없다**"(대판 2015.8.27. 2013다81224,81231).

④ [○] 도급계약에 있어서 완성된 목적물 또는 완성전의 성취된 부분에 하자가 있는 경우에는 도급인은 수급인에게 하자의 보수를 청구할 수 있고 하자보수에 갈음하거나 하자보수와 함께 손해배상을 청구할 수 있으며 이들 청구권은 특별한 사정이 없는 한 수급인의 공사대금채권과 동시이행의 관계에 있는 것이므로 이와 같은 하자가 있어 도급인이 하자보수나 손해배상청구권을 보유하고 이를 행사하는 한에 있어서는 도급인의 공사비지급채무는 이행지체에 빠지지 아니하고, 도급인이 하자보수나 손해배상채권을 자동채권으로 하고 수급인의 공사잔대금 채권을 수동채권으로 하여 상계의 의사표시를 한 다음날 비로소 지체에 빠진다고 보아야 할 것이다(대판 1989.12.12. 88다카18788).

참고판례 도급인의 손해배상청구와 수급인의 보수청구 사이에는 동시이행의 항변권이 준용되나(제667조 3항), 도급인이 인도받은 목적물에 하자가 있는 것만을 이유로, 하자의 보수나 하자의 보수에 갈음하는 손해배상을 청구하지 아니하고 막바로 보수의 지급을 거절할 수는 없다(대판 1991.12.10. 91다33056). 그리고 이 경우 채무이행을 제공할 때까지 그 '손해배상의 액에 상응하는 보수의 액'에 관하여만 자기의 채무이행을 거절할 수 있을 뿐, 그 나머지 액의 보수에 관하여는 지급을 거절할 수 없다(대판 1996.6.11. 95다12798).

⑤ [○] 하자의 보수에 갈음하는 손해배상의 경우에 그 범위는 '실제로 보수에 필요한 비용'이다. 判例는 "완성된 건물 등에 중대한 하자가 있고 이로 인하여 무너질 위험성이 있어서 보수가 불가능하고 다시 건축할 수밖에 없는 경우에는, 건물 등을 철거하고 다시 건축하는 데 드는 비용 상당액을 하자로 인한 손해배상으로 청구할 수 있다"(대판 2016.8.18. 2014다31691,31707)고 한다.

[정답] ③

문48 甲 건설회사는 2013. 1. 2. 乙 유통회사에게 甲 회사 소유인 X토지를 대금 10억 원에 매도하고 계약금 1억 원을 지급받았다. 그 매매계약에서 "매수인은 중도금 지급시까지 계약금을 포기하고 해약할 수 있고, 매도인은 그때까지 계약금의 배액을 지급하고 해약할 수 있다."라고 약정되었다. 같은 날 甲 회사는 乙회사로부터 Y 토지 지상에 유통시설 신축공사를 도급받았는데, 그 계약에서 도급대금은 6억 원, 공사기간은 2013. 1. 11부터 같은 해 11. 10까지 10개월로 정하였다. 위 도급계약에서는 "수급인은 공사가 지체될 경우 도급인에게 지체된 1일당 도급 대금의 1,000분의 1의 비율에 의한 지체상금을 지급한다."라고 약정되었다. 甲 회사가 유통시설 신축공사를 시작하였으나 2013. 5.초경 자금사정 악화로 인하여 공사를 중단하였다. 다음 중 옳은 것을 모두 고른 곳은?(다툼이 있는 경우에는 판례에 의하고, 각 지문은 모두 독립적이다) [변시 3회]

ㄱ. 위 매매계약 이후 X 토지의 가격이 폭등하자 甲 회사는 매매대금을 모두 지급받고도 추가적인 금액을 요구하면서 소유권이전을 거부하였고 이에 乙 회사는 위 매매계약을 적법하게 해제하였다. 이 경우 乙 회사의 실제 손해가 1억 원을 초과하는 경우에도 손해배상은 1억 원을 초과하여 받을 수는 없다.

ㄴ. 乙 회사는 2013. 5. 10.에 도급계약을 해제할 수 있었으나 내부 사정으로 인하여 2013. 5. 20.에야 도급계약을 해제하였다. 한편 乙이 해제 후 즉시 새로운 공사업자에게 의뢰하여 나머지 공사를 적절하고 정상적인 속도로 진행하는 경우 2013. 12. 20.에 공사를 완공할 수 있었다. 이 경우 甲 회사는 乙 회사에 지체상금을 지급해야 하고 특별한 사정이 없으면 그 금액은 2,400만 원이다.

ㄷ. 甲 회사가 공사를 중단할 당시까지 투입한 공사비용은 2억 원이고 미시공 부분을 완성할 때까지 추가로 소요될 공사비용은 3억 원으로 추정되었다. 미완성 건축물을 철거하는 경우 중대한 사회적, 경제적 손실을 초래하고 완성된 부분이 乙 회사에게 이익이 된다고 판단되었다. 乙 회사가 미완성 건축물을 인도받으면서 甲 회사에게 지급하여야 할 도급대금은 2억 4,000만원이다.

① ㄱ
② ㄴ
③ ㄷ
④ ㄱ, ㄴ
⑤ ㄴ, ㄷ

해 설 ㄱ. [X] 계약금은 기본적으로 證約金으로서의 성질을 가지며, 당사자 간에 다른 약정이 없는 한 계약금은 해제권 유보를 위한 해약금으로 추정된다(제565조). 이때 '위약시에는 교부자는 그것을 몰수당하고 교부받은 자는 그 배액을 상환한다'는 특약이 있는 경우, 判例는 "특별한 사정이 없는 한 그 계약금은 민법 제565조가 규정하는 해약금으로서의 성질과 아울러 제398조 1항의 손해배상액의 예정의 성질도 가진다"고 판시하였다(대판 1992.5.12, 91다2151).

☞ 그러나 설문에서 甲과 乙 사이의 계약금 관련 특약은 '위약시'라는 문구가 없어 위약금 약정이라고 볼 수 없고, 단순한 제565조가 규정하는 해약금으로서의 성질을 가질 뿐이다. 이러한 제565조에 의한 해제는 '이행에 착수할 때'까지 해제할 수 있으므로(제565조 1항), 이미 乙 회사가 매매대금을 모두 지급하였다면(이행에 착수) 甲이나 乙 모두 계약금을 이유로는 해제할 수 없다. 그러나 사안에

서 甲은 매매대금을 모두 지급받고도 소유권이전의무를 이행하지 않았으므로 乙은 제565조(해약금)에 기한 것이 아니라 제544조(이행지체와 해제)에 기하여 적법하게 해제하였다. 이때 손해액 산정에 있어 손해배상액의 예정에 따른 청구의 경우에는 채권자가 실제로 발생한 손해액이 예정액보다 많다는 것을 입증하더라도 그의 증액을 청구하지 못하는 반면 채무불이행에 따른 해제를 한 경우에는 이러한 제한이 없으므로 乙 회사의 실제 손해가 1억 원을 초과한다면 乙은 이를 증명하여 전액 배상받을 수 있다(제393조).

관련판례 "유상계약에 있어서 계약금이 수수된 경우 계약금은 해약금의 성질을 가지고 있어서 이를 **위약금으로 하기로 하는 특약이 없는** 이상 계약이 당사자 일방의 귀책사유로 인하여 해제되었다 하더라도 상대방은 계약불이행으로 입은 실제 손해만을 배상받을 수 있을 뿐 계약금이 위약금으로서 상대방에게 당연히 귀속된다고 할 수 없다"(대판 1992.11.27. 92다23209)

ㄴ. [X] "건축도급계약시 도급인과 수급인 사이에 준공기한내에 공사를 완성하지 아니한 때에는 매 지체일수마다 계약에서 정한 지체상금율을 계약금액에 곱하여 산출한 금액을 지체상금으로 지급하도록 약정한 경우 이는 수급인이 완공예정일을 지나서 공사를 완료하였을 경우에 그 지체일수에 따른 손해배상의 예정을 약정한 것이지 **공사도중에 도급계약이 해제되어 수급인이 공사를 완료하지 아니한 경우에는 지체상금을 논할 여지가 없다**"(대판 1989.9.12. 88다카15901). **그러나** "도급계약에 있어서의 지체상금 약정의 취지에 비추어 볼 때, 지체상금 약정은 수급인이 약정한 기간 내에 공사를 완공하지 아니할 경우는 물론이고 **수급인의 귀책사유로 인하여 도급계약이 해제되고 그에 따라 도급인이 수급인을 다시 선정하여 공사를 완공하느라 완공이 지체된 경우에도 적용된다**고 봄이 상당하다"(대판 2006.4.28. 2004다39511). 따라서 "수급인이 완공기한 내에 공사를 완성하지 못한 채 공사를 중단하고 계약이 해제된 결과 완공이 지연된 경우에 있어서 **지체상금은 약정 준공일 다음 날부터 발생하되 그 종기는 수급인이 공사를 중단하거나 기타 해제사유가 있어 도급인이 공사도급 계약을 해제할 수 있었을 때**(실제로 해제한 때가 아니다)**부터 도급인이 다른 업자에게 의뢰하여 공사를 완성할 수 있었던 시점까지이고, 수급인이 책임질 수 없는 사유로 인하여 공사가 지연된 경우에는 그 기간만큼 공제되어야 한다**"(대판 2006.4.28. 2004다39511).

☞ 설문에서 지체상금의 발생시기는 수급인 甲이 공사를 중단하여 도급이 乙이 이를 해제할 수 있었을 때인 2013. 5. 10.로부터 도급인 乙이 다른 업자에게 의뢰하여 같은 건물을 완성할 수 있었던 시점인 2013. 12. 10.까지로 제한되어야 한다. 즉, 도급인은 2013. 5. 10. 해제할 수 있었음에도 자신의 귀책사유로 10일 늦게 해제하였으므로 이 기간은 공제되어야 한다. 따라서 지체상금의 발생시기인 약정준공일 2013. 11. 10.보다 40일이 아닌 30일이 지체된 것이므로 甲이 부담해야 할 지체상금은 2,400만 원(=40일×6억원×1/1,000)이 아닌 1,800만 원(=30일×6억원×1/1,000)이다.

ㄷ. [O] 判例는 '건축공사도급계약'에 있어서 수급인의 '채무불이행'을 이유로 계약을 해제한 경우에 i) 공사가 상당한 정도로 진척되어 그 원상회복이 중대한 사회적·경제적 손실을 초래하게 되고, ii) 완성된 부분이 도급인에게 이익이 되는 때에는 도급계약은 미완성부분에 대해서만 실효된다고 하여 계약해제의 효과를 장래에 향해서만 소멸시키고 있다(대판 1993.11.23. 93다25080).

따라서 이 경우 수급인은 해제한 때의 상태 그대로 그 건물을 도급인에게 인도하고 도급인은 그 건물의 완성도 등을 참작하여 인도받은 건물에 상당한 보수(**당사자 사이에 약정한 총 공사비를 기준으로 하여 그 금액에서 수급인이 공사를 중단할 당시의 공사기성고 비율에 의한 금액이 되는 것이지 수급인이 실제로 지출한 비용을 기준으로 할 것은 아니다**)를 지급하여야 할 의무가 있다(대판 1986.9.9. 85다카175 ; 1992.3.31. 91다42630). 이 때 "도급인이 수급인(또는 하수급인)에게 약정된 공사도급금액 중 기성고의 비율에 따라 공사대금을 지급하기로 하였다면, 도급인이 지급하여야 할 공사대금은 약정된 도급금액을 기준으로 하여 여기에 기성고 비율을 곱하는 방식으로 산정하여야 하고, 그 기성고 비율은 우선 약정된 공사의 내역과 그 중 이미 완성된 부분의 공사 내용과 아직 완성되지 아니한 공사 내용을 확정한 뒤, 공사대금 지급의무가 발생한 시점을 기준으로 **이미 완성된 부분에 관한 공사비와 미완성된 부분을 완성하는 데 소요될 공사비를 평가하여 그 전체 공사비 가운데 이미 완성된 부분에 소요된 비용이 차지하는 비율을 산정하여 확정하여야 한다**"(대판 1996.1.23. 94다31631).

☞ 정리하자면 **공사기성고 비율에 의한 금액=약정된 도급금액×(완성부분의 공사비 평가액 / 완성부분의 공사비 평가액+잔여공사부분의 공사비 평가액)**인바, 사안에서 기성고(공정율)은 40%(=2억원/5억 원)이므로, 乙이 미완성 건축물을 인도받으면서 甲에게 지급하여야 할 도급대금은 2억 4,000만 원[=6억 원×(2억원/5억 원)]이다.

[정답] ③

문49 **甲이 자신이 소유하는 X토지 위에 Y건물을 신축하기 위하여 乙과 건축도급계약을 체결하였다. 이에 관한 설명 중 옳은 것은?** (다툼이 있는 경우 판례에 의함) [변시 10회]

① 약정한 날짜에 Y건물이 완성되어 甲에게 인도되었으나 Y건물이 무너질 위험성이 있어 다시 건축할 수밖에 없다고 하더라도, 甲은 乙에게 Y건물을 철거하고 재건축하는 데 드는 비용 상당액을 하자로 인한 손해배상으로 청구할 수는 없다.

② 乙의 이행지체를 이유로 甲이 계약을 해제하겠다는 통지를 하였다면, 그 통지에 특별히 급부의 수령을 거부하는 취지가 포함되어 있지 않는 한 이로써 이행의 최고가 있는 것으로 볼 수 있으며, 그로부터 상당한 기간이 경과하도록 乙이 이행하지 않았다면 甲은 계약을 해제할 수 있다.

③ 乙이 공사를 완공하지 못한 채 건축도급계약이 해제되어 기성고에 따른 공사비를 乙에게 정산하여야 할 경우, 甲은 乙이 공사를 중단할 당시를 기준으로 乙이 실제로 지출한 비용을 지급하여야 한다.

④ 乙의 공사중단으로 인하여 약정된 공사기한 내의 공사완공이 불가능하다는 것이 명백하고 乙이 미리 이행하지 아니할 의사를 표시한 때에도, 甲은 乙에게 상당한 기간 내에 완공할 것을 최고하지 않고서는 계약을 해제할 수 없다.

⑤ 乙로부터 인도받는 Y건물에 하자가 있다면 甲은 이를 이유로 하자의 보수나 하자의 보수에 갈음하는 손해배상의 청구를 하지 않고 곧바로 보수 전부의 지급을 거절할 수 있다.

해 설 ① [X] **※ 보수에 필요한 비용 : 제667조 1항 본문, 제667조 2항**

하자의 보수에 갈음하는 손해배상의 경우에 그 범위는 '실제로 보수에 필요한 비용'이다. 判例는 "완성된 건물 등에 중대한 하자가 있고 이로 인하여 무너질 위험성이 있어서 보수가 불가능하고 다시 건축할 수밖에 없는 경우에는, 건물 등을 철거하고 다시 건축하는 데 드는 비용 상당액을 하자로 인한 손해배상으로 청구할 수 있다"(대판 2016.8.18. 2014다31691,31707)고 한다.

② [○] "이행지체를 이유로 계약을 해제할 경우에 그 전제요건인 이행의 최고는 반드시 미리 일정기간을 명시하여야 하는 것은 아니며, 최고한 때부터 상당한 기간이 경과하면 해제권이 발생한다. 그리고 **채무자의 급부불이행 사정을 들어 계약을 해제하겠다는 통지를 한 때에는** 특별히 그 급부의 수령을 거부하는 취지가 포함되어 있지 아니하는 한 **그로써 이행의 최고가 있었다고 볼 수 있으며**, 그로부터 상당한 기간이 경과하도록 이행되지 아니하였다면 채권자는 계약을 해제할 수 있다"(대판 2017.9.21. 2013다58668).

③ [×] "건축공사도급계약이 중도해제된 경우 도급인이 지급하여야 할 미완성 건물에 대한 보수는 특별한 사정이 없는 한 **당사자 사이에 약정한 총 공사비를 기준으로 하여 그 금액에서 수급인이 공사를 중단할 당시의 공사기성고비율에 의한 금액이 되는 것**이지 수급인이 실제로 지출한 비용을 기준으로 할것은 아니다"(대판 1992.3.31. 91다42630).

④ [×] "공사도급계약에 있어서 수급인의 공사중단이나 공사지연으로 인하여 약정된 공사기한 내의 공사완공이 불가능하다는 것이 명백하여진 경우에는 도급인은 그 공사기한이 도래하기 전이라도 계약을 해제할 수 있지만, 그에 앞서 수급인에 대하여 위 공사기한으로부터 상당한 기간 내에 완공할 것을 최고하여야 하고, **다만 예외적으로 수급인이 미리 이행하지 아니할 의사를 표시한 때에는 위와 같은 최고 없이도 계약을 해제할 수 있다**"(대판 1996.10.25. 96다21393, 21409).

⑤ [×] "도급인이 인도받은 목적물에 하자가 있는 것만을 이유로, 하자의 보수나 하자의 보수에 갈음하는 손해배상을 청구하지 아니하고 막바로 보수의 지급을 거절할 수는 없다"(대판 1991.12.10. 91다33056).

[정답] ②

문 50 甲이 乙로부터 건물 소유를 목적으로 乙 소유 X 토지를 임차한 후, 丙에게 지상 건물 신축을 도급하면서 주된 건축자재는 丙이 제공하되 신축건물의 소유권은 甲에게 귀속하기로 약정하였다. 이에 관한 설명 중 옳지 않은 것을 모두 고른 것은? (다툼이 있는 경우 판례에 의함) [변시 11회]

ㄱ. 甲이 丙의 저당권설정청구권 행사에 따라 신축된 Y 건물에 공사대금채무를 담보하기 위한 저당권을 설정하는 행위는 특별한 사정이 없는 한 사해행위에 해당하지 않는다.
ㄴ. 甲이 丙에게 선급금을 지급하였으나 도급계약의 해제 등 선급금 반환사유가 발생한 경우, 선급금이 기성고에 해당하는 공사대금에 충당되기 위해서는 원칙적으로 丙의 상계 의사표시가 있어야 한다.
ㄷ. 甲이 신축된 Y 건물에 丁 명의의 저당권을 설정한 후 임대차계약이 만료되어 지상물매수청구권을 갖는 경우, 丁 명의의 저당권설정등기가 말소되지 않았다면 甲의 지상물매수청구권 행사에 대하여 乙은 그 등기가 말소될 때까지 피담보채무액에 상당한 대금의 지급을 거절할 수 있다.
ㄹ. 甲이 임대차기간 중에 신축된 Y 건물을 丁에게 매각하여 소유권이전등기를 마쳐준 후 임대차계약이 만료된 경우, 甲은 乙을 상대로 Y 건물에 관한 지상물매수청구를 할 수 없다.

① ㄴ
② ㄱ, ㄷ
③ ㄴ, ㄷ
④ ㄴ, ㄹ
⑤ ㄱ, ㄷ, ㄹ

해 설 ㄱ. [○] ※ 수급인의 저당권설정청구권(제666조) 행사에 따라 도급인이 저당권을 설정하는 행위가 사해행위에 해당하는지 여부(소극)

"수급인이 사실상 목적물로부터 공사대금을 우선적으로 변제받을 수 있도록 하기 위해 수급인의 저당권설정청구권을 규정한 제666조의 취지상, 그리고 이러한 수급인의 지위가 목적물에 대하여 유치권을 행사하는 지위보다 더 강화되는 것은 아니어서 도급인의 일반 채권자들에게 부당하게 불리해지는 것도 아닌 점 등에 비추어, 신축건물의 도급인이 제666조가 정한 수급인의 저당권설정청구권의 행사에 따라 공사대금채무의 담보로 그 건물에 저당권을 설정하는 행위는 특별한 사정이 없는 한 사해행위에 해당하지 아니한다"(대판 2008.3.27. 2007다78616,78623). 이러한 법리는 신축건물의 수급인으로부터 공사대금채권을 양수받은 자의 저당권설정청구에 따라 도급인이 신축건물에 저당권을 설정하는 경우에도 마찬가지이다(대판 2018.11.29. 2015다19827).

ㄴ. [X] ※ 도급인의 보수지급의무

수급인은 해제한 때의 상태 그대로 그 건물을 도급인에게 인도하고 도급인은 그 건물의 완성도 등을 참작하여 인도받은 건물에 상당한 보수(당사자 사이에 약정한 총 공사비를 기준으로 하여 그 금액에서 수급인이 공사를 중단할 당시의 '공사기성고 비율에 의한 금액'이 되는 것이지 수급인이 실제로 지출한 비용을 기준으로 할 것은 아니다)를 지급하여야 할 의무가 있다(대판 1986.9.9. 85다카175 ; 1992.3.31. 91다42630). 만약 **'도급인이 선급금을 지급'한 후**(공사도급계약에 따라 주고받는 선급금은 일반적으로 구체적인 기성고와 관련하여 지급되는 것이 아니라 전체 공사와 관련하여 지급되는 공사대금의 일부이다) **도급계약이 해제되거나 해지된 경우에는 '별도의 상계 의사표시' 없이 그때까**

지 기성고에 해당하는 공사대금 중 미지급액은 당연히 선급금으로 충당되고 공사대금이 남아 있으면 도급인은 그 금액에 한하여 지급의무가 있다. 거꾸로 선급금이 미지급 공사대금에 충당되고 남는다면 수급인이 남은 선급금을 반환할 의무가 있다(대판 2017.1.12. 2014다11574,11581).

ㄷ. [○] ※ 지상물매수청구권의 행사

토지임차인 소유의 건물에 근저당권이 설정된 경우에도 매수청구권은 인정된다(대판 1972.5.23. 72다34). 이 경우 그 건물의 매수가격은 매수청구권행사 당시 건물이 현존하는 대로의 상태에서 평가된 시가 상당액을 의미하고, 여기에서 근저당권의 채권최고액이나 피담보채무액을 공제한 금액을 매수가격으로 정할 것은 아니다. 다만, 매수청구권을 행사한 지상건물 소유자가 위와 같은 근저당권을 말소하지 않는 경우 토지소유자는 민법 제588조에 의하여 위 근저당권의 말소등기가 될 때까지 그 채권최고액에 상당한 대금의 지급을 거절할 수 있다(대판 2008.5.29. 2007다4356).

ㄹ. [○] ※ 지상물매수청구권자

"민법 제643조 소정의 지상물매수청구권은 지상물의 소유자에 한하여 행사할 수 있다고 보아야 할 것인바 , 원심이 인정한 바와 같이 위 소외 1(사안에서 甲)이 위 토지에 관한 임대차기간이 만료하기 전인 1990. 11. 26. 이미 위 토지 위에 건립된 이 사건 건물을 피고 1(사안에서 丁)에게 양도하였다면 위 소외 1은 위 건물에 대한 소유자가 아니어서 위 건물에 대한 매수청구권을 행사할 수 없다"(대판 1993.7.27. 93다6386). 즉, 지상물매수청구권은 지상물소유자에 한하여 행사할 수 있다

비교판례 다만 건물 소유를 목적으로 하는 '토지 임대인의 동의를 얻어' 토지임차인으로부터 임차권을 양수한 자가 토지 위에 종전 임차인이 신축한 미등기 무허가 건물을 매수한 때에도, 그 점유 중인 건물에 대해 '법률상 또는 사실상의 처분권'을 갖고 있으므로 이러한 토지임차권 양수인은 임대인에게 그 건물의 매수를 청구할 수 있다(대판 2013.11.28. 2013다48364).

[정답] ①

제12절 임 치

문 51 예금계약에 관한 설명 중 판례의 입장과 다른 것은? [변시 2회]

① 예금계약은 예금자가 예금의 의사를 표시하면서 금융기관에 돈을 제공하고 금융기관이 그 의사에 따라 그 돈을 받아 확인을 하면 그로써 성립하며, 금융기관의 직원이 그 받은 돈을 금융기관에 실제로 입금하였는지 여부는 예금계약의 성립에 아무런 영향을 미치지 아니한다.

② 계좌이체가 된 경우에는 예금원장에 입금기록이 된 때에 예금이 된다고 예금거래기본약관에 정하여져 있더라도, 송금의뢰인이 계좌이체의 원인인 법률관계가 존재하지 아니함에도 착오로 수취인의 예금구좌에 계좌이체를 한 경우, 수취인이 수취은행에 대하여 위 금액 상당의 예금채권을 취득하는 것은 아니다.

③ 은행이 일반거래약관인 예금거래기본약관에서 각종의 예금채권에 대하여 그 양도를 제한하는 내용의 규정을 둠으로써 예금채권의 양도를 제한하고 있는 사실은 적어도 은행거래의 경험이 있는 자에 대하여는 널리 알려진 사항에 속한다할 것이므로, 은행거래의 경험이 있는 자가 예금채권을 양수한 경우, 특별한 사정이 없는 한 예금채권에 대하여 양도제한의 특약이 있음을 알았다고 할 것이고, 그렇지 않다 하더라도 알지 못한 데에 중대한 과실이 있다고 봄이 상당하다.

④ 본인인 예금명의자의 의사에 따라 실명확인 절차가 이루어지고 예금명의자를 예금주로 한 예금계약서를 작성한 경우, 금융기관과 출연자 등과 사이에서 실명확인 절차를 거쳐 서면으로 이루어진 예금명의자와의 예금계약을 부정하여 예금명의자의 예금반환청구권을 배제하고 출연자 등과 예금계약을 체결하여 출연자 등에게 예금반환청구권을 귀속시키겠다는 명확한 의사의 합치가 위 예금계약서의 증명력을 번복하기에 충분할 정도의 명확한 증명력을 가진 구체적이고 객관적인 증거에 의하여 인정되는 경우에는 예금명의자가 아닌 출연자 등을 예금계약의 당사자로 볼 수 있다.

⑤ 甲, 乙이 각자 분담하여 출연한 돈을 동업 이외의 특정 목적을 위하여 공동명의로 예치해 둠으로써 그 목적이 달성되기 전에는 甲이나 乙이 단독으로 예금을 인출할 수 없도록 방지·감시하고자 하는 목적으로 甲, 乙 공동명의로 예금을 개설한 경우, 甲에 대한 채권자 丙은 甲의 지분에 상응하는 예금채권에 대한 압류 및 추심명령 등을 얻어 이를 집행할 수 있고, 이러한 압류 등을 송달받은 은행은 丙의 압류명령 등에 기초한 단독 예금반환청구에 대하여, 甲, 乙과 약정한 공동반환특약을 들어 그 지급을 거절할 수는 없다.

해 설 ① [○] "예금계약은 예금자가 예금의 의사를 표시하면서 금융기관에 돈을 제공하고 금융기관이 그 의사에 따라 그 돈을 받아 확인을 하면 그로써 성립하며, 금융기관의 직원이 그 받은 돈을 금융기관에 실제로 입금하였는지 여부는 예금계약의 성립에는 아무런 영향을 미치지 아니한다"(대판 2005.12.23. 2003다30159).

② [X] "현금으로 계좌송금 또는 계좌이체가 된 경우에는 예금원장에 입금의 기록이 된 때에 예금이 된다고 예금거래기본약관에 정하여져 있을 뿐이고, 수취인과 은행 사이의 예금계약의 성립 여부를 송금의뢰인과 수취인 사이에 계좌이체의 원인인 법률관계가 존재하는지 여부에 의하여 좌우되도록 한다고 별도로 약정하였다는 등의 특별한 사정이 없는 경우에는, **송금의뢰인이 수취인의 예금구좌에 계좌이체를 한 때에는, 송금의뢰인과 수취인 사이에 계좌이체의 원인인 법률관계가 존재하는지 여부에 관계없이 수취인과 수취은행 사이에는 계좌이체금액 상당의 예금계약이 성립하고**, 수취인이 수취은행에 대하여 위 금액 상당의 예금채권을 취득한다"(대판 2007.11.29. 2007다51239).

③ [O] "은행거래에서 발생하는 채권인 예금채권에 관한 법률관계는 일반거래약관에 의하여 규율되어 은행은 일반거래약관인 예금거래기본약관에 각종의 예금채권에 대하여 그 양도를 제한하는 내용의 규정을 둠으로써 예금채권의 양도를 제한하고 있는 사실은 적어도 은행거래의 경험이 있는 자에 대하여는 널리 알려진 사항에 속한다 할 것이므로, **은행거래의 경험이 있는 자가 예금채권을 양수한 경우 특별한 사정이 없는 한 예금채권에 대하여 양도제한의 특약이 있음을 알았다고 할 것이고, 그렇지 않다 하더라도 알지 못한 데에 중대한 과실이 있다고 보아야 한다**"(대판 2003.12.12. 2003다44370).

④ [O] "본인인 예금명의자의 의사에 따라 예금명의자의 실명확인 절차가 이루어지고 예금명의자를 예금주로 하여 예금계약서를 작성하였음에도 불구하고, 위에서 본 바와 달리 **예금명의자가 아닌 출연자 등을 예금계약의 당사자라고 볼 수 있으려면**, 금융기관과 출연자 등과 사이에서 실명확인 절차를 거쳐 서면으로 이루어진 예금명의자와의 예금계약을 부정하여 예금명의자의 예금반환청구권을 배제하고, **출연자 등과 예금계약을 체결하여 출연자 등에게 예금반환청구권을 귀속시키겠다는 명확한 의사의 합치가 있는 극히 예외적인 경우로 제한되어야 할 것이고**, 이러한 의사의 합치는 금융실명법에 따라 실명확인 절차를 거쳐 작성된 예금계약서 등의 증명력을 번복하기에 충분할 정도의 명확한 증명력을 가진 구체적이고 객관적인 증거에 의하여 매우 엄격하게 인정하여야 한다"(대판 2009.3.19. 전합2008다45828).

⑤ [O] "은행에 공동명의로 예금을 하고 은행에 대하여 그 권리를 함께 행사하기로 한 경우에 만일 동업 자금을 공동명의로 예금한 경우라면 채권의 준합유관계에 있다고 볼 것이나, **공동명의 예금채권자들 각자가 분담하여 출연한 돈을 동업 이외의 특정 목적을 위하여 공동명의로 예치해 둠으로써 그 목적이 달성되기 전에는 공동명의 예금채권자가 단독으로 예금을 인출할 수 없도록 방지감시하고자 하는 목적으로 공동명의로 예금을 개설한 경우라면**, 하나의 예금채권이 분량적으로 분할되어 각 공동명의 예금채권자들에게 공동으로 귀속되고, 각 공동명의 예금채권자들이 예금채권에 대하여 갖는 각자의 지분에 대한 관리처분권은 각자에게 귀속되는 것이고, 다만 은행에 대한 지급 청구만을 공동반환의 특약에 의하여 공동명의 예금채권자들 모두가 공동으로 하여야 하는 것이므로, **공동명의 예금채권자 중 1인에 대한 채권자로서는 그 1인의 지분에 상응하는 예금채권에 대한 압류 및 추심명령 등을 얻어 이를 집행할 수 있고, 한편 이러한 압류 등을 송달받은 은행으로서는 압류채권자의 압류명령 등에 기초한 단독 예금반환청구에 대하여, '공동명의 예금채권자가 공동으로 그 반환을 청구하는 절차를 밟아야만 예금청구에 응할 수 있다'는 공동명의 예금채권자들과 사이의 공동반환특약을 들어 그 지급을 거절할 수는 없다**"(대판 2005.9.9. 2003다7319).

[정답] ②

문 52 甲은 자신의 X토지에 Y건물을 신축하기 위해 공사업자인 乙과 공사도급계약을 체결하였다. 甲은 乙이 丙으로부터 X토지를 담보로 대출을 받아 그 공사 비용을 지출할 수 있도록 하기 위하여 X토지에 관하여 근저당권자를 丙, 채무자를 乙로 하는 근저당권을 설정해 주었고, 乙은 丙으로부터 대출받은 돈을 공사대금으로 사용하였다. 공사 진행 도중 乙의 채권자인 丁은 乙의 甲에 대한 공사대금채권 중 일부에 대한 압류 및 전부명령을 받아 그대로 확정되었다. 이후 공사가 완료되었음에도 乙이 丙에 대한 대출금을 변제하지 못하자 甲은 乙을 대위하여 丙에게 대출금 및 연체이자를 변제하였다. 이에 관한 설명 중 옳은 것을 모두 고른 것은? (다툼이 있는 경우 판례에 의함) [변시 13회]

ㄱ. 전부명령이 甲에게 송달된 때에 소급하여 전부된 채권부분과 전부되지 않은 채권 부분에 대하여 丁과 乙에게 분할채권이 성립하게 된다.
ㄴ. 乙의 Y건물 인도의무는 甲의 공사대금채무와 동시이행관계에 있으나, 乙의 X토지에 대한 근저당권말소의무는 위 공사도급계약상 고유한 대가관계가 있는 의무가 아니므로 甲의 공사대금채무와 이행상 견련관계를 인정할 수 없다.
ㄷ. 甲의 대위변제에 따른 乙의 구상금채무는 乙의 X토지에 대한 근저당권말소의무의 변형물로서 그 대등액의 범위 내에서 甲의 공사대금채무와 동시이행관계에 있다.
ㄹ. 丁의 전부금청구에 대하여 甲이 乙에 대한 구상금채권으로 상계항변을 하는 경우 자동채권인 甲의 乙에 대한 구상금채권은 丁의 압류명령이 甲에게 송달된 후 발생한 것이므로 甲은 위 구상금채권에 의한 상계로 丁에게 대항할 수 없다.

① ㄱ, ㄴ ② ㄱ, ㄷ
③ ㄴ, ㄹ ④ ㄱ, ㄴ, ㄹ
⑤ ㄱ, ㄷ, ㄹ

해 설 ㄱ. [○] 判例는 "가분적인 금전채권(이 사건 공사대금채권)의 일부에 대한 전부명령이 있을 경우 특별한 사정이 없는 한 (丁과 乙에게) 분할채권이 성립하고 제3채무자로서는 상계 대상에 대한 선택권이 있다"고 한다(대판 2010.3.25. 2007다35152)

ㄴ. [×], ㄷ. [○], ㄹ. [×] 判例는 공사도급계약의 도급인이 자신 소유의 토지에 근저당권을 설정하여 수급인으로 하여금 공사에 필요한 자금을 대출받도록 한 사안에서, "수급인의 근저당권 말소의무는 도급인의 공사대금채무와 이행상 견련관계가 인정되어 서로 동시이행관계에 있고(지문 ㉡), 나아가 도급인이 대출금 등을 대위변제함으로써 수급인이 지게 된 구상금채무도 근저당권 말소의무의 변형물로서 도급인의 공사대금채무와 동시이행관계에 있다"(지문 ㉢)고 보면서 "금전채권에 대한 압류 및 전부명령이 있는 때에는 압류된 채권은 동일성을 유지한 채로 압류채무자로부터 압류채권자에게 이전되고, 제3채무자는 채권이 압류되기 전에 압류채무자에게 대항할 수 있는 사유로써 압류채권자에게 대항할 수 있는 것이므로, 제3채무자의 압류채무자에 대한 자동채권이 수동채권인 피압류채권과 동시이행의 관계에 있는 경우에는, 압류명령이 제3채무자에게 송달되어 압류의 효력이 생긴 후에 자동채권이 발생하였다고 하더라도 제3채무자는 동시이행의 항변권을 주장할 수 있다. 이 경우에 자동채권이 발생한 기초가 되는 원인은 수동채권이 압류되기 전에 이미 성립하여 존재하고 있었던 것이므로, 그 자동채권은 민법 제498조의 '지급을 금지하는 명령을 받은 제3채무자가 그 후에 취득

한 채권'에 해당하지 않는다고 봄이 상당하고, 제3채무자는 그 자동채권에 의한 상계로 압류채권자에게 대항할 수 있다(지문 ㉣)"(대판 2010.3.25. 2007다35152)

[정답] ②

제13절 조 합

문 53 조합에 관한 설명 중 옳은 것은? (다툼이 있는 경우 판례에 의함) [변시 14회]

① 조합계약의 체결 당사자는 「민법」이 정한 조합의 해산 사유와는 다른 사유를 추가할 수 있으나 청산에 관한 규정과 그 내용을 달리하는 특약은 효력이 없다.

② 「민법」상 조합의 성질을 가지는 공동수급체의 구성원 지위는 원칙적으로 회사의 분할합병으로 인한 포괄승계의 대상이 되지 않는다.

③ 조합 당사자 간 불화, 대립으로 신뢰관계가 파괴되어 조합업무의 원만한 운영을 기대할 수 없다는 사정만으로는 「민법」 제720조가 규정한 조합의 해산청구 사유인 '부득이한 사유'에 해당하지 않는다.

④ 조합이 존속기간을 정하고 있는 때에는 부득이한 사유가 있더라도 조합원은 조합의 불리한 시기에 탈퇴할 수 없다.

⑤ 조합에서 조합원이 탈퇴하는 경우, 탈퇴자와 잔존자 사이의 탈퇴로 인한 지분계산에 있어서는 조합 내부의 손익분배비율이 아니라 실제 출자한 자산가액비율에 의하여야 하는 것이 원칙이다.

해 설 ① [×] 일반적인 해산사유는 존속기간의 만료 · 조합계약에서 정한 해산사유의 발생 · 조합의 공동사업의 목적이 달성되거나 달성이 불능으로 확정된 경우 · 조합원 전원의 합의 등이 있다. 한편 조합의 해산 · 청산에 관한 규정은 '임의규정'에 해당하므로 당사자가 조합의 해산사유와 청산에 관한 규정과 다른 내용의 특약을 한 경우, 그 특약은 유효하다(대판 1985.2.26. 84다카1921 : 이와 달리 법인의 청산절차에 관한 규정은 강행규정에 해당한다).

② [○] 공동수급체는 기본적으로 민법상의 조합의 성질을 가지고, 공동수급체의 구성원 사이에서 구성원 지위를 제3자에게 양도할 수 있기로 약정하지 아니한 이상, 공동수급체의 구성원 지위는 상속이 되지 않고 다른 구성원들의 동의가 없으면 이전이 허용되지 않는 귀속상의 일신전속적인 권리의무에 해당하므로, 공동수급체의 구성원 지위는 원칙적으로 회사의 분할합병으로 인한 포괄승계의 대상이 되지 아니한다(대판 2011.8.25. 2010다44002).

③ [×] 제720조에 규정된 조합의 해산사유인 '부득이한 사유'에는 경제계의 사정변경이나 조합의 재산상태의 악화 또는 영업부진 등으로 조합의 목적달성이 현저히 곤란하게 된 경우 외에 조합원 사이의 반목 · 불화로 인한 대립으로 신뢰관계가 파괴되어 조합의 원만한 공동운영을 기대할 수 없게 된 경우도 포함되며, 위와 같이 공동사업의 계속이 현저히 곤란하게 된 이상 신뢰관계의 파괴에 책임이 있는 유책당사자도 조합의 해산청구권이 인정된다(대판 1999.3.12. 98다54458).

④ [X] 조합계약으로 조합의 존속기간을 정하지 아니하거나 조합원의 종신까지 존속할 것을 정한 때에는 각 조합원은 언제든지 탈퇴할 수 있다. 그러나 부득이한 사유없이 조합의 불리한 시기에 탈퇴하지 못한다(제716조 1항). 조합의 존속기간을 정한 때에도 조합원은 부득이한 사유가 있으면 탈퇴할 수 있다(제716조 2항).

⑤ [X] "조합에서 조합원이 탈퇴하는 경우, 탈퇴자와 잔존자 사이의 탈퇴로 인한 계산은 특별한 사정이 없는 한 민법 제719조 제1항, 제2항에 따라 '탈퇴 당시의 조합재산상태'를 기준으로 평가한 조합재산 중 탈퇴자의 지분에 해당하는 금액을 금전으로 반환하여야 하고, 조합원의 지분비율은 '조합 내부의 손익분배 비율'을 기준으로 계산하여야 하나(저자 주 : 조합 내부의 손익분배비율에 따르는 것이 원칙), 당사자가 손익분배의 비율을 정하지 아니한 때에는 민법 제711조에 따라 각 조합원의 출자가액에 비례하여 이를 정하여야 한다"(대판 2008.9.25. 2008다41529).

[정답] ②

문 54 **甲과 乙 2인은 인공지능 관련 사업을 동업하기로 하는 민법상 조합계약을 체결하였다. 개인적인 사정으로 인해 乙이 조합을 탈퇴하게 되었다. 이에 관한 설명 중 옳은 것을 모두 고른 것은?** (다툼이 있는 경우 판례에 의함) [변시 13회]

ㄱ. 조합원의 임의 탈퇴는 조합계약에 관한 일종의 해지로서 다른 조합원에 대한 의사표시로써 하여야 하는데, 그 의사표시는 묵시적으로도 할 수 있다.
ㄴ. 乙이 탈퇴함으로써 조합관계가 종료되고 그 결과 조합은 당연히 해산 또는 청산된다.
ㄷ. 甲과 乙의 합유에 속한 조합재산은 乙의 탈퇴 후 甲의 단독소유에 속한다.
ㄹ. 乙은 甲에 대해 탈퇴로 인한 조합재산의 계산을 요구할 수 있으며 그 계산은 乙의 탈퇴 당시의 조합재산 상태에 의하여야 한다.
ㅁ. 乙의 지분을 계산할 때 지분을 계산하는 방법에 관해서 별도 약정이 있다는 등 특별한 사정이 없는 한 조합재산의 상태를 증명할 책임은 甲에게 있다.

① ㄱ, ㄴ
② ㄱ, ㄴ, ㄷ
③ ㄱ, ㄷ, ㄹ
④ ㄷ, ㄹ, ㅁ
⑤ ㄴ, ㄷ, ㄹ, ㅁ

해설 ㄱ. [O] **제716조 (임의탈퇴)** 「①항 조합계약으로 조합의 존속기간을 정하지 아니하거나 조합원의 종신까지 존속할 것을 정한 때에는 각 조합원은 언제든지 탈퇴할 수 있다. 그러나 부득이한 사유없이 조합의 불리한 시기에 탈퇴하지 못한다. ②항 조합의 존속기간을 정한 때에도 조합원은 부득이한 사유가 있으면 탈퇴할 수 있다」

"조합원의 임의탈퇴는 조합계약에 관한 일종의 해지로서 다른 조합원에 대한 의사표시로서 하여야 하나, 그 의사표시가 반드시 명시적이어야 하는 것은 아니고 묵시적으로도 할 수 있으며, 임의 탈퇴의 의사표시가 있는지 여부는 법률행위 해석의 일반원칙에 따라 판단하여야 한다.(대판 2017.7.18. 2015다30206, 30213).

ㄴ. [×], ㄷ. [○] 2인 조합의 탈퇴란 특정 조합원이 장래에 향하여 조합원으로서의 지위를 벗어나는 것으로서, 이 경우 조합 자체는 나머지 조합원에 의해 '동일성을 유지'하며 존속하는 것이므로 결국 탈퇴는 잔존 조합원이 동업사업을 계속 유지 · 존속함을 전제로 한다. **2인 조합에서 조합원 1인이 탈퇴하면 조합관계는 종료되지만** 특별한 사정이 없는 한 **조합이 '해산'되지 아니하고,** 조합원의 합유에 속하였던 재산은 **남은 조합원의 단독소유에 해당하게 되어 기존의 공동사업은 '청산'절차를 거치지 않고 잔존자가 계속 유지할** 수 있다(대판 2006.3.9. 2004다49693)(지문 ㉡). 이 경우 **조합재산은 조합원의 단독 소유가 되나** 그 조합재산이 **부동산이라면 잔존 조합원의 단독 소유**로 하는 내용의 **등기를 하여야** 소유권 변동의 효력이 발생한다(대판 2011.1.27. 2008다2807)(지문 ㉢).

ㄹ. [○] "조합에서 조합원이 탈퇴하는 경우, 탈퇴자와 잔존자 사이의 탈퇴로 인한 계산은 특별한 사정이 없는 한 민법 제719조 제1항, 제2항에 따라 **'탈퇴 당시의 조합재산상태'를 기준으로 평가한 조합재산 중 탈퇴자의 지분에 해당하는 금액을 금전으로 반환하여야** 하고, 조합원의 지분비율은 '조합 내부의 손익분배 비율'을 기준으로 계산하여야 하나, 당사자가 손익분배의 비율을 정하지 아니한 때에는 민법 제711조에 따라 각 조합원의 출자가액에 비례하여 이를 정하여야 한다"(대판 2008.9.25. 2008다41529).

ㅁ. [×] 탈퇴한 조합원은 탈퇴 당시의 조합재산을 계산한 결과 조합의 재산상태가 적자가 아닌 경우에 지분을 환급받을 수 있다. 따라서 조합원의 지분을 계산할 때 지분을 계산하는 방법에 관해서 별도 약정이 있다는 등 특별한 사정이 없는 한 **지분의 환급을 주장하는 사람(乙)에게 조합재산의 상태를 증명할 책임이 있다**(대판 2021.7.29. 2019다207851).

[정답] ③

문 55 **甲, 乙, 丙은 각각 1억 원씩 출자하여 A사업체를 운영하는 「민법」상 조합계약을 체결하였다. 아래 사항들에 대해 조합계약에서 별도의 특약이 없음을 전제로 할 때, 이에 관한 설명 중 옳지 않은 것은?**
(각 지문은 독립적이며, 다툼이 있는 경우 판례에 의함) [변시 7회]

① A사업체가 구입한 부동산에 대하여 甲, 乙, 丙의 명의로 각 지분에 관하여 공유등기를 하였다면 A사업체가 甲, 乙, 丙에게 각 지분에 대하여 명의신탁한 것으로 보아야 한다.
② A사업체에 업무집행자를 두지 않은 경우, 甲과 乙이 A사업체의 명의로 B회사와 매매계약을 체결하였더라도 그 매매계약은 A사업체에 효력이 발생한다.
③ 조합계약으로 업무집행자를 정하지 아니한 경우에는 甲과 乙의 찬성으로 甲을 업무집행자로 선임할 수 있다.
④ A사업체의 업무집행자가 甲으로 정해져 있는 경우에 乙의 임의탈퇴는 甲에 대한 의사표시만으로 효력이 발생한다.
⑤ 甲이 사망한 경우, 甲은 조합을 당연히 탈퇴한 것으로 되고 조합원의 지위가 甲의 상속인에게 승계되지 않는다.

해 설 ① [○] ※ **조합이 조합원명의로 공유등기를 한 경우**(각 지분에 대한 명의신탁)

"동업 목적의 조합체가 부동산을 조합재산으로 취득하였으나 합유등기가 아닌 조합원들 명의로 공유등기를 하였다면 그 공유등기는 조합체가 조합원들에게 각 지분에 관하여 명의신탁한 것것에 불과하므로 부동산 실권리자명의 등기에 관한 법률 제4조 제2항 본문이 적용되어 명의수탁자인 조합원들 명의의 소유권이전등기는 무효이다"(대판 2002.6.14. 2000다30622)

참고판례 ※ **조합이 조합원 1인의 명의로 등기를 한 경우**(그 조합원에 대한 명의신탁)

"매수인들이 상호 출자하여 공동사업을 경영할 것을 목적으로 하는 조합이 조합재산으로서 부동산의 소유권을 취득하였다면 민법 제271조 제1항의 규정에 의하여 당연히 그 조합체의 합유물이 되고, 다만 그 조합체가 합유등기를 하지 아니하고 그 대신 조합원 1인의 명의로 소유권이전등기를 하였다면 이는 조합체가 그 조합원에게 명의신탁한 것으로 보아야 한다"(대판 2006.4.13. 2003다25256).

② [○] **제706조(사무집행의 방법)** 「②항 조합의 업무집행은 조합원의 과반수로써 결정한다. 업무집행자수인인 때에는 그 과반수로써 결정한다.」

☞ 甲과 乙이 찬성하면 조합원 甲, 乙, 丙 중 과반수의 결정이 되므로 지문에서의 매매계약은 A사업체에 효력이 발생한다.

③ [○] **제706조(사무집행의 방법)** 「①항 조합계약으로 업무집행자를 정하지 아니한 경우에는 조합원의 3분의 2이상의 찬성으로써 이를 선임한다.」

☞ A사업체에는 업무집행자가 없고, 甲과 乙이 찬성하면 조합원 甲, 乙, 丙 중 3분의 2이상이 되므로, 甲과 乙은 甲을 업무집행자로 선임할 수 있다.

④ [X] ※ **조합원의 탈퇴**

"민법상 조합에 있어서 조합원은 임의로 탈퇴할 수 있고 그 **탈퇴는 다른 조합원 전원에 대한 의사표시로 하여야 하나**(주 : 조합의 탈퇴는 조합계약의 해지의 성격을 가지므로 종전 조합원의 지분확대와 탈퇴조합원의 지분 계산 등 조합원지위에 중대한 영향을 미치므로 업무집행자가 있음에도 조합원 전원에 대한 의사표시가 필요), 조합계약에서 **탈퇴의사의 표시 방식을 따로 정하는 특약은 유효하다**"(대판 1997.9.9. 96다16896).

☞ 지문에서 임의탈퇴에 대한 별도의 특약이 보이지 않으므로 乙은 甲뿐만 아니라 丙에게도 탈퇴의 의사표시를 하여야 한다.

⑤ [○] ※ **조합원의 사망**

조합체인 경우 특별한 약정이 없으면 사망한 조합원은 조합에서 당연탈퇴되고(제717조 1호), 조합원의 지위는 일신전속적인 권리의무관계로서 상속인에게 상속되지 않는다(대판 1981.7.28. 81다145)

참고판례 종중이 그 소유의 부동산을 여러 명의 종중원에게 명의신탁하면서 그 중 1인이 임의로 지분을 처분하는 것을 막기 위하여 그들의 합유로 등기하는 경우 判例는 "부동산의 합유자 중 일부가 사망한 경우 합유자 사이에 특별한 약정이 없는 한 사망한 합유자의 상속인은 합유자로서의 지위를 승계하는 것이 아니므로 해당 부동산은 잔존 합유자가 2인 이상일 경우에는 잔존 합유자의 합유로 귀속되고 잔존 합유자가 1인인 경우에는 잔존 합유자의 단독소유로 귀속된다"(대판 1994.2.25. 93다39225)는 입장이다.

[정답] ④

문 56 **공동이행 방식의 공동수급체에 관한 설명 중 옳지 않은 것을 모두 고른 것은?** (다툼이 있는 경우 판례에 의함) [변시 6회]

ㄱ. 위 수급체의 구성원들이 상인인 경우 구성원들은 연대하여 도급인에게 하자보수를 이행할 의무가 있다.

ㄴ. 위 수급체의 채권자가 구성원 중 1인만을 가압류채무자로 한 가압류명령으로써 위 수급체의 재산에 가압류집행을 할 수는 없다.

ㄷ. 위 수급체가 공사를 시행함으로 인하여 도급인에 대하여 가지는 채권은 그 구성원들에게 합유적으로 귀속하는 것이어서, 비록 위 수급체와 도급인 사이에 위 수급체가 아닌 개별 구성원으로 하여금 지분비율에 따라 직접 도급인에 대하여 공사대금을 청구할 수 있도록 하는 약정을 한 경우에도, 도급인에 대하여 가지는 채권이 위 수급체 구성원 각자에게 지분비율에 따라 구분하여 귀속될 수는 없다.

ㄹ. 위 수급체의 구성원 중 1인이 그 출자의무를 불이행한 경우, 특별한 사정이 없는 한 출자의무의 불이행을 이유로 그 구성원에 대한 이익분배를 거부할 수 있다.

① ㄷ ② ㄴ, ㄹ
③ ㄷ, ㄹ ④ ㄴ, ㄷ, ㄹ
⑤ ㄱ, ㄴ, ㄷ, ㄹ

해설 ㄱ. [O] "공동이행방식의 공동수급체는 민법상 조합의 성질을 가지는데, 조합의 채무는 조합원의 채무로서 특별한 사정이 없는 한 조합채권자는 각 조합원에 대하여 지분의 비율에 따라 또는 균일적으로 권리를 행사할 수 있지만, **조합채무가 조합원 전원을 위하여 상행위가 되는 행위로 인하여 부담하게 된 것이라면 상법 제57조 제1항을 적용하여 조합원들의 연대책임을 인정함이 상당하므로,** 공동수급체의 구성원들이 상인인 경우 공사도급계약에 따라 도급인에게 하자보수를 이행할 의무는 구성원 전원의 상행위에 의하여 부담한 채무로서 공동수급체의 구성원들은 연대하여 도급인에게 하자보수를 이행할 의무가 있다"(대판 2015.3.26. 2012다25432)

ㄴ. [O] "**민법상 조합에서 조합의 채권자가 조합재산에 대하여 강제집행을 하려면 조합원 전원에 대한 집행권원을 필요로** 하고, 조합재산에 대한 강제집행의 보전을 위한 가압류의 경우에도 마찬가지로 조합원 전원에 대한 가압류명령이 있어야 할 것이므로, 조합원 중 1인만을 가압류채무자로 한 가압류명령으로써 조합재산에 가압류집행을 할 수는 없다"(대판 2015.10.29. 2012다21560).

ㄷ. [X] "**공동이행방식의 공동수급체는 기본적으로 민법상 조합의 성질**을 가지는 것이므로, 공동수급체가 공사를 시행함으로 인하여 도급인에 대하여 가지는 채권은 원칙적으로 공동수급체의 구성원에게 합유적으로 귀속하는 것이어서 특별한 사정이 없는 한 **구성원 중 1인이 임의로 도급인에 대하여 출자지분의 비율에 따른 급부를 청구할 수 없다. 다만 공동이행방식의 공동수급체라도 그 개별 구성원이 각자의 지분비율에 따라 직접 도급인에게 공사대금을 청구할 수 있도록 하는 별도의 약정을 한 경우와** 같이 공사도급계약의 내용에 따라서는 도급인에 대한 채권이 조합체로서의 공동수급체가 아니라 구성원 각자에게 지분비율에 따라 구분 · 귀속될 수 있다"(대판 2013.7.11. 2011다60759)

ㄹ. [X] "**건설공동수급체는 기본적으로 민법상 조합**의 성질을 가지는 것인데, 건설공동수급체의 구성원

인 조합원이 그 출자의무를 불이행하였더라도 그 조합원을 조합에서 제명하지 않는 한 건설공동수급체는 조합원에 대한 출자금채권과 그 연체이자채권, 그 밖의 손해배상채권으로 조합원의 이익분배청구권과 직접 상계할 수 있을 뿐이고, **조합계약에서 출자의무의 이행과 이익분배를 직접 연계시키는 특약을 두지 않는 한 출자의무의 불이행을 이유로 이익분배 자체를 거부할 수는 없다**"(대판 2006.8.25. 2005다16959)

[정답] ③

제4장 사무관리

문 57 **사무관리에 관한 설명 중 옳은 것은?** (다툼이 있는 경우 판례에 의함) [변시 6회]

① 사인이 처리한 국가의 사무가 사인이 국가를 대신하여 처리할 수 있는 것으로서 사무처리의 긴급성 등 국가의 사무에 대한 사인의 개입이 정당화되는 경우라도, 사인이 법령상 근거 없이 국가의 사무를 수행할 수 없다는 점을 고려하면, 사인은 국가에 대하여 국가의 사무를 처리하면서 지출한 비용의 상환을 청구할 수 없다.

② 甲이 乙과의 약정에 따라 丙의 사무를 처리한 경우 甲의 사무처리행위는 원칙적으로 丙과의 관계에서 사무관리가 된다.

③ 甲회사가 계약상 의무 없이 乙회사를 위하여 경비사무를 처리한 경우 乙회사에게 이에 따른 비용상환을 청구할 수 있고, 乙회사와의 계약에 의해 경비사무를 담당할 의무가 있었던 丙회사에게도 비용 상당의 부당이득반환을 청구할 수 있다.

④ 甲이 乙에 대한 자신의 채권을 보전하기 위하여 乙이 다른 상속인 丙과 공동으로 상속받은 부동산에 관하여 공동상속등기를 대위신청하여 그 등기가 행하여진 경우, 특별한 사정이 없는 한 甲은 자신의 채무자가 아닌 丙에게 사무관리에 기하여 그 등기에 소요된 비용의 상환을 청구할 수 없다.

⑤ 직업에 의하여 유상으로 타인을 위하여 일하는 甲이 향후 계약이 체결될 것을 예정하여 그 직업의 범위 내에서 乙을 위한 행위를 하였으나 그 후 계약이 체결되지 아니함에 따라 타인을 위한 사무를 관리한 것으로 인정되는 경우, 甲이 다른 사람을 고용하지 않고 직접 사무를 처리하였다면 甲은 乙에게 통상의 보수에 상응하는 금액을 필요비 내지 유익비로 청구할 수 있다.

해 설 ① [X] "타인의 사무가 국가의 사무인 경우, 원칙적으로 사인이 법령상의 근거 없이 국가의 사무를 수행할 수 없다는 점을 고려하면, 사인이 처리한 국가의 사무가 사인이 국가를 대신하여 처리할 수 있는 성질의 것으로서, 사무 처리의 긴급성 등 국가의 사무에 대한 사인의 개입이 정당화 되는 경우에 한하여 사무관리가 성립하고, 사인은 그 범위 내에서 국가에 대하여 국가의 사무를 처리하면서 지출된 필요비 내지 유익비의 상환을 청구할 수 있다"(대판 2014.12.11. 2012다15602).

② [X] 사무관리가 성립하기 위해서는 i) 타인의 사무를 관리하여야 하고 ii) 관리에 관한 법률상 또는 계약상의 의무가 없어야 하며 iii) 사무관리 의사가 있어야 하고(통설 · 判例), iv) 본인에게 불리하거나 본인의 의사에 반하는 것이 명백하지 않을 것을 요건으로 한다(제734조, 제737조 단서). ☞ ii) 요건과 관련하여 위 지문과 같이 **약정에 따라 사무를 처리하였다면 계약상의 의무를 이행한 것에 불과하여 사무관리가 성립하지 않는다.**

"의무 없이 타인의 사무를 처리한 자는 그 타인에 대하여 민법상 사무관리 규정에 따라 비용상환 등을 청구할 수 있으나, '제3자와의 약정'에 따라 타인의 사무를 처리한 경우에는 의무 없이 타인의 사무를 처리한 것이 아니므로 이는 원칙적으로 그 타인과의 관계에서는 사무관리가 된다고 볼 수 없다"(대판 2013.9.26. 2012다43539)

③ [X] "계약상 급부가 계약 상대방뿐 아니라 제3자에게 이익이 된 경우에 급부를 한 계약당사자는 계약 상대방에 대하여 계약상 반대급부를 청구할 수 있는 이외에 제3자에 대하여 직접 부당이득반환청구를 할 수는 없다고 보아야 하고(**전용물 소권 부정**), **이러한 법리는 급부가 사무관리에 의하여 이루어진 경우에도 마찬가지이다.** 따라서 의무 없이 타인을 위하여 사무를 관리한 자는 타인에 대하여 민법상 사무관리 규정에 따라 비용상환 등을 청구할 수 있는 외에 사무관리에 의하여 결과적으로 사실상 이익을 얻은 다른 제3자에 대하여 직접 부당이득반환을 청구할 수는 없다"(대판 2013.6.27. 2011다17106)

☞ 따라서 甲회사가 계약상 의무 없이 乙회사를 위하여 경비사무를 처리한 경우, 甲회사는 乙회사에게 사무관리 규정에 따른 비용상환을 청구할 수 있으나(제739조), 乙회사와의 계약에 의해 경비사무를 담당할 의무가 있었던 丙회사에게 사무관리에 의하여 결과적으로 사실상 이익을 얻었다는 이유로 비용 상당의 부당이득반환을 청구할 수 없다(**전용물소권의 부정**).

참고쟁점 사무관리가 성립하게 되면 본인과 관리자 사이에 '법정채권관계'가 발생하므로, 이때에는 부당이득이 문제되지 않는다. 이와 같이 사무관리는 적법행위 또는 법률상의 원인에 해당하므로, 사무관리가 성립하게 되면 부당이득이나 불법행위가 성립하지 않는다. 따라서 부당이득, 불법행위의 성립여부 보다는 사무관리의 성립여부를 먼저 검토하여야 한다.

④ [X] 사무관리가 성립하기 위해서는 관리자에게 '타인을 위하여' 하는 관리의사가 있어야 한다(대판 1994.12.22. 94다1072). 여기에서 '타인을 위하여 사무를 처리하는 의사'는 관리자 자신의 이익을 위한 의사와 병존할 수 있다. 즉, 지문과 같은 사안에서 判例는 "채권자가 자신의 채권을 보전하기 위하여 채무자가 다른 상속인과 공동으로 상속받은 부동산에 관하여 공동상속등기를 대위신청하여 등기가 행하여진 경우, 채권자가 채무자가 아닌 제3자(다른 공동상속인)에 대하여 사무관리에 기하여 등기에 소요된 비용의 상환을 청구할 수 있다"(대판 2013.8.22. 2013다30882)고 하였다.

참고판례 상속인의 한정승인 또는 상속포기가 없는 동안(승인 · 포기의 기간 내)에 채권자가 상속등기 신청행위를 대위행사할 수 있는지와 관련하여 判例는 행사상 일신전속권이 아니라는 이유로 긍정하고 있다(대결 1964.4.3. 63마54)

⑤ [O] 관리자에게 보수를 지급할 민법상 의무는 없다. 다만, 判例는 **상행위와 관련한 사무관리의 경우** 통상의 보수를 기준으로 비용상환청구를 인정한 사례가 있다.

☞ 대한주택공사는 A에게 도급공사를 주면서 공사로 인한 쓰레기 등의 처리업무도 맡기고, 또한 법령의 규정에 따라 폐기물 처리업체 B와 위 건설현장에서 발생한 건설폐기물 처리 용역계약을 체결하였는데, B가 계약물량을 초과하는 폐기물이 발생한 것에 대해 A의 요청을 받고 이를 처리한 경우(A와 B 사이의 계약은 성립하지 않는 것으로 봄) 判例는 "관리자 B가 처리한 사

무의 내용이 관리자B와 대한주택공사 사이에 체결된 계약상의 급부와 그 성질이 동일하다고 하더라도, 관리자가 위 계약상 약정된 급부를 모두 이행한 후 본인과의 사이에 별도의 계약이 체결될 것을 기대하고 사무를 처리하였다면 그 사무는 위 약정된 의무의 범위를 벗어나 이루어진 것으로서 법률상 의무 없이 사무를 처리한 것이며, 이 경우 타인을 위하여 사무를 처리하는 의사가 있다. 따라서 그 초과부분의 처리업무는 A의 사무에 속하고 B는 의무 없이 이를 처리한 것이므로 그 부분에 대해 A와의 관계에서 사무관리가 성립한다. 또한 이와 같이 상행위와 관련한 사무관리의 경우 통상의 보수를 기준으로 제739조 1항의 비용상환청구권이 인정된다"(대판 2010.1.14, 2007다55477)고 한다.

[정답] ⑤

문 58 **甲은 이웃에 사는 乙이 해외여행을 간 사이에 폭우가 내려 乙의 담장이 무너지려는 것을 보고 건축업자인 丙과 위 담장이 무너지지 않도록 보강공사 도급계약을 체결하였고, 丙은 위 보강공사를 완료하였다. 이에 관한 설명 중 옳지 않은 것은? (각 지문은 독립적이며, 다툼이 있는 경우 판례에 의함)**

[변시 8회]

① 甲과 乙 사이에 사무관리가 성립하기 위해서는 甲에게 乙을 위하여 사무를 처리한다는 관리의사가 있어야 한다.

② 丙과 乙 사이에는 계약관계가 존재하지 않으므로 丙은 乙을 상대로 위 담장의 보강공사로 인하여 증가한 이득액에 대하여 부당이득반환청구를 할 수 있다.

③ 丙은 甲에게 도급계약에 기하여 위 공사비의 지급을 청구할 수 있다.

④ 甲과 乙 사이에 사무관리가 성립하는 경우에는 甲은 乙을 상대로 丙에게 지급한 공사비를 비용으로 청구할 수 있다.

⑤ 甲과 乙 사이에 사무관리가 성립하는 경우에는 甲은 乙에게 丙에 대한 위 도급계약상의 채무를 자기에 갈음하여 변제할 것을 청구할 수 있다.

해설 ① [O] ※ **사무관리의 의의 및 성립요건 (사, 법, 의, 불)**

사무관리란 관리자가 법률상 또는 계약상 의무 없이 타인을 위하여 그의 사무를 처리해줌으로써 생기는 관리자와 타인 사이의 '법정채권관계'를 말한다(제734조 1항). 사무관리가 성립하기 위해서는 i) 타인의 사무를 관리하여야 하고 ii) 관리에 관한 법률상 또는 계약상의 의무가 없어야 하며 iii) 사무관리 의사가 있어야 하고(통설 · 判例), iv) 본인에게 불리하거나 본인의 의사에 반하는 것이 명백하지 않을 것을 요건으로 한다(제734조, 제737조 단서).

관련판례 "사무를 처리한 자에게 타인을 위하여 처리한다는 관리의사가 없는 경우에는 사무관리가 성립될 수 없다"(대판 1995.9.15, 94다59943)

② [X], ③ [O] ※ **전용물소권의 부정 (계, 일, 항)**

"계약상의 급부가 계약의 상대방뿐만 아니라 제3자의 이익으로 된 경우에 급부를 한 계약당사자가 계약 상대방에 대하여 계약상의 반대급부를 청구할 수 있는 이외에 그 제3자에 대하여 직접 부당이득반환청구를 할 수 있다고 보면, i) 자기 책임 하에 체결된 계약에 따른 위험부담을 제3자에게 전가시키는 것이 되어 계약법의 기본원리에 반하는 결과를 초래할 뿐만 아니라, ii) 채권자인 계약당사자가 채무자인 계약 상대방의 일반채권자에 비하여 우대 받는 결과가 되어 일반채권자의 이익을 해치게 되고, iii) 수익자인 제3자가 계약 상대방에 대하여 가지는 항변권 등을 침해하게 되어 부당하므로, 위와 같은 경우 계약상의 급부를 한 계약당사자는 이익의 귀속 주체인 제3자에 대하여 직접 부당이득반환을 청구할 수는 없다"(대판 2002.8.23, 99다66564,66571).
☞ 사안의 경우, 丙이 보강공사를 한 것은 甲과의 도급계약에 따른 것이었다. 만일, 丙이 담장의 소유권자인 乙을 상대로, 乙이 현재 그 보강공사에 따른 이익을 누리고 있음을 이유로 하여 공사대금 상당액을 부당이득으로 청구할 수 있다고 본다면, 계약상의 채권을 실현하기 위하여 부당이득반환청구권을 전용하는 것이 되는데, 이는 부당이득규정의 보충성에 비추어 부당하다. 결국, 丙은 甲에게 도급계약에 따른 공사대금을 청구할 수 있을 뿐이다.

④ [○] ※ 사무관리 효과로서 본인의 비용상환의무
사무관리가 성립하는 경우, 관리자가 본인을 위하여 비용을 지출한 때에는 본인에게 일정한 비용상환의무가 있다. 즉, 관리자가 필요비 또는 유익비를 지출한 때, 본인은 자신의 의사에 반하지 않는 경우에는 필요비 또는 유익비의 '전액'을 '본인의 이득 여하와는 관계없이' 상환해야 하고(제739조 1항), 자신의 의사에 반하는 경우에는 '현존이익'의 한도에서 비용상환의무를 진다(제739조 3항).

⑤ [○] ※ 사무관리 효과로서 대변제청구권
관리자가 본인을 위하여 필요 또는 유익한 채무를 부담한 때에는, 본인에게 자기에 갈음하여 이를 변제하게 할 수 있고 그 채무가 변제기에 있지 아니한 때에는 상당한 담보를 제공하게 할 수 있다(제739조 2항, 제688조 2항)

[정답] ②

제5장 부당이득

문59 丙의 甲에 대한 부당이득반환 청구에 관한 설명 중 옳은 것은? (다툼이 있는 경우 판례에 의함) [변시 9회]

① 금전채권의 질권자 甲이 자기채권의 범위 내에서 직접청구권을 행사하여 제3채무자인 丙으로부터 자기채권을 변제받은 경우, 질권설정자 乙이 丙에 대해 가지는 입질채권의 발생원인계약이 무효라면, 특별한 사정이 없는 한 丙은 甲을 상대로 직접 변제금 상당의 부당이득반환을 청구할 수 있다.

② 丙이 법률상 의무 없이 乙을 위하여 사무를 관리한 경우, 그 사무관리행위로 甲이 결과적으로 사실상 이익을 얻었다면 丙은 甲을 상대로 직접 그 이익 상당의 부당이득반환을 청구할 수 있다.

③ 유효한 도급계약에 기하여 수급인 丙이 도급인 乙로부터 甲 소유의 물건을 인도받아 수리한 결과 그 물건의 가치가 증가한 경우, 丙은 甲을 상대로 직접 증가액 상당의 「민법」 제203조에 의한 비용상환이나 제741조에 의한 부당이득반환을 청구할 수 없다.

④ 丙이 착오로 자신의 乙은행 예금계좌에 예금된 돈을 丁의 甲은행 예금계좌로 송금한 경우, 丙은 甲은행을 상대로 직접 송금액 상당의 부당이득반환을 청구할 수 있다.

⑤ 채무자인 乙이 丙으로부터 횡령한 금전을 자신의 채권자인 甲에게 변제하는 데 사용한 경우, 甲이 변제수령 당시 乙의 횡령사실을 알았더라도 丙은 甲을 상대로 변제금 상당의 부당이득반환을 직접 청구할 수 없다.

해설 ① [X] ※ 입질채권의 발생원인인 계약관계에 무효 등의 흠이 있어 입질채권이 부존재하는 경우

"금전채권의 질권자가 민법 제353조 제1항, 제2항에 의하여 자기채권의 범위 내에서 직접청구권을 행사하는 경우 질권자는 질권설정자의 대리인과 같은 지위에서 입질채권을 추심하여 자기채권의 변제에 충당하고 그 한도에서 질권설정자에 의한 변제가 있었던 것으로 보므로, 위 범위 내에서는 **제3채무자의 질권자에 대한 금전지급으로써 제3채무자의 질권설정자에 대한 급부가 이루어질 뿐만 아니라 질권설정자의 질권자에 대한 급부도 이루어진다**(이른바 단축급부 : 저자주). **이러한 경우 입질채권의 발생원인인 계약관계에 무효 등의 흠이 있어 입질채권이 부존재한다고 하더라도 제3채무자는 특별한 사정이 없는 한 상대방 계약당사자인 질권설정자에 대하여 부당이득반환을 구할 수 있을 뿐이고 질권자를 상대로 직접 부당이득반환을 구할 수 없다.** 이와 달리 제3채무자가 질권자를 상대로 직접 부당이득반환청구를 할 수 있다고 보면 자기 책임하에 체결된 계약에 따른 위험을 제3자인 질권자에게 전가하는 것이 되어 계약법의 원리에 반하는 결과를 초래할 뿐만 아니라 질권자가 질권설정자에 대하여 가지는 항변권 등을 침해하게 되어 부당하기 때문이다"(대판 2015.5.29. 2012다92258).

☞ 제3채무자 丙은 질권설정자 乙을 상대로 부당이득반환을 구할 수 있을 뿐이다.

② [X] ※ 사무관리와 전용물 소권

"**전용물소권은 부정되는바, 이러한 법리는 그 급부가 사무관리에 의하여 이루어진 경우에도 마찬가지이다.**

따라서 의무 없이 타인을 위하여 사무를 관리한 자는 타인에 대하여 민법상 사무관리 규정에 따라 비용상환 등을 청구할 수 있는 외에 사무관리에 의하여 결과적으로 사실상 이익을 얻은 다른 제3자에 대하여 직접 부당이득반환을 청구할 수는 없다"(대판 2013.6.27. 2011다17106)

☞ 사무관리자 丙은 타인 乙을 상대로 사무관리 규정(제739조)에 따른 비용상환청구를 할 수 있을 뿐이다.

즉, 사무관리가 성립하게 되면 본인과 관리자 사이에 '법정채권관계'가 발생하므로, 이때에는 부당이득이 문제되지 않는다. 이와 같이 사무관리는 적법행위 또는 법률상의 원인에 해당하므로, 사무관리가 성립하게 되면 부당이득이나 불법행위가 성립하지 않는다.

③ [○] ※ 점유자의 비용상환청구권

제203조에 의해 비용상환을 청구할 수 있는 자는 i) 타인의 소유물을 권원없이 점유하는 자여야 하며, ii) 그 비용지출과정을 주도하고 관리한 자일 것을 요한다.

"유효한 도급계약에 기하여 수급인이 도급인으로부터 제3자 소유 물건의 점유를 이전받아 이를 수리한 결과 그 물건의 가치가 증가한 경우, 도급인이 그 물건을 간접점유하면서 궁극적으로 자신의 계산으로 비용지출과정을 관리한 것이므로, **도급인만이 소유자에 대한 관계에 있어서 제203조에 의한 비용상환청구권을 행사할 수 있는 비용지출자라고 할 것이고, 수급인은 그러한 비용지출자에 해당하지 않는다**"(대판 2002.8.23. 99다66564,66571).

☞ 수급인 丙이 아니라 도급인 乙이 소유자 甲을 상대로 점유자의 비용상환청구권 규정(제203조)에 따른 비용상환청구를 할 수 있다.

④ [×] ※ 착오송금의 경우 송금의뢰인의 수취은행에 대한 부당이득반환청구 가부(소극)

"예금거래기본약관에 따라 송금의뢰인이 수취인의 예금계좌에 자금이체를 하여 예금원장에 입금의 기록이 된 때에는 특별한 사정이 없는 한 송금의뢰인과 수취인 사이에 자금이체의 원인인 법률관계가 존재하는지 여부에 관계없이 수취인과 수취은행 사이에 위 입금액 상당의 예금계약이 성립하고 수취인이 수취은행에 대하여 위 입금액 상당의 예금채권을 취득하며, 이때 송금의뢰인과 수취인 사이에 계좌이체의 원인이 되는 법률관계가 존재하지 않음에도 불구하고 계좌이체에 의하여 수취인이 계좌이체 금액 상당의 예금채권을 취득한 경우에는, **송금의뢰인은 수취인에 대하여 위 금액 상당의 부당이득반환청구권을 가지게 되지만, 수취은행은 이익을 얻은 것이 없으므로 수취은행에 대하여는 부당이득반환청구권을 취득하지 아니한다**"(대판 2012.3.29. 2011다89040).

⑤ [×] ※ 횡령한 돈에 의한 변제

대법원은 "부당이득제도는 이득자의 재산상 이득이 법률상 원인을 결여하는 경우에 공평·정의의 이념에 근거하여 이득자에게 그 반환의무를 부담시키는 것인바, 채무자가 피해자로부터 횡령한 금전을 그대로 채권자에 대한 채무변제에 사용하는 경우 피해자의 손실과 채권자의 이득 사이에 인과관계가 있음이 명백하고, 한편 채무자가 횡령한 금전으로 자신의 채권자에 대한 채무를 변제하는 경우 **채권자가 그 변제를 수령함에 있어 악의 또는 중대한 과실이 있는 경우에는 채권자의 금전 취득은 피해자에 대한 관계에 있어서 법률상 원인을 결여한 것**으로 봄이 상당하나, 채권자가 그 변제를 수령함에 있어 단순히 과실이 있는 경우에는 그 변제는 유효하고 채권자의 금전 취득이 피해자에 대한 관계에 있어서 법률상 원인을 결여한 것이라고 할 수 없다"(대판 2003.6.13. 2003다8862)고 하였다.

☞ 채무자(乙)가 피해자(丙)로부터 횡령한 금전을 채권자(甲)에 대한 채무변제에 사용한 경우, 채권자의 금전 취득이 피해자에 대한 관계에서 부당이득으로 되기 위하여 채권자(甲)의 악의·중과실이 필요하다.

[정답] ③

문 60 다음 중 부당이득에 관한 판례의 입장과 다른 것은? [변시 1회]

① 배당요구가 필요한 채권자가 실체법상 우선변제청구권이 있다 하더라도 적법한 배당요구를 하지 아니하여 배당에서 제외된 경우, 배당받은 후순위채권자를 상대로 부당이득의 반환을 청구할 수 없다.

② 매도인에게 소유권이 유보된 채 매수인에게 인도된 건축자재가, 매매대금이 모두 지급되지 않은 상태에서 매수인과 제3자 사이에 체결된 도급계약의 이행에 따라 제3자 소유의 신축건물에 부합된 경우, 매도인은 제3자가 소유권 유보에 관하여 과실 없이 알지 못하였더라도 그에게 부당이득의 반환을 청구할 수 있다.

③ 부동산에 대한 취득시효가 완성되면, 점유자가 그 명의로 소유권이전등기를 마치지 아니하여 아직 소유권을 취득하지 못하였다고 하더라도, 소유자는 점유자에 대하여 점유로 인한 부당이득반환청구를 할 수 없다.

④ 타인 소유의 토지 위에 권원 없이 건물을 소유하고 있는 자는 그 건물을 실제로 사용, 수익하고 있지 아니하더라도 특별한 사정이 없는 한 법률상 원인 없이 타인의 재산으로 인하여 토지의 차임에 상당하는 이익을 얻고 이로 인하여 타인에게 동일한 금액 상당의 손해를 주고 있다고 보아야 한다.

⑤ 채무자가 횡령한 금전으로 자신의 채권자에 대한 채무를 변제하는 경우, 채권자가 그 변제를 수령함에 있어 악의 또는 중대한 과실이 있다면 채권자의 금전 취득은 피해자에 대한 관계에 있어서 법률상 원인을 결여한 것으로 된다.

해 설 ① [O] "민사소송법 제605조 제1항(현 민사집행법 제88조 1항)에서 규정하는 배당요구가 필요한 배당요구채권자는, 압류의 효력발생 전에 등기한 가압류채권자, 경락으로 인하여 소멸하는 저당권자 및 전세권자로서 압류의 효력발생 전에 등기한 자 등 당연히 배당을 받을 수 있는 채권자의 경우와는 달리, 경락기일까지 배당요구를 한 경우에 한하여 비로소 배당을 받을 수 있고, 적법한 배당요구를 하지 아니한 경우에는 비록 실체법상 우선변제청구권이 있다 하더라도 경락대금으로부터 배당을 받을 수는 없을 것이므로, 이러한 **배당요구채권자가 적법한 배당요구를 하지 아니하여 그를 배당에서 제외하는 것으로 배당표가 작성·확정되고 그 확정된 배당표에 따라 배당이 실시되었다면 그가 적법한 배당요구를 한 경우에 배당받을 수 있었던 금액 상당의 금원이 후순위채권자에게 배당되었다고 하여 이를 법률상 원인이 없는 것이라고 할 수 없다**"(대판 2002.1.22. 2001다70702).

② [X] "민법 제261조의 보상청구가 인정되기 위해서는 민법 제261조 자체의 요건만이 아니라, 부당이득 법리에 따른 판단에 의하여 부당이득의 요건이 모두 충족되었음이 인정되어야 한다. 매도인에게 소유권이 유보된 자재가 제3자와 매수인 사이에 이루어진 도급계약의 이행으로 제3자 소유 건물의 건축에 사용되어 부합된 경우 보상청구를 거부할 법률상 원인이 있다고 할 수 없지만, **제3자가 도급계약에 의하여 제공된 자재의 소유권이 유보된 사실에 관하여 과실 없이 알지 못한 경우라면 선의취득의 경우와 마찬가지로 제3자가 그 자재의 귀속으로 인한 이익을 보유할 수 있는 법률상 원인이 있다고 봄이 상당하므로, 매도인으로서는 그에 관한 보상청구를 할 수 없다**"(대판 2009.9.24. 2009다15602).

③ [O] "부동산에 대한 취득시효가 완성되면 점유자는 소유명의자에 대하여 취득시효완성을 원인으로 한 소유권이전등기절차의 이행을 청구할 수 있고 소유명의자는 이에 응할 의무가 있으므로 점유자가 그 명의로 소유권이전등기를 경료하지 아니하여 아직 소유권을 취득하지 못하였다고 하더라도 소유명의자는 점유자에 대하여 점유로 인한 부당이득반환청구를 할 수 없다"(대판 1993.5.25. 92다51280).

④ [O] **타인소유의 '토지'를 법률상 원인 없이 점유하고 있는 경우**
判例는 "타인 소유의 토지 위에 권한 없이 건물을 소유하고 있는 자는 그 자체로써 특별한 사정이 없는 한 법률상 원인 없이 타인의 재산으로 인하여 토지의 차임에 상당하는 이익을 얻고 이로 인하여 타인에게 동액 상당의 손해를 주고 있다고 보아야 한다"(대판 1998.5.8. 98다2389)고 판시하고 있다. 따라서 건물을 사용·수익하지 않더라도 '부지'에 관한 부당이득은 성립한다. 그리고 최근 判例에 따르면 이는 건물의 소유자가 미등기건물의 원시취득자로서 그 건물에 관하여 '사실상의 처분권을 보유하게 된 양수인'이 따로 존재하는 경우에도 다르지 아니하다고 한다(대판 2011.7.14. 2009다76522). 즉 미등기건물의 원시취득자가 토지의 차임에 상당하는 부당이득을 얻고 있는 것이 된다.

비교판례 **타인소유의 '건물'을 법률상 원인 없이 점유하고 있는 경우 判例는** "법률상 원인 없이 이득하였음을 이유로 하는 부당이득반환에 있어서 이득이라 함은, '실질적인 이익'을 가리키는 것이므로 법률상 원인 없이 건물을 점유하고 있더라도 이를 사용·수익하지 못하였다면 실질적인 이익을 얻었다고 볼 수 없다"(대판 1992.4.14. 91다45202,45219)고 판시하고 있다.

⑤ [O] "부당이득제도는 이득자의 재산상 이득이 법률상 원인을 결여하는 경우에 공평·정의의 이념에 근거하여 이득자에게 그 반환의무를 부담시키는 것인바, 채무자가 피해자로부터 횡령한 금전을 그대로 채권자에 대한 채무변제에 사용하는 경우 피해자의 손실과 채권자의 이득 사이에 인과관계가 있음이 명백하고, 한편 **채무자가 횡령한 금전으로 자신의 채권자에 대한 채무를 변제하는 경우 채권자가 그 변제를 수령함에 있어 악의 또는 중대한 과실이 있는 경우에는 채권자의 금전 취득은 피해자에 대한 관계에 있어서 법률상 원인을 결여한 것**으로 봄이 상당하나, 채권자가 그 변제를 수령함에 있어 단순히 과실이 있는 경우에는 그 변제는 유효하고 채권자의 금전 취득이 피해자에 대한 관계에 있어서 법률상 원인을 결여한 것이라고 할 수 없다"(대판 2003.6.13. 2003다8862).
☞ 예를 들어 甲이 A소유의 돈을 횡령하여 자신의 채권자 B에게 변제한 경우 A가 직접 B를 상대로 甲으로부터 받은 (甲이 횡령한) 금액에 대해 부당이득의 반환을 청구할 수 있는지 문제되는바, 判例는 채무자(甲)가 피해자(A)로부터 횡령한 금전을 채권자(B)에 대한 채무변제에 사용한 경우, 채권자의 금전 취득이 피해자에 대한 관계에서 부당이득으로 되기 위하여 채권자의 악의·중과실이 필요하다고 보았다.

[정답] ②

문 61 **부당이득에 관한 설명 중 옳지 않은 것은?** (다툼이 있는 경우에는 판례에 의함) [변시 4회]

① 타인의 소유물을 권원 없이 점유함으로써 얻은 사용이익을 반환하는 경우, 악의의 수익자는 받은 이익에 이자를 붙여 반환하여야 하며, 위 이자의 이행지체로 인한 지연손해금도 지급하여야 한다.

② 수익자가 이익을 받은 후 법률상 원인없음을 안 때에는 그 때부터 악의의 수익자로서 이익반환의 책임이 있다.

③ 비채변제와 관련하여, 지급자가 채무 없음을 알고 있었으나 변제를 강요당하거나 변제거절로 인한 사실상의 손해를 피하기 위하여 부득이 변제하게 된 경우에는 지급자가 그 반환청구권을 상실하지 않는다.

④ 법률행위의 내용 자체는 반사회질서적인 것이 아니라고 하여도 법률행위 과정에서 표시되거나 상대방에게 알려진 법률행위의 동기가 반사회질서적인 경우에는 불법원인급여에 있어서의 불법원인에 해당한다.

⑤ 불법원인급여 후 급부를 이행받은 자가 급부의 원인행위와 별도의 약정으로 급부 그 자체 또는 그에 갈음한 대가물을 반환하기로 특약하는 것은 무효이다.

해 설 ① [○] 判例에 따르면 악의의 점유자의 반환에 관한 제201조 2항은 제748조 2항의 특칙이 아니어서 악의의 점유자는 제201조 2항에 따라 과실을 반환하는 외에 다시 제748조 2항을 적용하여 ⅰ) 임료 상당의 부당이익(사용이익) 및 ⅱ) 그에 따른 법정이자와 ⅲ) 위 부당이득 및 이자액에 대한 지연이자도 지급해야 한다고 한다(아래 2001다61869판결).

관련판례 "타인 소유물을 권원 없이 점유함으로써 얻은 사용이익을 반환하는 경우 민법은 선의 점유자를 보호하기 위하여 제201조 1항을 두어 선의 점유자에게 과실수취권을 인정함에 대하여, 이러한 보호의 필요성이 없는 **악의 점유자에 관하여는 제201조 2항을 두어 과실수취권이 인정되지 않는다는 취지를 규정하는 것으로 해석되는바, 따라서 악의 수익자가 반환하여야 할 범위는 제748조 2항에 따라 정하여지는 결과 그는 받은 이익에 이자를 붙여 반환하여야 한다.** 위 조문에서 규정하는 이자는 당해 침해행위가 없었더라면 원고가 위 임료로부터 통상 얻었을 법정이자 상당액을 말하는 것이므로, **악의 수익자는 위 이자의 이행지체로 인한 지연손해금도 지급하여야 할 것이다**"(대판 2003.11.4, 2001다61869).

② [○] **제749조(수익자의 악의인정)** 「①항 수익자가 이익을 받은 후 법률상 원인 없음을 안 때에는 그때부터 악의의 수익자로서 이익반환의 책임이 있다. ②항 선의의 수익자가 패소한 때에는 그 소를 제기한 때부터 악의의 수익자로 본다.」

③ [○] 채무가 없음에도 불구하고 채무자로서 변제하였다면 당연히 부당이득반환채권을 갖는다(제741조). 그러나 ① 채무 없음을 알고 이를 변제하거나(제742조), ② 그 변제가 도의관념에 적합한 때(제744조)에는 그 반환을 청구하지 못한다.
주의할 점은 변제를 강제당한 경우나 변제거절로 인한 사실상의 손해를 피하기 위하여 부득이 변제하게 된 경우 등 그 변제가 자기의 자유로운 의사에 반하여 이루어진 것으로 볼 수 있는 사정이 있는 때에는 지급자가 그 반환청구권을 상실하지 않는다(대판 1997.7.25, 97다5541)는 점이다.

④ [○] "제746조의 불법원인은 **설사 법률**(강행규정)**의 금지함에 위반한 경우라 할지라도** 그것이 선량한 풍속 기타 사회질서에 위반하지 않는 경우에는 이에 해당하지 않는다"고 판시하여 동 **일개념설의 입장**이다(대판 1983.11.22. 83다430)

"**제103조에 의하여 무효로 되는 '법률행위'는** ① 법률행위의 내용이 선량한 풍속 기타 사회질서에 위반되는 경우뿐만 아니라, ② 그 내용 자체는 반사회질서적인 것이 아니라고 하여도 i) 법률적으로 이를 강제하거나, ii) 법률행위에 반사회질서적인 조건 또는 iii) 금전적인 대가가 결부됨으로써 반사회질서적 성질을 띠게 되는 경우 및 iv) **표시되거나 상대방에게 알려진 법률행위의 동기가 반사회질서적인 경우를 포함한다**"(대판 2001.2.9. 99다38613).

⑤ [×] 判例는 종래에 급여물을 그대로 반환하기로 한 경우이든(대판 1995.7.14. 94다51994), 급여물이 아닌 다른 물품의 지급을 받기로 한 경우이든(대판 1964.7.21. 64다389) 반환약정은 모두 불법원인 급여의 반환을 구하는 범주에 속하는 것으로서 무효라고 하였다. 그런데 **최근에는 "반환약정 자체가 사회질서에 반하여 무효가 되지 않는 한 유효하다**고 할 것이고, 무효여부는 반환약정 그 자체의 목적뿐만 아니라 당초의 불법원인급여가 이루어진 경우, 쌍방당사자의 불법성의 정도, 반환약정의 체결과정 등 제103조 위반 여부를 판단하기 위한 제반요소를 종합적으로 고려하여 결정해야 한다"고 한다(대판 2010.5.27. 2009다1258).

비교판례 불법원인급여의 수령자가 임의로 급여된 물건이나 이에 갈음하여 다른 물건을 급여자에게 반환하는 것(임의반환)은 선량한 풍속 기타 사회질서에 위배되는 것은 아니다(대판 1964.10.27. 64다798,799). 제746조는 불법원인급여자의 반환청구를 법률상 보호하지 않겠다는 것일 뿐이지 수령자의 급부 보유가 정당하다는 것은 아니기 때문이다.

[정답] ⑤

문62 **甲은 자신의 명의로 실명확인을 거친 후 A 은행과 3억 원을 예치하는 계약을 체결하고 그에 관한 계약서를 작성하여 예금원장에 3억 원의 입금사실이 기록되었다. 그후 甲이 乙에 대한 매매대금 3억 원을 지급하기 위하여 A 은행을 통해 乙이 거래하는 B 은행의 乙 계좌로 송금한다는 것이 착오로 계좌번호를 잘못 기재하여 丙이 거래하는 B 은행의 丙 계좌로 송금하고 말았다. 이에 관한 법률관계 중 옳은 것(○)과 옳지 않은 것(×)을 올바르게 조합한 것은?** (이자나 지연손해금은 고려하지 않고, 각 지문은 독립적이며, 다툼이 있는 경우 판례에 의함) [변시 5회]

ㄱ. 甲과 丙 사이에는 급부의 원인관계가 존재하지 않으므로 丙이 B 은행에 대하여 3억 원의 예금채권을 취득하는 것은 아니다.
ㄴ. 甲과 丙 사이에는 급부의 원인관계가 존재하지 않으므로 甲은 丙 계좌가 개설된 B 은행에 대하여 3억 원의 부당이득반환청구권을 갖게 된다.
ㄷ. 만약 甲이 A 은행에 예치한 3억 원의 실제 출연자가 丁인 경우, 丁을 A 은행에 대한 예금계약자로 보려면, 丁과 A 은행 사이에 甲과의 예금계약을 부정하여 甲의 예금반환청구권을 배제하고, 丁과의 예금계약과 丁의 예금반환청구권을 인정하려는 명확한 의사표시의 합치가 있는 극히 예외적인 경우여야 한다.

① ㄱ(○), ㄴ(○), ㄷ(×)
② ㄱ(○), ㄴ(×), ㄷ(○)
③ ㄱ(○), ㄴ(×), ㄷ(×)
④ ㄱ(×), ㄴ(×), ㄷ(○)
⑤ ㄱ(×), ㄴ(○), ㄷ(○)

해 설 ㄱ. [X] 수취인의 예금구좌에 계좌이체를 한 때에는, 송금의뢰인과 수취인 사이에 계좌이체의 원인인 법률관계가 존재하는지 여부에 관계없이 수취인과 수취은행 사이에는 계좌이체금액 상당의 예금계약이 성립하고, 수취인이 수취은행에 대하여 위 금액 상당의 예금채권을 취득한다(대판 2007.11.29, 2007다51239).

☞ 따라서 甲과 丙사이에 급부의 원인관계가 존재하는지를 불문하고 丙은 B 은행에 대해 3억 원의 예금채권을 취득한다.

ㄴ. [X] 착오송금의 경우 송금의뢰인은 수취인에 대하여 위 금액 상당의 부당이득반환청구권을 가지게 되지만, <u>수취은행은 이익을 얻은 것이 없으므로</u> 수취은행에 대하여는 부당이득반환청구권을 취득하지 아니한다(대판 2007.11.29, 2007다51239).

☞ 'ㄱ 지문'에서 살펴보았듯이 丙은 B 은행에 대해 3억 원의 예금채권을 취득한다. 결국 B 은행은 丙에게 예금 채무를 지기 때문에 이익이 없다. 반면 丙이 얻은 이익은 법률상 원인이 없으며 甲이 B 은행에 대해 갖고 있던 예금 채권의 상실과 인과관계가 있다. 따라서 甲은 B 은행에 대해 부당이득반환청구를 할 수 없고, 丙에 대해서는 부당이득반환청구를 할 수 있을 것이다.

ㄷ. [O] 타인명의 예금계약과 예금주의 결정에서 예금계약의 당사자가 누가 되는지는 법률행위의 해석의 문제이다.

금융실명제가 시행되기 전 判例는 명의여하에 불구하고 은행에 실제로 예입한 **행위자**(출연자)를 당사자로 보았다(대판 1987.10.28, 87다카946). 그러나 금융실명제가 시행된 후 判例는 "금융기관으로서는 특별한 사정이 없는 한 주민등록증을 통하여 실명확인을 한 예금명의자를 거래자로 보아 그와 예금계약을 체결할 의도라고 보아야 한다고 해석하여 **명의자를 예금계약의 당사자로 본다**"(대판 1996.4.23, 95다55986)고 판시하였다.
다만 判例는 출연자와 금융기관 사이에 예금명의인이 아닌 출연자에게 예금반환채권을 귀속시키기로 하는 특약이 있는 경우에는 출연자를 예금계약의 당사자로 본다. i) 그러한 특약에 대해 종전 判例는 명시적 약정 외에 묵시적 약정으로도 가능하다고 보았으나(대판 1998.11.13, 97다53359), ii) 근래에는 이를 변경하여 예금명의자가 아닌 출연자 등을 예금계약의 당사자라고 볼 수 있으려면 예금명의자의 예금반환청구권을 배제하고 출연자 등과 예금계약을 체결하여 출연자 등에게 예금반환청구권을 귀속시키겠다는 **명확한 의사의 합치가 있는 극히 예외적인 경우로 제한되어야 한다**고 판단하였다(대판 2009.3.19, 전합2008다45828).
☞ 따라서 丁과 A 은행 사이에 甲과의 예금계약을 부정하여 甲의 예금반환청구권을 배제하고, 丁과의 예금계약과 丁의 예금반환청구권을 인정하려는 명확한 의사표시의 합치가 있는 극히 예외적인 경우에만 실제 출연자인 丁을 A 은행에 대한 예금계약자로 볼 것이라는 지문은 옳다.

[정답] ④

문 63 **甲의 乙에 대한 부당이득반환청구권의 대상이 될 수 있는 것은?** (각 지문은 독립적이며, 다툼이 있는 경우 판례에 의함) [변시 7회]

① X 토지의 소유자인 甲이 丙에게 이를 임대하였는데 丙이 甲의 승낙 없이 乙에게 X 토지를 전대하였으나 甲과 丙의 임대차가 존속하는 경우, 乙의 X 토지에 대한 사용이익
② 乙의 강박에 의해 甲이 乙에게 금원을 증여하였는데, 그 증여의 의사표시가 취소되지 않은 상태에서 乙이 甲으로부터 교부받은 금원으로 자신의 채권자 丙에게 채무를 변제함으로써, 乙이 채무의 소멸로 받은 이익
③ 丙 소유의 X 토지를 甲이 매수하면서 乙과 명의신탁약정을 맺고서 그 이전등기를 丙으로부터 직접 乙에게로 경료하였는데 「부동산 실권리자명의 등기에 관한 법률」상 유예기간이 경과하여 甲과 乙 사이의 명의신탁약정이 무효로 된 경우, 乙 명의의 소유권이전등기
④ 甲회사의 경리부 직원 丙이 甲회사의 공금을 횡령하여 자신의 채권자 乙에게 그 횡령한 돈으로 변제하였고 乙이 그러한 사실을 알면서 수령한 경우, 그 변제대금
⑤ 「부동산 실권리자명의 등기에 관한 법률」 시행 후에 행해진 甲과 乙 사이의 계약명의신탁에 따라, 乙이 명의신탁이 있다는 사실을 알지 못하는 丙으로부터 丙 소유의 X 토지를 매수하고 소유권이전등기까지 경료받은 경우, 그 소유권

해 설 ① [X] ※ 임차물의 무단전대
"임차인이 임대인의 동의를 받지 않고 제3자에게 임차권을 양도하거나 전대하는 등의 방법으로 임차물을 사용·수익하게 하더라도, 임대인이 이를 이유로 임대차계약을 해지하거나 그 밖의 다른 사유로 임대차계약이 적법하게 종료되지 않는 한 임대인은 임차인에 대하여 여전히

차임청구권을 가지므로, 임대차계약이 존속하는 한도 내에서는 제3자에게 불법점유를 이유로 한 차임상당 손해배상청구나 부당이득반환청구를 할 수 없다"(대판 2008.2.28. 2006다10323).

② [×] ※ **급부부당이득**
계약이 무효라면 이미 급부한 것이 부당이득이 되지만, 취소할 수 있는 행위라면 **그 취소를 하기 전까지는 부당이득이 되지 않는다.**
예컨대, "원고가 비록 피고들의 강박에 의한 하자 있는 의사표시에 기하여 금원을 교부하였다 할지라도 그 의사표시가 소멸되지 않는 한 피고들의 위 금원보유가 법률상 원인이 없다고 볼 수 없으므로 피고들은 이를 반환할 의무가 없다"(대판 1990.11.13. 90다카17153).

③ [×] ※ **3자간 등기명의신탁 – 매도인, 신탁자, 수탁자 사이의 법률관계**
"이른바 3자간 등기명의신탁의 경우 부동산 실권리자명의 등기에 관한 법률에서 정한 유예기간 경과에 의하여 그 명의신탁 약정과 그에 의한 등기가 무효로 되더라도 **명의신탁자는 매도인에 대하여 매매계약에 기한 소유권이전등기청구권을 보유하고 있어** 그 유예기간의 경과로 그 등기 명의를 보유하지 못하는 **손해를 입었다고 볼 수 없다.** 또한 명의신탁 부동산의 소유권이 매도인에게 복귀한 마당에 명의신탁자가 무효인 등기의 명의인인 명의수탁자를 상대로 그 이전등기를 구할 수도 없다. 결국 3자간 등기명의신탁에 있어서 명의신탁자는 명의수탁자를 상대로 부당이득반환을 원인으로 한 소유권이전등기를 구할 수 없다"(대판 2008.11.27. 2008다55290,55306).

④ [○] ※ **횡령한 돈에 의한 변제**
"부당이득제도는 이득자의 재산상 이득이 법률상 원인을 결여하는 경우에 공평·정의의 이념에 근거하여 이득자에게 그 반환의무를 부담시키는 것인바, 채무자가 피해자로부터 횡령한 금전을 그대로 채권자에 대한 채무변제에 사용하는 경우 피해자의 손실과 채권자의 이득 사이에 인과관계가 있음이 명백하고, 한편 채무자가 횡령한 금전으로 자신의 채권자에 대한 채무를 변제하는 경우 **채권자가 그 변제를 수령함에 있어 악의 또는 중대한 과실이 있는 경우에는 채권자의 금전 취득은 피해자에 대한 관계에 있어서 법률상 원인을 결여한 것으로** 봄이 상당하나, 채권자가 그 변제를 수령함에 있어 단순히 과실이 있는 경우에는 그 변제는 유효하고 채권자의 금전 취득이 피해자에 대한 관계에 있어서 법률상 원인을 결여한 것이라고 할 수 없다"(대판 2003.6.13. 2003다8862).
☞ 乙은 丙의 횡령 사실을 알면서 수령하였으므로 甲에 대해 변제대금 상당액을 부당이득하였다.

⑤ [×] ※ **계약명의신탁 – 계약명의신탁약정과 그에 따른 등기가 부동산실명법 시행 후에 행하여진 경우**
"계약명의신탁약정이 부동산실명법 시행 후인 경우에는 **명의신탁자는 애초부터 당해 부동산의 소유권을 취득할 수 없었으므로 위 명의신탁약정의 무효로 인하여 명의신탁자가 입은 손해는 당해 부동산 자체가 아니라 명의수탁자에게 제공한 매수자금이라 할 것이고,** 따라서 명의수탁자는 당해 부동산 자체가 아니라 명의신탁자로부터 제공받은 매수자금을 부당이득하였다고 할 것이다"(대판 2005.1.28. 2002다66922)

비교판례 ※ **계약명의신탁 – 계약명의신탁약정과 그에 따른 등기가 부동산실명법 시행 전에 행하여진 경우**
"**부동산실명법 시행일(1995.7.1.)로부터 1년의 기간(유예기간)이 경과하기 전까지는 명의신탁자는 언제라도 명의신탁을 해지하여 해당 부동산의 소유권을 취득할 수 있었다는 점에서,** 그 유예기간이 경과한 후에는 동법 제12조 1항에 의해 제4조가 적용되어 계약명의신탁법리가 적용된다고 하더라도, 동법 제3조 및 제4조가 명의신탁자에게 소유권이 귀속되는 것을 막는 취지의 규정은 아니므로 이 경우에는 **명의수탁자는 명의신탁자에게 자신이 취득한 해당 '부동산 자체'를 부당이득으로 반환할 의무가 있다**"(대판 2008.11.27. 2008다62687).

[정답] ④

문 64 **집행력 있는 정본을 가진 채권자 甲이 적법하게 배당요구를 하여 배당절차에 참가한 경우에 관한 설명 중 옳은 것을 모두 고른 것은?** (각 지문은 독립적이며, 다툼이 있는 경우 판례에 의함) [변시 12회]

ㄱ. 甲이 배당기일에 출석하여 배당표에 대한 실체상 이의를 신청하지 않은 경우 甲은 배당이의의 소를 제기할 원고적격이 없다.
ㄴ. 경매절차의 진행으로 배당요구의 종기가 지나면 甲은 특정 금액의 배당금을 자신에게 귀속시킬 수 있는 구체적인 권리를 가진다.
ㄷ. 甲이 자신이 배당받을 몫을 받지 못하고 그로 말미암아 권리 없는 다른 채권자 乙이 그 몫을 배당받은 경우, 甲은 배당이의의 소의 제소기간 경과 후에는 乙을 상대로 부당이득반환청구를 할 수 없다.
ㄹ. 甲이 자신이 배당받을 몫을 받지 못하고 그로 말미암아 권리 없는 다른 채권자 乙이 그 몫을 배당받은 경우, 甲은 배당표 확정 후에는 乙을 상대로 부당이득반환청구를 할 수 없다.

① ㄴ
② ㄱ, ㄴ
③ ㄷ, ㄹ
④ ㄱ, ㄴ, ㄷ
⑤ ㄱ, ㄴ, ㄹ

해설 ㄱ. [○] "집행력 있는 정본을 가진 채권자, 경매개시결정이 등기된 뒤에 가압류를 한 채권자, 민법·상법, 그 밖의 법률에 따라 우선변제청구권이 있는 채권자는 배당요구의 종기까지 배당요구를 한 경우에 한하여 비로소 배당을 받을 수 있다(민사집행법 제88조 제1항, 제148조 제2호). **배당이의의 소에서 원고적격이 있는 사람은 배당기일에 출석하여 배당표에 대한 실체상 이의를 신청한 채권자나 채무자에 한정된다.** 채권자로서 배당기일에 출석하여 배당표에 대한 실체상 이의를 신청하려면 실체법상 집행채무자에 대한 채권자라는 것만으로 부족하고 배당요구의 종기까지 적법하게 배당요구를 했어야 한다. 적법하게 배당요구를 하지 않은 채권자는 배당기일에 출석하여 배당표에 대한 실체상 이의를 신청할 권한이 없으므로 배당기일에 출석하여 배당표에 대한 이의를 신청하였더라도 부적법한 이의신청에 불과하고, 배당이의의 소를 제기할 원고적격이 없다"(대판 2020.10.15. 2017다216523)

ㄴ. [○] "대법원은 **배당받을 권리 있는 채권자가 자신이 배당받을 몫을 받지 못하고 그로 인해 권리 없는 다른 채권자가 그 몫을 배당받은 경우에는 배당이의 여부 또는 배당표의 확정 여부와 관계없이 배당받을 수 있었던 채권자가 배당금을 수령한 다른 채권자를 상대로 부당이득반환 청구를 할 수 있다**는 입장을 취해 왔다. 이러한 법리의 주된 근거는 배당절차에 참가한 채권자가 배당이의 등을 하지 않아 배당절차가 종료되었더라도 그의 몫을 배당받은 다른 채권자에게 그 이득을 보유할 정당한 권원이 없는 이상 잘못된 배당의 결과를 바로잡을 수 있도록 하는 것이 실체법 질서에 부합한다는 데에 있다. 나아가 위와 같은 부당이득반환 청구를 허용해야 할 현실적 필요성(배당이의의 소의 한계나 채권자취소소송의 가액반환에 따른 문제점 보완), 현행 민사집행법에 따른 배당절차의 제도상 또는 실무상 한계로 인한 문제, 민사집행법 제155조의 내용과 취지, 입법 연혁 등에 비추어

보더라도, 종래 대법원 판례는 법리적으로나 실무적으로 타당하므로 유지되어야 한다"(대판 2019.7.18. 전합2014다206983)

ㄷ. [X] "민사집행법 제154조 제1항은 "집행력 있는 집행권원의 정본을 가지지 아니한 채권자(가압류채권자를 제외한다)에 대하여 이의한 채무자와 다른 채권자에 대하여 이의한 채권자는 배당이의의 소를 제기하여야 한다."라고 정하고, 제3항은 "이의한 채권자나 채무자가 배당기일부터 1주 이내에 집행법원에 대하여 제1항의 소를 제기한 사실을 증명하는 서류를 제출하지 아니한 때 또는 제2항의 소를 제기한 사실을 증명하는 서류와 그 소에 관한 집행정지재판의 정본을 제출하지 아니한 때에는 이의가 취하된 것으로 본다."라고 정하고 있다.
민사소송법 제262조 제1항 본문은 "원고는 청구의 기초가 바뀌지 아니하는 한도 안에서 변론을 종결할 때(변론 없이 한 판결의 경우에는 판결을 선고할 때)까지 청구의 취지 또는 원인을 바꿀 수 있다."라고 정하고, 제2항은 "청구취지의 변경은 서면으로 신청하여야 한다."라고 정하고 있다. 민사소송법 제265조는 "시효의 중단 또는 법률상 기간을 지킴에 필요한 재판상 청구는 소를 제기한 때 또는 제260조 제2항·제262조 제2항 또는 제264조 제2항의 규정에 따라 서면을 법원에 제출한 때에 그 효력이 생긴다."라고 정하고 있다.
위와 같은 관련 규정을 종합하면, **배당기일에 이의한 채권자나 채무자는 배당기일부터 1주일 이내에 배당이의의 소를 제기해야 하는데, 소송 도중에 배당이의의 소로 청구취지를 변경한 경우 제소기간을 준수하였는지 여부는 청구취지 변경신청서를 법원에 제출한 때를 기준으로 판단해야 한다**"(대판 2020.10.15. 2017다216523).
☞ **제소기간을 도과하여 배당이의 소를 제기한 탓에 이의자가 실질적으로 구제를 받지 못하게 되었다면, 배당이의소송을 부당이득 반환 청구의 소로 소 변경을 통하여 구제받을 수 있다.** 따라서 甲은 배당이의의 소의 제소기간 경과 후에도 乙을 상대로 부당이득반환청구를 할 수 있다.

ㄹ. [X] "**확정된 배당표에 의하여 배당을 실시하는 것은 실체법상의 권리를 확정하는 것이 아니므로, 배당을 받아야 할 채권자가 배당을 받지 못하고 배당을 받지 못할 자가 배당을 받은 경우에는** 배당을 받지 못한 채권자로서는 배당에 관하여 이의를 한 여부에 관계없이 배당을 받지 못할 자이면서도 배당을 받았던 자를 상대로 **부당이득반환청구권을 갖는다**"(대판 2007.3.29. 2006다49130).
☞ 따라서 甲은 배당표 확정 후에도 乙을 상대로 부당이득반환청구를 할 수 있다.

[정답] ②

문 65 **불법원인급여에 관한 설명 중 옳지 않은 것은?** (다툼이 있는 경우에는 판례에 의함) [변시 2회]

① 민법 제746조가 규정하는 불법원인이라 함은 그 원인되는 행위가 선량한 풍속 기타 사회질서에 위반하는 경우를 말하는 것으로서, 법률의 금지에 위반하는 경우라 할지라도 그것이 선량한 풍속 기타 사회질서에 위반하지 않는다면 위 불법원인에 해당하지 않는다.

② 윤락행위를 할 자를 고용 · 모집하거나 그 직업을 소개 · 알선한 자가 성매매의 유인 · 강요의 수단으로 이용되는 선불금 등 명목으로 제공한 금품은 불법원인급여에 해당하여 그 반환을 청구할 수 없다.

③ 불법원인급여 후 급부를 이행받은 자가 급부의 원인행위와 별도의 약정으로 급부 그 자체 또는 그에 갈음한 대가물의 반환을 특약하는 경우, 그 반환약정 자체가 사회질서에 반하여 무효가 되지 않는 한 유효하고, 이때 그 특약이 유효가 됨으로 인하여 이익을 얻는 급부자가 그 반환약정이 사회질서에 반하지 않는다는 점을 증명하여야 한다.

④ 부동산 실권리자명의 등기에 관한 법률에 의하여 무효인 명의신탁약정에 기하여 타인 명의의 등기가 마쳐졌다는 이유만으로 그것이 당연히 불법원인급여에 해당한다고 볼 수 없다.

⑤ 도박자금을 제공함으로 인하여 발생한 채권의 담보로 부동산에 관하여 근저당권설정등기가 경료되었을 뿐이라면 위 근저당권설정등기로 근저당권자가 받을 이익은 민법 제746조에서 말하는 이익에는 해당하지 아니하므로, 그 부동산의 소유자는 위 등기의 말소를 청구할 수 있다.

해설 ① [○] "제746조의 불법원인은 설사 법률의 금지함에 위반한 경우라 할지라도 그것이 선량한 풍속 기타 사회질서에 위반하지 않는 경우에는 이에 해당하지 않는다"(대판 1983.11.22, 83다430).

② [○] "윤락행위 및 그것을 유인·강요하는 행위는 선량한 풍속 기타 사회질서에 위반되므로, 윤락행위를 할 자를 고용·모집하거나 그 직업을 소개·알선한 자가 윤락행위를 할 자를 고용·모집함에 있어 성매매의 유인·강요의 수단으로 이용되는 선불금 등 명목으로 제공한 금품이나 그 밖의 재산상 이익 등은 불법원인급여에 해당하여 그 반환을 청구할 수 없다"(대판 2004.9.3, 2004다27488,2749)

③ [X] ※ **불법원인급여의 반환약정**

(1) 급여와 동시에 이루어지는 경우 : 수령자가 급부받을 때 만일 불법한 목적이 달성되지 않으면 반환한다고 약정하였다면 그 특약은 무효이다(대판 1991.3.22, 91다520).

(2) 급여 이후에 사후적으로 이루어지는 경우 : 判例는 종래에 급여물을 그대로 반환하기로 한 경우이든(대판 1995.7.14, 94다51994), 급여물이 아닌 다른 물품의 지급을 받기로 한 경우이든(대판 1964.7.21, 64다389) 반환약정은 모두 불법원인급여의 반환을 구하는 범주에 속하는 것으로서 무효라고 하였다. 그런데 **최근에는 "반환약정 자체가 사회질서에 반하여 무효가 되지 않는 한 유효하다고** 할 것이고, 무효여부는 반환약정 그 자체의 목적뿐만 아니라 당초의 불법원인급여가 이루어진 경우, 쌍방당사자의 불법성의 정도, 반환약정의 체결과정 등 제103조 위반 여부를 판단하기 위한 제반요소를 종합적으로 고려하여 결정해야 한다"고 한다(대판 2010.5.27, 2009다1258).

비교판례 불법원인급여의 수령자가 임의로 급여된 물건이나 이에 갈음하여 다른 물건을 급여자에게 반환하는 것(임의반환)은 선량한 풍속 기타 사회질서에 위배되는 것은 아니다(대판 1964.10.27, 64다798,799). 제746조는 불법원인급여자의 반환청구를 법률상 보호하지 않겠다는 것일 뿐이지 수령자의 급부 보유가 정당하다는 것은 아니기 때문이다.

④ [O] **"부동산실명법이 규정하는 명의신탁약정은 그 자체로 선량한 풍속 기타 사회질서에 위반하는 경우에 해당한다고 단정할 수 없을 뿐만 아니라,** 위 법률은 원칙적으로 명의신탁약정과 그 등기에 기한 물권변동만을 무효로 하고 명의신탁자가 다른 법률관계에 기하여 등기회복 등의 권리행사를 하는 것까지 금지하지는 않는 대신, 명의신탁자에 대하여 행정적 제재나 형벌을 부과함으로써 사적자치 및 재산권보장의 본질을 침해하지 않도록 규정하고 있으므로, 위 법률이 비록 부동산등기제도를 악용한 투기·탈세·탈법행위 등 반사회적 행위를 방지하는 것 등을 목적으로 제정되었다고 하더라도, **무효인 명의신탁약정에 기하여 타인 명의의 등기가 마쳐졌다는 이유만으로 그것이 당연히 불법원인급여에 해당한다고 볼 수 없다"**(대판 2003.11.27, 2003다41722).

⑤ [O] **제746조의 불법원인급여에서의 '급부'는 '종국적'인 것이어야** 한다. 判例도 급부의 수령자가 이를 실현하려면 국가의 협력 내지 법의 보호를 기다려야 하는 경우는 제746조의 급부가 아니라고 보았다. 즉 '도박채무의 담보로 부동산에 근저당권을 설정'한 경우, 수령자가 그 이익을 얻으려면 경매신청을 하여야 하는 별도의 조치를 요하는 점에서 그 급부는 종국적인 것이 아니어서 말소를 청구할 수 있다고 한다(대판 1995.8.11, 94다54108).

비교판례 다만 '도박채무의 양도담보조로 이전해 준 소유권이전등기'는 제746조의 불법원인급여에 해당하여 그 말소를 청구할 수 없다고 하였다(대판 1989.9.29, 89다카5994). ☞ 근저당권의 경우에는 그 실행을 위해 경매절차 등 국가의 협력이 필요하다는 점에서 사적실행이 가능한 양도담보와는 그 사정이 다르므로, 判例의 결론은 구체적 타당성이 있다고 생각된다.

[정답] ③

문 66 **불법원인급여에 관한 설명 중 옳은 것(○)과 옳지 않은 것(×)을 올바르게 조합한 것은?** (다툼이 있는 경우 판례에 의함) [변시 5회]

ㄱ. 도박자금 채무의 담보를 위하여 근저당권설정등기를 마친 경우, 근저당권설정자는 근저당권설정등기의 말소를 청구할 수 있다.
ㄴ. 불법의 원인으로 소유권을 이전한 경우에 급여자는 부당이득을 이유로 하여 그 반환을 청구할 수는 없으나 특별한 사정이 없는 한 소유권에 기한 반환청구는 가능하다.
ㄷ. 급여자와 수익자의 불법성을 비교하여 수익자의 불법성이 급여자의 그것에 비하여 현저히 큰 경우에는 급여자는 수익자에 대하여 이익의 반환을 청구할 수 있다.
ㄹ. 불법원인급여가 성립한 경우, 수익자가 그 불법의 원인에 가공하였다면 특별한 사정이 없는 한 급여자는 수익자의 불법행위를 이유로 그 재산의 급여로 말미암아 발생한 자신의 손해의 배상을 구할 수 있다.

① ㄱ(×), ㄴ(×), ㄷ(○), ㄹ(×)
② ㄱ(×), ㄴ(○), ㄷ(×), ㄹ(○)
③ ㄱ(×), ㄴ(○), ㄷ(○), ㄹ(○)
④ ㄱ(○), ㄴ(×), ㄷ(×), ㄹ(○)
⑤ ㄱ(○), ㄴ(×), ㄷ(○), ㄹ(×)

해설 ㄱ. [○] 불법원인급여에 해당하기 위해서는 i) '불법'한 ii) '원인'에 기하여 iii) '급여(종국적인 급부)'가 있을 것을 요한다(제746조). 여기서의 급부는 급부자의 자발적 의사에 의한 재산적 가치 있는 출연을 의미한다. 그리고 **급부는 '종국적'인 것이어야** 한다. 따라서 급부대상이 부동산인 경우에는 등기가 있어야 하고 동산인 경우에는 인도가 있어야 한다.
判例도 **급부의 수령자가 이를 실현하려면 국가의 협력 내지 법의 보호를 기다려야 하는 경우는 제746조의 급부가 아니라고 보았다.** 즉 **'도박채무의 담보로 부동산에 근저당권을 설정'**한 경우, 수령자가 그 이익을 얻으려면 경매신청을 하여야 하는 별도의 조치를 요하는 점에서 그 급부는 종국적인 것이 아니어서 말소를 청구할 수 있다고 한다(대판 1995.8.11, 94다54108). 다만 **'도박채무의 양도담보조로 이전해 준 소유권이전등기'**는 제746조의 불법원인급여에 해당하여 그 말소를 청구할 수 없다고 하였다(대판 1989.9.29, 89다카5994).

ㄴ. [×] 判例는 제746조는 사회적 타당성 없는 행위를 한 사람이 스스로 불법한 행위를 주장하여 복구하려는 것을 그 **형식여하에 불구하고 인정하지 않겠다는 이상을 표현한 것**이라고 하여 소유권에 기한 물권적 반환청구권을 부정하였고, 그 '반사적 효과'로서 급여한 물건의 소유권은 급여를 받은 상대방에게 귀속하게 된다고 한다(대판 1979.11.13, 전합79다483).

ㄷ. [○] 불법원인급여에 해당하는 경우에는 급부자는 수익자가 얻은 이익의 반환을 청구하지 못한다(제746조 본문). 그러나 불법원인이 수익자에게만 있는 경우에는 예외적으로 급부한 것의 반환을 청구할 수 있다(제746조 단서). 제104조의 불공정한 법률행위가 이에 해당한다. 判例는 "선량한 풍속 기타 사회질서에 위반하여 무효인 부분의 이자 약정을 원인으로 차주가 대주에게 임의로 지급한 이자의 반환을 청구할 수 있는지 여부와 관련하여 대주의 불법성이 차주의 불법성 보다 크다"(대판 2007.2.15, 전합2004다50426)고 하여, 불법성비교론에 따라 반환을 인정한다. 즉, 수익자의 불법성이 급여자의 불법성보다 현저히 크다면 신의칙에 따라 제746조 본

문의 적용을 배제하고, 급여자의 반환청구를 허용하여야 한다는 입장이다. 이러한 判例에 따르면 제746조의 엄격성은 다소 완화된다.

ㄹ. [×] "불법의 원인으로 재산을 급여한 사람은 상대방 수령자가 그 '불법의 원인'에 가공하였다고 하더라도 상대방에게만 불법의 원인이 있거나 그의 불법성이 급여자의 불법성보다 현저히 크다고 평가되는 등으로 제반 사정에 비추어 급여자의 손해배상청구를 인정하지 아니하는 것이 오히려 사회상규에 명백히 반한다고 평가될 수 있는 특별한 사정이 없는 한 상대방의 불법행위를 이유로 그 재산의 급여로 말미암아 발생한 자신의 손해를 배상할 것을 주장할 수 없다고 할 것이다. 그와 같은 경우에 급여자의 위와 같은 손해배상청구를 인용한다면, 이는 급여자는 결국 자신이 행한 급부 자체 또는 그 경제적 동일물을 환수하는 것과 다름없는 결과가 되어, 민법 제746조에서 실정법적으로 구체화된 앞에서 본 바와 같은 법이념에 반하게 되는 것이다"(대판 2013.8.22. 2013다35412).

[정답] ⑤

문 67 甲의 乙에 대한 부당이득반환청구가 인정되는 경우(○)와 부정되는 경우(×)를 올바르게 짝지은 것은? (다툼이 있는 경우에는 판례에 의함) [변시 3회]

ㄱ. 乙 소유의 토지를 시효취득한 甲이 그 사실을 알지 못하는 乙에 의하여 그 토지에 설정된 丙 명의의 근저당권을 제거하기 위하여 乙의 丙에 대한 피담보채무를 변제한 경우, 甲은 이를 이유로 乙에 대하여 변제액 상당의 부당이득반환을 청구할 수 있다.
ㄴ. 丙의 채권자 甲이 丙 소유의 토지를 가압류한 상태에서 丙이 그 토지를 乙에게 양도하였고, 그 토지가 수용되어 乙이 수용보상금 전액을 지급받은 경우, 甲은 가압류의 효력을 근거로 乙에 대하여 부당이득반환을 청구할 수 없다.
ㄷ. 乙의 화물차량 운전자 丙이 乙 소유의 화물차량을 운전하면서 乙의 지정 주유소가 아닌 다른 주유소를 운영하는 甲과 유류공급계약을 체결한 후 유류를 공급받아 乙의 화물운송사업에 사용하였으나 甲에게 유류대금을 결제하지 않은 경우, 甲은 丙의 유류사용으로 인한 이익을 얻은 乙을 상대로 유류대금 상당의 부당이득반환을 청구할 수 있다.

① ㄱ(×), ㄴ(○), ㄷ(×)
② ㄱ(×), ㄴ(○), ㄷ(○)
③ ㄱ(×), ㄴ(×), ㄷ(○)
④ ㄱ(○), ㄴ(○), ㄷ(×)
⑤ ㄱ(○), ㄴ(×), ㄷ(×)

해설 ㄱ. [×] "시효취득자가 원소유자에 의하여 그 토지에 설정된 근저당권의 피담보채무를 변제하는 것은 시효취득자가 용인하여야 할 그 토지상의 부담을 제거하여 완전한 소유권을 확보하기 위한 것으로서 그 자신의 이익을 위한 행위라 할 것이니, 위 변제액 상당에 대하여 원소유자에게 대위변제를 이유로 구상권을 행사하거나 부당이득을 이유로 그 반환청구권을 행사할 수는 없다"(대판 2006.5.12. 2005다75910)

ㄴ. [O] "공익사업을 위한 토지 등의 취득 및 보상에 관한 법률 제45조 제1항에 의하면, 토지 수용의 경우 사업시행자는 수용의 개시일에 토지의 소유권을 취득하고 그 토지에 관한 다른 권리는 소멸하는 것인바, 수용되는 토지에 대하여 가압류가 집행되어 있더라도 토지 수용으로 사업시행자가 그 소유권을 원시취득하게 됨에 따라 그 토지 가압류의 효력은 절대적으로 소멸하는 것이고, 이 경우 법률에 특별한 규정이 없는 이상 토지에 대한 가압류가 그 수용보상금채권에 당연히 전이되어 효력이 미치게 된다거나 수용보상금채권에 대하여도 토지 가압류의 처분금지적 효력이 미친다고 볼 수는 없으며, 또 가압류는 담보물권과는 달리 목적물의 교환가치를 지배하는 권리가 아니고, 담보물권의 경우에 인정되는 물상대위의 법리가 여기에 적용된다고 볼 수도 없다. 그러므로 **토지에 대하여 가압류가 집행된 후에 제3자가 그 토지의 소유권을 취득함으로써 가압류의 처분금지 효력을 받고 있던 중 그 토지가 공익사업법에 따라 수용됨으로 인하여 기존 가압류의 효력이 소멸되는 한편 제3취득자인 토지소유자는 위 가압류의 부담에서 벗어나 토지수용보상금을 온전히 지급받게 되었다고 하더라도, 이는 위 법에 따른 토지 수용의 효과일 뿐이지 이를 두고 법률상 원인 없는 부당이득이라고 할 것은 아니다**"(대판 2009.9.10. 2006다61536)

ㄷ. [X] 이른바 전용물소권과 관련한 판례이다.
"ⅰ) 계약상 급부가 계약의 상대방뿐만 아니라 제3자의 이익으로 된 경우에 급부를 한 계약당사자가 계약 상대방에 대하여 계약상의 반대급부를 청구할 수 있는 이외에 그 제3자에 대하여 직접 부당이득반환청구를 할 수 있다고 보면, 자기 책임하에 체결된 계약에 따른 위험부담을 제3자에게 전가시키는 것이 되어 계약법의 기본원리에 반하는 결과를 초래할 뿐만 아니라, 채권자인 계약당사자가 채무자인 계약 상대방의 일반채권자에 비하여 우대받는 결과가 되어 일반채권자의 이익을 해치게 되고, 수익자인 제3자가 계약 상대방에 대하여 가지는 항변권 등을 침해하게 되어 부당하므로, 위와 같은 경우 **계약상 급부를 한 계약당사자는 이익의 귀속 주체인 제3자에 대하여 직접 부당이득반환을 청구할 수는 없다.** ⅱ) 갑 회사의 화물차량 운전자가 갑 회사 소유의 화물차량을 운전하면서 갑 회사의 지정주유소가 아닌 을이 경영하는 주유소에서 대금을 지급할 의사나 능력이 없음에도 불구하고 상당량의 유류를 공급받아 편취한 다음 갑 회사의 화물운송사업에 사용하고 그 유류대금을 결제하지 않은 사안에서, 비록 위 유류가 갑 회사의 화물운송사업에 사용됨으로써 갑 회사에게 이익이 되었다 하더라도 을은 계약당사자가 아닌 갑 회사에 대하여 직접 부당이득 반환을 청구할 수 없다"(대판 2010.6.24. 2010다9269).

[정답] ①

문 68 **甲과 乙 사이의 법률관계에 기하여 甲이 丙에게 급부를 한 경우에 관한 설명 중 옳은 것을 모두 고른 것은?** (다툼이 있는 경우 판례에 의함) [변시 10회]

ㄱ. 甲이 乙에 대한 급부에 갈음하여 乙의 지시에 따라 乙의 채권자인 丙에게 급부를 한 경우, 甲과 乙 사이의 법률관계가 무효이더라도 甲은 丙에 대하여 부당이득반환청구를 할 수 없다.
ㄴ. 甲이 乙과 체결한 제3자를 위한 계약에 따라 수익자인 丙에게 급부를 한 경우, 그 계약이 해제되더라도 甲은 丙에 대하여 원상회복청구를 할 수 없다.
ㄷ. 甲이 乙을 위한 사무관리로서 丙에게 급부를 한 경우, 甲은 급부를 통해 이익을 얻은 丙에 대하여 직접 부당이득반환청구를 할 수 없다.
ㄹ. 乙이 甲에 대한 채권을 丙에게 양도하였고 그에 따라 甲이 丙에게 급부를 한 경우, 채권의 발생 원인이 된 甲과 乙 사이의 계약이 해제되더라도 甲은 丙에 대하여 원상회복청구를 할 수 없다.

① ㄱ, ㄴ ② ㄴ, ㄷ
③ ㄱ, ㄴ, ㄷ ④ ㄱ, ㄷ, ㄹ
⑤ ㄴ, ㄷ, ㄹ

해 설 ㄱ. [○] ※ 지시삼각관계(제3자를 위한 계약)에서의 반환청구권자
계약의 일방 당사자가 계약 상대방의 지시 등으로 급부과정을 단축하여 계약 상대방과 또 다른 계약관계를 맺고 있는 제3자에게 직접 급부한 경우, 그 급부로써 급부를 한 계약 당사자의 상대방에 대한 급부가 이루어질 뿐 아니라 그 상대방의 제3자에 대한 급부로도 이루어지는 것이므로 **계약의 일방 당사자는 제3자를 상대로 법률상 원인 없이 급부를 수령하였다는 이유로 부당이득반환청구를 할 수 없다**"(대판 2008.9.11. 2006다46278 ; 대판 2003.12.26. 2001다46730 ; 이는 전용물소권을 부정하는 것과 같은 이치이다).
☞ 甲과 乙 사이의 법률관계의 청산은 그들 사이에서 이루어져야 하는데 만일 甲이 丙에게 직접 원상회복을 청구할 수 있다고 보면, 자기 책임하에 체결된 계약에 따른 위험부담(乙의 무자력의 위험)을 제3자인 丙에게 전가시키는 것이 되어 계약법의 기본원리에 반하는 결과를 초래하게 되어 부당하기 때문에, 甲은 계약상대방인 乙에게 원상회복을 청구하여야지 丙에게 직접 원상회복을 이유로 그 매매대금의 반환을 청구할 수는 없다.

ㄴ. [○] ※ 제3자를 위한 계약에서 기본관계가 해제된 경우 급부 청산관계의 당사자
判例는 낙약자가 수익자에게 이미 이행한 것이 '금전의 지급'인 경우, "**제3자를 위한 계약관계에서 낙약자와 요약자 사이의 법률관계**(이른바 기본관계)**를 이루는 계약이 해제된 경우, 그 계약관계의 청산은 계약의 당사자인 낙약자와 요약자 사이에 이루어져야** 하므로, 특별한 사정이 없는 한, 낙약자가 이미 제3자에게 급부한 것이 있더라도 낙약자는 계약해제에 기한 원상회복 또는 부당이득을 원인으로 제3자를 상대로 그 반환을 구할 수 없다"(대판 2005.7.22. 2005다7566,7573 ; 기본관계가 무효 또는 취소된 경우에도 마찬가지이다. 대판 2010.8.19. 2010다31860,31877 참고)고 판시하였다.

ㄷ. [○] ※ 사무관리와 전용물 소권
"**전용물소권은 부정되는바, 이러한 법리는 그 급부가 사무관리에 의하여 이루어진 경우에도 마찬가지이다.**

따라서 의무 없이 타인을 위하여 사무를 관리한 자는 타인에 대하여 민법상 사무관리 규정에 따라 비용상환 등을 청구할 수 있는 외에 사무관리에 의하여 결과적으로 사실상 이익을 얻은 다른 제3자에 대하여 직접 부당이득반환을 청구할 수는 없다"(대판 2013.6.27. 2011다17106)

☞ 사무관리자 甲은 타인 乙을 상대로 사무관리 규정(제739조)에 따른 비용상환청구를 할 수 있을 뿐이다. 즉, 사무관리가 성립하게 되면 본인과 관리자 사이에 '법정채권관계'가 발생하므로, 이때에는 부당이득이 문제되지 않는다. 이와 같이 사무관리는 적법행위 또는 법률상의 원인에 해당하므로, 사무관리가 성립하게 되면 부당이득이나 불법행위가 성립하지 않는다. 따라서 부당이득, 불법행위의 성립여부 보다는 사무관리의 성립여부를 먼저 검토하여야 한다.

ㄹ. [X] "민법 제548조 제1항 단서에서 규정하고 있는 제3자란 일반적으로 계약이 해제되는 경우 그 해제된 계약으로부터 생긴 법률효과를 기초로 하여 해제 전에 새로운 이해관계를 가졌을 뿐 아니라 등기·인도 등으로 완전한 권리를 취득한 자를 말하고, 계약상의 채권을 양수한 자는 여기서 말하는 제3자에 해당하지 않는다고 할 것인바, 계약이 해제된 경우 계약해제 이전에 해제로 인하여 소멸되는 채권을 양수한 자는 계약해제의 효과에 반하여 자신의 권리를 주장할 수 없음은 물론이고, 나아가 **특단의 사정이 없는 한 채무자로부터 이행받은 급부를 원상회복하여야 할 의무가 있다**"(대판 2003.1.24. 2000다22850).

☞ 사안의 경우, 채권양수인 丙은 민법 제548조 1항 단서상의 제3자가 아니므로, 丙은 甲에 대하여 원상회복을 청구할 수 있다.

[정답] ③

문 69 **甲 종중은 정기총회에서 종중 소유의 X 토지를 2억 원에 매도하기로 결의한 다음, 乙에게 X 토지를 2억 원에 매도하는 계약을 체결하였다. 乙은 甲 종중의 요구에 따라 계약금 2,000만 원, 중도금 8,000만 원 합계 1억 원을 甲 종중의 채권자인 丙에게 지급하였는데, 그 후 위 종중총회의 결의가 총회 소집절차상의 하자로 인하여 무효라는 판결이 선고되어 그 판결이 확정되었다. 다음 설명 중 옳지 않은 것을 모두 고른 것은?** (각 지문은 독립적이고, 다툼이 있는 경우 판례에 의함) [변시 4회]

ㄱ. 乙이 丙에게 1억 원을 지급한 것은 甲 종중이 丙에게 부담하고 있던 채무의 변제로서 유효하다.
ㄴ. 乙은 丙에게 1억 원의 반환을 청구할 수 있다.
ㄷ. 乙은 甲 종중에게 1억 원의 반환을 청구할 수 있다.
ㄹ. 丙이 乙로부터 1억 원을 받을 당시 甲 종중에 대한 채권이 8,000만 원에 불과하였다면 甲 종중은 丙에게 2,000만 원의 반환을 청구할 수 있다.

① ㄴ
② ㄷ
③ ㄱ, ㄷ
④ ㄴ, ㄹ
⑤ ㄱ, ㄷ, ㄹ

ㄱ. [○] "乙이 제3자인 丙에 대하여 한 급부는 乙의 甲에 대한 추가부담금 등의 납부의무의 이행으로서 이루어진 것임과 동시에 甲의 丙에 대한 공사대금 등 지급채무의 이행으로서도 이루어진 것이고, 다만 甲의 지시 등으로 그 급부과정을 단축하여 乙이 丙에게 직접 급부한 것으로 평가할 수 있다. 이러한 경우에 乙이 甲에게 추가부담금 등을 납부한 법률상 원인이 된 이 사건 임시총회와 정산총회가 부존재하거나 무효로 되었다고 하더라도 丙은 甲과 사이의 재건축사업공사계약에 따른 공사대금 등의 변제로서 乙로부터 추가납부금 등을 수령한 것이므로 丙이 그 급부의 수령에 대한 유효한 법률상 원인을 보유하고 있다"(대판 2008.9.11, 2006다46278)

☞ 따라서 설문 사안에서 乙이 丙에게 1억 원을 지급한 것은 甲 종중이 丙에게 부담하고 있던 채무의 변제로서 유효하다.

ㄴ. [X] ㄷ. [○] ㄹ. [○] "**계약의 일방당사자가 상대방의 지시 등으로 상대방과 또 다른 계약관계를 맺고 있는 제3자에게 직접 급부한 경우**(이른바 삼각관계에서의 급부가 이루어진 경우), 그 급부로써 급부를 한 당사자의 상대방에 대한 급부가 이루어질 뿐 아니라 그 상대방의 제3자에 대한 급부도 이루어지는 것이므로 **계약의 일방당사자는 제3자를 상대로 법률상 원인 없이 급부를 수령하였다는 이유로 부당이득반환청구를 할 수 없다.** 이러한 경우에 계약의 일방당사자가 상대방에 대하여 급부를 한 원인관계인 법률관계에 무효 등의 흠이 있다는 이유로 제3자를 상대로 직접 부당이득반환청구를 할 수 있다고 보면 자기 책임하에 체결된 계약에 따른 위험부담을 제3자에게 전가하는 것이 되어 계약법의 원리에 반하는 결과를 초래할 뿐만 아니라 수익자인 제3자가 상대방에 대하여 가지는 항변권 등을 침해하게 되어 부당하기 때문이다"(대판 2008.9.11, 2006다46278)

☞ 乙은 丙에게 직접 부당이득을 원인으로 그 매매대금의 반환을 청구할 수 없고 계약의 당사자인 甲에게 1억 원의 부당이득반환을 청구할 수 있다[이는 甲과 乙 사이의 계약(기본관계)이 해제된 경우에도 마찬가지이다(대판 2003.12.26, 2001다46730)]. 또한 乙이 丙에게 1억 원을 지급했다면 이는 甲이 丙에게 1억 원을 지급한 것으로도 볼 수 있으므로(이른바 단축급부), 만약 甲의 丙에 대한 채무액이 8,000만 원에 불과하였다면 甲은 丙에게 2,000만 원의 반환을 청구할 수 있다.

[정답] ①

문 70 부당이득에 관한 설명 중 옳은 것을 모두 고른 것은? (다툼이 있는 경우 판례에 의함) [변시 11회]

ㄱ. 甲이 악의의 수익자로 인정되려면, 악의가 의제되는 경우 등을 제외하면, 자신의 이익 보유가 법률상 원인 없는 것임을 인식해야 하고, 부당이득반환의무의 발생요건에 해당하는 사실이 있음을 인식하는 것만으로는 부족하다.

ㄴ. 甲이 乙로부터 위탁받아 보관 중이던 1,000만 원을 가지고 자신의 채권자인 丙에게 임의로 변제하여 이를 횡령한 경우, 丙이 甲의 횡령사실을 알았더라도 丙은 乙에 대하여 부당이득반환의무를 지지 않는다.

ㄷ. 甲과 乙 사이에 건물 매매계약이 체결된 후 매도인 甲의 소유권이전등기의무가 쌍방 모두의 귀책사유 없이 불능이 된 경우, 매매계약 자체가 여전히 유효하므로 乙은 부당이득의 법리에 따라 이미 지급한 매매대금의 반환을 청구할 수 없다.

ㄹ. 甲이 법률상 의무 없이 乙의 사무를 대신 관리하여 「민법」상 사무관리가 성립한 경우, 그 사무관리행위로 인하여 결과적으로 丙이 사실상 이익을 얻었다면 甲은 丙을 상대로 직접 부당이득반환을 청구할 수 있다.

① ㄱ
② ㄱ, ㄷ
③ ㄴ, ㄷ
④ ㄱ, ㄴ, ㄹ
⑤ ㄴ, ㄷ, ㄹ

해설 ㄱ. [○] ※ 악의의 수익자 해당여부

"부당이득반환의무자가 악의의 수익자라는 점에 대하여는 이를 주장하는 측에서 입증책임을 진다. 여기서 '악의'라고 함은, 민법 제749조 제2항에서 악의로 의제되는 경우 등은 별론으로 하고, 자신의 이익 보유가 법률상 원인 없는 것임을 인식하는 것을 말하고, 그 이익의 보유를 법률상 원인이 없는 것이 되도록 하는 사정, 즉 부당이득반환의무의 발생요건에 해당하는 사실이 있음을 인식하는 것만으로는 부족하다. 따라서 단지 계약명의신탁에서 명의수탁자가 수령한 매수자금이 명의신탁약정에 기하여 지급되었다는 사실을 알았다고 하여도 그 명의신탁약정이 부동산 실권리자명의 등기에 관한 법률 제4조 제1항에 의하여 무효임을 알았다는 등의 사정이 부가되지 아니하는 한 명의수탁자가 그 금전의 보유에 관하여 법률상 원인 없음을 알았다고 쉽사리 말할 수 없다"(대판 2010.1.28. 2009다24187,24194).

ㄴ. [X] ※ 횡령한 돈에 의한 변제

"부당이득제도는 이득자의 재산상 이득이 법률상 원인을 결여하는 경우에 공평·정의의 이념에 근거하여 이득자에게 그 반환의무를 부담시키는 것인바, 채무자가 피해자로부터 횡령한 금전을 그대로 채권자에 대한 채무변제에 사용하는 경우 피해자의 손실과 채권자의 이득 사이에 인과관계가 있음이 명백하고, 한편 채무자가 횡령한 금전으로 자신의 채권자에 대한 채무를 변제하는 경우 채권자가 그 변제를 수령함에 있어 악의 또는 중대한 과실이 있는 경우에는 채권자의 금전 취득은 피해자에 대한 관계에 있어서 법률상 원인을 결여한 것으로 봄이 상당하나, 채권자가 그 변제를 수령함에 있어 단순히 과실이 있는 경우에는 그 변제는 유효하고 채권자의 금전 취득이 피해자에 대한 관계에 있어서 법률상 원인을 결여한 것이라고 할 수 없다"(대판 2003.6.13. 2003다8862)

☞ 채무자(甲)가 피해자(乙)로부터 횡령한 금전을 채권자(丙)에 대한 채무변제에 사용한 경우,

채권자의 금전 취득이 피해자에 대한 관계에서 부당이득으로 되기 위하여 채권자의 악의·중과실이 필요하다.

ㄷ. [X] ※ 쌍무계약에서 당사자 쌍방의 귀책사유 없이 채무가 이행불능되어 계약관계가 소멸한 경우 적용되는 법리(부당이득의 법리)
"민법 제537조는 채무자위험부담주의를 채택하고 있는바, 쌍무계약에서 당사자 쌍방의 귀책사유 없이 채무가 이행불능된 경우 채무자는 급부의무를 면함과 더불어 반대급부도 청구하지 못하므로, 쌍방 급부가 없었던 경우에는 계약관계는 소멸하고 이미 이행한 급부는 법률상 원인 없는 급부가 되어 부당이득의 법리에 따라 반환청구할 수 있다"(대판 2009.5.28. 2008다98655,98662).

ㄹ. [X] ※ 사무관리와 전용물소권
"전용물소권은 부정되는바, 이러한 법리는 그 급부가 사무관리에 의하여 이루어진 경우에도 마찬가지이다. 따라서 의무 없이 타인을 위하여 사무를 관리한 자는 타인에 대하여 민법상 사무관리 규정에 따라 비용상환 등을 청구할 수 있는 외에 사무관리에 의하여 결과적으로 사실상 이익을 얻은 다른 제3자에 대하여 직접 부당이득반환을 청구할 수는 없다"(대판 2013.6.27. 2011다17106)

[정답] ①

문71 甲 회사의 상품판매 대리인 乙이 자신의 채권자 丙으로부터 채무독촉에 시달리자, 2010. 8. 5. 평소 거래하던 판매업자 丁에게 甲 회사의 상품을 시가의 반값에 판매하는 매매계약을 甲의 이름으로 체결하고, 2010. 8. 10 판매대금 4억원 중 2억 원을 선불로 받은 후 丙에 대한 자신의 채무를 변제하는 데에 사용하였다. 이러한 사실을 알게 된 甲 회사의 대표이사 戊는 乙을 추궁하여 2010. 10. 20. 乙로부터 2억 원을 받아 1억 원은 甲 회사의 계좌에 입금하고 나머지 1억 원은 개인용도로 소비하였다. 다음 설명 중 옳은 것을 모두 고른 것은?(다툼이 있는 경우에는 판례에 의함) [변시 3회]

ㄱ. 乙이 자신의 이익을 위하여 시가의 반값에 매각하는 배임적 사정을 丁이 알면서 위 매매계약을 체결하였다면, 丁은 甲에 대하여 위 매매목적물의 인도를 청구할 수 없다.
ㄴ. 丙이 乙의 채무변제가 횡령한 금전에 의한 것임을 알면서 변제받은 경우, 甲은 丙을 상대로 직접 부당이득에 의한 금전반환을 청구할 수 없다.
ㄷ. 2013. 11. 20. 戊의 횡령사실이 밝혀져 戊가 해임됨과 동시에 새로운 대표이사가 선임되고, 같은 해 12.23 甲 회사가 戊를 상대로 불법행위에 기한 손해배상청구소송을 제기 한 경우, 위 불법행위가 있었음으로 안 날로부터 3년이 경과하여 소멸시효가 완성되었다는 戊의 항변은 허용되지 않는다.

① ㄱ ② ㄴ
③ ㄱ, ㄴ ④ ㄱ, ㄷ
⑤ ㄱ, ㄴ, ㄷ

해설 ㄱ. [O] 甲의 대리인인 乙은 '형식적'으로는 대리권의 범위 내에서 甲을 대리하여 丁과 매매계약을 체결하였지만 '실질적'으로는 자기의 이익을 도모하기 위하여 대리행위를 하였다. 이러한 대리권남용의 경우 判例는 대리인의 진의가 사익 도모에 있다는 것을 상대방이 알았거나 알 수 있었을 경우에는 제107조 1항 단서를 유추하여 '무효'로 보아야 한다는 입장(제107조 1항 단서 유추적용설)이다.

☞ 따라서 상대방 丁이 乙의 배임적 사정을 알았다면 甲과의 매매계약은 무효이므로 丁은 甲에 대하여 위 매매목적물의 인도를 청구할 수 없다.

ㄴ. [X] "부당이득제도는 이득자의 재산상 이득이 법률상 원인을 결여하는 경우에 공평 · 정의의 이념에 근거하여 이득자에게 그 반환의무를 부담시키는 것인바, 채무자가 피해자로부터 횡령한 금전을 그대로 채권자에 대한 채무변제에 사용하는 경우 피해자의 손실과 채권자의 이득 사이에 인과관계가 있음이 명백하고, 한편 채무자가 횡령한 금전으로 자신의 채권자에 대한 채무를 변제하는 경우 **채권자가 그 변제를 수령함에 있어 악의 또는 중대한 과실이 있는 경우에는 채권자의 금전 취득은 피해자에 대한 관계에 있어서 법률상 원인을 결여한 것**으로 봄이 상당하나, 채권자가 그 변제를 수령함에 있어 단순히 과실이 있는 경우에는 그 변제는 유효하고 채권자의 금전 취득이 피해자에 대한 관계에 있어서 법률상 원인을 결여한 것이라고 할 수 없다"(대판 2003.6.13, 2003다8862)

☞ 따라서 채무자 乙이 피해자 甲으로부터 횡령한 금전을 채권자 丙에 대한 채무변제에 사용한 경우, 채권자 丙이 악의이므로 判例에 따르면 피해자 甲에 대한 관계에서 부당이득이 된다. 따라서 甲은 丙을 상대로 직접 부당이득에 의한 금전반환을 청구할 수 있다.

ㄷ. [O] **제766조(손해배상청구권의 소멸시효)** 「①항 불법행위로 인한 손해배상의 청구권은 피해자나 그 법정대리인이 그 손해 및 가해자를 안 날로부터 3년간 이를 행사하지 아니하면 시효로 인하여 소멸한다. ②힝 불법행위를 한 날로부터 10년을 경과한 때에도 전항과 같다.」

법인의 경우 대표자가 안 날부터 기산될 것이나, 법인의 대표자가 법인에 대해 불법행위를 한 경우에는 다른 임원 등이 안 때부터 기산하여야 한다(아래 2002다11441판결). 만약 임원 등이 법인 대표자와 공동불법행위를 한 경우에는 그 임원 등을 배제하고 단기소멸시효의 기산점을 판단하여야 한다(대판 2012.7.12, 2012다20475).

관련판례 "법인의 경우 불법행위로 인한 손해배상청구권의 단기소멸시효의 기산점인 '손해 및 가해자를 안 날'을 정함에 있어서 법인의 대표자가 법인에 대하여 불법행위를 한 경우에는 법인과 그 대표자는 이익이 상반하게 되므로 현실로 그로 인한 손해배상청구권을 행사하리라고 기대하기 어려울 뿐만 아니라 일반적으로 그 대표권도 부인된다고 할 것이므로 단지 그 대표자가 그 손해 및 가해자를 아는 것만으로는 부족하고, 적어도 법인의 이익을 정당하게 보전할 권한을 가진 다른 임원 또는 사원이나 직원 등이 손해배상청구권을 행사할 수 있을 정도로 이를 안 때에 비로소 위 단기소멸시효가 진행한다"(대판 2002.6.14, 2002다11441)

☞ 따라서 甲의 戊에 대한 불법행위에 기한 손해배상청구소송의 경우 戊의 횡령사실이 밝혀져 戊가 해임됨과 동시에 새로운 대표이사가 선임된 2013. 11. 20.이 제766조 1항의 피해자가 '손해 및 가해자를 안 날'이므로, 같은 해 12. 23.의 경우 3년이 경과되지 않아 소멸시효가 완성되었다는 戊의 항변은 허용되지 않는다.

[정답] ④

제6장 불법행위책임

문 72 불법행위에 관한 설명 중 옳은 것은? (각 지문은 독립적이며, 다툼이 있는 경우 판례에 의함)

[변시 12회]

① 甲이 위법하게 乙의 점유를 침탈하여 乙의 유치권이 소멸한 경우, 乙이 甲에게 불법행위로 인한 손해배상 청구를 하려면 점유를 침탈당한 날부터 1년 이내에 손해배상을 구하는 소를 제기해야 한다.

② 일반 공중의 통행에 공용된 도로의 소유자 아닌 甲이 乙의 통행을 방해하여 불법행위가 성립한 경우, 乙은 甲에게 손해배상 청구를 할 수 있으나 장래에 생길 방해를 예방하기 위하여 통행방해 행위 금지를 청구할 수는 없다.

③ 근로자의 불법행위로 인해 사용자의 근로자에 대한 손해배상채권이 발생한 상태에서 영업양도에 수반하는 근로계약의 인수가 이루어지고 위 근로자도 이에 대해 동의하더라도 불법행위로 인한 손해배상채권을 인수 대상에 포함하기로 하는 특약이 없는 한 이 채권은 영업양수인에게 이전되지 않는다.

④ 불법행위의 성립요건으로서 위법성은 문제가 되는 행위마다 개별적·상대적으로 판단하여야 하는 것은 아니고, 관련 행위 전체를 일체로 보아 판단하여 결정해야 한다.

⑤ 책임능력 있는 미성년 자녀가 제3자에게 불법행위 책임을 지게 된 경우, 그 부모 중 비양육자의 면접교섭권에 관한 규정은 제3자와의 관계에서 손해배상책임의 근거가 되는 감독의무를 부과하는 규정이라고 할 수 없다.

해 설 ① [×] "민법 제204조에 따르면, 점유자가 점유의 침탈을 당한 때에는 그 물건의 반환 및 손해의 배상을 청구할 수 있고(제1항), 위 청구권은 점유를 침탈당한 날부터 1년 내에 행사하여야 하며(제3항), 여기서 말하는 1년의 행사기간은 제척기간으로서 소를 제기하여야 하는 기간을 말한다. **그런데 민법 제204조 제3항은 본권 침해로 발생한 손해배상청구권의 행사에는 적용되지 않으므로 점유를 침탈당한 자가 본권인 유치권 소멸에 따른 손해배상청구권을 행사하는 때에는 민법 제204조 제3항이 적용되지 아니하고, 점유를 침탈당한 날부터 1년 내에 행사할 것을 요하지 않는다**"(대판 2021.8.19. 2021다213866).

② [×] "불특정 다수인인 일반 공중의 통행에 공용된 도로, 즉 공로(公路)를 통행하고자 하는 자는 그 도로에 관하여 다른 사람이 가지는 권리 등을 침해한다는 등의 특별한 사정이 없는 한, 일상생활상 필요한 범위 내에서 다른 사람들과 같은 방법으로 그 도로를 통행할 자유가 있고, **제3자가 특정인에 대하여만 그 도로의 통행을 방해함으로써 일상생활에 지장을 받게 하는 등의 방법으로 그 특정인의 통행의 자유를 침해하였다면 민법상 불법행위에 해당하며, 그 침해를 받은 자로서는 그 방해의 배제나 장래에 생길 방해를 예방하기 위하여 통행방해 행위의 금지를 소구할 수 있다**"(대판 2021. 3. 11. 2020다229239).

③ [×] "영업양도에 수반된 근로계약인수의 효과가 인정될 경우, 근로계약에 기초하여 기 발생한

영업양도인의 근로자에 대한 손해배상채권에 관한 영업양수인의 승계취득에 개별 채권양도의 대항요건을 별도로 갖추어야 하는 것은 아니다"(대판 2020.12.10. 2020다245958)
"근로계약관계를 기초로 하여 이미 발생한 손해배상채권도 이를 인수 대상에서 배제하기로 하는 특약이 있는 등 특별한 사정이 없는 한 乙 회사에 이전되고, 개별 채권양도에 관한 대항요건을 별도로 갖출 필요는 없으므로, 乙 회사는 영업양도에 수반된 근로계약 인수의 효과로서 위 손해배상채권을 취득하였다고 볼 여지가 있다"(대판 2020.12.10. 2020다245958)

④ [×] "불법행위의 성립요건으로서 위법성은 법률을 위반한 경우에 한정되지 않고 전체 법질서의 관점에서 사회통념상 위법하다고 판단되는 경우도 포함할 수 있는 **'탄력적인 개념'**이며, 관련 행위 전체를 일체로 보아 판단하여 결정해야만 하는 것은 아니고, 문제가 되는 행위마다 **'개별적 · 상대적으로 판단'**하여야 한다"(대판 2021.6.30. 2019다268061).

⑤ [○] "이혼으로 인하여 부모 중 1명이 친권자 및 양육자로 지정된 경우 그렇지 않은 부모(이하 '비양육친'이라 한다)에게는 자녀에 대한 친권과 양육권이 없어 자녀의 보호 · 교양에 관한 민법 제913조 등 친권에 관한 규정이 적용될 수 없다. 비양육친은 자녀와 상호 면접교섭할 수 있는 권리가 있지만(민법 제837조의2 제1항), 이러한 **면접교섭 제도는 이혼 후에도 자녀가 부모와 친밀한 관계를 유지하여 정서적으로 안정되고 원만한 인격발달을 이룰 수 있도록 함으로써 자녀의 복리를 실현하는 것을 목적으로 하고, 제3자와의 관계에서 손해배상책임의 근거가 되는 감독의무를 부과하는 규정이라고 할 수 없다.** 비양육친은 이혼 후에도 자녀의 양육비용을 분담할 의무가 있지만, 이것만으로 비양육친이 일반적, 일상적으로 자녀를 지도하고 조언하는 등 보호 · 감독할 의무를 진다고 할 수 없다. 이처럼 비양육친이 미성년자의 부모라는 사정만으로 미성년 자녀에 대하여 감독의무를 부담한다고 볼 수 없다"(대판 2022.4.14. 2020다240021).
비교쟁점 물론 비양육친의 감독의무를 인정할 수 있는 특별한 사정이 있는 경우에는, 비양육친도 감독의무 위반으로 인한 손해배상책임을 질 수 있다(대판 2022.4.14. 2020다240021).

[정답] ⑤

문 73 **불법행위에 관한 설명 중 옳지 않은 것은?** (다툼이 있는 경우에는 판례에 의함) [변시 4회]

① 사용자가 피용자와 제3자의 책임비율에 의하여 정해진 피용자의 부담부분을 초과하여 피해자에게 손해를 배상한 경우, 사용자는 제3자에 대하여도 구상권을 행사할 수 있으나 그 구상의 범위는 제3자의 부담부분에 국한된다.

② 화재가 공작물 자체의 설치 · 보존상의 하자에 의하여 직접 발생한 경우, 간접점유자인 건물의 소유자는 직접점유자가 손해 방지에 필요한 주의를 해태하지 아니한 경우에 한하여 공작물책임을 지게 된다.

③ 2인 이상의 공동불법행위로 인하여 호의동승한 사람이 피해를 입은 경우, 동승자가 입은 손해에 대한 배상액을 산정할 때에는 먼저 호의동승으로 인한 감액비율을 참작하여 공동불법행위자들이 동승자에 대하여 배상하여야 할 수액을 정하여야 한다.

④ 일반적으로 타인의 불법행위 등에 의하여 재산권이 침해된 경우에 재산적 손해의 배상만으로 회복할 수 없는 정신적 손해가 발생하였다면, 가해자가 그러한 사정을 알았을 경우에 한하여 그 손해에 대한 위자료를 청구할 수 있다.

⑤ 사람이 갖는 명예에 관한 권리의 침해에 대하여는 사전 예방적 구제수단으로 침해행위의 정지 · 방지 등의 금지 청구권이 인정될 수 있다.

해 설 ① [○] "피용자와 제3자가 공동불법행위로 피해자에게 손해를 가하여 그 손해배상채무를 부담하는 경우에 피용자와 제3자는 공동불법행위자로서 서로 부진정연대관계에 있고, 한편 사용자의 손해배상책임은 피용자의 배상책임에 대한 대체적 책임이어서 사용자도 제3자와 부진정연대관계에 있다고 보아야 하므로, **사용자가 피용자와 제3자의 책임비율에 의하여 정해진 피용자의 부담부분을 초과하여 피해자에게 손해를 배상한 경우에는 사용자는 제3자에 대하여도 구상권을 행사할 수 있으며, 그 구상의 범위는 제3자의 부담부분에 국한된다**고 보는 것이 타당하다"(대판 1992.6.23. 전합91다33070).

② [○] **제758조(공작물등의 점유자, 소유자의 책임)** 「①항 공작물의 설치 또는 보존의 하자로 인하여 타인에게 손해를 가한 때에는 공작물점유자가 손해를 배상할 책임이 있다. 그러나 점유자가 손해의 방지에 필요한 주의를 해태하지 아니한 때에는 그 소유자가 손해를 배상할 책임이 있다.」

과거 실화책임법이 면책규정을 두고 있었던바, 判例는 공작물 자체의 설치 · 보존상의 하자에 의하여 직접 발생한 화재로 인한 손해배상책임에 관하여는 민법 제758조 1항을 적용하고, 그 화재로부터 연소(延燒)한 부분에 대한 손해배상책임에 대하여는 실화 책임에 관한 법률을 적용함이 상당하다고 하였으나(대판 1996.2.23. 95다22887), **현행 실화책임법은 경감규정만 두고 있는바, "공작물의 설치 · 보존상 하자에 의하여 직접 발생한 화재로 인한 손해배상책임뿐만 아니라 그 화재로부터 연소한 부분에 대한 손해배상책임에 관하여도 공작물의 설치 · 보존상 하자와 손해 사이에 상당인과관계가 있는 경우에는 민법 제758조 제1항이 적용**되고, 실화가 중대한 과실로 인한 것이 아닌 한 화재로부터 연소한 부분에 대한 손해의 배상의무자는 개정 실화책임법 제3조에 의하여 손해배상액의 경감을 받을 수 있다"(대판 2012.6.28. 2010다58056)고 한다.

"제758조의 공작물책임에서 간접점유의 경우에는 직접점유자가 1차적인 배상책임을 지고, 그가 손해의 방지에 필요한 주의를 다한 때에 비로소 간접점유자가 그 배상책임을 진다"(대판 1981.7.28. 81다209).

☞ 따라서 화재가 공작물 자체의 설치·보존상의 하자에 의하여 직접 발생한 경우, 간접점유자인 건물의 소유자는 직접점유자가 손해 방지에 필요한 주의를 해태하지 아니한 경우에 한하여 제758조의 공작물책임을 지게 된다.

③ [○] ※ **공동불법행위에 있어 호의동승으로 인한 책임제한이 미치는 범위**

사실관계 A가 운전하던 차량과 B가 운전하던 차량이 두 운전자의 공동과실로 사고가 발생하였고, 그로 인해 B가 운전하던 차량에 타고 있던 C가 사망하였다. 이 때 B와 C는 연인 사이였고 두 사람은 벚꽃구경을 가던 길이었다. 이에 동승차량의 운행목적, 피해자와의 인적 관계, 동승경위 등에 비추어 볼 때 C의 사망에 대해 동승차량 운전자 B에게 전적인 책임을 지우는 것은 신의칙이나 형평의 원칙상 불합리하므로 '호의동승으로 인한 책임제한'을 인정할 수 있는데, 이러한 책임제한이 다른 공동불법행위자인 A에게도 미치는지가 문제되었다. 이에 원심은 호의동승에 의한 책임제한은 인적, 내부적 관계에 기한 것인 만큼 상대적 효력만을 인정하여 부정하였으나 대법원은 아래와 같은 이유로 긍정하였다.

판시내용 "2인 이상의 공동불법행위로 인하여 호의동승한 사람이 피해를 입은 경우, 공동불법행위자 상호간의 내부관계에서는 일정한 부담부분이 있으나 피해자에 대한 관계에서는 부진정연대책임을 지므로, **동승자가 입은 손해에 대한 배상액을 산정함에 있어서는 먼저 호의동승으로 인한 감액 비율을 참작하여 공동불법행위자들이 동승자에 대하여 배상하여야 할 수액을 정하여야 한다. 그리고 그 당연한 귀결로서 위와 같은 책임제한은 동승 차량 운전자인 B 뿐만 아니라 상대방 차량 운전자인 A와 그 보험자에게도 적용된다**"(대판 2014.3.27. 2012다87263).

④ [×] **제393조(손해배상의 범위)** 「①항 채무불이행으로 인한 손해배상은 통상의 손해를 그 한도로 한다. ②항 특별한 사정으로 인한 손해는 채무자가 그 사정을 알았거나 알 수 있었을 때에 한하여 배상의 책임이 있다.」

제763조(준용규정) 「제393조, 제394조, 제396조, 제399조의 규정은 불법행위로 인한 손해배상에 준용한다.」

"일반적으로 타인의 불법행위에 의하여 재산권이 침해된 경우에는 그 재산적 손해의 배상에 의하여 정신적 고통도 회복된다고 보아야 할 것이므로, 재산적 손해의 배상에 의하여 회복할 수 없는 정신적 손해가 발생하였다면 이는 특별한 사정으로 인한 손해로서 가해자가 그러한 사정을 알았거나 **알 수 있었을 경우**에 한하여 그 손해에 대한 위자료를 인정할 수 있다"(대판 1988.3.22. 87다카1096).

⑤ [○] "명예(인격권)는 그 성질상 일단 침해된 후의 구제수단(손해배상이나 명예회복처분)만으로는 그 침해의 완전한 회복이 어렵고 손해전보의 실효성을 기대하기 어려우므로, 사전(예방적)구제수단으로 '침해행위의 정지·방지' 등의 청구권도 인정된다"(대판 1996.4.12. 93다40614).

[정답] ④

문 74 사용자책임에 관한 설명 중 옳은 것을 모두 고른 것은? (다툼이 있는 경우 판례에 의함) [변시 7회]

ㄱ. 명의를 대여받은 사람이 업무수행을 함에 있어 고의 또는 과실로 다른 사람에게 손해를 끼쳤고 객관적으로 보아 명의대여자가 명의를 대여받은 사람을 지휘·감독할 지위에 있었다면, 명의대여자는 사용자로서 그 손해를 배상할 책임이 있다.
ㄴ. 도급인이 수급인에 대하여 특정한 행위를 지휘하는 이른바 노무도급의 경우에는 수급인의 불법행위에 대하여 비록 도급인이라고 하더라도 사용자로서의 배상책임이 있다.
ㄷ. 지입차량의 차주가 고용한 운전자의 과실로 타인에게 물적 손해를 가한 경우에 지입회사는 사용자책임을 부담한다.
ㄹ. 사용자가 피용자의 고의에 의한 불법행위로 인하여 사용자책임을 부담하는 경우에 피해자에게 그 손해의 발생과 확대에 기여한 과실이 있더라도 사용자책임의 범위를 정함에 있어서 이러한 피해자의 과실을 고려하여 그 책임을 제한할 수는 없다.

① ㄱ, ㄴ
② ㄴ, ㄹ
③ ㄱ, ㄴ, ㄷ
④ ㄱ, ㄷ, ㄹ
⑤ ㄴ, ㄷ, ㄹ

해설 ㄱ. [O] 명의를 대여하여 타인으로 하여금 영업을 하게 한 경우에는, '실제적으로 지휘·감독하였느냐'의 여부에 관계없이 당위적 측면에서 '객관적·규범적으로 보아 지휘·감독해야 할 지위에 있었느냐'에 따라 '명의대여자'에 대해서도 사용자책임이 인정된다(대판 2001.8.21, 2001다3658)

ㄴ. [O] 독립적인 지위에서 일의 완성의무를 지는 수급인은 원칙적으로 제756조의 피용자라고 할 수 없다. 다만 도급인이 수급인의 일의 진행 및 방법에 관하여 구체적인 지휘감독권을 보유한 경우에는 도급인과 수급인의 관계는 실질적으로 사용자 및 피용자의 관계와 다를 바 없으므로, 수급인이 고용한 제3자의 불법행위로 인한 손해에 대하여 도급인은 제756조에 의한 사용자책임을 면할 수 없다(대판 1987.10.28, 87다카1185). 따라서 도급인이 수급인에 대하여 특정한 행위를 지휘하거나 특정한 사업을 도급시키는 경우와 같은 이른바 노무도급의 경우에는, 비록 도급인이라 하더라도 사용자로서의 배상책임이 있다(대판 2005.11.10, 2004다37676).

ㄷ. [O] "지입차량의 차주 또는 그가 고용한 운전자의 과실로 타인에게 손해를 가한 경우에는 지입회사는 명의대여자로서 제3자에 대하여 지입차량이 자기의 사업에 속하는 것을 표시하였을 뿐 아니라, 객관적으로 지입차주를 지휘·감독하는 사용자의 지위에 있다 할 것이므로 이러한 불법행위에 대하여는 그 사용자책임을 부담한다"(대판 2000.10.13, 2000다20069).

ㄹ. [X] "사용자가 피용자의 과실에 의한 불법행위로 인한 사용자책임을 부담하는 경우와 마찬가지로 피용자의 고의에 의한 불법행위로 인하여 사용자책임을 부담하는 경우에도 피해자에게 그 손해의 발생과 확대에 기여한 과실이 있다면 사용자책임의 범위를 정함에 있어서 이러한 피해자의 과실을 고려하여 그 책임을 제한할 수 있다"(대판 2002.12.26, 2000다56952).

[정답] ③

문 75 공동불법행위책임에 관한 설명으로 옳은 것을 모두 고른 것은? (다툼이 있는 경우 판례에 의함)

[변시 8회]

ㄱ. 법원이 피해자의 과실을 들어 과실상계를 함에 있어서 피해자의 공동불법행위자 각인에 대한 과실비율이 서로 다르다면 피해자의 과실을 공동불법행위자 각인에 대한 과실로 개별적으로 평가하여야 한다.
ㄴ. 공동불법행위자 중 1인이 피해자에게 전부 변제하여 면책된 경우 그 공동불법행위자에게 과실이 없다면, 그에 대한 다른 공동불법행위자들의 구상의무는 부진정연대관계에 있다.
ㄷ. 환자가 수혈로 인하여 에이즈에 감염된 경우 대한적십자사의 혈액관리상의 주의의무위반으로 인한 에이즈 감염행위와 의사의 수혈 시 설명의무위반으로 인한 환자의 자기결정권침해행위는 공동불법행위를 구성한다.
ㄹ. 피해자가 공동불법행위자들 중 일부를 상대로 한 전소에서 승소한 금액을 전부 지급받았다고 하더라도 그 금액이 나머지 공동불법행위자에 대한 후소에서 산정된 손해액에 미치지 못한다면 후소의 피고는 그 차액을 피해자에게 지급할 의무가 있다.

① ㄱ, ㄴ
② ㄴ, ㄹ
③ ㄷ, ㄹ
④ ㄱ, ㄴ, ㄷ
⑤ ㄴ, ㄷ, ㄹ

해 설 ㄱ. [X] ※ 공동불법행위의 경우 과실상계 방법 (원칙적으로 전체적 평가설)

통상 공동불법행위의 경우 과실상계를 함에 있어서는 피해자에 대한 공동불법행위자 전원의 과실과 피해자의 공동불법행위자 전원에 대한 과실을 '전체적'으로 평가하여야 하고 공동불법행위자간의 과실의 경중이나 구상권 행사의 가능 여부 등은 고려할 여지가 없다(대판 1991.5.10, 90다14423). 왜냐하면, 공동불법행위책임은 가해자 각 개인의 행위에 대하여 개별적으로 그로 인한 손해를 구하는 것이 아니라 그 가해자들이 공동으로 가한 불법행위에 대하여 그 책임을 추궁하는 것이기 때문이다(대판 2000.9.8, 99다48245).

ㄴ. [O] ※ 공동불법행위자 중 1인이 전부를 면책시킨 경우 수인의 구상의무자간 상호관계

공동불법행위자 중 1인에 대하여 구상의무를 부담하는 다른 공동불법행위자가 수인인 경우에는 특별한 사정이 없는 이상 그들의 구상권자에 대한 채무는 각자의 부담 부분에 따른 '분할채무'로 본다(대판 2002.9.27, 2002다15917). 따라서 각자의 내부적 부담부분의 범위 내에서만 구상의무를 부담한다. 그러나 구상권자인 공동불법행위자측에 과실이 없는 경우(운전자에게 과실이 없는 경우에도 자배법상 운행자책임이 성립할 수 있다), 즉 내부적인 부담 부분이 전혀 없는 경우에는 이와 달리 그에 대한 수인의 구상의무 사이의 관계를 '부진정연대관계'로 봄이 상당하다고 한다(대판 2005.10.13, 2003다24147).

ㄷ. [X] ※ 공동불법행위 성립 요건으로서 객관적 관련공동성

수인이 공동하여 타인에게 손해를 가하는 민법 제760조 제1항의 공동불법행위가 성립하려면 각 행위가 독립하여 불법행위의 요건을 갖추고 있으면서 객관적으로 관련되고 공동하여 위법하게 피해자에게 손해를 가한 것으로 인정되어야 한다. 그런데, 혈액을 수혈받은 환자가 감염된 혈액을 수혈받은

결과 에이즈 바이러스에 감염된 사안에서 判例는 "ⅰ) 감염된 혈액을 수혈받은 환자로 하여금 에이즈 바이러스 감염이라는 치명적인 건강 침해를 입게 한 대한적십자사의 과실 및 위법행위는 신체상해 자체에 대한 것인 데 비하여, ⅱ) 수혈로 인한 에이즈 바이러스 감염 위험 등의 설명의무를 다하지 아니한 의사들의 과실 및 위법행위는 수혈 여부와 수혈 혈액에 대한 환자의 자기결정권이라는 인격권의 침해에 대한 것이어서, 대한적십자사와 의사의 양 행위가 경합하여 단일한 결과를 발생시킨 것이 아니고 각 행위의 결과 발생을 구별할 수 있으니(객관적 행위공동성 부정), 이와 같은 경우에는 공동불법행위가 성립한다고 할 수 없다"(대판 1998.2.13. 96다7854)고 보았다.

쟁점정리 判例의 태도를 정리하자면, 수개의 행위가 경합하여 단일한 결과를 발생시킨 것이 아니고 각 행위의 결과발생을 구별할 수 있는 경우에는 객관적 관련공동도 없어서 가해자 각자는 자기 행위에 대한 책임만을 부담한다는 입장이라고 할 수 있을 것이다.

ㄹ. [○] "피해자가 공동불법행위자들을 모두 피고로 삼아 한꺼번에 손해배상청구의 소를 제기한 경우와 달리 공동불법행위자별로 별개의 소를 제기하여 소송을 진행하는 경우에는 각 소송에서 제출된 증거가 서로 다르고 이에 따라 교통사고의 경위와 피해자의 손해액산정의 기초가 되는 사실이 달리 인정됨으로 인하여 과실상계비율과 손해액도 서로 달리 인정될 수 있는 것이므로, 피해자가 공동불법행위자들 중 일부를 상대로 한 전소에서 승소한 금액을 전부 지급받았다고 하더라도 그 금액이 나머지 공동불법행위자에 대한 후소에서 산정된 손해액에 미치지 못한다면 후소의 피고는 그 차액을 피해자에게 지급할 의무가 있다"(대판 2001.2.9, 2000다60227).

[정답] ②

문 76 공동불법행위에 관한 설명 중 옳지 않은 것은? (다툼이 있는 경우 판례에 의함) [변시 6회]

① 공동불법행위자 중에 피해자의 부주의를 이용하여 고의로 불법행위를 행한 자가 있는 경우에는 모든 불법행위자가 과실상계의 주장을 할 수 없다.

② 피해자가 공동불법행위자 중의 일부만을 상대로 손해배상을 청구하는 경우, 과실상계를 함에 있어 피해자에 대한 공동불법행위자 전원의 과실과 피해자의 공동불법행위자 전원에 대한 과실을 전체적으로 평가하여야 하고, 공동불법행위자 간의 과실의 경중이나 구상권행사의 가능 여부 등은 고려할 필요가 없다.

③ 피해자가 공동불법행위자별로 별개의 소를 제기하여 소송을 진행하는 경우, 피해자가 공동불법행위자들 중 일부를 상대로 한 전소(前訴)에서 승소한 금액을 전부 지급받았다고 하더라도 그 금액이 나머지 공동불법행위자에 대한 후소(後訴)에서 산정된 손해액에 미치지 못한다면 후소(後訴)의 피고는 그 차액을 피해자에게 지급할 의무가 있다.

④ 공동불법행위자 중 1인에 대하여 구상의무를 부담하는 다른 공동불법행위자가 수인(數人)인 경우, 구상권자인 공동불법행위자가 과실이 없어 내부적인 부담 부분이 전혀 없다면 그에 대한 수인(數人)의 구상의무 사이의 관계는 부진정연대관계이다.

⑤ 공동불법행위자 중 1인의 손해배상채무가 시효로 소멸한 후에 다른 공동불법행위자 1인이 피해자에게 자기의 부담 부분을 넘는 손해를 배상하였을 경우, 그 공동불법행위자는 손해배상채무가 시효로 소멸한 다른 공동불법행위자에게 구상권을 행사할 수 있다.

해 설 ① [X] ※ 과실상계 : 개별적 평가설(예외)

判例는 "피해자의 부주의를 이용하여 고의로 불법행위를 저지른 자가 바로 그 피해자의 부주의를 이유로 자신의 책임을 감하여 달라고 주장하는 것은 허용될 수 없으나, 이는 그러한 사유가 있는 자에게 과실상계의 주장을 허용하는 것이 신의칙에 반하기 때문이므로, 불법행위자 중의 일부에게 그러한 사유가 있다고 하여 그러한 사유가 없는 다른 불법행위자까지도 과실상계의 주장을 할 수 없다고 해석할 것은 아니다"(대판 2007.6.14. 2005다32999)

② [O] ※ 과실상계 : 전체적 평가설(원칙)

"통상 공동불법행위의 경우 과실상계를 함에 있어서는 피해자에 대한 공동불법행위자 전원의 과실과 피해자의 공동불법행위자 전원에 대한 과실을 '전체적'으로 평가하여야 하고 공동불법행위자 간의 과실의 경중이나 구상권 행사의 가능 여부 등은 고려할 여지가 없다"(대판 1991.5.10. 90다14423)

③ [O] ※ 공동불법행위자에 대한 손해배상청구를 별개의 소로 진행한 경우 과실상계비율이나 손해액을 달리 인정할 수 있는지 여부(적극)

"피해자가 공동불법행위자들을 모두 피고로 삼아 한꺼번에 손해배상청구의 소를 제기한 경우와 달리 공동불법행위자별로 별개의 소를 제기하여 소송을 진행하는 경우에는 각 소송에서 제출된 증거가 서로 다르고 이에 따라 교통사고의 경위와 피해자의 손해액산정의 기초가 되는 사실이 달리 인정됨으로 인하여 과실상계비율과 손해액도 서로 달리 인정될 수 있는 것이므로, 피해자가 공동불법행위자들 중 일부를 상대로 한 전소에서 승소한 금액을 전부 지급받았다고 하더라도 그 금액이 나머지 공동불법행위자에 대한 후소에서 산정된 손해액에 미치지 못한다면 후소의 피고는 그 차액을 피해자에게 지급할 의무가 있다"(대판 2001.2.9. 2000다60227).

④ [O] ※ 수인의 구상의무자간 상호관계(원칙적 분할채무, 예외적 부진정연대채무)

㉠ [원칙적 분할채무] 공동불법행위자 중 1인에 대하여 구상의무를 부담하는 다른 공동불법행위자가 수인인 경우에는 특별한 사정이 없는 이상 그들의 구상권자에 대한 채무는 각자의 부담부분에 따른 '분할채무'로 본다(대판 2002.9.27. 2002다15917). 따라서 각자의 내부적 부담부분의 범위 내에서만 구상의무를 부담한다. ㉡ [예외적 부진정연대채무] 그러나 구상권자인 공동불법행위자측에 과실이 없는 경우(운전자에게 과실이 없는 경우에도 자배법상 운행자책임이 성립할 수 있다), 즉 내부적인 부담 부분이 전혀 없는 경우에는 이와 달리 그에 대한 수인의 구상의무 사이의 관계를 '부진정연대관계'로 봄이 상당하다고 한다(대판 2005.10.13. 2003다24147).

⑤ [O] "공동불법행위자의 다른 공동불법행위자에 대한 구상권은 피해자의 다른 공동불법행위자에 대한 손해배상채권과는 그 발생 원인 및 성질을 달리하는 별개의 권리이고, 연대채무에 있어서 소멸시효의 절대적 효력에 관한 민법 제421조의 규정은 공동불법행위자 상호간의 부진정연대채무에 대하여는 그 적용이 없으므로, 공동불법행위자 중 1인의 손해배상채무가 시효로 소멸한 후에 다른 공동불법행위자 1인이 피해자에게 자기의 부담 부분을 넘는 손해를 배상하였을 경우에도, 그 공동불법행위자는 다른 공동불법행위자에게 구상권을 행사할 수 있다"(대판 1997.12.23. 97다42830).

[정답] ①

문 77 **甲과 乙이 과실에 의한 공동불법행위로 丙에게 손해를 가하였는데, 丙이 입은 손해액은 3,000만 원이다. 甲과 乙의 부담부분의 비율은 2:1이고, 甲과 乙에 대한 丙의 과실비율은 20%이며, 丁은 甲의 사용자로서 사용자책임을 부담한다. 다음 설명 중 옳지 않은 것은?** (다툼이 있는 경우에는 판례에 의함)

[변시 1회]

① 甲이 丙에 대한 1,000만 원의 대여금채권으로 丙의 손해배상채권과 상계하였다면, 乙도 그 한도에서 손해배상책임을 면한다.

② 만약 甲은 고의로, 乙은 과실로 위 불법행위를 행하였다면, 甲이 과실상계를 주장하지 못하는 경우라도 乙은 과실상계를 주장할 수 있다.

③ 丙의 甲에 대한 소송에서 丙의 과실이 일정한 비율로 인정되었다면, 별소로 제기된 丙의 乙에 대한 소송에서 법원은 丙의 과실비율을 달리 인정할 수 없다.

④ 丙에게 2,400만 원을 변제한 丁은 乙에 대하여 800만 원을 구상할 수 있다.

⑤ 丙에게 1,200만 원을 변제한 丁은 乙에 대하여 구상할 수 없다.

해 설 ① [○] 종래 判例의 기본적 입장은 상계의 상대적 효력만 인정하였으나, 최근 전원합의체 판결을 통해 "부진정연대채무자 중 1인이 자신의 채권자에 대한 반대채권으로 상계를 한 경우에도 채권은 변제, 대물변제, 또는 공탁이 행하여진 경우와 동일하게 **현실적으로 만족을 얻어 그 목적을 달성하는 것이므로, 그 상계로 인한 채무소멸의 효력은 소멸한 채무 전액에 관하여 다른 부진정연대채무자에 대하여도 미친다**고 보아야 한다. 이는 부진정연대채무자 중 1인이 채권자와 상계계약을 체결한 경우에도 마찬가지이다. 나아가 이러한 법리는 채권자가 상계 내지 상계계약이 이루어질 당시 다른 부진정연대채무자의 존재를 알았는지 여부에 의하여 좌우되지 아니한다"(대판 2010.9.16. 전합2008다97218)고 하여 **상계의 절대적 효력을 인정**하였다.

비교판례 그러나 부진정연대채무자 사이에는 고유한 의미의 부담부분이 존재하지 않으므로 이를 전제로 한 제418조 2항은 유추적용되지 않는다(대판 1994.5.27. 93다21521).

② [○] "**피해자의 부주의를 이용하여 고의로 불법행위를 저지른 자가 바로 그 피해자의 부주의를 이유로 자신의 책임을 감하여 달라고 주장하는 것은 허용될 수 없으나**, 이는 그러한 사유가 있는 자에게 과실상계의 주장을 허용하는 것이 신의칙에 반하기 때문이므로, 불법행위자 중의 일부에게 그러한 사유가 있다고 하여 그러한 사유가 없는 다른 불법행위자까지도 과실상계의 주장을 할 수 없다고 해석할 것은 아니다"(대판 2007.6.14. 2005다32999)

☞ 어느 한 불법행위자가 고의의 불법행위로 인해 상계가 금지된다는 우연한 사정으로 다른 과실에 의한 불법행위자의 과실상계를 금지할 것은 아니다.

③ [×] "피해자가 공동불법행위자들을 모두 피고로 삼아 한꺼번에 손해배상청구의 소를 제기한 경우와 달리 **공동불법행위자별로 별개의 소를 제기하여 소송을 진행하는 경우에는** 각 소송에서 제출된 증거가 서로 다르고 이에 따라 교통사고의 경위와 피해자의 손해액산정의 기초가 되는 사실이 달리 인정됨으로 인하여 **과실상계비율과 손해액도 서로 달리 인정될 수 있는 것이므로**, 피해자가 공동불법행위자들 중 일부를 상대로 한 전소에서 승소한 금액을 전부 지급받았다고 하더라도 그 금액이 나머지 공동불법행위자에 대한 후소에서 산정된 손해액에 미치지 못한다면 후소의 피고는 그 차액을 피해자에게 지급할 의무가 있다"(대판 2001.2.9. 2000다60227)

④ [O] ⑤ [O] "피용자와 제3자가 공동불법행위로 피해자에게 손해를 가하여 그 손해배상채무를 부담하는 경우에 피용자와 제3자는 공동불법행위자로서 서로 부진정연대관계에 있고, 한편 사용자의 손해배상책임은 피용자의 배상책임에 대한 대체적 책임이어서 사용자도 제3자와 부진정연대관계에 있다고 보아야 할 것이므로, 사용자가 피용자와 제3자의 책임비율에 의하여 정해진 피용자의 부담부분을 초과하여 피해자에게 손해를 배상한 경우에는 사용자는 제3자에 대하여도 구상권을 행사할 수 있으며, 그 구상의 범위는 제3자의 부담부분에 국한된다고 보는 것이 타당하다"(대판 1992.6.23. 전합91다33070)

☞ 사안에서 甲, 乙, 丁은 공동불법행위자로서 丙에 대해 서로 부진정연대채무관계에 있다(위 전합91다33070판결). 判例는 공동불법행위의 경우 형평의 관점에서 공동불법행위자 간에 그 '과실의 비율'에 따른 부담부분이 있는 것으로 보아 구상을 인정해 왔다(대판 1997.12.12. 96다50896). 아울러 연대채무와는 달리 자기 부담부분 초과의 면책행위를 해야 구상권을 행사할 수 있다고 한다(대판 1997.12.12. 96다50896).

이에 따라 사안을 판단해 보면 사안은 과실에 의한 공동불법행위(제760조 제1항)로서 채권자 丙의 과실비율이 20%이므로 과실상계 규정(제396조)에 따라 甲, 乙, 丁은 총 2,400만 원의 손해배상채무에 대해 부진정연대채무관계에 있다. 이 때 내부적 부담부분은 가해자인 甲과 乙의 과실비율에 따라 각 1,600만 원(2,400×2/3), 800만원(2,400×1/3)이고, 丁은 甲의 사용자이므로 피용자 甲과 동일하게 1,600만원이다. 따라서 피해자 丙에게 손해배상액 전액인 2,400만 원을 변제한 부진정연대채무자 丁은 다른 부진정연대채무자 乙에 대하여 乙의 부담부분인 800만 원에 대해 구상권을 행사할 수 있으나(지문 ④), 丁의 부담부분(1,600만원)에 미달한 1,200만원을 변제한 경우에는 다른 부진정연대채무자에게 구상권을 행사할 수 없다(지문 ⑤).

[정답] ③

문 78 **甲, 乙, 丙이 공동으로 丁을 폭행하여 상해를 입혔고, 이에 丁은 甲, 乙, 丙을 상대로 손해배상을 청구하고자 한다. 이에 관한 설명 중 옳지 않은 것은?** (각 지문은 독립적이며, 다툼이 있는 경우 판례에 의함)

[변시 5회]

① 가해행위에 대한 甲의 가담 정도가 乙이나 丙에 비하여 경미하더라도 丁에 대한 관계에서 甲의 책임 범위를 손해배상액의 일부로 제한할 수는 없다.

② 丁이 甲의 손해배상채무를 면제해 주었더라도, 乙이 丁에 대한 손해배상채무 전액을 변제하였다면, 乙은 甲에 대하여 구상권을 행사할 수 있다.

③ 丁이 甲을 상대로 손해배상을 청구하더라도 丁의 乙과 丙에 대한 손해배상청구권은 소멸시효가 중단되지 않는다.

④ 폭행으로 인하여 丁에게 손해발생과 함께 이득이 생긴 한편 그 손해발생에 丁의 과실이 경합하여 과실상계를 해야 할 경우에는 산정된 손해액에 먼저 과실상계를 한 후 이득을 공제해야 한다.

⑤ 丁이 甲, 乙, 丙을 공동피고로 하여 손해배상청구소송을 제기한 경우, 법원이 피해자인 丁의 과실을 들어 과실상계를 할 때 丁의 甲, 乙, 丙에 대한 과실비율이 서로 다르다면 이들을 개별적으로 평가하여 손해액을 정해야 한다.

해 설 ① [○] 공동불법행위로 인한 손해배상책임의 범위는 피해자에 대한 관계에서 **가해자들 전원의 행위를 '전체적'으로 함께 평가**하여 정하여야 하고, 그 손해배상액에 대하여는 가해자 각자가 그 금액의 전부에 대한 책임을 부담한다. 따라서 가해자의 1인이 다른 가해자에 비하여 **불법행위에 가공한 정도가 경미하다고 하더라도 피해자에 대한 관계에서** 그 가해자의 책임 범위를 위와 같이 정하여진 **손해배상액의 일부로 제한하여 인정할 수 없다**(대판 1998.10.20, 98다31691).

② [○] 제760조는 공동불법행위자는 연대하여 그 손해를 배상할 책임이 있다고 규정한다. 그런데 통설과 判例는 이 연대를 '부진정연대채무'로 해석한다. 왜냐하면 연대채무에서는 절대적 효력이 미치는 범위가 상당히 넓으므로 피해자를 두텁게 보호하기 위해서는 부진정연대채무로 함이 유리하기 때문이다. 부진정연대채무는 연대채무와 같이 채권자는 채무자들 가운데 1인에 대하여 채무의 전부나 일부의 이행을 청구하거나 또는 모든 채무자에 대하여 동시에 또는 순차로 채무의 전부나 일부를 청구할 수 있다(제414조 유추적용). 그러나 광범위한 절대적 효력이 인정되는 연대채무와 달리 채권을 만족시키는 사유인 변제, 대물변제, 공탁, 상계(견해의 대립이 있음)에 있어서만 절대적 효력이 인정된다.

따라서 연대채무에서 절대적 효력이 있는 것, 즉 면제(제419조 참조) · 소멸시효의 완성(제421조 참조) · 소멸시효의 중단(대판 2011.4.4. 2010다91866) 등은 부진정연대채무에서는 상대적 효력이 있을 뿐이다. 그리고 이러한 부진정연대채무자 상호 간의 상대적 효력 사유로는 다른 부진정연대채무자의 구상금청구에 대한 유효한 항변이 될 수 없다.

☞ 丁이 甲의 손해배상채무를 면제해 주었더라도, 면제는 부진정연대채무의 관계에서는 상대적 효력밖에 없으므로 乙이 丁에 대한 손해배상채무 전액을 변제하였다면, 乙은 甲에 대하여 구상권을 행사할 수 있다.

③ [○] 부진정연대채무는 채권을 만족시키는 사유인 변제, 대물변제, 공탁, 상계(견해의 대립이 있음)에 있어서만 절대적 효력이 인정되고 이행정구 등 소멸시효의 중단(대판 2011.4.4. 2010다91866)사유는 상대적 효력이 있을 뿐이다.

④ [○] 채무불이행(불법행위책임)에서 채권자(피해자)가 채무자(가해자)의 채무불이행(불법행위)으로 인하여 이익을 얻은 경우에는 그 이익은 손해배상에서 공제되어야 한다(손익상계). 양자의 적용순서에 관해 判例는 산정된 손해액에서 먼저 과실상계를 한 후 손익상계를 하여야 한다고 하여 배상의무자인 채무자(가해자)에게 유리한 방법을 채택하고 있다(대판 1990.5.8. 89다카29129).

⑤ [X] 피해자가 공동불법행위자 중의 일부만을 상대로 손해배상청구를 하는 경우에도 과실상계를 함에 있어 참작하여야 할 쌍방의 과실은 피해자에 대한 공동불법행위자 전원의 과실과 피해자의 공동불법행위자 전원에 대한 과실을 **'전체적'으로 평가**하여야 하고 공동불법행위자 간의 과실의 경중이나 구상권 행사의 가능성 여부 등은 고려할 여지가 없다(전체적 평가설 ; 대판 1991.5.10. 90다14423).

[정답] ⑤

문 79 **甲은 乙이 운전하던 택시의 승객인데, 2010. 7. 1. 교차로에서 乙, 丙, 丁이 각 운전하는 차량의 3중 충돌사고로 부상을 입어 1,000만 원의 손해가 발생하였고, 조사결과 乙에게 10%, 丙에게 40%, 丁에게 50%의 과실이 인정되었다. 다음 설명 중 옳지 않은 것은?** (다툼이 있는 경우에는 판례에 의함) [변시 2회]

① 甲은 乙에게 1,000만 원의 손해배상을 청구할 수 있다.

② 丙이 甲에 대한 반대채권으로 상계한 경우, 상계의 효력은 乙, 丁에게도 미친다.

③ 甲이 乙에게 손해배상채무를 면제해 준 후 1,000만 원을 배상한 丁이 乙에게 구상권을 행사하는 경우, 乙은 자기의 채무가 면제되었음을 이유로 丁에게 대항할 수 없다.

④ 만약 위 교통사고가 2005. 1. 7. 발생하였고, 丁이 甲에게 1,000만 원을 배상하였는데, 甲의 丙에 대한 손해배상청구권이 시효로 소멸한 경우, 丁은 丙에게 구상권을 행사할 수 없다.

⑤ 만약 乙에게 과실이 전혀 없음에도 乙이 甲에게 500만 원을 배상하고 丙, 丁에게 구상할 경우, 丙, 丁의 구상의무는 부진정연대채무이다.

해 설 ① [○] 손해배상채무의 원인이 '동일한 사실관계'에 기한 경우에는 하나의 동일한 급부에 관하여 수인의 채무자가 각자 독립해서 그 전부를 급부하여야 할 의무를 부담하는 경우로서 부진정연대채무관계에 있다(대판 2006.9.8. 2004다55230). 따라서 사안에서 乙, 丙, 丁은 甲에 대해 부진정연대채무관계에 있다.

부진정연대채무의 경우 연대채무와 같이 채권자는 채무자들 가운데 1인에 대하여 채무의 전부나 일부의 이행을 청구하거나 또는 모든 채무자에 대하여 동시에 또는 순차로 채무의 전부나 일부를 청구할 수 있다(제414조 유추적용). 따라서 甲은 乙에게 손해 전액인 1,000만 원의 손해배상을 청구할 수 있다.

② [○] 종래 判例의 기본적 입장은 상계의 상대적 효력만 인정하였으나, 최근 전원합의체 판결을 통해 "부진정연대채무자 중 1인이 자신의 채권자에 대한 반대채권으로 상계를 한 경우에도 채권은 변제, 대물변제, 또는 공탁이 행하여진 경우와 동일하게 현실적으로 만족을 얻어 그 목적을 달성하는 것이므로, 그 상계로 인한 채무소멸의 효력은 소멸한 채무 전액에 관하여 다른 부진정연대채무자에 대하여도 미친다고 보아야 한다. 이는 부진정연대채무자 중 1인이 채권자와 상계계약을 체결한 경우에도 마찬가지이다. 나아가 이러한 법리는 채권자가 상계 내지 상계계약이 이루어질 당시 다른 부진정연대채무자의 존재를 알았는지 여부에 의하여 좌우되지 아니한다"(대판 2010.9.16. 전합2008다97218)고 하여 상계의 절대적 효력을 인정하였다.

비교판례 그러나 부진정연대채무자 사이에는 고유한 의미의 부담부분이 존재하지 않으므로 이를 전제로 한 제418조 2항은 유추적용되지 않는다(대판 1994.5.27. 93다21521).

③ [○] ④ [X] 광범위한 절대적 효력이 인정되는 연대채무와 달리 채권을 만족시키는 사유인 변제, 대물변제, 공탁, 상계에 있어서만 절대적 효력이 인정된다. 따라서 연대채무에서 절대적 효력이 있는 것, 즉 면제(③의 경우 ; 제419조 참조) 및 소멸시효의 완성(④의 경우 ; 제421조 참조)은 상대적 효력만이 인정된다.

관련판례 "부진정연대채무자 상호간에 있어서 채권의 목적을 달성시키는 변제와 같은 사유는 채무자 전원에 대하여 절대적 효력을 발생하지만 그 밖의 사유는 상대적 효력을 발생하는 데에 그치는 것이므로 피해자가 채무자 중의 1인에 대하여 손해배상에 관한 권리를 포기하거나 채무를 면제하는 의사표시를 하였다 하더라도 다른 채무자에 대하여 그 효력이 미친다고 볼 수는 없다"(대판 2006.1.27. 2005다19378). "연대채무에서 소멸시효의 절대적 효력에 관한 제421조는 공동불법행위자 상호간의 부진정연대채무에 대해서는 적용되지 않으므로, 공동불법행위자 중 1인의 손해배상채무가 시효로 소멸한 후에 다른 공동불법행위자 1인이 피해자에게 자기 부담부분을 넘는 손해를 배상하였을 경우에도 그 공동불법행위자는 다른 공동불법행위자에게 구상권을 행사할 수 있다"(대판 1997.12.23. 97다42830).

⑤ [○] 判例는 공동불법행위자 중 1인에 대하여 구상의무를 부담하는 다른 공동불법행위자가 수인인 경우에는 특별한 사정이 없는 이상 그들의 구상권자에 대한 채무는 각자의 부담 부분에 따른 '분할채무'로 본다(대판 2002.9.27. 2002다15917). 따라서 각자의 내부적 부담부분의 범위 내에서만 구상의무를 부담한다. 그러나 구상권자인 공동불법행위자측에 과실이 없는 경우(운전자에게 과실이 없는 경우에도 자배법상 운행자책임이 성립할 수 있다), 즉 내부적인 부담 부분이 전혀 없는 경우에는 이와 달리 그에 대한 수인의 구상의무 사이의 관계를 '부진정연대관계'로 봄이 상당하다고 한다(대판 2005.10.13. 2003다24147).

[정답] ④

문 80 甲 회사는 근로자 파견회사 乙과의 근로자 파견계약에 따라 丙을 파견 받아 丙에게 甲 회사의 자동차 운전을 맡겼는데, 丙이 업무수행 중 丁을 호의로 동승시키고 운전하다가 丙과 戊의 과실로 戊가 운전하던 자동차와 충돌하여 丁과 戊가 부상당하였다. 다음 설명 중 옳은 것을 모두 고른 것은?(다툼이 있는 경우에는 판례에 의함) [변시 3회]

ㄱ. 丙이 甲의 구체적인 지시, 감독을 받아 업무를 수행한 경우, 乙이 丙의 선발 및 일반적 지휘, 감독상의 주의를 다하였더라도, 乙은 위 교통사고로 인한 丁과 戊의 손해에 대하여 사용자책임을 면하지 못한다.
ㄴ. 특별한 사정이 없는 한, 丁이 사고 차량에 단순히 호의로 동승하였다는 사실은 丁에 대해 손해배상액의 감경사유로 삼을 수 없다.
ㄷ. 甲과 丙이 공동으로 丁에게 손해배상책임을 지는 경우, 丁이 丙의 손해배상채무를 면제하였다면, 甲 역시 그 한도에서 채무를 면한다.
ㄹ. 丙의 운전을 방해한 丁이 丙과 戊 모두를 상대로 손해배상청구소송을 제기한 경우, 丁의 과실비율이 丙과 戊에 대하여 서로 다르다면 손해액의 산정에서 과실상계 역시 丙과 戊에 대하여 개별적으로 평가하여야 함이 원칙이다.

① ㄱ　② ㄴ
③ ㄱ, ㄹ　④ ㄴ, ㄷ
⑤ ㄷ, ㄹ

해설 ㄱ. [X] "파견근로자 보호 등에 관한 법률에 의한 근로자 파견은 파견사업주가 근로자를 고용한 후 그 고용관계를 유지하면서 사용사업주와 사이에 체결한 근로자 파견계약에 따라 사용사업주에게 근로자를 파견하여 근로를 제공하게 하는 것으로서, 파견근로자는 사용사업주의 사업장에서 그의 지시·감독을 받아 근로를 제공하기는 하지만 사용사업주와의 사이에는 고용관계가 존재하지 아니하는 반면, 파견사업주는 파견근로자의 근로계약상의 사용자로서 파견근로자에게 임금지급의무를 부담할 뿐만 아니라, 파견근로자가 사용사업자에게 근로를 제공함에 있어서 사용사업자가 행사하는 구체적인 업무상의 지휘·명령권을 제외한 파견근로자에 대한 파견명령권과 징계권 등 근로계약에 기한 모든 권한을 행사할 수 있으므로 파견근로자를 일반적으로 지휘·감독해야 할 지위에 있게 되고, 따라서 **파견사업주와 파견근로자 사이에는 민법 제756조의 사용관계가 인정되어 파견사업주는 파견근로자의 파견업무에 관련한 불법행위에 대하여 파견근로자의 사용자로서의 책임을 져야 하지만, 파견근로자가 사용사업주의 구체적인 지시·감독을 받아 사용사업주의 업무를 행하던 중에 불법행위를 한 경우에 파견사업주가 파견근로자의 선발 및 일반적 지휘·감독권의 행사에 있어서 주의를 다하였다고 인정되는 때에는 면책된다고** 할 것이다"(대판 2003.10.9. 2001다24655).

ㄴ. [O] **호의동승의 경우 손해배상책임의 감경과 관련한 判例**

(1) **원칙적 부정**

i) **사고 차량에 단순히 호의로 동승하였다는 사실만 가지고 바로 이를 배상액 경감사유로 삼을 수 있는 것은 아니다**(대판 1996.3.22. 95다24302 등). ii) **과실상계의 원칙적 부정** : 자동차교통사고에 있어서 피해자가 사고차량에 무상으로 동승하여 그 운행으로 인한 이익을 누리는 지위를 갖게 된다고 하여 특별한 사정이 없는 한 피해자에게 과실이 있다고 할 수 없다(대판 1987.1.20. 86다카251).

(2) **예외적 인정(동승을 요구한 목적과 적극성 등 제반사정을 고려한 배상액 감경 인정 ; 목, 인, 경)**

"**운행의 목적, 호의동승자와 운행자와의 인적관계, 피해자가 차량에 동승한 경위 특히 동승요구의 목적과 적극성 등의 제반사정에 비추어** 가해자에게 일반의 교통사고와 같은 책임을 지우는 것이 신의칙이나 형평의 원칙에 비추어 매우 불합리한 것으로 인정되는 경우에는 그 배상액을 감경할 사유로 삼을 수도 있다"(대판 1987.12.22. 86다카2994).

ㄷ. [X] 수인이 공동의 불법행위로 타인에게 손해를 가한 때에는 연대하여 그 손해를 배상할 책임이 있는바(제760조 1항), 이때 통설과 判例는 이 연대를 '부진정연대채무'로 해석한다(대판 1983.5.24. 83다카208). 왜냐하면 절대적 효력이 미치는 범위가 상당히 넓은 연대채무와 달리 피해자를 두텁게 보호하기 위해서는 부진정연대채무로 함이 유리하기 때문이다.

이런 부진정연대채무에서는 "**채권의 목적을 달성시키는 변제와 같은 사유는 채무자 전원에 대하여 절대적 효력을 발생하지만 그 밖의 사유는 상대적 효력을 발생하는 데에 그치는 것**이므로 피해자가 채무자 중의 1인에 대하여 손해배상에 관한 권리를 포기하거나 채무를 면제하는 의사표시를 하였다 하더라도 다른 채무자에 대하여 그 효력이 미친다고 볼 수는 없다"(대판 2006.1.27. 2005다19378).

☞ 따라서 甲과 丙이 공동으로 丁에게 손해배상책임을 지는 경우 甲과 丙은 丁에게 부진정연대채무를 지게 되고, 丁이 부진정연대채무자 중 1인인 丙에게 손해배상채무를 '면제'하였더라도 다른 부진정연대채무자 甲에게는 그 효력이 미치지 않는다.

ㄹ. [X] **공동불법행위에서 과실상계**

(1) **원 칙 : 전체적 평가설**

통상 공동불법행위의 경우 과실상계를 함에 있어서는 피해자에 대한 공동불법행위자 전원의 과실과 피해자의 공동불법행위자 전원에 대한 과실을 '전체적'으로 평가하여야 하고 공동불법행위자 간의 과실의 경중이나 구상권 행사의 가능 여부 등은 고려할 여지가 없다(대판 1991.5.10. 90다14423). 왜냐하면, 공동불법행위책임은 가해자 각 개인의 행위에 대하여 개별적으로 그로 인한 손해를 구하는 것이 아니라 그 가해자들이 공동으로 가한 불법행위에 대하여 그 책임을 추궁하는 것이기 때문이다(대판 2000.9.8, 99다48245).

(2) 예 외 : 개별적 평가설

이에 대한 예외로서 判例는 "피해자의 부주의를 이용하여 고의로 불법행위를 저지른 자가 바로 그 피해자의 부주의를 이유로 자신의 책임을 감하여 달라고 주장하는 것은 허용될 수 없으나, 이는 그러한 사유가 있는 자에게 과실상계의 주장을 허용하는 것이 신의칙에 반하기 때문이므로, 불법행위자 중의 일부에게 그러한 사유가 있다고 하여 그러한 사유가 없는 다른 불법행위자까지도 과실상계의 주장을 할 수 없다고 해석할 것은 아니다"(대판 2007.6.14, 2005다32999)라고 판시한 바 있다.

[정답] ②

문 81 **불법행위에 관한 설명 중 옳지 않은 것은?** (다툼이 있는 경우 판례에 의함) [변시 10회]

① 미성년자에게 책임능력이 있어 스스로 불법행위책임을 지는 경우에도, 그 손해가 미성년자에 대한 감독의무자의 의무위반과 상당인과관계가 있으면 감독의무자는 「민법」 제750조에 의하여 일반불법행위자로서 손해배상의무를 진다.

② 유효한 고용관계는 없지만 사실상 어떤 사람이 다른 사람을 위하여 그 지휘·감독 아래 그 의사에 따라 사업을 집행하는 관계에 있을 때에도, 사용자책임이 성립하기 위한 사용자와 피용자의 관계가 인정될 수 있다.

③ 도급인이 수급인의 일의 진행 및 방법에 관하여 구체적으로 지휘·감독을 하는 경우에는, 수급인이 일의 진행을 위하여 고용한 제3자의 불법행위로 인한 손해에 대하여도 도급인이 「민법」 제756조에 의한 사용자책임을 부담한다.

④ 제3자의 행위 또는 피해자의 행위와 경합하여 피해자에게 손해가 발생한 경우, 공작물의 설치·보존상의 하자가 공동원인의 하나가 되는 이상 그 손해는 공작물의 설치·보존상의 하자에 의하여 발생한 것이라고 보아야 한다.

⑤ 실질적으로 부부공동생활이 파탄되어 회복할 수 없을 정도의 상태이지만 재판상 이혼이 청구되지 않았다면, 제3자가 부부의 일방과 부정행위를 한 경우 상대방 배우자에 대한 불법행위가 성립한다.

해 설 ① [○] "미성년자가 책임능력이 있어 그 스스로 불법행위책임을 지는 경우에도 그 손해가 당해 미성년자의 감독의무자의 의무위반과 상당인과관계가 있으면 감독의무자는 일반불법행위자로서 손해배상책임이 있다 할 것이지만, 이 경우에 그러한 **감독의무위반사실 및 손해발생과의 상당인과관계의 존재는 이를 주장하는 자가 입증하여야** 한다"(대판 2003.3.28, 2003다5061).

② [○] "민법 제756조의 사용자와 피용자의 관계는 **반드시 유효한 고용관계가 있는 경우에 한하는 것이 아니고,** 사실상 어떤 사람이 다른 사람을 위하여 **그 지휘 · 감독 아래 그 의사에 따라 사업을 집행하는 관계에 있을 때에도** 그 두 사람 사이에 사용자, 피용자의 관계가 있다고 할 수 있으며, 피용자의 불법행위가 외형상 객관적으로 사용자의 사업활동 내지 사무집행행위 또는 그와 관련된

것이라고 보일 때에는 행위자의 주관적 사정을 고려함이 없이 이를 사무집행에 관하여 한 행위로 볼 것이고, 외형상 객관적으로 사용자의 사무집행에 관련된 것인지의 여부는 피용자의 본래 직무와 불법행위와의 관련 정도 및 사용자에게 손해발생에 대한 위험 창출과 방지조치 결여의 책임이 어느 정도 있는지를 고려하여 판단하여야 한다"(대판 2003.12.26. 2003다49542).

③ [○] 독립적인 지위에서 일의 완성의무를 지는 수급인은 원칙적으로 제756조의 피용자라고 할 수 없다. 다만 **도급인이 수급인의 일의 진행 및 방법에 관하여 구체적인 지휘감독권을 보유한 경우**에는 도급인과 수급인의 관계는 실질적으로 사용자 및 피용자의 관계와 다를 바 없으므로, 수급인이 고용한 제3자의 불법행위로 인한 손해에 대하여 도급인은 제756조에 의한 사용자책임을 면할 수 없다(대판 1987.10.28. 87다카1185). 따라서 도급인이 수급인에 대하여 특정한 행위를 지휘하거나 특정한 사업을 도급시키는 경우와 같은 이른바 '**노무도급**'의 경우에는, 비록 도급인이라 하더라도 사용자로서의 배상책임이 있다(대판 2005.11.10. 2004다37676).

④ [○] "공작물의 설치·보존상의 하자로 인한 사고는 공작물의 설치·보존상의 하자만이 손해발생의 원인이 되는 경우만을 말하는 것이 아니고, **공작물의 설치·보존상의 하자가 사고의 공동원인의 하나가 되는 이상 사고로 인한 손해는 공작물의 설치·보존상의 하자에 의하여 발생한 것이라고 보아야 한**다. 그리고 화재가 공작물의 설치·보존상의 하자가 아닌 다른 원인으로 발생하였거나 화재의 발생 원인이 밝혀지지 않은 경우에도 공작물의 설치·보존상의 하자로 인하여 화재가 확산되어 손해가 발생하였다면 공작물의 설치·보존상의 하자는 화재사고의 공동원인의 하나가 되었다고 볼 수 있다"(대판 2015.2.12. 2013다61602).

⑤ [X] "비록 부부가 아직 이혼하지 아니하였지만 부부공동생활이 파탄되어 실체가 더 이상 존재하지 아니하게 되고 객관적으로 회복할 수 없는 정도에 이른 경우에는 제3자가 부부의 일방과 성적인 행위를 하더라도 배우자에 대하여 손해배상책임을 부담하는 것은 아니다"(대판 2014.11.2. 전합2011므2997).

[정답] ⑤

문 82 불법행위에 관한 설명 중 옳지 않은 것은? (다툼이 있는 경우 판례에 의함) [변시 11회]

① 사립고등학교 교사로 근무하던 피해자가 불법행위로 사망한 경우, 「사립학교법」과 「국가공무원법」의 관계규정을 위반하여 영리를 목적으로 한 업무에 종사하여 얻은 소득은 위법 소득에 해당하여 불법행위로 인한 일실수익의 기초로 삼을 수 없다.

② 乙이 甲 소유의 토지에 관한 등기관계서류를 위조하여 乙 앞으로 원인무효의 소유권이전등기를 마치고 다시 이를 丙에게 매도하여 丙 앞으로 소유권이전등기가 마쳐진 후, 甲이 丙을 상대로 말소등기청구소송을 제기하여 승소판결이 확정된 경우, 乙의 불법행위로 인하여 丙이 입은 손해는 무효인 소유권이전등기를 유효한 등기로 믿고 위 토지를 매수하기 위하여 乙에게 지급하였던 매매대금이다.

③ 금전을 대여한 채권자가 고의 또는 과실로 「이자제한법」을 위반하여 최고이자율을 초과하는 이자를 받아 채무자에게 손해를 입힌 경우, 특별한 사정이 없는 한 불법행위가 성립한다.

④ 불법행위로 훼손된 건물이 너무 낡아 수리를 통하여 원상으로 회복시키는데 소요되는 수리비가 건물의 교환가치를 초과하더라도 수리가 가능하다면, 가해자는 피해자에게 수리비 상당액을 배상해야 한다.

⑤ 공동불법행위자 중 1인에 대하여 구상의무를 부담하는 다른 공동불법행위자가 수인인 경우에는 특별한 사정이 없는 이상 그들의 구상권자에 대한 채무는 각자의 부담부분에 따른 분할채무로 보는 것이 타당하지만, 구상권자인 공동불법행위자 측에 과실이 없어서 내부적인 부담부분이 전혀 없다면 이와 달리 그에 대한 수인의 구상의무를 부진정연대관계로 보는 것이 타당하다.

해설 ① [○] ※ **사립고등학교 교사가 유흥업소의 밴드원으로 전속출연하여 받은 급료를 일실수익 산정의 기초로 삼을 수 있는지 여부(소극)**

"사립고등학교 교사로 근무하고 있던 피해자가 사망 당시 유흥업소의 밴드원으로 전속출연하여 급료를 받고 있었다 하더라도 사립학교법과 국가공무원법의 관계규정에 의하면 사립학교 교원은 영리를 목적으로 한 업무에 종사하여서는 아니된다고 할 것이므로 **피해자가 받은 위 급료는 위법소득에 해당하여 불법행위로 인한 일실수익의 기초로 삼을 수 없다**"(대판 1992.10.27. 92다34582)

② [○] ※ **불법행위로 인하여 최종 매수인이 입은 손해의 범위(=매매대금 상당액)**

"타인 소유의 토지에 관하여 매도증서, 위임장 등 등기관계서류를 위조하여 원인무효의 소유권이전등기를 경료하고 다시 이를 다른 사람에게 매도하여 순차로 소유권이전등기가 경료된 후에 토지의 진정한 소유자가 최종 매수인을 상대로 말소등기청구소송을 제기하여 그 소유자 승소의 판결이 확정된 경우 **위 불법행위로 인하여 최종 매수인이 입은 손해는 무효의 소유권이전등기를 유효한 등기로 믿고 위 토지를 매수하기 위하여 출연한 금액, 즉 매매대금으로서 이는 기존이익의 상실인 적극적 손해에 해당하고, 최종 매수인은 처음부터 위 토지의 소유권을 취득하지 못한 것이어서 위 말소등기를 명하는 판결의 확정으로 비로소 위 토지의 소유권을 상실한 것이 아니므로 위 토지의 소유권상실이 그 손해가 될 수는 없다**"(대판 1992.6.23. 전합91다33070).

③ [○] ※ 금전을 대여한 채권자가 고의 또는 과실로 이자제한법을 위반하여 최고이자율을 초과하는 이자를 받아 채무자에게 손해를 입힌 경우, 민법 제750조에 따라 불법행위가 성립하는지 여부(원칙적 적극)
"금전을 대여한 채권자가 고의 또는 과실로 이자제한법을 위반하여 최고이자율을 초과하는 이자를 받아 채무자에게 손해를 입힌 경우에는 특별한 사정이 없는 한 민법 제750조에 따라 불법행위가 성립한다고 보아야 한다. 최고이자율을 초과하여 지급된 이자는 이자제한법 제2조 제4항에 따라 원본에 충당되므로, 이와 같이 충당하여 원본이 소멸하고도 남아 있는 초과 지급액은 이자제한법 위반 행위로 인한 손해라고 볼 수 있다. 부당이득반환청구권과 불법행위로 인한 손해배상청구권은 서로 별개의 청구권으로서, 제한 초과이자에 대하여 부당이득반환청구권이 있다고 해서 그것만으로 불법행위의 성립이 방해되지 않는다. 나아가 채권자와 공동으로 위와 같은 이자제한법 위반 행위를 하였거나 이에 가담한 사람도 민법 제760조에 따라 연대하여 손해를 배상할 책임이 있다"(대판 2021.2.25. 2020다230239)

④ [×] ※ 수리가 가능한 경우 손해배상액 산정
위법행위로 인하여 물건이 '훼손'되었을 때 수리가 가능한 경우에는 ㉠ '수리비'가 통상의 손해이나, ㉡ 다만 '수리비가 과다하여 목적물의 시가를 상회'한다면 형평의 원칙상 그 손해액은 멸실에 준하여 그 목적물의 교환가치 범위 내로 제한되어야 한다고 본다(대판 1994.10.14. 94다3964). ㉢ 또한 '수리로 인하여 훼손 전보다 건물의 교환가치가 증가'하는 경우에는 그 수리비에서 교환가치 증가분을 공제한 금액이 그 손해이다(대판 2004.2.27. 2002다39456).

비교판례 ※ 수리가 불가능한 경우 손해배상액 산정
㉠ [위법행위로 인하여 물건이 '훼손'되었을 때 수리가 불가능한 경우] ⅰ) '교환가치의 감소액'이 통상손해이고, ⅱ) 수리를 한 후에도 일부 수리가 불가능한 부분이 남아있는 경우에는 '수리비 외에 수리불능으로 인한 교환가치의 감소액'도 통상의 손해에 해당한다(대판 2017.5.17. 2016다248806).
㉡ [수리가 불가능할만큼 물건이 '멸실'된 경우] 그 당시의 시가 상당액, 즉 교환가치가 통상손해에 해당한다.

⑤ [○] ※ 수인의 구상의무자간 상호관계
㉠ [원칙적 분할채무] 공동불법행위자 중 1인에 대하여 구상의무를 부담하는 다른 공동불법행위자가 수인인 경우에는 특별한 사정이 없는 이상 그들의 구상권자에 대한 채무는 각자의 부담부분에 따른 '분할채무'로 본다(대판 2002.9.27. 2002다15917). 따라서 각자의 내부적 부담부분의 범위 내에서만 구상의무를 부담한다.
㉡ [예외적 부진정연대채무] 그러나 구상권자인 공동불법행위자측에 과실이 없는 경우(운전자에게 과실이 없는 경우에도 자배법상 운행자책임이 성립할 수 있다), 즉 내부적인 부담 부분이 전혀 없는 경우에는 이와 달리 그에 대한 수인의 구상의무 사이의 관계를 '부진정연대관계'로 봄이 상당하다고 한다(대판 2005.10.13. 2003다24147).

[정답] ④

문 83 의사의 설명의무에 관한 설명 중 옳지 않은 것을 모두 고른 것은? (다툼이 있는 경우에는 판례에 의함)

[변시 13회]

ㄱ. 의사가 수술 등에 대한 환자의 승낙을 얻기 위한 설명의무는 그 의료행위에 따르는 후유증이나 부작용 등의 위험 발생 가능성이 희소하다는 사정만으로 면제될 수 없으며, 그 후유증이나 부작용이 당해 치료행위에 전형적으로 발생하는 위험이거나 회복할 수 없는 중대한 것인 경우에는 그 발생가능성의 희소성에도 불구하고 설명의 대상이 된다.

ㄴ. 의사의 설명의무 위반에 대한 증명책임은 특별한 사정이 없는 한 환자 측에 있다.

ㄷ. 의사의 설명의무는 의료행위가 행해질 때까지 적절한 시간적 여유를 두고 이행되어야 한다.

ㄹ. 환자가 미성년자로 의사결정능력이 있다 하더라도 자신의 신체에 위험을 가하는 의료행위에 관한 자기결정권까지 가진다고 보기는 어려우므로 원칙적으로 의사는 미성년자인 환자에 대해서는 의료행위에 관하여 설명할 의무를 부담하지 아니한다.

① ㄱ, ㄴ　② ㄱ, ㄷ
③ ㄴ, ㄷ　④ ㄴ, ㄹ
⑤ ㄷ, ㄹ

해 설 ㄱ. [○] 의사의 설명의무는 그 의료행위에 따르는 후유증이나 부작용 등의 위험발생 가능성이 희소하다는 사정만으로 면제될 수 없으며, 그 후유증이나 부작용이 당해 치료행위에 전형적으로 발생하는 위험이거나 회복할 수 없는 중대한 것인 경우에는 그 발생 가능성의 희소성에도 불구하고 설명의 대상이 된다(대판 1996.4.12. 95다56095)

ㄴ. [×] 최근 判例는 설명의무위반과 관련하여 '특별한 사정이 없는 한 의사측에 설명의무를 이행한 데 대한 입증책임이 있다'고 판시한 바 있다(대판 2007.5.31. 2005다5867).

ㄷ. [○] "의사가 환자에게 의사를 결정함에 충분한 시간을 주지 않고 의료행위에 관한 설명을 한 다음 곧바로 의료행위로 나아간다면 이는 환자가 의료행위에 응할 것인지 선택할 기회를 침해한 것으로서 의사의 설명의무가 이행되었다고 볼 수 없다"(대판 2022.1.27. 2021다265010).

ㄹ. [×] 설명의무의 상대방은 원칙적으로 환자이다. 다만 의사가 미성년자인 환자의 친권자나 법정대리인에게 의료행위에 관하여 설명하였다면 설명의무를 이행하였다고 볼 수 있으나, 미성년자에게 전달되지 않아 의료행위 결정과 시행에 미성년자의 의사가 배제될 것이 명백한 경우 의사는 친권자나 법정대리인에 대한 설명만으로 설명의무를 다하였다고 볼 수는 없다(대판 2023.3.9. 2020다218925)

[정답] ④

문 84 **과실상계에 관한 설명 중 옳은 것을 모두 고른 것은?** (다툼이 있는 경우에는 판례에 의함) [변시 2회]

ㄱ. 표현대리가 성립하여 본인에 대하여 이행청구를 함에 있어서 상대방에게 과실이 있더라도 과실상계의 법리를 적용할 수 없다.

ㄴ. 손해배상청구권 중 일부가 청구된 경우의 과실상계는 전체 손해액에서 과실비율에 의한 감액을 하고, 잔액이 청구액을 초과하면 청구액을 인용하고 잔액이 청구액을 초과하지 않으면 그 잔액을 인용한다.

ㄷ. 피해자의 손해가 100만 원, 손해야기행위로 인한 이익이 30만 원, 피해자 과실이 30%인 경우, 피해자가 배상받을 수 있는 손해액은 49만 원이다.

ㄹ. 배상의무자가 피해자의 과실에 관하여 주장하지 않는 경우에는 법원은 과실상계를 판단할 수 없다.

① ㄱ, ㄴ
② ㄱ, ㄷ
③ ㄴ, ㄷ
④ ㄴ, ㄹ
⑤ ㄱ, ㄴ, ㄷ

해설 ㄱ. [O] 과실상계는 본래 채무불이행 내지 불법행위로 인한 손해배상책임에 대해 인정되는 것이고, 채무내용에 따른 본래의 급부의 이행을 구하는 경우에 적용될 것이 아니다. 따라서 표현대리가 성립한 경우의 본인에 대한 이행청구(대판 1996.5.10, 96다8468 ; 즉 상대방에게 과실이 있다고 하더라도 과실상계의 법리를 유추적용하여 본인의 책임을 경감할 수는 없다)와 같이 손해배상책임이 아니라 이행의 책임에 속하는 경우에는 과실상계법리가 (유추)적용되지 않는다.

ㄴ. [O] "일개의 손해배상청구권 중 일부가 소송상 청구되어 있는 경우에 과실상계를 함에 있어서는 손해의 전액에서 과실비율에 의한 감액을 하고 그 잔액이 청구액을 초과하지 않을 경우에는 그 잔액을 인용할 것이고 잔액이 청구액을 초과할 경우에는 청구의 전액을 인용하는 것으로 풀이하는 것이 일부청구를 하는 당사자의 통상적 의사라고 할 것이다"(대판 1977.2.8, 76다2113).

ㄷ. [X] 채무불이행(불법행위책임)에서 채권자(피해자)가 채무자(가해자)의 채무불이행(불법행위)으로 인하여 이익을 얻은 경우에는 그 이익은 손해배상에서 공제되어야 한다(손익상계). 양자의 적용순서에 관해 判例는 산정된 손해액에서 먼저 과실상계를 한 후 손익상계를 하여야 한다고 하여 배상의무자인 채무자(가해자)에게 유리한 방법을 채택하고 있다(대판 1990.5.8, 89다카29129).
☞ 따라서 ⅰ) 손익상계 후 과실상계를 하는 경우에는 피해자가 배상받을 수 있는 손해액은 49만원[70만원(100만원 – 30만원 ; 손익상계) – 21만원(70×0.3 ; 과실상계)]이나, ⅱ) **과실상계 후 손익상계를 하는 경우에는 피해자가 배상받을 수 있는 손해액은 40만원**[70만원(100만원 – 100만원×0.3 ; 과실상계) – 30만원(손익상계)]이다.

ㄹ. [X] 피해자에게 과실이 인정되면 법원은 손해배상의 책임 및 그 금액을 정함에 있어서 이를 참작하여야 하며, 배상의무자가 피해자의 과실에 관하여 주장하지 않는 경우에도 소송자료에 의하여 과실이 인정되는 경우에는 이를 법원이 직권으로 심리·판단하여야 한다(대판 1996.10.25, 96다30113).

[정답] ①

문 85 과실상계와 책임제한에 관한 설명 중 옳지 않은 것은? (다툼이 있는 경우 판례에 의함) [변시 9회]

① 가해행위와 피해자측의 요인이 경합하여 손해가 발생하거나 확대된 경우에는 피해자측의 요인이 체질적인 소인 또는 질병의 위험도와 같이 피해자측의 귀책사유와 무관한 것이라고 할지라도, 그 질환의 태양·정도 등에 비추어 가해자에게 손해의 전부를 배상하게 하는 것이 공평의 이념에 반하는 경우에는, 법원은 손해배상액을 정하면서 과실상계의 법리를 유추적용하여 그 손해의 발생 또는 확대에 기여한 피해자측의 요인을 참작할 수 있다.

② 교통사고로 인한 피해자의 후유증이 사고와 피해자의 기왕증이 경합하여 나타난 것이라면 사고가 후유증이라는 결과 발생에 기여하였다고 인정되는 정도에 따라 상응한 배상액을 부담하게 하는 것이 손해의 공평한 부담이라는 견지에서 타당하다.

③ 표현대리행위가 성립하는 경우에 그 본인은 표현대리행위에 의하여 책임을 져야 하지만, 상대방에게 과실이 있는 경우라면 공평의 원칙상 과실상계의 법리를 유추적용하여 본인의 책임을 경감할 수 있다.

④ 「민법」 제581조, 제580조에 기한 매도인의 하자담보책임은 법이 특별히 인정한 무과실책임으로서 여기에 「민법」 제396조의 과실상계 규정이 준용될 수는 없다 하더라도, 담보책임이 「민법」의 지도이념인 공평의 원칙에 입각한 것인 이상 하자 발생 및 그 확대에 가공한 매수인의 잘못을 참작하여 손해배상의 범위를 정함이 상당하다.

⑤ 예금주가 인장관리를 다소 소홀히 하였거나 입·출금 내역을 조회하여 보지 않음으로써 금융기관 직원의 불법행위가 용이하게 된 사정이 있다고 할지라도, 정기예탁금 계약에 기하여 정기예탁금 반환을 청구하는 경우에는 그러한 사정을 들어 과실상계할 수 없다.

해 설 ① [○] ※ 피해자의 체질적인 소인 또는 질병의 위험도

判例는 "가해행위(의료과오)와 피해자측의 요인이 경합하여 손해가 발생하거나 확대된 경우에는 **그 피해자측의 요인이 체질적인 소인 또는 질병의 위험도와 같이 피해자측의 귀책사유와 무관한 것이라고 할지라도,** 그 질환의 태양·정도 등에 비추어 가해자에게 손해의 전부를 배상하게 하는 것이 공평의 이념에 반하는 경우에는, 법원은 손해배상액을 정하면서 **과실상계의 법리를 '유추적용'** 하여 그 손해의 발생 또는 확대에 기여한 피해자측의 요인을 참작할 수 있다"(대판 2000.1.21. 98다50586)고 한다.

② [○] ※ 교통사고 후유증이 피해자의 기왕증과 경합한 경우

"교통사고 피해자의 기왕증이 사고와 경합하여 악화됨으로써 피해자에게 특정 상해의 발현 또는 치료기간의 장기화, 나아가 치료종결 후 후유장해 정도의 확대라는 결과 발생에 기여한 경우에는, **기왕증이 특정 상해를 포함한 상해 전체의 결과 발생에 기여하였다고 인정되는 정도에 따라 피해자의 전체 손해 중 그에 상응한 배상액을 부담하게** 하는 것이 손해의 공평한 부담을 위하여 타당하다"(대판 2019.5.30. 2015다8902 : 원고의 기왕증을 피고의 책임제한 사유로 참작하였다는 이유로 기왕치료비와 향후치료비에 관하여 원고의 기왕증을 별도로 고려하지 않은 것은 법리를 오해한 잘못이 있다고 판단한 사례).

③ [X] ※ 표현대리행위가 성립하는 경우에 과실상계의 법리를 유추적용하여 본인의 책임을 감경할 수 있는지 여부
"표현대리행위가 성립하는 경우에 본인은 표현대리행위에 기하여 전적인 책임을 져야 하는 것이고 상대방에게 과실이 있다고 하더라도 과실상계의 법리를 유추적용하여 본인의 책임을 감경할 수 없는 것이다"(대판 1994.12.22. 94다24985). 과실상계는 본래 채무불이행 내지 불법행위로 인한 손해배상책임에 대해 인정되는 것이고, 채무 내용에 따른 본래의 급부의 이행을 구하는 경우에 적용될 것이 아니기 때문이다(대판 1996.5.10. 96다8468).

④ [O] ※ 하자담보책임의 경우
判例는 과실상계의 법리를 적용하지 않고 경우에 따라 '신의칙'에 의해 해결하고 있다. 즉 "하자담보책임에 관한 제580조 · 제581조 · 제667조는 법이 특별히 인정한 무과실책임으로서 여기에 민법 제396조의 과실상계 규정이 준용될 수는 없다 하더라도, 담보책임이 민법의 지도이념인 공평의 원칙에 입각한 것인 이상 하자 발생 및 그 확대에 가공한 매수인 또는 도급인의 잘못(하자를 발견하지 못하여 손해를 확대시킨 과실)을 참작하여 손해배상의 범위를 정함이 상당하다"(대판 1995.6.30. 94다23920 ; 1999.7.13. 99다12888)고 한다.

⑤ [O] ※ 부당이득반환청구와 과실상계(소극)
"과실상계는 원칙적으로 채무불이행 내지 불법행위로 인한 손해배상책임에 대하여 인정되는 것이지 채무내용에 따른 본래 급부의 이행을 구하는 경우에 적용될 것은 아니므로, 예금주가 인장관리를 다소 소홀히 하였거나 입 · 출금 내역을 조회하여 보지 않음으로써 금융기관 직원의 불법행위가 용이하게 된 사정이 있다고 할지라도 정기예탁금 계약에 기한 정기예탁금 반환청구사건에 있어서는 그러한 사정을 들어 금융기관의 채무액을 감경하거나 과실상계할 수 없다"(대판 2001.2.9. 99다48801).

[정답] ③

❶ 민 법

친족 · 상속법

제1장 친족법

문 1 다음 사안 중 가사소송사건의 대상이 될 수 있는 것을 모두 고른 것은? (다툼이 있는 경우 판례에 의함)

[변시 4회]

ㄱ. 사실혼 부당파기로 인한 손해배상청구
ㄴ. 협의상 이혼에 따른 재산분할청구권 보전을 위한 사해행위 취소 및 원상회복청구
ㄷ. 부부간 명의신탁해지를 원인으로 한 소유권이전등기청구
ㄹ. 이혼을 원인으로 하는 배우자 이외의 제3자에 대한 손해배상청구

① ㄱ, ㄴ
② ㄱ, ㄴ, ㄹ
③ ㄱ, ㄷ, ㄹ
④ ㄴ, ㄷ, ㄹ
⑤ ㄱ, ㄴ, ㄷ, ㄹ

해 설 ※ 가사소송과 가사비송사건

		종 류	성질 등	조정전치주의
가사소송	가류	각종 무효확인소송, 친생자관계존부확인의 소	확인의 소	×
	나류	각종 취소소송, 재판상 이혼·파양, 친양자파양, 친생부인의 소, 父를 정하는 소, 인지청구(인지이의의 소), 사실혼 관계존부확인의 소	형성의 소	○
	다류	신분관계 해소를 원인으로 한 손해배상의 청구 및 원상회복의 청구	이행의 소	○
가사비송	라류	제한능력에 관한 사항, 부재자재산관리·실종선고에 관한 사항, 후견 및 친권에 관한 사항	상대방 없음	×
	마류	이혼에 따른 재산분할청구, 상속재산분할청구, 기여분의 결정, 친권자의 지정과 변경, 子의 양육에 관한 처분[(과거의 양육비청구도 이에 해당(대결 1994.5.13. 전합92스21)], 부양에 관한 처분[부부간의 부양의무를 이행하지 않은 부부의 일방에 대하여 상대방의 친족이 구하는 부양료 상환청구는 민사소송(대판 2012.12.27. 2011다96932)]	상대방 있음	○
주의	조정전치주의가 적용되는 나류 사건과 마류 사건 중에도, 당사자가 임의로 결정할 수 없는 사항에 관한 것으로서 조정의 성립만으로 효력이 생기지 않고 가정법원의 판결이 있어야 효력이 생기는 것은 다음과 같다.			
	① 친생부인의 소에서의 조정, ② 父를 정하는 소에서의 조정, ③ 친권상실의 재판에서의 조정, ④ 대리권과 재산관리권의 상실의 재판에서의 조정			

ㄱ. 사실혼 부당파기로 인한 손해배상청구
☞ **가사소송법 제2조 1항 가목 다류사건** 1) 약혼 해제 또는 사실혼관계 부당 파기로 인한 손해배상청구(제3자에 대한 청구를 포함한다) 및 원상회복의 청구

ㄴ. 협의상 이혼에 따른 재산분할청구권 보전을 위한 사해행위 취소 및 원상회복청구
☞ **가사소송법 제2조 1항 가목 다류사건** 4) 민법 제839조의3에 따른 재산분할청구권 보전을 위한 사해행위 취소 및 원상회복의 청구
※ 가사소송 다류 사건들은 본래는 민사사건으로 다루어야 할 것이지만 신분관계와 관련된 손해배상이나 채권자취소권 문제이어서 신분관계 소송과 병합하는 등의 편의를 위해 가사사건으로 규정한 것이다.

ㄷ. 부부간 명의신탁해지를 원인으로 한 소유권이전등기청구 ☞ **민사사건**
"**부부간의 명의신탁해지를 원인으로 한 소유권이전등기청구**나 민법 제829조 제2항에 의한 부부재산약정의 목적물이 아닌 부부 공유재산의 분할청구는 모두 **통상의 민사사건으로,** 그 소송절차를 달리하는 나류 가사소송사건 또는 마류 가사비송사건인 이혼 및 재산분할청구와는 병합할 수 없다"(대판 2006.1.13. 2004므1378)

ㄹ. 이혼을 원인으로 하는 배우자 이외의 제3자에 대한 손해배상청구 ☞ **가사소송법 제2조 1항 가목 다류사건** 2) 혼인의 무효·취소, 이혼의 무효·취소 또는 이혼을 원인으로 하는 손해배상청구(제3자에 대한 청구를 포함한다) 및 원상회복의 청구
"**이혼을 원인으로 하는 손해배상청구는 제3자에 대한 청구를 포함하여** 가사소송법 제2조 제1항 (가)목 (3) 다류 2호의 **가사소송사건으로서 가정법원의 전속관할에 속한다.** 그런데 배우자의 상간자에 대하여 배우자와 상간자 사이의 간통 등 부정행위로 인하여 혼인관계가 파탄에 이르렀음을 원인으로 한 위자료의 지급을 구하는 손해배상청구는 이혼을 원인으로 하는 제3자에 대한 손해배상청구에 해당하고, 따라서 위 손해배상청구는 가정법원의 전속관할에 속한다"(대판 2008.7.10. 2008다17762).

[정답] ②

문2 **부양에 관한 설명 중 옳지 않은 것은? (다툼이 있는 경우 판례에 의함)** [변시 8회]

① 부부간의 부양의무는 부양을 받을 자의 생활을 부양의무자의 생활과 같은 정도로 보장하게 하는 1차 부양의무이다.

② 부부간의 부양의무는 1차 부양의무이므로, 부양의무의 이행을 청구하였으나 이행하지 아니함으로써 이행지체에 빠졌는지 여부와 관계없이 과거의 부양료에 대하여도 지급을 청구할 수 있다.

③ 부모가 성년의 자녀에 대하여 직계혈족으로서 부담하는 부양의무는 부양의무자가 자기의 사회적 지위에 상응하는 생활을 하면서 생활에 여유가 있음을 전제로 하여, 부양을 받을 자가 자력 또는 근로에 의하여 생활을 유지할 수 없는 경우에 한하여 그의 생활을 지원하는 2차 부양의무이다.

④ 특별한 사정이 없는 한 유학비용의 충당을 위해 성년의 자녀가 부모를 상대로 부양료 청구를 할 수는 없다.

⑤ 1차 부양의무자와 2차 부양의무자가 동시에 존재함에도 2차 부양의무자가 부양한 경우, 2차 부양의무자는 특별한 사정이 없는 한 그 소요된 비용을 1차 부양의무자에 대하여 상환청구할 수 있다.

해설 ① [○], ③ [○], ⑤ [○] ※ **배우자의 부양의무와 부모의 부양의무**

"**부부간의 상호부양의무**(제826조 1항)는 혼인관계의 본질적 의무로서 부양을 받을 자의 생활을 부양의무자의 생활과 같은 정도로 보장하여 부부공동생활의 유지를 가능하게 하는 것을 내용으로 하는 **제1차 부양의무**이고, 반면 **부모가 성년의 자녀에 대하여 직계혈족으로서 부양의무**(제974조 제1호, 제975조)는 부양의무자가 자기의 사회적 지위에 상응하는 생활을 하면서 생활에 여유가 있음을 전제로 하여 부양을 받을 자가 자력 또는 근로에 의하여 생활을 유지할 수 없는 경우에 한하여 그의 생활을 지원하는 것을 내용으로 하는 **제2차 부양의무**이다. 이러한 **제1차 부양의무와 제2차 부양의무는 의무이행의 정도뿐만 아니라 의무이행의 순위도 의미하는 것이므로, 제2차 부양의무자는 제1차 부양의무자보다 후순위로 부양의무를 부담**한다. 따라서 제1차 부양의무자와 제2차 부양의무자가 동시에 존재하는 경우에 제1차 부양의무자는 특별한 사정이 없는 한 제2차 부양의무자에 우선하여 부양의무를 부담하므로, **제2차 부양의무자가 부양받을 자를 부양한 경우에는 소요된 비용을 제1차 부양의무자에 대하여 상환청구할 수 있다**"(대판 2012.12.27. 2011다96932).

② [X] ※ **부부간 과거의 부양료**

判例에 따르면 "**부부간의 상호부양의무는 부부의 일방에게 부양을 받을 필요가 생겼을 때 당연히 발생하는 것이기는 하지만**, 과거의 부양료에 관하여는 부양을 받을 자가 부양의무자에게 부양의무의 이행을 청구하였음에도 불구하고 부양의무자가 부양의무를 이행하지 아니함으로써 '**이행지체에 빠진 이후의 것**'에 대하여만 부양료의 지급을 청구할 수 있을 뿐, 부양의무자가 부양의무의 이행을 청구받기 이전의 부양료의 지급은 청구할 수 없다고 보는 것이 부양의무의 성질이나 형평의 관념에 합치된다"(대결 2008.6.12. 2005스50)고 한다.

비교판례 ※ **자녀에 대한 과거의 부양료**

"부모의 자녀양육의무는 특별한 사정이 없는 한 자녀의 출생과 동시에 발생하는 것이므로 과거의 양육비에 대하여도 상대방이 분담함이 상당하다고 인정되는 경우에는 그 비용의 상환을 청구할 수 있다"(대결 1993.5.13. 전합92스21)

④ [○] ※ **성년의 자녀가 부모를 상대로 부양료를 청구할 수 있는 경우 및 범위**
"성년의 자녀는 요부양상태, 즉 객관적으로 보아 생활비 수요가 자기의 자력 또는 근로에 의하여 충당할 수 없는 곤궁한 상태인 경우에 한하여, 부모를 상대로 그 부모가 부양할 수 있을 한도 내에서 생활부조로서 생활필요비에 해당하는 부양료를 청구할 수 있을 뿐이다. 나아가 이러한 부양료는 부양을 받을 자의 생활정도와 부양의무자의 자력 기타 제반 사정을 참작하여 부양을 받을 자의 통상적인 생활에 필요한 비용의 범위로 한정됨이 원칙이므로, **특별한 사정이 없는 한 통상적인 생활필요비라고 보기 어려운 유학비용의 충당을 위해 성년의 자녀가 부모를 상대로 부양료를 청구할 수는 없다**"(대결 2017.8.25. 2017스5)

[정답] ②

문3 **甲과 乙은 부부이고, 丙은 그들의 미성년의 자녀이며, 丁은 甲의 어머니인데 甲, 乙과는 생계를 달리하고 있다. 이에 관한 설명 중 옳지 않은 것은? (다툼이 있는 경우 판례에 의함)** [변시 11회]

① 丁이 자력 또는 근로에 의하여 생활을 유지할 수 있는 경우, 甲은 자기의 사회적 지위에 상응하는 생활을 유지하면서 생활에 여유가 있더라도 丁에 대한 부양의무가 없다.
② 甲이 사망하고 乙이 아직 재혼하지 않았다면 乙은 丁을 부양할 의무가 있다.
③ 乙이 혼인 중 무정자증을 가진 甲의 동의를 얻어 제3자의 정자를 제공받아 인공수정으로 丙을 임신하여 출산한 경우에, 그 후 甲과 乙이 이혼하더라도 丙은 甲의 친생자로 추정된다.
④ 甲과 乙이 이혼하고 乙 홀로 丙을 양육하였다면, 특별한 사정이 없는 한 丙에 대한 과거의 양육비를 甲이 분담함이 상당하다고 인정되는 때에는 乙은 甲을 상대로 이를 청구할 수 있다.
⑤ 甲이 의식불명으로 입원한 동안 丁이 입원비를 부담하였다면, 丁은 乙을 상대로 그 입원비의 상환을 구할 수 있다.

해설 ① [○] ⑤ [○] ※ **배우자의 부양의무와 부모의 부양의무**
"**부부간의 상호부양의무(제826조 1항)**는 혼인관계의 본질적 의무로서 부양을 받을 자의 생활을 부양의무자의 생활과 같은 정도로 보장하여 부부공동생활의 유지를 가능하게 하는 것을 내용으로 하는 **제1차 부양의무이고, 반면 부모가 성년의 자녀에 대하여 직계혈족으로서 부양의무(제974조 제1호, 제975조)**는 부양의무자가 자기의 사회적 지위에 상응하는 생활을 하면서 생활에 여유가 있음을 전제로 하여 부양을 받을 자가 자력 또는 근로에 의하여 생활을 유지할 수 없는 경우에 한하여 그의 생활을 지원하는 것을 내용으로 하는 **제2차 부양의무**이다(①번 관련 해설). 이러한 **제1차 부양의무와 제2차 부양의무는 의무이행의 '정도'뿐만 아니라 의무이행의 '순위'도 의미하는 것이므로, 제2차 부양의무자는 제1차 부양의무자보다 후순위로 부양의무를 부담한다.** 따라서 제1차 부양의무자와 제2차 부양의무자가 동시에 존재하는 경우에 제1차 부양의무자는 특별한 사정이 없는 한 제2차 부양의무자에 우선하여 부양의무를 부담하므로, **제2차 부양의무자가 부양받을 자를 부양한 경우에는 소요**

된 비용을 제1차 부양의무자에 대하여 상환청구할 수 있다(⑤번 관련 해설)"(대판 2012.12.27. 2011다96932).

② [X] ※ 부부 일방의 부모 등 그 직계혈족과 상대방 사이에 직계혈족이 사망하고 생존한 상대방이 재혼하지 않은 경우에 부양의무가 인정되는 경우
"제775조 제2항에 의하면 부부의 일방이 사망한 경우에 혼인으로 인하여 발생한 그 직계혈족과 생존한 상대방 사이의 인척관계는 일단 그대로 유지되다가 상대방이 재혼한 때에 비로소 종료하게 되어 있으므로 부부의 일방이 사망하여도 그 부모 등 직계혈족과 생존한 상대방 사이의 친족관계는 그대로 유지되나, 그들 사이의 관계는 제974조 제1호의 '직계혈족 및 그 배우자 간'에 해당한다고 볼 수 없다. 배우자관계는 혼인의 성립에 의하여 발생하여 당사자 일방의 사망, 혼인의 무효 · 취소, 이혼으로 인하여 소멸하는 것이므로, 그 부모의 직계혈족인 부부 일방이 사망함으로써 그와 생존한 상대방 사이의 배우자관계가 소멸하였기 때문이다. 따라서 **부부 일방의 부모 등 그 직계혈족과 상대방 사이에서는, 직계혈족(남편)이 생존해 있다면 민법 제974조 제1호에 의하여 생계를 같이 하는지와 관계없이 부양의무가 인정되지만, 직계혈족(남편)이 사망하면 생존한 상대방이 재혼하지 않았더라도** (사망한 부부 일방의 부모와 생존한 상대방 사이는 기타 친족간에 해당하므로) **민법 제974조 제3호에 의하여 생계를 같이 하는 경우에 한하여 부양의무가 인정된다**"(대결 2013.8.30. 2013스96).
☞ 甲이 사망하고 乙이 아직 재혼하지 않았다면 乙은 丁이 자기의 자력 또는 근로에 의하여 생활을 유지할 수 없는 경우, 생계를 같이 하는 경우에 한하여 부양의무가 인정된다.

③ [O] ※ 아내가 혼인 중 제3자의 정자를 제공받아 인공수정으로 임신하여 출산한 자녀와 남편과 혈연관계가 없는 자녀에 대해서 친생추정이 미치는지 여부(적극)
"친생자와 관련된 민법 규정, 특히 친생추정 규정의 문언과 체계, 민법이 혼인 중 출생한 자녀의 법적 지위에 관하여 친생추정 규정을 두고 있는 기본적인 입법 취지와 연혁, 헌법이 보장하고 있는 혼인과 가족제도, 사생활의 비밀과 자유, 부부와 자녀의 법적 지위와 관련된 이익의 구체적인 비교 형량 등을 종합하면, **아내가 혼인 중 남편이 아닌 제3자의 정자를 제공받아 인공수정으로 자녀를 출산한 경우에도 친생추정 규정을 적용하여 인공수정으로 출생한 자녀가 남편의 자녀로 추정된다고 보는 것이 타당하다. 또한 같은 취지에서 혼인 중 아내가 임신하여 출산한 자녀가 남편과 혈연관계가 없다는 점이 밝혀졌더라도 친생추정이 미치지 않는다고 볼 수 없다**"(대판 2019.10.23. 전합 2016므2510).

④ [O] ※ 과거의 양육비 청구(구상)의 인정 여부
종래의 判例는 부정했으나, 태도를 변경하여 "**어떠한 사정으로 인하여 부모 중 어느 한 쪽만이 자녀를 양육하게 된 경우에**, 그와 같은 일방에 의한 양육이 그 양육자의 일방적이고 이기적인 목적이나 동기에서 비롯한 것이라거나 자녀의 이익을 위하여 도움이 되지 아니하거나 그 양육비를 상대방에게 부담시키는 것이 오히려 형평에 어긋나게 되는 등 **특별한 사정이 있는 경우를 제외하고는**, 양육하는 일방은 상대방에 대하여 현재 및 (성년이 될 때까지의) 장래에 있어서의 양육비 중 적정 금액의 분담을 청구할 수 있음은 물론이고, **부모의 자녀양육의무는 특별한 사정이 없는 한 자녀의 출생과 동시에 발생하는 것이므로 과거의 양육비에 대하여도 상대방이 분담함이 상당하다고 인정되는 경우에는 그 비용의 상환을 청구할 수 있다**"(대결 1993.5.13. 전합92스21)라고 판시하여 긍정하고 있다.

비교판례 ※ 과거의 부양료 청구의 인정 여부
判例에 따르면 "**부부간의 상호부양의무는 부부의 일방에게 부양을 받을 필요가 생겼을 때 당연히 발생하는 것이기는 하지만**, 과거의 부양료에 관하여는 부양을 받을 자가 부양의무자에게 부양의무의 이행을 청구하였음에도 불구하고 부양의무자가 부양의무를 이행하지 아니함으로써 '**이행지체에 빠진 이후의 것**'에 대하여만 부양료의 지급을 청구할 수 있을 뿐, 부양의무자가 부양의무의 이행을

청구받기 이전의 부양료의 지급은 청구할 수 없다고 보는 것이 부양의무의 성질이나 형평의 관념에 합치된다"(대결 2008.6.12. 2005스50)

[정답] ②

문 4 **甲은 자신의 자력이나 근로에 의하여 생활을 유지할 수 없는 성년자이며, 甲의 친족으로 배우자 乙과 모(母) 丙이 있다. 다음 설명 중 옳은 것(○)과 옳지 않은 것(×)을 올바르게 조합한 것은?** (다툼이 있는 경우 판례에 의함) [변시 6회]

ㄱ. 甲에 대한 부양의무 이행의 순위는 乙과 丙의 협정으로 정하고 협정으로 정할 수 없을 때는 법원이 정한다.
ㄴ. 乙과 丙 모두 자신의 사회적 지위에 상응하는 생활을 하면서 생활에 여유가 있을 때만 甲에 대한 부양의무가 인정된다.
ㄷ. 甲이 乙이나 丙에게 부양료를 재판상 청구하는 경우 조정전치주의가 적용된다.
ㄹ. 丙이 甲을 위해 지출한 부양료의 구상을 乙에게 재판상 청구하는 경우 조정전치주의가 적용되지 않는다.

① ㄱ(○), ㄴ(○), ㄷ(×), ㄹ(○)
② ㄱ(×), ㄴ(×), ㄷ(○), ㄹ(×)
③ ㄱ(×), ㄴ(×), ㄷ(×), ㄹ(○)
④ ㄱ(○), ㄴ(×), ㄷ(○), ㄹ(×)
⑤ ㄱ(×), ㄴ(×), ㄷ(○), ㄹ(○)

해설 ㄱ. [X] "민법 제826조 제1항에 규정된 부부간 상호부양의무는 혼인관계의 본질적 의무로서 부양을 받을 자의 생활을 부양의무자의 생활과 같은 정도로 보장하여 부부공동생활의 유지를 가능하게 하는 것을 내용으로 하는 제1차 부양의무이고, 반면 부모가 성년의 자녀에 대하여 직계혈족으로서 민법 제974조 제1호, 제975조에 따라 부담하는 부양의무는 부양의무자가 자기의 사회적 지위에 상응하는 생활을 하면서 생활에 여유가 있음을 전제로 하여 부양을 받을 자가 자력 또는 근로에 의하여 생활을 유지할 수 없는 경우에 한하여 그의 생활을 지원하는 것을 내용으로 하는 제2차 부양의무이다. 이러한 **제1차 부양의무와 제2차 부양의무는 의무이행의 정도뿐만 아니라 의무이행의 순위도 의미하는 것이므로, 제2차 부양의무자는 제1차 부양의무자보다 후순위로 부양의무를 부담한다. 따라서 제1차 부양의무자와 제2차 부양의무자가 동시에 존재하는 경우에 제1차 부양의무자는 특별한 사정이 없는 한 제2차 부양의무자에 우선하여 부양의무를 부담**하므로, 제2차 부양의무자가 부양받을 자를 부양한 경우에는 소요된 비용을 제1차 부양의무자에 대하여 상환청구할 수 있다" (대판 2012.12.27. 2011다96932).

ㄴ. [X] 부부 사이의 부양의무는 1차적 부양의무이어서 (일방에게 경제적 여유가 있는 경우에만 인정되는 친족간의 부양과 달리) 무조건적인 것이다(제826조 1항).

ㄷ. [○] 부양에 관한 처분은 가사비송마류 사건으로서 조정전치주의가 적용된다.

ㄹ. [○] "가사소송법 제2조 제1항 제2호 나. 마류사건 제1호는 민법 제826조에 따른 부부의 부양에 관한 처분을, 같은 법 제2조 제1항 제2호 나. 마류사건 제8호는 민법 제976조부터 제978조까지의 규정에 따른 부양에 관한 처분을 각각 별개의 가사비송사건으로 규정하고 있다. 따라서 부부간의 부양의무를 이행하지 않은 부부의 일방에 대한 상대방의 부양료 청구는 위 마류사건 제1호의 가사비송사건에 해당하고, 친족간의 부양의무를 이행하지 않은 친족의 일방에 대한 상대방의 부양료 청구는 위 마류사건 제8호의 가사비송사건에 해당한다 할 것이나, **부부간의 부양의무를 이행하지 않은 부부의 일방에 대하여 상대방의 친족이 구하는 부양료의 상환청구는** 같은 법 제2조 제1항 제2호 나. 마류사건의 어디에도 해당하지 아니하여 이를 가사비송사건으로 가정법원의 전속관할에 속하는 것이라고 할 수는 없고, **이는 민사소송사건에 해당한다**고 봄이 타당하다"(대판 2012.12.27. 2011다96932).

☞ 甲의 母 丙이 甲의 배우자 乙에게 甲을 위하여 지출한 부양료의 구상을 재판상 청구하는 경우, 이는 민사소송사건에 해당하여 조정전치주의가 적용되지 않는다.

[정답] ⑤

문 5 **부양에 관한 설명 중 옳지 않은 것은?** (다툼이 있는 경우 판례에 의함) [변시 10회]

① 친부(親父)가 사망한 후 계모와 함께 살고 있는 계자녀는 계모를 부양할 의무가 있다.
② 모(母)가 성년인 자(子)의 병원비를 지불한 경우, 모(母)는 자(子)의 배우자에 대하여 병원비의 상환을 청구할 수 있다.
③ 과거 부양료의 지급을 구하는 권리는 당사자의 협의 또는 가정법원의 심판 확정에 의하여 비로소 구체적이고 독립한 재산적 권리로 성립하므로, 그러한 부양료청구권의 침해를 이유로 채권자취소권을 행사하는 경우 제척기간은 부양료청구권이 구체적인 권리로 성립한 때부터 진행한다.
④ 처(妻)가 정당한 이유 없이 동거를 거부함으로써 자신의 협력의무를 스스로 저버리고 있다면, 부(夫)의 동거청구가 권리의 남용에 해당하는 등의 특별한 사정이 없는 한, 처(妻)는 부(夫)에게 부양료의 지급을 청구할 수 없다.
⑤ 재판상 이혼 시 친권자와 양육자로 지정된 처(妻)는 부(夫)에게 양육비를 청구할 수 있고, 이 경우 가정법원은 자녀의 양육비 중 처(妻)가 부담해야 할 양육비를 제외하고 부(夫)가 분담해야 할 적정 금액의 양육비만을 결정하여야 한다.

해설 ① [○] 계모자관계는 종래 법정혈족이었지만 1990년 민법 개정으로 '직계혈족의 배우자'로서 인척관계가 되었다. 따라서 계자녀는 생계를 같이 하는 경우에 한하여 계모에 대한 부양의무가 있다.

제767조(친족의 정의) 「배우자, 혈족 및 인척을 친족으로 한다.」

제769조(인척의 계원) 「혈족의 배우자, 배우자의 혈족, 배우자의 혈족의 배우자를 인척으로 한다.」

제974조(부양의무) 「다음 각호의 친족은 서로 부양의 의무가 있다.
1. 직계혈족 및 그 배우자간
3. 기타 친족간(생계를 같이 하는 경우에 한한다.)」

② [○] ※ 배우자의 부양의무와 부모의 부양의무
"부부간의 상호부양의무(제826조 1항)는 혼인관계의 본질적 의무로서 부양을 받을 자의 생활을 부양의무자의 생활과 같은 정도로 보장하여 부부공동생활의 유지를 가능하게 하는 것을 내용으로 하는 제1차 부양의무이고, 반면 부모가 성년의 자녀에 대하여 직계혈족으로서 부양의무(제974조 제1호, 제975조)는 부양의무자가 자기의 사회적 지위에 상응하는 생활을 하면서 생활에 여유가 있음을 전제로 하여 부양을 받을 자가 자력 또는 근로에 의하여 생활을 유지할 수 없는 경우에 한하여 그의 생활을 지원하는 것을 내용으로 하는 제2차 부양의무이다. 이러한 제1차 부양의무와 제2차 부양의무는 의무이행의 정도뿐만 아니라 의무이행의 순위도 의미하는 것이므로, 제2차 부양의무자는 제1차 부양의무자보다 후순위로 부양의무를 부담한다. 따라서 제1차 부양의무자와 제2차 부양의무자가 동시에 존재하는 경우에 제1차 부양의무자는 특별한 사정이 없는 한 제2차 부양의무자에 우선하여 부양의무를 부담하므로, 제2차 부양의무자가 부양받을 자를 부양한 경우에는 소요된 비용을 제1차 부양의무자에 대하여 상환청구할 수 있다"(대판 2012.12.27. 2011다96932).

③ [×] ※ 친족간의 부양료청구권의 침해를 이유로 채권자취소권을 행사하는 경우
친족간의 부양료청구권의 침해를 이유로 채권자취소권을 행사하는 경우의 제척기간은 부양료청구권이 구체적인 권리로서 성립한 시기가 아니라 민법 제406조 제2항이 정한 '취소원인을 안 날' 또는 '법률행위가 있은 날'로부터 진행한다(대판 2015.1.29. 2013다79870).

④ [○] ※ 부양청구권 제한
동거의무 위반자는 배우자에게 부양료 청구를 하지 못하는 사유가 된다. 부부간의 동거·부양·협조의무는 서로 독립된 별개의 의무가 아니라 결합되어 있는 것이기 때문이다(대판 1991.12.10. 91므245).

⑤ [○] ※ 재판상 이혼 시 친권자와 양육자로 지정된 부모의 일방이 상대방에게 양육비를 청구하는 경우
"부모는 자녀를 공동으로 양육할 책임이 있고, 양육에 드는 비용도 원칙적으로 부모가 공동으로 부담하여야 한다. 그런데 어떠한 사정으로 인하여 부모 중 어느 한쪽만이 자녀를 양육하게 된 경우에는 양육하는 사람이 상대방에게 현재와 장래의 양육비 중 적정 금액의 분담을 청구할 수 있다. 재판상 이혼에 따른 자녀의 양육책임에 대하여 이혼 당사자 간에 양육자의 결정과 양육비용의 부담에 관한 사항에 대하여 협의가 이루어지지 않거나 협의할 수 없을 때에는 가정법원은 직권으로 또는 당사자의 청구에 따라 해당 사항을 정한다(민법 제837조, 제843조). 자녀의 양육에 관한 처분에 관한 심판은 부모 중 일방이 다른 일방을 상대방으로 하여 청구하여야 한다(가사소송규칙 제99조 제1항). 이러한 사항들을 종합하면, 재판상 이혼 시 친권자와 양육자로 지정된 부모의 일방은 상대방에게 양육비를 청구할 수 있고, 이 경우 가정법원으로서는 자녀의 양육비 중 양육자가 부담해야 할 양육비를 제외하고 상대방이 분담해야 할 적정 금액의 양육비만을 결정하는 것이 타당하다"(대판 2020.5.14. 2019므15302)

[정답] ③

문 6 부양의무에 관한 설명 중 옳은 것을 모두 고른 것은? (다툼이 있는 경우 판례에 의함) [변시 13회]

ㄱ. 부부간의 부양의무는 부부공동생활의 유지를 가능하게 하는 것이므로 혼인이 사실상 파탄되어 부부가 별거하면서 서로 이혼소송을 제기하는 경우라면 특별한 사정이 없는 한 이혼이 확정되기 전이라도 부부 사이의 부양의무는 소멸하는 것으로 보아야 한다.

ㄴ. 부부간의 부양의무 중 과거의 부양료에 관하여는 특별한 사정이 없는 한 부양을 받을 사람이 부양의무자에게 부양의무의 이행을 청구하였음에도 불구하고 부양의무자가 부양의무를 이행하지 아니함으로써 이행지체에 빠진 후의 것에 관해서만 그 지급을 청구할 수 있을 뿐이다.

ㄷ. 부부의 일방이 정당한 이유 없이 동거를 거부하였다면 상대방의 동거청구가 권리의 남용에 해당하는 등의 특별한 사정이 없는 한 상대방에게 부양료의 지급을 청구할 수 없다.

ㄹ. 자녀를 홀로 양육한 부부의 일방이 상대방에 대하여 가지는 과거 양육비의 지급을 구할 권리는 당사자의 협의 또는 가정법원의 심판 등에 의하여 구체적인 지급청구권으로 성립하기 전에는 소멸시효가 진행하지 않는다.

① ㄱ, ㄴ ② ㄱ, ㄷ

③ ㄴ, ㄹ ④ ㄴ, ㄷ, ㄹ

⑤ ㄱ, ㄴ, ㄷ, ㄹ

해 설 ㄱ. [×] "혼인이 사실상 파탄되어 부부가 별거하면서 서로 이혼소송을 제기하는 경우라고 하더라도, 특별한 사정이 없는 한 이혼을 명한 판결의 확정 등으로 법률상 혼인관계가 완전히 해소될 때까지는 부부간 부양의무가 소멸하지 않는다"(대결 2023.3.24. 2022스771)

ㄴ. [○] "부부간의 상호부양의무는 부부의 일방에게 부양을 받을 필요가 생겼을 때 당연히 발생하는 것이기는 하지만, 과거의 부양료에 관하여는 부양을 받을 자가 부양의무자에게 부양의무의 이행을 청구하였음에도 불구하고 부양의무자가 부양의무를 이행하지 아니함으로써 '이행지체에 빠진 이후의 것'에 대하여만 부양료의 지급을 청구할 수 있을 뿐, 부양의무자가 부양의무의 이행을 청구받기 이전의 부양료의 지급은 청구할 수 없다고 보는 것이 부양의무의 성질이나 형평의 관념에 합치된다"(대결 2008.6.12. 2005스50)

관련판례 부부간의 부양의무 중 과거의 부양료에 관하여는 특별한 사정이 없는 한 부양을 받을 사람이 부양의무자에게 부양의무의 이행을 청구하였음에도 불구하고 부양의무자가 부양의무를 이행하지 아니함으로써 이행지체에 빠진 후의 것에 관하여만 부양료의 지급을 청구할 수 있을 뿐이므로, 부양의무자인 부부의 일방에 대한 부양의무 이행청구에도 불구하고 배우자가 부양의무를 이행하지 아니함으로써 이행지체에 빠진 후의 것이거나, 그렇지 않은 경우에는 부양의무의 성질이나 형평의 관념상 이를 허용해야 할 특별한 사정이 있는 경우에 한하여 이행청구 이전의 과거 부양료를 지급하여야 한다(대판 2012.12.27. 2011다96932).

ㄷ. [○] 부부는 동거하며 서로 부양하고 협조하여야 한다. 그러나 정당한 이유로 일시적으로 동거하지 아니하는 경우에는 서로 인용하여야 한다(제826조 1항).

동거의무 위반자는 배우자에게 부양료 청구를 하지 못하는 사유가 된다. 부부간의 동거·부양·협조의무는 서로 독립된 별개의 의무가 아니라 결합되어 있는 것이기 때문이다(대판 1991.12.10. 91므245)

ㄹ. [O] 소멸시효는 '권리를 행사할 수 있는 때'로부터 진행한다(제166조 1항)
양육자가 상대방에 대하여 자녀 양육비의 지급을 구할 권리는 당초에는 기본적으로 친족관계를 바탕으로 하여 인정되는 하나의 추상적인 법적 지위이었던 것이 당사자 사이의 협의 또는 당해 양육비의 내용 등을 재량적·형성적으로 정하는 가정법원의 심판에 의하여 구체적인 청구권으로 전환됨으로써 비로소 보다 뚜렷하게 독립한 재산적 권리로서의 성질을 가지게 된다. 이와 같이 당사자의 협의 또는 가정법원의 심판에 의하여 구체적인 지급청구권으로서 성립하기 전에는 과거의 양육비에 관한 권리는 양육자가 그 권리를 행사할 수 있는 재산권에 해당한다고 할 수 없고, 따라서 이에 대하여는 소멸시효가 진행할 여지가 없다고 보아야 한다(대결 2011.7.29. 2008스67).

관련판례 "이혼한 부부 사이에서 子에 대한 양육비의 지급을 구할 권리(이하 '양육비채권')는 당사자의 협의 또는 가정법원의 심판에 의하여 구체적인 청구권의 내용과 범위가 확정되기 전에는 '상대방에 대하여 양육비의 분담액을 구할 권리를 가진다'라는 추상적인 청구권에 불과하고 당사자의 협의나 가정법원이 당해 양육비의 범위 등을 재량적·형성적으로 정하는 심판에 의하여 비로소 구체적인 액수만큼의 지급청구권이 발생하게 된다고 보아야 하므로, 당사자의 협의 또는 가정법원의 심판에 의하여 구체적인 청구권의 내용과 범위가 확정되기 전에는 그 내용이 극히 불확정하여 상계할 수 없지만, 가정법원의 심판에 의하여 구체적인 청구권의 내용과 범위가 확정된 후의 양육비채권 중 이미 이행기에 도달한 후의 양육비채권은 완전한 재산권(손해배상청구권)으로서 친족법상의 신분으로부터 독립하여 처분이 가능하고, 권리자의 의사에 따라 포기, 양도 또는 상계의 자동채권으로 하는 것도 가능하다(대판 2006.7.4. 2006므751 : 실제 판례사안에서 수동채권은 이혼에 따른 재산분할채권이었다)

[정답] ④

문7 재판상 이혼에 관한 설명 중 옳은 것은? (다툼이 있는 경우 판례에 의함) [변시 6회]

① 부부가 장기간 별거하여 실질적으로 부부공동생활이 파탄되었고 객관적으로 회복할 수 없는 정도에 이르렀으나 아직 이혼이 성립하지 않은 상태에서 부부의 일방과 성적인 행위를 한 제3자는 타방 배우자에게 불법행위책임을 진다.
② 부정행위로 인한 재판상 이혼청구의 제척기간이 경과한 경우에는 부부의 일방은 자신의 배우자와 부정행위를 한 제3자를 상대로 위자료 청구를 할 수 없다.
③ 이혼소송의 원고가 「민법」 제840조 제2호 사유와 제6호 사유를 주장하는 경우 제2호 사유의 존부를 먼저 판단하고, 그것이 인정되지 않는 경우에 비로소 제6호의 원인을 최종적으로 판단하여야 한다.
④ 부부의 일방이 동거의무를 위반한 경우 상대방은 손해배상을 청구할 수 없으나 재판상 이혼 청구는 가능하다.
⑤ 의사무능력 상태인 피성년후견인을 대리하여 성년후견인이 그 배우자를 상대로 재판상 이혼을 청구하려면 재판상 이혼 사유가 인정될 뿐 아니라 피성년후견인의 이혼의사가 객관적으로 추정되어야 한다.

해 설 ① [X] "비록 부부가 아직 이혼하지 아니하였지만 부부공동생활이 파탄되어 실체가 더 이상 존재하지 아니하게 되고 객관적으로 회복할 수 없는 정도에 이른 경우에는 제3자가 부부의 일방과 성적인 행위를 하더라도 배우자에 대하여 손해배상책임을 부담하는 것은 아니다"(대판 2014.11.2. 전합2011므2997).

② [X] **제766조(손해배상청구권의 소멸시효)** 「①항 불법행위로 인한 손해배상의 청구권은 피해자나 그 법정대리인이 그 손해 및 가해자를 안 날로부터 3년간 이를 행사하지 아니하면 시효로 인하여 소멸한다. ②항 불법행위를 한 날로부터 10년을 경과한 때에도 전항과 같다.」
제841조(부정으로 인한 이혼청구권의 소멸) 「제840조 제1호(배우자에 부정한 행위가 있었을 때)의 사유는 다른 일방이 사전동의나 사후 용서를 한 때 또는 이를 안 날로부터 6월, 그 사유있은 날로부터 2년을 경과한 때에는 이혼을 청구하지 못한다.」
부부의 일방은 자신의 배우자와 부정행위를 한 제3자를 상대로 위자료 청구를 하는 경우 제766조의 소멸시효기간이 적용된다. 즉, 부정행위로 인한 재판상 이혼청구의 제척기간(제841조)이 경과하여도 제766조의 기간 내에 부부의 일방은 자신의 배우자와 부정행위를 한 제3자를 상대로 위자료 청구를 할 수 있다.

③ [X] 判例는 "재판상 이혼사유에 관한 제840조는 동조가 규정하고 있는 각 호 사유마다 각 별개의 독립된 이혼사유를 구성하는 것"(대판 2000.9.5. 99므1886)이라고 판시하면서, "재판상 이혼사유에 관한 민법 제840조는 동조가 규정하고 있는 각 호 사유마다 각 별개의 독립된 이혼사유를 구성하는 것이고, 이혼청구를 구하면서 위 각 호 소정의 수개의 사유를 주장하는 경우 법원은 그 중 어느 하나를 받아들여 청구를 인용할 수 있다"(대판 2000.9.5. 99므1886)고 한다.

④ [X] "부부의 일방이 상대방에 대하여 동거에 관한 심판을 청구한 결과로 그 심판절차에서 동거의무의 이행을 위한 구체적인 조치에 관하여 조정이 성립한 경우에 그 조치의 실현을 위하여 서로 협력할 법적 의무의 본질적 부분을 상대방이 유책하게 위반하였다면, 부부의 일방은 바로 그 의무의 불이행을 들어 그로 인하여 통상 발생하는 비재산적 손해의 배상을 청구할 수 있고, 그에 반드시 이혼의 청구가 전제되어야 할 필요는 없다"(대판 2009.7.23. 2009다32454).

⑤ [O] 제한능력자의 이혼소송과 관련하여 判例는 개정 전 민법에서 후견인이 의사무능력 상태에 있는 금치산자를 대리하여 그 배우자를 상대로 재판상 이혼을 청구할 수 있다고 본다(그 금치산자의 배우자가 후견인이 되는 때에는 제940조에 의해 후견인을 배우자에서 다른 사람으로 변경하는 것을 전제로 한다). 다만 이는 **이혼사유가 존재하고 나아가 피성년후견인**(종래 금치산자)**의 이혼의사를 객관적으로 추정할 수 있는 경우이어야** 한다(대판 2010.4.29. 2009므639).

[정답] ⑤

문8 이혼에 관한 설명 중 옳지 않은 것은? (다툼이 있는 경우 판례에 의함) [변시 11회]

① 유책배우자의 이혼청구는 원칙적으로 허용되지 않지만, 혼인생활의 파탄에 대한 유책성이 이혼청구를 배척해야 할 정도로 남아 있지 아니한 특별한 사정이 있는 경우에는 예외적으로 유책배우자의 이혼청구를 허용할 수 있다.

② 협의 또는 심판에 따라 구체화되지 않은 재산분할청구권은 그 범위 및 내용이 불명확·불확정하기 때문에 채무자의 책임재산에 해당하지 아니하고, 이를 포기하는 행위 또한 채권자취소권의 대상이 될 수 없다.

③ 법원은 이혼 후 자녀에 대한 양육권이 부모 중 어느 일방에, 친권이 다른 일방에 또는 부모에 공동으로 귀속되는 것으로 정할 수 있다.

④ 부부의 일방이 무단으로 가출하여 제3자와 사실혼관계를 맺은 경우에, 부정행위를 이혼사유로 하는 이혼청구에 대하여 법원은 당사자가 이혼사유로 주장하지 않은 악의의 유기를 들어 이혼을 인정할 수 있다.

⑤ 재산분할재판에서 분할대상인지 여부가 전혀 심리된 바 없는 재산이 재판확정 후 추가로 발견되면 이에 대하여 추가로 재산분할청구를 할 수 있으나, 추가 재산분할청구 역시 제척기간을 준수하여야 한다.

해 설 ① [○] ※ 유책배우자의 이혼청구

判例는 유책배우자의 이혼청구를 배척하는 것이 기본입장이나, ⅰ) 상대방도 이혼의 반소를 제기하여 이혼의사가 있는 경우나(대판 1987.12.8. 87므44), ⅱ) 상대방도 혼인을 계속할 의사가 없음이 객관적으로 명백한데도 오기나 보복적 감정에서 이혼에 응하지 아니하고 있을 뿐이라는 등 특별한 사정이 있는 경우는 예외적으로 유책배우자의 이혼청구권이 인정된다(대판 1969.12.9. 69므31)고 한다.

그리고 최근에는 전원합의체 판결을 통해 그 사유를 확대하였는바, "㉠ 이혼을 청구하는 배우자의 유책성을 상쇄할 정도로 상대방 배우자 및 자녀에 대한 보호와 배려가 이루어진 경우, ㉡ 세월의 경과에 따라 혼인파탄 당시 현저하였던 유책배우자의 유책성과 상대방 배우자가 받은 정신적 고통이 점차 약화되어 쌍방의 책임의 경중을 엄밀히 따지는 것이 더 이상 무의미할 정도가 된 경우 등과 같이 혼인생활의 파탄에 대한 유책성이 그 이혼청구를 배척해야 할 정도로 남아 있지 아니한 특별한 사정이 있는 경우에는 예외적으로 유책배우자의 이혼청구를 허용할 수 있다"(대판 2015.9.15. 전합2013므568)고 한다.

② [○] ※ 협의 또는 심판에 의하여 구체화되지 않은 이혼에 따른 재산분할청구권을 포기하는 행위가 채권자취소권의 대상이 되는지 여부(소극)

"이혼으로 인한 재산분할청구권은 이혼을 한 당사자의 일방이 다른 일방에 대하여 재산분할을 청구할 수 있는 권리로서 이혼이 성립한 때에 그 법적 효과로서 비로소 발생하는 것일 뿐만 아니라, 협의 또는 심판에 의하여 구체적 내용이 형성되기까지는 그 범위 및 내용이 불명확·불확정하기 때문에 구체적으로 권리가 발생하였다고 할 수 없으므로 협의 또는 심판에 의하여 구체화되지 않은 재산분할청구권은 채무자의 책임재산에 해당하지 아니하고, 이를 포기하는 행위 또한 채권자취소권의 대상이 될 수 없다"(대판 2013.10.11. 2013다7936).

③ [○] ※ 양육에 관한 사항(제837조)

"민법 제837조, 제909조 4항 등이 부부의 이혼 후 그 자의 친권자와 그 양육에 관한 사항을 각기 다른 조항에서 규정하고 있는 점 등에 비추어 보면, 이혼 후 부모와 자녀의 관계에 있어서 친권과 양유권이 항상 같은 사람에게 돌아가야 하는 것은 아니며, 이혼 후 자에 대한 양육권이 부모 중 어느 일방에, 친권이 다른 일방에 또는 부모에 공동으로 귀속되는 것으로 정하는 것은, 비록 신중한 판단이 필요하다고 하더라도, 일정한 기준을 충족하는 한 허용된다"(대판 2012.4.13, 2011므4719).

비교판례 다만 "재판상 이혼의 경우 부모 모두를 자녀의 공동양육자로 지정하는 것은 … (중략) … 등을 종합적으로 고려하여 공동양육을 위한 여건이 갖추어졌다고 볼 수 있는 경우에만 가능하다"(대판 2020.5.14. 2018므15534).

④ [X] ※ 제840조 제1호 내지 제6호의 성격

제840조 제1호 내지 제5호는 '구체적 · 절대적 이혼사유'이며, 제6호는 '추상적 · 상대적 이혼사유'에 해당한다. 그런데 이들 상호간의 관계를 어떻게 이해할 것인지에 대하여 判例는 "재판상 이혼사유에 관한 제840조는 동조가 규정하고 있는 각 호 사유마다 각 별개의 독립된 이혼사유를 구성하는 것"(대판 2000.9.5, 99므1886)이므로 "이혼청구를 구하면서 위 각 호 소정의 수개의 사유를 주장하는 경우 법원은 그 중 어느 하나를 받아들여 청구를 인용할 수 있으며"(대판 2000.9.5. 99므1886), "법원은 원고가 주장하는 이혼사유에 관해서만 심판하여야 하고 원고가 주장하지 아니한 이혼사유에 대해서는 심판을 할 필요도 없고 그 사유에 의하여 이혼을 명하여서는 안 된다"(대판 1963.1.31, 62다812)고 판시함으로써 (절대적) 독립설을 취하는 것으로 평가된다.

⑤ [O] ※ 재산분할청구권의 제척기간

"민법 제839조의2 제3항, 제843조에 따르면 재산분할청구권은 협의상 또는 재판상 이혼한 날부터 2년이 지나면 소멸한다. 2년 제척기간 내에 재산의 일부에 대해서만 재산분할을 청구한 경우 청구 목적물로 하지 않은 나머지 재산에 대해서는 제척기간을 준수한 것으로 볼 수 없으므로, 재산분할청구 후 제척기간이 지나면 그때까지 청구 목적물로 하지 않은 재산에 대해서는 청구권이 소멸한다. 재산분할재판에서 분할대상인지 여부가 전혀 심리된 바 없는 재산이 재판확정 후 추가로 발견된 경우에는 이에 대하여 추가로 재산분할청구를 할 수 있다. 다만 추가 재산분할청구 역시 이혼한 날부터 2년 이내라는 제척기간을 준수하여야 한다"(대결 2018.6.22. 2018스18).

[정답] ④

문 9 **甲은 乙과 혼인하여 A를 출산하고, 그 후 乙이 사망하자 丙과 재혼하였다. 그런데 甲은 丙으로부터 상습적으로 폭행을 당하자 丙을 상대로 이혼소송을 제기하였다. 다음 설명 중 옳은 것은?** (다툼이 있는 경우에는 판례에 의함) [변시 1회]

① 이혼소송 계속 중 甲이 사망하였다면, 甲의 소송상 지위는 A가 승계한다.

② 甲이 이혼소송 과정에서 재산분할청구를 병합하였는데 위 소송 계속 중 甲이 사망하였다면, 甲의 소송상 지위는 A가 승계한다.

③ 甲이 이혼소송 과정에서 위자료청구를 병합하였는데 위 소송 계속 중 甲이 사망하였다면, 甲의 소송상 지위는 A가 승계한다.

④ 만약 甲과 丙이 사실혼관계였을 경우, 甲이 丙과의 사실혼관계가 해소되었다고 주장하면서 재산분할심판청구를 제기한 후 심판 계속 중 사망하였다면, 재산분할심판은 종료된다.

⑤ 만약 丙이 甲을 축출할 목적으로 허위의 주소를 기재하여 甲을 상대로 제기한 이혼소송에서 승소의 확정판결을 받은 사실이 나중에 밝혀져 甲이 丙을 상대로 위 확정판결에 대한 재심소송을 제기하였으나 그 소송 계속 중 甲이 사망하였다면, 甲의 소송상 지위는 A가 승계한다.

해 설 ①~⑤은 **이혼소송과 소송상 지위의 승계**와 관련한 질문이다.

① [×] "**재판상 이혼청구권은 부부의 일신전속의 권리**이므로 이혼소송 계속 중 배우자의 일방이 사망한 때에는 상속인이 그 절차를 수계할 수 없다"(대판 1994.10.28. 94므246,253)

② [×] **재산분할청구권은 이혼이 성립한 때에 비로소 발생**하므로(대판 2001.9.25. 2001므725,732), 이혼이 되기 전에(이혼소송 및 재산분할청구소송 도중에) 배우자 일방이 사망하면 이혼의 성립을 전제로 하여 이혼소송에 부대한 재산분할청구 역시 이를 유지할 이익이 상실되어 이혼소송의 종료와 동시에 종료된다(대판 1994.10.28. 94므246,253).

③ [○] "**이혼에 따른 위자료 청구권은 불법행위책임의 성질을 가지므로 귀속상 일신전속적 권리라 할 수 없다.** 따라서 청구권자가 위자료의 지급을 구하는 소송을 제기함으로써 청구권을 행사할 의사가 외부적 객관적으로 명백하게 된 이상 이혼소송이 종료하더라도 소송은 승계될 수 있다"(대판 1993.5.27. 92므143)

④ [×] "사실혼관계는 당사자 일방의 의사에 의해 해소될 수 있고 **재산분할심판청구시 사실혼관계가 이미 해소되었으므로** 사망한 상대방의 상속인이 승계하게 된다"(대결 2009.2.9. 2008스105)

[사실관계] 사안은 사실혼관계의 당사자 중 일방인 乙이 의식불명이 되자 상대방인 甲이 일방적으로 사실혼관계의 해소를 주장하면서 재산분할심판청구를 하였는데, 그 재판 과정에서 乙이 사망한 사안에서 甲과 乙의 사실혼관계는 甲의 일방적 파기로 인해 해소되었고 이에 따라 甲은 乙에게 재산분할청구권을 가진다고 한 다음, 그 뒤 乙이 사망함으로 인하여 乙의 재산분할의무가 乙의 상속인들에게 승계되었음을 전제로 위 재산분할청구심판절차를 乙의 상속인들이 수계하여야한다고 판시한 사례이다.

참고판례 **사실혼관계가 일방 당사자의 사망에 의하여 종료된 경우**에는 생존한 배우자에게 상속권이 인정되지 않기 때문에 재산분할청구권이 인정될 필요성이 크지만, 대법원은 법률상 혼인관계가 일방 당사자의 사망으로 인하여 종료된 경우에도 생존 배우자에게 재산분할청구권이 인정되지 않으므로 이를 부정하였다(대판 2006.3.24, 2005두15595).

⑤ [X] 혼인관계는 신분관계로서 일신전속적인 것으로 재심에 관한 것이라도 상속될 수는 없고, 공익의 대변자인 검사가 수계할 수는 있다.
"혼인관계와 같은 신분관계는 성질상 상속될 수 없는 것이고 그러한 신분관계의 재심당사자의 지위 또한 상속될 성질의 것이 아니므로 이혼소송의 재심소송에서 당사자의 일방이 사망하였더라도 그 재산상속인들이 그 소송절차를 수계할 까닭이 없는 것이다"(대판 1992.5.26. 90므1135).

[정답] ③

문 10 **甲男과 乙女는 1992. 12. 26. 혼인하였는데, 乙이 2010. 3.경부터 丙과 깊은 관계를 맺게 되면서 부부 사이가 회복할 수 없는 상황에 이르러 이혼하려 한다. 乙은 丙을 만나기 전에는 전업주부로서 혼인생활에 충실하였다. 다음 설명 중 옳지 않은 것은?** (다툼이 있는 경우에는 판례에 의함) [변시 2회]

① 乙에게 책임이 있어 이혼을 하는 경우에도 乙은 甲에 대하여 재산분할을 청구할 수 있다.
② 乙은 이혼한 날부터 2년 내에 재산분할을 청구하여야 하며, 이때 2년의 기간은 제척기간이다.
③ 민법 제830조 제1항에 따라 甲이 혼인 중 자기 명의로 취득한 재산은 甲의 특유재산으로 추정되고, 재산을 취득함에 있어 乙의 협력이 있었다거나 혼인생활의 내조의 공이 있었다는 것만으로는 위 추정이 번복될 수 없다.
④ 甲 명의의 재산이 甲의 상속재산을 기초로 형성된 재산이라면, 그 유지에 乙의 가사노동이 기여한 것으로 인정되더라도 재산분할의 대상이 되지 않는다.
⑤ 甲이 乙의 재산분할청구권 행사를 해함을 알면서도 甲 명의의 아파트를 처분한 경우, 乙은 그 취소 및 원상회복을 가정법원에 청구할 수 있다.

해설 ① [O] "이혼에 따른 재산분할청구권의 행사는 이혼의 일방배우자가 청구할 수 있으며 유책배우자라 할지라도 부부가 혼인 중에 취득한 실질적인 공동재산에 대해 재산분할을 청구할 수 있다"(대결 1993.5.11, 93스6).

② [O] 재산분할청구권은 이혼한 날로부터 2년을 경과하면 소멸하는데(제839의2 3항) 判例는 이 기간의 성질을 '제척기간'으로 보고 있어, 그 기간이 도과하였는지 여부는 당사자의 주장에 관계없이 법원이 당연히 조사하여 고려할 사항이라고 한다(대판 1994.9.9, 94다17536).

③ [O] ④ [X] 민법은 '부부의 일방이 혼인 전부터 가진 고유재산과 혼인 중 자기명의로 취득한 재산은 그 자의 특유재산으로 한다'(제830조 1항)라고 규정함으로써 별산제를 선언하고 있다.
그러나 判例는 "민법이 혼인 중 부부일방의 명의로 취득한 재산에 대해서 그 일방의 특유재산으로 하는 것은 부부 내부관계에서는 '추정적 효과' 밖에 생기지 않으므로, 실질적으로 다른 일방 또는 쌍방이 그 재산의 대가를 부담하여 취득한 것이 증명된 때에는 그 추정은 깨어지고 다른

일방의 소유이거나 쌍방의 공유"라고 본다(대판 1992.8.14, 92다16171). 判例는 일반적으로 금전적 대가 지급, 공동채무 부담 등 '**유형적 기여**'가 있어야 특유재산의 추정을 번복할 사유가 된다고 하며, "단순히 협력이 있었다거나 결혼생활에 내조의 공이 있었다는 것만으로는 이에 해당하지 않는다"고 한다(대판 1986.9.9, 85다카1337,1338).

비교판례 이와 구별해야 할 判例로 "민법 제839조의2에 규정된 재산분할 제도는 부부가 혼인 중에 취득한 실질적인 공동재산을 청산 분배하는 것을 주된 목적으로 하는 것이므로 부부가 협의에 의하여 이혼할 때 쌍방의 협력으로 이룩한 재산이 있는 한, **처가 가사노동을 분담하는 등으로 내조를 함으로써 부의 재산의 유지 또는 증가에 기여하였다면 쌍방의 협력으로 이룩된 재산은 재산분할의 대상이 된다**"(대결 1993.5.11, 93스6)고 보아 혼인관계를 유지하면서 특유재산의 추정을 번복하기 위한 요건과 이혼을 하면서 재산분할을 청구하기 위한 요건에 차이를 두고 있다.

⑤ [O] **제839조의3(재산분할청구권 보전을 위한 사해행위취소권)** 「①항 부부의 일방이 다른 일방의 재산분할청구권 행사를 해함을 알면서도 재산권을 목적으로 하는 법률행위를 한 때에는 다른 일방은 제406조 제1항을 준용하여 그 취소 및 원상회복을 가정법원에 청구할 수 있다. ② 제1항의 소는 제406조 제2항의 기간 내에 제기하여야 한다.」

☞ 종래 재산분할청구권이 구체적으로 확정되기 전에 재산분할청구권을 피보전권리로 하는 사해행위취소권이 인정되는지 여부에 대하여 다툼이 있었으나, 현행 개정법에서 부부의 일방이 상대방 배우자의 재산분할청구권 행사를 해함을 알고 사해행위를 한 때에는 상대방 배우자가 그 취소 및 원상회복을 법원에 청구할 수 있도록 재산분할청구권을 보전하기 위한 사해행위취소권을 인정하고 있다(제839조의3).

[정답] ④

문 11 **甲과 乙은 2021. 3. 5. 가정법원에서 협의이혼의사확인을 받아 같은 날 협의이혼신고를 하였다. 甲의 재산분할청구권에 관한 설명 중 옳은 것은?** (각 지문은 독립적이며, 다툼이 있는 경우 판례에 의함) [변시 14회]

① 甲과 乙이 각자 보유한 적극재산에서 소극재산을 공제하여 재산 상태를 따져 본 결과 乙이 그에게 귀속되어야 할 몫보다 더 적은 소극재산을 부담하는 경우, 甲이 2023. 1. 5. 乙을 상대로 제기한 소극재산의 분담에 관한 재산분할청구는 허용되지 않는다.

② 甲이 2023. 1. 5. 乙을 상대로 재판 외에서 재산분할청구를 하였더라도 이는 재산분할청구권의 제척기간을 준수한 것이다.

③ 甲이 협의이혼 시 재산분할청구권을 행사하지 않은 경우 甲의 채권자 丙은 甲의 협의이혼신고일부터 2년 내에 甲의 재산분할청구권을 대위행사할 수 있다.

④ 甲이 2023. 1. 5. 乙을 상대로 가정법원에 재산분할심판을 청구한 후, 그 심판청구를 취하하기 위해서는 乙의 동의가 필요하다.

⑤ 甲이 2023. 1. 5. 乙을 상대로 가정법원에 재산분할심판을 청구하면서 분할 대상 재산을 특정하지 않았다가 같은 해 5. 15.에서야 분할 대상 재산을 특정하였더라도 이는 재산분할청구권의 제척기간을 준수한 것이다.

해 설 ① [×] ① 과거 判例는 "이혼하는 부부의 일방이 재산분할의 대상이 되는 채무를 부담하고 있어 총재산가액에서 위 채무액을 공제하면 남는 금액이 없는 경우에는 상대방의 재산분할 청구는 받아들여질 수 없다"(대판 2002.9.4. 2001므718 등)는 입장이었으나 **최근 전원합의체 판결로 견해를 변경**하여 "**소극재산의 총액이 적극재산의 총액을 초과하여 재산분할을 한 결과가 결국 채무의 분담을 정하는 것이 되는 경우에도** 법원은 채무의 성질, 채권자와의 관계, 물적 담보의 존부 등 일체의 사정을 참작하여 이를 분담하게 하는 것이 적합하다고 인정되면 구체적인 분담의 방법 등을 정하여 **재산분할 청구를 받아들일 수 있다**"(대판 2013.6.20. 전합2010므4071)고 판시하였다.

② [×] 재산분할청구권은 이혼한 날로부터 2년을 경과하면 소멸하는데(제839의2 3항) 判例는 "협의상 또는 재판상 **이혼을 하였으나** 재산분할을 하지 않아 **이혼 후 2년 이내에 최초로 법원에 민법 제839조의2에 따라 재산분할청구를 함에 있어 제척기간 내 이루어진 청구에** 대하여 제척기간 준수의 효력이 인정된다"(대판 2023.12.21. 2023므11819). 나아가 재판 외에서 권리를 행사하는 것으로 족한 기간이 아니라 **그 기간 내에 재산분할심판 청구를 하여야 하는 출소기간이다**(대결 2022.11.10. 2021스766).

☞ 협의상 이혼을 한 2021. 3. 5.로부터 2년이 지나지 않은 2023. 1. 5. 재산분할청구를 하였으나, 이는 **재판 외에서 한 것으로서, 출소기간을 준수하지 못하였음에 주의하여야 한다.**

③ [×] '**이혼으로 인한 재산분할청구권**'은 그 행사 여부가 청구인의 인격적 이익을 위하여 그의 자유로운 의사결정에 전적으로 맡겨진 권리로서 행사상의 **일신전속성을 가지므로, 채권자대위권의 목적이 될 수 없고** 파산재단에도 속하지 않는다고 보아야 한다(대결 2022.7.28. 2022스613).

관련판례 "이혼으로 인한 **재산분할청구권**은 협의 또는 심판에 의하여 그 구체적 내용이 형성되기까지는 그 범위 및 내용이 불명확 · 불확정하기 때문에 구체적으로 권리가 발생하였다고 할 수 없으므로 **이를 보전하기 위하여 채권자대위권을 행사할 수 없다**"(대판 1999.4.9. 98다58016).

④ [×] **재산분할심판 사건은 마류 가사비송사건에 해당하고**[가사소송법 제2조 제1항 제2호 (나)목 4)], **당사자의 심판청구에 의하여 절차가 개시되며 당사자가 청구를 취하하여 절차를 종료시킬 수 있다.** 가사비송절차에 관하여 가사소송법에 특별한 규정이 없는 한 비송사건절차법 제1편의 규정을 준용하는데(가사소송법 제34조 본문), 가사소송법에 가사비송사건의 심판청구 취하에 있어서 상대방의 동의 필요 여부에 관하여 특별한 규정을 두고 있지 아니하고, **비송사건절차법은 '소취하에 대한 동의'에 관한 민사소송법 제266조 제2항을 준용하지 않는다.** 따라서 상대방이 있는 마류 가사비송사건인 **재산분할심판 사건의 경우 심판청구 취하에 상대방의 동의를 필요로 하지 않고, 상대방이 취하에 부동의하였더라도 취하의 효력이 발생한다**(대판 2023.11.2. 2023므12218).

⑤ [○] 원고가 피고와 협의이혼 한 2018. 10. 23.로부터 2년 이내에 피고를 상대로 위자료와 함께 재산분할을 청구하는 이 사건 소를 제기하였으나 **소 제기 당시 분할대상 재산을 특정하지 않았고 2년이 경과하고 나서야 피고의 재산을 확인하기 위한 사실조회 및 금융거래정보제출명령 신청을 한 사안에서,** 判例는 "**재산분할사건은 가사비송사건에 해당하고**[가사소송법 제2조 제1항 제2호 (나)목 4)], 가사비송절차에 있어서는 민사소송의 경우와 달리 당사자의 변론에만 의존하는 것이 아니고, **법원이 자기의 권능과 책임으로 재판의 기초가 되는 자료를 수집하는, 이른바 직권탐지주의에 의하고 있으므로**(비송사건절차법 제11조), **청구인이 재산분할 대상을 특정하여 주장하더라도 법원으로서는 당사자의 주장에 구애되지 아니하고 재산분할의 대상이 무엇인지 직권으로 사실조사를 하여 포함시키거나 제외시킬 수 있다**(대판 2022.11.10. 2021스766)"고 판시하면서, 원고는 **협의이혼일로부터 2년이 되는 날 재산분할을 구하는 청구서를 제출하였으므로 원고의 재산분할청구는 제척기간을 준수한 것이라고 판단하였다.**

비교판례 "이혼에 따른 재산분할청구 후 제척기간이 지나면 **그때까지 청구 목적물로 하지 않은 재산에 대해서는 청구권이 소멸한다.** 재산분할재판에서 분할대상인지 여부가 전혀 심리된 바 없는 재산이 재판확정 후 추가로 발견된 경우에는 이에 대하여 추가로 재산분할청구를 할 수 있다. 다만 추가 재산분할청구 역시 이혼한 날부터 2년 이내라는 제척기간을 준수하여야 한다"(대결 2018.6.22. 2018스18).

[정답] ⑤

문 12 이혼시 재산분할에 관한 설명 중 옳지 않은 것은? (다툼이 있는 경우 판례에 의함) [변시 4회]

① 사실혼관계에 있었던 당사자들이 생전에 사실혼관계를 해소한 경우 재산분할청구권이 인정될 수 있으나, 사실혼관계가 일방 당사자의 사망으로 인하여 종료된 경우에는 그 상대방에게 재산분할청구권이 인정되지 않는다.

② 이혼으로 인한 재산분할청구권이 협의 또는 심판에 의하여 구체화되지 않았다면, 이를 미리 포기하는 행위는 채권자취소권의 대상이 될 수 없다.

③ 부부 일방이 이혼 당시 아직 퇴직하지 아니한 채 직장에 근무하고 있는 경우에도 퇴직급여채권은 재산분할의 대상에 포함될 수 있다.

④ 혼인 중에 부부가 협력하여 이룩한 재산이 있는 경우에는 혼인관계의 파탄에 대하여 책임이 있는 배우자라도 재산분할을 청구할 수 있다.

⑤ 이미 채무초과 상태에 있는 채무자가 이혼할 때 자신의 배우자에게 재산분할로 일정한 재산을 양도하게 됨으로써 결과적으로 일반채권자에 대한 공동담보가 감소된 경우, 그 재산분할은 원칙적으로 사해행위에 해당한다.

해 설 ① [○] "사실혼관계에 있었던 당사자들이 생전에 사실혼관계를 해소한 경우 재산분할청구권을 인정할 수 있으나, **법률상 혼인관계가 일방 당사자의 사망으로 인하여 종료된 경우에도 생존 배우자에게 재산분할청구권이 인정되지 아니하고** 단지 상속에 관한 법률 규정에 따라서 망인의 재산에 대한 상속권만이 인정된다는 점 등에 비추어 보면, **사실혼관계가 일방 당사자의 사망으로 인하여 종료된 경우에는 그 상대방에게 재산분할청구권이 인정된다고 할 수 없다**"(대판 2006.3.24. 2005두15595).

☞ 判例에 의하면 사실혼 배우자의 생명이 위독한 경우 다른 일방배우자는 사실혼을 일방적으로 파기하고 재산분할청구를 할 수 밖에 없는데 이는 사실혼 보호라는 관점에서 볼 때 문제가 많다. 다만 이러한 결과는 사실혼 배우자를 상속인에 포함시키지 않는 우리 법제에 기인한 것이므로 입법론은 별론으로 하고 해석론으로서는 어쩔 수 없는 것으로 판단된다.

② [○] "**이혼으로 인한 재산분할청구권은** 이혼을 한 당사자의 일방이 다른 일방에 대하여 재산분할을 청구할 수 있는 권리로서 이혼이 성립한 때에 그 법적 효과로서 비로소 발생하는 것일 뿐만 아니라, **협의 또는 심판에 의하여 구체적 내용이 형성되기까지는 그 범위 및 내용이 불명확·불확정하기 때문에 구체적으로 권리가 발생하였다고 할 수 없으므로** 협의 또는 심판에 의하여 구체화되지 않은 재산분할청구권은 채무자의 책임재산에 해당하지 아니하고, **이를 포기하는 행위 또한 채권자취소권의 대상이 될 수 없다**"(대판 2013.10.11. 2013다7936).

참고판례 "**이혼으로 인한 재산분할청구권은** 협의 또는 심판에 의하여 그 구체적 내용이 형성되기까지는 그 범위 및 내용이 불명확·불확정하기 때문에 구체적으로 권리가 발생하였다고 할 수 없으므로 이를 보전하기 위하여 **채권자대위권을 행사할 수 없다**"(대판 1999.4.9. 98다58016).

③ [○] **이미 수령한 퇴직금**은 재산분할의 대상이 되나(대판 1995.3.28., 94므1584 ; 대판 2011.7.14. 2009므2628,2635), 종래 判例는 "**향후 수령할 퇴직연금**은 여명을 확정할 수 없으므로 이를 바로 분할대상재산에 포함시킬 수는 없고, 제839조의2 ②항의 '기타 사정'으로 참작하여 분할액수와 방법을 정함이 상당하다"(대판 1997.3.14. 96므1533,1540)고 판시하였으나, 최근 전원합의체 판결에 의해 견해를 변경한바, "**부부 일방이 아직 재직 중이어서 실제 퇴직급여를 수령하지 않았더라도 이혼소송의 사실심 변론종결시에 이미 잠재적으로 존재하여 그 경제적 가치의 현실적 평가가 가능한 재산인 퇴직급여채권은 재산분할의 대상에 포함시킬 수 있으며**, 구체적으로는 이혼소송의 사실심 변론종결시를 기준으로 그 시점에서 퇴직할 경우 수령할 수 있을 것으로 예상되는 퇴직급여 상당액의 채권이 그 대상이 된다고 할 것이다"(대판 2014.7.16. 전합2013므2250)라고 판시하고 있다.

④ [○] "이혼에 따른 재산분할청구권의 행사는 이혼의 일방배우자가 청구할 수 있으며 유책배우자라 할지라도 부부가 혼인 중에 취득한 실질적인 공동재산에 대해 재산분할을 청구할 수 있다"(대결 1993.5.11. 93스6).

⑤ [×] "**이혼에 따른 재산분할은 혼인 중 쌍방의 협력으로 형성된 공동재산의 청산이라는 성격에 상대방에 대한 부양적 성격이 가미된 제도임에 비추어**, 이미 채무초과 상태에 있는 채무자가 이혼을 하면서 배우자에게 재산분할로 일정한 재산을 양도함으로써 결과적으로 일반 채권자에 대한 공동담보를 감소시키는 결과로 되어도, 그 재산분할이 민법 제839조의2 제2항의 규정 취지에 따른 **상당한 정도를 벗어나는 과대한 것이라고 인정할 만한 특별한 사정이 없는 한, 사해행위로서 취소되어야 할 것은 아니고**, 다만 상당한 정도를 벗어나는 초과부분에 대하여는 적법한 재산분할이라고 할 수 없기 때문에 이는 사해행위에 해당하여 취소의 대상으로 될 수 있을 것이나, 이 경우에도 취소되는 범위는 그 상당한 정도를 초과하는 부분에 한정하여야 하고, 위와 같이 상당한 정도를 벗어나는 과대한 재산분할이라고 볼 만한 특별한 사정이 있다는 점에 관한 입증책임은 채권자에게 있다"(대판 2000.9.29. 2000다25569).

비교판례 "ⅰ) **상속재산의 분할협의는** 상속이 개시되어 공동상속인 사이에 잠정적 공유가 된 상속재산에 대하여 그 전부 또는 일부를 각 상속인의 단독소유로 하거나 새로운 공유관계로 이행시킴으로써 상속재산의 귀속을 확정시키는 것으로 **그 성질상 재산권을 목적으로 하는 법률행위이므로 사해행위취소권 행사의 대상이 될 수 있다.** ⅱ) 채무초과 상태에 있는 채무자가 상속재산의 분할협의를 하면서 상속재산에 관한 권리를 포기함으로써 결과적으로 일반 채권자에 대한 공동담보가 감소되었다 하더라도, 그 재산분할결과가 채무자의 구체적 상속분에 상당하는 정도에 미달하는 과소한 것이라고 인정되지 않는 한 사해행위로서 취소되어야 할 것은 아니고, 구체적 상속분에 상당하는 정도에 미달하는 과소한 경우에도 사해행위로서 취소되는 범위는 그 미달하는 부분에 한정하여야 한다. 이때 지정상속분이나 기여분, 특별수익 등의 존부 등 구체적 상속분이 법정상속분과 다르다는 사정은 채무자가 주장 · 입증하여야 할 것이다"(대판 2001.2.9 2000다51797).

[정답] ⑤

문 13 **이혼으로 인한 재산분할청구권에 관한 설명 중 옳지 않은 것을 모두 고른 것은?** (다툼이 있는 경우 판례에 의함) [변시 5회]

ㄱ. 재판상 이혼시의 재산분할에 있어서 분할의 대상이 되는 재산과 그 액수는 이혼소송의 사실심 변론종결일을 기준으로 정한다.
ㄴ. 아직 이혼하지 않은 당사자가 장차 협의상 이혼할 것을 약정하면서 이를 전제로 재산분할에 관한 협의를 하였다면, 그후 재판상 이혼을 한 경우에도 그 협의에 따라야 한다.
ㄷ. 재산분할의 대상이 되는 소극재산의 총액이 적극재산의 총액을 초과하여, 재산분할을 한 결과가 결국 채무의 분담을 정하는 것이 되는 경우, 법원은 재산분할청구를 받아들여서는 안 된다.
ㄹ. 재산분할청구권은 협의 또는 심판에 의하여 그 구체적 내용이 형성되기 전까지는 그 범위 및 내용이 불명확하고 불확정적이기 때문에 구체적으로 권리가 발생하였다고 할 수 없어 이를 보전하기 위한 채권자대위권은 행사할 수 없다.
ㅁ. 이혼소송과 재산분할청구가 병합된 경우, 배우자의 일방이 사망하면 이혼의 성립을 전제로 하여 이혼소송에 부대한 재산분할청구 역시 이를 유지할 이익이 상실되어 이혼소송의 종료와 동시에 종료된다.

① ㄱ, ㄹ ② ㄴ, ㄷ
③ ㄱ, ㄴ, ㄹ ④ ㄱ, ㄷ, ㅁ
⑤ ㄴ, ㄷ, ㅁ

해 설 ㄱ. [O] "재판상 이혼을 전제로 한 재산분할에 있어 분할의 대상이 되는 재산과 그 액수는 이혼소송의 사실심 변론종결일을 기준으로 하여 정하여야 한다"(대판 2000.5.2. 2000스13).

비교판례 참고로 대법원은 "재산분할 제도는 이혼 등의 경우에 부부가 혼인 중 공동으로 형성한 재산을 청산·분배하는 것을 주된 목적으로 하는 것으로서, 부부 쌍방의 협력으로 이룩한 적극재산 및 그 형성에 수반하여 부담하거나 부부 공동생활관계에서 필요한 비용 등을 조달하는 과정에서 부담한 채무를 분할하여 각자에게 귀속될 몫을 정하기 위한 것이므로, 부부 일방에 의하여 생긴 적극재산이나 채무로서 상대방은 그 형성이나 유지 또는 부담과 무관한 경우에는 이를 재산분할 대상인 재산에 포함할 것이 아니다. 그러므로 재판상 이혼에 따른 재산분할에 있어 분할의 대상이 되는 재산과 그 액수는 이혼소송의 사실심 변론종결일을 기준으로 하여 정하는 것이 원칙이지만, 혼인관계가 파탄된 이후 변론종결일 사이에 생긴 재산관계의 변동이 부부 중 일방에 의한 후발적 사정에 의한 것으로서 혼인 중 공동으로 형성한 재산관계와 무관하다는 등 특별한 사정이 있는 경우에는 그 변동된 재산은 재산분할 대상에서 제외하여야 할 것이다"(대판 2013.11.28. 2013므1455)고 판시하여 예외도 인정하고 있다.

ㄴ. [X] "재산분할에 관한 협의는 혼인중 당사자 쌍방의 협력으로 이룩한 재산의 분할에 관하여 이미 이혼을 마친 당사자 또는 아직 이혼하지 않은 당사자 사이에 행하여지는 협의를 가리키

는 것인바, 그 중 아직 이혼하지 않은 당사자가 장차 협의상 이혼할 것을 약정하면서 이를 전제로 하여 위 재산분할에 관한 협의를 하는 경우에 있어서는, 특별한 사정이 없는 한, 장차 당사자 사이에 협의상 이혼이 이루어질 것을 조건으로 하여 조건부 의사표시가 행하여지는 것이라 할 것이므로, 그 협의 후 당사자가 약정한대로 협의상 이혼이 이루어진 경우에 한하여 그 협의의 효력이 발생하는 것이지, **어떠한 원인으로든지 협의상 이혼이 이루어지지 아니하고 혼인관계가 존속하게 되거나 당사자 일방이 제기한 이혼청구의 소에 의하여 재판상이혼**(화해 또는 조정에 의한 이혼을 포함한다. 이하 같다)**이 이루어진 경우에는, 위 협의는 조건의 불성취로 인하여 효력이 발생하지 않는다고 보아야 할 것이다**"(대판 2003.8.19, 2001다14061).

ㄷ. [×] 종전 대법원은 "부부 일방이 혼인 중 제3자에게 채무를 부담한 경우에 그 채무 중에서 공동재산의 형성에 수반하여 부담하게 된 채무는 청산의 대상이 되는 것이므로, 부부 일방이 위와 같이 청산의 대상이 되는 채무를 부담하고 있어 총 재산가액에서 위 채무액을 공제하면 남는 금액이 없는 경우에는 상대방의 재산분할 청구는 받아들여질 수 없다"(대판 1997.9.26, 97므983)고 판시하였으나, 최근 전원합의체 판결로 태도를 바꾸어 "이혼 당사자 각자가 보유한 적극재산에서 소극재산을 공제하는 등으로 재산상태를 따져 본 결과 재산분할 청구의 상대방이 그에게 귀속되어야 할 몫보다 더 많은 적극재산을 보유하고 있거나 소극재산의 부담이 더 적은 경우에는 적극재산을 분배하거나 소극재산을 분담하도록 하는 재산분할은 어느 것이나 가능하다고 보아야 하고, 후자의 경우라고 하여 당연히 재산분할 청구가 배척되어야 한다고 할 것은 아니다. 그러므로 **소극재산의 총액이 적극재산의 총액을 초과하여 재산분할을 한 결과가 결국 채무의 분담을 정하는 것이 되는 경우에도 법원은 그 채무의 성질, 채권자와의 관계, 물적 담보의 존부 등 일체의 사정을 참작하여 이를 분담하게 하는 것이 적합하다고 인정되면 그 구체적인 분담의 방법 등을 정하여 재산분할 청구를 받아들일 수 있다** 할 것이다. 그것이 부부가 혼인 중 형성한 재산관계를 이혼에 즈음하여 청산하는 것을 본질로 하는 재산분할 제도의 취지에 맞고, 당사자 사이의 실질적 공평에도 부합한다"(대판 2013.6.20, 2010므4071 전원합의체)고 판시하였다.

ㄹ. [○] "이혼으로 인한 재산분할청구권은 협의 또는 심판에 의하여 그 구체적 내용이 형성되기까지는 그 범위 및 내용이 불명확 · 불확정하기 때문에 구체적으로 권리가 발생하였다고 할 수 없으므로 이를 보전하기 위하여 채권자대위권을 행사할 수 없고, 위자료청구권을 피보전권리로 하는 경우에도 채무자의 무자력이 인정되지 아니하는 한 보전의 필요성이 있다고 할 수 없어 권리보호의 자격이 없다"(대판 1999.4.9, 98다58016).

ㅁ. [○] 재판상의 이혼청구권은 부부의 일신전속의 권리이므로 이혼소송 계속중 배우자의 일방이 사망한 때에는 상속인이 그 절차를 수계할 수 없음은 물론이고, 또 그러한 경우에 검사가 이를 수계할 수 있는 특별한 규정도 없으므로 이혼소송은 종료된다. 이혼소송과 재산분할청구가 병합된 경우, 배우자 일방이 사망하면 이혼의 성립을 전제로 하여 이혼소송에 부대한 재산분할청구 역시 이를 유지할 이익이 상실되어 이혼소송의 종료와 동시에 종료된다(대판 1994.10.28. 94므246,94므253).

[정답] ②

문 15 **이혼으로 인한 재산분할청구권에 관한 설명 중 옳지 않은 것은?** (다툼이 있는 경우 판례에 의함) [변시 7회]

① 부부 일방의 특유재산은 원칙적으로 분할의 대상이 되지 아니하나 다른 일방이 적극적으로 그 특유재산의 유지에 협력하여 그 감소를 방지하였거나 그 증식에 협력하였다고 인정되는 경우에는 분할의 대상이 될 수 있다.

② 재판상 재산분할청구의 경우, 비록 이혼 당시 부부 일방이 아직 재직 중이어서 실제 퇴직급여를 수령하지 않았더라도 퇴직급여채권은 재산분할의 대상이 될 수 있으며, 구체적으로는 이혼소송의 사실심변론종결시 이후 장래 퇴직시까지 예상되는 퇴직급여 상당액의 채권도 포함된다.

③ 소극재산의 총액이 적극재산의 총액을 초과하여 재산분할을 한 결과가 결국 채무의 분담을 정하는 것이 되는 경우에도 법원은 이를 분담하게 하는 것이 적합하다고 인정되면 구체적인 분담의 방법 등을 정하여 재산분할청구를 받아들일 수 있다.

④ 협의 또는 심판에 따라 구체화되지 않은 재산분할청구권을 혼인이 해소되기 전에 미리 포기하는 것은 성질상 허용되지 아니한다.

⑤ 부부 일방이 혼인 중 제3자에게 부담한 채무는 일상가사에 관한 것 이외에는 원칙적으로 개인의 채무로서 청산대상이 되지 않으나 공동재산의 형성에 수반하여 부담한 채무인 경우에는 청산대상이 된다.

해 설 ① [○] ※ **부부 일방의 특유재산이 재산분할의 대상이 되는 경우**

"민법 제839조의2에 규정된 재산분할제도는 혼인 중에 취득한 실질적인 공동재산을 청산 분배하는 것을 주된 목적으로 하는 것이므로, 부부가 재판상 이혼을 할 때 쌍방의 협력으로 이룩한 재산이 있는 한, 법원으로서는 당사자의 청구에 의하여 그 재산의 형성에 기여한 정도 등 당사자 쌍방의 일체의 사정을 참작하여 분할의 액수와 방법을 정하여야 하는바, 이 경우 **부부 일방의 특유재산은 원칙적으로 분할의 대상이 되지 아니하나 특유재산일지라도 다른 일방이 적극적으로 그 특유재산의 유지에 협력하여 그 감소를 방지하였거나 그 증식에 협력하였다고 인정되는 경우에는 분할의 대상이 될 수 있다**"(대판 1998.2.13. 97므1486,1493).

참고판례 判例는 **妻의 가사노동도 재산조성에 대한 협력으로 취급**함으로써 구체적인 증명이 없더라도 일방의 특유재산에 대한 재산분할청구의 길을 열어놓고 있다(대결 1993.5.11. 93스6 등).

비교판례 判例는 "민법이 혼인 중 부부일방의 명의로 취득한 재산에 대해서 그 일방의 특유재산으로 하는 것은 **부부 내부관계에서는 '추정적 효과'** 밖에 생기지 않으므로, 실질적으로 다른 일방 또는 쌍방이 그 재산의 대가를 부담하여 취득한 것이 증명된 때에는 그 추정은 깨어지고 다른 일방의 소유이거나 쌍방의 공유"라고 보면서(대판 1992.8.14. 92다16171), 일반적으로 금전적 대가 지급, 공동채무 부담 등 **'유형적 기여'**가 있어야 특유재산의 추정을 번복할 사유가 된다고 하며, "**단순히 협력이 있었다거나 결혼생활에 내조의 공이 있었다는 것만으로는 이에 해당하지 않는다**"고 한다(대판 1986.9.9. 85다카1337,1338).

② [X] ※ **재산분할의 대상 – 향후 수령할 퇴직연금**

"부부 일방이 아직 재직 중이어서 실제 퇴직급여를 수령하지 않았더라도 이혼소송의 사실심 변론종결시에 이미 잠재적으로 존재하여 그 경제적 가치의 현실적 평가가 가능한 재산인 퇴직급여채권은 재산분할의 대상에 포함시킬 수 있으며, **구체적으로는 이혼소송의 사실심 변론종결시를**

기준으로 그 시점에서 퇴직할 경우 수령할 수 있을 것으로 예상되는 퇴직급여 상당액의 채권이 그 대상이 된다"(대판 2014.7.16. 전합2013므2250)

③ [○] ※ 재산분할의 대상 – 소극재산의 총액이 적극재산의 총액을 초과하는 경우
"소극재산의 총액이 적극재산의 총액을 초과하여 재산분할을 한 결과가 결국 채무의 분담을 정하는 것이 되는 경우에도 법원은 채무의 성질, 채권자와의 관계, 물적 담보의 존부 등 일체의 사정을 참작하여 이를 분담하게 하는 것이 적합하다고 인정되면 구체적인 분담의 방법 등을 정하여 재산분할 청구를 받아들일 수 있다"(대판 2013.6.20. 전합2010므4071)

④ [○] ※ 재산분할청구권의 사전포기(불가)
미리 포기하는 것은 허용되지 않지만(대판 2003.3.25. 2002므1787), 사후에 포기하는 것은 가능하다. 그리고 혼인이 파탄에 이른 당사자가 협의이혼을 할 것을 약정하면서 이를 전제로 재산분할청구권을 포기하기로 합의하였다면, 이는 협의이혼절차가 유효하게 이루어질 것을 전제조건으로 하는 조건부 의사표시로서 유효하다(서울가정법원 1996.3.22. 96느2350).

⑤ [○] ※ 재산분할 – 부부일방이 혼인 중 제3자에게 부담한 채무
채무가 일상가사에 관한 것이 아닌 경우에는 원칙적으로 개인채무로서 청산대상이 되지 않으나, 공동재산의 형성에 수반하여 부담한 채무인 경우에는 청산대상이 된다(대판 1998.2.13. 97므1486). 예를 들어, 判例는 혼인생활 중 쌍방의 협력으로 취득한 부동산에 관하여 부부의 일방이 부담하는 임대차보증금반환채무는 특별한 사정이 없는 한, 혼인 중 재산의 형성에 수반한 채무로서 청산의 대상이 된다고 하였다(대판 2011.3.10. 2010므4699,4705,4712).

[정답] ②

문 16 이혼 당사자의 재산분할청구에 관한 설명 중 옳지 않은 것은? (다툼이 있는 경우 판례에 의함) [변시 9회]

① 당사자가 이혼 성립 후에 재산분할을 청구하고 법원이 재산분할로서 금전의 지급을 명하는 판결이나 심판을 하는 경우, 분할의무자는 그 금전지급의무에 관하여 이혼 성립 다음날부터 이행지체책임을 진다.

② 재판상 이혼 시의 재산분할에 있어 분할의 대상이 되는 재산과 액수는 이혼소송의 사실심 변론종결일을 기준으로 정하는 것이 원칙이다.

③ 이혼 및 재산분할청구의 소가 제기된 직후로서 아직 혼인이 해소되기 전에 당사자 일방이 재산분할청구권을 포기하는 것은 효력이 없다.

④ 협의이혼에 따른 재산분할을 할 때 협의이혼을 예정하고 미리 재산분할 협의를 한 경우, 분할의 대상이 되는 재산과 액수는 재산분할 협의 시점이 아니라 협의이혼 신고일을 기준으로 정해야 한다.

⑤ 법원이 재산분할로서 금전의 지급을 명하는 판결이나 심판을 하는 경우, 법원의 판결 또는 심판이 확정되기 전에는 재산분할의 방법으로 금전 지급을 명한 부분은 가집행선고의 대상이 될 수 없다.

해 설 ① [X] ※ 당사자가 이혼 성립 후에 법원이 재산분할로서 금전의 지급을 명하는 판결이나 심판을 하는 경우, 금전지급의무의 이행지체책임을 지는 시기

"이혼으로 인한 재산분할청구권(제839조의2 · 제843조)은 이혼이 성립한 때에 이혼을 한당사자의 일방이 다른 일방에 대하여 재산분할을 청구할 수 있는 권리로서 협의 또는 심판에 의하여 비로소 그 구체적 내용이 정해지게 되므로, 당사자가 이혼이 성립하기 전에 이혼소송과 병합하여 재산분할의 청구를 하고 법원이 이혼과 동시에 재산분할로서 금전의 지급을 명하는 판결을 하는 경우, 그 금전채무에 관하여는 그 판결이 확정된 다음날(이혼성립 다음날이 아님)부터 이행지체책임(연 5%의 법정이율)을 지게 되고, 이러한 소는 장래의 이행을 청구하는 소에 해당하여 소송촉진 등에 관한 특례법 제3조 1항 단서에 의해 동법 소정의 법정이율은 적용되지 않는다"(대판 2001.9.25. 2001므725,732 ; 대판 2014.9.4. 2012므1656)

② [O] ※ 재판상 이혼을 전제로 한 재산분할에 있어 분할의 대상이 되는 재산과 그 액수 산정의 기준시기(=이혼소송의 사실심 변론종결일)

"재판상 이혼을 전제로 한 재산분할에 있어 분할의 대상이 되는 재산과 그 액수는 이혼소송의 사실심 변론종결일을 기준으로 하여 정하여야 한다"(대결 2000.5.2. 2000스13)

참고판례 그러나 혼인관계가 파탄된 이후 변론종결일 사이에 생긴 재산관계의 변동이 부부 중 일방에 의한 후발적 사정에 의한 것으로서 혼인 중 공동으로 형성한 재산관계와 무관하다는 등 특별한 사정이 있는 경우에는 그 변동된 재산은 재산분할 대상에서 제외하여야 할 것이다(대판 2013.11.28. 2013므1455). 다만, "부부의 일방이 혼인관계 파탄 이후에 취득한 재산이라도 그것이 혼인관계 파탄 이전에 쌍방의 협력에 의하여 형성된 유형·무형의 자원에 기한 것이라면 재산분할의 대상이 된다"(대판 2019.10.31. 2019므12549,12556).

③ [O] ※ 혼인이 해소되기 전에 미리 재산분할청구권을 포기할 수 있는지 여부(소극)

이혼 및 재산분할청구의 소가 제기된 직후로서 아직 혼인이 해소되기 전에 당사자 일방이 재산분할청구권을 미리 포기하는 것은 허용되지 않지만(대판 2003.3.25. 2002므1787), 사후에 포기하는 것은 가능하다.

④ [O] ※ 협의이혼을 전제로 한 재산분할에 있어 분할의 대상이 되는 재산과 그 액수 산정의 기준시기(=이혼신고일)

"협의이혼을 예정하고 미리 재산분할 협의를 한 경우 협의이혼에 따른 재산분할에 있어 분할의 대상이 되는 재산과 액수는 협의이혼이 성립한 날(이혼신고일)을 기준으로 정하여야 한다. 따라서 재산분할 협의를 한 후 협의이혼 성립일까지의 기간 동안 재산분할 대상인 채무의 일부가 변제된 경우 그 변제된 금액은 원칙적으로 채무액에서 공제되어야 한다. 그런데 채무자가 자금을 제3자로부터 증여받아 위 채무를 변제한 경우에는 전체적으로 감소된 채무액만큼 분할대상 재산액이 외형상 증가하지만 그 수증의 경위를 기여도를 산정함에 있어 참작하여야 하고, 채무자가 기존의 적극재산으로 위 채무를 변제하거나 채무자가 위 채무를 변제하기 위하여 새로운 채무를 부담하게 된 경우에는 어느 경우에도 전체 분할대상 재산액은 변동이 없다"(대판 2006.9.14. 2005다74900).

⑤ [O] ※ 민법 제839조의2에 따라 재산분할의 방법으로 금전의 지급을 명하는 부분이 가집행선고의 대상이 되는지 여부(소극) 및 이는 이혼이 먼저 성립한 후에 재산분할로 금전의 지급을 명하는 경우에도 마찬가지인지 여부(적극)

"민법 제839조의2에 따른 재산분할 청구사건은 마류 가사비송사건으로서 즉시항고의 대상에 해당하기는 하지만, 재산분할은 부부가 혼인 중에 취득한 실질적인 공동재산을 청산 분배하는 것을 주된 목적으로 하고, 법원이 당사자 쌍방의 협력으로 이룩한 재산의 액수 기타 사정을 참작하여 분할의 액수와 방법을 정하는 것이므로, 재산분할로 금전의 지급을 명하는 경우에도 판결

또는 심판이 확정되기 전에는 금전지급의무의 이행기가 도래하지 아니할 뿐만 아니라 금전채권의 발생조차 확정되지 아니한 상태에 있다고 할 것이어서, 재산분할의 방법으로 금전의 지급을 명한 부분은 가집행선고의 대상이 될 수 없다. 그리고 이는 이혼이 먼저 성립한 후에 재산분할로 금전의 지급을 명하는 경우라고 하더라도 마찬가지이다"(대판 2014.9.4. 2012므1656).

[정답] ①

문 17 **甲男과 乙女 사이에 자 丙(현재 미성년자임)이 출생하였다. 다음 설명 중 옳지 않은 것은?** (다툼이 있는 경우에는 판례에 의함) [변시 2회]

① 甲과 乙은 부부이며, 소득활동은 甲만이 하고 있는데, 甲이 정당한 사유 없이 乙과의 동거를 거부하고 부양료도 지급하지 않고 있다. 乙은 甲을 상대로 자신에 대한 부양료 지급을 청구할 수 있지만, 부양료 지급을 청구하기 이전의 과거의 부양료에 대해서는 그 지급을 청구할 수 없다.

② 甲과 乙이 협의이혼을 하였는데, 협의에 의하여 丙의 친권자는 甲으로, 양육권자는 乙로 분리하여 정하는 것도 가능하다.

③ 甲과 乙이 재판상 이혼을 하였는데, 법원은 丙에 대한 양육권을 甲에게 인정하였다. 그런데 乙이 丙을 甲에게 인도하는 것을 거부한 채 자신이 양육하여 왔다. 乙이 丙을 실제로 양육하였더라도 乙은 甲을 상대로 양육비를 청구할 수 없다.

④ 甲과 乙이 재판상 이혼을 하였는데, 법원은 丙에 대한 양육권을 乙에게 인정하고, 甲은 양육비로 매월 50만 원을 지급하라는 결정을 하였다. 그 후 1년 동안 甲은 양육비를 전혀 지급하지 않고 있다. 乙은 甲에 대한 과거 1년 동안의 양육비채권과 甲이 乙에 대해 갖고 있던 대여금채권을 같은 금액 범위에서 상계할 수 있다.

⑤ 丙은 甲과 乙의 혼인 외의 출생자이며, 출생 이후 현재까지 15년간 乙이 양육하여 왔는데, 甲이 丙을 인지하였다. 乙은 인지가 있기 전에 丙을 혼자서 양육한 것에 대해서 甲에게 양육비를 청구할 수 있지만, 인지한 때로부터 10년 이전의 양육비에 대해서는 시효로 소멸하였으므로 청구할 수 없다.

해 설 ① [O] "**민법 제826조 제1항에 규정된 부부간의 상호부양의무는 부부의 일방에게 부양을 받을 필요가 생겼을 때 당연히 발생하는 것이기는 하지만,** 과거의 부양료에 관하여는 부양을 받을 자가 부양의무자에게 부양의무의 이행을 청구하였음에도 불구하고 부양의무자가 부양의무를 이행하지 아니함으로써 **이행지체에 빠진 이후의 것에 대하여만 부양료의 지급을 청구할 수 있을 뿐,** 부양의무자가 부양의무의 이행을 청구받기 이전의 부양료의 지급은 청구할 수 없다고 보는 것이 부양의무의 성질이나 형평의 관념에 합치된다"(대결 2008.6.12. 2005스50).

비교판례 "부모의 자녀양육의무는 특별한 사정이 없는 한 자녀의 출생과 동시에 발생하는 것이므로 과거의 양육비에 대하여도 상대방이 분담함이 상당하다고 인정되는 경우에는 그 비용의 상환을 청구할 수 있다"(대결 1993.5.13. 전합92스21)

② [O] 민법 제837조, 제909조 4항 등이 부부의 이혼 후 그 자의 친권자와 그 양육에 관한 사항을 각기 다른 조항에서 규정하고 있는 점 등에 비추어 보면, **이혼 후 부모와 자녀의 관계에 있어서 친권과 양유권이 항상 같은 사람에게 돌아가야 하는 것은 아니며,** 이혼 후 자에 대한 양육권이 부모 중 어느 일방에, 친권이 다른 일방에 또는 부모에 공동으로 귀속되는 것으로 정하는 것은, 비록 신중한 판단이 필요하다고 하더라도, 일정한 기준을 충족하는 한 허용된다(대판 2012.4.13. 2011므4719).

③ [O] "청구인과 상대방이 이혼하면서 사건본인의 친권자 및 양육자를 상대방으로 지정하는 내용의 조정이 성립된 경우, 그 조정조항상의 양육방법이 그 후 다른 협정이나 재판에 의하여 변경되지 않는 한 청구인에게 자녀를 양육할 권리가 없고, 그럼에도 불구하고 청구인이 법원으로부터 위 조정조항을 임시로 변경하는 **가사소송법 제62조 소정의 사전처분 등을 받지 아니한 채 임의로 자녀를 양육하였다면 이는 상대방에 대한 관계에서는 상대적으로 위법한 양육이라고 할 것이니, 이러한 청구인의 임의적 양육에 관하여 상대방이 청구인에게 양육비를 지급할 의무가 있다고 할 수는 없다**"(대결 2006.4.17. 2005스18,19).

④ [O] "이혼한 부부 사이에서 자(子)에 대한 양육비의 지급을 구할 권리는 당사자의 협의 또는 가정법원의 심판에 의하여 구체적인 청구권의 내용과 범위가 확정되기 전에는 '상대방에 대하여 양육비의 분담액을 구할 권리를 가진다'라는 추상적인 청구권에 불과하고 당사자의 협의나 가정법원이 당해 양육비의 범위 등을 재량적·형성적으로 정하는 심판에 의하여 비로소 구체적인 액수만큼의 지급청구권이 발생한다고 보아야 하므로, 당사자의 협의 또는 가정법원의 심판에 의하여 구체적인 청구권의 내용과 범위가 확정되기 전에는 그 내용이 극히 불확정하여 상계할 수 없지만, **가정법원의 심판에 의하여 구체적인 청구권의 내용과 범위가 확정된 후의 양육비채권 중 이미 이행기에 도달한 후의 양육비채권은** 완전한 재산권(손해배상청구권)으로서 친족법상의 신분으로부터 독립하여 처분이 가능하고, 권리자의 의사에 따라 포기, 양도 또는 **'상계의 자동채권'으로 하는 것도 가능하다**"(대판 2006.7.4. 2006므751).

⑤ [X] "당사자의 협의 또는 가정법원의 심판에 의하여 구체적인 지급청구권으로서 성립하기 전에는 과거의 양육비에 관한 권리는 양육자가 그 권리를 행사할 수 있는 재산권에 해당한다고 할 수 없고, 따라서 이에 대하여는 **소멸시효가 진행할 여지가 없다**"(대결 2011.7.29. 2008스67).

[정답] ⑤

문 18 甲과 乙은 혼인신고를 한 지 10년이 지났으나 乙이 아이를 낳지 못하였다. 丁은 자신과 혼인관계 없는 丙과의 사이에서 A를 출산하였다. 甲과 乙은 丙이 A를 인지하기 전에 A를 자신들의 친생자로 출생신고를 하였다. 단, 위 출생신고로 인하여 입양의 효력은 발생하지 않았고, 丙이 A의 생부라는 사실이 객관적으로 명백하게 밝혀졌음을 전제로 한다. 이에 관한 설명 중 옳은 것을 모두 고른 것은? (각 지문은 독립적이며, 다툼이 있는 경우 판례에 의함) [변시 5회]

ㄱ. 甲의 아버지 戊는 甲, 乙, A를 상대로 친생자관계부존재확인의 소를 제기할 수 있다.
ㄴ. A는 곧바로 丙을 상대로 인지청구의 소를 제기할 수 있다.
ㄷ. A의 인지청구권은 일신전속적인 신분관계 상의 권리이므로, 이를 포기할 수 없고 포기하더라도 그 의사표시는 효력이 없다.
ㄹ. 丙이 사망한 후 丁은 A를 상대로 丙과 A 사이의 친생자관계의 존재확인을 구하는 소를 제기할 수 있다.

① ㄱ ② ㄷ ③ ㄴ, ㄹ
④ ㄷ, ㄹ ⑤ ㄱ, ㄴ, ㄷ

해설 ㄱ. [○] 친생자관계부존재확인의 소란 특정인 사이의 친생자관계의 존부의 확인을 구하는 소로서 그 대상은 친생자관계에 관한 다른 소송유형에 해당하지 않는 경우의 친생자관계의 존재 또는 부존재의 확인을 구하는 소송이다(제865조 1항). 친생추정을 받는 경우 친생부인의 소(제847조)에 의하여야 할 것인데, 지문의 경우 허위의 출생신고로 인한 입양의 효력은 발생하지 않았고, 丙이 A의 생부라는 사실이 객관적으로 명백히 밝혀졌으므로 A는 친생추정을 받지 않고 따라서 친생부인의 소가 아닌 친생자관계부존재확인의 소를 제기할 수 있다. 친생자관계부존재확인의 소를 제기하기 위해서는 원고가 자기의 신분상 지위에 관하여 친자관계존부의 확인을 구할 이익이 있어야 하는데, 당사자 및 그 법정대리인 또는 민법 제777조의 규정에 의한 친족은 특단의 사정이 없는 한 그와 같은 신분관계를 가졌다는 사실만으로써 당연히 친자관계 존부확인의 소를 제기할 소송상의 이익이 있다고 할 것 이므로(대판 1981.10.13. 80므60) 父의 직계존속인 戊는 정당한 당사자로서 소를 제기할 수 있다. 나아가, 허위의 친생자출생신고가 법률상의 친자관계인 양친자관계를 공시하는 입양신고의 기능을 발휘하게 되는 경우 파양에 의하여 그 양친자관계를 해소할 필요가 있는 등 특별한 사정이 없는 한 그 호적기재 자체를 말소하여 법률상 친자관계의 존재를 부인하게 하는 친생자관계부존재확인청구는 허용될 수 없는 것인데(대판 2001.5.24. 2000므1493) 사안의 경우 허위의 출생신고로 인한 입양의 효력은 발생하지 않았으므로 결국 甲의 아버지 戊는 甲, 乙, A를 상대로 친생자관계부존재확인의 소를 제기할 수 있다.

ㄴ. [○] "민법 제844조의 친생추정을 받는 자는 친생부인의 소에 의하여 그 친생추정을 깨뜨리지 않고서는 다른 사람을 상대로 인지청구를 할 수 없으나, 호적상의 부모의 혼인중의 자로 등재되어 있는 자라 하더라도 그의 생부모가 호적상의 부모와 다른 사실이 객관적으로 명백한 경우에는 그 친생추정이 미치지 아니한다고 봄이 상당하고, 따라서 그와 같은 경우에는 곧바로 생부모를 상대로 인지청구를 할 수 있다"(대판 2000.1.28., 99므1817).

지문의 경우 A는 친생추정을 받지 않으므로 곧바로 생부인 丙을 상대로 인지청구의소(제863조)를 제기할 수 있다.

ㄷ. [○] "인지청구권은 본인의 일신전속적인 신분관계상의 권리로서 포기할 수 없고 포기하였다 하더라도 그 효력이 발생할 수 없는 것이므로 비록 생모 청구외인이 청구인들의 인지청구권을 포기하기로 하는 화해가 재판상 이루어지고 그것이 화해조항에 표시되었다 할지라도 청구외인이 청구인들의 인지청구권을 포기하기로 한 화해는 그 효력이 없다"(대판 1987.1.20, 85므70).

ㄹ. [×] "혼인외 출생자의 경우에 있어서 모자(모자)관계는 인지(인지)를 요하지 아니하고 법률상의 친자관계가 인정될 수 있지만, 부자(부자)관계는 부(부)의 인지에 의하여서만 발생하는 것이므로, 부가 사망한 경우에는 그 사망을 안 날로부터 1년(현행법상 2년, 제864조, 제863조) 이내에 검사를 상대로 인지청구의 소를 제기하여야 하고, 생모가 혼인외 출생자를 상대로 혼인외 출생자와 사망한 부와의 사이에 친생자관계존재확인을 구하는 소는 허용될 수 없다"(대판 1997.2.14., 96므738).

☞ 지문의 경우 생부인 丙의 사망으로 자인 A는 인지청구의 소를 제기할 수 있으므로(제864조) 생모인 丁이 子 A를 상대로 子 A와 父 丙 사이에 친생자관계존재확인을 구하는 청구는 불가능하다(제865조 1항).

[정답] ⑤

문 19 **甲은 유일한 재산으로 X 부동산을 남기고 사망하였는데, 그에게는 사별한 처와의 사이에 출생한 혼인 중의 자녀 乙이 있다. 乙은 X 부동산을 단독상속한 후, 이를 제3자인 丙에게 매도하고 소유권이전등기를 마쳐 주었다. 그 후 甲의 혼인 외의 출생자 A가 인지청구소송을 제기하여 승소확정판결을 받았다. 이에 관한 설명 중 옳지 않은 것을 모두 고른 것은?** (각 지문은 독립적이며, 다툼이 있는 경우 판례에 의함)

[변시 14회]

ㄱ. A는 甲의 사망 사실을 안 날로부터 2년 내에 검사를 상대로 인지청구의 소를 제기하여야 하는데, 그 제소기간의 기산점이 되는 '사망을 안 날'은 甲의 사망이라는 객관적 사실을 아는 것 외에도 甲과 A가 친생자 관계에 있다는 사실까지 알아야 하는 것을 의미한다.

ㄴ. 丙은 X 부동산의 소유권을 확정적으로 취득하므로, A는 인지판결이 확정된 날로부터 3년 내에 乙을 상대로 X 부동산에 관한 자신의 상속분에 상당한 가액지급청구를 할 수 있을 뿐이다.

ㄷ. 乙이 이미 처분한 X 부동산으로부터 발생한 과실(果實)을 취득한 것이 있다면 그 과실은 피인지자 A에 대한 관계에서 부당이득이 된다.

① ㄱ
② ㄴ
③ ㄱ, ㄷ
④ ㄴ, ㄷ
⑤ ㄱ, ㄴ, ㄷ

해설 ㄱ. [×] 父의 생존 중에는 언제든지 인지청구의 소를 제기할 수 있으나(제863조, 제865조 1항), **부 또는 모, 양자 사망시에는 검사를 상대로 그 사망을 안 날로부터 2년 내에 소를 제기하야 하는바**(제865조 2항), 이 때 '사망을 안 날'은 사망이라는 객관적 사실을 아는 것을 의미하고, **사망자와 친생자관계에 있다는 사실까지 알아야 하는 것은 아니다**(대판 2015.2.12. 2014므4871).

ㄴ. [○], ㄷ. [×] **상속개시후의 인지 또는 재판의 확정에 의하여 공동상속인이 된 자는 상속재산분할을 청구하여 분할에 참가할 수 있다.** 그러나 **다른 공동상속인들이 이미 상속재산의 분할 기타 처분을 한 때에는 상속인들의 분할이나 처분행위의 무효를 주장할 수 없으나,** 다만 다른 공동상속인에게 그 상속분에 상당한 가액의 지급을 청구할 권리가 있다(제1014조)(지문 ㉡).

한편, 피인지자 등은 그의 상속분에 상당하는 가액을 청구할 수 있는데, 여기서의 상속분은 적극재산만에 대한 것을 의미한다. 가액은 피인지자 등에게 현실로 지급하는 때의 시가로 평가하고, 이에 대한 자기 상속분을 산출한 후 이것을 각 공동상속인에게 안분한 것이다. **상속재산의 과실은 제1014조에 따른 상속분 상당 가액청구에서 가액산정의 대상에 포함되지 않으며, 따라서 이에 대한 부당이득반환청구는 허용되지 않는다**(대판 2007.7.26. 2006므2757,2764)(지문 ㉢).

[정답] ③

문 20 친생자관계에 관한 설명 중 옳은 것은? (다툼이 있는 경우 판례에 의함) [변시 12회]

① 친생추정 규정에 따라 아내가 임신한 자녀를 남편의 자녀로 추정하는 것은 혼인 중 출생한 자녀가 남편의 자녀일 개연성이 높다는 점뿐만 아니라 실제로 그러한 관계를 기초로 실질적인 가족관계가 형성될 개연성이 높다는 점을 전제로 한다.

② 자녀와 그 모(母)의 법률혼 배우자 사이의 혈연의 부존재는 친생추정이 미치지 않게 하는 사유에 해당한다.

③ 정상적으로 혼인생활을 하고 있는 법률혼 부부 사이에 인공수정으로 자녀가 출생했는데 모(母)의 법률혼 배우자가 인공수정에 대해 동의했는지가 불명확한 경우 법적 부자관계는 친생자관계 부존재확인소송으로 해소될 수 있다.

④ 다른 사람들 사이의 친생자관계의 존부가 판결로 확정됨에 따라 부양에 관한 자신의 권리에 구체적인 영향을 받는 사람이라고 하더라도 친생자관계 존부확인의 소를 제기할 수 있는 이해관계인에 해당하지 않는다.

⑤ 혼인 외의 출생자의 생부가 사망한 후 인지청구의 소의 제소기간이 경과한 경우에도 생모는 혼인 외의 출생자를 상대로 혼인 외의 출생자와 사망한 생부 사이의 친생자관계 존재확인을 구하는 소를 제기할 수 있다.

해설 ① [○] "친생추정 규정에 따라 아내가 임신한 자녀를 남편의 자녀로 추정하는 것은 혼인 중 출생한 자녀가 남편의 자녀일 개연성이 높다는 점뿐만 아니라 실제로 그러한 관계를 기초로 실질적인 가족관계가 형성될 개연성이 높다는 점을 전제로 한다"(대판 2019.10.23. 전합2016므2510).

② [×] "민법 제844조 제1항(이하 '친생추정 규정'이라 한다)의 문언과 체계, 민법이 혼인 중 출생한 자녀의 법적 지위에 관하여 친생추정 규정을 두고 있는 기본적인 입법 취지와 연혁, 헌법

이 보장하고 있는 혼인과 가족제도, 사생활의 비밀과 자유, 부부와 자녀의 법적 지위와 관련된 이익의 구체적인 비교 형량 등을 종합하면, 혼인 중 아내가 임신하여 출산한 자녀가 남편과 혈연관계가 없다는 점이 밝혀졌더라도 친생추정이 미치지 않는다고 볼 수 없다"(대판 2019.10.23. 전합2016므2510).

③ [×] "정상적으로 혼인생활을 하고 있는 부부 사이에서 인공수정 자녀가 출생하는 경우 남편은 동의의 방법으로 자녀의 임신과 출산에 참여하게 되는데, 이것이 친생추정 규정이 적용되는 근거라고 할 수 있다. 남편이 인공수정에 동의하였다가 나중에 이를 번복하고 친생부인의 소를 제기하는 것은 허용되지 않는다. 나아가 인공수정 동의와 관련된 현행법상 제도의 미비, 인공수정이 이루어지는 의료현실, 민법 제852조에서 친생자임을 승인한 자의 친생부인을 제한하고 있는 취지 등에 비추어 이러한 동의가 명백히 밝혀지지 않았던 사정이 있다고 해서 곧바로 친자관계가 부정된다거나 친생부인의 소를 제기할 수 있다고 볼 것은 아니다"(대판 2019.10.23. 전합2016므2510).

④ [×] "민법 제862의 이해관계인은 다른 사람들 사이의 친생자관계가 존재하거나 존재하지 않는다는 내용의 판결이 확정됨으로써 일정한 권리를 얻거나 의무를 면하는 등 법률상 이해관계가 있는 제3자를 뜻한다. 따라서 다른 사람들 사이의 친생자관계존부가 판결로 확정됨에 따라 상속이나 부양 등에 관한 자신의 권리나 의무, 법적 지위에 구체적인 영향을 받게 되는 경우이어야 이해관계인으로서 친생자관계존부확인의 소를 제기할 수 있다"(대판 2020.6.18. 전합2015므8351).

⑤ [×] "혼인외 출생자의 경우에 있어서 모자(母子)관계는 인지(認知)를 요하지 아니하고 법률상의 친자관계가 인정될 수 있지만, 부자(父子)관계는 부(父)의 인지에 의하여서만 발생하는 것이므로, 부가 사망한 경우에는 그 사망을 안 날로부터 2년 이내에 검사를 상대로 인지청구의 소를 제기하여야 하고, 생모가 혼인외 출생자를 상대로 혼인외 출생자와 사망한 부와의 사이에 친생자관계존재확인을 구하는 소는 허용될 수 없다"(대판 1997.2.14. 96므738).

[정답] ①

문 21 **친생부인의 소와 친생자관계존부확인의 소에 관한 설명 중 옳은 것을 모두 고른 것은?** (다툼이 있는 경우에는 판례에 의함) [변시 9회]

ㄱ. 인지청구소송의 판결이 확정되어 부(父)와 자(子) 사이의 친자관계가 창설된 경우, 부(父)가 친생자관계부존재확인의 소로써 자(子)와 사이에 친자관계가 존재하지 않는다고 다투는 것은 허용되지 않는다.
ㄴ. 「민법」 규정에 따라 친생추정을 받는 부(父)와 자(子) 사이의 친생추정을 번복하기 위하여 친생자관계부존재확인의 소를 제기하는 것은 적법하다.
ㄷ. 친생부인의 소를 제기할 수 있는 부(夫) 또는 처(妻) 중에 처(妻)는 자(子)를 혼인 중에 포태한 처(妻)로서 친생부인의 대상자인 자(子)의 생모를 의미한다.
ㄹ. 친생자관계존부확인의 소에서 그 상대방이 될 당사자 쌍방이 모두 사망한 경우, 소를 제기할 수 있는 기간은 당사자 쌍방이 모두 사망한 사실을 안 날로부터 기산한다.

① ㄴ ② ㄱ, ㄴ ③ ㄱ, ㄹ
④ ㄱ, ㄷ, ㄹ ⑤ ㄴ, ㄷ, ㄹ

해 설 ㄱ. [○] ※ 인지의 효과

"인지청구의 소는 부와 자 사이에 사실상의 친자관계의 존재를 확정하고 법률상의 친자관계를 창설함을 목적으로 하는 소송으로서, 당사자의 증명이 충분하지 못할 때에는 법원이 직권으로 사실조사와 증거조사를 하여야 하고, 친자관계를 증명할 때는 부와 자 사이의 혈액형검사, 유전자검사 등 과학적 증명방법이 유력하게 사용되며, 이러한 증명에 의하여 혈연상 친생자관계가 인정되어 확정판결을 받으면 당사자 사이에 친자관계가 창설된다. 이와 같은 인지청구의 소의 목적, 심리절차와 증명방법 및 법률적 효과 등을 고려할 때, 인지의 소의 확정판결에 의하여 일단 부와 자 사이에 친자관계가 창설된 이상, 재심의 소로 다투는 것은 별론으로 하고, 확정판결에 반하여 친생자관계부존재확인의 소로써 당사자 사이에 친자관계가 존재하지 않는다고 다툴 수는 없다"(대판 2015.6.11. 2014므8217).

ㄴ. [×] ※ 친생자 추정의 번복

친생자 추정은 반증이 허용되지 않는 강한 추정이어서 그 추정을 번복하려는 父가 제846조 이하의 엄격한 요건의 '친생부인의 소'를 제기하여야 하고(제846조), 제865조에 의한 '친생자관계 부존재확인의 소'에 의할 수는 없다(대판 2000.8.22. 2000므292). 따라서 친생자 추정을 받는 자에 대해서는 친생자관계부존재확인의 소, 인지청구, 임의인지 등을 할 수 없고 또한 별소에서 선결문제로 친생부인을 주장하는 것도 허용되지 않는다.

ㄷ. [○] ※ 친생부인의 소의 원고적격

"846조에서의 '부부의 일방'은 제844조의 경우에 해당하는 '부부의 일방', 즉 제844조 제1항에서의 '부'와 '자를 혼인 중에 포태한 처'를 가리키고, 그렇다면 이 경우의 처는 '자의 생모'를 의미하며, 제847조 제1항에서의 '처'도 제846조에 규정된 '부부의 일방으로서의 처'를 의미한다고 해석되므로, 결국 친생부인의 소를 제기할 수 있는 처는 자의 생모를 의미한다.

…(중략)…위와 같은 민법 규정의 입법 취지, 개정 연혁과 체계 등에 비추어 보면, 민법 제846조, 제847조 제1항에서 정한 친생부인의 소의 원고적격이 있는 '부, 처'는 자의 생모에 한정되고, 여기에 '재혼한 처'는 포함되지 않는다고 해석하는 것이 옳다"(대판 2014.12.11. 2013므4591).

ㄹ. [○] ※ 제3자가 친생자관계존부확인의 소를 제기함에 있어 당사자 쌍방이 모두 사망한 경우의 출소기간

혼인이 성립한 날로부터 200일이 되기 전에 출생한 자, 혼인관계 종료의 날로부터 300일 이후에 출생한 자, 친생자 추정의 제한을 받는 경우 등 친생자 추정을 받지 않는 혼인 중의 출생자의 경우 이를 다툴 때에는 누구나 제기할 수 있고, 출소기간의 제한도 없는 '친생자관계 부존재확인의 소'에 의하여 부자관계를 부정할 수 있다(대판 1983.7.12. 전합82므59). 다만 당사자 일방이 사망한 때에는 그 사망을 안 날부터 2년 내에 검사를 상대로 하여 소를 제기하여야 하고(제865조 2항), 제3자가 친생자관계존부확인의 소를 제기함에 있어 당사자 쌍방이 모두 사망한 경우 제소기간은 당사자 쌍방이 모두 사망한 사실을 안 날로부터 기산한다(대판 2004.2.12. 2003므2503).

[정답] ④

문 22 **양자의 입양 전의 친족관계가 존속하는 입양에 관한 설명 중 옳은 것은?** (다툼이 있는 경우 판례에 의함) [변시 12회]

① 피성년후견인인 양부모(養父母)는 성년후견인의 동의를 얻어도 협의파양은 불가능하고 검사가 양부모(養父母)를 위해 재판상 파양을 청구할 수 있다.

② 조부모가 손자녀를 입양하여 부모·자녀 관계를 맺는 것은 입양의 의미와 본질에 부합하지 않으므로 허용될 수 없다.

③ 만 16세인 양자에게 양친자관계를 유지할 수 없는 중대한 사유가 발생하여 재판상 파양 사유가 충족되었으나 입양에 동의했던 친생부모가 모두 소재불명인 경우, 양자는 친생부모의 동의에 갈음하는 심판을 거쳐야만 재판상 파양을 청구할 수 있다.

④ 성년자가 양자가 되려는 경우 부모의 동의를 받아야 하지만, 부모가 정당한 이유 없이 동의를 거부하면 가정법원은 양부모(養父母)가 될 사람이나 양자가 될 사람의 청구에 따라 부모의 동의를 갈음하는 심판을 할 수 있고 이 경우 가정법원은 부모를 심문하여야 한다.

⑤ 부부가 공동으로 입양을 한 후 양부가 사망한 경우에 양모와 양자 사이의 양친자관계가 파양으로 해소되면 양자와 이미 사망한 양부 사이의 양친자관계도 해소된다.

해설 ① [×] **제902조(피성년후견인의 협의상 파양)** 「피성년후견인인 양부모는 성년후견인의 동의를 받아 파양을 협의할 수 있다.」

② [×] 조부모와 손자녀 사이에는 이미 혈족관계가 존재하지만 부모 · 자녀 관계에 있는 것은 아니다. 민법은 입양의 요건으로 동의와 허가 등에 관하여 규정하고 있을 뿐이고 **존속을 제외하고는 혈족의 입양을 금지하고 있지 않다**(민법 제877조 참조). 따라서 '조부모가 손자녀를 입양'할 수 있다(대결 2021.12.23. 전합2018스5).

③ [×] **제905조(재판상 파양의 원인)** 「양부모, 양자 또는 제906조에 따른 청구권자는 다음 각 호의 어느 하나에 해당하는 경우에는 가정법원에 파양을 청구할 수 있다. 4. 그 밖에 양친자관계를 계속하기 어려운 중대한 사유가 있는 경우」
제906조(파양 청구권자) 「②항 양자가 13세 이상의 미성년자인 경우에는 제870조 1항에 따른 동의를 한 부모의 동의를 받아 파양을 청구할 수 있다. 다만, **부모가 사망하거나 그 밖의 사유로 동의할 수 없는 경우에는 동의 없이 파양을 청구할 수 있다.**」

④ [○] **제871조(성년자 입양에 대한 부모의 동의)** 「①항 양자가 될 사람이 성년인 경우에는 부모의 동의를 받아야 한다. 다만, 부모의 소재를 알 수 없는 등의 사유로 동의를 받을 수 없는 경우에는 그러하지 아니하다. ②항 가정법원은 부모가 정당한 이유 없이 동의를 거부하는 경우에 양부모가 될 사람이나 양자가 될 사람의 청구에 따라 부모의 동의를 갈음하는 심판을 할 수 있다. 이 경우 가정법원은 부모를 심문하여야 한다.」

⑤ [×] "민법 제874조 제1항은 '배우자 있는 자가 양자를 할 때에는 배우자와 공동으로 하여야 한다.'고 규정함으로써 부부의 공동입양원칙을 선언하고 있는바, 파양에 관하여는 별도의 규정

을 두고 있지는 않고 있으나 부부의 공동입양원칙의 규정 취지에 비추어 보면 양친이 부부인 경우 파양을 할 때에도 부부가 공동으로 하여야 한다고 해석할 여지가 없지 아니하나(양자가 미성년자인 경우에는 양자제도를 둔 취지에 비추어 그와 같이 해석하여야 할 필요성이 크다), 그렇게 해석한다고 하더라도 양친 부부 중 일방이 사망하거나 또는 양친이 이혼한 때에는 부부의 공동파양의 원칙이 적용될 여지가 없다고 할 것이고, 따라서 양부가 사망한 때에는 양모는 단독으로 양자와 협의상 또는 재판상 파양을 할 수 있으되 이는 양부와 양자 사이의 양친자관계에 영향을 미칠 수 없는 것이고, 또 양모가 사망한 양부에 갈음하거나 또는 양부를 위하여 파양을 할 수는 없다고 할 것이며, 이는 친생자부존재확인을 구하는 청구에 있어서 입양의 효력은 있으나 재판상 파양 사유가 있어 양친자관계를 해소할 필요성이 있는 이른바 재판상 파양에 갈음하는 친생자관계부존재확인청구에 관하여도 마찬가지라고 할 것이다. 왜냐하면 양친자관계는 파양에 의하여 해소될 수 있는 점을 제외하고는 친생자관계와 똑같은 내용을 갖게 되는데, 진실에 부합하지 않는 친생자로서의 호적기재가 법률상의 친자관계인 양친자관계를 공시하는 효력을 갖게 되었고 사망한 양부와 양자 사이의 이러한 양친자관계는 해소할 방법이 없으므로 그 호적기재 자체를 말소하여 법률상 친자관계를 부인하게 하는 친생자관계존부확인청구는 허용될 수 없는 것이기 때문이다"(대판 2001.8.21. 99므2230).

[정답] ④

문 23 친양자 입양에 관한 설명 중 옳은 것을 모두 고른 것은? [변시 3회]

ㄱ. 친양자가 될 사람은 17세 미만이어야 한다.
ㄴ. 친양자 입양이 취소된 때에는 친양자 관계는 입양한 때로 소급하여 소멸하고 입양 전의 친족관계는 부활한다.
ㄷ. 친양자 입양에는 친양자가 될 사람의 친생부모의 동의가 필요하지만, 친생부모의 소재를 알 수 없는 경우에는 그의 동의 없이도 친양자 입양이 가능하다.
ㄹ. 친양자가 될 사람이 15세 이상인 경우에는 법정대리인의 동의를 받아 입양을 승낙하고, 15세 미만인 경우에는 법정대리인이 그를 갈음하여 입양을 승낙하여야 한다.
ㅁ. 친생부모가 자신에게 책임이 있는 사유로 3년 이상 자녀에 대한 부양의무를 이행하지 아니하고, 면접교섭을 하지 아니한 경우에는 친생부모의 동의나 승낙이 없더라도 가정법원이 친양자 입양청구를 인용할 수 있다.

① ㄱ, ㄷ
② ㄱ, ㅁ
③ ㄴ, ㄹ
④ ㄷ, ㄹ
⑤ ㄷ, ㅁ

해설 ※ 전체적으로 2012년 2월 10일 개정(2013년 7월 1일 시행)된 양자관련 규정을 묻는 지문이다.

제908조의2(친양자 입양의 요건 등) 「①항 친양자를 입양하려는 사람은 다음 각 호의 요건을 갖추어 가정법원에 친양자 입양을 청구하여야 한다.

1. 3년 이상 혼인 중인 부부로서 공동으로 입양할 것. 다만, 1년 이상 혼인 중인 부부의 한쪽이 그 배우자의 친생자를 친양자로 하는 경우에는 그러하지 아니하다.
2. 친양자가 될 사람이 미성년자일 것
3. 친양자가 될 사람의 친생부모가 친양자 입양에 동의할 것. 다만, 부모가 친권상실의 선고를 받거나 소재를 알 수 없거나 그 밖의 사유로 동의할 수 없는 경우에는 그러하지 아니하다.
4. 친양자가 될 사람이 13세 이상인 경우에는 법정대리인의 동의를 받아 입양을 승낙할 것
5. 친양자가 될 사람이 13세 미만인 경우에는 법정대리인이 그를 갈음하여 입양을 승낙할 것

②항 가정법원은 다음 각 호의 어느 하나에 해당하는 경우에는 제1항 제3호·제4호에 따른 동의 또는 같은 항 제5호에 따른 승낙이 없어도 제1항의 청구를 인용할 수 있다. 이 경우 가정법원은 동의권자 또는 승낙권자를 심문하여야 한다.

1. 법정대리인이 정당한 이유 없이 동의 또는 승낙을 거부하는 경우. 다만, 법정대리인이 친권자인 경우에는 제2호 또는 제3호의 사유가 있어야 한다.
2. 친생부모가 자신에게 책임이 있는 사유로 3년 이상 자녀에 대한 부양의무를 이행하지 아니하고 면접교섭을 하지 아니한 경우
3. 친생부모가 자녀를 학대 또는 유기하거나 그 밖에 자녀의 복리를 현저히 해친 경우」

제908조의7(친양자 입양의 취소·파양의 효력) 「①항 친양자 입양이 취소되거나 파양된 때에는 친양자관계는 소멸하고 입양 전의 친족관계는 부활한다. ②항 제1항의 경우에 친양자 입양의 취소의 효력은 소급하지 아니한다.」

ㄱ. [X] 17세 미만이 아니라 미성년자이면 된다(제908조의2 1항 2호).

ㄴ. [X] 친양자 입양의 취소의 효력은 소급하지 아니한다(제908조의7 2항).

ㄷ. [O] 제908조의2 1항 3호

ㄹ. [X] 15세가 아니라 13세이다(제908조의2 1항 4호, 5호).

ㅁ. [O] 제908조의2 2항 2호

[정답] ⑤

문 24 **친자관계에 관한 설명 중 옳지 않은 것은?** (다툼이 있는 경우 판례에 의함) [변시 13회]

① 당사자 사이에 친생자관계가 없음을 확인한다는 내용이 포함되어 있는 조정이나 재판상 화해가 성립하더라도 이는 효력이 없다.

② 민법 제777조에서 정한 친족이라도 민법 제865조에서 정한 이해관계인에 해당하는 경우에만 친생자관계존부확인의 소의 원고적격이 인정된다.

③ 피상속인 甲(女)의 공동상속인 乙과 丙이 이미 상속재산을 분할 또는 처분한이후에 丁이 甲의 자(子)임이 친생자관계존재확인판결의 확정으로 명백히 밝혀진 경우 인지의 소급효 제한에 관한 민법 제860조 단서는 적용되지 아니하므로 乙과 丙이 한 분할 또는 처분의 효력을 丁이 부인할 수 없다.

④ 정상적으로 혼인생활을 하고 있는 부부 사이에서 인공수정 자녀가 출생하는 경우 인공수정으로 출생한 자녀는 남편의 자녀로 추정되고, 남편이 인공수정에 동의하였다가 나중에 이를 번복하고 친생부인의 소를 제기하는 것은 허용되지 않는다.

⑤ 성전환자의 기본권 보호와 미성년 자녀의 보호 및 복리와의 조화를 이룰 수 있도록 법익의 균형을 위한 여러 사정들을 고려하여 실질적으로 판단하지 아니한 채 단지 성전환자에게 미성년 자녀가 있다는 사정만을 이유로 성별 정정을 불허하여서는 아니 된다.

해 설 ① [O] **친생자관계의 존부 확인**과 같이 현행 가사소송법상의 가류 가사소송사건에 해당하는 청구는 성질상 **당사자가 임의로 처분할 수 없는 사항을 대상으로 하는 것으로**, 이에 관하여 조정이나 재판상 **화해가 성립하더라도 효력이 없다**(대판 2007.7.26. 2006므2757,2764).

② [O] 과거 判例는 제777조에서 정한 친족이라는 사실만으로 당연히 친생자관계존부확인의 소를 제기할 수 있다고 하였으나, 그 입장을 변경하여 **친생자관계존부의 판결이 확정됨에 따라** 상속이나 부양 등에 관한 **자신의 권리나 의무 등에 구체적인 영향을 받는 경우에 한하여 이해관계인에 해당**하여 친생자관계존부확인의 소를 제기할 수 있을 뿐 **제777조의 친족이라는 사실만 가지고는 원고적격이 인정될 수 없다고** 보았다(대판 2020.6.18. 전합2015므8351)

③ [X] "**혼인 외의 출생자와 생모 사이에는 생모의 인지나 출생신고를 기다리지 아니하고 자의 출생으로 당연히 법률상의 친자관계가 생기고**, 가족관계등록부의 기재나 법원의 친생자관계존재확인판결이 있어야만 이를 인정할 수 있는 것이 아니다. 따라서 **인지를 요하지 아니하는 모자관계에는 인지의 소급효 제한에 관한 민법 제860조 단서가 적용 또는 유추적용되지 아니하며**, 상속개시 후의 인지 또는 재판의 확정에 의하여 공동상속인이 된 자의 가액지급청구권을 규정한 민법 **제1014조를 근거로 자가 모의 다른 공동상속인이 한 상속재산에 대한 분할 또는 처분의 효력을 부인하지 못한다고 볼 수도 없다**. 이는 비록 다른 공동상속인이 이미 상속재산을 분할 또는 처분한 이후에 그 모자관계가 친생자관계존재확인판결의 확정 등으로 비로소 명백히 밝혀졌다 하더라도 마찬가지이다"(대판 2018.6.19. 2018다1049)

④ [O] 현재의 判例는 妻가 夫의 子를 포태할 수 없는 것이 객관적으로 명백한 사정이 있는 경우에는 夫의 친생자로서의 추정이 미치지 않는다는 **외관설의 입장이다**(대판 1983.7.12. 전합82므59)
전원합의체 판결은 ㉠ **아내가 혼인 중 남편이 아닌 제3자의 정자를 제공받아 인공수정으로 자녀를 출산한 경우에도** 친생추정 규정을 적용하여 인공수정으로 출생한 자녀가 남편의 자녀로 추정되며,

㉡ 인공수정에 동의한 남편이 나중에 이를 번복하고 친생부인의 소를 제기하는 것은 원칙적으로 허용되지 않는다고 보았다(대판 2019.10.23. 전합2016므2510)

⑤ [○] 최근 判例는 입장을 변경하여 현재 혼인 중에 있지 아니한 성전환자는 미성년 자녀가 있는 경우에도, 성별정정을 허가할 수 있다고 판시하였다. 즉, 미성년 자녀를 둔 성전환자도 부모로서 자녀를 보호하고 교양하며(민법 제913조), 친권을 행사할 때에도 자녀의 복리를 우선해야 할 의무가 있으므로(민법 제912조), 미성년 자녀가 있는 성전환자의 성별정정 허가 여부를 판단할 때에는 성전환자의 기본권의 보호와 미성년 자녀의 보호 및 복리와의 조화를 이룰 수 있도록 법익의 균형을 위한 여러 사정들을 종합적으로 고려하여 실질적으로 판단하여야 한다고 한다(대결 2022.11.24. 전합2020스616)

[정답] ③

문 25 미성년후견에 관한 설명 중 옳지 않은 것은? [변시 7회]

① 친권을 행사하는 부모라도 미성년자를 위한 법률행위의 대리권과 재산관리권이 없는 경우에는 유언으로 미성년후견인을 지정할 수 없다.

② 미성년자에게 친권을 행사하는 부모의 유언으로 미성년후견인이 지정된 경우라도 미성년자는 자신의 복리를 위하여 필요하면 가정법원에 후견을 종료하고 생존하는 부 또는 모를 친권자로 지정할 것을 청구할 수 있다.

③ 미성년자의 신상과 재산에 관한 모든 사정을 고려하여 여러 명의 미성년후견인을 둘 수 있다.

④ 가정법원은 친권의 상실, 일시 정지, 일부 제한의 선고 또는 법률행위의 대리권이나 재산관리권 상실의 선고에 따라 미성년후견인을 선임할 필요가 있는 경우에는 직권으로 미성년후견인을 선임한다.

⑤ 미성년후견인을 지정할 수 있는 사람은 유언으로 미성년후견감독인을 지정할 수 있다.

해설 ① [○], ② [○] **제931조(유언에 의한 미성년후견인의 지정 등)** 「①항 미성년자에게 친권을 행사하는 부모는 유언으로 미성년후견인을 지정할 수 있다. 다만, 법률행위의 대리권과 재산관리권이 없는 친권자는 그러하지 아니하다. ②항 가정법원은 제1항에 따라 미성년후견인이 지정된 경우라도 미성년자의 복리를 위하여 필요하면 생존하는 부 또는 모, 미성년자의 청구에 의하여 후견을 종료하고 생존하는 부 또는 모를 친권자로 지정할 수 있다.」

③ [×] **제930조(후견인의 수와 자격)** 「①항 미성년후견인의 수(數)는 한 명으로 한다.」

④ [○] **제932조(미성년후견인의 선임)** 「②항 가정법원은 제924조, 제924조의2 및 제925조에 따른 친권의 상실, 일시 정지, 일부 제한의 선고 또는 법률행위의 대리권이나 재산관리권 상실의 선고에 따라 미성년후견인을 선임할 필요가 있는 경우에는 직권으로 미성년후견인을 선임한다.」

⑤ [○] **제940조의2(미성년후견감독인의 지정)** 「미성년후견인을 지정할 수 있는 사람은 유언으로 미성년후견감독인을 지정할 수 있다.」

[정답] ③

문 26 후견인이 권한을 행사할 때 가정법원의 허가를 받아야 하는 경우가 아닌 것은? [변시 4회]

① 임의후견감독인이 선임되기 전에 본인 또는 임의후견인이 후견계약을 철회하고자 하는 경우
② 성년후견인이 피성년후견인을 대신하여 피성년후견인이 의료행위의 직접적인 결과로 사망하거나 상당한 장애를 입을 위험이 있는 의료행위에 동의하는 경우
③ 성년후견인이 피성년후견인을 대리하여 피성년후견인이 거주하고 있는 건물 또는 그 대지에 대하여 매도, 임대, 저당권 설정 행위를 하는 경우
④ 성년후견인이 피성년후견인을 치료 등의 목적으로 정신병원이나 그 밖의 다른 장소에 격리하려는 경우
⑤ 후견인으로 선임된 후 2개월 내로 되어 있는 피후견인의 재산목록 작성 기간을 연장하는 경우

해 설 ※ 전체적으로 2011년 3월 7일 개정(2013년 7월 1일 시행)된 성년후견관련 규정을 묻는 지문이다.

☞ ②번에서 ⑤번까지의 지문은 아래의 조문에서 보는 바와 같이 후견인이 권한을 행사할 때 가정법원의 허가를 받아야 하는 경우이나 ①번 지문인 임의후견감독인의 선임 전에는 본인 또는 임의후견인은 언제든지 공증인의 인증을 받은 서면으로 후견계약의 의사표시를 철회할 수 있다(아래 제959조의18 ①항 참조).

제959조의18(후견계약의 종료)「①항 임의후견감독인의 선임 전에는 본인 또는 임의후견인은 언제든지 공증인의 인증을 받은 서면으로 후견계약의 의사표시를 철회할 수 있다. ② 임의후견감독인의 선임 이후에는 본인 또는 임의후견인은 정당한 사유가 있는 때에만 가정법원의 허가를 받아 후견계약을 종료할 수 있다.」

제947조의2(피성년후견인의 신상결정 등)「①항 피성년후견인은 자신의 신상에 관하여 그의 상태가 허락하는 범위에서 단독으로 결정한다. ②항 성년후견인이 피성년후견인을 치료 등의 목적으로 정신병원이나 그 밖의 다른 장소에 격리하려는 경우에는 가정법원의 허가를 받아야 한다. ③항 피성년후견인의 신체를 침해하는 의료행위에 대하여 피성년후견인이 동의할 수 없는 경우에는 성년후견인이 그를 대신하여 동의할 수 있다. ④항 제3항의 경우 피성년후견인이 의료행위의 직접적인 결과로 사망하거나 상당한 장애를 입을 위험이 있을 때에는 가정법원의 허가를 받아야 한다. 다만, 허가절차로 의료행위가 지체되어 피성년후견인의 생명에 위험을 초래하거나 심신상의 중대한 장애를 초래할 때에는 사후에 허가를 청구할 수 있다. ⑤항 성년후견인이 피성년후견인을 대리하여 피성년후견인이 거주하고 있는 건물 또는 그 대지에 대하여 매도, 임대, 전세권 설정, 저당권 설정, 임대차의 해지, 전세권의 소멸, 그 밖에 이에 준하는 행위를 하는 경우에는 가정법원의 허가를 받아야 한다.」

제941조(재산조사와 목록작성)「①항 후견인은 지체 없이 피후견인의 재산을 조사하여 2개월 내에 그 목록을 작성하여야 한다. 다만, 정당한 사유가 있는 경우에는 법원의 허가를 받아 그 기간을 연장할 수 있다. ②항 후견감독인이 있는 경우 제1항에 따른 재산조사와 목록작성은 후견감독인의 참여가 없으면 효력이 없다.」

[정답] ①

문 27 甲은 자신의 노후생활에 대비하여 자신의 재산관리에 관한 사무의 전부를 乙에게 위탁하고, 그 위탁사무에 관한 대리권을 乙에게 수여하는 것을 내용으로 하는 후견계약을 체결하였다. 이 후견계약에 관한 설명 중 옳은 것을 모두 고른 것은? (다툼이 있는 경우 판례에 의함) [변시 10회]

ㄱ. 후견계약은 서면에 의하여 체결하고 가정법원의 허가를 받아야 유효하게 성립한다.
ㄴ. 乙의 처제와 장인이 乙과 생계를 같이 하는 경우 임의후견감독인이 될 수 없다.
ㄷ. 甲과 乙의 후견계약은 가정법원이 임의후견감독인을 선임한 때부터 효력이 발생한다.
ㄹ. 임의후견감독인 선임 전에는 甲과 乙이 언제든지 후견등기를 말소함으로써 후견계약의 의사표시를 철회할 수 있다.
ㅁ. 가정법원이 임의후견감독인을 선임한 이후에는 甲 또는 乙은 정당한 사유가 있는 때에만 가정법원의 허가를 받아 후견계약을 종료할 수 있다.

① ㄱ, ㄴ, ㄹ
② ㄱ, ㄷ, ㄹ
③ ㄱ, ㄷ, ㅁ
④ ㄴ, ㄷ, ㅁ
⑤ ㄴ, ㄹ, ㅁ

해설 ㄱ. [X] ㄷ. [O] **제959조의14(후견계약의 의의와 체결방법 등)** 「①항 후견계약은 질병, 장애, 노령, 그 밖의 사유로 인한 정신적 제약으로 사무를 처리할 능력이 부족한 상황에 있거나 부족하게 될 상황에 대비하여 자신의 재산관리 및 신상보호에 관한 사무의 전부 또는 일부를 다른 자에게 위탁하고 그 위탁사무에 관하여 대리권을 수여하는 것을 내용으로 한다.
②항 후견계약은 공정증서로 체결하여야 한다.
③항 후견계약은 가정법원이 임의후견감독인을 선임한 때부터 효력이 발생한다.」

ㄴ. [O] **제959조의15(임의후견감독인의 선임)** 「⑤항 임의후견감독인에 대하여는 제940조의5를 준용한다.」
제940조의5(후견감독인의 결격사유) 「제779조에 따른 후견인의 가족은 후견감독인이 될 수 없다.」
제779조(가족의 범위) 「①항 다음의 자는 가족으로 한다.
1. 배우자, 직계혈족 및 형제자매
2. 직계혈족의 배우자, 배우자의 직계혈족 및 배우자의 형제자매
②항 제1항 제2호의 경우에는 생계를 같이 하는 경우에 한한다.」

ㄹ. [X] ㅁ. [O] **제959조의18(후견계약의 종료)** 「①항 임의후견감독인의 선임 전에는 본인 또는 임의후견인은 언제든지 공증인의 인증을 받은 서면으로 후견계약의 의사표시를 철회할 수 있다. ②항 임의후견감독인의 선임 이후에는 본인 또는 임의후견인은 정당한 사유가 있는 때에만 가정법원의 허가를 받아 후견계약을 종료할 수 있다.」

[정답] ④

문 28 **후견에 관한 설명 중 옳지 않은 것은?** (다툼이 있는 경우 판례에 의함) [변시 12회]

① 미성년후견인은 특정후견의 심판을 청구할 수 있다.

② 가정법원은, 한정후견 개시 심판을 할 때는 본인의 의사를 고려하여야 하고, 특정후견의 심판을 할 때는 본인의 의사에 반하지 않아야 한다.

③ 가정법원이 특정후견의 심판을 하는 경우에는 특정후견의 기간 또는 사무의 범위를 정하여야 한다.

④ 피한정후견인이 자신에게 필요한 신체침해 의료행위에 대해 동의할 수 없는 경우, 피한정후견인이 그 의료행위의 직접적인 결과로 사망할 위험이 없거나 상당한 장애를 입을 위험이 없으면 한정후견인이 대신하여 동의할 수 있다.

⑤ 가정법원이 친권자의 양육권만을 제한하여 친권자 대신 그 미성년 자녀를 양육하게 된 미성년후견인은 피후견인인 미성년 자녀를 대리하여 친권자에게 피후견인인 미성년 자녀의 부양청구권을 행사할 수 있다.

해 설 ① [○] **제14조의2(특정후견의 심판)** 「①항 가정법원은 질병, 장애, 노령, 그 밖의 사유로 인한 정신적 제약으로 일시적 후원 또는 특정한 사무에 관한 후원이 필요한 사람에 대하여 본인, 배우자, 4촌 이내의 친족, **미성년후견인**, 미성년후견감독인, 검사 또는 지방자치단체의 장의 청구에 의하여 특정후견의 심판을 한다.」

② [○] 성년후견심판 및 한정후견심판을 할 때에는 **본인의 의사를 고려하여야** 하고(제9조 2항, 제12조 2항), 특정후견심판의 경우 **본인의 의사에 반하여 할 수 없다**(제14조의2 2항).

③ [○] 특정후견은 지속적인 것이 아닌 일시적인 것이거나 특정한 사무에 관한 것이므로, **개시와 종료를 별도로 심판할 필요는 없고**, 특정후견의 기간이나 사무의 범위를 정하면 족하다(제14조의2 3항).

④ [○] **제947조의2(피성년후견인의 신상결정 등)** 「③항 피성년후견인의 신체를 침해하는 의료행위에 대하여 피성년후견인이 동의할 수 없는 경우에는 성년후견인이 그를 대신하여 동의할 수 있다. ④항 제3항의 경우 피성년후견인이 의료행위의 직접적인 결과로 사망하거나 상당한 장애를 입을 위험이 있을 때에는 가정법원의 허가를 받아야 한다. 다만, 허가절차로 의료행위가 지체되어 피성년후견인의 생명에 위험을 초래하거나 심신상의 중대한 장애를 초래할 때에는 사후에 허가를 청구할 수 있다.」

제959조의6(한정후견사무) 「한정후견의 사무에 관하여는 제681조, 제920조 단서, 제947조, **제947조의2**, 제949조, 제949조의2, 제949조의3, 제950조 부터 제955까지 및 제955조의2를 준용한다.」

⑤ [×] "민법 제924조의2에 따른 친권의 일부 제한으로 미성년 자녀에 대한 양육권한을 갖게 된 미성년후견인도 민법 제837조를 유추적용하여 비양육친을 상대로 가사소송법 제2조 제1항 제2호 나목 3)에 따른 양육비심판을 청구할 수 있다"(대결 2021.5.27. 2019스621 : 미성년후견인인 외조부가 비양육친인 미성년자의 아버지에 대하여 미성년자의 양육비를 청구한 사안).
즉, 미성년자녀를 양육하게 된 **미성년후견인은 비양육친을 상대로** (미성년 자녀를 대리할 필요 없이) **직접 양육비심판을 청구할 수 있다.**

[정답] ⑤

문 29 **친권에 관한 설명 중 옳지 않은 것은?** (다툼이 있는 경우 판례에 의함) [변시 6회]

① 친권자가 친권을 남용하여 자녀의 복리를 현저히 해치거나 해칠 우려가 있는 경우 가정법원은 자녀의 청구에 의하여 친권을 일시적으로 정지시킬 수 있다.

② 법정대리인인 친권자는 정당한 사유가 있는 때에는 가정법원의 허가를 얻어 친권자의 권한 중 법률행위의 대리권과 재산관리권을 사퇴할 수 있다.

③ 친권자가 공동상속인인 자신과 미성년자녀 사이에 미성년자녀를 대리하여 상속재산분할협의를 한 경우 그 분할협의는 무효이다.

④ 친권자인 모(母)가 미성년자녀를 대리하여 그 자녀의 유일한 재산인 부동산을 자신의 오빠에게 증여한 경우 이는 「민법」 제921조의 이해상반행위에 해당한다.

⑤ 이혼 후 미성년자녀의 단독친권자인 모(母)가 사망한 경우, 생존한 부(父)가 자동적으로 미성년자녀의 친권자가 되는 것은 아니다.

해설 ① [○] **제924조(친권의 상실 또는 일시 정지의 선고)** 「①항 가정법원은 부 또는 모가 친권을 남용하여 자녀의 복리를 현저히 해치거나 해칠 우려가 있는 경우에는 자녀, 자녀의 친족, 검사 또는 지방자치단체의 장의 청구에 의하여 그 친권의 상실 또는 일시 정지를 선고할 수 있다.」

② [○] **제927조(대리권, 관리권의 사퇴와 회복)** 「①항 법정대리인인 친권자는 정당한 사유가 있는 때에는 법원의 허가를 얻어 그 법률행위의 대리권과 재산관리권을 사퇴할 수 있다.」

③ [○] "**상속재산에 대하여 소유의 범위를 정하는 내용의 공동상속재산 분할협의는** 행위의 객관적 성질상 상속인 상호간 이해의 대립이 생길 우려가 없다고 볼만한 특별한 사정이 없는 한 **민법 제921조의 이해상반되는 행위에 해당한다**. 그리고 피상속인의 사망으로 인하여 1차 상속이 개시되고 그 1차 상속인 중 1인이 다시 사망하여 2차 상속이 개시된 후 1차 상속의 상속인들과 2차 상속의 상속인들이 1차 상속의 상속재산에 관하여 분할협의를 하는 경우에 2차 상속인 중에 수인의 미성년자가 있다면 이들 미성년자 각자마다 특별대리인을 선임하여 각 특별대리인이 각 미성년자를 대리하여 상속재산 분할협의를 하여야 하고, 만약 2차 상속의 공동상속인인 친권자가 수인의 미성년자 법정대리인으로서 상속재산 분할협의를 한다면 이는 민법 제921조에 위배되는 것이며, **이러한 대리행위에 의하여 성립된 상속재산 분할협의는 피대리자 전원에 의한 추인이 없는 한 전체가 무효이다**"(대판 2011.3.10. 2007다17482 등).

④ [×] 위 지문의 경우 母의 오빠와 子의 이해가 상반되는 것에 불과하고 母와 子사이의 이해가 상반되는 것은 아니다. "미성년자의 친권자인 모가 자기 오빠의 제3자에 대한 채무의 담보로 미성년자 소유의 부동산에 근저당권을 설정하는 행위가, 채무자를 위한 것으로서 미성년자에게는 불이익만을 주는 것이라고 하더라도, 민법 제921조 제1항에 규정된 '법정대리인인 친권자와 그 자 사이에 이해상반되는 행위'라고 볼 수는 없다"(대판 1991.11.26. 91다32466).

⑤ [○]제909조의2는 이혼 등으로 단독 친권자로 정해진 부모의 일방이 사망하거나 친권을 상실하는 등 친권을 행사할 수 없는 경우에 '**가정법원의 심리를 거쳐**' 친권자로 정해지지 않았던 부모의 다른 일방을 친권자로 지정하거나 후견이 개시되도록 함으로써 부적격의 부 또는 모가 당연히 친권자가 됨으로써 미성년자의 복리에 악영향을 미치는 것을 방지하고 있다.

[정답] ④

제2장 상속법

문1 **상속에 관한 설명 중 옳지 않은 것은?** (다툼이 있는 경우에는 판례에 의함) [변시 13회]

① 피대습인이 대습원인의 발생 이전에 피상속인으로부터 주택을 증여받은 경우 그 수익은 대습상속인의 특별수익으로 볼 수 있다.

② 상속결격된 자가 피상속인으로부터 상속결격사유가 발생한 이후에 증여를 받았다면 특별한 사정이 없는 한 그 수익은 상속결격으로 인한 대습상속인의 특별수익에 해당하지 않는다.

③ 공동상속인 중 법정상속분의 가액을 초과하는 특별수익을 받은 상속인은 상속재산의 분할 시에 그 초과분을 반환하여야 한다.

④ 공동상속인들 사이에 협의가 이루어지지 않는 경우 제사주재자의 지위를 인정할 수 없는 특별한 사정이 없는 한 피상속인의 직계비속 중 남녀, 적서를 불문하고 최근친의 연장자가 제사주재자가 된다.

⑤ 피상속인이 생전행위 또는 유언으로 자신의 유체·유골을 처분하거나 매장 장소를 지정한 경우 제사주재자는 피상속인의 그러한 의사에 무조건 구속되어야 하는 법률적 의무까지 부담한다고 볼수는 없다.

해 설 ① [○] ※ 피대습인이 대습원인 발생 이전에 받은 증여가 대습상속인의 특별수익에 해당하는지 여부

"피대습인이 생전에 피상속인으로부터 특별수익을 받은 경우 대습상속이 개시되었다고 하여 피대습인의 특별수익을 고려하지 않고 대습상속인의 구체적인 상속분을 산정한다면 대습상속인은 피대습인이 취득할 수 있었던 것 이상의 이익을 취득하게 된다. 이는 공동상속인들 사이의 공평을 해칠 뿐만 아니라 대습상속의 취지에도 반한다. 따라서 피대습인이 대습원인의 발생 이전에 피상속인으로부터 생전 증여로 특별수익을 받은 경우 그 생전 증여는 대습상속인의 특별수익으로 봄이 타당하다(대판 2022.3.17. 2020다267620).

② [○] 상속결격사유가 발생한 이후에 결격된 자가 피상속인에게서 직접 증여를 받은 경우, 그 수익은 상속인의 지위에서 받은 것이 아니어서 원칙적으로 상속분의 선급으로 볼 수 없다. 따라서 결격된 자의 수익은 특별한 사정이 없는 한 특별수익에 해당하지 않는다(대결 2015.7.17. 2014스206,207).

③ [X] 특별수익이 본래의 법정상속분을 초과하는 경우 초과부분을 반환해야 하는가에 대하여 반환하여야 한다는 견해, 반환할 필요가 없다는 견해가 있으나 과거에 있던 초과부분 반환금지규정이 유류분제도가 신설되면서 삭제된 점을 고려할 때 공동상속인의 유류분을 침해한 경우에만 반환하여야 한다는 견해가 타당하다(다수설)

참고판례 공동상속인들 중 특별수익자가 받은 특별수익이 자기의 상속분보다 초과하더라도 그 초과분에 대하여 반환의무를 정한 민법상의 규정도 없을 뿐더러 다액의 특별수익자가 있는 경우에 대하여는 유류분제도에 의하여 다른 공동상속인들이 상속으로부터 배제되는 것을 보호하고 있으므로 그 반환의무가 없다고 보아야 한다(서울고법 1991.1.18. 89르2400).

나아가, 구체적 상속분 가액을 계산한 결과 공동상속인 중 특별수익이 법정상속분 가액을 초과하는 초과특

별수익자가 있는 경우, 그러한 초과특별수익자는 특별수익을 제외하고는 더 이상 상속받지 못하는 것으로 처리하되(구체적 상속분 가액 0원), 초과특별수익은 다른 공동상속인들이 그 법정상속분율에 따라 안분하여 자신들의 구체적 상속분 가액에서 공제하는 방법으로 구체적 상속분 가액을 조정하여 위 구체적 상속분 비율을 산출함이 바람직하다. 결국 초과특별수익자가 있는 경우 그 초과된 부분은 나머지 상속인들의 부담으로 돌아가게 된다(대결 2022.6.30. 2017스98, 99, 100, 101).

④ [○] "2008.11.20. 선고 2007다27670 전원합의체 판결은 피상속인의 유체 · 유해가 민법 제1008조의3 소정의 제사용 재산에 준해서 제사주재자에게 승계되고, 제사주재자는 우선적으로 공동상속인들 사이의 협의에 의해 정하되, 협의가 이루어지지 않는 경우에는 그 지위를 유지할 수 없는 특별한 사정이 있지 않는 한 장남 또는 장손자 등 남성 상속인이 제사주재자라고 판시하였다. 그러나 공동상속인들 사이에 협의가 이루어지지 않는 경우 제사주재자 결정방법에 관한 2008년 전원합의체 판결의 법리는 더 이상 조리에 부합한다고 보기 어려워 유지될 수 없다. 따라서 공동상속인들 사이에 협의가 이루어지지 않는 경우에는 제사주재자의 지위를 인정할 수 없는 특별한 사정이 있지 않는 한 피상속인의 직계비속 중 남녀, 적서를 불문하고 최근친의 연장자가 제사주재자로 우선한다고 보는 것이 가장 조리에 부합한다"(대판 2023.5.11. 전합2018다248626).

⑤ [○] ※ 사자의 유체 처분의사에 제사주재자가 법률적으로 구속되는지 여부
피상속인이 생전행위 또는 유언으로 자신의 유체 · 유골을 처분하거나 매장장소를 지정한 경우에, 선량한 풍속 기타 사회질서에 반하지 않는 이상 그 의사는 존중되어야 하고 이는 제사주재자로서도 마찬가지이지만, 피상속인의 의사를 존중해야 하는 의무는 도의적인 것에 그치고, 제사주재자가 무조건 이에 구속되어야 하는 법률적 의무까지 부담한다고 볼 수는 없다(대판 2008.11.20. 2007다27670).

[정답] ③

문 2 甲이 사망하면서 토지와 2,000만 원의 채무를 남겼는데, 甲에게 상속인으로 배우자 乙, 자녀 丙, 丁만 있었다. 甲의 상속재산분할에 관한 설명 중 옳은 것을 모두 고른 것은? (각 지문은 독립적이며, 다툼이 있는 경우 판례에 의함) [변시 8회]

ㄱ. 채무초과 상태에 있던 乙이 상속재산의 분할협의를 하면서 자신의 상속분에 관한 권리를 포기함으로써 일반 채권자에 대한 공동담보가 감소한 경우라고 하더라도, 상속재산의 분할협의는 그 성질상 재산권을 목적으로 하는 법률행위가 아니므로 이는 원칙적으로 채권자에 대한 사해행위에 해당하지 않는다.
ㄴ. 丙, 丁이 미성년자인 경우, 乙은 丙, 丁 각자마다 특별대리인을 선임하여 그 각 특별대리인이 丙, 丁을 대리하여 상속재산 분할협의를 하도록 하여야 한다.
ㄷ. 2,000만 원의 채무는 상속개시와 동시에 당연히 법정상속분에 따라 乙, 丙, 丁에게 분할되어 귀속되므로, 상속재산분할의 대상이 되지 않는다.
ㄹ. 상속재산의 분할에 관하여 공동상속인 乙, 丙, 丁 사이에 협의가 성립되지 아니하거나 협의할 수 없는 경우, 乙, 丙, 丁은 상속재산에 속하는 개별재산에 관하여 공유물분할청구의 소를 제기할 수 있다.

① ㄱ, ㄴ ② ㄱ, ㄷ ③ ㄱ, ㄹ
④ ㄴ, ㄷ ⑤ ㄷ, ㄹ

해 설 ㄱ. [X] ※ 상속재산 분할협의에 대한 채권자취소권행사
判例에 따르면 "상속재산의 분할협의는 상속이 개시되어 공동상속인 사이에 잠정적 공유가 된 상속재산에 대하여 그 전부 또는 일부를 각 상속인의 단독소유로 하거나 새로운 공유관계로 이행시킴으로써 상속재산의 귀속을 확정시키는 것으로 그 성질상 재산권을 목적으로 하는 법률행위이므로 사해행위취소권 행사의 대상이 될 수 있다. 다만, 상속재산의 분할협의를 하면서 상속재산에 관한 권리포기는 구체적 상속분에 미달하는 과소한 부분에 한하여 사해행위가 된다(일부사해행위 : 저자주)"(대판 2001.2.9 2000다51797)고 한다.

비교판례 ※ 상속포기에 대한 채권자취소권행사
이와 달리, 判例는 "상속의 포기는 비록 포기자의 재산에 영향을 미치는 바가 없지 아니하나 상속인으로서의 지위 자체를 소멸하게 하는 행위로서 순전한 재산법적 행위와 같이 볼 것이 아니다. 오히려 상속의 포기는 1차적으로 피상속인 또는 후순위상속인을 포함하여 다른 상속인 등과의 인격적 관계를 전체적으로 판단하여 행하여지는 '인적 결단'으로서의 성질을 가진다"(대판 2011.6.9. 2011다29307)고 보아 사해행위취소의 대상이 되지 못한다고 한다.

ㄴ. [O] ※ 이해상반행위시 특별대리인의 선임 방법
친권자와 그 子 사이에 또는 그 친권에 복종하는 수인의 子 사이에 이해가 상반되는 경우에, 친권자는 법원에 그 子 또는 수인의 子 각자의 특별대리인의 선임을 청구하여야 한다(제921조). 이 때, "공동상속재산분할협의는 그 행위의 객관적 성질상 상속인 상호간에 이해의 대립이 생길 우려가 있는 행위라고 할 것이므로 공동상속인인 친권자와 미성년인 수인의 자 사이에 상속재산분

할협의를 하게 되는 경우에는 **미성년자 각자마다 특별대리인을 선임하여 그 각 특별대리인이 각 미성년자인 자를 대리하여 상속재산분할의 협의를 하여야** 하고 만약 친권자가 수인의 미성년자의 법정대리인으로서 상속재산분할협의를 한 것이라면, 이는 민법 제921조에 위반된 것으로서 이러한 대리행위에 의하여 성립된 상속재산분할협의는 피대리자 전원에 의한 추인이 없는 한 무효이다"(대판 1993.4.13. 92다54524 등).

ㄷ. [○] ※ 가분인 채무의 상속재산분할 대상 여부

민법은 상속인이 수인인 때에는 상속재산은 그 '공유'로 하는 것으로 정한다(제1006조). 判例는 "**금전채무와 같이 급부의 내용이 가분인 채무가 공동상속된 경우**, 이는 상속개시와 동시에 당연히 법정상속분에 따라 공동상속인에게 귀속하는 것이므로 상속재산 분할의 대상이 될 여지가 없다"고 한다(대판 1997.6.24. 97다8809)

관련쟁점 따라서 상속재산 분할의 대상이 될 수 없는 상속채무에 관하여 공동상속인들 사이에 분할의 협의가 있는 경우라면 이러한 협의는 민법 제1013조에서 말하는 상속재산의 협의분할에 해당하는 것은 아니지만, 위 분할의 협의에 따라 공동상속인 중의 1인이 법정상속분을 초과하여 채무를 부담하기로 하는 약정은 '**면책적 채무인수**'의 실질을 가진다고 할 것이어서, 채권자에 대한 관계에서 위 약정에 의하여 다른 공동상속인이 법정상속분에 따른 채무의 일부 또는 전부를 면하기 위하여는 제454조의 규정에 따른 '**채권자의 승낙**'을 필요로 하고, 여기에 상속재산 분할의 소급효를 규정하고 있는 제1015조가 적용될 여지는 전혀 없다(同 判例).

ㄹ. [X] ※ 상속재산 분할방법

공동상속인 사이에 분할의 협의가 성립되지 아니한 때에는 각 공동상속인은 가정법원에 그 분할을 청구할 수 있다(가사소송법 제2조 1항 마류비송사건). 우선 조정을 신청하여야 하고, 조정이 성립되지 않으면 심판을 청구할 수 있다. 그러나 공동상속인이 상속재산의 분할에 관하여 공동상속인 사이에 협의가 성립되지 아니하거나 협의할 수 없는 경우, **상속재산에 속하는 개별 재산에 관하여 제268조의 규정에 따라 공유물분할청구의 소를 제기할 수는 없다**(대판 2015.8.13. 2015다18367).

[정답] ④

문3 **상속재산분할에 관한 설명 중 옳은 것은?** (다툼이 있는 경우 판례에 의함) [변시 9회]

① 공동상속인 중 일부가 한정승인을 한 경우에는 상속재산분할의 대상이 되는 상속재산의 범위에 관하여 공동상속인 사이에 분쟁이 생길 우려가 있으므로, 한정승인에 따른 청산절차가 종료되지 않았다면 상속재산분할청구가 허용되지 않는다.

② 상속개시 당시 상속재산을 구성하던 재산이 그 후 처분되어 상속재산을 구성하지 않게 된 경우, 상속인이 그 대가로 처분대금을 취득하였더라도 이것은 상속재산분할 당시의 상속재산을 구성하지 않으므로 상속재산분할의 대상이 될 수 없다.

③ 채무초과 상태에 있는 채무자가 상속재산 분할협의에서 자기 상속분에 관한 권리를 포기하여 재산의 감소가 있더라도, 상속개시 전에 채권을 취득한 채권자에 대한 관계에서는 공동담보의 감소가 없으므로, 원칙적으로 상속분에 관한 권리의 포기가 그 채권자에 대해서는 사해행위에 해당하지 않는다.

④ 공동상속인들은 이미 이루어진 상속재산 분할협의의 일부를 해제한 후 이를 수정하는 분할협의를 할 수는 있지만, 공동상속인 전원의 합의가 있더라도 분할협의의 전부를 해제하고 다시 새로운 분할협의를 할 수는 없다.

⑤ 공동상속인 중 1인이 협의분할에 의한 상속을 원인으로 상속부동산에 관한 단독 명의의 소유권이전등기를 마친 경우, 다른 공동상속인이 자신의 동의 없이 협의분할이 이루어져 무효라는 이유로 그 등기의 말소를 청구하는 것은 상속회복청구에 해당한다.

해설 ① [X] ※ 상속재산분할청구 절차

"상속재산분할청구 절차를 통하여 분할의 대상이 되는 상속재산의 범위를 한꺼번에 확정하는 것이 상속채권자의 보호나 청산절차의 신속한 진행을 위하여 필요하다는 점 등을 고려하면, **한정승인에 따른 청산절차가 종료되지 않은 경우에도 상속재산분할청구가 가능하다**"(대결 2014.7.25. 2011스226).

② [X] ※ 상속재산분할의 대상이 되는 재산

"상속개시 당시에는 상속재산을 구성하던 재산이 그 후 처분되거나 멸실·훼손되는 등으로 상속재산분할 당시 상속재산을 구성하지 아니하게 되었다면 그 재산은 상속재산분할의 대상이 될 수 없다. 다만 상속인이 그 대가로 처분대금, 보험금, 보상금 등 대상재산(代償財産)을 취득하게 된 경우에는, 그 **대상재산이 상속재산분할의 대상으로 될 수는 있을 것이다**"(대결 2016.5.4. 2014스122).

③ [X] ※ 상속재산분할협의와 사해행위(원칙적 적극)

判例에 따르면 "상속재산의 분할협의를 하면서 상속재산에 관한 권리포기는 구체적 상속분에 미달하는 과소한 부분에 한하여 **사해행위가 된다**"고 하였다(대판 2001.2.9 2000다51797).[2)]

---

2) "ⅰ) 상속재산의 분할협의는 상속이 개시되어 공동상속인 사이에 잠정적 공유가 된 상속재산에 대하여 그 전부 또는 일부를 각 상속인의 단독소유로 하거나 새로운 공유관계로 이행시킴으로써 상속재산의 귀속을 확정시키는 것으로 그 성질상 재산권을 목적으로 하는 법률행위이므로 사해행위취소권 행사의 대상이 될 수 있다. ⅱ) 채무초과 상태에 있는 채무자가 상속재산의 분할협의를 하면서 상속재산에 관한 권리를 포기함으로써 결과적으로 일반 채권자에 대한 공동담보가 감소되었다 하더라도, 그 재산분할결과가 채무자의 구체적 상속분에 상당하는 정도에 미달하는 과소한 것이라고 인정되지 않는 한 사해행위로서 취소되어야 할 것은 아니고, 구체적 상속분에 상당하는 정도에 미달하는 과소한 경우에도 사해

비교판례 ※ 상속포기가 사해행위취소의 대상인지 여부(소극)
대법원은 "상속의 포기는 비록 포기자의 재산에 영향을 미치는 바가 없지 아니하나 상속인으로서의 지위 자체를 소멸하게 하는 행위로서 순전한 재산법적 행위와 같이 볼 것이 아니다. 오히려 상속의 포기는 1차적으로 피상속인 또는 후순위상속인을 포함하여 다른 상속인 등과의 인격적 관계를 전체적으로 판단하여 행하여지는 '인적 결단'으로서의 성질을 가진다"(대판 2011.6.9. 2011다29307)고 보아 **상속의 포기는 사해행위취소의 대상이 되지 못한다**고 한다.

④ [X] ※ **상속재산 분할협의의 전부 또는 일부를 합의해제한 후 다시 새로운 분할협의를 할 수 있는지 여부(적극)**
"상속재산 분할협의는 공동상속인들 사이에 이루어지는 일종의 계약으로서, 공동상속인들은 이미 이루어진 상속재산 분할협의의 전부 또는 일부를 전원의 합의에 의하여 해제한 다음 다시 새로운 분할협의를 할 수 있다"(대판 2004.7.8. 2002다73203)

⑤ [O] ※ **상속재산분할협의와 상속회복청구권**
"공동상속인 중 1인이 협의분할에 의한 상속을 원인으로 하여 상속부동산에 관한 소유권이전등기를 마친 경우에, 협의분할이 다른 공동상속인의 동의 없이 이루어진 것이어서 무효라는 이유로 다른 공동상속인이 위 등기의 말소를 청구하는 소는 상속회복청구의 소에 해당한다"(대판 2011.3.10. 2007다17482).

쟁점정리 判例는 "참칭상속인 또는 자기들만이 재산상속을 하였다는 일부 공동상속인들을 상대로 그 소유권 또는 지분권이 귀속되었다는 주장이 **상속을 원인으로 하는 것인 이상 그 청구원인**(예를 들어 제213조, 제214조, 제741조, 제750조) **여하에 불구하고 민법 제999조의 단기 제척기간의 적용을 받는 상속회복의 소로 보아야 한다**"(대판 1991.12.24. 전합90다5740)라고 판시하였는바, 일반적으로 **집합권리설**(개별적 청구권설)을 취하고 있는 것으로 해석되고 있다.

[정답] ⑤

행위로서 취소되는 범위는 그 미달하는 부분에 한정하여야 한다. 이때 지정상속분이나 기여분, 특별수익 등의 존부 등 구체적 상속분이 법정상속분과 다르다는 사정은 채무자가 주장·입증하여야 할 것이다"

문4 **甲은 2018. 5. 20. 사망하였는데, 그 배우자 乙과 아들 丙은 2018. 6. 30. 상속포기신고를 하였으나 그 외의 가족은 상속포기신고를 하지 않았고, 법원은 2018. 7. 20. 乙과 丙의 상속포기신고를 수리하는 심판을 하여 위 심판이 같은 달 31. 고지되었다. 이에 관한 설명 중 옳지 않은 것은?** (다툼이 있는 경우 판례에 의함) [변시 9회]

① 乙이 2018. 6. 10. 상속재산에 속하는 손해배상채권을 채무자 A로부터 추심하여 변제를 받은 경우, 乙의 상속포기는 효력이 없다.

② 丙이 2018. 7. 10. 상속재산에 속하는 고가의 패물을 B에게 5,000만 원에 매도하고 대금을 수령한 경우, 丙은 단순승인을 한 것으로 본다.

③ 乙이 2018. 8. 25. 상속재산에 속하는 토지를 C에게 매도하고 그 매매대금 전액으로 위 토지에 관하여 우선변제권을 가진 甲의 채권자 D에게 채무를 변제한 행위는 상속포기신고 후 상속재산의 부정소비에 해당하여 乙이 단순승인을 한 것으로 본다.

④ 만일 甲의 둘째 아들 丁이 2018. 3. 15. 甲 사망 시 유류분을 포함한 상속을 모두 포기한다는 의사를 표시하였더라도, 「민법」에 따른 절차와 방식으로 상속포기를 하지 않았다면, 甲의 사망 후 그 상속권을 다시 주장하는 것은 신의칙에 반하지 않는다.

⑤ 만일 乙과 丙의 상속포기로 단독상속인이 된 甲의 어머니 戊가 2018. 9. 10. 사망함으로써 대습상속이 개시된 경우, 그 대습상속인이 된 乙과 丙이 대습상속에 관하여 「민법」에 따른 절차와 방식으로 한정승인이나 상속포기를 하지 않는 한 단순승인을 한 것으로 본다.

해 설 ① [○] ※ 상속인이 피상속인의 채권을 추심하여 변제받는 것이 상속재산에 대한 처분행위에 해당하는지 여부(적극)

"상속인이 상속재산에 대한 '처분행위'를 한 때에는 단순승인을 한 것으로 보는바(제1026조 1호), 상속인이 피상속인의 채권을 추심하여 변제받는 것도 상속재산에 대한 처분행위에 해당한다"(대판 2010.4.29, 2009다84936).

☞ 상속인 乙의 상속포기신고 전 피상속인 甲의 손해배상채권을 추심하여 변제받는 것도 법정단순승인사유(제1026조 1호)에 해당하므로 乙의 상속포기는 효력이 없다.

② [○] ※ 법정단순승인사유인 상속재산에 대한 처분의 시점

단순승인사유인 제1026조 1호에서의 처분행위는 **한정승인이나 상속포기 전의 처분행위**를 지칭한다. 한정승인이나 상속포기를 한 후의 처분은 당연히 법정단순승인사유는 아니고, 그것이 부정소비(제1026조 3호)에 해당하는 때에 한하여 법정단순승인사유로 된다(대판 2004.3.12, 2003다63586).

한편 "상속의 한정승인이나 포기는 상속인의 의사표시만으로 효력이 발생하는 것이 아니라 가정법원에 신고를 하여 가정법원의 심판을 받아야 하며, 그 심판은 당사자가 이를 고지받음으로써 효력이 발생한다(대판 2004.6.25, 2004다20401). 따라서 **상속인이 가정법원에 상속포기의 신고를 하였다고 하더라도 이를 수리하는 가정법원의 심판이 고지되기 이전에 상속재산을 처분하였다면, 이는 상속포기의 효력 발생 전에 처분행위를 한 것에 해당하므로 제1026조 1호에 따라 상속의 단순승인을 한 것으로 보아야 한다**"(대판 2016.12.29, 2013다73520).

☞ 상속인 丙은 상속포기신고(2018. 6. 20.) 후 그러나 상속포기신고 수리심판 고지(2018. 7. 31.)전

에 상속재산처분행위(2018. 7. 10.)를 하였으므로 判例에 따르면 단순승인을 한 것으로 본다(제1026조 1호).

③ [X] ※ 민법 제1026조 제3호 소정의 '상속재산의 부정소비'의 의미
'상속재산의 부정소비'라 함은 정당한 사유 없이 상속재산을 써서 없앰으로써 그 재산적 가치를 상실시키는 것을 의미하는바, 判例는 상속재산을 처분하여 그 대금을 전액 상속채무의 변제에 사용한 경우 이는 부정소비가 아니라고 한다(대판 2004.3.12. 2003다63586).

④ [O] ※ 상속개시 전에 상속포기약정을 한 다음 상속개시 후에 상속권을 주장하는 것이 신의칙에 반하는지 여부(소극)
"유류분을 포함한 상속의 포기는 상속이 개시된 후 일정한 기간 내에만 가능하고 가정법원에 신고하는 등 일정한 절차와 방식을 따라야만 그 효력이 있으므로, 상속개시 전에 한 상속포기약정은 그와 같은 절차와 방식에 따르지 아니한 것으로 효력이 없다. 상속인 중의 1인이 피상속인의 생존시에 피상속인에 대하여 상속을 포기하기로 약정하였다고 하더라도, 상속개시 후 민법이 정하는 절차와 방식에 따라 상속포기를 하지 아니한 이상, 상속개시 후에 자신의 상속권을 주장하는 것은 정당한 권리행사로서 권리남용에 해당하거나 또는 신의칙에 반하는 권리의 행사라고 할 수 없다"(대판 1998.7.24. 98다9021).

⑤ [O] ※ 상속포기의 효력이 피상속인을 피대습자로 하여 개시된 대습상속에 미치는지 여부(소극) 및 이는 상속인의 상속포기로 피대습자의 직계존속이 피대습자를 상속한 경우에도 마찬가지인지 여부(적극)
"피상속인의 사망으로 상속이 개시된 후 상속인이 상속을 포기하면 상속이 개시된 때에 소급하여 그 효력이 생긴다(민법 제1042조). 따라서 제1순위 상속권자인 배우자와 자녀들이 상속을 포기하면 제2순위에 있는 사람이 상속인이 된다. 상속포기의 효력은 피상속인의 사망으로 개시된 상속에만 미치고, 그 후 피상속인을 피대습자로 하여 개시된 대습상속에까지 미치지는 않는다. 대습상속은 상속과는 별개의 원인으로 발생하는 것인 데다가 대습상속이 개시되기 전에는 이를 포기하는 것이 허용되지 않기 때문이다. 이는 종전에 상속인의 상속포기로 피대습자의 직계존속이 피대습자를 상속한 경우에도 마찬가지이다. 또한 피대습자의 직계존속이 사망할 당시 피대습자로부터 상속받은 재산 외에 적극재산이든 소극재산이든 고유재산을 소유하고 있었는지에 따라 달리 볼 이유도 없다"(대판 2017.1.12. 2014다39824).

[정답] ③

문 5 아래의 사실관계를 전제로, 괄호 안에 들어갈 금액이 모두 옳게 조합된 것은? (다툼이 있는 경우에는 판례에 의함) [변시 2회]

> 피상속인 A는 사망할 당시에 배우자, 직계존속, 직계비속이 없었고 상속재산 10억 원을 보유하고 있었다. A에게는 언니 B와 남동생 C가 있었는데, B는 독신이며 C는 Y와 혼인하여 자녀 D를 두었고, Y는 사별한 전남편 Q와의 사이에서 자녀 E를 두고 있으며 E에게는 자녀인 Z가 있다. (설문에 나타나지 않은 친족 관계는 없는 것으로 간주하고, '물려받는다'라는 표현은 본위상속, 대습상속, 재대습상속 모두를 포함하는 개념으로 이해할 것. 또한 A의 재산 10억 원 이외의 재산은 없는 것으로 간주하고 이자나 비용은 고려하지 말 것)

ㄱ. C, A의 순서로 사망한 후 D와 Y가 함께 여행을 떠났다가 항공기 추락사고로 사망하였으나 사망의 선후가 증명되지 못하였다. 이러한 경우, A의 재산 10억 원 중 E가 궁극적으로 물려받을 수 있는 재산은 ㄱ.[ ]원이다.
ㄴ. C, A의 순서로 사망한 경우에 원래 C의 몫이었던 상속재산을 Y와 D가 대습상속한다. 이 상태에서 Y가 사망하면 Y의 직계비속 D와 E가 이 재산을 각 ㄴ.[ ]원씩 상속한다. 그 후 E가 사망하면 E에게 귀속되었던 ㄴ.[ ]원은 Z가 물려받는다.
ㄷ. 위 ㄴ에서 E가 사망한 후 D가 사망한 경우, D에게 대습상속과 본위상속을 통해 귀속되었던 재산 총액 ㄷ.[ ]원은 다시 Z가 물려받을 수 있다.

① ㄱ. – 0, ㄴ. – 1억 5,000만, ㄷ. – 1억 5,000만
② ㄱ. – 0, ㄴ. – 3억, ㄷ. – 3억 5,000만
③ ㄱ. – 5억, ㄴ. – 3억, ㄷ. – 1억 5,000만
④ ㄱ. – 5억, ㄴ. – 1억 5,000만, ㄷ. – 1억 5,000만
⑤ ㄱ. – 5억, ㄴ. – 1억 5,000만, ㄷ. – 3억 5,000만

해 설 ㄱ. A의 상속인인 A의 언니인 B와 남동생 C는 동순위의 공동상속인으로 (제1000조 1항 3호) A의 상속재산 10억 원을 각각 5억 원씩 상속할 수 있다(제1000조 2항).

그러나 상속인 C가 피상속인 A보다 먼저 사망한 경우 C의 직계비속인 D와 배우자인 Y가 각각 2억 원, 3억 원씩 대습상속한다(제1001조, 제1003조 2항, 제1009조 2항). 그러나 ㄱ.의 경우 D와 Y가 동시에 사망한 것으로 추정되는 경우이므로(제30조), 동시사망자 상호간에는 상속이 일어나지 않는다. 그러므로 E는 Y의 직계비속으로 1순위 상속인이 되어 Y의 3억 원을 상속받고, D의 경우에는 가장 가까운 상속인이 제1000조 1항 3호의 '피상속인의 형제·자매'인 E가 있으므로 E는 D의 상속인으로 2억 원도 상속받게 되어, A의 재산 10억 원 중 E가 궁극적으로 물려받을 수 있는 재산은 ㄱ.[5억] 원이다.

관련판례 ※ 제1000조 1항 3호의 '피상속인의 형제자매'의 의미(방계혈족의 범위)

"민법 제1000조 제1항 제3호 소정의 '피상속인의 형제자매'라 함은, 민법 개정시 친족의 범

위에서 부계와 모계의 차별을 없애고, 상속의 순위나 상속분에 관하여도 남녀 간 또는 부계와 모계 간의 차별을 없앤 점 등에 비추어 볼 때, **부계 및 모계의 형제자매를 모두 포함하는 것으로 해석하는 것이 상당하다**"(대판 1997.11.28. 96다5421)고 판시하여 모친만을 같이하는 이성동복의 관계에 있는 형제자매들을 피상속인의 형제자매에 해당하는 것으로 보아 그들 사이의 상속권을 인정하였다.

ㄴ. 앞서 검토한 바와 같이 상속인 C가 피상속인 A보다 먼저 사망한 경우 C의 직계비속인 D와 배우자인 Y가 각각 2억 원, 3억 원씩 대습상속한다. 이 상태에서 Y가 사망하면 Y의 직계비속 D와 E가 이 재산(3억 원)을 각 ㄴ.[1억 5,000만] 원씩 상속한다. 그 후 E가 사망하면 E에게 귀속되었던 ㄴ.[1억 5,000만] 원은 Z가 물려받는다.

ㄷ. 다만 위에서 E가 사망한 후 D가 사망한 경우, D에게 A를 피상속인으로 한 대습상속(2억 원)과 Y를 피상속인으로 한 본위상속(1억 5,000만 원)을 통해 귀속되었던 재산 총액 ㄷ.[3억 5,000만] 원은 다시 Z가 물려받을 수 있다. 왜냐하면 E가 사망한 후 D가 사망하게 되면 상속인이 될 형제자매 E가 상속개시 전(D의 사망 전)에 사망한 경우에 해당하므로, Z는 E를 피대습상속인으로 하여 D를 대습상속을 하게 되기 때문이다(제1001조).

[정답] ⑤

문6 **아버지 乙, 할아버지 丙과 함께 살던 미성년자 甲이 부부인 A와 B의 양자(친양자 아님)로 입양되었다. A에게는 아버지 C가 생존해 있다. 이에 관한 설명 중 옳지 않은 것은?** (각 지문은 독립적이며, 다툼이 있는 경우 판례에 의함) [변시 7회]

① A가 사망한 후 甲이 사망하면 甲이 A로부터 상속받은 재산은 乙과 B가 공동 상속한다.
② 乙과 A가 모두 사망한 후 甲이 사망하면 甲이 乙과 A로부터 상속받은 재산은 B가 단독 상속한다.
③ 甲과 A · B가 동시에 사망하면 甲과 A의 재산은 乙이 상속한다.
④ 乙과 A · B 모두 사망한 후 甲이 사망하면 甲이 乙과 A · B로부터 상속받은 재산은 丙과 C가 공동 상속한다.
⑤ A · B 모두 사망한 후 甲이 사망하면 甲이 A · B로부터 상속받은 재산은 乙이 단독 상속한다.

해설 ① [O] **※ 제1000조 1항 2호의 '피상속인의 직계존속'의 의미**(친생부모도 포함, 친양자의 경우는 친생부모 불포함)
양자는 입양이 되어도 친생부모와의 자연혈족관계는 존속하므로(제882조의2 2항), 만약 양자가 직계비속 없이 사망한다면, 양부모뿐만 아니라 친생부모도 상속권을 갖는다. 이 경우 양부모와 친생부모는 공동상속인이 된다. 判例도 "양자가 직계비속 없이 사망한 경우 그가 미혼인 경우 제2순위 상속권자인 직계존속이, 그에게 유처가 있는 경우 직계존속과 처가 동순위로 각 상속인이 되는바, 이 경우 양자를 상속할 직계존속에 대하여 아무런 제한을 두고 있지 않으므로 양자의 상속인에는 양부모뿐 아니라 친부모도 포함된다"(대판 1995.1.20. 94마535)고 판시하였다.

☞ 양친 A가 사망한 경우 배우자 B와 양자 甲이 공동상속한다. 그 뒤 甲이 사망하면 甲이 A로부터 상속받은 재산은 생부 乙과 양친 B가 공동상속한다.

비교쟁점 이와 달리 친양자의 경우 입양 전의 친족관계는 소멸하므로(제908조의3 2항 본문), 친양자가 직계비속 없이 사망한 경우 친생부모나 생가의 친족은 상속인이 될 수 없다. 다만, 부부의 일방이 그 배우자의 친생자를 단독으로 입양한 경우라면 배우자 및 그 친족과 친생자 간의 친족관계는 존속하므로(제908조의3 2항 단서), 이 경우에는 친생부 또는 친생모 및 그 친족도 상속인이 될 수 있다.

② [○], ④ [○], ⑤ [○] **제1000조(상속의 순위)** 「①항 상속에 있어서는 다음 순위로 상속인이 된다. 1. 피상속인의 직계비속 2. 피상속인의 직계존속 3. 피상속인의 형제자매 4. 피상속인의 4촌 이내의 방계혈족 ②항 전항의 경우에 동순위의 상속인이 수인인 때에는 최근친을 선순위로 하고 동친 등의 상속인이 수인인 때에는 공동상속인이 된다.」

☞ (② 관련해설) 생부 乙과 양친 A가 사망하면 양자 甲은 乙과 A 모두를 상속하는바, 그 후 甲이 사망하면 甲이 乙과 A로부터 상속받은 재산은 생존한 B가 단독상속한다. 즉, B, 丙, C는 모두 甲의 직계존속이나, B가 丙이나 C보다 근친이므로 B가 단독상속한다.

☞ (④ 관련해설) 생부 乙과 양친 A와 B가 모두 사망하면 甲은 乙, A, B 모두를 상속하고, 그 후 甲이 사망하면 甲이 乙, A, B로부터 상속받은 재산은 甲의 직계존속 丙과 C가 동등친이므로 공동상속한다.

☞ (⑤ 관련해설) 양친 A, B가 모두 사망하면 양자 甲이 A, B를 모두 상속하고, 그 후 甲이 사망하면 甲이 A, B로부터 상속받은 재산은 甲의 직계존속으로 乙과 C가 있으나 乙이 근친이므로 乙이 단독상속한다.

③ [X] 동시에 사망한 수인들 사이에서는 상속이 일어나지 않는다(동시존재의 원칙).[3] 따라서 甲·A·B 사이에서는 상속이 발생하지 않고, 甲의 재산은 직계존속인 乙·丙·C 중 근친인 乙이 상속하며, A의 재산은 직계존속인 C가 상속한다.

비교판례 수인이 동일한 위난으로 사망한 경우에 제30조에 의하여 동시에 사망한 것으로 추정되고, 이들 사이에서는 상속이 일어나지 않지만, 이들의 직계비속이나 배우자에게 대습상속은 일어난다는 점을 유의하여야 한다(대판 2001.3.9. 99다13157). 지문의 경우는 동시사망한 甲·A·B에게 생존한 직계비속 또는 배우자가 없어 대습상속은 문제되지 않는다.

[정답] ③

---

3) 상속은 상속개시 당시의 권리·의무를 포괄적으로 승계하는 것이므로 피상속인과 상속인 사이의 권리·의무의 단절이 생겨서는 안된다. 따라서 상속인과 피상속인은 짧은 시간만이라도 동시에 권리능력자로서 생존하고 있어야 한다. 상속인이 피상속인보다 먼저 사망하거나 동시에 사망하면 그들 사이에는 상속이 인정되지 않는다. 이를 동시존재의 원칙이라 한다(권순한 친족·상속법 제6판 343쪽).

문7 **甲과 乙은 부부이며 자녀 丙과 丁이 있다. 甲이 사망하고 남긴 재산으로는 X 아파트(시가 5억 원)와 A에게 부담하고 있던 2억 8,000만 원의 채무가 있다. 이에 관한 설명 중 옳지 않은 것은?**(다툼이 있는 경우에는 판례에 의함)

[변시 3회]

① X 아파트는 乙, 丙, 丁이 3/7, 2/7, 2/7의 각 지분으로 공유하며, A에 대한 2억 8,000만 원의 분할채무를 부담한다.

② 乙, 丙, 丁이 상속재산의 분할협의에 의하여 X 아파트를 乙의 단독사유로 할 수 있지만, A에 대한 2억 8,000만 원의 채무는 상속재산 분할협의의 대상이 아니다.

③ 乙, 丙, 丁이 상속재산의 분할협의에 의하여 X 아파트를 丙의 단독소유로 하였고, 丙은 이를 A에게 매도하고 소유권이전등기를 경료하여 주었다. 그런데 상속개시 1년 후 甲의 혼인 외의 자가 인지청구의 소에서 승소하여 새로이 상속재산분할을 요구하더라도 A는 유효하게 X 아파트의 소유권을 보유한다.

④ 丙이 성년자이고 丁이 미성년자인 경우, 乙이 자신의 상속을 포기함과 동시에 丁을 대리하여 丁의 상속을 포기하는 것은 이해상반행위가 아니다.

⑤ 丙이 성년자이고 丁이 미성년자인 경우, 乙은 본인 겸 丁의 법정대리인으로서 丙과 상속재산 분할협의를 하여 X 아파트를 자신의 단독소유로 한 후, 이러한 사정을 모르는 戊에게 매도하여 소유권이전등기를 경료하여 준 경우, 戊는 유효하게 X아파트 소유권을 취득한다.

해설 ※ 배우자 乙과 직계비속 丙과 丁은 甲의 공동상속인이 된다(제1000조 1항 1호, 제1003조 1항). 상속비율은 乙 : 丙 : 丁이 1.5(3/7) : 1(2/7) : 1(2/7)이 된다(제1009조 2항).

① [○] 상속인이 수인인 때에는 상속재산은 공유로 하므로(제1006조), X아파트는 乙, 丙, 丁이 3/7 : 2/7 : 2/7의 각 지분으로 공유한다.
아울러 判例는 "금전채무와 같이 급부의 내용이 가분인 채무가 공동상속된 경우, 이는 상속개시와 동시에 당연히 법정상속분에 따라 공동상속인에게 분할되어 귀속되는 것이므로, 상속재산 분할의 대상이 될 여지가 없다"(대판 1997.6.24, 97다8809)고 한다.
☞ 따라서 A에 대한 2억 8,000만 원의 채무는 법정상속분인 3/7 : 2/7 : 2/7의 비율로 공동상속인 乙, 丙, 丁에게 분할되어 귀속되므로 乙이 1억 2,000만 원의 분할채무를, 丙과 丁이 각 8,000만 원의 분할채무를 부담한다.

② [○] 상속재산의 분할협의가 가능하려면 ⅰ) 상속재산에 대하여 공유관계가 존재하여야 하며, ⅱ) 공동상속인이 확정되어야 하며, ⅲ) 분할의 금지가 없어야 한다(제1012조). 따라서 앞서 살펴본 判例와 같이 금전채무의 경우 상속 개시와 동시에 당연히 법정상속분에 따라 공동상속인에게 분할되어 귀속되는 것이므로, 상속재산 분할의 대상이 될 여지가 없다.
☞ 그렇다면 乙, 丙, 丁이 상속재산의 분할협의에 의하여 X아파트를 乙의 단독소유로 할 수 있지만, A에 대한 2억 8,000만 원의 채무는 상속재산 분할협의의 대상이 아니다.

③ [○] 상속개시후의 인지 또는 재판의 확정에 의하여 공동상속인이 된 자는 상속재산분할을 청구하여 분할에 참가할 수 있다(제860조 참조). 그러나 다른 공동상속인들이 이미 상속재산의 분할 기타 처분을 한 때에는 상속인들의 분할이나 처분행위의 무효를 주장할 수 없으나, 다

만 다른 공동상속인에게 그 상속분에 상당한 가액의 지급을 청구할 권리가 있다(제1014조).
☞ 따라서 이미 상속재산분할을 통하여 X아파트가 A에게 처분되었다면 인지청구의 소에서 승소한 자는 재분할 등을 청구할 수 없고 다른 공동상속인들을 상대로 그 상속분에 상당한 가액의 지급을 청구할 권리만 가진다. 이 때 "인지 전에 공동상속인들에 의해 이미 분할되거나 처분된 상속재산은 이를 분할받은 공동상속인이나 공동상속인들의 처분행위에 의해 이를 양수한 자에게 그 소유권이 확정적으로 귀속되는 것"(대판 2007.7.26. 2006므2757)이므로 결국 양수인 A는 X아파트의 소유권을 보유한다.

④ [○] **제921조(친권자와 그 자간 또는 수인의 자간의 이해상반행위)** 「①항 법정대리인인 친권자와 그 자사이에 이해상반되는 행위를 함에는 친권자는 법원에 그 자의 특별대리인의 선임을 청구하여야 한다. ②항 법정대리인인 친권자가 그 친권에 따르는 수인의 자 사이에 이해상반되는 행위를 함에는 법원에 그 자 일방의 특별대리인의 선임을 청구하여야 한다.」
여기서 **제921조의 '이해상반행위'란 친권자에게는 이익이 되고 子에게는 불이익이 되는 경우**(제921조 1항) **혹은 子들 간에 있어서 일방에게는 이익이 되고 타방에게는 해가 되는 행위**(제921조 2항)를 말한다.
☞ 따라서 乙이 상속을 포기하면 상속개시시로 소급하여 상속인이 아닌 것이 되므로(제1042조), 설령 乙이 미성년자인 丁을 대리하여 丁의 상속을 포기하더라도 친권자 乙에게 이익이 되는 행위가 아니므로 乙은 丁과 이해상반이 되지 않는다(제921조 1항). 한편 丙은 성년자이므로 제921조 2항에 따른 이해상반행위가 될 수 없다(아래 88다카28044판결 참고)
관련판례 "제921조 제2항의 경우, 이해상반행위의 당사자는 그 일방이 친권에 복종하는 미성년자이어야 할 뿐만 아니라 상대방 역시 그 친권에 복종하는 미성년자일 경우이어야 하고, 이 때에는 친권자가 미성년자 쌍방을 대리할 수는 없는 것이므로 그 어느 미성년자를 위하여 특별대리인을 선임하여야 한다는 것이지 **성년이 되어 친권자의 친권에 복종하지 아니하는 자와 친권에 복종하는 미성년자인 자 사이에 이해상반이 되는 경우가 있다 하여도 친권자는 미성년자를 위한 법정대리인으로서 그 고유의 권리를 행사할 수 있을 것이므로 그러한 친권자의 법률행위는 이해상반행위에 해당한다 할 수 없다**"(대판 1989.9.12. 88다카28044)

⑤ [×] "**민법 제921조의 이해상반행위란** 행위의 객관적 성질상 친권자와 그 자 사이 또는 친권에 복종하는 수인의 자 사이에 이해의 대립이 생길 우려가 있는 행위를 가리키는 것으로서 **친권자의 의도나 그 행위의 결과 실제로 이해의 대립이 생겼는가의 여부는 묻지 아니하는 것 이라 할 것인바 공동상속재산분할협의는 그 행위의 객관적 성질상 상속인 상호간에 이해의 대립이 생길 우려가 있는 행위라고** 할 것이므로 공동상속인인 친권자와 미성년인 수인의 자 사이에 상속재산분할협의를 하게 되는 경우에는 미성년자 각자마다 특별대리인을 선임하여 그 각 특별대리인이 각 미성년자인 자를 대리하여 상속재산분할의 협의를 하여야 하고 만약 친권자가 수인의 미성년자의 법정대리인으로서 상속재산분할협의를 한 것이라면 이는 **민법 제921조에 위반된 것으로서 이러한 대리행위에 의하여 성립된 상속재산분할협의는 피대리자 전원에 의한 추인이 없는 한 무효라고 할 것이다**"(대판 1993.4.13. 92다54524).
☞ 따라서 적법한 추인이 없는 한 乙이 미성년자 丁을 대리하여 성년자 丙과 상속재산 분할협의를 하여 X아파트를 자신의 단독소유로 한 것은 무권대리행위에 불과하여 무효이다. 그렇다면 乙이 X아파트를 戊에게 처분한 것은 '무권리자의 처분행위'로서 戊가 선의라고 하더라도 등기에 공신력이 인정되지 않는 현행법하에서는 원칙적으로 戊는 X아파트의 소유권을 취득할 수 없다.

[정답] ⑤

문 8 **甲이 사망하면서 주택과 임야, 그리고 A에 대한 5천만 원의 채무를 남겼다. 甲에게는 상속인으로 자녀 乙, 丙, 丁만 있었는데, 甲은 丙에게 위 임야를 유증하였다. 한편 甲의 사망 직전 B로부터 인지청구의 소가 제기되어 그 사망 후 B가 승소의 확정판결을 받았다. 이에 관한 설명 중 옳은 것은?** (각 지문은 독립적이며, 다툼이 있는 경우 판례에 의함) [변시 5회]

① 乙, 丙, 丁의 상속재산 분할협의에 丁을 대신하여 C가 참석한 경우, C의 대리권에 흠결이 있더라도 위 상속재산 분할협의는 유효하다.

② 상속재산 분할협의는 공동상속인 사이에 잠정적 공유가 된 상속재산의 귀속을 확정시키는 것이므로, 그 협의를 통하여 공동상속인 중 무자력인 1인이 자신의 상속분에 관한 권리를 포기하더라도, 이는 사해행위취소권의 대상이 될 수 없다.

③ 丙은 유증의 효력에 의하여 상속개시 당시에 위 임야의 소유권을 취득한다.

④ 상속재산 분할 후 인지된 B가 자신의 상속분에 상당하는 가액지급을 청구할 때, 상속개시 후 상속재산에서 발생한 과실(果實)은 그 가액산정 대상에 포함된다.

⑤ A에 대한 5천만 원의 채무는 상속개시 당시 상속인에게 법정상속분에 따라 당연히 귀속되므로 상속재산 분할의 대상이 될 수 없다.

해설 ① [X] "협의에 의한 상속재산의 분할은 공동상속인 전원의 동의가 있어야 유효하고 공동상속인 중 일부의 동의가 없거나 그 의사표시에 대리권의 흠결이 있다면 분할은 무효이다"(대판 2001.6.29. 2001다28299).

② [X] "상속재산의 분할협의는 상속이 개시되어 공동상속인 사이에 잠정적 공유가 된 상속재산에 대하여 그 전부 또는 일부를 각 상속인의 단독소유로 하거나 새로운 공유관계로 이행시킴으로써 상속재산의 귀속을 확정시키는 것으로 그 **성질상 재산권을 목적으로 하는 법률행위이므로 사해행위취소권 행사의 대상이 될 수 있다.** 채무초과 상태에 있는 채무자가 상속재산의 분할협의를 하면서 상속재산에 관한 권리를 포기함으로써 결과적으로 일반 채권자에 대한 공동담보가 감소되었다 하더라도, 그 **재산분할결과가 채무자의 구체적 상속분에 상당하는 정도에 미달하는 과소한 것이라고 인정되지 않는 한 사해행위로서 취소되어야 할 것은 아니고, 구체적 상속분에 상당하는 정도에 미달하는 과소한 경우에도 사해행위로서 취소되는 범위는 그 미달하는 부분에 한정하여야 한다**"(대판 2001.2.9., 2000다51797).

비교판례 사안은 상속재산분할협의의 방법으로 상속재산에 대한 권리를 포기한 경우로서 상속포기사안과 구별하여야 한다. 判例는 "**상속의 포기**는 비록 포기자의 재산에 영향을 미치는 바가 없지 아니하나 상속인으로서의 지위 자체를 소멸하게 하는 행위로서 **순전한 재산법적 행위와 같이 볼 것이 아니다.** 오히려 상속의 포기는 1차적으로 피상속인 또는 후순위상속인을 포함하여 다른 상속인 등과의 인격적 관계를 전체적으로 판단하여 행하여지는 '**인적 결단'으로서의 성질**을 가진다"(대판 2011.6.9. 2011다29307)고 보아 상속의 포기는 사해행위취소의 대상이 되지 못한다고 한다.

③ [X] 특정유증이란 구체적으로 특정된 개별재산을 증여하는 것을 내용으로 하는 유증이다. 지문의 경우 임야를 유증받았으므로 특정유증이며 "포괄적 유증을 받은 자는 제187조에 의하여 법률상 당연히 유증받은 부동산의 소유권을 취득하게 되나, 특정유증을 받은 자는 유증의무자에게 유증을 이행할 것을 청구할 수 있는 채권을 취득할 뿐이므로, 특정유증을 받은 자는 유

증받은 부동산의 소유권자가 아니어서 직접 진정한 등기명의의 회복을 원인으로 한 소유권이 전등기를 구할 수 없다"(대판 2003.5.27, 2000다73445).

④ [X] 제1014조에 따른 상속분상당가액지급청구에 있어 가액 산정의 대상에 상속재산의 과실이 포함되는지 여부에 대해 判例는 "상속개시 후에 인지되거나 재판이 확정되어 공동상속인이 된 자도 그 상속재산이 아직 분할되거나 처분되지 아니한 경우에는 당연히 다른 공동상속인들과 함께 분할에 참여할 수 있을 것이나, 인지 이전에 다른 공동상속인이 이미 상속재산을 분할 내지 처분한 경우에는 인지의 소급효를 제한하는 민법 제860조 단서가 적용되어 사후의 피인지자는 다른 공동상속인들의 분할 기타 처분의 효력을 부인하지 못하게 되는바, 민법 제1014조는 그와 같은 경우에 피인지자가 다른 공동상속인들에 대하여 그의 상속분에 상당한 가액의 지급을 청구할 수 있도록 하여 상속재산의 새로운 분할에 갈음하는 권리를 인정함으로써 피인지자의 이익과 기존의 권리관계를 합리적으로 조정하는 데 그 목적이 있다. 따라서 인지 이전에 공동상속인들에 의해 이미 분할되거나 처분된 상속재산은 이를 분할받은 공동상속인이나 공동상속인들의 처분행위에 의해 이를 양수한 자에게 그 소유권이 확정적으로 귀속되는 것이며, 그 후 그 상속재산으로부터 발생하는 과실은 상속개시 당시 존재하지 않았던 것이어서 이를 상속재산에 해당한다 할 수 없고, 상속재산의 소유권을 취득한 자(분할받은 공동상속인 또는 공동상속인들로부터 양수한 자)가 민법 제102조에 따라 그 과실을 수취할 권능도 보유한다고 할 것이며, 민법 제1014조도 '이미 분할 내지 처분된 상속재산' 중 피인지자의 상속분에 상당한 가액의 지급청구권만을 규정하고 있을 뿐 '이미 분할 내지 처분된 상속재산으로부터 발생한 과실'에 대해서는 별도의 규정을 두지 않고 있으므로, 결국 **민법 제1014조에 의한 상속분상당가액지급청구에 있어 상속재산으로부터 발생한 과실은 그 가액산정 대상에 포함된다고 할 수 없다**"(대판 2007.7.26, 2006므2757)고 판시하였다.

⑤ [O] "금전채무와 같이 급부의 내용이 가분인 채무가 공동상속된 경우, 이는 상속 개시와 동시에 당연히 법정상속분에 따라 공동상속인에게 분할되어 귀속되는 것이므로, 상속재산 분할의 대상이 될 여지가 없다고 할 것이다"(대판 1997.6.24, 97다8809).

[정답] ⑤

문9 **甲男과 乙女는 부부였는데, 甲이 사망하였다. 甲에게는 乙 이외에 다른 유족은 없다. 甲은 유산으로 X 아파트(시가 1억 원)를 남겼으며, 생전에 丙에게 2억 원의 채무를 부담하고 있었다. 다음 설명 중 옳지 않은 것은?** (다툼이 있는 경우에는 판례에 의함) [변시 2회]

① 乙이 甲의 사망 및 채무초과 사실을 안 날부터 3개월 내에 상속포기 또는 한정승인 신고를 하지 않은 경우, 乙은 甲의 丙에 대한 2억 원의 채무 전부에 대하여 책임을 진다.

② 만약 甲에게 적극재산이 없다면, 丙이 적법하게 한정승인신고를 한 乙을 상대로 2억 원 채무의 이행을 구하는 소를 제기한 경우, 법원은 丙의 청구를 기각하여야 한다.

③ 乙이 적법하게 한정승인신고를 하고도 丙이 제기한 소송의 사실심 변론종결시까지 그 사실을 주장하지 아니하여 책임의 범위에 관하여 아무런 유보가 없는 판결이 선고되어 확정되었더라도, 乙은 그 후 위 한정승인사실을 내세워 청구이의의 소를 제기하는 것이 허용된다.

④ 乙이 적법하게 한정승인신고를 한 경우, 상속에 기하여 X 아파트의 소유권을 취득한 乙이 위 아파트에 관하여 丁에게 저당권을 설정하여 주었다면 위 아파트에 대한 경매의 매각대금에 관하여 丙이 丁에게 우선하지 않는다.

⑤ 乙이 적법하게 상속포기신고를 하였으나 丙이 제기한 소송에서 사실심 변론종결시까지 이를 주장하지 않는 경우, 乙은 丙의 승소판결 확정 후 청구이의의 소를 제기할 수 없다.

해설 ① [O] 상속인은 '상속개시 있음을 안 날'로부터 3월내에 단순승인이나 한정승인 또는 포기를 할 수 있고(제1019조 1항 본문), 상속인이 이 기간 내에 승인이나 포기를 하지 않으면 단순승인을 한 것으로 의제된다(제1026조 2호).

② [X] "**상속의 한정승인은 채무의 존재를 한정하는 것이 아니라 단순히 그 책임의 범위를 한정하는 것에 불과하기 때문에**, 상속의 한정승인이 인정되는 경우에도 상속채무가 존재하는 것으로 인정되는 이상, 법원으로서는 상속재산이 없거나 그 상속재산이 상속채무의 변제에 부족하다고 하더라도 **상속채무 전부에 대한 이행판결을 선고하여야** 하고, 다만, 그 채무가 상속인의 고유재산에 대해서는 강제집행을 할 수 없는 성질을 가지고 있으므로, **집행력을 제한하기 위하여 이행판결의 주문에 상속재산의 한도에서만 집행할 수 있다는 취지를 명시하여야 한다**"(대판 2003.11.14. 2003다30968).

③ [O] ⑤ [O] 判例는 종래 해석론상 논의되던, 적법하게 한정승인신고를 하고서도 소송과정에서 한정승인의 항변을 하지 않았던 상속인이 집행절차에서 비로소 한정승인주장(청구에 관한 이의의 소)을 할 수 있는지 여부에 관하여 긍정설의 입장이다(아래 2006다23138판결). 즉, **대법원은 한정승인제도와 관련하여 상속채권자의 보호에 제한적 태도**를 취하고 있다. 이는 우리 민법상의 한정승인 제도가 상속채권자의 보호보다는 상속인이 피상속인의 채무를 무한정 상속하여 파탄에 빠지는 것을 막아 상속인을 보호하려는 데 본래의 목적이 있기 때문이다. 그러나 상속포기의 경우에는 다르다. 즉 判例는 채무자가 상속포기를 하였으나 채권자가 제기한 소송에서 사실심변론종결시까지 이를 주장하지 않은 경우, 채권자의 승소판결 확정 후 청구이의의 소를 제기할 수 없다고 하였다(아래 2008다79876판결).

관련판례 "채권자가 피상속인의 금전채무를 상속한 상속인을 상대로 그 상속채무의 이행을 구하여 제기한 소송에서 채무자가 한정승인 사실을 주장하지 않으면 책임의 범위는 현실적인 심판대상으로 등장하지 아니하여 주문에서는 물론 이유에서도 판단되지 않으므로 그에 관하여 기판력이 미치지 않는다. 그러므로 채무자가 한정승인을 하고도 채권자가 제기한 소송의 사실심 변론종결시까지 그 사실을 주장하지 아니하여 책임의 범위에 관한 유보가 없는 판결이 선고되어 확정되었다고 하더라도, 채무자는 그 후 위 한정승인 사실을 내세워 **청구에 관한 이의의 소를 제기할 수 있다"**(대판 2006.10.13. 2006다23138)

관련판례 "채무자가 한정승인을 하였으나 채권자가 제기한 소송의 사실심 변론종결시까지 이를 주장하지 아니하는 바람에 책임의 범위에 관하여 아무런 유보 없는 판결이 선고·확정된 경우라 하더라도 채무자가 그 후 위 한정승인 사실을 내세워 청구에 관한 이의의 소를 제기하는 것이 허용되는 것은, 한정승인에 의한 책임의 제한은 상속채무의 존재 및 범위의 확정과는 관계없이 다만 판결의 집행 대상을 상속재산의 한도로 한정함으로써 판결의 집행력을 제한할 뿐으로, 채권자가 피상속인의 금전채무를 상속한 상속인을 상대로 그 상속채무의 이행을 구하여 제기한 소송에서 채무자가 한정승인 사실을 주장하지 않으면 책임의 범위는 현실적인 심판대상으로 등장하지 아니하여 주문에서는 물론 이유에서도 판단되지 않는 관계로 그에 관하여는 기판력이 미치지 않기 때문이다. 위와 같은 **기판력에 의한 실권효 제한의 법리는 채무의 상속에 따른 책임의 제한 여부만이 문제되는 한정승인과 달리 상속에 의한 채무의 존재 자체가 문제되어 그에 관한 확정판결의 주문에 당연히 기판력이 미치게 되는 상속포기의 경우에는 적용될 수 없다"**(대판 2009.5.28. 2008다79876)

④ [○] 최근 전원합의체 판결을 통해 대법원은 "한정승인자로부터 상속재산에 관하여 저당권 등의 담보권을 취득한 사람과 상속채권자 사이의 우열관계는 민법상의 일반원칙에 따라야 하고, 상속채권자가 한정승인의 사유만으로 우선적 지위를 주장할 수는 없다. 그리고 이러한 이치는 한정승인자가 그 저당권 등의 피담보채무를 상속개시 전부터 부담하고 있었다고 하여 달리 볼 것이 아니다"(대판 2010.3.18. 전합2007다77781)라고 판시하여 이때에는 **일반상속채권자(사안에서 丙)가 담보권자(사안에서 丁)에 우선할 수 없다고** 보았다.

☞ 이 문제는 특히 한정승인을 등기하는 등의 절차가 마련되어 있지 않기 때문에 발생한다. 즉 등기부만으로는 한정승인에 의한 부동산소유권의 이전을 알 수 없는 것이다. 따라서 한정승인을 하더라도 그러한 사실이 등기 등에 의하여 공시되지 않는 상황에서 피상속인의 재산에 대해 상속을 원인으로 한 등기를 마친 상속인과 거래를 하는 자의 신뢰를 보호할 필요가 있다는 상황을 고려할 경우 담보물권을 설정한 상속인의 고유채권자에 우선변제권을 인정하는 것이 타당할 것이다.

[정답] ②

문 10 상속의 한정승인에 관한 설명 중 옳지 않은 것은? (다툼이 있는 경우 판례에 의함) [변시 6회]

① 상속채권자는 특별한 사정이 없는 한 한정승인자의 고유재산에 대해 강제집행을 할 수 없다.

② 상속채권자는 상속재산에 관하여 한정승인자로부터 근저당권을 취득한 한정승인자의 고유채권자에 대해, 그 근저당권에 기한 배당절차에서 한정승인의 사유만으로 우선적 지위를 주장할 수 없다.

③ 공동상속인들 중 일부가 한정승인을 한 경우 이에 따른 청산절차가 종료될 때까지는 상속재산분할청구를 할 수 없다.

④ 상속부동산에 관하여 담보권 실행을 위한 경매절차가 진행된 경우, 한정승인에 따른 청산절차에서 상속채권자로 신고한 자라고 하더라도 집행권원을 얻어 그 경매절차에서 배당요구를 함으로써 일반채권자로서 배당받을 수 있다.

⑤ 상속채권자가 한정승인자에게 상속채무 전부의 이행을 구하는 소를 제기한 경우, 법원은 상속재산이 상속채무의 변제에 부족하다고 하더라도 상속채무 전부에 대한 이행판결을 선고하면서 이행판결의 주문에 상속재산의 한도에서만 집행할 수 있다는 취지를 명시하여야 한다.

해설 ① [O] "민법 제1028조는 "상속인은 상속으로 인하여 취득할 재산의 한도에서 피상속인의 채무와 유증을 변제할 것을 조건으로 상속을 승인할 수 있다."라고 규정하고 있다. 상속인이 위 규정에 따라 한정승인의 신고를 하게 되면 피상속인의 채무에 대한 한정승인자의 책임은 상속재산으로 한정되고, 그 결과 **상속채권자는 특별한 사정이 없는 한 상속인의 고유재산에 대하여 강제집행을 할 수 없으며 상속재산으로부터만 채권의 만족을 받을 수 있다**"(대판 2016.5.24. 2015다250574).

② [O] **※ 한정승인자가 자신의 고유채권자를 위해 상속재산에 담보권을 설정한 경우 우열관계**
"법원이 한정승인신고를 수리하게 되면 피상속인의 채무에 대한 상속인의 책임은 상속재산으로 한정되고, 그 결과 상속채권자는 특별한 사정이 없는 한 상속인의 고유재산에 대하여 강제집행을 할 수 없다. 그런데 민법은 한정승인을 한 상속인(이하 '한정승인자'라 한다)에 관하여 그가 상속재산을 은닉하거나 부정소비한 경우 단순승인을 한 것으로 간주하는 것(제1026조 제3호) 외에는 **상속재산의 처분행위 자체를 직접적으로 제한하는 규정을 두고 있지 않기 때문에, 한정승인으로 발생하는 위와 같은 책임제한 효과로 인하여 한정승인자의 상속재산 처분행위가 당연히 제한된다고 할 수는 없다.** 또한 민법은 한정승인자가 상속재산으로 상속채권자 등에게 변제하는 절차는 규정하고 있으나(제1032조 이하), 한정승인만으로 상속채권자에게 상속재산에 관하여 한정승인자로부터 물권을 취득한 제3자에 대하여 우선적 지위를 부여하는 규정은 두고 있지 않으며, 민법 제1045조 이하의 재산분리 제도와 달리 한정승인이 이루어진 상속재산임을 등기하여 제3자에 대항할 수 있게 하는 규정도 마련하고 있지 않다. 따라서 **한정승인자로부터 상속재산에 관하여 저당권 등의 담보권을 취득한 사람과 상속채권자 사이의 우열관계는 민법상의 일반원칙에 따라야 하고, 상속채권자가 한정승인의 사유만으로 우선적 지위를 주장할 수는 없다. 그리고 이러한 이치는 한정승인자가 그 저당권 등의 피담보채무를 상속개시 전부터 부담하고 있었다고 하여 달리 볼 것이 아니다**"(대판 2010.3.18., 전합2007다77781).

③ [×] "상속재산분할청구 절차를 통하여 분할의 대상이 되는 상속재산의 범위를 한꺼번에 확정하는 것이 상속채권자의 보호나 청산절차의 신속한 진행을 위하여 필요하다는 점 등을 고려하면, **한정승인에 따른 청산절차가 종료되지 않은 경우에도 상속재산분할청구가 가능하다**"(대결 2014.7.25. 2011스226).

④ [○] "상속부동산에 관하여 민사집행법 제274조 제1항에 따른 형식적 경매절차가 진행된 것이 아니라 담보권 실행을 위한 경매절차가 진행된 경우에는 비록 한정승인 절차에서 상속채권자로 신고한 자라고 하더라도 집행권원을 얻어 그 경매절차에서 배당요구를 함으로써 일반채권자로서 배당받을 수 있다"(대판 2010.6.24. 2010다14599).

⑤ [○] "**상속의 한정승인은 채무의 존재를 한정하는 것이 아니라 단순히 그 책임의 범위를 한정하는 것에 불과하기 때문에**, 상속의 한정승인이 인정되는 경우에도 상속채무가 존재하는 것으로 인정되는 이상, 법원으로서는 상속재산이 없거나 그 상속재산이 상속채무의 변제에 부족하다고 하더라도 **상속채무 전부에 대한 이행판결을 선고하여야 하고**, 다만, 그 채무가 상속인의 고유재산에 대해서는 강제집행을 할 수 없는 성질을 가지고 있으므로, **집행력을 제한하기 위하여 이행판결의 주문에 상속재산의 한도에서만 집행할 수 있다는 취지를 명시하여야 한다**"(대판 2003.11.14. 2003다30968)

[정답] ③

문 11 **甲은 乙에 대하여 대여금채권을 가지고 있다. 그런데 乙이 사망하였고, 1순위 단독상속인인 丙은 상속포기기간 내에 적법하게 상속을 포기하였다. 이에 관한 설명 중 옳지 않은 것은?** (다툼이 있는 경우 판례에 의함) [변시 10회]

① 상속을 포기한 丙은 처음부터 상속인이 아니었던 것이 되는데, 상속포기가 丙의 채권자의 입장에서 그의 기대를 저버리는 측면이 있더라도 상속인의 재산을 현재의 상태보다 악화시키지 않으므로 사해행위취소의 대상이 되지 않는다.

② 만약 丙이 한정승인을 하고 상속재산에 대하여 상속을 원인으로 한 소유권이전등기를 마친 뒤 자신의 채권자인 丁에게 근저당권을 설정하여 준 경우, 甲은 상속재산에 관한 경매절차에서 丁에 대하여 우선적 지위를 주장할 수 있다.

③ 甲이 丙을 상대로 제기한 대여금청구소송에서 丙이 사실심 변론종결 시까지 상속을 포기한 사실을 주장하지 않아 甲의 승소판결이 선고되어 확정된 경우, 승소판결에 따른 집행절차에서 위 상속포기는 적법한 청구이의 사유가 되지 못한다.

④ 甲이 乙의 사망사실을 모르고 乙을 피고로 하여 대여금청구의 소를 제기하였다가 乙의 사망사실을 알고 피고의 표시를 丙으로 정정하였는데 丙의 상속포기사실을 그 후에 알게 된 경우, 甲은 피고의 표시를 2순위 단독상속인인 戊로 다시 정정할 수 있다.

⑤ 만약 丙이 상속포기 신고를 하였으나 피상속인 乙의 제3자에 대한 손해배상채권을 추심하여 변제받은 이후 상속포기 신고를 수리하는 가정법원의 심판이 고지되었다면 그 상속포기는 무효이다.

해 설 ① [O] ※ 상속포기에 대한 채권자취소권행사

이와 달리, 判例는 "상속의 포기는 비록 포기자의 재산에 영향을 미치는 바가 없지 아니하나 상속인으로서의 지위 자체를 소멸하게 하는 행위로서 순전한 재산법적 행위와 같이 볼 것이 아니다. 오히려 상속의 포기는 1차적으로 피상속인 또는 후순위상속인을 포함하여 다른 상속인 등과의 인격적 관계를 전체적으로 판단하여 행하여지는 '인적 결단'으로서의 성질을 가진다"(대판 2011.6.9. 2011다29307)고 보아 사해행위취소의 대상이 되지 못한다고 한다.

비교판례 ※ 상속재산 분할협의에 대한 채권자취소권행사

判例에 따르면 "상속재산의 분할협의는 상속이 개시되어 공동상속인 사이에 잠정적 공유가 된 상속재산에 대하여 그 전부 또는 일부를 각 상속인의 단독소유로 하거나 새로운 공유관계로 이행시킴으로써 상속재산의 귀속을 확정시키는 것으로 그 성질상 재산권을 목적으로 하는 법률행위이므로 사해행위취소권 행사의 대상이 될 수 있다. 다만, 상속재산의 분할협의를 하면서 상속재산에 관한 권리포기는 구체적 상속분에 미달하는 과소한 부분에 한하여 사해행위가 된다(일부사해행위 : 저자주)"(대판 2001.2.9 2000다51797)고 한다.

② [X] 최근 전원합의체 판결을 통해 대법원은 "한정승인자로부터 상속재산에 관하여 저당권 등의 담보권을 취득한 사람과 상속채권자 사이의 우열관계는 민법상의 일반원칙에 따라야 하고, 상속채권자가 한정승인의 사유만으로 우선적 지위를 주장할 수는 없다. 그리고 이러한 이치는 한정승인자가 그 저당권 등의 피담보채무를 상속개시 전부터 부담하고 있었다고 하여 달리 볼 것이 아니다"(대판 2010.3.18. 전합2007다77781)라고 판시하여 이때에는 일반상속채권자(사안에서 甲)가 담보권자(사안에서 丁)에 우선할 수 없다고 보았다.

☞ 이 문제는 특히 한정승인을 등기하는 등의 절차가 마련되어 있지 않기 때문에 발생한다. 즉 등기부만으로는 한정승인에 의한 부동산소유권의 이전을 알 수 없는 것이다. 따라서 한정승인을 하더라도 그러한 사실이 등기 등에 의하여 공시되지 않는 상황에서 피상속인의 재산에 대해 상속을 원인으로 한 등기를 마친 상속인과 거래를 하는 자의 신뢰를 보호할 필요가 있다는 상황을 고려할 경우 담보물권을 설정한 상속인의 고유채권자에 우선변제권을 인정하는 것이 타당할 것이다.

③ [O] 判例는 채무자가 상속포기를 하였으나 채권자가 제기한 소송에서 사실심변론종결시까지 이를 주장하지 않은 경우, 채권자의 승소판결 확정 후 청구이의의 소를 제기할 수 없다고 하였다(대판 2009.5.28. 2008다79876).

비교판례 ※ 채권자가 제기한 소에서 한정승인 사실을 주장하지 않은 경우(청구이의의 소 제기 가능)

判例는 "채무자가 한정승인 사실을 주장하지 않으면 책임의 범위는 현실적인 심판대상으로 등장하지 아니하여 주문에서는 물론 이유에서도 판단되지 않으므로 그에 관하여 기판력이 미치지 않는다. 그러므로 채무자가 한정승인을 하고도 채권자가 제기한 소송의 사실심 변론종결시까지 그 사실을 주장하지 아니하여 책임의 범위에 관한 유보가 없는 판결이 선고되어 확정되었다고 하더라도, 채무자는 그 후 위 한정승인 사실을 내세워 청구에 관한 이의의 소를 제기할 수 있다"(대판 2006.10.13. 2006다23138)고 판시하였다.

④ [O] ※ 당사자의 사망 사실을 알고 1순위 상속인 명의로 소를 제기하였지만 1순위 상속인의 상속포기 사실을 알지 못한 경우

判例는 "상속개시 이후 상속의 포기를 통한 상속채무의 순차적 승계 및 그에 따른 상속채무자 확정의 곤란성 등 상속제도의 특성에 비추어 위의 법리는 채권자가 채무자의 사망 이후 그 1순위 상속인의 상속포기 사실을 알지 못하고 1순위 상속인을 상대로 소를 제기한 경우에도 채권자가 의도한 실질적 피고의 동일성에 관한 위 전제요건이 충족되는 한 마찬가지로 적용이 된다"(대판

2009.10.15. 2009다49964)고 판시하여 이 경우에도 **후순위 상속인으로의 당사자표시정정을 긍정하고** 있다.

⑤ [○] "상속의 한정승인이나 포기는 상속인의 의사표시만으로 효력이 발생하는 것이 아니라 가정법원에 신고를 하여 가정법원의 심판을 받아야 하며, 그 심판은 당사자가 이를 고지받음으로써 효력이 발생한다(대판 2004.6.25. 2004다20401). **따라서 상속인이 가정법원에 상속포기의 신고를 하였다고 하더라도 이를 수리하는 가정법원의 심판이 고지되기 이전에 상속재산을 처분하였다면, 이는 상속포기의 효력 발생 전에 처분행위를 한 것에 해당하므로 제1026조 1호에 따라 상속의 단순승인을 한 것으로 보아야** 한다"(대판 2016.12.29. 2013다73520).

"상속인이 상속재산에 대한 '처분행위'를 한 때에는 단순승인을 한 것으로 보는바(제1026조 1호), 상속인이 피상속인의 채권을 추심하여 변제받는 것도 상속재산에 대한 처분행위에 해당하고, 고, 그것으로써 단순승인을 한 것으로 간주되었다고 할 것이므로, 그 이후에 한 상속포기는 효력이 없다"(대판 2010.4.29. 2009다84936).

☞ 判例에 따르면 사안의 경우 상속인 丙이 상속포기신고 후 상속포기신고 수리심판 고지 전에 상속재산처분행위를 하였으므로(乙의 제3자에 대한 손해배상채권을 추심하여 변제받는 것도 법정단순승인사유(제1026조 1호)에 해당한다) 단순승인을 한 것이고(제1026조 1호), 따라서 상속인 乙의 상속포기신고 전 피상속인 乙의 상속포기는 효력이 없다.

[정답] ②

문 12 **A는 배우자 B와의 사이에 자녀 C, D를 두었는데, 적극재산 없이 차용금 채무 6억 3,000만 원을 남긴 채 2020. 10. 17. 사망하였다. C에게는 자녀 E가, D에게는 자녀 F와 G가 있었는데, C와 D가 모두 상속을 적법하게 포기하였다. 이러한 경우에 A가 남긴 채무는 누구에게 얼마씩 귀속되는가? (다툼이 있는 경우 판례에 의함)** [변시 11회]

① B에게 6억 3,000만 원 전액이 귀속된다.
② B, E, F, G에게 6억 3,000만 원 전액이 불가분채무로 귀속된다.
③ B, E, F, G에게 각 1억 5,750만 원씩 분할되어 귀속된다.
④ B에게 2억 7,000만 원, E에게 1억 8,000만 원, F에게 9,000만 원, G에게 9,000만 원으로 분할되어 귀속된다.
⑤ B에게 2억 1,000만 원, E에게 1억 4,000만 원, F에게 1억 4,000만 원, G에게 1억 4,000만 원으로 분할되어 귀속된다.

해 설 ① [×] ② [×] ③ [×] ④ [×] ⑤ [○] ※ **포기한 상속분의 귀속**

공동상속인 전원이 상속을 포기하면 다음 순위자에게 상속이 되는데, 선순위 상속인인 처와 자가 모두 상속포기를 한 경우 후순위 상속인이 없다면 손자가 **'본위상속'**한다(대판 1995.9.26. 95다27769).

☞ 금전채무와 같이 급부의 내용이 가분인 채무가 공동상속된 경우, 이는 상속 개시와 동시에 당연히 법정상속분에 따라 공동상속인에게 분할되어 귀속된다(대판 1997.6.24, 97다8809). 사안의 경우 피상속인 A의 6억 3천만 원의 채무는 손자녀 E, F, G가 각 2/9씩(1억 4,000만 원 제1009조 1항), A의 배우자 B가 3/9씩(2억 1,000만 원 제1009조 2항) A를 본위상속한다.

[정답] ⑤

문 13 **상속에 있어서 특별수익과 기여분에 관한 설명 중 옳은 것을 모두 고른 것은?**(다툼이 있는 경우에는 판례에 의함) [변시 3회]

ㄱ. 유증의 가액이 상속이 개시된 때의 피상속인의 재산가액에서 기여분을 공제한 액을 넘은 경우에는 그 초과분은 반환하여야 한다.
ㄴ. 구체적 상속분을 산정할 때, 특별수익재산의 평가의 기준시점은 상속개시시이다.
ㄷ. 기여분이 결정되기 전이라도 유류분반환청구소송에서 피고가 된 기여상속인은 상속재산 중 자신의 기여분을 공제할 것을 항변으로 주장할 수 있다.
ㄹ. 공동상속인 중에 특별수익자가 있는 경우 구체적인 상속분의 산정의 기초가 되는 '피상속인이 상속개시 당시에 가지고 있던 재산의 가액'이란 상속재산 가운데 적극재산에서 소극재산을 제외한 순재산을 뜻한다.
ㅁ. 상속재산분할 후에라도 피인지자나 재판의 확정에 의하여 공동상속인이 된 자의 상속분에 상당한 가액의 지급청구가 있는 경우에는 기여분의 결정청구를 할 수 있으나, 상속재산분할의 심판청구가 없는 한 유류분반환청구가 있다는 사유만으로 기여분의 결정청구를 할 수 없다.

① ㄱ, ㄴ
② ㄱ, ㄷ
③ ㄴ, ㄹ
④ ㄴ, ㅁ
⑤ ㄷ, ㄹ, ㅁ

해 설 ㄱ. [×] **제1008조의2(기여분)** 「③항 기여분은 상속이 개시된 때의 피상속인의 재산가액에서 유증의 가액을 공제한 액을 넘지 못한다.」

관련쟁점 유증은 기여분에 우선하고(제1008의2 3항) 유류분은 유증에 우선한다(제1115조). 그러나 기여분과 유류분은 아무 관계가 없다. 즉 기여분은 공동상속인간의 실질적 공평을 실현하기 위한 제도이므로 기여분이 아무리 커도 유류분을 침해하는 것이 아니다. 다만 실제 기여분 산정에 있어서는 다른 공동상속인의 유류분을 참작하여 결정한다.

ㄴ. [○] **제1008조(특별수익자의 상속분)** 「공동상속인 중에 피상속인으로부터 재산의 증여 또는 유증을 받은 자가 있는 경우에 그 수증재산이 자기의 상속분에 달하지 못한 때에는 그 부족한 부분의 한도에서 상속분이 있다.」

☞ 상속재산과 특별수익재산 가액의 산정기준시기는 상속개시시이다. 그러나 대금으로 정산하는 경우 구체적 정산액 산정은 분할시를 기준으로 한다(아래96스62판결).

관련판례 "공동상속인 중에 피상속인으로부터 재산의 증여 또는 유증 등의 특별수익을 받은 자가 있는 경우에는 이러한 특별수익을 고려하여 상속인별로 고유의 법정상속분을 수정하여 구체적인 상속분을 산정하게 되는데, 이러한 **구체적 상속분을 산정함에 있어서는 상속개시시를 기준으로 상속재산과 특별수익재산을 평가하여 이를 기초로 하여야 할 것이고,** 다만 법원이 실제로 상속재산분할을 함에 있어 분할의 대상이 된 상속재산 중 특정의 재산을 1인 및 수인의 상속인의 소유로 하고 그의 상속분과 그 특정의 재산의 가액과의 차액을 현금으로 정산할 것을 명하는 방법(소위 대상분할의 방법)을 취하는 경우에는, 분할의 대상이 되는 재산을 그 분할시를 기준으로 하여 재평가하여 그 평가액에 의하여 정산을 하여야 한다"(대결 1997.3.21, 96스62).

ㄷ. [×] "기여분이 결정되기 전에는 피고가 된 기여상속인은 유류분반환청구소송에서 상속재산 중 자신의 기여분을 공제할 것을 항변으로 주장할 수는 없다"(대판 1994.10.14, 94다8334).

ㄹ. [×] 구체적 상속분의 산정을 위한 계산의 기초가 되는 '피상속인이 상속개시 당시에 가지고 있던 재산의 가액'은 상속재산 가운데 적극재산의 전액을 가리킨다(대판 1995.3.10. 94다16571). 즉 제1008조는 적극재산에 대해서만 적용되며, 특별수익자가 있더라도 상속채무는 원칙적으로 공동상속인간에 법정상속분(제1009조)에 따라 승계된다(이는 유류분산정의 경우와 다르다). 만일 소극재산을 공제한다면, 자기의 법정상속분을 초과하여 특별이익을 받은 초과특별수익자는 상속채무를 전혀 부담하지 않는 불공평한 결과를 초래할 수 있기 때문이다.

ㅁ. [○] "**기여분은 상속재산분할의 전제문제로서의 성격을 갖는 것이므로** 상속재산분할의 청구나 조정신청이 있는 경우에 한하여 기여분결정청구를 할 수 있고(제1008조의2 4항), 다만 예외적으로 상속재산분할 후에라도 피인지자나 재판의 확정에 의하여 공동상속인이 된 자의 상속분에 상당한 가액의 지급청구가 있는 경우에는 기여분의 결정청구를 할 수 있으나, **상속재산분할의 심판청구가 없음에도 단지 유류분반환청구가 있다는 사유만으로는 기여분결정청구가 허용된다고 볼 것은 아니다**"(대결 1999.8.24, 99스28).

[정답] ④

문 14 **甲은 사실혼 배우자 乙과 사이에 甲이 인지한 성년인 자녀 丙을 두었고, 丙에게는 혼인 중 출생자인 자녀 丁이 있다. 甲은 오랜 지병으로 투병하다가 2022.10. 1. 사망하였다. 사망 당시 甲에게는 A에 대한 대여금 채권과 X부동산, B에 대한 물품대금 채무가 있었다. 이에 관한 설명 중 옳지 않은 것은?**
(각 지문은 독립적이며, 다툼이 있는 경우 판례에 의함) [변시 13회]

① 乙이 甲의 투병생활 중 부부 사이에서 요구되는 제1차 부양의무를 넘어 특별한 부양에 이를 정도로 甲을 간호하였더라도 乙은 민법 제1008조의2 제1항에 따른 기여분을 주장할 수 없다.

② 丙이 2022.10.20. 상속포기 신고를 한 경우 상속포기신고 수리심판을 고지받기 전에 丙이 A로부터 위 대여금 채권을 추심하여 변제받으면 단순승인으로 간주된다.

③ 丙이 2022.10.20. 상속포기 신고를 한 경우 그때부터 상속포기신고 수리심판을 고지받기 전까지는 X부동산에 대해 선량한 관리자의 주의로 관리할 의무를 진다.

④ B가 2022.10.12. 丙을 상대로 X부동산에 관한 가압류결정을 받아 그 집행으로 같은 달 13. 가압류등기가 마쳐진 후 丙이 2022.10.24. 상속포기신고 수리심판을 고지받은 경우 B는 그 후 적법하게 진행된 X부동산에 대한 경매절차에서 가압류채권자로서 배당을 받을 수 있다.

⑤ 만약 甲에게 오래전부터 별거 상태인 법률상 배우자 戊가 있었고 甲 사망 후 丙이 가정법원에 적법한 요건을 갖춘 상속포기 신고를 하였다면 戊가 단독상속인이 된다.

해 설 ① [○] ※ 기여분권리자의 범위 - 사실혼 배우자의 포함여부

기여분권자는 공동상속인에 한하므로(제1008조의2 1항 참조) **사실혼의 배우자**, 포괄적 수증자(제1078조), 상속결격자(제1004조), 상속포기(제1041조 이하)를 한 자는 **기여분의 권리를 주장할 수 없다.** 단, 대습상속인은 그 자신이 기여한 경우이든 피대습자가 기여한 경우이든 언제나 기여분을 주장할 수 있다.

관련쟁점 **사실혼관계가 일방 당사자의 사망에 의하여 종료된 경우에는** 생존한 배우자에게 상속권이 인정되지 않기 때문에 **재산분할청구권**이 인정될 필요성이 크지만, 대법원은 법률상 혼인관계가 일방 당사자의 사망으로 인하여 종료된 경우에도 생존 배우자에게 재산분할청구권이 **인정되지 않으므로 이를 부정하였다**(대판 2006.3.24. 2005두15595).

비교판례 **피상속인을 장기간 간호한 "법률상" 배우자의 기여분 인정여부**

민법은 배우자에게 더 높은 정도의 동거·부양의무를 부담시키고 있다. 대신 뒤에서 보는 바와 같이 배우자가 피상속인과 혼인이 유지되는 동안 동거·부양의무를 부담하는 측면은 공동상속인의 상속분의 5할을 가산하여 정하는 배우자의 법정상속분에 일부 포함되어 있으므로, 배우자의 통상적인 부양을 그와 같이 가산된 법정상속분을 다시 수정할 사유로 볼 수 없다. 그런데도 **장기간 동거·간호하였다는 점을 이유로 배우자에게만 기여분을 인정한다면 제1차 부양의무로서 부부 사이의 상호부양의무를 정하고 있는 민법 규정과 부합하지 않게 된다**(대결 2019.11.21. 2014스44,45).

② [○] ※ **법정단순승인 : 상속인이 상속재산에 대한 처분행위(채권추심 및 변제)를 한 경우(제1026조 1호)**

"**상속의 한정승인이나 포기는** 상속인의 의사표시만으로 효력이 발생하는 것이 아니라 **가정법원에 신고를 하여 가정법원의 심판을** 받아야 하며, 그 **심판은 당사자가 이를 고지받음으로써 효력이 발생한다**(대판 2004.6.25. 2004다20401). 따라서 **상속인이 가정법원에 상속포기의 신고를 하였다고 하더라도**

이를 수리하는 가정법원의 심판이 고지되기 이전에 상속재산을 처분하였다면, 이는 상속 포기의 효력 발생 전에 처분행위를 한 것에 해당하므로 제1026조 1호에 따라 상속의 단순승인을 한 것으로 보아야 한다"(대판 2016.12.29. 2013다73520)

判例에 따르면 상속인이 피상속인의 채권을 추심하여 변제받는 것(대판 2010.4.29. 2009다84936)은 법정단순승인사유로서의 처분에 해당한다고 한다.

[관련쟁점] 여기서의 처분은 한정승인이나 상속포기 전의 처분행위를 지칭한다. 한정승인이나 상속포기를 한 후의 처분은 당연히 법정단순승인사유는 아니고, 그것이 부정소비(제1026조 3호)에 해당하는 때에 한하여 법정단순승인사유로 된다(대판 2004.3.12. 2003다63586).

③ [×] 상속인은 상속포기를 할 때까지는 그 '고유재산에 대하는 것과 동일한 주의'로 상속재산을 관리하여야 한다(제1022조). 아울러 상속을 포기한 자는 그 포기로 인하여 상속인이 된 자가 상속재산을 관리할 수 있을 때까지 그 고유재산에 대하는 것과 동일한 주의로 그 재산의 관리를 '계속'하여야 한다(제1044조).

"상속의 한정승인이나 포기는 상속인의 의사표시만으로 효력이 발생하는 것이 아니라 가정법원에 신고를 하여 가정법원의 심판을 받아야 하며, 그 심판은 당사자가 이를 고지받음으로써 효력이 발생한다(대판 2004.6.25. 2004다20401).

④ [○] "상속인은 아직 상속 승인, 포기 등으로 '상속관계가 확정되지 않은 동안'에도 잠정적으로나마 피상속인의 재산을 당연 취득하고 상속재산을 관리할 의무가 있으므로, 상속채권자는 그 기간 동안 상속인을 상대로 상속재산에 관한 가압류결정을 받아 이를 집행할 수 있다. 그 후 상속인이 상속포기로 인하여 상속인의 지위를 소급하여 상실한다고 하더라도 이미 발생한 가압류의 효력에 영향을 미치지 않는다"(대판 2021.9.15. 2021다224446).

따라서 B는 그 후 적법하게 진행된 X부동산에 대한 경매절차에서 가압류채권자로서 배당을 받을 수 있다.

⑤ [○] "직계비속(丙)과 배우자(戊)가 공동상속인인데 직계비속이 모두 상속을 포기하면 배우자가 단독상속하는지, 후순위 혈족상속인과 배우자가 공동상속하는지 문제되는바, 바뀐 判例에 따르면 당사자들의 의사와 사회 일반의 법감정을 고려할 때 피상속인의 배우자와 손자녀 또는 직계존속이 공동상속인이 되지 않고 '배우자(戊)가 단독상속인'이 된다고 한다(대판 2023.3.23. 전합2020그42)

[정답] ③

문 15 甲의 사망을 둘러싸고 발생할 수 있는 법률관계에 관한 설명 중 옳은 것은?(다툼이 있는 경우에는 판례에 의함) [변시 3회]

① 甲이 사망하여 배우자인 乙이 상속받은 후에 甲과 乙의 혼인이 취소된 경우, 乙의 상속은 사망 시에 소급하여 무효로 한다.

② 甲의 사망 후 인지 된 乙이 甲의 사망 시에 소급하여 공동상속인이 되어 상속회복을 청구하는 경우, 乙이 상속권의 침해를 안 것으로 되는 시점은 인지판결 확정일부터이다.

③ 甲의 사망 후의 甲의 부 丙이 사망한 경우, 甲의 배우자인 乙은 丙의 재산을 대습상속한다. 그리고 丙의 사망 전에 乙이 상속결격자로 된 경우에는 乙에게 甲과의 혼인 전에 A와의 혼인관계에 출생한 자 B가 있으면 다시 B가 대습상속한다.

④ 甲의 사망 후에 乙이 단독상속인으로 되었으나 참칭상속인 丙이 乙의 상속권을 침해한 경우, 상속회복청구권의 행사기간이 경과한 때에는 乙은 상속인의 지위를 상실하게 되고, 丙은 그 행사기간이 만료한 때로 소급하여 상속인이 된다.

⑤ 甲의 단독상속인인 乙이 상속을 포기한 경우, 乙의 자 丙은 甲은 재산을 대습상속한다.

해설 ① [X] 혼인취소판결이 확정되면 혼인은 장래에 향하여 해소되며, 소급효가 인정되지 않는다(제824조). 위 조문의 해석과 관련하여, 인격과 불가분의 관계에 있는 신분관계만이 이에 해당하고, 재산관계에서는 소급효를 인정하는 견해도 있으나, 대법원은 배우자 사이에 재산상속이 있은 후에 그 혼인이 취소되더라도 상속이 무효로 되지 않는다(대판 1996.12.23, 95다48308)고 하여 신분관계, 재산관계를 불문하고 소급효를 부정한다.

② [O] 상속회복청구권은 상속인 또는 그 법정대리인이 침해를 안 날부터 3년, 상속권의 침해행위가 있은 날부터 10년이 경과하면 소멸한다(제999조 2항). 여기서 '상속권의 침해를 안 날'이라 함은 자기가 진정한 상속인임을 알고 또 자기가 상속에서 제외된 사실을 안 때를 가리키는 것으로서, 단순히 상속권 침해의 추정이나 의문만으로는 충분하지 않다(대판 2007.10.25, 2007다36223). 특히 강제인지를 통해 피인지된 자의 상속회복청구권의 경우 '침해를 안 날부터 3년'의 기산점은 그 인지판결이 확정된 날로부터 기산한다(대판 1978.2.14, 77므21).

③ [X] 재대습상속도 인정된다. 예컨대 조부, 부, 증조부 순으로 사망한 경우에, 조부의 사망에 따라 부가 증조부의 대습상속인이 되는데, 부 또한 증조부보다 먼저 사망하였기 때문에 결국 자가 증조부를 재대습상속하게 된다. 다만 **判例는 대습자인 피대습자의 배우자가 대습상속 개시 전에 사망한 경우에 재대습상속을 부정하였다.** 즉 "**대습상속이 인정되는 것은 상속인이 될 자(사망자 또는 결격자)가 피상속인의 직계비속 또는 형제자매인 경우에 한한다** 할 것이므로, 상속인이 될 자(사망자 또는 결격자)의 배우자는 제1003조에 기하여 대습자가 될 수는 있으나, 피대습자(사망자 또는 결격자)의 배우자가 대습상속의 상속개시 전에 사망하거나 결격자가 되었다면 그 배우자에게 다시 피대습자로서의 지위가 인정될 수는 없다"(대판 1999.7.9, 98다64318,64325)고 한다.
☞ 대습상속의 인정이유가 대습자의 상속에 대한 기대를 보호하는 것에 있다고 할 때, 이와 같은 경우에도 대습상속을 인정할 필요가 있겠지만 제1001조 등의 법문상 배우자는 피대습자에 포함되어 있지 않기 때문에 判例의 태도는 타당하다.

④ [X] 判例는 "상속회복청구권 소멸의 반사적 효과로서 참칭상속인의 지위는 확정되어 참칭상속인이 상속개시일로부터 소급하여 상속인으로서의 지위를 취득한 것으로 봄이 상당하므로, 상

속재산은 상속개시일로 소급하여 참칭상속인의 소유로 된다"고 한다(대판 1998.3.27, 96다37398).

⑤ [×] 상속포기는 법문상 대습상속 사유에 포함되지 않는다(제1001조). 그러므로 상속포기자의 직계비속이나 배우자가 대습상속을 할 수는 없다.

관련쟁점 다만 자녀가 모두 상속포기를 하여 다음 순위자인 손자녀가 상속을 하는 것은 가능하나(대판 1995.4.7, 94다11835), 이 경우에는 손자녀가 본위상속을 하는 것일 뿐 대습상속을 하는 것은 아니다.

[정답] ②

문 16 **甲은 교통사고로 사망하였고, 상속인으로는 자녀 乙과 丙이 있다. 甲은 사망 당시 유일한 재산으로 X 부동산을 소유하고 있었다. 이에 관한 설명 중 옳은 것을 모두 고른 것은?** (각 지문은 독립적이며, 다툼이 있는 경우 판례에 의함) [변시 14회]

ㄱ. 乙이 X 부동산 전부에 관하여 丙과의 상속재산분할 협의 없이 임의로 상속을 원인으로 한 자기의 단독 명의 소유권이전등기를 마친 경우, 丙은 乙을 상대로 행사기간 내에 상속회복청구를 할 수 있다.

ㄴ. X 부동산에 관하여 乙과 丙의 공동상속등기가 적법하게 마쳐졌으나 乙이 임의로 자기의 단독 명의로 소유권이전등기를 경료하자, 丙이 그 이전등기가 원인 없이 마쳐진 것이라는 이유로 乙을 상대로 등기말소를 청구하는 경우, 이러한 청구는 상속회복의 소에 해당한다.

ㄷ. 乙이 丙의 X 부동산에 관한 상속권을 침해하자 丙이 乙을 상대로 제척기간 내에 상속회복의 소를 제기하여 소송계속 중, 乙이 X 부동산을 丁에게 양도하고 소유권이전등기를 마쳐 준 경우, 丙은 乙이 상속권을 침해한 날로부터 10년이 지난 후에도 丁을 상대로 상속회복청구를 할 수 있다.

① ㄱ
② ㄴ
③ ㄷ
④ ㄱ, ㄴ
⑤ ㄱ, ㄷ

해 설 ㄱ. [○] 단기의 제척기간을 정함으로써 권리관계의 조속한 안정을 취하려는 제999조의 입법취지상 상속인이 다른 공동상속인의 상속권을 무시하고 상속재산을 점유 또는 등기한 경우에도 상속회복청구권을 행사할 수 있다(대판 1991.12.24, 전합90다5740). 그리고 공동상속인 중 1인이 상속등기에 갈음하여 구 부동산소유권 이전등기 등에 관한 특별조치법에 따라 그 명의의 소유권이전등기를 경료한 경우, 다른 공동상속인이 그 등기의 말소를 청구하는 소는 상속회복청구의 소에 해당한다(대판 2010.1.14, 2009다41199).

ㄴ. [×] 일단 적법하게 '공동상속등기'가 마쳐진 부동산에 관하여 상속인 중 1인이 자기 단독명의로 '소유권이전등기'를 한 경우, 다른 상속인들이 그 이전등기가 원인 없이 마쳐진 것이라 하여 말소를 구하는 소는 상속권이 침해되었음을 이유로 그 회복을 구하는 것이 아니라 상속으로 일단 취득한 소

유권이 그 후 위법하게 침해되었다는 이유로 소유권의 회복을 구하는 것이기 때문에 상속회복청구의 소에 해당하지 않는다고 한다(대판 2011.9.29. 2009다78801).

ㄷ. [X] 제척기간의 준수 여부는 상속회복청구의 상대방별로 각각 판단하여야 할 것이어서, 참칭상속인의 최초 침해행위가 있은 날로부터 10년이 경과한 이후에는 비록 제3자가 참칭상속인으로부터 상속재산에 관한 권리를 취득하는 등의 새로운 침해행위가 '최초 침해행위시'로부터 10년이 경과한 후에 이루어졌다 하더라도 상속회복청구권은 제척기간의 경과로 소멸되어 진정상속인은 더 이상 제3자를 상대로 그 등기의 말소 등을 구할 수 없다 할 것이며, 이는 '진정상속인이 참칭상속인을 상대로 제척기간 내에 상속회복청구의 소를 제기하여 승소의 확정판결을 받았다'고 하여 달리 볼 것은 아니라 할 것이다(대판 2006.9.8. 2006다26694).

[정답] ①

문 17 **상속회복청구권에 관한 설명 중 옳은 것을 모두 고른 것은?** (다툼이 있는 경우 판례에 의함) [변시 5회]

ㄱ. 적법하게 공동상속등기가 마쳐진 부동산에 대하여 공동상속인 중 1인이 자기의 단독명의로 소유권이전등기를 한 경우, 다른 공동상속인들이 그 소유권이전등기의 말소를 청구하는 것은 상속회복청구에 해당한다.
ㄴ. 상속재산의 일부에 대하여 제척기간 내에 상속회복청구권을 행사하여 제소하였다면, 청구의 목적물로 하지 않은 나머지 상속재산에 대해서도 제척기간을 준수한 것으로 본다.
ㄷ. 공동상속인 중 1인이 자신이 단독상속인이라고 주장하였다면, 다른 상속인의 상속권에 대한 침해가 없더라도 그는 참칭상속인에 해당한다.
ㄹ. 상속회복청구권이 제척기간의 경과로 소멸되면 진정상속인은 상속인으로서의 지위를 상실하는 반면, 그 반사적 효과로서 참칭상속인은 상속개시 당시에 소급하여 상속인의 지위를 취득한 것으로 본다.

① ㄱ
② ㄹ
③ ㄱ, ㄹ
④ ㄴ, ㄷ
⑤ ㄴ, ㄷ, ㄹ

해설 ㄱ. [X] "상속회복청구의 소는 상속을 원인으로 소유권을 취득하였다고 주장하는 사람이 참칭상속인을 상대로 침해된 상속권의 회복을 구하는 것으로서, 참칭상속인이란 정당한 상속권이 없음에도 재산상속인임을 신뢰케 하는 외관을 갖추고 있는 사람이나 상속인이라고 참칭하여 상속재산의 전부 또는 일부를 점유하고 있는 사람을 말하는바, 소유권이전등기에 의하여 재산상속인임을 신뢰케 하는 외관을 갖추었는지 여부는 권리관계를 외부에 공시하는 등기부의 기재에 의하여 판단하여야 하므로, 등기원인이 상속이 아닌 매매, 증여 등 다른 원인으로 되어 있다면 소유권이전등기를 한 등기명의인이 공동상속인 중의 1인이라고 하더라도 참칭상속인이라고 할 수 없고, 일단 적법하게 공동상속등기가 마쳐진 부동산에 관하여 상속인 중 1인이 자기 단독명의로 소유권이전등기를 한 경우 다른 상속인들이 그 이전등기가 원인 없이 마쳐진 것이라 하여 말소를 구하는 소는 상속회복청구의 소에 해당하지 아니하여 민법 제999조 제2항이 정하는 소의 제기에 관한 제척기간이 적용되지 아니한다. 이는 상속권이 침해되었음을 이유로 그 회복을 구하는 것이 아니라 상속으로 일단 취득한 소유권이 그 후 위법하게 침해되었다는 이유로 소유권의 회복을 구하는 것이기 때문이며, 공동상속등기와 그에 이은 이전등기 사이의 시간적 간격이 짧다거나 공동상속등기와 이전등기가 상속인 중 1인에 의하여 동일한 기회에 이루어졌다고 하여 달리 볼 것이 아니다"(대판 2011.9.29. 2009다78801).

ㄴ. [X] "재산상속에 관하여 진정한 상속인임을 전제로 그 상속으로 인한 소유권 또는 지분권 등 재산권의 귀속을 주장하고 참칭상속인 또는 자기들만이 재산상속을 하였다는 일부 공동상속인들을 상대로 상속재산인 부동산에 관한 등기의 말소 기타 지분권의 반환 등을 구하는 경우에는 그 소유권 또는 지분권 등이 귀속되었다는 주장이 상속을 원인으로 하는 것인 이상 그 청구원인 여하에 불구하고 이는 민법 제999조 소정의 상속회복청구의 소라고 해석함이 상당하고, 이와 같은 경우에는 민법 제999조에 의하여 준용되는 민법 제982조 제2항 소정의 제척기간의 적용이 있으며, 또 상속재산의 일부에 대하여 제소하여 제척기간을 준수하였다 하여 그로써 다른 상속재산에 대한 소송에 그 기간 준수의 효력이 생기지 아니한다"(대판 1981.6.9. 80므84).

ㄷ. [X] "재산상속회복청구의 소에 있어서 그 상대방이 되는 참칭상속인이라 함은 재산상속인임을 신뢰하게 하는 외관을 갖추고 있거나 상속인이라고 참칭하여 상속재산의 전부 또는 일부를 점유하는 등의 방법에 의하여 진정한 상속인의 상속권을 침해하는 자를 가리키는 것으로서, 상속인 아닌 자가 자신이 상속인이라고 주장하거나 또는 공동상속인 중 1인이 자신이 단독상속인이라고 주장하였다 하더라도 달리 상속권의 침해가 없다면 그러한 자를 가리켜 상속회복청구의 소에서 말하는 참칭상속인이라고 할 수는 없는 것이다"(대판 1994.11.18. 92다33701).

ㄹ. [O] "상속회복청구권이 제척기간의 경과로 소멸하게 되면 상속인은 상속인으로서의 지위 즉 상속에 따라 승계한 개개의 권리의무 또한 총괄적으로 상실하게 되고, 그 반사적 효과로서 참칭상속인의 지위는 확정되어 참칭상속인이 상속개시의 시로부터 소급하여 상속인으로서의 지위를 취득한 것으로 봄이 상당하다"(대판 1994.3.25. 93다57155).

[정답] ②

문 18 상속에 관한 설명 중 옳은 것을 모두 고른 것은?(다툼이 있는 경우에는 판례에 의함) [변시 4회]

ㄱ. 공동상속인 중 1인이 상속재산인 수 개의 부동산 중 하나의 부동산에 대한 자신의 상속지분을 양도한 것은 「민법」 제1011조 제1항에 규정된 '상속분의 양도'에 해당하지 않으므로, 이에 대하여는 다른 상속인들이 상속분의 양수권을 행사할 수 없다.

ㄴ. 공동상속인들이 상속재산을 분할한 후 피상속인의 혼인외의 출생자로서 인지된 사람이 다른 공동상속인에게 그 상속분에 상당한 가액의 지급을 청구한 경우, 공동상속인이 분할받은 상속재산으로부터 발생한 과실을 취득하는 것은 피인지자에 대한 관계에서 부당이득이 되므로 이를 반환하여야 한다.

ㄷ. 이혼으로 인한 위자료청구권은 원칙적으로 상속되지 않지만, 청구권자가 위자료의 지급을 구하는 소송을 제기한 후 사망한 경우에는 예외적으로 상속된다.

ㄹ. 채권자가 상속인을 상대로 상속채무의 이행을 구하는 소송에서 상속인이 한정승인을 하고도 이를 주장하지 아니하여 책임의 범위에 관한 유보없는 판결이 선고되고 확정된 경우, 상속인은 그 후 위 한정승인 사실을 내세워 청구이의의 소를 제기할 수 없다.

① ㄷ
② ㄱ, ㄷ
③ ㄱ, ㄹ
④ ㄴ, ㄹ
⑤ ㄱ, ㄴ, ㄹ

해설 ㄱ. [O] 공동상속의 경우 상속재산분할 전이라도 상속인은 상속채권 및 상속채무를 포함하여 '상속분을 포괄적'으로 제3자에게 양도할 수 있고(상속인 지위의 양도), 이 때 다른 공동상속인이 '그 가액과 양도비용'을 상환하고 그 상속분을 양수할 수 있다(제1011조 1항). 따라서 상속인이 '개별재산에 대한 지분'을 양도하는 것은 상속분 양도가 아니므로 상속분양수의 대상이 되지 않는다(아래 2006다2719판결).

관련판례 "민법 제1011조 제1항은 "공동상속인 중 그 상속분을 제3자에게 양도한 자가 있는 때에는 다른 공동상속인은 그 가액과 양도비용을 상환하고 그 상속분을 양수할 수 있다"고 규정하고 있는바, 여기서 말하는 '상속분의 양도'란 상속재산분할 전에 적극재산과 소극재산을 모두 포함한 상속재산 전부에 관하여 공동상속인이 가지는 포괄적 상속분, 즉 상속인 지위의 양도를 의미하므로, 상속재산을 구성하는 개개의 물건 또는 권리에 대한 개개의 물권적 양도는 이에 해당하지 아니한다. 공동상속인 중 일부가 상속재산인 임야 중 자신들의 상속지분을 양도한 경우, 이는 민법 제1011조 제1항에 규정된 '상속분의 양도'에 해당하지 아니하고 상속받은 임야에 관한 공유지분을 양도한 것에 불과하여, 다른 공동상속인에게 민법 제1011조 제1항에 규정된 상속분 양수권이 있다고 볼 수 없다"(대판 2006.3.24. 2006다2719).

ㄴ. [X] 상속개시후의 인지 또는 재판의 확정에 의하여 공동상속인이 된 자는 상속재산분할을 청구하여 분할에 참가할 수 있다. 그러나 다른 공동상속인들이 이미 상속재산의 분할 기타 처분을 한 때에는 상속인들의 분할이나 처분행위의 무효를 주장할 수 없으나, 다만 다른 공동상속인에게 그 상속분에 상당한 가액의 지급을 청구할 권리가 있다(제1014조). 여기서 상속재산의 과

실은 제1014조에 따른 상속분 상당 가액청구에서 가액산정의 대상에 포함되지 않으며, 따라서 이에 대한 부당이득반환청구는 허용되지 않는다(아래 2006므2757,2764판결).

관련판례 "인지 전에 공동상속인들에 의해 이미 분할되거나 처분된 상속재산은 이를 분할받은 공동상속인이나 공동상속인들의 처분행위에 의해 이를 양수한 자에게 그 소유권이 확정적으로 귀속되는 것이며, 그 후 그 상속재산으로부터 발생하는 과실은 상속개시 당시 존재하지 않았던 것이어서 이를 상속재산에 해당한다 할 수 없고, 상속재산의 소유권을 취득한 자(분할받은 공동상속인 또는 공동상속인들로부터 양수한 자)가 민법 제102조에 따라 그 과실을 수취할 권능도 보유한다고 할 것이며, 민법 제1014조도 '이미 분할 내지 처분된 상속재산' 중 피인지자의 상속분에 상당한 가액의 지급청구권만을 규정하고 있을 뿐 '이미 분할 내지 처분된 상속재산으로부터 발생한 과실'에 대해서는 별도의 규정을 두지 않고 있으므로, 결국 민법 제1014조에 의한 상속분상당가액지급청구에 있어 상속재산으로부터 발생한 과실은 그 가액산정 대상에 포함된다고 할 수 없다"(대판 2007.7.26. 2006므2757,2764).

ㄷ. [O] 위자료청구권은 양도 또는 승계되지 않으나, 당사자간에 이미 그 배상에 관한 계약이 성립되거나 소를 제기한 후에는 승계된다(제843조, 제806조 3항). 이와 관련하여 判例는 이혼위자료청구권은 행사상 일신전속권이고 귀속상 일신전속권은 아니라 할 것인바, 그 청구권자가 위자료의 지급을 구하는 소송을 제기함으로써 청구권을 행사할 의사가 외부적 객관적으로 명백하게 된 이상 양도나 상속 등 승계가 가능하다고 한다(대판 1993.5.27. 92므143). 즉 이혼 · 위자료 청구 소송 중 원고가 사망한 경우, 이혼소송은 종료되지만 위자료청구소송은 상속인들이 수계할 수 있다.

ㄹ. [X] 判例는 종래 해석론상 논의되던, 적법하게 한정승인신고를 하고서도 소송과정에서 한정승인의 항변을 하지 않았던 상속인이 집행절차에서 비로소 한정승인주장(청구에 관한 이의의 소)[1]을 할 수 있는지 여부에 관하여 긍정설의 입장이다(아래 2006다23138판결). 즉, 대법원은 한정승인제도와 관련하여 상속채권자의 보호에 제한적 태도를 취하고 있다. 이는 우리 민법상의 한정승인제도가 상속채권자의 보호보다는 상속인이 피상속인의 채무를 무한정 상속하여 파탄에 빠지는 것을 막아 상속인을 보호하려는 데 본래의 목적이 있기 때문이다.

"채권자가 피상속인의 금전채무를 상속한 상속인을 상대로 그 상속채무의 이행을 구하여 제기한 소송에서 채무자가 한정승인 사실을 주장하지 않으면 책임의 범위는 현실적인 심판대상으로 등장하지 아니하여 주문에서는 물론 이유에서도 판단되지 않으므로 그에 관하여 기판력이 미치지 않는다. 그러므로 채무자가 한정승인을 하고도 채권자가 제기한 소송의 사실심 변론종결시까지 그 사실을 주장하지 아니하여 책임의 범위에 관한 유보가 없는 판결이 선고되어 확정되었다고 하더라도, 채무자는 그 후 위 한정승인 사실을 내세워 청구에 관한 이의의 소를 제기할 수 있다"(대판 2006.10.13. 2006다23138).

비교판례 그러나 상속포기의 경우에는 다르다. 즉 判例는 채무자가 상속포기를 하였으나 채권자가 제기한 소송에서 사실심변론종결시까지 이를 주장하지 않은 경우, 채권자의 승소판결 확정 후 청구이의의 소를 제기할 수 없다고 하였다(대판 2009.5.28. 2008다79876).

[정답] ②

---

1) 청구에 관한 이의의 소는 채무자가 집행권원의 내용인 사법상의 청구권이 현재의 실체상태와 일치하지 않는 것을 주장하여 그 집행권원이 가지는 집행력의 배제를 구하는 소이다(민사집행법 제44조). 이는 집행권원의 성립절차와 집행절차를 분리하고 있는 제도에서 실체적 권리상태를 제대로 반영하지 않는 집행권원의 집행력을 배제하여 집행을 막는 구제방법이다.

문 19 A의 단독상속인 甲은 적법하게 한정승인 신고를 하여 수리심판을 받았다. 그 후 甲은 상속재산 X 부동산에 대하여 자신의 채권자인 乙에게 근저당권설정등기를 마쳐 주었다. 또한 위 근저당권설정등기가 경료된 이후 甲에 대한 대여금 채권을 가지고 있는 일반채권자 丙은 X 부동산에 대하여 가압류를 신청하여 가압류등기를 경료하였다. 한편 A의 일반채권자로는 丁이 있다. 이에 관한 설명 중 옳은 것을 모두 고른 것은? (각 지문은 독립적이며, 다툼이 있는 경우 판례에 의함) [변시 14회]

ㄱ. X 부동산에 대한 경매절차에서 배당이 이루어질 경우, 丁은 乙보다 선순위로 채권만족을 받을 수 있다.
ㄴ. X 부동산에 대하여 「민법」 제1034조 제1항에 따른 배당변제가 이루어질 경우, 丁은 丙보다 선순위로 채권만족을 받을 수 있다.
ㄷ. 甲의 근저당권 설정 행위는 「민법」 제1026조 제1호의 "상속인이 상속재산에 대한 처분행위를 한 때"에 해당하여 甲이 단순승인한 것으로 간주된다.

① ㄱ
② ㄴ
③ ㄷ
④ ㄱ, ㄴ
⑤ ㄴ, ㄷ

해 설 ㄱ. [X] 최근 전원합의체 판결을 통해 대법원은 "한정승인자로부터 상속재산에 관하여 저당권 등의 담보권을 취득한 사람과 상속채권자 사이의 우열관계는 '민법상의 일반원칙'에 따라야 하고, 상속채권자가 한정승인의 사유만으로 우선적 지위를 주장할 수는 없다. 그리고 이러한 이치는 한정승인자가 그 저당권 등의 피담보채무를 상속개시 전부터 부담하고 있었다고 하여 달리 볼 것이 아니다"(대판 2010.3.18. 전합2007다77781)라고 판시하여 이때에는 일반상속채권자가 담보권자에 우선할 수 없다고 보았다.

ㄴ. [O] 한정승인을 하면 일단 상속재산과 상속인의 고유재산이 분리되는 효과가 발생하고, 상속채권자는 청산절차에서 변제를 받으며 남은 상속재산이 있으면 이는 한정승인한 상속인도 상속하여 그 상속인 고유의 채권자가 그 재산으로부터 변제를 받거나 집행할 수 있다. 그러한 범위 내에서는 상속채권자는 상속재산에 대해 한정승인한 상속인의 고유채권자보다 우선한다고 할 수 있다. 따라서 "상속재산에 관하여 담보권을 취득하였다는 등 사정이 없는 이상, 한정승인자의 고유채권자는 상속채권자가 상속재산으로부터 그 채권의 만족을 받지 못한 상태에서 상속재산을 고유채권에 대한 책임재산으로 삼아 이에 대하여 강제집행을 할 수 없다고 보는 것이 형평의 원칙이나 한정승인제도의 취지에 부합하며, 이는 한정승인자의 고유채무가 조세채무인 경우에도 그것이 상속재산 자체에 대하여 부과된 조세나 가산금, 즉 당해세에 관한 것이 아니라면 마찬가지이다"(대판 2016.5.24. 2015다250574)

☞ 丙은 상속재산에 우선변제권 있는 담보권을 취득한 것이 아닌, 가압류등기를 경료한 일반채권자에 불과하므로 상속채권자 丁이 丙보다 선순위로 채권만족을 받을 수 있다.

ㄷ. [X] 상속인이 상속재산에 대한 처분행위를 한 때에는 법정단순승인사유에 해당한다(제1026조 1호). 그러나 이는 '상속인이 상속포기 또는 한정승인을 하기 전에 상속재산을 처분한 경우'에 한하여 적용되고 한정승인 이후에 처분행위를 한 경우에는 그 처분행위가 '부정소비'에 해당하는 경우(제1026조 3호)에만 단순승인한 것으로 간주된다(대판 2004.3.12. 2003다63586). 그러나 '상속재산의

부정소비'라 함은 정당한 사유 없이 상속재산을 써서 없앰으로써 그 재산적 가치를 상실시키는 것을 의미하는바, 判例는 **상속재산에 관하여 제3자에게 소유권을 이전해 주거나 저당권 등의 담보권을 설정해 주는 경우**(위 전합2007다77781 참고)는 **'부정소비'라고 할 수 없다고 한다.**

[정답] ②

문 20 **사인증여와 유증에 관한 설명 중 옳지 않은 것은?** (다툼이 있는 경우에는 판례에 의함) [변시 1회]

① 사인증여는 원칙적으로 증여자와 수증자의 합의에 의해 성립하지만, 유증은 유언자의 사망 전에 수유자가 유언자에 대하여 승낙의 의사표시를 할 필요가 없다.

② 증여자의 사망 전에 사망한 사인증여 수증자의 지위가 상속되는가의 여부는 사인증여의 내용에 의해 정해지고, 유언자의 사망 전에 사망한 유증 수유자의 지위가 상속되는가의 여부는 유언의 취지에 의해 정해진다.

③ 미성년자가 사인증여를 함에는 원칙적으로 법정대리인의 동의를 얻어야 하지만, 미성년자라도 만 17세에 달한 자가 유증을 함에는 법정대리인의 동의를 얻을 필요가 없다.

④ 포괄적 유증을 받은 자는 상속인과 동일한 권리의무가 있다고 규정한 민법 제1078조는 포괄적 사인증여에 준용되지 않는다.

⑤ 유류분침해액의 반환순서에 있어 사인증여는 유증과 동일시된다.

해 설 ①~⑤은 사인증여와 유증을 비교하는 문제이다. 민법은 **사인증여에 유증에 관한 규정을 준용하고 있다**(제562조). **다만 사인증여는 불요식 계약이나 유증은 단독행위로 엄격한 요식성을 요하는 바 준용의 범위가 문제되는바**, 判例는 기본적으로 "유증의 방식에 관한 민법 제1065조 내지 제1072조는 그것이 단독행위임을 전제로 하는 것이어서 계약인 사인증여에는 적용되지 않는다"(대판 1996.4.12. 94다37714,37721)고 한다.

① [O] 사인증여는 '계약'으로서 당사자(증여자와 수증자)의 의사합치가 필요하나, 유증은 '단독행위'로서 유언자의 의사표시만 있으면 족하다.

② [X] 유증은 유언자의 사망전에 수증자가 사망한 때에는 그 효력이 생기지 아니한다(제1089조 1항). 아울러 사인증여의 경우에는 유증에 관한 규정을 준용하므로(제562조), 사인증여의 경우에도 수증자가 사인증여의 증여자보다 먼저 사망한 때에는 그 효력이 생기지 않는다.

③ [O] 사인증여도 계약이므로 미성년자가 사인증여를 함에는 원칙적으로 법정대리인의 동의를 얻어야 한다(다만 미성년자가 사인증여를 받는 수증자인 경우에는 부담이 없는 한 단독으로 받을 수 있다; 제5조 제2항 단서). 그러나 만 17세에 달하면 유언을 할 수 있으므로(제1061조), 미성년자라도 만 17세에 달한 자가 유증을 함에는 법정대리인의 동의를 얻을 필요가 없다.

④ [O] "포괄적 사인증여에 민법 제1078조가 준용된다면 양자의 효과는 동일하게 되므로, 결과적으로 포괄적 유증에 엄격한 방식을 요하는 요식행위로 규정한 조항들은 무의미하게 된다. 따라서 민법 제1078조가 포괄적 사인증여에 준용된다고 하는 것은 사인증여의 성질에 반하므로 준용되지 아니한다고 해석함이 상당하다"(대판 1996.4.12. 94다37714,37721)

⑤ [○] 判例는 유류분반환에 있어 사인증여에 유증과 같은 효과를 인정한다(대판 2001.11.30. 2001다6947). 즉 유류분반환의 순서에 있어 사인증여를 생전증여가 아닌 유증과 동일한 취급을 하게 되며, 따라서 사인증여는 생전증여보다 먼저 반환청구의 대상이 된다(제1116조 참조).

[정답] ②

문 21 다음 설명 중 옳지 않은 것은? (다툼이 있는 경우에는 판례에 의함) [변시 1회]

① 비밀증서에 의한 유언이 방식을 갖추지 못하였더라도 그 증서가 자필증서의 방식에 적합한 때에는 자필증서에 의한 유언으로 본다.

② 혼인외의 자를 혼인 중의 친생자로 출생신고한 경우, 그 출생신고는 무효이지만 인지신고로서의 효력은 인정할 수 있다.

③ 타인의 자를 자기의 자로 출생신고한 경우, 그 출생신고는 무효이나, 입양의 실질적 요건을 갖추었다면 입양신고로서의 효력은 인정할 수 있다.

④ 공동상속인 전원의 협의에 따라 상속재산 전부를 상속인 중 일부에게 상속시킬 방편으로 나머지 상속인들이 한 상속포기가 법정기간을 경과한 후에 신고된 것이어서 상속포기로서의 효력이 없더라도, 상속인들 사이에 상속재산의 협의분할이 이루어진 것이라고 볼 수 있다.

⑤ 혼인 중에 부부 일방이 사망하여 상대방이 배우자로서 망인의 재산을 상속받은 후에 그 혼인이 중혼을 이유로 취소되었다면, 그 상속재산은 법률상 원인 없이 취득한 것이 된다.

해설 ① [○] 비밀증서에 의한 유언이 그 방식에 흠결이 있는 경우에 그 증서가 자필증서의 방식에 적합한 때에는 자필증서에 의한 유언으로 본다(제1071조).

② [○] 혼인신고가 위법하여 무효인 경우에도 무효인 혼인중 출생한 자를 그 호적에 출생신고하여 등재한 이상 그 자에 대한 인지의 효력이 있다"(대판 1971.11.15. 71다1983)

③ [○] "당사자가 양친자관계를 창설할 의사로 친생자출생신고를 하고 거기에 입양의 실질적 요건이 모두 구비되어 있다면 그 형식에 다소 잘못이 있더라도 입양의 효력이 발생한다"(대판 2001.5.24. 전합2000므1493)

④ [○] "상속재산을 공동상속인 1인에게 상속시킬 방편으로 나머지 상속인들이 한 상속포기 신고가 민법 제1019조 제1항 소정의 기간을 경과한 후에 신고된 것이어서 상속포기로서의 효력이 없다고 하더라도, 공동상속인들 사이에서는 1인이 고유의 상속분을 초과하여 상속재산 전부를 취득하고 나머지 상속인들은 이를 전혀 취득하지 않기로 하는 내용의 상속재산에 관한 협의분할이 이루어진 것으로 보아야 한다"(대판 1996.3.26. 95다45545,45552,45569)

⑤ [X] 혼인 취소는 소급효가 없고(제824조), 재산관계와 신분관계를 구별하지 않는다.
"민법 제824조는 '혼인의 취소의 효력은 기왕에 소급하지 아니한다.'고 규정하고 있을 뿐 재산

상속 등에 관해 소급효를 인정할 별도의 규정이 없는바, 혼인 중에 부부 일방이 사망하여 상대방이 배우자로서 망인의 재산을 상속받은 후에 그 혼인이 취소되었다는 사정만으로 그 전에 이루어진 상속관계가 소급하여 무효라거나 또는 그 상속재산이 법률상 원인 없이 취득한 것이라고는 볼 수 없다"(대판 1996.12.23. 95다48308)

[정답] ⑤

문 22 **甲은 배우자 없이 자녀 乙, 丙, 丁만 있는 상태에서 자필로 아래와 같은 내용을 적은 유언장을 남기고 사망하였다. 이에 관한 설명 중 옳은 것은? (다툼이 있는 경우 판례에 의함)** [변시 11회]

유 언 장

나는 환갑을 맞은 오늘 밤에 내 일생을 돌이켜 보며 많은 생각을 하였고, 평생동안 모은 재산과 사랑하는 나의 자녀들에게 남기고 싶은 말을 적어 본다. 이는 아버지의 뜻이므로 반드시 지켜주기를 바란다.

첫째, 너희들끼리 재산문제로 ~~다루지~~ 다투지 말며, 특히 절대 상속재산에 관하여 서로 소송을 제기하지 말고, 상속재산은 내가 죽은 후 5년 동안 절대 분할하지 말아라.

둘째, 내가 남기는 전 재산의 2/3는 장남인 乙에게 주며, 나머지 재산은 丙과 丁이 공평하게 나누어라.

장남인 乙에게 많은 재산을 남기는 것은 乙이 나의 생전에 나를 특별히 부양하였을 뿐만 아니라 나의 재산의 유지와 증가에 특별히 기여하였기 때문이므로 丙과 丁은 그리 알기를 바란다.

나는 너희들이 나의 아들과 딸이었다는 것이 정말 감사하고 행복했다. 그리고 오늘 환갑이라고 잔치를 베풀어 주어서 정말 고마웠다.

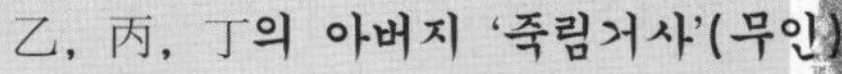
乙, 丙, 丁의 아버지 '죽림거사'(무인)

① "다루지" 부분에 두 줄을 긋고 "다투지"로 변경한 것은, 명백한 오기의 수정이라 하더라도, 변경한 부분에 날인이 없으므로 유언은 무효이다.

② "전 재산의 2/3는 장남인 乙에게 주며, 나머지 재산은 丙과 丁이 공평하게 나누어라." 하는 부분은 법정상속분을 변경하는 것이어서 허용되지 않는다.

③ 증인의 서명 또는 기명날인이 없으므로 유언은 무효이다.

④ 유언자의 본명이 기재되어 있지 않을 뿐만 아니라, 인장(印章) 대신 무인(拇印)이 찍혀 있으므로 유언은 무효이다.

⑤ 유언자의 주소가 기재되지 않았으므로 유언은 무효이다.

해 설 ① [X] ※ 자필증서에 의한 유언(문자의 삽입, 삭제 또는 변경)

자필증서에 의한 유언은 유언자가 그 전문과 년월일, 주소, 성명을 자서하고 날인하여야 한다. 그 증서에 문자의 삽입, 삭제 또는 변경을 함에는 유언자가 이를 자서하고 날인하여야 한다(제1066조). 그러나 **자필증서 중 증서의 기재 자체에 의하더라도 명백한 오기를 정정한 것에 지나지 않는다면** 설령 그 수정 방식이 위 법조항에 위배된다고 할지라도 유언자의 의사를 용이하게 확인할 수 있으므로 이러한 방식의 위배는 **유언의 효력에 영향을 미치지 아니한다**(대판 1998.6.12, 97다38510).

② [X] ※ 유언의 자유와 그 제한

사적자치의 한 내용인 소유권 존중의 원칙에 따라 각 개인은 자기 재산을 임의로 처분할 수 있는바, 이러한 처분의 자유는 그의 사후에 미친다. 즉 사적자치의 한 내용으로 유언의 자유가 인정된다. **따라서 법정상속분을 변경하는 내용의 유언도 허용된다.**

③ [X] ※ 유언의 요건으로서 증인의 서명 또는 기명날인

증인의 서명 또는 기명날인은 공정증서에 의한 유언(제1068조), 비밀증서에 의한 유언(제1069조), 구수증서에 의한 유언(제1070조)의 요건이다. 사안의 경우 자필증서에 의한 유언이므로 증인의 서명 또는 기명날인이 없더라도 무효가 아니다.

④ [X] ※ 자필증서에 의한 유언(성명의 자서와 날인)

성명은 자서를 하여야 하나, 날인은 타인이 하여도 무방하며, 날인은 인장 대신에 무인에 의한 경우에도 유효하다.

⑤ [O] ※ 자필증서에 의한 유언(주소의 기재)

자서가 필요한 주소는 반드시 주민등록법에 의하여 등록된 곳일 필요는 없으나, 적어도 제18조에서 정한 생활의 근거되는 곳으로서 다른 장소와 구별되는 정도의 표시를 갖추어야 한다(대판 2014.9.26. 2012다71688).

[정답] ⑤

문 23 유언의 집행에 관한 설명 중 옳은 것은? (다툼이 있는 경우 판례에 의함) [변시 7회]

① 구수증서에 의해 유언이 작성된 경우에 그 증서보관자는 유언자의 사망 후 지체 없이 법원에 그 검인을 청구하여야 한다.

② 봉인된 유언증서 개봉에는 유언자의 상속인, 그 대리인 기타 이해관계인이 참여하여야 하며, 적법한 유언이라도 개봉에 필요한 요건을 갖추지 않으면 유언은 효력을 잃는다.

③ 유언집행자가 있는 경우 상속인의 상속재산에 대한 처분권이나 원고적격은 제한되지만, 지정된 유언집행자가 자격을 상실한 경우에는 상속인에게 처분권 및 원고적격이 인정된다.

④ 제한능력자와 달리 파산선고를 받은 자는 유언집행자가 될 수 있다.

⑤ 유언집행자가 수인인 경우, 유언집행자를 상대로 유증의무의 이행을 구하는 소송은 특별한 사정이 없는 한 유언집행자 전원을 피고로 삼아야 하는 고유필수적 공동소송이다.

해 설 ① [×] **제1070조(구수증서에 의한 유언)** 「①항 구수증서에 의한 유언은 질병 기타 급박한 사유로 인하여 전4조의 방식에 의할 수 없는 경우에 유언자가 2인이상의 증인의 참여로 그 1인에게 유언의 취지를 구수하고 그 구수를 받은 자가 이를 필기낭독하여 유언자의 증인이 그 정확함을 승인한 후 각자 서명 또는 기명날인하여야 한다. ② 전항의 방식에 의한 유언은 그 증인 또는 이해관계인이 급박한 사유의 종료한 날로부터 7일내에 법원에 그 검인을 신청하여야 한다.」

② [×] ※ 유언의 효력발생시기
유언은 유언자가 사망한 때로부터 그 효력이 생긴다(제1073조). 따라서 적법한 유언은 검인(제1091조)이나 개봉절차(제1092조)를 거치지 않더라도 유언자의 사망에 의하여 곧바로 그 효력이 생기는 것이며, 검인이나 개봉절차의 유무에 의하여 유언의 효력이 영향을 받지 아니한다(대판 1998.6.12, 97다38510).

③ [×] ※ 유언집행자와 상속인의 관계
"유언집행자는 유증의 목적인 재산의 관리 기타 유언의 집행에 필요한 모든 행위를 할 권리의무가 있으므로, 유증 목적물에 관하여 마쳐진, 유언의 집행에 방해가 되는 다른 등기의 말소를 구하는 소송에 있어서는 유언집행자가 이른바 법정소송담당으로서 원고적격을 가진다고 할 것이고, 유언집행자는 유언의 집행에 필요한 범위 내에서는 상속인과 이해상반되는 사항에 관하여도 중립적 입장에서 직무를 수행하여야 하므로, 유언집행자가 있는 경우 그의 유언집행에 필요한 한도에서 상속인의 상속재산에 대한 처분권은 제한되며 그 제한 범위 내에서 상속인은 원고적격이 없다"(대판 2010.10.28. 2009다20840)

④ [×] **제1098조(유언집행자의 결격사유)** 「제한능력자와 파산선고를 받은 자는 유언집행자가 되지 못한다.」

⑤ [○] 수인의 유언집행자 중 1인만을 피고로 하여 유증의무 이행을 구하는 소송을 제기한 사안에서, 判例는 "유언집행자 지정 또는 제3자의 지정 위탁이 없는 한 상속인 전원이 유언집행자가 되고, 유언집행자에 대하여 민법 제1087조 제1항 단서에 따라 유증의무의 이행을 구하는 것은 유언집행자인 상속인 전원을 피고로 삼아야 하는 고유필수적 공동소송"(대판 2011.6.24. 2009다8345)이라고 판시하였다.

[정답] ⑤

문 24 **甲은 자신이 소유한 X 주택을 乙에게 특정유증하면서 X 주택의 소유권을 乙에게 귀속시키라는 취지 이외의 의사표시를 하지 않았고, 甲의 사망으로 개시된 상속에서 丙이 단독 상속인으로서 단순승인을 하였다. 이에 관한 설명 중 옳은 것을 모두 고른 것은?** (각 지문은 독립적이며, 다툼이 있는 경우 판례에 의함) [변시 12회]

ㄱ. 甲이 유언 전 X 주택에 대하여 A와 사용대차 계약을 체결한 경우, 乙은 유언의 효력 발생 후 A에게 X 주택의 인도 청구를 할 수 없으나 이에 대한 차임 상당 부당이득 반환은 청구할 수 있다.
ㄴ. 甲의 사망 후 B가 丙으로부터 X 주택의 소유권을 취득하고 소유권이전등기를 마친 경우, 乙은 B를 상대로 말소등기를 구하거나 직접 진정명의의 회복을 원인으로 소유권이전등기를 구할 수 있다.
ㄷ. 甲의 사망 후 丙이 X 주택으로부터 과실을 수취하기 위해 필요비를 지출한 경우, 丙은 그 과실의 가액을 초과하는 금액에 대해서는 乙에게 상환을 청구할 수 없다.

① ㄱ ② ㄴ
③ ㄷ ④ ㄱ, ㄴ
⑤ ㄴ, ㄷ

해설 ㄱ. [×] "민법 제1085조는 '유증의 목적인 물건이나 권리가 유언자의 사망 당시에 제3자의 권리의 목적인 경우에는 수증자는 유증의무자에 대하여 그 제3자의 권리를 소멸시킬 것을 청구하지 못한다.'라고 규정하고 있다. 이는 유언자가 다른 의사를 표시하지 않는 한 유증의 목적물을 유언의 효력발생 당시의 상태대로 수증자에게 주는 것이 유언자의 의사라는 점을 고려하여 수증자 역시 유증의 목적물을 유언의 효력발생 당시의 상태대로 취득하는 것이 원칙임을 확인한 것이다. 그러므로 **유증의 목적물이 유언자의 사망 당시에 제3자의 권리의 목적인 경우에는 그와 같은 제3자의 권리는 특별한 사정이 없는 한 유증의 목적물이 수증자에게 귀속된 후에도 그대로 존속하는 것으로 보아야 한다**"(대판 2018.7.26. 2017다289040).

☞ 유언의 효력 발생 후에도 유언 전 甲과의 사용대차계약은 유효하다. 따라서 乙은 A에게 차임 상당의 부당이득 반환 청구를 할 수 없다.

ㄴ. [×] "포괄적 유증을 받은 자는 제187조에 의하여 법률상 당연히 유증받은 부동산의 소유권을 취득하게 되나, 특정유증을 받은 자는 유증의무자에게 유증을 이행할 것을 청구할 수 있는 채권을 취득할 뿐이므로, **특정유증을 받은 자는 유증받은 부동산의 소유권자가 아니어서 직접 진정한 등기명의의 회복을 원인으로 하는 소유권이전등기를 구할 수 없다**"(대판 2003.5.27. 2000다43445)

ㄷ. [○] **제1080조(과실수취비용의 상환청구권)** 「유증의무자가 유언자의 사망후에 그 목적물의 과실을 수취하기 위하여 필요비를 지출한 때에는 그 과실의 가액의 한도에서 과실을 취득한 수증자에게 상환을 청구할 수 있다.」

[정답] ③

문 25 유류분에 관한 설명 중 옳은 것(○)과 옳지 않은 것(×)을 올바르게 조합한 것은? (다툼이 있는 경우 판례에 의함) [변시 8회]

ㄱ. 공동상속인 중 피상속인의 생전에 재산을 증여받아 특별수익을 한 자가 있는 경우, 그 증여는 상속개시 1년 이전의 것인지 여부, 당사자 쌍방이 손해를 가할 것을 알고서 하였는지 여부에 관계없이 유류분 산정을 위한 기초재산에 산입된다.
ㄴ. 유류분권리자의 가액반환청구에 대하여 반환의무자가 원물반환을 주장하며 가액반환에 반대하는 의사를 표시한 경우에는 반환의무자의 의사에 반하여 원물반환이 가능한 재산에 대하여 가액반환을 명할 수 없다.
ㄷ. 공동상속인 중 1인이 자신의 법정상속분 상당의 상속채무분담액을 초과하여 유류분권리자의 상속채무분담액까지 변제한 경우에도 별도로 구상권을 행사하거나 상계하는 등의 방법으로 만족을 얻는 것은 별론으로 하고, 이를 유류분권리자의 유류분 부족액 산정 시 고려하여서는 안 된다.

① ㄱ(○), ㄴ(○), ㄷ(○)
② ㄱ(○), ㄴ(○), ㄷ(×)
③ ㄱ(○), ㄴ(×), ㄷ(○)
④ ㄱ(×), ㄴ(○), ㄷ(○)
⑤ ㄱ(×), ㄴ(○), ㄷ(×)

해 설 ㄱ. [○] ※ 유류분액 산정의 기초가 되는 재산

유류분 산정의 기초가 되는 재산에는 **증여계약이 체결된 때를 기준**(증여계약의 이행시가 아님)으로 상속개시전의 1년간 증여는 모두 산입된다(제1114조 본문). 상속개시 1년 이전의 증여는 원칙적으로 산입되지 않지만, i) 당사자 쌍방이 유류분권리자에 손해를 가할 것을 알고 증여를 한 때에는 상속개시 1년 이전의 증여라도 반환을 청구할 수 있으며(제1114조 후단), ii) **공동상속인에 있어서는 상속 개시 1년 전에 증여받은 것이라도 모두 산입대상이 된다**(대판 1996.2.9. 95다17885). 이러한 특별수익은 상속재산을 선급받은 것이므로 공동상속인간의 공평한 분배를 위하여 산입되어야 하는 것이다.

ㄴ. [○] ※ 유류분의 반환방법

"민법은 유류분의 반환방법에 관하여 별도의 규정을 두지 않는바, 반환의무자는 통상적으로 증여 또는 유증대상인 재산 그 자체를 반환하면 될 것이다(제1115조 1항 참조, 예컨대 수증자 또는 수유자가 아직 목적물을 소유하고 있거나, 목적물을 양수한 제3자가 악의인 경우). 만약 **원물반환이 불가능한 경우**(예컨대 수증자 또는 수유자가 선의의 제3자에게 양도한 경우)에는 **그 가액 상당액을 반환할 수밖에 없다.** 특히 원물반환의 경우 목적물이 부동산인 때에는 유류분이 비율로 정해져 있으므로 공유지분의 이전등기를 청구하는 형태가 될 것이다. 그리고 원물반환이 가능하더라도 유류분권리자와 반환의무자 사이에 가액으로 이를 반환하기로 협의가 이루어지거나 유류분권리자의 가액반환청구에 대하여 반환의무자가 이를 다투지 않은 경우에는 법원은 가액반환을 명할 수 있지만, **유류분권리자의 가액반환청구에 대하여 반환의무자가 원물반환을 주장하며 가액반환에 반대하는 의사를 표시한 경우에는 반환의무자의 의사에 반하여 원물반환이 가능한 재산에 대하여 가액반환을 명할 수 없다"**(대판 2013.3.14. 2010다42624).

ㄷ. [O] "금전채무와 같이 급부의 내용이 가분인 채무가 공동상속된 경우, 이는 상속개시와 동시에 당연히 공동상속인들에게 법정상속분에 따라 상속된 것으로 봄이 타당하므로, **법정상속분 상당의 금전채무는 유류분권리자의 유류분 부족액을 산정할 때 고려하여야 할 것이나, 공동상속인 중 1인이 자신의 법정상속분 상당의 상속채무 분담액을 초과하여 유류분권리자의 상속채무 분담액까지 변제한 경우**에는 유류분권리자를 상대로 별도로 구상권을 행사하여 지급받거나 상계를 하는 등의 방법으로 만족을 얻는 것은 별론으로 하고, **그러한 사정을 유류분권리자의 유류분 부족액 산정시 고려할 것은 아니다**"(대판 2013.3.14. 2010다42624).

[정답] ①

문 26 **유류분에 관한 설명 중 옳은 것은?** (다툼이 있는 경우 판례에 의함) [변시 6회]

① 공동상속인 중 1인이 자신의 법정상속분 상당의 상속채무 분담액을 초과하여 유류분권리자의 상속채무 분담액까지 변제한 경우, 그러한 사정은 유류분권리자의 유류분 부족액 산정 시 고려되어야 한다.

② 유류분반환청구권자가 침해를 받은 유증 또는 증여행위를 지정하여 재판 외에서 이에 대한 반환청구의 의사를 표시했더라도 그로부터 6개월 이내에 재판상의 청구 등을 하여야 소멸시효 진행이 중단된다.

③ 공동상속인의 협의 또는 가정법원의 심판으로 유류분반환의무자의 기여분이 인정된 경우, 유류분을 산정함에 있어 그 기여분을 공제하여야 한다.

④ 유류분반환청구소송에서 유류분반환의무자가 증여 또는 유증대상 재산 그 자체를 반환하는 것이 불가능한 경우에는 사실심 변론종결시를 기준으로 산정한 가액 상당액을 반환해야 한다.

⑤ 유류분액을 산정함에 있어 유류분반환의무자가 증여받은 재산의 가액은 금전인 경우 증여 당시 받은 금액 자체이고, 그 밖의 재산인 경우 상속개시 당시의 시가이다.

해 설 ① [X] "금전채무와 같이 급부의 내용이 가분인 채무가 공동상속된 경우, 이는 상속개시와 동시에 당연히 공동상속인들에게 법정상속분에 따라 상속된 것으로 봄이 타당하므로, **법정상속분 상당의 금전채무는 유류분권리자의 유류분 부족액을 산정할 때 고려하여야 할 것이나**, 공동상속인 중 1인이 자신의 법정상속분 상당의 상속채무 분담액을 초과하여 유류분권리자의 상속채무 분담액까지 변제한 경우에는 유류분권리자를 상대로 별도로 구상권을 행사하여 지급받거나 상계를 하는 등의 방법으로 만족을 얻는 것은 별론으로 하고, 그러한 사정을 유류분권리자의 유류분 부족액 산정시 고려할 것은 아니다"(대판 2013.3.14. 2010다42624).

② [×] 유류분 반환청구권의 행사는 재판상 또는 재판 외의 방법으로 행사할 수 있다. 判例는 "그 의사표시는 침해를 받은 유증 또는 증여행위를 지정하여 이에 대한 반환청구의 의사를 표시하면 그것으로 족하며, 그로 인하여 생긴 목적물의 이전등기청구권이나 인도청구권 등을 행사하는 것과는 달리 그 **목적물을 구체적으로 특정하여야 하는 것은 아니고, 민법 제1117조에 정한 소멸시효의 진행도 그 의사표시로 중단된다**"(대판 2002.4.26. 2000다8878)

③ [×] **유증은 기여분에 우선하고**(제1008의2 3항) **유류분은 유증에 우선한다**(제1115조). **그러나 기여분과 유류분은 아무 관계가 없다.** 즉 기여분은 공동상속인간의 실질적 공평을 실현하기 위한 제도이므로 기여분이 아무리 커도 유류분을 침해하는 것이 아니다.
따라서 "설령 공동상속인의 협의 또는 가정법원의 심판으로 기여분이 결정되었다고 하더라도 유류분을 산정함에 있어 기여분을 공제할 수 없고, 기여분으로 인하여 유류분에 부족이 생겼다고 하여 기여분에 대하여 반환을 청구할 수도 없다"(대판 2015.10.29. 2013다60753).

④ [○] "유류분반환범위는 상속개시 당시 피상속인의 순재산과 문제된 증여재산을 합한 재산을 평가하여 그 재산액에 유류분청구권자의 유류분비율을 곱하여 얻은 유류분액을 기준으로 하는 것인바, 이와 같이 유류분액을 산정함에 있어 **반환의무자가 증여받은 재산의 시가는 상속개시 당시를 기준으로 산정**하여야 하고, 당해 반환의무자에 대하여 반환하여야 할 재산의 범위를 확정한 다음 그 원물반환이 불가능하여 **가액반환을 명하는 경우에는 그 가액은 사실심 변론종결시를 기준으로 산정**하여야 한다"(대판 2005.6.23. 2004다51887).

⑤ [×] "유류분액을 산정함에 있어 반환의무자가 증여받은 재산의 시가는 상속개시 당시를 기준으로 산정해야 하고"(대판 1996.2.9. 95다17885), "증여받은 재산이 금전일 경우에는 그 증여받은 금액을 상속개시 당시의 화폐가치로 환산하여 이를 증여재산의 가액으로 봄이 상당하고, 그러한 화폐가치의 환산은 증여 당시부터 상속개시 당시까지 사이의 물가변동률을 반영하는 방법으로 산정하는 것이 합리적이다"(대판 2009.7.23. 2006다28126)

[정답] ④

문 27 유류분에 관한 설명 중 옳지 않은 것은? (다툼이 있는 경우 판례에 의함) [변시 12회]

① 공동상속인이 다른 공동상속인에게 무상으로 자신의 상속분을 양도하는 것은 특별한 사정이 없는 한 유류분에 관한 「민법」 제1008조의 증여에 해당하므로, 그 상속분은 양도인의 사망으로 인한 상속에서 유류분 산정을 위한 기초재산에 산입된다고 보아야 한다.
② 피상속인이 특정한 상속인에게 한 생전 증여에 그 상속인의 특별한 부양에 대한 대가의 의미가 포함되어 있으면 그 생전 증여는 특별수익에서 제외될 수 있으며, 이때 특별한 부양에 대한 대가의 의미가 포함되어 있는지는 당사자들의 의사보다는 사회통념에 따라 판단해야 한다.
③ 유류분권리자의 구체적 상속분보다 유류분권리자가 부담하는 상속채무가 더 많다면 그 초과분을 유류분액에 가산하여 유류분 부족액을 산정해야 한다.
④ 공동상속인 중 특별수익을 받은 유류분권리자의 유류분 부족액을 산정할 때에는 유류분액에서 특별수익액과 순상속분액을 공제해야 하고, 이때 공제할 순상속분액은 당해 유류분권리자의 법정상속분이 아니라 구체적 상속분에 기초하여 산정해야 한다.
⑤ 유류분 산정의 기초재산에 산입되는 증여에 해당하는지 여부는 피상속인의 재산처분행위가 실질적인 관점에서 피상속인의 재산을 감소시키는 무상처분에 해당하는지에 따라 판단해야 한다.

해설 ① [○], ⑤ [○] 判例는 피상속인이 공동상속인 중 1인에게 **'무상으로 상속분을 양도'**한 것도 유류분에 관한 민법 제1008조의 증여(특별수익)에 해당하므로, 그 상속분은 피상속인의 사망으로 인한 상속에서 유류분 산정을 위한 기초재산에 산입된다고 한다(대판 2017.1.15. 2016다210498 : ①번 해설). 위와 같은 법리는 상속재산 분할협의의 실질적 내용이 어느 공동상속인이 다른 공동상속인에게 자신의 상속분을 무상으로 양도하는 것과 같은 때에도 마찬가지로 적용된다. 따라서 **'상속재산 분할협의에 따라 무상으로 양도된 것으로 볼 수 있는 상속분'은 양도인의 사망으로 인한 상속에서 유류분 산정을 위한 기초재산에 포함된다**(대판 2021.8.19. 2017다230338 : ⑤번 해설).

② [×] "유류분에 관한 민법 제1118조에 따라 준용되는 민법 제1008조는 '특별수익자의 상속분'에 관하여 "공동상속인 중에 피상속인으로부터 재산의 증여 또는 유증을 받은 자가 있는 경우에 그 수증재산이 자기의 상속분에 달하지 못한 때에는 그 부족한 부분의 한도에서 상속분이 있다."라고 정하고 있다. 이는 공동상속인 중에 피상속인으로부터 재산의 증여 또는 유증을 받은 특별수익자가 있는 경우에 공동상속인들 사이의 공평을 기하기 위하여 그 수증재산을 상속분의 선급으로 다루어 구체적인 상속분을 산정하는 데 참작하도록 하기 위한 것이다. 여기서 어떠한 생전 증여가 특별수익에 해당하는지는 피상속인의 생전의 자산, 수입, 생활수준, 가정상황 등을 참작하고 공동상속인들 사이의 형평을 고려하여 당해 생전 증여가 장차 상속인으로 될 자에게 돌아갈 상속재산 중 그의 몫의 일부를 미리 주는 것이라고 볼 수 있는지에 의하여 결정하여야 한다.

따라서 피상속인으로부터 생전 증여를 받은 상속인이 피상속인을 특별히 부양하였거나 피상속인의 재산의 유지 또는 증가에 특별히 기여하였고, 피상속인의 생전 증여에 상속인의 위와 같은 특별한 부양 내지 기여에 대한 대가의 의미가 포함되어 있는 경우와 같이 상속인이 증여받은 재산을 상속분의 선급으로 취급한다면 오히려 공동상속인들 사이의 실질적인 형평을 해치는 결과가 초래되는 경우에는 그러한 한도 내에서 생전 증여를 특별수익에서 제외할 수 있다. 여기서 피상속인이 한 생전 증여에 상속인의 특별한 부양 내지 기여에 대한 대가의 의미가 포함되어 있는지 여부는 당사자들의 의사에 따라 판단하되, 당사자들의 의사가 명확하지 않은 경우에는 피상속인과 상속인 사이의 개인적 유대관계, 상속인의 특별한 부양 내지 기여의 구체적 내용과 정도, 생전 증여 목적물의 종류 및 가액과 상속재산에서 차지하는 비율, 생전 증여 당시의 피상속인과 상속인의 자산, 수입, 생활수준 등을 종합적으로 고려하여 형평의 이념에 맞도록 사회일반의 상식과 사회통념에 따라 판단하여야 한다. 다만 유류분제도가 피상속인의 재산처분행위로부터 유족의 생존권을 보호하고 법정상속분의 일정비율에 해당하는 부분을 유류분으로 산정하여 상속인의 상속재산 형성에 대한 기여와 상속재산에 대한 기대를 보장하는 데 그 목적이 있는 점을 고려할 때, 피상속인의 생전 증여를 만연히 특별수익에서 제외하여 **유류분제도를 형해화시키지 않도록 신중하게 판단하여야 한다**"(대판 2022.3.17. 2021다230083, 2021다230090).

③ [○] ④ [○] "유류분제도의 입법 취지와 민법 제1008조의 내용 등에 비추어 보면, 공동상속인 중 특별수익을 받은 유류분권리자의 유류분 부족액을 산정할 때에는 유류분액에서 특별수익액과 순상속분액을 공제하여야 하고, 이때 공제할 순상속분액은 당해 유류분권리자의 특별수익을 고려한 구체적인 상속분에 기초하여 산정하여야 한다"(대판 2021.8.19. 2017다235791 : ④번 해설). **이때 "유류분권리자의 구체적인 상속분보다 유류분권리자가 부담하는 상속채무가 더 많은 경우, 그 초과분을 유류분액에 가산하여 유류분 부족액을 산정하여야 한다"**(대판 2022.1.27. 2017다265884 : ③번 해설).

[정답] ②

문 28 유류분에 관한 설명 중 옳은 것은? (다툼이 있는 경우 판례에 의함) [변시 10회]

① 유류분권리자가 유류분반환청구권을 행사하고 이로 인하여 생긴 목적물의 이전등기의무나 인도의무의 이행을 소로써 구할 때에는 그 대상과 범위를 특정해야 하지만, 법원은 유류분권리자가 특정한 대상과 범위를 넘어서 청구를 인용할 수 있다.

② 공동상속인이 피상속인으로부터 재산의 생전 증여에 의하여 특별수익을 한 경우, 그 증여가 상속개시 전 10년 내에 이루어진 경우에 한하여 유류분 산정을 위한 기초재산에 산입된다.

③ 유류분반환청구권의 행사에 따른 유류분반환채무는 그 이행기가 상속개시 시점이므로 유류분권리자의 반환청구가 있으면 상속개시일 다음 날부터 이행지체에 빠진다.

④ 유류분의 반환을 구하는 소가 제기된 경우, 반환의무자는 통상적으로 증여 또는 유증 대상 재산 그 자체를 반환하여야 하지만, 원물반환이 불가능한 때에는 상속개시 당시를 기준으로 산정한 가액 상당액을 반환하여야 한다.

⑤ 유류분반환청구권의 행사에 의하여 반환하여야 할 증여 또는 유증의 목적이 된 재산이 타인에게 양도된 경우, 그 양수인이 양수 당시 유류분권리자를 해함을 안 때에는 양수인에 대하여 그 재산의 반환을 청구할 수 있다.

해설 ① [×] ③ [×] "유류분권리자가 반환의무자를 상대로 유류분반환청구권을 행사하고 이로 인하여 생긴 목적물의 이전등기의무나 인도의무 등의 이행을 소로써 구하는 경우에는 그 대상과 범위를 특정하여야 하고, **법원은 처분권주의의 원칙상 유류분권리자가 특정한 대상과 범위를 넘어서 청구를 인용할 수 없다.** 유류분반환청구권의 행사로 인하여 생기는 원물반환의무 또는 가액반환의무는 이행기한의 정함이 없는 채무이므로, **반환의무자는 그 의무에 대한 이행청구를 받은 때에 비로소 지체책임을 진다**"(대판 2013.3.14. 2010다42624,42631).

② [×] **※ 유류분액 산정의 기초가 되는 재산**
유류분 산정의 기초가 되는 재산에는 **증여계약이 체결된 때를 기준**(증여계약의 이행시가 아님)으로 상속개시전의 1년간 증여는 모두 산입된다(제1114조 본문). 상속개시 1년 이전의 증여는 원칙적으로 산입되지 않지만, i) 당사자 쌍방이 유류분권리자에 손해를 가할 것을 알고 증여를 한 때에는 상속개시 1년 이전의 증여라도 반환을 청구할 수 있으며(제1114조 후단), ii) **공동상속인에 있어서는 상속 개시 1년 전에 증여받은 것이라도 모두 산입대상이 된다**(대판 1996.2.9. 95다17885). 이러한 특별수익은 상속재산을 선급받은 것이므로 공동상속인간의 공평한 분배를 위하여 산입되어야 하는 것이다.

④ [×] "유류분반환범위는 상속개시 당시 피상속인의 순재산과 문제된 증여재산을 합한 재산을 평가하여 그 재산액에 유류분청구권자의 유류분비율을 곱하여 얻은 유류분액을 기준으로 하는 것인바, 이와 같이 유류분액을 산정함에 있어 반환의무자가 증여받은 재산의 시가는 상속개시 당시를 기준으로 산정하여야 하고, 당해 반환의무자에 대하여 반환하여야 할 재산의 범위를 확정한 다음 그 원물반환이 불가능하여 가액반환을 명하는 경우에는 **그 가액은 사실심 변론종결시를 기준으로 산정하여야 한다**"(대판 2005.6.23. 2004다51887).

⑤ [O] "유류분반환청구권의 행사에 의하여 반환되어야 할 유증 또는 증여의 목적이 된 재산이 타인에게 양도된 경우 그 양수인이 양도 당시 유류분권리자를 해함을 안 때에는 양수인에 대하여도 그 재산의 반환을 청구할 수 있다"(대판 2002.4.26, 2000다8878)

[정답] ⑤

부 록

판 례 색 인

[대법원 결정]

[대법원 판결]

[하급심 판결]

MEMO

MEMO